Photoshop 7.0
Kompendium

Das Kompendium.

Die Reihe für umfassendes Computerwissen

Seit mehr als 20 Jahren begleiten die KOMPENDIEN aus dem Markt+Technik-Verlag die Entwicklung des PCs. Mit ihren bisher über 500 erschienenen Titeln deckt die Reihe jeden Aspekt der täglichen Arbeit am Computer ab. Dank ihrer großen Erfahrung und soliden Zuverlässigkeit ist sie ein verlässlicher Partner für jeden Computer-Anwender, der ihm bei allen Problemen mit Rat und Tat hilfreich zur Seite steht.

Das KOMPENDIUM ist praktisches Nachlagewerk, Lehr- und Handbuch zugleich. Auf bis zu 1.000 Seiten pro Band wird jedes Thema erschöpfend behandelt. Ein detailliertes Inhaltsverzeichnis und ein umfangreicher Index erschließen das Material. Durch den gezielten Zugriff auf die gesuchte Information hilft das KOMPENDIUM auch in scheinbar aussichtslosen Fällen unkompliziert und schnell weiter.

Praxisnahe Beispiele und eine klare Sprache sorgen dafür, dass bei allem technischen Anspruch und Präzision die Verständlichkeit nicht auf der Strecke bleibt.

Bereits mehr als 5 Millionen Leser profitieren von der Kompetenz der KOMPENDIEN.

**Unser Online-Tipp
für noch mehr Wissen ...**

... aktuelles Fachwissen rund um die Uhr — zum Probelesen, Downloaden oder auch auf Papier.

www.InformIT.de

Heico Neumeyer

Photoshop 7.0
für Windows und Macintosh

KOMPENDIUM Einführung
Arbeitsbuch
Nachschlagewerk

Markt+Technik Verlag

Bibliografische Information Der Deutschen Bibliothek

Die Deutsche Bibliothek verzeichnet diese Publikation in der Deutschen Nationalbibliografie; detaillierte bibliografische Daten sind im Internet über <http://dnb.ddb.de> abrufbar.

Die Informationen in diesem Buch werden ohne Rücksicht auf einen eventuellen Patentschutz veröffentlicht. Warennamen werden ohne Gewährleistung der freien Verwendbarkeit benutzt. Bei der Zusammenstellung von Texten und Abbildungen wurde mit größter Sorgfalt vorgegangen. Trotzdem können Fehler nicht vollständig ausgeschlossen werden. Verlag, Herausgeber und Autoren können für fehlerhafte Angaben und deren Folgen weder eine juristische Verantwortung noch irgendeine Haftung übernehmen. Für Verbesserungsvorschläge und Hinweise auf Fehler sind Verlag und Herausgeber dankbar.

Alle Rechte vorbehalten, auch die der fotomechanischen Wiedergabe und der Speicherung in elektronischen Medien. Die gewerbliche Nutzung der in diesem Produkt gezeigten Modelle und Arbeiten ist nicht zulässig.

Fast alle Hardware- und Softwarebezeichnungen, die in diesem Buch erwähnt werden, sind gleichzeitig auch eingetragene Warenzeichen oder sollten als solche betrachtet werden.

Umwelthinweis:
Dieses Buch wurde auf chlorfrei gebleichtem Papier gedruckt.
Die Einschrumpffolie - zum Schutz vor Verschmutzung - ist aus umweltverträglichem und recyclingfähigem PE-Material

10 9 8 7 6 5 4 3 2 1
05 04 03

ISBN 3-8272-6614-9

© 2002 by Markt+Technik Verlag,
ein Imprint der Pearson Education Deutschland GmbH,
Martin-Kollar-Straße 10–12, D-81829 München/Germany
Alle Rechte vorbehalten
Einbandgestaltung: Grafikdesign Heinz H. Rauner, Gmund
Lektorat: Veronika Gerstacker, vgerstacker@pearson.de
Herstellung: Kunigunde Huber, khuber@pearson.de
Satz: reemers publishing services gmbh, Krefeld (www.reemers.de)
Druck und Verarbeitung: Kösel, Kempten (www.KoeselBuch.de)
Printed in Germany

Inhaltsübersicht

Kapitel 1	Guten Tag	27
Kapitel 2	Oberfläche & Grundfunktionen	41
Kapitel 3	Ausschnitt, Größe, Auflösung	147
Kapitel 4	Farbmodus	185
Kapitel 5	Öffnen, Speichern, Dateiformate	215
Kapitel 6	Internet-Gestaltung	265
Kapitel 7	Kontrast & Farbton	423
Kapitel 8	Füllen, Malen, Retuschieren	483
Kapitel 9	Auswählen	541
Kapitel 10	Kanäle & Masken	587
Kapitel 11	Pfade & Formen	623
Kapitel 12	Ebenen	667
Kapitel 13	Text	787
Kapitel 14	Filter	825
Kapitel 15	Service	881

Inhaltsverzeichnis

Kapitel 1	**Guten Tag**	27
1.1	**Photoshop von Version 2.5 bis 6.0**	27
	Änderungen bis Photoshop 6.0	27
	Photoshop Elements und Photoshop LE	28
1.2	**Photoshop 7.0 – neu, geändert, vermisst**	29
	Was ist neu bei Photoshop 7.0?	29
	Was ist anders?	32
	Was Sie bei Photoshop 7.0 nicht bekommen	34
1.3	**Rundgang durch das Buch**	36
1.4	**Mac und Windows**	38
1.5	**Bilder für Ihre Praxis**	39
1.6	**Über den Autor**	40
1.7	**Danke**	40
Kapitel 2	**Oberfläche & Grundfunktionen**	41
2.1	**Schneller Einstieg**	41
2.2	**System und Installation**	42
	Das System	42
	Troubleshooting: System	45
	Programminstallation	46
	Photoshop starten	49
	Photoshop auf Leistung trimmen	51
	Tipps: Arbeitsspeicher freihalten	53
2.3	**Die Programmoberfläche**	54
	Das Photoshop-Programmfenster	54
	Kontextmenüs	54
	Darstellung des Programmfensters	55

Inhaltsverzeichnis

	Lineale	56
	»Extras« anzeigen und aktivieren	57
	Die Paletten	58
	»Vorgaben« und »Bibliotheken«	62
	Werkzeugpalette und Werkzeugoptionen	65
	Der Dateibrowser	66
	Schnellere Bedienung per Tastatur	70
	Typische Tastaturkürzel	72
	Tastaturbefehle unter Mac OS X	74
	Bei geöffnetem Dialogfeld	75
	Schnelles Bedienen von Dialogfeldern	76
	Befehle im Überblick: Photoshop-Oberfläche	77
	Vereinfachter Wechsel zwischen Programmen	78
	Unterschiedliche Bedienung von Photoshop und ImageReady	79
	Mac- und Windows-Version im Vergleich	80
2.4	**Darstellung von Bilddateien**	81
	Der Abbildungsmaßstab	81
	Lupe	83
	Hand-Werkzeug	84
	Navigator-Palette	85
	»Neues Fenster«	86
	Darstellung anderer Farbmodi und Rechnersysteme	87
	Befehle im Überblick: Darstellung von Bilddateien	89
	Hilfe-Texte am Bildschirm	90
	Troubleshooting: Ich klicke und nichts passiert	93
2.5	**Rücknahme von Eingaben**	94
	Einfache Rücknahme	94
	Arbeiten mit Rücknahmemöglichkeit	96
	Rücknahme von Eingaben im Dialogfeld	97
	Protokollfunktionen	97
2.6	**Messen von Programm- und Bilddaten**	106
	Statusleiste	106
	Anzeige der Systembeanspruchung	106
	Die Info-Palette	108
	Farbaufnahme-Werkzeug	109
	Messwerkzeug	110

2.7	**Befehlsfolgen aufzeichnen (Aktionen)**	112
	Übersicht	113
	Weitere Automatisierung	113
	Befehle im Überblick: Aktionen-Palette	114
	Erstellen und Aufzeichnen einer Aktion	115
	»Pfad einfügen«	118
	»Bedingte Modusänderung«	119
	Befehle und Unterbrechungen nachträglich einfügen	120
	Aktionen ausführen	121
	Automatische Bearbeitung mehrerer Dateien (Stapelverarbeitung)	123
	Aktionenverwaltung	126
	Aktionen und Droplets bei ImageReady	128
2.8	**»Farbeinstellungen«**	132
	Vorbedingungen	132
	Vordefinierte Einstellungen für das Farbmanagement	134
	Eigene Einstellungen	134
2.9	**Drucken**	135
	Einzelbild drucken	135
	»Drucken mit Vorschau«	136
	»Kontaktabzug II«	141
	»Bildpaket«	144
Kapitel 3	**Ausschnitt, Größe, Auflösung**	147
3.1	**Auflösung, Druckmaße und Dateigröße: Theorie**	147
	Vektor- und Pixeldaten	147
	Drei Arten der Auflösung	148
	Auflösung und Dateigröße berechnen	150
	Welche Auflösung für welches Druckgerät	151
	Der Qualitätsfaktor	153
3.2	**Auflösung, Druckmaße und Dateigröße: Praxis**	154
	Anzeigen der Auflösung	154
	Gespeicherte Druckauflösung im Layoutprogramm	155
	Der Befehl »Bildgröße«	155
	Größenänderung mit Neuberechnung der Pixelzahl	156
	Neue Druckgröße ohne Neuberechnung der Pixelzahl	160
	»Auto-Auflösung«	163

Inhaltsverzeichnis

	Der »Bildgröße«-Befehl bei ImageReady	164
	Übersicht: Welche Methode für welchen Zweck	165
	Hilfsfunktionen	166
3.3	**Bildrand entfernen**	167
	Löschen versus Ausblenden	167
	Freistellen mit dem Freistellwerkzeug	168
	Den Freistellrahmen formen und verschieben	169
	Bildrotation mit dem »Drehen«-Befehl	173
	Neuberechnen mit dem Freistellwerkzeug	174
	Freistellen mit einem Auswahlwerkzeug	177
	»Zuschneiden«	178
	Befehle im Überblick: Bild beschneiden	180
	Übersicht: Welche Freistellmethode für welchen Zweck	181
3.4	**Die Arbeitsfläche erweitern**	181
	»Arbeitsfläche«	182
	Mehr Arbeitsfläche mit dem Freistellwerkzeug	183
	Mehr Arbeitsfläche mit dem Befehl »Nichts maskiert«	183
Kapitel 4	**Farbmodus**	185
4.1	**Übersicht**	185
	Welcher Farbmodus für welchen Zweck?	185
	Farbwerte und Dateigrößen erkennen	187
	Besonderheiten bei ImageReady	187
	Farbmodus beim Einfügen	188
4.2	**Farbtiefe**	188
	Unterschiedliche Farbmodelle	188
	»16 Bit pro Kanal«	189
4.3	**RGB-Modus**	190
	Verwendung	190
	Additive Farbmischung (RGB)	191
4.4	**CMYK-Modus**	192
	Verwendung	192
	Subtraktive Farbmischung (CMY)	193
	Umwandlung nach CMYK	194
	»Eigenes CMYK«	194

		Nicht druckbare Farben vorab anzeigen und entfernen	198
		»Überfüllen«	198
4.5		Lab-Modus	199
4.6		Graustufenmodus	200
		Von Farbe zu Graustufen	200
		Graustufen aus mehreren Farbkanälen ableiten	202
4.7		Indizierte Farben	204
4.8		Bitmap-Modus	206
		Verwendung	206
		Umwandlungsmethode »Schwellenwert 50%«	207
		Umwandlungsmethoden mit »Dithering«	208
		Umwandlungsmethode »Rastereinstellung«	208
		Umwandlungsmethode »Eigenes Muster«	209
4.9		Duplex-Modus	209
		Verwendung	210
		Duplex-Bilder und andere Modi	211
		Das Vorgehen	212
		Druckreihenfolge und Rasterung	213
Kapitel 5		**Öffnen, Speichern, Dateiformate**	215
5.1		Eine neue Datei anlegen	215
		Bilddaten übernehmen	216
		Bilder aus Scanner oder Digitalkamera importieren	216
		»Duplizieren«	217
5.2		Dateien öffnen	218
		Öffnen	218
		Öffnen per Explorer oder Bilddatenbank	219
		Unbekannte Dateiformate öffnen	220
		»Favoriten«	221
		»Arbeitsgruppe«	222
5.3		Datei-Informationen und Anmerkungen	223
		»Datei-Informationen«	223
		»Anmerkungen«	225

Inhaltsverzeichnis

5.4	**Speichern**	229
	Der Befehl »Speichern unter«	231
	Spezielle Speichern-Befehle für Internetgestalter	233
	Verknüpfen und Einbetten (Windows)	234
	Befehle im Überblick: Dateiverwaltung in Photoshop	234
	Kurztasten bei der Dateiverwaltung in ImageReady	235
5.5	**Dateiformate allgemein**	235
	Überblick: Die wichtigsten Dateiformate	237
	Überblick: Dateiformate für Internetseiten	237
	Überblick: Dateigrößen im Vergleich	238
5.6	**Standarddateiformate**	240
	Photoshop-Dateiformat	240
	Photo-CD-Dateiformat	242
	Weitere Dateiformate	244
	Pict-Dateiformat	245
	Illustrator-Dateiformat und andere Vektorgrafiken	245
5.7	**PDF-Dateiformat (Acrobat)**	247
5.8	**TIFF-Dateiformat**	250
	Standard-TIFF	251
	TIFF-Optionen	252
	Dateigrößen im Vergleich	254
5.9	**EPS- und DCS-Dateiformat**	254
	EPS-Optionen	255
	Beschneidungspfad	256
	DCS	257
5.10	**JPEG-Dateiformat**	258
	Bildqualität	259
	Weitere JPEG-Optionen	261
	JPEG 2000	262
Kapitel 6	**Internet-Gestaltung**	265
6.1	**Einführung**	265
	Der Aufbau von Internet-Seiten	265
	Kostenloser Speicherplatz	268
	Variablen	268

6.2	»Web-Fotogalerie«	273
	Verzeichnisse	274
	Stile	275
	Farben	276
	Schriftformatierung bei Miniaturen und Überschriften	276
	»Randgröße« für Miniaturen und Einzelbilder	277
	Gesamtüberschrift (»Banner«)	277
	Darstellung der Miniaturen	278
	Die Einzelbilder	279
	So speichert Photoshop den Bildkatalog	281
	Eigene Stile definieren	282
	Änderungen an HTML-Code und Bilddateien	285
6.3	**Animationen (Trickfilme)**	289
	Übersicht	290
	Animationen aus mehreren Einzelebenen ableiten	291
	Animation aus einer einzigen Ebene ableiten	295
	Mehrere Dateien als Einzelbilder einer Animation	297
	Automatische Übergänge mit »Dazwischen einfügen«	299
	Einzelbilder auswählen, verschieben und löschen	303
	Einzelbilder kopieren und einfügen	305
	Überlappung von Einzelbildern	307
	Standzeit und Zahl der Durchläufe	308
	Prüfen der Animation in ImageReady und im Internet-Browser	309
	Speichern der Animation	311
	Animationen in anderen Dateiformaten öffnen und speichern	312
	Online-Informationen zu GIF-Animationen	313
6.4	**Rollover-Effekte**	314
	Rollover-Effekte: Möglichkeiten im Überblick	314
	Rollover-Effekte: Produktion im Überblick	315
	Rollover-Zustände im Überblick	315
	Rollover-Schaltfläche anlegen	316
	Vorschau auf den Rollover-Effekt	319
	Einblendmeldungen und Hyperlinks einbauen	320
	Rollover-Effekte und Slices	321
	Animationen hinzufügen	322
	Bilder mit Rollover-Effekt speichern	324

Inhaltsverzeichnis

6.5	**Seitenhintergrund**	327
	Einführung: Nahtlose Hintergrundkacheln	327
	»Mustergenerator«	328
	»Kacheln erstellen«	331
	»Verschiebungseffekt« mit Kantenglättung von Hand	334
	Nahtlose Kacheln mit dem Befehl »Wolken«	335
	Aktives Bild als Seitenhintergrund speichern und darstellen	336
	Hauptmotiv mit Hintergrundmuster kombinieren	338
6.6	**Imagemaps**	340
	Übersicht: Die Möglichkeiten mit Imagemaps und Slices	340
	Imagemaps anlegen und anzeigen	341
	Imagemaps auswählen und organisieren	344
6.7	**Slices**	346
	Slices neu anlegen	347
	Slices auswählen und darstellen	350
	Slices umformen, verschieben und organisieren	351
	Slices verbinden	354
	HTML-Optionen für Slices	355
	HTML-Optionen für Slices und Imagemaps	357
	Slices benennen und speichern	358
	Slices mit Rollover-Effekten und Animationen	361
6.8	**Bilddarstellung beim Internet-Design**	366
	Darstellungsqualität simulieren	367
	Unterschiedliche Dateieigenschaften darstellen	369
	Der Photoshop-Befehl »Für Web speichern«	373
	Bilddarstellung im Internet-Browser	375
6.9	**Transparenz**	377
	Transparenz mit harten Kanten	377
	Harte Kanten an Hintergrund anpassen	382
	Übergänge bei Muster-Hintergrund	386
6.10	**Speichern für das Internet**	389
	Übersicht	389
	HTML-Code erzeugen und weiterverwenden	389
	Zoomview-Export	391
	Überblick: die Optimieren-Palette	393
	Allmählicher Bildaufbau	395

	Die Wahl des Dateiformats	395
	Gewichtete Optimierung	398
	GIF-Dateiformat	400
	PNG-Dateiformat	403
	WBMP-Dateiformat	404
6.11	**Farbtabelle und Farbwahl**	**405**
	Übersicht: Möglichkeiten mit der Farbtabelle	405
	Wahl der Farbtabelle	407
	Zahl der Farben herabsetzen	410
	Dithering (Farbrasterung)	411
	Standardpaletten	413
	Einzelne Farbtöne in der Farbtabelle bearbeiten	415
	Web-kompatible Farben auswählen und HTML-Farbwerte verwenden	419
Kapitel 7	**Kontrast & Farbton**	**423**
7.1	**Grundlagen**	**423**
	Übersicht: Befehle für Kontrast, Tonwertumfang und Farbton	423
	Handhabung der Kontrastkorrektur-Dialoge	425
	Übersicht: Arbeitsfolge bei Kontrastkorrektur	427
	Hintergrundflächen aufhellen	427
	Der Befehl »Histogramm«	428
	Der Befehl »Helligkeit/Kontrast«	432
7.2	**»Tonwertkorrektur«**	**432**
	Tonwertumfang erweitern	433
	Mittelton-Korrektur	435
	Tonwertumfang begrenzen	436
7.3	**Automatik-Korrekturen**	**437**
	»Auto«-Korrekturen	438
	»Tonwertangleichung«	439
	Schwarz, Weiß und Neutralgrau per Pipette	440
	»Zielfarben und Beschneiden«	442
7.4	**»Gradationskurven«**	**444**
	Anwendung	445
	Handhabung	446
	Gradationskorrektur für einzelne Farbkanäle	450
	Das Bleistiftwerkzeug	451

Inhaltsverzeichnis

	Spezialeffekte	452
	3D-Effekt per Gradationskurve	453
	Übersicht: »Gradationskurve« versus »Tonwertkorrektur«	454
	Befehle im Überblick: Gradationskurven, Tonwertkorrektur	456
7.5	**»Farbton/Sättigung«**	457
	Anwendung	457
	Das HSB-Farbmodell	459
	Die Option »Färben«	460
	Einzelne Farbbereiche bearbeiten	461
	Korrigierbaren Farbbereich mit Schiebereglern verändern	462
	Korrigierbaren Farbbereich mit Pipetten auswählen	464
7.6	**»Kanalmixer«**	464
7.7	**Weitere Korrekturfunktionen**	466
	»Variationen«	467
	»Farbbalance«	468
	»Selektive Farbkorrektur«	469
	Kontrastkorrektur spezial	471
7.8	**Grobe Korrekturen**	474
	»Umkehren«	474
	»Schwellenwert«	475
	»Tontrennung«	479
Kapitel 8	**Füllen, Malen, Retuschieren**	483
8.1	**Farbe und Muster wählen**	484
	Vordergrund- und Hintergrundfarbe	484
	Pipette	485
	Photoshop-Farbwähler	486
	Warnungen bei Farbwähler und Farbregler	489
	Farbreglerpalette	489
	Die Farbfelderpalette	490
	Muster	492
8.2	**Flächen und Konturen füllen**	494
	Transparente Bereiche fixieren	494
	Füllwerkzeug	496
	Fläche füllen	498
	Kontur füllen	498

8.3	Farbverläufe		499
	Verlaufswerkzeug		499
	Optionen für Verläufe		500
	Farbmarken im Verlauf bearbeiten		502
	Transparenz bearbeiten		503
	Verlauf mit »Störung«		504
	Verlaufsumsetzung		506
8.4	Werkzeugspitzen		507
	Werkzeugspitzen auswählen		507
	Eigene Werkzeugspitzenform definieren		509
	Werkzeugspitzen verwalten		511
	Die Malwerkzeuge für Einsteiger		512
	Anwendung der Werkzeugspitzenpalette		512
8.5	Mal- und Retuschewerkzeuge		520
	Allgemeine Optionen		520
	Standard-Malwerkzeuge		523
	Übersicht: Welcher Malmodus für welchen Zweck		524
	Musterstempel		525
	Retuschewerkzeuge (Übersicht)		527
	Wischfinger		528
	Weichzeichner, Scharfzeichner		528
	Abwedler, Nachbelichter, Schwamm		528
	Radiergummi		529
8.6	Bildfehler überdecken		530
	Verfahren im Überblick		530
	Kopierstempel und Reparaturpinsel		531
	Auswahlbereiche mit Auswahlwerkzeugen duplizieren		535
	Das Ausbessern-Werkzeug		535
	Staub und Kratzer entfernen		537
	Befehle im Überblick: Malen und Farben		538
Kapitel 9	**Auswählen**		541
9.1	Die Auswahlwerkzeuge		542
	Auswahlen mit Werkzeugfunktionen erweitern oder verkleinern		542
	Die Werkzeugoptionen »Glätten« und »Weiche Kante«		546
	Auswahlrechteck und Auswahlellipse		549

Inhaltsverzeichnis

	Lasso und Polygon-Lasso	552
	Magnetisches Lasso	553
	Zauberstab	556
	Magischer Radiergummi	559
	Hintergrund-Radiergummi	561
9.2	**Auswahl-Befehle und -Optionen**	**564**
	Auswahlen erkennen	564
	Auswahlen aufheben, ausblenden, wiederholen	566
	Auswahl umkehren	567
	Alles auswählen	567
	Auswahlen um farbähnliche Bereiche erweitern	568
	Auswahl verändern: Abrunden	569
	Auswahl verändern: Umrandung	570
	Auswahl verändern: Ausweiten, Verkleinern	571
	Auswahl transformieren	573
	Auswahl aus Ebenen ableiten	574
9.3	**Farbbereich auswählen**	**574**
	Auswahl	575
	Vorschau-Optionen	575
	Toleranz und Pipetten	576
	Mehrstufige Auswahlen	577
	Alphakanal-Technik	578
	Farbe ersetzen	578
9.4	**Extrahieren**	**579**
	Der Ablauf	579
	Alphakanal verwenden	581
	Korrekturen im Dialogfeld	582
	Korrekturen am Bildergebnis	583
	Befehle im Überblick: Auswahl	585
Kapitel 10	**Kanäle & Masken**	**587**
10.1	**Einführung**	**588**
	Eigenschaften im Detail	588
10.2	**Auswahlen speichern und laden**	**592**
	Kompatible Dateiformate	592
	Auswahlen speichern	593

	Auswahlen laden	594
10.3	**Kanäle duplizieren, löschen und berechnen**	597
	Kanäle löschen	597
	Kanäle duplizieren	597
10.4	**Die Kanälepalette**	598
	Kanäle anzeigen und aktivieren	598
	Kanäle verwalten	599
	Befehle im Überblick: Kanälepalette	601
	Kanäle teilen und zusammenfügen	601
	Optionen für Alphakanäle	603
	Schmuckfarben	605
10.5	**Retuschen in Alphakanal oder Ebenenmaske**	607
	Übersicht	607
	Pinsel- und Füll-Funktionen bei der Alphakanal-Retusche	610
	Auswahlen vergrößern und verkleinern	612
	Bereiche des Alphakanals bewegen	613
	Teiltransparente Auswahlen	614
10.6	**Motivteile in Alphakanal oder Ebenenmaske**	617
	Durchscheinendes Haar	617
	Wolken	619
	Durchscheinendes Glas	620
	Pinselstrich im Alphakanal	621
Kapitel 11	**Pfade & Formen**	623
11.1	**Einstieg**	623
	Pfade erstellen und verwenden	623
	Dateiformate	625
	Pfade bei ImageReady	625
11.2	**Pfade oder Formen beginnen**	626
	Verschiedene Pfadergebnisse	626
	Einen Pfad oder eine Form beginnen	627
	Formebenen rastern	628
	Gemeinsame Optionen der Zeichenstift-Werkzeuge	630
	Der Zeichenstift	631
	Freiform-Zeichenstift	632
	Beispiel: Einen Pfad zeichnen und korrigieren	633

Inhaltsverzeichnis

11.3	**Pfade korrigieren**	633
	Schritte rückgängig machen und speichern	634
	Ankerpunkt einfügen	634
	Ankerpunkt löschen	634
	Das Werkzeug »Ankerpunkt umwandeln«	635
	Transformieren (Skalieren, Drehen, Verzerren)	636
	Pfadoperationen	637
11.4	**Pfade und Pfadteile auswählen**	638
	Das Werkzeug »Direktauswahl«	638
	Das Pfadauswahl-Werkzeug	639
11.5	**Form-Funktionen**	640
	Übersicht: Formwerkzeuge	640
	Rechtecke und Ellipse	641
	Polygon	641
	Linienzeichner	643
	Werkzeug »Eigene Form«	644
	Eigene Formen anlegen und verwalten	644
11.6	**Pfade verwalten**	646
	Die Pfadpalette	646
	Pfade umbenennen, duplizieren und löschen	647
	Pfade anzeigen und aktivieren	648
	Pfade exportieren	648
11.7	**Verschiedene Pfadtypen**	649
	Arbeitspfade und Pfade	649
	Pfade und Pfadsegmente	651
	Vektormasken	651
	Beschneidungspfad	652
11.8	**Auswahlen und Pfade**	654
	Auswahl in Pfad verwandeln	655
	Pfad in Auswahl verwandeln	657
	Befehle im Überblick: Pfade	659
11.9	**Malen nach Pfaden**	661
	Pfadkontur füllen	662
	Pfadfläche füllen	664

Kapitel 12	**Ebenen**	667
12.1	**Einführung**	667
	Übersicht	668
12.2	**Bildteile einsetzen**	671
	Einen ausgewählten Bildbereich im selben Bild verschieben	671
	Auswahlbereiche und Ebenen in ein anderes Bild einsetzen	675
	Objekte außerhalb der Dokumentbegrenzung	678
	In die Auswahl einfügen	678
	Randfehler korrigieren	680
	Vektorgrafiken einfügen	681
	Befehle im Überblick: Bildteile bewegen und einsetzen	682
12.3	**Bildteile bewegen und anordnen**	683
	Hilfslinien	683
	Raster	686
	Bewegen mit den (Pfeil)-Tasten	688
	Bewegen per »Transformieren«	688
	Bewegen per »Verschiebungseffekt«	691
	Ebenenposition festlegen	691
	Bewegen mit Hilfslinien-Orientierung	692
	Ebenen gleichmäßig anordnen	692
12.4	**Ebenen organisieren**	695
	Ebenenpalette	695
	Ebenen verlagern	696
	Ebenen aktivieren	696
	Ebenen verbinden	697
	Ebenensets	698
	Ebenen und transparente Bereiche anzeigen	700
	Ebene und Hintergrundebene	701
	Ebenen neu erstellen	703
	Auswahlen in Ebenen verwandeln	703
	Ebenen duplizieren	704
	Einzelebene als neue Datei	705
	Ebenen verschmelzen und löschen	705
12.5	**Retuschieren und Transformieren von Ebenen**	708
	Transparenz erkennen	708
	Ebenen fixieren	709

Inhaltsverzeichnis

	Werkzeugmodi und -optionen für die Ebenenretusche	711
	Teile einer Ebene löschen	712
	Transformieren	713
	Verzerrungen wiederholen	718
	Qualitätsprobleme beim Drehen, Skalieren und Verzerren	718
	Auswahlbereiche oder Ebenen spiegeln und drehen	719
	3D-Transformieren	719
	Verflüssigen	722
12.6	**Deckkraft, Fläche und Füllmethode**	**726**
	Deckkraft	726
	Fläche	727
	Die Arbeit mit Füllmethoden	728
	Füllmethoden auf einen Blick	729
	Neutrale Farbe	738
	Bildberechnungen	739
12.7	**Ebenenstil und Ebeneneffekte**	**740**
	Ebenenstil	741
	Effekte anlegen, verbergen und löschen	743
	Effekte übertragen	744
	Ebenen erstellen	746
	Kontur-Optionen	749
	Muster-Optionen	750
	Weitere gemeinsame Aspekte	751
	Schlagschatten	753
	Schein nach außen	754
	Schein nach innen	754
	Abgeflachte Kante und Relief	755
	Kontur	757
	Glanz	758
	Weitere Ebeneneffekte	759
12.8	**Erweiterte Füllmethode**	**759**
	Kanäle	760
	Aussparung	761
	Helligkeitsbereiche ausblenden	762
12.9	**Ebenenbereiche verbergen**	**765**
	Übersicht	766

	Ebenenmasken	766
	Vektormasken	773
	Beschnittgruppe	775
12.10	**Einstellungsebenen und Füllebenen**	**778**
	Einführung Einstellungsebenen	778
	Einstellungsebenen anlegen	780
	Einstellungsebenen bearbeiten	781
	Einstellungsebenen gruppieren	783
	Einstellungsebene dauerhaft anwenden	783
	Füllebenen	784
Kapitel 13	**Text**	**787**
13.1	**Textmodus und Pixelebenen**	**787**
	Schrift-Ordner	788
	Der Textmodus	789
13.2	**Text anlegen und markieren**	**791**
	Punkttext anlegen	792
	Absatztext anlegen	793
	Die Textfunktion »Maske oder Auswahl erstellen«	794
	Vorhandenen Text aktivieren	797
13.3	**Text formatieren**	**799**
	Schriftgrad	800
	Horizontal und vertikal	801
	Weitere Zeichenformatierung	802
	Absatzformatierung	806
	Silbentrennung	808
	Rechtschreibprüfung	811
	Suchen/Ersetzen	811
13.4	**Text färben und glätten**	**812**
	Textfarbe	812
	Buchstaben glätten	813
13.5	**Text verkrümmen und verzerren**	**814**
	Text verkrümmen	815
	Weitere Textverzerrung	817
13.6	**Schriftzüge weiter verändern**	**818**
	Schriftzüge mit einem Bild füllen	819

Inhaltsverzeichnis

	Text und Ebeneneffekte	819
	Korrekturen nach dem Rastern	820
Kapitel 14	**Filter**	825
14.1	**Grundlagen**	825
	Filtervergleich	826
	Rücknahme und Wiederholung	828
	Auswahlkante	828
	Mit Filtereffekt malen	829
	Vorschau	830
	Filterbeurteilung	831
	Troubleshooting	832
	Filter verändern und nachbearbeiten	832
	Plug-ins (Zusatzmodule)	833
	Befehle im Überblick: Filter	835
14.2	**Struktur**	835
	Struktur laden	836
	Alternativen zu »Mit Struktur versehen«	836
14.3	**Scharfzeichnungsfilter**	839
	Unscharf maskieren	840
	Weitere Scharfzeichnungsfilter	841
	Scharfzeichnen spezial	842
14.4	**Weichzeichnungsfilter**	842
	Schnelle Weichzeichner	843
	Gaußscher Weichzeichner	843
	Selektiver Weichzeichner	844
	Radialer Weichzeichner, Bewegungsunschärfe	844
	Weichzeichnen spezial	845
14.5	**Störungsfilter**	847
	Störungen hinzufügen	847
	Störungen entfernen	848
	Helligkeit interpolieren	848
14.6	**Digimarc**	849
	Übersicht	849
	Mit Wasserzeichen versehen	851
	Wasserzeichen anzeigen	852

14.7	**Beleuchtungseffekte**	853
	Stil und Lichtquellenarten	853
	Lichtart	855
	Eigenschaften	855
	Vorschaufeld	856
	Relief-Kanal	857
	Beleuchtungseffekte verschieben und animieren	858
14.8	**Künstlerische Filter**	858
	Stilisierungsfilter	859
	Relief	860
	Konturenfilter	860
	Weitere Funktionen	861
	Kunstfilter	862
	Malfilter	863
	Zeichenfilter	863
14.9	**Vergröberung und Strukturierung**	865
	Strukturierungsfilter	865
	Vergröberungsfilter	866
	Gerasterter Rand	866
14.10	**Verzerrungsfilter**	868
	Grundlagen	869
	Polarkoordinaten	870
	Versetzen	872
	Schwingungen	873
	Weitere Verzerrungsfilter	874
14.11	**Weitere Filter**	877
	Rendering-Filter	877
	Videofilter	878
Kapitel 15	**Service**	881
15.1	**Übersicht: Werkzeugfunktionen und Bedienung**	881
	Die Werkzeuge auf der Photoshop-Werkzeugpalette	881
	Spezielle Funktionen auf der ImageReady-Werkzeugpalette	893
	Werkzeugtastenkürzel nach Alphabet	894
15.2	**Zur beiliegenden CD**	895
	Das Verzeichnis »Praxis«	895

Inhaltsverzeichnis

		Das Verzeichnis »DigitalVision«	896
		Das Verzeichnis »Softline«	897
		Das Verzeichnis »Ulead«	898
15.3		**Lexikon**	898
		Stichwortverzeichnis	**921**

1 Guten Tag

Willkommen beim Kompendium zu Photoshop 7.0! Wir blicken in diesem einführenden Kapitel zunächst zurück in die Geschichte dieser Software und klären, was Photoshop in der neuen Version dazugelernt hat, was die Light-Versionen Photoshop LE und Photoshop Elements bringen und wo Experten der Version 6.0 beim Umstieg auf Photoshop 7.0 umlernen müssen. Danach skizziert dieses Kapitel den Aufbau des Buches und sagt mehr zu den »Praxis«-Bildern auf der beiliegenden CD.

1.1 Photoshop von Version 2.5 bis 6.0

Im Folgenden diskutieren wir kurz die Veränderungen, die Photoshop von Version 2.5 bis 6.0 durchgemacht hat, und beleuchten auch die Light-Versionen Photoshop LE und Photoshop Elements 2.0. Die Erklärungen in diesem Abschnitt setzen voraus, dass Sie mit Photoshop-Grundlagen bereits vertraut sind; im Inneren des Buches werden die Funktionen jedoch allesamt ausführlich besprochen und auch für Neulinge nachvollziehbar erklärt – unabhängig davon, ob es sich um neue oder seit längerem bekannte Verfahren handelt.

1.1.1 Änderungen bis Photoshop 6.0

Mit Version 2.5 erschien Photoshop erstmals nicht nur für den Mac, sondern auch für Windows. Version 3.0 führte Ebenen ein, die unabhängig vom Hintergrund gespeichert werden konnten. So ging es weiter:

➡ Verzerren per Zahleneingabe, **Verblassen,** Einstellungsebenen, ein drastisch verbessertes Verlaufswerkzeug, Hilfslinien und Grundraster zählen zu den Errungenschaften von Photoshop 4.0. Für Komfort sorgen Navigator, Aktionenpalette und beliebige »krumme« Zoomstufen. 43 Effekte der eingestellten Reihe Gallery Effects lassen das **Filter**-Menü bersten.

➡ Die Photoshop-Version 5.0 bietet verbesserte Bedienung und bessere Anpassung an Druckjobs. Korrigierbare Textebenen, mehrstufiges Widerrufen und der Kanalmixer zählten zu den Novitäten ebenso wie Ebeneneffekte, Magnet-Lasso und Farbaufnahme-Werkzeug.

➡ Photoshop 5.5 wartete erstmals mit dem separaten Programm ImageReady auf, und zwar in der Version 2.0. Damit eignete sich Photoshop erstmals für ernsthaftes Internet-

Kapitel 1   Guten Tag

design. Photoshop hat den **Extrahieren**-Befehl, den Magischen Radiergummi, den Hintergrund-Radiergummi, die **Web-Fotogalerie** und das **Bildpaket** neu im Programm.

➤ Photoshop 6.0 produziert komplette Vektorformen und verwendet dazu die neuen Talente Füllebene und Vektormasken (damals als »Ebenen-Beschneidungsmaske« bezeichnet). Dazu kommen Absatztext und die VERKRÜMMEN-Funktion für biegsame Lettern. Erstmals gibt es Ebenensets (damals »Ebenensätze«), mehr Fixierungsmöglichkeiten für einzelne Ebeneneigenschaften und die AUSSPARUNG. Webdesigner erhalten ebenenbasierte Slices und die »gewichtete Optimierung«. Werkzeugspitzen, Verläufe, Ebenenstile und anderes werden einheitlich als »Vorgaben« gesichert und über »Bibliotheken« bequemer als zuvor verwaltet und geladen.

1.1.2   Photoshop Elements und Photoshop LE

Bei Manuskriptabgabe kursierten mehrere ältere, stark abgespeckte Photoshop-Versionen, die Sie als Scanner- und Kamerabeilage, aber auch als Einzelprodukt erhalten konnten. Die Fassungen eignen sich trotz aller Schwächen immerhin, um vorhandene, einfachere Photoshop-Montagen auch mit einem kostengünstigen Programm zu öffnen, das wenig Rechnerkapazität beansprucht. Am Mac gehören die Photoshop-Ableger zu den wenigen preisgünstigen Bildprogrammen.

Photoshop Elements 2.0

Mit Photoshop Elements stellte Adobe im Sommer 2002 einen preisgünstigen Photoshop-7-Ableger vor; der kam im Vergleich zum Siebener-Modell zwar gerupft daher, zeigte aber auch Spezialitäten, die Photoshop 7.0 gar nicht im Programm hat. Wer Photoshop 7.0 kennt, findet bei Elements 2.0 unter anderem diese Funktionen in halbwegs vergleichbarer Form: Protokoll-Palette, **Dateibrowser**, Einstellungsebenen, Füllebenen, Beschnittgruppen, alle Füllmethoden, vielseitige Werkzeugspitzen, **Tonwertkorrektur**, Vektorobjekte, Textobjekte inklusive VERKRÜMMUNG, Kopierstempel und alle Radiergummi-Werkzeuge.

Im Vergleich zu Photoshop 7.0 fehlen bei Elements 2.0 unter anderem diese Techniken: die Farbmodi CMYK, Lab, Duplex, 16-Bit-Farbkanäle, Befehlsaufzeichnung, Speichermöglichkeiten für Arbeitsfläche und Werkzeugeinstellungen, **Gradationskurven**, Einstellungsebenen, Reparatur-Pinsel, Ausbessern-Werkzeug, speicherbare Einstellungen für Kontrastkorrekturbefehle, freie Gestaltung von Pfaden mit Zeichenstift und Co. Die Eheneneffekte sind eingeschränkt.

Zu den Funktionen, die Photoshop Elements der Vollversion voraus hat, zählen PDF-Diaschau, zusätzliche Vorlagen für die **Web-Fotogalerie** und verschiedene Farbkorrekturfunktionen – darunter eine Schnellkorrektur, die zahlreiche Veränderungen an Kontrast, Farbstimmung, Schärfe und Drehwinkel in einem Dialogfeld zusammenfasst. Zudem bietet das Programm verschiedene Paletten mit Anleitungen, Hilfetexten und sogar eine Textsuche in der Leiste mit den Standardschaltflächen.

Photoshop 7.0 – neu, geändert, vermisst   Kapitel 1

Photoshop Elements ohne Versionsnummer basiert auf Photoshop 6.0. Gegenüber Elements 2.0 fehlen unter anderem Protokoll-Palette, einige Kontrastkorrekturen, Diaschau und speicherbare Auswahlen.

Photoshop LE

Photoshop LE bietet im Kern einen drastisch abgespeckten Photoshop 5.0. Photoshop LE unterstützt weder CMYK, Lab noch Duotone, es widerruft nur einen einzigen mickrigen Arbeitsschritt, verzichtet auf die Aktionenpalette zur Aufzeichnung von Befehlsfolgen und speichert Schriftzüge nicht im korrigierbaren Textmodus. Ebenso fehlen Alphakanäle und Pfade (hier kann man sich aber mit Ebenenmasken oder freigestellten Ebenen behelfen). Weiter wird vermisst: perspektivische Verzerrung, Einstellungsebenen, bequeme Vorschauen für GIF und JPEG und jegliche Internetspezialitäten wie Animation oder Rollover-Effekt.

1.2 Photoshop 7.0 – neu, geändert, vermisst

Was ist bei Photoshop 7.0 neu, was hat sich geändert und was fehlt immer noch, auch im Vergleich zur Konkurrenz? Wir besprechen hier einige wichtige Photoshop-Aspekte ohne Anspruch auf Vollständigkeit. In diesem Abschnitt setzen wir wieder Erfahrung mit früheren Photoshop-Versionen voraus. Innen im Buch erklären wir dagegen sämtliche Funktionen ganz ausführlich – und zwar gleichermaßen altbekannte und neue Photoshop-Techniken.

Abbildung 1.1:
Links: Die Maße stimmen nicht. Rechts: Der neue Reparatur-Pinsel überdeckt den Bleistiftstrich nach Art des Kopierstempels, ohne dass es zu unschönen Kanten an den Rändern der Retusche kommt; ein Kreuz kennzeichnet die Stelle, an der Bildpunkte aufgenommen werden.
Vorlage: Skizze

1.2.1 Was ist neu bei Photoshop 7.0?

Am auffälligsten wirken bei Photoshop 7.0 die Änderungen in den Bereichen Oberfläche, Malen und Retuschieren. Kleinere Neuheiten finden sich in fast allen Sparten, so etwa bei der Internetgestaltung, der Kontrastkorrektur und der Ebenentechnik.

Kapitel 1   Guten Tag

Oberfläche

Photoshop speichert nun beliebige Werkzeugvorgaben – etwa komplexe Schriftstile oder auch festgelegte Zentimeterwerte – beim Freistellungswerkzeug . Das Programm konserviert beliebige Anordnungen der Bildschirmpaletten abrufbar in Untermenüs. Erstmals präsentiert eine Photoshop-Vollversion zudem den Inhalt eines Ordners visuell in einem **Dateibrowser**; diese Mini-Bilddatenbank zeigt allerdings viele Schwächen (siehe unten).

Photoshop widerruft jetzt bis zu 1000 Arbeitsschritte. Die Statusleiste nennt auf Wunsch die Pixelmaße des Bildes, das **Drucken** wurde mit neuen Befehlen und Kurztastenmöglichkeiten vereinfacht. Die Namen von Ebenen oder Alphakanälen lassen sich nun ändern, wenn man sie doppelt anklickt. Und, ja, alle Werkzeugsymbole erhielten einen modischen 3D-Look mit plastischen Kanten und Schatten; bei Mauskontakt leuchten sie in zarten Farben, der Kopierstempel errötet allerliebst. Das sieht zwar cool aus, aber es wirkt unübersichtlich.

Retuschieren

Eine echte Bereicherung und verblüffend wirkungsvoll sind die neuen Funktionen zum Kaschieren von Bildfehlern. Der Reparatur-Pinsel funktioniert wie der Kopierstempel . Allerdings gleicht Photoshop an den Rändern des Farbauftrags die Helligkeitsunterschiede zwischen den neuen Bildpunkten und dem Umfeld an. Das ebenfalls neue Ausbessern-Werkzeug erinnert stark an ein Lasso: Die Störzone wird zunächst eingerahmt. Dann zieht man die Auswahllinie über eine brauchbare Stelle. Sobald der Bildbearbeiter die Maustaste loslässt, überdeckt Photoshop die ursprüngliche Auswahl mit dem Reparaturbereich und gleicht Helligkeitsunterschiede aus.

Werkzeugspitzen

Stark verbessert hat Adobe überdies die Werkzeugspitzen. Die ungleichmäßigen Werkzeugspitzen zum Malen oder Retuschieren lassen sich erstmals frei drehen oder vergrößern. Den Farbauftrag variiert das Programm zudem nach verschiedenen Vorgaben: Farbton, Deckkraft, Pinselgröße, Kantenschärfe oder Tiefe einer Struktur verändern sich mit regelbarer Schwankungsbreite. Die maximale Größe der Werkzeugspitzen stieg von 999 auf 2500 Pixel.

Internetgestaltung

ImageReady erzeugt Vorlagen für die datengestützte Produktion von Grafiken, die Rollover-Palette wurde verbessert, der neue Rollover-Zustand AUSWAHL beziehungsweise SELECTED erweitert die Gestaltungsmöglichkeiten; das Programm schreibt zweifarbige Bildchen für monochrome Handy-Displays oder PDA-Kleincomputer in WBMP-Dateien. Das Transparenz-Dithering soll halb transparente Schatten in GIF-Bildern realistischer machen, und im Rahmen der »gewichteten Optimierung« lassen sich Texte und Vektorobjekte automatisch gegen übermäßige Komprimierung schützen. Die **Web-Fotogalerie** hat neue Stile inklusive automatischem Bildtransport und verziert Einzelbilder mit Schriftzügen. Der neue **Mustergenerator** dient zur Produktion nahtloser Hintergrundkacheln, die »Variablen«-Funktion erzeugt massenhaft Bilder auf Basis eines Grundlayouts.

Ebenentechnik

Photoshop 7.0 führt zusätzliche Füllmethoden wie STRAHLENDES LICHT ein. Entsprechende Ebenen werden in älteren Photoshop-Versionen nach einer Fehlermeldung mit der NORMAL-Methode geöffnet. Ebenfalls neu sind die erweiterten Füllmethoden EBENENMASKE VERBIRGT EFFEKTE und VEKTORMASKE VERBIRGT EFFEKTE. Die Ebenen-Palette zeigt den FLÄCHE-Regler; diese Funktion war bisher nur über den zweiten DECKKRAFT-Regler im EBENENSTIL-Dialog erreichbar.

Weitere Neuheiten

Die Textfunktion liefert eine zusätzliche Kantenglättung namens SCHÄRFER, die Rechtschreibprüfung und den Befehl **Text suchen und ersetzen**. Die Zahl der mitgelieferten Vektorformen hat Adobe stark erhöht. Der **Neu**-Dialog bietet fertige Dateigrößen an. Das **Bildpaket** erlaubt Beschriftungen, mehr als ein Bild pro Seite und unterschiedliche Ebenenstrategien, vielseitiger wurde auch der **Kontaktabzug II**. Adobe hat zudem die automatische Kontrastkorrektur verfeinert und den **Verflüssigen**-Befehl ausgebaut; hier können Sie unter anderem zoomen, Einzelebenen anzeigen sowie Gitter speichern und auf andere Bilder anwenden. Für das PDF-Dateiformat gibt es eine Passwort-Abfrage. Die **Kapitälchen** aus dem Menü zur Zeichen-Palette haben jetzt auch eine eigene Schaltfläche T̲t̲ – und dort heißen sie fälschlich KLEINBUCHSTABEN.

Sprachliches

Sprachlich fällt auf, dass wenig neue Wortgetüme à la »Ebenenbasierter Imagemap-Bereich«, »Magnetischer-Zeichenstift-Optionen«, »Eigene-Form-Werkzeug« oder »Adobe Alle-Zeilen-Setzer« hinzukamen. Die sperrige »Ebenen-Beschneidungsmaske« wich gar der eingängigen »Vektormaske«. Unbehagen wecken allerdings die PIXEL-ERSETZUNGS-OPTIONEN und der-die-das DIFFUSION-TRANSPARENZ-DITHER.

Problematisch erscheint diesmal vor allem die Eindeutschung des amerikanischen Originals. Gar nicht übersetzt wurden in unserer frühen Vollversion die verschiedenen Rollover-Zustände, ImageReady bietet sie auf Englisch an. Bei anderen Funktionen verrät die Übersetzung fehlende Photoshop-Orientierung. Der Hilfetext redet von »unsepararierten Daten«, meint jedoch Fotos ohne Ebenen; der »Beschneidungspfad« wird mit der »Beschneidung« bei der Tonwerterweiterung verwechselt. Mehr noch: Kryptische Bezeichnungen verraten gar nichts über die gemeinten Verfahren; dies gilt zum Beispiel für Photoshop-Angebote wie FLÄCHE, »Werkzeugspitzen-Werkzeug« oder AUFNAHMEBEREICH VERWENDEN. Stirnrunzeln auch bei Einblend-»Erklärungen« wie SLICE-PALETTE SCHRITTWEISE VORWÄRTS 🗎 oder IMAGEMAP-PALETTE SCHRITTWEISE VORWÄRTS 🗎.

Rätselhaft? Lesen Sie dieses Buch.

Windows-Nutzer texten eigene deutsche Menübezeichnungen. Dazu öffnen sie im Photoshop-Unterverzeichnis »Required« die Datei »tw10428.dat« mit einem Textprogramm.

Abbildung 1.2:
Links: Der Öltank stört das Hafenbild. Mit dem neuen Ausbessern-Werkzeug rahmen wir ein Stück des Abhangs ein. Rechts: Wir ziehen die Auswahl über den Öltank. Vorlage: Tank; Ergebnis: Tank_2

1.2.2 Was ist anders?

Photoshop 7.0 bietet einige Umstellungen, die altgediente 6.0-Anwender irritieren könnten.

Umbenannte Funktionen

Photoshop 7.0 zeigt zahlreiche umbenannte Funktionen, wir listen hier nur Fälle auf, die für Verwirrung sorgen könnten: Die auf Vektoren basierende Ebenen-Beschneidungsmaske heißt jetzt trefflich »Vektormaske«; die vergleichbar wirkende, aber auf Pixeln basierende Ebenenmaske heißt jedoch weiterhin nicht Pixelmaske. – Der Pinsel heißt jetzt bei Photoshop teilweise »Werkzeugspitzen-Werkzeug« oder »Werkzeugspitze« (kein Scherz), während ImageReady die Funktion weiterhin als »Pinsel« anbietet. – Volltonfarbenkanäle tauchen jetzt meist als »Schmuckfarbenkanäle« oder »Rastertonfarbkanäle« auf, der Befehl **Speichern unter** behält aber die VOLLTONFARBEN bei. Das Pfadkomponenten-Werkzeug pfadkomp figuriert jetzt als Pfadauswahl-Werkzeug. – Die Textglättung, die bei Photoshop als GLÄTTEN und bei ImageReady als ABGERUNDET auftrat, heißt jetzt allseits ABRUNDEN. – Das Untermenü **Einstellen** nennt sich nun **Einstellungen**. – Die **Workflow**-Befehle finden Sie als **Arbeitsgruppe** wieder. – Die **Widerrufen**-Funktionen laufen jetzt unter **Rückgängig**. – Der »Ebenensatz« kehrt als »Ebenenset« wieder.

Gewanderte Funktionen

Einige Funktionen wechselten den Ort oder das Tastaturkürzel: Sie finden **Extrahieren** und **Verflüssigen** nicht mehr im **Bild**-, sondern im **Filter**-Menü, das **Verflüssigen** zudem mit neu gestalteten Symbolen. Befehle der Windows-Version wie **Nebeneinander**, **Überlappend** und **Alle schließen** verstecken sich im neuen Untermenü **Fenster/Dokumente**, erstmals sind sie auch am Mac zu haben. – Die vormaligen EINSTELLUNGEN der Malwerkzeug-Optionen, zum Beispiel das VERBLASSEN in Richtung Transparent, regelt nun die Werkzeugspitzen-Palette. – Der Standardbefehl [Strg]+[P] (am Mac [⌘]+[P]) startet jetzt den Befehl **Drucken mit Vorschau**; nur noch dort stehen alle Druckoptionen zur Verfügung. – Gänzlich entsorgt wurde **Rendering**-Filter: Struktur laden.

Weitere Werkzeug-Änderungen

Der Airbrush existiert bei Photoshop nicht mehr als eigenes Werkzeug, sondern wurde zur Pinsel-Option degradiert. Seine Funktion wechselte dabei auch das Airbrush-Tastaturkürzel J, es ruft nunmehr Reparatur-Pinsel oder Ausbessern-Werkzeug zum Einsatz. Sehr übersichtlich: ImageReady führt den Airbrush weiter als übliches Werkzeug zwi-

Photoshop 7.0 – neu, geändert, vermisst

schen Pinsel und Buntstift. – Beim Hintergrund-Radiergummi entscheiden Sie über die Steuerung per Grafiktablett nicht mehr im EINSTELLUNGEN-, sondern im PINSEL-Klappmenü.

Doppelklick in Paletten

Der Doppelklick auf einen Ebenennamen öffnet nicht mehr das Dialogfeld EBENENEIGEN-SCHAFTEN. Doppelklick auf den Namen eines Alphakanals zaubert nicht die Kanaloptionen hervor. Stattdessen können Sie eine Ebene oder einen Kanal nach Doppelklick auf den Namen direkt in der jeweiligen Palette umbenennen. Um das altvertraute Dialogfeld zu sehen, klicken Sie doppelt auf die Bildminiatur neben dem Namen oder verwenden das Kontextmenü. Ebenso per Doppelklick lassen sich Pfade, Farbfelder oder Aktionen umbenennen.

Vorsicht bei TIFF- und Photoshop-Dateien

Fügen Sie einer beliebigen Bilddatei mit reiner »Hintergrund«-Ebene weitere Ebenen hinzu, so kann es sein, dass Photoshop diese Datei ohne weitere Warnung auch als TIFF-Datei speichert – obwohl TIFFs mit Ebenen kaum verbreitet sind. Komplett sperren lässt sich Photoshop gegen dieses Verhalten gar nicht. Überprüfen Sie, ob im Bereich DATEIEN VERARBEITEN der **Voreinstellungen** die Option VOR DEM SPEICHERN VON TIFF-DATEIEN MIT EBENEN FRAGEN eingeschaltet ist – direkt nach der Installation sollte sie aktiviert sein. Mit dieser Option blendet Photoshop auf jeden Fall bei Ebenen-TIFFs die allgemeinen TIFF-Optionen ein, und dort können Sie EBENEN VERWERFEN UND EINE KOPIE SPEICHERN; dabei entsteht ein übliches TIFF-Bild ohne Montage-Ebenen. Bei unseren Tests mit TIFFs ohne Ebenen unter Windows gab es gleichwohl Probleme, wenn die Bilder auf Macs oder im sehr alten Paint Shop Pro 4 geöffnet werden sollten.

Abbildung 1.3:
Links: Diese Tonwerte-Palette zeigt mehrere Histogramme und Gradationskurven an, sie bietet Korrektur- und Analysemöglichkeiten. Das kann Photoshop nicht, die Palette wurde für dieses Buch erfunden. Rechts: Einen verzerrbaren Schlagschatten als korrigierbare, abschaltbare Ebeneneigenschaft fanden wir nicht bei Photoshop, unser Beispiel stammt aus Photo-Paint 10.

Für Photoshop-Dateien heißt es in den Voreinstellungen jetzt KOMPATIBILITÄT IM PHOTO-SHOP-PSD-DATEIEN IMMER MAXIMIEREN. Wenn Sie darauf verzichten – um erheblich Speicherplatz zu sparen –, präsentiert das Programm beim Speichern die PHOTOSHOP-OPTIONEN.

Dort können Sie immer noch die KOMPATIBILITÄT MAXIMIEREN; anderenfalls eignet sich die Datei eventuell nicht mehr für zukünftige und frühere Photoshop-Versionen.

1.2.3 Was Sie bei Photoshop 7.0 nicht bekommen

Bei Manuskriptabgabe im Sommer 2002 gilt Photoshop 7.0 als bestes Bildprogramm für Mac- und Windows-Rechner. Ebenentechnik, Kontrastkorrektur und vielseitige HTML-Ausgabe gehören zu den großen Stärken des Programms, das seinen Stammplatz auf Profirechnern behalten wird. Dennoch gibt es auch Schwächen, darunter die verwirrende Aufteilung der Funktionen auf zwei sich stark überschneidende, aber dennoch nicht konsistente Programme. Zu den Konkurrenten zählten bei Manuskriptabgabe PhotoImpact 7, Paint Shop Pro 7 AE, PhotoLine 8.5, Painter 7, Corel DRAW 10 mit Photo-Paint 10, Picture Publisher 10 und Gimp 1.2. Keines dieser Programme kann Photoshop ersetzen – gleichwohl bieten sie reizvolle Ergänzungen zum Sortiment von Photoshop. Wir beleuchten im Folgenden einige Photoshop-Schwächen und machen auf bessere Lösungen bei der Konkurrenz aufmerksam.

- Gradationskurve und Histogramm wären besser in einem gemeinsamen Fenster aufgehoben, wo man sie ineinander blendet. Histogramme für mehrere Einzelkanäle gleichzeitig könnten als Linien, nicht als Balken, durch das Koordinatennetz fließen. Außerdem sollten die Histogramme – wie bei Paint Shop Pro – dauerhaft in einer Palette sichtbar sein, so dass man sie nicht erst aufrufen und wieder verbannen mus. Zudem wünscht man sich eine Gradationskurven-Korrektur über neun Zahlenpaare nicht nur bei den Duplex-Funktionen, sondern auch beim wichtigen **Gradationskurven**-Befehl.

- Nur bei den vergleichsweise abgelegenen Gradationskurven der DUPLEX- und DRUCKER-Funktionen zeigt Photoshop gleich dreizehn Eingabefelder, in die man den gewünschten Ausgabewert für vorgegebene Vorher-Tonwerte maßgenau eintippen kann. Der wichtigere **Gradationskurven**-Befehl bietet dagegen nur ein einziges Vorher-Nachher-Zahlenpaar zur Dateneingabe.

- Photoshop 7.0 unterstützt nicht von Haus aus das wichtige neue Dateiformat JPEG 2000. PhotoImpact 7 und eddy's pixelmaxx können mehr. Ein Plug-In für JPEG 2000 war für den Frühherbst 2002 angekündigt.

- Immer noch muss man seine Voreinstellungen für **Gradationskurven** oder **Kanalmixer** aufwendig von der Platte LADEN und sich dabei durch Unterordner wühlen. Wie es einfacher geht, macht der Hersteller selbst bei den **Beleuchtungseffekten** oder bei der Optimieren-Palette vor: Dort greift man persönliche Vorgaben direkt aus einem Klappmenü ab.

- Die erneuerte Werkzeugspitzen-Palette wirkt umständlich: Stellt man Details wie FORMEIGENSCHAFTEN oder STREUUNG ein, muss man für wichtige Vorgaben wie DURCHMESSER oder MALABSTAND erst den Bereich wechseln.

- Vielen Befehlen fehlt die Sofort-Vorschau am Original, unter anderem vielen Filtern, den **Variationen** und dem ImageReady-Befehl **Kacheln erstellen**. Hier bieten vor allem Paint Shop Pro oder Photo-Paint mehr.

- Photoshop schreibt keine kompletten HTML-Seiten, die Animationen, Hintergrundkacheln, Einzelbilder, Rollover-Effekte und HTML-Text zusammenfassen. Innerhalb der Bildprogramme bietet hier PhotoImpact mehr, die PhotoSuite beherrscht sogar schwenkbare Panoramen und Laufschriften.

- Es gibt kein Werkzeug, das präzise und überschaubar Bildteile auf kleinem Raum über ein formbares Gitternetz verzerrt. Der **Verflüssigen**-Befehl mit seinem Pinsel ist mitunter unübersichtlich. Die Filter **Verbiegen** und **Versetzen** sind nur ein schwacher Ersatz. Gitternetze im Vorschaufenster bieten unter anderem Photo-Paint und PhotoImpact.

- PhotoLine speichert Verzerrungen und Größenänderungen als verlustfrei rücksetzbare Ebeneneigenschaft – Photoshop nicht.

- Die Ergebnisse des neuen **Mustergenerators** wirken oft zerklüftet und wenig nahtlos – schwach im Vergleich zu PhotoImpact. Das resultierende Muster liegt nicht sofort als eigene Datei vor.

- Zur Animation: PhotoImpact oder Paint Shop Pro verwandeln durch mitgelieferte Effekte selbst Einzelbilder in witzige Filmchen, dies fehlt bei Photoshop völlig. Paint Shop Pro errechnet witzige Übergänge zwischen zwei Einzelbildern, die Überlagerung entsteht durch Lamellen, verschiedene Überblendungen oder Verformungen. Corel DRAW 10 schreibt neben GIF auch das speicherschonende Flash-Format.

Abbildung 1.4:
Photoshop errechnet keine automatischen Übergänge zwischen zwei Einzelbildern wie in diesem Beispiel, das mit Paint Shop Pro entstand.

Neben weiteren Funktionen zeigt sich Verbesserungsbedarf auch beim **Dateibrowser**, der eben erst in den 7er-Photoshop eingebaut wurde:

- Der neue **Dateibrowser** startet als Tiger und landet als Bettvorleger. Mit maximal 125 x 125 Bildpunkten sind die Miniaturen oft zu klein, angezeigt wird generell nur ein einziges Unterverzeichnis. Freie Bildsammlungen unabhängig vom Dateiordner sind ebenso wenig möglich wie ein Katalogausdruck markierter Bilder – dazu muss der Anwender den separaten **Kontaktabzug II** nutzen. Außerdem vermisst man Schaltflächen für die zuletzt verwendeten Ordner und für bevorzugte »Favoriten«-Ordner. Anders als die übrigen Paletten lässt sich der Dateibrowser nicht aus dem Programmfenster herausziehen. Unter Windows kann man die platzfressende Bildübersicht nicht neben dem eigentlichen Programm auf dem Zweitmonitor ablegen. Die mitgelieferten AI-Dateien erscheinen nicht als Miniatur, sondern nur als Dateisymbol. Lästig auch: Der Bildkatalog verschwindet generell hinter auf Schirmgröße maximierten Bildern.

- Einen perspektivisch verzerrten Schatten als abschaltbare Ebeneneigenschaft bieten nur Photo-Paint und PhotoLine. Wir vermissen auch den weichen Rand als abschaltbare Ebeneneigenschaft, zu finden ist er nur (fehlerhaft) bei PhotoImpact.

Kapitel 1   Guten Tag

- Photo-Paint, Painter, Paint Shop Pro, PhotoLine oder PhotoImpact führen Text an frei definierten Pfaden entlang, die sich zum Teil aus Objektumrissen ableiten lassen – Photoshop bietet nur die vordefinierten »Verkrümmungen«.

- Photoshops Einstellungsebenen bieten nur Tonwertbefehle wie **Helligkeit/Kontrast**; Photo-Paint blendet auch Störungsfilter oder Weichzeichner vorübergehend ins Bild.

- Verschiedene Ergebnisse eines Filters oder mehrerer Filter würde man gern in einem Tableau nach Art der **Variationen** besichtigen. PhotoImpact kann das.

- Wer mit einer verborgenen Auswahl arbeitet, vergisst das gelegentlich und wundert sich über unerwartete Ergebnisse mit Werkzeugen und Befehlen. Ein Sternchen im Titelbalken könnte an die verborgene Auswahl erinnern – wie auch an die scheinbar qualitätsmindernde Vorgabe **Browser-Dithering** aus dem **Ansicht**-Menü.

- Der **Radiale Weichzeichner** zeigt für seine Zoomeffekte nicht mal eine kleine Bildvorschau im Dialogfeld. So fällt das exakte Platzieren des Effektzentrums besonders schwer. Corel Photo-Paint macht es besser: Hier positioniert der Anwender den Effekt wahlweise direkt in der Bilddatei, und das Programm errechnet sofort eine Vorschau am Original.

Abbildung 1.5:
Der Zoomeffekt von Photoshop bietet weder eine Vorschau im Dialogfeld noch die Möglichkeit, die Position des Effektzentrums direkt im Bild zu regeln.
Vorlage: Ski

1.3   Rundgang durch das Buch

Manches lesen Sie vielleicht doppelt in diesem Buch. Da Sie wohl nicht das ganze Buch am Stück durcharbeiten und permanent querblättern, erscheinen ein paar wichtige Sätze an mehreren Stellen. In anderen Fällen gibt es Querverweise. Am Ende des Buches finden Sie ein umfassendes Stichwortverzeichnis und ein kleines Lexikon.

Die Organisation dieses Buches

Dieses Buch ist nicht nach komplexen Einzelaufgaben gegliedert, sondern nach Hauptfunktionen: also ein Kapitel über »Füllen, Malen, Retuschieren«, eines über »Auswählen« und ein weiteres über »Pfade und Formen«. So lernen Sie jedes Werkzeug und jeden Befehl in voller Breite kennen, können ihn voll ausnutzen und wir besprechen ausführlich alle Alternativen zu einer Funktion.

Die Themen im Überblick

Zuerst wenden wir uns der Grundlagenforschung im Kapitel »Oberfläche & Grundfunktionen« zu: Wir installieren die Programme, lernen die Benutzeroberfläche kennen und gestalten diese sinnvoll. Aber bevor wir uns ernsthaft an die Arbeit machen, optimieren wir den Rechner: Wir stellen Photoshop und das Betriebssystem so ein, dass auch ein derart speicherhungriges Programm wie Photoshop nicht gleich alles auffrisst.

Dann gehen wir die erste Datei an. Im Kapitel »Ausschnitt, Größe, Auflösung« berechnen wir Auflösung, Speicherbedarf und Druckmaße. Lesen Sie, welche Auflösung für welchen Zweck gut ist und warum Sie nicht ohne weiteres die dpi-Zahl verändern sollten. Das »Farbmodus«-Kapitel klärt auf über RGB und CMYK. Unter der Überschrift »Öffnen, Speichern, Dateiformate« geht es dann um Dateitypen und die vielen Besonderheiten beim Speichern von Photoshop-Montagen.

Alle Funktionen speziell für Online-Designer fasst das Kapitel »Internetgestaltung« zusammen. Zu den Themen gehören das Speichern in den Formaten GIF, JPEG und PNG, die Farbpaletten, GIF-Animationen, segmentierte Bilder (»Slices«), Rollover-Effekte und der Befehl **Web-Fotogalerie**.

Mit der eigentlichen Bildkorrektur beginnen wir im Kapitel »Kontrast & Farbton«. Werkzeugspitzen und Farbwähler zählen zu den wichtigsten Utensilien im Bereich »Füllen, Malen, Retuschieren«. Dort besprechen wir auch die Fehlerkorrektur mit Stempel oder Reparatur-Pinsel.

Bildteile erfassen und montieren – davon handelt eine ganze Reihe von Kapiteln: Das »Auswählen«-Kapitel stellt den Zauberstab und viele weitere Auswahltechniken vor. Wie Sie Auswahlen speichern und weiter gestalten, zeigen die Kapitel »Kanäle & Masken« sowie »Pfade & Formen«. Das »Ebenen«-Kapitel erklärt, wie Sie die verschiedenen Bildausschnitte in einer Montage zusammenfügen und mischen, wie Sie einzelne Bildbereiche durch Masken verbergen und mit Effekten Schatten oder plastische Kanten ins Motiv zaubern. Eine Besonderheit bilden Textebenen. Grundsätzlich lässt sich jede Schrift in Fotodateien einbauen. Wie Sie dabei pixelige Treppen und harte Kanten an den Buchstabenrändern vermeiden, das klären wir im »Text«-Kapitel. Dort lernen Sie auch Texteffekte kennen, die Photoshop nicht auf den ersten Klick preisgibt.

Vom **Scharfzeichner** bis zu den **Beleuchtungseffekten**, von den **Verwackelten Strichen** bis zu den Zoomeffekten des **Radialen Weichzeichners** reicht das Spektrum des »Filter«-Kapitels. (siehe Abbildung 1.6)

Kapitel 1   Guten Tag

Abbildung 1.6:
Hier wurde ein Duplikat der »Hintergrund«-Ebene mit der »Radialen Unschärfe« bearbeitet, die Füllmethode »Ineinanderkopieren« hebt Kontraste und Farbsättigung deutlich an. Ergebnis: Ski_2

Der Service-Teil

Was Ihnen Englisch vorkommt, schlagen Sie im Fachwörterlexikon nach. Sie finden es hinten im »Service«-Teil – genauso wie das Stichwortverzeichnis. Wir listen im »Service«-Bereich außerdem noch einmal alle Werkzeuge mit allen Funktionen in der Übersicht auf. Außerdem kommentieren wir die Angebote auf der beiliegenden CD.

Internetadressen

Interessante Internetadressen mit weiterführenden Informationen nennen wir stets direkt beim jeweiligen Thema überall im Buch. Bitte beachten Sie jedoch: Diese Adressen können sich kurzfristig ändern oder verschwinden. Verlag und Autor übernehmen keine Verantwortung für Inhalt und Verfügbarkeit der genannten Seiten. Eine Beratung zum Inhalt der hier genannten Seiten ist nicht möglich.

1.4   Mac und Windows

Dieses Buch richtet sich an Mac- und Windows-Nutzer gleichermaßen. Sie finden separate Hinweise zur Installation und zur Einrichtung des Betriebssystems. Auch an anderen Stellen im Buch weisen wir auf Unterschiede hin. Im Übrigen gleichen sich die Versionen für Mac und Windows weitgehend. Die wichtigsten Unterschiede:

- Wenn Sie unter Windows die [Strg]-Taste verwenden, ist am Mac die [⌘] gemeint, auch als [⌘]-Taste bekannt.
- Den Rechtsklick der Windows-Version ersetzt am Mac ein [Ctrl]-Klick; damit gelangt man zum jeweiligen Kontextmenü. Einige Mäuse erlauben auch am Mac den Rechtsklick à la Windows.

Um uns nicht unentwegt zu wiederholen, verwenden wir in diesem Buch den Ausdruck »[Strg]-Taste«, auch wenn wir gelegentlich erwähnen, dass Mac-Nutzer hier die [⌘] verwenden. Ähnlich weisen wir auch ab und an darauf hin, dass Sie als Mac-Anwender statt der rechten Maustaste zusätzlich zur Mac-Maustaste die `Ctrl`-Taste drücken. Die im Buch häufig erwähnten `Alt`-Taste kennen viele Mac-Nutzer auch unter den Bezeichnungen `Wahl`-Taste oder `⌥`-Taste. Eine Liste der wichtigsten Unterschiede finden Sie auf Seite 80.

1.5 Bilder für Ihre Praxis

Praktisch alle Beispielbilder in diesem Buch, insgesamt über 500, finden Sie auf der beiliegenden CD im Verzeichnis »Praxis« wieder; Sie können also unsere Erklärungen sofort mit den hier verwendeten Bildern am eigenen Computer nachvollziehen (weitere Hinweise zur CD und zu den »Praxis«-Bildern finden Sie im »Service«-Teil ab Seite 895).

Wir haben überwiegend Bilder der Agenturen PhotoDisc und Digitalvision verwendet, die uns freundlicherweise zur Verfügung gestellt wurden. Einige weitere Bilder stammen aus anderen Quellen. Die Bilder im »Praxis«-Teil dürfen nur für den privaten Gebrauch zu Übungszwecken genutzt werden. Sie dürfen diese Bilder nicht weitergeben oder auf Papier, elektronisch oder sonstwie veröffentlichen. Wenn Sie das möchten, sprechen Sie die genannten Agenturen an.

Bilder von PhotoDisc

In diesem Buch haben wir einen guten Teil Bilder von PhotoDisc verwendet, einem weltweit führenden Anbieter für lizenzfreie Fotos, der zu Getty Images gehört. PhotoDisc zeigte bei Manuskriptabgabe über 100.000 Bilder auf seiner Internetseite, weitere 38.000 Fotos gab es auf CD zu kaufen. Die CDs enthalten meist hunderte von Bildern in verschiedenen Auflösungen und Dateiformaten, darunter auch hochauflösende 48-Mbyte-Dateien. Sie überzeugen oft gestalterisch und technisch. Die Adresse:

Getty Images Deutschland
Buttermelcherstr. 16
D-80469 München
Telefon 0800-1013136 (kostenlos)
royaltyfree@gettyimages.de
www.gettyimages.de/photodisc

Bilder von Digital Vision

Weitere Bilder in diesem Buch stammen von der in Deutschland neuen Agentur Digital Vision. In einem Dutzend Kataloge zeigt Digital Vision mehr als 30.000 lizenzfreie Bilder. Die Agentur experimentiert neben Fotografie auch mit digitalem Design, Comics und sogar mit den Grafiken der »Infinity«-Reihe, die als vielseitig nutzbare Montagen im Photoshop-Dateiformat geliefert werden. Zusätzlich bietet Digital Vision auch vorgefertigtes Filmmaterial (»Film Footage«), lizenzfreie Musik und Schriften an, alles sowohl über das Hamburger Büro als auch übers Internet (www.digitalvisiononline.de). Digital Vision stellt sich in einem Ordner auf der CD zu diesem Buch mit weiteren Bildern und Texten vor. Weitere Informationen und die volle Adresse finden Sie im »Service«-Teil ab Seite 881.

Kapitel 1   Guten Tag

Benötigen Sie auf die Schnelle weiteres Bildmaterial? Die Photoshop-CD liefert im Verzeichnis »Zugaben/Stock Art/Images« 100 Bilddateien mit jeweils 1100 Pixel Breite.

1.6 Über den Autor

Heico Neumeyer schreibt Testberichte und Praxistipps für PC- und Fotozeitschriften und gibt Schulungen. Im Verlag Markt+Technik erscheinen seit langem seine beliebten Photoshop-Bücher. Neumeyer hat sich ganz auf digitale Bildbearbeitung spezialisiert. Der Autor studierte Deutsch, Pädagogik und Politik und war Redakteur bei einer Fotozeitschrift. Er ist bekannt für praxisnahe, gut lesbare Texte und maßgeschneiderte Schulungen. Er lebt in Oberbayern.

1.7 Danke

Und bedanken möchte sich der Autor bei Herrn Karst von Digital Vision, Getty Images und Frau Schneider, Herrn Funken von Softline, Familie Dami, Willi Gerlach, Anna Schaffer, Dionys Asenkerschbaumer und Rudi Gigler, Veronika Gerstacker von Markt+Technik und Mike Schelhorn. Merci, gracias und cam on nhieu auch an alle, die netterweise mitgeholfen haben, auch durch gute Schwingungen, hier aber aus irgendeinem Grund nicht erscheinen.

2 Oberfläche & Grundfunktionen

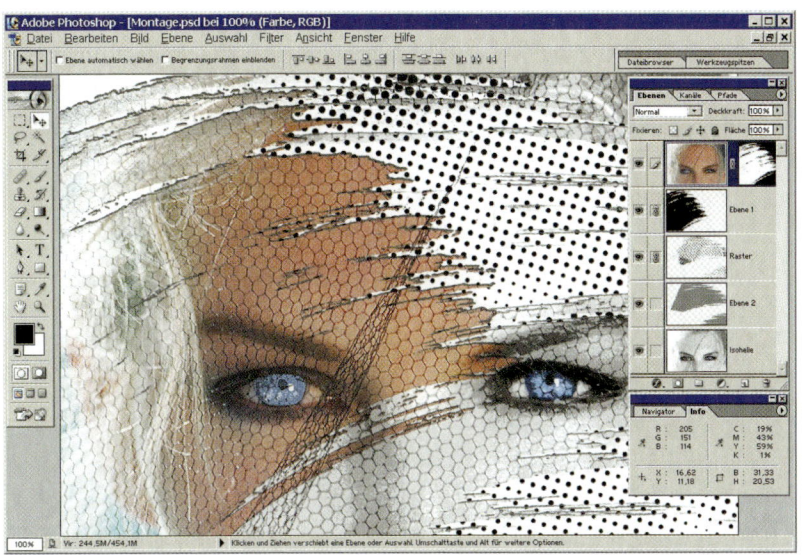

Abbildung 2.1:
Komplexe Montagen mit zahlreichen Ebenen und Ebenenmasken erfordern leistungsstarke Rechner. Der Arbeitsspeicher ist dabei wichtiger als die Prozessorgeschwindigkeit.

Dieses Kapitel bietet zunächst einen Überblick über die Programminstallation, dann nehmen wir die Oberfläche unter die Lupe. Sie erfahren Grundlegendes über Paletten, Werkzeugleiste, Lupe 🔍 und Navigator sowie über das Widerrufen und Aufzeichnen von Befehlen.

Die **Voreinstellungen** haben keinen speziellen Abschnitt in diesem Kapitel. Wir besprechen die Vorgaben aus dem Untermenü **Bearbeiten: Voreinstellungen** dort, wo sie hingehören – also zum Beispiel in den Abschnitten und Kapiteln zum Widerrufen oder zur Montage; der Eintrag »Voreinstellungen« im Stichwortverzeichnis verschafft Ihnen einen Überblick über alle Aspekte der Voreinstellungen.

2.1 Schneller Einstieg

Sie wollen gleich loslegen, ohne lange im »Kompendium« zu blättern? Prüfen Sie zumindest die folgenden kurzen Tipps. Sie lesen, wie Sie das Programm auf die Schnelle für entspanntes Photoshopping einrichten und sparen sich viel Ärger speziell auf kleineren Rechnern. Alle Themen besprechen wir im Folgenden auch noch ausführlich.

Kapitel 2   Oberfläche & Grundfunktionen

- Geben Sie Photoshop passende, schnelle, große »Arbeitsvolumes« – also freie Festplatte – mit dem Befehl **Bearbeiten: Voreinstellungen: Zusatzmodule & virtueller Speicher**. 300 Mbyte auf zwei Laufwerken sollten Sie Ihrem Programm gönnen.

- Nur Windows und Mac OS X: Geben Sie Photoshop mehr Arbeitsspeicher mit dem Befehl **Bearbeiten: Voreinstellungen: Arbeitsspeicher & Bildcache**, zum Beispiel 75 Prozent. Unter Mac OS X reservieren Sie mindestens 130 Mbyte Arbeitsspeicher fürs Gesamtsystem.

- Nur Mac OS 9: Markieren Sie das Programmsymbol mit einem Mausklick. Geben Sie Photoshop mit **Ablage: Information: Speicher** mehr Arbeitsspeicher.

- Verhindern Sie das Mitspeichern einer zeit- und platzraubenden »flachen« Bildversion bei Fotomontagen im Photoshop-Format per **Bearbeiten: Voreinstellungen: Dateien verarbeiten**; dort verzichten Sie auf die KOMPATIBILITÄT FÜR PHOTOSHOP-PSD-DATEIEN.

- Solange Sie sich mit dem Farbmanagement nicht befasst haben, stellen Sie nach dem Befehl **Bearbeiten: Farbeinstellungen** die EINSTELLUNG auf FARBMANAGEMENT AUS und schalten Sie für PROFILFEHLER die Option BEIM ÖFFNEN WÄHLEN ab.

- Wollen Sie nicht automatisch nach digitalen Wasserzeichen forschen, schieben Sie das Plug-In »Wasserzeichen suchen« oder »Digiopen.8be« aus dem Photoshop-Ordner »Zusatzmodule/Digimarc« in ein Zwischenlager außerhalb der »Zusatzmodule«. Oder schalten Sie den kompletten »Digimarc«-Ordner durch eine vorangestellte Tilde ab, so dass es »~Digimarc« heißt. Sie sparen Zeit beim Öffnen.

Danach schließen Sie Photoshop und starten neu.

2.2   System und Installation

Der folgende Abschnitt richtet sich an Windows- und Mac-Nutzer gleichermaßen. Auf Besonderheiten der Betriebssysteme machen wir jeweils aufmerksam.

2.2.1   Das System

Photoshop verlangt Ihrer Hardware einiges ab. Bilder sind kein Text. Selbst einige Fotos aus diesem Buch beanspruchen mehr Arbeitsspeicher als das komplette Manuskript mit seinen 240.000 Wörtern – und große Montagen benötigen leicht mehr als 100 Mbyte Speicherplatz. Um solche Datenmengen auf dem Rechner überhaupt öffnen und manipulieren zu können, reicht zumeist kein PC von der Stange.

Die offiziellen Systemanforderungen

Adobe nennt als Systemanforderung 128 Mbyte Arbeitsspeicher. Dazu empfehlen wir rund 200 Mbyte Kapazität auf derjenigen Festplatten-Patition, auf der Sie Photoshop installieren. Diese Voraussetzungen gelten für die einzelnen Betriebssysteme:

System und Installation	Kapitel 2

- Windows: Die Versionen 3.1 und 95 werden nicht unterstützt, alle jüngeren Fassungen ab Windows 98 sind möglich. Für Win NT wird Service Pack 6a verlangt, Win 2000 braucht Service Pack 2.
- Mac: Photoshop benötigt Mac OS ab Version 9.1 oder Mac OS X.

Weitere Hinweise zu Betriebssystemen finden Sie in der Datei »Bitte lesen« im Photoshop-Programmverzeichnis.

Hardware

Wenn Sie regelmäßig mit Photoshop arbeiten und nicht nur kleine Bildchen fürs Internet öffnen, sollten Sie weit mehr als die empfohlenen 128 Mbyte Arbeitsspeicher verwenden – zum Beispiel 512 Mbyte oder 1 Gigabyte. Dies gilt besonders, wenn Sie viel mit großen Montagen und mit 16 Bit Farbtiefe pro Grundfarbe arbeiten. Generell gilt: Mehr Arbeitsspeicher bringt einen deutlicheren Gewinn als ein schnellerer Prozessor.

Prüfen Sie den Arbeitsspeicherbedarf mit der Systembeanspruchungsanzeige (Seite 108). Einige Basisdaten über den Rechner und über die aktuelle Photoshop-Installation erhalten Sie auch via **Hilfe: Systeminformation**.

Ebenso nützlich wie eine üppige Arbeitsspeicherausstattung wirkt die Verteilung des Bildschirminhalts auf ein Zwei-Monitor-System. Es lässt sich mit ein oder zwei Grafikplatinen leicht einrichten.

Die Festplatte freiräumen

Wie Photoshop auf Ihrem Rechner läuft, hängt auch sehr davon ab, wie Sie den Rechner einrichten und pflegen. So brauchen Sie Festplatte bis zur Oberkante Unterlippe – nicht nur für die riesigen Dateien, die bei der digitalen Bildverarbeitung entstehen, sondern auch als Reserve-Arbeitsspeicher oder Virtueller Speicher. Suchen Sie also mit geeigneten Programmen nach Temporärdateien – Datensplittern, die nach Abstürzen sinnlos übrigbleiben –, um sie zu löschen. In manchen Windows-Versionen hilft das Programm Scandisk bei dieser Aufgabe.

Anschließend defragmentieren Sie die Festplatte, unter Windows zum Beispiel per **Start/Programme/Zubehör/Systemprogramme/Defragmentierung**. Sie verhindern damit, dass sich Dateien in kleinen Krümeln über verschiedene Teile des Festspeichers verteilen, so dass Photoshop nicht auf größere Speicherblöcke am Stück zugreifen kann. Dies empfiehlt sich weniger für den Mac als für Windows.

Virtueller Speicher – Einführung

Um den Rechner für datenschwere Pixeldateien fit zu machen, sorgen Sie vor allem für virtuellen Arbeitsspeicher – einen Platz auf der Festplatte, der Daten aufnimmt, die nicht mehr in den überlasteten Arbeitsspeicher passen. Dieser Reservebereich heißt auch »Auslagerungsspeicher« oder »Swap-File«.

Photoshop 7.0 Kompendium

Kapitel 2 Oberfläche & Grundfunktionen

Photoshop interessiert sich weniger für den virtuellen Speicher, den Sie dem Betriebssystem zugeteilt haben, sondern verwendet seine eigenen »Arbeitsvolumes« (siehe unten). Aber auch Mac- oder Windows-Systemen sollten Sie genug virtuellen Speicher einräumen, damit die Benutzeroberfläche nicht zur Bremse für Photoshop wird.

Windows: Virtuellen Speicher für Windows einrichten

Sie sollten Windows eine große Auslagerungsdatei geben. Optimal ist es, wenn Windows fast doppelt so viel virtuellen Speicher wie Arbeitsspeicher hat. Haben Sie zum Beispiel 128 Mbyte Arbeitsspeicher installiert, teilen Sie dem System 256 Mbyte Auslagerungsplatz zu.

In älteren Windows-Versionen erreichen Sie die Kontrolle über den Auslagerungsbereich, wenn Sie in der START-Leiste auf EINSTELLUNGEN klicken, dann in der SYSTEMSTEUERUNG das SYSTEM wählen, dort die Registerkarte LEISTUNGSMERKMALE ziehen und den Schalter VIRTUELLER ARBEITSSPEICHER anklicken. Unter Windows XP klicken Sie auf SYSTEM, in den SYSTEMEIGENSCHAFTEN auf ERWEITERT, im Bereich SYSTEMLEISTUNG auf EINSTELLUNGEN, dann in den LEISTUNGSOPTIONEN auf ERWEITERUNG und dort ganz unten auf ÄNDERN.

In der Regel sollten Sie eine feste Größe für den virtuellen Speicher vorgeben, in den Feldern MINIMUM und MAXIMUM tragen Sie identische Werte wie zum Beispiel »256« ein. Diese starre Vorgabe verhindert, dass Windows permanent den Auslagerungsbedarf neu zusammenstellt.

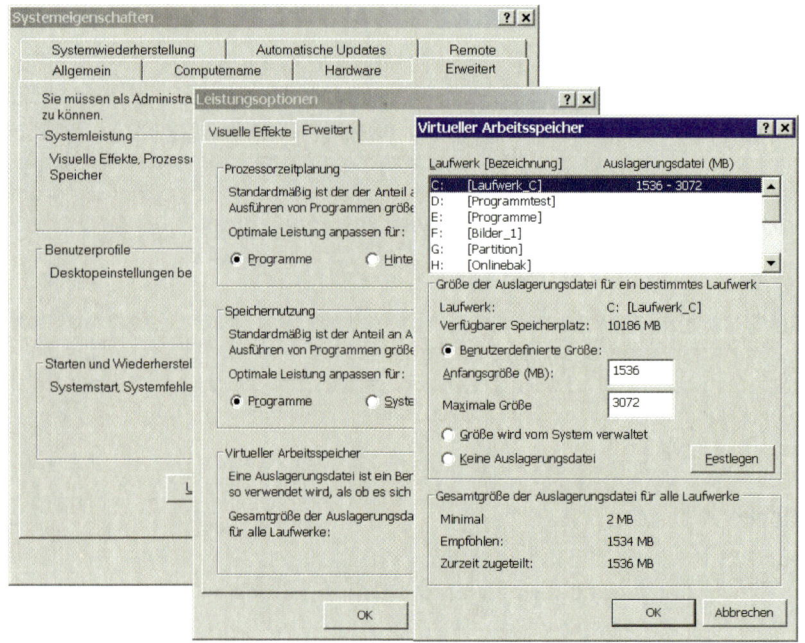

Abbildung 2.2:
Mit den Systemeigenschaften sorgen Sie für Auslagerungsspeicher.

Mac: Virtueller Speicher

Auch unter Mac OS 9 muss man zwischen dem virtuellen Speicher des Betriebssystems und dem virtuellen Speicher von Photoshop unterscheiden. Grundsätzlich kann man den virtuellen Speicher von Mac OS 9 eingeschaltet lassen. Er wird im SPEICHER-Kontrollfeld eingerichtet; Mac OS 10 hat keinen virtuellen Speicher.

Der virtuelle Speicher von Mac OS auf der Festplatte ist ab Werk um ein Megabyte größer als der installierte Arbeitsspeicher und wird vom Betriebssystem automatisch eingerichtet. Nur Anwender, die mit freiem Festplattenplatz geizen müssen, sollten diesen Wert herabsetzen oder den virtuellen Speicher ausschalten.

Systemfarben korrigieren

Sorgen Sie dafür, dass der Desktop Ihres Betriebssystems und eventuell weitere Programmelemente in neutralen, dezenten Farben erscheinen und nicht vom Bild ablenken. Gleichzeitig mobilisieren Sie oft Leistungsreserven Ihres Rechners, wenn Sie »visuelle Effekte« wie 3D-Elemente, animierte Menüs oder Schatten unter Mauszeigern abschalten. Dies gilt besonders für neuere Windows-Versionen wie ME oder XP.

Windows: Systemfarben

Die Titel- und Menüleisten in Windows prangen in poppigen Farben, die schnell nerven. Klicken Sie mit der rechten Maustaste auf den Desktop-Hintergrund, wählen Sie **Eigenschaften** und dann DARSTELLUNG.

Um unter Windows XP möglichst viele »visuelle Effekte« auf einmal abzuschalten und damit Photoshop erheblich zu beschleunigen, klicken Sie auf den Desktop, rufen mit [F1] *die Hilfe-Funktion auf, tippen »visuell« in das Suchfeld und und klicken auf die* EMPFOHLENEN THEMEN.

Mac: Systemfarben

Unter Mac OS 9 wählt man einen grauen Schreibtischhintergrund im Kontrollfeld ERSCHEINUNGSBILD unter der Registerleiste SCHREIBTISCH. Hier gibt es das neutrale Standardbildschirmmuster GRAU. Eventuell vorher geladene Schreibtischbilder verbannen Sie zuvor mit dem Befehl BILD ENTFERNEN vom Schreibtisch. Unter Mac OS X wählen Sie die Systemeinstellungen, dort den Schreibtisch und in dessen Sammlungen EINFARBIGE HINTERGRUNDBILDER.

2.2.2   Troubleshooting: System

Wenn Photoshop streikt, kann es auch an Problemen im Betriebssystem liegen:

➥ Entfernen Sie neu installierte Programme und Zusatzmodule, nach deren Installation erstmals Probleme auftraten, und installieren Sie Photoshop eventuell neu.

Kapitel 2   Oberfläche & Grundfunktionen

➡ Trennen Sie externe SCSI-, USB- und Firewire-Laufwerke vom System, überprüfen Sie Terminierung und Nummerierung.

➡ Teilen Sie Photoshop mehr Arbeitsspeicher und freie Auslagerungsbereiche auf der Festplatte zu; dazu verwenden Sie das Untermenü **Bearbeiten: Voreinstellungen** mit den Befehlen **Zusatzmodule & Virtueller Speicher** (Seite 51) sowie **Arbeitsspeicher & Bildcache** (Seite 52).

Eine Troubleshooting-Tabelle mit speziellen Photoshop-, nicht Systemproblemen nach dem Motto »Ich klicke und nichts passiert« finden Sie ab Seite 93.

Windows-Probleme

Die folgenden Probleme und Lösungen sind für Windows-Rechner typisch.

➡ Bei größeren Problemen sollten Sie eventuell die Photoshop-Voreinstellungen zurücksetzen. Drücken Sie [Strg]+[Alt]+[⇧]-Taste, während Photoshop startet.

➡ Benennen Sie einzelne Voreinstellungsdateien um, etwa für »Werkzeugspitzen« oder »Stile«. Unter Windows XP lagern diese Dateien im versteckten Ordner »C:\Dokumente und Einstellungen\<benutzername>\Anwendungsdaten\Adobe\Photoshop\7.0\Adobe Photoshop 7.0-Einstellungen«, Details zu anderen Windows-Varianten finden Sie in der Datei »Bitte lesen« im »Photoshop«-Verzeichnis.

➡ Systemdateien, die zum Teil Photoshop installiert – wie »Msvcrt20.dll« und »Msvcrt40.dll« – können bei der Installation anderer Programme überschrieben werden. Installieren Sie Photoshop erneut.

Mac-Probleme

So beheben Sie übliche Probleme am Mac:

➡ Kontextmenüs und Hilfen werden nur dann richtig angezeigt, wenn Sie die Systemerweiterung KONTEXTMENÜ ERWEITERUNG aktiviert haben.

➡ Voreinstellungen von Photoshop setzen Sie so zurück: Drücken Sie gleich nach Programmstart [⌘]+[Alt]+[⇧]. Die Programme erzeugen beim nächsten Start neue Voreinstellungsdateien.

2.2.3   Programminstallation

Die Installation des Photoshop-Programmpakets auf dem Rechner bereitet keine Mühe. Für eine Vollinstallation mit Photoshop und ImageReady sollten Sie mindestens 150 Mbyte Festplattenplatz bereithalten.

System und Installation   Kapitel 2

Es kann nützlich sein, gängige Internetbrowser noch vor der Installation von Photoshop und ImageReady auf dem endgültigen Platz auf Ihrer Festplatte zu installieren. Die Programme bieten dann an, aktuelle Dateien in diesen Browsern zur Vorschau darzustellen; installieren Sie die Internetbetrachter erst nachträglich, ist ihre Verwendung mit Photoshop und ImageReady etwas umständlicher.

Windows: Installation

So beginnt die Installation unter Windows: Sobald Sie die CD einlegen, sollte sich das Fenster ADOBE WILLKOMMEN öffnen, in dem Sie die Installation starten. Wenn sich das Start-Fenster nicht automatisch öffnet, klicken Sie doppelt auf die Datei »AutoPlay.exe« direkt im Stammverzeichnis der Photoshop-CD. Damit sollte das Fenster ADOBE WILLKOMMEN erscheinen. Alternative: Klicken Sie doppelt auf die Datei »Setup.exe« im Verzeichnis »Adobe Photoshop 7«. Damit starten Sie unmittelbar die Photoshop-Installation und verzichten auf den Willkommensgruß.

Unabhängig von dem Laufwerk, auf dem Sie installieren, sollten Sie auch im Windows-Laufwerk (meist C:) mindestens 70 Mbyte Platz freihaben.

Mac: Installation

Sobald Sie die CD mit der Bezeichnung »Adobe Photoshop« einlegen, sehen Sie das Symbol der Programm-CD auf dem Schreibtisch. Klicken Sie doppelt auf das Symbol der CD oder auf die Datei »Photoshop installieren«.

Unter Mac OS 9.x installiert man Photoshop am besten in den Ordner »Applications (Mac OS 9)«, wenn man Photoshop im Classic-Modus von OS X einsetzen will. Für den so genannten nativen Einsatz unter Mac OS X wählt man den Ordner »Applications«.

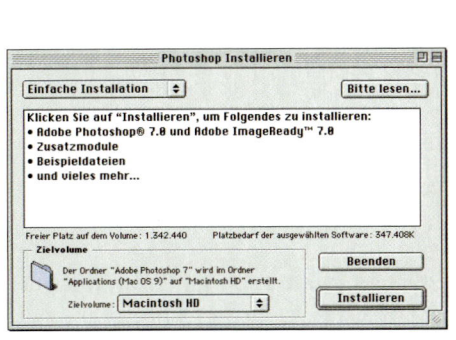
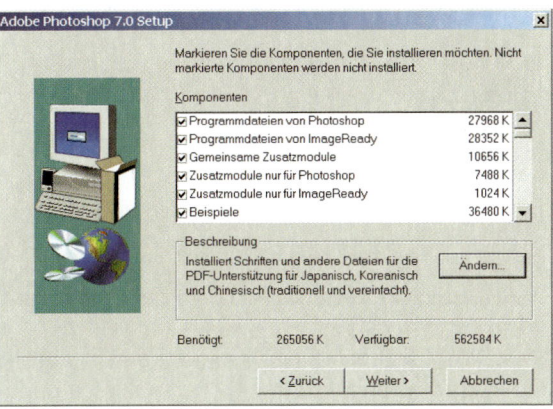

Abbildung 2.3:
Links: die »einfache Installation« am Mac. Dabei wird ohne weitere Wahlmöglichkeit eine sinnvolle Kombination von Programmen und Zusatzdateien installiert. Rechts: die »angepasste Installation« unter Windows. Hier schließen Sie Programmteile nach Wahl von der Übertragung auf Ihren Rechner aus.

Kapitel 2   Oberfläche & Grundfunktionen

Automatische versus individuelle Installation

Im Folgenden haben Sie die Wahl, die vom Hersteller vorgesehenen Programmteile automatisch zu installieren oder selbst eine Auswahl zu treffen. Wir empfehlen die automatische Version. Sie erhalten die meisten Programmteile, aber keinen überflüssigen Müll:

- Die Installationsvariante NORMAL (am Mac EINFACHE INSTALLATION) bringt Photoshop und ImageReady auf Ihren PC sowie eine sinnvolle Auswahl von Zusatzprogrammen und -funktionen. Beide Programme lassen sich später nur gemeinsam entfernen.

- Wählen Sie dagegen die ANGEPASSTE Installation (am Mac MANUELLE INSTALLATION), können Sie unter anderem nur Photoshop oder auch nur ImageReady installieren. Sie haben zudem die Wahl, ob mitgelieferte »Zusatzmodule«, meist **Filter**-Befehle, nur für eines der beiden Programme auf Ihren Rechner übertragen werden sollen. Wenn Sie möglichst wenig installieren wollen, wählen Sie zuerst ADOBE ONLINE (vergleiche Seite 91) und das SVG-INSTALLATIONSPROGRAMM für skalierbare Vektorgrafiken im Internetbrowser ab. Sie brauchen es weder für Photoshop noch für ImageReady.

Nur Windows: Dateitypen registrieren

Das Installationsprogramm fragt ab, ob Sie bestimmte Dateitypen mit Photoshop oder ImageReady verknüpfen wollen. Das heißt: Der Doppelklick auf eine Datei dieses Typs – zum Beispiel auf eine TIFF-Datei – öffnet automatisch Photoshop mit dieser Datei. Die Herstellervorgabe ist vernünftig, außer hauseigenen Formaten werden kaum Dateitypen mit diesen Programmen verbunden. Möchten Sie jedoch zum Beispiel TIFF- oder JPEG-Dateien mit Photoshop oder ImageReady verbinden, klicken Sie in der entsprechenden Zeile in die Zelle PS oder IR.

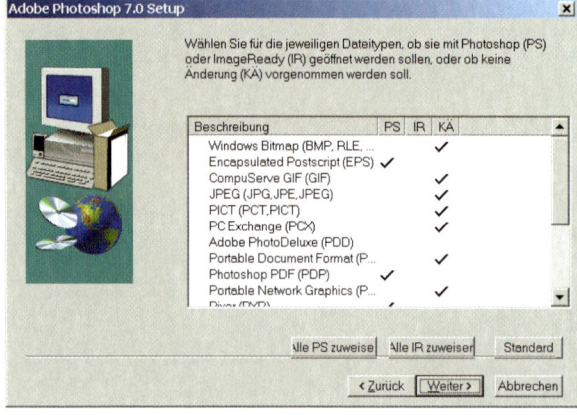

Abbildung 2.4:
Nur Windows: Bei der Installation verknüpfen Sie Dateiformate mit Photoshop. Das Programm öffnet sich dann nach Doppelklick auf eine entsprechende Datei, zum Beispiel auf eine TIFF-Datei.

Diese Wahl legt Sie kaum fest: Sie können sämtliche Dateiformate auch weiterhin mit allen anderen geeigneten Programmen verwenden und je nach Gusto weisen Sie Photoshop – oder anderen Programmen – auch nachträglich Dateiformate zu (Seite 50). Auch wenn Sie in diesem Dialogfeld einen Dateityp nicht registrieren, können Sie alle hier genannten Dateitypen

System und Installation   Kapitel 2

in Photoshop und ImageReady öffnen, wenn auch nicht per Doppelklick. Die Vorgaben, die Sie hier bei der Photoshop-Installation vorgenommen haben, lassen sich also jederzeit ändern (siehe Abbildung 2.4).

Beim ersten Programmstart erhalten Sie einen Hinweis zum Farbmanagement. Sie müssen sich hier noch nicht in die Details begeben, ausführlich besprechen wir das Farbmanagement ab Seite 132. Beachten Sie auch unsere Kurzhinweise für den Schnelleinstieg ab Seite 41.

Photoshop vom Rechner entfernen

Um Photoshop von einem Windows-Rechner zu entfernen, verwenden Sie im Windows-START-Menü den Befehl EINSTELLUNGEN/SYSTEMSTEUERUNG, wählen dann SOFTWARE, öffnen je nach Windows-Version noch die Registerkarte INSTALLIEREN/DEINSTALLIEREN, klicken auf den Eintrag ADOBE PHOTOSHOP 7.0 und dann auf HINZUFÜGEN/ENTFERNEN oder eine ähnliche Schaltfläche.

Am Mac ziehen Sie den Photoshop-Programmordner in den Papierkorb, fertig.

2.2.4   Photoshop starten

Um Photoshop zu starten, wählen Sie im Windows-START-Menü PROGRAMME: ADOBE: PHOTOSHOP 7.0: ADOBE PHOTOSHOP /7.0. Am Mac klicken Sie auf das Programmsymbol im Photoshop-Ordner.

Schneller öffnet sich das Programm über eine Verknüpfung auf dem Desktop, die Sie nur doppelt anklicken. Sie können auch Bilddateien auf dieses Symbol ziehen, um diese mit Photoshop zu öffnen.

- Windows: Öffnen Sie das Verzeichnis, das die Photoshop-Dateien enthält. Ziehen Sie die Programmdatei »Photoshop.exe« auf den Desktop. Dabei verschieben Sie die Datei nicht. Stattdessen entsteht eine Verknüpfung, die wie das Photoshop-Programmsymbol aussieht und zusätzlich durch einen Pfeil als Verknüpfung ausgewiesen wird.
- Mac OS 9: Legen Sie eine Alias-Datei an, indem Sie das Programmsymbol von Photoshop einmal anklicken und **Ablage: Alias erzeugen** wählen (⌘+M). Die Alias-Datei ziehen Sie nun auf den Schreibtisch.
- Mac OS X: Bei Mac OS X ziehen Sie das Programmsymbol einfach in das Dock.

Windows: Photoshop-Symbol im »Start«-Menü

Sie können Photoshop unter Windows auch ins START-Verzeichnis an oberster Ebene legen, auf gleichem Level wie PROGRAMME, EINSTELLUNGEN oder DOKUMENTE. So geht's:

1. Öffnen Sie das Photoshop-Programmverzeichnis im Explorer oder einem anderen Programm zur Dateiverwaltung.

2. Öffnen Sie zudem das START-Verzeichnis, indem Sie mit rechts auf die START-Schaltfläche klicken und den Befehl **Öffnen** verwenden.

3. Nun ziehen Sie die Datei »Photoshop.exe« aus dem Photoshop-Ordner in den »Start«-Ordner. Dabei verschieben Sie die Datei nicht, es entsteht lediglich eine Verknüpfung mit dem Namen »Verknüpfung mit Photoshop.exe«.

4. Klicken Sie etwas länger auf diesen Namen, um eine neue Bezeichnung eintippen zu können, zum Beispiel »Photoshop 7«.

Mac: Photoshop-Symbol im Apfel-Menü

Sie können unter Mac OS 9 die Alias-Datei mit der Verknüpfung zu Photoshop auch in das Apfel-Menü legen, wenn Sie Ihren Schreibtisch lieber aufgeräumt haben wollen. So geht's:

1. Öffnen Sie den Systemordner und ziehen Sie die Alias-Datei auf den Ordner »Apple-Menü«.

2. Nun finden Sie die Alias-Datei im Apfel-Menü. Photoshop lässt sich von dort aus starten.

Verschieben Sie den Photoshop-Ordner später in ein anderes Verzeichnis, müssen Sie der Alias-Datei den neuen Ort neu zuweisen. Dazu markieren Sie die Alias-Datei und rufen mit **Ablage: Information** *das Informationsfenster auf. Über die Schaltfläche* ORIGINAL NEU ZUWEISEN *geben Sie den neuen Pfad zum Programm an.*

System und Photoshop gemeinsam starten

Sie können Photoshop in einem Zug mit dem gesamten Rechner starten. So geht's:

- Windows: Öffnen Sie den Photoshop-Ordner sowie den Ordner »Autostart« innerhalb des Ordners »Start/Programme« (siehe oben). Ziehen Sie die Datei »Photoshop.exe« in den »Autostart«-Ordner, so dass dort eine Verknüpfung entsteht.

- Mac: Legen Sie unter Mac OS 9 die Alias-Datei in den Ordner »Startobjekte«, der sich im Systemordner befindet.

Windows: Dateiformate nachträglich verknüpfen

Schneller startet Photoshop, wenn Sie ihn mit bestimmten Dateiformaten verknüpfen (auch »Registrieren« genannt). Ein Beispiel: Sie klicken doppelt auf eine TIFF-Datei im Datei-Explorer, schon öffnet sich Photoshop mit dieser Datei. Bereits von Haus aus ist Photoshop mit seinen speziellen PSD-Dateien verbunden, bei der Installation können Sie das Programm mit weiteren Dateitypen verknüpfen (siehe oben). Alternativ verwenden Sie zum Verknüpfen den Windows-Weg. So geht's:

1. Klicken Sie eine Datei des gewünschten Formats im Explorer mit der rechten Maustaste bei gedrückter ⇧-Taste an. (Bei neueren Windows-Versionen ist die ⇧-Taste nicht erforderlich.)
2. Wählen Sie im Kontextmenü **Öffnen mit**.
3. Im Dialogfeld ÖFFNEN MIT klicken Sie das gewünschte Programm an, zum Beispiel Photoshop. Aktivieren Sie vor allem die Option DATEI IMMER MIT DIESEM PROGRAMM ÖFFNEN. Wenn das gewünschte Programm nicht unmittelbar erscheint, suchen Sie die Programmdatei wie etwa »Photoshop.exe« nach einem Klick auf die Schaltfläche ANDERE im Verzeichnis des Programms, also zum Beispiel C:\Programme\Photoshop.
4. Sobald Sie mit OK bestätigen, wird die markierte Datei mit diesem Programm geöffnet. Fortan wird ein Klick auf eine Datei dieses Formats immer das gewählte Programm starten.

Falls Sie eine Bilddatenbank verwenden: Auch in ThumbsPlus, Cumulus oder Photo Explorer oder anderen digitalen Fotoalben können Sie meist ein Bildprogramm vorgeben, in dem die angezeigten Fotos nach Doppelklick geöffnet werden.

2.2.5 Photoshop auf Leistung trimmen

Mit verschiedenen Voreinstellungen richten Sie Photoshop für optimale Leistung auf Ihrem Rechner ein.

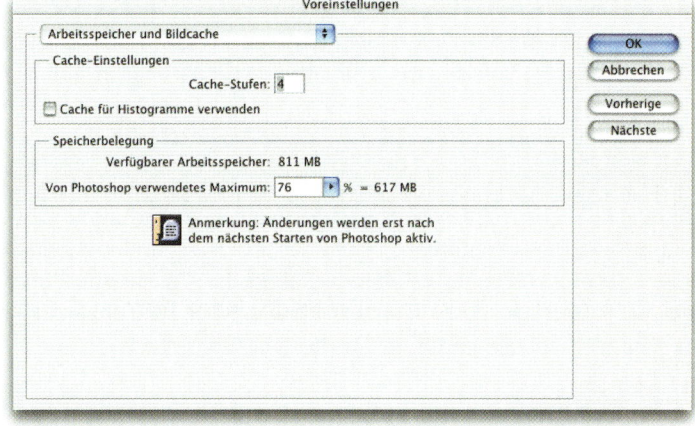

Abbildung 2.5:
Im Bereich »Arbeitsspeicher und Bildcache« teilen Sie Photoshop Arbeitsspeicher zu.

Arbeitsvolumes

Bildteile, die nicht mehr in die Arbeitsspeicher-Chips passen, bringt Photoshop vorübergehend in einem so genannten virtuellen Speicher auf der Festplatte unter – unabhängig vom Betriebssystem. Dieser Bereich heißt ARBEITSVOLUME. Das klingt praktisch, doch es verlängert die Rechenzeit erheblich.

Kapitel 2   Oberfläche & Grundfunktionen

Wählen Sie **Bearbeiten: Voreinstellungen: Zusatzmodule & Virtueller Speicher** und nennen Sie dem Programm bis zu vier Festplatten-Laufwerke zum Auslagern. Das STARTVOLUME ist das Laufwerk, auf dem Sie auch Photoshop installiert haben. Geben Sie schnelle, freie, lokale Laufwerke an – keine Laufwerke im Netz, keine Wechselspeicher. Vermeiden Sie Laufwerke, auf denen große Dateien aus Ihrer aktuellen Arbeit liegen oder auf die auch das Betriebssystem auslagert. Das Arbeitsvolume sollte defragmentiert sein und mindestens 100 Mbyte Platz bieten.

Die Auslagerungsdateien können Sie unter Windows mit dem Explorer leicht im Auslagerungslaufwerk aufspüren; sie haben Namen wie ~PST1234.TMP und umfassen ohne weiteres mehrere 100 Mbyte. Bei Programm- oder Systemabstürzen werden diese Hilfsspeicher eventuell nicht planmäßig gelöscht und müssen von Hand entsorgt werden. Beim Mac mit OS 9 lagern die Dateien im unsichtbaren Ordner »Cleanup at startup«.

Den gesamten Photoshop-Speicherbedarf nennt die Informationenleiste in der Statuszeile, wenn Sie das entsprechende Menü auf **Arbeitsdatei-Größen** oder **Effizienz** stellen (Seite 106).

Windows und Mac OS X: Physikalischer Speicher

Unter Windows wählen Sie **Bearbeiten: Voreinstellungen: Arbeitsspeicher & Bildcache**, unter Mac OS 10 finden Sie die Funktion im **Photoshop**-Menü. Hier teilen Sie Photoshop für Windows mit, wie viel Prozent vom verfügbaren physikalischen Arbeitsspeicher (RAM) er für sich reservieren darf. Grundsätzlich sollten Sie Photoshop mindestens 75 Prozent gewähren, Photoshop beginnt nach der Installation nur mit 50 Prozent.

Eine 100-Prozent-Speicherzuteilung für Photoshop kann allen anderen Programmen die Luft wegnehmen. Unter Mac OS 10 sollten Sie mindestens 130 Mbyte Arbeitsspeicher für das Betriebssystem übriglassen.

Bildcache

Photoshop verwendet einen Bildcache – einen Zwischenspeicher –, um den Aufbau von Bildern mit vielen Ebenen am Monitor zu beschleunigen. Dabei wird die Darstellung großer Dateien aus heruntergerechneten Varianten erzeugt. Je höher der Bildcache – Werte von 1 bis 8 sind möglich –, desto mehr Speicher kostet das, desto schneller kann es aber auch gehen. 4 ist ein akzeptabler Mittelwert, bei sehr großen Dateien sollten Sie darüber hinausgehen.

Auf starken Rechnern läuft Photoshop schneller, wenn Sie den Bildcache einsetzen und auch »für Histogramme verwenden«. Dies gilt insbesondere, wenn Sie mit großen Dateien arbeiten, die Sie häufig in Zoomstufen wie 50 Prozent oder noch kleiner betrachten.

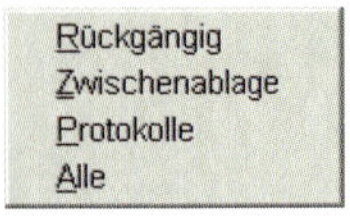

Abbildung 2.6:
Das Untermenü »Entleeren« schafft Platz im Arbeitsspeicher.

System und Installation   Kapitel 2

2.2.6 Tipps: Arbeitsspeicher freihalten

Halten Sie den Arbeitsspeicherbedarf Ihres Gesamtsystems so klein wie möglich, damit Photoshop schneller arbeitet und weniger Daten auf die Festplatte auslagert. Folgende Maßnahmen liegen nah:

- Sie schließen oder löschen überflüssige Bilder und Programme.
- Sie löschen nutzlose Ebenen, Ebenenmasken und Alphakanäle oder verschmelzen Ebenen.
- Sie schneiden überschüssigen Rand weg.
- Sie deinstallieren überflüssige Schriftarten und Farbprofile.
- Sie begrenzen die Zahl der Rücknahmeschritte mit den Optionen zur Protokoll-Palette.

All das spart erheblich Arbeitsspeicher und macht Ihre Arbeit schneller. Aber Sie können noch mehr tun.

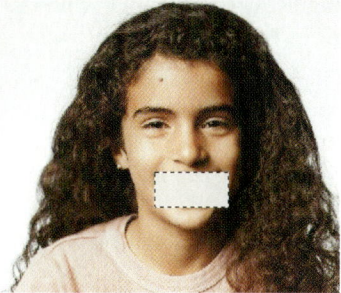

Abbildung 2.7:
Stückwerk: Wer in einem großen Porträt nur die Zahnlücke retuschieren will, kann Arbeitsspeicher sparen, indem er den interessanten Bildteil herausnimmt und durch die Hintergrundfarbe ersetzt, ...

Zwischenablage löschen oder vermeiden

Jedes Mal, wenn Sie durch **Kopieren** oder **Ausschneiden** einen größeren Bildteil in die Zwischenablage befördern, pflastern Sie damit Arbeitsspeicher zu. Um Platz zu schaffen, nutzen Sie das Untermenü **Bearbeiten: Entleeren**. Alternativ markieren Sie einen sehr kleinen Bildteil oder ein Stück Text und kopieren das in die Zwischenablage.

Wollen Sie einen Bildausschnitt nicht gerade mehrfach übertragen, verzichten Sie ganz auf die Zwischenablage – ziehen Sie den ausgewählten Bildbereich, eine Ebene oder auch eine ganze »Hintergrund«-Ebene einfach mit dem Verschieben-Werkzeug in eine andere Datei; dieser Transfer strapaziert Ihre Zwischenablage gar nicht. Auch die Miniaturen aus der Ebenen-Palette oder Kanäle-Palette können Sie in das gewünschte Bild ziehen; auch dieser Weg umgeht die Zwischenablage.

Kapitel 2   Oberfläche & Grundfunktionen

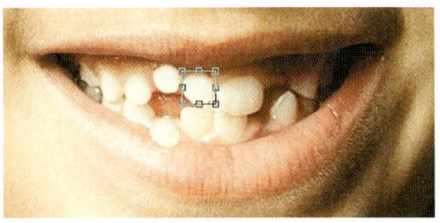 

Abbildung 2.8:
... im nächsten Schritt wird nur der Ausschnitt retuschiert. Schließlich kopiert man ihn in die Zwischenablage und fügt ihn wieder in die Rechteckauswahl des Gesamtbildes ein.

2.3 Die Programmoberfläche

Zu Photoshop 7.0 gehört auch das Programm ImageReady 7. ImageReady hat viele Funktionen mit Photoshop gemeinsam, bietet darüber hinaus aber Spezialitäten für Internetdesigner: Rollover-Effekte, Animationen und ImageMaps. Die Bedienung ähnelt überwiegend Photoshop, es gibt aber auch irritierende Unterschiede. Wir besprechen darum hier Photoshop; Besonderheiten bei ImageReady ebenso wie Unterschiede zwischen Mac und Windows erfahren Sie natürlich sofort.

2.3.1 Das Photoshop-Programmfenster

Hier widmen wir uns nun dem Umgang mit Dateifenstern und der Darstellung der Programmoberfläche.

Bilddatei-Titelleisten

Beachten Sie, dass Photoshop die Titelleisten der Dateifenster mit Informationen voll stopft. Sie erkennen dort nicht nur Farbmodus und Abbildungsmaßstab; das Programm verrät auch, welche Ebene oder Ebenenmaske aktiv ist, präsentiert gegebenenfalls das Copyright-Zeichen des Digimarc-Filters und nennt die aktuelle Ansicht, wenn Sie ein RGB-Bild als CMYK-**Farb-Proof** darstellen (Seite 88).

In kleinen Zoomstufen zeigt die Titelleiste eventuell nicht den ganzen Sermon. Den entnehmen Sie unter Windows jedoch der Titelleiste des Programmfensters ganz oben, sofern Sie das Bild durch Doppelklick auf die Datei-Titelleiste maximieren. Alternative: Halten Sie nur den Mauszeiger über die Titelleiste. Nun blendet Photoshop gelb unterlegt die vollständige Titelleisten-Information ein; dazu aktivieren Sie in den **Voreinstellungen** die WERKZEUGTIPPS (siehe Abbildung 2.9).

2.3.2 Kontextmenüs

Direkt über der Datei oder über einer Palette erscheinen Photoshops Kontextmenüs, die Sie unter Windows mit der rechten Maustaste einblenden. Am Mac tut es ein Ctrl-Klick; mit einer Fremdhersteller-Maus etwa von Logitech und einem entsprechenden Treiber können Sie auch am Mac die rechte Maustaste nutzen.

Die Programmoberfläche Kapitel 2

Im Kontextmenü zeigt Photoshop zum Beispiel Befehle aus den jeweiligen Werkzeugoptionen, bei den Mal- oder Retuschegeräten bietet er eine Auswahl an Mischmodi und die Werkzeugspitzen-Optionen. Speziell die Ebenen-Palette enthält unterschiedlichste Kontextmenüs über den verschiedenen Zonen. Bei aktivem Verschieben-Werkzeug erscheint ein Auswahlmenü der Ebenen unter der Zeigerposition; dazu reicht es, wenn Sie mit der stets gültigen Strg-Taste vorübergehend zum Verschieben-Werkzeug umschalten und rechts klicken.

Sogar in der Titelleiste einer Bilddatei zeigt Photoshop für Windows ein Kontextmenü, unter anderem mit den nützlichen **Bild**-Befehlen **Bildgröße** und **Bild duplizieren**; unter Mac OS 9 meldet ein Klick mit gedrückter Befehlstaste den Speicherort der Bilddatei.

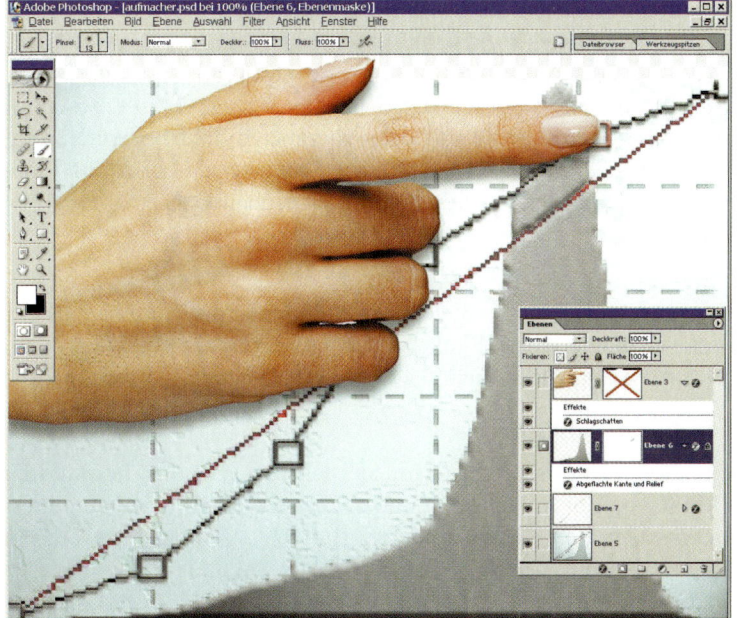

Abbildung 2.9:
Unter der Menüleiste erscheinen die Optionen für das Werkzeug, das in der Werkzeugpalette aktiviert ist, hier der Protokollpinsel. Der Titelleiste und der Ebenen-Palette entnehmen Sie, dass hier momentan die Maske der »Ebene 6« bearbeitet wird.

2.3.3   Darstellung des Programmfensters

Drücken Sie ein- oder zweimal die Taste F (für Full screen), um in die empfehlenswerte, übersichtliche Vollschirmdarstellung zu wechseln. Alternativ klicken Sie die entsprechenden Vollschirm-Symbole unten in der Werkzeugpalette an. Damit drängt sich Photoshop komplett vor andere Programme, auch nicht aktive Dateien verschwinden aus dem Blickfeld.

In der extremeren Variante mit schwarzem Programmhintergrund verschluckt Photoshop sogar die Menüleiste, Sie müssen das Programm also über Tastenkürzel bedienen; Windows-Nutzer erhalten allerdings in diesem Modus alle Menüs auch über einen entsprechenden Knopf oben an der Werkzeugpalette.

Kapitel 2   Oberfläche & Grundfunktionen

TIPP

Die Photoshop-Arbeitsfläche – also der graue Bereich um ein Bild herum – lässt sich nach Ihren Wünschen färben. Klicken Sie mit dem Füllwerkzeug bei gedrückter ⇧-Taste in die Photoshop-Arbeitsfläche; so wird sie mit der aktuellen Vordergrundfarbe gefärbt. Dieser Vorgang lässt sich allerdings nicht widerrufen; bei einem unerwünschten Ergebnis müssen Sie mit einer neuen Farbe füllen.

2.3.4   Lineale

Aufschluss nicht nur über die Pixelgröße, sondern auch über die Zentimetergröße im Druck oder über eine prozentuale Aufteilung geben die Lineale; sie lassen sich links und oben im Bilddateifenster einblenden; der Befehl heißt **Ansicht: Lineale** oder kurz [Strg]+[R] (für Rulers).

Welche Einheiten die Lineale anzeigen, regeln Sie mit dem Menübefehl **Bearbeiten: Voreinstellungen: Maßeinheiten & Lineale**, einfacher jedoch mit dem Kontextmenü über den Linealen oder in der Info-Palette durch Anklicken des Symbols CURSOR-KOORDINATEN.

Nullpunkt

Den Nullpunkt der Lineale verändern Sie, indem Sie den Mauszeiger in die linke obere Ecke der Linealspalte setzen und an den gewünschten Punkt ziehen. Sie setzen den Nullpunkt wieder nach ganz links oben, indem Sie doppelt in die linke obere Ecke klicken, dorthin, wo die Lineale zusammenlaufen.

Der verschobene Nullpunkt hilft unter anderem, wenn Sie das Bild an einer bestimmten Stelle abschneiden und die Maße von dort aus messen und anzeigen wollen. Nützlich außerdem: Mit der Funktion **Bearbeiten: Frei Transformieren** ([Strg]+[T]) platzieren Sie ein Objekt exakt am Nullpunkt von X- und Y-Achse – und zwar dort, wo Sie den Nullpunkt angelegt haben. Dazu tragen Sie jeweils eine Null in die Felder für HORIZONTALE POSITION und VERTIKALE POSITION ein und schalten die Schaltfläche für RELATIVE POSITIONIERUNG aus. Beachten Sie aber die Position des Referenzpunkts beim Verschieben (Seite 688).

Abbildung 2.10:
Zentimetergenau: Photoshop fasst die Bilddateien mit Linealen ein, die zum Beispiel in Pixel oder Zentimeter unterteilt sind. Die Maßeinheit wählen Sie im Kontextmenü über dem Lineal. Den Nullpunkt können Sie verschieben. Aus den Linealen ziehen Sie Hilfslinien heraus.

Unabhängig von der Verschiebung der Nullpunkte verharren Hilfslinien generell über der Bildstelle, an der sie ursprünglich platziert wurden. Raster dagegen, die Sie auf »Zentimeter«-Basis eingerichtet haben, wandern bei einer Verschiebung des Nullpunkts mit (Seite 683).

*Wenn Sie Aktionen (automatisch ablaufende Befehlsfolgen) aufzeichnen, sollten Sie vorab eine sinnvolle Maßeinheit einrichten. Verwenden Sie Prozent, wenn Photoshop sich unabhängig von der Bildgröße immer an bestimmten Proportionen orientieren soll. Verwenden Sie Pixel, wenn immer die gleiche Zahl an Bildpunkten bearbeitet wird. Dies gilt zum Beispiel für Befehle wie **Arbeitsfläche** und **Bildgröße**, für das Freistellwerkzeug ⛝ oder beim Einfügen.*

2.3.5 »Extras« anzeigen und aktivieren

Als »Extras« bezeichnet Photoshop Teile der Bilddarstellung innerhalb des Bildes, die nicht mitgedruckt werden, die Sie aber gleichwohl am Schirm sehen: die Auswahl-Fließmarkierung, Messpunkte des Farbaufnehmers ✐, Textgrundlinien, der aktuelle Pfad (auch bei Vektormasken), Anmerkungen, Raster, Hilfslinien, Slices-Linien, in ImageReady zudem die Imagemap-Markierungen. Sie entscheiden nach Bedarf, welche dieser Bildzutaten Photoshop zeigen und verwenden soll.

Extras anzeigen

Im Untermenü **Ansicht: Einblenden** legen Sie die sichtbaren Bildmerkmale fest. Wählen Sie gleich die Vorgabe **Ansicht: Extras** komplett ab, wenn Sie gar keine Zutaten mehr im Bild sehen wollen; das Häkchen neben der Funktion darf nicht mehr zu sehen sein. Auch [Strg]+[H], für Hide, schaltet hin und her.

Extras abschalten

Mit dem Befehl **Ansicht: Einblenden: Alles** machen Sie alle Extras aktiv und sichtbar. **Ansicht: Einblenden: Ohne** verbirgt die Extras nicht nur, sie werden auch abgeschaltet. Oder wählen Sie gleich die Vorgabe **Ansicht: Extras** komplett ab; das Häkchen neben der Funktion darf nicht mehr zu sehen sein. Auch [Strg]+[H], für Hide, schaltet hin und her. Wohlgemerkt, damit verbergen Sie die Extras nur – sie werden nicht abgeschaltet oder entfernt.

Im Untermenü **Ansicht: Einblenden** finden Sie auch den Befehl **Extra-Optionen einblenden**. Dort bestimmen Sie für mehrere Merkmale gleichzeitig, ob sie angezeigt oder verborgen werden sollen. Wählen Sie eine entsprechende Einzelfunktion mit dem Untermenü **Ansicht: Einblenden** ab, so entfernt Photoshop sie auch aus dem Dialogfeld EXTRA-OPTIONEN EINBLENDEN. Sobald Sie etwa eine neue Auswahl oder eine neue Hilfslinie erstellen, zeigt Photoshop automatisch alle Auswahlen beziehungsweise Hilfslinien wieder an – auch wenn Sie dies zuvor abgewählt haben.

Kapitel 2   Oberfläche & Grundfunktionen

*Auch bei geöffnetem Dialogfeld stehen Ihnen die **Extras**-Befehle zur Verfügung. Sie können also noch bei geöffneter **Tonwertkorrektur** oder anderen Befehlen störende Hilfslinien oder Auswahl-Markierungen verbergen.*

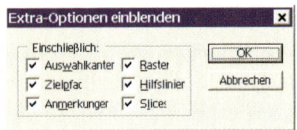 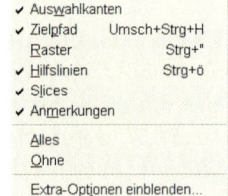

Abbildung 2.11:
Links: Mit den Befehlen im Untermenü »Ansicht: Einblenden« legen Sie fest, welche »Extras« Photoshop über der Bilddatei anzeigen soll. Rechts: Im Dialogfeld »Extra-Optionen einblenden« bestimmen Sie, welche Merkmale Photoshop generell zusätzlich zum Bildinhalt anzeigen soll.

2.3.6   Die Paletten

Die Photoshop-Paletten zeigen Näheres über Pfade, Kanäle oder Farbwerte. Um sie aufzurufen, wählen Sie die entsprechenden Befehle im Menü »Fenster« oder eine der voreingestellten Kurztasten (siehe unten). Die Paletten ZEICHEN und ABSATZ erreichen Sie auch über die PALETTEN-Schaltfläche in den Optionen zum Text-Werkzeug T. Sofern Sie gerade texten, erscheinen diese Paletten auch per Strg + T. Werkzeuge wie Kopierstempel oder Pinsel bieten mit derselben Schaltfläche die Werkzeugspitzen-Palette an.

Paletten öffnen per Kurztaste

Photoshop und ImageReady bieten eine Reihe von Kurztasten-Befehlen, die schnell zu wichtigen Paletten und anderen Funktionen verhelfen. Diese Befehle gelten so lange, wie Sie die Kurztasten nicht mit der Aktionen-Palette anderweitig vergeben:

F1	Internetbrowser mit Hilfe-Text starten (auch bei geöffnetem Dialogfeld) (nur Windows, am Mac Befehlstaste+Fragezeichentaste)
F2	**Ausschneiden** (nur Photoshop)
F3	**Kopieren** (nur Photoshop)
F4	**Einfügen** (nur Photoshop)
F5	**Werkzeugspitzen** ein-/ausblenden
F6	**Farbregler** ein-/ausblenden
F7	**Ebenen** ein-/ausblenden
F8	**Informationen** ein-/ausblenden
F9	**Aktionen** ein-/ausblenden
F10	**Optimieren**-Palette ein-/ausblenden (nur ImageReady)
F11	**Animation**-Palette ein-/ausblenden (nur ImageReady)
F12	**Zurück zur letzten Version**

Die Programmoberfläche   Kapitel 2

⇧+F5 Dialog FLÄCHE FÜLLEN (nur Photoshop)

⇧+F6 Dialog WEICHE AUSWAHLKANTE (nur Photoshop)

⇧+F7 **Auswahl umkehren** (nur Photoshop)

TIPP
Diese Tastaturgriffe stehen unter Windows und Mac OS X sofort zur Verfügung, unter Mac OS 9 müssen Sie vorab im Kontrollfeld TASTATUREINSTELLUNGEN *im Dialog* FUNKTIONSTASTEN *die* KURZBEFEHLE *ausschalten.*

Paletten gruppieren

Photoshop fasst mehrere Paletten wie Karteikarten zu einer Gruppe zusammen; über Reiter klickt man die gewünschte Palette nach vorn. Ziehen Sie einzelne Paletten zu Gruppen Ihrer Wahl zusammen. Ziehen Sie eine Palette aus ihrer Gruppe heraus und lassen Sie sie über der Arbeitsfläche los – diese Palette steht dann als Einzelgängerin da.

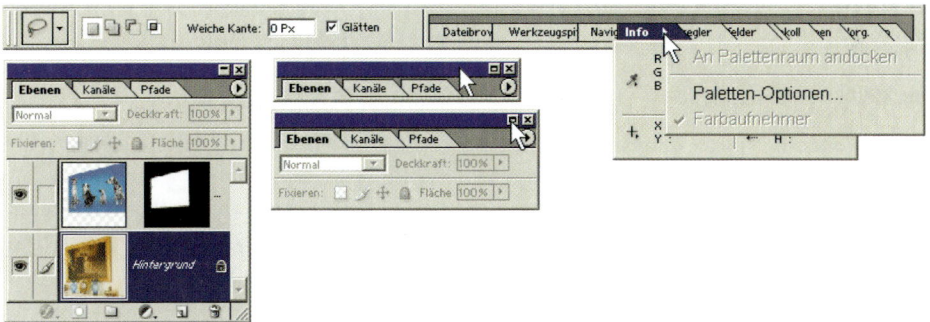

Abbildung 2.12:
Ganz links: Mehrere Paletten wurden zu einer Gruppe zusammengefasst. Mitte: Durch Klick auf das Symbol zur Palettenverkleinerung oder auf den Balken über dem Palettennamen verkleinern Sie die Paletten. Rechts: Bei Photoshop können Sie die Paletten im Palettenraum der Werkzeugoptionen sammeln; klicken Sie dort neben dem Namen der aktivierten Palette auf das Dreieck, um das Palettenmenü zu erhalten. Mit der Tab-Taste oder mit ⇧-Tab blenden Sie alle Paletten aus.

Palettenraum

Rechts neben den Werkzeugoptionen bietet Photoshop einen Palettenraum. Nicht benötigte Paletten ziehen Sie hier hinein. Alternativ öffnen Sie das Palettenmenü mit der Schaltfläche ⊙ und wählen **An Palettenraum andocken**. Großer Nachteil: Das geht nur Palette für Palette, Palettengruppen lassen sich nicht en bloc verstauen. Klicken Sie auf den sichtbaren Namen im Palettenraum, um die Palette zu öffnen. Durch Ziehen entfernen Sie die Palette wieder aus dem Palettenraum, sie schwebt dann frei über der Programmfläche.

STOP
Eine Palette, die Sie aus dem Palettenraum heraus öffnen, wird nach dem nächsten Befehl wieder geschlossen. Benötigen Sie eine Palette öfter, ziehen Sie diese aus dem Palettenraum heraus.

Photoshop 7.0 Kompendium   59

Palettenposition speichern und abrufen

Ordnen Sie alle Paletten so an, wie Sie es besonders praktisch finden – auch außerhalb des Photoshop-Fensters. Dann wählen Sie **Fenster: Arbeitsbereich: Arbeitsbereich speichern** und vergeben einen Namen. Dieses Palettenarrangement rufen Sie fortan unter dem gewählten Namen im Untermenü **Fenster: Arbeitsbereich** auf; so stellen Sie blitzschnell die alte Ordnung auf dem Schirm wieder her. Speichern Sie eigene Palettenkonstellationen für unterschiedliche Aufgaben, Nutzer oder Bildschirme.

Der Befehl **Fenster: Arbeitsbereich: Palettenpositionen zurücksetzen** ordnet alle Paletten in ihren ursprünglichen Gruppen am rechten Rand des aktuellen Programmfensters an - aber nicht den Dateibrowser. Alle individuellen Palettengruppen sind damit perdu – Photoshop zeigt die Paletten stumpf nach Werkvorgabe und nicht in ihrer zuletzt verwendeten Zusammenstellung.

Die Paletten docken beim Verschieben leicht magnetisch am Rand der Programmfläche und an anderen Paletten an. Der Drang zum Rand des Programmfensters verstärkt sich dramatisch beim Anklick mit gedrückter ⇧-Taste– die Palette springt zur nächstgelegenen Photoshop-Kante, kann jedoch auch an eine andere Seite des Programms gezogen werden.

Paletten verkleinern und schließen

Die Paletten lassen sich auch »zusammenfalten«, so dass nur noch ihre Titelleiste auf dem Schirm erscheint; dazu klicken Sie auf die Symbol-/Vollbild-Schaltfläche ▬ rechts oben in der Palettenleiste, oder klicken Sie doppelt auf die obere Leiste der Palette. In ImageReady lassen sich einige Paletten mit dem Optionen-Symbol ⇅ erweitern beziehungsweise kürzen. Alternativ verwenden Sie im Palettenmenü den Befehl **Optionen**.

Abbildung 2.13:
So kontrollieren Sie Montagen mit der Ebenen-Palette. Links: Die Vorlage wirkt langweilig. Rechts: Wir heben den »Hintergrund« auf eine eigene Ebene und blenden mit der Ebenenmaske größere Teile der Umgebung aus. Unter die Urlauber legen wir eine neue Wolken-Ebene. Vorlage: Urlaub; Zwischenergebnis: Urlaub_2

Die Programmoberfläche   Kapitel 2

Paletten schnell ausblenden

Das Programm wirkt noch aufgeräumter, wenn Sie mit der Tabulortaste sämtliche Paletten samt Werkzeugpalette und Optionsleiste auf einen Schlag verbannen. ⇧+⇥ lässt die Werkzeugpalette und die Optionsleiste oben. Holen Sie danach nur einzelne Paletten mit dem entsprechenden **Fenster**-Befehl oder per Kurztaste wieder an die Oberfläche. Damit kehren Sie die typische Unordnung der Photoshop-Oberfläche schnell unter den Tisch. Eine neuerliche Benutzung der Tabulatortaste fördert die Paletten wieder zutage.

Allerdings: Der Tab-Griff funktioniert nicht, wenn Sie gerade in den Werkzeugoptionen Werte ändern. Denn dort können Sie per Tab von einem Eingabefeld zum nächsten springen, so dass die Taste ihre aufräumende Wirkung nicht mehr entfaltet. Klicken Sie in die Programmfläche oder auf ein Bild, um Photoshops Aufmerksamkeit von den Werkzeugoptionen abzulenken.

Beim nächsten Start zeigt Photoshop alle Paletten dort, wo sie zuletzt lagen. Es sei denn, Sie wählen in den **Voreinstellungen** die Option PALETTENPOSITIONEN SPEICHERN ab.

Drücken Sie die Eingabetaste, um besonders schnell die Werkzeugoptionen einzublenden. Bei Pinsel oder Stempel erscheinen zusätzlich die Werkzeugspitzen.

Abbildung 2.14:
Links: Wir kopieren die Gesamtansicht der Montage mit dem Befehl »Bearbeiten: Auf eine Ebene reduziert kopieren«, fügen diese Ansicht als neue »Ebene 2« ein, verwenden »Filter: Weichzeichnungsfilter: Radialer Weichzeichner« und senken die Deckkraft dieser Ebene auf 50 Prozent; einzelne Partien des Zoomeffekts verbergen wir durch eine weitere Ebenenmaske, um das Hauptmotiv nicht zu sehr zu entstellen. Rechts: In der Ebenen-Palette stellen wir die Füllmethode für die Zoom-»Ebene 2« zum aufhellenden »Negativ multiplizieren« um und heben die Deckkraft auf 90 Prozent an. Ergebnis: Urlaub_3

Gemeinsame Bedienung bei den Paletten

Die Paletten enthalten viele einheitliche Befehle und Schaltflächen. Auf Wunsch stellt Photoshop die Pfade, Kanäle oder Ebenen in der Palette auch en miniature dar – ob überhaupt und wie groß, das regeln Sie mit dem Befehl **Paletten-Optionen** im jeweiligen Palettenmenü. Wir stellen alle Paletten noch detailliert vor. Im Folgenden sehen Sie die wichtigsten gemeinsamen Funktionen:

▪	Neues Objekt erstellen; Klicken mit [Alt]-Taste blendet Optionen ein (umgekehrt bei Aktionen-Palette); vorhandenes Element auf Schaltfläche ziehen, um es zu duplizieren
▫	Neues Set erstellen (Aktionen, Ebenen)
🗑	Markiertes Element löschen; Klicken mit [Alt]-Taste blendet Optionen ein (umgekehrt bei Aktionen-Palette); Alternative: Element auf Schaltfläche ziehen
👁	Objekt ein/-ausblenden; [Alt]-Klick: Objekt einblenden, alle anderen ausblenden bzw. alle Objekte wieder einblenden
▸	Palettenmenü öffnen
▬	Palette verkleinern
✖	Palette schließen

2.3.7 »Vorgaben« und »Bibliotheken«

Die Einstellungen für ein Werkzeug speichert Photoshop als »Vorgabe«. Alle Vorgaben für alle Werkzeuge sammeln Sie in einer so genannten »Bibliothek«, hier in der Bibliothek WERKZEUGE.

Für manche Werkzeuge und weitere Photoshop-Funktionen kommen noch mehr Bibliotheken hinzu: Auch Farbverläufe, Muster, Werkzeugspitzen für Mal- und Retuschewerkzeuge, Kontur, Stile oder Vektorformen sammelt Photoshop jeweils als »Vorgaben« in eigenen »Bibliotheken«. So verwenden Sie für ein Werkzeug eventuell nicht nur die »Werkzeuge«-Bibliothek, sondern noch eine weitere Vorgaben-Sammlung. Ein Beispiel für das Verlaufswerkzeug ▬:

▸ Form des Verlaufs, Deckkraft, Füllmethode und auch den Farbverlauf selbst speichern Sie als Vorgabe in der WERKZEUGE-Bibliothek.

▸ Für die Verläufe allein bietet Photoshop noch eine eigene VERLÄUFE-Bibliothek, in der Sie nur die Farbkombinationen ablegen.

Verwaltung und Darstellung der unterschiedlichen Bibliotheken sind immer gleich. Wenn Sie die Bibliothek nicht aus der Optionenleiste zum aktuellen Werkzeug heraus öffnen möchten, drücken Sie einfach die Eingabetaste. Der Befehl **Bearbeiten: Vorgaben-Manager** gibt Ihnen Zugriff auf alle Bibliotheken unabhängig vom aktuellen Werkzeug.

Die Programmoberfläche Kapitel 2

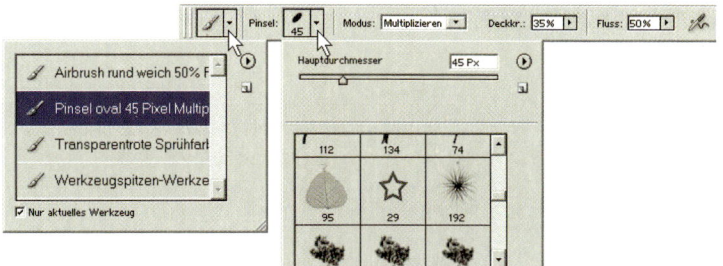

Abbildung 2.15:
Die Optionenleiste zum Pinsel bietet die Bibliotheken für Werkzeuge und Werkzeugspitzen an.

Werkzeugeinstellungen als Vorgabe verwenden

Natürlich müssen Sie nicht jegliche Werkzeugeinstellung als Vorgabe speichern. Photoshop merkt sich ja ohnehin die zuletzt genutzten Werte. Nützlich wirken die Vorgaben jedoch bei Funktionen mit aufwendigen Einstellungen – etwa die komplette Schriftformatierung beim Text-Werkzeug T oder spezielle Zentimeter-Vorgaben beim Freistellwerkzeug. Werte, die Sie hier öfter benötigen, sollten Sie als Vorgabe sichern.

So speichern Sie die aktuellen Vorgaben für ein beliebiges Werkzeug:

a. Richten Sie die Werkzeugoptionen wie gewünscht ein.
b. Klicken Sie oben links in der Werkzeugleiste auf das Dreieck neben dem Werkzeug-Symbol.
c. Wenn sich der Vorgaben-Manager geöffnet hat, klicken Sie auf die Schaltfläche NEUE WERKZEUGVOREINSTELLUNG SICHERN.
d. Vergeben Sie einen Namen und klicken Sie auf OK.

Möchten Sie diese Vorgaben wieder verwenden, schalten Sie das Werkzeug ein und öffnen die Vorgaben-Auswahl oben links in der Optionenleiste. Sie können hier auch Vorgaben für andere Werkzeuge wählen – Photoshop wechselt dann das Werkzeug für Sie.

Die komplette Vorgaben-Bibliothek lässt sich via Palettenmenü als Datei speichern. Das Palettenmenü erreichen Sie über die Schaltfläche rechts oben. So übertragen Sie die Vorgaben auf einen anderen Computer. Die Bibliothek bleibt jedoch innerhalb der aktuellen Photoshop-Installation auch ohne ausdrückliches Speichern erhalten (siehe Abbildung 2.16).

Vorgaben in der Bibliothek darstellen

Die gewünschte Anzeigeform in der Bibliothek legen Sie jeweils im Palettenmenü fest. Zu den Darstellungsmöglichkeiten zählen NUR TEXT, GROßE MINIATUREN oder KLEINE LISTE.

Sie sichten also die Bezeichnung und auf Wunsch auch eine Miniatur des Objekts in der Bibliothek. Der Name erscheint zudem gelb unterlegt, wenn Sie den Mauszeiger über das Objekt halten. Das Kontextmenü über einem Objekt bietet meist drei Befehle: Sie können ein neues Objekt erstellen – also etwa eine neue Werkzeugspitze oder einen neuen Farbverlauf; dabei duplizieren Sie jeweils das zuvor aktive Objekt.

Kapitel 2   Oberfläche & Grundfunktionen

Abbildung 2.16:
Die Abbildung zeigt die »Muster«-Vorgaben in der aktuellen »Muster-«Bibliothek, sie werden hier per Vorgaben-Manager bearbeitet. Sie können die Vorgaben in verschiedenen Größen darstellen; das gilt nicht nur für die Darstellung im Vorgaben-Manager, sondern auch für die verschiedenen Bibliotheken in den Einblendmenüs. Die Bibliotheken aus dem Photoshop-Verzeichnis »Vorgaben« können Sie direkt aus dem Palettenmenü heraus laden. Per Kontextmenü werden einzelne Palettenobjekte umbenannt oder gelöscht. Auch der Doppelklick auf ein Objekt erlaubt die Umbenennung.

Überdies lassen sich die Objekte umbenennen und löschen. Objekte kann man auch per [Alt]-Klick löschen, ein Doppelklick auf das Objekt erlaubt das Umbenennen, durch einfaches Ziehen ändern Sie die Reihenfolge.

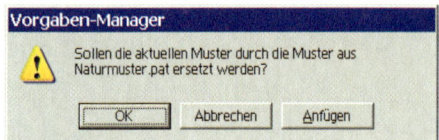

Abbildung 2.17:
Beim Laden einer neuen Bibliothek mit »Vorgaben« können Sie die zuvor vorhandene Sammlung ersatzlos entfernen oder um die neue Kollektion erweitern.

Vorgaben laden

Per Palettenmenü laden Sie andere Sammlungen von Mustern, Werkzeugspitzen oder Verläufen. Photoshop nennt direkt im Menü weitere »Vorgaben«, die Sie im passenden »Vorgaben«-Verzeichnis abgelegt haben. Weitere Werkzeugspitzen-Bibliotheken speichert Photoshop im Verzeichnis »Photoshop 7.0/Vorgaben/Werkzeugspitzen«, die Muster-Bibliotheken im Verzeichnis »Photoshop 7.0/Vorgaben/Muster«. Alle Vorgaben-Dateien aus dem »Vorgaben«-Verzeichnis erscheinen auch im Palettenmenü. Wollen Sie »Vorgaben« aus anderen Verzeichnissen nutzen, so verwenden Sie die Schaltfläche LADEN oder einen Befehl wie **Werkzeugspitzen ersetzen** aus dem Palettenmenü.

Öffnen Sie eine Bibliothek per Palettenmenü, entscheiden Sie im Dialogfeld zwischen zwei Möglichkeiten:

- Sie ersetzen die noch vorhandene Bibliothek, indem Sie auf OK klicken – damit entfernen Sie die ursprünglich vorhandenen Vorgaben.

- Sie können die neuen Vorgaben aber auch an die bereits vorhandenen ANFÜGEN – anschließend nutzen Sie beide Kollektionen.

Die Programmoberfläche   Kapitel 2

Mit dem Befehl **Zurücksetzen** aus dem Palettenmenü richten Sie wieder die Standardvorgabe des Herstellers ein und laden die ursprünglich vorhandenen Vorgaben. Auch hier ersetzen oder ergänzen Sie die bestehenden Vorgaben.

2.3.8   Werkzeugpalette und Werkzeugoptionen

Die Werkzeugpalette ist Photoshops Kontrollzentrum. Die Werkzeuge schalten Sie durch einfaches Klicken oder per Tastatur ein.

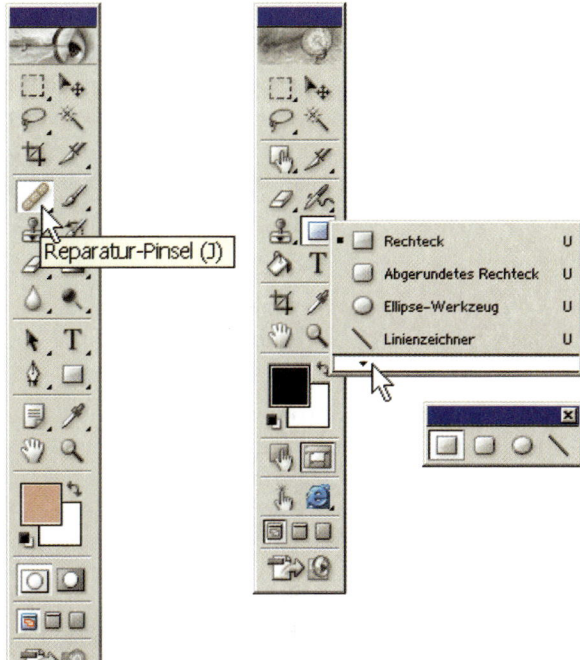

Abbildung 2.18:
Die Werkzeugpalette gibt Zugriff auf alle Auswahl- und Retuschefunktionen mit Maussteuerung und organisiert die Monitordarstellung. Links sehen Sie die Leiste von Photoshop. Sie können die Werkzeuge auch über die Tastatur aktivieren; der entsprechende Buchstabe wird schon in der Einblenderklärung genannt. Rechts sehen Sie die geringfügig abweichende Werkzeugleiste von ImageReady. Wie auch bei Photoshop bieten einige Werkzeugfächer weitere Funktionen in Ausklappmenüs. Nur bei ImageReady können Sie überdies die Ausklappmenüs dauerhaft auf der Arbeitsfläche ablegen; dazu klicken Sie auf das Dreieck ganz unten im Menü.

Nur bei Photoshop

Die Werkzeugleisten bei Photoshop und ImageReady unterscheiden sich nicht nur in der Ausstattung, sondern auch in der Bedienung. Diese Schaltflächen finden Sie nur auf der Werkzeugleiste von Photoshop: Verlaufswerkzeug, Protokollpinsel, Kunstprotokoll-Pinsel, Zeichenstift-Werkzeuge, Messwerkzeug ma?band, Hintergrund-Radiergummi, Farbaufnahme-Werkzeug, Musterstempel stem-mus, das Werkzeug Eigene Form, Ausbessern-Werkzeug, Reparatur-Pinsel und den Wechsel zum Maskierungsmodus.

Nur bei ImageReady

Diese Schaltflächen erscheinen ausschließlich auf der Werkzeugleiste von ImageReady: Imagemap-Werkzeuge wie Polygonförmige Imagemap, Imagemaps einblenden/ausblenden, die Browser-Vorschau browservorschau_ie und Slices einblenden/ausblenden.

Kapitel 2   Oberfläche & Grundfunktionen

ImageReady fasst anders als Photoshop sämtliche Retuschewerkzeuge wie Stempel und Schwamm in einem einzigen Fach zusammen. Die Untermenüs zu einzelnen Werkzeugfächern können Sie dauerhaft auf der Arbeitsfläche ablegen. Anders als bei Photoshop dockt die Leiste mit den Werkzeugoptionen nicht nahtlos oben an der Menüleiste an.

Werkzeugoptionen

Die Leiste mit den Werkzeugoptionen verschwindet gemeinsam mit allen anderen Paletten, sobald Sie die Tabulatortaste traktieren. Der **Fenster**-Befehl **Optionen** bringt Ihnen die Optionen zurück, schneller noch wirkt ein Hieb auf die Eingabetaste. Auch ein Doppelklick auf das Werkzeug in der Werkzeugleiste öffnet die Optionenleiste.

Sie können die Werkzeugleiste aus der Verankerung reißen und frei über die Arbeitsfläche ziehen. Nach einem Doppelklick ganz links klappt die Leiste zusammen. Das Menü zu den Werkzeugoptionen erreichen Sie durch einen Rechtsklick auf das Werkzeug-Symbol links in der Optionenleiste (am Mac Ctrl-Klick). Das Menü setzt auf Wunsch die aktuellen oder sämtliche Werkzeugoptionen zurück auf die Vorgaben ab Werk. Diese Funktion bietet auch das Menü zur Bibliothek der Werkzeugvorgaben.

2.3.9   Der Dateibrowser

Wie ein digitales Leuchtpult zeigt der Dateibrowser alle Fotos eines Verzeichnisses en miniature. Klicken Sie auf **Datei: Durchsuchen** oder **Fenster: Dateibrowser** oder spüren Sie den Dateibrowser im Palettenraum auf. Der Dateibrowser zeigt Daten zum Bild und erlaubt einfache Manöver wie **Umbenennen, Löschen,** Anlegen eines neuen Ordners oder Drehungen in 90-Grad-Schritten. Sie erhalten die Funktionen per Kontextmenü über den Miniaturen, per Schaltfläche in der Fußleiste des Dateibrowsers oder via Palettenmenü, das Sie mit dem eingekreisten Dreieck öffnen.

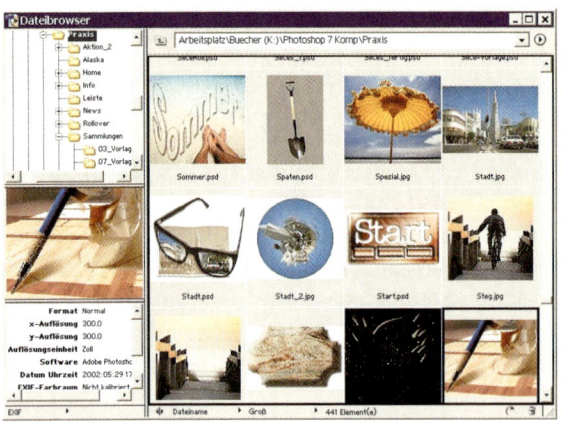 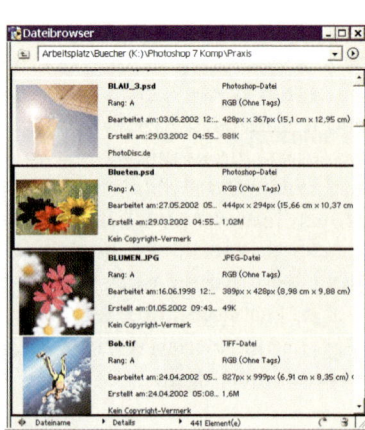

Abbildung 2.19:
Für den Dateibrowser bietet Photoshop verschiedene Darstellungsweisen an. Links: Die Darstellungsweise »Groß« zeigt die Miniaturen mit maximal 125 x 125 Pixeln pro Bild. Die Anzeigevariante »Details« nennt zu jedem Einzelbild alle technischen Daten, zeigt allerdings nur eine Bildspalte an; mit dem Befehl »Erweiterte Ansicht« wurde der linke Teil des Dateibrowsers ausgeblendet.

Die Oberfläche

Links im Dateibrowser sehen Sie Bereiche für die Verzeichnisstruktur, eine größere Vorschau für das aktivierte Einzelbild und ein Fenster, in dem Sie Bilddaten oder die Exif-Daten der Digitalkamera anzeigen. Aber auch, wenn Sie unten links mit dem Dreieck-Schalter ▶ nur die EXIF-Angaben bestellen, erscheinen im Infobereich immer noch die IPTC-Texte des Befehls **Datei: Datei-Informationen** (Seite 223). Diesen linken Bereich des Dateibrowsers klappen Sie mit dem Befehl **Erweiterte Ansicht** aus dem Palettenmenü oder mit der gleichnamigen Schaltfläche ◀▶ weg.

Die Größe der Miniaturen stellen Sie im Dateibrowser-Menü um; wählen Sie zum Beispiel **Kleine Miniatur** oder **Große Miniatur mit Rang**. Alternativ klicken Sie auf die Schaltfläche mit der Einblenderklärung ANSICHT NACH unten im Dateibrowser. Nur die DETAILS-Vorgabe zeigt zu jeder sichtbaren Miniatur alle Daten wie Größe oder Datum; sie erlaubt jedoch nur eine einzige Bildspalte.

Die Reihenfolge der Miniaturen bestimmen Sie mit der Schaltfläche ▶ SORTIEREN NACH unten im Dateibrowser. Photoshop bietet nicht nur übliche Sortierkriterien wie GRÖSSE oder DATUM, sondern auch RANG, AUFLÖSUNG oder COPYRIGHT.

*Der Dateibrowser verhält sich eher wie ein Bilddateifenster und nicht wie eine Palette. Er wird also von anderen Bilddateien überdeckt, und unter Windows können Sie den Dateibrowser nicht aus der Photoshop-Arbeitsfläche herausschieben, zum Beispiel auf einen Zweitmonitor. Ist der Dateibrowser aktiviert, stehen keine üblichen Korrekturbefehle etwa aus den Menüs **Bild** oder **Filter** zur Verfügung.*

»Rang«

Sie können Ihre Bilder mit einer kurzen, maximal 16-stelligen Textnotiz ausstatten, die je nach gewählter Anzeigeart im Dateibrowser erscheint. Diese Information heißt RANG. Einfache Buchstaben wie RANG A vergeben Sie per Kontextmenü – auch für mehrere gewählte Dateien gleichzeitig. Alternativ wählen Sie die Darstellungsweise GROSS MIT RANG und tippen Ihre Worte direkt unter der Miniatur in das Feld RANG; per Tabulatortaste springen Sie zum nächsten RANG-Feld. Wohlgemerkt, es ist egal, ob Sie hier nur einen Buchstaben oder den Namen Ihres Urlaubsortes verewigen.

Die RANG-Information erscheint direkt bei der Bildminiatur, sofern Sie die Darstellungsweise GROSS MIT RANG oder DETAILS verwenden. Außerdem bietet Photoshop den RANG als Kriterium für die Sortierreihenfolge an. Per Palettenmenü oder Kontextmenü können Sie die **Rangfolge löschen**; damit verschwindet der RANG-Eintrag für alle zuvor gewählten Bilder.

Darstellung aktualisieren

Nach dem Umbenennen oder nach der Änderung des Rangs aktualisiert Photoshop die Bildfolge im Dateibrowser nicht automatisch; bringen Sie die Darstellung mit der Taste [F5] auf den neuesten Stand. Nach Schließen und erneutem Öffnen des Dateibrowsers aktualisiert Photoshop die Bildsequenz aus Eigeninitiative.

Kapitel 2   Oberfläche & Grundfunktionen

Bilder auswählen und öffnen

Aktivieren Sie ein Bild durch einfachen Klick, mehrere Einzelbilder wie üblich per [Strg]-Klick, Bildreihen mit [⇧]-Klick. Alle Bilder auf einen Schlag wählt der [Strg]+[A]-Griff aus, alternativ nehmen Sie **Alles auswählen** aus dem Palettenmenü. Um die Auswahl aufzuheben, klicken Sie in die freie graue Fläche des Browserfensters oder nutzen den Palettenbefehl **Auswahl aufheben**.

Ausgewählte Dateien öffnen Sie per Doppelklick oder Eingabetaste, oder Sie ziehen Ihre Fundstücke auf die Photoshop-Arbeitsfläche. Öffnen Sie bei Bedarf jeweils mehrere Bilder gleichzeitig.

Ordner anlegen und anzeigen

Wollen Sie das aktuelle Verzeichnis im Windows-Explorer oder im Mac-Finder sehen? Unter Windows können Sie den **Speicherort im Explorer anzeigen**, am Mac heißt es **Speicherort im Finder anzeigen**. Einen neuen **Ordner anlegen** können Sie per Palettenmenü oder Kontextmenü; dieser Ordner lässt sich – wie alle Ordner – nicht mehr aus dem Dateibrowser heraus löschen.

Drehungen

Befehle zum **Drehen** um 90 oder 180 Grad finden Sie im Kontextmenü und im Palettenmenü. Eine Alternative bietet die Schaltfläche ↻ unten rechts im Dateibrowser-Fenster: Sie dreht um 90 Grad im Uhrzeigersinn, bei [Alt]-Klick gegen den Uhrzeigersinn.

Allerdings dreht Photoshop nicht sofort die Datei, sondern zunächst nur die Miniatur. Erst wenn Sie das gedrehte Werk in Photoshop öffnen, wird es rotiert. Auch wenn Sie das Foto ohne weitere Eingriffe wieder schließen, erscheint die bekannte Frage: MÖCHTEN SIE DIE ÄNDERUNGEN... VOR DEM SCHLIESSEN SPEICHERN? Damit sollen Sie die Drehung bestätigen, die Sie im Dateibrowser vorgegeben haben. Wenn Sie die Änderung nicht bestätigen, verbleibt das Bild auf der Festplatte in der ursprünglichen Ausrichtung. Im Browser – aber nur dort – erscheint es jedoch weiterhin gedreht.

Wenn Sie ein Foto im Dateibrowser drehen und dann nicht in Photoshop, sondern direkt in ImageReady oder einem anderen Programm öffnen, erscheint es dort ohne die Drehung.

Natürlich können Sie im Dateibrowser mehrere Dateien auf einmal schwenken – eine bequeme Alternative zu den Befehlen aus Untermenü **Bild: Arbeitsfläche drehen**. Die vom Dateibrowser angebotenen Rotationsmanöver in 90-Grad-Schritten beschädigen im Gegensatz zum Befehl **Arbeitsfläche drehen: Per Eingabe** (Seite 173) nicht die Bildqualität durch Pixelneuberechnung; wiederholen Sie die 90- oder 180-Schwenks also beliebig oft.

Der Miniaturen-Speicher (Cache)

Photoshop speichert die Bildminiaturen und Informationen über die Rangfolge auf der Festplatte. Das Programm muss also zum Aufbau der Miniaturen nicht jedes Mal die Originaldaten einlesen. Dieser Speicher heißt auch »Cache«. Die Cache-Dateien finden Sie unter Windows XP im Verzeichnis »Dokumente und Einstellungen/<benutzername>/Anwendungsdaten/Adobe/FileBrowser/Photoshop7«, am Mac in »Application Suppport/Adobe/File Browser« im Systemordner. Diese Möglichkeiten bietet das Menü zum Dateibrowser:

➥ Mit dem Palettenmenü können Sie den **Cache entleeren**, um Festplattenplatz zu sparen. Dabei gehen natürlich die Miniaturen und die Rangfolge-Daten verloren.

➥ Wenn Sie Bilder auf Datenträger weitergeben, können Sie für das aktuelle Verzeichnis den **Cache exportieren**. Photoshop legt nun Dateien mit den Endungen ».md0« und ».tb0« im aktuellen Verzeichnis an. Der Empfänger des Datenträgers sieht damit sofort die Miniaturen und die Rangfolge im Dateibrowser, die Miniaturen müssen nicht erst langwierig von den Originaldateien eingelesen werden. Entsprechende Cache-Dateien finden Sie zum Beispiel in den verschiedenen Ordnern mit Bild-»Zugaben« auf der Photoshop-CD oder im »Praxis«-Verzeichnis der CD zu diesem Buch.

Einzelbilder umbenennen

Um gewählte Bilder einzeln umzubenennen, verwenden Sie **Umbenennen** aus dem Kontextmenü oder aus dem Palettenmenü. Es reicht jedoch auch, einmal auf den Dateinamen zu klicken. Anschließend tippen Sie den neuen Namen direkt in den Dateibrowser. Sofern bereits ein Dateiname bearbeitet wird, springen Sie mit der Tabulatortaste zum nächsten Namen.

Wenn Sie die Namensendung wie ».psd« oder ».jpg« mit verändern, nimmt Photoshop die Korrektur nicht an.

Bildreihen umbenennen

Taufen Sie automatisch ganze Bildsammlungen um. Wählen Sie zunächst die gewünschten Fotos im Dateibrowser aus. Wenn Sie nichts markieren, verändert Photoshop den ganzen Ordner. Dann folgt der Befehl **Stapel umbenennen** aus dem Menü zum Dateibrowser. Sollen die Bilder mit dem Originalnamen erhalten bleiben, wählen Sie für die umbenannten Exemplare die Option IN NEUEN ORDNER VERSCHIEBEN; mit der DURCHSUCHEN-Schaltfläche legen Sie ein neues Verzeichnis fest.

Ähnlich wie bei der **Stapelverarbeitung** (Seite 123) komponieren Sie die neuen Namen aus bis zu sechs Elementen, darunter DOKUMENTNAME, ERWEITERUNG, ZWEISTELLIGE SERIENNUMMERN, Datum oder freie Namensteile. Sollen alle Dateien mit demselben neuen Begriff beginnen – zum Beispiel »Aufträge November 2002« – , so tippen Sie diesen Begriff in das gewünschte Klappmenü. Verwenden Sie mindestens ein Element, das sich bei jeder Datei ändert, zum Beispiel eine SERIENNUMMER oder den DOKUMENTNAMEN. Machen Sie Ihre Häkchen im Bereich KOMPATIBILITÄT, wenn der Dateiname auch in anderen Betriebssystemen korrekt erscheinen soll. MAC OS-Kompatibilität bedeutet zum Beispiel, dass der neue Name nicht mehr als 31 Zeichen umfassen wird. Ihr eigenes Betriebssystem können Sie nicht abwählen.

Als letztes Element bei der Umbenennung sollten Sie unbedingt die ERWEITE-RUNG wählen, egal ob in Klein- oder Großbuchstaben. Sonst speichert Photoshop Ihre Dateien ohne die Dateinamensendung wie ».psd« oder ».tif« – sie werden damit vielfach unbrauchbar.

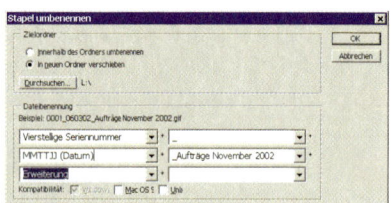

Abbildung 2.20:
Benennen Sie die im Dateibrowser markierten Bilder einheitlich um.

2.3.10 Schnellere Bedienung per Tastatur

Schneller als per Mausklick aktivieren Sie ein Werkzeug, wenn Sie das zugehörige Tastaturkürzel eintippen – für die Funktionen der Werkzeugleiste reicht grundsätzlich ein Buchstabe ohne jede weitere [Strg]-, [Alt]- oder [⇧].

Mit einem »C« (für Crop Tool) rufen Sie zum Beispiel das Freistellwerkzeug auf. Wer die Maus mit der rechten Hand übers Pad navigiert, erreicht Kurztasten für die linke Hand besonders schnell, so etwa das B für den Pinsel, E für Radiergummi oder W für den Zauberstab *Zaubstab*.

Die Tastaturkürzel in Photoshop sind mnemonisch; der Buchstabe soll also mit dem Werkzeug so verbunden sein, dass man sich die Zuordnung leicht merken kann. Die Programmierer legten die englischen Begriffe zugrunde: Das Radiergummi-E steht für »Eraser«, das Freistell-C leitet sich von »Crop Tool« ab, das B für den Pinsel hängt mit »Brush« zusammen. Manche Kürzel weichen auf den zweiten, dritten oder vierten Buchstaben des englischen Befehls aus, etwa bei V für Move Tool, also das Verschieben-Werkzeug. Andere Kürzel sind lautmalerisch gemeint: Das »I« für die Pipette spricht sich auf Englisch [Ai] – wie »Eyedropper«, die englische Bezeichnung dieses Werkzeugs; Ähnliches gilt für die Kurztaste »[Strg]+[U]«, die für englisch »Hue« (Farbton) steht und den Befehl **Farbton/Sättigung** aufruft.

Verharren Sie mit dem Mauszeiger kurz über einem Werkzeug, blendet Photoshop den Werkzeugnamen samt Kurztaste ein. Geschieht dies bei Ihnen nicht, so veranlassen Sie ihn dazu mit der Option WERKZEUG-TIPPS ANZEIGEN in den **Voreinstellungen** ([Strg]+[K]). Das Systembeanspruchungsmenü unten in der Statusleiste nennt auf Wunsch das aktive Werkzeug.

Im Service-Teil ganz hinten finden Sie Übersichten zu allen Werkzeugfunktionen (Seite 881) und eine alphabetische Liste aller Werkzeugkürzel (Seite 894).

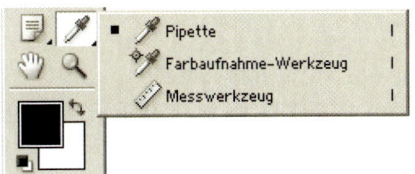

Abbildung 2.21:
Häufig erreichen Sie mehrere Werkzeuge über ein gemeinsames Fach in der Werkzeugleiste. Diese Werkzeuge werden mit derselben Taste aufgerufen – Pipette, Farbaufnahme-Werkzeug und Maßband zum Beispiel mit dem I. Um zwischen diesen Werkzeugen zu wechseln, drücken Sie hier ⇧+I.

Mehrfach belegte Schaltflächen

Manche Werkzeug-Schaltflächen sind mehrfach belegt. Eine solche Mehrfachbenennung erkennen Sie an dem kleinen Dreieck rechts unten in der Schaltfläche. Auf einem Schalter fasst Photoshop jeweils Werkzeuge zusammen, die ähnliche Aufgaben haben. So liegen etwa einige Auswahlwerkzeuge übereinander: Auswahlrechteck, Auswahlellipse, Spaltenauswahl und Zeilenauswahl teilen sich einen Platz auf der Werkzeugleiste, ebenso Weichzeichner-Pinsel, Scharfzeichner-Pinsel und der Wischfinger.

Um die Werkzeuge auf einer Schaltfläche zu erreichen, die aktuell nicht zu sehen sind, klicken Sie länger auf den Schalter; dann öffnet sich eine horizontale Werkzeugleiste, die weitere verwandte Werkzeuge anbietet. Alternative: Klicken Sie den Schalter mehrfach bei gedrückter Alt-Taste an – so lange, bis das gewünschte Werkzeug auftaucht.

Sind die Werkzeuge über eine gemeinsame Kurztaste erreichbar, verwenden Sie mehrfach den Buchstaben plus Umschalttaste, um zwischen diesen Geräten zu wechseln. Also drücken Sie zum Beispiel mehrfach ⇧+L, um vom Lasso zum Polygon-Lasso und weiter zum magnetischen Lasso zu wechseln. Alternative: Sie verzichten auf die Umschalttaste und schalten allein mit der Buchstabentaste um – dazu schalten Sie in den allgemeinen **Voreinstellungen** (Strg+K) die Option UMSCHALTTASTE FÜR ANDERES WERKZEUG ab.

Vorübergehender Wechsel zu anderen Werkzeugen

Teils erlaubt Photoshop auch den vorübergehenden Wechsel zu anderen Werkzeugen. Drücken Sie beispielsweise bei der Arbeit mit dem Abwedler die Alt-Taste: Damit wechseln Sie so lange zum Nachbelichter, bis Sie die Alt-Taste wieder loslassen. Auch mit den Werkzeugen zum Weichzeichnen weiche und Scharfzeichnen funktioniert dieses Hin und Her.

Mit einigen Zusatztasten können Sie vorübergehend zu anderen nützlichen Werkzeugen umschalten; nach dem Loslassen der Taste zeigt Photoshop wieder das ursprüngliche Gerät. So gilt unter anderem:

Kapitel 2   Oberfläche & Grundfunktionen

- Von allen Malwerkzeugen aus, wie etwa dem Pinsel , die auf die Vordergrundfarbe zugreifen, können Sie per [Alt]-Taste zur Pipette umschalten, mit der Sie die Vordergrundfarbe aufgreifen.

- Fast alle Werkzeuge wechseln beim Druck der [Strg]-Taste freiwillig zum Verschieben-Werkzeug .

- Mit der Leertaste springen Sie schnell mal zur Verschiebehand . Nehmen Sie die [Strg]-Taste hinzu, um die Vergrößerungslupe zu erhalten , während die zusätzliche [Alt]-Taste die Verkleinerungslupe auf den Schirm bringt. Das funktioniert sogar oft bei geöffnetem Dialogfeld.

Tastaturkürzel für Menübefehle

Auch die Tastaturkürzel für Menübefehle leiten sich von den englischen Originalkommandos ab. So ruft [Strg]+[L] die **Tonwertkorrektur** auf, die im Englischen »Levels« heißt, während [Strg]+[I] ein Bild ins Negativ umkehrt, auf Englisch »Invert«. In der Regel nennt dieses Buch das Wort, aus dem sich ein Tastaturkürzel ableitet; Sie können sich den Tastengriff so leichter merken. Sinn machen die Tasten-Quickies nicht zuletzt dann, wenn Sie die Menüleiste und vielleicht auch die Werkzeugleiste ausblenden (dies zum Beispiel auch per Kurztaste – mit dem F für »Full Screen«).

2.3.11   Typische Tastaturkürzel

Photoshop und ImageReady lassen sich viel zügiger bedienen, wenn man die 50 wichtigsten Tastaturkürzel kennt und nicht unentwegt in Untermenüs blättert oder auf Schaltflächen klickt. Diese Tastaturkürzel tauchen darum im Buch wiederholt auf. Die Tastenbefehle haben System und lassen sich deshalb relativ leicht merken und auf unterschiedliche Situationen übertragen. Sie werden in den einzelnen Kapiteln noch ausführlich besprochen, hier stellen wir wichtige Grundregeln vor:

Abziehen per [Alt]-Taste

Bei gedrückter [Alt]-Taste verkleinern Sie Auswahlen mit Auswahlwerkzeugen wie dem Lasso . Dies gilt – in Kombination mit der [Strg]-Taste – zum Beispiel auch für den Klick auf Miniaturen für Ebenen, Ebenenmasken oder Alphakanäle.

Zudem eignet sich die [Alt]-Taste zum Duplizieren – so etwa, wenn Sie mit dem Verschieben-Werkzeug und der [Alt]-Taste an einer Auswahl ziehen, um diese zu duplizieren, oder wenn Sie im Filter **Beleuchtungseffekte** an einer Lichtquelle ziehen, um eine zweite Leuchte hervorzubringen.

Dialogfeld per [Alt]-Taste

Bei vielen Befehlen entscheiden Sie per [Alt]-Taste, ob Sie ein Dialogfeld einblenden wollen oder auf Rückfragen verzichten. Zwei Bespiele:

Die Programmoberfläche   Kapitel 2

- Normale Anwahl des Kommandos **Bild: Bild duplizieren** produziert zunächst ein Dialogfeld mit der Frage, welchen Namen das duplizierte Bild erhalten soll. Derselbe Befehl lässt sich auch mit der [Alt]-Taste starten; Sie erhalten dann ohne weitere Rückfrage ein Duplikat mit dem Namenszusatz »Kopie«. Ebenso verschweigt die Aktionen-Palette ausnahmsweise die Optionen, wenn Sie die Schaltfläche NEUE AKTION bei gedrückter [Alt]-Taste anklicken.

- Umgekehrt ist es bei der Ebenen-Palette und der Kanäle-Palette: Klicken Sie beispielsweise auf das Symbol NEUE EBENE ERSTELLEN , erzeugt Photoshop sofort ein neues Element. Nach Anklick mit gedrückter [Alt]-Taste präsentiert das Programm zunächst die Optionen.

Abbildung 2.22:
Auch bei Fotomontagen wirken Tastengriffe oft schneller und präziser als die entsprechenden Mausmanöver. So können Sie Ebenen wie diese Textobjekte präzise mit den Pfeiltasten bewegen, Buchstaben- oder Zeilenabstand lassen sich mit Tastenkombinationen schrittweise verschieben. Die Tastengriffe funktionieren nicht, wenn Sie gerade den Text bearbeiten oder wenn sich der Cursor in einem Eingabefeld befindet. Datei: Business

Weitere Optionen mit der [Alt]-Taste

Die [Alt]-Taste verwandelt die ABBRECHEN-Schaltflächen vieler Photoshop-Dialoge in ein ZURÜCK; sie ist in vielen Situationen gut für den Wechsel zwischen Vorder- und Hintergrundfarbe oder bei Malwerkzeugen für den Wechsel zur Pipette .

Mit der [Alt]-Taste können Sie in der Aktionen- und Ebenen-Palette ein einzelnes Element anzeigen und alle anderen ausblenden; ein neuerlicher [Alt]-Klick macht alle Elemente zugänglich.

Hinzufügen und rechte Winkel mit der Umschalttaste

Diese Möglichkeiten bietet Ihnen die Umschalttaste:

➡ Sie erweitern vorhandene Auswahlen, wenn Sie zusätzlich zum Werkzeug die Umschalttaste drücken. Klicken Sie mit [Strg]- und [⇧] auf die Miniaturen für Ebenen, Ebenenmasken, Alphakanäle oder Pfade – eine vorhandene Auswahl wird dann um die Auswahlinformation aus diesen Elementen erweitert.

➡ Mit Hilfe der Umschalttaste entstehen gerade Linien oder 45-Grad-Winkel, zum Beispiel bei den Malwerkzeugen, dem Verlaufswerkzeug ■, dem Messwerkzeug, beim Bewegen von Auswahlen oder Ebenen oder in einer Gradationskurve.

Verschieben mit den Pfeiltasten und der Umschalttaste

Die Pfeiltasten verschieben Ebenen, Auswahlmarkierungen und Pfade in 1-Pixel-Schritten, sofern das Verschieben-Werkzeug aktiviert ist. Außerdem ändern sie Werte in Eingabefeldern. Nehmen Sie die Umschalttaste hinzu, um die Intervalle zu erhöhen, meist um das Zehnfache.

Punkt und Komma

Mit Punkt- und Kommataste ändern Sie die Größe von Werkzeugspitzen. In den Optionen zum magnetischen Lasso lass-mag und zum Freiform-Zeichenstift pfad-well mit MAGNETIK-Option ändern Sie den Wert für KANTENKONTRAST beziehungsweise KONTRAST mit diesen Tasten. Die Rangfolge der aktivierten Ebene ändern Sie durch [Strg]+[.] beziehungsweise [Strg]+[,].

Bewegen mit der [Strg]-Taste

Mit der [Strg]-Taste (am Mac [⌘]) schalten Sie vorübergehend zum Verschieben-Werkzeug ▶︎ um (mit wenigen Ausnahmen bei Pfaden Slices und Vektorformen). Über Paletten erschließt oft erst die [Strg]-Taste in Verbindung mit weiteren Tasten Zusatzfunktionen.

Bilddarstellung ändern mit der Leertaste

Mit der Leertaste und verschiedenen anderen Tasten wechseln Sie vorübergehend zur Hand ✋, Vergrößerungslupe 🔍 und Verkleinerungslupe 🔍. Auch bei der Kreis- und Rechteckauswahl übernimmt die Leertaste Aufgaben.

2.3.12 Tastaturbefehle unter Mac OS X

Photoshop 7.0 enthält eine Voreinstellung für das Wechseln zwischen den System-Tastaturbefehlen von Mac OS X und den Photoshop-Tastaturbefehlen für die Photoshop-Befehle **Ansicht: Extras** und **Bild: Einstellungen: Gradationskurven**. Ab Werk werden zunächst die Photoshop-Standardtastaturbefehle verwendet, also [⌘] + [H] für das Anzeigen von **Extras** wie Fließmarkierung oder Hilfslinien und [⌘]+[M] für die **Gradationskurven**. Für typische Mac OS 10-Griffe müssen Sie dann zusätzlich die Ctrl-Taste bemühen.

Möchten Sie stattdessen die System-Tastaturbefehle von Mac OS X verwenden, wählen Sie **Photoshop: Voreinstellungen: Allgemein** und aktivieren das Kontrollkästchen SYSTEM-TASTATURBEFEHLE VERWENDEN. Die Tabelle zeigt die Änderungen:

	System-Tastaturbefehle nicht aktiviert (Standard)	System-Tastaturbefehle aktiviert
Ansicht: Extras	Befehl+H	Befehl+Ctrl+H
Photoshop: Photoshop ausblenden	Befehl+Ctrl+H	Befehl+H
Bild: Einstellungen: Gradationskurven	Befehl+M	Befehl+Ctrl+M
Fenster: Minimieren	Befehl+Ctrl+M	Befehl+M

2.3.13 Bei geöffnetem Dialogfeld

Selbst wenn ein Dialogfeld geöffnet ist, können Sie noch einige Menübefehle und andere Funktionen verwenden. Ein Beispiel: Sie haben eine Auswahl erzeugt und dann den Befehl **Farbton/Sättigung** gewählt. Jetzt lässt es sich nicht nur in diesem Dialogfeld arbeiten; Sie genießen auch weiterhin Zugriff auf andere praktische Photoshop-Funktionen:

- So lässt sich das **Fenster**-Menü anklicken, um diverse Paletten anzeigen oder verschwinden zu lassen, zum Bleistift Navigator, Informationen oder Ebenen.

- Im **Ansicht-Menü** nutzen Sie bei geöffnetem Dialogfeld immer noch Befehle wie **Farb-Proof, Farbumfang-Warnung** oder die verschiedenen Zoomfunktionen wie **Einzoomen, Tatsächliche Pixel** oder **Ausgabegröße**.

- Sehr wichtig sind auch der Befehl **Ansicht: Extras ein-/ausblenden** und das Untermenü **Ansicht: Einblenden**; mit diesen Funktionen verstecken Sie bei geöffnetem Dialog störende Auswahlmarkierungen oder Hilfslinien, ohne deren Wirkung aufzuheben (Seite 57).

- Die Leertaste verhilft zur Verschiebehand, mit der Sie Dateien in verkleinerten Bildfenstern unter dem Dialogfeld hin und her bewegen.

- Mit [Strg]+Leertaste erhalten Sie eine Vergrößerungslupe, um Bildteile hinter dem Dialogfeld noch heranzuzoomen. Mit [Alt]+Leertaste zeigt Photoshop die Verkleinerungs-lupe.

- Mit [F1] oder **Hilfe: Inhalt** rufen Sie unter Windows den Hilfe-Text auf, allerdings nicht den speziellen Abschnitt zum aktuellen Dialogfeld. Am Mac wirkt [F1] wie »Schritt vorwärts/Schritt zurück«.

- Mit [Strg]+[0] zeigen Sie das Werk arbeitsflächenfüllend, während [Strg]+[+] schrittweise vergrößert und [Strg]+[-] schrittweise zu einer kleineren Abbildung führt. Außerdem lässt sich das Bild mit den Rollbalken im Fenster verschieben.

Kapitel 2   Oberfläche & Grundfunktionen

Bei einigen Tonwertbefehlen können Sie mit dem Mauszeiger ins Bild fahren, um dort mit der Pipette 🖋 Tonwerte aufzunehmen, zu messen oder den Tonwert als HTML-Code zu kopieren. Wir besprechen das detailliert in den Beschreibungen der jeweiligen Funktionen. Klicken Sie mit rechts ins Bild (am Mac mit der Ctrl-Taste), um das entsprechende Kontextmenü zu erhalten. Sie können auch ein nicht aktives Foto ausmessen; es lässt sich aber nicht bearbeiten. Dabei ändert Photoshop auch die Vordergrundfarbe auf den Wert, den Sie zuletzt in einem Bild angeklickt haben.

Abbildung 2.23:
Wir bearbeiten das Bild mit dem »Tonwertkorrektur«-Befehl, das Dialogfeld ist geöffnet. Gleichzeitig stehen immer noch viele Befehle aus den Menüs »Ansicht« und »Fenster« zur Verfügung und Sie können die Rollbalken verwenden.

2.3.14   Schnelles Bedienen von Dialogfeldern

Auch für die Dialogfelder in Photoshop gibt es Grundregeln und Tastenkürzel. Sie erlauben eine wesentlich schnellere Bedienung als mit der Maus. Unter anderem:

- Mit der Tab-Taste springen Sie von einem Eingabefeld zum nächsten. Mit ⇧-Tab wechseln Sie wieder zu weiter oben liegenden Eingabefeldern.

- Vertikale Pfeiltasten erhöhen oder senken die Werte in den Eingabefeldern; Sie müssen also nicht die Schieberegler verwenden oder Zahlen eintippen. ⇧+Pfeiltaste sorgt für höhere Sprünge.

- Bei gedrückter Alt-Taste zeigt die ABBRECHEN-Schaltfläche die Funktion ZURÜCK; damit setzen Sie alle Werte auf den ursprünglichen Stand. Sie müssen also nicht erst die Funktion abbrechen und neu aufrufen.

- Nennt das Dialogfeld eine Maßeinheit wie »px« für Pixel, können Sie hier sofort eine andere Einheit eintragen, zum Beispiel »cm«. Photoshop bietet die Maßeinheiten auch per Kontextmenü an. Sie müssen dazu nicht erst in die **Voreinstellungen** wechseln.

Die Programmoberfläche | Kapitel 2

Die VORSCHAU-Option legt fest, ob Photoshop die Veränderung schon bei geöffnetem Dialogfeld anzeigen soll. Optionen mit unterstrichenem Buchstaben schalten Sie ein oder aus, indem Sie diesen Buchstaben bei gedrückter [Alt]-Taste eintippen, zum Beispiel [Alt]+[P] für PROPORTIONEN ERHALTEN im BILDGRÖSSE-Dialogfeld.

2.3.15 Befehle im Überblick: Photoshop-Oberfläche

Taste/Feld	Zusatztasten	Aktion	Ergebnis
(Dok: 20,2M/36,8M)	-	🖱	Darstellung Druckgröße auf Seite
(Dok: 20,2M/36,8M)	[Alt]	🖱	Anzeige der Bildgrößedaten
Tabulatortaste	-	-	Alle Paletten ein-/ausblenden
Tabulatortaste	[⇧]	-	Paletten außer Werkzeugpalette ein-/ausblenden
🔲	-	🖱	Standardfenstermodus
🔲	-	🖱	Vollschirmmodus mit Menüleiste und grauem Hintergrund
🔲	-	🖱	Vollschirmmodus ohne Menüleiste und schwarzem Hintergrund
F (für Full Screen)			Wechsel zwischen Fenster- und Vollschirmmodi
🪣	[⇧]	🖱 in Arbeitsfläche	Graue Photoshop-Arbeitsfläche um Bild herum mit Vordergrundfarbe färben
[Strg]+[H] (für Hide)			Entspricht **Ansicht: Extras einblenden** (Auswahl-Markierung, Hilfslinien etc. ein-/ausblenden)
▶	-	🖱	Palettenmenü einblenden
🗂🖼	-	🖱	In Photoshop geöffnetes Bild in ImageReady öffnen
🗂🖼			In ImageReady geöffnetes Bild in Photoshop öffnen
[Strg]+[M]	[⇧]		In Photoshop geöffnetes Bild in ImageReady öffnen/in ImageReady geöffnetes Bild in Photoshop öffnen

Taste/Feld	Zusatztasten	Aktion	Ergebnis
			Aufruf der Adobe-Internetseite
			In ImageReady: optimierte Grafik im Internetbrowser anzeigen

2.3.16 Vereinfachter Wechsel zwischen Programmen

Sie können mit einem aktiven Bild zwischen Photoshop und ImageReady hin- und herwechseln oder auch von ImageReady aus andere Programme starten.

Wechsel zwischen Photoshop und ImageReady

Ein Bild lässt sich ohne weiteres gleichzeitig in Photoshop und ImageReady bearbeiten (sofern Sie beide Programme installiert haben). Um die in Photoshop aktive Datei in ImageReady zu öffnen, klicken Sie in Photoshop auf die Schaltfläche SPRINGEN ZU IMAGEREADY . Alternativen: der Befehl **Datei: Springen zu: ImageReady** und die Tastenkombination Strg+⇧+M. Im nicht aktiven Programm erscheint die Datei abgedunkelt.

Wechseln Sie nun von ImageReady zurück zu Photoshop, indem Sie einfach Photoshop in den Vordergrund holen. Dabei erscheinen die Änderungen aus ImageReady automatisch in Photoshop – es sei denn, Sie wählen die Option DATEIEN AUTOMATISCH AKTUALISIEREN in den Voreinstellungen (Strg+K) von ImageReady und Photoshop ausdrücklich ab.

Wechsel zu anderen Programmen mit ImageReady

Mit dem Untermenü DATEI: SPRINGEN ZU wechseln Sie aus ImageReady heraus auch zu anderen Programmen. Alle Grafik- und HTML-Programme des Photoshop-Herstellers Adobe werden diesem Untermenü bereits bei der Installation von ImageReady hinzugefügt. Beachten Sie:

- Wenn Sie zu einem Grafikprogramm wechseln, wird dort die Originaldatei geöffnet.
- Wechseln Sie zu einem HTML-Programm für WWW-Design, erscheint dort die so genannte optimierte Datei. Dabei speichert ImageReady die optimierte Datei – Sie entscheiden, ob das Programm den vorhandenen oder einen neuen Dateinamen verwendet.

Neue Programme für das Untermenü »Springen zu«

So fügen Sie dem ImageReady-Untermenü **Springen zu** neue Programme hinzu:

1. Wechseln Sie in das Verzeichnis des gewünschten Programms.
2. Erzeugen Sie eine Verknüpfung der Programmdatei. In Windows klicken Sie dazu die Datei mit rechts an und verwenden den Kontextmenü-Befehl **Verknüpfung erstellen**. Am Mac erstellen Sie eine Alias-Datei mit ⌘+M.

Die Programmoberfläche Kapitel 2

3. Verschieben oder kopieren Sie die Verknüpfung in den Ordner »Helpers/Jump to Graphics Editor« oder »Helpers/Jump to HTML Editor« innerhalb Ihres Photoshop-Ordners.

4. Nach dem nächsten Programmstart steht das Programm im ImageReady-Untermenü zur Verfügung.

2.3.17 Unterschiedliche Bedienung von Photoshop und ImageReady

Photoshop und ImageReady haben zahlreiche identische Funktionen. Dennoch muss man aufpassen: Manche Werkzeuge und Funktionen finden Sie nur in einem der Programme. Mehr noch: Hersteller Adobe hat auch vergleichbare Funktionen mit unterschiedlicher Oberfläche und teilweise unterschiedlichen Ergebnissen programmiert. Wir machen hier kurz auf wichtige Unterschiede aufmerksam. Details zu den Unterschieden lesen Sie in den Abschnitten zu den Funktionen.

➧ Die Einstellungen für den Ebenenstil erscheinen bei Photoshop in einem Dialogfeld. Bevor Sie weiterarbeiten, müssen Sie dieses Dialogfeld erst wieder schließen. ImageReady zeigt die Einstellungen dagegen in einer dauerhaft sichtbaren Palette. Auch die Ebenenoptionen unterscheiden sich etwas.

➧ Die Protokoll-Palette bei ImageReady bietet weniger Möglichkeiten als Photoshop – so fehlen NICHT-LINEARE PROTOKOLLE und Schnappschüsse. In den Voreinstellungen erlaubt ImageReady 200 Widerrufen-Schritte, Photoshop dagegen 1000.

Abbildung 2.24: Photoshop für Macintosh unterscheidet sich kaum von der Windows-Variante. Eine Besonderheit von Photoshop unter Mac OS X: »Farbeinstellungen«, »Voreinstellungen« und die Infotexte der Befehle »Über Photoshop« und »Über Zusatzmodul« finden Sie im speziellen »Photoshop«-Menü, das es bei Mac OS 9 und Windows nicht gibt.

➧ Beim Befehl **Bild: Bildgröße** bietet ImageReady im Gegensatz zu Photoshop nicht die Möglichkeit, die Druckmaße zu ändern. Korrigierbar ist nur die Bildpunktzahl. Auch andere Befehle wie **Arbeitsfläche** oder **Datei: Neu** akzeptieren nur Pixelwerte, aber keine Millimeter- oder Prozentangaben (siehe Abbildung 2.24).

2.3.18 Mac- und Windows-Version im Vergleich

Die Mac- und Windows-Versionen von Photoshop unterscheiden sich nur in wenigen Details. Insbesondere gleichen sich alle Tastaturkombinationen. [Alt]-Taste und Umschalttaste werden in beiden Betriebssystemen gleich genutzt. Einige Unterschiede:

➧ Wo Sie unter Windows die [Strg]-Taste drücken, ist am Mac die [⌘] fällig.

➧ Kontextmenüs und alles andere, was Sie unter Windows mit der rechten Maustaste erreichen, erledigen Sie am Mac durch einen Mausklick bei gedrückter Ctrl-Taste. Mit einigen Mäusen, die nicht von Apple stammen, können Sie auch am Mac die rechte Maustaste nutzen.

➧ Was unter Windows auch mit der Entf-Taste verschwindet, wird am Mac nur mit der [←]-Taste entsorgt.

➧ Am Mac gibt es einige Kontextmenüs weniger, zum Beispiel über der Titelleiste eines Bildes.

➧ Mac-Nutzer kommen nicht in den Genuss des Befehls **Fenster: Dokumente: Alle schließen**.

➧ Einige Elemente der Statusleiste unter Windows – Zoomfaktor, Systembeanspruchung und Bildgröße – finden Sie am Mac im unteren Bilddatei-Rahmen; die Mac-Version verschweigt die Werkzeug-Erklärungen, die unter Windows-Version in der Statusleiste erscheinen.

➧ Beim **Speichern unter** bietet nur die Mac-Version das Format Photoshop 2.0. Nur unter Windows gibt es den Befehl **Öffnen als**.

➧ Die Macintosh-Version hängt zwar ab Werk automatisch die dreistellige Dateiendung wie ».tif« an einen Dateinamen; sie kann allerdings per **Voreinstellungen** davon abgebracht werden, während die Dateiendung unter Windows zwingend dazugehört.

➧ Bilder, die man am Mac auf den Schreibtisch zieht, werden zu einem so genannten Grafikclip. Unter Windows kann man sie höchstens in den Desktop »einfügen« ([Strg]+[V]) – als »Scrap«.

➧ Natürlich unterscheiden sich betriebssystemnahe Funktionen wie die ÖFFNEN- und SPEICHERN-Dialoge sowie die Speicherzuteilung.

➧ Eine Besonderheit von Photoshop unter Mac OS X: **Farbeinstellungen, Voreinstellungen** sowie die Befehle **Über Photoshop** und **Über Zusatzmodul** finden Sie im speziellen **Photoshop**-Menü, das es bei Mac OS 9 und Windows nicht gibt.

2.4 Darstellung von Bilddateien

Um schnell mit Photoshop und ImageReady zu arbeiten, sollten Sie die rasche Veränderung der Bilddarstellung beherrschen. Die erforderlichen Befehle finden Sie im Menü **Ansicht**, schneller geht es per Tastendruck. Zuvor müssen Sie sich darüber klar sein, was es mit Abbildungsmaßstäben wie »100%« auf sich hat. Wir besprechen hier Möglichkeiten, die es bei Photoshop und ImageReady gemeinsam gibt. Spezielle Funktionen zur Bilddarstellung für Internetgestalter finden Sie ab Seite 366.

Abbildung 2.25:
Links: Nur im Abbildungsmaßstab 100 Prozent lässt sich eine Bilddatei exakt beurteilen. Mitte, rechts: Verkleinernde Maßstäbe wie 75 oder 85 Prozent zeigen zwar mehr vom Foto bei gleich bleibender Größe des Bildfensters – doch feine Linien erscheinen verzerrt. Datei: Leitung

2.4.1 Der Abbildungsmaßstab

Nennt Photoshop in der Titelleiste einen Abbildungsmaßstab von zum Beispiel »100%«, so hat dies nichts mit der späteren Druckgröße zu tun. Bei dieser Größenangabe orientiert sich Photoshop allein an den Bildpunkten, aus denen Ihr Werk besteht – nicht an Druckmaßen.

»100%« bedeutet: Jeder Bildpunkt erscheint exakt auf einem Monitorpunkt. Passt also Ihr Bild in der 100-Prozent-Ansicht gänzlich auf den Schirm, kann es nicht mehr als ungefähr 1280 x 1024 Bildpunkte haben, es sei denn, Sie arbeiten mit einer Monitorbreite von 1600, 1800 oder noch mehr Pixeln.

Nur wenn Sie zufällig in Monitorauflösung drucken – also zum Beispiel mit 72 oder 90 dpi –, erscheint das Bild am Schirm so groß wie später auf Papier. Meist werden Sie höherauflösend drucken, zum Beispiel mit 300 Pixeln pro Zoll (dpi) – dann nimmt das Werk am Schirm viel mehr Fläche ein als im späteren Druck.

Vor Fotomontagen sollten Sie alle Objekte in einer einheitlichen Zoomstufe betrachten – nur so beurteilen Sie, in welchen Größenverhältnissen die einzelnen Elemente nach dem Einfügen aufeinandertreffen. Natürlich haben Sie immer noch die Möglichkeit, einzelne Objekte später zu vergrößern oder zu verkleinern (wenn auch nicht ohne Qualitätseinbußen).

Kapitel 2 Oberfläche & Grundfunktionen

Der Abbildungsmaßstab »100%«

Dieses Wissen ist wichtig: Nur in der 100-Prozent-Darstellung sehen Sie sämtliche Originalpixel naturbelassen; so, wie sie in der Bilddatei tatsächlich vorliegen – und so, wie sie bei Online-Projekten in aller Regel auf dem Schirm erscheinen. In allen anderen Darstellungsweisen rechnet das Programm die Originalpixel erst für die Wiedergabe am Schirm um. Das Programm muss zum Beispiel 1,38 oder 0,71 Bildpixel auf einem Monitorpixel anbieten; dazu wirft es einzelne Bildpunktreihen Ihres Fotos heraus, feine Details werden verschluckt.

Besonders ungenau gerät die Darstellung bei krummen Maßstäben wie 53,94 Prozent. Die 50-Prozent-Ansicht verzerrt weniger als die 67-Prozent-Ansicht, die 25-Prozent-Darstellung verzerrt weniger als die 33-Prozent-Darstellung. Photoshop bietet viele schnelle Wege zur 100-Prozent-Ansicht (siehe unten).

Insbesondere nach Interpolationen mit dem Befehl **Bild: Bildgröße** und nach dem **Transformieren** sollten Sie per Doppelklick auf die Lupe 🔍 in die Zoomstufe 100 Prozent wechseln ([Strg]+[Alt]+[0]). 100 Prozent ist die angesagte Zoomstufe auch nach allen Filtern, die das Bild auf kleinem Raum subtil verändern, zum Beispiel Scharfzeichnungs- oder Störungsfilter und alles, was eine Textur einwebt. Wichtig ist die 100-Prozent-Sichtweise überdies bei Scans von Textilien oder bei anderen Motiven mit feinen Gitterlinien: Hier kommt es unterhalb von 100 Prozent leicht zu Moiré, einem unerwünschten Schiller-Effekt.

Im Modus BITMAP – wenn Ihr Bild bereits für den Druck gerastert ist und nur noch aus schwarzen und weißen Punkten besteht – müssen Sie mit Zoomstufen experimentieren; mitunter wirkt alles außer der 100-Prozent-Anzeige miserabel. Auch Dateien im Modus INDIZIERTE FARBE verlangen nach der 100-Prozent-Sichtweise, besonders bei Verwendung von »Diffusion Dithering«. Ebenso sollten Sie in den Vorschaufenstern der Filterdialoge auf eine 100-Prozent-Darstellung bestehen.

*Sie können von einer herauf- oder heruntergezoomten Ansicht nicht darauf schließen, wie das Bild wirkt, wenn Sie es mit dem Befehl **Bild: Bildgröße** herauf- oder herunterrechnen (Seite 155). Bei diesem Befehl nimmt sich Photoshop viel mehr Zeit für genaueres Interpolieren.*

Wechsel zur 100-Prozent-Ansicht

Besonders schnell und vielseitig wechselt Photoshop zum Abbildungsmaßstab 100 Prozent:

- Per Doppelklick auf die Lupe 🔍 in der Werkzeugleiste
- Per **Ansicht: Tatsächliche Pixel** und per Kontextmenü
- Mit der Schaltfläche TATSÄCHLICHE PIXEL in den Optionen zu Lupe 🔍 und Hand ✋
- Mit dem Klammergriff [Alt]+[Strg]+[0]

Darstellung von Bilddateien — Kapitel 2

2.4.2 Lupe

Unabhängig von der Zentimeter- oder Pixelgröße, in der Sie Ihre Bilder gespeichert haben, lassen sich die Dateien in fast jeder beliebigen Größe anzeigen. Dazu klicken Sie einmal auf die Lupe in der Werkzeugpalte (Kurztaste Z, für Zoom Tool). So vergrößern Sie den Abbildungsmaßstab:

- Klicken Sie ins Bild. Photoshop stellt jetzt einen Bereich um die Lupenposition herum vergrößert dar; wollen Sie also Details links unten vergrößert sehen, klicken Sie gleich in diese Region.
- Ziehen Sie mit der Lupe einen Rahmen um den Bildteil herum, den Sie vergrößert sehen möchten. Um diesen Rahmen zu verschieben, erzeugen Sie zunächst einen Rahmen und drücken dann die Leertaste.

Den aktuellen Zoomfaktor nennt Photoshop in der Titelleiste des Bildes und unten in der Statusleiste.

Abbildungsmaßstab verändern

So ändern Sie den Abbildungsmaßstab:

- Drücken Sie zur Lupe die [Alt]-Taste, verkleinern Sie das Bild schrittweise. Sie sehen dann statt des Pluszeichens ein Minus im Lupenzeiger; ist der Tiefstpunkt erreicht, zeigt sich die Lupe innen leer.
- Den Wechsel der Zoomstufe erlauben auch das Kontextmenü und die **Ansicht**-Befehle **Einzoomen** (vergrößerte Darstellung) und **Auszoomen**.
- Zügige Maßstabsveränderung bieten zudem die Griffe [Strg]+[+] beziehungsweise [Strg]+[-].
- Tippen Sie bei Photoshop eine neue Zoomstufe ganz unten links in die Statusleiste ein (am Mac links unten im Bildfenster); im Bildfenster von ImageReady bietet ein Klappmenü unten links verschiedene Zoomstufen.
- Ändern Sie die Zoomstufe im Navigator (siehe unten).
- Drehen Sie am Mausrad; Drehen bei gedrückter Umschalttaste vergrößert die Intervalle.

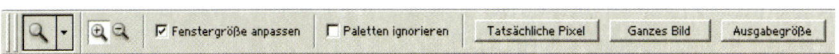

Abbildung 2.26:
Mit den Optionen zur Lupe regeln Sie die Bilddarstellung.

»Ganzes Bild«

So zoomen Sie das Gesamtbild schnell größtmöglich auf den Schirm:

- Klicken Sie doppelt auf das Hand-Werkzeug in der Werkzeugleiste.
- Drücken Sie [Strg]+[0].

➦ Verwenden Sie den Befehl **Ganzes Bild** aus dem **Ansicht**-Menü oder aus dem Kontextmenü oder die gleichnamige Schaltfläche in den Werkzeugoptionen.

Nutzen Sie die Option PALETTEN IGNORIEREN in den Werkzeugoptionen, wenn Photoshop beim Hochvergrößern das Bild auch unter Paletten schieben soll. Wohlgemerkt, wie immer Sie auch zoomen, die eigentliche Datei wird kein bisschen verändert – nur die Anzeige des Bildes ändert sich.

Schneller Wechsel zu Zoomfunktionen

Weil die Zoomfunktionen so wichtig sind, lassen sie sich auch erreichen, wenn Sie andere Werkzeuge als die Lupe aktiviert haben. Sie springen vorübergehend zu den Zoomtechniken; Photoshop wechselt später automatisch zum ursprünglichen Werkzeug zurück:

➦ [Strg]+[+] und [Strg]+[-] ändern die Zoomstufe schrittweise. Nehmen Sie die [Alt]-Taste hinzu, um die Option FENSTERGRÖSSE ANPASSEN vorübergehend umzuschalten.

➦ [Strg]+[0] zoomt das Gesamtbild größtmöglich hoch.

➦ [Strg]+[Alt]+[0] erzeugt sofort eine 100-Prozent-Ansicht.

➦ [Strg]+Leertaste beschert Ihnen bei jedem beliebigen Werkzeug die Vergrößerungslupe, [Alt]+Leertaste bringt die Verkleinerungslupe her. Die Leertaste allein ist für die Verschiebehand gut. Diese Griffe funktionieren oft sogar bei geöffnetem Dialogfeld.

»Fenstergröße anpassen«

In den Lupen-Optionen wählen Sie meist FENSTERGRÖSSE ANPASSEN. Das heißt, Photoshop vergrößert das Dateifenster, wenn Sie eine höhere Zoomstufe wählen. Und der Dateirahmen schrumpft, sobald Sie den Vergrößerungsfaktor senken. So belegt die Bilddatei immer nur den erforderlichen Monitorplatz. Möchten Sie jedoch verschiedene andere Bilder sichtbar halten oder den Dateirahmen in einer bestimmten Größe oder in einem bestimmten Seitenverhältnis belassen, dann schalten Sie die Option FENSTERGRÖSSE ANPASSEN aus.

Zoomen Sie mit den Tastengriffen [Strg]+[+] oder [Strg]+[-], passt Photoshop die Fenstergröße automatisch an. Sie verhindern das, indem Sie zusätzlich die [Alt]-Taste drücken. Alternative: Wählen Sie **Bearbeiten: Voreinstellungen: Allgemeine** und schalten Sie die Option TASTATUR-ZOOM FÜR ANDERE FENSTERGRÖSSE ab. Drücken Sie nun zusätzlich [Strg]+[Alt]+[+], wenn sich beim Vergrößern der Fensterrahmen doch mit weiten soll.

In der getesteten Windows-Vollversion funktionierte das Anpassen der Fenstergröße nicht immer, speziell wenn Photoshop schon eine Weile in Gebrauch war.

2.4.3 Hand-Werkzeug

Mit dem Hand-Werkzeug (Kurztaste H, für Hand) verschieben Sie den sichtbaren Bildteil innerhalb des Dateirahmens. Ein Doppelklick auf das Hand-Werkzeug in der Werkzeugleiste zeigt das Gesamtbild in größtmöglicher Zoomstufe – der gleiche Effekt wie **Ansicht: Ganzes Bild** oder [Strg]+[0].

Darstellung von Bilddateien Kapitel 2

Egal, welches Werkzeug gerade aktiviert ist – mit der Leertaste erhalten Sie jederzeit die Hand. Schieben Sie Ihr Bild zurecht und lassen Sie die Leertaste wieder los, um zum vorherigen Werkzeug zurückzukehren. Sogar bei geöffnetem Dialogfeld funktioniert das.

Verschieben per Tasten

Unabhängig vom aktuellen Werkzeug rutscht Ihr Foto auch per Tastendruck durchs Fenster: Die Tasten `Bild ↑` und `Bild ↓` beziehungsweise `Seite ↑` und `Seite ↓` bewegen um je eine Fensterfüllung; die Umschalttaste sorgt ausnahmsweise für kleinere Schritte. Drücken Sie `Strg`, wenn es nach links oder rechts gehen soll. Mit `Pos 1` (`Home`) erscheint die linke obere Ecke; nach rechts unten geht es per `Ende`-Taste.

2.4.4 Navigator-Palette

Die Navigator-Palette macht in vielen Fällen Lupe und Hand-Werkzeug überflüssig. Groß dargestellte Bilder lassen sich mit dem Navigator besonders leicht innerhalb des Dateifensters bewegen und zoomen. Das Prinzip: Die Navigator-Palette zeigt stets das Gesamtbild – auch dann, wenn im Dateifenster nur ein kleines, hoch vergrößertes Detail erscheint. Ein Rahmen innerhalb der Navigator-Anzeige markiert den Bildteil aus dem Dateifenster.

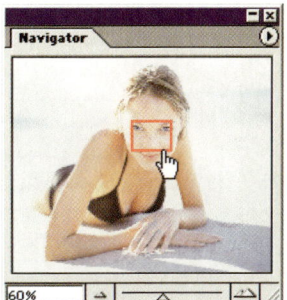

Abbildung 2.27:
Zoom nach Maß: Bequem passt der Navigator Ausschnitt und Vergrößerungsmaßstab einer Bilddatei Ihren Wünschen an. Sie können den Vorschau-Rahmen ziehen oder durch Klick an eine beliebige Stelle im Navigator-Fenster neu platzieren. Drücken Sie die `Strg`-Taste, um eine Lupen-Funktion zu erhalten.

Das Navigator-Fenster

Durch Ziehen rechts unten vergrößern Sie die Navigator-Palette nach Bedarf. Folgende Möglichkeiten bieten sich im Navigator-Fenster:

➡ Verschieben Sie den Navigator-Rahmen oder klicken Sie an eine andere Stelle in der Navigator-Vorschau; Sie erhalten einen anderen Bildausschnitt im bisherigen Abbildungsmaßstab. Bei gedrückter Umschalttaste bewegt sich der Rahmen streng vertikal oder horizontal.

➡ Bei gedrückter `Strg`-Taste erscheint eine Lupe über dem Navigator; damit ziehen Sie einen neuen Rahmen beliebiger Größe auf. So ändern Sie gleichzeitig Bildausschnitt und Abbildungsmaßstab – flexibler als mit der üblichen Lupe.

Kapitel 2   Oberfläche & Grundfunktionen

Weitere Navigator-Befehle

Im unteren Bereich des Navigators haben Sie zusätzlich diese Möglichkeiten:

- Sie tippen einen beliebigen Vergrößerungsfaktor ein und bestätigen mit der Eingabetaste.
- Sie verschieben durch Klicks auf die Symbole EINZOOMEN (Vergrößert anzeigen) und AUSZOOMEN den Vergrößerungsmaßstab in vorgegebenen Schritten.
- Sie zoomen al gusto durch Bewegen des Schiebereglers.
- `Strg`-Klick ins Navigator-Fenster erzeugt eine 1600-Prozent-Ansicht des angeklickten Bilddetails.

:-) TIPP *In den Optionen zum Navigator ändern Sie die Farbe des Rahmens, falls er sich von Ihrer Bilddatei nicht gut abhebt. Die Optionen erreichen Sie wie immer über die Schaltfläche* *.*

Abbildung 2.28:
Doppelte Aussicht: Der »Ansicht«-Befehl »Neues Fenster« zeigt Ihre Arbeit am Bild in verschiedenen Zoomstufen.

2.4.5   »Neues Fenster«

Sie können ein Bild gleich mehrfach auf dem Schirm abbilden:

- In Photoshop wählen Sie **Fenster: Dokumente: Neues Fenster**, um die Datei ein zweites Mal auf dem Monitor zu sehen.
- In ImageReady ziehen Sie einfach eine der Registerkarten wie 2FACH aus dem Bildfenster.

Beide Bildfenster zeigen dieselben Daten – ein Pinselstrich, den Sie in der linken Ansicht tun, erscheint sofort auch im rechten Bild. Oft macht diese Doppeldarstellung Sinn:

- Sie retuschieren an einem hochgezoomten Bildausschnitt und verfolgen nebenan in einer zweiten normalgroßen Ansicht, wie das Ergebnis Ihrer Bemühungen in der Gesamtansicht wirkt.

Darstellung von Bilddateien Kapitel 2

➡ Sie verdoppeln die Ansicht eines RGB-Bildes und stellen die zweite Fassung mit **Ansicht: CMYK-Arbeitsfarbraum** zum Vergleich daneben. Jetzt arbeiten Sie im RGB-Bild und verfolgen die Auswirkungen auch auf CMYK-Ebene.

➡ Sie bearbeiten eine Ebenenmaske; dabei stellen Sie die Ebene und die bearbeitete Maske nebeneinander.

Verwechseln Sie dieses Kommando nicht mit dem **Bild**-Befehl **Duplizieren**; der erzeugt eine neue, unabhängige Kopie Ihres Bildes, die Sie unabhängig vom Ursprung weiterbearbeiten können. Der Befehl **Neues Fenster** zeigt dagegen nur ein und dieselbe Datei in mehreren Fenstern.

Der Befehl **Fenster: Dokumente: Nebeneinander** *stellt die beiden Ansichten ordentlich nebeneinander.*

Abbildung 2.29:
Hinter der Maske: Bei der Arbeit an einer Ebenenmaske zeigt der Befehl »Neues Fenster« auf Wunsch nebeneinander die Auswirkung auf das Bild und die Maske allein. Datei: Glas_2

2.4.6 Darstellung anderer Farbmodi und Rechnersysteme

Photoshop bietet im **Ansicht**-Menü spezielle Darstellungsweisen, mit denen Sie ein anderes Farbmodell oder einen anderen Rechner simulieren. Ein Beispiel: Sie benötigen ein RGB-Bild letztlich im CMYK-Modus der Druckvorstufe; Sie wollen es aber zunächst im vielseitigeren RGB-Modus bearbeiten. Sie bleiben auch bei RGB, zeigen das Foto aber trotzdem bereits mit CMYK-Vorschau an. Bei CMYK-Vorschau und Farbumfang-Warnung verwendet Photoshop Ihre aktuellen FARBEINSTELLUNGEN für CMYK (Seite 132).

»Farb-Proof« für den Druck

Der Befehl **Ansicht: Farb-Proof** (`Strg`+`Y`) zeigt eine RGB-Datei in verschiedenen CMYK-Varianten, ohne das Bild endgültig nach CMYK zu verwandeln. Welche CMYK-Vorgabe Sie mit dem **Farb-Proof**-Befehl darstellen, entscheiden Sie im Untermenü **Ansicht: Proof einrichten**. Sie erkennen also mögliche Farbänderungen durch die Konvertierung nach CMYK und durch die Ausgabe auf bestimmten Geräten schon vorab. Zeigen Sie das Bild mit dem Befehl **Ansicht: Neues Fenster** eventuell doppelt an und betrachten Sie RGB und CMYK nebeneinander.

Zeigen Sie Ihr Bild vorübergehend im **CMYK-Arbeitsfarbraum**, ohne es bereits nach CMYK umzurechnen, oder zeigen Sie einzelne Druckplatten auf Basis der Farbeinstellungen, etwa **Magenta-Platte Arbeitsfarbraum**. **Papierweiß simulieren** stellt den speziellen Weißton dar, den Sie in den CMYK-Vorgaben zur aktuellen Datei gemacht haben. **Schwarze Druckfarbe simulieren** zeigt den Dynamik-Umfang, der durch das Dokumentprofil vorgegeben ist. Diese beiden Optionen stehen nicht immer zur Verfügung. Unabhängig vom definierten CMYK-Arbeitsfarbraum machen Sie **Eigene** Proof-Vorgaben.

In der Titelleiste des Bildes erkennen Sie an einem Text wie »RGB/CMYK«, dass Sie ein RGB-Bild mit CMYK-Vorschau bearbeiten. Wählen Sie **Ansicht: Farb-Proof** erneut, um die Sonderdarstellung auszuschalten.

»Farb-Proof« für Online-Darstellung

Im Untermenü **Ansicht:Proof einrichten** finden Sie auch die Befehle **Windows-RGB** und **Macintosh-RGB**. Sie simulieren die typische Bilddarstellung von Windows- oder Mac-Rechnern – Windows wirkt dunkler. Solange die Darstellungsmodi eingeschaltet sind, erscheint ein Hinweis in der Titelzeile des Bildes. Der Befehl **Monitor-RGB** hebt alle Angleichungen wieder auf. Für CMYK-Bilder bietet Photoshop die Befehle nicht an.

Farbumfang-Warnung

Der Befehl **Ansicht: Farbumfang-Warnung** (`Strg`+ `⇧`+`Y`) hebt alle Pixel eines RGB-Bildes durch Alarmfarben hervor, die im CMYK-Farbraum der druckbaren Farben (dem so genannten Gamut) nicht vorkommen. Sie können die entsprechenden Farben zum Beispiel mit dem Schwamm ⬤ abschwächen, bis die Sättigung in den druckbaren Bereich sinkt. Mit welcher Farbe und Deckkraft die Farbumfang-Warnung zuschlägt, regeln Sie per **Bearbeiten: Voreinstellungen: Transparenz & Farbumfang-Warnung**.

*Wollen Sie nicht druckbare Farben nicht nur hervorheben, sondern auswählen? Dies erledigt der Befehl **Auswahl: Farbbereich auswählen** mit der Vorgabe* AUSSERHALB DES FARBUMFANGS *(Seite 574).*

Darstellung von Bilddateien   Kapitel 2

Abbildung 2.30:
Alarm: Die »Farbumfang-Warnung« hebt nicht druckbare Tonwerte in der Bildanzeige hervor, hier durch graue Abdeckung. Datei: Farbumfang

2.4.7 Befehle im Überblick: Darstellung von Bilddateien

Taste/Feld	Zusatztasten	Aktion	Ergebnis
🔍	-	🖱	⊕ Abbildungsmaßstab vergrößern
🔍	Alt	🖱	⊖ Abbildungsmaßstab verkleinern
🔍	-	🖱🖱	Bildanzeige 100%
Strg + Plustaste			Abbildungsmaßstab vergrößern
Strg + Plustaste	Alt		Abbildungsmaßstab vergrößern
Strg + Minustaste			Abbildungsmaßstab verkleinern
Strg + Minustaste	Alt		Abbildungsmaßstab verkleinern
Strg + Leertaste			⊕
Alt + Leertaste			⊖
Strg + 0			Vergrößerungsmaßstab an Fenstergröße anpassen
Strg + 0	Alt		Vergrößerungsmaßstab 100%
✋	-	🖱	Bild im Fenster verschieben

Kapitel 2   Oberfläche & Grundfunktionen

Taste/Feld	Zusatztasten	Aktion	Ergebnis
🖐	–	👆👆	Größtmögliche Gesamt-darstellung
Leertaste		🖐	
Strg + H			»Extras« wie Hilfslinien, Auswahlrahmen etc. ein-/ausblenden
Strg + R			Lineale ein-/ausblenden

2.4.8   Hilfe-Texte am Bildschirm

Die Bildschirmunterstützung von Photoshop erreichen Sie per **Hilfe: Inhalt** oder per F1, am Mac per ⌘+?. Dort forschen Sie mit verschiedenen Inhaltsverzeichnissen und Suchfunktionen schnell nach bestimmten Themen oder Stichworten. Der Befehl **Über Photoshop** blendet das Startbild samt Ihrer Seriennummer ein. Der Befehl **Über Zusatzmodul** bietet Informationen zu allen Plug-Ins an. Diese zwei **Über**...-Befehle finden Mac OS 9-Nutzer im Apfel-Menü, Mac OS X präsentiert die Funktionen im **Photoshop**-Menü.

*Auch bei geöffnetem Photoshop-Dialogfeld steht Ihnen der Befehl **Hilfe: Inhalt** zur Verfügung. Alternativ öffnen Sie den Hilfetext unter Windows mit F1, am Mac mit ⌘+?.*

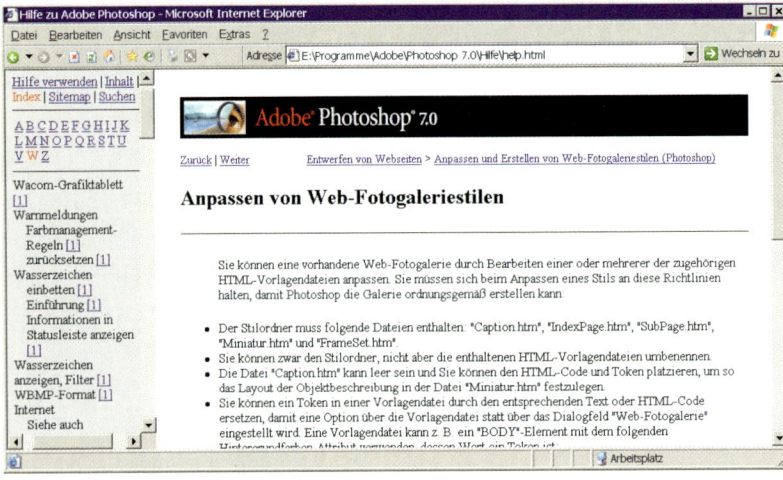

Abbildung 2.31:
Links: Klicken Sie in der schwarzen Leiste des Hilfesystems auf »Index«, erhalten Sie das Online-Stichwortverzeichnis zu einem zuvor gewählten Buchstaben. Der Text selbst erscheint nach Anklicken des Themas rechts.

Darstellung von Bilddateien — Kapitel 2

Praktische Tipps

Bei der »Hilfe«-Lektüre sollten Sie die Möglichkeiten Ihres Browsers voll nutzen:

- Mit den ZURÜCK- und VOR-Schaltflächen klicken Sie sich durch die Themen, die Sie bereits studiert haben.
- Das VERLAUF-Fenster listet bereits studierte Texte auf.
- Links zu wichtigen Texten legen Sie als »Favorit« ab, um sie besonders flott aufzurufen.
- Ändern Sie die Schriftgröße am Schirm mit einem Befehl wie **Ansicht: Schrift vergrößern**.

TIPP: Alternativ zum Hilfesystem finden Sie auf der Photoshop-CD auch eine komplette Version des Handbuchs im Acrobat-PDF-Format; forschen Sie nach der Datei »Handbuch.pdf« direkt im Stammverzeichnis.

Online-Funktionen

Per **Updates** fahnden Sie bei Photoshop-Hersteller Adobe automatisch nach Programmaktualisierungen, die Sie nach Rückfrage herunterladen, der **Support**-Befehl bringt Sie zur interessanten englischsprachigen Technik-Datenbank von Adobe. Sie sollten als Internetbrowser mindestens Internet Explorer 5.0 oder Netscape Communicator 4.75 verwenden. JavaScript muss aktiviert sein (zumindest für die Such-Funktion), außerdem sollte der Browser Cookies akzeptieren. Cookies sind kleine Dateien, die WWW-Anbieter auf Ihrem Computer ablegen, um später auf bestimmte Informationen zurückzugreifen. Die Funktion **Adobe Online**, die Sie auch mit der Schaltfläche auf der Werkzeugpalette erreichen, bietet Updates und, nach einem Klick auf KONFIGURIEREN, einen Rhythmus für die Softwareaktualisierung und verschiedene Benachrichtigungen. Eventuell sollte eine Internetverbindung schon bestehen, bevor Sie den Befehl anwählen.

Werkzeug-Tipps

Sobald der Zeiger über einem Symbol in der Werkzeugleiste ruht, blendet Photoshop eine Kurzinformation ein samt dem Tastaturkürzel, mit dem Sie dieses Werkzeug starten. Auch bei den vielen Symbolen in Paletten und Optionsleisten helfen diese Kurztipps weiter. Beachten Sie, dass Photoshop auch über den Optionen in einigen Dialogfeldern gelb unterlegte Erklärungen einblendet. Per **Voreinstellungen** ([Strg]+[K]) lassen Sie speziell als Photoshop-Neuling also die WERKZEUG-TIPPS ANZEIGEN (siehe Abbildung 2.32).

Weitere Online-Informationen

Für Photoshopper sind unter anderem die folgenden Adressen des Photoshop-Herstellers interessant; dort erhalten Sie zum Beispiel kostenlose Programmergänzungen, Tipps und Hintergrundinformationen:

http://www.adobe.com
http://www.adobe.de

Kapitel 2   Oberfläche & Grundfunktionen

Abbildung 2.32:
Wenn die »Werkzeug-Tipps« in den Voreinstellungen eingeschaltet wurden, blendet Photoshop Informationen zum Schaltfeld unter dem Mauszeiger ein.

Die umfassende englische Wissensdatenbank der amerikanischen Adobe-Zentrale erreichen Sie unter:

```
http://www.adobe.com/support/database.html
```

Austauschen können Sie sich in den Foren der Online-Dienste, aber auch in der Photoshop-Newsgroup:

```
alt.graphics.photoshop
```

Günstige Ausgangspunkte für die Suche nach kostenlosen und kommerziellen Aktionen, Plug-Ins und Tipps sind diese englischen Seiten, wo Sie auch zahlreiche Hinweise auf weitere Photoshop-Seiten erhalten:

```
http://www.carlvolk.com/photoshoptips.asp
http://www.graphic-design.com/Photoshop/index.html
http://www.planetphotoshop.com
http://photoshopgurus.info/
http://builder.cnet.com/webbuilding/0-7370.html?tag=st.dl.10012.quick.0-7370
```

Zu den deutschsprachigen Seiten zählen:

```
http://www.wargalla.de/index.htm
http://www.graphics4all.de/main.php
http://www.mdnetz.de/
http://www.screenz.de/
http://www.pastorpixel.de/
http://www.unet.univie.ac.at/~a9209829/
http://www.behere.de/
```

Weitere Online-Adressen finden Sie an den thematisch passenden Stellen im Buch, Verweise auf kostenlose Plug-Ins im Internet finden Sie ab Seite 834. Wie für alle Internetadressen in diesem Buch gilt: Verlag und Autor übernehmen keine Garantie und keinen Support für Inhalt oder Verfügbarkeit der genannten Seiten.

2.4.9 Troubleshooting: Ich klicke und nichts passiert

Immer wieder steht man vor dem Problem: Ich klicke – und nichts passiert. Solche Unbill entsteht in Situationen wie diesen:

- Sie bearbeiten eine Datei im Modus BITMAP, LAB oder INDIZIERTE FARBEN oder mit 16-Bit-Farbtiefe pro Grundfarbe; in diesen Modi funktionieren jedoch nur wenige Filter und Kontrastkorrektur-Werkzeuge, Ebenentechnik ist nicht. Wechseln Sie mit dem Untermenü **Bild: Modus** zu **Graustufen** oder zu **RGB-Farbe**.

- Sie versuchen eine Ebene zu bearbeiten, die zwar gut sichtbar, in der Ebenen-Palette aber nicht aktiviert ist. Aktivieren Sie die Ebene durch einen Mausklick in der Palette.

- Sie haben beim Malen oder bei der Ebenentechnik die Deckkraft heruntergesetzt oder einen Mischmodus eingestellt, der von der aktiven Ebene oder vom Pinselstrich nichts erkennen lässt (Seite 730).

- Sie haben die Ebene »fixiert«, so dass sie sich nicht mehr vollständig oder überhaupt nicht mehr bearbeiten lässt, etwa mit der Option TRANSPARENTE PIXEL FIXIEREN (Seite 709). Schalten Sie die Optionen für die gewünschte Ebene in der Ebenen-Palette ab.

- Sie haben in der Kanäle-Palette nicht den Gesamtkanal aktiviert, zum Beispiel »CMYK« oder »RGB«, sondern eine einzelne Grundfarbe oder einen Alphakanal.

- Sie arbeiten in einer Ebenenmaske, Vektormaske oder Einstellungsebene statt auf den Bildpunkten der Ebene selbst. Klicken Sie die Miniatur der gewünschten Bildebene an, damit diese Ebene wieder aktiviert wird. Beachten Sie auch die Hinweise in der Titelzeile des Dateifensters.

- Sie versuchen, außerhalb einer Auswahl zu arbeiten, die womöglich verborgen oder außerhalb des aktuellen Bildfensters ist. Drücken Sie [Strg]+[H], um eine verborgene Auswahl wieder anzuzeigen, sichten Sie das Gesamtbild per [Strg]+[0].

- Sie haben in den Voreinstellungen die PIXELWIEDERHOLUNG eingerichtet und erhalten deshalb grobe Ergebnisse beim Rotieren und Skalieren. Wechseln Sie zu BIKUBISCH (Seite 156).

- Sie arbeiten auf einer Textebene, die Tonwertkorrekturen und Werkzeugretuschen nicht zulässt. Verwenden Sie den Befehl **Ebene: Rastern: Text**, um den Text in eine übliche Bildpunkt-Ebene zu verwandeln. Brechen Sie die Textbearbeitung mit der Esc-Taste folgenlos ab oder bestätigen Sie Ihre Änderungen per [Strg]+[↵]; dann lassen sich andere Werkzeuge und Befehle wieder aufrufen.

➤ Sie bearbeiten eine Ebene und haben einen Befehl wie **Bearbeiten: Frei Transformieren** gewählt (Seite 713). Photoshop umgibt die Ebene mit einem Begrenzungsrahmen. In dieser Situation können Sie kaum andere Befehle nutzen. Brechen Sie die Arbeit mit der Esc-Taste ab oder bestätigen Sie die Änderung mit der Eingabetaste.

➤ Sie haben beim Malen oder Retuschieren in der Werkzeugspitzen-Palette Vorgaben gemacht, die den Pinselstrich sehr schnell zu einem Nichts schrumpfen oder verblassen lassen; stellen Sie in der Werkzeugspitzen-Palette `F5` sämtliche STEUERUNG-Menüs auf AUS und alle JITTER-Vorgaben auf 0 Prozent oder setzen Sie mit dem Palettenbefehl **Werkzeugspitzen-Steuerungen löschen** gleich alle Vorgaben auf einen Schlag zurück.

2.5 Rücknahme von Eingaben

Photoshop und ImageReady bieten sehr vielseitige Möglichkeiten, Arbeitsschritte zu widerrufen. Sie können auch nach dem Speichern zu früheren Fassungen zurückkehren und verschiedene Zustände des Bildes mischen. Wir besprechen hier unter anderem die Protokollfunktionen – aber lesen Sie auch, wie Sie von vornherein die Bilddatei so aufbauen, dass Sie flexibel bleiben und gar nichts widerrufen müssen.

2.5.1 Einfache Rücknahme

Verschiedene Funktionen machen einen einzelnen Befehl ganz oder teilweise rückgängig.

»Rückgängig«

Wollen Sie nur den allerletzten Eingriff ungeschehen machen, wählen Sie **Bearbeiten: Rückgängig** oder `Strg`+`Z`. Beachten Sie: Wenn Sie mehrfach kurz mit dem Pinsel oder Kopierstempel stempel ins Bild klicken, erkennt Photoshop verschiedene Einzelaktionen. Nur der allerletzte Teilstrich ist per `Strg`+`Z` annullierbar.

Alternativ wählen Sie **Bearbeiten: Schritt zurück** (`Strg`+`Alt`+`Z`). Mit diesem Befehl gehen Sie schrittweise mehrere Arbeitsstufen weit zurück. Einfacher haben Sie es meist, wenn Sie stattdessen gleich den gewünschten Bildzustand auf der Protokoll-Palette anklicken (siehe unten).

Nach dem Speichern bietet Photoshop das **Widerrufen** nicht mehr an. Stattdessen setzen Sie Ihr Bild mit **Schritt zurück** oder mit der Protokoll-Palette zurück.

Wiederherstellen

Nach dem Klick auf **Rückgängig** finden Sie an der entsprechenden Menüstelle den Befehl **Wiederherstellen**; er bringt einen schon aufgehobenen Arbeitsschritt wieder zurück. So schalten Sie auch übersichtlich zwischen Vorher und Nachher eines Arbeitsschritts hin und her. Alternativ verwenden Sie **Bearbeiten: Schritt vorwärts** (`Strg`+`⇧`+`Z`).

Rücknahme von Eingaben   Kapitel 2

*Der **Widerrufen**-Befehl hat ein besonderes Talent, das Sie auf der ansonsten bequemeren Protokoll-Palette nicht vorfinden: Wenn Sie die Liste der Protokoll-Palette gelöscht haben, können Sie diese oftmals sehr wichtige Aufreihung wieder herstellen – aber nur per **Bearbeiten: Widerrufen Protokoll löschen**; in der Protokoll-Palette selbst lässt sich das Löschen nicht rückgängig machen.*

Photoshop: Kurztaste für »Wiederherstellen«

Photoshop bietet gleichermaßen für die Funktionen **Widerrufen** und **Wiederherstellen** die Kurztaste Z an: Sie schalten also per Strg+Z zwischen Vorher und Nachher um. Sie können das Programm jedoch so einrichten, dass der Griff zu Strg+Z generell ausschließlich etwas **Rückgängig** macht. Dann widerrufen Sie per Strg+Z schrittweise mehrere, immer weiter zurückliegende Arbeitsschritte. Öffnen Sie die Voreinstellungen mit Strg+K und legen Sie im Klappmenü WIEDERHERSTELLEN-TASTE eine andere Kurztaste fest:

➥ Verwenden Sie Strg+⇧+Z zum Wiederherstellen; damit erreichen Sie die gleiche Tastenbelegung wie in ImageReady.

➥ Oder verwenden Sie Strg+Y zum Wiederherstellen; dieser Befehl schaltet in Image-Ready zwischen verschiedenen Vorschau-Varianten um.

ImageReady ist zunächst genauso eingestellt wie Photoshop, Sie können aber auch dieses Programm auf andere Tastengriffe umstellen (Strg+K). Die aktuelle Tastenkombination nennen die Programme jeweils neben dem Befehl im **Bearbeiten**-Menü.

»Zurück zur letzten Version«

Ist alles daneben geraten, bleibt vielleicht nur der **Datei**-Befehl **Zurück zur letzten Version**. Er hebt alles auf, was Sie noch nicht auf Festplatte gesichert hatten, und öffnet das Bild in der zuletzt gültigen Zoomstufe. Beide Programme tun dies ohne Umschweife, Sie werden nicht mehr um Rückbestätigung gebeten.

Bequemer hat man es allerdings, wenn man in der Protokoll-Palette auf den ersten Schnappschuss des unveränderten Bildes zurückgreifen kann; diesen Schnappschuss erstellt die Protokoll-Palette meist automatisch (siehe unten).

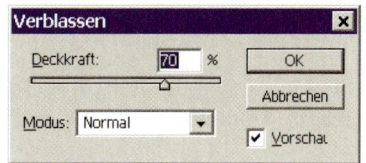

Abbildung 2.33:
Der Befehl »Verblassen« blendet die aktuelle Fassung des Bildes in die vorherige Variante.

»Verblassen«

Photoshop nimmt den letzten **Filter**- oder **Einstellungen**-Befehl auch stufenlos zurück. Diesen Befehl nennt das **Bearbeiten**-Menü neben dem Wort **Verblassen** (Strg+⇧+F). Das Prinzip: Photoshop legt das aktuelle Ergebnis über die vorherige Version. Je niedriger Sie die Deckkraft einstellen, desto stärker scheint wieder die Vorher-Fassung durch. Zudem lassen sich mit verschiedenen Füllmethoden ganz neue Wirkungen schaffen (Seite 730). Die Mischfassung des **Verblassen**-Befehls heben Sie bei Bedarf per **Rückgängig** immer noch gänzlich auf. Der Befehl **Verblassen** erscheint auch im Kontextmenü der Auswahlwerkzeuge, sofern bereits eine Auswahl im Bild ist.

Der **Verblassen**-Befehl ist jedoch unflexibel. Bearbeiten Sie lieber getrennte Ebenen, die Sie beliebig mischen und wieder korrigieren. So geht's:

1. Duplizieren Sie die gewünschte Ebene, indem Sie diese auf das Symbol NEUE EBENE in der Ebenen-Palette ziehen.
2. Bearbeiten Sie die obere Version mit Filter oder Kontrastkorrektur.
3. Mit Deckkraft-Regler und Mischmodus-Auswahl blenden Sie die zwei Fassungen ineinander.
4. [Strg]+[E] verschmilzt die beiden Ebenen.

Sie erhalten so dasselbe Bildergebnis wie beim Verblassen – eine abgeschwächte und eventuell anders überblendete Ansicht Ihres letzten Befehls. Doch selbst nach dem Speichern lässt sich die Mischung noch korrigieren. Überdies können Sie Ebenenmasken verwenden oder Helligkeitsbereiche ausblenden.

2.5.2 Arbeiten mit Rücknahmemöglichkeit

Statt aufwendig zwischen verschiedenen Arbeitsstufen Ihres Bildes hin und her zu wechseln, sollten Sie Ihre Arbeit so anlegen, dass nichts dauerhaft verloren gehen kann. Einige nützliche Verfahren:

- Statt Bildpunkte einer Ebene dauerhaft zu löschen, verstecken Sie diese Bereiche bloß mit Ebenenmaske, Vektormaske oder Beschnittgruppe. Verborgene Pixel lassen sich jederzeit wieder darstellen.

- Statt Pinselstriche, Farbfüllungen, Verläufe oder Muster dauerhaft ins Bild zu rechnen, legen Sie diese Dekoration auf eine neue Ebene oder richten direkt eine Füllebene ein. Steuern Sie die Sichtbarkeit mit Deckkraft-Regler, Ebenenmaske oder Füllmethoden.

- Statt Bilddateien mit einer Kontrastkorrektur ein für alle Mal zu verändern, blenden Sie die Korrektur nur als Einstellungsebene ein.

- Vor beliebigen Veränderungen duplizieren Sie die aktuelle Ebene und halten diese Reservefassung ausgeblendet zurück. Das gilt nicht zuletzt für Textebenen, die Sie rastern wollen.

2.5.3 Rücknahme von Eingaben im Dialogfeld

Haben Sie in einem Dialog oder in einer Palette an mehreren Reglern gedreht und möchten zu einer früheren Reglerstellung zurückkehren, bietet Photoshop meist zwei Möglichkeiten:

- Drücken Sie den Standard-Rücknahmebefehl [Strg]+[Z], um die allerletzte Veränderung zu annullieren ([Strg]+[Z] hebt auch die letzte Veränderung an einem **Transformieren**-Rahmen auf).
- Drücken Sie in Dialogfeldern die [Alt]-Taste; sie verwandelt die Schaltfläche ABBRECHEN in die Schaltfläche ZURÜCK. Diese klicken Sie an, um alle Änderungen aufzuheben, ohne das Dialogfeld zu schließen.

2.5.4 Protokollfunktionen

Mit den Protokollfunktionen widerrufen Sie in Photoshop bis zu 1000 und in ImageReady bis zu 200 Arbeitsschritte und kommen wieder darauf zurück. Solange das Bild geöffnet ist, zeichnet die Protokoll-Palette die Befehle in dem von Ihnen gewählten Umfang auf. Sie können also zwischenzeitlich speichern und danach einen Zustand herstellen, der vor dem Speichern herrschte.

Jeder einzelne Arbeitsschritt, jeder einzelne Pinselklick erscheint in der Palette. Photoshop zeigt stets zu jedem geöffneten Bild eine aktuelle Palette. Beim Schließen des Bildes ist das »Protokoll« jedoch ein für alle Mal verloren. Die Befehlslisten aus der Protokoll-Palette lassen sich nicht als Befehlsfolge (»Aktion«) speichern. Änderungen an Paletten, Aktionen oder Voreinstellungen zeichnet die Protokoll-Palette nicht auf, da es sich nicht um Korrekturen am Einzelbild handelt. Im Folgenden lernen Sie Photoshops Protokoll-Palette kennen. Auf Abweichungen bei ImageReady weisen wir hin.

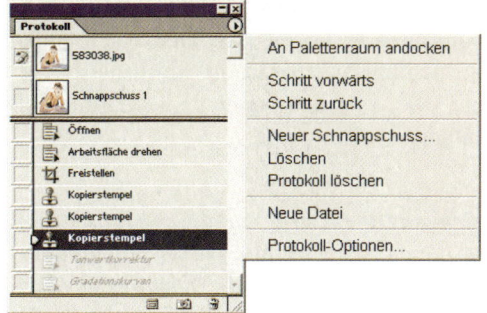
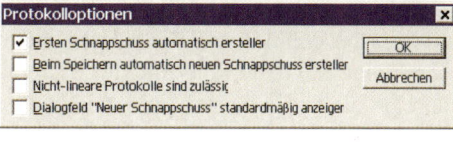

Abbildung 2.34:
Mit der Protokoll-Palette kehren Sie zu beliebigen früheren Fassungen Ihres Bildes zurück. In den Optionen zur Protokoll-Palette bei Photoshop legen Sie fest, ob widerrufene Arbeitsschritte erhalten bleiben sollen.

Möglichkeiten

Insgesamt bietet der protokollarische Dienst folgende Möglichkeiten:

- Sie kehren zu beliebigen Arbeitsstufen zurück und stellen diese wieder her.
- Per Mausklick erzeugen Sie »Schnappschüsse« oder neue Dateien von beliebigen Zwischenergebnissen (nicht bei ImageReady).
- Mit dem Protokollpinsel malen Sie beliebige Zwischenstufen Ihres Werks in die aktuelle Fassung (nicht bei ImageReady).
- Der Befehl **Bearbeiten: Fläche füllen** bringt auf Wunsch Teile einer früheren Bildfassung zurück in Ihre Datei.
- Um Speicher zu sparen, löschen Sie Schritte und grenzen die Zahl der aufzuzeichnenden Schritte ein.
- Einzelne Zwischenergebnisse legen Sie als Schnappschuss ab (nicht bei ImageReady). Photoshop entfernt den Schnappschuss nicht, wenn der Rückgängig-Speicher automatisch oder von Hand geleert wird.

Rückgängig-Speicher

In Photoshop können Sie bis zu 1000 Arbeitsschritte aufzeichnen, die Sie mit der Protokoll-Palette wiederherstellen. ImageReady erlaubt 200 RÜCKGÄNGIG-SCHRITTE. Begrenzen Sie die Schritte jedoch eventuell, um Arbeitsspeicher zu sparen. Die Zahl der Protokollobjekte oder Widerrufen-Schritte regeln Sie jeweils in den **Voreinstellungen** (Strg+K). Photoshop widerruft ab Werk zunächst nur 20 Schritte. Das wirkt wenig, wenn man bedenkt, dass jeder kleine Klecks mit Kopierstempel einen eigenen Eintrag auslöst.

Natürlich braucht Photoshop Arbeitsspeicher, um nach einem Befehl die Rücknahme-Version einer bearbeiteten Datei parat halten zu können – je länger Sie arbeiten und je mehr Schritte Sie bereithalten wollen, desto mehr Arbeitsspeicher kostet das. Den wachsenden Speicherbedarf erkennen Sie mit der Systembeanspruchungsanzeige in der Statusleiste; verwenden Sie die Vorgabe **Arbeitsdatei-Größen** (Seite 108). Löschen Sie den Rücknahmespeicher mit dem Befehl **Bearbeiten: Entleeren: Rückgängig**.

Der Befehl **Bearbeiten: Entleeren: Rückgängig** *entfernt nicht Schnappschüsse, die Sie in der Protokoll-Palette angelegt haben (siehe unten). Der Befehl gibt also einerseits viel Arbeitsspeicher frei, dennoch behalten Sie die wichtigsten Zwischenergebnisse Ihres Bildes als Schnappschuss. Auch die letzte Auswahl, die Sie mit dem Befehl* **Auswahl: Erneut wählen** *noch einmal ins Bild bringen, geht durch Leeren des Rückgängig-Speichers nicht verloren.*

Rücknahme von Eingaben   Kapitel 2

Vorgehen

Im Beispiel, das für die folgenden Abschnitte gilt, haben Sie das Bild schon in zehn Schritten verändert – mit Pinsel, Filtern, Tonwertkorrekturen. Außerdem verwenden wir die Optionen, wie sie ab Werk kommen: Die Protokoll-Palette hält also Ihre letzten 20 Eingriffe fest, die Option NICHT-LINEAR ist abgewählt, der Schnappschuss vom Original wird automatisch erzeugt (mehr zu den Optionen im Weiteren). Die Protokoll-Palette listet also ihre bisherigen zehn Eingriffe auf. So kann es weitergehen:

1. Klicken Sie auf Schritt 3, um Ihre Schritte 4 bis 10 ungeschehen zu machen. Diese Schritte erscheinen blassgrau in der Palette.
2. Klicken Sie auf Schritt 7, um das Bild bis zu diesem Stadium wiederherzustellen. Die Schritte 8 bis 10 erscheinen blassgrau.
3. Bearbeiten Sie jetzt das Bild mit neuen Ideen weiter. Photoshop verwirft nun die Schritte 8 bis 10 endgültig und zeichnet ab Schritt 8 neue Befehle in der Protokoll-Palette auf.

Um Einzelschritt für Einzelschritt durch die Aufzeichnung zu wandern, drücken Sie ⇧+Strg+Z für Vorwärts- und Alt+Strg+Z für Rückwärtsbewegung. Diese Tastengriffe gelten, sofern Sie die **Voreinstellungen** nicht geändert haben (siehe oben).

Schnappschuss erstellen

Ein so genannter »Schnappschuss« speichert ein Zwischenstadium Ihrer Arbeit im Arbeitsspeicher – und zwar solange, wie das Bild geöffnet ist, unabhängig von der weiteren Zahl der Arbeitsschritte. Mit dem Symbol SCHNAPPSCHUSS ERSTELLEN in der Protokoll-Palette legen Sie beliebig viele Schnappschüsse Ihrer Datei an (nur bei Photoshop, nicht bei ImageReady).

Die Schnappschuss-Abbildungen erscheinen en miniature ganz oben in der Protokoll-Palette. Der Vorteil: Selbst wenn die Befehle aus der Protokoll-Palette gelöscht oder überschrieben sind, bleiben Ihnen die Schnappschüsse erhalten. So greifen Sie auf ausgewählte frühe Varianten Ihrer Bildbearbeitung zurück; das ist oft sinnvoller, als die endlosen Einzelschritte in der Protokoll-Palette abzuarbeiten.

Klicken Sie zum Umbenennen doppelt auf den Namen des Schnappschusses. Das Kontextmenü zum Schnappschuss bietet Befehle wie **Löschen** und **Protokoll löschen**. Der Schnappschuss lässt sich ebenso wie jeder andere Eintrag in der Protokoll-Palette als Quelle für den Protokollpinsel verwenden (siehe unten); außerdem eignet er sich für die PROTOKOLL-Option beim **Füllen** einer Auswahl oder eines Pfads.

Vorsicht: Beim Rückgriff auf einen Schnappschuss löscht Photoshop jüngere Bildvarianten aus dem Protokollspeicher, sofern Sie auf die Option NICHT-LINEARE PROTOKOLLE SIND ZULÄSSIG *verzichten (siehe unten).*

Schnappschuss-Optionen

Wenn Sie das Symbol SCHNAPPSCHUSS ERSTELLEN bei gedrückter Alt -Taste anklicken, zeigt Photoshop das meist überflüssige Dialogfeld NEUER SCHNAPPSCHUSS. Im Klappmenü AUS bestimmen Sie die Art des Schnappschusses:

➥ VOLLSTÄNDIGES DOKUMENT erzeugt einen Schnappschuss mit allen separaten Ebenen.
➥ REDUZIERTE EBENEN verschmilzt alle Ebenen innerhalb des Schnappschusses (nicht in der aktiven Datei).
➥ AKTUELLE EBENE schnappt nur die – na? – aktuelle Ebene auf.

Vorsicht jedoch: Wenn Sie nicht die Option VOLLSTÄNDIGES DOKUMENT verwenden, sparen Sie zwar etwas Arbeitsspeicher, beim Rückgriff auf diesen Schnappschuss haben Sie jedoch nur eine Einzelebene zur Verfügung. Klicken Sie das Schnappschuss-Symbol ohne Zusatztaste an, merkt sich Photoshop immer ein VOLLSTÄNDIGES DOKUMENT mit separaten Einzelebenen.

*Wenn Sie die werkseitigen Optionen noch nicht verändert haben, erzeugt Photoshop einen ersten Schnappschuss der naturbelassenen Datei gleich beim Öffnen. Damit greifen Sie besonders zügig auf die ursprüngliche Bildfassung zurück – schneller und sicherer als mit dem **Datei**-Befehl **Zurück zur letzten Version**, der ja auch die Protokoll-Liste (aber nicht die Schnappschüsse) löscht.*

Neues Dokument erstellen

Legen Sie ein Duplikat der aktuellen Datei im momentanen Zustand an. Dazu klicken Sie unten in der Protokoll-Palette auf das Symbol NEUES DOKUMENT ERSTELLEN. So lassen sich unterschiedliche Varianten einer Datei besonders übersichtlich auseinander halten – eine bequeme Alternative auch zum Befehl **Bild: Bild duplizieren**. Dabei bewahrt Photoshop auch Ebenen, die ausgeblendet wurden.

Das neue Duplikat erscheint auf der Photoshop-Arbeitsfläche. Bei Bedarf speichern Sie es später von Hand auf die Festplatte. Ziehen Sie auch einen beliebigen Einzelzustand oder einen Schnappschuss aus der Protokoll-Palette direkt auf die Schaltfläche NEUES DOKUMENT ERSTELLEN.

Einzelschritte durch Neubearbeitung verwerfen

Um den Speicher zu entlasten, können Sie Schritte verwerfen oder auch den kompletten Protokollspeicher leeren.

So entfernen Sie Einzelschritte:

1. Markieren Sie nach zehn Schritten Schritt 3. Die Schritte 4 bis 10 erscheinen blassgrau.
2. Arbeiten Sie wieder am Bild. Wenn Sie den neuen Schritt 4 tun, verschwinden die bisherigen, grau abgeblendeten Schritte 4 bis 10 aus der Protokoll-Palette, der neue Eingriff wird aufgelistet (sofern Sie mit der Option »Nicht-linear« arbeiten, siehe unten).

3. Bei Bedarf holen Sie die verworfenen Schritte 4 bis 10 jetzt – und nur jetzt – mit dem Befehl **Bearbeiten: Rückgängig** wieder in die Protokoll-Palette zurück.
4. Wenn Sie dagegen den neuen Schritt 5 ausführen und Schritt 4 nicht widerrufen, verschwinden die alten Stufen 4 bis 10 auch aus dem Rückgängig-Speicher – sie sind endgültig perdu, der Arbeitsspeicherbedarf sinkt.

Einzelschritte durch Löschen verwerfen

Sie können Einzelschritte in Photoshop auch so löschen:

1. Markieren Sie Schritt 3, so dass die nachfolgenden Ereignisse 4 bis 10 grau erblassen.
2. Dann klicken Sie auf das Mülleimer-Symbol unten rechts in der Protokoll-Palette. Photoshop fragt erschrocken: »Wollen Sie löschen?«.
3. Sie sagen: OK.
4. Die Schritte 4 bis 10 verschwinden aus der Palette.

Bei Bedarf hieven Sie die entfernten Befehle 4 bis 10 unmittelbar nach dem Löschen wieder in die Palette; dies besorgt der Befehl **Bearbeiten: Rückgängig: Objekte löschen**.

Wie auch bei anderen Paletten klicken Sie den Mülleimer bei gedrückter Alt -Taste an, um gleich ohne Rückfrage zu löschen. Photoshop bietet das **Löschen** außerdem im Palettenmenü und im Kontextmenü an.

»Protokoll löschen«

Photoshop löscht auch die komplette Protokoll-Palette für das aktive Bild. **Protokoll löschen** heißt das Paletten- und Kontextmenü. Damit verschwinden alle Aufzeichnungen für das aktive Bild. Gut zu wissen: Schnappschüsse bleiben erhalten. Die Aufzeichnungen aus der Protokoll-Liste können Sie bei Photoshop unmittelbar im Anschluss an das Löschen per **Rückgängig** zurückholen. Protokolle für weitere geöffnete Bilder bleiben erhalten.

»Entleeren: Protokolle«

Photoshops Befehl **Bearbeiten: Entleeren: Protokolle** löscht die Protokollinformationen für sämtliche geöffneten Bilder, nicht nur für das aktive Bild – Sie gewinnen also mehr freien Arbeitsspeicher. Photoshop blendet hier eine wichtige Warnung ein: DIES KANN NICHT RÜCKGÄNGIG GEMACHT WERDEN.

Zustände in andere Dateien übertragen

Ziehen Sie einen Zustand oder einen Schnappschuss aus der Protokoll-Palette in ein anderes Bild. Damit verwandeln Sie das Zielbild in eine Kopie der Vorlage mit sauber getrennten Ebenen – sogar die Bildmaße werden bei Bedarf geändert; verloren sind allerdings die ursprünglichen Ebenen des Zielbildes. Photoshop warnt Sie dabei nicht.

Kapitel 2   Oberfläche & Grundfunktionen

»Nicht-lineare Protokolle sind zulässig«

Die Protokolloptionen gibt es nur bei Photoshop, nicht bei ImageReady. Sie erreichen diese wichtigen Einstellmöglichkeiten wie üblich mit dem Befehl **Optionen** im Menü der Protokoll-Palette. Die Option NICHT-LINEARE PROTOKOLLE SIND ZULÄSSIG ist hier zunächst ausgeschaltet. Lassen Sie die Option ausgeschaltet, gilt folgendes Standardverhalten:

➧ Sobald Sie Schritt 3 von 10 löschen, gehen auch die Schritte 4 bis 10 über die Wupper.

➧ Wenn Sie Schritt 3 von 10 markieren und neu mit der Bearbeitung beginnen, gehen die Schritte 4 bis 10 ebenfalls verloren..

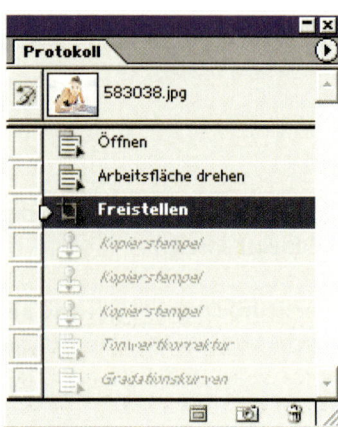

Abbildung 2.35:
Hier haben wir auf die Option »Nicht-lineare Protokolle« sind zulässig verzichtet. Links: Inklusive »Öffnen« verzeichnet die Protokoll-Palette acht Arbeitsschritte. Die Stempelretusche wird jedoch verworfen. Wir kehren zu Schritt 3 zurück. Die anderen Schritte erscheinen abgedimmt. Rechts: Sobald wir nun die Unscharfmaskierung verwenden, entfernt Photoshop die bisherigen Schritte 4 bis 8 aus der Liste. Das spart Arbeitsspeicher und wirkt übersichtlich. Die späteren Bildfassungen sind damit verloren. Nur per »Bearbeiten: Rückgängig« bietet Photoshop die Schritte 4 bis 9 in der Protokoll-Palette wieder an.

Dieses Verhalten ändert sich, sobald Sie in den Optionen NICHT-LINEARE PROTOKOLLE akzeptieren. Nun können Sie Einzelschritte löschen – aber auch spätere Varianten bleiben weiterhin erhalten. Durch das Löschen der Einzelschritte gehen Ihnen also keine Arbeitsstufen verloren – auch nicht solche, mit denen Sie gar nicht weiterarbeiten. Nun verhält sich das Programm so:

➧ Wenn Sie Schritt 3 von 10 löschen, bleiben die nachfolgenden Schritte sämtlich erhalten und können wiederhergestellt werden. Sie erscheinen nicht abgedimmt in der Protokoll-Palette.

➧ Wenn Sie Schritt 3 von 10 markieren und neu mit der Bearbeitung beginnen, werden diese neuen Schritte in der Protokoll-Palette hinter die bisherigen Schritte Nummer 4 bis 10 geschrieben. Alte und neue Schritte stehen weiter zur Verfügung.

Rücknahme von Eingaben Kapitel 2

TIPP *Statt die speicherfressende und manchmal verwirrende Option* NICHT-LINEARE PROTOKOLLE SIND ZULÄSSIG *zu verwenden, können Sie für interessante Bildzustände auch einen Schnappschuss anlegen.*

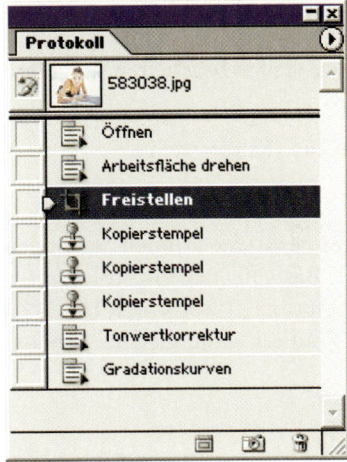 

Abbildung 2.36:
Nun haben wir die Option »Nicht-lineare Protokolle sind zulässig« aktiviert. Links: Wir haben das Bild in acht Schritten bearbeitet und sind dann zu Schritt 3 zurückgekehrt. Diesmal erscheinen die Schritte 4 bis 9 nicht abgedimmt. Rechts: Wir haben die Unscharfmaskierung angewendet. Sie erscheint als Schritt 9 in der Protokoll-Palette. Die verworfenen Schritte 4 bis 10 bleiben weiterhin erhalten und lassen sich durch Anklicken wiederherstellen. Dies kostet mehr Arbeitsspeicher und erschwert die Orientierung. Sie können jedoch auf Bildzustände zurückgreifen, die Sie zwischenzeitlich verworfen hatten.

Protokollpinsel

Mit dem Protokollpinsel (nur bei Photoshop, nicht bei ImageReady) pinseln Sie Teile einer beliebigen Bildfassung pixelgenau in die aktuelle Version der Datei. So säubern Sie Übergänge zwischen veränderten und ursprünglichen Bildteilen oder schichten allgemein verschiedene Zustände einer Datei ineinander. Niedrige Werte im FLUSS-Regler lassen den Strich an den Rändern ausbleichen, auch das Zentrum erreicht nicht sofort volle Deckkraft. Malen Sie mehrfach übereinander, wird der Farbauftrag kräftiger, ohne dass Sie zwischenzeitlich die Taste an Maus oder Grafikstift loslassen müssten (Seite 522). Sie haben die Wahl:

- Malen Sie Teile älterer Varianten in ein neues Stadium hinein.
- Übertragen Sie umgekehrt Bildpunkte aus einer neueren Fassung in eine davor erzeugte Variante.
- Statt mit dem Protokollpinsel bringen Sie andere Bildzustände auch mit dem Befehl **Bearbeiten: Füllen** neu ins Spiel.

Wie bei anderen Pinselwerkzeugen gilt auch hier: Sie haben alle Überblendverfahren und Werkzeugspitzen zur Verfügung. Sobald das Werkzeug aktiviert und einige Arbeit bereits vollbracht ist, wählen Sie folgendes Verfahren:

Kapitel 2 — Oberfläche & Grundfunktionen

1. In der Protokoll-Palette klicken Sie in die Leiste für den Protokollpinsel direkt links neben einem Arbeitsschritt mit der Einblenderklärung WÄHLT DIE QUELLE FÜR DEN PROTOKOLLPINSEL, oder Sie klicken neben einem Schnappschuss in der Protokoll-Leiste. Dort erscheint das Symbol für den Protokollpinsel. Das bedeutet: Auf diese Fassung greift der Protokollpinsel beim Farbauftrag zurück. (Aktivieren Sie dieses Objekt jedoch nicht durch einen Klick auf den Namen.)

2. Aktivieren Sie in der Protokoll-Palette diejenige Bildfassung, die Sie bearbeiten möchten. Häufig ist dies die neueste Fassung, sie ist ohnehin aktiviert.

3. Schalten Sie den Protokollpinsel in der Werkzeugleiste ein (Kurztaste Y).

4. Tragen Sie mit dem Protokollpinsel Bildpunkte auf.

Diese Aktivitäten werden wiederum in der Protokoll-Palette vermerkt; Sie können also jeden Strich mit dem Protokollpinsel einzeln widerrufen oder als Basis für neue Protokollretuschen verwenden. Der Radiergummi hat im Übrigen eine Option ZURÜCK ZUR LETZTEN VERSION, die ebenfalls zur markierten Protokollquelle zurückradiert – die gleiche Arbeitsweise wie der Protokollpinsel.

Sie müssen die Bildpunkte nicht mit der Protokoll-Palette ineinander mischen. Sie können auch mehrere Varianten der Datei auf unterschiedlichen Ebenen übereinander legen. Dann mischen Sie, indem Sie oben liegende Ebenen mit einer Ebenenmaske ausstatten und durch Ebenenmaskenretusche mit Schwarz teilweise transparent machen oder indem Sie die Bereiche mit dem Radiergummi tilgen. Auch bei der Anwendung von Deckkraft- und Mischmodus-Optionen sind Sie per Ebenentechnik flexibler als mit dem Protokollpinsel. So bleiben Ihnen alle Bildpunkte in allen Variationen dauerhaft erhalten.

Abbildung 2.37:
In der Protokoll-Palette erkennen Sie: Unmittelbar vor Anwendung des Protokollpinsels haben wir das Bild zunächst mit dem Befehl »Gradationskurven« korrigiert und dann das Gesamtmotiv mit »Bild: Einstellungen: Schwellenwert« in eine Strichgrafik verwandelt. Mit dem Protokollpinsel malen wir jetzt frühere Bildzustände in die Strichgrafik. Hier tragen wir Bildpunkte aus der Zwischenstufe »Gradationskurven« mit seinen weicheren Tonwerten auf; Sie erkennen an dem Pinsel-Symbol neben dem Zustand »Gradationskurven«, dass der Protokollpinsel auf Pixel aus diesem Zwischenergebnis zurückgreift. Datei: Haende

Rücknahme von Eingaben   Kapitel 2

»Füllen« mit Protokoll

Füllen Sie eine Auswahl oder einen Pfad mit einem Protokollzustand. Dazu verwenden Sie die Befehle **Bearbeiten: Füllen** (⇧+⌫, Seite 498) oder aus dem Menü der Pfad-Palette **Pfad füllen**. Im Klappmenü FÜLLEN MIT geben Sie das PROTOKOLL an. Zum Füllen verwendet Photoshop diejenige Bildversion, die in der Protokoll-Palette mit dem Pinsel-Symbol markiert ist. Fehlt diese Kennzeichnung, wird die Option PROTOKOLL nicht angeboten. Beim Füllwerkzeug genießen Sie dieses Angebot nicht.

Einschränkungen

Mit dem **Füllen**-Befehl und dem Protokollpinsel bringen Sie ältere Bildzustände in eine neuere Variante Ihrer Vorlage oder umgekehrt. Hinter einige Schritte können Sie jedoch nicht mehr zurückkehren:

- Wenn Sie die Bildfläche mit Befehlen wie Bildgröße, Arbeitsfläche oder mit dem Freistellwerkzeug verändert haben.
- Wenn Sie den Farbmodus gewechselt haben.

Kunst-Protokollpinsel

Photoshops Kunst-Protokollpinsel malt einen Bildzustand, den Sie in der Protokoll-Palette markiert haben, »künstlerisch verfremdet« ins aktuelle Bild. Füllen Sie die Datei mit Weiß, tuschen Sie »künstlerisch wertvoll« zu einer früheren Fassung.

Im Klappmenü STIL wählen Sie zwischen Vorgaben wie DICHT KURZ oder LOCKER KRAUS LANG. Diese Vorgaben bietet Ihnen auch das Kontextmenü. Je höher der Wert für BEREICH, desto breiter und zahlreicher verteilen sich die einzelnen Farbtupfer, die bei dauerhaftem Drücken der linken Maustaste entstehen, über das Bild. Je niedriger Sie die Prozentangabe für PRÄZISION ansetzen, desto stärker weicht Photoshop von den im Bild vorhandenen Farben ab. Bei hohen ABSTAND-Werten können Sie nur dort in das Bild malen, wo die Farbe deutlich von der Farbe im gewählten Protokollobjekt abweicht. Bei einem niedrigen Wert können Sie überall malen. Starten Sie mit 0.

Abbildung 2.38:
Diese Beispiele entstanden mit dem Kunst-Protokollpinsel. Das Originalbild wurde zunächst mit weißer Farbe gefüllt (⇧+⌫), dann markierten wir das unveränderte Bild als Kopierursprung. Datei: Schminke

Die Wahl der Werkzeugspitze beeinflusst das Ergebnis wesentlich. Variieren Sie vor allem Größe und Kantenschärfe. Die Werkzeugspitzen-Palette blenden Sie wie bei allen Mal- und Retuschewerkzeugen mit der Schaltfläche in den Werkzeugoptionen ein. Testen Sie die

Kapitel 2   Oberfläche & Grundfunktionen

»künstlerischen« Werkzeugspitzen-Bibliotheken wie PINSEL FÜR NASSE FARBEN, die Sie über das Palettenmenü laden. Viele Photoshop-Filter lösen Ihr Bild oder eine Auswahl ebenfalls in eine »künstlerische« Struktur auf. Verwenden Sie das **Filter**-Menü zum Beispiel mit den Untermenüs **Kunstfilter**, **Malfilter**, **Stilisierungsfilter** oder **Zeichenfilter** (Seite 858).

2.6 Messen von Programm- und Bilddaten

Photoshop und ImageReady bieten umfangreiche Anzeigen über die technischen Eigenschaften des Bildes, über die aktuelle Auswahl wie auch über Ihren Rechner. Die folgenden Merkmale finden Sie zum Teil nur bei Photoshop. Die speziellen Informationsmöglichkeiten für das ImageReady-Bildfenster besprechen wir im Internet-Kapitel ab Seite 265.

2.6.1 Statusleiste

Den unteren Programmfenster-Rahmen bildet bei Photoshop für Windows die Statusleiste, sofern Sie diese mit dem **Fenster**-Befehl **Statusleiste** hervorholen. Am Mac erscheint dieser Bereich unten im Einzelbildfenster. Hier nennt Photoshop für Windows unter anderem die Tastaturkombinationen, die bei einem Werkzeug zur Verfügung stehen.

Abbildung 2.39:
Die Statusleiste nennt Programm- oder Bilddaten und gibt Tipps.

Anzeige der Druck- und Dateigröße

Links unten in der Statusleiste sehen Sie meist zwei Werte für Dateigrößen. Ein Mausklick auf dieses Feld blendet ein Schema mit der Seitengröße ein; Sie sehen dort, wie viel Platz das Bild auf einer A4-Seite einnimmt (sofern Sie A4 eingerichtet haben). Übersichtlicher wirkt jedoch der Befehl **Datei: Drucken mit Vorschau** (Seite 136).

Klicken Sie mit gedrückter (Alt)-Taste auf dieses Feld, sehen Sie technische Daten wie Breite, Höhe, Auflösung und Zahl der Farbkanäle. Haben Sie in den **Voreinstellungen** oder in den Optionen zur Info-Palette als Maßeinheit Pixel gewählt, nennt Photoshop im Datenfeld über der Statusleiste nur Pixelwerte. Geben Sie indes Zentimeter vor, macht das Datenfeld sowohl Zentimeter- als auch Pixelangaben. Ähnliche Informationen erhalten Sie auch mit dem Befehl **Bild: Bildgröße**; dort lassen sich auch Korrekturen eingeben oder nur erproben (Seite 155).

2.6.2 Anzeige der Systembeanspruchung

Das kleine Dreieck infolei-3eck in der Statusleiste öffnet ein Minimenü; hier entscheiden Sie, welche Informationen Photoshop links nebenan ausgeben soll: Die Vorgabe **Dokumentprofil** verrät das aktuelle Farbprofil, **Dokumentmaße** nennt die Pixelmaße und **Timing** zeigt den Zeitbedarf für den letzten Befehl.

Messen von Programm- und Bilddaten   Kapitel 2

Per **Aktuelles Werkzeug** erfahren Sie das momentan aktivierte Werkzeug – das ist nützlich, wenn Sie die Werkzeugleiste per Tab-Taste von der Oberfläche verbannt haben. Mit der Vorwahl **Effizienz** zeigt Photoshop an, wie viel Prozent seiner Operationen im schnellen Arbeitsspeicher ablaufen. Liegt der Wert unter 100 Prozent, erkennen Sie, dass Photoshop auf die langsame Festplatte, auf ein »Arbeitsvolume«, auslagern muss – sehr zu Lasten der Geschwindigkeit. Besonders interessant sind die weiteren Informationen über den Speicherbedarf:

»Dateigrößen«

Entscheiden Sie sich für **Dateigrößen**, beziehen sich die Werte nur auf die aktive Datei. Der linke Wert nennt die Größe der Datei im Arbeitsspeicher so, als ob es sich um ein Bild ohne separate Ebenen oder Alphakanäle handelt. Rechts neben dem Schrägstrich lesen Sie den tatsächlich verlangten Speicherplatz für dieses Bild; er ist größer als der linke Wert, wenn über dem Untergrund zusätzliche Objekte schweben oder wenn Sie Auswahlkanäle einsetzen.

Ein Beispiel: Öffnen Sie das Bild »Ball.psd« aus dem »Praxis«-Verzeichnis von der CD zu diesem Buch. Dabei handelt es sich um ein Bild mit mehreren Ebenen.

Links vom Schrägstrich stehen hier »489K«, rechts »1,5M«. Das bedeutet: Die Datei »Ball.psd« beansprucht mit ihren verschiedenen Ebenen – Ball, Schatten, Himmel – 1,5 Mbyte Arbeitsspeicher. Verschmilzt man jedoch alle Ebenen zu einer einzigen »Hintergrund«-Ebene, so dass alle verborgenen, unten liegenden Bildpunkte gelöscht sind, benötigt das Bild nur noch 489 Kbyte Arbeitsspeicher. Etwa der gleiche Wert kommt zustande, wenn Sie das Bild unkomprimiert und ohne Ebenen oder Alphakanäle auf Festplatte speichern, zum Beispiel im Format TIFF unkomprimiert.

Ziehen Sie nun die Ebene »Ball« in den Mülleimer , lesen Sie in der »Dateigrößen«-Anzeige: »498K/1007K«. Der linke Wert bleibt also gleich: Denn für die »flache« Version des Bildes, wenn alle Ebenen verschmolzen sind, braucht Photoshop ja stets denselben Arbeitsspeicher. Nicht der Bildinhalt entscheidet hier, sondern allein die Pixelfläche und der Farbmodus – und daran haben Sie nichts geändert. Doch der Wert rechts vom Querstrich ist gesunken, denn Sie haben eine Ebene gelöscht.

Abbildung 2.40:
Links: Die Vorgabe »Dateigrößen« verrät, wie viel Arbeitsspeicher eine Version der Datei ohne separate Ebenen beansprucht und wie viel Speicher die Gesamtdatei mit Einzelebenen braucht. Rechts: Die Vorgabe »Arbeitsdatei-Größen« nennt den Gesamtbedarf an Arbeitsspeicher für alle Bilder, rechts neben dem Schrägstrich erscheint der tatsächlich verfügbare Arbeitsspeicher.

»Arbeitsdatei-Größen«

Klicken Sie die **Arbeitsdatei-Größen** an, dann entnehmen Sie der ersten Zahl, wie viel Speicherplatz Photoshop für alle geöffneten Bilder benötigt. Der zweite Wert verrät, wie viel Arbeitsspeicher dem Programm überhaupt zur Verfügung steht. Ist die linke Zahl höher als die rechte, so heißt dies: Photoshop benötigt mehr Arbeitsspeicherkapazität, als ihm zur Verfügung steht. Dann muss das Programm Dateien auf die Festplatte, auf ein »Arbeitsvolume« auslagern – und das kostet viel Zeit (Seite 51).

Zu unserer Abbildung: Photoshop zeigt links »111,9M« an; das Programm braucht also für sich und alle geöffneten Bilder 111,9 Mbyte Arbeitsspeicher. Rechts steht »448,2M«; Photoshop hat also insgesamt 448,2 Mbyte Arbeitsspeicher zur eigenen Verfügung – für die aktuelle Aufgabe reicht das einstweilen.

Öffnen Sie weitere Bilder, vergrößert sich der linke Wert, also die Angabe für den tatsächlichen Arbeitsspeicherbedarf. Hier erkennen Sie auch, wie sich Photoshop nach der Ausführung von Befehlen oder nach dem **Kopieren** mehr Arbeitsspeicher genehmigt. Sie erleben mit, wie eine Bearbeitung des Gesamtbildes – etwa ein Scharfzeichnen ohne Auswahl – mehr Rückgängig-Speicher schluckt als ein kleiner örtlicher Eingriff, etwa das Aufziehen einer kleinen Rechteckauswahl.

2.6.3 Die Info-Palette

Der Befehl **Fenster: Informationen** und meist auch die Taste [F8] fördern die Info-Palette auf den Schirm. Die Info-Palette zeigt die Farbwerte des Bildpunkts unter dem Werkzeugcursor in zwei verschiedenen Farbmodellen – welche Farbmodelle, das bestimmen Sie im Palettenmenü oder über den pipettenförmigen Schnellschalter in der Palette selbst. Außerdem sehen Sie die Koordinaten der Cursorposition in Pixeln, Zentimetern oder Inches.

Arbeiten Sie mit der Auswahlellipse oder dem Auswahlrechteck, zeigt die Info-Palette Höhe (H) und Breite (B) des ausgewählten Bereichs an. Beim Arbeiten mit Buntstift, Linienzeichner oder Verlaufswerkzeug sehen Sie die Koordinaten der Anfangs- und Endpunkte, den Winkel (W), die Distanz (D), die Veränderungen auf der X-Achse (Δ X) und auf der Y-Achse (Δ Y) beim Ziehen sowie die Höhe (H) und Breite (B) des ausgewählten Bereichs. Beim Vergrößern oder Verkleinern einer Ebene per **Transformieren** lesen Sie Höhe und Breite (H, B) der skalierten Auswahl sowie die prozentualen Veränderungen; bei Drehmanövern erscheint der Drehwinkel.

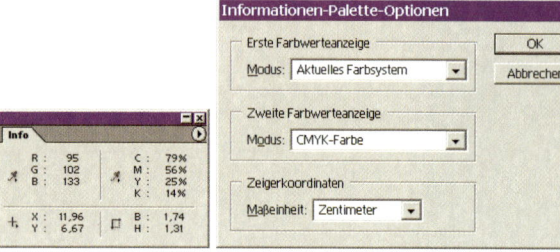

Abbildung 2.41:
Die Info-Palette nennt alle Daten für Bild und Auswahl. In den Palettenoptionen nennen Sie die Farbmodelle und Maßeinheiten, die Photoshop verwenden soll.

Messen von Programm- und Bilddaten   Kapitel 2

Bei einer Farbkorrektur zeigt die Info-Palette nebeneinander die Werte vor und nach der Korrektur an, solange das entsprechende Dialogfeld, etwa HELLIGKEIT/KONTRAST, noch offen ist. Ein Ausrufezeichen neben einem Farbwert signalisiert, dass er außerhalb des druckbaren Bereichs liegt. Die Maßeinheiten und Farbsysteme ändern Sie nicht nur über die Palettenoptionen, sondern auch mit den Minischaltern in der Palette selbst.

2.6.4   Farbaufnahme-Werkzeug

Das Farbaufnahme-Werkzeug finden Sie im selben Fach der Werkzeugleiste wie Pipette oder Messwerkzeug maßband, und Sie rufen es mit derselben Kurztaste I auf. Das Farbaufnahme-Werkzeug verteilt bis zu vier Messpunkte über die Datei. Photoshop nummeriert diese Messstationen durch und nennt in der Info-Palette für jeden Punkt separat den genauen Farbwert.

Sie können Messpunkte in mehreren Dateien gleichzeitig anlegen. Photoshop zeigt die Werte für das jeweils aktive Dokument. Wenn Sie das Werkzeug wechseln, blendet Photoshop die Punkte aus. Sie erscheinen aber unverändert, sobald Sie das Farbaufnahme-Werkzeug wieder aufrufen. Starten Sie einen Tonwertbefehl wie **Farbton/Sättigung**, zeigt die Info-Palette bei geöffnetem Dialogfeld für jeden einzelnen Messpunkt gleich zwei Werte – Vorher und Nachher. Die Messpunkte messen weiter, auch wenn Sie mit dem Pinsel darüber malen oder einen Filter starten.

Es ist egal, welche Montage-Ebene Sie aktivieren: Das Farbaufnahme-Werkzeug misst immer den Tonwert des sichtbaren Gesamtbildes. Blenden Sie eine Ebene aus, kann sie auch nicht mehr mit gemessen werden. Sie können mit dem Farbaufnahme-Werkzeug den Farbwert eines einzelnen Bildpunkts messen oder den Durchschnitt aus 3 x 3 oder 5 x 5 Pixeln; Sie regeln das per Kontextmenü oder in den Werkzeugoptionen.

Abbildung 2.42:
Links: Vier Messpunkte des Farbaufnehmers sind in der Testdatei gespeichert. Rechts: Ist ein Korrekturdialog geöffnet, meldet die Info-Palette im unteren Bereich Vorher- und Nachher-Werte für jeden Messpunkt. Datei: Tonwerte

Auswahl des Farbmodells

Mit dem kleinen Menüdreieck neben dem Pipetten-Symbol in der Info-Palette geben Sie für jeden Messpunkt ein anderes Farbmodell vor, zum Beispiel RGB, CMYK oder Lab-Farbe. Das Programm verwendet zunächst das aktuelle Farbmodell und merkt sich nicht die Farbmodelleinstellung, die Sie für die vorherige Datei eingerichtet hatten.

Messpunkte verschieben und übertragen

Bewegen Sie das Farbaufnahme-Werkzeug über einen Messpunkt, um diesen zu bewegen. Wenn Sie dabei zur Umschalttaste greifen, bleiben Ihnen nur Bewegungen auf Geraden übrig. Umgekehrt verschieben Sie mit dem Verschieben-Werkzeug Ebenen unter den Messpunkten her, die dabei auf ihrer Position beharren. Die Messpunkte überstehen auch eine Verkleinerung per **Bildgröße**-Befehl.

Messpunkte speichern und entfernen

In einigen wichtigen Dateiformaten speichert Photoshop Messpunkte automatisch mit; man trifft sie also nach erneutem Öffnen wieder an. Dazu zählen die Dokumenttypen TIFF, Photoshop und JPEG, während GIF sich dagegen sperrt.

Um einen Messpunkt zu entfernen, rücken Sie ihm mit dem Farbaufnahme-Werkzeug bei gedrückter Alt-Taste zu Leibe. Der Cursor erscheint dann als Schere, der Punkt lässt sich wegschneiden. Alternative: Schieben Sie den Messpunkt aus dem Bild.

Sie blenden die Punkte aus, indem Sie zu einem anderen Werkzeug wechseln oder die Option **Extras einblenden** im **Ansicht**-Menü abwählen ([Strg]+[H]). Einen entsprechenden Befehl bietet zudem das Menü zur Info-Palette.

Bei geöffnetem Dialogfeld

Auch wenn die Kontrastkorrekturen aus dem Untermenü **Bild: Einstellungen** geöffnet sind, etwa der Befehl **Farbton/Sättigung**, können Sie Messpunkte setzen. Dazu klicken Sie bei gedrückter Umschalttaste ins Bild. Um einen Messpunkt noch bei offenem Dialogfeld wieder zu entfernen, klicken Sie ihn bei gedrückter [⇧]+[Alt]-Taste an. Zum Verschieben reicht die Umschalttaste. Ebenfalls bei geöffnetem Dialog blenden Sie per **Fenster: Informationen** die Informationen-Palette ein.

2.6.5 Messwerkzeug

Messwerkzeug

Das Messwerkzeug finden Sie nur bei Photoshop. Es ermittelt Distanzen und Winkel. In der Werkzeugleiste belegt es ein gemeinsames Fach mit Pipette und Farbaufnahme-Werkzeug. Wie diese Werkzeuge rufen Sie es mit der Taste I auf; [⇧]+[I] wechselt zwischen den Werkzeugen hin und her.

Klicken Sie ins Bild und ziehen Sie den Zeiger bei gedrückter Maustaste bis zum zweiten Punkt. Das Werkzeug hinterlässt eine graue, nicht druckbare Linie mit zwei deutlich markierten Enden in der Datei. Ziehen Sie ausgehend von einem Endpunkt bei gedrückter [Alt]-Taste, um eine zweite Strecke in einem beliebigen Winkel anzubringen. Die Umschalttaste beschränkt wie stets auf 45-Grad-Linien.

Die Info-Palette und die Optionenleiste melden jetzt den Winkel, die Länge und die Position des Maßbands, das Sie ins Bild gesetzt haben. Sie können das Band verschieben oder eine neue Messstrecke ins Bild klicken. Durch Ziehen an den Enden drehen Sie die Messstrecke, mit der Umschalttaste erzwingen Sie wie immer 45-Grad-Winkel.

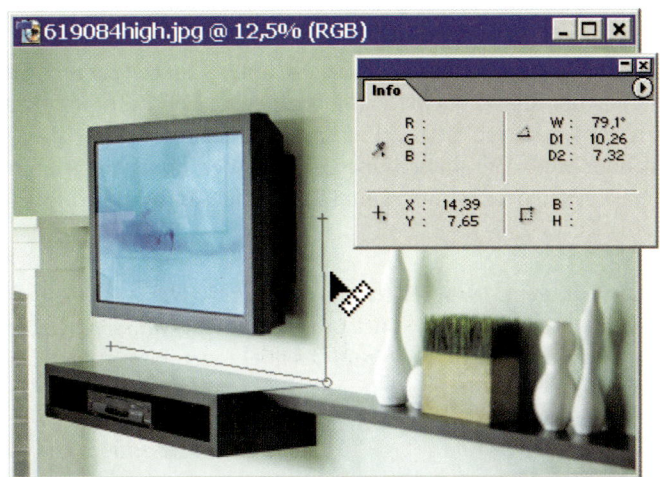

Abbildung 2.43:
Mit dem Messwerkzeug wurde eine Strecke ins Bild geklickt. Maße, Winkel und Position der Linien nennt Photoshop in der Info-Palette und in der Optionenleiste.

Photoshop zeigt die Messwerkzeug-Werte so lange an, wie das Werkzeug aktiviert ist. Greifen Sie zu einem anderen Tool, blendet Photoshop die Messlinien und die entsprechenden Anzeigen in der Info-Palette aus. Das Maßband bleibt versteckt am Platz. Klicken Sie lediglich das Messgerät erneut an.

*Vorsicht: Wenn Sie ein nützliches Maßband aus Versehen entfernen, lässt sich der Verlust nicht **Rückgängig** machen.*

Entfernen und Speichern

Ein Maßband, das Sie nicht mehr benötigen, schieben Sie einfach von sich. Sie können auch die Schaltfläche LÖSCHEN in den Werkzeugoptionen anklicken. Das Maßband lässt sich nicht speichern: Nach Schließen des Bildes ist es auf jeden Fall weg. Sie können das Maßband weder in eine andere Datei ziehen noch mit der Aktionen-Palette verewigen.

Kapitel 2   Oberfläche & Grundfunktionen

Photoshop übernimmt die Winkelangabe des Messwerkzeugs in das Datenfeld des Befehls **Bild: Arbeitsfläche drehen: Per Eingabe**. *Damit lässt sich ein Horizont sauber ausrichten (Seite 173).*

2.7   Befehlsfolgen aufzeichnen (Aktionen)

Die Aktionen-Palette zeichnet Befehlsfolgen auf, so genannte »Aktionen«: Der Job Freistellen-Kontrastkorrektur-Modusänderung-Schärfen-Speichern läuft dann in einem Rutsch ohne weiteres Zutun ab – mit einer Datei oder mit vielen Dateien. Photoshop werkelt, Sie entspannen.

Der Befehl **Fenster: Aktionen** oder die Taste [F9] fördern die Aktionen-Palette zutage. Sie spart enorm Zeit, auch wenn die Einarbeitung zunächst lästig wirkt. Die Beschäftigung mit Photoshops Aktionismus lohnt sich immer, sofern Sie regelmäßig wiederkehrende Befehlsfolgen oder Einzelbefehle verwenden oder wenn Sie mit Filterkombinationen experimentieren. Einige Aktionen liefert die Aktionen-Palette bereits mit, weitere Aktionensammlungen laden Sie über das Palettenmenü.

Per Internet können Sie Aktionen austauschen. Generell laufen auch englische Aktionen im deutschen Photoshop, Mac-Aktionen unter Windows und umgekehrt. Sie müssen jedoch eventuell bestimmte Elemente sprachspezifisch benennen; zum Beispiel tauft man »Ebene 1« in »Layer 1« um, wenn eine Aktion mit Ebenen hantiert. Eine große englischsprachige Aktionensammlung findet sich direkt beim Photoshop-Hersteller; wählen Sie im Bereich »Photoshop« des Exchange-Studios die »Actions«:

http://xchange.studio.adobe.com/

Die Verwaltung der Aktionen bei Photoshop und ImageReady unterscheidet sich auf verwirrende Art. Um das Glück vollkommen zu machen, bietet ImageReady zusätzlich zu Aktionen noch so genannte Droplets an. (siehe Abbildung 2.44)

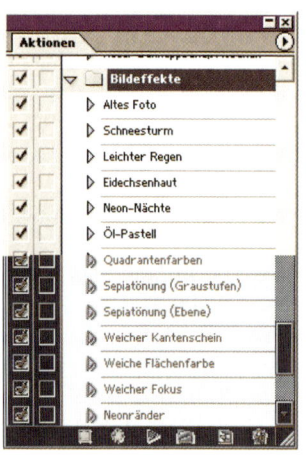 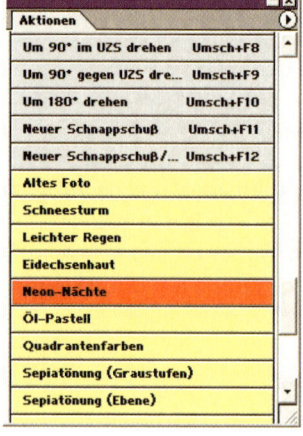

Abbildung 2.44:
Mit der Aktionen-Palette zeichnen Sie Befehlsfolgen auf. Links: Der übliche Listenmodus zeigt auf die Einstellungen der Einzelbefehle. Rechts: Der Schaltermodus (nur bei Photoshop) bietet nur die Aktion selbst an, keine Einzelbefehle.

2.7.1 Übersicht

Die Aktionen-Palette bietet starke Möglichkeiten:

- Sie können einzelne Befehle einer »Aktion« ausschalten oder verschieben.
- Sie können das Dialogfeld zu einem Einzelbefehl einblenden und korrigieren oder automatisch mit den bisherigen Werten abarbeiten.
- Sie können nachträglich Befehle hinzufügen.
- Sie können Stopps und Bildschirmmeldungen einplanen.
- Die Aktionen lassen sich auf Einzeldateien oder auf ganze Verzeichnisse anwenden.
- Sie können Aktionen speichern und weitergeben und auch Aktionen von anderen Anwendern übernehmen, zum Beispiel über das Internet.
- Sie können die Aktionen über Tastaturkürzel starten.
- Aktionen lassen sich zu »Sets« zusammenfassen.

Einschränkungen

Eins geht allerdings in Photoshop nicht: Sie können die Befehlsfolgen, welche die Protokoll-Palette auflistet, nicht in die Aktionen-Palette übernehmen. Gelungene Funktionsreihen müssen Sie für die Aktionen-Palette neu herunterklicken. (Bei ImageReady lassen sich kompatible einzelne Befehle aus der Protokoll-Palette in eine Aktion ziehen, siehe unten.)

Einige wenige Einzelbefehle oder Einstellungen nimmt die Aktionen-Palette nicht an, darunter Vorgaben beim Drucken, **Einzoomen** und **Auszoomen** aus dem **Ansicht**-Menü. Sie lassen sich aber teilweise mit der Funktion **Menübefehl einfügen** nachtragen. Sie können im Übrigen Befehle aus den beiden Programmen Photoshop und ImageReady nicht in einer einzelnen Aktion verwenden. Lediglich der Befehl **Datei: Springen zu** wird aufgezeichnet. Sie wechseln also zum anderen Programm, kehren von Hand zum ursprünglichen Programm zurück und lassen dort die Aktion weiterlaufen.

Besonderheiten bei ImageReady

ImageReady verteilt die Aktionen nicht auf verschiedene »Sets«. Außerdem werden die Aktionen anders gespeichert: als so genannte »Droplets«. Dabei wird jede Aktion zu einer eigenen Datei. Wir besprechen hier zunächst die Möglichkeiten von Photoshop und gehen am Ende des Abschnitts auf die »Droplets« von ImageReady ein.

2.7.2 Weitere Automatisierung

Photoshop und ImageReady bieten noch mehr Möglichkeiten zum Automatisieren.

Mit dem Skript-Modul des Photoshop-Herstellers Adobe binden Sie Photoshop in Arbeitsabläufe mit mehreren Programmen ein und programmieren in JavaScript oder VisualBasic,

Kapitel 2 Oberfläche & Grundfunktionen

am Mac auch in AppleScript. Bei Manuskriptabgabe ließ sich die Zusatzsoftware wie folgt aufspüren:

```
http://www.adobe.com/products/photoshop/main.html
```

Auf dieser englischsprachigen Seite öffnen Sie das Menü zum Bereich DOWNLOADS und wählen PHOTOSHOP 7.0 SCRIPTING-PLUG-IN. Beim Herunterladen erhalten Sie neben der Zusatzsoftware eine ausführliche Dokumentation im PDF-Format.

Zudem gibt es die Möglichkeit, mit der **Variablen**-Funktion von ImageReady (Seite 268) und externen Programmen reihenweise neue Grafiken auf Basis eines Grundlayouts zu produzieren.

2.7.3 Befehle im Überblick: Aktionen-Palette

Taste/Feld	Zusatztasten	Aktion	Ergebnis
▶		🖱	Palettenmenü
🗑		🖱	Markierte Aktion löschen
🗑	Alt	🖱	Aktion löschen ohne Rückfrage
🗎		🖱	Aktion neu erstellen
🗎	Alt	🖱	Aktion neu erstellen ohne Dialogfeld
●		🖱	Befehle aufzeichnen
■		🖱	Aufzeichnung anhalten
▶		🖱	Markierte Aktion ausführen oder ab markiertem Befehl ausführen
📁		🖱	Neues Aktionsset anlegen, Optionen einblenden
📁	Alt	🖱	Neues Aktionsset anlegen, Optionen nicht einblenden
[Name der Aktion]		🖱🖱	Aktion umbenennen
⬚		🖱	Unterbrechung durch Dialogfeld zulassen/ Dialogfeld-Einstellungen ohne Unterbrechung verwenden
⬚	Alt	🖱	Angeklickten Dialog zulassen, alle anderen aus/alle Dialoge zulassen

Befehlsfolgen aufzeichnen (Aktionen) | Kapitel 2

Taste/Feld	Zusatztasten	Aktion	Ergebnis
✔		🖱	Bei Aktion: alle Befehle verwenden/nicht verwenden
			Bei Befehl: verwenden/nicht verwenden
✔	Alt	🖱	Angeklickten Befehl verwenden, alle anderen aus/alle Befehle verwenden
▷		🖱	Bei Aktion: Einzelbefehle anzeigen
			Bei Einzelbefehl: Einstellungen anzeigen
			Bei Sets: Aktionsset öffnen
▽		🖱	Bei Aktion: Einzelbefehle ausblenden
			Bei Einzelbefehl: Einstellungen ausblenden
			Bei Sets: Aktionsset schließen

2.7.4 Erstellen und Aufzeichnen einer Aktion

Nach dem Start zeichnet Photoshop die Befehle in der Reihenfolge auf, in der Sie diese eingeben. Später können Sie jederzeit Befehle entfernen, vorübergehend ausschalten, nachtragen, nach vorn oder hinten schieben. Selbst den Palettenbefehl **Ausführen: Aktion** können Sie in eine Aktion einbauen, um Aktionen zu verketten. Wir besprechen hier zunächst die Grundlagen und weisen dann auf Besonderheiten hin.

Vorbereitungen

Denken Sie daran, dass manche Befehle bei wechselnden Farbmodi oder Dateigrößen unterschiedliche Auswirkungen haben. Zeichnen Sie die Aktion eventuell zunächst an einer unwichtigen Datei auf, zum Beispiel an einem Duplikat. Sie können die Befehle **Speichern unter** oder **Bild: Bild duplizieren** ganz zu Anfang aufzeichnen, um eine unberührte Fassung der Datei zu behalten. Auch die Funktionen NEUER SCHNAPPSCHUSS 📷 und NEUES DOKUMENT 🗋 von der Protokoll-Palette können Sie mit aufzeichnen, um unveränderte Ausgaben Ihres Bildes zurückzubehalten.

Aktionsset erstellen und umbenennen 📁

Photoshop fasst Aktionen in unterschiedlichen »Aktionssets« wie in Ordnern zusammen. Die einzelnen Sets können Sie aufklappen oder schließen. Photoshop packt neu erstellte Aktionen in das aktuell aktivierte »Set«. Ein neues »Set« legen Sie mit der Schaltfläche NEUES AKTIONSSET 📁 an. Nehmen Sie die Alt -Taste dazu, um sich das Dialogfeld zu ersparen, in dem Photoshop nach einem Namen für das Set fragt.

Aktion erstellen

So erstellen Sie die Aktion:

1. Klicken Sie auf das Symbol »Neue Aktion« . Wenn Sie mit gedrückter `Alt`-Taste klicken, erscheint das nachfolgend beschriebene Dialogfeld nicht. Stattdessen entsteht sofort eine »Aktion n«, die Aufzeichnung startet ohne weiteres Vorspiel.

2. Im Dialogfeld weisen Sie der Aktion Name, Anschrift, Farbe und Tastaturkürzel zu (die Farbe zeigt sich jedoch nur im Schaltermodus).

Einige Photoshop-Funktionen sind bereits mit Kurztasten belegt: So ruft `F6` den Farbregler, `F7` zaubert die Ebenen-Palette her; eine vollständige Liste finden Sie auf Seite 894. Photoshop lässt es ungerührt zu, dass Sie diese Kürzel für eine neue Aktion vergeben – die ursprüngliche Tastenbelegung geht natürlich verloren.

Befehle aufzeichnen

Dann beginnt die eigentliche Aufzeichnung:

1. Aktivieren Sie eine geeignete Bilddatei.
2. Klicken Sie auf das runde Aufzeichnen-Symbol a-aufzei.
3. Während das Aufzeichnen-Symbol (die »Record-Lampe«) a-aufzei rot leuchtet, rufen Sie die Befehle auf. Verbannen Sie ein Dialogfeld mit ABBRECHEN wieder vom Schirm, wird es nicht in die Aktion aufgenommen.
4. Klicken Sie auf das quadratische Stopp-Symbol a-anhalt in der Aktionen-Palette oder drücken Sie die Esc-Taste – die Aufzeichnung ist beendet.

Maßeinheiten

Einige Befehle und Operationen arbeiten mit bestimmten Positionen innerhalb des Bildes. Dies gilt für Aufzeichnungen mit dem Freistellwerkzeug oder mit dem **Arbeitsfläche**-Befehl. Dabei verwendet Photoshop in der Aktion die aktuell gültige Maßeinheit, etwa Pixel oder Zentimeter.

Oft hat man jedoch nicht feste Zentimeter- oder Pixelwerte im Blick. Der Befehl soll stattdessen immer eine bestimmte Veränderung relativ zum Gesamtbild bewirken – zum Beispiel per Freistellwerkzeug immer zehn Prozent Randfläche wegkappen, unabhängig von der Druck- oder Pixelgröße. Dann wählen Sie bei der Aufzeichnung als Maßeinheit in den **Voreinstellungen** PROZENT.

Befehlsfolgen aufzeichnen (Aktionen) Kapitel 2

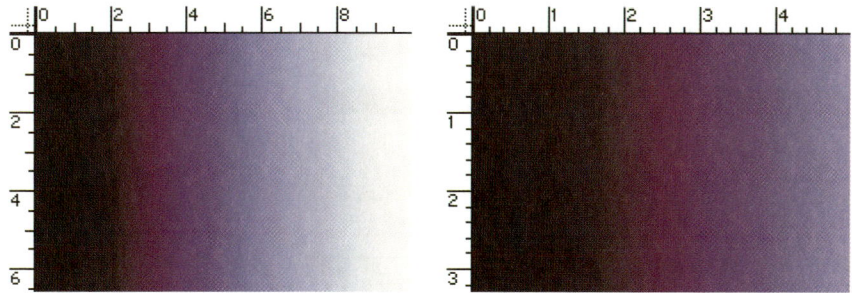

Abbildung 2.45:
Links: Dieser Verlauf wurde mit einer zehn Zentimeter breiten Datei als Aktion aufgezeichnet, die Maßeinheiten standen auf »Zentimeter«. Rechts: Bei Anwendung der Aktion auf eine Fünf-Zentimeter-Datei zeigt Photoshop nur die ersten fünf Zentimeter des Verlaufs. Zeichnen Sie den Verlauf stattdessen mit »Prozent«-Vorgaben auf, füllt Photoshop jeweils einen gleich bleibenden Anteil des Bildes, unabhängig von Pixelzahlen oder Druckmaßen.

Ein Beispiel illustriert die Bedeutung der Maßeinheiten bei der Aufzeichnung von Befehlen:

1. Sie haben Zentimeterwerte vorgegeben und nicht Pixel- oder Prozenteinteilung. Das aktuelle Bild misst zehn Zentimeter in der Breite. Nun zeichnen Sie mit dem Verlaufswerkzeug einen horizontalen Farbübergang auf, der sich über die volle Breite, also über zehn Zentimeter, erstreckt.

2. Dann begrenzen Sie das Bild mit dem Befehl **Bildgröße** auf ein Druckmaß von fünf Zentimetern. Dabei ändern sich die Bildpunkte nicht, weil Sie die Option NEUBERECHNEN abwählen.

3. Wenn Sie nun den aufgezeichneten Verlauf neu abspielen, wird er sich nur über die Hälfte des Bildes erstrecken. Auch bei jedem anderen Bild, das nicht zehn Zentimeter breit ist, wird der Verlauf entweder abgeschnitten oder ungewollt an den Enden verlängert – ganz unabhängig von der Pixelzahl.

Ähnliche Probleme gibt es auch beim **Transformieren** sowie bei Polygon-Lasso, Linienzeichner, Verschieben-Werkzeug, Text-Werkzeug T und Füllwerkzeug, Zauberstab, Auswahlrechteck und (siehe unten) Pfadfunktion.

So wechseln Sie die Maßeinheiten besonders schnell:

a. Blenden Sie mit [Strg]+[R] die Lineale ein.
b. Klicken Sie mit rechts auf ein Lineal.
c. Wählen Sie aus dem Kontextmenü die gewünschte Maßeinheit.

Weitere Möglichkeit: Der Befehl **Bearbeiten: Voreinstellungen: Maßeinheiten & Lineale**. Das entsprechende Dialogfeld erscheint auch nach einem Doppelklick auf die Lineale.

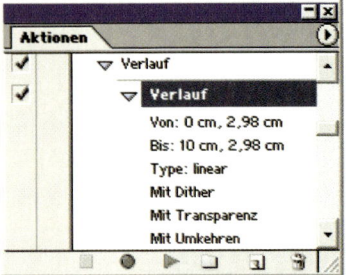 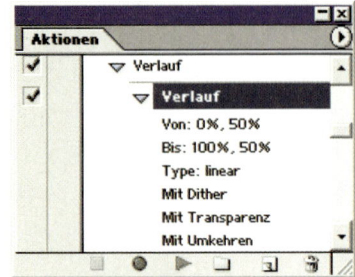

Abbildung 2.46:
Links: Hier wurde der Verlauf mit Zentimetermaßeinheiten aufgenommen, er wird sich also immer horizontal über 10 Zentimeter erstrecken; bei kleineren Druckmaßen wird der Verlauf abgeschnitten, bei größeren Druckmaßen endet er mit einer größeren Zone in der letzten Farbe – unabhängig von der Pixelzahl. Rechts: Dieser Verlauf wurde mit Prozentmaßeinheiten aufgezeichnet. Er wird sich immer über 100 Prozent der Breite einer Datei erstrecken – unabhängig von Pixelzahl oder Druckmaßen.

2.7.5 »Pfad einfügen«

Sie können Pfade aus der Pfad-Palette des aktiven Bildes sowie Pfadbefehle in die Aktionen-Palette einfügen. Dies funktioniert bei der ersten Aufzeichnung der Aktion wie auch nachträglich.

Dabei gilt: Die Daten des Pfads werden in der Aktion gespeichert. Die Aktionen-Palette wahrt selbst die vorübergehenden »Arbeitspfade« auf und überträgt sie in andere Bilder. Sie können den Pfad in eine Auswahl verwandeln oder nachmalen lassen. Die entsprechenden Befehle aus der Pfad-Palette, etwa **Pfad füllen** oder **Auswahl erstellen,** zeichnet die Aktionen-Palette getreulich auf.

Ablauf

So gehen Sie vor:

1. Erstellen Sie noch vor Aufzeichnung der Aktion den Pfad, den Sie in der Aktion verwenden möchten. Er muss sich in der Datei befinden, die Sie bearbeiten.
2. Aktivieren Sie diesen Pfad in der Pfad-Palette.
3. Beginnen Sie die Aufzeichnung.
4. Um den Pfad aufzunehmen, wählen Sie im Menü der Aktionen-Palette **Pfad einfügen**.

Positionierung abhängig von Maßeinheiten

Die Pfade lassen sich in Bilder unterschiedlichster Größe einsetzen. Entscheidend ist, welche Maßeinheiten Sie voreingestellt hatten, als Sie den Pfad in die Aktion eingesetzt haben:

➥ Arbeiten Sie mit der Maßeinheit ZENTIMETER, wird der Pfad immer die gleichen Zentimeterwerte haben, bezogen auf die einprogrammierten Druckmaße der aktuellen Datei. In kleiner zu druckenden Dateien ragt der Pfad vielleicht über den Bildrand hinaus. Das ist völlig unabhängig davon, wie viele Bildpunkte Ihr Werk hat.

➡ Arbeiten Sie dagegen mit PROZENT, bewahrt der Pfad stets die Relation zu den Gesamtmaßen. Ob das Bild 2 oder 20 Zentimeter, 200 oder 2000 Pixel breit ist, spielt keine Rolle – der Pfad belegt immer einen bestimmten Flächenanteil des Gesamtwerks.

➡ Setzen Sie die Maßeinheiten auf PIXEL, erstreckt sich der Pfad über eine feste Zahl von Bildpunkten – unabhängig von der Gesamtpixelzahl oder den Druckmaßen.

2.7.6 »Bedingte Modusänderung«

Für manche Funktionen brauchen Sie einen bestimmten Farbmodus. Wollen Sie zum Beispiel die **Beleuchtungseffekte** anzünden, sind Sie auf RGB angewiesen, zum FÄRBEN mit dem Befehl **Farbton/Sättigung** auch auf einen Farbmodus wie RGB oder CMYK. Doch vielleicht korrigieren Sie ein größeres Verzeichnis per Stapelverarbeitung – und Sie wissen nicht immer, ob sich alle Dateien im gewünschten Farbmodus befinden. Sind zum Beispiel Graustufendateien oder Bilder im Modus INDIZIERTE FARBEN darunter, funktionieren nicht alle Befehle.

Für diese Situationen gibt es (nur bei Photoshop) den Befehl **Datei: Automatisieren: Bedingte Modusänderung**. Der Befehl funktioniert nach dem Prinzip: Wenn der unbrauchbare Farbmodus A vorliegt, dann verwandle das Bild in Modus B. Wenn jedoch der geeignete Farbmodus C vorliegt, ändere nichts daran.

Abbildung 2.47:
Die »Bedingte Modusänderung« ändert den Farbmodus nur, falls es erforderlich ist.

Konkret: Sie nennen alle Farbmodi, die verändert werden sollen, damit die Aktion korrekt abläuft. Zum Beispiel wünschen Sie RGB-FARBE als Zielformat. Dann aktivieren Sie als QUELLMODUS etwa GRAUSTUFEN, INDIZIERTE FARBEN und andere Modi, die sich in Ihrem Verzeichnis befinden könnten. Alle Bilder in den Modi GRAUSTUFEN oder INDIZIERTE FARBEN werden bei Anwendung des Befehls in den Zielmodus verwandelt, in diesem Beispiel ist das RGB-FARBE.

*Zeichnen Sie die **Bedingte Modusänderung** gleich zu Anfang einer Aktion auf. So sind Sie sicher, dass sich alle Dateien in einem passenden Modus befinden.*

Kapitel 2   Oberfläche & Grundfunktionen

2.7.7 Befehle und Unterbrechungen nachträglich einfügen

Sie können nachträglich Befehle einfügen. Treffen Sie zunächst Ihre Vorbereitungen:

➡ Markieren Sie die Aktion in der Palette, wenn Sie den neuen Befehl ganz am Ende anhängen wollen.

➡ Markieren Sie einen Einzelbefehl durch einfaches Anklicken, um den neuen Befehl direkt dahinter anzuhängen.

Dann klicken Sie auf das runde Symbol AUFZEICHNUNG BEGINNEN ● und führen die nachzutragenden Befehle aus; dabei errötet die Aufzeichnungslampe. Zum Abschluss klicken Sie auf das quadratische Stopp-Symbol ▪.

Nicht aufnehmbare Befehle

Sie können auch Befehle aufzeichnen, welche die Aktionen-Palette sonst nicht aufnimmt – zum Beispiel Werkzeugoptionen, **Ansicht**-Befehle wie **CMYK-Arbeitsfarbraum** oder Änderungen der **Voreinstellungen**. Dazu wählen Sie aus dem Menü zur Aktionen-Palette die Funktion **Menübefehl einfügen** und klicken den Befehl im entsprechenden Photoshop-Menü an.

»Unterbrechung einfügen«

Fügen Sie Unterbrechungen ein, um von Hand Manöver zwischenzuschieben – eine freie Werkzeugbewegung etwa. Dabei können Sie zudem Textmeldungen einblenden; damit erläutern Sie anderen oder sich selbst den Sinn der aktuellen Aktion oder Sie erinnern daran, dass eine Auswahl erstellt werden muss. Sie verwenden dazu den Palettenmenü-Befehl **Unterbrechung einfügen**. Dabei gilt:

➡ Haben Sie in der Aktionen-Palette eine Aktion markiert, wird die Unterbrechung am Ende der Aktion angesetzt.

➡ Haben Sie einen Einzelbefehl markiert, platziert Photoshop die Unterbrechung unmittelbar hinter dem angewählten Befehl.

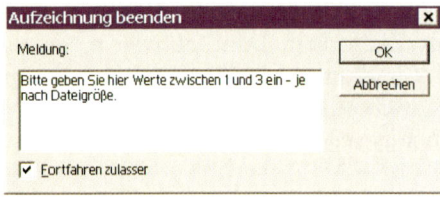 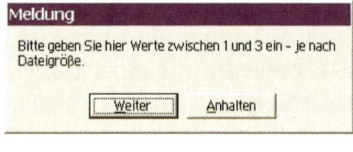

Abbildung 2.48:
Links: Mit dem Befehl »Unterbrechung einfügen« aus dem Menü zur Aktionen-Palette erzeugen Sie eine Meldung, die im Ablauf der Befehlsfolge am Bildschirm erscheint. Rechts: Wenn Sie die Option »Fortfahren zulassen« verwenden, dann bietet die Bildschirmmeldung die Schaltflächen »Weiter« und »Anhalten«. Verzichten Sie auf die Option »Fortfahren zulassen«, zeigt die Bildschirmmeldung nur die Schaltfläche »Anhalten«.

»Fortfahren zulassen«

Der Befehl **Unterbrechung einfügen** bietet die Option FORTFAHREN ZULASSEN für die Meldung an. Das heißt:

- Klicken Sie FORTFAHREN ZULASSEN an. Damit zeigt die von Ihnen produzierte Meldung bei Abspielen der Aktion eine Schaltfläche WEITER. Der Nutzer kann die Aktion also weiterlaufen lassen, nachdem er Ihren Text studiert hat. Alternativ klickt er auf ANHALTEN; die Aktion bleibt stehen, der Nutzer kann Dinge von Hand erledigen, etwa individuelle Auswahlen oder Pinselstriche erstellen. Mit der Schaltfläche AUSWAHL AUSFÜHREN ▶ unten in der Aktionen-Palette lässt sich die Aktion ab der Unterbrechung fortsetzen.

- Schalten Sie FORTFAHREN ZULASSEN ab. Damit bleibt die Aktion an dieser Stelle stehen. Der Nutzer bestätigt Ihre Bildschirmmeldung mit ANHALTEN – und Schluss. Er kann jedoch ab dieser Stelle fortfahren, wenn er erneut auf die dreieckige Schaltfläche AKTION AUSFÜHREN ▶ klickt.

Die entsprechende Unterbrechung mit Bildschirmmeldung erscheint stets als STOPP in der Aktionen-Palette. Für eine Unterbrechung sorgen Sie auch, wenn Sie sich zu einem Befehl aus der Aktion das Dialogfeld anzeigen lassen (siehe unten). Die Aktion läuft dann erst nach dem Klick auf die OK-Schaltfläche im Dialogfeld weiter.

Fügen Sie eine Unterbrechung ein, nach der die Aktion weiterlaufen soll. Dann dürfen Sie jedoch diese Bildschirmmeldung nicht mit der Schaltfläche DIALOG AKTIVIEREN/DEAKTIVIEREN ▭ *unterdrücken (siehe unten). Denn das nimmt Ihnen die Möglichkeit, auf* WEITER *zu klicken – die Aktion bleibt stehen.*

2.7.8 Aktionen ausführen ▶

Photoshop arbeitet die Aktionen in der angezeigten Reihenfolge ab. Klicken Sie auf das Symbol AKTION AUSFÜHREN ▶. Markieren Sie einen Einzelbefehl, damit nach Klick auf das Ausführen-Symbol ▶ die Aktion ab diesem Punkt läuft.

Befehle verwenden ✓

Durch das Symbol SCHRITT AKTIVIEREN/DEAKTIVIEREN ✓ geben Sie an, ob ein Einzelbefehl überhaupt verwendet werden soll. Sie können also auch Befehle in eine Aktion aufnehmen, die Sie nur gelegentlich benötigen; diese Funktionen lassen Sie mittels Häkchen nach Bedarf ruhen. Sobald ein Einzelbefehl ausgeschaltet wurde, erscheint das Häkchen neben der Aktion rot: Photoshop signalisiert, dass die Aktion nicht vollständig abläuft. Klicken mit der ⎡Alt⎤-Taste aktiviert einen Befehl und schaltet alle anderen aus. Ein neuerlicher ⎡Alt⎤-Klick schaltet sämtliche Befehle ein.

Dialogfeld anzeigen

Das Symbol DIALOG AKTIVIEREN/DEAKTIVIEREN gibt Ihnen folgende Möglichkeiten:

- Schalten Sie die Funktion ab, wird der Befehl mit den Werten ausgeführt, die Sie beim Aufzeichnen verwendet haben. Sie sehen das Dialogfeld nicht und können die aufgezeichneten Werte beim Abspielen der Aktion nicht ändern.

- Schalten Sie das Dialogfeld-Symbol ein, präsentiert Photoshop das Dialogfeld während der Aktion; Sie können also die Einstellungen ändern, die Aktion bleibt an dieser Stelle stehen. Erst nach Klicken auf OK im Dialogfeld läuft die Aktion dann weiter. Klicken Sie im Dialogfeld auf ABBRECHEN, bleibt die Aktion stehen. Wohlgemerkt, geänderte Werte werden nicht dauerhaft in der Aktion gespeichert.

Sobald Sie ein einzelnes Dialogfeld ausschalten, erscheint das Dialogfeld-Symbol neben der Aktion rot. Klicken mit der Alt-Taste schaltet ein Dialogfeld ein und alle anderen aus.

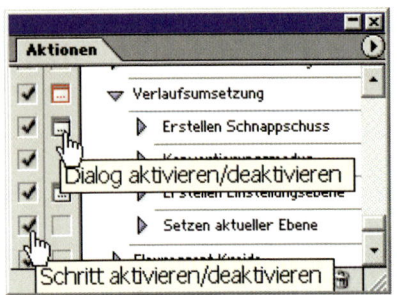

Abbildung 2.49:
Mit dem Symbol »Dialog aktivieren/deaktivieren« legen Sie fest, ob das Dialogfeld zu einem aufgezeichneten Befehl eingeblendet werden soll oder ob Sie die aufgezeichneten Werte übernehmen und auf eine Änderung der Werte im Dialogfeld verzichten. Mit der Funktion »Schritt aktivieren/deaktivieren« bestimmen Sie, ob Sie den Befehl überhaupt verwenden.

Geschwindigkeit regeln

Sie können die Aktion verlangsamt ablaufen lassen, wenn Sie das übersichtlicher finden und Problemen auf die Spur kommen wollen. Der Palettenbefehl heißt **Ausführen-Optionen**:

- Dabei arbeitet die Option BESCHLEUNIGT Ihre Befehlsfolgen im üblichen Tempo ab.
- SCHRITTWEISE baut nach jedem Befehl zunächst das Bild neu auf, bevor es weitergeht.
- Alternativ geben Sie neben ANHALTEN FÜR in Sekunden an, wie lang Photoshop nach einem Befehl pausieren soll.
- Die Option ANHALTEN FÜR AUDIO-ANMEKRUNG hält die Aktion so lange an, bis eine Ton-Anmerkung abgespielt wurde, die Sie mit dem Werkzeug Audio-Anmerkung audio_anm aufgezeichnet haben (Seite 225).

Wollen Sie nach jedem einzelnen Befehl anhalten, bauen Sie Unterbrechungen ein oder lassen zum gewünschten Befehl das Dialogfeld aufrufen (siehe oben).

2.7.9 Automatische Bearbeitung mehrerer Dateien (Stapelverarbeitung)

Bequem bearbeiten Sie ganze Bildreihen mit einer Aktion, ohne dass Sie zwischendurch den Finger rühren müssen. Wir besprechen hier zunächst Photoshop. Dort heißt der Befehl **Datei: Automatisieren: Stapelverarbeitung**.

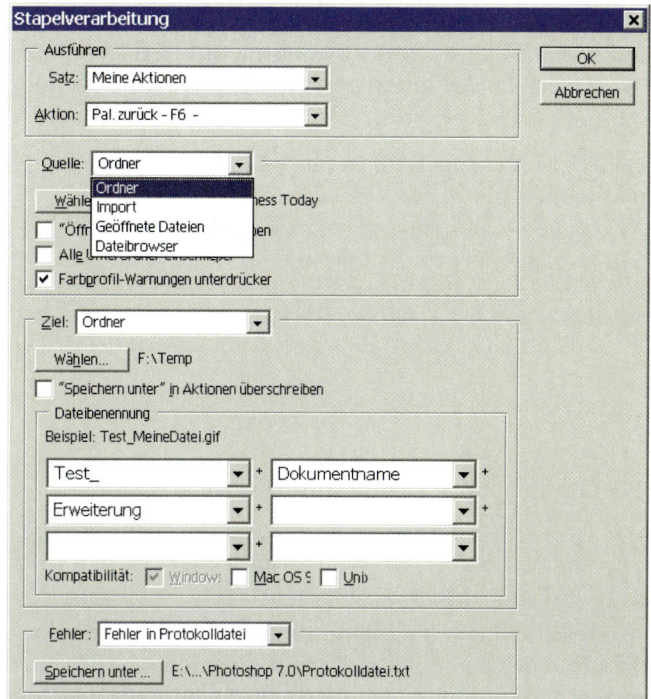

Abbildung 2.50:
Mit dem Befehl »Datei: Automatisieren: Stapelverarbeitung« wenden Sie eine Aktion auf ganze Bildsammlungen an und speichern die Ergebnisse zum Beispiel in einem anderen Ordner.

Auswahl der Dateien

Mit dem Klappmenü QUELLE geben Sie an, woher die Bilder für die Stapelverarbeitung stammen:

→ Mit der Vorgabe ORDNER verwenden Sie sämtliche Bilder aus einem Ordner. Sie können ALLE UNTERORDNER EINSCHLIESSEN.

→ Die Auswahl GEÖFFNETE DATEIEN bearbeitet alle geöffneten Bilder.

→ Per DATEIBROWSER verarbeiten Sie Dateien, die Sie im Dateibrowser markiert haben.

→ Die Option IMPORT greift zum Beispiel auf Bilder zu, die unmittelbar von Scanner- oder Digitalkamera-Plug-Ins oder per PDF-Import angeliefert werden. Die entsprechenden Plug-Ins müssen die Automatisierung unterstützen.

Kapitel 2   Oberfläche & Grundfunktionen

Besonderheiten bei der Quelle »Ordner«

Beachten Sie Folgendes, wenn Sie Dateien aus einem ORDNER stapelverarbeiten:

➧ Nutzen Sie die Option »ÖFFNEN« IN AKTIONEN ÜBERSCHREIBEN; so stellen Sie sicher, dass nur Dateien aus dem gewählten Quellverzeichnis zur Stapelverarbeitung gelangen und nicht andere Dokumente, deren Öffnen Sie mit der Aktion aufgezeichnet haben.

➧ Verwenden Sie die Option FARBPROFIL-WARNUNGEN UNTERDRÜCKEN; Fehlermeldungen über unpassende Farbmanagement-Einstellungen werden die Stapelverarbeitung dann nicht blockieren.

Beachten Sie: Sie können nicht einzelne, geschlossene Dateien aus einem Ordner zur Stapelkorrektur herauspicken. Photoshop akzeptiert nur ganze Verzeichnisse.

Um den Speicher freizuhalten und die Stapelverarbeitung zu beschleunigen, verringern Sie in den Voreinstellungen die Zahl der Rückgängig-Schritte und verzichten in den Optionen zur Protokoll-Palette auf den Schnappschuss bei Beginn (siehe oben).

Vorgaben für das »Ziel«

Im Bereich ZIEL geben Sie an, wie Photoshop mit den bearbeiteten Dateien verfährt:

➧ Sie können die Ergebnisse SPEICHERN UND SCHLIESSEN. Damit überschreiben Sie die ursprünglichen Dateien.

➧ Die Vorgabe ORDNER schreibt alle Ergebnisse in einen neuen, einheitlichen Ordner. Damit bleiben die ursprünglichen Dateien unverändert. (Haben Sie in der gewünschten Aktion Befehle wie **Speichern unter** aufgezeichnet, dann verwenden Sie im Stapel-Dialogfeld die Option »SPEICHERN UNTER« IN AKTIONEN ÜBERSCHREIBEN. Photoshop speichert damit alle Dateien im gewünschten Zielordner für die Stapelverarbeitung; das Programm ignoriert Zielordner, die Sie vormals im SPEICHERN UNTER-Dialog aufgezeichnet haben.)

➧ OHNE Ziel heißt, Sie sammeln die Ergebnisse ungesichert im Programmfenster.

*Prüfen Sie mit dem Befehl **Bearbeiten: Voreinstellungen: Dateien verarbeiten** Ihre Grundvorgaben für das gewählte Dateiformat, bevor Sie einen größeren Auftrag vom Stapel lassen. Stellen Sie zum Beispiel sicher, dass die Vorgaben für die Komprimierung Ihrer Vorstellung entsprechen.*

Besonderheiten beim Ziel »Ohne«

Lagern Sie mit der Option OHNE die Bilder ungesichert auf der Programmfläche, sollten Sie folgende Besonderheiten beachten:

➡ Wenn Sie viele große Bilder ansammeln, belasten Sie den Arbeitsspeicher erheblich. Stellen Sie die Systembeanspruchungsanzeige in der Statusleiste auf ARBEITSDATEI-GRÖSSE, um die Auslastung mitzuverfolgen (Seite 108).

➡ Zeichnen Sie am Ende einer Aktion den Befehl **Bearbeiten: Entleeren: Alle** auf; so befreit Photoshop den Arbeitsspeicher vom Datenballast aus Rückgängig-Speicher und Zwischenablage.

➡ Die auf dem Schirm gesammelten Bilder lassen sich mit dem Befehl **Fenster: Dokumente: Nebeneinander** gleichmäßig auf der Programmfläche anordnen und begutachten.

➡ Bei jeder einzelnen Datei revidieren Sie eine Reihe von Schritten mit der Protokoll-Palette, sofern Sie das Löschen des Protokolls nicht mit aufgezeichnet haben.

➡ Statt jedes Bild von Hand zu speichern, verwenden Sie den Befehl **Fenster: Dokumente: Alle schließen** (nicht am Mac). Damit schließt Photoshop alle Bilder, bietet aber zuvor das Speichern an.

»Dateibenennung« bei Verwendung eines »Ordners« als Ziel

Mit der Option ORDNER schreiben Sie die korrigierten Bilder in ein neues Verzeichnis. Zur Benennung der neu entstehenden Dateien bietet Photoshop im Bereich DATEIBENENNUNG des Dialogfelds STAPELVERARBEITUNG interessante Optionen. Sie komponieren die neuen Namen aus bis zu sechs Elementen, darunter DOKUMENTNAME, ERWEITERUNG, ZWEISTELLIGE SERIENNUMMERN, Datum oder freie Namensteile.

Sollen alle Dateien mit demselben, neuen Begriff beginnen – zum Beispiel »Aufträge November 2001« –, so tippen Sie diesen Begriff in das gewünschte Klappmenü, links oben im Bereich DATEIBENENNUNG. Oben im Bereich DATEIBENENNUNG zeigt Photoshop einen Beispielnamen auf Basis Ihrer Vorgaben. Verwenden Sie mindestens ein Element, das sich bei jeder Datei ändert, zum Beispiel eine SERIENNUMMER oder den DOKUMENTNAMEN.

Machen Sie Ihre Häkchen im Bereich KOMPATIBILITÄT, wenn der Dateiname auch in anderen Betriebssystemen korrekt erscheinen soll. MAC OS-Kompatibilität bedeutet zum Beispiel, dass der neue Name nicht mehr als 31 Zeichen umfassen wird.

> :-) TIPP
>
> *Wenn es einfach nur beim angestammten Dateinamen bleiben soll, so geben Sie* DOKUMENTNAME *im ersten Datenfeld an, die Inhalte aller anderen Felder löschen Sie, oder Sie wählen im Klappmenü den Eintrag* OHNE.

Ablauf der Stapelverarbeitung

Im Dialogfeld geben Sie eine Aktion und einen Set an. Photoshop zeigt hier zunächst die Aktion, die in der Aktionen-Palette markiert ist. Befehle, die Sie in der Aktionen-Palette ausgeschaltet haben, werden nicht ausgeführt. Haben Sie in der Aktionen-Palette die Anzeige von Dialogfeldern vorgesehen, werden Sie auch bei der Stapelbearbeitung damit behelligt. Soll es ohne Ihr Zutun vorangehen, schalten Sie am besten durch einen Klick auf das Dialogfeld-Symbol neben dem Namen der Aktion sämtliche Dialogfelder aus.

Mit der Esc-Taste setzen Sie der Stapelbearbeitung vorzeitig ein Ende. Das Programm fragt, ob Sie die verbleibenden Dateien noch abarbeiten wollen. Sie haben sogar die Möglichkeit, mitten ins Prozedere hinein Befehle anzuklicken.

Auch wenn Sie Windows-Kompatibilität vorgegeben haben, kann es passieren, dass Photoshop bei der Benennung der neuen Dateien keine Dateiendungen wie ».tif« oder ».jpg« anhängt. Sie sollten die Erweiterung also generell als letzten Namensbestandteil wählen. Erst diese Angabe führt zu einer ordentlichen Benennung.

Fehlermeldungen

Bei Problemen blendet Photoshop eine Meldung ein und wartet auf Ihre Anweisungen. Zum Beispiel kann es sein, dass die Aktion eine Auswahlmarkierung oder einen anderen Farbmodus oder Bildteile aus der Zwischenablage benötigt. Oder eine schadhafte Datei ist nicht lesbar. Damit hat die Stapelverarbeitung ein Ende. Dies entspricht der Vorgabe BEI FEHLERN ANHALTEN im Bereich FEHLER.

Wollen Sie unliebsame Unterbrechungen vermeiden, unterbinden Sie die Fehlermeldungen mit der Option FEHLER IN PROTOKOLLDATEI. In diesem Fall schreibt Photoshop seine Mitteilungen in eine Textdatei und arbeitet über Probleme ungerührt hinweg. Sie definieren Name und Ort dieses Protokolls mit der Schaltfläche SPEICHERN UNTER. Photoshop meldet anschließend, dass eine Textdatei für Sie auf der Platte liegt.

Soll die Aktion wirklich ohne jede Unterbrechung durchlaufen, unterbinden Sie den Aufruf jeglicher Dialogfelder. Schalten Sie das Einblenden der Dialoge vor Aufruf der STAPELVERARBEITUNG in der Aktionen-Palette ab; neben dem Namen der Aktion – nicht neben einem Einzelbefehl – verwenden Sie dazu das Symbol DIALOG AKTIVIEREN/DEAKTIVIEREN.

2.7.10 Aktionenverwaltung

Sie haben vielfältige Möglichkeiten, Aktionen zu bearbeiten. Häufig lassen sich diese Funktionen gleichermaßen auf Aktionen wie auf aufgezeichnete Einzelbefehle anwenden.

Mehrere Aktionen oder Befehle markieren

Beim Löschen oder Verschieben möchte man oft mehrere Aktionen oder Befehle gleichzeitig verändern. Markieren Sie mehrere Aktionen oder mehrere Befehle gemeinsam durch Klicks bei gedrückter Umschalttaste. Mit gedrückter `Strg`-Taste wählen Sie einen geschlossenen Bereich von Aktionen oder Befehlen aus.

»Aktion erneut aufzeichnen«

Sie können eine komplette, fertige Aktion mit neuen Werten aufzeichnen. Dazu wählen Sie den Palettenbefehl **Aktion ... erneut aufzeichnen**. Bei jedem Dialogfeld haben Sie die Möglichkeit, neue Werte einzutippen. Klicken Sie auf ABBRECHEN, bleiben die bisherigen Werte erhalten.

Um einen einzelnen Befehl erneut aufzuzeichnen, klicken Sie doppelt auf diesen Befehl im Listenmodus; dann können Sie die Werte ändern; dabei leuchtet das Aufzeichnungslämpchen. Dieser Weg ist oft übersichtlicher als das Aufzeichnen einer ganzen Aktion, selbst wenn Sie mehrere Befehle hintereinander anklicken.

»Aktions-Optionen«

Nach einem Doppelklick auf den Namen benennen Sie die Aktion um. Wollen Sie Tastaturkürzel oder Farbe ändern, klicken Sie die Aktion doppelt bei gedrückter [Alt]-Taste; oder Sie wählen bei markierter Aktion den Palettenbefehl **Aktions-Optionen**. Photoshop zeigt dann das Dialogfeld, das Sie schon beim Neu-Erstellen der Aktion zu Gesicht bekamen.

Aktionen duplizieren und verschieben

Nützlich ist das Duplizieren einer Aktion; damit testen Sie weitere Varianten einer interessanten Befehlsfolge, ohne das bereits vorhandene Ergebnis zu ruinieren. Ziehen Sie eine Aktion oder einen Befehl einfach mit gedrückter [Alt]-Taste an eine neue Position. Alternativen dazu:

- Sie markieren Aktion oder Befehl und verwenden den Palettenbefehl **Duplizieren: ...**
- Ziehen Sie die Aktion auf das Symbol NEUE AKTION . Die kopierte Aktion erscheint am Ende der Aktionen-Palette.
- Ziehen Sie die Aktion in ein anderes Set.

In Photoshop können Sie auch Sets duplizieren. Befehle verschieben Sie durch Ziehen mit der Maus – auch in eine andere Aktion.

Aktionen entfernen

Aktionen oder Befehle markieren Sie, dann klicken Sie auf das Papierkorb-Symbol in der Palette, um sie zu löschen. Klicken Sie mit gedrückter [Alt]-Taste, wenn Sie auf Photoshops Bitte um Rückbestätigung verzichten können. Oder zerren Sie das Ding kurzerhand in den Mülleimer.

Aktionen speichern

Die Aktionen speichert Photoshop zunächst in seinem Grundeinstellungsdokument »Actions Palette.psp«. (Unter Windows XP finden Sie diese Datei im Verzeichnis »»Dokumente und Einstellungen/<benutzername>/Anwendungsdaten/Adobe/Photoshop/7.0/Adobe Photoshop

7.0 Settings«.) Das heißt: Ohne weiteres Zutun bleiben Ihnen jegliche neue Aktionen erhalten, auch geladene oder frisch aufgezeichnete. Wenn Sie Photoshop jedoch nicht ordnungsgemäß beenden, gehen ganz neue Aktionen verloren.

Sie können die Aktionen in Dateien exportieren und an andere Rechner weitergeben. Dabei speichert Photoshop jeweils den kompletten Inhalt eines Sets; markieren Sie ein solches Set per Klick in der Aktionen-Palette, um den Befehl **Aktionen speichern** im Palettenmenü vorzufinden.

Aktionen laden und ersetzen

Wählen Sie aus dem Palettenmenü **Aktionen laden,** hängt Photoshop die Aktionen aus der neuen Datei an die bereits vorhandenen Aktionen an. Wenn Sie **Aktionen ersetzen**, verschwinden die bisherigen Aktionen aus der Palette. Adobe liefert mehrere Aktionen-Sets mit, die Sie bequem über das Palettenmenü nachladen. Im Photoshop-Verzeichnis »Vorgaben/Photoshop-Aktionen« finden Sie überdies das Dokument »Aktionen.pdf«, das alle mitgelieferten Aktionen illustriert.

2.7.11 Aktionen und Droplets bei ImageReady

Befehlsfolgen (Aktionen) und Konvertierungen des Dateiformats nach Vorgaben aus der Optimieren-Palette speichert man bei ImageReady als so genanntes Droplet – pro Aktion entsteht eine eigene Droplet-Datei. Während der Stapelbearbeitung mit einem ImageReady-Droplet erscheint eine Statusmeldung, mit der Sie den Vorgang abbrechen oder anhalten. Photoshop produziert mit dem Befehl **Datei: Automatisieren: Droplet erstellen** auch Droplets nach Art von ImageReady. Hersteller Adobe sollte sich dringend zu einer einheitlichen Aktionenverwaltung aufraffen.

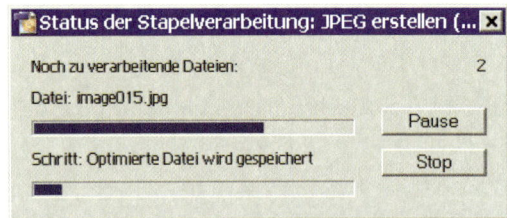

Abbildung 2.51:
Während der Stapelbearbeitung mit einem Droplet von ImageReady erscheint eine Statusmeldung, mit der Sie den Vorgang abbrechen oder anhalten.

Optimieren-Einstellungen als Droplet ablegen

Haben Sie eine gute Vorgabe für JPEG- oder GIF-Dateien in der Optimieren-Palette gefunden? Sie können nun mehrere Dateien en bloc in dieses Format mit Ihren Voreinstellungen verwandeln. Stimmen die Vorgaben in der Optimieren-Palette, haben Sie zwei Möglichkeiten. So legen Sie ein Droplet am einfachsten an:

1. Klicken Sie auf den Droplet-Pfeil rechts oben in der Optimieren-Palette.
2. Ziehen Sie diesen Pfeil auf den Desktop (Schreibtisch) Ihres Rechners. Dort erscheint neben dem Mauszeiger ein Pluszeichen.

Befehlsfolgen aufzeichnen (Aktionen)　　　　　　　　　　　　　　　　　　　　　　　　Kapitel 2

3. Sobald Sie die Maustaste loslassen, sehen Sie ein neues, pfeilförmiges Symbol auf dem Desktop. Es trägt eine Bezeichnung wie »GIF erstellen (Auto Farben, World Wide Web, 100 Prozent Dither).exe«.

Dabei entsteht eine neue, kleine Datei. Wenn Sie das Droplet-Symbol nicht auf den Desktop ziehen, sondern einfach anklicken, erhalten Sie ein Speichern-Dialogfeld. Hier können Sie den Namen und Speicherplatz für das Droplet frei wählen.

Aktionen als Droplet ablegen

Sie können nicht nur die Einstellungen aus der Optimieren-Palette als Droplet ablegen, um so die Verwandlung in andere Dateiformate zu automatisieren. Auch die Aktionen aus Image-Ready lassen sich als Droplets abspeichern:

1. Klicken Sie mit der rechten Maustaste auf eine Aktion in der Aktionen-Palette von ImageReady.
2. Wählen Sie im Kontextmenü den Befehl **Droplet erstellen**.
3. Danach erscheint ein Speichern-Dialog, indem Sie Dateiname und Speicherort festlegen.

Alternative zu diesem Prozedere: Ziehen Sie die Aktion einfach auf den Desktop Ihres Betriebssystems; das frische Droplet kann dort umbenannt und auch verschoben werden. Einige Droplets für Photoshop und ImageReady finden Sie innerhalb Ihres Photoshop-Verzeichnisses im Unterverzeichnis »Beispiele/Droplets«.

!! STOP　*Sichern Sie sinnvolle Dateiformatvorgaben aus der Optimieren-Palette in der ImageReady-Aktion. Wenn Sie dies nicht tun, speichert ImageReady die Bilder während der Stapelverarbeitung mit den Optimieren-Vorgaben, die bei Erstellen des Droplets zufällig galten – möglicherweise in sehr schlechter Qualität. Richten Sie also sinnvolle Dateiformatvorgaben ein, dann ziehen Sie das Droplet-Symbol ￼ aus der Optimieren-Palette an die gewünschte Stelle in der Aktionen-Palette. Oder ziehen Sie ein bereits gespeichertes Droplet auf die Aktionen-Palette.*

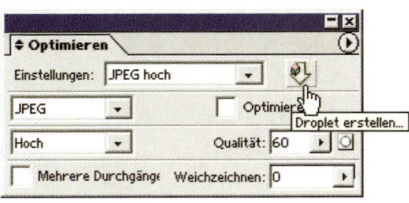
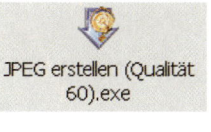

Abbildung 2.52:
Links: Klicken Sie in ImageReady auf den Pfeil in der Optimieren-Palette und ziehen Sie den Mauszeiger auf die Arbeitsfläche von Windows oder Mac. Rechts: Auf der Arbeitsfläche des Betriebssystems entsteht ein Droplet-Symbol; ziehen Sie einen Bild-Ordner über dieses Symbol, um die Stapelverarbeitung zu starten.

Droplets auf dem Desktop anwenden

Wurde ein Droplet auf dem Desktop abgelegt, so haben Sie folgende Möglichkeiten:

- Um einzelne Dateien mit den per Droplet gespeicherten Vorgaben zu verändern, markieren Sie diese Dateien in einem Ordner und ziehen sie auf das Droplet-Symbol. ImageReady speichert die Dateien im Herkunftsordner unter einem neuen Namen. Aus »Test.tif« wird zum Beispiel »Test-01.jpg«.

- Ziehen Sie den gesamten Ordner auf das Symbol, um alle Bilder aus diesem Ordner zu verändern.

- Klicken Sie doppelt auf das Droplet, um ImageReady zu starten. Dabei erscheint ein Dialogfeld mit dem Namen des Droplets, das an die Aktionen-Palette erinnert. Hier können Sie einzelne Befehle verschieben oder löschen; sobald Sie das Dialogfeld schließen, werden Sie gefragt, ob Sie das Droplet mit den Korrekturen speichern möchten.

Droplets in Verzeichnissen anwenden

Vielleicht haben Sie Ihr ImageReady-Droplet nicht auf dem Desktop abgelegt, sondern in einem anderen Verzeichnis gespeichert. Nutzen Sie diese Möglichkeiten:

- Um einzelne Dateien mit den per Droplet gespeicherten Vorgaben zu verändern, markieren Sie diese Dateien in einem Ordner und ziehen sie auf die Droplet-Datei.

- Ziehen Sie den gesamten Ordner auf die Droplet-Datei, um alle Bilder aus diesem Ordner zu verändern.

- Klicken Sie doppelt auf das Droplet, um ImageReady zu starten. Dabei erscheint ein Dialogfeld mit dem Namen des Droplets, das an die Aktionen-Palette erinnert. Hier können Sie einzelne Befehle verschieben oder löschen; sobald Sie das Dialogfeld schließen, werden Sie gefragt, ob Sie das Droplet mit den Korrekturen speichern möchten.

- Ziehen Sie die Droplet-Datei auf den Windows-Desktop, um sie von dort bequemer starten zu können.

Droplets bearbeiten

Um ein Droplet zu bearbeiten, klicken Sie das Symbol doppelt an. Damit öffnet sich das Droplet-Fenster in ImageReady; es erinnert an eine vereinfachte Aktionen-Palette. Hier können Sie auf die übliche Art Befehle löschen, korrigieren oder verschieben.

»Stapelverarbeitungsoptionen«

Wie die Befehle im Droplet abgearbeitet werden, regeln Sie mit den **Stapelverarbeitungsoptionen**. Sie lassen sich wie folgt aufrufen:

- Bevor Sie eine Aktion in ein Droplet verwandeln, markieren Sie den Namen der Aktion in der Palette und wählen im Menü zur Aktionen-Palette von ImageReady die **Stapelverarbeitungsoptionen**.

➤ Öffnen Sie ein bereits existierendes Droplet per Doppelklick und klicken Sie doppelt auf das Objekt STAPELVERARBEITUNGSOPTIONEN ganz oben in der Liste.

Im Bereich SPEICHERN legen Sie zunächst fest, ob Sie die ORIGINAL-Datei im Original-Dateiformat am ursprünglichen Platz speichern wollen. Die Vorlage wird dadurch überschrieben. Alternativ wählen Sie die Option OPTIMIERT. Als Speicherort nennen Sie hier unter anderem DENSELBEN ORDNER WIE ORIGINAL oder BESTIMMTEN ORDNER.

Beim Schreiben der optimierten Version kann es passieren, dass neue und alte Dateien mit identischem Namen aufeinander stoßen. Für diese Situation bietet ImageReady im Klappmenü BEI DOPPELTEM DATEINAMEN verschiedene Strategien an – hängen Sie eine Nummer an die neue Datei oder überschreiben Sie die ursprüngliche Datei.

Auch das ABSPIELEN des Droplets lässt sich steuern:

➤ IM HINTERGRUND AUSFÜHREN verbirgt ImageReady bei der Durchführung, Sie können in anderen Programmen arbeiten. Achtung: Alle Befehle, die eigentlich Benutzereingaben erwarten, laufen nun ohne Ihr Zutun ab. ImageReady taucht erst wieder auf, wenn das Droplet mit der Arbeit fertig ist.

➤ BILDER EINBLENDEN zeigt Ihnen die Vorlagen bei der Bearbeitung.

➤ UNTERBRECHEN VOR DEM SPEICHERN verhindert das automatische Speichern – entscheiden Sie selbst, ob Sie das Ergebnis speichern oder verwerfen.

Und so verhält sich das Droplet im Fall von FEHLERN: Die Option STOP sorgt für Stillstand, bis Sie die Fehlermeldung klickend bestätigen. Die Option SCHRITT ÜBERSPRINGEN ignoriert fehlerträchtige Arbeitsschritte, während DATEI ÜBERSPRINGEN die ganze Problemdatei links liegen lässt. Eine Logbuch-Datei wie Photoshop verfasst ImageReady also nicht.

Aktionen speichern, laden und löschen in ImageReady

ImageReady speichert jede Aktion unter Windows als Einzeldatei mit der Endung ».isa«, zu finden bei Windows XP im Ordner »Dokumente und Einstellungen/<benutzername/Adobe/ ImageReady/7.0/Settings/ImageReady Actions«, am Mac im »Systemordner/Preferences/ Adobe ImageReady Settings/ImageReady-Aktionen«. Ziehen Sie neue Aktionen in diesen Ordner; danach verwenden Sie aus der Aktionen-Palette den Befehl **Aktionsordner erneut durchsuchen**. (Beim nächsten Programmstart wird die Aktionen-Palette ohnehin aktualisiert.)

Sie können auch entsprechende Dateien aus dem Ordner herausziehen und an anderer Stelle zwischenlagern, sie erscheinen dann nicht mehr in der Aktionen-Palette von ImageReady. Dies gilt auch für Unterordner innerhalb des Hauptordners für Aktionen. Wenn Sie die Aktion auf den Papierkorb der Aktionen-Palette ziehen, endet sie im Papierkorb von Windows oder Mac. Sie können die Aktion dort **wiederherstellen**.

Protokollobjekte in Aktionen übernehmen

Sie können – nur in ImageReady – einzelne Befehle aus der Protokoll-Palette in eine geöffnete Aktion in der Aktionen-Palette ziehen. Dabei lässt sich der Befehl bereits präzise an der gewünschten Stelle der Befehlsfolge einbauen. Der Befehl läuft in der Aktion zunächst mit den Einstellungen ab, die Sie bei seiner Aufzeichnung in der Protokoll-Palette verwendet haben.

In die Aktionen-Palette herüberziehen können Sie aber nur solche Protokollobjekte, die »actionable« sind – also die meisten Dialogfelder und Auswahlmanöver, aber keine Pinselstriche. Funktionen, die sich nicht für die Aktionen-Palette eignen, erscheinen auf der Image-Ready-Protokoll-Palette kursiv.

Droplets auf unterschiedlichen Betriebssystemen anwenden

Wenn Sie ein Droplet aus Windows auf einem Mac-Rechner weiterverwenden, ziehen Sie das Droplet dort auf das Photoshop-Symbol . Bringen Sie das Droplet vom Mac zu Windows, hängen Sie einfach die Endung ».exe« an den Dateinamen, zum Beispiel »Droplet.exe«. Damit lässt sich das Droplet in beiden Rechnerwelten verwenden.

Auch in Photoshop lassen sich Einzelaktionen als Droplet sichern. Dies erledigt der Befehl **Datei: Automatisieren: Droplet erstellen**. Die Optionen erinnern stark an die Vorgaben bei der **Stapelverarbeitung** (siehe oben).

2.8 »Farbeinstellungen«

Mit dem Befehl **Bearbeiten: Farbeinstellungen** sorgen Sie dafür, dass Photoshop Bilddateien so am Monitor zeigt, wie sie auch im Druck aussehen. Das ist keine Selbstverständlichkeit. Denn selbst Monitore oder Scanner derselben Baureihe stellen Bildpunkte mit identischen Farbwerten unterschiedlich dar.

Um die Farbdarstellung zu vereinheitlichen, verknüpfen Sie Ihr Dokument mit einem so genannten Farbprofil, das auch »Tag« (Englisch für »Anhänger«) genannt wird; dieses Profil definiert das tatsächliche Aussehen der Farbe. Eine Änderung des Profils ändert die Farbwiedergabe, aber nicht die Farbwerte in der Datei. Das Gesamtverfahren heißt auch »Farbmanagement« oder »Farbverwaltung«. Sie nutzen vordefinierte Einstellungen oder legen eigene Einstellungen fest. Mit dem Befehl **Ansicht: Farb-Proof** ([Strg]+[Y]) simulieren Sie die Druckwiedergabe bereits am Monitor (Seite 88).

Die Funktionen aus diesem Abschnitt finden Sie nur bei Photoshop, nicht bei ImageReady.

2.8.1 Vorbedingungen

Sie benötigen Farbmanagement vor allem, wenn Sie mit unterschiedlichen Dienstleistern zusammenarbeiten oder auch nur wechselnde Geräte verwenden. Arbeiten Sie dagegen in einer geschlossenen Umgebung, in der alle Produktionsbedingungen vereinheitlicht sind, ist

»Farbeinstellungen« Kapitel 2

Farbmanagement eventuell überflüssig. Webdesigner benötigen Farbmanagement kaum, denn sie haben keine Kontrolle über die Monitore, auf denen ihre Bilder erscheinen; allerdings bieten die FARBEINSTELLUNGEN mit der Vorgabe STANDARD FÜR WEB-GRAFIKEN eine nützliche Möglichkeit, die typische Wiedergabe von Farbmonitoren zu simulieren.

Arbeitsbedingungen

Denken Sie bei der Prüfung der Farbdarstellung an Folgendes:

- Der Monitor sollte seit einer halben Stunde in Betrieb sein.
- Die Raumbeleuchtung sollte nach der Kalibrierung konstant gehalten werden, die Helligkeits- und Kontrastregler am Monitor sollten unberührt bleiben.
- Achten Sie auf neutrale Wandfarben.

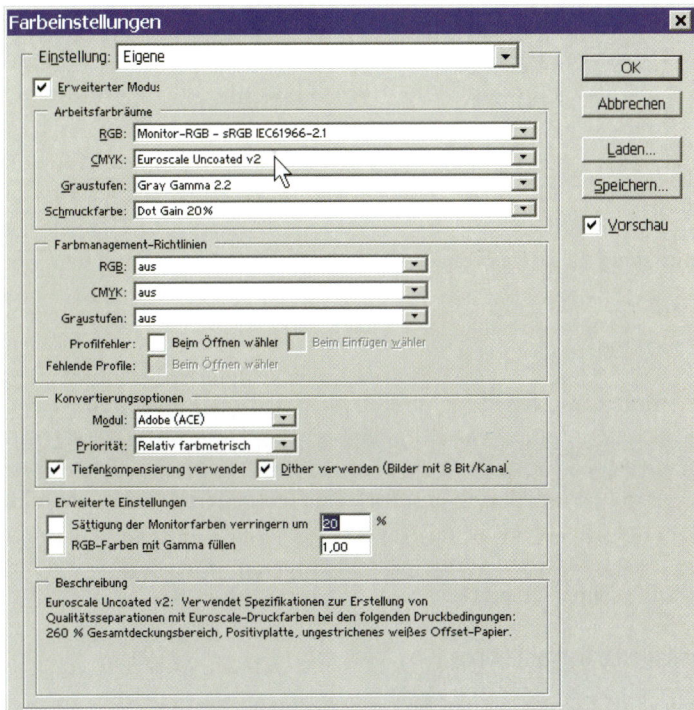

Abbildung 2.53:
Der Befehl »Bearbeiten: Farbeinstellungen« steuert die Farbverwaltung. Hier wurde bereits der »erweiterte Modus« für zusätzliche Funktionen eingeschaltet. Sobald Sie den Mauszeiger über eine Option halten, erscheint unten im Dialogfeld eine »Beschreibung«.

- Achten Sie auf einen neutralgrauen Programmarbeitsbereich (Seite 45).
- Prüfen Sie Ihre Drucke unter Normlicht.
- Prüfen Sie die Monitor-Hardware – stimmt die Konvergenz nicht, wirkt das Bild leicht unscharf. Denkbar sind auch kissen- oder tonnenförmige Verzerrungen an den Bildrändern; viele Fehler lassen sich korrigieren.
- Aktuelle LCD-Monitore im Sommer 2002 eigneten sich nicht für Soft-Proofs.

2.8.2 Vordefinierte Einstellungen für das Farbmanagement

Für die Farbverwaltung bietet Photoshop eine Reihe vordefinierter Einstellungen, die Sie ganz oben im Dialogfeld zum Befehl **Bearbeiten: Farbeinstellungen** wählen. Die wichtigsten:

- FARBMANAGEMENT AUS: Photoshop verhält sich wie Programme, die Farbmanagement nicht unterstützen. Dateien erhalten keine Tags für Profile. Die Einstellung eignet sich vor allem für Online-Design.
- STANDARD FÜR DRUCKVORBEREITUNG – EUROPA: Diese Einstellung ist auf die übliche europäische Druckvorstufe ausgerichtet.
- STANDARDEINSTELLUNGEN FÜR WEB-GRAFIKEN: Die Vorgabe imitiert typische Farbmonitore.
- PHOTOSHOP 5 STANDARDFARBRÄUME: Die Vorgabe verwendet die Arbeitsfarbräume aus Photoshop 5.0.
- COLORSYNC-WORKFLOW: Diese Vorgabe existiert nur bei der Mac-Version. Sie verwendet das ColorSync-System mit den im ColorSync-Kontrollfeld gewählten Profilen ab ColorSync 3.0.

2.8.3 Eigene Einstellungen

Sie können Photoshops Farbmanagement-Vorgaben vielseitig anpassen. Wir besprechen hier die wichtigsten Möglichkeiten.

»Speichern« und »Laden«

Sobald Sie ein Detail einer vordefinierten Einstellung ändern, wechselt die Bezeichnung oben im Klappmenü EINSTELLUNGEN. Statt beispielsweise STANDARD FÜR DRUCKVORBEREITUNG heißt es dann EIGENE. Eine solche eigene Einstellung können Sie SPEICHERN und LADEN. Die Vorgabe erscheint überdies als Angebot im Klappmenü EINSTELLUNGEN und lässt sich auch von anderen Adobe-Programmen nutzen, sofern Sie die folgenden Verzeichnisse wählen: unter Windows »Programme/Gemeinsame Dateien/Adobe/Color/Settings«, am Mac »Systemordner/Application Support/Adobe/Color/Settings«.

»Arbeitsfarbräume« und »Farbmanagement-Richtlinien«

Die vordefinierten Einstellungen legen einen so genannten »Arbeitsfarbraum« fest. Photoshop verwendet den Arbeitsfarbraum als Profil für Dokumente ohne eigene Farbprofil-Information. Zu Konflikten kommt es in diesen Situationen:

- Sie öffnen eine Datei, deren Farbprofil vom aktuellen Arbeitsfarbraum abweicht.
- Sie öffnen Dateien ohne Farbprofil.

Das Verhalten in solchen Konflikten legen Sie in den FARBMANAGEMENT-RICHTLINIEN des Dialogfelds FARBEINSTELLUNGEN fest. Sie können EINGEBETTETE PROFILE BEIBEHALTEN, das Dokument IN ARBEITSFARBRAUM KONVERTIEREN oder auf Farbmanagement in Konfliktfällen ganz verzichten (Option Aus). Im Bereich PROFILFEHLER bestimmen Sie, wann Photoshop Meldung machen und Ihnen Optionen anbieten soll – zum Beispiel BEIM ÖFFNEN oder BEIM EINFÜGEN.

Profil von Hand ändern

Sie können das Profil der aktuellen Datei von Hand ändern. Folgende Möglichkeiten stehen Ihnen zur Verfügung:

- Der Befehl **Bild: Modus: Profil zuweisen** kann das vorhandene Profil löschen, gegen den aktuellen Arbeitsfarbraum austauschen oder die Monitordarstellung auf ein neues Profil ausrichten. Es wird jedoch kein neues Profil dauerhaft in die Datei gerechnet.

- Mit dem Befehl **Datei: Speichern unter** (Seite 231) legen Sie fest, ob Sie das aktuelle ICC-PROFIL (Windows) oder FARBPROFIL (Mac) einbetten möchten; dies gilt für die Dateiformate PSD, JPEG, TIFF, EPS, DCS und Pict. Sie können auch die aktuellen PROOF-EINSTELLUNGEN VERWENDEN, die Sie mit dem Befehl **Ansicht: Proof einrichten** machen, allerdings nur bei PDF, EPS, DCS 1.0 und 2.0.

- Der Befehl **Bild: Modus: In Profil konvertieren** konvertiert die Farben der Datei in ein anderes Profil.

Geräteprofile hinzufügen

Sie können Profile für Ihre Geräte dem System hinzufügen und im Dialogfeld FARBEINSTELLUNGEN verwenden. Die erforderlichen Dateien werden für Scanner, Monitore oder Drucker meist auf Datenträger mitgeliefert. Sofern es keine automatische Installation gibt, kopieren Sie die Dateien unter Windows 2000 in das Verzeichnis »WinNT/System/Spool/Drivers/Color«, unter Windows XP in »System32/Spool/Drivers/Color«, unter Windows 98 wählen Sie »Windows/System/Color«, am Mac heißt es »Systemordner/ColorSync Profiles«.

Sie können für Ihren Monitor überdies ein eigenes ICC-Profil erstellen. Unter Windows wählen Sie START: EINSTELLUNGEN: SYSTEMSTEUERUNG, dann klicken Sie doppelt auf ADOBE GAMMA; am Mac finden Sie ADOBE GAMMA in den KONTROLLFELDERN. Verwenden Sie hier das SCHRITTWEISE Vorgehen, bei dem Sie zu jedem Aspekt eine genaue Erklärung erhalten.

Am Mac nutzt Photoshop generell das Monitorprofil aus dem COLORSYNC-Kontrollfeld.

2.9 Drucken

Drucken können Sie nur mit Photoshop, ImageReady kennt den Befehl nicht.

2.9.1 Einzelbild drucken

So drucken Sie schnell ein Einzelbild aus:

- Wählen Sie **Datei: Drucken** oder ⌈Strg⌉+⌈Alt⌉+⌈P⌉.

Kapitel 2   Oberfläche & Grundfunktionen

➡ Wählen Sie **Datei: Ein Exemplar drucken** oder [Strg]+[⇧]+[Alt]+[P]. Nun druckt Photoshop ganz ohne Dialogfeld sofort los.

Beachten Sie, dass Photoshop mit den Befehlen **Kontaktabzug II** und **Bildpaket** aus dem Untermenü **Datei: Automatisieren** mehrere Bilder auf eine Seite packt (siehe unten). In den **Voreinstellungen** ([Strg]+[K]) ändern Sie die Tastenkürzel für das Drucken.

2.9.2   »Drucken mit Vorschau«

Mit dem Befehl **Datei: Drucken mit Vorschau** ([Strg]+[P]) bestimmen Sie die Druckmaße für das Einzelbild und viele weitere Optionen.

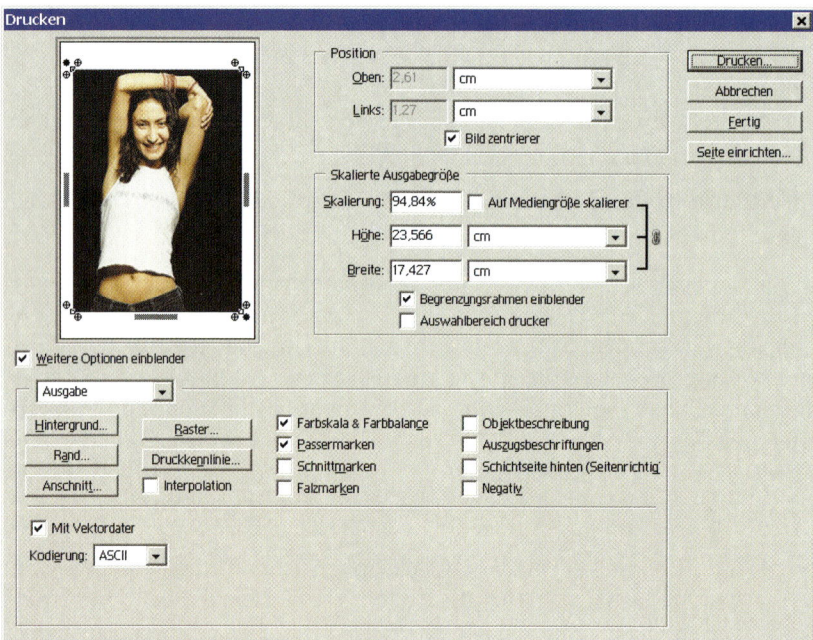

Abbildung 2.54:
Der Befehl »Datei: Drucken mit Vorschau« steuert die Maße für den aktuellen Ausdruck. Hier wurden auch »Passermarken« und eine »Farbskala« im Bereich »Ausgabe« angewählt.

Druckmaße ändern

In der Druckbildvorschau erscheint Ihr Werk zunächst in der eingespeicherten Druckgröße. Diese lässt sich nun frei verändern: Verschieben Sie das Bild einfach frei über dem Seitenschema und ziehen Sie an den Rändern des Bildes, um die Größe zu ändern. Alternativ tippen Sie neue Koordinaten und Bildmaße in die Datenfelder unter POSITION und SKALIERTE AUSGABEGRÖßE. Für freie Veränderungen schalten Sie die Optionen BILD ZENTRIEREN und AUF MEDIENGRÖßE SKALIEREN ab.

Die Option BEGRENZUNGSRAHMEN EINBLENDEN spendiert Ihrer Druckbildvorschau überdies einen Rechteckrahmen mit Anfasspunkten – nützlich zum Beispiel bei Bildern mit sehr hellem oder weißem Randbereich. Wählen Sie AUF MEDIENGRÖßE SKALIEREN, um Ihr Material möglichst flächendeckend zu bedrucken.

Drucken   Kapitel 2

Bei diesem Vorgang ändern Sie nur die Maße für das aktuell gedruckte Bild. Die ursprünglichen, in der Datei gespeicherten Druckmaße bleiben erhalten, auch die Zahl der Bildpunkte ändert sich nicht. Überdies ändern Sie bei diesem Verfahren nicht die Größen von Passermarken und anderen Ausdruckzutaten (siehe unten); verwenden Sie dagegen in den Optionen zu Ihrem Drucker eine andere Skalierung als 100,00 Prozent, schrumpfen oder wachsen auch Passermarken.

Eine schematische Darstellung der bedruckten Papierfläche zeigt Photoshop auch, wenn Sie auf die Systembeanspruchungsanzeige in der Statusleiste klicken. Außerdem erkennen Sie die Druckmaße, indem Sie die Lineale mit [Strg]+[R] einblenden und nach einem Doppelklick auf ein Lineal die Maßeinheiten auf Zentimeter stellen.

*Wollen Sie ein Bild mehrfach in derselben Größe drucken, sollten Sie die in der Datei gespeicherten Druckmaße korrigieren; dann müssen Sie nicht jedes Mal von Hand neue Maße im Dialog **Drucken mit Vorschau** einrichten. Wählen Sie also **Bild: Bildgröße**, schalten Sie dort das* NEUBERECHNEN *ab und tippen Sie neue Zentimetermaße ein (Seite 155).*

Weitere Druckoptionen

Im Dialog **Drucken mit Vorschau** können Sie WEITERE OPTIONEN EINBLENDEN, um dort die AUSGABE zu wählen. Sie steuern hier verschiedene Druckeigenschaften. Möglichkeiten, die Ihr Drucker nicht zulässt, zeigt Photoshop abgedimmt und unzugänglich. In jedem Fall gilt: Sie verändern nur den Ausdruck, nicht aber die Datei selbst.

»Druckkennlinie«

Jeder Drucker druckt anders. Für manche Geräte müssen Sie die Schatten massiv anheben, andere Geräte brauchen ein Lifting in den Mitten. Mit dem Befehl DRUCKKENNLINIE korrigieren Sie die Helligkeitsverteilung eines Bildes nur für den Ausdruck – die eigentliche Datei ändert sich nicht. Für jeden Tonwert innerhalb einer Bilddatei wird eine neue Ausgabedichte festgelegt. Das geschieht über eine Gradationskurve (Seite 428).

Stellen Sie zum Beispiel fest, dass ein Drucker oder Belichter den Tonwert 60 Prozent stets mit 65 Prozent ausgibt, dann ziehen Sie im Dialog DRUCKKENNLINIE für den Eingabewert 60 fünf Prozent ab, notieren also 55 Prozent. Um einen bestimmten Bereich grundsätzlich aufzuhellen, ziehen Sie den entsprechenden Abschnitt der Kurve nach unten. Wollen Sie nur den Punktzuwachs ausgleichen, verwenden Sie besser den Befehl **Bearbeiten: Farbeinstellungen**.

Zusätzliche Möglichkeiten tun sich auf, wenn Sie die [Alt]-Taste drücken: Die Schaltfläche LADEN heißt jetzt <- STANDARD, die Schaltfläche SPEICHERN erscheint als -> STANDARD. Die Funktionen:

Kapitel 2   Oberfläche & Grundfunktionen

➡ Klicken Sie auf -> STANDARD, wird die aktuelle Druckkennlinie als Grundeinstellung gespeichert.

➡ Klicken Sie auf <- STANDARD, lädt Photoshop die als Vorgabe gespeicherte Druckkennlinie.

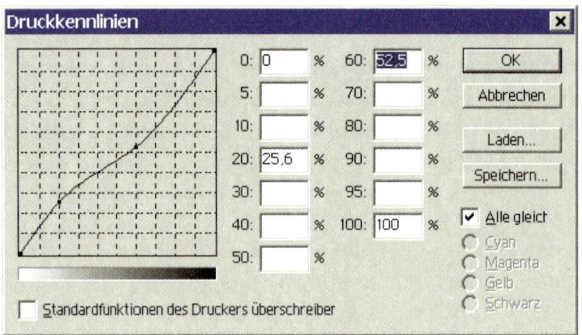

Abbildung 2.55:
Die Druckkennlinie ordnet den Bildtonwerten neue Druckertonwerte zu.

Wollen Sie die spezielle Druckkennlinie zusammen mit einer EPS-Datei speichern und im Ausdruck verwenden, wählen Sie außerdem die Option STANDARDFUNKTIONEN DES DRUCKERS ÜBERSCHREIBEN. Im Dialogfeld zum Speichern einer EPS-Datei ergreifen Sie dann das Angebot DRUCKKENNLINIE MITSPEICHERN. Auf diese Art können Sie auch die Rastereinstellungen der Druckereinrichtung zusammen mit einer EPS-Datei speichern. Man wendet das an, wenn maßgeschneiderte Druckkennlinien für das angepeilte Ausgabegerät auf Lager sind. Bei allen anderen Dateiformaten außer EPS sind Sie gezwungen, beim Ausdruck die Vorgaben der Druckereinrichtung zu übernehmen. Details finden Sie im Abschnitt zum EPS-Dateiformat ab Seite 254.

Häufig verzichtet man gänzlich auf Druckkennlinie und Rasterung von Hand und überlässt die Aufgabe dem Druckertreiber oder einer anderen Instanz im Druck- oder Belichtungsprozess. Vor allem bei Graustufendateien kann es jedoch Sinn machen, schon vorab ein Duplikat der Datei zu rastern und gerastert zu speichern und zu drucken. Sie beschleunigen die Druckausgabe und haben Kontrolle über jeden einzelnen Druckpunkt. Dazu verwenden Sie den Befehl **Bild: Modus: Bitmap** *(Seite 206).*

»Raster«

Die meisten Drucker – zum Beispiel Laserdrucker, Farbtintenstrahler oder Laserbelichter – können keine Halbtöne ausgeben, sondern nur »Farbe« oder »keine Farbe«. Halbtöne simulieren diese Geräte, indem sie je nach Helligkeit unterschiedlich viele Druckerpunkte zu einem Bildpunkt zusammenfassen: Drängeln sich viele Druckerpunkte zu einem Bildpunkt, dann bleibt wenig weiße Fläche übrig; der entsprechende Bildteil wirkt dunkel. Wird die gleiche, einem Bildpunkt vorbehaltene Fläche aber nur von wenigen Druckerpunkten eingenommen, scheint viel Weiß durch. Aus normalem Betrachterabstand wirkt diese Bildpartie dann hell.

Drucken   Kapitel 2

Das bedeutet: Gedruckt werden nie die Originalpixel Ihrer Bilddatei. Für den Druck oder für die Belichtung wird das Bild immer umgerechnet in ein spezielles Druckraster. Beim RASTER stellen Sie ein, wie viele Bildpunkte pro Zentimeter oder Inch Sie ausgeben wollen (RASTERWEITE). Die Datei hat idealerweise die doppelte oder wenigstens eineinhalbfache Auflösung gegenüber der Halbtonauflösung des Druckers, um Detailverluste durch schräge Rasterwinkel auszugleichen.

Außerdem regeln Sie die RASTERWINKELUNG: Laufen die Druckerpunkte nicht exakt horizontal oder vertikal durchs Druckgebilde, wirken sie viel weniger aufdringlich. Bei Graustufenbildern ist 45 Grad üblich und bei Vierfarbdrucken sollten Sie die vorgeschlagenen, für jeden CMYK-Farbauszug individuellen Rasterwinkel einhalten: Nur so erreichen Sie eine gleichmäßige Farbwirkung ohne Störeffekte durch schillerndes Moiré.

Als FORM nennen Sie übliche Rasterformen wie RAUTE oder PUNKT. Sie können auch eine EIGENE Rasterform als PostScript-Befehl eintippen. Die hier verwendeten Werte werden innerhalb von EPS-Dateien mitgesichert und kommen beim Ausdruck in der Regel auch zum Tragen.

Nur für Farbauszüge ist die Schaltfläche AUTO gedacht, die ins Dialogfeld AUTO RASTERUNG führt. Hier nennen Sie die Auflösung Ihres Ausgabegeräts und die gewünschte Rasterweite für Ihr Bild. Photoshop errechnet jetzt die optimalen Rasterweiten und -winkel und trägt die Werte im Dialogfeld RASTERUNG ein.

ACCURATE SCREENS VERWENDEN Sie, wenn Ihr Gerät PostScript Level II oder einen Emerald Controller hat. Alle diese Vorgaben lassen sich selbstverständlich für den nächsten Print speichern. Auch hier kommen Sie wieder mit der Alt-Taste zu erweiterten Möglichkeiten:

➡ Die Schaltfläche -> STANDARD speichert die aktuellen Werte als Grundeinstellung.

➡ Die Schaltfläche <- STANDARD lädt just das, was Sie früher als Grundeinstellung gespeichert hatten.

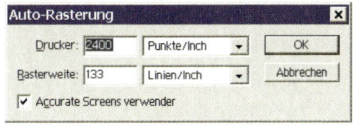

Abbildung 2.56:
Wie die Datei beim Druck gerastert wird, steuern Sie im Dialogfeld »Raster«.

»Mit Vektordaten«

Einige Bildelemente basieren nicht auf einzelnen Bildpunkten, sondern auf Pfaden und Vektoren – zum Beispiel Textebenen oder Vektorformebenen. Die Option MIT VEKTORDATEN verhindert bei PostScript-Druckern, dass dieses Material bereits beim Aufbau des Druckbildes in Druckpunkte gerastert wird. Stattdessen gelangt es als auflösungsunabhängiges Vektormaterial zum Ausgabegerät und wird über das Rasterbild gedruckt. So erhalten Sie eventuell schärfere Konturen.

»Encoding«

In der Regel schicken Sie Druckdaten mit der Speicherplatz und damit Zeit und Geld sparenden binären Codierung zum Gerät. Nur für einige sehr alte Geräte oder für einige Netzwerke schalten Sie auf das ausladendere ASCII um. Noch kleiner und schneller werden JPEG-codierte Druckdateien; diese Option sollten Sie nur für Drucker ab PostScript Level 2 verwenden.

Weitere Optionen

Auszugsbeschriftung, Schnittmarken oder Farbskala druckt Photoshop nur mit, wenn das Papier dazu noch Platz lässt. Ihre Möglichkeiten:

- Die Option AUSZUGSBESCHRIFTUNGEN verewigt den Namen des Dokuments und des Farbkanals auf dem Papier.
- Die Option SCHNITTMARKEN platziert Schnittmarken an den Ecken des Bildes, die anzeigen, wo das Bild beschnitten werden soll.
- FALZMARKEN sind zusätzliche Markierungen in der Mitte jedes Bildrands.
- Per ANSCHNITT setzen Sie die Schnittmarken in ein Bild hinein, wenn das Werk innerhalb der Darstellung beschnitten werden soll.
- Im CMYK-Modus bekommen Sie außerdem FARBSKALA & FARBBALANCE.
- PASSERMARKEN sind Markierungen, mit denen die Filme für die einzelnen Farbauszüge passgenau übereinander gelegt werden, sowie Marken für die Detailauflösung, mit denen der Laserstrahl des Druckfilmbelichters geprüft werden kann.
- Die Option NEGATIV druckt ein negatives Bild. (Brauchen Sie generell eine negative Bildversion, nutzen Sie den **Bild**-Befehl **Einstellungen: Umkehren**, Strg + I .)
- Die Option SCHICHTSEITE HINTEN dreht das übliche Verfahren um, das den Text im Film seitenrichtig zeigt, wenn man die matte Schichtseite nach vorn hält. Fragen Sie Ihre Druckerei, ob sie ausnahmsweise einen negativen Film mit der Schichtseite hinten wünscht.
- Bei der INTERPOLATION können Sie verlangen, dass das pixelige Aussehen von Bildern mit geringer Auflösung geglättet wird; dies geht jedoch nur bei einigen PostScript-Level-II-Druckern, ansonsten wird der Befehl ignoriert.
- Erreichbar über die Schaltfläche RAND, verpassen Sie dem Bild ein schwarzes Rähmchen; Sie geben die Maßeinheit und einen Wert (auch dezimal) vor. Häufig wirkt es bequemer und vielseitiger, den Rand in Photoshop selbst anzubringen – entweder dauerhaft (Strg + A), dann **Bearbeiten: Kontur füllen**, Seite 498) oder als korrigierbaren Ebeneneffekt (Seite 745).

➤ Als BILDUNTERSCHRIFT druckt Photoshop auf Wunsch jenen Text, den Sie mit dem Befehl **Datei: Datei-Information** im Feld OBJEKTBESCHREIBUNG eingetippt haben, und zwar in 9 Punkt Helvetica.

➤ Auf Wunsch füllt Ihr Bildprogramm die Seite mit einer HINTERGRUND-Farbe um das Bild herum. Das kann etwa bei Dias nützlich sein, wenn Sie nicht genau wissen, ob die Bilddatei das Format des Diarahmens komplett füllt. Ohne mitgelieferte Hintergrundfarbe erhalten Sie rings um das Bild Weiß.

»Farbmanagement«-Option

Schalten Sie im Dialogfeld zum Befehl Drucken mit Vorschau die WEITEREN OPTIONEN ein und verwenden Sie im Klappmenü die Vorgabe FARBMANAGEMENT. Hier steuern Sie die Farbqualität in zwei Schritten:

1. Sie legen zunächst den QUELLFARBRAUM fest – jene Farben also, die an den Drucker gesendet werden sollen. Dabei können Sie das aktuelle Farbprofil verwenden oder das Profil, das Sie mit dem Untermenü **Ansicht: Proof einrichten** festgelegt haben; damit erhalten Sie die Farben, die mit dem Befehl **Ansicht: Farb-Proof** ([Strg]+[Y]) am Monitor entstehen.

2. Im Bereich DRUCKFARBRAUM beschreiben Sie den Drucker, damit Photoshop exakte Farben senden kann.

2.9.3 »Kontaktabzug II«

Der Befehl **Datei: Automatisieren: Kontaktabzug II** legt in einer neuen Bilddatei eine Reihe von Fotominiaturen an – alle Bilder eines Verzeichnisses, auf Wunsch mit Dateinamen. Der Befehl verschafft Auftraggebern oder dem Kunstschaffenden Übersicht über die Produktion.

Beachten Sie, dass der Befehl **Datei: Automatisieren. Web-Fotogalerie** einen Bildkatalog im internettauglichen HTML-Format erzeugt. Sie haben dort die Möglichkeit, Einzelbilder durch Klick auf eine Miniatur vergrößert anzuzeigen und die DATEI-INFORMATIONEN unter jedem Bild anzuzeigen (Seite 273). Ebenfalls mehrere Bilder auf eine Seite packt die Funktion **Datei: Automatisieren: Bildpaket** (siehe unten). Der Dateibrowser erlaubt dagegen keine Katalogdrucke. Wirklich vielseitige Übersichten drucken Sie mit Bilddatenbanken wie Cumulus, ACDSee oder ThumbsPlus.

Im Unterverzeichnis »Praxis/Sammlungen« auf der CD zu diesem Buch finden Sie drei Bildsammlungen mit drei, sieben und 20 Bilddateien für eigene »Kontaktabzüge«.

Abbildung 2.57:
Ein »Kontaktabzug« zeigt die Bilder eines Verzeichnisses stark verkleinert in einer Datei.

Optionen

Bevor Sie das Dialogfeld KONTAKTABZUG II öffnen, sollten alle Dateien aus den gewünschten Verzeichnissen geschlossen sein. Vorsicht: Wenn Sie A4-Seiten mit hoher 300-dpi-Auflösung bestellen, kommen schnell sehr hohe Datenmengen zustande. Sie bestimmen die Zahl der SPALTEN und ZEILEN. Rechts nebenan errechnet Photoshop die maximale Zentimetergröße pro Miniatur. Auch wenn Sie ALLE UNTERVERZEICHNISSE EINSCHLIESSEN, reiht die Software Ihre Werke insgesamt streng alphabetisch auf.

Schalten Sie im Klappmenü PLATZIEREN auf ZUERST VON OBEN NACH UNTEN, wenn Photoshop die Bilder von oben nach unten aufbauen soll, alternativ nutzen Sie ZUERST VON LINKS NACH RECHTS. Schließlich entscheiden Sie, ob Sie den DATEINAMEN ALS OBJEKTBESCHREIBUNG VERWENDEN möchten und nennen eine Schriftart; die Namensendung wie ».jpg« erscheint mit in der Bildunterschrift.

Dann rattert Photoshop los, lädt jede Datei, verkleinert sie, kopiert sie in neue Dateien und überschreibt nebenbei permanent die Zwischenablage. Die Protokoll-Palette verrät, was Ihre Software da im Einzelnen treibt; unterbrechen Sie die Betriebsamkeit bei Bedarf mit der Esc-Taste. Werden GIF-Animationen geladen, erhalten Sie eine Warnung, dass nur das erste Bild im Kontaktbogen erscheint. Passen nicht alle Miniaturen auf einen Kontaktbogen, entstehen mehrere »Kontaktabzüge« in separaten Dateien.

»Alle Ebenen reduzieren«

Verzichten Sie auf die Option ALLE EBENEN REDUZIEREN, landet jede Bildminiatur auf einer eigenen Ebene. Jede einzelne Bildunterschrift legt Photoshop als separate Textebene an, Sie können also umformulieren und umformatieren. Die einzelnen Ebenen einer Photoshop-Montage im gewählten Verzeichnis verschmelzen jedoch immer zu einer Miniatur der Gesamtansicht. Das **Ebene**-Menü verschmilzt auf Wunsch ausgewählte oder alle Ebenen zu einer Einzelebene (Seite 705).

Schalten Sie dagegen ALLE EBENEN REDUZIEREN ein, landen alle Miniaturen und Texte auf einer gemeinsamen Ebene namens »Eine Miniatur«. Die »Hintergrund«-Ebene darunter ist weiß. Diese Vorgabe spart erheblich Speicherplatz und erleichtert die Orientierung. Sie empfiehlt sich zudem, wenn Sie die Bildchen gemeinsam weiterbearbeiten wollen (siehe unten).

Weitere Bearbeitung

Mit üblicher Bildbearbeitung gestalten Sie Ihren »Kontaktabzug« weiter:

- Die Ebeneneffekte legen einen SCHLAGSCHATTEN oder einen SCHEIN NACH AUßEN um Ihre Miniaturen. Der Effekt ABGEFLACHTE KANTE UND RELIEF modelliert die Bildchen plastisch heraus (Seite 740). Beachten Sie, dass einige Effekte die Miniaturen vergrößern, so dass sie eventuell über die Bildunterschrift oder über den sichtbaren Bildrand ragen.

- Mit dem Ebeneneffekt KONTUR erzeugen Sie ein Rähmchen. Sofern Sie Bildunterschriften verwenden, geben Sie im Dialogfeld zur KONTUR als POSITION am besten INNEN an, nicht AUßEN oder MITTE; dann überdeckt die Kontur zwar den Rand Ihrer Miniaturen – die Buchstaben blähen sich jedoch nicht auf.

- Möchten Sie eine andere Hintergrundfarbe oder ein Hintergrundmuster, so arbeiten Sie am besten mit einer neuen Ebene und nicht mit der vorhandenen weißen »Hintergrund«-Ebene. Die neue Ebene legen Sie in der Ebenen-Palette mit der Schaltfläche NEUES OBJEKT an und ziehen sie bei Bedarf unter die Ebene »Eine Miniatur«. Füllen Sie die Ebene zunächst mit einer beliebigen Farbe (⇧+← -Taste). Nun klicken Sie wieder doppelt auf den Ebenennamen in der Palette und verwenden beispielsweise die Effekte MUSTERÜBERLAGERUNG oder FARBÜBERLAGERUNG für eine Füllung.

- Alternativ ziehen Sie ein komplettes Bild mit dem Verschieben-Werkzeug unter die Miniaturenebene. Dämpfen Sie das Bild eventuell mit Kontrastkorrekturbefehlen oder Weichzeichner (Seite 423).

- Probieren Sie, ob eine Scharfzeichnung die Miniaturenebene verbessert.

- Mit den Effekten aus dem Untermenü **Filter: Verzerrungsfilter** können Sie die Gesamtdarstellung verzerren und verwirbeln.

- Falls Sie noch eine Überschrift oder andere Elemente montieren wollen, erweitern Sie den Bildbereich mit dem Befehl **Bild: Arbeitsfläche**.

- Möchten Sie den Kontaktabzug so knapp wie möglich zuschneiden? Dann achten Sie darauf, dass die unterste Ebene komplett einfarbig ist (zum Beispiel durch den Effekt FARBÜBERLAGERUNG), und verwenden **Bild: Zuschneiden** (Seite 178).

Bild und Text trennen

Oft möchte man Bildunterschriften und Miniaturbild im Kontaktabzug separat bearbeiten. Ein denkbares Verfahren: Verwenden Sie im Dialogfeld KONTAKTABZUG II die Vorgabe ALLE EBENEN REDUZIEREN, so dass zunächst alle Bilder und Schriften auf einer Ebene landen. Anschließend markieren Sie die Bildunterschriften mit dem Auswahlrechteck bei gedrückter Umschalttaste und wählen **Ebene: Neu: Durch Ausschneiden** (Strg+⇧+J).

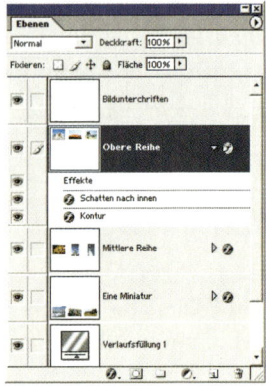

Abbildung 2.58:
Bei diesem »Kontaktabzug« haben wir zunächst die Vorgabe »Alle Ebenen reduzieren« verwendet, so dass Miniaturen und Schriftzüge gemeinsam auf der Ebene »Eine Miniatur« lagen. Dann haben wir alle Schriften und einzelne Bildreihen separat mit dem Rechteck ausgewählt und mit dem Befehl »Ebene: Neu: Ebene durch Ausschneiden« auf eigene Ebenen gehoben. Die Ebenen mit Miniaturen wurden anschließend mit Ebeneneffekten bearbeitet, in der untersten Reihe kam ein Verzerrungsfilter hinzu. Damit »Schlagschatten« oder »Schein nach außen« die Bildunterschriften nicht unleserlich machen, haben wir die Schriftebene nach oben gezogen. Außerdem haben wir die Ansicht mit einer Füllebene unterlegt. Datei: Kontaktabzug

Geriet Ihr Kontaktabzug nicht zu umfangreich, verzichten Sie eventuell auf ALLE EBENEN REDUZIEREN und arbeiten mit Einzelebenen: Sämtliche Textebenen oder sämtliche Bildminiaturen fassen Sie nun als Ebenenset oder mit dem Verbinden-Symbol zusammen. Anschließend wenden Sie bequem Ebeneneffekte auf alle zusammengeordneten Elemente gleichzeitig an.

2.9.4   »Bildpaket«

Damit Sie teures Druckpapier optimal ausnutzen, packt der Befehl **Datei: Automatisieren: Bildpaket** Bilder eng nebeneinander auf eine Seite. Dabei entsteht eine neue »Bildpaket«-Datei im Photoshop-Fenster, die Sie bei Bedarf noch speichern. Wahlweise VERWENDEN Sie eine einzelne DATEI, das momentan aktivierte VORDERSTE DOKUMENT oder einen kompletten ORDNER. Wenn Sie einen ganzen ORDNER verwenden, entsteht für jedes Einzelbild eine neue »Bildpaket«-Datei. Klicken Sie ein Bild in der Vorschau an, um es auszutauschen.

Ähnlich wie einen **Kontaktabzug II** (siehe oben) können Sie auch das »Bildpaket« weiterbearbeiten: Ändern Sie die Texthinweise oder fügen Sie Rähmchen hinzu.

Ebenentechnik

Mit der Vorgabe ALLE EBENEN REDUZIEREN verschmilzt Photoshop alle Einzelansichten zu einer neuen Ebene »Bild 1« über einer weiß gefüllten »Hintergrund«-Ebene. Ohne diese Option erhalten Sie jede Einzelansicht des Bildes als separate Ebene. Verwenden Sie eine BESCHRIFTUNG (siehe unten), packt Photoshop jede Einzeldarstellung mit ihrem Text in einen eigenen Ebenenset (Seite 698).

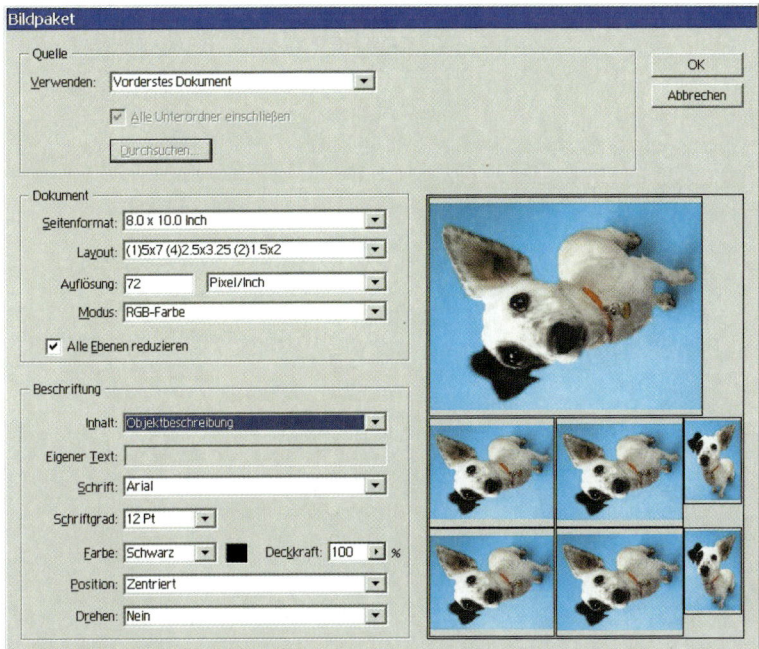

Abbildung 2.59:
Der Befehl »Datei: Automatisieren: Bildpaket« packt ein Bild mehrfach auf eine Seite.

Das Layout

Photoshop bietet verschiedene Papiergrößen und Aufteilungen. Sie können zum Beispiel vier oder acht gleich große Bilder wählen. Alternativ nutzen Sie ein Layout, das wenige große und viele kleine Ansichten kombiniert. Bei sehr schmalen oder fast quadratischen Bildern bleibt eventuell mehr Papierweiß sichtbar. Die Bilder werden generell nicht unproportional verzerrt. Photoshop dreht das Bild allerdings bei Bedarf um 90 Grad, damit zum Beispiel ein Hochformat besser auf einen Querformat-Platz passt; dabei dreht sich auch der Text mit.

Mit dem Bereich BESCHRIFTUNG klinken Sie einen zusätzlichen Text ins Bild. Diese Worte erscheinen wohlgemerkt direkt innerhalb des Fotos und nicht auf ungenutzter Papierfläche. Wählen Sie zum Beispiel EIGENEN TEXT oder DATEINAME. Vorgaben wie COPYRIGHT oder OBJEKTBESCHREIBUNG beziehen sich auf Angaben, die Sie mit dem Befehl **Datei: Datei-Informationen** (Seite 223) innerhalb der Datei speichern.

Kapitel 2   Oberfläche & Grundfunktionen

Die verschiedenen Layouts für das Bildpaket speichert Photoshop als leicht korrigierbare Textdatei im Verzeichnis »Vorgaben/Layouts«. Dort und in der Hilfe-Datei F1 *unter der Überschrift »Anpassen des Layouts von Bildpaketen« finden Sie nähere Erklärungen zum Speichern neuer, eigener Layouts. Sie könnten zum Beispiel auch andere Seitenformate vorgeben, die besser zu A4-Papier passen.*

3 Ausschnitt, Größe, Auflösung

Korrekturen von Bildausschnitt, Dateigröße, Druckmaßen und Auflösung gehören zu den Grundübungen der digitalen Bildbearbeitung. Zunächst klären wir die Besonderheiten der Bearbeitung digitalisierter Fotos im Vergleich zu anderer Computergrafik und gehen darauf ein, was es mit Auflösung grundsätzlich auf sich hat. Danach lesen Sie, wie man die Auflösung in der Praxis ändert. Wir orientieren uns zunächst an Photoshop. In einem eigenen Abschnitt behandeln wir die Besonderheiten bei ImageReady. Zum Schluss lesen Sie, wie Sie überflüssigen Rand entfernen und wie Sie neue Bildfläche anbauen.

3.1 Auflösung, Druckmaße und Dateigröße: Theorie

Innerhalb der Computergrafik unterscheidet man vektororientierte und pixelorientierte Programme und Dateien, dazu kommt Text. Photoshop ist primär ein Pixelprogramm, bietet aber auch Vektorelemente.

3.1.1 Vektor- und Pixeldaten

In der Computergrafik unterscheidet man Vektor- und Pixeldaten:

Vektorbilder

Vektorbilder bestehen aus einzelnen Objekten, etwa Kreisen oder Vielecken, die durch Konturen und Füllflächen definiert sind. Die Konturen lassen sich über mathematische Funktionen wie Bézier-Kurven bearbeiten, in der Praxis zum Beispiel durch Verschieben von Ankerpunkten. Text ist ein Sonderfall der Vektortechnik. Typische stark vektororientierte Programme sind Corel DRAW, FreeHand oder Illustrator.

Pixelbilder

Pixelorientierte Programme wie Photoshop setzen ein Bild Pixel für Pixel, Bildpunkt für Bildpunkt zusammen, es gibt keine Informationen über Konturen und Füllungen geschlossener Flächen. Pixel ist eine Kurzform von »Picture element«, also »Bildbestandteil«. Aber auch Photoshop bietet mit »Formen«, Pfaden und Textebenen Vektorelemente.

Vorteil des pixelorientierten Aufbaus: Jedes einzelne »Atom« eines Bildes, jedes Pixel, kann separat analysiert, korrigiert und feingesteuert werden. Das ist sinnvoll für fotorealistische Halbtonbilder: Unruhige Farbstrukturen oder Korrekturen an einzelnen Helligkeitswerten oder an einzelnen Partien eines Motivs sind nur möglich, wenn Sie jeden Bildpunkt separat erreichen. Pixelbilder heißen auch »Bitmap«.

Kapitel 3   Ausschnitt, Größe, Auflösung

Abbildung 3.1:
Links: Vektororientierte Bilddateien sind durch Flächen, Kurven und Ankerpunkte definiert. Rechts: Pixelorientierte Bilder wie in Photoshop bestehen aus einzelnen Bildpunkten.

Pixel und Vektoren im Vergleich

Die Flächen, Verläufe und Muster der Vektorprogramme wirken zu glatt für übliche Fotos. Weil die Bildinformation jedoch nicht auf einzelnen Punkten, sondern auf mathematisch definierten Kurven beruht, lassen sich Vektorelemente beliebig vergrößern und immer in der Höchstauflösung des Druckers ausgeben. Dies gilt prinzipiell auch für Text im Textmodus.

Bei Pixelbildern steht die Detailtiefe dagegen durch die vorhandene Zahl von Bildpunkten fest. Die Detailtiefe lässt sich durch Herunterrechnen verkleinern; durch Rechentricks kann man auch die Zahl der Bildpunkte vergrößern, aber das bringt keinen Informationsgewinn.

Eine Vektorgrafik lässt sich ohne weiteres in ein Pixelbild konvertieren; dabei muss man eine Ausgabeauflösung für das entstehende Pixelbild festlegen. (Photoshop öffnet zum Beispiel Illustrator-Dateien auf diese Art.) Pixeldateien lassen sich umgekehrt auch vektorisieren – ein komplizierter Vorgang, den Sie bei Photoshop nicht finden. Vektorgrafiken zeichnen sich im Gegensatz zu Pixelbildern durch niedrige Dateigrößen aus.

Photoshop verarbeitet überwiegend Pixelbilder, kann aber über Funktionen wie **Datei: Plazieren** auch mathematisch definierte Vektorgrafiken im Illustrator-Format laden, die noch während des Öffnens in einzelne Pixel umgewandelt werden. Auch beim Öffnen von EPS-, PDF- oder AI-Dateien werden eventuell Vektorelemente geöffnet und in Pixel umgesetzt.

3.1.2   Drei Arten der Auflösung

Innerhalb der Pixelbildbearbeitung sollte man die unterschiedlichen Arten der Auflösung genau unterscheiden. Beim Drucken kommt zum Beispiel eine völlig andere Auflösung zum Tragen als beim Scannen. Im Einzelnen:

Drucker- oder Belichterauflösung

Die Druckauflösung des Belichters wird meist in dpi (dots per inch, Punkte pro Zoll) angegeben. Laserdrucker erreichen oft 600 oder 1200 dpi, Farbtintenstrahler 1440 oder 2800 dpi, während professionelle Laserbelichter 2540 dpi hervorbringen. Das bedeutet: Bei der Ausgabe von Strichzeichnungen oder schwarzem Text ballen sich 2540 Belichterpunkte auf einem Zoll beziehungsweise 1000 Punkte auf einem Zentimeter. Drucken Sie dagegen Fotos, gelten kompliziertere Bedingungen (siehe unten).

Halbtonauflösung des Druckers oder Belichters

Die Halbtonauflösung des Belichters – auch Rasterweite – ist interessant, wenn Fotos, Grafiken oder Verläufe gedruckt werden. Hier arbeiten Sie nicht nur mit reinem Schwarz oder Weiß, sondern mit Zwischentönen. Die Halbtonauflösung wird meist in lpi (lines per inch, Linien pro Zoll) oder in lpcm (Linien pro Zentimeter) angegeben.

Die Halbtondruckauflösung eines Geräts liegt drastisch unter der eigentlichen Druckerauflösung. Der Grund: Die meisten Belichter oder Drucker können nur Schwarz und Weiß zeigen, aber keine Halbtöne dazwischen. Diese Halbtöne werden durch einen Trick simuliert: Auf einer Fläche von zum Beispiel 16 x 16 Belichterpunkten wird aus mehreren Belichterpunkten ein Halbtonbildpunkt zusammengesetzt. Je mehr Belichterpixel sich auf dem 16er-Quadrat zu einem Halbtonpixel ballen, desto dunkler wirkt diese Stelle. Versammeln sich dagegen nur wenige Belichterpunkte in der Mitte des 16er-Quadrats, wirkt die Partie aus der Entfernung hell.

Ein Belichter mit 2540 dpi Hardware-Auflösung erzeugt eine Halbtonauflösung von 2540/16 ≈ 159 lpi. Das entspricht 159/2,54 ≈ 62 lpcm, also rund 60 Linien pro Zentimeter: das viel genutzte 60er-Raster. Die mögliche Zahl unterschiedlicher Graustufen ergibt sich hier aus der Formel:

16^2 = 256 Graustufen.

Abbildung 3.2:
Links: Diese zwei Bildpunkte aus einer Fotodatei enthalten Zwischentöne, die ein Farbdrucker mit einer einzigen Grundfarbe wie Cyan oder Schwarz nicht darstellen kann. Rechts: Der Drucker simuliert die Zwischentöne durch gerastertes Ineinanderstellen mehrerer Grundfarben. Pro Bildpunkt werden zum Beispiel 16 x16 Druckerpunkte verwendet.

Scan-Auflösung

Die Auflösung von Scan und Scanner wird oft in ppi – pixels per inch – oder dpi angegeben. Interessant ist dabei nur die so genannte »physikalische« oder »optische« Auflösung, also das, was die Fotoelemente des Scanners tatsächlich zu trennen vermögen.

Die Hersteller nennen dazu meist noch einen viel höheren Wert, der aber nur durch Mittelwertberechnung (Interpolation) zustande kommt und die Bildqualität eher senkt. Dabei handelt es sich um einen reinen Softwaretrick. Genauso gut – oder besser – könnten Sie das Bild mit der »physikalischen« Auflösung des Scanners digitalisieren und dann mit Photoshops Befehl **Bild: Bildgröße** hochrechnen.

Wie hoch aufgelöst Sie scannen, hängt von der geplanten Druckgröße ab. Wollen Sie ein Papierbild in der Originalgröße abdrucken, reichen eventuell 300 oder 400 dpi Scan-Auflösung. Ein Kleinbild-Dia wird jedoch im Druck meist deutlich vergrößert – hier arbeitet man

Kapitel 3   Ausschnitt, Größe, Auflösung

beispielsweise mit 2700 dpi Scan-Auflösung. Die Druckauflösung ist weitaus niedriger, weil die Bildfläche im Druck ja gegenüber dem Kleinbild-Dia stark vergrößert wird.

Die unterschiedlichen Einheiten Zoll und Zentimeter wie auch die Maße ppi, lpi und dpi stammen aus unterschiedlichen Branchen und Kulturen. Letztlich sagen sie jedoch alle dasselbe aus. Ob die Auflösung eines Scans in ppi, lpi oder dpi angegeben wird, spielt keine Rolle.

Fazit

Scannen Sie also nicht mit 2400 dpi Scanner-Auflösung, bloß weil dieser Wert auf der Schachtel Ihres Druckers steht. Ein Drucker oder Belichter, der keine Halbtöne ausgeben kann – und das sind die meisten Geräte –, braucht als Bildauflösung nur einen Bruchteil seiner Druckerauflösung, zum Beispiel nur 200 dpi. Weitere Essentials:

- Entscheidend für die Qualität ist nicht die eingespeicherte Druckauflösung, sondern vor allem die absolute Zahl der Bildpunkte hoch mal quer. Eine Angabe wie »Alle Vorlagen in 300 dpi« allein sagt gar nichts über die Zahl der Bildpunkte und damit über die möglichen Druckmaße (dazu kommen natürlich Faktoren wie Schärfe etc.).
- Mehrere Druckerpunkte formen einen Bildpunkt.
- Deswegen ist die Druckerauflösung zum Beispiel um den Faktor 8 höher als die Bildauflösung.

3.1.3   Auflösung und Dateigröße berechnen

Wie gesagt: Jedes Bild ist eine Bitmap, ein Schachbrettmuster aus quadratischen Bildpunkten (Pixeln). Dabei braucht leeres Weiß genauso viel Speicherplatz wie eine Hochhauskulisse – zumindest im Arbeitsspeicher, nicht unbedingt beim komprimierten Speichern auf Festplatte.

Für die Feinheit und Qualität der Druckdarstellung entscheidend: Wie viele Pixel pro Druckzentimeter beziehungsweise pro Druckzoll (Inch) hat ein Bild zu bieten? Allgemein gilt: Je mehr Pixel pro Zoll (also dots per inch, dpi), desto höher die Druckauflösung, desto feiner und detailreicher die Darstellung. (Natürlich gibt es auch hoch aufgelöste, aber unscharfe Scans, die schlechter aussehen als scharfe Scans mit weniger hoher Auflösung.) So berechnen Sie die Druckauflösung:

$$\frac{\text{Anzahl Pixel einer Seitenlänge}}{\text{Seitenlänge in Zoll (inch)}} = \text{dpi}$$

Gehen Sie mit Auflösung und Bildgröße sparsam um. Eine Verdoppelung der Auflösung – zum Beispiel von 100 auf 200 dpi – vervierfacht den Arbeitssppeicherbedarf. Genauso beansprucht eine Verdoppelung der Druckmaße bei gleich bleibender Auflösung viermal mehr Platz auf der Festplatte. Graustufendateien brauchen allerdings nur ein Drittel des Platzes von RGB-Farbdateien mit ihren Rot-Grün-Blau-Anteilen und ein Viertel des Platzes gegenüber einer CMYK-Datei, wie die folgende Tabelle zeigt:

Auflösung, Druckmaße und Dateigröße: Theorie

Druckmaße, Auflösung und Dateigröße

Druckmaße in cm	Farbmodus	Auflösung in dpi	Speicherbedarf in Kbyte
7 x 10	8-Bit-Graustufen	100	108,1
7 x 10	8-Bit-Graustufen	200	433,8
7 x 10	24-Bit-RGB-Farbe	200	1.301,4
14 x 20	24-Bit-RGB-Farbe	200	5.203,6
7 x 10	32-Bit-CMYK-Farbe	200	1735,2
7 x 10	64-Bit-CMYK-Farbe (16 Bit pro Grundfarbe)	200	3470,4

Tabelle 3.1: 1 inch = 2,54 cm; Angaben gerundet

Beschränken Sie also die Auflösung auf das, was Sie tatsächlich brauchen. Ein hoch aufgelöstes Bild lässt sich am Monitor viel schwerfälliger bearbeiten als eine schlankere Datei. Die Zahl der Bildpunkte hoch und quer steht bei jeder Datei fest. In den meisten Dateiformaten – etwa TIFF, Photoshop und JPEG – ist auch schon die Druckauflösung gespeichert, also wie viel Bildpunkte beim Drucken auf einen Zentimeter kommen.

Um eine Datei mit anderen Maßen zu drucken, müssen Sie nicht zwangsläufig die Zahl der Bildpunkte ändern. Sie ändern nur die Druckauflösung, verteilen also die Zahl der Pixel pro Zentimeter oder Zoll anders. Beides erledigt der Befehl **Bild: Bildgröße** (Seite 155).

Es hat ohnehin wenig Zweck, die Pixelzahl eines Bildes später hoch zu setzen: Die vielen neuen Bildpunkte pro Zentimeter werden durch Mittelwertbildung (Interpolation) errechnet und schaffen keinerlei zusätzliche Detailinformation – im Gegenteil, das Umrechnen sorgt für eine leichte Weichspülung oder ausgezackte Kanten. Sobald Sie Ihr Bild kleiner rechnen – also die Zahl der Pixel pro Längeneinheit verringern –, verlieren Sie an Information; und der Weichspülereffekt kommt dazu. Natürlich rechnen Sie herunter, wenn die Datei viel zu viele Pixel hat; das spart Speicherplatz, Rechen- und Druckzeit.

3.1.4 Welche Auflösung für welches Druckgerät

Letztlich ist alles eine Frage der Pixelzahl pro Kantenlänge; und Sie sollten den Verwendungszweck für Ihre Bilddatei kennen: Im Offsetdruck mit 60 Linien/Zentimeter reichen 200 bis 300 dpi; 70 Linien erfordern 300 dpi oder mehr, ein alter Laserdrucker ist mit weniger auch zufrieden.

Für Fotopapierbelichter oder Thermosublimationsdrucker sollten es 300 dpi sein – vorausgesetzt, Sie speichern das Werk bereits in Druckgröße. Ein Kleinbild-Diabelichter arbeitet oft mit 4096 x 2732 Punkten pro Dia; das sind 2884 dpi bei einer Größe von 2,4 x 3,6 Zentime-

| Kapitel 3 | Ausschnitt, Größe, Auflösung |

ter. Meist erreicht Ihr Bild die enorme Auflösung eines Diabelichters bei weitem nicht – der Diabelichter wird die von Ihnen gelieferten Bildpunkte auf 4096 x 2732 hochrechnen. Tatsächlich reichen zuweilen 800 x 600 Pixel für eine brauchbare Projektion. Ein 600-dpi-Laserdrucker erreicht nur eine Halbton-Druckauflösung von rund 100 dpi, weil er ja aus seinen Druckerpunkten erstmal Rasterpunkte für verschiedene Halbtöne zusammensetzen muss. Geht der Output also nicht über Laserjet-Verwendung hinaus, rechnen Sie die Pixelzahl eventuell drastisch herunter.

Für einen Tintenstrahler der Klasse 1440 x 2800 dpi gilt: 250 dpi Scan-Auflösung reichen oft, darüber hinaus erhalten Sie keine sichtbar besseren Ausdrucke mehr. Addieren Sie zu den rechnerisch erforderlichen Bildauflösungen noch die Qualitätsreserve hinzu (siehe unten).

Druckgerät und Auflösung

Pixel: 472x384
Bildauflösung: 300 dpi/118 dpcm
Größe als RGB: 530 Kbyte

Pixel: 315x256
Bildauflösung: 200 dpi/78 dpcm
Größe als RGB: 237 Kbyte

Pixel: 236x192
Bildauflösung: 150 dpi/60 dpcm
Größe als RGB: 133 Kbyte

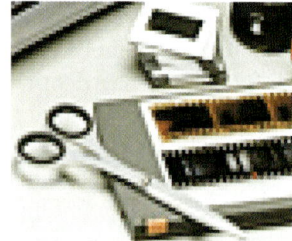

Pixel: 157x128
Bildauflösung: 100 dpi/39 dpcm
Größe als RGB: 59 Kbyte

Pixel: 113x92
Bildauflösung: 72 dpi/28 dpcm
Größe als RGB: 31 Kbyte

Pixel: 83x68
Bildauflösung: 53 dpi/21 dpcm
Größe als RGB: 17 Kbyte

Abbildung 3.3:
Diese Bilder haben alle dieselbe Druckgröße – 4 x 3,25 Zentimeter –, aber unterschiedliche Druckauflösungen, also unterschiedlich viele Bildpunkte pro Zentimeter. Damit zeigen sie bei identischem Druckmaß unterschiedliche Dateigrößen und unterschiedlichen Detailreichtum. Gedruckt werden sie mit einer Halbtonauflösung von 175 dpi (etwa 69 dpcm). Ob dabei 300 oder 200 dpi angeliefert werden, macht kaum keinen Unterschied. Erst ab 150 dpi Druckauflösung treten Schwächen hervor. Datei: Schere

Auflösung, Druckmaße und Dateigröße: Theorie | Kapitel 3

Ausgabemedium	Druckauflösung in dpi
8000-Linien-Kleinbild-Dia (Halbton)	5645
4000-Linien-Kleinbild-Dia (Halbton)	2884
Thermosublimationsdrucker (Halbton)	300
Offsetdruck mit 60 Linien/cm	160
Tageszeitung	80
600-dpi-Laserdrucker	100
1440-dpi-Farbtintenstrahler	250

Neuberechnung durch das Ausgabegerät

Für den Ausdruck wird das Bild zumeist vollautomatisch vom Ausgabegerät – etwa Drucker, Belichter oder Filmrecorder – in ein völlig neues Pixelmuster umgerechnet. Liefern Sie also auf jeden Fall genug Pixel oder ein paar mehr. Es hat meist wenig Sinn, schon im Photoshop eine Bilddatei bis aufs Pixel genau herunter- oder gar hochzurechnen, das macht das Druckgerät schon allein – und besser.

3.1.5 Der Qualitätsfaktor

Eine Vermutung liegt nahe: Wenn die Halbtonauflösung des Belichters oder Druckers 159 lpi beträgt, dann liefere ich ihm auch einen Scan mit 159 ppi, damit ein Scan-Pixel exakt von einem Halbtonpunkt wiedergegeben wird.

Doch so einfach ist es nicht. Wird ein Halbtonbild – Graustufen, RGB oder CMYK – an Drucker oder Belichter geschickt, berechnet das Gerät das endgültige, fürs Papier gerasterte Bild nach eigenen Gesetzen. Dabei schlucken zum Beispiel schräge Rasterwinkel wie 45 Grad feine Informationen. Ausgleich schafft man, indem man mehr Bildpixel anliefert, als letztlich in gerasterter Form zu Film gelangen. Dieser so genannte Qualitätsfaktor liegt zwischen 1,4 und 2,0. Das heißt, bei einer Halbtonauflösung von 159 lpi liefert man tunlichst 159 x 1,4 ~ 223 ppi Bildauflösung; kritische Motive digitalisiert man sogar besser gleich mit 159 x 2 = 318 dpi.

In Zentimetern ausgedrückt: Wer mit dem 60er-Raster druckt, liefert mindestens 60 x 1,4 = 84 ppcm an, befindet sich jedoch erst mit 60 x 2 = 120 ppcm auf der sicheren Seite.

Ein hoher Qualitätsfaktor empfiehlt sich besonders bei Bildern mit Texturen, wiederkehrenden Mustern oder dünnen, diagonalen Linien und bei Strichzeichnungen – hier nutzt man oft die komplette Scanner-Auflösung. Freilich steigen durch den Qualitätsfaktor Dateigröße und Belichtungszeit. Auch die AUTO-Schaltfläche im BILDGRÖßE-Dialog bietet verschiedene Qualitätsfaktoren (Seite 751).

Kapitel 3   Ausschnitt, Größe, Auflösung

3.2 Auflösung, Druckmaße und Dateigröße: Praxis

Welche Auflösungen Sie für welche Druckvorhaben brauchen, haben Sie oben gelesen. Pi mal Daumen kann man sagen: 100 Pixel pro Zentimeter reichen oft für vernünftigen Offsetdruck im 60er-Raster. Es darf aber auch nicht zu viel des Guten sein: Unnötig große Bilddateien belasten Arbeitsspeicher und Festplatte und kosten sinnlose Belichterzeit.

Die Werte werden in der digitalen Bildverarbeitung meistens in Zoll angegeben (ein Zoll, engl. Inch, hat 2,54 Zentimeter). Also: 72 Pixel pro Inch (dpi) sind wenig und führen zu groben Ausdrucken, 200 Pixel pro Inch wirken dagegen schon ganz ansehnlich, 300 Pixel pro Inch verbessern den Output nochmals – sofern der Drucker für solche Auflösungen vorgesehen ist.

3.2.1 Anzeigen der Auflösung

Wie finden Sie heraus, wie viele Pixel das Bild enthält und zu welchen Zentimetermaßen die Bildpunkte zusammengefasst werden? Sie wissen: Die Größe, mit der ein Bild am Schirm erscheint, erlaubt keinerlei Rückschluss auf die späteren Zentimetermaße im Ausdruck. Auch Angaben wie »100%« sagen nichts über die Druckmaße.

100-Prozent-Darstellung

»100%«, das bedeutet vielmehr, ein Pixel des Bildes wird mit einem Punkt des Monitors wiedergegeben. Aus der Größe der Monitordarstellung erkennen Sie also nicht die aktuell gespeicherte Druckgröße, sondern nur die Pixelzahl (und damit eventuell die mögliche Druckgröße). Nur mit **Ansicht: Ausgabegröße** zeigen Sie die Datei vielleicht in der späteren Druckgröße. Weil hierbei meist gebrochene Zoomstufen wie »24,22 Prozent« entstehen, wirkt die Vorschau eventuell unsauber (Seite 81).

So verschaffen Sie sich außerdem einen schnellen Eindruck von den aktuellen Druckmaßen:

➤ Klicken Sie links unten in der Statusleiste auf das Feld, das zum Beispiel die Dateigröße in Mbyte verrät. Dann öffnet sich ein Druckseitenschema mit einem Bildrechteck.

➤ Klicken Sie mit gedrückter [Alt]-Taste auf das Feld für Dateigröße links unten in der Statusleiste, präsentiert Photoshop je nach gewählter Maßeinheit Angaben nur zur Pixelzahl oder zu Druckzentimetern plus Pixelzahl.

➤ Auch der Befehl **Datei: Drucken mit Vorschau** ([Strg]+[P], am Mac [⌘]+[P]) zeigt ein Seitenschema mit dem Druckbild darin; Sie können die Druckmaße für das Einzelbild korrigieren.

➤ Oder blenden Sie mit [Strg]+[R] die Lineale ein. Klicken Sie doppelt auf ein Lineal, um die Maßeinheit auf Zentimeter zu stellen.

➤ Auch die Info-Palette selbst verhilft schnell zu Erkenntnissen über die Druckmaße oder über die Pixelgröße. Halten Sie ein beliebiges Werkzeug über die rechte untere Ecke der Bilddatei, erkennen Sie an den Zeigerkoordinaten in der Palette die Maße des Gesamt-

Auflösung, Druckmaße und Dateigröße: Praxis   Kapitel 3

bildes – je nach Vorgabe zum Beispiel in ZENTIMETER oder PIXEL. Oder Sie markieren rasch mit [Strg]+[A] das ganze Bild. Die Info-Palette vermeldet jetzt Breite und Höhe der Auswahl – in diesem Fall des Gesamtwerks – zum Beispiel in Zentimeter- oder Pixelwerten.

3.2.2 Gespeicherte Druckauflösung im Layoutprogramm

Anders als Photoshop verhalten sich Layout-, Grafik- und Textprogramme wie CorelDraw, Xpress, Word oder InDesign: Sie zeigen eine Bilddatei nicht pixelorientiert – also zum Beispiel einen Bildpixel auf einem Monitorpixel. Die Programme stellen sofort die im Bild gespeicherte Druckgröße dar. Das bedeutet:

➤ Haben Sie zufällig eine sehr extreme Druckauflösung eingespeichert, zum Beispiel 1 dpi oder 914 dpi, dann fällt das im pixelorientierten Photoshop nicht weiter auf. Sobald Sie das Werk jedoch in ein seitenorientiertes Layoutprogramm laden, zeigt es sich absurd groß oder klein. Bei Weiterverwendung in einem seitenorientierten Programm sollte man also beizeiten eine nützliche Druckauflösung einrichten; Sie können die Druckmaße natürlich auch im Layoutprogramm nachholen, ohne dass dabei die Datei beschädigt wird. Und:

➤ Höchstwahrscheinlich drucken Sie nicht mit der Monitorauflösung, also nicht mit 72, 90 oder 120 dpi, sondern mit höheren Werten. Dann kann das Layoutprogramm nicht einen Bildpixel auf einem Monitorpixel zeigen; es muss zur Darstellung zum Beispiel 2,33 Bildpixel auf einen Monitorpixel pressen. Darunter leidet zwangsläufig die Qualität der Monitorabbildung – aber nicht die Druckqualität.

3.2.3 Der Befehl »Bildgröße«

Mit dem Befehl **Bild: Bildgröße** ändern Sie Druckmaße, Auflösung und/oder Pixelzahl. Kurz gesagt, wenden Sie den Befehl **Bild: Bildgröße** wie folgt an:

➤ Wollen Sie nur die Druckmaße oder die Druckauflösung ändern, aber die vorhandenen Bildpunkte in keiner Weise reduzieren oder vermehren, dann schalten Sie die Option BILD NEUBERECHNEN MIT ab.

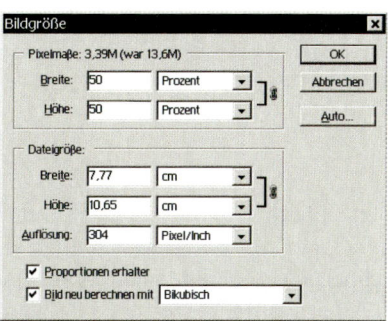 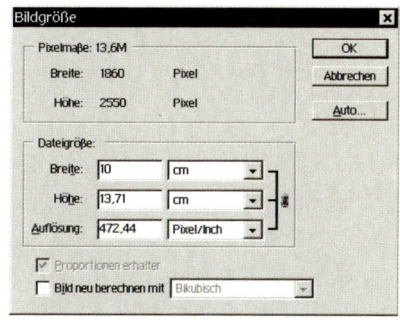

Abbildung 3.4: Auflösung und Zahl der Pixel eines Bildes regeln Sie mit dem Befehl »Bild: Bildgröße«. Rechts: Wenn Sie die Option »Bild neuberechnen« abwählen, wird ein Teil der Optionen ausgeblendet.

Kapitel 3   Ausschnitt, Größe, Auflösung

➔ Wollen Sie die Bildpunktzahl verändern, weil die Vorlage zum Beispiel zu groß ist, dann verwenden Sie die Option BILD NEUBERECHNEN MIT.

*Windows-Nutzer erhalten den **Bildgröße**-Befehl auch im Kontextmenü, wenn Sie die Titelzeile der Datei mit rechts anklicken.*

Alternativen

Photoshops **Bildgröße**-Befehl ist die erste Wahl beim Ändern von Dateigröße oder Druckmaß. In einzelnen Situationen eignen sich dafür aber auch andere Funktionen, etwa der **Bildgröße**-Befehl aus ImageReady, die Neuberechnung per Freistellwerkzeug, der BILD-GRÖSSE-Bereich des Photoshop-Befehls **Datei: Für Web speichern** und die Befehle **Hilfe! Bild skalieren** sowie **Datei: Automatisieren: Bild einpassen**. Auch diese Funktionen besprechen wir in späteren Abschnitten.

3.2.4   Größenänderung mit Neuberechnung der Pixelzahl

Beim Umrechnen der Pixelzahl ändern Sie je nach Vorgabe Dateigröße, Druckmaß und Auflösung. Bevor Sie das Bild umrechnen, sollten Sie zusätzliche Optionen im **Bildgröße**-Dialog kennen:

»Proportionen erhalten«

Die Option PROPORTIONEN ERHALTEN haben Sie in der Regel angeklickt. Damit bleibt das Seitenverhältnis von Höhe zu Breite automatisch gewahrt. Das heißt: Sie geben eine neue Breite ein und der getreue Photoshop errechnet eiligst die passende Höhe dazu. So vermeiden Sie verzerrte Proportionen. Es gibt nur wenige Fälle, in denen Sie auf den Erhalt der Proportionen verzichten: Zum Beispiel könnten Sie einen Wolkenhimmel, Farbverläufe oder diffuse Hintergründe unproportional dehnen – einem Porträt tun Sie das nicht an.

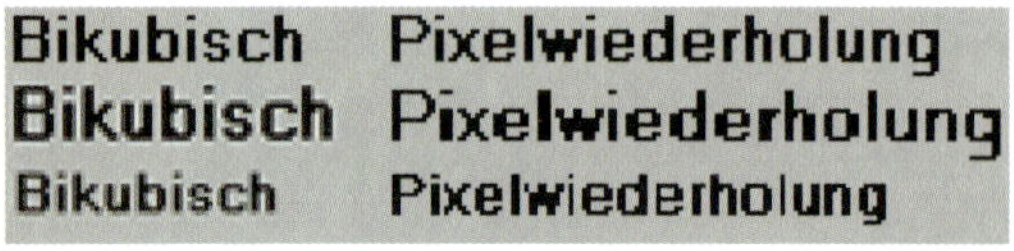

Abbildung 3.5:
Bei grafischen Bildern mit nur wenigen Tonwerten wirkt die bikubische Interpolation störend: Die Mittelwertberechnung fügt an den Tonwertkanten neue Zwischentöne ein, die das Bild aufweichen. Die Schriftzüge ohne Kantenglättung wurden für die zwei unteren Zeilen um zehn Prozent vergrößert beziehungsweise verkleinert.

Interpolation

Beim Entfernen oder Hineinrechnen von Bildpunkten bietet Photoshop verschiedene Interpolationsmethoden an. Die gewünschte Methode nennen Sie unten im **Bildgröße**-Dialogfeld. Aber auch in anderen Situationen werden Pixel neu berechnet, insbesondere beim **Transformieren** von Einzelebenen, also etwa beim Drehen, Verkleinern oder Verzerren. Für diese Aufgaben legen Sie das Interpolationsverfahren in den **Voreinstellungen** fest (Strg+K).

Jedes Mal, wenn Sie die **Bildgröße** neu starten, zeigt Photoshop zunächst die Interpolationsmethode, die Sie in den Voreinstellungen gewählt haben – unabhängig davon, ob Sie im Dialogfeld BILDGRÖSSE schon 17-mal etwas anderes anwählten.

Im **Bildgröße**-Dialog wie auch in den **Voreinstellungen** stehen diese Verfahren zur Wahl:

➡ Die PIXELWIEDERHOLUNG verdoppelt oder entfernt vorhandene Pixel ohne weitere Finesse; diese Methode spart Rechnerzeit, erzeugt aber schnell Treppen und Zacken im Bild. Sie eignet sich jedoch für harte Grafiken oder Schriften, die ohne Kantenglättung entstanden: Hier schafft die bikubische Interpolation durch Zwischenwerte plötzlich unerwünscht sanfte Übergänge. Wie die Pixelwiederholung wirkt, sehen Sie schon an Photoshops Bildschirmanzeige: Wenn Sie eine Auswahl oder eine Ebene mit dem Befehl **Frei Transformieren** (Strg+T) verzerren, zeigt Photoshop zunächst eine schnelle Vorschau per Pixelwiederholung. Für die PIXELWIEDERHOLUNG gilt: Glatte Neuberechnungsfaktoren wie 50 oder 200 Prozent entstellen Ihr Ergebnis weniger als eine Neuberechnung auf beispielsweise ungerade 56,78 Prozent der ursprünglichen Pixelzahl.

➡ BILINEAR, dieses Verfahren errechnet aus den Farbübergängen zwischen darüber und darunter liegenden Pixeln die neuen Bildpunkte; im Zweifelsfall ist auch hier noch ein leichter Wiederholungseffekt zu erkennen.

➡ BIKUBISCH ist noch genauer – und langsamer – als BILINEAR. Das Verfahren berücksichtigt alle umliegenden Pixel. Es zeigt Vorteile gegenüber BILINEAR vor allem bei kleineren Dateien. Generell sollten Sie dieses Verfahren für übliche Farbbilder verwenden.

 *Verbessern Sie nach bikubischer oder bilinearer **Bildgröße**-Umrechnung das leicht schwammige Ergebnis durch den **Scharfzeichnungsfilter: Unscharf maskieren** (Seite 839).*

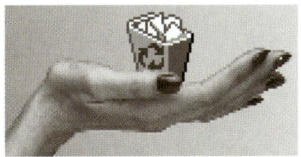  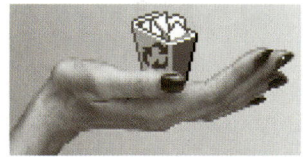

Abbildung 3.6:
Pixelwiederholung: Die Pixelwiederholung empfiehlt sich bei Grafiken wie dem eingebauten Bildschirmelement. Die Pixelzahl des Originals (links) wurde um 190 Prozent (Mitte) und – schonender – um 200 Prozent vergrößert. Sie erkennen die Pixeltreppen.

  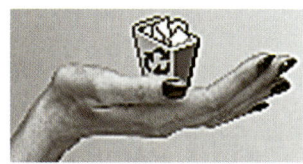

Abbildung 3.7:
Bilinear und bikubisch: Die Pixelzahl des Originals wurde bilinear (links) und bikubisch (Mitte) vergrößert. Die bikubische Variante, die zu besseren Ergebnissen führt, wurde anschließend geschärft (rechts). Die Hand wird schonender verändert, aber die Kanten in dem Grafikelement weichen auf.

Neuberechnen der Pixelzahl

Ein Beispiel: Sie haben ein Bild von der Photo CD, 768 x 512 Pixel groß mit einer Auflösung von 72 dpi. Sie erfahren dies mit dem Befehl **Bild: Bildgröße**. Dort sehen Sie auch, wie groß man das Bild auf der Basis der vorhandenen Pixel drucken könnte: 27,06 x 18,06 Zentimeter.

*Dieses Beispiel können Sie mitvollziehen, wenn Sie aus dem »Praxis«-Verzeichnis der beiliegenden CD die Datei »Neuberechnen« laden. Alternative zum Mitmachen: Mit dem Befehl **Datei: Neu** erzeugen Sie eine neue RGB-Datei mit 768 x 512 Pixeln bei 72 dpi Auflösung.*

Sie wollen Ihr Bild aber bloß fünf Zentimeter breit herausbringen – allerdings mit hoch aufgelösten 300 Punkten pro Zoll (300 dpi, dots per inch). Die auf Basis der vorhandenen Pixel maximal mögliche Bildgröße bei 300 dpi errechnet sich so:

(768:300) x (512:300) = 2,6 x 1,7 inches

Das sind rund 6,5 x 4,33 Zentimeter, also mehr als erwünscht.

So stellen Sie die Datei auf die gewünschten Druckwerte um:

1. Wählen Sie **Bild: Bildgröße**.
2. Im Dialogfeld BILDGRÖSSE stellen Sie die Maßeinheiten auf ZENTIMETER und aktivieren das NEUBERECHNEN. Bleiben Sie bei der Option ERHALTEN VON: PROPORTIONEN und stellen Sie das Listenfeld neben NEUBERECHNEN auf BIKUBISCH.
3. Als neue Breite tippen Sie »5« ein. Photoshop errechnet automatisch die neue Höhe, nämlich 3,33 Zentimeter. Photoshop vermeldet außerdem auch die neue Dateigröße automatisch: nur noch 40 Kbyte statt der bisherigen 1,13 Mbyte. Allerdings sind wir ja auch noch bei der ursprünglichen Auflösung von 72 dpi.
4. Tippen Sie jetzt auch die gewünschte Auflösung ein: 300 dpi. Jetzt, bei deutlich höherer Bildpunktzahl pro Zoll, steigt natürlich die Zahl der Bildpunkte wie auch die NEUE GRÖSSE: auf 681 Kbyte.
5. Bestätigen Sie die Rechnung durch OK-Klick. Photoshop berechnet das Bild neu, dann erscheint es kleiner als zuvor auf dem Monitor.

Sie bemerken nach diesem Ändern der Bildmaße Folgendes: Das Bild erscheint kleiner auf dem Schirm. Der Grund: Sie haben Pixel entfernt. Bestand das Werk vormals aus 768 x 512 Punkten, so reichen jetzt nur mehr 591 x 394 Bildpunkte. Damit schrumpft die Dateigröße, das Bild lässt sich ökonomischer speichern, bearbeiten, drucken.

Doch hat dieses Herunterrechnen nicht nur Vorteile. Die neu errechnete Datei wirkt leicht schwammig. Der Hintergrund: Die Bilddatei wurde interpoliert; die kleinere Pixelzahl kam nicht einfach dadurch zustande, dass Bildpunktzeilen herausgeworfen wurden. Stattdessen hat Photoshop völlig neue Pixel auf Basis der vorhandenen errechnet. Lassen Sie also eine gezielte Scharfzeichnung folgen (Seite 839).

Auflösung, Druckmaße und Dateigröße: Praxis   Kapitel 3

Ganz oben im Dialogfeld nennt Photoshop neben BILDMAßE die ursprüngliche Dateigröße und die Dateigröße, die mit den aktuell eingestellten Werten entsteht. Der Wert meint freilich immer ein Bild, das nur aus einer (»Hintergrund«-)Ebene besteht, und hier den Bedarf im Arbeitsspeicher. Bei Montagen mit mehreren Ebenen kommen Sie auf entsprechend höhere Werte.

 *Der Befehl **Bild: Bildgröße** mit der Option BILD NEUBERECHNEN bearbeitet sämtliche Ebenen Ihres Bildes einzeln und benötigt bei komplexen Montagen entsprechend lange. Entfernen Sie vorab überflüssige Ebenen, Masken oder Alphakanäle.*

Abbildung 3.8:
Wie aus dem »Bildgröße«-Dialog hervorgeht, könnte man die Photo-CD-Datei mit ihren 768 x 512 Pixeln 27 Zentimeter breit drucken, wenn man sich auf 72 dpi Auflösung beschränkt. Das Lineal zeigt die vorhandenen Pixel. Datei: Neuberechnen

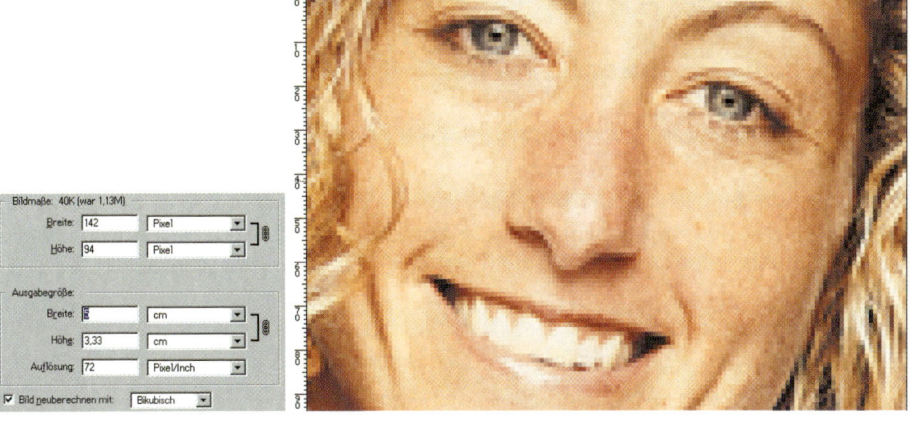

Abbildung 3.9:
Reduziert man bei 72 dpi Auflösung die Breite auf fünf Zentimeter, sinken Dateigröße und Pixelzahl drastisch – aber auch die Detailzeichnung lässt bei 72 dpi zu wünschen übrig: Das Foto wirkt unscharf. Die Option »Bild neuberechnen« wurde hier eingeschaltet.

Kapitel 3   Ausschnitt, Größe, Auflösung

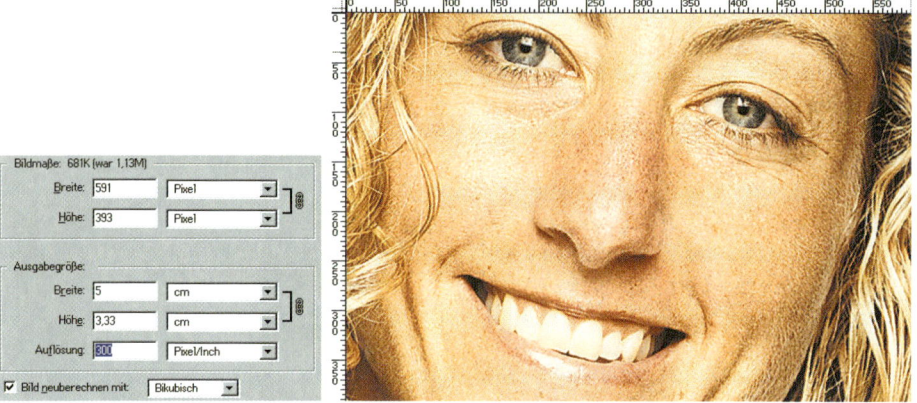

Abbildung 3.10:
Empfehlenswert ist oft eine Auflösung von 300 dpi. Auch bei 300 dpi verkleinert die gewünschte Fünf-Zentimeter-Breite noch Dateigröße und Pixelzahl.

3.2.5   Neue Druckgröße ohne Neuberechnung der Pixelzahl

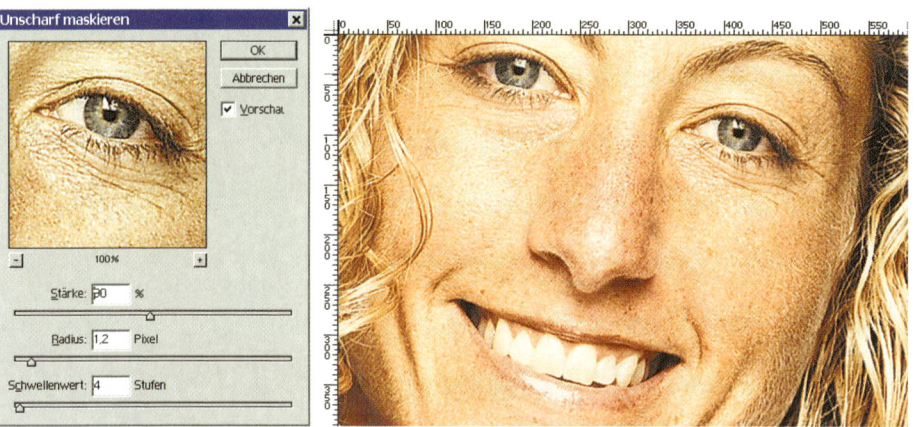

Abbildung 3.11:
Unten: Der Schärfeverlust durch die Neuberechnung von Pixeln wird mit einem Scharfzeichner ausgeglichen.

Sie können die Option BILD NEUBERECHNEN MIT auch abwählen. Nun speichern Sie neue Druckmaße ins Bild. Die Bildpunkte bleiben im Originalzustand erhalten, es gibt also keinerlei Qualitätseinbuße. Allerdings ändert sich die Zahl der Bildpunkte pro Zentimeter.

Das Dialogfeld verändert in dieser Situation sein Gesicht, da es für die Dateigröße nicht mehr Vorher- und Nachher-Werte zeigen muss: Die Dateigröße bleibt grundsätzlich gleich, und damit auch die Pixelzahl. Das Klappmenü für die Interpolationsmethoden steht gar nicht mehr zur Verfügung.

Auflösung, Druckmaße und Dateigröße: Praxis — Kapitel 3

Verzichten Sie auf das NEUBERECHNEN, dann gilt:

- Weiten Sie die Druckmaße aus, sinkt automatisch die Zahl der Pixel pro Druckzentimeter, also die Auflösung.
- Verringern Sie die Druckmaße, steigt im Gegenzug die Auflösung.
- Und umgekehrt: Steigern Sie die Auflösung, sinken die Druckmaße.
- Auflösung runter, das heißt Druckmaße rauf.

In jedem Fall bleiben die Originalpixel, bleibt die Dateigröße eins zu eins erhalten; es kommt nicht zu einer Entfernung, Hinzu- oder Umrechnung von Bildpunkten; es entstehen keine Qualitätsverluste.

Möchten Sie die Druckmaße nicht dauerhaft ändern, sondern nur für einen einzelnen Print aus Photoshop heraus, verwenden Sie die Korrekturmöglichkeiten des Befehls **Datei: Drucken mit Vorschau** *(*Strg*+* P*).*

Druckmaße und Auflösung ändern

Wahlweise ändern Sie die Druckfläche oder die Auflösung:

- Korrigieren Sie die Druckmaße, hält sich Photoshop nicht an die vorgegebene Auflösung von zum Beispiel 300 dpi. Das Programm rechnet also bei einer Vergrößerung der Seitenlängen um 20 Prozent nicht gleich mehr Pixel dazu. Stattdessen verteilt Photoshop die vorhandenen Bildpunkte neu über die geänderte Breite und Höhe. Bei vergrößerter Druckfläche werden damit die Pixel weiter gestreut; die Auflösung, also die Zahl der Bildpunkte pro Seitenlänge, sinkt.
- Ebenso gilt: Auch wenn Sie die Auflösung – also die Zahl der Bildpunkte pro Längeneinheit – korrigieren und dabei auf NEUBERECHNEN verzichten, manipulieren Sie nicht an der Substanz des Bildes, also der absoluten Zahl von Pixeln. Sie verteilen nur die vorhandenen Bildpunkte neu über Höhe und Breite.

Das Beispiel

Zurück zur Datei »Neuberechnen« mit ihren Druckmaßen von 27,09 x 18,06 Zentimetern bei 72 dpi (72 Pixel pro Zoll beziehungsweise rund 28,4 Pixel pro Zentimeter). Wir prüfen, wie groß sich diese Datei bei verschiedenen Auflösungen drucken lässt. Wollen Sie nicht mehr als 72 Pixel auf einem Zoll unterbringen, können Sie 27 x 18 Zentimeter groß drucken.

Bevor Sie die druckbaren Größen für andere Auflösungen untersuchen, treffen Sie folgende Vorbereitungen:

- Mit dem Befehl **Bild: Bildgröße** öffnen Sie das Dialogfeld BILDGRÖSSE und stellen die Einheiten für BREITE und HÖHE auf CM, die AUFLÖSUNG auf PIXEL/ZOLL.
- Wählen Sie BILD NEUBERECHNEN ab.

Jetzt können Sie folgende Fragen klären:

- Um herauszufinden, wie groß sich das Bild bei 300 dpi drucken lässt, tragen Sie ins Feld AUFLÖSUNG den Wert 300 ein: Als BREITE und HÖHE nennt Photoshop jetzt nur noch 6,5 x 4,3 Zentimeter.

- Finden Sie heraus, wie groß sich das Bild mit 200 dpi drucken lässt:
9,7 x 6,5 Zentimeter.

- Oder untersuchen Sie die Möglichkeiten mit einer festen Druckgröße: Bei fünf Zentimeter Breite – wie viel Auflösung, also wie viele Pixel bekomme ich dann pro Zoll? Dazu tippen Sie eine »5« in das BREITE-Feld. Photoshop errechnet automatisch eine neue Auflösung: 390 Pixel/Inch. Das ist eher zu viel für einen Drucker oder Belichter; erwägen Sie also, das ganze Bild herunterzurechnen – dann natürlich schalten Sie die Option BILD NEUBERECHNEN ein.

Sie bemerken nach diesem Ändern der Bildmaße ohne Pixelneuberechnung Folgendes: Die Änderung wird ohne jede Wartezeit durchgeführt, denn Photoshop muss ja keine Pixel erfinden oder hinauswerfen. Und weil die Pixelzahl gleich bleibt, verändert sich auch die Größe des Bildes am Monitor nicht. Dennoch ändern sich jedes Mal die Druckmaße des Fotos.

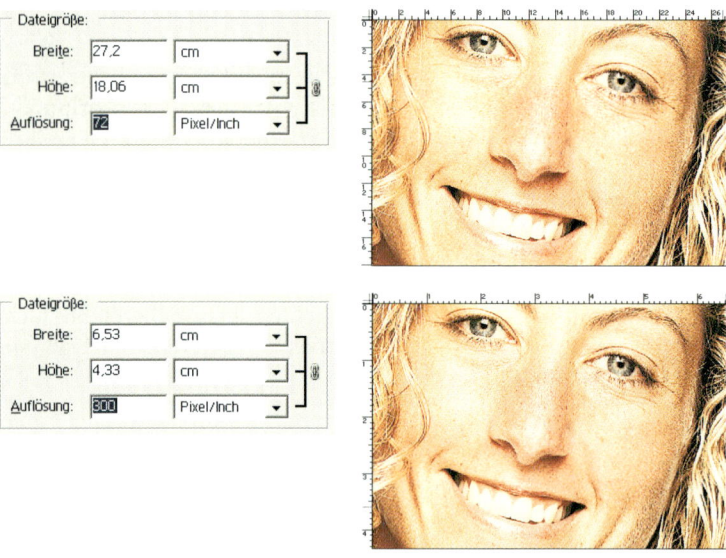
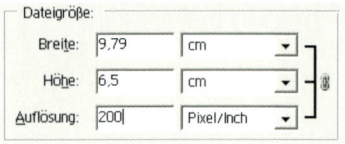
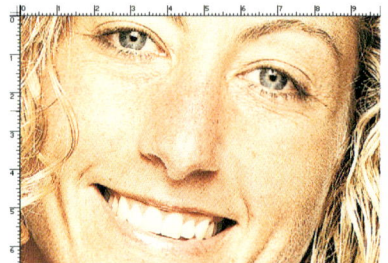

Abbildung 3.12:
Um mögliche Druckgrößen und Auflösungen für eine vorhandene Bilddatei herauszufinden, tippen Sie im »Bildgröße«-Dialog neue Werte für Breite oder Auflösung ein. Die Option »Bild neuberechnen« ist abgewählt. Damit werden Pixelzahl und Dateigröße nicht verändert. Das Lineal zeigt hier die Zentimeterwerte, die sich je nach Auflösung ändern. Die Größe der Datei am Bildschirm bleibt dagegen stets gleich.
Datei: Neuberechnen

Auflösung, Druckmaße und Dateigröße: Praxis | Kapitel 3

Änderung der Druckmaße im Layoutprogramm

Sie müssen die Druckmaße nicht in Photoshop ändern, Sie können auch ein Seitengestaltungsprogramm wie Quark, Word oder Corel DRAW verwenden. Verändern Sie dort die Bildmaße, dann passiert das Gleiche wie im Photoshop-Dialogfeld **Bildgröße** ohne die Option BILD NEUBERECHNEN: Sie ändern die Auflösung, also die Packungsdichte der Pixel pro Zentimeter, und damit die Detailzeichnung. Sie ändern jedoch nichts am eigentlichen Bildpunktbestand: Das Layoutprogramm wird nicht – falls Sie größere Bildmaße vorgegeben haben – Pixel hinzurechnen oder – falls Sie kleinere Bildmaße eintippen – Pixel herausrechnen. Es verteilt nur die vorhandenen Bildpunkte mehr oder weniger dicht. Ändern Sie also die Maße des Fotos im Layoutprogramm nur geringfügig, tut sich an der Qualität im Druck voraussichtlich gar nichts. Die Qualität der Bildschirmdarstellung kann jedoch schwanken.

3.2.6 »Auto-Auflösung«

Lassen Sie die Bildgröße von Photoshops AUTO-Schaltfläche aus dem **Bildgröße**-Dialog berechnen und legen Sie dabei verschiedene Qualitätsfaktoren zugrunde (Seite 163).

Im zugehörigen Feld nennen Sie erst einmal die geplante RASTERWEITE für den Druck. Zunächst präsentiert Photoshop hier den Wert, den Sie im Dialogfeld RASTERUNG vorgaben; das erreichen Sie im erweiterten Bereich des Befehls **Datei: Drucken mit Vorschau** (Strg+P) über die Schaltfläche RASTERUNG. Gemeint ist das Halbtonraster, das Ihr Drucker oder Belichter bietet. Für Offsetbelichter tragen Sie also zum Beispiel 160 dpi ein.

Im Dialogfeld AUTO-AUFLÖSUNG haben Sie drei Qualitäten zur Wahl:

- ENTWURF erzeugt eine Auflösung mit den Werten des Druckrasters, jedoch maximal 72 Pixel pro Inch. Es geht hier um einen schnellen, groben Konzeptausdruck ohne Qualitätsanspruch.
- Die Wahl MITTEL beschert Ihnen eine Auflösung, die eineinhalb mal größer ist als das Halbton-Druckraster – also Qualitätsfaktor 1,5, normalerweise das Minimum für einen Druck ohne Verluste.
- Unter HOCH versteht Photoshop eine Auflösung, die doppelt so groß ist wie das Druckraster; das reicht.

Anwendung

In diesen Schritten verwenden Sie die AUTO-AUFLÖSUNG:

1. Per **Bild: Bildgröße** blenden Sie das Dialogfeld Bildgröße ein.
2. Stellen Sie die Einheiten auf cm, aktivieren Sie BILD NEUBERECHNEN.
3. Tragen Sie bei Breite oder Höhe das gewünschte Maß ein.
4. Klicken Sie auf die AUTO-Schaltfläche.
5. Tragen Sie den Rasterton-Wert Ihres Druckgeräts im Dialogfeld AUTO-AUFLÖSUNG ein.

Kapitel 3   Ausschnitt, Größe, Auflösung

6. Wählen Sie zum Beispiel HOCH, wenn das Bild optimal kommen soll und Speicherplatz bzw. Belichterzeit keine Rolle spielen.

7. Klicken Sie auf OK. Das Dialogfeld BILDGRÖSSE zeigt jetzt in der Zeile AUFLÖSUNG den per Automatik errechneten Wert. Auch die Angabe der Dateigröße (NEUE GRÖSSE) ändert sich.

8. Klicken Sie auf OK.

Nach einer Bedenkzeit präsentiert Photoshop das bearbeitete Bild. Wegen der veränderten Pixelzahl erscheint es größer oder kleiner auf dem Schirm.

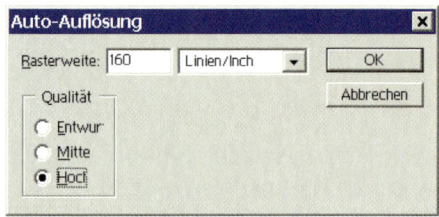

Abbildung 3.13:
Das Dialogfeld »Auto-Auflösung« errechnet eine Bildauflösung abhängig von der Drucker-Halbtonauflösung.

Dasselbe erreichen Sie auch, wenn Sie die gewünschten Zentimetermaße eintippen und bei AUFLÖSUNG einen Wert eingeben, der um das Doppelte oder Eineinhalbfache über der Halbton-Rasterweite Ihres Druckers liegt, Sie tippen also zum Beispiel 320 dpi ein; BILD NEUBERECHNEN ist dabei angeschaltet.

Freilich macht die Automatik-Auflösung nur Sinn, wenn Sie die Bildpunktzahl verkleinern. Hat das Bild aber weniger Punkte, als für die geplante Auflösung erforderlich ist, verzichten Sie lieber auf BILD NEUBERECHNEN, denn dabei werden nur neue, überflüssige Bildpunkte ins Motiv gerechnet. Sie tippen Ihre Traummaße ein, Photoshop errechnet die Auflösung dazu. Die liegt zwar niedriger als geplant, aber dafür entstellen Sie das Bild nicht durch nachträglich eingerechnete Bildpunkte.

3.2.7   Der »Bildgröße«-Befehl bei ImageReady

Bisher haben wir den **Bildgröße**-Befehl bei Photoshop besprochen. Die gleichnamige Funktion bei ImageReady sieht etwas anders aus. So fehlt die Möglichkeit, gezielt die Druckmaße zu ändern, korrigierbar ist nur die Bildpunktzahl.

Besonderheiten für die Stapelverarbeitung

Schalten Sie die AKTIONSOPTIONEN zu. Die Option BILD EINPASSEN ANHAND beim **Bildgröße**-Befehl in ImageReady zielt speziell auf die Speicherung des Befehls auf der Aktionen-Palette und auf die Stapelverarbeitung innerhalb eines Droplets (Seite 128):

➧ Klicken Sie PROPORTIONEN ERHALTEN an und wählen Sie BREITE: Alle Bilder werden auf jene einheitliche Breite gebracht, die Sie oben im Feld BREITE angegeben haben. Die Höhe passt sich entsprechend an.

Auflösung, Druckmaße und Dateigröße: Praxis | Kapitel 3

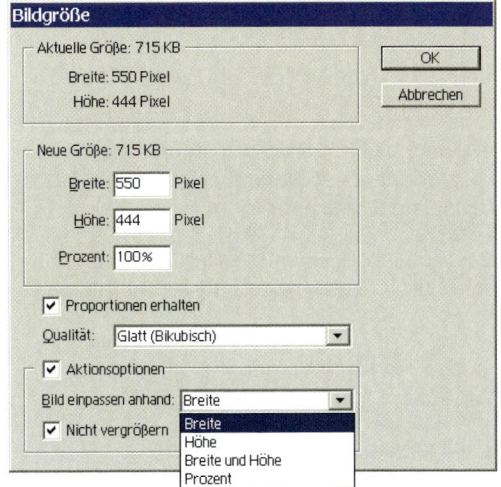

Abbildung 3.14:
Der »Bildgröße«-Befehl bei ImageReady bietet Besonderheiten für die Stapelverarbeitung, wenn Sie die »Aktionsoptionen« einschalten.

➤ Wählen Sie HÖHE, damit alle Bilder eine einheitliche Höhe erhalten. Die Breite passt ImageReady entsprechend an.

➤ Verwenden Sie BREITE UND HÖHE, werden die genannten Werte für HÖHE wie auch für BREITE nicht überschritten. Das Bild wird nicht unproportional verzerrt. Zumeist erreicht man einen der beiden Werte exakt, der andere wird unterschritten. Das heißt: Mit der Option BEIDES erhalten hochformatige Bilder die gewünschte Nennhöhe, während die Breite vermutlich niedriger gerät als im Dialogfeld angegeben. Querformate erhalten mit der Option BEIDES die von Ihnen gewählte Maximalbreite, die Höhe liegt eventuell unter dem von Ihnen eingetippten Wert.

➤ Die Vorgabe PROZENT verändert alle Bilder um den gleichen Prozentwert. Unterschiedlich große Dateien erscheinen auch nach der Korrektur unterschiedlich groß.

➤ Die Option NICHT VERGRÖSSERN verhindert, dass in kleinere Bilder zusätzliche Bildpunkte hineingerechnet werden; solche Dateien behalten stattdessen unverändert ihre ursprünglichen Pixelwerte. Bei der PROZENT-Vorgabe im Feld PROPORTIONEN ERHALTEN ANHAND VON steht die Option NICHT VERGRÖSSERN nicht zur Verfügung.

3.2.8 Übersicht: Welche Methode für welchen Zweck

Je nach Aufgabe und Bilddatei wenden Sie unterschiedliche Techniken an:

Aufgabe	Lösung
Druckmaße korrigieren, ohne Originalpixel zu verändern	**Bildgröße**-Befehl, ohne BILD NEUBERECHNEN neue Breite oder Höhe eintippen
Dateigröße reduzieren oder Druckmaße reduzieren	**Bildgröße**-Befehl, mit BILD NEUBERECHNEN neue Breite oder Höhe eintippen, eventuell ZENTIMETER-Maßeinheiten verwenden, danach scharfzeichnen

Kapitel 3   Ausschnitt, Größe, Auflösung

Aufgabe	Lösung
Druckmaße behalten, Auflösung ändern	**Bildgröße**-Befehl, mit BILD NEUBERECHNEN neue AUFLÖSUNG eintippen oder AUTO-Funktion verwenden
Dateigrößen für verschiedene Druckmaße und Auflösungen herausfinden	Bei geöffneter Bilddatei und mit NEUBERECHNEN interessierende Bildmaße und Auflösungen eintippen, Werte für NEUE GRÖSSE beobachten; Alternative: Dialogfeld **Datei: Neu**
Gezielt neue Bildpunktzahl einrichten	**Bildgröße**-Befehl, BILD NEUBERECHNEN einschalten, als Maßeinheiten PIXEL vorgeben; Alternative: **Datei: Automatisieren: Bild einpassen**
Mehrere Dateien auf einheitliche Bildpunktwerte bringen	**Bildgröße**-Befehl in ImageReady mit Vorgabe PROPORTIONEN ERHALTEN als Droplet speichern
Rand entfernen und gleichzeitig Auflösung, Druckmaße oder Pixelzahl festlegen	Freistellwerkzeug mit Optionsleiste verwenden

3.2.9 Hilfsfunktionen

Der Befehl **Bildgröße** verlangt zuweilen etwas Denksport. Erleichterung sollen Photoshop-Befehle bringen, die Sie Schritt für Schritt durchs Prozedere lotsen.

»Bild skalieren«

Die Funktion **Hilfe: Bild skalieren** verändert das Original nicht: Photoshop erzeugt zum Schluss eine Neuausgabe der aktuellen Datei, umgerechnet nach Ihren Vorgaben. Die erste Frage lautet, ob man das Bild DRUCKEN oder ONLINE verwenden möchte. Attraktiv wirkt vor allem die Möglichkeit, bei geplanter ONLINE-Verwendung verschiedene Pixelgrößen des Bildes direkt in der Vorschau zu sehen – das kann der Befehl **Bildgröße** nicht. Photoshop schaltet hier grundsätzlich zur besonders verlässlichen 100-Prozent-Zoomstufe.

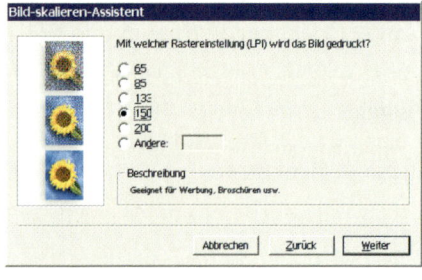 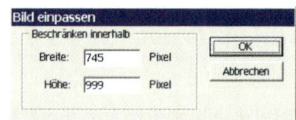

Abbildung 3.15:
Links: Der Befehl »Hilfe: Bild skalieren« hilft Schritt für Schritt bei der Neuberechnung der Datei. Rechts: Der Befehl »Bild einpassen« gibt sich betont spartanisch.

»Bild einpassen«

Der Befehl **Datei: Automatisieren: Bild einpassen** rechnet das Bild ohne viel Federlesen auf die gewünschte Pixelzahl herunter und wahrt dabei das Seitenverhältnis. Dies ist ein abgespeckter **Bildgröße**-Befehl mit NEUBERECHNEN, der nur Pixel-, aber keine Zentimeter- oder Prozentangaben annimmt; er zielt vor allem auf Online-Gestalter.

3.3 Bildrand entfernen

Schnellstmöglich sollten Sie überflüssigen Bildrand entfernen. Sie sparen Speicherplatz und Rechenzeit; auch Tonwertanalysen per Histogramm werden nicht dadurch verfälscht, dass Photoshop überflüssiges Pixelmaterial mitberücksichtigt.

Photoshop bietet unterschiedlichste Wege, um den Bildrand zu kappen. Bekannt ist vor allem das Freistellwerkzeug. Aber verwenden Sie auch Auswahlwerkzeuge wie Lasso oder Rechteck und den Befehl **Bild: Freistellen**. Testen Sie bei Bildern mit einfarbigem Rand oder bei Objekten über transparentem Hintergrund **Bild: Zuschneiden**. Theoretisch eignet sich auch der Befehl **Bild: Arbeitsfläche**, wenn Sie niedrige Werte eintippen; Sie erhalten hier jedoch keine Voransicht.

3.3.1 Löschen versus Ausblenden

Bei einigen Freistell-Verfahren bietet Photoshop die Optionen LÖSCHEN und AUSBLENDEN an. Der Unterschied:

- Mit der Vorgabe LÖSCHEN entfernen Sie den Außenstand endgültig – er wird entsorgt. Die Dateigröße sinkt.

- AUSBLENDEN versteckt dagegen die gekappten Bildpartien nur hinter dem neuen Bildrand. Unsichtbare Teile einer abgeschnittenen Bildebene können Sie immer noch in den sichtbaren Bereich ziehen. Hierbei bleibt natürlich die Dateigröße hoch, wenn Sie wesentliche Bildteile außerhalb des Bildfensters belassen.

Die Auswahl zwischen LÖSCHEN und AUSBLENDEN präsentiert Photoshop jedoch nur, wenn das Bild Ebenen hat und nicht ausschließlich aus einer »Hintergrund«-Ebene besteht. Verwenden Sie zum Speichern mit ausgeblendeten Bereichen das Photoshop-Dateiformat.

Möchten Sie ein Bild, das ausschließlich aus einer »Hintergrund«-Ebene besteht, mit der Option AUSBLENDEN freistellen, so dass später der gekappte Bildrand noch zur Verfügung steht? Klicken Sie doppelt auf die »Hintergrund«-Ebene in der Ebenen-Palette F7, um die »Hintergrund«-Ebene in eine normale Montage-Ebene zu verwandeln. Das sichtbare Bild ändert sich dadurch nicht.

Verborgene Bildbereiche wieder anzeigen

Haben Sie mit der Option AUSBLENDEN Randbereiche Ihrer Montage versteckt? Auf verschiedenen Wegen machen Sie das Material wieder sichtbar:

- Ziehen Sie verborgene Bildteile mit dem Verschieben-Werkzeug wieder ins Foto.

- Erweitern Sie die Arbeitsfläche nach Belieben mit dem Befehl **Bild: Arbeitsfläche** (siehe unten).

Kapitel 3   Ausschnitt, Größe, Auflösung

Abbildung 3.16:
Hier galt beim Freistellen die Option »Löschen«. Nicht sichtbare Teile des Montage-Objekts wurden also endgültig entfernt. Zieht man die »Ebene 1« weiter ins Bild hinein, sind die Folgen des Freistellens erkennbar.

➡ Erweitern Sie die Arbeitsfläche automatisch im erforderlichen Umfang mit dem Befehl **Bild: Nichts maskiert**.

 Auch Objekte, die Sie mit dem Verschieben-Werkzeug teilweise aus dem Bild schieben, werden im Photoshop-Dateiformat generell zur Gänze mitgespeichert und lassen sich wieder sichtbar machen.

Verborgene Bildbereiche endgültig löschen

Eventuell möchten Sie Bereiche, die Sie zunächst außerhalb der Bildkanten nur verborgen haben, endgültig löschen. Dadurch sparen Sie schließlich Speicherplatz. So geht's:

1. Wählen Sie das gesamte sichtbare Bild mit [Strg]+[A] aus.
2. Wählen Sie den Befehl **Bild: Freistellen**.

Abbildung 3.17:
Links: Wir haben dieses Bild mit dem Freistellwerkzeug gekürzt und dabei die Option »Ausblenden« verwendet. Rechts: Bereiche des Montage-Objekts, die nach dem Freistellen nicht sichtbar waren, blieben deshalb voll erhalten und können mit dem Verschieben-Werkzeug ins Bild gezogen werden. Datei: Zeitnehmer

3.3.2   Freistellen mit dem Freistellwerkzeug

In der Regel entfernt man überflüssige Bildränder mit dem Freistellwerkzeug (Kurztaste C, für Cropping Tool). Es ist gleichzeitig besonders einfach und vielseitig nutzbar. Prinzipiell läuft es so:

Bildrand entfernen _____ **Kapitel 3**

a. Machen Sie das Gesamtbild am Schirm sichtbar, zum Beispiel mit dem Befehl **Ansicht: Ganzes Bild** ([Strg]+[0]).

b. Aktivieren Sie das Freistellwerkzeug.

c. Klicken Sie zum Beispiel in die linke obere Ecke des Bildteils, den Sie heraustrennen wollen, und ziehen Sie die Maus in die rechte untere Ecke des gewünschten Ausschnitts. Dabei entsteht ein Rechteckrahmen.

d. Sobald Sie die Maustaste loslassen, sehen Sie acht Griffpunkte an diesem Rahmen und ein Zentrierstück in der Mitte. Je nach gewählter Option ist der äußere Bildbereich farblich abgedeckt.

e. Ziehen Sie an den Eckgriffen, um den Rahmen in Breite und Höhe gleichzeitig zu verändern; mit den Griffpunkten in der Mitte einer Rahmenseite korrigieren Sie einseitig nur Höhe oder Breite.

f. Führen Sie den Mauszeiger ins Auswahlinnere – er erscheint dort als schwarzes Dreieck. Sie können den Rahmen jetzt noch verschieben. Sobald Sie doppelklicken, die OK-Schaltfläche ✓ anklicken oder die Eingabetaste drücken, beschneidet Photoshop das Bild tatsächlich. Der Außenbereich entfällt, das Bild nimmt weniger Platz auf der Arbeitsfläche ein. Drücken Sie die Esc-Taste oder klicken Sie auf die Abbrechen-Schaltfläche ⊘, um den Freistellrahmen ohne weitere Konsequenzen verschwinden zu lassen.

Passt Ihnen der neue Ausschnitt nicht, widerrufen Sie Ihre Kürzungspolitik mit [Strg]+[Z].

 Was immer Sie mit dem Freistellwerkzeug treiben, die Info-Palette meldet es: Hier lesen Sie die Größe der Auswahl in Pixeln oder Zentimeter und erfahren auch den Drehwinkel einer rotierten Auswahl.

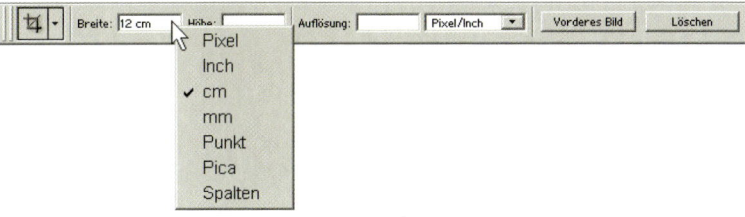

Abbildung 3.18:
So beginnt die Arbeit mit dem Freistellwerkzeug: Wenn Sie das Werkzeug aktivieren, können Sie oben in den Optionen Maße vorgeben, die Maßeinheiten bietet Photoshop auch per Kontextmenü an. Klicken Sie auf »Löschen«, um alle Einträge wieder zu entfernen und beliebige Auswahlen erstellen zu können.

3.3.3 Den Freistellrahmen formen und verschieben

Sie haben die Möglichkeit, den kompletten Auswahlrahmen schon beim Aufziehen speziell zu formen oder auch den vorhandenen Rahmen zu bearbeiten. Den Bereich außerhalb des Freistellrahmens zeigt Photoshop zunächst abgedunkelt. Deckkraft und Farbe dieser Abdeckung korrigieren Sie mit den Feldern FARBE und DECKKRAFT in der Optionenleiste. Abwahl der Option FREIGESTELLTEN BEREICH ABDECKEN bereitet dem Versteckspiel ein Ende.

Kapitel 3   Ausschnitt, Größe, Auflösung

Mittige und quadratische Auswahl

Mit gedrückter Alt-Taste ziehen Sie einen Freistellrahmen von der Mitte her auf. Das macht Sinn, wenn Sie einen bestimmten Bildteil exakt in der Mitte platzieren wollen: Drücken Sie die Alt-Taste und ziehen Sie den Rahmen von diesem Bildteil aus auf. Mit gedrückter Umschalttaste wird der Freistellrahmen quadratisch. (Diese Tastengriffe gelten sinngemäß auch für die Werkzeuge Auswahlrechteck und Auswahlellipse.)

Vergrößern, Verkleinern und Verschieben

Klicken und ziehen Sie an einem der Anfasser, um den Rahmen zu vergrößern oder zu verkleinern. Ziehen Sie wie üblich mit gedrückter Umschalttaste, wenn Sie das Höhe-Breite-Seitenverhältnis des Freistellrahmens wahren möchten.

Klicken Sie einmal in den Freistellrahmen und ziehen Sie, um den Rahmen mit gedrückter Maustaste zu verschieben; dabei verändert sich die Größe nicht. Drücken Sie beim Verschieben die Umschalttaste, um den Rahmen entlang von rechten Winkeln zu bewegen. Wie üblich schieben Sie den Rahmen mit den Pfeiltasten in Pixelschritten durchs Bild; ⇧+Pfeiltaste schaltet zu 10-Pixel-Schritten um.

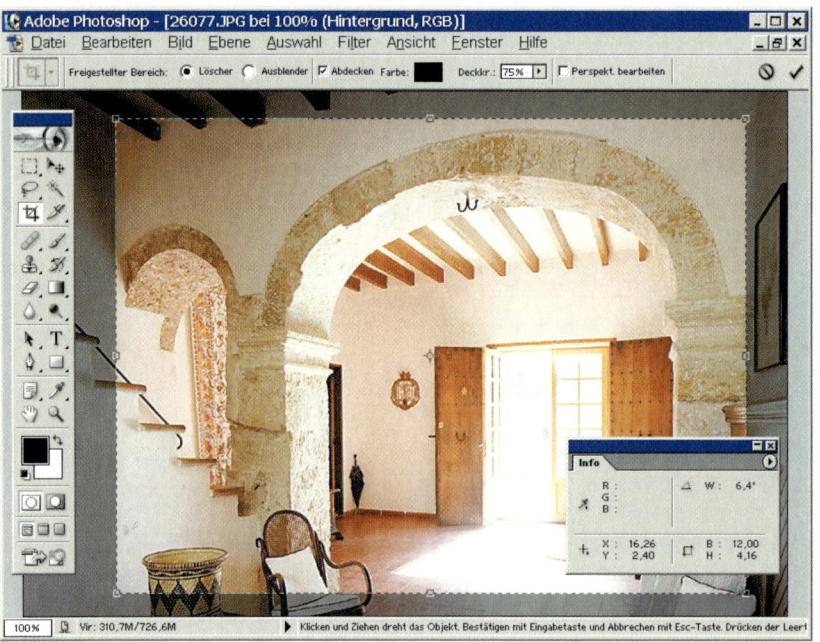

Abbildung 3.19:
Sobald Sie einen Freistellrahmen aufgezogen haben, ändern sich die Anzeigen in der Optionenleiste zum Freistellwerkzeug. Sie haben nun Angebote wie »Freigestellten Bereich abdecken« oder »Perspektive bearbeiten«. Bei Bildern, die nicht nur aus einer »Hintergrund«-Ebene bestehen, bietet Photoshop überdies die Wahl zwischen »Löschen« und »Ausblenden«. Mit den Schaltflächen ganz rechts können Sie die Freistellung bestätigen oder abbrechen. Die Info-Palette nennt Größe und Drehwinkel eines Freistellrahmens.

Bildrand entfernen

Über die Arbeitsfläche hinaus

Sie können den Freistellrahmen über die aktuell sichtbare Fläche, also die Arbeitsfläche, hinaus ziehen. Dies ist sinnvoll, wenn Sie das Bild nicht rundum stutzen, sondern an zumindest einer Seite die Arbeitsfläche erweitern möchten. Ziehen Sie den Rahmen zunächst bis an den aktuellen Rand der Arbeitsfläche; dort scheint Schluss zu sein. In einem zweiten Schritt ziehen Sie den Rahmen über den Bildrand hinaus. Am übersichtlichsten geht das im Vollschirmmodus (Kurztaste F).

Den Freistellrahmen drehen

Um den Freistellrahmen zu drehen, halten Sie den Mauszeiger außen neben den Rahmen; der Zeiger erscheint dort als gebogener Doppelpfeil. Mit gedrückter Maustaste drehen Sie den Rahmen, die Info-Palette meldet den Winkel. So drehen Sie leicht ein Bild und korrigieren einen schrägen Horizont. Ziehen Sie bei Bedarf die Zentrierachse aus der Mitte an den gewünschten Punkt, zum Beispiel in eine Bildecke.

Danach gilt: Sobald Sie mit dem Freistellzeiger doppelt in die markierte Zone klicken, wird das Bild entsprechend dem gedrehten Rahmen gedreht und beschnitten. Dabei erzeugt Photoshop neue Bildpunkte nach dem gewählten Interpolationsverfahren (Seite 156), anschließendes Scharfzeichnen empfiehlt sich. Eine Alternative zu diesem Verfahren bildet der Befehl **Bild: Arbeitsfläche drehen: Per Eingabe** (siehe unten).

Es ist besser, ein Bild schon im Photoshop zu drehen als später im Layoutprogramm – dort kostet das schräge Opus nur zusätzliche Belichterzeit.

Abbildung 3.20:
Links: Die Aufnahme zeigt einen schiefen Horizont. Der Freistellrahmen wird zunächst über eine deutlich sichtbare Horizontlinie gebracht. Durch Ziehen außerhalb des Rahmens drehen Sie die Markierung exakt parallel zum Horizont. Rechts: Nun richten wir den endgültig gewünschten Bildbereich ein. Den Drehwinkel ändern wir nicht mehr, für Größenveränderungen ziehen wir an den rechteckigen Anfasspunkten des Rahmens. Oben und links ziehen wir den Rahmen aus dem sichtbaren Bereich heraus.

Kapitel 3   Ausschnitt, Größe, Auflösung

Abbildung 3.21:
Links: Nach einem Doppelklick in den Freistellrahmen entfernt Photoshop den Außenrand und dreht das Bild wie gewünscht. Die Bereiche des Freistellrahmens, die außerhalb des Bildes lagen, füllt Photoshop mit der Hintergrundfarbe, hier mit Weiß. Rechts: Mit dem Kopierpinsel füllen wir Himmel in die weißen Ecken. Datei: Drehen_a

»Perspektive bearbeiten«

Wenn Sie mit Hilfe der Optionen die PERSPEKTIVE BEARBEITEN, können Sie das Bild gleichzeitig freistellen und perspektivisch korrigieren – gleichen Sie etwa stürzende Linien aus, die bei der Architekturfotografie durch eine gekippte Kamera entstehen.

Ziehen Sie einfach an einzelnen Eckanfassern und bringen Sie den Freistellrahmen auf Parallelkurs zu den Rändern des Motivs. Drücken Sie die Umschalttaste für strikt horizontale oder vertikale Bewegungen. An den mittleren Anfassern verändern Sie die Gesamtgröße des Rahmens. Nach einem Klick in den Rahmen hinein entfernt Photoshop die Ränder und korrigiert die Perspektive.

*Bedenken Sie, dass Photoshop bei dieser Funktion – wie auch beim Drehen per Freistellwerkzeug – Bildpunkte neu berechnet. Dabei verwendet Photoshop die Interpolationsmethode, die Sie mit dem Befehl **Bearbeiten: Voreinstellungen** einrichten, am besten wirkt meist BIKUBISCH (Seite 156). Vergessen Sie danach nicht den Scharfzeichner.*

Abbildung 3.22:
Links: Hier wenden wir das Freistellwerkzeug mit der Option »Perspektive bearbeiten« an. Das Bild wurde mit gekippter Kamera aufgenommen und zeigt deswegen stürzende Linien. Wir richten den Freistellrahmen an den Rändern des Hauptmotivs aus. Datei: Bauwerk

Freistellrahmen und Lupe

Möchten Sie den Freistellrahmen aufs Pixel genau platzieren? Dann wollen Sie eventuell zwischenzeitlich die Zoomstufen wechseln, um nur einzelne Ecken des Auswahlbereichs zu inspizieren. Sie können jedoch nicht ohne weiteres zur Lupe umschalten. Um eine Bildecke einschließlich Freistellrahmen per Lupe zu vergrößern, lassen Sie das Freistellwerkzeug angewählt; Sie drücken nun ⌞Strg⌟+Leertaste, um vorübergehend die Vergrößerungs-lupe zu erhalten. Auch Befehle wie **Ansicht: Ganzes Bild** (⌞Strg⌟+⌞0⌟) stehen Ihnen bei vorhandenem Freistellrahmen noch zur Verfügung.

Freistellwerkzeug und »Ausrichten an«

Das Freistellwerkzeug fühlt sich magnetisch angezogen von Bildelementen wie Hilfslinien oder Grundrastern, sofern Sie dies mit dem Untermenü ANSICHT: AUSRICHTEN AN festlegen. Sie können also den Freistellrahmen exakt an solchen Linien entlang führen. In der Photoshop-Grundeinstellung wirken auch die DOKUMENTBEGRENZUNGEN magnetisch, also die Bildränder. Das kann lästig sein, wenn Sie akkurat nur wenige Randpixel entfernen möchten; schalten Sie die Option bei Bedarf ab.

3.3.4 Bildrotation mit dem »Drehen«-Befehl

Es gibt zum Rotieren per Freistellwerkzeug eine Alternative: den Befehl **Bild: Arbeitsfläche drehen: Per Eingabe**. Vorteil dieses Manövers: Sie können die gewünschte Gradzahl eintippen. Andererseits wird in diesem Fall nichts beschnitten, stattdessen erhalten Sie neue Ränder dazu. Im Dialogfeld entscheiden Sie, ob es mit dem oder gegen den Uhrzeigersinn (UZS) geht.

Nach einem Klick auf OK dreht Photoshop das Foto. Die Arbeitsfläche wird generell automatisch erweitert, um ein Beschneiden der Ecken zu vermeiden (auch wenn sich eine Auswahl im Bild befindet). Photoshop füllt die leeren Bildstellen mit der aktuellen Hintergrundfarbe.

*Wollen Sie einen Auswahlbereich oder eine Einzelebene drehen? Die bringen Sie nur mit dem Befehl **Bearbeiten: Transformieren: Drehen** oder mit dem universellen ⌞Strg⌟+⌞T⌟ ins Rotieren.*

Drehen in 90-Grad-Schritten

Das freie Drehen **Per Eingabe** erzeugt leichte Bildfehler durch Interpolation, meist sollte ein Scharfzeichner folgen. Völlig ohne Bildstörungen kommen Sie dagegen mit Drehungen um 90, 180 und 270 Grad davon. Diese Eingriffe finden Sie ebenfalls im Untermenü **Arbeitsfläche drehen**, bei neu zu öffnenden Dateien bietet sie auch der **Dateibrowser** an (Seite 66). Auch horizontales und vertikales Spiegeln verursachen keinerlei Verluste, solche Änderungen können Sie also beliebig oft wiederholen.

Kapitel 3   Ausschnitt, Größe, Auflösung

Datenübernahme vom Messwerkzeug

Der Befehl **Arbeitsfläche drehen: Per Eingabe** übernimmt automatisch den Neigungswinkel eines schiefen Horizonts, den Sie mit dem Messwerkzeug ma?band ermitteln (Kurztaste I, Seite 110). So korrigieren Sie bequem einen schiefen Horizont:

1. Führen Sie das Messwerkzeug ma?band an der vorhandenen, verbesserungswürdigen Horizontlinie entlang.

2. Rufen Sie den Befehl **Bild: Arbeitsfläche drehen: Per Eingabe**.

3. Übernehmen Sie den Wert, den Photoshop im Eingabefeld präsentiert, und klicken Sie auf OK. Photoshop stellt das Bild gerade.

Abbildung 3.23:
Links: Das Foto zeigt einen schiefen Horizont. Das Messwerkzeug zieht eine Linie entlang des Horizonts. Um das Bild gerade zu stellen, verwenden Sie unmittelbar nach dem Messwerkzeug den Befehl »Arbeitsfläche drehen: Per Eingabe«. Photoshop trägt sofort den erforderlichen Drehwinkel ein, hier gegen den Uhrzeigersinn. Rechts: In die durch die Drehung entstandenen Flächen setzt Photoshop die aktuelle Hintergrundfarbe ein, hier Weiß; Sie können die Ecken mit dem Freistellwerkzeug entfernen oder durch Duplizieren aus dem Bildinneren mit dem Kopierstempel füllen. Vorlage: Drehen_b

3.3.5   Neuberechnen mit dem Freistellwerkzeug

Mit den Optionen zum Freistellwerkzeug kann man nicht nur Rand kappen, sondern zugleich neue Auflösungen, Druckmaße und Pixelzahlen errechnen; damit übernimmt das Freistellwerkzeug Aufgaben des Befehls **Bild: Bildgröße**. Sie können auch bestimmte Seitenverhältnisse vorwählen – nicht aber feste Pixelzahlen. Sie können BREITE, HÖHE und AUFLÖSUNG für den Freistellrahmen eintippen, jedoch keinen Drehwinkel. Als GRÖSSE nennen Sie unter anderem die Maßeinheiten »px« für Pixel (Bildpunkte) oder »cm«, für die Auflösung werden »Pixel/Inch« und »Pixel/cm« geboten; Photoshop bietet die Maßeinheiten auch per Kontextmenü zu den Eingabefeldern an.

Wollen Sie mit dem Werkzeug einfach nur freihändig ausschneiden, löschen Sie unbedingt die Feldinhalte. Sonst hält sich das Werkzeug an die Vorgaben in den Datenfeldern statt an Ihre Mausmanöver. Nur bei ImageReady schalten Sie vor der Dateneingabe die Option FESTE GRÖSSE ein.

Bildrand entfernen   Kapitel 3

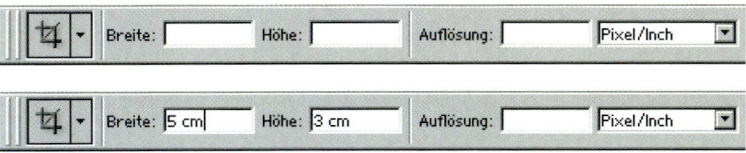

Abbildung 3.24:
Oben: Löschen Sie alle Daten aus den Optionen zum Freistellwerkzeug, wenn Sie einen Bildteil frei ausschneiden wollen, ohne auf irgendwelche Maße beschränkt zu sein. Unten: Wählen Sie eine feste Zentimetergröße ohne Angabe der Auflösung, wenn der Bildausschnitt mit diesen Maßen gedruckt werden soll. Photoshop ermittelt die passende Auflösung, die vorhandenen Pixel werden nicht interpoliert. Auf diese Art erhalten Sie auch Bildausschnitte mit einem festgelegten Seitenverhältnis.

Freistellen und neue Druckmaße ohne Neuberechnung

Tippen Sie eine Zentimetergröße ohne jede Auflösung in die Optionen zum Freistellwerkzeug, dann beschneidet Photoshop das Bild zunächst auf den gewünschten Rahmen. Das Programm rechnet die Druckauflösung so um, dass sich die verbliebenen Pixel im Druck genau über die eingetippten Zentimeterwerte hinweg verteilen. Diese Neuberechnung der Auflösung entspricht dem **Bild**-Befehl **Bildgröße** ohne die Option BILD NEUBERECHNEN. Damit werden keine Pixel neu berechnet, sondern nur neu verteilt. Am Pixelbestand ändert sich nichts.

Dieses Vorgehen eignet sich auch, um Ausschnitte mit einem festgelegten Seitenverhältnis zu erstellen. Brauchen Sie einen Bildbereich im Seitenverhältnis 4:3, dann geben Sie 4 x 3 Zentimeter ein und ziehen einen Auswahlrahmen – Sie können verschiedenste Größen freistellen, aber nur mit diesem Seitenverhältnis. Nach dem Freistellen entnehmen Sie dem Dialogfeld zum Befehl **Bild: Bildgröße** die entstandene Auflösung: das heißt, wie viele der übrig gebliebenen Pixel sich auf einen Druckzentimeter verteilen. Daraus schließen Sie, ob der gewählte Ausschnitt genug Details für den Druck enthält.

Tippen Sie dagegen eine Auflösung ohne jede Zentimetergröße ein, dann wird das Bild zunächst auf den gewünschten Rahmen beschnitten. Photoshop geht von der gewünschten Auflösung aus und errechnet, über wie viele Zentimeter sich die verbliebenen Pixel bei dieser Auflösung erstrecken. Auf diese Art ermitteln Sie, wie groß sich ein Ausschnitt bei einer festgelegten Auflösung drucken lässt. Auch hier werden keine Bildpunkte neu berechnet, sondern nur entfernt.

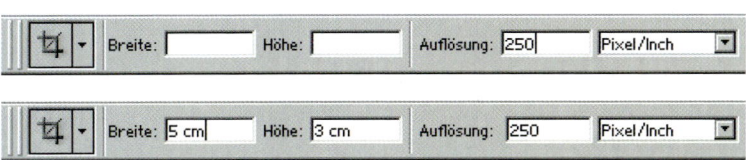

Abbildung 3.25:
Oben: Tragen Sie nur eine feste Auflösung ein, aber keine Breite-Höhe-Werte, wenn der Bildausschnitt mit dieser Auflösung gedruckt werden soll. Photoshop ermittelt automatisch die passende Druckfläche für diese Auflösung; die vorhandenen Pixel werden nicht interpoliert. Unten: Tragen Sie eine feste Zentimetergröße und eine feste Auflösung ein, wenn der Bildausschnitt in dieser Größe bei dieser Auflösung gedruckt werden soll. Die ursprüngliche Pixelmenge innerhalb der Auswahl wird auf die erforderliche neue Menge umgerechnet (interpoliert).

Kapitel 3   Ausschnitt, Größe, Auflösung

TIPP

Bei Freistellverfahren mit Pixelneuberechnung verwendet Photoshop das Interpolationsverfahren, das Sie in den VOREINSTELLUNGEN *(*[Strg]+[K]*) nennen; meist empfiehlt sich* BIKUBISCH *(Details ab Seite 156) und anschließendes Scharfzeichnen.*

Freistellen und neue Pixelzahl mit Neuberechnung

Tippen Sie eine Pixelgröße ohne jede Auflösung ein, rechnet Photoshop den markierten Bildausschnitt neu auf die gewünschte Pixelzahl hoch oder herunter: Tippen Sie zum Beispiel 300 x 300 Pixel ein. Dann rahmen Sie 7 x 7 oder 2222 x 2222 Pixel mit dem Freistellwerkzeug ein – Photoshop rechnet den Ausschnitt so um, dass er nur noch 300 x 300 Pixel enthält. Sie merken es nach dem Klicken in den Freistellrahmen: Hier kostet das Freistellen Wartezeit – Photoshop muss aus den Mittelwerten der vorhandenen Pixel neue Bildpunkte errechnen, um den Ausschnitt auf die verlangte Pixelzahl zu bringen. Dieses Prozedere macht Sinn, wenn Sie Dateien beschneiden und deutlich herunterrechnen wollen.

Tippen Sie eine Zentimetergröße ein und eine feste Auflösung dazu, berechnet Photoshop den Inhalt des Ausschnittrahmens so, dass das Motiv innerhalb des Rahmens auf jeden Fall mit der gewünschten Auflösung in den gewünschten Druckmaßen wiedergegeben werden kann. Es kommt zur Interpolation. Interessant ist der Befehl, wenn Sie aus einer sehr großen Bilddatei einen größeren Bildausschnitt wählen wollen, der jedoch nur klein gedruckt wird: Photoshop rechnet die markierten, zahlreichen Bildpunkte auf eine Summe herunter, die für die gewünschten Druckmaße reicht.

TIPP

Eins geht mit den Optionen zum Freistellwerkzeug nicht: Sie können nicht eine feste Pixelzahl eintippen, die Sie dann präzise aus dem Bild herausschneiden – Photoshop wird dabei interpolieren, also neue Bildpunkte errechnen und eine leichte Weichzeichnung erzeugen. Gerade Online-Designer wollen jedoch oft festgelegte Pixelflächen aus einem Bild heraustrennen, ohne das Material durch Interpolieren zu verfälschen. Hierfür bietet sich das Rechteck-Werkzeug an (siehe unten).

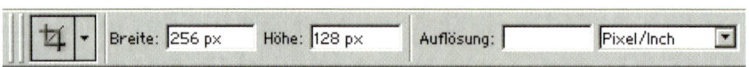

Abbildung 3.26:
Tragen Sie eine feste Pixelmenge ohne Auflösung ein, wenn Sie den Bildausschnitt auf diese Pixelmenge umrechnen wollen. Photoshop rechnet die ursprüngliche Bildpunktmenge auf die erforderliche neue Pixelzahl um (Interpolation). Die Informationen über Auflösung und Druckgröße bleiben erhalten.

Maße von vorhandenem Bild übernehmen

Wollen Sie die Maße der aktiven Bilddatei in die Freistell-Optionen eintragen, dann ...

1. Klicken Sie VORDERES BILD in den Werkzeugoptionen an. Damit trägt Photoshop die Zentimetermaße und die Auflösung der aktiven Datei in die Optionen ein.

2. Aktivieren Sie durch Klicken auf die Titelleiste eine andere Datei, die Sie beschneiden wollen.

Bildrand entfernen   Kapitel 3

3. Ziehen Sie den Freistellrahmen auf. Dabei ist nur das Seitenverhältnis des zuvor verwendeten Bildes möglich. Wenn Sie doppelt in den Freistellrahmen hineinklicken, schneidet Photoshop den Rand weg. Zugleich wird das verbleibende Bild in Pixelzahl und Druckmaßen exakt auf die Werte des Vor-Bilds umgerechnet.

Bei diesem Manöver kommt es zur Interpolation, also zur Neuberechnung von Bildpunkten. So übernehmen Sie die Seitenverhältnisse eines vorhandenen Bildes, verhindern jedoch die oft ungünstige Interpolation:

1. Wechseln Sie mit Klick auf die Titelleiste zum Bild, dessen Maße Sie benötigen.
2. Klicken Sie auf VORDERES BILD.
3. Markieren Sie in den Freistell-Optionen den Wert für die AUFLÖSUNG und löschen Sie ihn mit der ⬅-Taste.
4. Jetzt erst ziehen Sie den Freistellrahmen auf.

Sie übernehmen also Proportionen und Druckmaße, aber nicht die Auflösung des Vor-Bilds. Doch der freizustellende Ausschnitt wird nicht auf die Pixelzahl des Vor-Bilds umgerechnet, sondern behält seine ursprünglich vorhandenen Bildpunkte.

Weitere Verfahren zur Übernahme der Bildmaße

Es gibt noch weitere Verfahren, ein Foto auf die Seitenverhältnisse oder auch auf die exakten Pixelmaße eines anderen, kleineren Bildes zurechtzustutzen:

- Wählen Sie das gesamte Vor-Bild mit Strg+A aus, schalten Sie ein Auswahlwerkzeug wie das Rechteck ein, ziehen Sie den Auswahlrahmen in das andere (größere) Bild und wählen Sie **Bild: Freistellen**. Dieses Verfahren erzeugt zwei Fotos mit identischer Pixelfläche.

- Aktivieren Sie im Vor-Bild eine Ebene, die die gesamte Bildfläche bedeckt, zum Beispiel die »Hintergrund«-Ebene. Ziehen Sie diese Ebene mit dem Verschieben-Werkzeug in das andere (größere) Bild. Laden Sie die Maße dieser übertragenen Ebene als Auswahl, indem Sie die Ebenenminiatur in der Ebenen-Palette mit gedrückter Strg-Taste anklicken. Anschließend wählen Sie **Bild: Freistellen** und entfernen die obere Ebene. So entstehen zwei Bilder mit identischer Pixelfläche.

- Ziehen Sie die Ebene wie im vorherigen Tipp ins Zielbild, dann verkleinern oder vergrößern Sie die Ebene per Strg+T (Seite 713). Drücken Sie dabei die Umschalttaste, um das Seitenverhältnis zu wahren. Nach anschließendem Laden der Auswahl und **Freistellen** erhalten Sie zwei Bilder mit gleichem Seitenverhältnis, aber unterschiedlicher Pixelzahl.

3.3.6   Freistellen mit einem Auswahlwerkzeug

Sie müssen nicht unbedingt das Freistellwerkzeug bemühen. Sie können auch eine beliebige Auswahl erzeugen und das Bild auf die Außengrenzen dieser Auswahl stutzen. Dabei gilt: Die Auswahl kann eine beliebige Form und eine weiche Kante haben; Sie benötigen keine Rechteckauswahl mit harter Kante. Weiche Kanten beschneidet Photoshop am äußersten Auswahlrand; so bleiben auch Bildpartien erhalten, die nur zu wenigen Prozent ausgewählt waren. Wenn die Auswahl steht, wählen Sie den Befehl **Bild: Freistellen**. Möglicher Verwendungszweck:

- Sie markieren ein Objekt mit dem Zauberstab und schneiden das Foto per Freistellen auf die reine Größe dieses Hauptmotivs zurück. (Ist der Hintergrund jedoch perfekt einfarbig, empfiehlt sich der Befehl **Zuschneiden** (siehe unten).

- Sie markieren einen Bildbereich mit dem Auswahlrechteck und geben in den Optionen eine feste Pixelzahl vor. Einen entsprechend großen Bildteil trennen Sie nun per **Freistellen** heraus, ohne dass Photoshop Bildpunkte interpoliert – ein Service, den Sie beim Freistellwerkzeug nicht bekommen.

Vorsicht: Der Befehl **Freistellen** entfernt die Außenstände endgültig. Sie können also nicht, wie beim Freistellwerkzeug mit der Option AUSBLENDEN, Gekapptes wieder in den sichtbaren Bereich ziehen.

Abbildung 3.27:
Links: Der Hintergrund wurde in mehreren Schritten mit dem Zauberstab ausgewählt; anschließend haben wir die Auswahl umgekehrt, so dass nur noch das Hauptmotiv markiert war. Mitte: Der Befehl »Bild: Freistellen« stutzt das Bild auf die Auswahlgrenzen zurecht. Rechts: Wir haben das ausgewählte Hauptmotiv mit Strg+C kopiert und den Befehl »Datei: Neu« gewählt; Photoshop schlägt sofort eine Dateigröße vor, die zum Motiv passt, so dass wir es exakt einfügen können. Datei: Beagle

3.3.7 »Zuschneiden«

Der Befehl **Bild: Zuschneiden** kürzt Motive, die von komplett einfarbigem oder transparentem Hintergrund umgeben sind. Sie haben folgende Möglichkeiten:

- Mit der Vorgabe TRANSPARENTE PIXEL entfernt Photoshop den Bereich, der komplett transparent ist und keinerlei auch nur schwach deckende Bildpunkte zeigt. Dabei betrachtet Photoshop das Gesamtbild und nicht nur die aktuelle Ebene. Möglicherweise haben Sie Objekte über Transparenz erzeugt und mit Schatten unterlegt – die Vorgabe TRANSPARENTE PIXEL begrenzt Ihr Bild auf das Hauptobjekt und erhält den Schatten perfekt. Blenden Sie eventuell einzelne irritierende Ebenen mit dem Augensymbol aus.

- Die Vorgabe FARBE PIXEL OBEN LINKS kappt Bildteile, die exakt so gefärbt sind wie der äußerste Bildpunkt links oben. An der gegenüberliegenden Bildecke orientiert sich die Option FARBE PIXEL UNTEN RECHTS.

Bildrand entfernen Kapitel 3

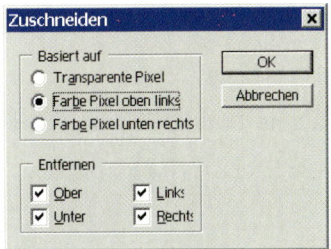

Abbildung 3.28:
Der Befehl »Bild: Zuschneiden« kappt transparente oder einheitlich gefärbte Bildbereiche.

Diese Schnitte mit dem **Zuschneiden**-Befehl funktionieren unter einer Bedingung: Ein Streifen mit völlig einheitlicher Färbung muss sich (zum Beispiel) von links oben wirklich bis zum unteren oder bis zum rechten Bildrand ziehen. Ändert sich der Tonwert auf halber Strecke auch nur geringfügig, entfernt Photoshop gar nichts mehr. Auch für die Vorgabe TRANSPARENTE BEREICHE gilt: Mindestens eine Pixelzeile muss volle Transparenz auf voller Länge und auf allen Ebenen zeigen, sonst bleibt alles beim Alten.

Abbildung 3.29:
Links: Das Objekt wurde über transparentem Bildbereich entworfen und mit einem Schatten unterlegt. Rechts: »Zuschneiden« mit der Vorgabe »Transparente Bereiche« schneidet den komplett durchsichtigen Rand weg. Der Schatten wird jedoch nicht angetastet. Datei: Aktion_2

Neue Datei statt Randentfernung

Die **Bild**-Befehle **Zuschneiden** und **Freistellen** stutzen Ihr Werk so, dass sich der Rand akkurat um das Hauptmotiv herum legt und überflüssigen Hintergrund verhindert. Mitunter möchte man jedoch das Originalbild gar nicht kappen – stattdessen soll das Hauptmotiv sofort in einer neuen, maßgeschneiderten Datei erscheinen. Treffen Sie diese Vorbereitungen:

➥ Wenn Sie auf einer reinen »Hintergrund«-Ebene arbeiten, markieren Sie Ihr Hauptmotiv mit Auswahlfunktionen.

➥ Steht das Objekt Ihrer Begierde bereits sauber freigestellt auf einer eigenen Ebene, laden Sie die Konturen dieser Ebene als Auswahl; dazu klicken Sie die Ebenenminiatur bei gedrückter [Strg]-Taste an. Achten Sie dann darauf, dass diese Ebene auch aktiviert ist.

Kapitel 3   Ausschnitt, Größe, Auflösung

So geht es weiter:

1. Kopieren Sie den Auswahlinhalt mit `Strg`+`C` in die Zwischenablage.
2. Rufen Sie den Befehl DATEI: NEU auf. Photoshop schlägt nun im Dialogfeld NEU Pixelmaße vor, die exakt zu Ihrem kopierten Bildbereich passen.
3. Klicken Sie auf OK, so dass eine neue, leere Datei entsteht.
4. Fügen Sie den zuvor kopierten Bildteil mit `Strg`+`V` ein.

3.3.8 Befehle im Überblick: Bild beschneiden

Taste/Feld	Zusatztaste	Aktion	Ergebnis
C			🗗
		🖱 ziehen	Freistellrahmen aufziehen
Esc			Freistellrahmen entfernen
🗗	⇧	🖱 ziehen	quadratischen Freistellrahmen aufziehen
🗗	Alt	🖱 ziehen	Freistellrahmen von Mitte aufziehen
🗗		🖱 innen	Bild beschneiden
⊡		🖱 Griffpunkt ziehen	Beschneidefläche vergrößern/verkleinern
⊡		🖱 innen ziehen	Beschneidefläche verschieben
⊡	⇧	🖱 innen ziehen	Beschneidefläche auf Geraden verschieben
⊡		🖱 außen ziehen	Beschneidefläche drehen
⊡		🖱 an Eckpunkt ziehen	Freistellrahmen bei gleich bleibendem Seitenverhältnis vergrößern oder verkleinern

Die Arbeitsfläche erweitern | Kapitel 3

3.3.9 Übersicht: Welche Freistellmethode für welchen Zweck

Es gibt viele Varianten, das Bild von überflüssigem Rand zu befreien. Je nach Aufgabe wählen Sie eine der folgenden Strategien:

Aufgabe	Lösung
Beliebigen Bildteil heraustrennen	Freistellwerkzeug, keine Werte in Optionen eintragen
Bildteil mit festem Seitenverhältnis 4:3 heraustrennen	Freistellwerkzeug, »4 cm« mal »3 cm« eingeben, keine AUFLÖSUNG angeben
Wie groß kann ein herausgetrennter Bildteil bei fester Auflösung gedruckt werden?	Freistellwerkzeug, AUFLÖSUNG angeben, keine »cm«-Werte eingeben
Mit welcher Auflösung kann ein bestimmter Ausschnitt in einer bestimmten Größe gedruckt werden?	Freistellwerkzeug, »cm«-Werte eingeben, keine AUFLÖSUNG angeben
Einen Ausschnitt mit festen Maßen und fester Auflösung erzeugen	Freistellwerkzeug, »cm«-Werte eingeben, AUFLÖSUNG angeben, nach Interpolation der Datei evtl. scharfzeichnen
Variable Teile herausschneiden und auf festgelegte Pixelzahl umrechnen	Freistellwerkzeug, Pixelmaße (»px«) angeben, gegebenenfalls AUFLÖSUNG angeben, nach Interpolation der Datei evtl. scharfzeichnen
Auf vorgegebene Pixelzahl ohne Interpolation beschneiden	Auswahlrechteck mit Stil FESTE GRÖSSE, dann **Bild: Freistellen**
Bildbereich außerhalb der Auswahl entfernen	Auswahlfunktion, dann **Bild: Freistellen**
Einfarbige oder transparente Umgebung entfernen	**Bild: Zuschneiden**

3.4 Die Arbeitsfläche erweitern

Mit den **Bild**-Befehlen **Arbeitsfläche** und **Nichts maskiert** sowie mit dem Freistellwerkzeug erweitern Sie Ihre Grafik um eine leere Fläche in der aktuellen Hintergrundfarbe; bei transparentem Hintergrund wird auch die Neufläche transparent. Die bereits vorhandenen Pixel werden nicht verändert. Nützlich macht sich die Funktion, wenn Sie etwa den Hintergrund eines Motivs verlängern müssen, bis das Gesamtwerk ins Layout passt. Oder Sie starten eine Fotomontage zunächst auf kleiner Fläche, was Speicher spart und die Geschwindigkeit erhöht, und wechseln erst im fortgeschrittenen Stadium aufs größere Parkett. Wohlgemerkt: Ihr eigentliches Motiv verändert sich bei der Prozedur nicht, es bekommt nur mehr Umgebung. Die eingespeicherte Druckauflösung bleibt erhalten, Pixelzahl und Druckmaße erhöhen sich.

Kapitel 3   Ausschnitt, Größe, Auflösung

 Bevor Sie neue Fläche anbauen: Die Taste »D« sorgt für Weiß als Hintergrundfarbe, sofern Sie nicht gerade eine Ebenenmaske oder einen Alphakanal bearbeiten.

3.4.1 »Arbeitsfläche«

Im Dialogfeld zum Befehl **Bild: Arbeitsfläche** lesen Sie oben die aktuelle HÖHE und BREITE Ihres Werks. Darunter klicken Sie auf eine Größeneinheit Ihrer Wahl, etwa PIXEL, PROZENT oder ZENTIMETER; Sie können als BREITE auch SPALTEN angeben, das Maß für eine Spalte legen Sie in den **Voreinstellungen** (Strg+K) fest. Dann tippen Sie die neue, erweiterte Größe ein – Photoshop setzt neue Bildfläche in der aktuellen Hintergrundfarbe an.

Besonderheiten bei ImageReady: Als Maßeinheit bietet das Programm nur PIXEL; die neue Arbeitsfläche erscheint transparent und nicht in der Hintergrundfarbe.

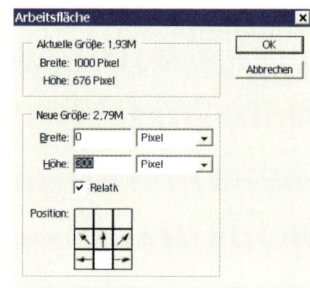

Abbildung 3.30:
Anbaumaßnahme: Dieses Bild wird mit der »Relativ«-Option um 300 Pixel nach oben erweitert. Wir platzieren das ursprüngliche Bild unten, die neue Fläche wird also oben angesetzt. Photoshop setzt hier Weiß ein, weil dies die aktuelle Hintergrundfarbe ist.
Vorlage: Verzerrung

Platzierung des Ursprungsbildes

Mit einem Klick in das Neuner-Feld geben Sie an, wo innerhalb der erweiterten Fläche das bisherige Bild stehen soll. Ein Beispiel: Klicken Sie in das Rechteck rechts unten, so platziert Photoshop das ursprüngliche Foto ganz unten rechts in der vergrößerten Bilddatei. Die Neufläche entsteht oberhalb und links vom Kernbild.

Arbeitsfläche erweitern bei Auswahlkanälen

Die neu angebaute Arbeitsfläche erscheint in einem Alphakanal und in einer Ebenenmaske zunächst in der Farbe, die für »nicht ausgewählt« oder für »nicht sichtbar« steht. Dabei spielen die aktuellen Kanaloptionen oder die aktuelle Hintergrundfarbe keine Rolle.

Die »Relativ«-Option

Aktivieren Sie RELATIV, müssen Sie nicht mehr die neue Gesamtzahl an Bildpunkten angeben. Stattdessen nennen Sie nur noch die Zahl derjenigen Punkte, die Sie an die bereits vorhandene Fläche zusätzlich anbauen wollen.

3.4.2 Mehr Arbeitsfläche mit dem Freistellwerkzeug

Sie können die Bildfläche mit dem Freistellwerkzeug auch vergrößern. So geht's:

1. Am besten stellen Sie das Foto im Vollschirmmodus dar; dafür gibt es die Kurztaste F oder die Vollschirm-Schaltfläche unten in der Werkzeugleiste.
2. Nun ziehen Sie einen Rahmen auf, der zunächst nicht größer ist als das vorhandene Bild.
3. Ziehen Sie den Rahmen in einem zweiten Anlauf über den bisherigen Bildrand hinaus.
4. Nach dem Druck auf die Eingabetaste vergrößert Photoshop die Bildfläche und setzt in das Neuland die Hintergrundfarbe oder Transparenz ein. (Die praktische Hintergrundfarbe Weiß richten Sie schnell mit der Kurztaste D ein.) ImageReady erzeugt ein transparentes Anbaugebiet.

Abbildung 3.31:
Hier wird die Arbeitsfläche mit dem Freistellwerkzeug nicht verkleinert, sondern erweitert.

3.4.3 Mehr Arbeitsfläche mit dem Befehl »Nichts maskiert«

Eventuell haben Sie Bildteile außerhalb des sichtbaren Bildbereichs verborgen: Sie haben zum Beispiel Objekte mit dem Verschieben-Werkzeug nach außen geschoben oder das Freistellwerkzeug mit der Option AUSBLENDEN verwendet. Es kann auch sein, dass Ebeneneffekte wie SCHLAGSCHATTEN oder SCHEIN NACH AUSSEN über den sichtbaren Bildbereich hinausragen und an der aktuellen Bildkante abgeschnitten werden.

Wenn Sie nun die **Arbeitsfläche** erweitern, kommen diese Bildteile wieder zum Vorschein. Maßgeschneidert erledigt das der Befehl **Bild: Nichts maskiert**. Photoshop erweitert die Arbeitsfläche so, dass alle verborgenen Partien wieder voll im Bildfenster Platz finden.

Kapitel 3   Ausschnitt, Größe, Auflösung

  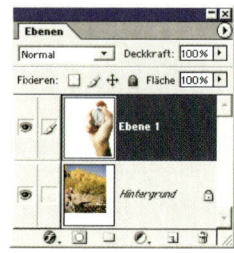

Abbildung 3.32:
Links: Die Hand-Ebene in diesem Bild ragt über die Bildränder hinaus. Rechts: Der Befehl »Bild: Nichts maskiert« erweitert die Arbeitsfläche so, dass die zuvor verborgenen Ebenenteile sichtbar werden. Vorlage: Zeitnehmer

4 Farbmodus

Mit dem **Bild**-Befehl **Modus** legen Sie in Photoshop den Farbmodus fest. Der sinnvollste Farbmodus hängt ganz vom Verwendungszweck eines Bildes ab. Sie sollten in den verschiedenen Farbmodellen denken können, um die Möglichkeiten von Photoshop auszunutzen.

4.1 Übersicht

Bevor wir die Farbmodi detailliert diskutieren, klären wir den Verwendungszweck in der Übersicht.

4.1.1 Welcher Farbmodus für welchen Zweck?

Sie wählen einen Farbmodus, der zu Ihren Plänen passt. Grundsätzlich gilt jedoch: Wechseln Sie den Modus möglichst selten. Mehrmaliges Konvertieren kostet oft Qualität, da speziell auf dem Weg von RGB nach CMYK wegen des kleineren Farbumfangs Informationen verschluckt werden, die Sie später nicht zurückerhalten.

Gründe für RGB

RGB-FARBE ist besonders vielseitig: Wenn Sie sich in Bezug auf den Modus unsicher sind oder wenn Photoshop sich unerwartet verhält – wechseln Sie zu **RGB-Farbe** mit 8-Bit-Farbtiefe.

RGB kostet mit seinen drei Farbkanälen ein Viertel weniger Speicherplatz als CMYK (vier Druckfarben) und entlastet damit den Arbeitsspeicher. So behält man zunächst RGB, sofern das Bild nicht schon in CMYK ankam. Bilder für für die Monitor- oder Videodarstellung brauchen ebenfalls nur RGB. Im Internet herrscht weitgehend RGB vor (Graustufen sind technisch ebenso möglich).

Behalten Sie immer eine RGB-Version zurück – sozusagen den naturbelassenen Scan –, so dass Sie notfalls neu vom Original aus nach CMYK separieren können.

Gründe für CMYK

Wenn Sie drucken: Sofern Ihnen ein RGB-Bild vorliegt, machen Sie die groben Korrekturen in RGB und wechseln erst für die Feinheiten nach CMYK, wo Sie Lichter und Tiefen neu überprüfen. Nur zur Ansicht in den CMYK-Farbraum bringt Sie der **Ansicht**-Befehl **Farb-**

Kapitel 4   Farbmodus

Proof. CMYK bietet sich auch an, wenn Sie Arbeiten allein im Schwarzkanal vornehmen wollen, etwa einen Schatten anlegen. Erzeugen Sie komplette Farbflächen für den Vierfarbdruck, etwa mit dem Verlaufswerkzeug und bunten Pinseln, dann arbeiten Sie unbedingt in CMYK mit korrekten Separationsvoreinstellungen.

RGB,
3x8 Bit,
788 Kbyte

CMYK,
4x8 Bit,
1,03 Mbyte

Lab,
3x8 Bit,
788 Kbyte

Indizierte Farben,
1x8 Bit,
263 Kbyte

Duplex,
263 Kbyte

Graustufen,
1x8 Bit,
263 Kbyte

Bitmap,
1x1 Bit,
33 Kbyte

Abbildung 4.1:
Farbmodi im Vergleich: Je nach Modus erhalten Sie unterschiedliche Farbdifferenzierungen und Dateigrößen. Für eine Datei von 440 x 611 Bildpunkten ergibt sich bei einer Farbtiefe von acht Bit pro Grundfarbe der hier genannte Arbeitsspeicherbedarf.
Datei: Farbmodus

Übersicht   Kapitel 4

Gründe für Lab

Erhalten Sie ein Bild im CMYK-Modus, das zu viel Arbeitsspeicher frisst, dann verwandeln Sie es nicht nach RGB, sondern nach Lab – die Dateigröße sinkt um ein Drittel. Photo-CD-Bilder, die später nach CMYK konvertiert werden sollen, öffnen Sie gleich im Lab-Modus. Interessant ist der Lab-Modus überdies, wenn Sie die Helligkeit eines Bildes (den L-Kanal) unabhängig von den Farbwerten verändern wollen, zum Beispiel beim Schärfen.

Aufgabe	Geeigneter Modus
Alle Photoshop-Funktionen frei nutzen	RGB-Modus, 8-Bit-Farbtiefe
Speicher sparen bei RGB-Bildern, die gedruckt werden	RGB-Modus beibehalten, vor Scharfzeichnen nach CMYK konvertieren
Speicher sparen bei CMYK-Bildern	Konvertieren in Lab-Modus
Bildbearbeitung für Video- oder PC-Präsentationen, Online-Publishing	RGB-Modus, abschließend eventuell INDIZIERTE FARBEN
Farbflächen anlegen für Vierfarbdruck	CMYK-Modus

4.1.2 Farbwerte und Dateigrößen erkennen

Je nach Farbmodus und Farbtiefe ändern sich Dateigrößen und die Farbwerte der Bildpunkte. Photoshop hält Sie über alle Daten auf dem Laufenden:

→ In der Titelliste des Bildes erkennen Sie den aktuellen Farbmodus; er ist überdies durch ein Häkchen erkennbar im Untermenü **Bild: Modus**.

→ Die Info-Palette zeigt die Farbwerte des Bildpunkts unter dem Mauszeiger nach verschiedenen Farbmodellen ([F8], Seite 108). Zeigen Sie auch Werte aus Farbmodi an, die Sie aktuell nicht verwenden.

→ Die Dateigröße im Arbeitsspeicher entnehmen Sie der Systembeanspruchungsanzeige in der Statusleiste, sofern Sie DATEIGRÖSSE als Vorgabe verwenden (Seite 107).

4.1.3 Besonderheiten bei ImageReady

Egal, was Sie anliefern, ImageReady behandelt jedes Bild zunächst wie RGB-Farbe mit acht Bit pro Grundfarbe. In den Vorschaufenstern stellt ImageReady 24-Bit-Echtfarbe (also RGB-Modus) dar, wenn Sie die Dateiformate JPEG oder PNG-24 in der Optimieren-Palette angegeben haben. Dagegen bildet ImageReady die reduzierte 8-Bit-Farbtiefe ab, falls Sie GIF oder PNG-8 vorwählen. Ein **Modus**-Untermenü finden Sie hier nicht. Wir konzentrieren uns im Folgenden auf Photoshop.

4.1.4 Farbmodus beim Einfügen

Wenn Sie Bildteile zwischen Dateien austauschen, passt Photoshop die montierten Elemente dem Zielbild an. Das bedeutet: Kopieren Sie einen RGB-Farb-Kopf in ein Graustufenwerk, dann ergraut das Haupt im Zielbild. In einem Bild mit »Indizierten Farben« kommt das Objekt ebenfalls nur mit indizierten Farben an. Natürlich kann man ein Graustufenobjekt in ein Farbbild setzen – es erscheint dort zunächst grau, kann aber durch Retusche Farbe bekommen.

4.2 Farbtiefe

Die Informationsdichte pro Bildpunkte wird »Farbtiefe« genannt – wie viele Nullen und Einsen jeden einzelnen Bildpunkt kodieren. Je höher die Farbtiefe, desto mehr unterschiedliche Farbabstufungen in einem Bild sind möglich.

Abbildung 4.2:
Links: Dieser Bildpunkt stammt aus einer Datei im Modus RGB-Farbe mit dreimal acht Bit Farbtiefe pro Bildpunkt. Jeder Bildpunkt besteht aus den separaten Grundfarbkanälen Rot, Grün und Blau. Jede Grundfarbe wird mit acht Nullen oder Einsen kodiert, also mit acht Bit beziehungsweise einem Byte. Jeder Bildpunkt belegt damit 3 x 8 Bit, also 24 Bit beziehungsweise drei Byte Speicherplatz.
Mitte: Dieser Bildpunkt stammt aus einer CMYK-Datei für die Druckvorstufe. Er besteht aus den vier Grundfarben Gelb, Cyan, Magenta und Schwarz. Jede Grundfarbe ist mit acht Nullen oder Einsen, also mit acht Bit kodiert. Jeder Bildpunkt belegt also 4 x 8 Bit Speicherplatz, d. h. 32 Bit oder 4 Byte.
Rechts: Dieser Bildpunkt aus einem Graustufenbild besitzt nur die Grundfarbe Schwarz. Sie wird mit acht Nullen oder Einsen, also mit 8 Bit kodiert. Das ermöglicht 2^8 beziehungsweise 256 unterschiedliche Abstufungen von Weiß über Mittelgrau bis Schwarz.

4.2.1 Unterschiedliche Farbmodelle

Das Mindeste ist ein Bit – nur eine Null oder Eins pro Bildpunkt. Das reicht für 2^1, also für zwei Farbtöne, in der Regel für Schwarz und Weiß. Übliche Graustufenbilder bieten dagegen für jeden Bildpunkt acht Nullen oder Einsen auf. Diese 8-Bit-Kodierung erlaubt 2^8, also 256 unterschiedliche Graustufen – genug für ein fein differenziertes Graustufenbild.

Farbdateien sind im Grunde aus mehreren Graustufenbildern zusammengesetzt: für jede Grundfarbe ein so genannter Farbauszug oder Farbkanal. Bei RGB-Dateien liegen die drei Farbauszüge Rot, Grün und Blau übereinander, jeder kodiert in der Grundausführung mit acht Bit, insgesamt sind also dreimal acht Bit gleich 24-Bit-Farbtiefe möglich, macht 2^{24} gleich 16,7 Millionen unterschiedliche Farben, das so genannte Truecolor. Auch das Lab-Farbmodell basiert auf drei Auszügen, kommt also auf die gleiche Farbtiefe. Dagegen setzt sich das CMYK-Modell der Druckvorstufe aus vier Kanälen zusammen – Cyan (Grünblau), Magenta (Purpur), Gelb und Schwarz. Das ergibt eine Farbtiefe von vier mal acht beziehungsweise 32 Bit.

Farbtiefe

Kapitel 4

Dateigrößen

Die Dateigröße im Arbeitsspeicher hängt unmittelbar von der Farbtiefe ab. Acht Bit sind ein Byte; also beansprucht ein Graustufenbild mit 8-Bit-Farbtiefe ein Byte pro Bildpunkt. Eine Graustufendatei mit 640 x 480 Punkten à ein Byte braucht folglich 307 Kbyte Arbeitsspeicher. Dreimal mehr fordert die RGB-Datei mit ihren drei Kanälen zu je acht Bit, sie kommt auf 921 Kbyte. Eine entsprechende CMYK-Datei genehmigt sich 1228 Kbyte.

Sämtliche Werte verdoppeln sich, wenn Sie 16 statt 8 Bit pro Grundfarbe verwenden. Damit belegt ein Bildpunkt pro Einzelfarbe zwei Byte. Das Graustufenbild misst 614 Kbyte, RGB ist mit 1843 Kbyte zu veranschlagen und das CMYK-Exemplar schwillt auf 2457 Kbyte an.

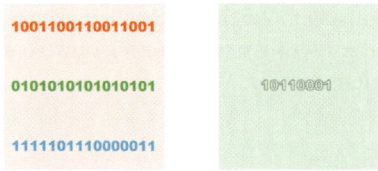

Abbildung 4.3:
Links: Der Bildpunkt stammt aus einem RGB-Bild mit einer erhöhten Farbtiefe von 16 Bit pro Grundfarbe. Dadurch steigt die Dateigröße auf 3 x 16 Bit, also auf 48 Bit oder sechs Byte pro Bildpunkt – eine Verdoppelung gegenüber dem üblichen RGB mit acht Bit.
Rechts: Der Bildpunkt aus diesem Bild im Modus »Indizierte Farben« benötigt statt 24 Bit nur acht Bit pro Bildpunkt, also nur acht statt 24 Nullen oder Einsen. Damit belegt es ebenso wenig Arbeitsspeicher wie ein Graustufenbild – zwei Drittel weniger als ein RGB-Farbbild. Allerdings sind auch nur 2^8 beziehungsweise 256 unterschiedliche Farbtöne möglich.

4.2.2 »16 Bit pro Kanal«

Hochwertige Scanner liefern statt 8 auch 16 Bit pro Grundfarbe. Das heißt, statt 24-Bit-RGB erhalten Sie 48-Bit-RGB; statt 32-Bit-CMYK erhalten Sie 64-Bit-CMYK. Manche Scanner produzieren auch 10 oder 12 Bit pro Grundfarbe. Solche Dateien werden entweder schon vom Scanner selbst auf acht Bit gestaucht oder von Photoshop auf 16 Bit angehoben.

Sie erhalten mit 16-Bit-Scans vor allem feiner differenzierte Schatten. Selbst aus völlig abgesoffenen 16-Bit-Vorlagen lassen sich oft brauchbare Bilder destillieren. Wenn möglich, sollten Sie wegen der besseren Detailtiefe Tonwertkorrekturen zunächst im 16-Bit-Modus machen und dann mit dem Befehl **Bild: Modus: 8 Bit pro Kanal** die Farbtiefe auf den üblichen Wert herabsetzen.

Photoshop öffnet Bilder mit Farbtiefen bis zu 16 Bit pro Grundfarbe. Außerdem können Sie mit dem Befehl **Bild: Modus: 16 Bit pro Kanal** jederzeit Bilder mit 16-Bit-Farbtiefe pro Grundfarbe herstellen, sofern das Bild keine Ebenen hat; dabei verdoppelt sich der Arbeitsspeicherbedarf.

Viele andere Bild-, Grafik- und Internetprogramme können mit 16 Bit pro Grundfarbe nichts anfangen. Entweder werden entsprechende Dateien gar nicht geöffnet oder kommentarlos auf acht Bit pro Kanal zurückgesetzt.

Kapitel 4   Farbmodus

Einschränkungen

Im 16-Bit-Modus können Sie nur Bilder ohne Ebenen verwenden – Montagen scheiden also aus. Sie haben nicht alle Befehle zur Verfügung, unter anderem aber die folgenden: **Bild duplizieren, Weiche Kante, Auswahl verändern, Tonwertkorrektur, Auto-Tonwertkorrektur, Auto-Farbe, Gradationskurven, Histogramm, Farbton/Sättigung, Helligkeit/Kontrast, Farbbalance, Tonwertangleichung, Umkehren, Kanalmixer, Bildgröße, Verlaufsumsetzung, Auswahl verändern**, das Untermenü **Arbeitsfläche drehen** und die **Drucken**-Befehle.

Die meisten Werkzeuge funktionieren bei 16-Bit-Dateien, sofern sie keine Ebenentechnik benötigen. Allerdings müssen Sie beim Freistellwerkzeug auf die Optionen AUSBLENDEN und PERSPEKTIVE BEARBEITEN verzichten. Viele **Filter** funktionieren im 16-Bit-Modus nicht. Zur Verfügung stehen gerade mal **Unscharf maskieren, Gaußscher Weichzeichner, Hochpaß,** mehrere Störungsfilter, ach, und die **Solarisation**. Ansonsten vermisst man unter anderem **Kopieren** und **Einfügen, Zuschneiden, Farbbereich auswählen** und **Für Web speichern.**

4.3   RGB-Modus

RGB ist der Naturzustand von Bilddateien, denn Scanner und Digitalkameras funktionieren im RGB-Modus. Ein Bild kann nur in RGB gescannt werden – auch wenn das Gerät schon intern in CMYK umrechnet. Ebenso setzt ein Monitor seine Farben immer aus Anteilen von Rot, Grün und Blau zusammen – auch wenn er eine CMYK-Datei zeigt. Während die meisten Farbdrucker mit CMYK arbeiten, funktionieren Dia- oder Fotopapierbelichter nach dem RGB-Schema.

4.3.1   Verwendung

Verarbeiten Sie ein Farbbild, das nie den RGB-Farbraum verlässt – weil Sie es per Filmrecorder oder nur am Monitor ausgeben –, dann wählen Sie von Anfang den **Modus: RGB Farbe** und bleiben ihm treu. Auch einige Filter verlangen exklusiv nach diesem Modus – so die **Beleuchtungseffekte**. Läuft mit Zusatzfiltern von Drittanbietern etwas schief oder zeigt sich Photoshop unverhofft sperrig, probieren Sie RGB mit acht Bit Farbtiefe pro Grundfarbe.

Abbildung 4.4:
Das RGB-Farbmodell arbeitet mit der additiven Farbmischung: Zwei übereinander strahlende Farben hellen sich auf – Rot, Grün und Blau bei voller Intensität mischen sich zu Weiß. Zwei RGB-Farben mischen sich zu den Sekundärfarben des subtraktiven Farbmodells: Blau und Grün mischen sich zu Cyan, Grün und Rot zu Gelb, Rot und Blau zu Magenta.

4.3.2 Additive Farbmischung (RGB)

Der RGB-Modus funktioniert nach der additiven Farbmischung der Leuchtfarben: Die primären Grundfarben Rot, Grün und Blau strahlen übereinander. Leuchten alle mit gleicher Kraft, ergibt sich Grau. Je stärker sie leuchten, desto heller das Ergebnis. Leuchten alle mit voller Kraft, ergibt sich Weiß.

Probieren Sie die Farbmischung aus, indem Sie Photoshops Farbregler im **Fenster**-Menü aufrufen und über das Menüdreieck ⊙ das **RGB**-Modell anwählen. Steuern Sie mit den Reglern für R, G und B jeweils den Höchstwert 255 an, erhalten Sie Weiß. Eine Nulldichte von Rot, Grün und Blau führt zu Schwarz; jeder Gleichstand der drei Grundfarben erzeugt rechnerisch einen reinen Grauwert.

Abbildung 4.5:
Mit dem Mischmodus »Negativ multiplizieren« in der Ebenen-Palette vollziehen Sie die additive Farbmischung nach: Rot, Grün und Blau mischen sich zu Cyan, Gelb und Magenta. Datei: RGB_1

Additive Farbmischung nachvollziehen

Sie können das Prinzip der additiven Farbmischung in Photoshop nachvollziehen. Erzeugen Sie eine neue Farbdatei; der Hintergrund muss transparent oder schwarz sein. Legen Sie auf drei unterschiedliche Ebenen je ein grünes, rotes und blaues Objekt. Jedes einzelne Objekt statten Sie mit der Füllmethode NEGATIV MULTIPLIZIEREN aus, sie entspricht der additiven Farbmischung. Schieben Sie die roten, grünen und blauen Objekte übereinander, um zu beobachten: Im Gesamtbild vermischen sie sich zu den Sekundärfarben Cyan, Magenta und Gelb, jeweils das Hellere setzt sich durch.

Andere Methode: Erzeugen Sie eine neue, schwarze RGB-Datei. Aktivieren Sie in der Werkzeugleiste den Pinsel und in der Kanäle-Palette den Rotkanal. Malen Sie jetzt mit Mittelgrau ins Bild. Dann bearbeiten Sie den Grün- und Blaukanal und schalten zurück zum RGB-Gesamtbild. Wo sich die Gemälde in den einzelnen Kanälen überlappen, mischen sich die Farben additiv.

Kapitel 4   Farbmodus

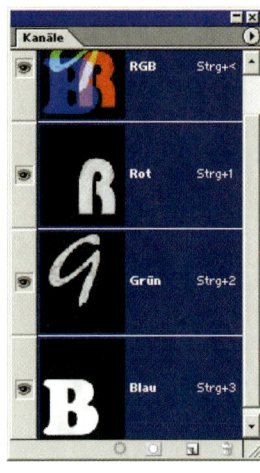

Abbildung 4.6:
Wie die additive Farbmischung wirkt, lässt sich auch durch Bearbeitung der Einzelkanäle erkennen: Füllen Sie die Farbkanäle einzeln und betrachten Sie dann das Gesamtergebnis. Datei: RGB_2

4.4   CMYK-Modus

Beim Druck funktionieren die Dinge anders: Hier leuchten keine RGB-Lichtfarben, hier klatschen deckende Farben aufs Papier. Je mehr davon, desto dunkler sieht's aus. Beim Wechsel von RGB nach CMYK beachtet Photoshop Ihre Vorgaben aus den FARBEINSTELLUNGEN. In einem Farbwählfeld mit CMYK führen hohe Werte zu dunklen Tönen: 0 Prozent heißt keine Deckung, 100 Prozent steht für volle Deckung.

Photoshop zeigt CMYK-Bilder nur im Rahmen seiner Möglichkeiten – also auf einem Monitor, der aus physikalischen Gründen mit den leuchtenden RGB-Farben funktioniert. Das heißt, Photoshop rechnet ein CMYK-Bild für den Monitor intern nach RGB um.

4.4.1   Verwendung

Wollen Sie Ihre Bilder am Monitor, als Dia oder als Fotopapierbelichtung zeigen, haben Sie mit CMYK nichts zu tun. Soll das Foto dagegen gedruckt werden, muss man es irgendwann nach CMYK konvertieren – oder dies geschieht automatisch irgendwo zwischen Photoshop und dem Ausgabegerät.

Fragt sich nur, ob und wann man nach CMYK umwandelt: Einerseits sagt die Monitorvorschau im CMYK-Modus mehr über das spätere Druckergebnis aus als die RGB-Version, auch bestimmte Filteroperationen wie das Schärfen sollte man erst am CMYK-Bild anwenden. Wollen Sie Schatten einsetzen, dann macht das im CMYK-Modell oft am meisten Sinn, weil Sie hier den separaten Schwarzkanal verwenden können.

Für längeres Verweilen im RGB-Modus spricht andererseits, dass der Arbeitsspeicher statt mit vier nur mit drei Bildkanälen strapaziert wird und mehr Funktionen zur Verfügung stehen. Bedenken Sie, dass Sie aus dem RGB-Modus heraus eine CMYK-Vorschau zur Verfügung haben, die nicht zum endgültigen Konvertieren nach CMYK zwingt; gemeint ist der Befehl **Ansicht: Farb-Proof** (Strg+Y), den Sie mit **Ansicht: Proof einrichten** näher definieren (Seite 88).

4.4.2 Subtraktive Farbmischung (CMY)

Druckmaschinen arbeiten mit den deckenden subtraktiven Grundfarben: Je mehr man übereinander druckt, um so dunkler wird's. Alle Farben in voller Intensität übereinander ergeben Schwarz. Diese Farben sind Cyan (Grünblau), Gelb und Magenta (Purpur) – das sind auch die Farben der Lesebändchen bei diesem Buch. Gelb, Grünblau und Magenta entstehen, indem man jeweils zwei der additiven Primärfarben Rot, Grün und Blau zu gleichen Teilen mischt.

Grünblau, Gelb und Purpur volle Kraft übereinander gedruckt ergeben theoretisch Schwarz, aus drucktechnischen Gründen jedoch ein dunkles Grau oder Braun. Die eigene Druckfarbe Schwarz verstärkt deshalb den Tiefe-Eindruck und führt zum üblichen Vierfarbdruck. Außerdem spart es Druckfarbe und macht den Druckprozess stabiler, wenn statt der drei Druckfarben Cyan, Yellow und Magenta übereinander lediglich ein gleichwertiger Schwarzanteil gedruckt wird.

Sie können die subtraktive Mischung des CMYK-Farbmodells nachvollziehen, indem Sie in einer Photoshop-Datei verschiedene Ebenen übereinander legen und mit dem Mischmodus MULTIPLIZIEREN *ausstatten. Sie erkennen dann, wie sich zum Beispiel Magenta und Gelb zu Rot überlagern, Cyan und Gelb zu Grün und wie alle drei CMY-Farben übereinander Schwarz ergeben.*

Abbildung 4.7:
Subtraktive Farben ergeben übereinander gelegt Schwarz. Gelb und Magenta übereinander mischen sich zur Primärfarbe Rot, Gelb und Cyan zur Primärfarbe Grün, Cyan und Magenta zur Primärfarbe Blau.

Kapitel 4   Farbmodus

4.4.3 Umwandlung nach CMYK

Die Umwandlung eines RGB-Bildes nach CMYK heißt Farbseparation. Wandeln Sie ein Bild nur einmal von RGB nach CMYK um, und zwar erst dann, wenn alle Vorgaben in den Kalibrierungsmenüs stimmen. Mehrmaliges Konvertieren kostet Qualität. Nur zwischen CMYK und Lab dürfen Sie bedingt mehrfach wechseln. Behalten Sie immer eine RGB-Version – sozusagen den naturbelassenen Scan –, so dass Sie notfalls neu vom Original aus nach CMYK wechseln können. Dies gilt besonders, wenn Sie ein Bild in unterschiedlichen Projekten verwenden. Machen Sie erst alle Farbkorrekturen im RGB-Modus, konvertieren Sie dann das Bild und überprüfen Sie in CMYK erneut Lichter und Tiefen. Auf Wunsch separiert auch Ihr Belichtungsstudio.

Die **Farbeinstellungen** für CMYK, erreichbar im **Bearbeiten**-Menü, beeinflussen die Art, wie Photoshop zwischen RGB und CMYK umwandelt. Betroffen ist aber auch die Darstellung von CMYK-Bildern auf einem RGB-Monitor.

Zunächst sollten die Monitor-Voreinstellungen und die Vorgaben für die Druckfarben stimmen. Dann drucken Sie ein Testbild aus und gleichen Ihren Monitor darauf ab (siehe auch »Farbeinstellungen« ab Seite 132).

4.4.4 »Eigenes CMYK«

Mit dem Dialogfeld EIGENES CMYK richten Sie die CMYK-Wiedergabe von Hand ein. So erreichen Sie das Dialogfeld:

1. Wählen Sie **Bearbeiten: Farbeinstellungen**.
2. Klicken Sie oben im Bereich ARBEITSFARBRÄUME im Klappmenü CMYK auf EIGENES CMYK.

Damit erscheint das Dialogfeld EIGENES CMYK.

»Druckfarben-Optionen«

Die Gammawerte und damit eventuell Farbstiche einzelner Kanäle korrigieren Sie mit den DRUCKFARBEN-OPTIONEN. Hier beheben Sie Stiche, die durch ungleichmäßigen Tonwertzuwachs in den einzelnen Druckfarben entstehen oder durch die Reihenfolge der Druckfarben. Wählen Sie eine Druckfarbe aus oder korrigieren Sie die Darstellung der Druckfarben individuell wie folgt:

1. Entscheiden Sie sich im Listenfeld DRUCKFARBEN für EIGENE WERTE. Das entsprechende Dialogfeld enthält verschiedene Kombinationen aus CMYK-Grundfarben.
2. Klicken Sie auf das Farbfeld, das Sie noch anpassen wollen. Der Photoshop-Farbwähler öffnet sich.
3. Klicken Sie im Farbwähler den Farbton an, mit dem die entsprechende Grundfarbe tatsächlich im Druck erschien.

CMYK-Modus

Photoshop nennt dabei die aktuellen CIE-Koordinaten, die verwendet werden, um die CMYK-Farben zu erzeugen; Sie sehen die Werte für Y (Lab-Helligkeit), x und y. Definiert wurden die Angaben bei einer Farbtemperatur von 6500 Grad. Man kann die Werte auf dem Farb-Proof mit einem Spektralphotometer messen und in Photoshop eintragen.

Sofern Sie bereits ein CMYK-Bild vor sich haben, ändern diese Regelungen natürlich nichts an den CMYK-Grundfarben Ihres Werks, sondern nur an der Monitordarstellung. Sie brauchen schon ein Lab- oder RGB-Werk; dann kommen bei der Umrechnung (Separation) nach CMYK die Einstellungen zum Tragen.

Tonwertzuwachs

Der Tonwertzuwachs lässt Bilder im Druck aus physikalischen Gründen dunkler werden als vorher geplant – unter anderem, weil saugendes Druckpapier die Rasterpunkte vergrößert und so die sichtbare weiße Fläche verkleinert – das Bild wirkt dunkler. Der Wert im Dialogfeld bezieht sich auf den Zuwachs vom Druckfilm zum gedruckten Bild, nicht auf den Unterschied zwischen Probedruck (Proof) und gedrucktem Bild. Sie können den Tonwertzuwachs auch von Hand eintippen; idealerweise messen Sie vorher die Dichte in einem ausgedruckten Farbfeld, das eigentlich 50 Prozent haben müsste. Je höher Sie den Tonwertzuwachs einstellen, desto dunkler und konstrastreicher erscheint Ihr Bild am Monitor – ohne dass sich dabei die Datei ändert.

Ändern Sie das Klappmenü neben TONWERTZUWACHS von STANDARD auf GRADATIONSKURVEN, können Sie genaue Werte für 13 Zahlenpaare eintippen oder durch Ziehen an der Kurve einrichten.

»Separationen-Optionen«

Haben Sie die Druckfarbe bestimmt, regeln Sie die grundsätzliche Umwandlungsmethode von RGB nach CMYK und dann, je nach Methode, auch noch SCHWARZAUFBAU und UNTERFARBENZUGABE individuell. Sie bestimmen also, wie Sie Rot, Grün und Blau in Cyan, Magenta, Gelb und Schwarz umsetzen.

Das Diagramm zeigt, mit welchen Cyan-, Gelb-, Magenta- und Schwarzanteilen die neutralen, grauen Farben des Bildes dargestellt werden. Die X-Achse steht für die neutralen Farbwerte von 0 Prozent (Weiß) bis 100 Prozent für Schwarz; die Y-Achse zeigt die Menge jeder Druckfarbe, die mit den gegebenen Werten erzeugt wird. Fragen Sie Ihre Druckerei nach sinnvollen Einstellungen.

UCR

Bei der Unterfarbenreduzierung (Under Color Removal, UCR) ersetzt schwarze Druckfarbe die anderen Grundfarben in dunklen und neutralen Bereichen. UCR sollten Sie im Allgemeinen bei ungestrichenen Papiersorten und Zeitungspapier verwenden.

Kapitel 4   Farbmodus

GCR

Das Gray Component Replacement (GCR) setzt mehr schwarze Farbe über einen größeren Bereich an Farbe ein. Diese Separationsart gibt dunkle, gesättigte Farben besser wieder als UCR und die Graubalance bleibt eher erhalten.

Sie regeln Schwarzaufbau, Begrenzung des Gesamtfarbauftrags und die Unterfarbenzugabe. Der Schwarzaufbau MITTEL bringt ordentliche Ergebnisse; die Optionen WENIG oder STARK ändern den Schwarzanteil geringfügig; KEINER heißt, Sie separieren ganz ohne Schwarzauszug; MAXIMUM schreibt Grau- und Schwarzwerte ausschließlich in den Schwarzauszug.

MAXIMUM eignet sich für Bilder, die große Bereiche von flächigem Schwarz vor hellem Hintergrund enthalten, zum Beispiel Grafiken und Screenshots: Dünne schwarze Buchstaben etwa wirken leicht unscharf, wenn sie nicht nur durch Schwarz, sondern durch mehrere Farben gebildet werden. Auch bei der Konvertierung von Graustufenbildern nach CMYK – wenn Sie nachträglich Schmuckfarben für einen Hintergrund einsetzen wollen – verwenden Sie für den Schwarzaufbau MAXIMUM: Nur so erscheint das ursprüngliche Graustufenmotiv ausschließlich im Schwarzkanal.

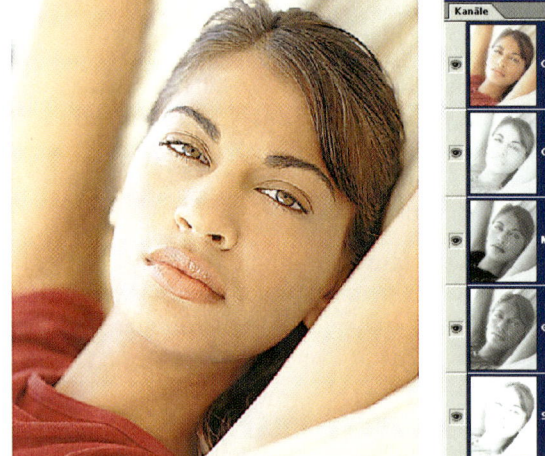

Abbildung 4.8:
GCR mit geringem Schwarzaufbau erstellt bei der Umwandlung von RGB nach CMYK Graustufen im helleren Bereich vor allem aus fast gleichen Anteilen von Cyan, Magenta und Gelb, weniger aus der Druckfarbe Schwarz. Vorlage: CYMK

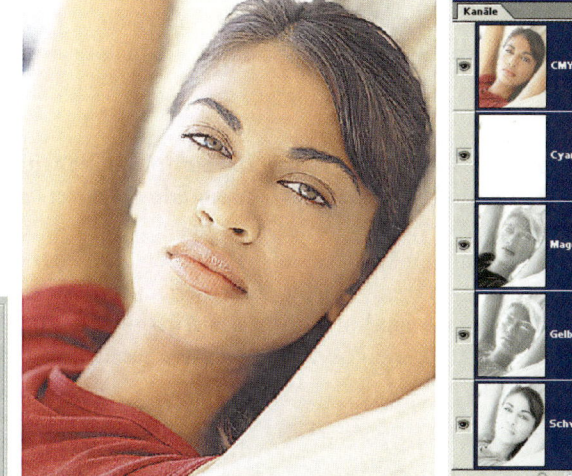
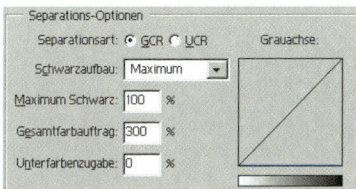

Abbildung 4.9:
GCR mit maximalem Schwarzaufbau erstellt neutrale Tonwerte ausschließlich mit der Druckfarbe Schwarz.

Abbildung 4.10:
UCR bringt dunklere und neutrale Bereiche besonders sauber.

Unterfarbenzugabe

Die Unterfarbenzugabe (UCA) ist nur für GCR aktuell. Durch Erhöhen der Unterfarbenzugabe verkleinern Sie den CMY-Anteil, der unter Schwarz entfernt wird. Dies erhöht Details in Schattenbereichen und kann Tontrennungseffekte verhindern, steht aber in der Regel auf 0.

Kapitel 4 Farbmodus

Mit der Option EIGENE WERTE ändern Sie die Kurve für den Schwarzaufbau eigenhändig. Ziehen Sie im Gradationsdiagramm des entsprechenden Fensters die Kurve in die gewünschte Richtung; die Werte für Cyan, Gelb und Magenta ändern sich mit.

Gesamtfarbauftrag

Bei UCR wie GCR spielt der Gesamtfarbauftrag eine wichtige Rolle. Das ist die Menge an Druckfarbe, die die Druckmaschine maximal verkraftet. 300 Prozent GESAMTFARBAUFTRAG heißt etwa, von den vier Grundfarben dürfen drei zu hundert Prozent aufgetragen werden, die vierte aber dann gar nicht mehr – oder eben von jeder Druckfarbe entsprechend weniger. Moderne Druckverfahren lassen den Farben kaum Zeit zum Trocknen; 260 Prozent – etwa beim Zeitungsdruck – sind oft schon das Äußerste. Klären Sie auch mit Ihrer Druckerei, ob MAXIMUM SCHWARZ, wie von Photoshop vorgesehen, bei 100 Prozent liegen soll.

In den meisten Fällen sollte man via ICC-Farbprofil separieren. Reden Sie mit Ihrem Druckbetrieb.

4.4.5 Nicht druckbare Farben vorab anzeigen und entfernen

Sie können schon bei RGB- oder Lab-Dateien zu gesättigte, in CMYK nicht druckbare Farben aufzeigen und entfernen. Photoshop kennzeichnet diese Farben so:

▶ Farbwähler und Farbregler zeigen das Warndreieck ⚠, wenn Sie eine nicht druckbare Farbe markieren; ein Klick auf das Dreieck beschert Ihnen die nächstgelegene druckbare Farbe. (Welche Farben druckbar sind, legen Sie mit dem Befehl **Bearbeiten: Farbeinstellungen** fest (Seite 132).

▶ Die Info-Palette präsentiert ein Ausrufezeichen neben Tonwerten, die nach der Korrektur aus dem druckbaren Rahmen herausfallen.

▶ Das **Ansicht**-Menü hält die **Farbumfang-Warnung** bereit ([Strg]+[⇧]+[Y]), die nicht druckbare Zonen mit einer Alarmfarbe belegt. Die Alarmfarbe für die Farbumfang-Warnung stellen Sie per **Datei: Voreinstellungen: Transparenz & Farbumfang-Warnung** ein.

Sie können nicht druckbare Tonwerte schon im RGB-Modus mit dem Schwamm ⊙ aus dem Bild tilgen. Allerdings ist dieser Schritt nicht zwingend erforderlich. Für größere Flächen verwenden Sie den Befehl **Auswahl: Farbbereich auswählen** mit der Vorwahl AUSSERHALB DES FARBUMFANGS (Seite 574). Eine weitere Möglichkeit ist die **Selektive Farbkorrektur** aus dem **Bild**-Untermenü **Einstellungen** (Seite 469). Dort reduzieren Sie einen Einzelfarbton aus CMY oder den Schwarzauszug – oft die bessere Lösung gegenüber dem Schwamm ⊙.

4.4.6 »Überfüllen«

Stoßen zwei flächige Farben in einer Grafik aneinander, erhalten Sie eventuell im Druck zwischen den Farben eine weiße Blitzkante, weil die Druckfilme für die einzelnen Farben nicht passgenau saßen. Gegen dieses Problem mit der Registerhaltigkeit gibt es den Befehl **Bild:**

Lab-Modus   Kapitel 4

Überfüllen: Photoshop erzeugt in der Bilddatei eine Farbüberlappung, damit ja keine Blitzer mehr entstehen. Den Wert für Ihr CMYK-Bild geben Sie nach Rücksprache mit Ihrem Druckstudio in Pixeln oder einer Längeneinheit ein. Zu hohe Werte führen zu Störeffekten, die nicht am Monitor, wohl aber im Druck zu sehen sind. Der Befehl ist nur interessant für plakative CMYK-Grafiken, nicht aber übliche Halbtonfotos.

4.5   Lab-Modus

Die RGB-Daten rechnet Photoshop stets auf dem Umweg über das Lab-Farbmodell nach CMYK um. Lab ist eine geräteunabhängige Farbraumbeschreibung, deren Farbraum RGB und CMYK einschließt; Lab hat also ein weiteres Farbspektrum als RGB und CMYK. Lab ist aufgeteilt in einen Helligkeitskanal (L, für Luminanz) – er entspricht einer Graustufenversion des Bildes – und zwei Kanäle für die Farbe: a von Grün bis Magenta, b von Blau bis Gelb. Lab ist auch das interne Farbmodell von PostScript Level II und III.

Verwendung

Manchmal lohnt es sich, unmittelbar den **Modus: Lab-Farbe** anzuwählen:

➤ Etwa wenn Sie die Helligkeitswerte eines Bildes unabhängig von den Farbtönen bearbeiten wollen – zum Beispiel beim Schärfen oder Stören ist dies ein lohnendes Verfahren.

➤ Oder wenn Sie Bilder von der Photo-CD öffnen, die auf der goldenen Scheibe ohnehin im Lab-ähnlichen YCC-Modus lagern: Diese Fotos laden Sie, ist spätere CMYK-Separation geplant, sofort im Lab-Modus; wählen Sie diesen Modus im Photo-CD-Dialog an (Seite 242).

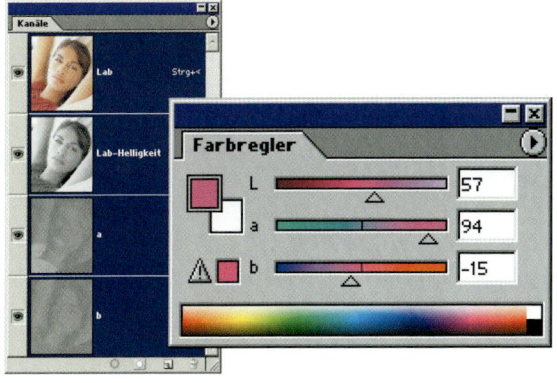

Abbildung 4.11:
Das Lab-Farbmodell unterscheidet einen Helligkeitskanal L und die zwei Farbkanäle a und b. Datei: Lab

➤ CMYK-Bilder lassen sich speicherschonend und ohne Verlust nach Lab konvertieren, das mit seinen drei Kanälen weniger Arbeitsspeicher beansprucht als das auf vier Farben basierende CMYK, und dann wieder zurückverwandeln.

➤ Theoretisch können Sie ein Bild im Lab-Modus unmittelbar an einen PostScript-Level-II-Drucker schicken, ohne es überhaupt erst nach CMYK zu konvertieren.

4.6 Graustufenmodus

Wählen Sie **Modus: Graustufen** im **Bild**-Menü, gehen alle Farbinformationen verloren. Die Daten für Farbton und Farbintensität (Sättigung) werden getilgt, übrig bleiben die Helligkeitsangaben (Luminanz), aus denen sich das Graustufenbild zusammensetzt. Ein Graustufenbild hat nur einen Kanal und belegt damit zwei Drittel weniger Arbeitsspeicher als eine RGB-Farbdatei. Wird ein Bildpunkt mit acht Bit gespeichert, sind $2^8 = 256$ verschiedene Graustufen vorzeigbar. Damit erhalten Sie ein Halbtonbild von Schwarz (Tonwert 0) bis Weiß (Tonwert 255).

Um ein GRAUSTUFEN-Bild nachträglich mit Farbe aufzupeppen, konvertieren Sie nach RGB oder CMYK. An der Bildwirkung ändert das nichts, die Dateigröße verdreifacht oder vervierfacht sich und Sie können jetzt Farben aufmalen oder einfügen. Drucken Sie Graustufenbilder auf Farbseiten, dann verwandeln Sie die Grau-Dateien probeweise in den CMYK-Modus; eventuell erhalten Sie im Druck einen höheren Tonwertreichtum.

4.6.1 Von Farbe zu Graustufen

Man sieht viele schlechte, flaue Graustufenbilder im Druck. Sie basieren auf farbig gescannten Motiven, die lieblos in Graustufen umgewandelt wurden. Im Folgenden besprechen wir verschiedene Wege von Farbe zu Graustufen. Der übliche **Modus**-Befehl **Graustufen** ist dabei nur eine Variante und nicht die flexibelste.

Sättigung entziehen

Am wenigsten taugt die Methode, per **Farbton/Sättigung** ([Strg]+[U]) die Sättigung zu 100 Prozent aus einem Bild herauszunehmen. Ebenso unergiebig wirkt der **Bild**-Befehl **Sättigung verringern** ([⇧]+[Strg]+[U]), der dasselbe besorgt: Sie erhalten ein kontrastarmes Werk, das sich weiterhin in einem speicherfressenden Farbmodus befindet.

Abbildung 4.12:
Links: Diese Vorlage verwandeln wir auf unterschiedliche Art in Graustufen.
Mitte: Am unergiebigsten ist der Weg, über ein Herunterschrauben der Farbsättigung zu Graustufen zu gelangen; die Vorlage wirkt besonders kontrastarm und befindet sich weiter in einem speicherfressenden Farbmodus.
Rechts: Der »Graustufen«-Befehl sorgt durch Gewichtung der einzelnen Grundfarben für mehr Kontraste. Datei: Graustufen

Graustufen-Befehl

Der Befehl **Bild: Modus: Graustufen** gewichtet die Bildfarben nach ihrer subjektiven Helligkeit: Blau mit 11, Grün mit 59 und Rot mit 30 Prozent. Das Ergebnis präsentiert sich deutlich kontrastreicher als reines Absenken der Farbsättigung (siehe oben); vormals Grünes sticht hell hervor, ehedem blaue Bildteile geraten besonders dunkel. Und weil die Daten für Farbton und Farbsättigung getilgt werden, bleiben nur die Helligkeitsangaben zurück – das Graustufenbild belegt damit zwei Drittel weniger Arbeitsspeicher als eine RGB-Farbdatei. Prüfen Sie eine Kontrastkorrektur.

Einzelkanal verwenden

Verwenden Sie einen Einzelfarbkanal, indem Sie diesen in der Kanäle-Palette anklicken. Hier haben Sie extreme Variationsmöglichkeiten für das Graustufenergebnis. Zum Beispiel können Sie die Wirkung von Hauttönen und Himmel breit streuen. Für RGB-Dateien gilt etwa:

- Bei Porträts zeigt der Rotkanal die Hauttöne besonders hervorstechend und kontrastreich, Himmel fällt fast schwarz aus.
- Im Blaukanal wird blauer Himmel besonders hell, Haut dagegen dunkel.

Erscheint dabei der Einzelkanal statt in Graustufen in der jeweiligen Farbe, wählen Sie per **Bearbeiten: Voreinstellungen** die Rubrik BILDSCHIRM- UND ZEIGERDARSTELLUNG und schalten dort FARBAUSZÜGE IN FARBE ab (Strg+K, dann Strg+3). Wechseln Sie jetzt, wenn nur ein einzelner Kanal aktiviert ist, mit dem Untermenü **Bild: Modus** zum **Graustufen**-Modus.

Sie erhalten eine Graustufendatei auf Basis des Einzelkanals, die anderen Farbauszüge fallen unter den Tisch. Alternativ verwenden Sie aus dem Menü der Kanäle-Palette den Befehl **Kanäle teilen**; Photoshop verteilt damit jeden Farbkanal in eine eigene GRAUSTUFEN-Datei. Den zugrunde liegenden Farbkanal erkennen Sie an Namenszusätzen wie »_R« oder »_B«.

Abbildung 4.13:
Sie können Graustufenbilder aus einem einzigen Farbkanal ableiten. Links: Im Rotkanal erscheinen Hauttöne besonders hell, während blauer Himmel abdunkelt.
Mitte: Der Grünkanal zeigt Hauttöne und Blau in mittleren Stufen.
Rechts: Der Blauauszug hellt den Himmel auf und zeigt Hauttöne dunkel. Vorlage: Graustufen

Kapitel 4 Farbmodus

 *Der Palettenbefehl **Kanäle teilen** lässt kein unverändertes Originalbild zurück, und Sie können ihn nicht widerrufen. Duplizieren Sie Ihre Farbvorlage also zunächst mit der Funktion **Bild: Bild duplizieren**.*

4.6.2 Graustufen aus mehreren Farbkanälen ableiten

Ein Gesicht, das nur aus dem Rotkanal abgeleitet ist, wirkt eventuell zu hell. Besser verschmilzt man mehrere Farbkanäle zu einem GRAUSTUFEN-Ergebnis. Dazu gibt es verschiedene Möglichkeiten:

Graustufen aus zwei Einzelkanälen

Einfachste Methode, aber ohne jede Feinabstimmung: Aktivieren Sie in der Kanäle-Palette zwei Einzelkanäle mit gedrückter Umschalttaste – dieses Zwei-Kanäle-Bild erscheint farbig auf dem Schirm. Dann wechseln Sie in den Graustufenmodus.

Graustufen per »Kanalberechnungen«

Mischungen nach Maß erlaubt der Befehl **Bild: Kanalberechnungen**. Als QUELLEN wählen Sie zwei Einzelkanäle, als ZIEL am besten eine NEUE DATEI, die Sie jedoch noch von Hand in den Graustufenmodus verfrachten müssen. Achten Sie beim Einstieg auf den überschaubaren Modus NORMAL und regulieren Sie mit der DECKKRAFT die Überblendung. Für Hauttöne empfiehlt sich oft eine Rot-Grün-Mischung.

Denken Sie daran, dass Sie attraktive Einstellungen in diesem komplizierten Dialogfeld auf der Aktionen-Palette speichern können, um sie unkompliziert zu wiederholen. Alternative ohne **Kanalberechnungen**: Sie kopieren Einzelkanäle in einer Montage übereinander und regeln Deckkraft und Modus in der Ebenen-Palette.

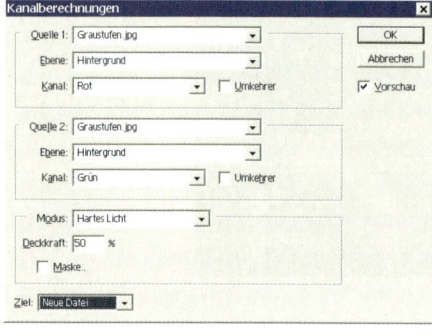

Abbildung 4.14:
Zu individuellen Graustufen verhilft der »Bild«-Befehl »Kanalberechnungen«. Hier wurden Rot- und Grünkanäle verwendet und im Modus »Hartes Licht«, verrechnet, der für kräftige Kontraste sorgt. Vorlage: Graustufen

Graustufen per »Kanalmixer«

Ebenfalls zu Graustufen nach Maß verhilft der **Kanalmixer** aus dem **Bild**-Untermenü **Einstellungen**. Schalten Sie hier zunächst die Option MONOCHROM ein, so dass Photoshop alle Kanalinformationen in einem SCHWARZ-Kanal zusammenfasst.

Vorsicht: Wenn Sie MONOCHROM ein- und dann wieder ausschalten und anschließend die Regler verändern, erhalten Sie ein farbig getontes Bild.

Sofern Sie ein RGB-Bild bearbeiten, beginnt das Dialogfeld mit 100 Prozent für Rot und je Null Prozent für Blau und Grün – als ob Sie ein Graustufenbild lediglich aus dem Rotkanal erzeugen. Mischen Sie also nach Bedarf: Um Blaues hell hervorzuheben, liften Sie den Blaugehalt; Gesichter leuchten auf bei angehobenem Rotwert. Voreinstellungen für Grauergebnisse mit dem **Kanalmixer** finden Sie auf der Photoshop-CD im Verzeichnis »Zugaben/ Kanalmixer-Voreinstellungen/Grayscale«.

Wenn Sie den Kanalmixer benutzen, muss der Gesamtkanal aktiviert sein, also etwa »CMYK« oder »RGB«; zwei oder drei aktivierte Einzelkanäle lassen sich nicht »mixen«. Sie können den Kanalmixer auch als veränderbare Korrekturebene über das Bild oder über einen Bildteil legen, also ohne die Bildpunkte endgültig zu verändern; dazu verwenden Sie eine Einstellungsebene (Seite 778).

Abbildung 4.15:
Links: Die Vorlage soll in ein Graustufenbild mit der Wirkung einer Infrarotfilm-Aufnahme verwandelt werden. Rechts: Zunächst legen wir eine Einstellungsebene mit dem »Kanalmixer« an. Wir nutzen die Option »Monochrom«, heben den Grünkanal auf +120, den Rotkanal auf +50 und senken die Blauvorgabe auf minus 50. So tritt im Grauergebnis das Gras hell hervor, der Himmel wird fast schwarz. Vorlage: Berge; Zwischenergebnis: Berge_2

Die Gesamthelligkeit bleibt in etwa gewahrt, wenn die Summe der Prozentanteile 100 ergibt. Oder verändern Sie die Gesamthelligkeit mit dem Regler KONSTANTE; alternativ oder zusätzlich nutzen Sie im Anschluss an den **Kanalmixer** einen Tonwertbefehl, etwa die **Tonwertkorrektur**. Nach Anwendung des Befehls haben Sie immer noch ein Bild im Farbmodus vor sich. Konvertieren Sie es, wenn Sie keine Farbe mehr einsetzen wollen, in den speichersparenden »Graustufen«-Modus. Eine interessante, leicht anwendbare Kanalmixer-Alternative für Graustufen nach Maß bildet das Plug-In RGB2Gray. Bei Manuskriptabgabe konnte man es kostenlos unter dieser Adresse herunterladen:

http://webuser.rhein-main.net/grafcolor/html/rgbtogra.htm

Abbildung 4.16:
Links: Wir duplizieren die »Hintergrund«-Ebene, zeichnen kräftig weich, legen sie über die Einstellungsebene »Kanalmixer 1« und stellen die Füllmethode »Hartes Licht« ein. Das Bild wirkt nun weichgezeichnet und wie handkoloriert. Rechts: Auch für die Ebene »Hintergrund Kopie« legen wir eine Einstellungsebene mit Kanalmixer an; wir verwenden die gleichen Werte wie für die untere Kanalmixer-Einstellungsebene. Damit liegen nun zwei Graubilder übereinander, das obere ist weichgezeichnet. Weil die Füllmethode »Hartes Licht« die Kontraste verstärkt, sinkt der Himmel schwarz ab, während das Gras hell aufleuchtet. Ergebnis: Berge_3

4.7 Indizierte Farben

Bilder mit indizierten Farben zeigen nur maximal 256 Farben; eine im Bild gespeicherte Palette listet die einzelnen Farben auf – sie können bei jedem Bild anders sein. Damit brauchen sie nur acht Bit pro Pixel – dreimal weniger als eine 3 x 8-Bit-RGB-Farbdatei, nicht mehr als eine 8-Bit-Graustufendatei. Das spart Speicherplatz und lässt sich flott auf den Schirm laden. Entsprechend häufig werden INDIZIERTE FARBEN für World Wide Web und Multimedia genutzt – insbesondere für das wichtige GIF-Dateiformat, das keine andere Farbtiefe akzeptiert. Wegen der begrenzten Farbzahl bieten sich als Motive vor allem plakative Grafiken, Screenshots und Schriftzüge an. Hauttöne oder Farbverläufe leiden dagegen relativ stark durch die Farbreduktion. Sie sollten eher im JPEG-Format gespeichert werden, das 24-Bit-Farbe zulässt, aber gleichwohl drastische Spareffekte bietet.

Ganz unterschiedliche Größen bestimmen das Aussehen eines Bildes mit indizierten Farben:

- die Art der Farbzusammenstellung (die Farbpalette)
- die Zahl der Farben (Farbtiefe)
- die Art der Farbrasterung

Wir geben hier eine grobe Übersicht über Möglichkeiten und Einschränkungen der 8-Bit-Farbbilder. Details finden Sie im »Internet«-Kapitel in den Abschnitten »GIF-Dateiformat« (Seite 400) und »Farbtabelle und Farbwahl« (Seite 405). Generell ist die Arbeit mit 8-Bit-Dateien in ImageReady etwas flexibler als in Photoshop.

Indizierte Farben Kapitel 4

!! STOP *Photoshop verweigert für 8-Bit-Farbdateien viele Filter, Farbkorrekturen und die komplette Ebenentechnik. Soll ein 8-Bit-Farbbild doch bearbeitet werden, wechseln Sie vorübergehend zurück zu RGB (»Bild: Modus: RGB-Farbe«). Das JPEG-Format speichert* INDIZIERTE FARBEN *nicht.*

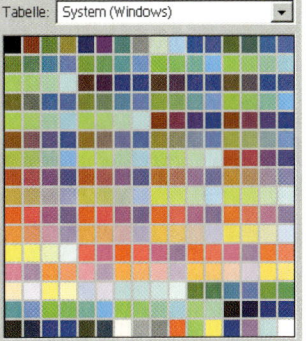

Abbildung 4.17:
Die Systempalette reduziert das Bild auf 256 gleichmäßig verteilte Farben und führt zu harten Übergängen. Die Farbtabelle zeigt Photoshop mit dem Befehl »Bild: Modus: Farbtabelle«, sofern Sie bereits ein Bild mit »Indizierten Farben« bearbeiten.
Datei: Indiziert

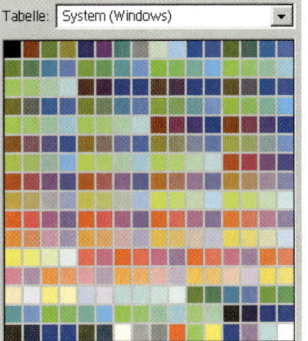

Abbildung 4.18:
Deutlich bessere Ergebnisse erzielt die Systempalette in Verbindung mit »Diffusion Dithering«; nicht verfügbare Farben werden durch Farbstreuung simuliert. Allerdings können einheitliche Farbflächen zu einem Streuselmuster aufbrechen und das Ergebnis lässt sich schlechter komprimieren.

Abbildung 4.19:
Paletten wie »Adaptiv«, »Perzeptiv« oder »Selektiv« greifen die 256 häufigsten Farbtöne im Bild heraus und erzielen so deutlich bessere Ergebnisse als die System- oder Web-Palette. Allerdings kann es zu Farbverfälschungen kommen, wenn mehrere Bilder auf einem Rechner angezeigt werden, der insgesamt nur 256 Farben darstellt.

4.8 Bitmap-Modus

Der **Modus: Bitmap** reduziert das Bild auf zwei Tonwerte – Schwarz und Weiß. Die Datei muss vorab im GRAUSTUFEN-Modus vorliegen, die Druckmaße müssen exakt stimmen und sollten später nicht geändert werden, auch nicht im Layoutprogramm. Einzig die gänzlich ungerasterte Bitmap-Version, die mit der SCHWELLENWERT-Methode entsteht, dürfen Sie nachträglich skalieren. Außerdem müssen Sie die exakte Hardware-Auflösung Ihres Druckers oder Belichters nennen, um nicht bloß Schrott auf Papier zu bringen; je höher die vorgegebene Druckerauflösung, desto größer wird das Bitmap-Resultat.

Prüfen Sie gerasterte BITMAP-*Bilder in der Zoomstufe 100 Prozent (`Strg`+`Alt`+`0`), sonst erscheinen sie eventuell stark verfälscht.*

4.8.1 Verwendung

Der Bitmap-Modus empfiehlt sich, wenn Sie Dateien für Drucker aufbereiten, die ohnehin nur zwei Farben kennen und Zwischentöne durch Rastern vortäuschen – also etwa Laserdrucker oder Laserbelichter. Durch geschicktes Rastern – das enge Nebeneinanderstellen von weißen und schwarzen Bildpunkten – bereiten Sie das Foto im Bitmap-Modus für den Druck mit Laserbelichtern oder anderen Druckern vor.

In der Regel überlassen Sie diesen Schritt dem Drucker oder dem Raster Image Processor (RIP) beim Belichter; aber das Vorabrastern in Photoshop bietet zusätzliche Kontrollmöglichkeiten und ist auch nützlich, wenn Sie das Bild etwa vielfach per Laserdrucker ausdrucken oder per Fotokopierer vervielfältigen wollen.

Auch wenn Sie eine reine Schwarzweißstrichgrafik vor sich haben, lohnt sich eventuell der BITMAP-Modus: Je Pixel benötigen Sie im Vergleich zum Graustufenmodus nur ein Achtel des Speichers. Allerdings lässt sich ein BITMAP-Bild kaum bearbeiten, Sie müssen wieder zurück in den Graustufenmodus wechseln.

Sie haben auch im **Drucken**-*Dialog die Möglichkeit, individuell zu rastern; dort verändern Sie nicht die Bilddatei, sondern nur den aktuellen Ausdruck.*

Bitte ein »Bitmap«

Nur Photoshop-Hersteller Adobe nennt Schwarzweißbilder BITMAPS, in der übrigen Grafikwelt heißen sie Line-Art, Strichgrafik oder Ein-Bit-Datei. Die Photoshop-Bitmaps, die hier besprochen werden, haben nichts zu tun mit »Bitmap« als Dateiformat. Weitere Bedeutung des Wortes: Unter Bitmap versteht man allgemein eine aus Pixeln und nicht aus Kurven und Füllflächen zusammengesetzte digitale Grafik, egal in welchem Dateiformat und mit wie viel Farben.

Bitmap-Modus Kapitel 4

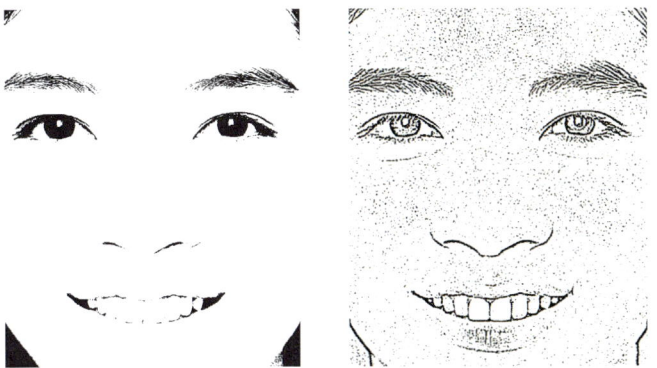

Abbildung 4.20:
Links: Die Schwellenwert-Methode sorgt für harte Schwarzweißgegensätze und erzeugt keinen Graustufeneindruck. Rechts: Mit Weichzeichner, Hochpass-Filter und Schwellenwertregler lässt sich der Effekt besser steuern. Vorlage: Bitmap

4.8.2 Umwandlungsmethode »Schwellenwert 50%«

Beim Wechsel in den BITMAP-Modus bietet Photoshop verschiedene Umwandlungsmethoden an – unterschiedliche Rastertechniken, die das spätere Aussehen der Bitmap-Datei entscheidend beeinflussen.

Das Verfahren SCHWELLENWERT 50% macht alle Tonwerte ab 50 Prozent Deckkraft schwarz, die helleren darunter allesamt weiß. So erhalten Sie ein sehr hartes, grafisches, flächiges Schwarzweißbild, das an eine schlechte Fotokopie erinnert. In diesem Fall wird gar nicht erst versucht, Halbtöne durch ein Raster zu simulieren.

Sinnvoll ist die **Bitmap**-Option SCHWELLENWERT 50 % ohne vorherige Bearbeitung des Bildes, wenn Sie schon eine reine Schwarzweißgrafik vor sich haben – zum Beispiel einen Schriftzug oder eine Unterschrift ohne Kantenglättung.

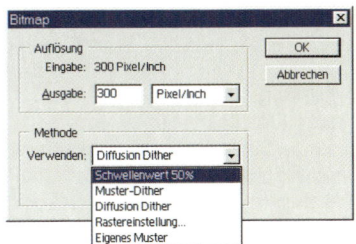 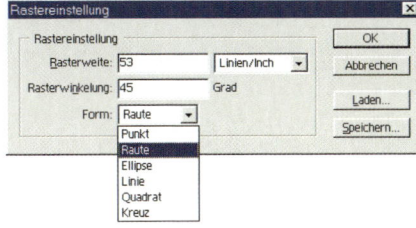

Abbildung 4.21:
Links: Der »Bitmap«-Befehl erzeugt ein Bild aus nur zwei Farben – Schwarz und Weiß. Rechts: Geschickte Rastertechnik erweckt dennoch den Eindruck von Halbtönen.

 Die SCHWELLENWERT-Methode lässt sich feinsteuern. Wählen Sie – im GRAUSTUFEN-Modus – **Bild: Einstellungen: Schwellenwert**. Noch vielseitigere Ergebnisse erzielen Sie, wenn Sie Weichzeichner und **Hochpass**-Filter dazunehmen (Seite 842).

4.8.3 Umwandlungsmethoden mit »Dithering«

Anders als beim üblichen Rastern täuscht Photoshop beim Dithering unterschiedliche Grauwerte nicht durch unterschiedliche dicke schwarze Punkte vor; stattdessen sorgt die unterschiedliche Häufung gleich großer Punkte je Quadratzentimeter für den jeweiligen Helligkeitseindruck. Ihre Möglichkeiten:

- Die Option MUSTER-DITHER setzt die Grauwerte in ein regelmäßiges Muster schwarzer und weißer Bildpunkte gleicher Größe um.

- Interessanter als MUSTER-DITHER wirkt das Verfahren DIFFUSION-DITHER – eine körnige Zufallsverteilung schwarzer und weißer Bildpunkte. Photoshop berechnet die durchschnittliche Helligkeit einzelner Bildfelder und erzeugt ein Zufallsmuster von Punkten auf Basis der Helligkeit.

DIFFUSION-DITHER erscheint gegenüber MUSTER-DITHER und gegenüber konventionellem Rastern vorteilhaft am Monitor und auf älteren Laserdruckern. Dies gilt allerdings nur für Halbtonbilder – bei Grafiken stört das körnige DIFFUSION-DITHER eher, denn es bildet einfarbige Flächen nicht ganz einheitlich ab.

Photoshop bietet DIFFUSION-DITHER *beim Drucken nicht an. Dithern Sie eine entsprechende Graustufendatei also vorab per* **Modus**-*Befehl. Eventuell enthält jedoch Ihr Druckertreiber eine vergleichbare Option, auch unter Bezeichnungen wie »Error Diffusion«, »Fehlerstreuung« oder »Streuraster«.*

 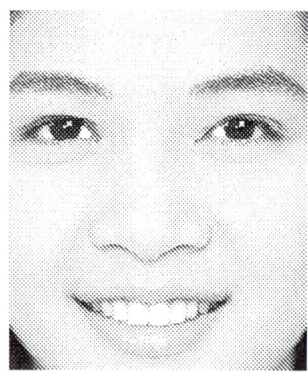

Abbildung 4.22:
Links: »Diffusion Dithering« erzeugt ein körniges Streuraster. Rechts: Punktraster mit 45 Grad Rasterwinkelung ist eine verbreitete Rasterform. Beide Bilder wurden für niedrige 300-dpi-Druckerauflösung gerastert, so dass die Rasterwirkung hervortritt. Vorlage: Bitmap

4.8.4 Umwandlungsmethode »Rastereinstellung«

Die RASTEREINSTELLUNG erzeugt die Wirkung eines Graustufenbildes im üblichen Rasterdruck. Beim Rastern arbeiten Sie – im Gegensatz zum Dithering – mit unterschiedlich großen schwarzen Rasterpunkten auf weißer Fläche. Je Längeneinheit wird die Zahl der Rasterpunkte vorgegeben, zum Beispiel 53 pro Zoll (53 dpi); das ist die RASTERWEITE, also der Abstand zwischen den Mittelpunkten der einzelnen Rasterzellen. Je mehr besonders große Rasterpunkte auf einem Inch erscheinen (und damit viel weißes Papier überdecken), desto dunkler wirkt diese Zone.

Einzustellen ist außerdem die RASTERWINKELUNG: Wenn die Rasterpunkte nicht nebeneinander auf einer geraden Linie liegen, sondern im 45-Grad-Winkel durchs Bild laufen, fallen sie weniger ins Auge.

Dazu bietet Photoshop unterschiedliche Rasterformen. In der Regel verwendet man den elliptischen Punkt, der weicher erscheint als der runde, allerdings auch mehr Tonwertzuwachs erzeugt. Meist überlässt man freilich das Rastern dem Druckertreiber oder dem Raster Image Processor (RIP) am Druckfilmbelichter.

*Geht es Ihnen nur um einen grafischen Rastereffekt, verwenden Sie **Filter: Vergröberungsfilter: Farbraster** (Seite 866).*

4.8.5 Umwandlungsmethode »Eigenes Muster«

Die BITMAP-Option EIGENES MUSTER wendet Rasterstrukturen wie etwa Marmor oder Textil auf ein Bild an. Weitere Möglichkeit: Sie bauen ein Bild aus vielfachen Kopien seiner selbst auf. Sie definieren das Muster, indem Sie einen Bildteil mit dem Auswahlrechteck einrahmen und dann **Bearbeiten: Muster festlegen** verwenden.

Ein kleineres Muster wird mehrfach kachelig aneinander gesetzt. Solche vielfach aneinander gesetzten Muster wirken oft am besten; verkleinern Sie ein Duplikat des geplanten Musters mit dem **Bildgröße**-Befehl aus dem **Bild**-Menü oder per **Bearbeiten: Frei Transformieren** (Strg + T).

4.9 Duplex-Modus

Der DUPLEX-Modus ist eine Besonderheit von Photoshop, die Sie in anderen Programmen nicht wiederfinden. Darum müssen Sie DUPLEX-Bilder im Photoshop-Format abspeichern oder als EPS. DUPLEX-Bilder bestehen aus einer oder mehreren Druckfarben. Dabei übernehmen die einzelnen Farben nicht unterschiedliche Farbtöne, sondern unterschiedliche Helligkeitsstufen.

Ein Beispiel: Sie drucken eine Datei im DUPLEX-Modus mit Schwarz und Cyan; Schwarz gibt vor allem die dunklen Bildpartien wieder, um Tiefe zu erzeugen, Cyan die helleren Zonen. Sie erhalten einen blaugetonten Schwarzweißabzug.

Verwenden Sie eine bis vier Sonderfarben. Ein Bild mit nur einer einzigen Farbe – die hier auch SONDERFARBE heißt – ist wie ein Graustufenbild, das statt mit schwarzer zum Beispiel mit blauer Farbe gedruckt wird. Duplex, Triplex und Quadruplex sind dagegen Graustufenbilder, die mit zwei, drei oder vier Druckfarben zu Papier gelangen, darunter meist Schwarz. Den Anteil der einzelnen Druckfarben steuern Sie über Gradationskurven. Als Extrafarbe verwenden Sie eine der üblichen Prozessfarben Magenta, Cyan oder Yellow oder auch eine spezielle Spotfarbe eines Druckfarbenherstellers.

Kapitel 4   Farbmodus

Kalte Blautonungen, nostalgische Sepiaeffekte und viele andere Varianten sind möglich. Photoshop schreibt eine Reihe von Voreinstellungen auf Ihre Festplatte; suchen Sie nach dem Photoshop-Verzeichnis »Vorgaben/Duplex«. Das Verzeichnis unterteilt sich in Zwei-, Drei- und Vierfarbeffekte, die wiederum gegliedert sind nach reinen Graustufeneinstellungen, Verwendung von verschiedenen Standarddruckfarben (»Process Duotones«) und Verwendung von Sonderfarben.

Wenn Sie nicht das Gesamtbild tonen, sondern innerhalb eines Graustufenbildes farbige Akzente setzen wollen, fügen Sie Schmuckfarben hinzu. Gemeint ist eine beliebige zusätzliche Druckfarbe, die Sie mit der Kanäle-Palette steuern (Seite 605).

Abbildung 4.23:
Links: Um den Duplex-Modus zu nutzen, legen Sie zunächst eine Graustufendatei an.
Mitte: Die Druckfarben Cyan und Schwarz erzeugen eine Blautonung.
Rechts: Die Druckfarben Magenta und Schwarz färben das Bild rötlich.

4.9.1 Verwendung

Der Vorteil eines solchen DUPLEX-Bildes: Sie erzeugen eine Farbwirkung mit nur zwei Druckfilmen, etwa Schwarz und Magenta. Dagegen brauchen Sie für den üblichen CMYK-Druck vier Filme und Farben. Sie können auch zwei Schwarz- oder Grautöne verwenden, um besonders fein nuancierte Graustufenfotos zu Papier zu bringen. Denn während eine Graustufendatei zwar 256 Schattierungen enthalten kann, beherrscht die Druckmaschine oft nur gut 50 Abstufungen pro Druckfarbe. Drucken Sie also die Schatten eines Graustufenbildes mit einem eigenen Druckfilm mit Schwarz, den Rest dagegen mit der grauen Farbe, erhalten Sie eine besonders feine Durchzeichnung des gesamten Tonwertspektrums.

*Vielleicht brauchen Sie nur eine schnelle Tonung, Sie wollen jedoch CMYK oder RGB verwenden und nicht das komplizierte DUPLEX. Dann verwenden Sie die Option FÄRBEN des Befehls **Farbton/Sättigung** ([Strg]+[U], Seite 457). Sie funktioniert auch mit GRAUSTUFEN-Bildern, wenn Sie diese zuvor in einen Farbmodus wie RGB umwandeln. Weitere Möglichkeit: der Befehl **Bild: Einstellungen: Kanalmixer**. Schalten Sie dort die Option MONOCHROM ein und wieder aus.*

4.9.2 Duplex-Bilder und andere Modi

Da die DUPLEX-Kanäle nicht auf Farben, sondern auf Helligkeiten verteilt sind, lassen sich DUPLEX-Dateien nicht in übliche CMYK-Kanäle aufteilen. Photoshop behandelt sie weiter wie ein 8-Bit-Graustufenwerk mit einem Kanal. Dennoch können Sie auf mehrere Arten quasi einzelne Auszüge – den Schwarzanteil, den Cyananteil – begutachten und bearbeiten:

- Behandeln Sie das fertige Bild mit **Bild: Modus: Mehrkanal** und rufen Sie den gewünschten Kanal über die Kanäle-Palette auf; gehen Sie aber vor dem Abspeichern zurück in den DUPLEX-Modus, indem Sie die Modusänderung widerrufen. Wollen Sie das Bild mit üblichen CMYK-Platten ausgeben, benennen Sie die DUPLEX-Farben nach Bedarf mit »Cyan«, »Magenta«, »Gelb« oder »Schwarz«.

- Oder springen Sie von **Duplex** in den **CMYK-Modus**. Dazu wählen Sie vorab im Dialogfeld EIGENES CMYK (siehe Seite 194) den SCHWARZAUFBAU: MAXIMUM. Bei anderen Vorgaben würde Photoshop die Neutraltöne über alle Farbkanäle eines CMYK-Bildes streuen und nicht im Schwarzkanal konzentrieren.

Sie können das DUPLEX-Bild ohne Informationsverlust in den **RGB-Modus** konvertieren und dann in einem der vielen Dateiformate speichern, die RGB-Bilder aufnehmen, zum Beispiel TIFF oder JPEG.

Wechsel zum Mehrkanalmodus

Der Mehrkanalmodus spielt vor allem bei Duplex-Bildern eine Rolle. Er zerlegt Bilder im DUPLEX-Modus in einzelne Farbauszüge. Photoshop verwandelt die ursprünglichen Kanäle in Schmuckfarbenkanäle. Aus CMYK-Bildern werden dabei Schmuckfarbenkanäle für Cyan, Magenta, Gelb und Schwarz, aus RGB macht Photoshop Cyan, Magenta und Gelb. Löschen Sie einzelne Farbkanäle aus RGB- oder CMYK-Dateien, erklärt Photoshop den Rest automatisch zum Mehrkanalbild. Nur die Dateiformate Photoshop und DCS 2.0 (eine EPS-Variante) verkraften diesen Modus.

Wollen Sie das DUPLEX-Bild in einem Layoutprogramm einsetzen, speichern Sie es in den Dateiformaten EPS oder PDF.

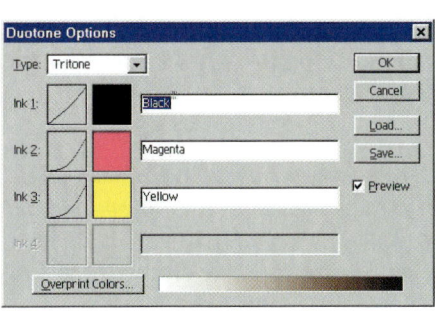
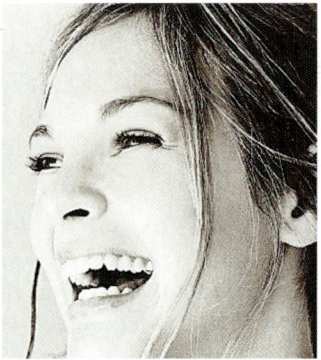

Abbildung 4.24:
Mit Magenta und Gelb zusätzlich zu Schwarz entsteht ein Braunton.

4.9.3 Das Vorgehen

Bevor Sie von einem Farbbild in den DUPLEX-Modus wechseln, erstellen Sie zunächst eine Graustufendatei. Dann geben Sie im Dialogfeld DUPLEX die BILDART an, etwa DUPLEX oder TRIPLEX, also mit wie viel Farben Sie drucken wollen.

Druckfarbe festlegen

Legen Sie die Druckfarbe fest, indem Sie in das Farbfeld der jeweiligen Druckfarbe klicken: Dann taucht der Farbwähler auf, in dem Sie sich bedienen; oder Sie klicken sich weiter zur FARBTAFEL, um die fertige Druckfarbe eines Farbenherstellers anzuwählen. Nach Schließen des Farbwählers sehen Sie Farbe und Farbnamen im DUPLEX-Dialog. Alternativ LADEN Sie einen fertigen Kurvensatz aus Photoshops Duplex-Verzeichnissen.

Rücknahme

Beim Öffnen zeigt das Dialogfeld die letzte verwendete DUPLEX-Einstellung. Drücken Sie die [Alt]-Taste und klicken Sie auf die ZURÜCK-Schaltfläche, um das Bild auf eine einzige Sonderfarbe zurückzusetzen. Haben Sie bereits Angaben verändert, bringt dieser [Alt]-Klick Sie zurück zur Einstellung bei Öffnen des Dialogfelds.

Gradationskurven bearbeiten

Mit den DUPLEX-Gradationskurven regeln Sie, welcher Tonwertbereich mit welcher Druckfarbe wiedergegeben werden soll. Sie sehen Skizzen der Gradationskurven bereits neben den Sonderfarben im DUPLEX-Dialog. Klicken Sie auf die Kurven, um den DUPLEX-Gradationskurven-Dialog zu öffnen, und korrigieren Sie die Kurve für jede Farbe nach Ihren Vorstellungen.

Heben Sie die Kurve an, wird der entsprechende Tonwertbereich der zugehörigen Farbe verstärkt. Ziehen Sie die Kurve im linken Bereich nach unten, dann schwächen Sie die Lichter dieser Druckfarbe. Es geht auch durch Eintippen: Geben Sie etwa bei »100%« eine 60 an, dann erscheinen die tiefsten Schatten dieses Bildes in dieser Farbe nur noch mit maximal 60 Prozent; entsprechend rutscht das rechte Ende der Kurve nach unten. Weitere Informationen zur Handhabung von Gradationskurven bei der Kontrastkorrektur finden Sie ab Seite 444.

Überfrachten Sie einen Tonwertbereich nicht – zeigt er zugleich volles Cyan und Black, also jeweils mit strikt diagonaler Gradationskurve, dann gerät das Werk zu dunkel. Schwarz sollte den dunklen Bereichen Tiefe geben; in den Lichtern dagegen brauchen Sie es nicht unbedingt – senken Sie also die Schwarzkurve im linken Bereich ab.

*Die Info-Palette (Seite 108) meldet den Druckfarbauftrag bei geöffnetem Dialogfeld. Lassen Sie das AKTUELLE FARBSYSTEM anzeigen und führen Sie den Mauszeiger über das Bild. Sie können diese Palette auch bei geöffnetem DUPLEX-Dialog mit dem **Fenster**-Menü laden und auf die gewünschte Anzeigeform einrichten.*

4.9.4 Druckreihenfolge und Rasterung

Die Reihenfolge, in der Sie die Farben drucken, wie auch die Rasterung haben entscheidenden Einfluss auf die Bildwirkung. Voll gesättigte Farben erhalten Sie, wenn Sie die dunkleren vor den hellen Farben drucken. Geben Sie also im DUPLEX-Dialog oben die dunkleren Druckfarben, darunter die helleren ein. Im Rasterungsdialog verwenden Sie im Zweifelsfall die Option AUTO, um Photoshop die optimalen Rasterwinkel und Rasterweiten bestimmen zu lassen. Im Dialog AUTORASTERUNG muss die GENAUE RASTERUNG angeklickt sein, wenn Sie es mit einem PostScript-Level-II-Drucker zu tun haben.

Bildschirmdarstellung

Wie die Farben zum Überdrucken am Bildschirm dargestellt werden, regeln Sie nach einem Klick auf FARBEN ÜBEREINANDERDRUCKEN im DUPLEX-Dialog. Dazu halten Sie ein Beispiel von bereits übereinander gedruckten Farben neben den Bildschirm. Sie sollten den Monitor bereits kalibriert haben. So geht's weiter:

1. Klicken Sie auf das Farbfeld der Farbmischung, die Sie einstellen wollen. Der Farbwähler erscheint.
2. Wählen Sie die Farbe, die dem Ausdruck entspricht, aus dem Farbwähler und bestätigen Sie mit OK.
3. Wiederholen Sie diese Schritte, bis Sie die Farben zum Überdrucken wie gewünscht eingestellt haben.

Wohlgemerkt: Dieses Dialogfeld beeinflusst nur die Monitordarstellung, nicht jedoch den Druck selbst.

5 Öffnen, Speichern, Dateiformate

Die Möglichkeiten zum Öffnen und Speichern bei Photoshop und ImageReady sind weit vielfältiger als bei anderen Programmen. Zentralorgan für diese Verrichtungen ist das **Datei**-Menü. Dort starten Sie auch Scanner-Operationen und legen neue Bilder an.

5.1 Eine neue Datei anlegen

Mit **Datei: Neu** ([Strg]+[N], am Mac [⌘]+[N]) erzeugen Sie eine leere Fläche, die Sie beliebig füllen können, etwa mit Text oder einer Fotomontage. Wählen Sie zuvor aus den Listenfeldern des NEU-Dialogs die passende Maßeinheit, geben Sie BREITE, HÖHE, AUFLÖSUNG und den Farb-MODUS an oder wählen Sie eine VOREINSTELLUNGSGRÖSSE. (Sie können Pixelgröße, Druckmaß und Farbmodus der neuen Datei später noch ändern.)

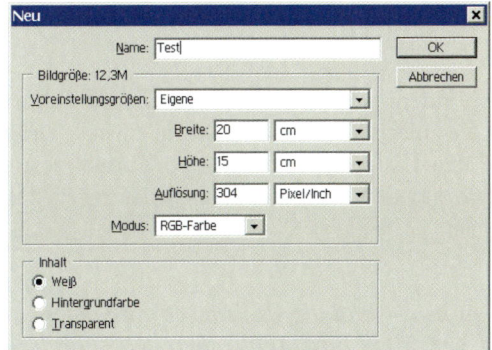

Abbildung 5.1:
Beim Anlegen einer neuen, leeren Datei entscheiden Sie über Pixelzahl, Farbe und Farbmodus.

ImageReady bietet als Maßeinheit nur Pixel, nicht aber Zentimeter; auch eine Auflösung können Sie nicht angeben. Neben dem Wort BILDGRÖSSE verkündet Photoshop, wie viel Mbyte Speicherplatz die geplante Datei benötigt. Nicht erschrecken: Erzeugen Sie eine TRANSPARENTE Datei, erscheint das Bild mit einem Schachbrettmuster; es signalisiert, dass das Bild keine Pixel enthält.

Nutzen Sie den NEU-Dialog als Taschenrechner, um herauszufinden, welche Auflösung oder welche Druckmaße zu welcher Dateigröße führen. Oder stellen Sie Ihren Rechner auf die Probe und erzeugen Sie eine extrem große Datei, die zum Beispiel den physikalischen Arbeitsspeicher dreimal überschreitet – 10.000 x 10.000 Pixel im CMYK-Modus produzieren immerhin einen 400-Mbyte-Brocken. Testweise können Sie in dieser Datei noch malen, scharfzeichnen oder die »Hintergrund«-Ebene verdoppeln.

Kapitel 5   Öffnen, Speichern, Dateiformate

»Voreinstellungsgrößen«

Das Klappmenü VOREINSTELLUNGSGRÖSSEN bietet neben verschiedenen Vorgaben mit Zentimeter- oder Pixel-Orientierung wie A4 oder 2 x 3 (inch) auch das STANDARD-PHOTOSHOP-FORMAT. Damit ist eine Graustufendatei mit 454 x 340 Bildpunkten gemeint, die sich bei 72 dpi rund 16 x 12 Zentimeter groß druckt.

> *Erweitern Sie das Menü für die VOREINSTELLUNGSGRÖSSEN um eigene Vorgaben. Dazu öffnen Sie im Photoshop-Unterverzeichnis »Required« die Datei »Neue Stddokumentformate.txt« (Windows) beziehungsweise »Neue Dokumentformate.txt«. Verwenden Sie ein Textprogramm, das Tabulatoren anzeigt. In der Datei selbst finden Sie weitere Hinweise.*

5.1.1 Bilddaten übernehmen

Sie können Pixeldaten in den NEU-Dialog übernehmen – von geöffneten Bildern, von zuvor erstellten Dateien oder aus der Zwischenablage:

➤ Wählen Sie bei geöffnetem NEU-Dialog ein Bild im Untermenü **Fenster: Dokumente** aus, um die Größe dieses Fotos in den **Neu**-Dialog zu übertragen.

➤ Haben Sie ein Bild oder einen Bildausschnitt in die Zwischenablage kopiert, dann zeigt der NEU-Dialog die entsprechenden Größenmaße und den passenden Farbmodus. Übernehmen Sie diese Maße, um das Werk aus der Zwischenablage ohne Randverlust in die neue Bilddatei einzufügen.

Sie ignorieren die Werte aus der Zwischenablage, indem Sie den Befehl **Neu** bei gedrückter `Alt`-Taste anklicken. Photoshop greift nun auf die zuletzt verwendeten Werte zurück. Drücken Sie wie üblich die `Alt`-Taste, damit der **Neu**-Dialog die Schaltfläche **Zurück** zeigt; damit setzen Sie nach Änderungen das Dialogfeld auf den Wert direkt nach Aufrufen des Befehls zurück.

TIPP

*Auch so kommen Sie schnell zu einem neuen Bild auf Basis eines vorhandenen: Duplizieren Sie das geöffnete Foto per **Bild: Bild duplizieren** oder mit der Schaltfläche NEUES DOKUMENT ERSTELLEN aus der Protokoll-Palette. Die Tastenfolge `D`, `Strg`+`←` füllt das duplizierte Foto mit Weiß.*

5.1.2 Bilder aus Scanner oder Digitalkamera importieren

Sie können aus Photoshop heraus ein Bild scannen. Unter Windows geschieht dies meist über die Twain- oder WIA-Schnittstelle, am Mac oft über ein Plug-In-Modul. Wenn das Scannen aus Photoshop heraus nicht gelingt, scannen Sie mit dem Programm des Scanner-Herstellers, speichern das Bild im TIFF-Format und arbeiten damit in Photoshop weiter.

Sofern Ihr Scanner per **Importieren**-Funktion ansprechbar ist, lassen sich die frischen Scans direkt in die Stapelverarbeitung übernehmen. Sie wenden also Befehlsfolgen an, die Sie mit der Aktionen-Palette aufgezeichnet haben. Verwenden Sie **Datei: Automatisieren: Stapelverarbeitung**, im Klappmenü QUELLE wählen Sie IMPORT (Seite 123).

Achten Sie beim Scannen darauf, dass die Dateien weder zu klein noch viel zu groß ausfallen. Die dpi-Zahl allein sagt nichts über die spätere Qualität aus, sondern es kommt auf die dpi-Zahl in Verbindung mit der Druckfläche an beziehungsweise auf die absolute Zahl der Bildpunkte quer mal hoch (Seite 155).

Scannen mit der Twain-Funktion

Die Twain-Schnittstelle verbindet Grafikprogramme mit Scannern oder Digitalkameras. Installieren Sie zunächst die Twain-Software des Geräts und starten Sie eventuell den Rechner neu. In Photoshop finden Sie den Scanner dann im Untermenü **Datei: Importieren**. ImageReady erfordert beim ersten Zugriff zunächst den Befehl **Datei: Importieren: Twain auswählen**.

Scannen mit einem Plug-In

Sofern Sie mit einem Plug-In-Modul arbeiten, kopieren Sie erst die entsprechenden Plug-Ins des Geräteherstellers in eines der von Photoshop unterstützten Plug-In-Verzeichnisse (Seite 833). Anschließend finden Sie den Scan-Dialog im Untermenü **Datei: Importieren**.

Scannen und Importieren mit der Wia-Funktion

Die WIA-Funktion finden Sie nur bei Windows ME und XP. Zunächst wählen Sie **Datei: Importieren: WIA-Unterstützung** und legen einen Speicherort fest. Schalten Sie die Option zum Öffnen importierter Bilder ab, wenn sie nur auf der Festplatte, aber nicht auch auf Photoshops Arbeitsfläche landen sollen. Nach dem Klick auf START wählen Sie ein Gerät aus, also meist Digitalkamera oder Scanner. Die gewünschten Bilder legen Sie wie üblich mit Klicks, ⇧-Klicks oder Strg-Klicks fest.

5.1.3 »Duplizieren«

Die aktive Datei im Programmfenster duplizieren Sie auf diese Arten, wenn Sie mehrere Varianten einer Datei benötigen:

- Wählen Sie **Bild: Bild duplizieren.** Sie haben hier die Option AUF EINE EBENE REDUZIEREN; dabei verschmelzen alle aktuell sichtbaren, oben liegenden Bildpunkte. Sie übergehen das lästige DUPLIZIEREN-Dialogfeld, wenn Sie den Befehl mit gedrückter Alt-Taste anklicken.

- Besonders schnelles Duplizieren ermöglicht die Schaltfläche NEUES DOKUMENT in der Photoshop-Protokoll-Palette.

Kapitel 5　　Öffnen, Speichern, Dateiformate

Allerdings findet das Duplizieren zunächst nur im Arbeitsspeicher statt – Sie müssen das verdoppelte Dokument noch von Hand auf die Festplatte schreiben.

TIPP　*Verwechseln Sie **Bild duplizieren** nicht mit dem Befehl **Ansicht: Neues Fenster**: Dieser erzeugt zwar eine weitere Ansicht der Datei, doch handelt es sich immer noch um ein und dieselbe Datei, die jetzt in zwei Fenstern gleichzeitig auftritt. Das **Duplizieren** dagegen beschert Ihnen eine neue, unabhängige Datei, die Sie separat speichern.*

Duplizieren in ImageReady

ImageReady bietet zusätzlich folgende Funktionen:

➡ Wollen Sie das Original duplizieren, aktivieren Sie die ORIGINAL-Ansicht oben im Bildfenster und ziehen diesen Namen bei gedrückter [Alt]-Taste aus dem Bildfenster.

➡ Um eine »optimierte« Version zu duplizieren – die also bereits in ein internetgängiges Format wie GIF oder JPEG umgewandelt ist –, aktivieren Sie den entsprechenden Reiter oben im Bildrahmen und ziehen diesen bei gedrückter [Alt]-Taste heraus. Alternativ verwenden Sie **Bild: Optimiert-Version duplizieren**.

TIPP　*Achten Sie in ImageReady darauf, tatsächlich die [Alt]-Taste zu drücken, wenn Sie eine Datei wie beschrieben durch Ziehen duplizieren möchten. Ziehen Sie ohne [Alt]-Taste, entspricht dies dem Befehl **Ansicht: Neues Fenster** – Sie erhalten zwar neue Darstellungen des Bildes, aber jedes einzelne Fenster zeigt stets ein und dieselbe Datei. Sie können dann das Duplikat nicht unabhängig vom Original bearbeiten.*

5.2　Dateien öffnen

Wenn Sie die Möglichkeiten zum schnellen Öffnen von Bildern beherrschen, lässt sich Photoshop weitaus zügiger bedienen.

5.2.1　Öffnen

Das Dialogfeld zum Befehl **Datei: Öffnen** ([Strg]+[O]) erhalten Sie unter Windows auch per Doppelklick auf die leere Photoshop-Arbeitsfläche. Photoshop zeigt hier den Standarddialog Ihres Betriebssystems. Klicken Sie eine Einzeldatei einmal an, zeigt Photoshop in den meisten Fällen eine Miniaturansicht des Bildes – und zwar unabhängig davon, ob Sie die Option BILDÜBERSICHTEN SPEICHERN nutzen (Seite 229). Darunter lesen Sie überdies den Festplattenbedarf der markierten Datei (im Arbeitsspeicher kann sie weit mehr Platz beanspruchen). Markieren Sie im **Öffnen**-Dialog bei Bedarf ganze Bildreihen mit gedrückter Umschalttaste. Eine Zusammenstellung nicht benachbarter Dateien entsteht per [Strg]-Taste. Vorschauen oder Dateigrößen zeigt Photoshop nun allerdings nicht.

Ausgewählte Bilder aus dem Dateibrowser (Seite 66) öffnen Sie per Doppelklick, per Eingabetaste oder durch Ziehen auf die Programmfläche.

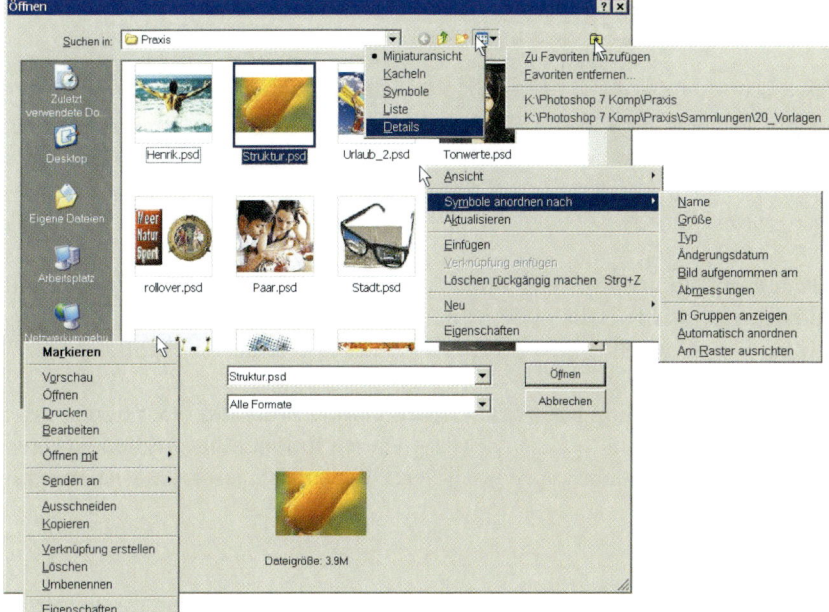

Abbildung 5.2:
Die Abbildung zeigt den »Öffnen«-Dialog mit der Miniaturansicht unter Windows XP. Über Kontextmenüs stehen zahlreiche Funktionen zur Dateiverwaltung bereit. Ähnliche Möglichkeiten bietet auch der »Speichern«-Dialog.

»Letzte Dateien öffnen«

Der Befehl **Datei: Letzte Dateien öffnen** listet bis zu 30 Bildern auf, die Sie zuletzt verwendet hatten. Wie viele Dateien Photoshop hier nennt, richten Sie im Bereich DATEIEN VERARBEITEN der VOREINSTELLUNGEN ([Strg]+[K]) ein.

TIPP   *Möchten Sie eine Montage-Datei so öffnen, dass Photoshop statt der Einzelebenen die im Bild gespeicherte »flache« Ansicht der Datei lädt? Dazu drücken Sie beim Laden per **Öffnen**, Dateibrowser oder **Letzte Dateien** [Alt]- und Umschalttaste. Nach einer Rückfrage erhalten Sie eine Datei, die nur aus einer »Hintergrund«-Ebene besteht.*

5.2.2 Öffnen per Explorer oder Bilddatenbank

Einfacher öffnet es sich oft, wenn Sie ein Bild in einer Dateiliste wie dem Datei-Explorer markieren und von dort auf das Photoshop-Symbol ziehen, unter Windows auch auf die Photoshop-Programmfläche. Photoshop wird das Bild öffnen, sofern er das Format erkennt; in diesem Moment darf aber kein Dialogfeld offen sein. Auch mehrere Bilder gleichzeitig bringen Sie so rasch ins Geschehen – markieren Sie die Bildersammlung mit [Strg]- oder [⇧].

Ebenso ziehen Sie aus Bilddatenbanken Miniaturen über die Photoshop-Fläche; dort wird das Programm die Originaldateien eifrig öffnen. Möglicherweise bietet Ihre Bilddatenbank Programme wie Photoshop auch in Kontextmenüs an. Photoshop lädt die Datei auf jeden Fall als unabhängiges Bild und setzt sie nicht in ein bereits aktives Bild ein – auch wenn Sie die neue Datei über dem vorhandenen Werk loslassen.

Vorsicht in ImageReady: Wenn Sie eine Datei über ein geöffnetes Bild ziehen, wird die Datei sofort als Montage-Ebene in das Bild eingesetzt und öffnet sich nicht mehr in einem eigenen Fenster. Lassen Sie das Bild deshalb über der sichtbaren Programmfläche oder über der Titelleiste des Programms los.

Sofern Sie Dateiformate mit Photoshop verknüpft haben (Seite 48), klicken Sie doppelt auf eine solche Datei: Photoshop wird – falls noch nicht geschehen – starten und dann das entsprechende Bild öffnen. PSD-Dateien sind von Haus aus mit Photoshop verknüpft.

Bei einigen Dateitypen zeigt Photoshop nach dem **Öffnen**-Dialog eine weitere Optionen-Box; dies gilt etwa für PDF, Photo CD oder »Generic EPS«. Diese Optionen besprechen wir weiter unten im Abschnitt »Dateiformate«. Eventuell zeigt Photoshop auch eine Farbprofil-Warnung (Seite 132).

5.2.3 Unbekannte Dateiformate öffnen

Mitunter erhalten Sie Bilddateien in einem unbekannten Format oder ohne Dateiendung wie ».tif« – dies passiert besonders beim Austausch zwischen verschiedenen Betriebssystemen oder beim Umbenennen. In diesem Fall lässt sich das Bild nicht über den normalen ÖFFNEN-Dialog laden. Photoshop bietet als Abhilfe folgende Maßnahmen:

»Öffnen als« (nur Windows)

Liegt Ihnen die unbekannte Dateiart auf einem Windows-Rechner vor, wählen Sie **Datei: Öffnen als**. Im Feld ÖFFNEN ALS DATEIFORMAT klicken Sie den Dateityp an, den das Bild haben könnte (zum Beispiel das weit verbreitete JPEG) und klicken dann die fragliche Datei an. Dieser Befehl erspart das vielfache Umbenennen mit verschiedensten Endungen.

Unbekanntes Dateiformat am Mac

Um eine rätselhafte Datei am Mac zu laden, gehen Sie so vor:

1. Verwenden Sie zunächst den **Öffnen**-Befehl.
2. Wählen Sie ALLE ZEIGEN aus dem Klappmenü ZEIGEN.
3. Klicken Sie die fragliche Datei einmal an.
4. Klicken Sie jetzt das mutmaßliche Dateiformat im Klappmenü FORMAT an, falls es nicht automatisch erkannt wird.
5. Klicken Sie auf ÖFFNEN.

Dateien öffnen | Kapitel 5

 TIPP *Am Mac hängt Photoshop in der Werksvorgabe die dreistellige Dateiendung wie ».tif« oder ».psd« automatisch an den Dateinamen an. Das erleichtert den Austausch mit Windows- und Unix-Nutzern erheblich. Mac-Nutzer können Photoshop jedoch dazu veranlassen, diese Endung nicht oder nur per Option anzuhängen. Die Vorgabe machen Sie in den* **Voreinstellungen** *im Bereich* DATEIEN VERARBEITEN.

5.2.4 »Favoriten«

In allen Dialogfeldern zum Öffnen und Speichern können Sie spezielle Verzeichnisse auf Ihrer Festplatte als FAVORITEN angeben. Dies gilt nicht nur beim **Speichern** oder **Öffnen** von Bilddateien, sondern für Gradationskurven oder Duplex-Einstellungen. Anschließend finden Sie diese Verzeichnisse besonders leicht per Favoriten-Menü in allen Öffnen- und Speichern-Dialogen. Der Dateibrowser bietet den hilfreichen Favoriten-Dienst allerdings nicht an.

»Favoriten« hinzufügen

So nehmen Sie ein Verzeichnis in die Favoriten-Liste auf:

1. Starten Sie einen Öffnen- oder Speichern-Dialog.
2. Öffnen Sie das Verzeichnis, das Sie aufnehmen möchten.
3. Klicken Sie rechts oben im Dialogfeld auf die Schaltfläche FAVORITEN.
4. Klicken Sie im Menü auf **Zu Favoriten hinzufügen**.

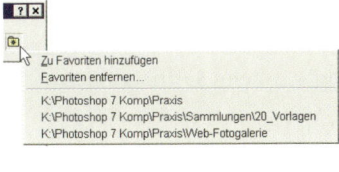 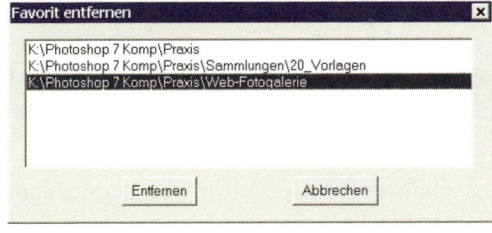

Abbildung 5.3:
Links: Die Schaltfläche »Favoriten« in den Dialogfeldern zum »Öffnen« und »Speichern« bietet wichtige Verzeichnisse schnell an.
Rechts: Der Befehl »Favorit entfernen« löscht die Einträge.

»Favoriten« entfernen

So entfernen Sie den Eintrag aus der FAVORITEN-Liste wieder:

1. Klicken Sie auf die Schaltfläche FAVORITEN.
2. Wählen Sie **Favoriten entfernen**.
3. Dann geben Sie in der Liste aller Favoriten das Verzeichnis an, das Sie aus den Favoriten verbannen wollen.

4. Klicken Sie auf die Schaltfläche ENTFERNEN.

5.2.5 »Arbeitsgruppe«

Sie können Dateien nach dem WebDAV-Prinzip verwalten. Das Kürzel steht für »Web Distributed Authoring and Versioning«, mehr Informationen erhalten Sie unter folgender Adresse:

http://www.webdav.org

Das Prinzip:

- Bilddateien werden auf einem Internet-Server verwaltet.
- Mehrere Personen können Bilder öffnen.
- Das Bild kann jedoch nur von einer Person geändert werden. Sie muss die Datei zunächst vom Server »auschecken« und nach der Bearbeitung wieder »einchecken«.
- Sie können Bilder hinzufügen oder für den gemeinsamen Zugriff sperren.

Vorbereitungen

Wählen Sie **Bearbeiten: Voreinstellungen: Dateien verarbeiten** und prüfen Sie, ob die Option ARBEITSGRUPPENFUNKTIONALITÄT AKTIVIERT eingeschaltet ist. Nur in diesem Fall finden Sie das Arbeitsgruppen-Symbol in der Statuszeile; es bietet einige Befehle aus dem Untermenü **Datei: Arbeitsgruppe** an. Richten Sie die Voreinstellungen ein:

- Beim AUSCHECKEN VOM SERVER: NIE heißt, Sie öffnen eine lokale Kopie der Datei ohne Rückfrage und ohne Ausschecken; IMMER bedeutet, die Datei wird beim Öffnen automatisch ausgecheckt; per FRAGEN erscheint ein Dialogfeld beim Öffnen einer nicht ausgecheckten Datei.
- Beim AKTUALISIEREN VOM SERVER: NIE bedeutet, sie öffnen eine lokale Kopie ohne Dialogfeld und erhalten eventuell nicht die neueste Version; IMMER verschafft Ihnen automatisch die neueste Fassung vom Server; ein Dialogfeld kann Sie aber bei Bedarf auch FRAGEN, ob Sie die jüngste Version des Bildes vom Server herunterladen möchten.

Wählen Sie auch **Datei: Arbeitsgruppe Arbeitsgruppenserver**, um einen Server für ein Team einzurichten.

Neue Dateien aufnehmen

Übertragen Sie Dateien zu einem WebDAV-Server, um sie ins Arbeitsgruppenmanagement aufzunehmen. Zunächst öffnen Sie das Bild. Dann wählen Sie **Datei: Arbeitsgruppe: Speichern unter**. Dabei können Sie DIESE DATEI ZUM BEARBEITEN AUSGECHECKT LASSEN; sie ist also zunächst für andere Teammitglieder gesperrt.

Kapitel 5 — Datei-Informationen und Anmerkungen

Öffnen, Zurücksetzen und Aktualisieren

Zunächst benötigen Sie eine lokale Kopie der auf dem WebDAV-Server verwalteten Datei. Dazu dient der Befehl **Datei: Arbeitsgruppe: Öffnen**. Bei Bedarf können Sie das Bild gleichzeitig AUSSCHECKEN.

Wollen Sie Ihre lokale Kopie auf die Server-Version zurücksetzen, wählen Sie **Datei: Arbeitsgruppe: Zurück**. Sie können zudem eine nicht ausgecheckte Datei mit der Server-Variante **Aktualisieren**.

Auschecken

Wenn Sie eine Datei **Auschecken**, können andere Nutzer die Grafik nicht mehr verändern. Mit dem Befehl **Status überprüfen** stellen Sie fest, ob sich das Werk überhaupt auschecken lässt. Änderungen an der ausgecheckten Datei können Sie auf dem Server **Speichern**; andere sehen also bereits Ihr Zwischenergebnis, die Datei bleibt gleichwohl gesperrt.

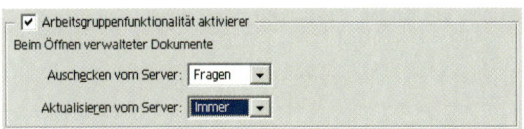

Abbildung 5.4:
Mit dem Befehl »Bearbeiten: Voreinstellungen: Dateien verarbeiten« entscheiden Sie, ob verwaltete Dateien manuell oder automatisch ausgecheckt werden sollen.

Einchecken

Beim **Einchecken** steht das Werk Ihren Kollegen wieder zur Bearbeitung zur Verfügung. Ihre Möglichkeiten:

- Klicken Sie auf **Datei: Arbeitsgruppe: Einchecken**, wenn Sie die Änderungen auf dem Server aktualisieren möchten.
- Verwenden Sie **Datei: Arbeitsgruppe: Auschecken abbrechen**; damit melden Sie die Datei ohne Aktualisierung auf dem Server zurück.

5.3 Datei-Informationen und Anmerkungen

Datei-Informationen und Anmerkungen statten Ihre Bilddateien mit informativen Texten aus, die nicht mitgedruckt werden.

5.3.1 »Datei-Informationen«

Mit dem Befehl **Datei: Datei-Informationen** speichert Photoshop Texthinweise innerhalb der Bilddatei. Eine abgespeckte Variante bietet ImageReady unter **Datei: Bildinformation**. Photoshop bettet die Informationen im allgemeinen XMP-Format ein, einer XML-Variante.

Kapitel 5   Öffnen, Speichern, Dateiformate

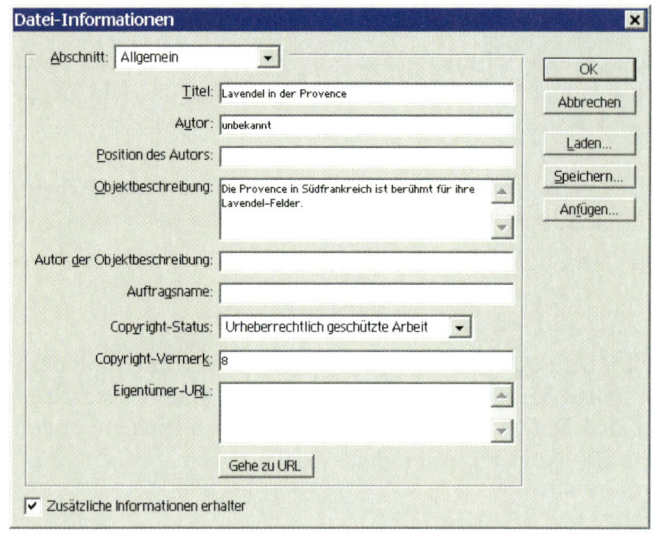

Abbildung 5.5:
Der Photoshop-Befehl »Datei: Datei-Informationen« stattet das Bild mit Texthinweisen aus. Einige Felder können Sie drucken, in einer »Web-Fotogalerie« verwenden oder in Bilddatenbanken anzeigen.

Verwendung

So nutzen Sie die Datei-Informationen:

- Für die aktive Datei zeigt Photoshops Dateibrowser die OBJEKTBESCHREIBUNG im separaten Datenfenster links. Den COPYRIGHT-VERMERK sehen Sie dagegen in der DETAILS-Darstellung des Browsers, den Status URHEBERRECHTLICH GESCHÜTZTE ARBEIT erkennen Sie am ©-Zeichen im Bilddatei-Rahmen.

- Bilddatenbanken von Fremdherstellern greifen teilweise auf die Datei-Informationen zu. Sie können die Informationen also in Bildkatalogen darstellen, mitdrucken und als Suchbegriff verwenden, zum Beispiel die OBJEKTBESCHREIBUNG und die STICHWÖRTER.

- Photoshop verwendet die OBJEKTBESCHREIBUNG auf Wunsch als Bildunterschrift in einer **Web-Fotogalerie** (Seite 273), beim **Bildpaket** oder beim **Drucken mit Vorschau**.

- ImageReady baut auf Wunsch die OBJEKTBESCHREIBUNG als Seitentitel in seine HTML-Seiten ein; der Text erscheint in der Titelzeile des Internetbrowsers. Die Vorgabe machen Sie mit dem Befehl **Datei: Output-Einstellungen: HTML**, dort verwenden Sie KOMMENTARE EINFÜGEN. Die Copyright-Hinweise können Sie zudem im HTML-Quelltext verewigen. Instruieren Sie ImageReady mit dem Befehl **Datei: Ausgabe-Einstellungen: Dateien speichern**.

- Windows zeigt die Datei-Informationen für Dateien nur im Photoshop-Dateiformat auch per Explorer. Klicken Sie dort mit rechts auf einen Dateinamen und wählen Sie **Eigenschaften** im Kontextmenü. Für andere Dateiformate wie etwa TIFF oder JPEG bietet der Dateieigenschaften-Dialog von Windows XP dagegen nur die Informationen aus dem Photoshop-Feld COPYRIGHT-VERMERK an, auch wenn es entsprechende weitere Felder gibt.

Anwendung

Oben im Klappmenü ABSCHNITT wählen Sie ALLGEMEIN, HERKUNFT oder eine andere Kategorie. Im COPYRIGHT-Bereich notieren Sie Urheberrechte. Findet der Digimarc-Filter (Seite 849) passende Informationen, werden sie automatisch in die Datei-Information übernommen. Unter KATEGORIEN notieren Sie einen dreistelligen alphabetischen Code nach dem Standard der Agentur Associated Press.

Wählen Sie den HEUTE-Knopf, um im Bereich HERKUNFT im Feld ERSTELLT AM den aktuellen Tag zu notieren. Sie können aber auch beliebige andere Texte einfügen. Legen Sie STICHWÖRTER an, mit HINZUFÜGEN nehmen Sie frisch eingetippte Begriffe in die allgemeine STICHWÖRTER-Liste auf. Ein Wort, das in der Stichwortliste steht, lässt sich nach dem Anklicken auch ERSETZEN oder LÖSCHEN. Außerdem nennen Sie bei Bedarf eine DRINGLICHKEIT. Die Exif-Informationen, die aus Digitalkameras stammen, aber auch von Photoshop 7.0 geschrieben werden, können Sie nur sichten, nicht aber bearbeiten.

Dateiformate

Unter Windows speichern nur diese Dateiformate Ihre Informationen: Photoshop, TIFF, JPEG, EPS und PDF. Am Mac eignen sich alle Dateitypen. Mit dem SPEICHERN-Schalter sichern Sie die Informationen unter Windows als FFO-Datei. Dabei handelt es sich um ein spezielles Format, das Sie nicht mit einem Textprogramm öffnen können. Mit LADEN ersetzen Sie die aktuellen Informationen durch den Info-Satz einer anderen FFO-Datei. Sie können aber auch Informationen an vorhandenen Text ANFÜGEN. Alternativ und am Mac ausschließlich verwenden Sie das Angebot, als XMP zu speichern.

5.3.2 »Anmerkungen«

Photoshop nimmt Text- und Ton-Anmerkungen im Bild auf, die nicht mitgedruckt werden. Damit übermitteln Sie Nachrichten an Kollegen, Layouter oder Setzer. Hersteller Adobe bietet ähnliche »Anmerkungen« auch für seine Acrobat-PDF-Dokumente.

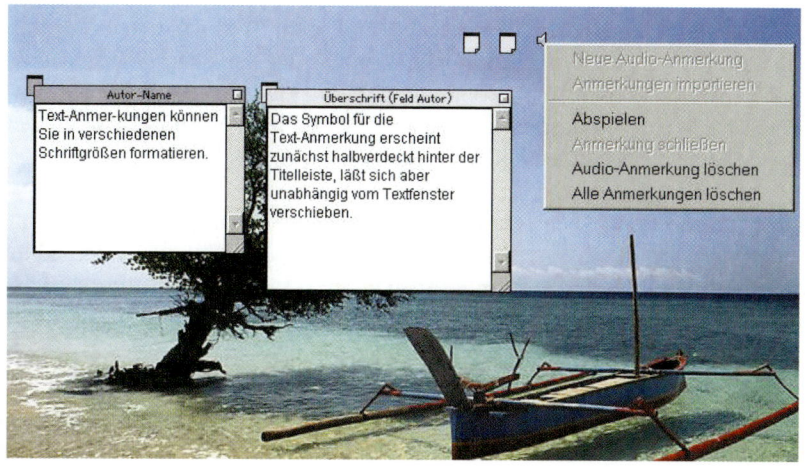

Abbildung 5.6:
Das Bild enthält Text- und Audio-Anmerkungen. Viele Funktionen stehen auch per Kontextmenü bereit.

Kapitel 5   Öffnen, Speichern, Dateiformate

Text-Anmerkungen erstellen

Wir besprechen hier zunächst die Textnotizen, dann folgen die Ton-Anmerkungen. Das Verfahren ist denkbar einfach. Die Grundform:

1. Schalten Sie das Anmerkungen-Werkzeug ein (Kurztaste [N]).
2. Klicken Sie ins Bild.
3. Tippen Sie Ihren Text ein.
4. Speichern Sie in den Formaten TIFF, Photoshop oder PDF.

Anmerkungen bearbeiten

Bei der Erstellung oder auch später passen Sie das Aussehen der Anmerkungen an Ihre Wünsche an. Verwenden Sie die Werkzeugoptionen: In der Zeile VERFASSER tippen Sie bei Bedarf eine Überschrift ein, die in der Titelleiste des Notizenfensters erscheint. Die Farbe der Titelleiste und gleichzeitig des Anmerkungen-Symbols legen Sie nach einem Klick auf das FARBE-Feld fest.

Mit den Feldern SCHRIFT und GRÖSSE bestimmen Sie die Schrift für die Notizen selbst. Die Größe des Notizenfensters ändern Sie mit dem Anfasspunkt rechts unten. Sie können die Größe schon beim Erstellen festlegen, indem Sie mit dem Anmerkungen-Werkzeug direkt einen Rahmen aufziehen. Im Textfenster selbst haben Sie die üblichen Funktionen eines Textprogramms, zum Beispiel **Kopieren** ([Strg]+[C]) oder **Einfügen** ([Strg]+[V]); per Doppelklick markieren Sie ein ganzes Wort.

*Möchten Sie Ihre Notizfenster oder -Symbole sauber platzieren? Die Elemente docken magnetisch an Hilfslinien, Slices, Bildgrenzen oder Grundraster an, sofern Sie diese Funktion im Untermenü **Ansicht: Ausrichten an** aktiviert haben.*

Text-Anmerkungen verkleinern und ausblenden

Eine Notiz besteht aus zwei Teilen: dem Textfenster und dem Anmerkungen-Symbol. Zunächst erscheint das Anmerkungen-Symbol unter der linken oberen Ecke des Textfensters. Sie können jedoch Fenster und Symbol unabhängig voneinander mit jedem Photoshop-Werkzeug verschieben. Auch wenn Sie das Symbol verschoben haben – nach dem Schließen und erneutem Öffnen erscheint das Fenster wieder an der gewohnten Stelle.

Durch das Schließen des Anmerkungen-Fensters haben Sie aber noch nicht die Notizen-Symbole aus dem Bild verbannt. Dies erledigen Sie mit den Befehlen **Anmerkungen** oder **Ohne** aus dem Untermenü **Ansicht: Einblenden** oder mit **Ansicht: Extras einblenden** beziehungsweise [Strg]+[H] (Seite 57). Wohlgemerkt, diese Befehle löschen die Anmerkungen nicht (siehe unten).

Wenn Sie ein Bild mit Befehlen wie »Bildgröße« oder »Arbeitsfläche« bearbeiten, verändern die Notizen ihre Position relativ zum Gesamtbild. Schneiden Sie Bildteile, die Anmerkungen enthalten, zum Beispiel mit dem Freistellwerkzeug weg, so entfernen Sie die Anmerkungen damit ersatzlos.

Anmerkungen aus Acrobat-Dateien importieren

Laden Sie Notizen aus einer Acrobat-PDF- oder -FDF-Datei in ein geöffnetes Bilddokument. Dazu nutzen Sie den Photoshop-Befehl **Datei: Importieren: Anmerkungen**. Die Notizen erscheinen an den Bildstellen wie im Acrobat-Dokument. Vorsicht: Bereits vorhandene Notizen an vergleichbaren Positionen können ersetzt werden.

Dabei gilt: Photoshop platziert die importierten Notizen aus dem Acrobat-PDF-Dokument immer entsprechend ihrer Position im Originaldokument. Acrobat-Dateien haben jedoch oft DIN-A4-Druckgröße (21,0 x 29,7 Zentimeter); Bilddateien sind dagegen eventuell nur mit wenigen Zentimetern Druckbreite formatiert. In diesen Fällen zeigt Photoshop die Warnung: EINIGE ANMERKUNGEN BEFINDEN SICH AUSSERHALB DER ARBEITSFLÄCHE. Auf verschiedene Weise bringen Sie die Notizen doch ins Bild:

- Lassen Sie sich von der Warnung nicht abschrecken, importieren Sie also getrost. Aber erweitern Sie anschließend den Bildbereich drastisch mit dem Befehl **Bild: Arbeitsfläche**, zum Beispiel auf 30 x 30 Zentimeter. Die Notizen erscheinen dann auf der neu angebauten Zone (der Befehl **Bild: Nichts maskiert** hilft hier nicht weiter).

- Formatieren Sie Ihre Vorlage vor dem **Importieren** in Photoshop vorübergehend auf hohe Druckmaße um: Verwenden Sie den Befehl **Bild: Bildgröße**, wählen Sie die Option BILD NEUBERECHNEN MIT ab und geben Sie zum Beispiel eine Druckbreite von 30 Zentimetern vor. Importieren Sie die Anmerkungen und formatieren Sie das Bild wieder auf niedrige Druckmaße zurück; abermals verzichten Sie auf die Option BILD NEUBERECHNEN MIT. Die Notizen bleiben nun am Originalplatz.

Auch wenn Sie Acrobat-PDF-Dateien schlicht mit dem **Öffnen**-Befehl in Photoshop laden, bleiben die Anmerkungen als solche erhalten. Der Befehl **Datei: Importieren: PDF** (siehe Seite 249) gibt Ihnen dagegen zwar Zugriff auf die Einzelbilder im PDF-Dokument, nicht jedoch auf die Anmerkungen.

Die genaue Darstellung überlappender Notizen in der Bilddatei hängt auch von der Zoomstufe ab. Erhöhen Sie bei Bedarf den Abbildungsmaßstab mehrfach zum Beispiel mit Strg + + .

Im »Praxis«-Verzeichnis auf der CD zu diesem Buch finden Sie die Datei »Acrobat_mit_Notizen.pdf«. Sie enthält auf zwei Seiten drei Anmerkungen. Die Datei hat A4-Querformat, misst also im Druck 29,7 x 21 Zentimeter – einige Notizen werden in kleiner formatierten Bildern nicht erscheinen, sofern Sie nicht wie oben beschrieben die Arbeitsfläche oder die Druckmaße erweitern.

Ton-Anmerkungen aufzeichnen

Prinzipiell vergleichbar mit den Text-Anmerkungen funktionieren auch die Ton-Anmerkungen. Das Werkzeug für Ton-Anmerkungen teilt sich mit den Textnotizen ein Fach in der Werkzeugleiste. So geht's:

1. Wenn das Werkzeug aktiviert ist, tragen Sie in der Optionenleiste einen Autorennamen ein und geben nach dem Klick auf das FARBE-Feld eine Farbe vor. Der Name erscheint auch als Einblenderklärung, wenn der Betrachter den Mauszeiger über das Symbol in der Datei hält.
2. Klicken Sie die Bildstelle an, an der das Symbol für die Audio-Anmerkung erscheinen soll.
3. Nun erscheint das Dialogfeld AUDIO-ANMERKUNG, in dem Sie auf STARTEN klicken, um die Aufzeichnung zu beginnen.
4. Beenden Sie die Aufzeichnung mit einem Klick auf STOPP.
5. Zum Speichern verwenden Sie die Dateiformate TIFF, PDF oder Photoshop.

Mit einem Doppelklick auf das Symbol für Ton-Anmerkungen im Bild spielen Sie Ihren Wortbeitrag ab. Im »Praxis«-Verzeichnis finden Sie zum Test die Datei »Tonanmerkung« mit einer Klangbotschaft.

Sie können Audio-Anmerkungen auch in Aktionen, also in gespeicherte Befehlsfolgen, einbauen. Photoshop spielt Ihren Tonbeitrag dann im Rahmen einer aufgezeichneten Befehlsfolge ab. Verwenden Sie in den AUSFÜHREN-OPTIONEN *zur Aktion jedoch die Option* ANHALTEN FÜR ANMERKUNG. *Mit der üblichen Vorgabe* BESCHLEUNIGT *läuft die Aktion eventuell schon weiter, während es noch aus den Speakern tönt. Abgebrochen wird die Ansage deswegen nicht.*

Text- und Audio-Anmerkungen löschen und speichern

Um Text- oder Tonnotizen innerhalb eines Dokuments zu speichern, verwenden Sie die Dateiformate TIFF, Photoshop oder PDF. So löschen Sie eine Notiz restlos weg:

- Klicken Sie das Anmerkungen-Symbol an und drücken Sie die `Entf`- oder `←`-Taste.
- Klicken Sie mit rechts auf ein Symbol (am Mac Ctrl-Klick) und wählen Sie im Kontextmenü den Befehl **Anmerkung löschen**.
- Ziehen Sie die Anmerkung aus dem Dokumentfenster.
- Um alle Notizen gemeinsam zu entsorgen, verwenden Sie den Kontextmenü-Befehl **Alle Anmerkungen löschen** oder die Schaltfläche ALLES LÖSCHEN in den Werkzeugoptionen.

Auch so werden Sie Anmerkungen los: Wählen Sie den Befehl **Datei: Speichern unter**. Sofern Sie die Dateiformate TIFF, Photoshop oder PDF verwenden, bietet Photoshop die ANMERKUNGEN im Bereich OPTIONEN FÜR SPEICHERN des Dialogfelds an. Wählen Sie die Option ab. Andere Dateiformate – etwa JPEG – nehmen ohnehin keine Anmerkungen auf. Wenn im Bild vorhandene Notizen beim Speichern herausfallen, zeigt Photoshop unten im Dialogfeld SPEICHERN UNTER eine Warnung.

5.4 Speichern

Beim Speichern wählen Sie nicht nur Dateiformat und Dateiname aus, Photoshop bietet zahlreiche weitere Optionen.

»Bildübersichten«

Mit dem Befehl Bearbeiten: **Voreinstellungen: Dateien verarbeiten** machen Sie auch Vorgaben für die Bildübersichten. Nützlich ist die Vorschau teilweise für Bilddatenbanken, die sonst oft nur Photoshop-Dateien ohne separate Montage-Ebenen anzeigen können. Photoshops **Öffnen**- und **Speichern**-Dialoge zeigen eine Einzelminiatur dagegen auch ohne die mitgespeicherte Bildübersicht. Außerdem können Sie Photoshop-Montagen mit eingebauter Bildübersicht im Windows-Explorer als Miniatur darstellen (siehe unten). Die eingebaute »Bildübersicht« vergrößert die Datei um vier Kbyte.

Im Klappmenü wählen Sie aus, ob ein Vorschaubild NIE, IMMER oder nur auf Anfrage gespeichert werden soll. Mit der Vorgabe BEIM SPEICHERN WÄHLEN zeigt Photoshop im Dialogfeld SPEICHERN UNTER eine zusätzliche Option namens MINIATUR an. Allerdings nehmen nicht alle Dateiformate eine solche Vorschau auf. Sperrig zeigen sich etwa Scitex, PNG, RAW, Targa, Pixar, Pict, PDF, PCX und BMP. In Frage kommt die Miniatur damit besonders für die viel genutzten Formate Photoshop, TIFF und JPEG.

»Bildübersichten« unter Windows

Unter Windows sehen Sie die »Bildübersicht« auch in den Datei-Eigenschaften und im Datei-Explorer. Klicken Sie im Explorer mit rechts auf einen Dateinamen und wählen Sie **Eigenschaften** im Kontextmenü. In der Registerkarte PHOTOSHOP-BILD entdecken Sie die Bildübersicht, sofern sie mitgespeichert wurde.

So nutzen Sie die Miniaturen unter Windows 98: Schalten Sie in der Registerkarte EIGENSCHAFTEN die Option MINIATUR ERZEUGEN ein. Wählen Sie anschließend im Explorer den Befehl **Ansicht: Miniaturen**. Im Explorer erscheinen nun winzige Bildminiaturen statt der Dateisymbole. Wohlgemerkt: Dies gilt jedoch nur für Dateien im Photoshop-Format, die Sie mit der Option MINIATUR ERZEUGEN bearbeitet haben. Miniaturen für Standarddateitypen wie JPEG oder TIFF zeigt der Windows-Explorer auch ohne BILDÜBERSICHT-Vorgabe in Photoshop.

Unter Windows XP verwenden Sie schlicht **Ansicht: Miniaturen**, um Photoshop-Dateien mit eingespeicherter Miniatur als Kleinbild im Datei-Explorer zu sehen. Auch in Photoshops ÖFFNEN- und SPEICHERN-Dialogen unter Windows XP können Sie die komplette Dateiliste als Miniaturengalerie zeigen. Dazu stellen Sie in diesen Dialogfeldern das ANSICHT-Menü auf **Miniaturen** um.

Kapitel 5   Öffnen, Speichern, Dateiformate

Nicht immer reichen die eingespeicherten MINIATUREN *aus, um eine Photoshop-Montage in einer Bilddatenbank anzuzeigen. Teilweise ist beim Speichern auch die Option* KOMPATIBILITÄT ... MAXIMIEREN *erforderlich, wenn die Datei in der Bilddatenbank als Vorschau und nicht nur als Dateityp-Symbol erscheinen soll (Seite 241). Dabei steigt die Datenmenge eventuell deutlich.*

»Bildübersichten« am Mac

Vier Arten von Übersichten sichern Sie wahlweise am Mac:

- Das SYMBOL erscheint als Logo im Finder oder auf dem Schreibtisch.
- Die MACINTOSH-MINIATUR erscheint als kleine Vorschau im ÖFFNEN-Dialogfeld.
- Die WINDOWS-MINIATUR erscheint als kleine Vorschau auf Windows-Rechnern.
- VOLLE GRÖSSE erstellt eine 72-dpi-Version Ihres Bildes für DTP-Programme, die Photoshop-Bilder öffnen können, aber eine 72-dpi-Vorschau benötigen. Dabei handelt es sich um eine Pict-Vorschau, außer bei EPS-Dateien.

Alle Optionen kosten Speicherplatz und Zeit.

Dateinamenserweiterung

Mit dem Befehl **Bearbeiten: Voreinstellungen: Dateien verarbeiten** legen Sie auch fest, wie Photoshop die Dateinamenserweiterung behandelt, also etwa das ».jpg« in »Beispiel.jpg«:

- Nur Windows: Sie geben an, ob die dreistellige Dateierweiterung mit Groß- oder Kleinbuchstaben gesichert werden soll. Dies kann bei Weitergabe an Unix-Rechner, zum Beispiel Internet-Server, wichtig sein.
- Nur Mac: Im Bereich DATEINAMENSERWEITERUNG haben Sie die Optionen NIE, IMMER und BEIM SPEICHERN WÄHLEN. Damit erhält Ihre Datei eine dreistellige Endung wie ».tif« oder ».psd«. Dies ist wichtig, wenn Ihr Bild nicht nur auf Mac-Rechnern, sondern zum Beispiel unter Unix oder Windows genutzt oder dort gesichert wird. Wollen Sie am Mac eine Dateiendung nur an die aktuelle Datei anhängen, drücken Sie die Alt -Taste, während Sie ein Dateiformat aus dem Klappmenü auswählen.

Es gibt eine Möglichkeit, wie Sie nach verfrühtem **Speichern** *zurück zu einer früheren Fassung gelangen – mit der Protokoll-Palette (Seite 97). Sie dürfen das voreilig neu gesicherte Bild aber nicht schließen und in den Optionen zur Protokoll-Palette sollte die Funktion* ERSTEN SCHNAPPSCHUSS AUTOMATISCH ERSTELLEN *wie üblich aktiviert sein. Alternativ können Sie natürlich auch einen Schnappschuss von Hand aufnehmen, dann speichern und bei Bedarf zur Frühfassung zurückkehren. Klicken Sie den frühen Schnappschuss oben in der Protokoll-Palette an.*

Speichern   Kapitel 5

5.4.1 Der Befehl »Speichern unter«

Der Befehl **Datei: Speichern** (Strg+S, für Save) schreibt stets das aktuelle Bild mit seinem aktuellen Dateinamen und allen Merkmalen auf die Platte. Vielfältiger ist da **Datei: Speichern unter** (Strg+⇧+S). Hier ändern Sie viele Eigenschaften des Bildes, nicht nur Dateiname oder Dateiformat, sondern Sie entscheiden auch über Ebenen, Farbprofile oder Alphakanäle.

Zu den meisten Dateiformaten blendet Photoshop automatisch die Optionen ein. So wechseln Sie mit dem Befehl **Speichern unter** nicht nur vom TIFF- zum Photoshop-Format, sondern ändern bei Bedarf auch die Einstellungen des bereits bestehenden Formats. Ein Beispiel: Sie haben ein TIFF-Bild während der laufenden Arbeit stets unkomprimiert und schnell per Strg+S gespeichert; zum Abschluss verwenden Sie den Dialog SPEICHERN UNTER, um das Motiv jetzt als TIFF-Datei mit LZW-Komprimierung abzulegen. Die Datei-Befehle **Speichern** und **Speichern unter** erzeugen in ImageReady stets eine Datei im Photoshop-Format.

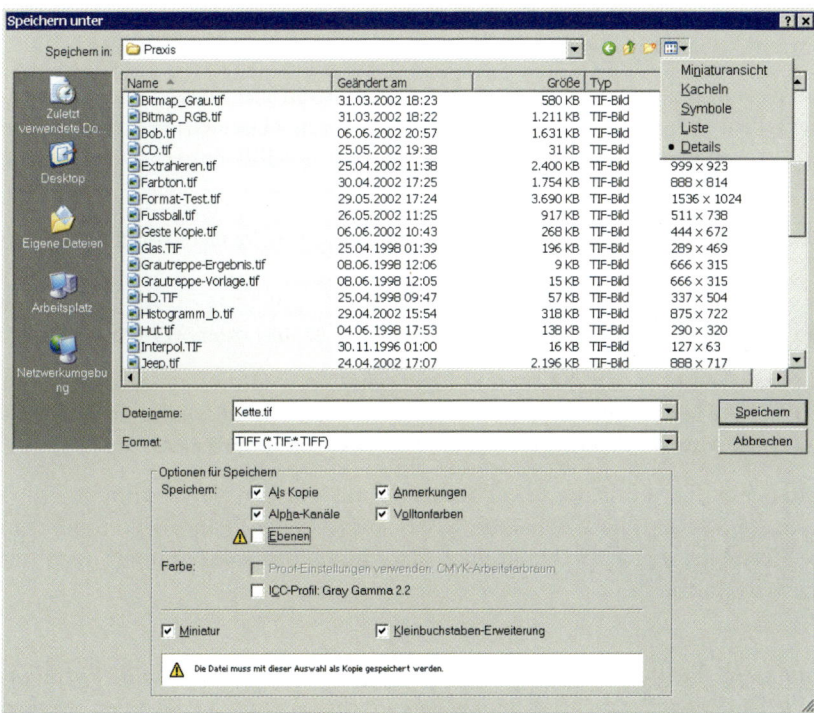

Abbildung 5.7:
Der Befehl »Datei: Speichern unter« legt die Datei unter neuem Namen oder mit einem neuen Dateiformat ab. In diesem Beispiel haben wir die »Ebenen« abgewählt, so dass die auf Festplatte gespeicherte Datei zu einer »Hintergrund«-Ebene verschmolzen wird. Deshalb sind wir gezwungen, die Option »Als Kopie« zu verwenden, außerdem zeigt Photoshop unten im Dialogfeld eine weiß unterlegte Warnung. Die Abbildung entstand mit Windows XP in der »Details«-Ansicht, Sie können hier auch die Pixelmaße des Bildes anzeigen; die gewünschten Eigenschaften wählen Sie mit dem Kontextmenü aus, das Sie über den Eigenschaften-Balken wie »Name« oder »Größe« erhalten.

*Möchten Sie nur vorübergehend ein Duplikat des aktuellen Bildes auf dem Schirm erzeugen, ohne die Kopie tatsächlich auf Festplatte zu speichern? Dann verwenden Sie den Befehl **Bild: Bild duplizieren** oder erzeugen Sie ein Duplikat mit der Schaltfläche ERSTELLT EIN NEUES DOKUMENT ... in der Protokoll-Palette.*

Dateieigenschaften ausschließen

Sie können Dateieigenschaften wie ANMERKUNGEN, ICC-PROFIL oder SCHMUCKFARBEN mitspeichern oder bewusst verbannen. Die wichtigsten Möglichkeiten:

→ Wenn Sie EBENEN abwählen, verschmilzt Photoshop in der auf Platte gespeicherten Datei alle Ebenen zu einer einzigen Pixelfläche. Dies spart enorm Speicherplatz. Gesichert wird dabei das aktuell sichtbare Bild, verborgene Ebenen fallen unter den Tisch.

→ Entfernen Sie das Häkchen neben ALPHAKANÄLE, um Alphakanäle herauszulöschen. In Alphakanälen haben Sie Auswahlbereiche konserviert. Die bezahlen Sie beim Speichern mit viel Festplattenkapazität und andere Programme stören sich vielleicht daran.

→ Photoshop bietet eventuell auch die MINIATUREN als Option an. Dies gilt jedoch nur, sofern Sie nach dem Befehl **Bearbeiten: Voreinstellungen: Dateien verarbeiten** die Option BEIM SPEICHERN WÄHLEN für BILDÜBERSICHTEN gewählt haben (Details siehe Seite 229).

Unter Umständen zwingt Photoshop Sie, das Bild mit der Option ALS KOPIE (siehe unten) zu speichern:

→ Sie wählen ein vorhandenes Merkmal ab, beispielsweise EBENEN oder ALPHAKANÄLE.

→ Sie wählen ein Datei-FORMAT, das bestimmte Eigenschaften nicht aufnehmen kann. Ein Beispiel: Das JPEG-Format unterstützt weder Ebenen noch Alphakanäle, diese Merkmale werden also bei Anwahl des JPEG-Formats automatisch unterdrückt.

Diese Optionen gelten nur für die Datei, die Photoshop auf die Festplatte schreibt. Auch wenn Sie EBENEN, ALPHAKANÄLE und ANMERKUNGEN ausschließen – Ihre Datei auf dem Monitor zeigt diese Elemente weiterhin. Sie können also die Grafik später immer noch mit diesen Bildeigenschaften speichern.

 Im Klappmenü FORMAT listet Photoshop zahllose Dateiformate auf. Für Windows gilt: Um besonders schnell an das gewünschte Format zu gelangen, klicken Sie in das Menü und tippen »j« ein, um zum »JPEG«-Eintrag zu gelangen. Tippen Sie mehrfach ein »P«, um hintereinander Angebote wie »Pict« und »PCX« zu erhalten.

Automatischer »Speichern unter«-Dialog

In zwei Situationen erscheint das Dialogfeld **Speichern unter** automatisch, auch wenn Sie vielleicht nur den schnellen **Speichern**-Befehl (Strg + S) gewählt haben:

Speichern   Kapitel 5

→ Sie haben eine neu erstellte Datei überhaupt noch nicht auf Festplatte gespeichert.

→ Sie haben eine Datei nachträglich mit Eigenschaften aufgepeppt, die das vorhandene Dateiformat gar nicht unterstützt. Beispielsweise haben Sie eine JPEG-Datei geöffnet und Ebenen eingesetzt.

Wählen Sie unter diesen Voraussetzungen **Datei: Speichern** ($\boxed{\text{Strg}}$+$\boxed{\text{S}}$), erscheint der Dialog **Speichern unter** in einer spartanischen Variante: Sie haben keine Möglichkeit, bestimmte Dateieigenschaften auszuschließen: Photoshop bietet nur Dateiformate an, die sämtliche aktuellen Merkmale unterstützen. Wählen Sie jedoch bewusst **Speichern unter**, können Sie beliebige Dateiformate verwenden.

»Als Kopie«

In den meisten Programmen funktioniert der Standardbefehl **Speichern unter** so: Sie speichern eine Datei A unter dem Namen B – fortan bearbeiten Sie Datei B, während Dokument A unberührt auf der Festplatte ruht. So geht es auch mit Photoshop, sofern Sie die Option ALS KOPIE nicht verwenden.

Machen Sie allerdings Ihr Kreuz neben der Option ALS KOPIE, funktioniert Photoshop anders: Nun legen Sie die Datei A in einer Variation B ab – um dann weiter an Datei A zu arbeiten.

Mögliche Verwendung: Sie sitzen an einer Fotomontage »A« mit Ebenen und Alphakanälen im Photoshop-Dateiformat. Den aktuellen Schaffensstand wollen Sie als allgemein lesbare und kleine JPEG-Datei an Kollegen schicken. Speichern Sie ALS KOPIE mit dem JPEG-Dateiformat unter dem Namen »B« und verschicken Sie das Bild. Auf dem Monitor haben Sie aber immer noch die Datei mit dem ursprünglichen Namen »A«. Wenn Sie mit $\boxed{\text{Strg}}$+$\boxed{\text{S}}$ zwischensichern, wird Datei »A« aktualisiert.

Photoshop bietet nicht mehr den separaten Befehl **Datei: Kopie speichern unter**. Dessen Möglichkeiten wurden mit dem Befehl **Speichern unter** verschmolzen.

5.4.2 Spezielle Speichern-Befehle für Internetgestalter

In ImageReady stellen die Befehle **Speichern** und **Speichern unter** nur das Photoshop-Dateiformat zur Verfügung. Image Ready bietet jedoch zusätzliche Speichern-Befehle. Wir besprechen diese Funktionen hier in einem Überblick, alles Wichtige behandeln wir ausführlich im anschließenden Kapitel »Funktionen für Internetgestalter«. Folgende Funktionen finden Sie bei ImageReady noch:

→ Die Befehle **Optimiert-Version speichern** und **Optimiert-Version speichern unter** aus dem **Datei**-Menü sichern diejenige Bildfassung, die Sie in der Mehrfach-Vorschau von ImageReady angeklickt haben. Außerdem können Sie bei ImageReady wahlweise auch den HTML-Code in einer separaten Datei mitspeichern. Schalten Sie die Option BILDER SPEICHERN ein, um zumindest das Bild (oder bei Slices die Bilder) zu speichern. Diese Möglichkeiten erhalten Sie auch in Photoshop mit dem Befehl **Datei: Für Web speichern**.

Kapitel 5   Öffnen, Speichern, Dateiformate

➡ Der Befehl **Datei: Original exportieren** stellt – auch bei Montagen – gängige Dateiformate wie TIFF oder PCX zur Wahl (aber nicht JPEG oder GIF).

5.4.3 Verknüpfen und Einbetten (Windows)

Photoshop fungiert unter Windows auch als OLE-2.0-Server; OLE steht für Object Linking and Embedding, das Verknüpfen und Einbetten von Objekten. Mit dieser Technik laden Sie ein Bild in ein anderes Programm – zum Beispiel in ein Layoutprogramm – und aktualisieren es mit Photoshop. Diese Möglichkeiten haben Sie:

➡ Sie erstellen eine Auswahl in Photoshop und ziehen das Objekt in das Zielprogramm.

➡ Sie setzen einen in Photoshop kopierten Bereich mit den Befehlen **Inhalte einfügen** oder **Objekt einfügen** in das Zielprogramm ein.

Durch Doppelklick auf das Bild im Zielprogramm starten Sie Photoshop. Wenn Sie die Datei dort schließen, wird sie im Zielprogramm aktualisiert.

Außerdem haben Sie die Möglichkeit, eine Auswahl in die Zwischenablage zu kopieren und, nach einem Klick auf den Windows-Desktop, sie auf dem Windows-Desktop als »Scrap«-Symbol anzuzeigen. Das lässt sich nach einem Doppelklick wieder in Photoshop besichtigen – allerdings erscheinen Freiform-Auswahlen innerhalb eines Rechtecks.

Umgekehrt können Sie keine anderen Dokumente in Photoshop einbetten oder verknüpfen.

5.4.4 Befehle im Überblick: Dateiverwaltung in Photoshop

Taste/Feld	Zusatztasten	Aktion	Ergebnis
Strg+N (für New)			**Datei: Neu**, Werte aus Zwischenablage übernehmen
Strg+N	Alt		**Datei: Neu**, Werte aus Zwischenablage ignorieren
Strg+O (für Open)			**Datei: Öffnen**
[leere Programmfläche]		🖱	**Datei: Öffnen** (nur Windows)
Strg+W			**Datei: Schließen**
Strg+S (für Save)			**Datei: Speichern**

Taste/Feld	Zusatztasten	Aktion	Ergebnis
Strg + S	⇧		Datei: Speichern unter
Strg + S	Alt + ⇧		Datei: Für Web speichern

5.4.5 Kurztasten bei der Dateiverwaltung in ImageReady

Taste/Feld	Zusatztasten	Aktion	Ergebnis
Strg + S (für Save)			Datei: Speichern (nur Photoshop-Format)
Strg + S	⇧		Datei: Speichern unter (nur Photoshop-Format)
Strg + S	Alt		Datei: Optimiert-Version speichern
Strg + S	Alt + ⇧		Optimiert-Version speichern unter

5.5 Dateiformate allgemein

Die Daten einer Bilddatei sind in einer bestimmten Struktur – in einem Dateiformat oder Dokumenttyp – angelegt. Typische, weit verbreitete Dateiformate sind etwa TIFF, JPEG, BMP oder EPS. Photoshop muss diese Dateiformate kennen, damit er die gesammelten Nullen und Einsen als Bild anzeigen kann. Nur über allgemein verbreitete Dateiformate lassen sich Bilddateien mit anderen Bildbearbeitern und anderen Programmen austauschen.

Um das Dateiformat zu wechseln, verwenden Sie beispielsweise den Menüpunkt **Datei: Speichern unter**. Dort klicken Sie im Listenfeld FORMAT auf das gewünschte neue Dateiformat. Die Ursprungsdatei wird dadurch nicht überschrieben, sondern Sie haben das Bild hinterher in zwei Dateiformaten. Sie können Photoshop per Plug-In-Modul auf neue Dateiformate aufrüsten.

Bei Layout-, Grafik- oder Textprogrammen dominiert meist ein einziges Dateiformat. Anders verhält es sich bei Bildbearbeitungsprogrammen wie Photoshop: Hier haben Sie die Qual der Wahl. Formate wie TIFF oder JPEG kann man in weiten Bereichen einsetzen, die Dateiformate hängen nicht vom Programm oder vom Hersteller ab, sondern von Ihren weiteren Plänen. Kriterien bei der Auswahl eines Dateiformats:

- Plattenspeicher sparen
- Schnelles Öffnen und Speichern
- Verwendung im World Wide Web des Internets
- Verwendbarkeit mit DTP-Programmen, anderen Betriebssystemen oder Dienstleistern
- Verwendung von Ebenen, Alphakanälen etc.

Kapitel 5   Öffnen, Speichern, Dateiformate

 Photoshop und ImageReady reizen manche Dateiformate weit aus, andere Pixelprogramme können da nicht mithalten. Haben Sie also etwa eine TIFF-Datei mit mehreren Alphakanälen, Ebenen, Pfaden plus Datei-Information und JPEG-Komprimierung, dann kann es nach dem Bearbeiten in einem anderen Programm passieren, dass nur ein Alphakanal übrig bleibt und gar kein Pfad.

Dateigrößen

Wie viel Kilobyte Arbeitsspeicher eine Bilddatei benötigt, lässt sich leicht ausrechnen: Pixel hoch mal Pixel quer mal Farbtiefe in Byte. Wie viel Platz dieselbe Datei dagegen auf der Festplatte belegt, hängt stark vom Dateiformat und von den gewählten Optionen für dieses Format ab. Unabhängig davon, ob Sie ein komprimierendes Format verwenden oder nicht, zusätzliche Alphakanäle oder Ebenen kosten stets viel Festplatte.

Datenkomprimierung

Manche Dateitypen, wie TIFF unkomprimiert oder BMP, speichern die Bildpunkte einfach 1:1 ab und belegen damit auf der Festplatte etwa so viel Mbyte wie im Arbeitsspeicher. Andere Formate verwenden verschiedene Formen der Datenkomprimierung:

- TIFF-LZW, Photoshop, GIF und weitere Kandidaten bieten eine verlustfreie Komprimierung. Sie benötigen auf Festplatte weniger Speicherplatz als im Arbeitsspeicher: Einheitliche Farbflächen werden zusammengefasst zu wenigen Bytes, welche die komplette Fläche repräsentieren. Dieses Verfahren spart Kapazität und Übertragungszeit; es kostet jedoch beim Öffnen und Sichern zusätzliche Zeit. Noch einmal: Irgendein Qualitätsverlust entsteht dadurch nicht, Sie erhalten Ihr Bild Pixel für Pixel unverändert zurück. Das gilt auch für die seltener angebotenen Verdichtungsmethoden ZIP und RLE.

- Die stark komprimierende, generell nicht verlustfreie JPEG-Komprimierung entfernt Bilddetails zugunsten höchster Verdichtungsraten auf der Platte. Beim Öffnen werden die Verluste durch Mittelwertbildung wieder hereingerechnet. Photoshop bietet Datenverdichtung nach dem JPEG-Schema nicht nur für das JPEG-Dateiformat, sondern auch für TIFF, EPS, DCS und PDF.

Bei einigen Formaten legen Sie die Komprimierung in den Optionen fest. GIF und Photoshop komprimieren automatisch.

Kompatibilität

Photoshop bietet im Klappmenü des Dialogs **Speichern unter** mitunter nur solche Formate an, welche die Eigenschaften der aktuellen Datei unterstützen:

- Haben Sie ein 8-Bit-Bild im Modus INDIZIERTE FARBEN (also mit maximal 256 Farben), wird JPEG nicht angeboten. Verwenden Sie zunächst den Befehl **Bild: Modus: RGB-Farbe** – sofern dies bei dem Motiv Sinn macht.

- Haben Sie ein 24-Bit-Bild (16,7 Millionen Farben, »Echtfarben), wird GIF angeboten – obwohl es nur 256 Farben unterstützt: Vor dem endgültigen Speichern blendet Photoshop das Dialogfeld INDIZIERTE FARBEN ein, in dem Sie die Umwandlung zu 256 Farben steuern.

- Fügen Sie in ein JPEG- oder BMP-Bild eine Ebene ein, so können Sie das Bild weiterhin im vorhandenen Format speichern – aber auf Festplatte speichert Photoshop das Werk ohne separate Montage-Ebenen. Photoshop zeigt eine Warnung, wenn Sie die Datei endgültig schließen, ohne sie mit einem ebenenverträglichen Format wie Photoshop zu sichern.

Sie lernen hier die wichtigsten Formate für Pixeldateien kennen. Anhand einer Beispieldatei vergleichen wir Leistungsfähigkeit und Speicherplatzbedarf auf der Festplatte.

5.5.1 Überblick: Die wichtigsten Dateiformate

Im Alltag reichen meist wenige Dokumenttypen:

- TIFF – erlaubt universelles Speichern, Austausch mit anderen Programmen und Rechnerwelten und verlustfreie Komprimierung

- Photoshop – für Montagen und Spezialfälle

- JPEG – bietet hochwirksame Komprimierung bei kalkulierbarem Detailverlust und lässt sich mit jedem Webbrowser betrachten

- EPS und PDF – unerlässlich für die professionelle Druckvorstufe

5.5.2 Überblick: Dateiformate für Internetseiten

Photoshop schreibt und liest die wichtigen Bilddateiformate für Internetseiten:

- GIF-Dateien zeigen höchstens 256 Farben (8-Bit-Farbtiefe); man kann jedoch Objekte in beliebiger Form freigestellt, also ohne umgebendes Rechteck abbilden (Transparenzfunktion) und man kann im GIF-Format auch Trickfilme, so genannte Animationen, speichern (Seite 311).

- JPEG-Dateien speichern die volle 24-Bit-Farbtiefe für bis zu 16,7 Millionen unterschiedliche Farben; sie eignen sich deshalb besser für übliche Halbtonfotos. Allerdings geht beim Speichern Bildinformation verloren. JPEG ist auch außerhalb der Internetgestaltung von Bedeutung, da es drastische Speicherplatzersparnisse mit kontrollierbaren, erträglichen Verlusten erlaubt (Seite 258).

PNG-Dateien vereinen zwar die Vorzüge von JPEG und GIF: Sie ermöglichen Freiformbilder (Transparenzfunktion) auch bei hoher Farbenzahl und verursachen keinen Qualitätsverlust. Doch das PNG-Format ist weit weniger verbreitet und schafft weniger Datenkomprimierung. WBMP mit seiner reinen Schwarzweißdarstellung ist für Handy-Displays gedacht.

Kapitel 5   Öffnen, Speichern, Dateiformate

Eine optimale Vorschau und alle Optionen sehen Sie in ImageReady mit Mehrfach-Vorschau und Optimieren-Palette, zum Speichern wählen Sie **Datei: Optimiert-Version speichern unter**. Alternativ nutzen Sie das Photoshop-Pendant dieser Funktion, den Befehl **Datei: Für Web speichern**. Aber auch die übliche Photoshop-Funktion **Datei: Speichern unter** ist nicht zu verachten.

5.5.3   Überblick: Dateigrößen im Vergleich

Für die folgende Tabelle wird ein Halbtonfoto mit 1536 x 1024 Punkten in verschiedenen wichtigen Dateiformaten gespeichert. Die Vorlage besteht aus einer reinen »Hintergrund«-Ebene ohne zusätzliche Montage-Ebenen, Alphakanäle, Pfade oder andere Zutaten. Als RGB-Datei mit 3 x 8 Bit Farbtiefe beansprucht die Testdatei mit ihren 1,59 Megapixeln rund 4,7 Mbyte Arbeitsspeicher; als Graustufendatei verlangt sie nur einen einzigen 8-Bit-Kanal, also 1,59 Mbyte. Druckgröße bei 300 dpi: 13 x 8,7 cm.

Sie finden unser Testbild »Format-Test.tif« im Praxis-Verzeichnis auf der CD zu diesem Buch.

Dateiformat	Erweiterung	Komprimierung	Gesamtgröße in Mbyte	Anmerkung	Zweck
Photoshop	PSD	immer, ohne Verlust	4,61	identisch mit PDD-Format von Adobe PhotoDeluxe	Ausnutzen aller Funktionen, Austausch Photoshop Mac-Windows
JPEG, Qualität 12 (»maximal«), Baseline Standard/Baseline optimiert/mehrere Durchgänge	JPEG	immer, mit Verlust	1,583 / 1,544 / 1,483	RGB, CMYK, Graustufen, keine Alphakanäle	Speicherplatz sparen, WWW-Design
JPEG, Baseline Standard, Qualität 8/4/0	s.o.	s.o.	0,39 / 0,180 / 0,098	s.o.	s.o.
Tagged Image File Format (TIFF), ohne Komprimierung/ohne Komprimierung, mit »Bildpyramide«/mit LZW-K./mit Zip-K./mit PackBits-K.	TIF	wahlweise; wahlweise mit/ohne Verlust	4,61 / 6,122 / 3,683 / 3,196 / 6,189	unterstützt viele Farbmodi, Ebenen, Pfade, mehrere Alphakanäle in einer Datei	Kompatibilität mit anderen Programmen

Dateiformate allgemein | Kapitel 5

Dateiformat	Erweiterung	Komprimierung	Gesamtgröße in Mbyte	Anmerkung	Zweck
JPEG 2000	J2K, JP2 etc.	immer; wahlweise mit/ohne Verlust	2,33	Zusätzliches Plug-In erforderlich	Speicherplatz sparen
Compuserve Graphics Interchange, 8 Bit 217 Farben Web-Palette 100 % Dithering mit Interlacing/100 % Dithering o. I. Interlacing/keine Dithering o. I.	GIF	immer, verlustfrei bei 8-Bit-Vorlagen	0,737 / 0,730 / 0,429	Farbtiefe maximal 8 Bit	WWW-Design (Freisteller, Animation, Grafik)
Bitmap	BMP	nur bei Speicherung als RLE bis 8-Bit-Farbtiefe, verlustfrei	4,74		Kompatibilität mit Windows-Programmen
Desktop Color Separation 1.0 (EPS-Variante), Kodierung ASCII/Binär	verschiedene	wahlweise JPEG-Komprimierung mit Verlust	14,4 / 7,62	vier Dateien für CMYK-Druckfilme plus Vorschaubild	Druckvorstufe
Desktop Color Separation 2.0 (EPS-Variante), Kodierung ASCII/Binär	EPS	wahlweise JPEG-Komprimierung mit Verlust	13,84 / 7,312		Druckvorstufe
Encapsulated PostScript, ASCII/Binär	EPS	wahlweise JPEG-Komprimierung mit Verlust	12,678 / 6,150		Druckvorstufe
Photoshop PDF, Zip-Komprimierung	PDF	ja, wahlweise ohne Verlust/mit Verlust	3,914		zur Betrachtung mit Acrobat Reader, Druckvorstufe
Photoshop PDF, JPEG-Komprimierung Qualität 12/8/4/0	s.o.	s.o.	1,584 / 0,391 / 0,182 / 0,99		s.o.
Portable Networks Graphic, kein Interlacing/mit Interlacing	PNG	immer, verlustfrei	3,75 / 3,89 /	versch. Farbtiefen, Alphakanäle	WWW-Design

Kapitel 5   Öffnen, Speichern, Dateiformate

Dateiformat	Erweiterung	Komprimierung	Gesamtgröße in Mbyte	Anmerkung	Zweck
Pict, 32 Bit/Pixel	PIC	immer, verlustfrei	4,620	Farbtiefen bis 32 Bit	Kompatibilität mit Mac
Scitex	SCT		4,610		Austausch mit Scitex-Workstations, Druckvorstufe
Pixar	PXR		4,609		Druckvorstufe
Raw, Interleaved-Ordnung	RAW		4,608		
Photo CD	PCD	ab Auflösung 1024 x 1536 mit Verlust	(sechs Auflösungen zur Wahl)	Format wird nicht geschrieben	Nur zum Lesen von Photo-CDs
Targa, 24 Bit/Pixel	TGA	Ohne	4,609		
PCX	PCX	Ohne	5,260		

5.6 Standarddateiformate

In diesem Abschnitt diskutieren wir solche Dokumenttypen, die nicht viele Worte erfordern, etwa Photoshop, BMP und PCX. Es geht dann weiter mit eigenen, ausführlichen Abschnitten zu wichtigen Formaten mit komplexen Optionen, darunter TIFF, PDF, EPS und Photo CD.

5.6.1 Photoshop-Dateiformat

Das Format Photoshop (PSD) lässt sich problemlos zwischen Photoshop auf Windows- und auf Mac-Rechnern austauschen. Mit dem weiter verbreiteten TIFF gelingt das oft auch. Als fast einziger Dokumenttyp verkraftet das Photoshop-Format sämtliche Photoshop-Spezialitäten wie DUPLEX-, LAB- und Mehrkanalmodus, Pfade, mehrere Alphakanäle (auch bei TIFF möglich), Ebenentechnik samt Textebenen und Ebeneneffekten. Allerdings sind auch TIFF und PDF je nach Vorgabe sehr vielseitig. Zudem nimmt das Photoshop-Format Merkmale aus der WWW-Gestaltung auf, darunter Slices, Imagemaps, Rollover-Effekte, Hyperlinks und Animationen.

Neue Zusatzkanäle, Pfade und Ebenen speichert Photoshop ohne lästige Rückfrage mit und dabei wird verlustfrei komprimiert, allerdings nur schwach. Das Photoshop-Format lässt sich in Photoshop extrem schnell öffnen und speichern und eignet sich darum bestens zum Zwischensichern. Es ähnelt weitgehend dem Dateiformat PDD von Adobes Einsteiger-Bildbearbeitung PhotoDeluxe, freilich unterstützt PhotoDeluxe weit weniger Spezialitäten. Verwenden Sie in ImageReady die Befehle **Datei: Speichern** oder **Speichern unter**, entstehen automatisch Photoshop-PSD-Dateien.

*Benötigen Sie von einer Photoshop-Montage zwischendurch eine übliche TIFF- oder JPEG-Datei ohne separate Ebenen oder Alphakanäle? Dann nutzen Sie den Befehl **Datei: Speichern unter** (`Strg`+`⇧`+`S`), wählen* EBENEN *oder* ALPHAKANÄLE *ab und speichern* ALS KOPIE. *Danach arbeiten Sie weiter an der Photoshop-Montage unter ihrem ursprünglichen Namen.*

Kompatibilität mit früheren Photoshop-Versionen

In jeder Programmversion hat Photoshop neue Dinge dazugelernt: Einstellungsebenen, Ebeneneffekte, Textebenen, Formebenen oder neue Füllmethoden. Sie können zwar meist im aktuellen Photoshop speichern und das Bild mit einer älteren Fassung auch öffnen – doch nicht unterstützte Merkmale erscheinen nicht korrekt auf dem Schirm, sie werden nach einer Warnung ignoriert. Speichern Sie die Datei in einem älteren Photoshop, sind die Originalmerkmale weg. Beachten Sie unter anderem:

- Absatztext, »Verkrümmter« Text und einige Optionen bei der Textformatierung sind neu in Photoshop 6.0. Textebenen aus Photoshop 6.0 lassen sich auf früheren Photoshop-Versionen nur in gerasterter Form öffnen, Sie haben also keinen Zugriff mehr auf die Texteigenschaften. Der Text lässt sich nur noch als übliches Pixelobjekt bearbeiten. Dies gilt selbst dann, wenn die Textebene aus Photoshop 6.0 keine Merkmale enthält, die Photoshop 5.5 nicht auch beherrscht.

- Neu in Version 6.0 waren auch Ebenensets (damals »Ebenensätze«), Farbkodierung für Ebenen, Vektormasken, Füllebenen und Ebenenstile. Die Ebeneneffekte wurden in Version 6.0 stark erweitert. Diese Merkmale treffen Sie in früheren Photoshop-Versionen nicht an.

- Farbaufnahme-Werkzeug, Zusatzfarben und eingebettete ICC-Profile sind Errungenschaften von Photoshop 5.0, während Hilfslinien seit Version 4.0 zum Programm gehören.

- Erst mit Photoshop 7.0 kehrten die Füllmethoden STRAHLENDES LICHT, LINEARES LICHT, LICHTPUNKTE und LINEAR ABWEDELN ein.

»Kompatibilität maximieren«

Um Photoshop-Montagen in möglichst vielen Programmen zumindest anzeigen zu können, wählen Sie in den **Voreinstellungen** im Bereich DATEIEN VERARBEITEN die Option KOMPATIBILITÄT FÜR PHOTOSHOP-PSD-DATEIEN IMMER MAXIMIEREN. Bei unserer Photoshop-Version war die Option direkt nach dem Installieren eingeschaltet. Damit schreibt Photoshop zusätzlich zu den Ebenen noch eine »flache« Version des sichtbaren Gesamtbildes in die Datei. Dies kostet erheblich Zeit und Speicherplatz: So steigt die Größe der »Praxis«-Datei »Blueten.psd« durch die maximierte Kompatibilität von 729 auf 1047 Kbyte; die Datei »Ski.psd« wächst von 2,87 auf 4,3 Mbyte an.

Kapitel 5   Öffnen, Speichern, Dateiformate

Wenn Sie per **Voreinstellungen** auf die KOMPATIBILITÄT verzichten, präsentiert Photoshop beim Speichern die PHOTOSHOP-OPTIONEN. Dort können Sie immer noch die KOMPATIBILITÄT MAXIMIEREN. Anderenfalls eignet sich die Datei eventuell nicht mehr für zukünftige Photoshop-Versionen.

Photoshop-Montagen erscheinen in einigen Bilddatenbanken nur korrekt, wenn Sie die KOMPATIBILITÄT... MAXIMIEREN. *Für die Darstellung als Bildminiatur im Windows-Explorer ist dagegen das Mitspeichern einer »Miniatur« entscheidend (Seite 229).*

Kompatibilität mit anderen Bildprogrammen

Einige andere Bildprogramme schreiben und öffnen Photoshop-Dateien mit Ebenen – und das in einigen Fällen auch korrekt. Zu den talentierteren Anwendungen zählten bei Manuskriptabgabe im Sommer 2002 die jeweils aktuellen Fassungen von Photo-Paint aus dem Corel DRAW-Paket, Paint Shop Pro von Jasc, PhotoLine 32 von ComputerInsel, Picture Publisher von Micrografx. Dazu kommen natürlich PhotoDeluxe, Photoshop Elements 2.0 und Photoshop LE, die Einsteigerprogramme des Photoshop-Herstellers Adobe.

Dabei gilt: Die anderen Programme unterstützen nicht alle Photoshop-Spezialitäten. Beschnittgruppe und Einstellungsebene können die wenigsten; Ebenenmaske und die wichtigsten Füllmethoden beherrschen sie schon eher. Photoshop-Dateien, die ein Fremdprogramm überfordern, werden in der Regel gleichwohl geöffnet. Das Programm ignoriert einfach die entsprechenden Ebenen oder Einstellungen.

Photoshop 2.0 am Mac

Nur am Mac bietet Photoshop zusätzlich das Format Photoshop 2.0 an. Sie nutzen es, wenn das Bild mit Photoshop 2.0 oder einem Programm, das nur dieses Format beherrscht, geöffnet werden soll. Dabei verschmelzen Montage-Ebenen automatisch zu einer »Hintergrund«-Ebene. Das verbreitete TIFF-Format mit Standardvorgaben eignet sich meist genauso gut zum Austausch. Photoshop mit der Versionsnummer 2.0 gab es einst nur für den Mac, das entsprechende Dateiformat lässt sich unter Windows nicht öffnen.

5.6.2   Photo-CD-Dateiformat

»Photo CD« ist ein Dateiformat, aber auch ein ganzes Imaging-System. Gemeint sind Dateien von der speziellen Kodak Photo CD, die auch im speziellen Photo-CD-Dateiformat gesichert werden. Wir meinen hier also nicht sonstige Bilder auf anderen Bilder-CDs, die nicht nach dem speziellen Kodak-Photo-CD-Verfahren gesichert wurden.

Photoshop öffnet das Photo-CD-Format, schreibt es aber nicht. Ein Bild von der Photo CD öffnen Sie in mehreren Schritten. Das Verfahren verwendet Kodaks Farbmanagement, das Photoshop automatisch installiert und das auf ICC-Farbprofilen basiert. Zunächst wählen Sie die gewünschte Bildpunktzahl im Dialogfeld KODAK PCD FORMAT. Für einen unverbindlichen Blick reichen schnell geöffnete 512 x 768 Pixel. Welche Pixelzahlen bei welcher Auflö-

Standarddateiformate

Kapitel 5

sung für welche Druckmaße reichen, verrät die Tabelle unten – beachten Sie aber, dass auch die eventuell mediokre Scan-Qualität der Druckbarkeit Grenzen setzt.

Für das geöffnete Bild bestimmen Sie zunächst eine Druckauflösung in dpi. Wohlgemerkt, dieser Wert ändert nichts an der Qualität der Datei, sondern nur an der Größe im Ausdruck. Sie können diese Vorgabe immer noch gefahrlos mit dem Befehl **Bild: Bildgröße** ändern, wenn Sie die Option NEUBERECHNEN abwählen.

Photo-CD-Typen

Die weit verbreitete »Photo CD Master« speichert Scans von Kleinbild-Dias und -Negativen in fünf Auflösungen zugleich mit Pixelzahlen von 128 x 192 bis 2048 x 3072. Photoshop produziert zusätzlich eine Variante mit 64 x 96 Bildpunkten; ab 1024 x 1536 Pixel werden die Daten komprimiert. Fragen Sie, ob Sie ungerahmte Diastreifen abgeben dürfen, denn so vermeiden Sie Vignettierung durch die Rahmung, und entfernen Sie gründlich jeden Staub.

Das ImagePack der professionellen, weniger bekannten Pro Photo CD Master speichert Scans von Dias und Negativen bis zur Größe von 10 x 13 Zentimetern in fünf bis sieben Auflösungen bis maximal 4096 x 6144 Punkten.

Weitere Informationen zur Photo CD finden Sie unter folgender Internetadresse:

http://www.photocd.de/inhalt.htm

 Eine unveränderte Datei aus dem Photo-CD-Service finden Sie im »Praxis«-Verzeichnis der CD zu diesem Buch unter dem Namen »Photo-CD.pcd«.

Übersicht: Auflösungen der Photo CD

Bezeich-nung	Pixel	Größe als 8-Bit-Graustufen-Datei	Größe als 24-Bit-RGB- oder Lab-Datei	Größe als 32-Bit-CMYK-Datei	cm-Maße bei 150 dpi	cm-Maße bei 200 dpi	cm-Maße bei 300 dpi	Bemer-kung
Base/16	128x 192	0,024 Mbyte	0,07 Mbyte	0,096 Mbyte	2,1x3,3	1,7x2,4	1,0x1,6	
Base/4	256x 384	0,09 Mbyte	0,29 Mbyte	0,39 Mbyte	4,2x6,5	3,3x4,9	2,1x3,2	
Base Image	512x 768	0,39 Mbyte	1, 17 Mbyte	1,57 Mbyte	8,5x13	6,5x9,8	4,3x6,5	
4 Base	1024x 1536	1,57 Mbyte	4,72 Mbyte	6,29 Mbyte	17,0x 26,0	13,0x 20,0	8,7x 13.0	Dateien ab hier kom-primiert

Kapitel 5   Öffnen, Speichern, Dateiformate

Bezeich-nung	Pixel	Größe als 8-Bit-Graustufen-Datei	Größe als 24-Bit-RGB- oder Lab-Datei	Größe als 32-Bit-CMYK-Datei	cm-Maße bei 150 dpi	cm-Maße bei 200 dpi	cm-Maße bei 300 dpi	Bemer-kung
16 Base	2048x 3072	6,29 Mbyte	18,87 Mbyte	25,16 Mbyte	33,9x 52,0	26,0x 39,0	17,3x 26,0	Höchstauf-lösung der bekannten Photo CD Master
64 Base	4096x 6144	25,16 Mbyte	75,49 Mbyte	100,00 Mbyte	69,3x 100,4	52,0x 78,0	34,6x 52,0	nur Pro Photo Master CD

5.6.3 Weitere Dateiformate

Photoshop unterstützt viele weitere Dateiformate, die fast nur für den Austausch mit einzelnen Kunden oder Dienstleistern von Bedeutung sind und keine wichtigen Merkmale bieten:

- Das BMP-Format (Bitmap) ist nur bei den Betriebssystemen MS-DOS/Windows und OS/2 auf IBM-kompatiblen Computern gebräuchlich. Sie können die Farbinformation auf acht oder vier Bit pro Pixel reduzieren und dabei – anders als in der 24-Bit-Variante – verlustfrei komprimieren (BMP-RLE, Run Length Encoding). Systembilder für Windows und manche Multimediaprogramme müssen eventuell als BMPs gesichert sein; dafür bietet Photoshop spezielle Optionen. Informationen über Druckmaße speichert dieses Format nicht. Unter »Bitmap« versteht man auch eine Strichgrafik mit einem Bit Farbtiefe pro Pixel oder auch ein Pixelbild allgemein im Gegensatz zu Vektorgrafik oder Text.

- Das Targa-Format wird vor allem im Betriebssystem MS-DOS und auf manchen Hi-End-Workstations verwendet. Ein einzelner Alphakanal wird in RGB-Dateien automatisch mitgesichert.

- Das PCX-Format unterstützt das Übliche: 24-Bit-»Echtfarbe«, 8-Bit-Indizierte Farbe, Graustufen, 1-Bit-Strichgrafik (»Bitmap«).

- Das Raw-Format ist ein flexibles Dateiformat für den Austausch von Dokumenten zwischen verschiedenen Betriebssystemen und eignet sich auch für die Übernahme von Daten aus dem wissenschaftlichen Bereich. Das Raw-Format besteht aus Bytes, die die Farbinformationen in der Datei beschreiben. Jedes Pixel wird im binären Format beschrieben, bei dem 0 Schwarz und 255 Weiß entspricht. Sie können Dateityp, Datei-Creator und die Header-Information festlegen.

- Aus dem Hi-End-Bereich der professionellen Prepress-Anlagen kommen die Formate Scitex-CT (SCT) und Pixar (PXR). Auch Targa (TGA) stammt aus diesem Umfeld.

Keine Unterstützung haben wir in der getesteten deutschen Vollversion für die Formate Sun Raster (RAS), Flashpix (FPX), Flash (SWF) und JPEG 2000 (J2K, JP2) gefunden.

5.6.4 Pict-Dateiformat

Pict ist das Hausformat des Apple Macintosh und eignet sich vor allem zum Austausch von Bilddateien zwischen Mac-Programmen. Auf Windows-Seite wird es nur von wenigen Programmen verkraftet. Pict akzeptiert Farbtiefen bis 32 Bit, Farbprofile und komprimiert vor allem einheitliche Farbflächen verlustfrei. Bei 24-Bit-Bildern wählen Sie 32 Bit in den Optionen vor, um die volle Farbinformation zu erhalten; dabei können Sie einen Alphakanal mitsichern.

Besonderheiten am Mac

Nur in der Mac-Version von Photoshop können Sie eine – nicht verlustfreie – JPEG-Komprimierung dazuwählen. ImageReady öffnet Pict-Dateien generell nur auf dem Mac, nicht unter Windows. Um vektororientierte Pict-Grafiken mit Kantenglättung zu öffnen, verwenden Sie am Mac den Befehl **Datei: Importieren: Geglättetes Pict-Bild**.

Nur am Mac können Sie ein Bild auch als Pict-Ressource speichern. Gemeint ist eine Pict-Bilddatei im Ressourcen-Bereich einer Mac-Datei – zum Beispiel das Startbild eines Programms. Geben Sie ID und Name der Ressource an.

5.6.5 Illustrator-Dateiformat und andere Vektorgrafiken

Illustrator-Grafikdateien mit den Endungen ».ai« oder ».eps« bestehen nicht aus Bildpunkten, sondern aus Kurven, Füllflächen und Text. Photoshop verwandelt solche Grafiken nach Ihren Vorgaben in ein Bildpunktraster. Auch PDF-Dateien können entsprechende Vektorgrafik enthalten. Dabei haben Sie generell zwei Möglichkeiten:

➡ Sie erzeugen eine neue Bilddatei, welche die Illustrator-Grafik in gerasterter Form anzeigt.

➡ Sie »platzieren« die Grafik in einer bereits geöffneten Bilddatei.

Die entsprechenden Illustrator-Dateien mit den Endungen ».ai« oder ».eps« entstehen nicht nur mit Adobe Illustrator, sondern auch mit Grafikprogrammen wie Corel DRAW oder FreeHand. Photoshop liefert eine Reihe »AI«-Muster im Programm-Verzeichnis »Vorgaben/Muster/PostScript-Muster« mit; es wird automatisch auf Ihrer Festplatte angelegt, wenn Sie es bei der Installation nicht abgewählt haben.

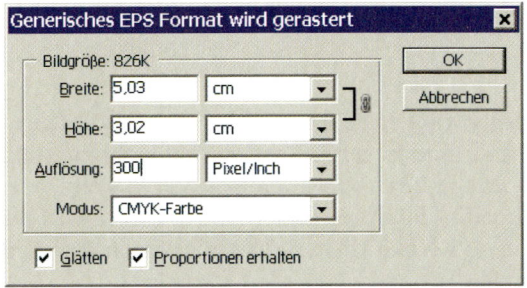

Abbildung 5.8:
Beim Öffnen einer Grafikdatei im Illustrator-Format werden Kurven und Flächen in eine festgelegte Pixelgröße umgerechnet.

Vektorgrafik-Dateien »öffnen«

Im Dialogfeld **Datei: Öffnen** (`Strg`+`O`) klicken Sie doppelt auf die gewünschte Illustrator-Datei. Photoshop präsentiert jetzt ein Dialogfeld mit den Rasteroptionen für die Grafik: Sie geben eine Auflösung und den Farbmodus vor. In der Regel wählen Sie die GLÄTTEN-Option, um die Übergänge zwischen zwei Farbflächen durch halbtransparente Bildpunkte glatter zu gestalten. Nur bei Strichgrafiken und kleinen Buchstaben verzichten Sie auf das GLÄTTEN; die Elemente könnten unscharf wirken.

Die in Photoshop geöffnete und gerasterte Datei können Sie nicht mehr beliebig ohne Qualitätsverlust vergrößern oder verkleinern, da Sie nun eine feste Pixelzahl vor sich haben. Bestimmen Sie also die gewünschte Bildgröße schon vor Ausfüllen des Dialogfelds und gestalteten Sie die Grafik bereits im Grafikprogramm so perfekt wie möglich.

Vektorgrafik-Dateien »platzieren«

So setzen Sie eine Vektorgrafik in eine bereits vorhandene Bilddatei ein:

1. Wählen Sie **Datei: Platzieren**. In Frage kommen Dateien mit den Endungen ».ai«, ».eps«, ».pdf« und ».pdp«.

2. Photoshop zeigt die Grafik innerhalb eines Rahmens in der Mitte Ihrer Bilddatei. Sie können die Grafik verschieben, skalieren, drehen oder neigen. Ziehen Sie mit der Maus oder tippen Sie oben Werte in die Optionenleiste. Ziehen Sie mit der Maus bei gedrückter Umschalttaste, um das Seitenverhältnis zu wahren. (Details zu diesem so genannten »Transformieren« finden Sie ab Seite 116) In den meisten Fällen verwenden Sie die Option GLÄTTEN.

3. Passt alles? Um die Grafik endgültig in eine neue Bildebene umzuwandeln, klicken Sie doppelt in den Rahmen oder auf die OK-Schaltfläche ✔ in den Optionen. (Mit der Esc-Taste oder der Abbrechen-Schaltfläche ⊘ beenden Sie das Manöver folgenlos.)

Qualitätsprobleme

Beim PLATZIEREN können Sie die Grafik noch ohne Qualitätsverlust skalieren, drehen oder neigen (»transformieren«). Haben Sie die Grafik per Doppelklick endgültig eingefügt und damit in ein Pixelbild umgewandelt, kostet jedes weitere Transformieren Qualität, besonders die Ränder des Montage-Objekts weichen auf oder zacken aus. Legen Sie also schon beim PLATZIEREN die endgültigen Dimensionen fest. Keine Qualitätsprobleme bereiten diese Manöver: Verschieben, Drehen um 90, 180 oder 270 Grad, Spiegeln.

Kopieren und Ziehen

Generell können Sie Vektorgrafiken auch per Zwischenablage mit den Standardbefehlen **Kopieren** (`Strg`+`C`) und **Einfügen** (`Strg`+`V`) übertragen. In einigen Fällen kommt am Ziel jedoch nur gerastertes Pixelmaterial an. Außerdem können Sie eine Vektorgrafik von Illustrator oder anderen Programmen direkt in eine Photoshop-Datei ziehen. Dabei wird die Grafik jedoch in eine Pixelebene umgewandelt. Um Vektormaterial zu übertragen, drücken Sie beim Ziehen die `Strg`-Taste. Verwandeln Sie Text jedoch erst in Kurven.

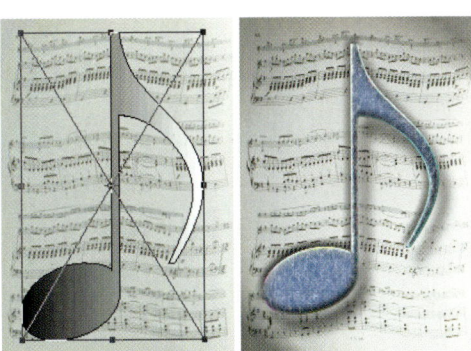 

Abbildung 5.9:
Links: Mit dem Befehl »Datei: Platzieren« können Sie Grafikdateien importieren. Sie erscheinen zunächst in einer Vorschau-Box. An den Ankerpunkten ändern Sie die Größe, durch Klicken außerhalb der Box drehen Sie die Grafik. Mitte: Die schlichte Grafik lässt sich mit Ebeneneffekten und Filtern weiter bearbeiten. Rechts: Photoshop legt die importierte Grafik auf einer eigenen Ebene oberhalb der Ebene an, die vor dem »Platzieren« aktiv war. Grafikdatei: Note.ai, Ergebnisdatei: Note_2

AI-Dateien schreiben

Die Pfade einer Photoshop-Datei können Sie ins Illustrator-AI-Format übertragen. Verwenden Sie den Pfad zum Beispiel, um im Grafikprogramm Text oder Objekte daran auszurichten. Sofern bereits ein Pfad vorhanden ist, erwartet Sie dieses Prozedere:

1. Wählen Sie den Befehl **Datei: Exportieren: Pfade -> Illustrator**.
2. Im Dialogfeld PFADE EXPORTIEREN klicken Sie das Klappmenü PFADE an, um den Pfad Ihrer Wahl zu exportieren. Hier steht nur das AI-Format zur Verfügung.

Wenn Sie das Bild im Zielprogramm öffnen, prüfen Sie, ob Sie die Linienstärke verändern sollten.

5.7 PDF-Dateiformat (Acrobat)

Das Dateiformat »Photoshop PDF« bietet Ihnen interessante Möglichkeiten:

- Betrachter können Ihr Bild im weit verbreiteten Acrobat Reader ansehen und im Programm Acrobat mit Anmerkungen garnieren.
- Das PDF-Format speichert Ebenen, Text- und Vektordaten wie auch Informationen für die Druckvorstufe.
- Mit Passwörtern schränken Sie den Personenkreis ein, der das Dokument öffnen, bearbeiten oder drucken darf.

Verwenden Sie den üblichen Befehl **Datei: Speichern unter** mit der Vorgabe PHOTOSHOP PDF. Sämtliche Eigenschaften bleiben auf Wunsch erhalten: separate Montage-Ebenen, Alphakanäle, Farbprofile, Anmerkungen, Datei-Informationen, Vektorgrafik, Duplex-Bilder, Pfade, Schmuckfarben (Volltonfarben), Textebenen im Textmodus mit eingebetteter Schriftart (Font) oder als Vektorgrafik. Die Ebenen lassen sich zwar im Acrobat Reader nicht separat ansprechen, aber Text im Textmodus können Sie auch im Programm Acrobat

Reader als Text markieren und kopieren, sofern Sie das nicht in den Sicherheitsoptionen ausschließen. Dazu kommen die Komprimierungsverfahren Zip (verlustfrei) oder JPEG (mit Verlust, Seite 258).

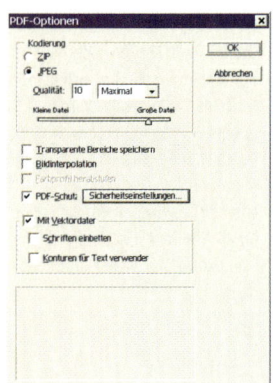
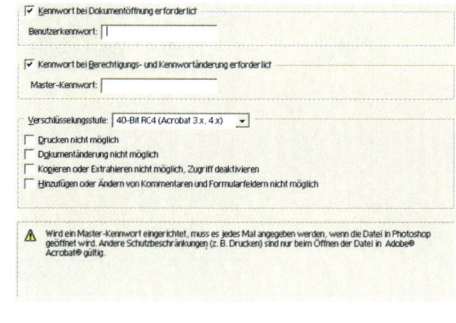

Abbildung 5.10:
Das PDF-Dateiformat nimmt auch Vektorgrafiken und Textebenen auf. Das Dokument lässt sich durch Passwörter schützen.

Sie können also auch komplexe Dokumente inklusive Text weitergeben, ohne dass diese auf einem anderen Rechner verfälscht erscheinen. Die Vorgabe PHOTOSHOP PDF erlaubt Ihnen allerdings nur eine einzige PDF-Seite. Für mehrseitige PDF-Dokumente benötigen Sie ein anderes Programm, etwa Corel DRAW oder Adobe Acrobat. PDF-Diaschauen entstehen nur mit dem Billigableger Photoshop Elements 2.0 oder mit der Shareware PhotoLine 32 ab Version 8.0 (www.pl32.de).

Weitere Optionen

Diese weiteren Möglichkeiten bieten die PDF-OPTIONEN:

Die Option TRANSPARENTE BEREICHE SPEICHERN behält Transparenz bei, sie wird nicht durch Weiß ersetzt.

Per BILDINTERPOLATION werden Bilder mit wenigen Pixeln beim Druck geglättet. Prüfen Sie jedoch die Wirkung für jedes Projekt.

Sie können das FARBPROFIL HERABSTUFEN; Profile der Version 4.0 werden auf Version 2.0 herabgesetzt, falls die PDF-Datei in einem älteren Programm erscheinen sollte.

Wenn Sie die SCHRIFTEN EINBETTEN, erscheinen Ihre Schriftzüge auch auf Computern korrekt, die diese so genannten Fonts nicht enthalten. In einigen Fällen funktioniert das jedoch nicht, so bei »verkrümmtem Text« oder künstlich gefetteten Lettern (»Faux fett«).

Alternativ zu eingebetteten Schriften können Sie KONTUREN FÜR TEXT VERWENDEN. Damit werden Ihre Lettern in Vektorlinien verwandelt. Dadurch wird die Datei eventuell kleiner als mit eingebetteten Schriften und sie erscheint auch korrekt in Programmen, die eingebettete Schriften nicht unterstützen. Im Acrobat Reader lässt sich der Text nicht markieren oder durchsuchen, er bleibt aber in Photoshop editierbar.

PDF-Schutz

Schalten Sie in den PDF-OPTIONEN den PDF-SCHUTZ ein und klicken Sie auf SICHERHEITS-EINSTELLUNGEN. Bei Bedarf planen Sie ein KENNWORT BEI DOKUMENTÖFFNUNG ein. Dieses Kennwort fragt nur der Acrobat Reader ab, nicht jedoch Photoshop. Verwenden Sie dagegen das MASTER-KENNWORT, erkundigt sich auch Photoshop beim nächsten Öffnen nach dem Kennwort.

Photoshop bietet zwei verschiedene VERSCHLÜSSELUNGSSTUFEN, die jeweils unter anderem auch Drucken und Kopieren untersagen. Die 40-Bit-Variante eignet sich auch für ältere Acrobat-Programme. Die neuere 128-Bit-Verschlüsselung ab Acrobat 5.0 geht einher mit besonders feinen Steuermöglichkeiten für ZULÄSSIGE ÄNDERUNGEN und DRUCKEN.

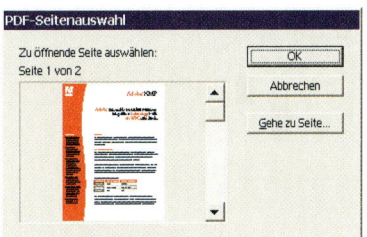 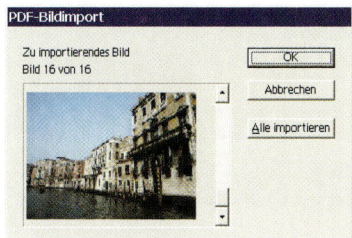

Abbildung 5.11:
Links: Der Befehl »Datei: Öffnen« öffnet eine Einzelseite aus einem PDF-Dokument. Der Befehl »Datei: Importieren: PDF-Bild« lädt Einzelbilder aus PDF-Dokumenten.

PDF-Dateien in Photoshop öffnen

Die Programmierer teilten das Öffnen einer PDF-Datei in mehrere Befehle auf. Text und Vektorgrafik werden beim Öffnen auf jeden Fall in einzelne Bildpunkte aufgerastert; sie erscheinen über transparentem Hintergrund. Ihre Möglichkeiten:

- Für Einzelbilder: Nutzen Sie **Datei: Importieren: PDF-Bild**. Das Dialogfeld PDF-BILDIMPORT bietet Ihnen alle Bilder eines PDF-Dokuments einzeln an. Die Schaltfläche ALLE IMPORTIEREN hievt sämtliche Pixelbilder des PDF-Dokuments als Einzeldatei auf den Schirm.

- Für Einzelseiten: Verwenden Sie die übliche **Öffnen**-Funktion, wenn Sie eine Einzelseite mit eventuell mehreren Bildern und Text benötigen; bei mehrseitigen Dokumenten wählen Sie eine Einzelseite aus. Anschließend definieren Sie Bildgröße, Bildauflösung, Farbmodus und Kantenglättung.

- Für mehrere Seiten: Der Befehl **Datei: Automatisieren: Mehrseitige PDF in PSD** verwandelt mehrseitige PDF-Dateien in ebenso viele Photoshop-Dateien. Sie geben die PDF-Datei, einen Namensanfang und ein Zielverzeichnis vor. Photoshop schreibt eine Reihe von durchnummerierten PSD-Bildern direkt in dieses Verzeichnis. Sie können also komplette Prospekte oder Handbücher verarbeiten, auch Anmerkungen bleiben erhalten.

- Wollen Sie nur die Text- oder Ton-Anmerkungen innerhalb eines PDF-Dokuments in ein bereits geöffnetes Bild laden, verwenden Sie den Befehl **Datei: Importieren: Anmerkungen** (Seite 227).

Kapitel 5   Öffnen, Speichern, Dateiformate

 Möchten Sie die PDF-Funktionen ausprobieren? Im »Praxis«-Verzeichnis auf der CD zu diesem Buch finden Sie die zweiseitige Datei »Acrobat_mit_ Notizen.PDF«. Weitere PDF-Dateien finden Sie auf der Photoshop-CD und im Photoshop-Programmverzeichnis.

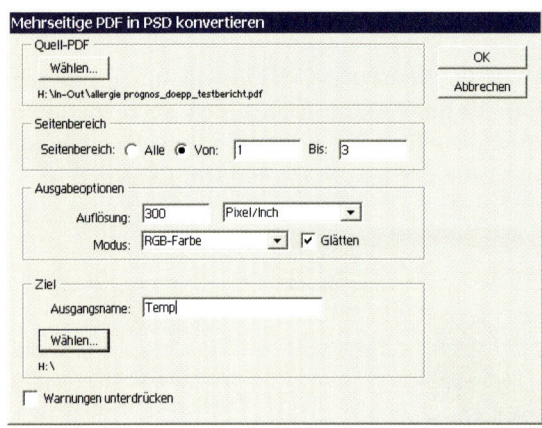 

Abbildung 5.12:
Links: Der Befehl »Datei: Automatisieren: Mehrseitige PDF in PSD konvertieren« verwandelt mehrseitige Acrobat-Dokumente in eine Reihe von Einzeldateien. Rechts: PDF-Texte, die nicht über einer Grafik gespeichert wurden, erscheinen in Photoshop mit transparenter Umgebung, wie an dem Karomuster zu erkennen ist. Kantenglättung und zu niedrige Auflösung machen speziell feine Schriften leicht unlesbar.

5.8   TIFF-Dateiformat

Das Tagged Image File Format, kurz TIFF, entwickelte sich zu einem Standard der digitalen Bildverarbeitung. Es gibt unzählige Varianten. Ein Standard-TIFF lässt sich an fast jeden Belichtungsdienst, jedes Programm und diverse Betriebssysteme weitergeben. Zusätzlich zu RGB oder Graustufen akzeptiert TIFF auch Bilder mit 16-Bit-Farbtiefe pro Grundfarbe, CMYK- oder Lab-Farbmodell. Alphakanäle – auch mehrere – werden ohne Rückfrage mitgespeichert. Sie sollten entfernt werden, wenn das Bild in ein Grafik- oder Layoutprogramm weiterwandert, zum Beispiel mit den entsprechenden Optionen des Befehls **Datei: Speichern unter** ([Strg]+[⇧]+[S], Seite 231).

Zwei Hauptzwecke hat der TIFF-Dateityp für Photoshopper:

➜ Problemlose Weitergabe von Bildern ohne Ebenen an verschiedenste Programme

➜ Platzsparendes Speichern von Bildern mit Ebenen als Alternative zum Photoshop-Dateityp

TIFF-Dateiformat

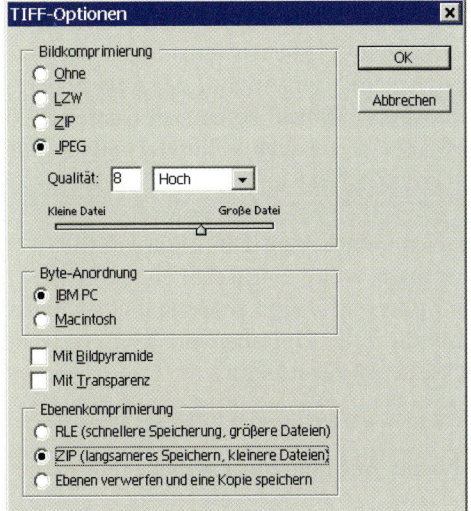

Abbildung 5.13:
Das TIFF-Format bietet mehrere Arten der Komprimierung an und speichert Alphakanäle automatisch mit. TIFF-Optionen wie »Zip«- oder »JPEG«-Komprimierung, »Bildpyramide« oder »Transparenz« können zu Problemen beim Austausch mit anderen Programmen führen.

5.8.1 Standard-TIFF

TIFF ist das bei weitem gebräuchlichste Format zum Austausch von Pixeldateien und fast immer eine sichere Wahl – sofern Sie reines Standard-TIFF speichern.

TIFF – Standard oder erweitert

So unterscheiden sich die TIFF-Typen:

- Das altbekannte Standard-TIFF-Dateiformat hat keine Ebenen und verwendet keine Bildkomprimierung oder aber LZW – nur mit diesen Vorgaben lässt sich das Bild wirklich universell nutzen.

- Die TIFF-Spezialitäten von Photoshop schließen weitere Komprimierungsverfahren für Bilder ohne Ebenen, die Bildpyramide sowie Ebenen mit verschiedenen Komprimierungsverfahren ein.

Mit TIFF auf Nummer Sicher

Wollen Sie ganz sicher gehen, dass Ihr TIFF-Bild möglichst weitgehend verwendbar ist, dann:

- verzichten Sie auf Ebenen

- wählen Sie OHNE oder LZW als BILDKOMPRIMIERUNG

- nutzen Sie den RGB-Modus oder den Graustufenmodus mit acht Bit Farbtiefe pro Grundfarbe

- entfernen Sie Alphakanäle und Pfade

Kapitel 5   Öffnen, Speichern, Dateiformate

Standard-TIFF sicher speichern

Es kann passieren, dass Sie zu einem reinen Hintergrundbild Ebenen hinzufügen und das Ergebnis aus Versehen als TIFF-Datei mit Ebenen speichern – ein Ablauf, den kein anderes Bildprogramm zulässt und der auch beim alten Photoshop 6.0 nicht so einfach passierte. So gehen Sie sicher, dass eingefügte Ebenen bei Bedarf zu einer einzigen »Hintergrund«-Ebene verschmolzen werden:

➤ Wählen Sie **Bearbeiten: Voreinstellungen: Dateien verarbeiten**. Die Option VOR DEM SPEICHERN VON TIFF-DATEIEN MIT EBENEN FRAGEN sollte eingeschaltet sein. (Direkt nach der Installation ist sie eingeschaltet.) Sofern diese Vorgabe eingeschaltet ist, blendet Photoshop beim **Speichern** einer TIFF-Datei die TIFF-Optionen ein. Dort verwenden Sie die Option EBENEN VERWERFEN UND EINE KOPIE SPEICHERN.

➤ Sichern Sie das Bild mit **Datei: Speichern unter** und schalten Sie die EBENEN ab.

➤ Verwenden Sie vor dem **Speichern** den Befehl **Ebene: Auf Hintergrundebene reduzieren**.

Wenn Sie eine Montage beim Speichern auf eine »Hintergrund«-Ebene reduzieren, zwingt Photoshop Sie zum Speichern ALS KOPIE. *Das heißt, Sie speichern Datei A unter dem Namen B, auf der Programmfläche arbeiten Sie aber weiter an Datei A und nicht etwa an dem neu gespeicherten Werk B.*

5.8.2   TIFF-Optionen

Diese Optionen bietet Photoshop für TIFF-Dateien:

»Bildkomprimierung«

Die Vorgaben im Bereich BILDKOMPRIMIERUNG beziehen sich nur auf die »Hintergrund«-Ebene einer TIFF-Datei.

➤ Die LZW-Komprimierung spart völlig ohne Qualitätsverlust 20 oder 30 Prozent Festplattenplatz gegenüber dem Arbeitsspeicherbedarf des Bildes und lässt sich mit den allermeisten Programmen öffnen. LZW ist die einzige Option, welche die Nutzbarkeit eines TIFFs außerhalb von Photoshop nicht stört.

➤ Die ZIP-Komprimierung spart etwas mehr Speicherplatz als LZW, ist aber kaum in anderen Programmen zu öffnen.

➤ Die JPEG-Komprimierung spart drastisch Speicherplatz mit Qualitätsverlust nach dem JPEG-Schema (Seite 258), ist aber kaum mit anderen Programmen zu öffnen.

»Ebenenkomprimierung«

Sofern Sie unabhängige Ebenen mitspeichern wollen, verwenden Sie die besonders platzsparende ZIP-Komprimierung oder die etwas schnellere RLE-Komprimierung. Die Datei benötigt meist weniger Festplattenplatz als eine Photoshop-Datei mit dem gleichen Inhalt.

TIFF-Dateiformat   Kapitel 5

Achten Sie auf die TIFF-Optionen: Bei unseren Tests mit zahlreichen aktuellen Programmen im Sommer 2002 ließen sich reine »Hintergrund«-TIFFs mit BILDKOMPRIMIERUNG nach JPEG- oder ZIP-Vorgabe generell in anderen Programmen nicht öffnen. LZW-TIFFs mit Ebenen wurden meist, aber nicht immer geöffnet – allerdings als reine »Hintergrund«-Ebene ohne weitere Montage-Objekte.

> Wollen Sie TIFF-Dateien mit Ebenen in anderen Programmen ausprobieren? Im »Praxis«-Verzeichnis auf der CD zum Buch finden Sie die Montage-Dateien »TIFF-Test_RLE« und »TIFF-Test_Zip«.

Weitere Optionen

Sie haben diese weiteren Möglichkeiten:

- Ob Sie das Format IBM PC oder MACINTOSH vorwählen, hat in der Praxis meist keine Bedeutung.

- Die Vorgabe MIT TRANSPARENZ sichert transparente Bereiche einer Montage auf eigenwillige Art: Selbst wenn Sie keine separaten Ebenen speichern wollen, erzeugt Photoshop mit dieser Vorgabe eine Montage, die alle Ebenen zu einer einzigen Ebene mit transparenter Umgebung verschmilzt. Sie erhalten keine übliche »Hintergrund«-Ebene, das Bild lässt sich in anderen Programmen oft nicht öffnen.

- BILDPYRAMIDE: Mit der Option BILDPYRAMIDE speichern Sie das TIFF-Bild in mehreren Auflösungen innerhalb einer einzigen Datei. Dies ist nützlich, um schnell eine verkleinerte Ansicht von sehr großen Dateien zu erhalten. Allerdings öffnet Photoshop selbst stets die höchstauflösende Version einer Bildpyramide, also das Original – innerhalb von Photoshop nützt Ihnen die BILDPYRAMIDE also nichts. Sinnvoll ist sie jedoch für einige Bild-Server oder Layoutprogramme wie InDesign vom Photoshop-Hersteller Adobe.

> Die BILDPYRAMIDE kostet erheblich Speicherplatz: Unser unkomprimiertes Testbild (siehe Tabelle weiter oben) wächst mit BILDPYRAMIDE von 4,61 auf 6,12 Mbyte an.

Beschneidungspfade

Das TIFF-Format nimmt Beschneidungspfade auf (Seite 652); nicht alle Layoutprogramme machen davon jedoch Gebrauch. Andere Programme interpretieren selbst sonstige Pfade innerhalb der TIFF-Datei als Beschneidungspfad und unterdrücken den Bildinhalt außerhalb des Pfads. Entfernen Sie im Zweifelsfall alle Pfade aus dem Bild.

TIFF mit ImageReady

Das TIFF-Dateiformat schreiben Sie in ImageReady mit dem Befehl **Datei: Original exportieren**. ImageReady beherrscht anders als Photoshop auch die verlustfreie Komprimierung mit PACKBITS-Vorgabe. Sie empfiehlt sich höchstens für Strichgrafiken und blähte unsere Halbton-Testdatei erheblich über Normalgröße auf (siehe Tabelle weiter oben).

5.8.3 Dateigrößen im Vergleich

Für den folgenden Größenvergleich verwenden wir die Datei »Blueten.psd« aus dem »Praxis«-Verzeichnis der CD zu diesem Buch. Einschließlich »Hintergrund« enthält diese Datei vier Ebenen.

Dateityp, Optionen	Größe in Kbyte
Photoshop-Format mit »Kompatibilität maximieren«	1047
Photoshop-Format ohne »Kompatibilität maximieren«	729
Photoshop-Format ohne Ebenen	376
TIFF unkomprimiert ohne Ebenen	393
TIFF mit LZW-Komprimierung ohne Ebenen	249
TIFF mit Zip-Komprimierung ohne Ebenen	230
TIFF mit JPEG-Komprimierung Stufe 8 ohne Ebenen	48
TIFF mit Ebenen, RLE-Komprimierung	923
TIFF mit Ebenen, ZIP-Komprimierung	610

5.9 EPS- und DCS-Dateiformat

In der Druckvorstufe zählte einst nur das EPS-Format (Encapsulated PostScript). Dieses Format samt seinen DCS-Varianten wird allerdings heute durch das ähnlich vielseitige PDF ergänzt. Die EPS-Merkmale im Überblick:

- EPS-Dateien werden in der Regel nicht mehr bearbeitet, sondern allenfalls im Layoutprogramm vergrößert oder verkleinert.

- EPS-Dateien können zusätzlich zum Pixelbild auch Kurvengrafiken oder Schriften enthalten, die sich unabhängig von der Bildauflösung in höchster Druckerauflösung ausgeben lassen.

- EPS speichert auch Rastereinstellungen, Druckkennlinien und Beschneidungspfade, mit denen Sie die Druckereinstellungen übergehen.

- EPS unterstützt praktisch alle Farbmodi, Ebenen und Alphakanäle werden jedoch nicht unterstützt.

- Sie verwenden die EPS-Varianten DCS 1 und DCS 2, um bereits vorseparierte CMYK-Dateien zum Belichter zu schicken. Dabei können Sie pro Grundfarbe eine einzelne Datei erzeugen. DCS 2 eignet sich auch für Schmuckfarben.

EPS- und DCS-Dateiformat   Kapitel 5

5.9.1   EPS-Optionen

Folgende Optionen haben Sie mit dem EPS- und teilweise auch mit dem DCS-Format:

Kodierung

Die für Windows übliche ASCII-KODIERUNG kostet sehr viel Speicherplatz, bereitet aber im Zweifelsfall weniger Probleme. Die vor allem am Mac nutzbare BINÄRE KODIERUNG schluckt nur halb so viel Platz und damit Belichterzeit wie die ASCII-Version (vergleiche Dateigrößen-Tabelle ab Seite 238). Mit der JPEG-Komprimierung sparen Sie erheblich Speicherplatz – etwas zu Lasten der Qualität. Sie benötigen ein PostScript-Level-2-Ausgabegerät. Details zum JPEG-Verfahren lesen Sie ab Seite 258. Stimmen Sie mit dem Belichtungsdienst ab, ob EPS-Dateien mit Binär- und JPEG-Kodierung durchgehen.

Bildschirmdarstellung

Zusätzlich zu den Farbauszügen, ob in Einzeldateien oder nicht, können Sie eine Vorschau mit abspeichern. Damit sehen Sie im Layoutprogramm nicht nur eine Rechteck-Box. Hier haben Sie die Wahl zwischen 1 Bit oder wesentlich ansehnlicheren acht Bit pro Pixel. Photoshop legt diese Vorschau als TIFF an. Am Mac werden auch Pict- und bei installiertem QuickTime noch JPEG-Vorschauen geboten.

Haben Sie CMYK-Bilder als EPS mit Vorschau abgespeichert und für den Offsetdruck separiert, dann sieht die Vorschau am Schirm oder der Katalogausdruck möglicherweise schlecht aus. Für eine gelungene Präsentation müssen Sie nur die Vorschau-Datei verändern, nicht die Original-Separationen. Wählen Sie im ÖFFNEN-Dialog die EPS TIFF DARSTELLUNG und korrigieren Sie diese für Ihre Präsentation – die hoch aufgelösten Feindaten bleiben unberührt.

»Rasterungseinstellungen mitspeichern«

Als einziges Dateiformat bietet EPS die Möglichkeit, dass Sie spezielle RASTERUNGSEINSTELLUNGEN MITSPEICHERN: Dann wird das Bild nicht nach den Vorgaben des Layoutprogramms gerastert; stattdessen geht es mit den Werten zum Belichter, die Sie im Photoshop-Druckerdialog einstellen (**Datei: Drucken mit Vorschau** mit der Schaltfläche RASTERUNG, Seite 138). In der Regel verzichtet man freilich auf diese Option – man verlässt sich auf die Voreinstellungen des Raster Image Processors (RIP), der das Bild für die Ausgabe auf Druckfilm aufbereitet.

»Druckkennlinie mitspeichern«

Bei Bedarf geben Sie die Transferfunktionen mit. Das heißt, die in der Seiteneinrichtung vorgegebene Tonwertkorrektur an der reinen Druckdatei wird beim EPS-Speichern mitgesichert – sofern Sie die DRUCKKENNLINIE MITSPEICHERN. In der Seiteneinrichtung aktivieren Sie dann auch die Vorgabe STANDARDFUNKTIONEN DES DRUCKERS ÜBERSCHREIBEN.

»PostScript-Farbmanagement«

Die Option POSTSCRIPT-FARBMANAGEMENT in den EPS-Optionen wandelt bei PostScript-Druckern die Daten in den Farbraum des Ausgabegeräts um. Nur PostScript-Level-3-Geräte können allerdings mit CMYK umgehen. Auf Level 2 verwenden Sie stattdessen den Lab-Modus. Wenn Sie das Dokument bereits in den Farbraum des Druckers verwandelt haben oder die EPS-Datei in einem Layout platzieren, das ebenfalls mit Farbmanagement ausgegeben wird, verzichten Sie auf die Option.

Weitere Optionen

Diese zusätzlichen Möglichkeiten bietet das EPS-Dateiformat:

- Mit der Option MIT VEKTORDATEN geben Sie Vektorinformationen wie Formen oder Textebenen im Vektorformat weiter. Sie werden dann in der Höchstauflösung des PostScript-Druckers gedruckt, unabhängig von der sonstigen Bildauflösung. Beim erneuten Öffnen in Photoshop erhalten Sie diese Bildteile allerdings nur noch in gerasterter Pixelform.

- Nur bei Bildern im BITMAP-Modus (Seite 206) haben Sie überdies die Option WEISS IST TRANSPARENT. Sie lässt die weißen Bereiche durchsichtig erscheinen.

- Die Vorgabe BILDINTERPOLATION sorgt beim Ausdruck von niedrig aufgelösten Dateien für geglättete Kanten.

5.9.2 Beschneidungspfad

Der Beschneidungspfad ist eine EPS- und TIFF-Besonderheit. Er umgibt den Bildteil, den Sie zeigen wollen, in beliebigen Formen. Die Bildfläche außerhalb dieses Pfads wird im Layoutprogramm und im Ausdruck unterdrückt; freigestellte Motive sind nicht mehr von einer weißen Box umgeben, die benachbarte Objekte überdeckt. Das »Pfade«-Kapitel liefert weitere Details zu Beschneidungspfaden ab Seite 652.

Haben Sie für Ihr Bild einen Beschneidungspfad definiert, verwendet Photoshop ihn automatisch für die EPS-Ausgabe. Andere Pfade ignoriert das Programm. Ein Beschneidungspfad entsteht auf verschiedenen Wegen:

- Erzeugen Sie einen normalen Pfad und verwenden Sie im Menü der Pfad-Palette den Befehl **Beschneidungspfad**.

- Halbautomatisch legen Sie einen Beschneidungspfad mit dem Befehl **Hilfe: Transparentes Bild exportieren** an. Dabei muss der gewünschte Freistellbereich entweder ausgewählt sein oder über transparentem Hintergrund liegen; geben Sie die DRUCKEN-, nicht die ONLINE-Verwendung vor. Alles Weitere erledigt Photoshop.

EPS- und DCS-Dateiformat — Kapitel 5

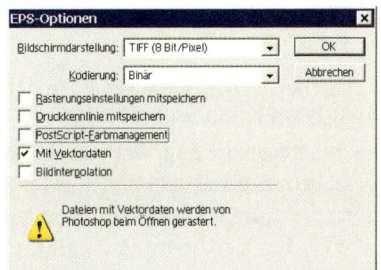 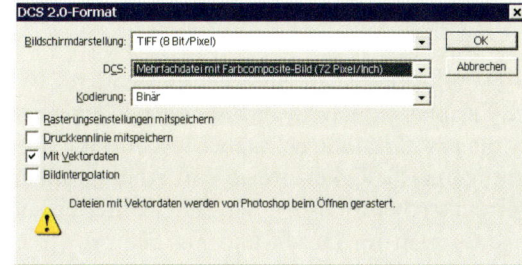

Abbildung 5.14:
Links: Das EPS-Dateiformat nimmt auch Informationen zu Tonwertkorrektur und Rasterung aus der Druckereinrichtung auf. Rechts: Die EPS-Variante DCS 2.0 verteilt die Grundfarbauszüge auf mehrere Dateien.

5.9.3 DCS

DCS (Desktop Color Separation) ist eine Sonderform des EPS-Formats. Sie wählen die DCS-Varianten als separate Dateitypen im Dialogfeld SPEICHERN UNTER an.

Mehrere Dateien

Sie können DCS-Bilder in mehrere Dateien zerlegen, die jeweils einen Farbkanal wiedergeben (siehe auch unten). Dann sparen Sie erheblich Belichterzeit, da stets nur der passende Farbauszug zum Belichter wandert und nicht – für jeden Farbauszug neu – die ganze Datei. Die DCS-Teile müssen sich beim Belichten in einem einzigen Verzeichnis befinden.

Gingen jedoch die Verbindungen der DCS-Datei verloren, so dass man sie weder öffnen noch drucken kann, dann öffnen Sie die einzelnen Grundfarbendateien und setzen sie mit dem Befehl **Kanäle zusammenfügen** aus dem Menü der Kanäle-Palette zusammen. Diese CMYK-Datei sichern Sie erneut als DCS.

Zu den einzelnen DCS-Varianten:

- DCS 1.0 wird nur für CMYK-Dateien angeboten und verteilt das Bild auf fünf Dateien. DCS speichert ein CMYK-Werk in fünf separaten Dateien. Vier dieser Dateien enthalten die Originalauszüge für die CMYK-Druckfarben – kenntlich an den Endungen .C, .M, .Y und .K; die fünfte »Master«-Datei (mit der Endung .eps) zeigt niedrig aufgelöst eine Vorschau des kompletten Bildes.

- DCS 2.0 verkraftet auch einen einzelnen Alphakanal und Spotfarbenkanäle (»Schmuckfarbenkanäle«). Zusätzliche Spotfarbenkanäle tragen Endungen wie .5 oder .6. Sie können die Farbauszüge wie bei Version 1.0 auf mehrere Dateien verteilen (MEHRFACHDATEI). Alternativ – um Platz zu sparen – legen Sie eine EINZELDATEI an.

5.10 JPEG-Dateiformat

Das JPEG-Dateiformat ist für Internet und andere Zwecke gleichermaßen wichtig: Es spart dramatisch Festplattenplatz, wahrt aber gleichzeitig volle Farbtiefe bis hin zu hoch differenzierten 16 Bit pro Grundfarbe. Dabei löscht das Format Farbdifferenzierung, während die visuell wichtigeren Helligkeitswerte voll erhalten bleiben. Die Programme rechnen die fehlenden Werte aber beim Öffnen der JPEG-Datei per Mittelwertbildung so geschickt wieder ins Werk, dass man im Druck und am Schirm oft nichts von der Verdichtung bemerkt. Innerhalb der Dateiformate, die Photoshop anbietet, kann JPEG ein 30-Mbyte-Titelbild ohne sichtbaren Qualitätsverlust auf 1 Mbyte reduzieren.

Bilder im JPEG-Dateiformat sind problemlos austauschbar zwischen Mac und Windows. Sie lassen sich in der Zoomstufe 100 Prozent (ein Bildpunkt auf einem Monitorpunkt) ohne weiteres auch mit Internetbrowsern betrachten, so dass der Empfänger nicht unbedingt ein Bildprogramm haben muss. Generell sollten Sie JPEG für übliche Fotos und Grafiken mit nuancierten Farbübergängen verwenden, nicht aber für Grafiken mit harten Konturen ohne Kantenglättung und mit großen einheitlichen Farbflächen – dort sieht man die Qualitätsverluste besonders deutlich.

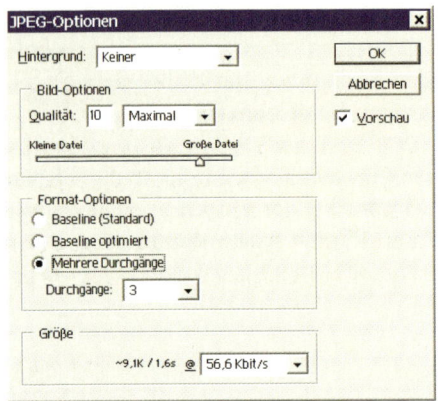
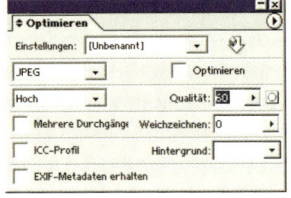

Abbildung 5.15:
Links: Photoshops JPEG-Optionen bieten zwölf Qualitätsstufen an. Rechts: ImageReady unterteilt die JPEG-Qualität in seiner Optimieren-Palette in 100 Stufen.

JPEG unterstützt auch CMYK, Pfade und höhere Farbtiefen als 24 Bit. Damit eignet sich JPEG durchaus zur Aufnahme größter, professioneller Bilder samt Pfad, der leicht in einen Beschneidungspfad oder in eine übliche Auswahl umgerechnet werden kann. Die Anbieter von Bilder-CDs haben dies längst erkannt. Alphakanäle und Ebenen schluckt JPEG indes nicht.

Am vielseitigsten speichert man JPEG-Dateien in ImageReady mit der Optimieren-Palette plus Mehrfach-Vorschau und anschließendem Befehl **Datei: Optimiert-Version speichern unter**. Alternativen in Photoshop: **Datei: Für Web speichern** oder **Datei: Speichern unter**. Wohlgemerkt, wir besprechen JPEG hier als Dateiformat. Es gibt aber andere Dokumenttypen, die Datenkomprimierung nach JPEG-Algorithmus anbieten, zum Beispiel PDF, TIFF und EPS.

5.10.1 Bildqualität

Im JPEG-Dateiformat pegeln Sie das Verhältnis von Dateigröße und Bildqualität selbst aus. Je stärker Sie die Dateigröße herunterschrauben, desto deutlicher treten Bildfehler hervor. Faustregeln:

- Eine Verkleinerung auf ein Zehntel oder Fünfzehntel des Arbeitsspeicherbedarfs erzeugt minimale Fehler, die Sie im Druck gar nicht und am Monitor nur in der vergrößernden Zoomstufe über 100 Prozent erkennen. Diese Vorgabe ist ideal für Druckzwecke. Verwenden Sie also für hohe Bildqualität in Photoshop die Stufen 10 bis 8, in ImageReady die Stufen 80 bis 60.

- Die Verkleinerung auf ein Dreißigstel oder Fünfzigstel erzeugt kleinere sichtbare Fehler, die nicht wesentlich stören. Diese Vorgabe sehen Sie oft auf WWW-Seiten.

- Die Verkleinerung auf ein Hundertstel des Arbeitsspeicherbedarfs produziert deutliche, störende Fehler. Im Gegensatz zu anderen Programmen gelingt es mit Photoshop oder ImageReady jedoch nicht, so stark zu komprimieren und die Datei zu entstellen.

JPEG-Fehler erkennen Sie besonders bei feinen Farbübergängen in Hauttönen oder Verläufen – hier erscheinen grobe Blöcke. Harte Linien, etwa Buchstaben, werfen plötzlich dubiose Schatten.

Manche Auftraggeber mit Halbwissen – zum Beispiel Redakteure von PC-Zeitschriften – nehmen JPEG-Dateien überhaupt nicht an. Ihre Begründung: »JPEGs haben doch Verlust«. Zynische Grafiker wandeln daraufhin die fertigen JPEG-Dateien ins TIFF-Format um, natürlich inklusive der vorhandenen mikroskopischen JPEG-Fehler, und schicken die Ergebniss als »verlustfreie TIFFs« erneut an den Kunden. Der ist sodann hochzufrieden und druckt die TIFFs samt JPEG-Fehlern, ohne etwas zu merken; selbstgefällig wundert sich der Auftraggeber nur, dass ausgerechnet er als Nichtfachmann seinen Bildbearbeiter erst für die JPEG-Problematik sensibilisieren muss.

Abbildung 5.16:
Links: Die Vorlage hat 346 x 335 Bildpunkte, als unkomprimierte TIFF-Datei im RGB-Modus beansprucht sie 340 Kilobyte Speicherplatz. Wir drucken das Bild hier mit 200 dpi. Mitte: Die Verkleinerung auf 13 Kilobyte im JPEG-Format bringt nur geringe Qualitätseinbußen. Rechts: Die Verkleinerung auf 3,4 Kilobyte entstellt das Foto. Dieses Ergebnis entstand mit Paint Shop Pro, weil Photoshop und ImageReady nicht so stark komprimieren. Vorlage: Tipp_200dpi

Kapitel 5   Öffnen, Speichern, Dateiformate

 Etwas Verlust haben Sie immer – auch mit höchstem JPEG-Wert speichern Sie das Bild nicht 100-prozentig unversehrt. Meist bedeutet die höchste Qualitätsstufe sogar nur einen besonders hohen Speicherplatzbedarf – ohne Vorteile gegenüber den JPEG-Stufen darunter.

Qualitätsstufen im Vergleich

Photoshop bietet in seinen JPEG-Optionen zwölf Qualitätsstufen an. Damit es nicht zu übersichtlich wird, unterteilt ImageReady die JPEG-Qualität in seiner Optimieren-Palette ganz anders, nämlich in 100 Stufen. Die höchste Zahl steht jeweils für hohe Bildqualität und mehr Speicherplatzbedarf. Andere Hersteller wenden wiederum eigene Skalen an, Sie können die JPEG-Einstellungen also nicht unmittelbar vergleichen.

Die folgende Tabelle vergleicht die Qualitätsfaktoren von Photoshop und ImageReady. Wir verwenden die Datei »Tipp« aus dem »Praxis«-Verzeichnis der CD zu diesem Buch (siehe oben), die unkomprimiert 340 Kilobyte beansprucht, und verzichten sowohl auf MEHRERE DURCHGÄNGE als auch auf das OPTIMIEREN.

Photoshop-Qualitätsstufe	ImageReady-Qualitätsstufe	Circa-Dateigröße in Kbyte	Verkleinerung gg. Arbeitsspeicher
9	74	46	1:7,4
5	50	27	1:12,6
2	35	20	1:17
0	23	17	1:20
-	0	11	1:34

Gewichtete Optimierung

Sie können mittels gewichteter Optimierung in ImageReady einzelne Bildpartien stärker komprimieren als andere. Beispielsweise wählen Sie das Hauptmotiv mit dem Lasso aus, dann klicken Sie in der Optimieren-Palette auf das Symbol QUALITÄTSEINSTELLUNG MIT HILFE EINES KANALS ÄNDERN und speichern die Auswahl als Kanal (Details ab Seite 398). Dann komprimieren Sie das Hauptmotiv weniger stark, den diffusen Hintergrund dagegen deutlich. Die Ergebnisse überzeugen im Test jedoch nicht:

➯ Richten Sie die JPEG-Stufe 0 für den stärker komprimierten Teil ein, so wirkt das Bild hier weit entstellter, als wenn Sie das komplette Foto auf Stufe 0 setzen.

➯ Wenn Sie nur einen kleineren Bildteil mit hoher Qualität sichern und den größten Bildteil mit niedriger Qualität, so erinnert die resultierende Dateigröße stark an ein Bild, das Sie insgesamt mit hoher Qualität verewigen.

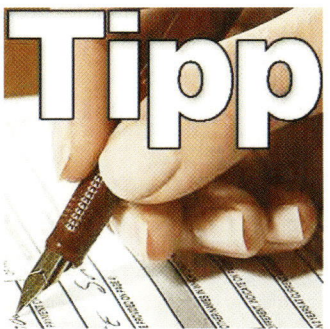  

Abbildung 5.17:
Links: Das gesamte Bild speichern wir mit Qualitätsstufe 0 in ImageReady, die Dateigröße beträgt 10 Kilobyte. Mitte: Die rechte Bildhälfte behält Stufe 0, die linke Bildhälfte erhält mit gewichteter Optimierung Stufe 50; Dateigröße: 26 Kilobyte. Rechts: Die rechte Bildhälfte behält Stufe 0, die linke Bildhälfte erhält mit gewichteter Optimierung Stufe 100, das Bild benötigt 94 Kilobyte. Vorlage: Tipp_200dpi

Risiken und Nebenwirkungen

Beachten Sie diese Gefahren bei der Arbeit mit dem JPEG-Dateiformat:

- Generell ist beim wiederholten Speichern im JPEG-Format Vorsicht geboten: In Bildteilen, die Sie zuvor bearbeiteten, drohen weitere Verluste. Und Datenschwund entsteht ebenfalls in den nicht manipulierten Zonen, wenn die JPEG-Qualität geändert wird. Details gehen auch verloren beim Sichern eines gekappten JPEG-Bildes: Der Algorithmus teilt das Bild in neue Segmente ein und interpoliert die Farben anders; ebenso sollte man nicht die Pixelauflösung einer JPEG-Datei umrechnen. Damit eignet sich das JPEG-Format nicht zum Zwischensichern während der Arbeit an einem Bild. Indes stimmte Adobe seinen JPEG-Filter so ab, dass eine Bilddatei kaum je tatsächlich den Bach runtergeht. In der Praxis verkraften viele Motive auch zwei- oder dreimaliges JPEG-Speichern mit zwischenzeitlicher Bearbeitung. Aber Sie wurden hiermit gewarnt.

- JPEG zeigt besondere Schwächen mit plakativen Grafiken, zum Beispiel mit GIF-Dateien, die bereits ein Farbstreuraster (»Dithering«) zeigen. In jedem Fall erzeugt die Konvertierung einer 256-Farben-Datei nach JPEG ein Bild mit weit mehr als 256 Farben.

5.10.2 Weitere JPEG-Optionen

In den verschiedenen Dialogfeldern von Photoshop und ImageReady finden Sie weitere JPEG-Optionen:

- BASELINE kann jedes Programm darstellen.

- BASELINE OPTIMIERT spart geringfügig mehr Speicherplatz, lässt sich aber nicht unbedingt mit jedem Programm öffnen – im Zweifelsfall verzichten Sie darauf.

- MEHRERE DURCHGÄNGE spult das Bild nicht Zeile für Zeile auf den Schirm; stattdessen sehen Sie sofort stark verschwommen eine Grob-Vorschau des Gesamtbildes, die schrittweise klarer wird – visuell vage vergleichbar dem INTERLACED-Aufbau bei GIF. Die Zahl der Durchläufe können Sie in ImageReady nicht angeben, flexibler zeigt sich

Kapitel 5 Öffnen, Speichern, Dateiformate

jedoch Photoshop per **Datei: Speichern unter**. Die Datenmenge ändert sich gegenüber dem konventionellen JPEG kaum, die Qualität nur unwesentlich. Dieser JPEG-Typ heißt oft auch »Progressive JPEG«. JPEG-Bilder mit dieser Option werden von vielen älteren Programmen nicht geöffnet – meiden Sie die Vorgabe nach Möglichkeit. Sie können den geänderten Bildaufbau nicht auf dem heimischen Rechner testen.

➔ Wenn Sie die EXIF-METADATEN ERHALTEN, bewahren Sie die eventuell im Bild eingespeicherten Kameradaten wie Belichtungszeit und Aufnahmedatum auf.

➔ Die Option FARBPROFIL EINBETTEN schützt ein eventuell im Bild eingespeichertes ICC-Profil. Manche Browser verwenden es zur Farbkorrektur.

➔ WEICHZEICHNEN eignet sich eventuell für JPEGs mit harten Kanten; hart konturierte Motive beanspruchen deutlich mehr Speicherplatz als diffusere Vorlagen. Die Werte von 0 bis 2 entsprechen genau den Resultaten, die der Befehl **Filter: Weichzeichnungsfilter: Gaußscher Weichzeichner** liefert. Sie senken die Dateigröße und glätten die harten Kanten der typischen JPEG-Fehler. Doch der Weichspülereffekt empfiehlt sich allenfalls für verschwommene Hintergrundmuster, nicht für gegenständliche Abbildungen.

➔ Sofern die Vorlage transparente Bereiche hat, geben Sie eine Farbe für den HINTERGRUND an – also die Farbe, die in den transparenten Bereichen eingesetzt wird. Durchsichtige Bereiche werden stets mit einer Farbe gefüllt.

➔ Klicken Sie in Photoshops JPEG-Optionen auf VORSCHAU, um noch bei geöffneter Datei den möglichen Qualitätsverlust zu erkennen. Schalten Sie die Vorschau vorübergehend aus, um den Unterschied zum Ausgangsbild zu beurteilen.

JPEG in Photoshop

Die Übersicht der Mehrfach-Vorschau von ImageReady bietet Ihnen in Photoshop der Befehl **Datei: Für Web speichern**. Aber auch mit dem üblichen Befehl **Datei: Speichern unter** lassen sich in Photoshop komfortabel JPEG-Dateien erzeugen. Überdies können Sie in Photoshop nicht nur die üblichen JPEGs mit 24-Bit-RGB-Farbe anlegen, sondern auch die Farbmodi GRAUSTUFEN oder CMYK, 16 Bit Farbtiefe pro Grundfarbe. Sie speichern eine Miniaturansicht dazu und bestimmen die Zahl der DURCHGÄNGE nach eigenem Gusto. Vorsicht: Diese Merkmale eignen sich kaum für die Verwendung im Internet, mit Ausnahme der Option MEHRERE DURCHGÄNGE.

Das Photoshop-Dialogfeld SPEICHERN UNTER *bietet JPEG nicht an, wenn Sie ein Bild mit* INDIZIERTEN FARBEN *(8-Bit-Palettenfarben) vor sich haben – zum Beispiel eine GIF-Datei. Ein solches Bild müssen Sie erst mit dem Untermenü* **Bild: Modus** *verwandeln, zum Beispiel in* **RGB-Farbe** *oder in* **Graustufen**. *Der Wechsel von 8-Bit- zu 24-Bit-JPEG macht allerdings selten Sinn.*

5.10.3 JPEG 2000

Photoshop 7.0 unterstützte beim Marktstart im Sommer 2002 nicht das neue, interessante Bilddateiformat JPEG 2000. Angekündigt, jedoch bei Manuskriptabgabe nicht verfügbar, war ein Plug-In (Zusatzmodul) für JPEG 2000, das man ab Frühherbst 2002 von der Internetseite des Photoshop-Herstellers Adobe herunterladen kann. Darum stellen wir JPEG 2000 hier nur im Überblick vor.

JPEG 2000 spart bei vergleichbarer Bildqualität und kalkulierbarem Qualitätsverlust mindestens 20 Prozent Speicherplatz gegenüber dem bisherigen JPEG-Standard. Die Mängel äußern sich eher durch diffuse Unschärfe als durch die Block-Artefakte des klassischen JPEG-Dateiformats. Sie passen damit besser zu fotografischen Motiven, nur hauchfeine Texturen sind eventuell beim klassischen JPEG besser aufgehoben. Die ebenfalls mögliche verlustfreie Komprimierung schrumpft die Datei oft auf rund 50 Prozent des Arbeitsspeicherbedarfs, während TIFF-LZW nur 30 Prozent schafft. Ein Beispiel: Unsere 4,61-Mbyte-Testdatei »Format-Test.tif« schrumpft mit TIFF-LZW auf 3,68 Megabyte; mit verlustfreiem JPEG 2000 sinkt der Platzbedarf indes auf 2,39 Megabyte.

  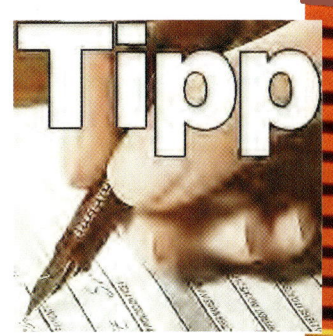

Abbildung 5.18:
Links: Beim Dateiformat JPEG 2000 zeigt sich der Qualitätsverlust anders als beim alten JPEG-Dateityp. Dieses Ergebnis benötigt zehn Kilobyte Festplatte, leichte Unschärfen sind zu erkennen. Mitte: Das Ergebnis mit 5,9 Kilobyte zeigt deutliche Unschärfen vor allem in diffuseren Bereichen. Rechts: Bei einer Dateigröße von nur 2,5 Kilobyte verwischt das Format JPEG 2000 die Vorlage stärker. Vorlage: Tipp_200dpi

JPEG 2000 erlaubt unterschiedliche Komprimierungsfaktoren innerhalb einer Datei, zum Beispiel für Hauptmotiv und Hintergrund. JPEG-2000-Dateien lassen sich in verschiedenen Auflösungen und Detailausschnitten laden und übertragen und nehmen auch Textinformationen auf. Auch schadhafte Dateien lassen sich noch als Bild öffnen. JPEG 2000 unterstützt in verschiedenen Ausbaustufen nicht nur RGB, sondern auch CMYK, Alphakanäle und ICC-Farbmanagement. Je nach Umfang der eingespeicherten Merkmale erhalten JPEG-2000-Dateien Endungen wie ».j2k« für die einfachste Version ohne Farbraumbeschreibung, ».jp2«, ».jpx«, »mj2«, »jpm« für Varianten.

Bei Manuskriptabgabe im Sommer 2002 boten nur wenige Bildprogramme Unterstützung für JPEG 2000, darunter PhotoImpact 7 (www.ulead.de), PhotoPaint 11 aus CorelDraw 11 (www.corel.de) und eddy's pixelmaxx (www.sedima.de). Luratech, das mit Algo Vision fusionierte, rüstet Bildprogramme wie Photoshop per Plug-In auf JPEG 2000 auf (www.luratech.de). Ausführliche englische Informationen fanden wir unter den folgenden Adressen:

```
http://www.jpeg.org/JPEG2000.htm
http://www.jpeg2000info.com/
http://datacompression.info/JPEG2000.shtml
```

6 Internet-Gestaltung

In diesem Kapitel besprechen wir alle Photoshop- und ImageReady-Techniken, die speziell für Internet-Designer interessant sind. Im gesamten Buch meint der Begriff »Internet« vereinfachend nur den World-Wide-Web-Bereich (WWW) des Internets, der aufwändige grafische Gestaltung erlaubt.

6.1 Einführung

Zu den Themen in diesem Kapitel gehören Bildkataloge fürs Internet, GIF-Animationen (Trickfilme), sinnvolle Monitordarstellung und Speicherung von Bildern fürs Internet, die Aufteilung einer Datei auf Teilbilder (»Slices«), das wechselnde Erscheinungsbild einer Datei im Internet-Browser je nach Mauszeiger (»Rollover-Effekte«) und Seitenhintergründe.

Einige Aufgaben sind nur in ImageReady lösbar; das gilt besonders für Imagemaps, GIF-Animation und Rollover-Effekte. Weitere Jobs lassen sich zwar auch mit Photoshop bewältigen, doch ImageReady macht es Ihnen leichter, zum Beispiel beim Speichern. Die Bildkataloge für WWW-Seiten erzeugt wiederum nur Photoshop. Generell lässt sich sagen: Statische Bilder wie Slices oder Imagemaps legt man mit Photoshop an, für Bewegtes wie Rollover-Effekte oder Animation ist ImageReady zuständig.

Die Photoshop-Schaltfläche »Springen zu ImageReady« 🔲🔲 (Strg+
⇧+M, am Mac ⌘+⇧+M) *bringt das aktuelle Bild aus Photoshop heraus nach ImageReady (Seite 78).*

6.1.1 Der Aufbau von Internet-Seiten

Einfache Internet-Seiten bestehen meist aus zwei Dateisorten:

➡ Eine HTML-Datei enthält den Text, Formatierungshinweise und Verweise auf die Bilddateien.

➡ Getrennt davon gibt es die Bilddateien, zumeist in den Formaten JPEG und GIF.

Photoshop wie auch ImageReady können HTML-Code und Bilddateien in zwei oder mehr separaten Dateien sichern. Außerdem haben Sie in ImageReady die Möglichkeit, nach Änderungen am Bild den HTML-Code allein zu speichern; dazu dient der Befehl **Datei: HTML**

aktualisieren. In seiner Browser-Vorschau zeigt ImageReady den HTML-Code zusätzlich zum Bildergebnis an; Sie können den HTML-Code hier bei Bedarf mit der Maus markieren und kopieren.

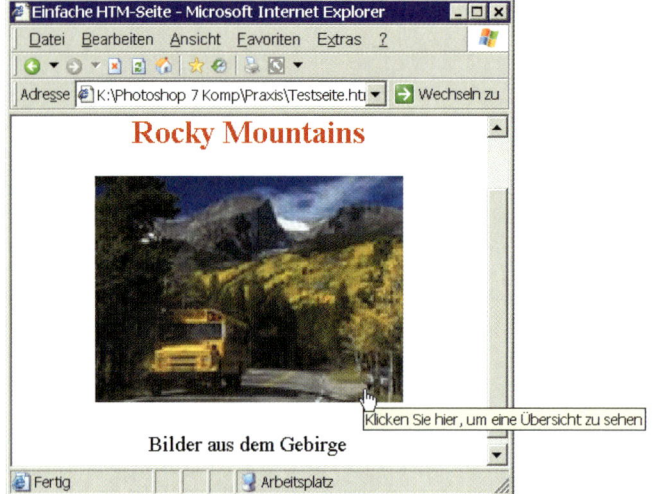

Abbildung 6.1:
Bild und Text von World-Wide-Web-Seiten im Internet werden in getrennten Dateien übertragen. Diese einfache Seite besteht aus den Dateien »Testseite.htm« und »Rockies.jpg«.
Datei: Testseite.htm

HTML-Dateien

Die HTML-Datei (für Hypertext Markup Language) enthält den Text, den Sie veröffentlichen möchten. Sie enthält zudem, stets in spitzen Klammern, Formatierungshinweise (so genannte Tags, wörtlich »Anhänger«). Diese Hinweise legen etwa fest, wie groß eine Schrift erscheint oder ob sie mittig oder linksbündig platziert wird.

Auch so genannte Hyperlinks werden auf der Internet-Seite notiert. Klickt man auf eine Grafik oder auf eine Textstelle, die als Hyperlink definiert ist, wird ein anderes Bild oder eine andere HTML-Seite geöffnet. Die Formatierungshinweise (Tags) und die Hintergrundinformationen für die Hyperlinks sieht man im Internet-Betrachter (Browser) natürlich nicht. Sie sehen diesen vollständigen HTML-Text jedoch im Browser mit einem Befehl wie **Ansicht: Quelltext**.

Bilder für Internet-Seiten

Die HTML-Seiten enthalten nicht das Bild selbst. Statt dessen finden Sie dort nur einen Verweis auf den Speicherort der Bilddatei, wieder in spitzen Klammern. Erscheint nur der Dateiname, muss sich das Bild im selben Verzeichnis wie die HTML-Datei befinden. Häufig legt man Bilder in Unterverzeichnisse. Dieses Unterverzeichnis muss dann im HTML-Code genannt werden. Bei Bedarf können Sie auch Bilder einplanen, die auf anderen Internet-Servern liegen; dann nennen Sie die komplette, eindeutige Internet-Adresse (die URL) in der HTML-Seite. Photoshop und ImageReady legen die für HTML-Seiten erzeugten Bilddateien in das automatisch erstellte Unterverzeichnis »Images«, sofern Sie die werkseitigen Voreinstellungen nicht geändert haben.

Einführung | Kapitel 6

Eine GIF- oder JPEG-Datei können Sie auch ohne jeden HTML-Code direkt auf die Internet-Seite stellen; ziehen Sie testhalber eine entsprechende Bilddatei über Ihr Internet-Programm. Das Bild erscheint dann in der Zoomstufe 100 Prozent links oben mit weißem Hintergrund. Soll das Bild dagegen mittig platziert werden, vielleicht eine Bildunterschrift oder eine Einblenderklärung enthalten, dann ist HTML-Code erforderlich. Sie öffnen dann mit dem Internet-Browser nur noch die HTML-Datei, das Bild wird automatisch geladen.

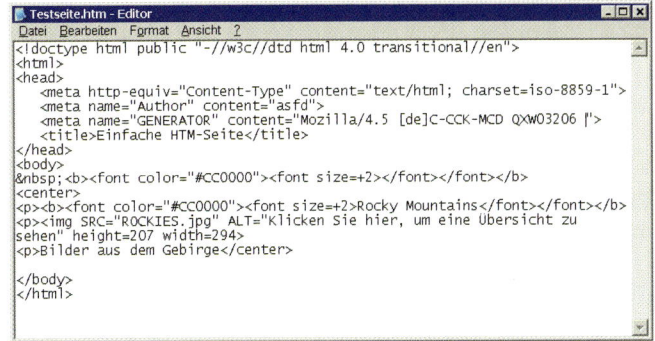

Abbildung 6.2:
Der HTML-Code für die Internet-Seite enthält den Text, Formatierungshinweise (Tags) und die Verweise auf andere Bilddateien und Internet-Seiten. Hier der HTML-Code für die Datei »Testseite.htm« aus der vorhergehenden Abbildung, er wurde mit dem Explorer-Befehl »Ansicht: Quelltext« geladen und kann auch bearbeitet werden.

HTML-Dateien bearbeiten

Sofern Ihre Internet-Seite nur HTML und nicht etwa auch Cascading Style Sheets oder JavaScript enthält, ist die Bearbeitung einfach. Eine einfache HTML-Datei besteht nur aus ASCII-Zeichen, also aus 255 üblichen Schriftzeichen. Sie können die HTML-Datei darum mit üblichen Textprogrammen bearbeiten. Sie müssen natürlich den HTML-Code genau beherrschen, damit die Seite wie gewünscht erscheint. Einfacher ist es, so genannte HTML-Editoren zu verwenden – Programme zur Gestaltung von Internet-Seiten. Hier hat man mit dem HTML-Code im Hintergrund oft nur wenig zu tun. Auch einige Text- und Grafikprogramme schreiben HTML.

 Stellen Sie gleichzeitig eine WWW-Seite im Browser dar und korrigieren Sie den HTML-Code in einem anderen Programm? Dann speichern Sie den Code und klicken Sie im Browser auf die Schaltfläche AKTUALISIEREN. *Damit erscheint die Seite in der soeben geänderten Form.*

Java und JavaScript

Java ist eine Programmiersprache. Java-Programme für das Internet heißen »Java-Applets«. Sie eignen sich gut zur Nutzung im worldweiten Web, weil sie klein sind, unabhängig vom Betriebssystem funktionieren und vom Internet-Browser ausgeführt werden. Mit Java lassen sich unter anderem Animationen, geführte Touren oder Kalkulationsanwendungen verwirklichen. Unabhängig davon gibt es die Programmierung per JavaScript; ImageReady erzeugt JavaScript-Code für seine Rollover-Effekte; bei den Animationen wird Java nicht verwendet. So oder so haben Sie damit nicht direkt zu tun: Das Programm fügt die Java-Zeilen in den übrigen HTML-Code ein – fertig. Nur allerälteste Browser unterstützen kein Java, allerdings schalten manche Anwender Java aus Sicherheitsgründen ab.

Kapitel 6   Internet-Gestaltung

6.1.2   Kostenloser Speicherplatz

Benötigen Sie noch kostenlosen Speicherplatz (»Webspace«) auf einem Internet-Server für Ihre Exponate? Die folgenden Dienste hielten zum Zeitpunkt der Manuskriptabgabe Gratiskapazität parat:

http://www.tripod.de/
http://www.crosswinds.net/
http://de.geocities.yahoo.com/
http://www.fortunecity.de/

6.1.3   Variablen

Wollen Sie 500 Werbebilder (»Banner«) mit einheitlichem Grundlayout erstellen, oder planen Sie die Produktion langer Reihen von einheitlichen Visitenkarten, so nutzen Sie die Variablen-Funktion von ImageReady: In ein vorgefertigtes Grundbild setzen Sie automatisiert immer neue Texte, Preisangaben oder Bilder aus einer Datenbank ein. Der Hersteller redet von »dynamischen Daten«.

Sie können die Funktion mit ImageReady erproben, doch wirklich ausreizen lässt sich das Spiel der Variablen nur in Verbindung mit dem Internet-Gestaltungsprogramm GoLive ab Version 6.0 des Photoshop-Herstellers Adobe sowie mit AlterCast, ebenfalls von Adobe; dieses Programm sorgt nicht nur für die Datenbankanbindung, sondern erstellt bei Bedarf auch automatisch separate Bilder in verschiedenen Größen oder Farbtiefen. Details und eventuell Probesoftware finden Sie hier:

www.adobe.de/products/altercast

 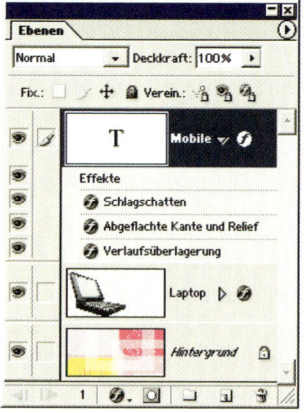

Abbildung 6.3:
Mit dieser Montage erproben wir die »Variablen«-Funktion. Die Text-Ebene und die Laptop-Ebene werden als »Variablen« definiert, die sich automatisiert austauschen lassen. Sie erkennen hier auch den »Begrenzungsrahmen« der Laptop-Ebene, an dem sich die Austausch-Objekte orientieren werden. Datei: Variablen; Objekte zum Austauschen: V_CD, V_Handy, V_Pass

Einführung | Kapitel 6

Das Prinzip

Sie öffnen in ImageReady eine Montage mit verschiedenen Ebenen und legen einzelne Ebenen als »Variablen« fest. Sie definieren zum Beispiel:

- eine bestimmte Textebene darf durch andere Textblöcke aus der Datenbank ausgetauscht werden;
- eine Bildebene darf ausgetauscht oder verborgen werden.

Anschließend legen Sie »Datensätze« fest. Ein Datensatz definiert die Veränderungen aller »Variablen«-Ebenen pro Bildergebnis.

Vorbereitungen

Legen Sie zunächst ein Grundlayout fest, das bereits alle Elemente für ein erstes Bild enthält. In unserem Beispiel montieren wir einen Laptop und einen Schriftzug über eine Hintergrundstruktur. Den Text und das Produkt werden wir später als Variablen austauschen. Dabei werden viele Ebeneneigenschaften übernommen:

- Wir statten den tragbaren Computer mit dem Ebeneneffekt SCHLAGSCHATTEN aus – auch alle anderen Produkte an dieser Stelle werden einen SCHLAGSCHATTEN zeigen, und sie werden sich an der Größe dieser Ebene orientieren.
- Die Schriftebene erhält verschiedene Ebeneneffekte, sie wird unproportional in die Länge transformiert ([Strg]+[T]) und per Absatzpalette rechtsbündig ausgerichtet. Alle weiteren Texte, die wir für diese Ebene später einsetzen, werden dieselben Effekte und dieselbe Verzerrung zeigen, und sie werden sich am rechten Rand der ursprünglichen Textebene orientieren.

Variablen definieren

Öffnen Sie eine Montage im Photoshop-Dateiformat in ImageReady, und aktivieren Sie per Klick in der Ebenenpalette eine Ebene, die sich variabel verändern soll. Wir aktivieren im Beispielbild »Variablen.psd« die »Laptop«-Ebene und wählen **Bild: Variablen: Definieren**. Im Dialogfeld VARIABLEN legen wir jetzt den VARIABLEN-TYP fest:

- Per SICHTBARKEIT können Sie diese Ebene bei Verwendung anderer Datensätze ausblenden.
- Die PIXEL-ERSETZUNG tauscht das Bild gegen ein anderes aus.

Wir verwenden die PIXEL-ERSETZUNG, weil wir den Laptop später durch CD-ROM oder Handy ersetzen möchten. Außerdem geben wir dieser Variable den Namen »Produkt-Ebene«. Dieser Schritt ist nicht zwingend erforderlich; aber in ImageReady erleichtert er die Orientierung, für das Zusammenspiel mit einer externen Datenbank ist er entscheidend.

Im EBENE-Klappmenü schalten wir um zur Textebene mit dem Namen »Mobile«. Hier verwenden wir einen weiteren Variablen-Typ:

- Die TEXT-ERSETZUNG tauscht den Wortlaut der Ebene gegen die Schriftzeichen aus der Datenbank aus.

Kapitel 6   Internet-Gestaltung

Diese Variable nennen wir zur Orientierung »Text-Ebene«.

*Mit dem **Definieren**-Befehl können Sie die Variablen jederzeit umbenennen oder abschalten.*

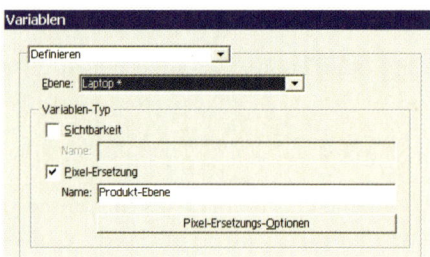 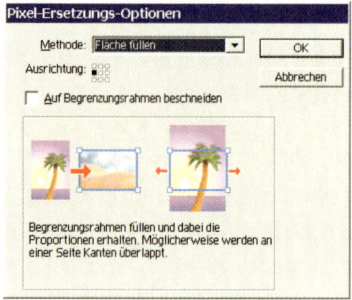

Abbildung 6.4:
Links: Im »Definieren«-Bereich des »Variablen«-Dialogs legen Sie fest, welche Eigenschaften welcher Ebene variabel verändert werden dürfen. Hier bestimmen wir die »Pixel-Ersetzung« für die Ebene »Laptop«, diese Ebene darf also gegen andere Bilder ausgetauscht werden, die Variable erhält den Namen »Produkt«-Ebene. Rechts: In den »Pixel-Ersetzungs-Optionen« legen Sie Größe und Position für Ebenen fest, die im Rahmen der Pixel-Ersetzung neu eingefügt werden.

Optionen bei der »Pixel-Ersetzung«

Arbeiten Sie mit der PIXEL-ERSETZUNG, wollen Sie also Bildebenen austauschen, dann öffnen Sie die PIXEL-ERSETZUNGS-OPTIONEN. Sie entscheiden hier, in welcher Größe und Position spätere Bildobjekte eingesetzt werden. Als Orientierung gilt hier der BEGRENZUNGSRAHMEN der ursprünglichen Ebene – also der gedachte Rechteck-Umriss einer jeden Montage-Ebene.

Sie können den BEGRENZUNGSRAHMEN EINBLENDEN: Dazu schalten Sie das Verschieben-Werkzeug ein und klicken diese Vorgabe in der Optionen-Leiste an.

Das Klappmenü METHODE enthält diese Vorgaben:

➤ WIE VORLIEGEND setzt das neue Objekt in der Originalgröße ein.

➤ Wenn Sie das Bild EINPASSEN, hält es die ursprünglichen Begrenzungen ein, manche Bereiche können leer bleiben.

➤ FLÄCHE FÜLLEN füllt die verfügbare Fläche auf jeden Fall voll aus, das neue Bild kann an einzelnen Seiten auch darüber hinaus ragen.

➤ ENTSPRECHEN ist die einzige Option, bei der die Seitenverhältnisse nicht gewahrt bleiben: Das neue Bild wird unproportional exakt in den Begrenzungsrahmen der ursprünglichen Ebene gequetscht.

Einführung Kapitel 6

Diese weiteren Möglichkeiten haben Sie in den PIXEL-ERSETZUNGS-OPTIONEN:

➧ Wenn Sie auf BEGRENZUNGSRAHMEN BESCHNEIDEN klicken, ragt das neu eingefügte Bild nicht über die Grenzen der ursprünglichen Ebene hinaus.

➧ Klicken Sie ein Kästchen im Symbol AUSRICHTUNG an, um die Platzierung der neuen Grafik zu bestimmen – zum Beispiel rechts unten oder mittig oben. Diese Möglichkeit besteht für die Methoden FLÄCHE FÜLLEN und WIE VORLIEGEND.

Wohlgemerkt, die Ausrichtung und Positionierung lässt sich jederzeit ändern. Wenn Sie feststellen, dass die eingefügten Objekte in allen neuen Bildern zu groß ausfallen, dann wechseln Sie von der Methode FLÄCHE FÜLLEN zu EINPASSEN und erstellen die Ergebnisbilder neu.

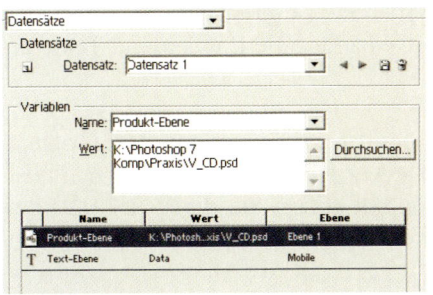 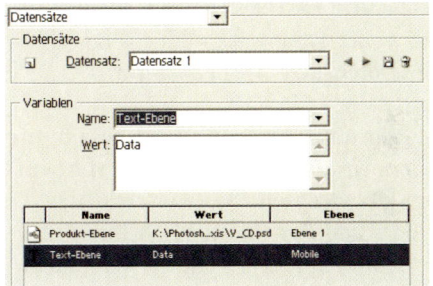

Abbildung 6.5:
Links: Wir bearbeiten die Variable »Produkt-Ebene«. Die ursprüngliche Ebene wird im Datensatz 1 gegen das Bild »V_CD.psd« ausgetauscht. Rechts: Ebenfalls im Datensatz 1 bearbeiten wir die Variable »Text-Ebene«. Der ursprüngliche Text wird gegen das Wort »Data« ausgetauscht.

Datensätze anlegen

Nun legen Sie Datensätze an: Anweisungen, welche Ebenen wie geändert werden sollen, damit ein neues Bild zustande kommt. Um zu einem »Datensatz 1« zu kommen, geben wir in unserem Beispiel also jeweils eine Änderung für die Variablen »Produkt-Ebene« und »Text-Ebene« vor. Wechseln Sie im Dialogfeld VARIABLEN mit dem obersten Klappmenü vom DEFINIEREN zu DATENSÄTZE, oder wählen Sie **Bild: Variablen: Datensätze**.

Im Bereich VARIABLE wählen wir zunächst die Variable PRODUKT-EBENE an, für die wir PIXEL-ERSETZUNG eingerichtet hatten. Klicken Sie auf DURCHSUCHEN, und nennen Sie im Dateibrowser eine neue Datei, die statt der ursprünglichen Bildebene eingesetzt werden kann. Wir verwenden »V_CD.psd«. Der gewählte Dateiname mit Pfad erscheint im Bereich WERT und unten als Balken für die Variable.

Anschließend geben wir im Klappmenü NAME die Variable »Text-Ebene« an, für die wir TEXT-ERSETZUNG eingerichtet hatten. Wir tippen als WERT das neue Wort »Data« ein.

Kapitel 6   Internet-Gestaltung

Damit ist »Datensatz 1« fertig. Wenn Sie später ein neues Bild auf Basis von »Datensatz 1« erstellen, ergeben sich folgende Änderungen zum Ausgangsmotiv:

➤ Der Schriftzug »Mobile« wird durch den Text »Data« ersetzt. Der neue Schriftzug zeigt alle Ebeneneffekte und Formatierungen der Originallettern.

➤ Die Laptop-Ebene wird durch die CD-Ebene ersetzt. Sie übernimmt den vorhandenen SCHLAGSCHATTEN-Effekt. Weil wir zuvor in den PIXEL-ERSETZUNGS-OPTIONEN auf FLÄCHE FÜLLEN und zentrierte AUSRICHTUNG geklickt haben, fallen alle neu eingefügten Objekte eher größer aus als der Laptop.

Datensätze speichern und neu anlegen

Wollen Sie keine weiteren Datensätze anlegen, klicken Sie auf OK. Um jedoch weitere Datensätze und damit weitere Varianten des Grundmotivs zu erzeugen, klicken Sie auf die Schaltfläche NEUER DATENSATZ. Damit wird »Datensatz 1« gespeichert, anschließend entsteht ein zweiter Datensatz – hier geben Sie weitere einzufügende Dateien und Texte an. Benennen Sie Datensätze bei Bedarf um.

Wir erzeugen für unser Beispielbild insgesamt drei Datensätze; zusammen mit dem Originallayout erhalten wir also vier Varianten. Mit dem DATENSATZ-Klappmenü oder mit den Pfeil-Schaltflächen wechseln Sie zwischen den Datensätzen; sofern Sie die VORSCHAU einschalten, ändert sich das Bild je nach Ihren verwendeten »Werten«. Nicht benötigte Datensätze lassen Sie im Papierkorb verschwinden.

Abbildung 6.6:
Die Ebenen, die als Variablen definiert wurden, werden gegen neue Objekte und Texte ausgetauscht.

So erhalten Sie eine Vorschau auf die unterschiedlichen Ergebnisse einer Grafik mit Variablen und Datensätzen:

a. Wählen Sie **Bild: Dokumentvorschau anzeigen** oder klicken Sie auf die Schaltfläche DOKUMENT-VORSCHAU in der Werkzeugleiste (Kurztaste Y).

b. In der Optionenleiste wählen Sie den gewünschten Datensatz aus dem Klappmenü, oder Sie arbeiten sich mit den Pfeil-Schaltflächen durch die Varianten.

Im Modus DOKUMENT-VORSCHAU stehen kaum andere Funktionen zur Verfügung. Beenden Sie die Darstellung also mit einem neuerlichen Klick auf die DOKUMENT-VORSCHAU, auf die Schaltfläche VORSCHAU ABBRECHEN in der Optionenleiste, mit einem Klick auf ein anderes Werkzeug oder mit einem kurzen Hieb auf das Y.

TIPP *Für erste Versuche wirkt es übersichtlich, wenn Sie Ausgangsmotiv und Austauschbilder in einem einzigen Ordner speichern. Sie können dann alle Dateien gemeinsam verschieben, die Bezüge der Variablen zu den Austauschdateien bleiben erhalten.*

Abbildung 6.7:
Mit der Optionenleiste zur Funktion »Dokument-Vorschau« rufen Sie die Ergebnisse der verschiedenen Datensätze auf.

6.2 »Web-Fotogalerie«

Photoshop (nicht ImageReady) erzeugt Bildkataloge und Bildsequenzen fürs Internet. Damit präsentieren Sie Ihre Bilder als Galerie im worldweiten Web – aber auch auf CD oder DVD. Klickt man eins der aufgereihten Minifotos an, erscheint die vergrößerte Version. Auf der Internet-Seite, die mit dem Befehl **Datei: Automatisieren: Web-Fotogalerie** entsteht, wird der Katalog als HTML-Tabelle angelegt.

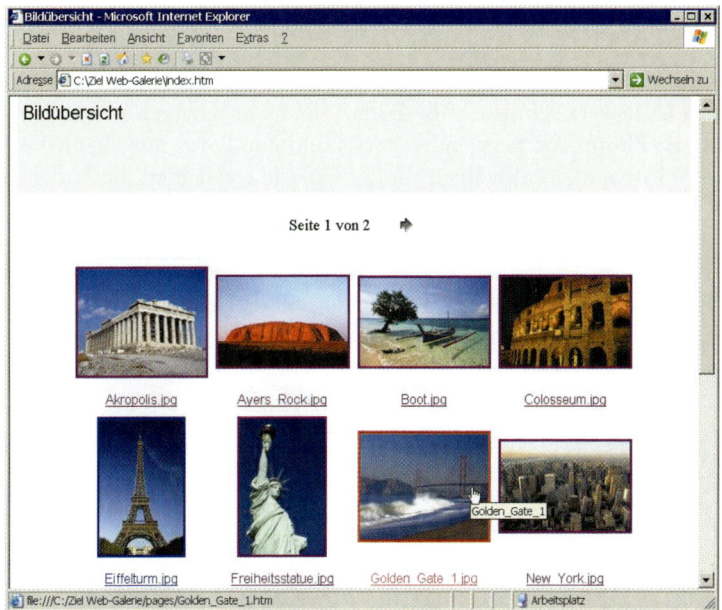

Abbildung 6.8:
Hier sehen Sie den Stil »Einfach«. »Banner«-Felder wie »Datum« oder »Fotograf« wurden leer gelassen, deswegen zeigt der Überschriftenbereich leere Zeilen. Bildränder und Bildunterschrift erscheinen in anderen Farben, wenn die Miniaturen bereits einmal angeklickt wurden.

 Im Unterverzeichnis »Praxis/Sammlungen« auf der CD zu diesem Buch finden Sie drei Bildsammlungen mit drei, sieben und 20 Bilddateien für Ihre eigenen Tests; die Bilder enthalten auch Einträge für Datei-Informationen-Eintrag, nämlich OBJEKTBESCHREIBUNG, BILDRECHTE *und* TITEL*. Das Verzeichnis »Praxis/*

Kapitel 6   Internet-Gestaltung

> Web-Fotogalerie« liefert drei Galerie-Ergebnisse mit verschiedenen Stilen, die Sie direkt auf Ihrem Rechner öffnen können. Klicken Sie dazu doppelt auf den Dateinamen »Index.htm«.

Photoshop bietet noch weitere Funktionen, die mehrere Bilder als Übersicht anzeigen:

- Der Befehl **Datei: Automatisieren: Kontaktabzug II** erzeugt eine Bilddatei mit allen Bildern eines Verzeichnisses en miniature, die Sie drucken und speichern können; dabei wird wahlweise auch der Dateiname genannt (Seite 141).

- Der Befehl **Datei: Automatisieren: Bildpaket** packt ein Bild oder mehrere Bilder wiederholt in eine Datei, um es auf einer Druckseite mehrfach mit optimaler Papierausnutzung zu drucken (Seite 144).

- Der Befehl **Fenster: Dateibrowser** zeigt die Fotos eines Verzeichnisses nach Art einer Bilddatenbank (Seite 81).

6.2.1 Verzeichnisse

Um einen Bildkatalog für das Internet – eine »Web-Fotogalerie« – zu produzieren, bereiten Sie die Verzeichnisse vor.

Quellverzeichnis

Kopieren Sie zunächst alle Bilder, die in der Internet-Galerie erscheinen sollen, in ein eigenes Verzeichnis und bei Bedarf in Unterverzeichnisse. Alle Bilder, die nicht dazugehören, entfernen Sie aus diesem Verzeichnis: Photoshop verwendet stets sämtliche Fotos aus einem Verzeichnis, Sie können einzelne Motive nicht abwählen. In der Galerie erscheinen die Bilder in alphabetischer Reihenfolge.

Dieses Quellverzeichnis geben Sie im Dialogfeld WEB-FOTOGALERIE nach einem Klick auf die Schaltfläche DURCHSUCHEN oder WÄHLEN an. Verwenden Sie für erste Tests ein Verzeichnis mit nur wenigen Bildern, sonst müssen Sie zu lange auf Ergebnisse warten.

Zielverzeichnis

Legen Sie außerdem ein völlig neues, leeres Verzeichnis an. Es nimmt die unterschiedlichen Dateien und Unterverzeichnisse auf, die Photoshop für Ihre Internet-Galerie erzeugt. Dieses Verzeichnis legen Sie nach einem Klick auf die ZIEL-Schaltfläche fest.

> Unter Windows gilt: Das Zielverzeichnis für Ihre Fotogalerie darf sich nicht innerhalb des Quellverzeichnisses mit den Vorlagen befinden.

»Web-Fotogalerie« Kapitel 6

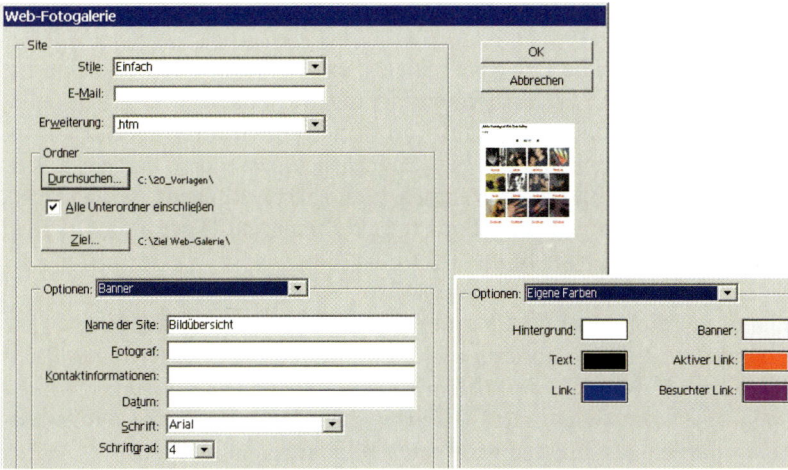

Abbildung 6.9:
Mit dem Befehl »Datei: Automatisieren: Web-Fotogalerie« erzeugen Sie einen Bildkatalog fürs Internet. Links: Im Bereich »Banner« legen Sie die Überschrift für die Gesamtseite fest. Rechts: Im Bereich »Farbe« bestimmen Sie die Farben für Bildunterschriften für Bildränder, Bildunterschriften und bei einigen Stilen den Hintergrund des »Banners«, also der Gesamtüberschrift. Sie sehen die Einstellungen für die Galerie der vorhergehenden Abbildung.

6.2.2 Stile

Im Klappmenü STILE bietet Photoshop verschiedene Layouts für die Bildkataloge an:

- Die TABELLEN-Vorgaben fassen die Bilder in einen HTML-Tabellenrahmen und liefern ein Hintergrundmuster dazu, die EINFACH-Varianten kommen ohne Rahmen und Muster aus.

- Einzelbilder und Miniaturen lassen sich überdies auch gemeinsam auf dem Bildschirm präsentieren – dabei erscheinen die Miniaturen in einer Leiste am linken oder unteren Bildrand; dies erledigen Sie mit den HORIZONTAL- und VERTIKAL-Vorgaben.

- Die zwei Varianten VERTIKALE PRÄSENTATION bieten die automatische Weiterschaltung der Großbilder im 10-Sekunden-Takt. Der Betrachter kann jedoch auch weiterhin von Hand per Klick auf die Miniaturen umschalten.

Unabhängig von der Wahl des Stils regeln Sie noch Textgröße, Textfarbe, Hintergrundfarbe oder -muster, Größe und Rahmen der Bilder selbst. Wie Sie weitere, eigene STILE definieren, lesen Sie am Ende dieses Abschnitts.

Je nach STIL erscheinen nicht alle Angaben wie BILDRECHTE *oder* COPYRIGHT *in der Galerie. Beachten Sie die Warnung unter der Miniaturenvorschau ganz rechts im Dialogfeld* WEB-FOTOGALERIE.

6.2.3 Farben

Im OPTIONEN-Klappmenü wählen Sie die EIGENEN FARBEN, um Farbtöne unter anderem für HINTERGRUND, TEXT, BANNER (den Überschriftenbereich) und verschiedene LINKS festzulegen. Klicken Sie auf ein Farbfeld, um den Farbwähler zu öffnen. Auch die Farben der Ränder, die Sie für Miniaturen und Einzelbilder vorgeben, ändern sich passend zu den gewählten Farben: Ein noch nicht angeklicktes Bild zeigt Rahmen und Textunterschrift in der Farbe, die Sie neben LINK wählen; ein bereits geprüftes Foto zeigt Rahmen und Text in den Farben für AKTIVER LINK (soeben angeklickt) oder BESUCHTER LINK.

Verwenden Sie eventuell die Option NUR WEB-FARBEN; damit zeigt der Farbwähler nur jene 217 »web-sicheren« Tonwerte, die garantiert auch auf älteren Rechnern unverfälscht erscheinen. Schalten Sie diese Option aus, wenn Sie aus dem vollen Farbspektrum schöpfen möchten. Nicht web-sichere Farben signalisiert der Farbwähler dann durch sein Warnkästchen . Sie können auch Farben aus anderen geöffneten Bilddateien aufgreifen.

Abbildung 6.10:
Photoshop bietet verschiedene »Stile« für die Bildkataloge an. Hier sehen Sie »Horizontal dunkel« und »Vertikale Präsentation 1«.

6.2.4 Schriftformatierung bei Miniaturen und Überschriften

In den Eingabefeldern SCHRIFTGRAD der Bereiche MINIATUREN und BANNER legen Sie Schriftgrößen fest. Die Vorgabe »7« führt zu großer 36-Punkt-Schrift, »4« erzeugt 14-Punkt-Lettern, 9-Punkt-Noten erhalten Sie mit dem Wert »1«. Zusätzlich geben Sie auch eine SCHRIFT an. Am Ende dieses Hauptabschnitts besprechen wir, wie Sie weitere Schriftformatierungen verwenden.

*Beachten Sie, dass der Betrachter die Schriftgröße teilweise noch im Internet-Browser mit einem Befehl wie **Ansicht: Schriftgrad** verändern kann.*

6.2.5 »Randgröße« für Miniaturen und Einzelbilder

➤ Für die Miniaturen geben Sie eine RANDGRÖSSE an. Damit entscheiden Sie, ob die Fotos im Internet-Programm mit einer Konturlinie erscheinen sollen, und Sie nennen die Breite in Pixeln. Diesen Rand rechnet Photoshop nicht in die Bilddateien ein: Es handelt sich um eine HTML-Funktion, Photoshop schreibt den entsprechenden »border«-Befehl in den HTML-Code zu jeder Seite. Die Bilddatei selbst zeigt den Rand also nicht, er entsteht erst im Internet-Browser. Sie können die Rahmengröße auch innerhalb der HTML-Datei mit dem »border«-Eintrag korrigieren; border=»3« bedeutet eine Rahmenbreite von 3 Pixeln.

Für diesen Bildrahmen verwendet Photoshop die Textfarben, die Sie im Bereich EIGENE FARBEN vorgegeben haben. Das heißt auch, dass der Rahmen von bereits angeklickten Miniaturen mit der Farbe für den besuchten Link erscheint.

6.2.6 Gesamtüberschrift (»Banner«)

Im Klappmenü OPTIONEN des Dialogfelds WEB-FOTOGALERIE wählen Sie BANNER, um die Überschriften festzulegen. Diese Einträge erscheinen sowohl über dem Bildkatalog als auch über jedem Einzelbild; über dem Einzelbild erscheint zusätzlich der Bildname.

➤ Als NAME DER SITE tippen Sie eine Überschrift Ihrer Wahl ein. Sie erscheint sowohl im Bildkatalog als auch bei den Einzelbilderseiten und überdies in der Titelzeile des Internet-Browsers. Diese Überschrift taucht auch als Seitentitel oben im Programmfenster-Rahmen des Browsers auf.

➤ Bei Bedarf machen Sie einen beliebigen Eintrag in den Zeilen FOTOGRAF und KONTAKTINFORMATIONEN. Sie können die Zeilen auch leer lassen.

➤ Als DATUM bietet Photoshop zunächst den aktuellen Tag an. Auch hier gilt: Ändern Sie bei Bedarf das Datum oder tragen Sie einen ganz anderen Text ein. Alternativ lassen Sie die Zeile leer. Vorsicht: Bei jedem neuen Aufruf des Dialoges trägt Photoshop hier wieder das aktuelle Datum ein; entfernen Sie eventuell dauerhaft den Platzhalter (»Token«) für die Datumszeile aus der Stil-Vorlage (siehe unten).

➤ Sofern Sie oben im WEB-FOTOGALERIE-Dialog eine E-MAIL-Adresse angeben, erscheint auch die E-Mail-Adresse auf der Seitenüberschrift – unabhängig davon, welchen Text Sie für Kontaktinformationen verwenden.

Der Stil EINFACH verwendet eine separate Hintergrundfarbe für den »Banner«-Teil der Galerieseite. Diesen Tonwert wählen Sie im Bereich EIGENE FARBEN des Dialogfelds WEB-FOTOGALERIE an.

Auch wenn Sie gar keine KONTAKTINFORMATIONEN *oder* E-MAIL-*Adresse angeben oder wenn Sie die* DATUM-*Zeile leer lassen – im Überschriften-Bereich für die Miniaturen-Seite verbleiben auf jeden Fall leere Zeilen für diese Angaben. Sie sparen also keinen Platz durch Freilassen dieser Zeilen. Löschen Sie die Platzhalter (»Tokens«) für unbenötigte Angaben aus den Stil-Vorlagen heraus (siehe unten).*

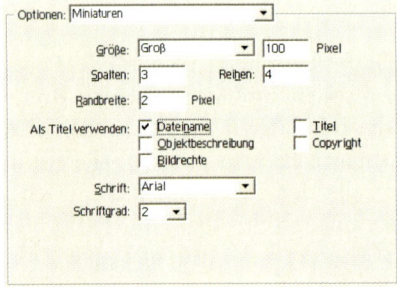 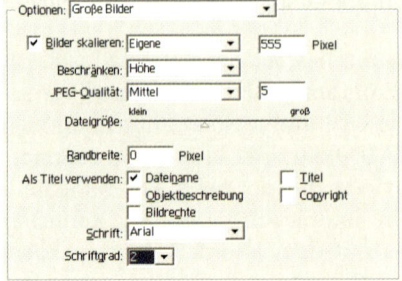

Abbildung 6.11:
Links: Im »Miniaturen«-Bereich bestimmen Sie Größe, Anordnung und Bildunterschrift für die Miniaturen. Einige Stile verwenden jedoch nicht alle Angaben. Rechts: Im Bereich »Große Bilder« legen Sie Größe, Qualität und Unterschrift der Einzelbilder fest.

6.2.7 Darstellung der Miniaturen

Wählen Sie im Klappmenü OPTIONEN die MINIATUREN, um die Darstellung der Miniaturen zu regeln.

Größe

Sie können die Miniaturengröße aus Photoshops Angeboten GROSS, MITTEL und KLEIN wählen oder Sie tippen eine beliebige andere »eigene« Größe ein. Im Einzelnen:

- GROSS: Diese Vorgabe führt zu Miniaturen mit einer Seitenlänge von maximal 100 Bildpunkten. Auf einer Internet-Seite mit 800 Pixel Breite passen fünf Miniaturen dieser Größe perfekt nebeneinander.
- MITTEL: Mit dieser Vorgabe entstehen Miniaturen von höchstens 75 Pixeln Breite. Pro Reihe passen bei 800 x 600 Pixeln sechs Miniaturen.
- KLEIN: Diese Wahl erzeugt Miniaturen mit höchstens 50 Pixeln Kantenlänge. Sieben Miniaturen pro Reihe passen auf eine Browser-Seite mit 800 Bildschirmpunkten Breite.

In den meisten Fällen sollten Sie die Größen MITTEL oder sogar GROSS verwenden. Übliche Bildschirme stellen meist 1024 oder sogar 1280 Bildpunkte in der Breite dar, hochwertige Schirme kommen auf 1600, 1800 oder 2000 Pixel Breite. Dort wirken Miniaturen der Kategorie KLEIN verloren.

Spalten und Reihen

In den Feldern SPALTEN und REIHEN (oder ZEILEN) legen Sie fest, wie breit und wie hoch die Tabelle werden soll. Die Tabelle erscheint generell in der von Ihnen angegebenen Größe. Photoshop verteilt lange Galerien in den Stilen EINFACH und TABELLE auf mehrere Seiten (und auf mehrere HTML-Dateien). Darum sind nicht unbedingt alle Miniaturen gleichzeitig im Zugriff. Der Betrachter klickt sich mit automatisch angelegten Schaltflächen zu den weiteren Seiten. Für die Stile der Kategorien HORIZONTAL oder VERTIKAL gelten die Angaben ohnehin nicht, da generell nur eine Miniaturenreihe erscheint.

Ein Beispiel: Sie legen eine WEB-FOTOGALERIE mit vier Reihen und vier Spalten an. Damit erzeugt Photoshop eine Miniaturen-Tabelle für genau 16 Ansichten. Dies bedeutet:

➡ Wenn Sie mehr als 16 Bilder verarbeiten, setzt Photoshop die Galerie auf einer zweiten Seite fort. Dabei entsteht eine zweite Datei, zum Beispiel »Index_2.htm«. Sie erhalten automatisch Schaltflächen auf jeder Katalogseite, mit denen Sie zu den anderen Seiten wechseln.

➡ Zeigen Sie weniger als 16 Bilder, bleiben Lücken in der Galerie. Dies fällt vor allem auf, wenn Sie als STIL die TABELLE verwenden; dort ist jede Zelle der Tabelle dick eingerahmt.

Testen Sie die Wirkung der Galerie bei einer Bildschirmauflösung, die auch Ihre Betrachter verwenden, also vielleicht 1024 x 768 Monitorbildpunkte. Wenn Sie die Tabelle zu breit anlegen – also mit einem hohen Wert für Spalten – fallen auf kleineren Monitoren oder verkleinerten Programmflächen links oder rechts Miniaturen aus der Ansicht heraus.

Möchten Sie alle Miniaturen auf einer einzigen, langen Seite zeigen, die der Betrachter nach und nach über den Schirm laufen lässt? Dann geben Sie eine hohe Zahl für REIHEN ein.

»Titel«

Sie können die Miniaturen mit oder ohne BILDUNTERSCHRIFT in die Galerie einreihen. Als Text bietet Photoshop den DATEINAMEN oder verschiedenen Felder aus den DATEI-INFORMATIONEN an (223), darunter OBJEKTBESCHREIBUNG und TITEL. Diese Angaben tragen Sie mit dem Befehl **Datei: Datei-Informationen** ein, in ImageReady heißt es **Datei: Bildinformation**. Diese Bildunterschrift erscheint auch als gelb unterlegter Einblendtext, wenn der Betrachter den Mauszeiger über das entsprechende Bild hält.

6.2.8 Die Einzelbilder

Klickt ein Betrachter in Ihrer Internet-Galerie auf eine Miniatur oder auf die Bildunterschrift, erscheint das zugehörige Einzelbild im Internet-Browser. Dabei zeigt Photoshop erneut auch die Seitenüberschrift, die Sie im Bereich BANNER eingetippt haben. Zusätzlich sehen Sie den Dateinamen auf der Seite und in der Titelleiste des Browsers.

Wie die Einzelbilder aussehen, das regeln Sie im Bereich GALERIE-BILDER. Photoshop produziert generell auf Basis Ihrer Wünsche neue JPEG-Bilddateien, Ihre Vorlagen bleiben unverändert. Sie haben folgende Möglichkeiten:

Ohne »Bilder skalieren«

Wählen Sie die Option BILDER SKALIEREN ab. Dann erscheinen alle Ihre Einzelbilder mit der Original-Bildpunktzahl auf der Internet-Seite. Die Bilder können natürlich viel zu groß sein, wenn sie zum Beispiel 3000 x 2000 Bildpunkte haben, oder viel zu winzig, mit zum Beispiel nur 30 x 50 Pixeln. In jedem Fall werden gleichwohl neue Einzelbilder erzeugt, und zwar im

Internet-tauglichen JPEG-Dateiformat und im RGB-Farbmodus. Dabei verwendet Photoshop generell die JPEG-Qualitätsstufe 5. Damit entsteht eine brauchbare Bildqualität; gegenüber dem Arbeitsspeicherbedarf des Bildes schnurrt die Datei etwa auf ein Fünzigstel oder weniger zusammen. Die Programmierer sollten auch hier die Möglichkeit anbieten, die JPEG-Qualitätsstufe zu regulieren.

»Bilder skalieren«

Schalten Sie BILDER SKALIEREN ein. Nun geben Sie vor, wie die Original-Bildpunktzahl für den Internet-Auftritt heruntergerechnet werden soll; Photoshop bietet die Größen 250, 350 und 450 Pixel an – oder tragen Sie eine beliebige andere Zahl ein. Wichtig sind hier die Vorgaben im Klappmenü BESCHRÄNKEN. Angenommen, Sie geben im Bereich BILDER SKALIEREN zunächst 450 Pixel vor. Dann wirken die Optionen wie folgt:

- BEIDE sorgt bei einer 450-Pixel-Vorgabe dafür, dass die jeweils längere Seite Ihres Bildes 450 Pixel misst. Ein Hochformat wird 450 Pixel hoch, in der Breite hat es weniger Bildpunkte. Ein Querformat wird 450 Pixel breit, zeigt jedoch weniger Bildpunkte in der Höhe. Kein Bild wird in irgendeine Richtung größer als 450 Pixel; Breite und Höhe der Ergebnisse schwanken jedoch, wenn Sie Hoch- und Querformate mischen.

- Die Option HÖHE bringt die Höhenkante des Bildes auf 450 Pixel: Hochformate werden 450 Pixel hoch und weniger breit. Querformate werden auch 450 Pixel hoch, jedoch mehr als 450 Pixel breit.

- Mit der Vorgabe BREITE bringen Sie alle Ergebnisse auf eine einheitliche Breite.

Außerdem nennen Sie die JPEG-QUALITÄT. Meist nimmt man Werte zwischen 5 und 7; damit erhalten Sie sehr kleine Dateien bei brauchbarer Qualität. Die JPEG-Qualitätsstufe verändert nie die Bildschirmmaße Ihres Fotos (JPEG-Details ab Seite 259).

TIPP *Natürlich können Sie noch beliebige Korrekturen an den fertigen Einzelbildern im Verzeichnis »Images« anbringen. Sie können einen Schatten darunter legen, einen Rahmen einsetzen, Text einfügen oder andere Anpassungen vornehmen. Wichtig dabei: Dateiname, Dateityp und Verzeichnis müssen erhalten bleiben. Es ist nicht schädlich, wenn sich die Bildpunktmaße etwas ändern.*

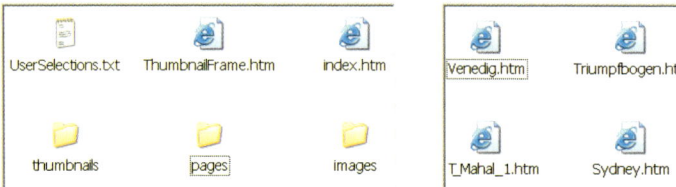

Abbildung 6.12:
Links: Die Miniaturen, Einzelbilder und Seitendateien für Ihren Internet-Katalog speichert Photoshop in separaten Verzeichnissen.
Rechts: Das Verzeichnis »Pages« enthält die HTM-Dateien, die den Aufbau der Einzelbild-Seiten festlegen.

»Web-Fotogalerie«   Kapitel 6

Tabelle: Größen der Einzelbilder

Die folgende Tabelle zeigt Ihnen, wie groß die Einzelbilder abhängig von der Pixelzahl und der Qualitätsstufe werden. Für den Test verwenden wir das Bild »Boot.jpg«; Sie finden es auf der CD zu diesem Buch im Unterverzeichnis »Praxis/Web-Fotogalerie/20_Vorlagen«. Wir rechnen das Bild mit bikubischer Interpolation auf die jeweilige Pixelzahl herunter, verwenden keinen weiteren Scharfzeichner und verzichten auf die JPEG-Optionen BASELINE OPTIMIERT sowie MEHRERE DURCHGÄNGE (Seite 258). Die hier verwendete JPEG-Qualitätsstufe 8 liefert zumeist exzellente Bildergebnisse ohne jeden sichtbaren Mangel; die Stufe 5 zeigt nur kleinere Mängel bei deutlicher Platzersparnis.

Pixelmaße	Größe im Arbeitsspeicher	Dateigröße bei JPEG-Qualität 5	Dateigröße bei JPEG-Qualität 8
450 x 293	387 KB	29 KB	55 KB
350 x 228	234 KB	18 KB	27 KB
250 x 163	120 KB	10 KB	15 KB

»Schutz«

Im Bereich SCHUTZ legen Sie einen Schriftzug fest, den Photoshop in das Einzelbild Ihrer Galerie einsetzt – zum Beispiel EIGENEN TEXT, der dann in allen Bildern gleich ist, aber auch DATEINAME, COPYRIGHT oder OBJEKT-BESCHREIBUNG, wie Sie es mit dem Befehl **Datei: Datei-Information** eingeben. Für die gewählte Schriftgröße in Punkt spielen die ursprünglich gespeicherten Druckmaße des Bildes keine Rolle. Machen Sie einen Testlauf, bevor Sie eine größere Bildreihe endgültig mit dem SCHUTZ-Schriftzug verzieren.

Vorsicht, längere Schutz-Texte werden nicht umbrochen, sie reichen oft über die Bildränder hinaus.

Mehr Möglichkeiten haben Sie allerdings, wenn Sie zunächst Einzelbilder ohne SCHUTZ-Stempel anlegen und dann Schriftzug oder Logos im Nachhinein einsetzen – per Aktionenpalette lässt sich das leicht automatisieren (Seite 123). Arbeiten Sie zum Beispiel mit Füllmethoden, Ebeneneffekten und der Text-VERKRÜMMUNG (Seite 815); auf diese Art bringen Sie Schriftzüge ebenso raffiniert wie unauffällig ins Bild.

6.2.9 So speichert Photoshop den Bildkatalog

Sobald Sie auf OK klicken, erzeugt Photoshop die erforderlichen Dateien mit den neuen Verzeichnissen. Die Originale bleiben völlig unverändert. Dabei entstehen die folgenden Verzeichnisse und Dateien.

Im Zielverzeichnis

Unmittelbar im Zielverzeichnis finden Sie die Dateien wie »Index.htm«, »Index_2.htm« oder »Frameset.htm«. Diese Dateien im WWW-gängigen HTML-Format enthalten die Struktur der Internet-Seite – die Überschriften, das Layout, die Aufteilung der Miniaturen in einer Tabelle. Es beginnt mit »Index.htm«, die weiteren »Index_n«-Dateien enthalten die anschließenden Seiten. Klicken Sie diese eine HTML-Datei doppelt an oder ziehen Sie die Datei über einen Internet-Browser – dann erscheint der Internet-Bildkatalog. Die Bilddaten selbst befinden sich wohlgemerkt nicht innerhalb der HTML-Dateien.

Außerdem erzeugt Photoshop die kleine Textdatei »UserSelections.txt«. Der Inhalt lautet zum Beispiel »75 1 450 8 0 0 36 0 100 0 0 0 0«; das sind in Kurzform Ihre Einstellungen für die Größe von Miniaturen und Einzelbildern und weitere Vorgaben. Sie müssen die Datei nicht auf Ihren Internet-Server hochladen.

Unterverzeichnisse

Diese Unterverzeichnisse produziert die Web-Fotogalerie:

➤ Das neue Verzeichnis »Thumbnails« enthält die Miniatur-Bilder für die Internet-Seite mit dem Katalog – in den meisten Fällen sind es JPEG-Dateien, sonst GIF-Dateien. Sie können diese Bilder bei Bedarf nachbearbeiten.

➤ Das neue Verzeichnis »Pages« beherbergt die HTML-Dateien für die Einzelseiten, die jeweils ein Einzelbild präsentieren. Die HTML-Datei enthält Text, Formatierung und die Verweise auf die Einzelbilddateien. Das Einzelbild selbst befindet sich nicht innerhalb der HTML-Datei.

➤ Das neue Verzeichnis »Images« birgt die nach Ihren Vorgaben neu errechneten Einzelbilder im JPEG-Format. Diese Bilder erscheinen im Internet-Betrachter, sobald man im Bildkatalog auf eine Miniatur klickt. Auch diese Bilder lassen sich natürlich noch verändern.

Möchten Sie nachträglich in mehreren HTML-Dateien Code, Dateinamen oder Text ändern, etwa den Verweis auf »Index.htm«? Das kostenlose Windows-Programm »Suchen und Ersetzen für HTML« erledigt dies für mehrere HTML-Dateien auf einen Schlag – zum Beispiel für die Einzelseiten einer Galerie. Sie finden es unter dieser Internet-Adresse: http://lab1.de/info/software.htm

6.2.10 Eigene Stile definieren

Sie können eigene STILE definieren. Zu jedem Stil gehört ein gleichnamiges Unter-Verzeichnis im Photoshop-Programmverzeichnis »Vorgaben/Web Kontaktabzug«, beispielsweise »Vorgaben/Web Kontaktabzug/Mein Stil«. Dieser Verzeichnisname erscheint als MEIN STIL im STILE-Klappmenü.

»Web-Fotogalerie«   Kapitel 6

Dateien im Verzeichnis »Web Kontaktabzug«

In den Unterverzeichnissen des Ordners »Web Kontaktabzug« finden Sie für jeden einzelnen Stil wie HORIZONTALER FRAME die folgenden Dateien:

➥ »Caption.htm« regelt das Layout der Bildunterschrift unter der Miniatur.
➥ »IndexPage.htm« bestimmt das Aussehen der eigentlichen Katalogseite.
➥ »SubPage.htm« legt fest, wie die Seite mit dem Einzelbild aussieht.
➥ »Thumbnail.htm« definiert das Miniaturen-Arrangement auf der Katalogseite.
➥ »FrameSet.htm« kann noch dazukommen: Die Datei beschreibt das Frame-Arrangement.

 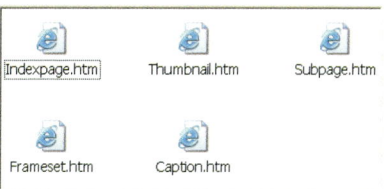

Abbildung 6.13:
Links: Die Vorlagen für die »Stile« der Web-Fotogalerie finden Sie unter Windows im Verzeichnis »Vorgaben/Web Kontaktabzug« innerhalb Ihres Photoshop-Ordners. Rechts: Jedes Unterverzeichnis enthält separate Vorlagen für Überschriften, Miniaturen-Anordnung und Einzelbild-Seiten.

»Tokens« (Platzhalter)

Neben dem üblichen HTML-Code enthalten die Dateien so genannte »Tokens«, die von Prozent-Zeichen eingerahmt werden – Platzhalter, die Photoshop durch Ihre konkreten Angaben für die aktuelle Web-Galerie ersetzt.

 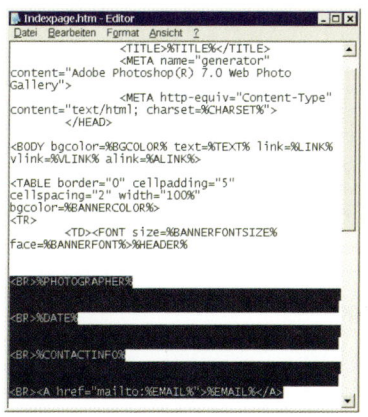 

Abbildung 6.14:
Links: Diese Galerie entstand mit der Vorgabe »Einfach«. Wir haben die »Banner«-Felder für Fotograf, Datum etc. freigelassen, dennoch erscheinen leere, überflüssige Zeilen im Überschriften-Bereich. Mitte: In der Vorlage »Indexpage.htm« für die Galerieseite haben wir die »Tokens« für Fotografen- und weitere Zeilen markiert und gelöscht. Rechts: Die Galerien-Überschrift zeigt nun nur noch den Eintrag für das Feld »Name der Site«, für den in der Vorlage das Token »Title« steht.

Ein Beispiel: Die Zeile

```
<BODY bgcolor=%BGCOLOR% text=%TEXT% link=%LINK% vlink=%VLINK%>
```

enthält Platzhalter für die gewählte Hintergrundfarbe, für den Bildtext und für den Link von der Miniatur zur größeren Einzeldatei.

Bedingungen

Bei der Arbeit an eigenen Web-Galerie-Vorlagen gilt:

- Die genannten Dateien sind – bis auf »FrameSet.htm« – zwingend erforderlich und dürfen nicht umbenannt werden.
- Bei Bedarf lassen Sie »Caption.htm« komplett leer und definieren die Bildunterschrift innerhalb von »Thumbnail.htm«.
- Sie können einen Platzhalter durch eine konkrete Angabe ersetzen. Die Angaben im Dialogfeld WEB-FOTOGALERIE haben dann keine Wirkung mehr. Beispielsweise tragen Sie eine feste Hintergrundfarbe ein.
- Sie können zusätzlichen HTML-Code und zusätzliche »Tokens« verwenden. Eine Liste aller Tokens finden Sie in der Photoshop-Hilfe-Datei unter der Überschrift »Token in Web-Fotogaleriestilen«. Beachten Sie auch die weiteren Hinweise dort.

Erste Schritte

So könnten Sie die Arbeit an eigenen Stilen beginnen:

a. Legen Sie ein neues Unterverzeichnis »Eigener Stil« innerhalb von »Vorgaben/Web Kontaktabzug« an (der Name dieses Verzeichnisses erscheint später im »Stile«-Menü der WEB-FOTOGALERIE).

b. Kopieren Sie die erforderlichen Dateien aus einem bereits vorhandenen mitgelieferten Verzeichnis wie »Horizontaler Frame« in das neue Verzeichnis.

c. Bearbeiten Sie die HTM-Dateien im neuen Verzeichnis »Mein Stil« mit einem HTML- oder Texteditor, um eigene Galerie-Vorlagen zu entwerfen.

d. Starten Sie den Befehl **Datei: Automatisieren: Web-Fotogalerie**, und wählen Sie im Klappmenü STILE die Vorgabe EIGENER STIL.

Denkbare Änderungen an den Vorlagen

Zahlreiche Änderungen sind denkbar:

- Sorgen Sie zum Beispiel dafür, dass die lästige Datumszeile verschwindet – löschen Sie »`<BR>%DATE%`« aus der Vorlage-Datei Indexpage.htm.

»Web-Fotogalerie« Kapitel 6

- Verbannen Sie ein für allemal weitere Elemente aus dem Überschriftenbereich der Galerieseite, etwa FOTOGRAF oder KONTAKTINFORMATIONEN. Dazu löschen Sie Zeilen wie »
%PHOTOGRAPHER%« oder »
%CONTACTINFO%«.

- Wenn Sie auch den Überschriften-Bereich der Seiten mit den Großbildern straffen wollen, entfernen Sie die genannten Tokens auch aus der Datei SubPage.htm.

- Richten Sie es so ein, dass die längere OBJEKTBESCHREIBUNG zwar nicht mehr Platz raubend unter den Miniaturen erscheint, aber gleichwohl unter den Großbildern zu lesen bleibt. Dazu löschen Sie »%FILEINFO%« aus der Vorlage-Datei »Caption.htm« und kreuzen die OBJEKTBESCHREIBUNG weiterhin im Dialogfeld WEB-FOTOGALERIE an.

Löschen Sie bei Korrekturen im Überschriften-Bereich eventuell auch Leerzeilen und Zeilen-Umbrüche, die Sie an dem Tag <BR> erkennen.

6.2.11 Änderungen an HTML-Code und Bilddateien

Im Folgenden besprechen wir denkbare Anpassungen am HTML-Code und an den Galerie-Bilddateien, die das Aussehen Ihrer Web-Galerie beeinflussen. Dabei haben Sie zwei Möglichkeiten:

- Sie ändern eine STIL-Vorlage und korrigieren dort die »Tokens« (siehe oben) oder tragen einen festen HTML-Code ein.

- Sie ändern eine fertige Einzel-Galerie, und zwar bei HTML-Code oder Bilddateien.

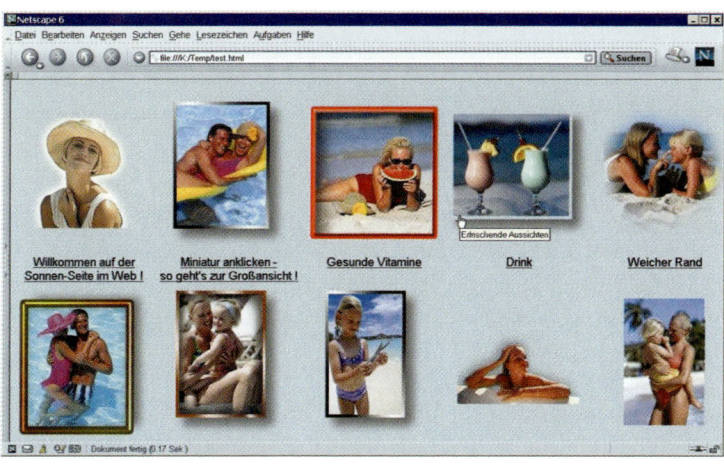

Abbildung 6.15:
Ändern Sie die Miniaturen nach Belieben. Bei frei geformten Umrissen verwenden Sie für die Miniaturen zum Beispiel das GIF-Dateiformat mit Transparenz; alternativ nehmen Sie JPEG und flechten das Hintergrundmuster in das Bild mit ein.

Änderungen an den Miniaturen

Sie können die Bildminiaturen für die Katalogseiten – zu finden im Verzeichnis »Thumbnails« – nachträglich bearbeiten. Mögliche Korrekturen: Sie ändern die Bildgröße, bringen einen weichen Rand oder einen 3D-Rand an oder Sie legen einen Schatten unter die Miniatur. Wichtig: Dateiname, Verzeichnis und das Dateiformat müssen erhalten bleiben. Selbst animierte Miniaturen und Rollover-Effekte sind denkbar. Wenn Sie eine Miniatur vergrößern, verändert sich eventuell der Spalten- oder Zeilenabstand an dieser Stelle; die Bild-Text-Tabelle wirkt nicht mehr gleichmäßig, zu Überlappungen kommt es dabei nicht.

Gehen Miniaturen weich oder nicht rechteckig in den Seitenhintergrund über, sollten Sie bei der Bildbearbeitung die geplante Seitenfarbe oder das Hintergrundmuster mit in die Miniatur einbauen.

Hintergrundmuster und Hintergrundfarbe

Hintergrundmuster oder Hintergrundfarbe der Galerien und der Einzelbildseiten lassen sich leicht anpassen. Am einfachsten korrigieren Sie das Hintergrundmuster in Programmen zur Internet-Gestaltung. Notfalls reicht aber ein Textprogramm. Wenn Sie ein Hintergrundmuster einsetzen, wird der Abschnitt zur Hintergrundfarbe im HTML-Code überflüssig. Es geht um diese Zeilen im HTML-Code:

➤ bgcolor=»#CCCCFF« bestimmt beispielsweise eine hellblaue Hintergrundfarbe.

➤ background=»MUSTERDATEI.jpg« benennt ein Hintergrundmuster.

Tauschen Sie die beiden so genannten Tags einfach nach Bedarf aus. Kopieren Sie das Hintergrundmotiv (in unserem Beispiel »Musterdatei.jpg«) ins selbe Verzeichnis wie die Datei »index.htm«.

Fehlt Ihnen der Code für die gewünschte Hintergrund- oder auch Textfarbe? Öffnen Sie zum Beispiel den Farbwähler, aktivieren Sie eventuell die Option NUR WEB-FARBEN, *stellen Sie den gewünschten Farbton her und kopieren Sie den Code aus dem Datenfeld unten rechts. Oder verwenden Sie die »Farbfelder«, öffnen Sie per Menü eine Web-Palette, wählen Sie nach Rechtsklick auf einen Farbton* FARBTON UMBENENNEN, *und kopieren Sie den Tonwert.*

Geänderte Bildunterschriften in den Katalogseiten

Bei Bedarf können Sie den Text innerhalb der HTML-Seite ändern; ersetzen Sie den Text im Bereich »Captions with hyperlinks« des HTML-Codes. Dies erledigen Sie zum Beispiel in einem Textprogramm, einfacher natürlich in einem Programm zur Internet-Gestaltung oder in einem modernen Textprogramm. Auch der neue Text enthält einen Hyperlink – per Klick auf den Bildtext wird das Einzelbild angezeigt.

Wenn Sie einen längeren Text eingeben, wird die Spalte mit der bearbeiteten Bildunterschrift auf der Internet-Seite breiter – alle Miniaturen dieser Spalte nehmen dann mehr Abstand zu den anderen Miniaturen ein, der gleichmäßige Spaltenabstand geht verloren. Um eine neue Zeile zu erzwingen, verwenden Sie das Kürzel <BR>. Damit steigt auch die Höhe (nicht nur die Breite) dieser Zelle der Tabelle; die gesamte Zeile mit der korrigierten Bildunterschrift hat dann mehr Abstand zu den anderen Zeilen.

»Web-Fotogalerie« Kapitel 6

Der Verweis auf die eigentliche Bilddatei erscheint hinter dem Code <IMG src> – dort dürfen Sie nichts ändern. In diesem Bereich finden Sie aber auch den Alternativ-Text – gelb unterlegter Einblend-Text, der bei Mauskontakt über dem Bild auftaucht. Tippen Sie hinter dem Code »alt=« Ihre neuen Worte ein.

Die Überschrift in der Titelzeile des Internet-Browsers ändern Sie in diesem Bereich der HTML-Datei:

```
<head>
<title>Ihre Überschrift</title>
```

Akropolis.jpg

Ayers_Rock.jpg

Einzelne längere Tabellenunterschriften stören den Tabellenaufbau.

Boot_2.jpg

Colosseum.jpg

Eiffelturm.jpg

Freiheitsstatue.jpg

Golden_Gate_1.jpg

Abbildung 6.16:
Hier wurden die Vorschaubilder aus dem Verzeichnis »Thumbnails« (Miniaturen) nachträglich bearbeitet. Dabei wurden vor allem Ebenen-Stile wie »Abgeflachte Kante & Relief«, »Schlagschatten« und »Kontur« genutzt, rechts oben wurde der Rand abgesoftet. Für zwei Miniaturen mussten wir in Photoshop die Arbeitsfläche erweitern. Außerdem haben wir eine Bildunterschrift direkt im HTML-Code verändert.

Ändern der Textgrößen in der Seitenüberschrift

Vielleicht möchten Sie die verschiedenen Zeilen der Überschrift, die Sie im Bereich BANNER eingetippt haben, in unterschiedlichen Größen darstellen. Sie können den HTML-Code in einem Textprogramm manipulieren. Die kompletten drei Zeilen Überschrift sehen in dem HTML-Code, den Photoshop erzeugt, so aus:

```
<TD><FONT size="7" face="Arial" >Eintrag Name<BR>Eintrag Fotograf<BR>Eintrag Datum</FONT>
```

Mit Font Size=»7« liegt die Schriftgröße für alle drei Zeilen fest, <BR> sorgt für den Zeilenumbruch. Sie können nun für einzelne Zeilen der Überschrift die Größe ändern. Setzen Sie beispielsweise die mittlere Zeile »Eintrag Fotograf« auf den Wert »3« und kehren Sie für die letzte Zeile wieder zur Größe 7 zurück. Die entsprechende Zeile sieht so aus:

```
<TD><FONT size="7" face="Arial" >Eintrag Name<BR><FONT size="3"> Eintrag Fotograf<BR>
<FONT size="7"><B> Eintrag Datum</FONT>
```

Fett und kursiv

Durch Arbeit im HTML-Code können Sie Ihre Schrift auch fett oder kursiv formatieren. Dabei stellen Sie Ihre Worte jeweils zwischen diese Zeichen:

```
<B> ... </B> für gefettete Schrift;
<I> ... </I> für kursive Schrift.
```

Im folgenden Beispiel haben wir die erste Zeile kursiviert und die zweite Zeile gefettet:

Kapitel 6   Internet-Gestaltung

```
<TD><FONT size="7" face="Arial" ><I>Eintrag Name</I><BR><B><FONT size="3"> Eintrag Fotograf
</BR><BR><FONT size="7">Eintrag Datum</FONT>
```

Textfarben korrigieren

Auch die Textfarben können Sie direkt im HTML-Code verändern. Hier gelten die Angaben aus dem <BODY>-Tag genannten Angaben für das gesamte Dokument. Dabei ändern Sie auch die Farben für die Bildränder, sofern Sie diese im Dialogfeld **Web-Fotogalerie** einschalten. Mit dem Attribut »Color« im »Font«-Tag legen Sie die Farbe für beliebige Textelemente fest. Weitere Codes:

- »link«: ein noch nicht besuchter Link (ein Link ist eine Verknüpfung zu einer anderen WWW-Seite oder allgemeiner zu einem anderen Dokument – also etwa der Text unter einer Katalog-Miniatur, der zur Seite mit dem Einzelbild verweist).
- »vlink«: ein bereits besuchter Link (visited link).
- »alink«: die Verknüpfung wird gerade aktiviert (activated link).

Geänderte Einblenderklärungen

Hält man den Mauszeiger über ein Miniaturbild, erscheint der Dateiname (ohne Dateiendung) als gelb unterlegter Einblendtext. Dieser Text erscheint auch statt des Bildes, wenn die Bilddatei selbst nicht geladen werden kann. Sie können den Text für die Einblenderklärung frei ändern. Laden Sie dazu die Seite »Index.htm« in ein Textprogramm. Im Bereich »Thumbnails with hyperlinks« werden die einzelnen Dateien aufgelistet. Der Einblendtext steht jeweils in Anführungszeichen hinter dem Hinweis »alt=«. Dort tippen Sie den neuen Text ein und speichern wieder.

Abbildung 6.17:
Hält man den Mauszeiger im Internet-Programm über eine Miniatur, erscheint eine Einblenderklärung mit dem Dateinamen (linke Miniatur). Sie können den Text jedoch nach Belieben ändern.

Tabelle formatieren

Mit den TABELLE-Vorgaben legt Photoshop eine HTML-Tabelle an, die Sie bearbeiten können. Der HTML-Code zeigt im Bereich <TR> (table row) Angaben zur gesamten Tabelle, der Bereich <TD> (table data) definiert eine einzelne Tabellenzelle. Detailangaben haben Vorrang vor allgemeineren Festlegungen. Unter anderem haben Sie diese Möglichkeiten:

- width=100 ohne Prozentangabe erzwingt eine Spaltenbreite von 100 Pixeln, mit Prozentwert definieren Sie eine Größe relativ zu den Maßen des Programmfensters.
- border sorgt für einen Tabellenrand, ohne diesen Hinweis erscheint keine Tabelle; border=3 erzeugt einen 3 Pixel starken Rand.

Animationen (Trickfilme) Kapitel 6

- cellspacing kontrolliert die Breite der Ränder um die Zellen beziehungsweise den Abstand zwischen den Zellen.
- cellpadding definiert den Abstand der Zelleninhalte zum Rand der Zelle.

6.3 Animationen (Trickfilme)

Animationen sind kleine Trickfilme fürs Internet – Laufschriften, wackelnde Logos, blinkende Lampen und dergleichen. Animationen werden als GIF-Datei gespeichert. Diese eine GIF-Datei enthält mehrere Bilder – eben die Einzelbilder des Trickfilms – mit Informationen über die Standzeit und mögliche Wiederholungen. ImageReady bietet starke und einfache Funktionen zur Produktion von Animationen, Photoshop spielt hier nicht mit. Flash-Animationen – also Trickfilme auf Vektorbasis mit Klangeinbindung – lassen sich mit dem Photoshop-Paket gar nicht produzieren; hier sind Sie auf Programme wie Macromedia Flash, Adobe LiveMotion oder CorelDraw ab Version 10 angewiesen.

Wann immer Sie an Animationen arbeiten – aktivieren Sie in ImageReady stets die »Original«-Ansicht und nicht eine »optimierte« Variante; dort haben Sie kaum Korrekturmöglichkeiten. Da der Bildaufbau für die »optimierten« Varianten in der »2fach«- oder »4fach«-Ansicht ohnehin zusätzlich Zeit kostet, sollte man überwiegend nur die »Original«-Ansicht allein zeigen. Erst wenn die Bildfolge perfekt ist und Sie ans Speichern im GIF-Format denken, lohnt sich die Einblendung einer »optimierten« Version.

Abbildung 6.18:
Vier Einzelbilder, vier Montage-Ebenen: In dieser Animation basiert jedes Einzelbild auf einer eigenen Ebene. Für jedes Einzelbild wird eine andere Ebene mit dem Augensymbol sichtbar geschaltet, alle anderen Ebenen werden verborgen. Bei Anzeige des dritten Einzelbildes ist nur die Ebene »Site« sichtbar, alle anderen Ebenen sind mit dem Augensymbol ausgeblendet. Datei: Sunny_a

6.3.1 Übersicht

ImageReady bietet folgende Möglichkeiten für Animationen:

➥ Sie verwandeln die Einzelebenen einer Photoshop-Montage in Einzelbilder (»Frames«) einer Animation.

➥ Bestimmte Veränderungen einer Ebene lassen sich in Einzelbilder verwandeln, ohne dass deshalb neue Ebenen erforderlich sind: Position, Deckkraft, Text-»Verkrümmung« und Ebeneneffekte.

➥ Sie können jederzeit jedes Einzelbild korrigieren (durch Korrektur der jeweiligen Ebene).

➥ ImageReady erzeugt Übergänge zwischen zwei vorhandenen Einzelbildern und verändert dabei schrittweise Deckkraft, Position oder Ebeneneffekt eines montierten Objekts; dabei entstehen zunächst keine neuen Ebenen.

➥ Wie auch bei nicht-animierten GIF-Bildern, können Sie die Animation mit der »Transparenz«-Funktion vor durchscheinenden Hintergrund stellen.

➥ Sie können Animationen mit allen Eigenschaften nicht nur im GIF-Format für die Internet-Seite speichern, sondern auch im Photoshop-Dateiformat. So bewahren Sie volle Farbtiefe und separat korrigierbare Montage-Ebenen. (GIF unterstützt nur 256-Farben-Bilder und verschmilzt alle Montage-Ebenen zu einem flachen Hintergrund, Seite 311). Überdies können Sie auch QuickTime-Dateien mit der Endung ».mov« schreiben.

➥ Setzen Sie Animationen in Rollover-Sequenzen ein.

➥ Lassen Sie den Trickfilm jederzeit in ImageReady oder in einem Internet-Browser ablaufen.

TIPP *Einige Animationen im PSD-Format finden Sie innerhalb Ihres Photoshop-Verzeichnisses im Ordner »Beispiele/ImageReady-Animationen«. Sie können diese Animationen in ImageReady ablaufen lassen und von dort aus auch in einem Internet-Browser darstellen.*

Im Folgenden klären wir diesen Unterschied:

➥ Wie Sie Animationen aus mehreren Montage-Ebenen erstellen; beziehungsweise

➥ wie Sie Animationen aus einer einzigen Einzelebene erstellen, aber die Ebeneneigenschaften variieren.

 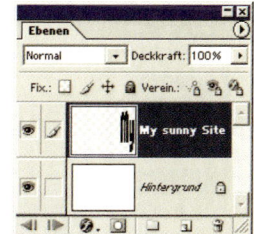 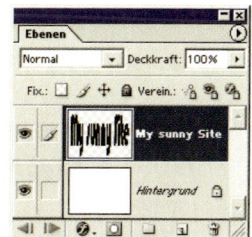

Abbildung 6.19:
Vier Einzelbilder, doch nur eine Montage-Ebene: Die Ebene wird lediglich bewegt, verändert sich aber sonst nicht. Solche Veränderungen der Ebeneneigenschaft erfordern keine neue Ebene. Sie lassen sich mit dem Befehl »Dazwischen einfügen« aus dem Menü zur Animation-Palette leicht erstellen (Seite 299). Die Miniatur in der Ebenenpalette zeigt die Position des Objekts im momentan aktivierten Einzelbild, unten in der Palette erscheint die Frame-Nummer. Datei: Sunny_b

6.3.2 Animationen aus mehreren Einzelebenen ableiten

Sie können mehrere Ebenen einer Montage in Einzelbilder der Animation verwandeln. Die Reihenfolge der Ebenen spielt keine große Rolle dabei. Auch wenn die Animation schon steht, lassen sich immer noch die Einzelbilder korrigieren – durch Bearbeitung der Ebenen. Überdies lassen sich Ebenen – und damit Einzelbilder – beliebig hinzufügen, löschen oder verbergen.

Arbeitsschritte in der Übersicht

So erstellen Sie generell eine Animation aus mehreren Ebenen:

1. Erzeugen Sie in Photoshop oder ImageReady eine Montage aus mindestens zwei unterschiedlichen Ebenen. Jede Ebene wird später als ein Einzelbild verwendet.
2. Sofern Sie in Photoshop gearbeitet haben, wechseln Sie mit der Schaltfläche SPRINGEN ZU IMAGEREADY ([Strg]+[⇧]+[M]) zu ImageReady.
3. In ImageReady rufen Sie mit dem Befehl **Fenster: Animation** die Animation-Palette auf. Zunächst sehen Sie in der Animation-Palette nur ein einziges Einzelbild.
4. Öffnen Sie das Menü der Animation-Palette durch einen Klick auf das schwarz gefüllte Dreieck ▶ rechts oben in der Palette.
5. Klicken Sie auf den Befehl **Frames aus Ebenen erstellen**. Nun erscheinen in der Animation-Palette so viele Einzelbilder, wie Ihre Montage Ebenen hat.
6. Mit der Schaltfläche SPIELT ANIMATION AB ▶ unten in der Ebenenpalette lassen Sie die Animation ablaufen.

»Ebene in allen Frames anpassen«

Oft passiert es, dass durch irrtümliche Eingriffe eine Ebene in verschiedenen Einzelbildern ungewollt unterschiedliche Merkmale zeigt: Zum Beispiel unterscheiden sich Deckkraft, Position oder Effekte oder die Ebene ist zeitweise verborgen, zeitweise eingeblendet. Sie können eine Ebene in allen Einzelbildern auf einheitlichen Stand bringen. So gehen Sie vor:

Kapitel 6   Internet-Gestaltung

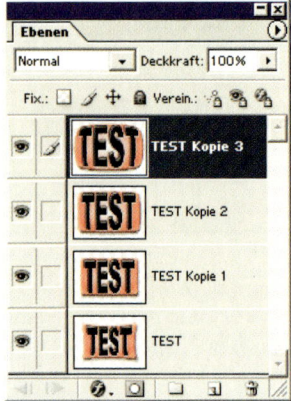
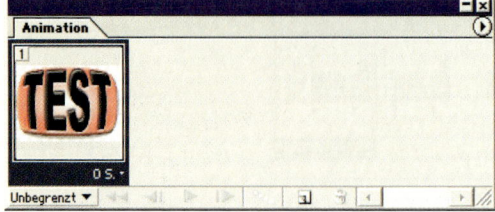

Abbildung 6.20:
Links: Das Montage-Objekt wurde für die Animation mehrfach dupliziert. Einige Duplikate haben wir mit dem Filter »Wölben« individuell verzerrt. Rechts: Die Animation-Palette hatte für diese Montage zunächst nur ein einzges Einzelbild gezeigt. Erst nachdem wir den Befehl »Frames aus Ebenen erstellen« verwenden, erscheint jede Montage-Ebene als eigener Frame in der Animation-Palette. Vorlage: Test

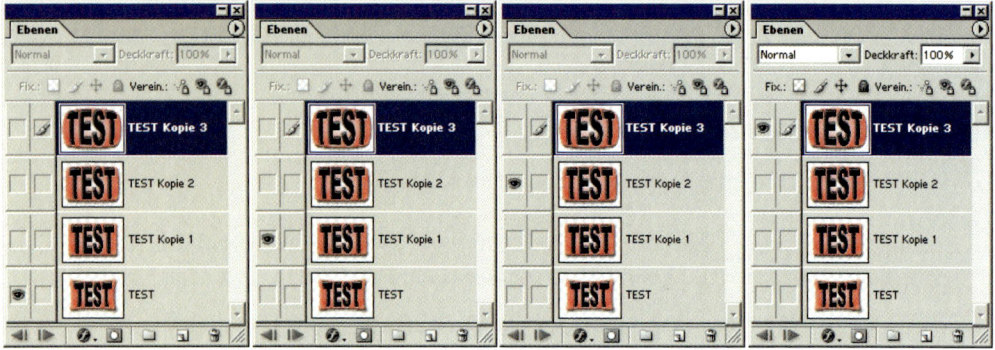

Abbildung 6.21:
So wirkt der Befehl »Frames aus Ebenen erstellen« über vier Einzelbilder hinweg. Bei jedem Einzelbild der Animation schaltet ImageReady eine einzelne Montage-Ebene sichtbar, die anderen Ebenen werden mit dem Augensymbol verborgen. Sie können die Ebenensichtbarkeit pro Einzelbild mit dem Augensymbol verändern. Dieses Ergebnis können Sie als GIF-Datei für die Internet-Seite speichern. Sie können es jedoch auch im Photoshop-Format speichern; dabei bewahren Sie separate Ebenen, volle Farbtiefe, aber auch die Informationen über Filmgeschwindigkeit und Wiederholungsrate. Ergebnis: Test_2

1. Aktivieren Sie in der Animation-Palette ein Einzelbild, welches die betreffende Montage-Ebene im gewünschten Zustand zeigt. Oder stellen Sie diesen Zustand in einem beliebigen Einzelbild her.

2. Öffnen Sie das Menü zur Animation-Palette mit der Schaltfläche ⊚ und wählen Sie in der Animation-Palette den Befehl **Ebene in allen Frames anpassen**.

Nun erscheint das Objekt dieser Ebene in allen Frames auf derselben Position; auch Ebeneneffekte, Deckkraft und Ebeneneinblendung werden vereinheitlicht. Achten Sie jedoch darauf, auf welcher Position die angepasste Ebene in der Ebenenpalette rangiert. Nur wenn die Ebene ganz oben steht – über allen anderen Ebenen – ist sichergestellt, dass die angepasste Ebene tatsächlich in sämtlichen Einzelbildern voll zum Vorschein kommt.

Animationen (Trickfilme)   Kapitel 6

TIPP
Der Befehl **Ebene in allen Frames anpassen** eignet sich zum Beispiel, um eine Ebene über alle Einzelbilder einer Animation hinweg sichtbar oder unsichtbar zu machen. Anschließend können Sie immer noch ein Einzelbild in der Animation-Palette anklicken und für dieses eine Bild die Ebenensichtbarkeit mit dem Augensymbol in der Ebenenpalette ändern.

Ebenenbearbeitung und Einzelbilder

Wenn Sie eine Ebene bearbeiten, verändert sich entweder nur das Einzelbild – oder die Ebene erscheint in allen Einzelbildern verändert. Dabei gilt:

- Korrigieren Sie Deckkraft, Ebeneneffekte, Ebenensichtbarkeit, die Objektposition oder eine vorhandene Text-»Verkrümmung«, verändert sich nur ein einziges Einzelbild.
- Wenn Sie die Ebene dagegen skalieren, drehen, verzerren, mit Filter, Kontrastkorrektur oder Pinselwerkzeug bearbeiten, so erscheint die Ebene in sämtlichen Einzelbildern verändert.

Ebenenmasken und Einzelbilder

Sie können auch Ebenenmasken in der Animation verwenden. Ebenenmasken machen beliebige Teile einer Ebene unsichtbar, ohne sie zu löschen (Details ab Seite 770). Generell können Sie die Ebene mit oder ohne Ebenenmaske bewegen, die Verbindung steuern Sie mit dem Verknüpfungssymbol in der Ebenenpalette. Für Ebenenmasken gilt:

- Wenn Sie die Ebenenmaske bewegen, verändert sich nur das jeweilige Einzelbild. (Um die Ebenenmaske unabhängig vom Einzelbild bewegen zu können, klicken Sie in der Ebenenpalette das Verknüpfungssymbol zwischen Maske und Ebene weg.)
- Retuschen, Filter oder Kontrastkorrekturen wirken sich auf alle Einzelbilder mit der korrigierten Ebenenmaske aus.

Weitere Einzelbilder hinzufügen

Möchten Sie der Animation weitere Einzelbilder von Hand hinzufügen? So geht's:

1. Aktivieren Sie in der Animation-Palette das Einzelbild, hinter dem Sie das neue Einzelbild einfügen möchten.
2. Klicken Sie in der Animation-Palette auf das Symbol DUPLIZIERT AKTUELLEN FRAME. Dadurch entsteht ein Duplikat des zuvor markierten Einzelbildes.
3. Wenn Sie die Ebenen des zuvor markierten Einzelbildes nicht im neuen Einzelbild sehen möchten, verbergen Sie diese mit dem Symbol BLENDET EBENE EIN/AUS in der Ebenenpalette.

Beim Hinzufügen eines neuen Einzelbildes können Sie automatisch eine neue, leere Ebene anlegen lassen. Dazu wählen Sie im Palettenmenü den Befehl **Neuen Frames eine Ebene hinzufügen**. Neben der Option muss also ein Häkchen zu sehen sein, damit sie wirksam ist.

Weitere Ebenen hinzufügen

Sie können jederzeit neue Ebenen in die Animation einsetzen – zum Beispiel per **Kopieren** und **Einfügen** oder durch schlichtes Herüberziehen mit dem Verschieben-Werkzeug aus einer anderen Datei. Fügen Sie weitere Ebenen hinzu, sind in der Grundeinstellung von ImageReady diese neuen Ebenen zunächst in allen Einzelbildern sichtbar. So blenden Sie die neue Ebene in einigen Einzelbildern wieder aus:

1. Aktivieren Sie das gewünschte Einzelbild in der Animation-Palette.
2. Klicken Sie in der Ebenenpalette auf das Symbol BLENDET EBENE EIN/AUS, um die Ebene in diesem Einzelbild zu verbergen. (Aktivieren Sie bei Bedarf mehrere Einzelbilder bei gedrückter [Strg]-Taste, um sie anschließend gemeinsam zu verbergen.)

Soll ImageReady die neue Ebene jedoch nur im aktuellen Einzelbild zeigen, wählen Sie im Menü der Animation-Palette die Vorgabe **Neue Ebenen sichtbar in allen Frames** ab.

Einzelbilder in Ebenen verwandeln

ImageReady verwandelt auf Wunsch jedes Einzelbild Ihrer Animation in eine separate Montage-Ebene. Verwenden Sie den Befehl **Frames auf Ebene reduzieren** aus dem Menü der Animation-Palette. Die verschiedenen Ebenenobjekte eines Einzelbildes werden dabei in der neuen Ebene verschmolzen. Die separaten Originalebenen bleiben erhalten, ImageReady setzt die neuen Ebenen pro Einzelbild obendrauf. Spielen Sie die Animation jedoch ab, wird sie nur noch aus den neu erstellten Ebenen aufgebaut. Sofern Sie nichts mehr umarrangieren wollen, können Sie also die ursprünglichen Ebenen löschen; dazu ziehen Sie diese Ebenen auf den Mülleimer.

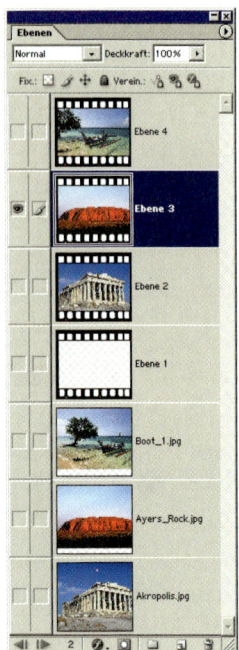

Abbildung 6.22:
Hier haben wir den Befehl »Frames auf Ebene reduzieren« auf die Animation »Revue_4« angewendet. Für jedes Einzelbild erzeugt ImageReady eine neue Ebene, welche den gesamten Inhalt des Einzelbildes enthält – auch wenn er ursprünglich aus mehreren Ebenen stammt. Zur Darstellung der Animation verwendet ImageReady nur noch die neu erstellten Ebenen; Sie können die ursprünglichen Ebenen bei Bedarf löschen.

Der Befehl **Frames auf Ebene reduzieren** hilft in verschiedenen Situationen:

- Sie wollen ein komplettes Einzelbild mit Pinsel, Filter oder Kontrastkorrektur verändern – dies ist mühselig oder unmöglich, wenn sich der Inhalt des Einzelbildes über mehrere Montage-Ebenen erstreckt.

- Sie wollen komplette Einzelbilder in einem anderen Programm weiterbearbeiten, das Photoshop-Ebenen öffnen kann.

6.3.3 Animation aus einer einzigen Ebene ableiten

Wir haben oben besprochen, wie Sie einzelne Ebenen in Einzelbilder einer Animation umsetzen. Doch nicht immer müssen Sie überhaupt mehrere Ebenen anlegen. Verändern Sie bestimmte Eigenschaften einer Ebene über mehrere Einzelbilder hinweg – doch es bleibt bei einer einzigen Ebene.

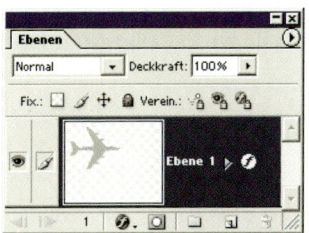
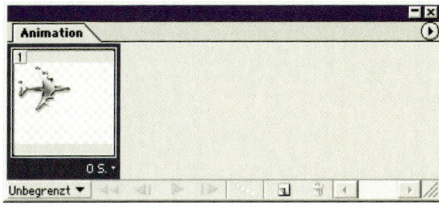

Abbildung 6.23:
Links: Die Ebenenpalette zeigt, dass dieses Bild aus einer einzigen Ebene aus besteht. Rechts: Darum erscheint in der Animation-Palette zunächst nur ein einziges Einzelbild.
Datei: Flugzeug

Veränderbare Eigenschaften bei Animation aus Einzelebene

Wollen Sie Frames innerhalb einer einzigen Ebene verändern, können sich diese in folgenden Aspekten unterscheiden: Position des Objekts, Deckkraft, von ImageReady unterstützte Ebeneneffekte und die Vorgaben für die Text-»Verkrümmung«. Verändern Sie also diese Eigenschaften, so korrigieren Sie nur ein einziges Einzelbild – es handelt sich um eine so genannte frame-spezifische Änderung. Alle anderen Einzelbilder, die auf derselben Ebene beruhen, mutieren nicht mit. Die gesamte Veränderung speichert ImageReady innerhalb einer Datei im Photoshop-Format mit, sie lässt sich also am nächsten Arbeitstag wieder aufnehmen.

Abbildung 6.24:
Mit der Schaltfläche »Dupliziert aktuellen Frame« entstehen hier zwei weitere Einzelbilder. Sie basieren jedoch, wie die Ebenenpalette zeigt, weiterhin auf einer einzigen Ebene. Man kann die Einzelbilder im »Original«-Fenster mit dem Verschieben-Werkzeug an unterschiedliche Positionen ziehen – es bleibt bei einer einzigen Montage-Ebene, da wir nur die Objektposition verändern; es handelt sich um eine frame-spezifische Änderung.
Datei: Flugzeug_2

Kapitel 6   Internet-Gestaltung

Frame-spezifische Änderungen

Die folgenden Korrekturen verdeutlichen den Unterschied zwischen framespezifischen Änderungen und allgemeinen Änderungen, die alle Frames gleichzeitig betreffen. Zunächst betrachten wir frame-spezifische Änderungen:

1. Sie duplizieren ein Objekt mehrfach mit der Schaltfläche DUPLIZIERT AKTUELLEN FRAME in der Animation-Palette, so dass Sie jetzt drei identische Einzelbilder sehen. Auf der Ebenenpalette sehen Sie aber weiterhin nur eine einzige Ebene.

2. Durch einen Mausklick aktivieren Sie Einzelbild Nummer 2.

3. Sie verschieben das 3D-Objekt mit dem Verschieben-Werkzeug. Dadurch verändern Sie nur dieses Einzelbild, in den anderen Einzelbildern rührt sich nichts. (Möchten Sie die anderen Einzelbilder anpassen, aktivieren Sie Bild 2 und verwenden den Befehl **Ebene in allen Frames anpassen**.)

4. Sie verändern den 3D-Effekt – auch dies wirkt sich nur in Einzelbild 2 aus.

5. Hier redet man von frame-spezifischen Änderungen – der Eingriff wirkt sich nur auf ein Einzelbild (»Frame«) aus.

Allgemeine Änderungen

Die weiteren Eingriffen sind dagegen allgemeine Änderungen:

a. Nun drücken Sie `Strg`+`T` und drehen das Objekt – dieser Eingriff verändert alle Einzelbilder.

b. Sie verwenden Filter, Kontrastkorrekturen und Pinsel auf Einzelbild 2 – die anderen Einzelbilder wandeln sich mit. (Möchten Sie nur ein Einzelbild verändern, duplizieren Sie die Ebene und blenden die andere Ebene an dieser Stelle aus.)

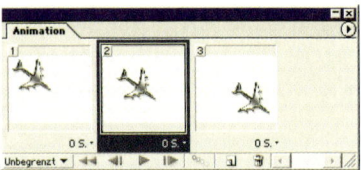

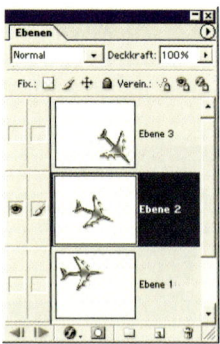

Abbildung 6.25:
Links, Mitte: Wird die Ebene gedreht, dreht sich nicht nur die Darstellung im aktivierten Einzelbild mit. Das Objekt erscheint auch in allen anderen Einzelbildern gedreht, weil alle Frames nur auf einer einzigen Ebene beruhen. Eine Drehung ist keine frame-spezifische, sondern eine allgemeine Änderung. Rechts: Hier wurden die Einzelbilder in Einzelebenen verwandelt; dazu dient der Befehl »Frames auf Ebenen reduzieren« aus der Animation-Palette. Nun kann man jedes Einzelbild beliebig verändern – zum Beispiel unabhängig von den anderen Einzelbildern drehen oder mit dem Pinsel retuschieren. Pro Einzelbild ist nur die jeweilige Ebene mit dem Augensymbol eingeblendet, alle anderen Ebenen werden ausgeblendet. Dateien: Flugzeug_3, Flugzeug_4

Animationen (Trickfilme)   Kapitel 6

Soll sich eine solche allgemeine Änderung nur auf ein einziges Einzelbild der Animation auswirken, legen Sie eine neue Ebene an – und blenden bei diesem Einzelbild alle sonstigen Ebenen mit dem Augensymbol 👁 aus.

 Wollen Sie mehrere Ebenen gemeinsam bewegen, müssen Sie diese verbinden. Dazu aktivieren Sie eine Ebene in der Ebenenpalette, dann klicken Sie in die Verbinden-Leiste unmittelbar neben den gewünschten anderen Miniaturen, so dass dort das Verbinden-Symbol 🔗 zu sehen ist.

Bildfolgen mit frame-spezifischen Änderungen erzeugen

Wollen Sie frame-spezifische Änderungen über mehrere Einzelbilder hinweg erzeugen, gibt es generell zwei Wege:

➡ Machen Sie's von Hand: Duplizieren Sie ein vorhandenes Einzelbild mehrfach mit der Schaltfläche DUPLIZIERT AKTUELLEN FRAME 📄 und korrigieren Sie bei jedem Einzelbild zum Beispiel Deckkraft, Position, Ebeneneffekt mit den entsprechenden Funktionen.

➡ Erzeugen Sie automatisch einen gleichmäßigen Übergang: Erstellen Sie zwei unterschiedliche Schlüsselbilder und lassen Sie ImageReady einen gleichmäßigen Übergang zwischen diesen Einzelbildern einfügen; dies erledigt der Befehl **Dazwischen einfügen** aus dem Menü zur Animation-Palette (nächster Abschnitt).

6.3.4 Mehrere Dateien als Einzelbilder einer Animation

Sie müssen die Einzelbilder einer Animation nicht in Ebenen anlegen – Sie können auch die Dateien eines Ordners in Einzelbilder verwandeln. Laden Sie eine Reihe von Bilddateien als Einzelbilder einer Animation. Dazu kopieren Sie alle Dokumente in einen gemeinsamen Ordner. Dann wählen Sie **Datei: Importieren: Ordner als Frames**. Nun entsteht eine neue Photoshop-Datei mit einer Ebene pro Einzelbild; in der Ebenenpalette erscheint das erste Bild der Animation ganz unten, nur dieses eine Bild bleibt zunächst dauerhaft über alle Frames hinweg sichtbar, während bei jedem weiteren Frame eine darüberliegende Ebene angezeigt und andere Ebenen verborgen werden. Natürlich können Sie die Reihenfolge der Einzelbilder durch Ziehen mit der Maus in der Animation-Palette noch verändern, die Sichtbarkeit kontrollieren Sie mit dem Augensymbol 👁 in der Ebenenpalette.

Die Pixelmaße der Animation

Die Einzelbilder sollten – müssen aber nicht – identische Bildpunktabmessungen haben. Verwenden Sie unterschiedliche Pixelmaße, erscheint das alphabetisch erste Motiv passgenau; die kleineren Ebenen zeigen transparente Bereiche, größere Ebenen verschwinden teils hinter den Bildrändern. So ändern Sie die Anordnung:

➡ Ziehen Sie halb verborgene Ebenen mit dem Verschieben-Werkzeug ⬈ ins Bild.

Kapitel 6　　　Internet-Gestaltung

Abbildung 6.26:
Diese Animation entstand mit dem Befehl »Datei: Importieren: Ordner als Frames«. Wir haben die Dateien des Ordners »Praxis/Sammlungen/03_Vorlagen« von der CD zu diesem Buch als Einzelbilder in eine Animation geladen. ImageReady legt eine neue Ebenendatei an; pro Einzelbild ist jeweils nur eine Ebene sichtbar. Weil die verwendeten Bilder nicht perfekt gleich groß sind, zeigen die kleineren Vorlagen transparente Bereiche am unteren Bildrand. Datei: Revue_1

➦ Um die Datei so auszudehnen, dass alle teilweise aus dem Bild ragenden Ebenen voll in der sichtbaren Arbeitsfläche sind, verwenden Sie **Bild: Nichts maskiert**.

➦ Wollen Sie die Datei auf die Maße einer kleineren Ebene zuschneiden? Zeigen Sie diese Ebene zunächst mit dem Augensymbol 👁 an, und blenden Sie andere Ebenen aus. Dann wählen Sie **Bild: Zuschneiden**. Vorsicht: Äußere Bereiche anderer Ebenen werden dabei dauerhaft entfernt, sie lassen sich nicht mehr ins Bild ziehen.

Abbildung 6.27:
Wir ziehen die innen leere Ebene aus der Datei »Filmstueck.psd« mit dem Verschieben-Werkzeug in die Animation »Revue«. Wir schieben die Film-Ebene in der Ebenenpalette ganz nach oben, so dass sie in allen Einzelbildern erscheint und nie überdeckt wird, und platzieren sie passend auf der Arbeitsfläche. Datei: Revue_3

Animationen (Trickfilme)   Kapitel 6

Alphabetische Sortierung

Grundsätzlich sortiert ImageReady die Bilder alphanumerisch, die Datei »Akropolis« erscheint im Trickfilm vor »Ayers Rock« und damit ganz unten in der Ebenenpalette. »Ayers Rock« tritt wiederum früher auf als »Boot 1«. Die alphabetische Sortierung funktionierte im Test allerdings nur zuverlässig, wenn die Dateinamen mit Großbuchstaben beginnen. Dateien, die mit Kleinbuchstaben anfingen, wurden grundsätzlich an das Ende der Animation gestellt, rangierten also in der Ebenenpalette ganz oben. Ziffern werden vor Buchstaben eingeordnet. Ein Bild, das Sie die ganze Animation hindurch als Hintergrund zeigen wollen, könnte darum zum Beispiel »A« oder »0« (Null) heißen. Dann erscheint es – je nach verwendeten Dateinamen – als erstes Einzelbild und bleibt über die volle Filmzeit hinweg sichtbar.

Abbildung 6.28:
Links: Wir beschneiden die Animation mit dem Freistellwerkzeug. In der Optionenleiste stellen wir »Ausblenden«, nicht »Löschen«, ein. Dadurch werden die Ränder der anderen Bildebenen zwar außerhalb des Bildrands verborgen, aber nicht dauerhaft gelöscht.
Rechts: Wir klicken mit dem Verschieben-Werkzeug in die Bildmitte, aktivieren mit dem Kontextmenü die gewünschte Ebene und ziehen den gewünschten Bildteil in den sichtbaren Bereich. Natürlich können Sie die Ebene auch anders bearbeiten, zum Beispiel verkleinern.
Achtung: Eventuell müssen Sie anschließend die Ebenensichtbarkeit pro Einzelbild neu regeln. Datei: Revue_4

6.3.5   Automatische Übergänge mit »Dazwischen einfügen«

Sie erreichen den Befehl **Dazwischen einfügen** im Menü zur Animation-Palette oder mit der Schaltfläche DAZWISCHEN EINFÜGEN unten in der Palette. Die Funktion erzeugt automatische Übergänge zwischen zwei Einzelbildern, die sich in einem oder mehreren Merkmalen unterscheiden. Dabei entstehen neue Einzelbilder, die Sie später bearbeiten können wie andere Einzelbilder auch.

Voraussetzungen für »Dazwischen einfügen«

Bevor Sie mit dem Befehl **Dazwischen einfügen** neue Übergänge erzeugen, benötigen Sie zwei Einzelbilder, die folgende Voraussetzungen bieten:

- Die Einzelbilder müssen auf einer einzigen Ebene basieren.

- Die Einzelbilder müssen sich in einer oder mehreren Eigenschaften unterscheiden, die der Befehl **Dazwischen einfügen** abwandeln kann, zum Beispiel Deckkraft, Ebeneneffekt oder Position.

Kapitel 6   Internet-Gestaltung

 Eventuell soll ein Ebeneneffekt oder eine Verzerrung per Text-»Verkrümmung« zu Anfang gar nicht sichtbar sein, sondern erst allmählich heranwachsen. Dennoch: Der Effekt muss auch im Start-Einzelbild schon angelegt sein. Bearbeiten Sie auch dieses Einzelbild mit dem Effekt; stellen Sie dort alle Werte auf 0, so dass keine Wirkung erkennbar ist. Im späteren Bild setzen Sie die Werte entsprechend hoch. Nur so erzeugt der Befehl **Dazwischen einfügen** *einen allmählichen Übergang – und keinen abrupten Sprung.*

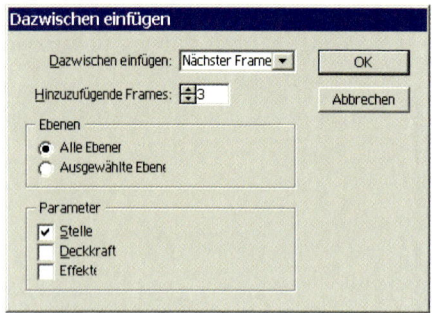

Abbildung 6.29:
Das Dialogfeld »Dazwischen einfügen« rufen Sie im Menü zur Animation-Palette auf. Hier legen Sie fest, wie sich die neu erzeugten Einzelbilder vom Ausgangsbild unterscheiden und wie viele neue Bilder entstehen sollen.

Einzelbilder für den automatischen Übergang

So könnten Sie die Arbeit beginnen:

1. Erzeugen Sie eine Einzelebene, eventuell mit einem Ebeneneffekt.
2. Öffnen Sie die Animation-Palette und duplizieren Sie das vorhandene Einzelbild mit der Schaltfläche DUPLIZIERT AKTUELLEN FRAME .
3. Verändern Sie das erste oder das zweite Einzelbild in einer oder mehreren Eigenschaften: Deckkraft, Ebeneneffekte, Position.
4. Markieren Sie eins der zwei Einzelbilder durch einen Mausklick in der Animation-Palette.
5. Wenn Sie nur eine Einzelebene verändern wollen, markieren Sie diese durch einen Klick in der Ebenenpalette.

Diese Voraussetzungen gelten allgemein, sofern Sie mehr als ein Einzelbild aktivieren:

➥ Wenn Sie zwei benachbarte Einzelbilder aktivieren, fügt ImageReady die neu errechneten Einzelbilder dazwischen ein.

➥ Sind mehr als zwei Einzelbilder aktiviert, werden die Frames zwischen Start- und End-Einzelbild durch den Befehl verändert.

➥ Aktivieren Sie das erste und das letzte Einzelbild, so behandelt ImageReady diese wie benachbarte Bilder; die neu errechneten Übergangsbilder werden ans Ende angehängt. Dies macht Sinn, wenn sich die Animation mehrfach wiederholen soll. Ansonsten können Sie keine nicht-benachbarten Einzelbilder für die Funktion DAZWISCHEN EINFÜGEN markieren.

Animationen (Trickfilme) Kapitel 6

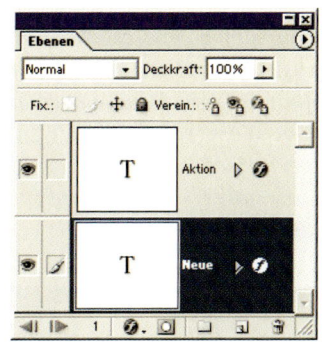

Abbildung 6.30:
Im ersten Einzelbild schieben wir das obere Wort nach links außen, das untere Wort nach rechts außen. Anschließend erstellen wir einen zweiten Frame. Dort verbinden wir die Objekte, der Befehl »Horizontale Mitten ausrichten« stellt die Worte exakt mittig übereinander. Dies ist die Ausgangsposition für eine Animation mit zwei entgegengesetzten Bewegungen. Dateien: Neue_Aktion.psd, Neue_Aktion.gif

Funktionen im Dialogfeld »Dazwischen einfügen«

Im Dialogfeld DAZWISCHEN EINFÜGEN geben Sie zunächst an, ob Sie ALLE EBENEN oder nur die AUSGEWÄHLTE EBENE vervielfachen wollen. Je nachdem, welche und wie viele Einzelbilder Sie zuvor aktiviert haben, bietet ImageReady im Klappmenü DAZWISCHEN ENFÜGEN zum Beispiel VORIGER FRAME, NÄCHSTER FRAME oder AUSWAHL an. Schließlich nennen Sie im Feld HINZUZUFÜGENDE FRAMES die Zahl der Einzelbilder, die neu entstehen sollen. Machen Sie diese Angaben im Bereich PARAMETER:

- Wählen Sie STELLE, sofern sich die Ebene bewegen soll.
- Mit DECKKRAFT blenden Sie eine Ebene stufenweise ein oder aus.
- Die Vorgabe EFFEKTE erzeugt eine schrittweise Veränderung der vorhandenen Ebeneneffekte, etwa 3D-Effekt, Schatten oder Verlauf. Mit der EFFEKTE-Vorgabe lässt sich auch Text-»Verkrümmung« animieren (Details und ein weiteres Beispiel ab Seite 815).

Dabei gilt:

- Die gewählte Eigenschaft muss sich bei den beiden verwendeten Einzelbildern unterscheiden – zum Beispiel sollten sich die Ebenenobjekte an unterschiedlichen Positionen befinden, sofern Sie die Vorgabe STELLE nutzen.
- Wünschen Sie einen EFFEKT-Übergang, müssen beide Einzelbilder den Effekt bereits besitzen – wenn auch eventuell in einem Bild mit so niedrigen Werten, dass der Effekt nicht mehr zu erkennen ist.
- Sie können mehr als eine Eigenschaft gleichzeitig verändern. Beispielsweise können Sie ein Objekt gleichzeitig bewegen und ausblenden.

Soll sich ein Objekt erst aus dem Nichts heraus ins Bild schieben oder aus dem Bild herauswandern? Sie können dazu Ebenen jederzeit halb oder komplett aus dem sichtbaren Bereich herausbewegen. Dies erledigen Sie zum Beispiel mit dem Verschieben-Werkzeug. Oder entfernen Sie Rand mit dem Freistellwerkzeug und der Option AUSBLENDEN*; dabei bleiben auch Objekte im abgetrennten Randbereich voll erhalten. Diese Objekte wandern bei Bedarf mit der Funktion* **Dazwischen einfügen** *ins Bild.*

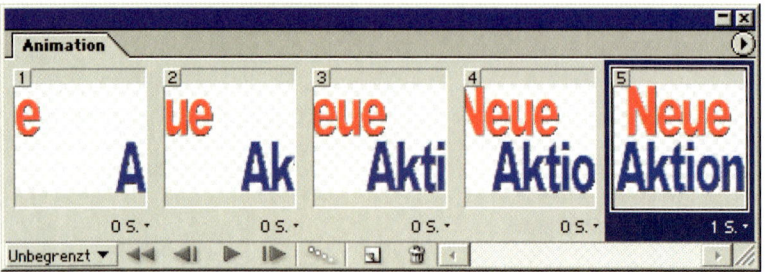

Abbildung 6.31:
Wir verwenden den Befehl »Dazwischen einfügen« mit den Vorgaben »Alle Ebenen« und »Stelle« – die zwei Worte rücken aufeinander zu. Dateien: Neue_Aktion_2.psd, Neue_Aktion_2.gif

Möglichkeiten mit dem Befehl »Dazwischen einfügen«

Der Befehl **Dazwischen einfügen** bietet mächtige Gestaltungsmöglichkeiten für lebendige Animationen:

➤ Per DECKKRAFT-Variation blenden Sie ein Objekt ein oder aus.

➤ Verwenden Sie die Füllmethode SPRENKELN und schrauben Sie die DECKKRAFT zurück – das Objekt wird pulverisiert.

➤ Der Effekt ABGEFLACHTE KANTE UND RELIEF lässt das Objekt plastisch heranwachsen. Fügen Sie eventuell einen SCHLAGSCHATTEN hinzu, der sich in ABSTAND und DECKKRAFT ebenfalls verändert (Seite 740).

➤ Die Effekte FARBÜBERLAGERUNG oder VERLAUFSÜBERLAGERUNG sorgen für fließende Farbübergänge, sofern Sie unterschiedliche Angaben für diese Effekte in den beiden Ausgangsbildern verwenden.

➤ Der Effekt GLANZ produziert ein flackerndes Schattenspiel; er eignet sich auch zur Kombination mit FARBÜBERLAGERUNG oder ABGEFLACHTE KANTE UND RELIEF.

➤ Der KONTUR-Effekt lässt einen Rahmen um ein Objekt herum wachsen.

➤ Versetzen Sie den Text mit einer animierten »Verkrümmung« in Schwingungen (Seite 815). Noch besser geht das zwar mit dem Flash-Dateiformat, das jedoch von Photoshop oder ImageReady nicht unterstützt wird.

Animationen (Trickfilme) Kapitel 6

Verfahren kombinieren

Natürlich können Sie die verschiedenen Verfahren zur Produktion von Animationen kombinieren:

1. Erstellen Sie erst mit dem Befehl **Dazwischen Einfügen** eine Bildreihe auf Basis einer Einzelebene.
2. Duplizieren Sie die Ebene in der Ebenenpalette.
3. Verändern Sie das Duplikat nun beliebig, etwa mit Filtern, Kontrastkorrekturen oder Pinseln.
4. Kontrollieren Sie die Sichtbarkeit der Ebenen pro Einzelbild, indem Sie den Film Schritt für Schritt mit der Schaltfläche WÄHLT DEN NÄCHSTEN FRAME AUS durchgehen.
5. Blenden Sie bei Bedarf für das jeweilige Einzelbild die gewünschten Ebenen mit dem Augensymbol in der Ebenenpalette ein oder aus.

Abbildung 6.32:
Der Befehl »Dazwischen einfügen« bewegt die Hand zwischen den zwei voreingestellten Außenpositionen.
Dateien: Von_rechts.psd, Von_rechts.gif

6.3.6 Einzelbilder auswählen, verschieben und löschen

Mit der Animation-Palette arrangieren Sie den Trickfilm bequem um. Wir besprechen hier das Auswählen, Löschen und Verschieben von Einzelbildern. Viele Befehle finden Sie einerseits als Schaltfläche, aber auch im Menü der Animation-Palette; dieses Menü erhalten Sie durch Klick auf das Dreieck rechts oben in der Palette. Beachten Sie, dass Sie wie üblich mit den **Paletten-Optionen** aus dem Palettenmenü die Größe der Miniaturen in der Palette ändern können.

Einzelbilder auswählen

Durch Klicken markieren Sie ein Einzelbild, das dann auch im Dateifenster erscheint. Mit den Schaltflächen WÄHLT DEN NÄCHSTEN FRAME AUS oder WÄHLT DEN VORIGEN FRAME AUS , die Sie auch auf der Ebenenpalette finden, springen Sie ein Einzelbild weiter.

Per Strg-Klick markieren Sie mehrere Einzelbilder. Um eine Sequenz zu markieren, klicken Sie zunächst das erste Einzelbild an; dann attackieren Sie bei gedrückter ⇧-Taste das letzte Einzelbild. Klicken Sie ein markiertes Einzelbild erneut mit gedrückter Strg-Taste an, um es aus der Auswahl zu entfernen. Die Animation-Palette bietet in ihrem Menü den Befehl **Alle Frames auswählen**.

Die markierten Einzelbilder sind durch einen Rahmen deutlich hervorgehoben. Innerhalb der markierten Einzelbilder gibt es noch den so genannten »aktuellen Frame«, der im Bildfenster erscheint; es ist derjenige Frame, den Sie innerhalb der Gruppe zuerst gewählt haben. Dieser einzelne Frame hat innen ein zusätzliches feines Rähmchen, die Frame-Nummer ist hervorgehoben. Nur dieses eine Einzelbild können Sie bearbeiten.

*Wenn Sie eine Animation mit dem **Zuschneiden**-Befehl kappen, nutzen Sie zuvor in der Animation-Palette von ImageReady den Befehl **Alle Frames auswählen**. So berücksichtigt das Programm sämtliche Einzelbilder. Achten Sie jedoch darauf, das richtige Einzelbild zum »aktuellen Frame« zu machen. Nur an diesem Frame orientiert sich der **Zuschneiden**-Befehl bei der Suche nach transparenten oder einfarbigen Rändern. Markieren Sie dieses Einzelbild zunächst durch einen Klick, dann verwenden Sie **Alle Frames auswählen**.*

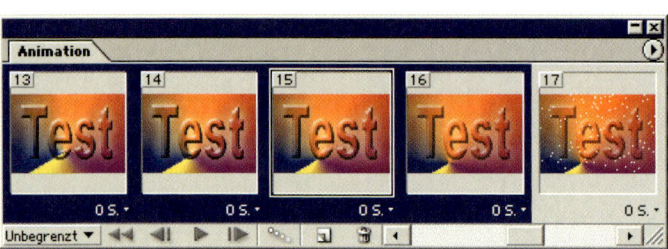
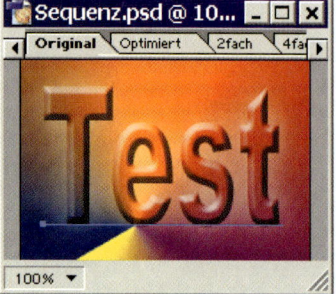

Abbildung 6.33:
Links: Hier sehen Sie markierte und nicht markierte Einzelbilder. Der »aktuelle Frame«, hier mit der Nummer 15, ist durch ein zusätzliches Rähmchen gekennzeichnet.
Rechts: Nur dieser »aktuelle Frame« erscheint im Bildfenster und kann bearbeitet werden. Datei: Sequenz

Einzelbilder verschieben

So bringen Sie ein Einzelbild oder mehrere Einzelbilder an eine andere Position im Ablauf des Trickfilms: Markieren Sie die Bilder wie oben beschrieben und ziehen Sie die Frames an die gewünschte Stelle. Verschieben Sie mehrere nicht nebeneinander liegende Frames, erscheinen sie an der neuen Position nebeneinander. Sie können auch die Reihenfolge einer ausgewählten Einzelbildreihe vertauschen. Dazu dient der Befehl **Frames umkehren** aus dem Menü zur Animation-Palette.

Einzelbilder löschen

Um ein Einzelbild oder mehrere zu löschen, ziehen Sie diese Bilder auf das Mülleimer-Symbol in der Animation-Palette. Alternativ markieren Sie die Bilder und klicken das Mülleimer-Symbol an. Die Animation-Palette enthält den Menübefehl **Animation löschen**; dieser Befehl lässt nur das erste Einzelbild in der Animation-Palette zurück – als ob Sie nie mit einer Animation begonnen hätten. Nicht benötigte Ebenen bleiben jedoch erhalten.

Animationen (Trickfilme)   Kapitel 6

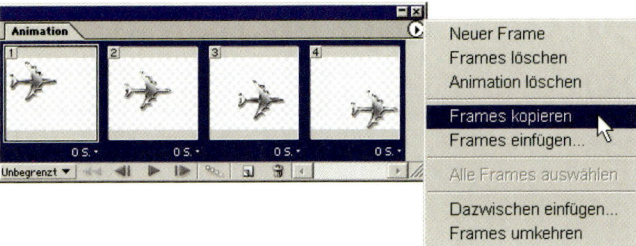

Abbildung 6.34:
Diese Animation entstand auf einfache Art durch Bewegen einer Einzelebene. Sie enthält nur eine einzige Ebene. Wir markieren die vier Einzelbilder und verwenden den Palettenbefehl »Frames kopieren«, um das Flugzeug durch eine andere Bildsequenz schweben zu lassen.
Datei: Flugzeug_5

6.3.7 Einzelbilder kopieren und einfügen

Sie können Einzelbilder kopieren und an anderer Stelle wieder einfügen – in derselben Animation oder in einer anderen. Das Vorgehen im Überblick:

1. Markieren Sie die Einzelbilder, die Sie kopieren wollen, wie oben beschrieben.
2. Öffnen Sie das Palettenmenü mit der Schaltfläche ⓘ und wählen Sie den Befehl **Frame kopieren** (oder **Frames kopieren**).
3. Klicken Sie ein anderes Einzelbild oder eine Bildreihe an – auch in einer anderen Animation –, wo Sie die kopierten Einzelbilder einsetzen möchten.
4. Wenn die Zielanimation aktiv ist, verwenden Sie den Paletten-Befehl **Frame einfügen**.

Bestanden die kopierten Einzelbilder aus mehreren Ebenen, so entstehen auch in der Zielanimation mehrere Ebenen. (Um alle Ebenen des Einzelbildes zu jeweils geschlossenen Ebenen pro Einzelbild zusammenzufassen, verwenden Sie den Paletten-Befehl **Frames auf Ebene reduzieren**.)

 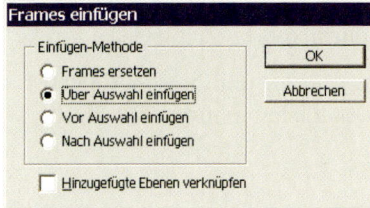

Abbildung 6.35:
Links: In dieser Animation markieren wir die vorhandenen drei Einzelbilder und klicken im Palettenmenü auf »Frames einfügen«. Im Dialogfeld »Paste Frames« verwenden wir die Option »Über Auswahl einfügen«; damit soll das Flugzeug die vorhandenen Frames überlagern. Zweite Vorlage: Revue_4

Abbildung 6.36:
Das Einzelobjekt aus der Quell-Animation wird über die vorhandenen Bilder in der Zielanimation gelegt; das bewirkt die Option »Über Auswahl einfügen«. So mischen sich zwei Veränderungen, die ursprüngliche Bildfolge und die Bewegung des Flugzeugs. Im Quell-Bild haben wir vier Einzelbilder kopiert, im Zielbild konnten wir jedoch nur drei Einzelbilder markieren; darum entsteht hier ein zusätzliches Einzelbild. Ergebnis: Revue_5

Optionen beim »Einfügen« von Einzelbildern

Nachdem Sie **Frame einfügen** gewählt haben, erscheint ein Dialogfeld. Sie können die zunächst vorhandenen Bilder ersetzen, ergänzen oder überlagern.

➜ FRAMES ERSETZEN entfernt diejenigen Bilder im Zielbild, die markiert waren. Haben Sie drei Bilder kopiert, aber zum Einfügen nur ein Bild markiert, verschwindet das eine markierte Bild, überdies entstehen zwei neue Einzelbilder. Haben Sie dagegen zum Einfügen sieben Bilder markiert, werden die ersten drei überschrieben, die anderen vier Bilder verschwinden ersatzlos.

➜ ÜBER AUSWAHL EINFÜGEN überlagert das Zielbild mit den eingefügten Einzelbildern. Sofern es dort viel Transparenz gab, bietet diese Option die Möglichkeit, eine Bewegung über ein Standbild zu legen oder sogar im Zielbild mehrere Bewegungen gleichzeitig ablaufen zu lassen. Haben Sie drei Bilder kopiert, aber zum Einfügen nur ein Bild markiert, so erscheint der Inhalt des ersten kopierten Einzelbildes im ersten markierten Einzelbild der Zielanimation. Danach entstehen zwei neue Einzelbilder, die ausschließlich den Inhalt der kopierten Ebene zeigen; dann läuft die Zielanimation im ursprünglichen Zustand weiter. Am übersichtlichsten ist es, beim Kopieren und Einfügen gleich viele Einzelbilder zu markieren.

➜ VOR AUSWAHL EINFÜGEN und NACH AUSWAHL EINFÜGEN erzeugen auf jeden Fall neue Einzelbilder in der Zielanimation. Die Bilder werden vor oder hinter der markierten Stelle eingesetzt.

ImageReady überträgt die Bildpunkte zwischen den Animationen immer in der Originalpixelgröße. Achten Sie also auf passende Größenverhältnisse. Eventuell müssen Sie eine Animation mit dem Befehl Bild: Bildgröße hoch- oder herunterrechnen oder Sie skalieren ein Ebenenobjekt mit dem Befehl Bearbeiten: Frei transformieren (Strg +T).

«Hinzugefügte Ebenen verbinden»

Die Funktion FRAMES EINFÜGEN hält eine weitere Option parat: HINZUGEFÜGTE EBENEN VERBINDEN verbindet die eingefügten Ebenen; Sie erkennen dies an dem Verbinden-Symbol , sobald Sie eine der eingefügten Ebenen in der Ebenenpalette aktivieren. Die neuen Ebenen lassen sich also im Ziel leicht gemeinsam verschieben, skalieren oder drehen. Sie können die Verbindung jederzeit auch von Hand durch Anklicken des Symbols beziehungsweise der leeren Fläche an dieser Stelle herstellen oder aufheben (Seite 697). Achtung: Jede Änderung betrifft dabei stets die gesamte Animation, nicht nur das sichtbare Einzelbild.

6.3.8 Überlappung von Einzelbildern

Wenn Sie neue Frames einfügen, können auf Wunsch bisherige Einzelbilder durchscheinen. Dies gilt unter folgenden Voraussetzungen:

➡ Die Frames haben transparente Bereiche und

➡ Sie speichern GIF mit TRANSPARENZ-Option.

Die Animation erscheint also nicht innerhalb einer Rechteckbox, sondern frei ausgeschnitten; direkt um das Objekt herum sehen Sie die Hintergrundfarbe oder das Hintergrundmuster der Internet-Seite. Die TRANSPARENZ-Vorgabe machen Sie in der Optimieren-Palette (Details zur Transparenz bei Dateien für das Internet ab Seite 377). Sie haben nun die Wahl:

➡ Der Inhalt des vorhergehenden Einzelbildes kann in den transparenten Bereichen des neuen Einzelbildes durchscheinen; oder

➡ der Inhalt des Vorgängerbildes ist im neu eingefügten Einzelbild nicht zu sehen.

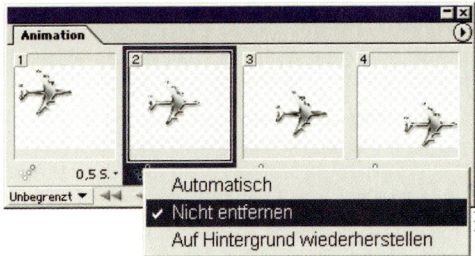 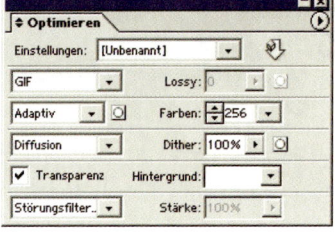

Abbildung 6.37:
In dieser Animation haben wir nach einem Rechtsklick auf die Miniaturen jeweils die Vorgabe »Nicht entfernen« verwendet. Sie erkennen diesen Zustand auch an dem Symbol unter den einzelnen Miniaturen. In der Optimieren-Palette haben wir »Transparenz« und eine Hintergrundfarbe gewählt. Dies hat zur Folge, dass beim Abspielen der Animation im Browser jedes Einzelbild alle vorhergehenden Einzelbilder zeigt. Vorlage: Flugzeug_5; Ergebnisse: Flugzeug_6.psd, Flugzeug_6.gif

Optionen

Die jeweiligen Vorgaben machen Sie nach einem Rechtsklick (am Mac Ctrl-Klick) auf die entsprechende Miniatur in der Animation-Palette. Im Kontextmenü über dem Einzelbild bietet ImageReady folgende Befehle:

- **Auf Hintergrund wiederherstellen**: Der vorhergehende Frame ist im aktuellen Einzelbild nicht sichtbar. ImageReady kennzeichnet diesen Zustand durch das Symbol links unter dem betreffenden Einzelbild.

- Wenn Sie **Nicht entfernen** klicken, kann man Frame 1 in den transparenten Bereichen des anschließenden Einzelbildes 2 weiterhin sehen. Dafür steht das Symbol ani_nichtentf.

- **Automatisch**: ImageReady blendet bisherige Frames komplett aus, wenn der neu hinzugefügte Frame transparente Bereiche hat, es wird also der Befehl **Auf Hintergrund wiederherstellen** verwendet. Dagegen verwendet das Programm den Befehl **Nicht entfernen**, sofern der nachfolgende Frame Hintergrundfarbe aufweist. ImageReady bietet diesen Zustand stets zunächst an und Sie sollten ihn in der Regel beibehalten. Auch wenn Sie mit dem Befehl **Animation optimieren** (siehe unten) die Option ENTFERNEN REDUNDANTER PIXEL gewählt haben, sollten Sie die Methode **Automatisch** verwenden. So bleiben Frames mit Optimierungstransparenz erhalten.

Die Auswirkungen der Vorgabe **Auf Hintergrund wiederherstellen** *lassen sich eventuell in ImageReady nicht korrekt betrachten; prüfen Sie die Animation in einem Internet-Browser mit dem Untermenü* **Datei: Vorschau in**.

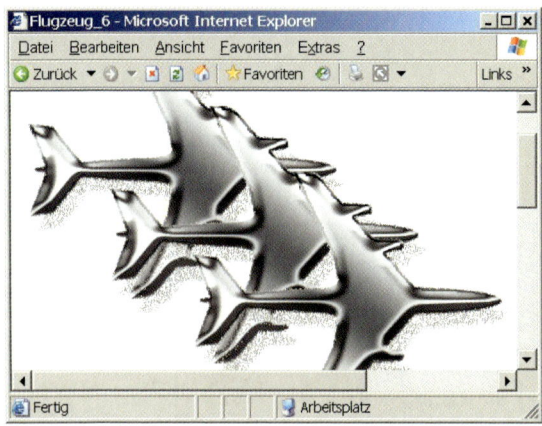

Abbildung 6.38:
Die Einzelbilder dieser Animation wurden mit dem Befehl »Nicht entfernen« bearbeitet. So erscheinen vorhergehende Frames in späteren Einzelbildern. Datei: Flugzeug_6.gif

6.3.9 Standzeit und Zahl der Durchläufe

Die Standzeit eines Einzelbildes wie auch die Zahl der Durchläufe der gesamten Animation können Sie frei einstellen. Mit der Schaltfläche links unten in der Animation-Palette geben Sie an, ob die Animation nonstop UNBEGRENZT oder nur EINMAL durchlaufen soll. Oder wählen Sie ANDERE und legen Sie eine bestimmte Zahl von Durchgängen fest.

Soll der Film rückwärts ablaufen? Dann nutzen Sie den Befehl **Frames umkehren** aus dem Palettenmenü. Sofern Sie zwei oder mehr Frames in der Palette auswählen, wird nur in diesem Bereich die Reihenfolge getauscht; sind ein oder kein Frame gewählt, kehrt ImageReady die Reihenfolge im gesamten Opus um.

Animationen (Trickfilme)   Kapitel 6

Standzeit der Einzelbilder

So ändern Sie die Standzeit für ein oder mehrere Einzelbilder.

1. Klicken Sie die gewünschten Frames in der Animation-Palette bei gedrückter ⇧-Taste an.
2. Unter einem der Frames klicken Sie auf die Angabe der Standzeit; dort lesen Sie zunächst »0,00 sec«. Im Klappmenü stellen Sie einen anderen Wert ein. Er gilt nun für alle zuvor gewählten Frames.

ImageReady zeigt die Standzeit beim Abspielen der Animation eventuell nicht korrekt an. Prüfen Sie die Animation unbedingt in allen wichtigen Browsern (siehe nächster Abschnitt).

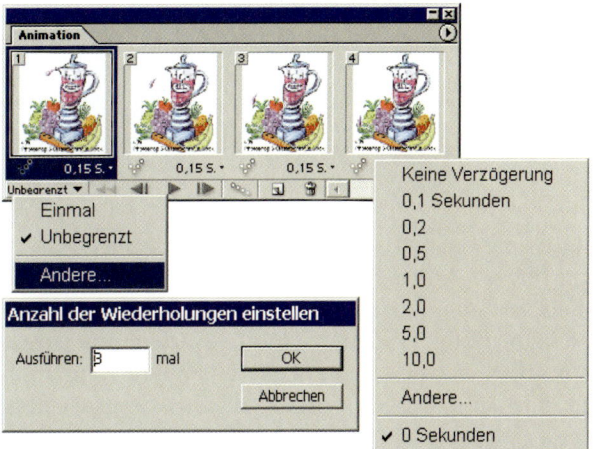

Abbildung 6.39:
Linkes Menü: Nach einem Klick links unten in der Animation-Palette legen Sie fest, wie oft der Trickfilm abläuft. Rechtes Menü: Durch einen Klick auf die Zeitangabe unter dem Einzelbild oder unter mehreren, gemeinsam markierten Einzelbildern bestimmen Sie die Standzeit für diese Bilder.

6.3.10 Prüfen der Animation in ImageReady und im Internet-Browser

Sie können die Animation in ImageReady oder in einem Internet-Programm prüfen.

Animation in ImageReady betrachten

So testen Sie die Wirkung der Animation innerhalb von ImageReady:

➡ Klicken Sie in der Animation-Palette auf die Schaltfläche SPIELT ANIMATION AB ▶. Damit läuft die komplette Animation im ImageReady-Bildfenster ab. Der Reigen läuft so oft ab wie voreingestellt – zunächst ist das UNBEGRENZT (siehe oben). Mit der Esc-Taste oder mit der Schaltfläche BEENDET ANIMATION ■ stoppen Sie die Vorführung.

➡ Mit der Schaltfläche WÄHLT DEN NÄCHSTEN FRAME AUS ▶ tasten Sie sich Einzelbild für Einzelbild durch den Film. Diese Schaltfläche finden Sie auch unten links in der Ebenenpalette von ImageReady.

Die Schaltfläche WÄHLT DEN ERSTEN FRAME AUS ◀◀ bringt Sie wieder zum ersten Einzelbild.

Animation in einem Internet-Programm betrachten

Nur durch Abspielen in einem Internet-Programm lässt sich der Ablauf einer Animation verlässlich kontrollieren. Die Darstellung der Standzeiten innerhalb von ImageReady ist nicht zuverlässig.

Um festzustellen, wie die Animation wirklich in einem Internet-Browser wirkt, wählen Sie die Schaltfläche für den Standard-Browser in der Werkzeugleiste oder den Befehl **Datei: Vorschau in**. Diesen Befehl erhalten Sie auch im Kontextmenü, wenn Sie mit der rechten Maustaste in die Bilddatei klicken. ImageReady errechnet eine optimierte Version der Datei nach den aktuellen Vorgaben in der Optimieren-Palette, öffnet das gewählte Programm und zeigt dort die Animation samt technischen Daten.

Sie können die Animation im Browser unterbrechen und dauerhaft ein Einzelbild anzeigen; dazu klicken Sie im Browser auf die Schaltflächen STOP *oder* ABBRECHEN *oder drücken die Escape-Taste. Mit den Schaltflächen* AKTUALISIEREN *oder* NEU LADEN *kommt der Trickfilm wieder auf Touren. Kommt die Animation dagegen gar nicht über das erste Einzelbild heraus, haben Sie vielleicht in den Browser-Optionen oder mit einem Werbeblocker das Abspielen von Animationen unterbunden.*

Animation mit Hintergrundmuster prüfen

Der Befehl **Datei: Vorschau in** zeigt nicht die von Ihnen geplante Farbe oder das von Ihnen geplante Muster für den Seitenhintergrund. Sie sollten darum die Animation frühzeitig testweise als GIF speichern (siehe unten) und in die fertige Seite im Gestaltungsprogramm einsetzen. Alternative: Legen Sie das Muster bereits auf eine eigene Ebene unter Ihre Animation und blenden Sie es vor dem endgültigen Speichern im GIF-Format mit dem Augensymbol in der Ebenenpalette aus.

Wollen Sie die Wirkung der Animation mit Seitenhintergrund testen, können Sie aber alternativ auch so vorgehen:

1. Sie aktivieren das ImageReady-Bildfenster mit der Animation.

2. Sie wählen den Befehl **Datei: HTML-Hintergrund**.

3. Sie nehmen im Dialogfeld die Vorgabe ANSICHT UNTER: BILD.

4. Nach einem Klick auf WÄHLEN geben Sie die gewünschte Hintergrunddatei an (oder nach einem Klick auf FARBE die gewünschte Farbe).

Details zu Hintergrundmustern für Internet-Seiten finden Sie weiter unten in diesem Kapitel im Abschnitt »Seitenhintergrund«.

Animationen (Trickfilme) Kapitel 6

6.3.11 Speichern der Animation

Gegenüber üblichen Bilddateien hat Ihre Animation ein oder zwei Besonderheiten:

➡ Es handelt sich um eine Animation – also um eine ganze Folge von Bildern, die nacheinander abgespielt werden.

➡ Einzelne Objekte sollen eventuell frei ausgeschnitten über die Internet-Seite wandern – also nicht innerhalb des üblichen Rechtecks einer Fotodatei; der Seitenhintergrund soll unmittelbar um die Buchstaben herum sichtbar sein.

Bei diesen Anforderungen kommt nur ein einziges Dateiformat in Frage – GIF. Allerdings geht bei GIF zwangsläufig einiges von der Originalinformation verloren. Weil GIF nur höchstens 256 Farben anzeigen kann (8-Bit-Farbtiefe), wird eventuell die Farbdarstellung verfälscht. Sie können in einer GIF-Datei weder Texteigenschaften wie die Schriftart korrigieren, noch können Sie die 3D-Effekte irgendwie ändern. Sie sollten das Bild also zweimal sichern: als Photoshop-Datei, um das Werk jederzeit mit allen Möglichkeiten von Photoshop und ImageReady zu korrigieren, und im GIF-Format, um es auf die Internet-Seite zu stellen.

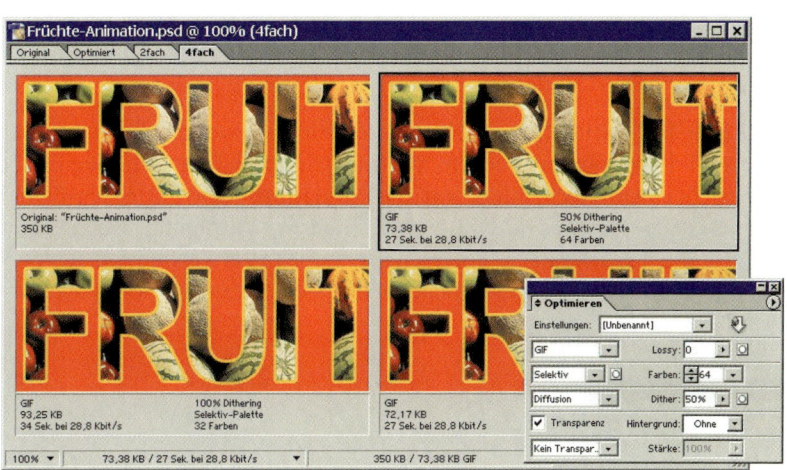

Abbildung 6.40:
Links: In der Vierfach-Vorschau sehen Sie, wie die Animation mit unterschiedlichen Vorgaben wirkt. Rechts: Die Eigenschaften für die aktuelle, durch einen Rahmen hervorgehobene Vorschauvariante regeln Sie mit der Optimieren-Palette.

Speichern der Animation als Photoshop-Datei

Für das Photoshop-Dateiformat wählen Sie den Befehl **Datei: Speichern** oder **Speichern unter** mit dem Dateityp PHOTOSHOP (*.PSD). Dabei bleiben alle Einzelbilder und alle Abspiel-Informationen über Standzeiten und Wiederholungen erhalten, Sie können das Ganze in ImageReady wieder als Animation öffnen. Nur das zuletzt aktivierte Einzelbild erscheint beim Öffnen in Photoshop.

Speichern der Animation als GIF-Datei

Details zur Dateivorschau wie auch zum GIF-Speichern finden Sie weiter unten in den entsprechenden Abschnitten in diesem Kapitel. Hier nur eine Kurzdarstellung: Für die Internet-Seite speichern Sie das Bild im GIF-Format. Rufen Sie die Optimieren-Palette mit dem **Fenster**-Menü auf; wählen Sie im Palettenmenü den Befehl **Optionen einblenden,** um alle Optionen zu sehen. Sie betrachten nun eine OPTIMIERT-Version des Bildes in der Vierfach-Vorschau und stellen die gewünschten GIF-Eigenschaften in der Optimieren-Palette ein. Schalten Sie in dieser Palette die TRANSPARENZ ein, wenn der Seitenhintergrund durchscheinen soll. Nun wählen Sie den Befehl **Datei: Optimiert-Version speichern**.

Besonderheiten einer animierten GIF-Datei

Gegenüber üblichen GIF-Dateien bietet ImageReady bei Animationen einige Besonderheiten: Bei Verwendung der »selektiven«, der »adaptiven« oder der »perzeptiven« Palette erzeugt ImageReady eine gleichmäßige Farbpalette für alle Einzelbilder. Das Dithering (Farbstreuung, siehe GIF-Abschnitt weiter unten) wird in allen Bildern so ausgeglichen, dass kein Flackern auftritt. Einzelbilder werden so verkleinert, dass die Datei nur den Teil enthält, der sich ändert. Das spart Speicherplatz.

Diese Vorgaben zum Speichern machen Sie mit dem Befehl **Animation optimieren** aus dem Menü zur Animation-Palette:

➡ Wählen Sie BEGRENZUNGSRAHMEN, um jedes neue Einzelbild auf den Bereich zu beschränken, der sich gegenüber dem Vor-Bild verändert hat. Diese Option sollten Sie verwenden; eventuell kommen andere Programme zur GIF-Animation damit jedoch nicht zurecht.

➡ Die Option ENTFERNEN REDUNDANTER PIXEL schaltet alle Bildpunkte, die gegenüber dem vorherigen Einzelbild unverändert blieben, auf transparent. Bei Verwendung dieser Option sollten Sie nach einem Rechtsklick auf die Miniaturen den Entfernen-Befehl **Automatisch** einstellen (siehe oben). Die Option steht nur zur Verfügung, wenn Sie in der Optimieren-Palette die TRANSPARENZ eingeschaltet haben. Verwenden Sie als Vorgabe zur Pixel-Entfernung AUTOMATISCH (siehe oben, »Überlappung von Einzelbildern«).

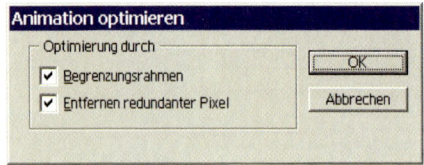

Abbildung 6.41:
Mit dem Palettenbefehl »Animation optimieren« senken Sie die Dateigröße Ihrer GIF-Animationen.

6.3.12 Animationen in anderen Dateiformaten öffnen und speichern

Mit ImageReady können Sie verschiedene andere Dateiformate öffnen und speichern, um Filme zu betrachten, zu korrigieren und zu speichern. Laden Sie GIF-Animationen aus anderen Programmen in ImageReady, erscheint dort jedes Einzelbild als eigene Ebene. Prüfen Sie, ob sich beim Speichern in ImageReady durch die Optimierungsvorgaben oder durch andere Farbpaletten die Dateigröße verringert. Die Bearbeitung ist eventuell umständlich, da jedes Einzelbild als separate Ebene vorliegt. Weitere Möglichkeiten, die wir bereits besprochen haben:

Animationen (Trickfilme) Kapitel 6

▶ Erstellen Sie in Photoshop eine Datei mit mehreren Ebenen, die Sie anschließend in ImageReady als Einzelbilder einer Animation definieren: Sie öffnen die Photoshop-Datei in ImageReady, öffnen die Animation-Palette und verwenden den Befehl **Frames aus Ebenen erstellen**. Die unterste Ebene wird dabei zum ersten Einzelbild.

▶ Öffnen Sie eine Reihe von Bilddateien als Einzelbilder einer Animation. Dazu kopieren Sie alle Dokumente in einen gemeinsamen Ordner. Dann wählen Sie in ImageReady **Datei: Importieren: Ordner als Frames**.

Weitere Animationstypen

ImageReady öffnet und schreibt Filme im Quicktime-Format (mit der Endung ».mov«), im Flic-Format, unter Windows auch AVI-Videos. Beim Öffnen der Videodateien können Sie einen Filmbereich auswählen oder nur jedes xte Bild verwenden, der Ton bleibt allerdings auf der Strecke. Vorsicht: ImageReady legt für jedes Einzelbild eine neue Ebene an.

Quicktime-Filme können Sie mit ImageReady auch schreiben. Dazu dient der Befehl **Datei: Original exportieren**; wählen Sie das Quicktime-Dateiformat im Klappmenü DATEITYP. Unter Windows muss Quicktime eigens installiert werden.

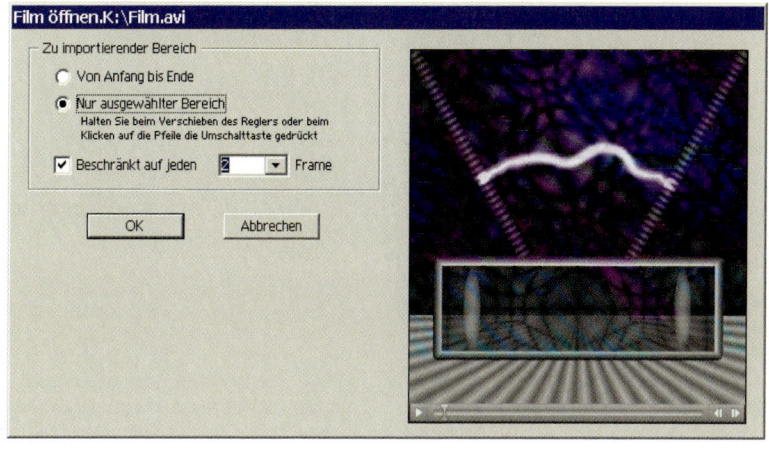

Abbildung 6.42:
Beim Öffnen eines Quick-Time- oder AVI-Videos können Sie alle Einzelbilder oder nur einen Ausschnitt verwenden.

6.3.13 Online-Informationen zu GIF-Animationen

Viele GIF-Trickfilme, weitere Informationen auf Deutsch und Verknüpfungen zu verschiedenen, auch kostenlosen Animationsprogrammen und Animationen finden Sie unter diesen Internet-Adressen:

http://www.zampano.com/gifanim/index0.html
http://www.laborenz.de/webdesign/animation.html
http://www.web-kun.de/Animierte-Gifs.html

6.4 Rollover-Effekte

Wenn Sie ein Bild mit Rollover-Effekten ausstatten, ändert es sich, sobald der Mauszeiger auf der Internet-Seite über das Bild gelangt. Das Bild zeigt je nach Vorgabe einen dritten so genannten Status, wenn es angeklickt wird. Eine typische Anwendung dieser Technik: Der Mauszeiger nähert sich einer Schaltfläche auf der Internet-Seite; die Schaltfläche wackelt, sobald der Mauszeiger in ihr Revier gerät. Wird die Schaltfläche angeklickt, erscheint sie eingedrückt.

Dabei erzeugt ImageReady eine HTML-Datei inklusive JavaScript-Code sowie für jeden Zustand eine separate Bilddatei. Für jeden Mauszustand erscheint eine andere Bilddatei im Browserfenster.

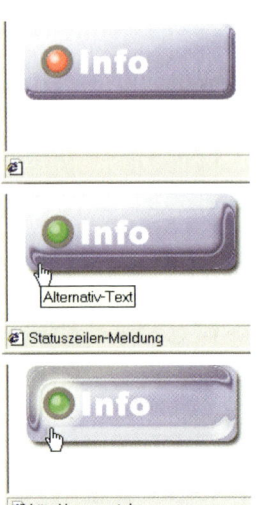 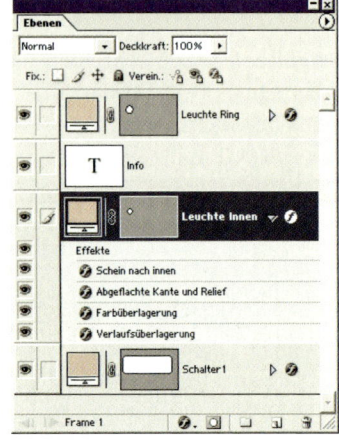 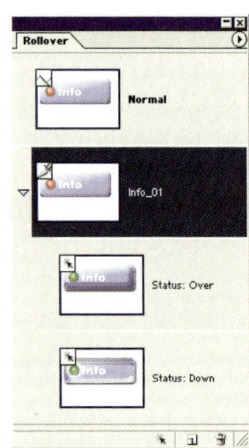

Abbildung 6.43:
Links: So könnte Ihre Rollover-Grafik in einem Internet-Browser erscheinen: Normal, wenn die Maus nicht in der Nähe ist (oben); verändert, mit gelbem Einblendtext und einer Meldung in der Statuszeile, sobald die Maus über die Schaltfläche gerät (Mitte); abermals verändert und mit einem Hyperlink zu einer Internet-Seite (siehe Statuszeile), wenn das Bild angeklickt wird. Mitte: Die Änderungen bei 3D-Effekten und Farben basieren nicht auf neuen neuen Ebenen, wir ändern lediglich Effekte wie »Abgeflachte Kante« und »Farbüberlagerung« für einzelne Mauszustände. Rechts: Die Rollover-Palette organisiert den Bildwechsel. Datei: Info.psd; HTML-Ergebnis im Unterverzeichnis »Praxis/Info«

6.4.1 Rollover-Effekte: Möglichkeiten im Überblick

Mit ImageReady, nicht aber mit Photoshop können Sie Rollover-Effekte anlegen. Wir reden deshalb im Folgenden ausschließlich über ImageReady. Diese Möglichkeiten haben Sie:

➡ Richten Sie verschiedene Bildzustände je nach Mausaktivität des Betrachters ein.

➡ Setzen Sie für einen einzelnen Bildzustand einen Trickfilm (eine Animation) ein.

➡ Statten Sie einzelne Teilbilder innerhalb von Slices – also segmentierten Bildern – mit Rollover-Effekten aus.

- Innerhalb des Gesamt-Arrangements ändern sich abhängig vom Rollover-Status auch Bildteile außerhalb der eigentlichen Schaltfläche.
- Planen Sie Einblenderklärungen und Statuszeilenmeldungen.
- Statten Sie das Gesamtbild mit einem Hyperlink aus; beim Anklicken wird ein anderes Dokument aufgerufen.

6.4.2 Rollover-Effekte: Produktion im Überblick

Bevor wir einen Rollover-Effekt anlegen, betrachten wir das Verfahren in der Übersicht:

- Sie speichern Rollover-Sequenzen zum einen innerhalb einer einzelnen Photoshop-Datei; für die Internet-Seite speichern Sie die Rollover-Sequenz als Sammlung von GIF- oder JPEG-Dateien plus HTML-Code.
- Häufig benötigen Sie pro Rollover-Zustand eine eigene Ebene in einer Montage; haben Sie also drei Bildzustände, benötigen Sie drei Ebenen in der Photoshop-Datei. Pro Bildzustand ist jeweils nur eine Ebene sichtbar, die anderen Ebenen sind ausgeblendet.
- Für einige Veränderungen brauchen Sie dagegen keine neue Ebene. Sie können mehrere Rollover-Zustände innerhalb ein- und derselben Ebene anlegen, wenn Sie nur folgende Ebeneneigenschaften ändern: Deckkraft, Überblendmodus, Ebeneneffekte, Objektposition.

Generell gilt damit für den Rollover-Effekt Ähnliches wie für die Animation. Denn auch für Trickfilme gilt ja: Unterschiedliche Einzelbilder einer Sequenz lassen sich aus verschiedenen Vorgaben für ein- und dieselbe Montageebene errechnen.

6.4.3 Rollover-Zustände im Überblick

ImageReady bietet die Rollover-Zustände teilweise mit den englischen Bezeichnungen an, so dass wir hier wo erforderlich beide Bezeichnungen anführen:

- NORMAL bedeutet, es ist keine Maus in der Nähe und der Betrachter hat sich der Rollover-Schaltfläche noch nicht gewidmet.
- Der Zustand ÜBER (OVER) erscheint auf der Internet-Seite, wenn die Maus über die Grafik geführt wird (er heißt oft »mouseover«).
- Der Bildzustand UNTEN (DOWN) zeigt sich, wenn man das Bild anklickt (»mousedown«).
- MAUSKLICK definiert den Rollover-Status, nachdem Internet-Surfer das Bild angeklickt haben. Der Button bleibt in diesem sichtbar angeklickten Zustand, bis ein neuer Status aktiviert wird.
- AUSWAHL beziehungsweise SELECTED aktiviert den Rollover-Status, wenn der Betrachter auf die Grafik klickt; der Status bleibt aktiv, bis ein anderer Status aufgerufen wird. Weitere Zustände sind gleichzeitig möglich: Der AUSWAHL-Status kann zum Beispiel gleichzeitig mit dem OVER-Status einer anderen Schaltfläche eintreten.

Kapitel 6   Internet-Gestaltung

➯ Im Zustand AUSSEN (OUT) verharrt das Bild, wenn die Maus ohne Klicken aus der Grafik herausbewegt wird (statt dessen nimmt man meist den NORMAL-Zustand).

➯ NACH OBEN (UP) ist eine Veränderung, sobald der Betrachter nach dem Doppelklick die Maustaste wieder loslässt.

➯ OHNE (NONE) erhält den aktuellen Status des Bildes für die spätere Verwendung als Rollover-Status; er wird auf Internet-Seiten nicht angezeigt.

➯ Mit EIGENER definieren Sie einen neuen Rollover-Status auf Basis Ihrer eigenen Java-Script-Kenntnisse.

Die Bildzustände erscheinen in verschiedenen Browsern und Browser-Versionen unterschiedlich. So kann es sein, dass der Zustand »Unten« auch nach dem Anklicken und Verlassen der Schaltfläche beibehalten wird. Prüfen Sie den Rollover-Effekt in allen wichtigen Browsern.

6.4.4 Rollover-Schaltfläche anlegen

Auf den folgenden Seiten lernen Sie die verschiedenen Verfahren kennen, um einen Rollover-Effekt anzulegen. Wir öffnen zunächst die Datei »News.psd« aus dem »Praxis«-Verzeichnis der CD zu diesem Buch.

Mit dem **Fenster**-Menü blenden wir die Rollover-Palette ein. Dort sehen Sie eine Rollover-Miniatur für den Zustand NORMAL. In diesem Zustand erscheint die Rollover-Grafik erstmals auf der Webseite; sie behält das Aussehen bei, bis der Betrachter durch Mausaktivitäten einen anderen Zustand wachruft. Beachten Sie auch die Ebenenpalette: Die Schaltfläche besteht aus einer einzigen Form-Ebene plus Textebene; die plastische Wirkung beruht auf dem Ebeneneffekt ABGEFLACHTE KANTE UND RELIEF, dazu kommen Farbeffekte.

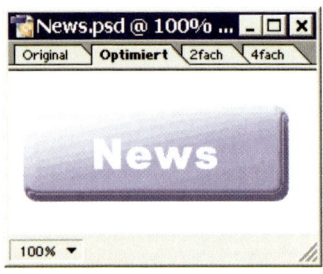 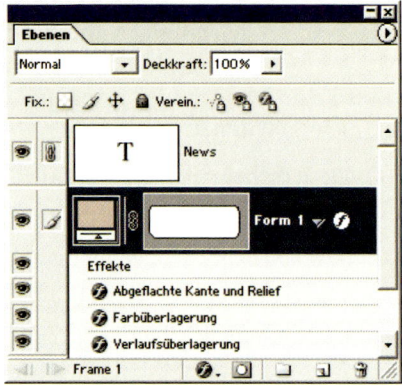

Abbildung 6.44:
Diese Schaltfläche wurde größer als für Internet-Seiten üblich angelegt; so kommt sie im Druck und auf dem Monitor deutlicher heraus. Erzeugt wurden zunächst eine einfache Formebene und eine Textebene. Die plastische Wirkung beruht auf dem Ebeneneffekt »Abgeflachte Kante und Relief«. Datei: News.psd

Rollover-Effekte   Kapitel 6

Geänderte Ebeneneigenschaft als neuer Zustand

Sobald die Maus sich über die Schaltfläche bewegt, soll diese sich dem Zeiger aufmerksamkeitheischend entgegenrecken: sie soll im ÜBER-Zustand einen stärkeren 3D-Effekt und einen Schatten zeigen. Für diesen Zustand müssen wir wohlgemerkt keine neue Ebene anzulegen. Denn es sind nur geänderte Ebeneneffekte erforderlich; Sie legen also mehrere Rollover-Zustände innerhalb einer einzigen Ebene an.

Um den neuen Zustand anzulegen, klicken Sie unten in der Rollover-Palette auf die Schaltfläche ERSTELLT EINEN NEUEN ROLLOVER-STATUS . Damit erscheint eine zweite Miniatur in der Rollover-Palette; sie gleicht der ersten und trägt die Überschrift OVER. Diese zweite Miniatur zeigt also, wie das Bild aussieht, wenn man auf der Internet-Seite den Mauszeiger darüber hält.

Nur für diesen ÜBER-Zustand – er ist in der Rollover-Palette hervorgehoben – erzeugen Sie nun die stärkere 3D-Wölbung: Sie klicken doppelt auf den Schriftzug ABGEFLACHTE KANTE UND RELIEF in der Ebenenpalette. Im gleichnamigen Dialogfeld erhöhen Sie die GRÖSSE auf 20. Unten in der Ebenenpalette klicken Sie auf die Schaltfläche EBENENEFFEKT und fügen noch einen Schlagschatten hinzu.

> :-)
> TIPP
>
> *ImageReady blendet nach dem Anlegen einer Rollover-Sequenz automatisch die Slice-Rahmen ein. Sie verbannen diese nicht unbedingt erforderlichen Rahmen mit der Schaltfläche SLICES EINBLENDEN/AUSBLENDEN (Kurztaste Q) aus der Werkzeugleiste.*

Je nachdem, welche Miniatur Sie nun in der Rollover-Palette anklicken, zeigt ImageReady die flachere erste Schaltfläche oder die stärker gebaute zweite Version. Beachten Sie auch die Ebenenpalette: In der Ebenenpalette sehen Sie weiterhin nur eine einzige Formebene – diese enthält jedoch zwei verschiedene Zustände.

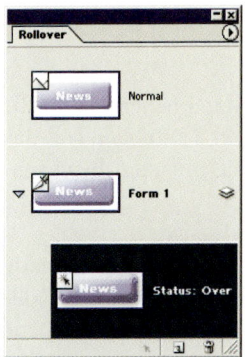  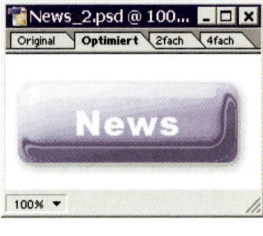

Abbildung 6.45:
Links: In der Rollover-Palette klicken Sie auf die Schaltfläche »Rollover-Status erstellen«. Damit erscheint eine zweite Miniatur in der Rollover-Palette; sie zeigt den Zustand »Über« an – so sieht das Bild aus, wenn der Mauszeiger auf der Internet-Seite darüber ruht. Mitte: Weil sich in diesem Zustand die Schaltfläche stärker wölben soll, arbeiten wir in der Ebenenpalette mit den Effekten »Abgeflachte Kante und Relief« und Schlagschatten. Rechts: Die Bilddatei zeigt den stärkeren 3D-Effekt nur im Zustand »Über«. Datei: News_2.psd

Eine neue Ebene für den dritten Zustand

Wenn die Schaltfläche tatsächlich angeklickt wird, soll sie eingedrückt erscheinen – und sie soll ein weiteres Fotoobjekt zeigen. Das Eindrücken realisieren wir mit den Ebenen-Effekten; für das neue Foto setzen wir eine weitere Ebene ein. So geht's:

Markieren Sie in der Rollover-Palette den OVER-Status, dann klicken Sie erneut auf die Schaltfläche ERSTELLT EINEN NEUEN ROLLOVER-STATUS . Damit erscheint die dritte Miniatur in der Palette, diesmal mit der Überschrift DOWN – hier definieren Sie also das Aussehen bei gedrückter Maustaste.

Die Miniatur DOWN gleicht zunächst der vorhergehenden Miniatur OVER. Um die Formebene eingedrückt erscheinen zu lassen, klicken wir doppelt auf das ABGEFLACHTE KANTE UND RELIEF in der Ebenenpalette und stellen im gleichnamigen Dialogfeld von OBEN auf UNTEN um.

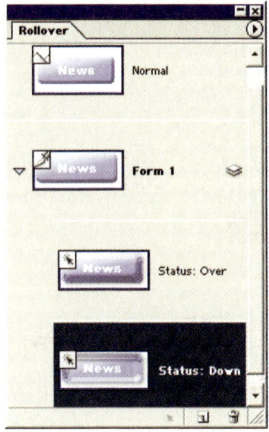

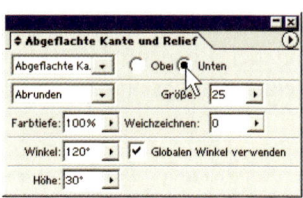

Abbildung 6.46:
Für den Zustand »Unten« wird automatisch der vorhergehende Zustand kopiert. Wir verändern die Darstellung für diesen Zustand, indem wir den 3D-Effekt mit der Option »Unten« umkehren. Datei: News_3

Außerdem blenden wir eine völlig neue Ebene ein. Wir markieren in der Ebenenpalette die Ebene »Form 1«, denn zwischen dieser Ebene und der darüberliegenden Textebene soll das Objekt erscheinen. Wir öffnen die Datei »News-Kasten« und ziehen sie mit dem Bewegen-Werkzeug in die Rollover-Montage.

Obwohl wir in der Rollover-Palette den Zustand DOWN aktiviert hatten, zeigt ImageReady die neue Briefkasten-Ebene zunächst in allen Rollover-Zuständen. Klicken Sie in der Rollover-Palette die Zustände DOWN und NORMAL an, dann blenden Sie die Briefkasten-Ebene mit dem Augensymbol in der Ebenenpalette aus. Um zu verhindern, dass weitere, neu eingefügte Ebenen in allen Rollover-Zuständen erscheinen, wählen Sie im Menü der Rollover-Palette die Option NEUE EBENEN SICHTBAR IN JEDEM STATUS/FRAME ab.

Rollover-Effekte   Kapitel 6

Fassen wir noch einmal zusammen: Um einen völlig neuen Zustand zu erzeugen, benötigen Sie eine neue Ebene. Sie könnten die vorhandene Ebene duplizieren und beliebig verändern – vielleicht einen Schriftzug. Sie könnten auch eine neue, leere Ebene erzeugen und dort Material auftragen, etwa mit einem Formwerkzeug. Oder Sie fügen, wie oben gezeigt, Material aus anderen Dateien ein.

 Sie haben nun ein und dieselbe Ebene, die in verschiedenen Rollover-Zuständen unterschiedlich aussieht. Bei manchen Aufgaben will man das Aussehen aus einem bestimmten Zustand auf alle anderen Zustände übertragen – zum Beispiel möchten Sie die Position vereinheitlichen. Dazu dient der Befehl **Ebene: Anpassen**.

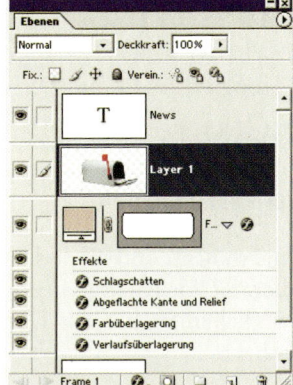
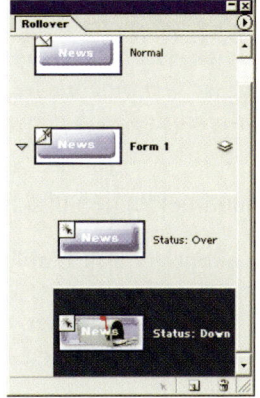

Abbildung 6.47:
Der eingefügte Briefkasten erscheint nur im Zustand »Down«. Für die anderen Zustände blenden Sie die Ebene eventuell mit dem Augen-Symbol in der Ebenenpalette aus. Datei: News_4.psd; HTML-Ergebnis im Ordner »Praxis/News«

Zustände löschen, kopieren und austauschen

Überflüssige Zustände in der Rollover-Palette ziehen Sie einfach in den Mülleimer 🗑 unten in der Palette. Umgekehrt können Sie mit Hilfe des Palettenmenüs auch einen Rollover-Status **kopieren** und an einer anderen Stelle oder in einer anderen Rollover-Kette wieder **einfügen**. (Dabei wird die übliche Zwischenablage nicht überschrieben.)

Mit dem Klappmenü über jedem Rollover-Status in der Rollover-Palette teilen Sie neue Zustände zu. Dabei bietet ImageReady jedoch nur solche Zustände an, die noch nicht vergeben wurden. Nur »Ohne« und »Eigene« stehen dauerhaft zur Verfügung.

6.4.5   Vorschau auf den Rollover-Effekt

Auf zwei Arten prüfen Sie das Rollover-Ergebnis – in ImageReady und im Internet-Browser:

➡ Klicken Sie in der Werkzeugleiste von ImageReady auf die Schaltfläche DOKUMENT-VORSCHAU 👆, drücken Sie kurzerhand das Y auf der Tastatur, oder wählen Sie **Bild: Dokumentvorschau anzeigen**. Nun prüfen Sie mit der Maus im Bildfenster, ob die Dar-

Kapitel 6   Internet-Gestaltung

stellung wie gewünscht mitspielt; Einblendmeldungen und Statuszeilentexte sehen Sie allerdings nicht. Je nach Rollover-Zustand aktiviert ImageReady die unterschiedlichen Miniaturen in der Rollover-Palette. Sie können in diesem Modus kaum andere Image-Ready-Funktionen nutzen; schalten Sie ein anderes Werkzeug ein, oder drücken Sie erneut auf das Y, um die DOKUMENTVORSCHAU für beendet zu erklären.

➤ Testen Sie die Rollovers vorab im Internet-Browser. Dazu dient das Untermenü **Datei: Vorschau in** ([Strg]+[Alt]+[P]) oder die Schaltfläche für Ihren Standard-Browser in der Werkzeugleiste . Der Browser zeigt auch die Einblenderklärungen und die Meldungen in der Statuszeile.

Für die Browser-Vorschau verwendet ImageReady die aktuelle Qualitätsvorgabe aus der Optimieren-Palette. Das heißt: Haben Sie in der Optimieren-Palette JPEG vorgewählt, sehen Sie generell keine Transparenz in der Browser-Vorschau; ist GIF mit niedriger Farbzahl und ohne Dithering vorgewählt, wirken Halbtonmotive grob entstellt.

6.4.6   Einblendmeldungen und Hyperlinks einbauen

Ordnen Sie der Rollover-Grafik Einblendmeldungen und Hyperlinks zu. Dazu öffnen Sie mit dem **Fenster**-Menü die **Slice**-Palette. Wählen Sie im Palettenmenü den Befehl **Optionen einblenden**, um alle Optionen zu sehen, oder klicken Sie auf das Doppeldreieck ⇕ neben dem Palettennamen. Machen Sie folgende Angaben:

➤ Neben URL geben Sie eine Internet-Adresse oder einen Speicherort auf einem PC an. Sobald ein Betrachter das Bild anklickt, wird die entsprechende Information aufgerufen.

➤ Neben MELDUNG tippen Sie eine Botschaft ein, die in der Statuszeile des Internet-Betrachters erscheint, sobald sich der Mauszeiger über dem Bild befindet.

➤ Neben ALT tippen Sie einen Einblendtext ein; dieser so genannte Alternativtext erscheint auf gelbem Grund über der Internet-Seite, sobald der Mauszeiger den Einzugsbereich der Grafik erreicht.

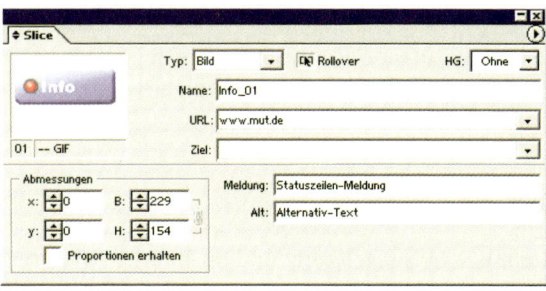 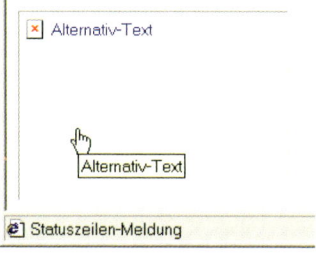

Abbildung 6.48:
Links: Mit der Slices-Palette speichern Sie Einblendmeldungen und Hyperlinks in der Rollover-Grafik. Rechts: Hier wurde die Bilddatei aus dem korrekten Verzeichnis entfernt, so dass die Schaltfläche nicht angezeigt werden kann; der Alternativtext erscheint nun auch innerhalb des leeren Bildrahmens. Datei: Info

TIPP *Meldung und Alternativ-Text erscheinen auch dann beim Betrachter, wenn die Bilddatei selbst nicht angezeigt werden kann; zum Beispiel hat der Betrachter die Grafikfunktion ausgeschaltet, oder beim Speichern oder Übertragen der Grafiken ist etwas schief gelaufen. Einige Browser oder Vorlese-Browser öffnen ohnehin keine Grafiken.*

6.4.7 Rollover-Effekte und Slices

Wenn Sie Rollover-Effekte innerhalb von Slices anlegen, sollten Sie ebenenbasierte Slices verwenden. So ändern Sie problemlos die Größe des Rollover-Bereichs. Die Rollover-Palette bietet die spezielle Schaltfläche ROLLOVER BASIEREND AUF EBENE ERSTELLEN . Einen ebenenbasierten Rollover-Effekt sollten Sie von vornherein auch anlegen, wenn Sie die komplette Sequenz an Ebeneneffekten als Stil auf der Stil-Palette sichern wollen (siehe unten).

Über das Dreieck ⓘ erreichen Sie das Menü zur Rollover-Palette. Mit dem Befehl **Paletten-Optionen** geben Sie an, ob in der Rollover-Miniatur nur der jeweilige Slice oder aber das Gesamtbild erscheinen soll; außerdem wählen Sie, ob auch Slices, Imagemaps und die Einzelbilder einer Animation erscheinen sollen. Mit der Dreieck-Schaltfläche ▼ unten links in der Rollover-Palette wählen Sie verschiedene Slices aus.

Abbildung 6.49:
Links: Für diese in Slices aufgeteilte Grafik haben wir Rollover-Effekte nicht nur in der Schaltleiste eingerichtet. Rechts: Sobald der Mauszeiger über die Schaltfläche gelangt, verändert sich die Schaltfläche, weil wir den Effekt »Schein nach außen« hinzuschalten. Außerdem verändert sich auch das danebenliegende Bild; es wird mit dem Augensymbol in der Ebenenpalette erst für diesen Rollover-Zustand eingeblendet.

Rollover-Effekt in mehreren Slices

Ein Rollover-Effekt kann nicht nur den Bildteil verändern, den Sie gerade anklicken. Ebenso gut lassen sich gleichzeitig oder ausschließlich auch andere Bildregionen umschalten. Dabei werden Sie die Grafik meist in Slices aufteilen. Klicken Sie lediglich den gewünschten Rollover-Zustand an und sorgen Sie dafür, dass die gewünschten Ebenen im Bild ein- oder ausgeblendet werden beziehungsweise dass sich Ebeneneffekt, Position oder Deckkraft verändern.

Kapitel 6   Internet-Gestaltung

Abbildung 6.50:
Links: Wechselt man mit dem Mauszeiger links über eine andere Schaltfläche, erscheint rechts ein neues Bild. Rechts: Sobald der Mauszeiger gedrückt wird, verändern sich wiederum nicht nur die Schaltfläche, sondern auch das benachbarte Bild – diesmal durch veränderte Ebeneneffekte.

Abbildung 6.51:
Wir haben die Rollover-Effekte auf mehrere Slices verteilt. Pro Slice lassen sich Rollover-Effekte individuell einrichten. Hier ist neben der Slice-Vorschau auch die Rollover-Vorschau eingeschaltet. Datei: Rollover.psd; HTML-Ergebnis: im Unterverzeichnis »Praxis/Rollover«

6.4.8 Animationen hinzufügen

Sehr einfach können Sie einen Rollover-Zustand durch eine Animation ersetzen oder in der aktuellen Produktion eine Animation einbauen. Folgende Vorgehen sind denkbar:

➜ Sie tauschen ein einzelnes GIF- oder JPEG-Bild einer fertigen Rollover-Gruppe gegen eine fertige Gif-Datei mit Animation aus.

➜ Sie kopieren eine Reihe von Einzelbildern aus einer vorhandenen Animation in die Rollover-Gruppe hinein (siehe weiter unten).

➜ Sie erzeugen die Animation direkt innerhalb der Rollover-Gruppe (siehe nächster Abschnitt).

Rollover-Effekte   Kapitel 6

Rollover-Sequenz mit Animation anlegen

Im Folgenden produzieren wir eine Rollover-Sequenz und erzeugen im selben Arbeitsgang eine Animation. Wir haben zunächst die Schaltfläche »Home.psd« angelegt, die Sie wie immer im »Praxis«-Verzeichnis der Buch-CD finden. Die Schaltfläche zeigt einen leichten 3D-Effekt und eine rote stilisierte Leuchtdiode.

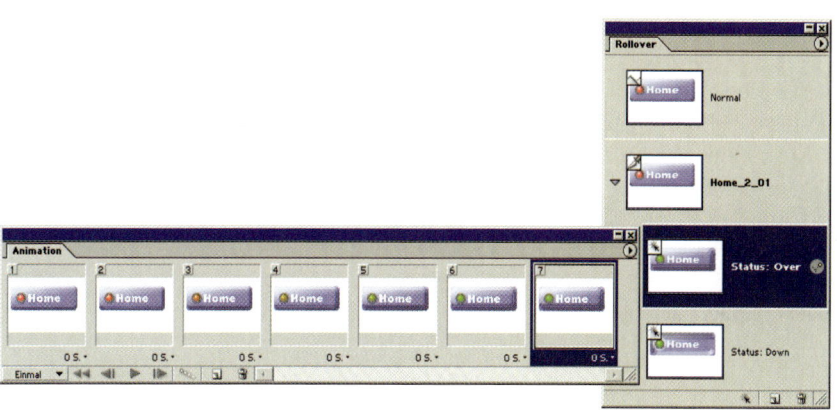

Abbildung 6.52:
Die Animation mit der heranwachsenden Schaltfläche erscheint nur im Zustand »Über«, wenn der Mauszeiger über dem Bild ruht.
Vorlage: Home.psd;
Ergebnis: Home_2.psd,
HTML-Ergebnis im Unterverzeichnis »Praxis/Home«

Durch zwei Klicks auf die Schaltfläche ERSTELLT EINEN NEUEN ROLLOVER-STATUS legen Sie die neuen Zustände ÜBER und UNTEN an. Sie unterscheiden sich zunächst nicht vom NORMAL-Zustand. Der Plan: Im Zustand ÜBER – wenn also der Mauszeiger erstmals über die Schaltfläche gerät – soll sich das Element langsam emporwölben, und die Leuchtdiode soll sich schrittweise von Rot nach Grün verfärben. So arbeiten Sie weiter:

a. Aktivieren Sie den Zustand ÜBER in der Rollover-Palette.

b. Rufen Sie die Animation-Palette mit dem **Fenster**-Menü auf. Sie zeigt zunächst ein einziges Einzelbild. Klicken Sie auf DUPLIZIERT AKTUELLEN FRAME. Dadurch entsteht ein zweites, zunächst identisches Einzelbild.

c. Ist das zweite Einzelbild in der Animation-Palette aktiviert? Richten Sie den gewünschten Endzustand der Schaltfläche ein: Klicken Sie in der Ebenenpalette unter der Ebene »Schalter« auf den Effekt ABGEFLACHTE KANTE UND RELIEF, und setzen Sie im gleichnamigen Dialogfeld die GRÖSSE von 10 auf 25 herauf. Unter der Ebene »Leuchte innen« klicken Sie doppelt auf FARBÜBERLAGERUNG; im gleichnamigen Dialogfeld stellen Sie die FARBE auf Grün um. Das Bildfenster zeigt die Schaltfläche jetzt mit stärkerer Wölbung und grüner Leuchte.

d. Unten in der Animation-Palette klicken Sie auf die Schaltfläche DAZWISCHEN EINFÜGEN. Diese Funktion erzeugt automatisch Übergänge durch neue Einzelbilder (Seite 299).

e. Im Dialogfeld nutzen Sie die Optionen ALLE EBENEN, VORIGER FRAME und EFFEKTE. Verwenden Sie fünf HINZUZUFÜGENDE FRAMES.

Photoshop 7.0 Kompendium   323

Kapitel 6   Internet-Gestaltung

f. Sobald Sie auf OK klicken, erscheint die neue Bildreihe in der Animation-Palette. Dies gilt jedoch nur für den Rollover-Zustand ÜBER; wenn Sie die Rollover-Palette auf NORMAL oder UNTEN umstellen, erscheint keine Animationsreihe.

g. Weil die Animation nicht permanent durchlaufen soll, schalten Sie unten links in der Animation-Palette von UNBEGRENZT auf EINMAL um.

h. Testen Sie nun bereits die Wirkung der Animation in ImageReady (Kurztaste Y, siehe oben) oder im Internet-Browser (Str + Alt + P).

Allerdings haben wir den Zustand UNTEN noch nicht gestaltet. Wir klicken diesen Zustand in der Rollover-Palette an, dann bearbeiten wir wie oben in Schritt 3 noch einmal die Ebenen-Effekte: Für die Ebene Schalter heben wir ABGEFLACHTE KANTE UND RELIEF auf den Wert 25 an, außerdem kehren wir das Relief mit der Vorgabe UNTEN um; die »Leuchte innen« stellen wir auf Grün, die Ebene »Leuchte Ring« erhält einen zusätzlichen SCHEIN NACH AUßEN.

Animation in Rollover-Sequenz einfügen

So fügen Sie Teile einer vorhandenen Animation in eine bestehende Rollover-Sequenz ein:

1. Vorbereitungen: Legen Sie bereits eine komplette Animation und eine fertige Rollover-Reihe an; der Rollover-Zustand, den Sie mit der Animation füllen, wird durch einen beliebigen Platzhalter gefüllt.

2. Markieren Sie die gewünschten Einzelbilder in der Animation-Palette durch Strg -Klick.

3. Öffnen Sie das Menü zur Animation-Palette mit der Schaltfläche ⊙ und wählen Sie den Befehl **Frames kopieren**.

4. Aktivieren Sie die Datei mit dem Rollover-Effekt.

5. Aktivieren Sie in der Rollover-Palette denjenigen Zustand, in dem Sie die Animation einsetzen wollen.

6. Wählen Sie im Menü zur Rollover-Palette den Befehl **Rollover-Status einfügen**.

ImageReady ersetzt nun den bisherigen Bildinhalt durch die Animation. Dabei präsentiert die Rollover-Palette nur das erste Einzelbild der Animation, in der Animation-Palette sehen Sie alle Einzelbilder. Alternativ können Sie natürlich auch eine Rollover-Reihe ohne Animation in den üblichen Formaten GIF oder JPEG speichern; anschließend ersetzen Sie eine einzelne Bilddatei durch eine fertige Animation. Die Dateinamen müssen exakt übereinstimmen; korrigieren Sie eventuell den HTML-Code.

6.4.9   Bilder mit Rollover-Effekt speichern

Wie auch bei Animationen speichern Sie das Rollover-Ergebnis meist zweimal:

➤ Im Photoshop-Dateiformat für flexible Korrekturen bei voller Farbtiefe und separat zugänglichen Ebenen und

➤ in einem Internet-tauglichen Dateiformat, also meist GIF oder JPEG plus HTML-Code.

Rollover-Effekte als Photoshop-Datei speichern

Zum Speichern im Photoshop-Dateiformat wählen Sie **Datei: Speichern** oder **Speichern unter** mit dem DATEITYP PHOTOSHOP (*.PSD). Dabei bleiben alle Rollover-Zustände erhalten, ebenso Hyperlinks, eingebaute Animationen und Einblendtexte. Sie können das Rollover-Bild in Photoshop bearbeiten und in ImageReady wohlbehalten wieder öffnen.

Rollover-Effekte als GIF- oder JPEG-Datei speichern

Details zum Speichern für das Internet finden Sie weiter unten in den Abschnitten »Transparenz« (Seite 377) und »Speichern für das Internet« (Seite 389). Hier nur eine Kurzdarstellung:

1. Rufen Sie die Optimieren-Palette mit dem **Fenster**-Menü auf.
2. Wenn Ihr Motiv nicht innerhalb eines üblichen Bildrechtecks, sondern frei ausgeschnitten auf der Internet-Seite erscheinen soll, verwenden Sie das GIF-Format mit TRANSPARENZ-Option, ansonsten GIF oder JPEG.
3. Sie betrachten eine »Optimiert«-Version des Bildes in der Vierfach-Vorschau und stellen die gewünschten GIF- oder JPEG-Eigenschaften in der Optimieren-Palette ein.
4. Schalten Sie bei GIF außerdem die Option VEREINHEITLICHTE FARBTABELLE VERWENDEN ein; so verwenden alle Rollover-Zustände dieselbe Farbtabelle.
5. Nun wählen Sie den Befehl **Datei: Optimiert-Version speichern**. Im Dialogfeld OPTIMIERT-VERSION SPEICHERN achten Sie im Klappmenü DATEITYP auf die Vorgabe HTML UND BILDER (*.HTML). Korrigieren Sie die automatische Benennung von Dateien bei Bedarf nach einem Klick auf die Schaltfläche AUSGABE-EINSTELLUNGEN, dort klicken Sie im Klappmenü oben auf DATEIEN SPEICHERN.
6. Kopieren Sie den erzeugten HTML-Code in Ihre geplante Internet-Seite.

Dateien für eine Rollover-Grafik

Sofern Sie noch mit den werkseitigen Vorgaben arbeiten, entstehen beim Speichern einer Rollover-Grafik mit der Bezeichnung »Home.psd« folgende Dateien:

- Im Verzeichnis, das Sie mit dem Befehl **Optimiert-Version speichern** anwählen, erzeugt ImageReady die Datei »Home.htm«. Öffnen Sie diese Datei in einem Internet-Browser, um die Grafik zu prüfen. Dazu reicht meist ein Doppelklick.

- Die eigentlichen Bilddateien legt ImageReady in das Unterverzeichnis »Images«; dieses Unterverzeichnis wird automatisch neu erstellt. In unserem Beispiel entstehen die Dateien »home-01.gif«, »home-01-over.gif« und »home-01-down.gif« für die verschiedenen Rollover-Zustände.

Kapitel 6   Internet-Gestaltung

 TIPP *Wollen Sie statt des üblichen Dateinamens vorneweg eine andere Bezeichnung verwenden, so tragen Sie diese Bezeichnung in der Slices-Palette im Feld* NAME *ein.*

Abbildung 6.53:
Die HTML-Datei für die Grafik mit Rollover-Effekt speichert ImageReady in das Verzeichnis, das Sie im Dialogfeld »Optimiert-Version speichern« angeben. Die für die verschiedenen Rollover-Zustände erforderlichen Bilddateien werden in das Unterverzeichnis »Images« geschrieben, das ImageReady automatisch erzeugt.

Ebenenstile mit Rollover-Sequenz speichern

Speichern Sie die Sammlung sämtlicher Ebeneneffekte auf einer Einzelebene als Ebenenstil – etwa ABGEFLACHTE KANTE UND RELIEF plus SCHLAGSCHATTEN plus KONTUR (Seite 741). Haben Sie eine Rollover-Sequenz durch mehrfache Änderung der Ebeneneffekte aufgebaut, können Sie auch diese Abfolge von zwei oder mehr Änderungen innerhalb des Ebenenstils speichern. So geht's in ImageReady (nicht in Photoshop):

1. Erstellen Sie ein ebenenbasiertes Slice (vergleiche Seite 349) oder wählen Sie eins aus. Andere Slice-Typen sind nicht möglich.
2. Blenden Sie die Stile-Palette mit dem **Fenster**-Menü ein.
3. Klicken Sie in der Stile-Palette auf die Schaltfläche NEUER STIL.
4. Im Dialogfeld STIL-OPTIONEN verwenden Sie die Option ROLLOVER-STATUS EINFÜGEN.

In der Stile-Palette erscheint neben Stilen mit Rollover-Sequenz ein Dreieck. Durch Klick zeigen Sie alle Rollover-Zustände an.

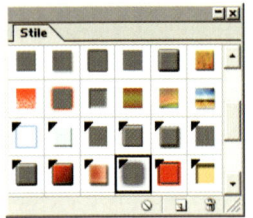 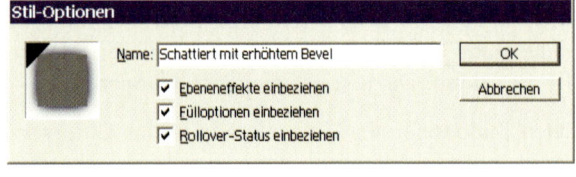

Abbildung 6.54:
Sie können Ebenenstile samt Veränderung über mehrere Rollover-Zustände hinweg in der Stile-Palette speichern. Stile mit Rollover-Effekt erscheinen in der Stile-Palette mit einem Dreieck links über der Miniatur.

Ebenenstile mit Rollover-Sequenz anwenden

Einfach wenden Sie Rollover-Stile aus der Stile-Palette auf vorhandene Ebenen an:

1. Erstellen Sie eine Ebene oder aktivieren Sie eine Ebene auf der Ebenenpalette.
2. Klicken Sie in der Stile-Palette auf einen der Stile mit Dreieck in der linken oberen Ecke.

Damit ist der Rollover-Effekt bereits fertig. ImageReady erzeugt für die bearbeitete Ebene automatisch ein ebenenbasiertes Slice (vergleiche Seite 349). Sie testen den Effekt mit der Schaltfläche DOKUMENT-VORSCHAU .

Photoshop liefert bereits in der Grundeinstellung der Stile-Palette einige Stile für Rollover-Sequenzen mit. Weitere Bibliotheken mit Rollover-Stilen laden Sie über das Palettenmenü, zum Beispiel ROLLOVER-BUTTONS*. Einige dieser Rollover-Stile unterstützen nur zwei Rollover-Zustände. Sie können wie beschrieben weitere Zustände hinzufügen.*

6.5 Seitenhintergrund

Die meisten WWW-Seiten im Internet stehen nicht einfach auf weißem Hintergrund. Statt dessen planen die Gestalter eine Hintergrundfarbe oder ein Hintergrundmuster ein. In diesem Abschnitt geht es darum,

- wie Sie Hintergrundmuster erzeugen,
- wie Sie Hintergrundfarben und Hintergrundmuster in HTML-Dokumente einbauen, die Sie mit ImageReady produzieren,
- wie Sie die Hintergrundmuster für beliebige andere Dateien mit in die Browser-Vorschau übernehmen.

6.5.1 Einführung: Nahtlose Hintergrundkacheln

Häufig sehen Sie als Hintergrund einer Internetseite eine Struktur – ein diffuses Muster oder auch das wiederkehrende Logo des Anbieters. Dabei handelt es sich meist um eine einzelne, kleine Bilddatei. Sie wird nur einmal übertragen und auf der Internet-Seite automatisch so oft wiederholt, bis das Programmfenster ausgefüllt ist. Man nennt dieses Hintergrundbild oft »Muster«, »Kachel« oder englisch »Tile«.

Dabei kommt es auf die Kanten der Hintergrundkachel an: Die Ränder müssen so beschaffen sein, dass sich das Bild tatsächlich an allen Seiten nahtlos aneinander setzen lässt – die Kachelstruktur soll nicht unschön hervortreten, die Fugen sollen unauffällig bleiben. Sie können solche Hintergrundmotive aus vorhandenen Bildern ableiten oder völlig neue Muster errechnen. Photoshop und ImageReady bieten dazu verschiedene Wege, so Photoshops **Mustergenerator** und den Befehl **Kacheln erstellen** aus ImageReady.

Kapitel 6   Internet-Gestaltung

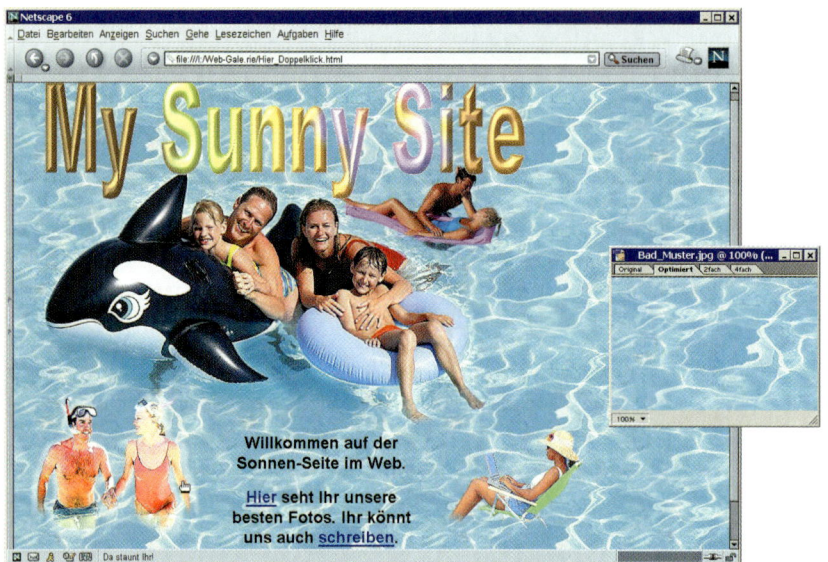

Abbildung 6.55:
Eine nahtlos kombinierbare Hintergrund-»Kachel« füllt die gesamte Fläche des Browsers in beliebigen Dimensionen aus. Die Ränder der Einzelbilder wurden zuvor in die Kachel überblendet. Mustervorlage: Bad; Musterergebnis: Bad_Muster

Achten Sie generell darauf, unauffällige Hintergründe zu erzeugen, die bei der Lektüre Ihrer Internet-Inhalte nicht stören; andererseits: technisch möglich sind auch Animationen. Sie können die vorhandenen Vorlagen zum Beispiel oft drastisch aufhellen, abdunkeln oder weichzeichnen. Beispiele dafür zeigen wir ab Seite 425. Fertige, kostenlose Nahtlos-Kacheln finden Sie hier:

```
http://www.textures.de
http://www.3d-ressource.de
```

6.5.2   »Mustergenerator«

Der Photoshop-Befehl **Filter: Mustergenerator** leitet aus vorhandenen Bildern Musterkacheln ab, die man eventuell nahtlos aneinander setzen können soll. Verwenden Sie Vorlagen in den Farbmodi RGB, Graustufen, CMYK oder Lab mit acht Bit Farbtiefe. Als Alternative bietet sich der ImageReady-Befehl »Kacheln erstellen« an (siehe unten).

Vorbereitungen

Laden Sie zunächst das Bild, aus dem Sie das Muster herleiten möchten. Alternativ kopieren Sie einen markierten Bildbereich in die Zwischenablage. Sie können vorab eine beliebige Auswahl erstellen, der Schritt ist aber nicht zwingend erforderlich.

Dann wählen Sie **Filter: Mustergenerator** (Strg + Alt + ⇧ + X). Eine bereits vorhandene Auswahl setzt Photoshop im Dialogfeld auf jeden Fall in ein Rechteck um. Falls noch keine Auswahl existiert, ziehen Sie mit dem Rechteckwerkzeug einen Auswahlrahmen im Dialogfeld. Verschieben Sie die Markierungslinie in der Vorschau durch einfaches Ziehen. Wollen Sie den zuvor kopierten Bildbereich verwenden, klicken Sie auf ZWISCHENABLAGE ALS BEISPIEL.

Seitenhintergrund	Kapitel 6

Sie haben im Mustergenerator nicht die Möglichkeit, Auswahlen mit speziellen Seitenverhältnissen oder Pixelmaßen anzulegen. Soll Ihre Auswahl jedoch solche Kriterien erfüllen, erzeugen Sie bereits vor dem **Mustergenerator**-Befehl eine Auswahl mit dem Rechteck und verwenden die Optionen FESTES SEITENVERHÄLTNIS oder FESTE GRÖSSE.

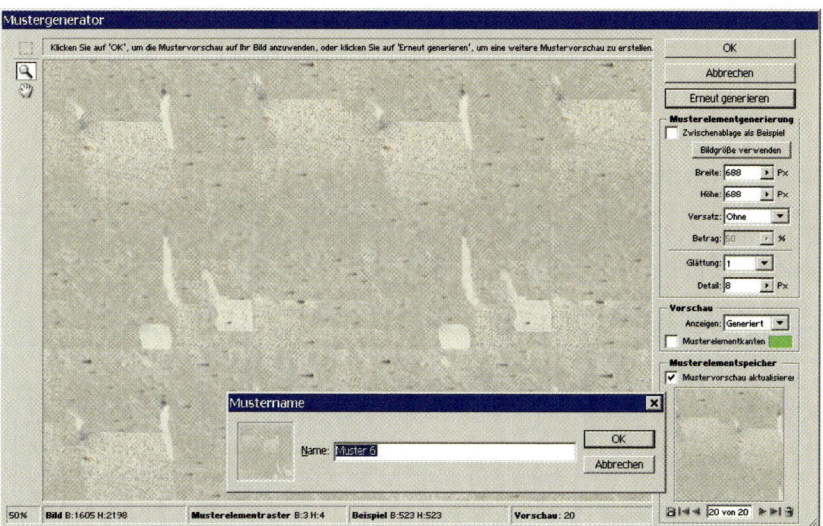

Abbildung 6.56:
Der Mustergenerator rechnet Bildbereiche in nahtlos kombinierbare Musterkacheln um. Die Ergebnisse können Sie in der Musterbibliothek speichern. Vorlage: Spuren

Muster erzeugen und löschen

Das erste Muster erzeugen Sie mit der Schaltfläche GENERIEREN. Weitere Varianten entstehen per ERNEUT GENERIEREN. Selbst wenn Sie keinerlei Vorgaben wie etwa die GLÄTTUNG ändern, liefert Photoshop immer andere Ergebnisse.

Unten rechts im MUSTERELEMENTSPEICHER lassen Sie mit den Pfeil-Schaltflächen ▶ die verschiedenen Musterfassungen Revue passieren; alternativ tippen Sie direkt die gewünschte Nummer ein. Mehr als 20 Fassungen verkraftet Photoshop jedoch nicht – entsorgen Sie also überflüssige Ergebnisse beizeiten durch Klick auf den Mülleimer 🗑. Photoshop kann bei jedem Klick die MUSTERVORSCHAU AKTUALISIEREN; wenn Ihnen das zu lange dauert, schalten Sie die Option ab. Wechseln Sie zunächst zur gewünschten Variante, dann schalten Sie die Vorgabe MUSTERVORSCHAU AKTUALISIEREN wieder ein.

Wenn Sie die Alt-Taste drücken, zeigt die ABBRECHEN-Schaltfläche wie immer die Beschriftung ZURÜCK. Damit setzen Sie alle Vorgaben zurück, leeren den Musterelementspeicher und beginnen mit einem unverfremdeten Bild.

Größe und Versatz

Legen Sie HÖHE und BREITE für die Musterkachel fest. Wenn Sie die BILDGRÖSSE VERWENDEN, wird die Musterkachel exakt so groß wie die Bilddatei selbst. Soll Photoshop die

Kacheln in der Vorschau nicht exakt untereinander, sondern verschoben ausrichten, wählen Sie einen VERSATZ und legen dafür einen prozentualen BETRAG fest.

Bilddarstellung

Das Dialogfeld bietet Lupe 🔍 und Verschiebehand ✋ zum Zoomen und Bewegen des Bildes innerhalb der Vorschau; [Alt]-Klick mit der Lupe 🔍 verkleinert den Abbildungsmaßstab, ein Doppelklick auf die Lupen-Schaltfläche stellt die wichtige 100-Prozent-Zoomstufe her. Im Bereich VORSCHAU legen Sie fest, ob Photoshop in der großen Vorschau das erzeugte Muster reptiert oder aber das ORIGINAL anzeigt.

Betrachten Sie mit der Vorgabe GENERIERT das Vielfachmuster, können Sie zusätzlich feine MUSTERELEMENTKANTEN einblenden; deren Farbe regeln Sie mit dem Farbfeld im VORSCHAU-Bereich. Unten im Rahmen meldet das Dialogfeld unter anderem die Zoomstufe, die Pixelmaße des Gesamtbildes und der Auswahl. Die Dauer der Berechnung erkennen Sie am Balkendiagramm in der Photoshop-Statuszeile.

Muster speichern

Sind Sie mit dem Muster zufrieden, nehmen Sie es in die aktuelle Muster-Bibliothek auf (Seite 62). Dies erledigt ein Klick auf die Schaltfläche SPEICHERT DAS VOREINGESTELLTE MUSTER 💾. Sie greifen nun bei vielen Funktionen auf die neue Muster-Vorgabe zurück, etwa bei **Fläche füllen**, **Musterüberlagerung**, Musterstempel 🖼, Reparatur-Pinsel 🩹 oder Füllebenen mit Muster.

Ist das Ergebnis in der Muster-Bibliothek verstaut, lohnt sich ein Klick auf ABBRECHEN. Denn wenn Sie oben rechts im Mustergenerator auf OK klicken, füllt Photoshop das gesamte Ausgangsbild mit dem Muster, »Hintergrund«-Ebenen verwandeln sich in eine »Ebene 0«.

Abbildung 6.57:
Links: Wir rahmen einen Bildbereich ein, der als Muster dienen soll. Mitte: Der erste Versuch mit Standardvorgaben erzeugt ein sehr zerklüftetes Ergebnis. Rechts: Eine hohe Vorgabe für »Detail« wahrt die Detailtreue. Vorlage: Tulpen

Das Muster als eigene Bilddatei

Für Internetseiten brauchen Sie das Muster als separate Bilddatei – die erhalten Sie vom Mustergenerator zunächst nicht. Erstellen Sie also mit dem Befehl **Datei: Neu** eine neue, leere Datei, die exakt BREITE und HÖHE der zuvor produzierten Musterkachel verwendet. Setzen Sie das Muster zum Beispiel mit dem Befehl **Bearbeiten: Fläche füllen** ein; bei WWW-Projekten speichert man das Ergebnis meist als JPEG-Datei.

Ein anderer Ansatz: Kopieren Sie den Bildbereich in die Zwischenablage und legen Sie eine neue Bilddatei in der Größe des Musters an, zum Beispiel 256 x 256 Pixel. Im Mustergenerator nutzen Sie die Optionen ZWISCHENABLAGE ALS BEISPIEL und BILDGRÖSSE VERWENDEN. Sind Sie mit dem Muster zufrieden, klicken Sie auf OK.

Legen Sie eine Füllebene mit dem Muster an (Seite 784), können Sie noch mit der Größe experimentieren und das Muster im Gesamtbild verschieben.

»Glättung« und »Detail«

So steuern Sie die Präzision, mit der Photoshop das Muster errechnet:

➔ Sehen Sie deutliche Kanten im Innern der Kachel, steigern Sie die GLÄTTUNG. Damit verwischt das Muster vor allem innen stärker, während Nahtstellen an den Rändern weiter auffällig bleiben können.

➔ Steigern Sie den Wert für DETAIL, wenn der Mustergenerator markante Details des Musters abschneidet. Dadurch wird letztlich ein kleinerer Teil des Inhalts vergrößert.

Hohe Werte für GLÄTTUNG und besonders für DETAIL führen zu längeren Rechenzeiten. Eine hohe Originaltreue erreichen Sie eventuell, wenn der ausgewählte Bildbereich in etwa dieselbe Größe und Proportion zeigt wie die geplante Musterkachel.

Die Photoshop-CD enthält Bilddateien mit großflächigen Strukturen, die sich zur Erprobung des Mustergenerators eignen. Wir fanden sie im Verzeichnis »Zugaben/Hi Res RGB Textures«.

6.5.3 »Kacheln erstellen«

Als Alternative zum **Mustergenerator** enthält ImageReady – nicht Photoshop – den Befehl **Kacheln erstellen**; hier entsteht fast automatisch ein Bildelement mit nahtlos kombinierbaren Rändern auf Basis einer vorhandenen Bilddatei.

Der Ablauf im Überblick:

1. Wählen Sie mit dem Auswahlrechteck einen Bildbereich, der als Hintergrundkachel dienen soll. Prinzipiell können Sie auch andere Auswahlwerkzeuge verwenden, die Ergebnisse lassen sich jedoch kaum nahtlos aneinander setzen.

2. Verwenden Sie den ImageReady-Befehl **Filter: Sonstige Filter: Kacheln erstellen**. Es gibt keinerlei Vorschau.

Abbildung 6.58:
Links: Ein Bildbereich wird hier mit dem Auswahlrechteck markiert. Wir verwenden dann den Befehl »Bearbeiten: Muster definieren«. Rechts: Dieses Muster nutzen wir mit dem Befehl »Bearbeiten: Füllen« ohne weitere Bearbeitung als Hintergrundmuster einer neuen, größeren Datei. Beim vielfachen Aneinandersetzen des Bildteils treten die Kanten deutlich hervor. Mustervorlage: Bad; Musterergebnis: Bad_Muster

3. Wenn Sie alle Vorgaben gemacht haben, klicken Sie auf OK. Nun sehen Sie innerhalb der Auswahl das Ergebnis, eine einzelne Hintergrundkachel mit verwischtem Rand.

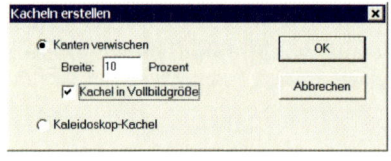 

Abbildung 6.59:
Wir bearbeiten die Auswahl mit dem ImageReady-Befehl »Filter: Sonstige Filter: Kacheln erstellen«. Wir verwischen die Kanten mit einer Breite von zehn Prozent und verwenden die Option »Kacheln in Vollbildgröße«. Nun treten bei Aneinanderreihung die Nähte nicht mehr hervor, allerdings wirkt das Gesamtergebnis etwas unschärfer. Ergebnis Einzelkachel: Kachel-Filter

Optionen

Diese Möglichkeiten bietet der Befehl **Kacheln erstellen**:

➥ Unter KANTEN VERWISCHEN geben Sie an, wie stark die Bildränder verwischt werden sollen. Meist beschränkt man sich auf zehn bis 15 Prozent. Dabei verwischt allerdings auch das Gesamtergebnis – je höher der Wert, desto stärker.

➥ Mit der Option KACHEL IN VOLLBILDGRÖSSE füllt die verwischte Kachel den ausgewählten Bereich voll aus. Dabei vergrößert ImageReady das Innere Ihrer Auswahl etwas und durch dieses Hoch-Interpolieren kommt es gerade bei kleinen Vorlagen zu unschöner Unschärfe – auch in Zonen, die eigentlich nicht verwischt werden müssten. Wenn Sie die Option jedoch ausschalten, ist das Ergebnis um denjenigen Betrag kleiner, den Sie unter »Breite« eingeben (Details siehe unten). Der Rand der Auswahl wird transparent gefüllt. Vermeiden Sie die Option, wenn Unschärfe Ihrem Motiv schadet, zum Beispiel bei klaren Strukturen.

Seitenhintergrund   Kapitel 6

- Per KALEIDOSKOP-KACHEL wird die Auswahl horizontal und vertikal gespiegelt und dupliziert. So entsteht ein abstrakteres Muster.

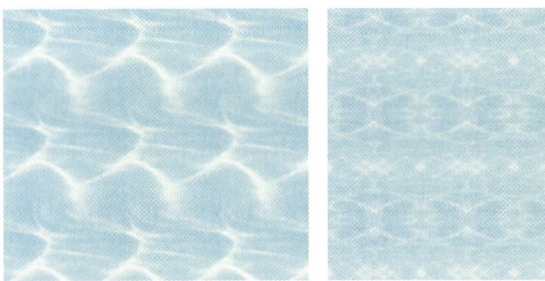

Abbildung 6.60:
Links: Hier haben wir den Befehl »Kacheln erstellen« mit einem »Verwischen«-Wert von 20 verwendet; dabei verschwimmt das Ergebnis noch stärker. Rechts: Die Option »Kaleidoskop-Kachel« erzeugt ein abstraktes Muster.

Ergebnis mit der Option »Vollbildgröße« speichern

Haben Sie die Auswahl zur Kachel umgerechnet, müssen Sie dieses Ergebnis noch in einer Einzeldatei ablegen. Sofern Sie die Option KACHEL IN VOLLBILDGRÖSSE verwendet haben und sich die Auswahl noch im Bild befindet, eignen sich diese Verfahren:

- Wählen Sie **Bild: Freistellen** mit der Option LÖSCHEN; dabei kappt ImageReady den Bildrand.

- Oder kopieren Sie die Auswahl mit [Strg]+[C] in die Zwischenablage und wählen Sie **Datei: Neu**. Dabei schlägt ImageReady Bildmaße vor, die genau zu dem kopierten Bereich passen. Bestätigen Sie also die vorgeschlagenen Werte mit OK und fügen Sie den kopierten Bereich mit [Strg]+[C] ein.

Prüfen Sie jeweils in der 2FACH- oder 4FACH-Vorschau verschiedene Vorgaben für JPEG- und GIF-Dateiformat, markieren Sie die gewünschte Variante und nutzen Sie den Befehl **Datei: Optimiert-Version speichern unter**.

Abbildung 6.61:
Links: Wir markieren einen Bereich, der als »Muster« definiert werden soll, mit dem Auswahlrechteck. Mitte: Hier haben wir den Befehl »Kacheln erstellen« mit der Option »Vollbildgröße« angewendet; die Auswahl wird voll ausgefüllt, doch es kommt zu Unschärfe durch Skalieren. Rechts: Auf die Option »Vollbildgröße« haben wir verzichtet; die Bildqualität bleibt im Innern voll erhalten, allerdings wird Rand entfernt.

Vorgehen ohne die Option »Vollbildgröße«

Die besseren Ergebnisse entstehen oft, wenn Sie die VOLLBILDGRÖSSE abwählen. Erstellen Sie Ihre Kachel in einer Auswahl auf einer üblichen »Hintergrund«-Ebene, produziert Image-Ready einen transparenten Rand um die Kachel herum, der beim Speichern als Einzelkacheldatei zunächst lästig ist. So kappen Sie den kompletten Bildrand um die Kachel herum:

1. Aktivieren Sie das Freistellwerkzeug.
2. Rahmen Sie die Kachel mit etwas transparenter Fläche drumherum ein.
3. Klicken Sie doppelt in den Rahmen, um den Außenbereich wegzukappen.
4. Wählen Sie nun den Befehl **Bild: Zuschneiden** mit folgenden Optionen: Sie verwenden TRANSPARENTE PIXEL und beschneiden das Bild an allen vier Seiten. Klicken Sie auf OK.

Dieses Verfahren hinterlässt eine sauber ausgeschnittene Kachel. Alternativ gehen Sie so vor:

1. Markieren Sie wie üblich mit dem Auswahlrechteck den Bildbereich, der als Kachel dienen soll.
2. Heben Sie diesen Bereich mit [Strg]+[J] auf eine eigene Ebene.
3. Weil dadurch die Auswahlinformation verloren geht, müssen Sie die Auswahl neu laden: Dazu klicken Sie bei gedrückter [Strg]-Taste auf die Miniatur der neuen Ebene in der Ebenenpalette.
4. Wenn die Auswahl im Bild ist, wenden Sie den Befehl **Kacheln erstellen** an. Bei Verzicht auf die VOLLBILDGRÖSSE entsteht nun kein weißer, sondern ein transparenter Rand.
5. Ziehen Sie nun die untere, bildfüllende Ebene in den Mülleimer der Ebenenpalette oder blenden Sie diese mit dem Augensymbol aus.
6. Wählen Sie in ImageReady den Befehl **Bild: Zuschneiden** mit der Option TRANSPARENTE PIXEL (Seite 178). Dadurch fällt der gesamte transparente Bereich weg.

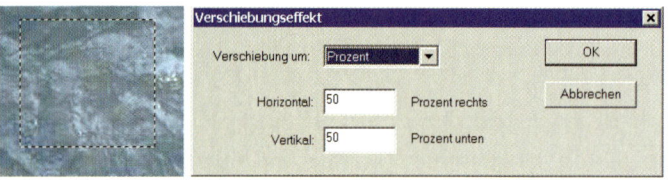

Abbildung 6.62:
Diese Vorlage wird mit dem Befehl »Filter: Sonstige Filter: Verschiebungseffekt« in ImageReady bearbeitet.
Datei: Wasser

6.5.4 »Verschiebungseffekt« mit Kantenglättung von Hand

Eine weitere Möglichkeit bietet der Befehl **Filter: Sonstige Filter: Verschiebungseffekt**. Im Endeffekt erhalten Sie dabei nahtlos kombinierbare Bildränder, allerdings – je nach Vorlage – Nähte im Innern der Kachel. Zunächst entsteht keinerlei Unschärfe oder »Verwischen«, wie es zu dem Filter **Kacheln erstellen** gehört. Die Nähte im Innern müssen Sie jedoch noch irgendwie glätten oder retuschieren, zum Beispiel mit dem Kopierstempel (Details ab Seite 531) oder Wischfinger (Seite 528) bei weicher Werkzeugspitzenkante.

Wir betrachten hier die spezielle ImageReady-Variante des Filters **Verschiebungseffekt**. Das Prinzip, sofern Sie die werkseitigen Vorgaben nicht ändern:

➡ Das rechte untere Bildviertel tauscht den Platz mit dem Viertel von links oben,

➡ ebenso wechseln die Viertel von rechts oben und links unten ihre Position.

Seitenhintergrund   Kapitel 6

*Denselben Befehl **Verschiebungseffekt** finden Sie auch bei Photoshop; das Dialogfeld dort bietet allerdings keine* PROZENT-, *sondern nur* PIXEL-*Einheiten. Verwenden Sie bei Photoshops **Verschiebungseffekt** die Option* DURCH VERSCHOBENEN BEREICH ERSETZEN, *um die hier geschilderte Wirkung zu erzielen.*

 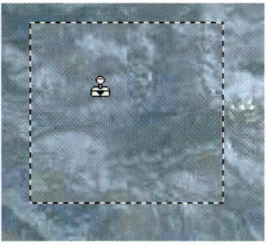

Abbildung 6.63:
Links: Nach Anwendung des »Verschiebungseffekts« erhält man nahtlos kombinierbare Auswahlränder, aber Nahtstellen im Innern der Kachel. Rechts: Die harten Kanten werden hier mit dem Stempel bei weicher Werkzeugspitzenkante retuschiert.

6.5.5 Nahtlose Kacheln mit dem Befehl »Wolken«

Der Befehl **Filter: Rendering-Filter: Wolken** errechnet ein luftiges Gewebe aus der jeweils aktuellen Hintergrund- und Vordergrundfarbe; es eignet sich gut für Seitenhintergründe. In der Regel erzeugt man erst eine Datei mit Wolkenmuster; dann wendet man den Filter **Kacheln erstellen** oder ein anderes Verfahren an, um nahtlos kombinierbare Ränder zu erhalten. Verwendet man allerdings Bilddateien mit 128x128 Pixeln Größe oder einem Vielfachen davon, entstehen mit dem **Wolken**-Filter sofort nahtlose Kacheln.

*Sie können das **Wolken**-Ergebnis problemlos nach Bedarf umfärben. Dazu verwenden Sie den* FARBTON-*Regler des Befehls **Bild: Einstellungen: Farbton/Sättigung** ([Strg]+[U], Details ab Seite 457). Zeigt Ihr Wolkenmuster keine Farben, sondern nur Grautöne, klicken Sie in diesem Dialogfeld zusätzlich die Option* FÄRBEN *an.*

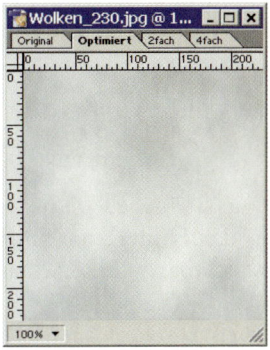 

Abbildung 6.64:
Links: Diese Datei misst 230 x 230 Bildpunkte. Sie wird mit dem »Wolken«-Filter gefüllt.
Rechts: Verwendet man diese Struktur jedoch als Hintergrundmuster, treten deutliche Nahtstellen hervor.
Datei: Wolken_230

Kapitel 6   Internet-Gestaltung

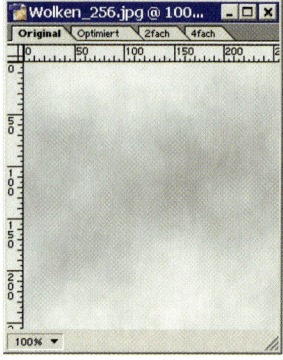

Abbildung 6.65:
Links: Diese Datei wurde ebenfalls mit dem »Wolken«-Filter gefüllt, sie misst jedoch 256 x 256 Bildpunkte. Rechts: Das Ergebnis lässt sich vielfach nahtlos aneinander setzen.
Datei: Wolken_256

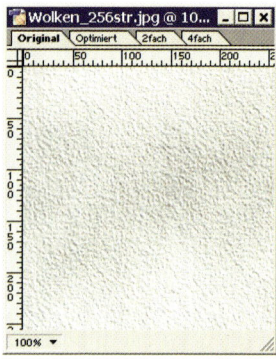

Abbildung 6.66:
Links: Hier wurde die Datei »Wolken_256« noch mit dem Befehl »Filter: Strukturierungsfilter: Mit Struktur versehen« bearbeitet. Häufig lässt sich das Ergebnis sofort als nahtlose Hintergrundkachel weiterverwenden.
Datei: Wolken_256str

6.5.6   Aktives Bild als Seitenhintergrund speichern und darstellen

Sie können Ihre fertige Hintergrundkachel in ImageReady mit einem HTML-Code speichern, der diese Datei als Hintergrund definiert. So geht's:

a. Zeigen Sie die Kacheldatei in einer »Optimiert«-Vorschau an (also nicht als »Original«) und richten Sie die gewünschten Dateivorgaben in der Optimieren-Palette ein. Für fein abgestufte Hintergründe voller Halbtöne empfiehlt sich das JPEG-Format.

b. Wählen Sie **Datei: Ausgabe-Einstellungen: Hintergrund**.

c. Im Bereich DOKUMENT ANZEIGEN ALS schalten Sie den HINTERGRUND ein. Oder wechseln Sie gleich oben im Klappmenü EINSTELLUNGEN zu HINTERGRUNDBILD.

d. Sie können eine Farbfläche angeben, die während des Ladens des Hintergrundbilds erscheint oder durch transparente Bereiche des Hintergrundbilds sichtbar wird. Klicken Sie dazu auf das Feld HG FARBE oder auf das Dreieck daneben.

Seitenhintergrund _____ **Kapitel 6**

So arbeiten Sie mit dem Hintergrundmuster weiter:

➡ Sichern Sie das Bild mit dem Befehl **Optimiert-Version speichern unter**. Verwenden Sie dabei im Klappmenü DATEITYP die Vorgabe HTML UND BILDER (*.HTML); damit erhalten Sie einen HTML-Code, der Ihr Bild als Hintergrundkachel ausweist.

➡ Oder zeigen Sie das Bild mit der Schaltfläche VORSCHAU IN STANDARD-BROWSER im Internet-Programm; Sie sehen das vielfach wiederkehrende Muster. Sie können hier auch den Code markieren und kopieren.

Die Hintergrundkachel lässt sich überdies mühelos von Hand in eine HTML-Seite einpflegen, Sie müssen nicht erst ImageReady bemühen. Dabei verwenden Sie die Vorgabe »Background« im »Body«-Tag. Eine entsprechende Zeile, die in diesem Beispiel auch Hintergrundfarben, Textfarben und Farben für Hyperlinks ausweist, sieht so aus:

```
<BODY bgcolor="#FFFFFF« background="IHREKACHELDATEI.JPEG" text="#000000" link="#FF0000"
vlink="#8C2430" alink="#D98DA1">
```

Abbildung 6.67:
Wählen Sie den Befehl »Datei: Ausgabe-Einstellungen: Hintergrundbild« mit der Option »Hintergrund«. Durch diese Vorgabe können Sie das Bild mit HTML-Code speichern, der es als Hintergrundkachel definiert, und Sie stellen es aus ImageReady heraus als Hintergrundbild in einem Internet-Browser dar. Zusätzlich geben Sie eine Farbe an, die während des Ladens der Hintergrunddatei sowie in transparenten Bereichen erscheint.

Vielfach-Hintergrund in ImageReady oder Photoshop testen

Sie können die Wirkung der Hintergrundkachel auch innerhalb von ImageReady oder Photoshop prüfen. So geht's:

1. Markieren Sie den gewünschten Bildbereich, am besten mit einer Rechteckauswahl ohne weiche Kanten.

2. Wählen Sie in ImageReady **Bearbeiten: Muster definieren**. (In Photoshop heißt es **Bearbeiten: Muster festlegen**, Photoshop nimmt das Muster hier auch als Vorgabe auf.)

3. Öffnen oder erstellen Sie eine Datei, die deutlich mehr Bildpunkte breit mal hoch hat als Ihr Muster.

4. Wählen Sie den Befehl **Bearbeiten: Fläche füllen** (⇧ + ← -Taste). Im Klappmenü FÜLLEN MIT schalten Sie auf MUSTER. In Photoshop wählen Sie zusätzlich das gewünschte Muster aus den »Vorgaben«.

5. Sobald Sie auf OK klicken, erscheint das Muster vielfach wiederholt in der Datei.

Kapitel 6   Internet-Gestaltung

Sie können das Muster auch als Ebeneneffekt für eine vorhandene Ebene anwenden (Seite 759) oder als Musterfüllung in eine Füllebene einsetzen (Seite 784). Dort haben Sie die Möglichkeit, mit Skalierung und Füllmethoden zu experimentieren.

Besonders bei fein strukturierten Mustern sollten Sie die Wirkung unbedingt in der Zoomstufe 100 Prozent prüfen. Alle verkleinernden Zoomstufen verzerren Ihr Bild deutlich (Seite 81). Die 100-Prozent-Ansicht richten Sie mit [Strg]+[Alt]+[0] *oder mit einem Doppelklick auf die Lupe in der Werkzeugleiste ein.*

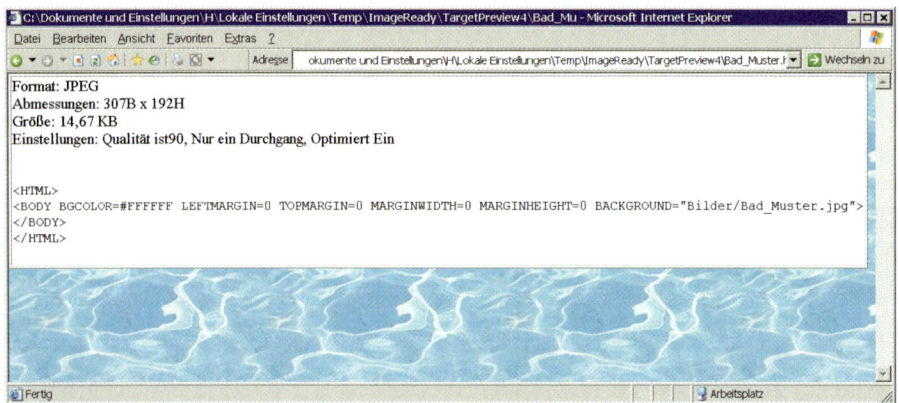

Abbildung 6.68:
Sobald Sie den Befehl »HTML-Hintergrund« mit der Option »Hintergrund« gewählt haben, testen Sie mit dem Befehl »Datei: Vorschau in«, wie das Bild vielfach wiederholt als Hintergrund in einem Internet-Browser wirkt. Zusätzlich blendet ImageReady die Eigenschaften des Hintergrundmusters und den HTML-Code ein.

6.5.7 Hauptmotiv mit Hintergrundmuster kombinieren

Sie können die Hintergrundkachel in Verbindung mit einem Vordergrundmotiv testen oder in den HTML-Code aufnehmen. So geht's:

1. Sie aktivieren das geplante Hauptbild in ImageReady durch einen Klick auf die Titelleiste.
2. Sie wählen den Befehl **Datei: Ausgabe-Einstellungen: Hintergrund**.
3. Sie nehmen im Dialogfeld die Vorgabe ANSICHT UNTER: BILD und geben
4. nach einem Klick auf WÄHLEN die gewünschte Hintergrunddatei an – in den Formaten GIF, JPEG oder PNG. Zusätzlich wählen Sie nach einem Klick auf FARBE die gewünschte Hintergrundfarbe. Diese Farbe erscheint während des Ladens der Hintergrunddatei sowie in transparenten Bereichen.
5. Klicken Sie auf OK.

Hauptmotiv plus Hintergrund prüfen Sie nun via **Datei: Vorschau in** oder mit der Schaltfläche STANDARD-BROWSER (Stg+Alt+P) im Internet-Betrachter. Sichern Sie das Hauptmotiv neu mit dem Befehl **Optimiert-Version speichern**, schreibt ImageReady die Information über die Hintergrundkachel mit in den HTML-Code.

Von Haus aus erzeugt ImageReady dabei auch eine Kopie der Hintergrundkachel im selben Verzeichnis wie die Hauptdatei. Sie können dies jedoch abwählen – dann wird die Originaldatei am von Ihnen festgelegten Ort verwendet; diese Lösung ist allerdings weniger übersichtlich. Rufen Sie bei Bedarf in ImageReady den Befehl **Datei: Ausgabe-Einstellungen: Dateien speichern** und schalten Sie die Option HINTERGRUNDBILD BEIM SPEICHERN KOPIEREN ab.

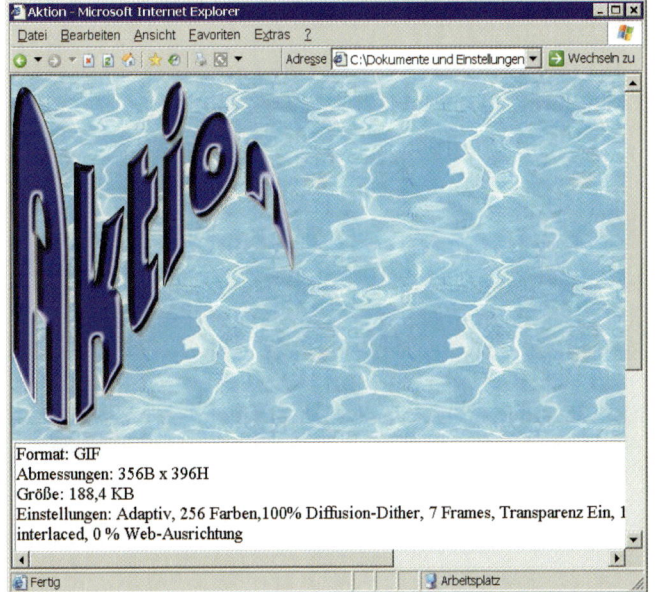

Abbildung 6.69:
Der animierte Schriftzug »Aktion« wurde hier mit dem Hintergrundmuster »Bad_Muster« kombiniert. Dazu haben wir die Schriftdatei aktiviert und dann den Befehl »Datei: Ausgabe-Einstellungen: Hintergrund« mit der Option »Bild« gewählt; dort haben wir die gewünschte Hintergrunddatei angegeben. Ergebnis: Aktion_2.psd; HTML-Ergebnis im Verzeichnis Aktion_2

Photoshop-Datei mit Hintergrundinformation

Nachdem Sie die Hintergrundkachel mit dem Befehl **Hintergrund** als Hintergrundmotiv gespeichert haben, können Sie das Hauptmotiv erneut als Photoshop-Datei sichern. Auch in dieser Datei bleibt die Information über das Hintergrundmotiv erhalten. Prüfen Sie die Datei mit dem Befehl **Vorschau in** in einem Browser, erscheint auch die Hintergrundkachel – in ImageReady jedoch sieht man sie nicht. Das funktioniert freilich nur so lange, wie Sie die Hintergrundkachel nicht vom Platz entfernen oder umbenennen. Waren beide Teilnehmer im selben Verzeichnis, können Sie diese auch gemeinsam verschieben, ohne dass die Verbindung verloren geht.

6.6 Imagemaps

Mit ImageMaps und mit Slices teilen Sie ein Bild in einzelne Abschnitte auf. Jeder Abschnitt gilt als »aktive Zone«. Eine jede Zone kann individuelle Hyperlinks aufweisen, also Sprungmarken zu anderen Internet-Seiten oder allgemeiner zu anderen Dateien. Die wesentlichen Unterschiede zwischen Imagemaps und Slices:

- ImageMaps bestehen trotz ihrer verschiedenen Zonen nur aus einer Bilddatei plus HTML-Code.
- Slices bestehen aus mehreren Bilddateien plus HTML-Code.

In diesem Hauptabschnitt vergleichen wir zunächst Slices und Imagemaps, anschließend besprechen wir Imagemaps. Der folgende Hauptabschnitt gilt den Slices.

6.6.1 Übersicht: Die Möglichkeiten mit Imagemaps und Slices

Ein typisches Beispiel für »aktive Zonen« per Imagemap ist eine Landkarte auf der Internet-Seite: Klicken Sie eine Region an, und Sie erhalten Informationen zu diesem Gebiet. Technisch hantieren Sie mit einer einzelnen Bilddatei plus HTML-Code.

Wenn Sie dieses Seitenelement nicht als Imagemap, sondern aus Slices aufbauen, können sich die aktiven Zonen per Rollover-Effekt verändern, sobald der Mauszeiger naht, oder Sie können Animationen einfügen. Überdies können Sie für einzelne Segmente komplett auf ein Bildsegment verzichten und dort Text einsetzen oder schlicht den Hintergrund durchscheinen lassen. Allerdings sind bei Slices nur noch rechteckige Zonen möglich; Sie hantieren mit mehreren Bilddateien plus HTML-Code. Die folgende Tabelle listet die Unterschiede auf.

	Imagemaps	Slices
Rechteckige aktive Zonen	J	J
Frei geformte aktive Zonen	J	-
Maße der aktiven Zone von Ebenenmaßen abhängig machen	J	J
Aufteilung des Bildes in Einzeldateien	-	J
Einbau von Rollover-Effekten	-	J
Einbau von Animationen	-	J
Individuell optimierte Speicherung von Einzelbereichen	-	J
Verzicht auf Pixeldaten für Einzelbereiche	-	J

6.6.2 Imagemaps anlegen und anzeigen

Generell legen Sie die »aktiven Zonen« einer Imagemap in ImageReady nach zwei Methoden an, die in ähnlicher Form bei Slices wiederkehren:

- Sie zeichnen die Umrisse mit einem Imagemap-Werkzeug – die so genannte werkzeugbasierte Imagemap.
- Sie leiten die Umrisse der aktiven Zone von einer Ebene ab – eine ebenenbasierte Imagemap.

Wenn Sie eine Imagemap in ImageReady von Hand anlegen möchten, wählen Sie zunächst das Werkzeug: Alle Imagemap-Werkzeuge lassen sich mit Kurztaste P einschalten, den Wechsel zwischen verschiedenen Imagemap-Werkzeugen bewerkstelligen Sie mit ⇧+P.

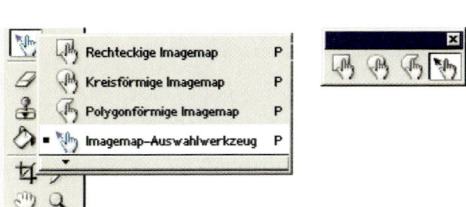

Abbildung 6.70:
Mit den Imagemap-Werkzeugen in ImageReady erzeugen Sie »aktive Zonen«. Klicken Sie nach dem Öffnen des Werkzeug-Menüs ganz unten auf das Dreieck, um eine separate, dauerhaft sichtbare Werkzeugleiste nur für die Imagemap-Funktionen zu erhalten. Diese Möglichkeit gibt es auch für die Slice-Werkzeuge. Sie können ein Imagemap-Werkzeug auch mit der Taste P aktivieren, ⇧+P wechselt zwischen den Imagemap-Funktionen.

»Kreisförmige Imagemap«, »Rechteckige Imagemap«

So arbeiten Sie mit den Werkzeugen »Kreisförmige Imagemap« oder »Rechteckige Imagemap«: Ziehen Sie einen Auswahlrahmen um den gewünschten Bildteil.

Wie auch bei anderen Werkzeugen gilt: Die gedrückte ⇧-Taste erzeugt ein seitengenaues Quadrat. Bei gedrückter Alt-Taste ziehen Sie die Auswahl von der Mitte her auf. Aktivieren Sie bei Bedarf die FESTE GRÖSSE in den Werkzeugoptionen. Nun können Sie einen RADIUS beziehungsweise BREITE mal HÖHE in Pixeln fest vorgeben.

»Polygonförmige Imagemap«

Mit dem Werkzeug »Polygonförmige Imagemap« klicken Sie beliebig viele Eckpunkte ins Bild, die ImageReady durch Geraden verbindet. Ein Doppelklick schließt den Rahmen. Per ⇧-Taste sorgen Sie für 45-Grad-Winkel.

Imagemaps aus Ebenen ableiten

Sie können Imagemaps auch aus Ebenen ableiten. Verändern Sie die Ebenengröße, ändert sich auch die Imagemap. So geht's:

1. Aktivieren Sie die gewünschte Ebene in der Ebenenpalette.
2. Wählen Sie den Befehl **Ebene: Neuer ebenenbasierter Imagemap-Bereich**.

Kapitel 6   Internet-Gestaltung

Abbildung 6.71:
Links: Diese »aktiven Zonen« haben wir mit den Imagemap-Funktionen festgelegt, da sich im Bild keine Ebenen befanden. Die Schaltfläche »ImageMaps einblenden« (Kurztaste A) aus der Werkzeugleiste hebt die ImageMap-Zonen heraus. Für jede Imagemap vergeben Sie in der Imagemap-Palette eine URL (eine eindeutige Dateiadresse) und bei Bedarf einen Einblendtext im Feld » Alt «. Datei: Alaska_2

Der Befehl erzeugt ohne jedes Dialogfeld eine rechteckige Imagemap um die Außengrenzen des Objekts herum – der aktive Bereich ragt damit über die Zonen einer unregelmäßig geformten Ebene hinaus.

*Vorsicht: Der Befehl **Neuer ebenenbasierter Imagemap-Bereich** legt die Grenzen der Imagemap akkurat um den mit Pixeln gefüllten Bereich einer Ebene. Das heißt zum Beispiel für Textebenen: Zwischen den Buchstaben entstehen eventuell Lücken in der aktiven Zone. Sie können die Zone beispielsweise so ausdehnen: Legen Sie den Ebeneneffekt* KONTUR *in beliebiger Farbe an; verwenden Sie die Option* AUSSEN *und null Prozent Deckkraft, experimentieren Sie dann mit verschiedenen Werten für* GRÖSSE. *Durch den Ebeneneffekt* KONTUR *wird Ihr Objekt breiter, entsprechend vergrößert sich auch der Imagemap-Bereich. Weil Sie die Deckkraft auf 0 setzen, ist gleichwohl von der Kontur nichts zu sehen. Je nach Form eignen sich auch die Effekte* SCHEIN NACH AUSSEN *oder* SCHLAGSCHATTEN.

Ebenenbasierte Imagemaps umformen

Wenn Sie ebenenbasierte Imagemaps erzeugen, produziert ImageReady zunächst rechteckige Bereiche. Sie können jedoch die Form verändern und besser an die Ebene anpassen: Wählen Sie in der Imagemap-Palette im Bereich FORM den KREIS oder das POLYGON. Das POLYGON legt sich mehr oder weniger präzise um die Ebenenumrisse. Sie haben hier noch die Option QUALITÄT: Je höher der Wert, desto mehr Eckpunkte erzeugt ImageReady, desto genauer folgen die Konturen der Imagemap dem Ebeneninhalt. Mit der Qualität steigt auch die Dateigröße.

Imagemaps Kapitel 6

Abbildung 6.72:
Links: Auf dieser Textebene haben wir den Befehl »Ebene: Neuer ebenenbasierter Imagemap-Bereich« angewendet. ImageReady erzeugt rechteckige aktive Zonen exakt um die Buchstaben herum, zwischen den Buchstaben kommt es zu Lücken. Mitte: In der Imagemap-Palette haben wir die Vorgabe »Polygon« verwendet. Es entstehen zunächst Zonen mit wenigen Eckpunkten, die den Ebenenumrissen nicht sehr genau folgen. Rechts: Der Wert für »Qualität« bei der Vorgabe »Polygon« wurde auf den Höchstwert 100 gesetzt; ImageReady erzeugt mehr Eckpunkte und genauere aktive Zonen; die Größe der HTML-Datei steigt.

Die Imagemap-Palette erreichen Sie über das **Fenster**-Menü oder über die Schaltfläche IMAGEMAP-PALETTE in den Optionen zum Imagemap-Auswahlwerkzeug.

Ebenenbasierte Imagemaps umwandeln

Möchten Sie die Grenzen der Imagemap doch unabhängig von den Ebenenmaßen regeln? Entkoppeln Sie Imagemap und Ebene: Öffnen Sie mit dem Dreieck das Menü zur Imagemap-Palette und wählen Sie den Befehl **Ebenenbasierten Imagemap-Bereich umwandeln**. Nun legen Sie die Dimensionen für Ebene und Imagemap gänzlich unabhängig voneinander fest – als ob Sie die Imagemap von Anfang an mit den Imagemap-Werkzeugen ins Bild gesetzt hätten.

Imagemaps anzeigen

In der Werkzeugleiste bietet ImageReady die Schaltfläche IMAGEMAPS EINBLENDEN/AUSBLENDEN. Der Modus wird automatisch aktiviert, sobald Sie zu einem Imagemap-Werkzeug greifen. Wollen Sie jedoch die Imagemap-Verteilung unabhängig von diesen Werkzeugen sichten, klicken Sie diese Schaltfläche an. Alternativ drücken Sie das A auf der Tastatur, wählen Sie **Ansicht: Einblenden: Imagemaps** oder **Ansicht: Extras einblenden** (Details zu »Extras« ab Seite 57).

Mit dem Befehl **Bearbeiten: Voreinstellungen: Imagemaps** legen Sie fest, in welcher Farbe ImageReady die Imagemap-Konturen darstellt und ob die aktiven Zonen farblich abgedimmt erscheinen; dies gilt wohlgemerkt nur für die Betrachtung in ImageReady, die dämpfende Wirkung erscheint nicht auf der Internet-Seite. Kreisförmige Imagemaps können Sie per Werkzeugoptionen von einem rechteckigen BEGRENZUNGSRAHMEN einfassen lassen.

Imagemaps umformen

Klicken und ziehen Sie an einem der Anfasspunkte einer Imagemap mit dem Imagemap-Auswahlwerkzeug, um die Proportionen einer Imagemap zu ändern, die Sie mit einem Imagemap-Werkzeug produziert haben. Auch mit der Imagemap-Palette können Sie die aktiven Zonen umformen: Bei Rechtecken tippen Sie neue Werte für Breite (B) oder Höhe (H) ein, bei Kreisen definieren Sie den Radius (R). Imagemaps, die mit dem Befehl **Ebene: Neuer ebenenbasierter Imagemap-Bereich** entstanden, können Sie nur begrenzt unabhängig vom gegebenen Objekt verändern (siehe oben).

Kapitel 6   Internet-Gestaltung

Abbildung 6.73:
Dieses Ergebnis wurde mit dem Befehl »Datei: Optimiert-Version speichern« gesichert. Achten Sie im Klappmenü »Dateityp« auf die Vorgabe »HTML und Bilder (*.html)«. Bei diesem Verfahren entsteht eine HMTL- und eine Bilddatei. Wenn Sie die entstehende HTML-Datei in einen Internet-Betrachter ziehen, erkennen Sie die Wirkung der »aktiven Zone«: Jeweils innerhalb der gesamten Zone erscheint die Einblenderklärung aus dem Feld »Alt« in der Imagemap-Palette; die verknüpfte Internet-Adresse sehen Sie in der Statuszeile. Image-Ready-Ergebnis: Alaska_2.psd; HTML-Ergebnis: im Unterverzeichnis Alaska

6.6.3 Imagemaps auswählen und organisieren

Mit dem Imagemap-Auswahlwerkzeug klicken Sie in die Imagemap, die Sie bearbeiten wollen. Per ⇧-Taste nehmen Sie weitere Zonen hinzu.

Wollen Sie Imagemaps bewegen oder umformen? Vielseitige Möglichkeiten bieten nur jene Imagemaps, die Sie mit den Imagemap-Werkzeugen von Hand ins Bild gesetzt haben. Ebenenbasierte Imagemaps verändern sich dagegen nur, sobald Sie die entsprechende Ebene bearbeiten. Imagemaps, die Sie per Imagemap-Werkzeug erstellt haben, lassen sich mit dem Imagemap-Auswahlwerkzeug verschieben.

Umformen mit Koordinaten

Rechteckige und kreisförmige Imagemaps formen und platzieren Sie auch über Koordinateneingabe in der Imagemap-Palette. X benennt hier für rechteckige Imagemaps den Pixelabstand zum Nullpunkt des horizontalen Lineals. Bei kreisförmigen Imagemaps nennt der X-Wert den Abstand des Kreismittelpunkts zum Nullpunkt des horizontalen Lineals. Y gibt entsprechend den Abstand zum Nullpunkt des vertikalen Lineals an.

Zunächst liegt der Lineal-Nullpunkt in der linken oberen Ecke des Bildes. Sie können ihn jedoch verschieben: Klicken Sie in den linken oberen Eckpunkt der Lineale, ziehen Sie den Mauszeiger bei gedrückter Taste ins Bildinnere, bis Sie zwei sich kreuzende Linien sehen, dann ziehen Sie den Nullpunkt an die gewünschte Stelle. Ein Doppelklick in die Linealecke setzt die Nullpunkte wieder zurück (Seite 56).

Die Begrenzungslinien der Imagemaps sind in komplexen Montagen eventuell schwer erkennbar. Blenden Sie einige Ebenen mit dem Augensymbol in der Ebenenpalette aus, um die Imagemaps besser zu erkennen.

Imagemaps duplizieren und löschen

Um Imagemaps zu duplizieren, markieren Sie diese zunächst mit dem Imagemap-Auswahlwerkzeug. Anschließend ziehen Sie bei gedrückter [Alt]-Taste; alternativ verwenden Sie den Befehl IMAGEMAP-BEREICH DUPLIZIEREN aus dem Menü zur Imagemap-Palette. Drücken Sie die Entfernen- oder [←]-Taste, um eine ausgewählte Imagemap zu löschen.

Priorität der Imagemaps

Überlappen sich zwei Imagemaps, hat im Schnittbereich der beiden aktiven Zonen nur die obere Imagemap Geltung. Als »obere« Imagemap gilt jeweils die zuletzt erzeugte. Sie können die Rangfolge jedoch ändern. Zunächst aktivieren Sie eine Imagemap mit dem Imagemap-Auswahlwerkzeug. Dann wählen Sie aus der Imagemap-Palette einen der Befehle wie **Nach vorne bringen** oder **Schrittweise vorwärts**; alternativ nutzen Sie die Schaltflächen in der Optionenleiste zum Imagemap-Auswahlwerkzeug.

Abbildung 6.74:
Mit den Schaltflächen in den Optionen zum Imagemap-Auswahlwerkzeug können Sie ausgewählte Imagemap-Bereiche gleichmäßig verteilen.

Imagemaps gleichmäßig anordnen

ImageReady ordnet werkzeugbasierte, aber nicht ebenenbasierte Imagemap-Zonen auf Wunsch automatisch gleichmäßig an; dabei orientiert sich das Programm nach Bedarf an den Bildrändern (**Ausrichten**) oder es verteilt die Zonen gleichmäßig entlang einer Achse (**Verteilen**). Die entsprechenden Imagemap-Regionen markieren Sie zunächst bei gedrückter [⇧]-Taste mit dem Imagemap-Auswahlwerkzeug, dann verwenden Sie die Schaltflächen aus den Optionen zum Imagemap-Auswahlwerkzeug; alternativ nutzen Sie die Befehle aus dem Menü zur Imagemap-Palette. Wir besprechen diese Funktionen ausführlich im Zusammenhang mit der gleichmäßigen Verteilung von Ebenen ab Seite 27.

Alternativ-Text, Ziel und URL

In der Imagemap-Palette tippen Sie eine URL (die Adresse einer anderen Internet-Seite oder allgemeiner einer anderen Datei), Alternativ-Text und ein ZIEL für Seiten mit Frames ein. Wir besprechen diese Funktionen ausführlich im Abschnitt »HTML-Optionen für Slices und Imagemaps« ab Seite 357.

Ausgabe-Einstellungen

Wählen Sie in ImageReady den Befehl **Datei: Ausgabe-Einstellungen: HTML** mit dem Bereich IMAGEMAPS. Sie haben hier folgende Einstellmöglichkeiten:

➡ ImageReady erzeugt unterschiedliche Typen von Imagemaps. Bei weitem am wichtigsten ist das übliche CLIENTSEITIG. Dabei werden die Imagemap-Daten nicht vom fernen Server, sondern direkt vom Internet-Programm des Betrachters interpretiert. Die meisten Browser unterstützen »Client-Side«-Imagemaps, und diese Option haben die Photoshop-Programmierer bereits voreingestellt.

➤ Im Bereich PLATZIERUNG steuern Sie, wo ImageReady innerhalb der HTML-Datei die Imagemap-Information unterbringt: Die Vorgabe OBEN setzt die Imagemap-Angabe, also den MAP-Tag, oben in den HTML-Body-Bereich. BODY platziert die Imagemap-Details über dem Tag <IMG SRC> für das dazugehörige Slice. Mit der Angabe UNTEN landet die Imagemap-Information unten im HTML-Body-Abschnitt.

6.7 Slices

Mit der Slice-Technik splitten Sie ein größeres Bild in mehrere rechteckige Einzelbilder, so genannte Slices (sprich »Slaißes«, ein abgeschnittenes Stück). Auf der Internet-Seite wird dann, Slice für Slice, ein nahtloses Gesamtbild aufgebaut. Dazu erzeugt ImageReady eine HTML-Tabelle. Jedes Rechteck innerhalb des Gesamtbildes füllt eine Zelle innerhalb der Tabelle.

Abbildung 6.75:
Mit der Slices-Technik zerlegt ImageReady eine größere Bilddatei in mehrere Einzelbilder. Getrennt für jedes Segment (Slice) geben Sie in der Slice-Palette einen Hyperlink vor. In der Optimieren-Palette legen Sie Dateiformat und Feineinstellungen individuell für jeden Slice fest. Die Slices-Einteilung speichern Sie zum einen innerhalb des Photoshop-Dateiformats. Für die Internet-Seite werden eine HTML- oder CSS-Datei und mehrere Bilddateien in den Formaten GIF, JPEG oder PNG erzeugt. Hier wurde Slice 6 aktiviert, Rollover-, Slices- und Optimieren-Palette zeigen die aktuellen Vorgaben für diesen Slice. Datei: SliceAnim.psd

Anders als bei Imagemaps (siehe vorhergehender Abschnitt) teilen Sie also bei Slices Ihre Vorlage nicht nur in unterschiedliche aktive Zonen auf, sondern auch in mehrere separate Bilddateien. Diese Stückelung bietet interessante Möglichkeiten:

➤ Das Gesamtbild baut sich beim Betrachter vielleicht schneller auf.

➤ Sie können jedes Segment mit individuellen Vorgaben in der Optimieren-Palette speichern, zum Beispiel verwenden Sie das GIF-Format für grafische Partien und das JPEG-

Format für Teile mit feinen Halbtonabstufungen oder Sie verwenden unterschiedliche Qualitäts- und Dithering-Vorgaben

➥ Sie können jedes Element mit einem eigenen Hyperlink versehen, so dass jedes Bildteil zu einer anderen Internet-Seite oder zu einer sonstigen Datei weiterleitet.

➥ Sie können für jedes Element eigene Einblendtexte und Statusmeldungen einplanen (Hyperlinks und Einblendtexte sind auch mit Imagemaps möglich, siehe vorhergehender Abschnitt).

➥ Sie lassen einzelne Abschnitte der Tabelle einfach leer. Wird in diesem Bereich keine Bildinformation gespeichert, sondern vielleicht nur HTML-Text, so baut sich das Gesamtbild schneller beim Betrachter auf.

➥ Sie können innerhalb einer Slices-Komposition in einzelnen Segmenten auch Animationen ablaufen lassen (Details zu Animationen ab Seite 289).

➥ Sie können jedes Element mit einem Rollover-Effekt (Seite 314) belegen. Das Element verändert sich also, sobald die Maus darüber gelangt oder sobald es angeklickt wird.

Abbildung 6.76:
Die Tabellenstruktur der HTML-Seite mit Slices wird deutlich, wenn Sie in der HTML-Datei die Werte für »Tableborder«, »Cellpadding« und »Cellspacing« heraufsetzen. Dateien: im Verzeichnis Praxis/SliceTabelle

6.7.1 Slices neu anlegen

Es gibt verschiedene Möglichkeiten, Slices neu ins Bild zu bringen:

➥ Leiten Sie die Slice-Umrisse von den Umrissen einer Ebene ab. Aktivieren Sie die gewünschte Ebene und wählen Sie **Ebene: Neues ebenenbasiertes Slice**.

➥ Zeichnen Sie Slices von Hand mit dem Slice-Werkzeug (siehe unten).

➥ Bei sehr gleichmäßig geteilten Vorlagen – zum Beispiel bei Schaltleisten – ist es einfacher, erst Hilfslinien über das Bild zu legen und an diesen Linien entlang Slices zu erzeugen. Um Hilfslinien zu erhalten, blenden Sie zunächst mit [Strg]+[R] die Lineale ein; dann ziehen Sie die Hilfslinien aus den Linealen ins Bild (Seite 683). Anschließend verwenden Sie den Befehl **Slices: Slices entlang der Hilfslinien erstellen**. Alle bereits vorhandenen Slices werden bei diesem Vorgang gelöscht.

Kapitel 6   Internet-Gestaltung

➥ Automatisch auf Basis einer Auswahl (nur ImageReady) entstehen Slices mit dem Befehl **Auswahl: Slice aus Auswahl erstellen**. So erzeugen Sie Slices, die sich sehr genau um Objektkonturen herumlegen. Die weiteren Slices erzeugt ImageReady automatisch, um das Bild komplett in Rechtecke aufteilen zu können. Haben Sie zwei getrennte, sich nicht überschneidende Auswahlen im Bild, macht ImageReady daraus nicht etwa zwei maßgeschneiderte Slices. Statt dessen entsteht ein großes Segment, in dem beide Auswahlbereiche Platz finden.

➥ Der Befehl **Slices: Slice unterteilen** erzeugt eine gleichmäßige Aufteilung. Entweder nennen Sie die Zahl der gewünschten neuen Slices horizontal und vertikal; ImageReady erzeugt dann automatisch Slices in den passenden Pixelgrößen. Dazu klicken Sie in den zwei Bereichen HORIZONTAL UNTERTEILEN und VERTIKAL UNTERTEILEN jeweils die obere Option an (VERTIKALE/HORIZONTALE, GLEICHMÄSSIG ANGEORDNETE SLICES). Alternative: Sie nennen die Zahl der gewünschten Pixel pro Slice. ImageReady erzeugt dann automatisch die Slices mit der genannten Pixelgröße. Klicken Sie in den Bereichen HORIZONTAL UNTERTEILEN und VERTIKAL UNTERTEILEN jeweils auf die untere Option PIXEL PRO SLICE.

Ebenenbasierte Slices empfehlen sich besonders, wenn Sie den Slice-Bereich noch verschieben, vergrößern oder verkleinern möchten. Praktisch wirken ebenenbasierte Slices zudem in Verbindung mit Rollover-Effekten: Nutzen Sie in bestimmten Rollover-Zuständen beispielsweise die Ebeneneffekte SCHLAGSCHATTEN, KONTUR *oder* SCHEIN NACH AUSSEN, *so wird die Ebene meist breiter – und ein ebenenbasierter Slice wächst mit.*

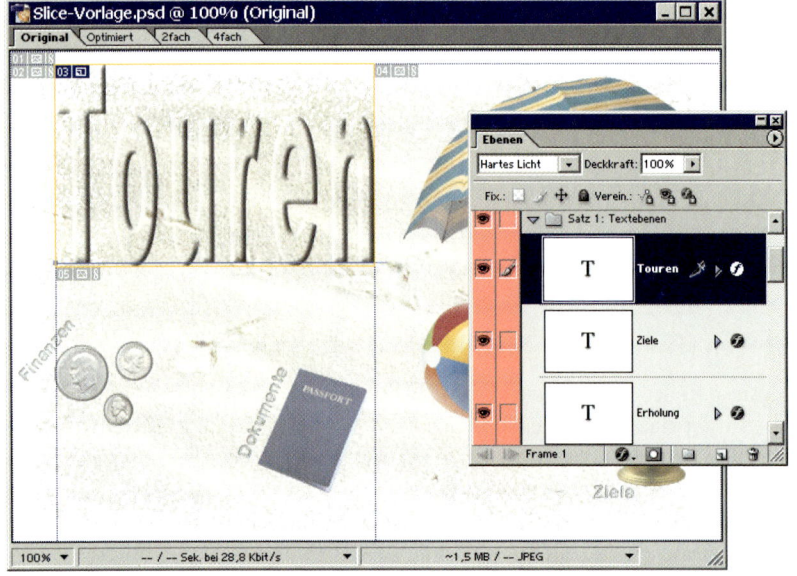

Abbildung 6.77:
In diesem Bild haben wir die Textebene »Touren« in der Ebenenpalette ausgewählt. Anschließend verwendeten wir den Befehl »Ebene: Neues ebenenbasiertes Slice«. ImageReady erzeugt einen Slice-Rahmen exakt um diese Ebene herum; weitere so genannte Auto-Slices entstehen, damit das komplette Bild in Rechtecke zerlegt werden kann. Diese Auto-Slices können Sie bearbeiten, nachdem sie mit dem Befehl »Slices: In Benutzer-Slice umwandeln« bearbeitet wurden. Datei: Slice-Vorlage

Slices   Kapitel 6

Neue Slices mit dem Slice-Werkzeug

Schalten Sie in ImageReady oder Photoshop das Slice-Werkzeug ein (Kurztaste [K]). Nun zeigt ImageReady bereits einen ersten Slice-Rahmen, der das gesamte Bild umgibt: Das Programm betrachtet das Bild nun als einen einzigen Slice. Ziehen Sie mit dem Slice-Werkzeug einen Rahmen um den gewünschten Bereich. Ziehen Sie bei gedrückter [⇧]-Taste, um ein Quadrat zu erhalten; mit gedrückter [Alt]-Taste können Sie den Rahmen von einem Mittelpunkt aus in alle Richtungen aufziehen.

ImageReady erzeugt nun die Slice-Zelle für den gewählten Bereich. Das Programm produziert aber gleich noch weitere Zellen. Diese sind erforderlich, damit das komplette Bild in Rechtecke aufgeteilt wird.

Verschiedene Arten von Slices

Der Slice, den Sie von Hand eingerahmt haben, gilt als so genannter »Benutzer-Slice«. Die anderen Slices, die ImageReady automatisch dazugerechnet hat, heißen »Auto-Slice«; außerdem gibt es »ebenenbasierte Slices« und »Unter-Slices«. Die Unterschiede:

- Einen »Benutzer-Slice« haben Sie von Hand mit dem Slice-Werkzeug gezeichnet. Sie geben individuell in der Optimieren-Palette Dateiformat und Feineinstellungen vor. Sie erkennen »Benutzer-Slices« auch an der stärker hervorgehobenen Slice-Nummer oben links im Bildsegment; die Nummern-Felder erscheinen in der Standard-Einstellung blau (ebenso wie bei »Benutzer-Slices«).

- »Auto-Slices« entstehen automatisch, nachdem Sie einen »Benutzer-Slice« ins Bild gesetzt haben. Mit »Auto-Slices« wird der gesamte Rest des Bildes in Rechtecke zerlegt. Für alle »Auto-Slices« werden die Dateivorgaben in der Optimieren-Palette gemeinsam gemacht, hier gibt es keine individuelle Einstellmöglichkeit. »Auto-Slices« gelten außerdem als verbunden – Sie erkennen dies auch an dem Symbol »8« links oben in jedem Slice-Rahmen. »Auto-Slice«-Rahmen lassen sich nicht verschieben; die Nummern-Felder erscheinen in der Standardeinstellung grau, die Linien zeigen Punkte. Die Schaltfläche AUTO-SLICES AUSBLENDEN in den Optionen zum Slice-Auswahlwerkzeug verbirgt die Grenzen der Auto-Slices wahlweise komplett.

Abbildung 6.78:
Mit dem Slice-Werkzeug wurde hier ein erster Rahmen ins Bild gezeichnet, um den Ball herum. Dieser Bereich gilt als »Benutzer-Slice«. ImageReady erzeugt automatisch weitere Slices, so dass das gesamte Bild in Rechtecke aufgeteilt ist. Diese weiteren Slices heißen »Auto-Slices« und bieten weniger Bearbeitungsmöglichkeiten. Die nicht aktivierten Slices stellt das Programm blasser dar.
Datei: Slice-Vorlage

- »Unter-Slices« entstehen durch Überlappung von Slice-Grenzen. Sie erkennen hier, wie ImageReady das Bild beim Speichern der optimierten Version zerlegt. Ändern Sie die Rangfolge der Slices (siehe unten), wandeln sich auch die »Unter-Slices«.

- »Ebenenbasierte Slices« entstehen auf Basis einer Ebene. Verändern Sie die Proportion der Ebene, mutiert die Slice-Größe mit (siehe oben).

Auto-Slices und ebenenbasierte Slices in Benutzer-Slices umwandeln

Sie können »Auto-Slices« in »Benutzer-Slices« verwandeln. Der Befehl heißt in ImageReady **Slices: In Benutzer-Slice umwandeln**. Als Benutzer-Slice ist der Slice nicht mehr »verbunden« – Sie können also individuelle Dateiformatvorgaben in der Optimieren-Palette machen oder den Slice-Rahmen bewegen.

Auch die »ebenenbasierten Slices« lassen sich zu »Benutzer-Slices« umwandeln. Wieder verwenden Sie in ImageReady den Befehl **In Benutzer-Slice umwandeln**. Beide Programme bieten diesen Befehl auch im Kontextmenü zum Slice-Auswahlwerkzeug. Nach Anwendung des Befehls lässt sich der Slice-Rahmen unabhängig vom Ebeneninhalt verschieben oder skalieren.

6.7.2 Slices auswählen und darstellen

Bevor Sie einen einzelnen Slice bearbeiten, wählen Sie ihn aus. Um einen Slice zu aktivieren, schalten Sie das Slice-Auswahlwerkzeug ein (Kurztaste K); dann klicken Sie den gewünschten Slice an. Nur der ausgewählte Slice erscheint in voller Farbqualität. Alle anderen Slices erscheinen aufgehellt (Details zur Darstellung unten). Sie können Slices wohlgemerkt nicht mit anderen Werkzeugen aktivieren, etwa mit dem Verschieben-Werkzeug. Auf verschiedene Arten markieren Sie mehrere Slices:

- Klicken Sie die Kandidaten bei gedrückter ⇧-Taste an.

- In ImageReady reicht es auch, wenn Sie über mehrere Slices hinweg ziehen; setzen Sie dabei jedoch in einem Auto-Slice oder außerhalb der Bildfläche an; wenn Sie in einem Benutzer-Slice beginnen, werden Sie diesen verschieben.

- Im Photoshop-Dialogfeld FÜR WEB SPEICHERN ziehen Sie einfach über die gewünschten Slices.

Alle Slices gemeinsam aktivieren Sie mit dem Befehl **Auswahl: Alle Slices** (Strg+A). Dabei muss das Slice-Auswahlwerkzeug aktiv sein. Sie heben jede Slice-Auswahl auf mit dem Befehl **Auswahl: Slices abwählen** (Strg+D). Sie erhalten das Slice-Auswahlwerkzeug auch vorübergehend, wenn Sie bei aktiviertem Slice-Werkzeug die Strg-Taste drücken.

TIPP *Möchten Sie eine bestimmte Gruppe von Slices immer wieder auswählen, verwenden Sie in ImageReady den Befehl* **Slices: Slice-Auswahl speichern**. *Das Pendant heißt* **Slice-Auswahl laden** *und markiert exakt die gewünschten Slices. Nicht benötigte Auswahlinformationen tilgen Sie mit dem Befehl* **Slice-Auswahl löschen.** *Die Slices selbst bleiben dabei erhalten.*

Darstellung der Slices

Wie ImageReady die Slices darstellt, das regeln Sie mit dem Befehl **Bearbeiten: Voreinstellungen: Slices**. Hier regeln Sie, wie stark nicht aktivierte Slices abgedimmt werden, und Sie bestimmen Größen für die Ziffern und Symbole in den Ecken der Slices. Photoshop bietet Regelmöglichkeiten zur Darstellung von Slice-Ziffern und zur Linienfarbe in der Optionenleiste zum Slice-Werkzeug.

Der Befehl **Ansicht: Extras einblenden** verbirgt die Linien, ohne sie zu löschen (Seite 57); alternativ verstecken Sie die Linien mit dem Untermenü **Ansicht: Einblenden**. Unten in der Werkzeugleiste von ImageReady sowie im Photoshop-Dialogfeld SPEICHERN FÜR WEB finden Sie überdies die Schaltfläche SLICES EINBLENDEN/AUSBLENDEN, Kurztaste Q.

6.7.3 Slices umformen, verschieben und organisieren

ImageReady bietet vielfältige Möglichkeiten, Platzierung und Maße von Benutzer-Slices zu verändern. Möchten Sie »Auto-Slices« oder »ebenenbasierte Slices« von Hand umformen, so bearbeiten Sie diese zunächst mit dem Befehl **Slices: In Benutzer-Slice umwandeln**.

Halten Sie das Slice-Auswahlwerkzeug über den Griffpunkt eines Slices-Rahmens. Dann erscheint das Werkzeug als Doppelpfeil und Sie können den Rahmen durch Ziehen verkleinern oder vergrößern. Ziehen Sie an einem Eckpunkt mit gedrückter ⇧-Taste, um das Höhe-Breite-Verhältnis zu wahren. Anschließend berechnet ImageReady die Gesamtaufteilung der Slices neu.

Für präzise Änderungen mit Zahlenangabe rufen Sie mit dem **Fenster**-Menü oder mit der Optionen-Schaltfläche SLICE PALETTE die Slice-Palette auf. Klicken Sie auf das Doppeldreieck neben der Palettenbezeichnung SLICE, damit Sie alle Optionen sehen, oder verwenden Sie dafür aus dem Palettenmenü den Befehl **Optionen einblenden**. Unten links in der Palette legen Sie Breite und Höhe in Pixelwerten fest.

»Slices fixieren«

Sie können in Photoshop sämtliche Slices gegen versehentliches Skalieren oder Verschieben schützen. Dies erledigt der Befehl **Ansicht: Slices fixieren**. Danach lassen sich die Slice-Werkzeuge im betreffenden Bild nicht mehr gebrauchen; wählen Sie den Befehl erneut, wenn Sie doch Veränderungen wünschen.

Kapitel 6 — Internet-Gestaltung

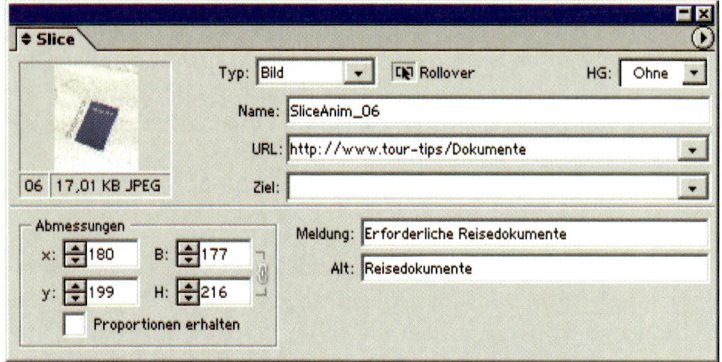

Abbildung 6.79:
Im Bereich »Abmessungen« der Slice-Palette bestimmen Sie Position und Maße des aktuellen Slice präzise per Koordinateneingabe. Wählen Sie im Palettenmenü den Befehl »Optionen einblenden«, damit ImageReady diesen unteren Teil der Palette anzeigt.

Slices duplizieren, kopieren, löschen und verschmelzen

So verdoppeln oder löschen Sie Slices:

➧ Benötigen Sie die Konturen eines Slice für einen weiteren Slice? Dann ziehen Sie bei gedrückter [Alt]-Taste am Slice. Sie erhalten einen identisch geformten weiteren Slice; dabei werden auch die Optimierungseinstellungen übernommen und Sie erhalten generell einen Benutzer-Slice, der sich anschließend frei verändern lässt. Sie können auch mehrere Slice-Umrisse gleichzeitig duplizieren. Dazu markieren Sie mehrere Slices bei gedrückter [⇧]-Taste mit dem Slice-Auswahlwerkzeug . Den Befehl **Slice duplizieren** finden Sie auch im **Slices**-Menü und im Kontextmenü. Hierbei entsteht ein weiterer Slice, der gegenüber dem ursprünglichen Umriss um zehn Bildpunkte nach rechts und unten verschoben ist.

➧ Einen vorhandenen Slice splitten Sie mit dem Befehl **Slices: Slices unterteilen** in kleinere, gleichmäßig große Segmente auf (siehe oben).

➧ In ImageReady können Sie Slices auch kopieren und im selben oder in einem anderen Bild wieder einfügen. Die Befehle finden Sie im Menü zur Slice-Palette.

➧ Wollen Sie zwei Benutzer- oder Auto-Slices zusammenfassen? Die Segmente müssen nicht nebeneinander liegen. Markieren Sie die Elemente in ImageReady und wählen Sie **Slices: Slices zusammenfügen**. Dabei entsteht generell ein Benutzer-Slice. Für den neuen Slice gelten die Dateiformat- und Slicevorgabe desjenigen Einzel-Slices, den Sie zuerst angeklickt hatten.

➧ Wollen Sie einen benutzer- oder ebenenbasierten Slice entfernen, markieren Sie ihn und machen Sie Gebrauch von der [Entf]- oder [←]-Taste. Alternativ wählen Sie **Slices: Slices löschen**. Dabei entstehen neue Auto-Slices, so dass das ganze Bild mit Slices abgedeckt bleibt. Sie können in ImageReady auch mehrere markierte Slices auf einen Schlag löschen. Auto-Slices lassen sich nicht einzeln löschen. Ganze Arbeit erledigt **Slices: Alle Slices löschen** in ImageReady. (Wollen Sie die Slices nur verbergen, aber nicht löschen, nehmen Sie **Slices: Slices ausblenden**, die Taste [Q] oder die Schaltfläche SLICES EINBLENDEN/AUSBLENDEN).

Slices　　　　　　　　　　　　　　　　　　　　　　　　　　　　　　　　Kapitel 6

Slice-Aufteilung verbessern

Mitunter überlappen sich Slices. Sie können das Slice-Arrangement automatisch neu anordnen. Dazu dient das Untermenü **Slices: Anordnen** in ImageReady; alternativ verwenden Sie die Schaltflächen auf der Optionenleiste zum Slice-Auswahlwerkzeug in Photoshop oder ImageReady. Dabei gilt: Alle Slices bilden einen Stapel. Der zuletzt erzeugte Slice liegt ganz oben im Stapel. Wählen Sie jetzt zum Beispiel den Befehl **Nach hinten stellen**; damit geht der zuletzt erzeugte (quasi oben liegende) Slice in früher erstellten Slices (die quasi weiter unten liegen) auf; die Umrisse der älteren Slices setzen sich bei der optimierten Version durch.

Slices verschieben

Benutzer-Slices lassen sich einfach mit dem Slice-Auswahlwerkzeug verschieben. Sobald Sie den verschobenen Slice loslassen, erzeugt das Programm selbständig die erforderlichen neuen Slices, um das Gesamtbild auf Rechtecke verteilen zu können. Sie können auch mehrere Slices gemeinsam verschieben. Markieren Sie die Segmente zuvor bei gedrückter ⇧-Taste mit dem Slice-Auswahlwerkzeug.

Dabei können andere Bildelemente »magnetisch« wirken – zum Beispiel Hilfslinien, Bildränder oder auch andere Slices; welche Bildelemente anziehende Wirkung ausüben sollen, bestimmen Sie im Untermenü **Ansicht: Ausrichten an**.

Alternativ bewegen Sie die Slices präzise per Zahleneingabe in der Slice-Palette. Mit dem Eingabefeld »X« benennen Sie den Pixelabstand zum Nullpunkt des horizontalen Lineals – dies ist meist der linke Bildrand (Seite 56). Beispiel: Tippen Sie bei X eine 10 ein, wenn der Slice 10 Bildpunkte Abstand vom linken Bildrand haben soll. Tippen Sie eine 0 ein und drücken Sie die Eingabe-Taste, damit der Slice genau auf dem linken Bildrand beginnt (beziehungsweise auf dem Nullpunkt des Lineals, sofern Sie den Nullpunkt verschoben haben). Im Datenfeld »Y« benennen Sie dagegen den Abstand zum oberen Bildrand oder genauer zum Nullpunkt des vertikalen Lineals. Eine 20 bedeutet hier: Der Slice hat 20 Pixel Abstand zur Oberkante.

Slices gleichmäßig anordnen

ImageReady ordnet Benutzer-Slices automatisch gleichmäßig an; dabei orientiert sich das Programm nach Bedarf an den Bildrändern (**Ausrichten**) oder es verteilt die Zonen gleichmäßig entlang einer Achse (**Verteilen**). Die entsprechenden Slices wählen Sie zunächst aus, dann verwenden Sie die Schaltflächen aus den Optionen zum Slice-Auswahlwerkzeug; alternativ nutzen Sie die Befehle aus dem Slice-Menü. Wir besprechen und illustrieren diese Funktionen ausführlich im Zusammenhang mit Ebenen ab Seite 27.

*Die **Ausrichten** – und **Verteilen**-Funktionen können überflüssige Auto-Slices tilgen; so entstehen schlankere und übersichtlichere Internet-Seiten.*

6.7.4 Slices verbinden

Sie können in ImageReady mehrere Slices zu so genannten »Sets« verbinden. Dann gelten alle in der Optimieren-Palette festgelegten Dateiformat-Einstellungen für alle verbundenen Slices gemeinsam. Verbundene Slices im GIF- und PNG-8-Format haben zudem eine gemeinsame Farbpalette und ein gemeinsames Dithering-Streuraster – harte Kanten zwischen benachbarten Slices werden so vermieden. Sobald Sie die Dateiformatvorgaben für ein Slice in der Optimieren-Palette ändern, werden alle verbundenen Slices aktualisiert. Auto-Slices sind von Haus aus verbunden.

Abbildung 6.80:
Die rot gekennzeichneten Slices wurden gemeinsam markiert und mit dem Befehl »Slices: Slices verbinden« zu einem Set zusammengefasst. Anschließend wurden die grün gekennzeichneten Slices markiert und ebenfalls verbunden. Alle Dateiformatvorgaben aus der Optimieren-Palette gelten für die Slices eines Sets gemeinsam. Das Dithering-Streuraster bei den Formaten GIF und PNG-8 wird so angelegt, dass keine Nahtlinien entstehen.

Sets anlegen

Markieren Sie mehrere Slices durch ⇧-Klick mit dem Slice-Auswahlwerkzeug, dann wählen Sie **Slices: Slices verbinden**. Dabei gilt: Wählen Sie beim manuellen Verbinden von Slices erst ein Benutzer-Slice und anschließend ein Auto-Slice aus, wird das Auto-Slice in ein Benutzer-Slice umgewandelt, ImageReady hebt seine Verbindung zur »Auto-Slice«-Gruppe auf. Wenn Sie erst ein Auto-Slice und dann ein Benutzer-Slice auswählen, fügt ImageReady das Benutzer-Slice zur Auto-Slice-Gruppe hinzu, das Auto-Slice bleibt ein Auto-Slice.

Die jeweils verbundenen Slices erhalten eine eigene Kennfarbe in den Symbolen oben links innerhalb der Slice-Kontur. Legen Sie durch Markieren und Verbinden weiterer Slices ein zweites Set an, erhält es eine andere Farbe.

Verbindung aufheben

So heben Sie die Verbindung von mehreren Slices zu einem Set wieder auf:

➡ Markieren Sie ein oder mehrere »Benutzer-Slices« mit dem Slice-Auswahlwerkzeug. Dann wählen Sie **Slices: Verbindung des Slice aufheben**. So entfernen Sie einzelne Segmente aus einem Set.

Slices   Kapitel 6

- Wollen Sie das ganze Set aufheben, aktivieren Sie einen oder mehrere verbundene Benutzer-Slices und klicken auf **Slices: Verbindung des Sets aufheben**.

- Um alle Sets von »Benutzer-Slices« in einem Dokument aufzuheben, verwenden Sie **Slices: Alle Verbindungen aufheben**.

6.7.5 HTML-Optionen für Slices

Legen Sie HTML-Text, Hyperlinks und Alternativ-Text für den Internet-Auftritt fest. Sie verwenden diese Eingabefelder:

- In ImageReady nutzen Sie die Slice-Palette – zu erreichen über das **Fenster**-Menü oder über eine Schaltfläche in den Optionen zum Slice-Auswahlwerkzeug . Klicken Sie neben dem Namen »Slice« auf das Doppeldreieck , bis die Palette alle Optionen anzeigt; oder verwenden Sie den Befehl **Optionen einblenden** aus dem Palettenmenü. Links in der Palettenvorschau sehen Sie den Slice, den Sie gerade bearbeiten. (Sind mehrere Slices gewählt, lässt sich die Funktion nicht nutzen.)

- Im Photoshop-Arbeitsfenster nehmen Sie das Dialogfeld SLICE-OPTIONEN. Dazu klicken Sie mit dem Slice-Auswahlwerkzeug g doppelt auf einen Slice oder verwenden die Schaltfläche in den Optionen zu diesem Werkzeug.

- Im Photoshop-Dialogfeld FÜR WEB SPEICHERN aktivieren Sie zunächst das Slice-Auswahlwerkzeug g und klicken dann doppelt auf einen Slice.

»Bild« oder »Kein Bild«

Mit dem Klappmenü TYP legen Sie fest, ob der Slice überhaupt ein Bild enthalten soll. Geben Sie hier KEIN BILD an, speichert ImageReady für diesen Bereich keinerlei Bildinformation. In diesem Bereich erscheint also der Seitenhintergrund und Sie können HTML-Text einsetzen. Damit enthält das Gesamtwerk weniger Pixeldaten und ist schneller übertragen.

Einfügen von HTML-Text

Bei Anwahl der TYP-Option KEIN BILD erhalten Sie ein Texteingabefeld. Sie können nun in diese Zelle der HTML-Tabelle Text eintippen. Unten in der Slice-Palette bestimmen Sie die Ausrichtung: Im Bereich HORIZONTAL geben Sie an, ob der Text links- oder rechtsbündig oder mittig ausgerichtet werden soll. Auch VERTIKAL können Sie die Ausrichtung ändern. Die STANDARD-Angabe führt zu einem linksbündigen Text in mittlerer Höhe. Photoshop und ImageReady zeigen den HTML-Text jedoch in der Bilddatei nicht an, Sie müssen schon die Browser-Vorschau bemühen (Strg+Alt+P).

Text formatieren

Der Text erscheint zunächst in einer Standardgröße. Sie können ihn umformatieren. Falls Sie kein Programm für Web-Design verwenden, tippen Sie die erforderlichen HTML-Tags direkt in das TEXT-Fenster der Slice-Palette ein. Wichtig: Sobald Sie wie im Folgenden gezeigt HTML-Tags eingeben, schalten Sie die Option TEXT IST HTML ein; sonst zeigt Photoshop die Formatierungsbefehle wie »<H1> direkt auf der Webseite vor.

Wollen Sie das Wort »Finanzen« zum Beispiel in der Maximalgröße »Überschrift 1« anzeigen, tippen Sie ins Textfenster:

`<H1>Finanzen</H1>`

Wenn Ihnen dies zu groß ist, probieren Sie H2 bis herunter zu H6.

Alternativ können Sie die Schriftgröße gegenüber einer Standardschrift um bis zu plus vier oder minus zwei Stufen verändern. Soll die Schrift drei Stufen größer werden, lautet der Eintrag im TEXT-Fenster:

`<font size=+3>Finanzen</font>`

Die HTML-Zeile für die gesamte Tabellenzelle sieht dann beispielsweise so aus:

`<td WIDTH="126" HEIGHT="103"><font size=+3>Finanzen</font></td>`

ImageReady speichert für diesen Tabellentext keinen Hyperlink. Sie können eine solche Verknüpfung zu einer Internet-Adresse oder auch zu einer sonstigen Datei von Hand eintragen. Wollen Sie das Wort »Finanzen« in die Tabellenzelle stellen und mit einem Hyperlink zur fiktiven Internet-Adresse »http://www.tour-tipps.com/finanzen« unterlegen, dann tippen Sie Folgendes ins TEXT-Fenster der Slice-Palette:

`<a href="http://www.tour-tipps.com/finanzen">Finanzen</a>`

Dabei stört es nicht, wenn dieser Eintrag aus Platzgründen automatisch in zwei Zeilen umbrochen wird. Die Lage des Textes innerhalb des Slices bestimmen Sie mit den Angaben unter ZELLAUSRICHTUNG: Platzieren Sie die Schrift zum Beispiel rechts oben oder zentriert unten.

Hintergrund (»HG«)

Bei Bedarf geben Sie pro Slice eine HINTERGRUND-Farbe an. Sie erscheint auf der Webseite, wenn ein Slice transparente Bereiche hat oder wenn Sie den Typ KEIN BILD verwenden. Falls Sie auf die Option verzichten, sehen Sie in transparenten Bereichen den sonstigen Seitenhintergrund.

Wenn Sie das HG-Klappmenü (für »Hintergrund«) mit der Schaltfläche ▼ in der Slice-Palette öffnen, bieten die Programme unter anderem VORDERGRUND- und HINTERGRUND-FARBE sowie eine Palette mit Web-sicheren Farben (Seite 419). Der Klick auf ANDERE beschert Ihnen den Farbwähler mit Zugriff auf sämtliche Farben. Diese Palette erscheint auch, wenn Sie unmittelbar auf das Klappmenü-Feld klicken und nicht auf das Dreieck daneben. Diese HINTERGRUND-Farbe erscheint nicht in Photoshop oder ImageReady, Sie müssen die Browser-Vorschau verwenden (Strg+Alt+P). Photoshop bietet die Hintergrund-Option nur im Dialogfeld FÜR WEB SPEICHERN, wenn Sie die SLICE OPTIONEN nach einem Doppelklick auf einen Slice einschalten.

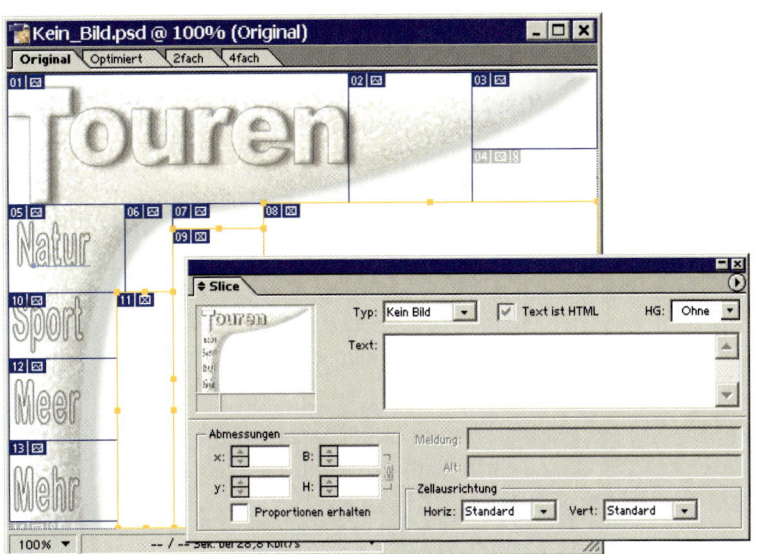

Abbildung 6.81:
Diese Leiste wurde als Rand für Webseiten entworfen. Durch die übliche rechteckige Bildgeometrie entstehen große leere Flächen, die wir auf der Internet-Seite nicht als Bild benötigen. Wir markieren alle leeren Slices mit dem Slice-Auswahlwerkzeug bei gedrückter ⇧-Taste und geben in der Slice-Palette den Typ »Kein Bild« an. Image Ready erzeugt für die entsprechenden Zellen der Tabelle keine Bilddateien; hier wird der Seitenhintergrund sichtbar. Sie können für diesen Bereich HTML-Text in die Slice-Palette eintippen. Datei: Kein_Bild

6.7.6 HTML-Optionen für Slices und Imagemaps

Die folgenden Optionen finden Sie gleichermaßen in den Paletten für Slices und für Imagemaps.

»Name«

Bei Bedarf geben Sie einem Einzel-Slice einen Dateinamen abweichend von der Standardbenennung. Diese Möglichkeit besteht nur bei BILD-Slices, nicht bei reinen Textsegmenten.

»Ziel« für Frames

Viele Internet-Seiten sind in mehrere so genannte »Frames«, also Rahmen unterteilt (nicht zu verwechseln mit »Frames« bei Animationen). Während Sie beispielsweise in einem schmalen Frame links permanent das Inhaltsverzeichnis sehen, erscheint im größeren Fenster rechts derjenige Inhalt, den Sie im Verzeichnis angeklickt haben. Mit dem Eingabefeld ZIEL legen Sie den Frame fest, in dem der ausgewählte Slice erscheinen soll. Entweder Sie nennen im Textfeld einen Namen, den Sie zuvor im HTML-Dokument für die Seite definiert haben, oder Sie wählen eine der Optionen aus dem Einblendmenü:

- ➧ »_blank« zeigt die verbundene Datei in einem neuen Browser-Fenster an, das ursprüngliche Browser-Fenster bleibt geöffnet.

- ➧ »_self« zeigt die verbundene Datei im Frame der ursprünglichen Datei an.

- ➧ »_parent« zeigt die verbundene Datei in ihrem eigenen, ursprünglichen, übergeordneten Frame-Set an. Verwenden Sie diese Option, wenn das HTML-Dokument Frames enthält und der aktuelle Frame ein untergeordneter Frame ist. Die verbundene Datei erscheint im aktuellen übergeordneten Frame.

Kapitel 6 Internet-Gestaltung

➤ »_top« ersetzt das gesamte Browser-Fenster durch die verbundene Datei und entfernt alle aktuellen Frames.

»URL«, »Meldung« und »Alt«-Text

So geben Sie Hyperlinks und Bildschirmmeldungen ein:

➤ Neben URL tippen Sie eine Internet-Adresse oder auch einen sonstigen Dateipfad ein. Ein Klick auf den Slice ruft diese Adresse auf. Das Eingabefeld bietet gleichzeitig ein Klappmenü, das Ihre zuletzt verwendeten URLs auflistet. Verwenden Sie volle URLs wie http://www.mut.de oder »relative URLs«; diese geben nicht den vollen Speicherort an, sondern nennen nur die relative Entfernung von der aktuellen Datei (zum Beispiel mit Verweis auf ein Unterverzeichnis).

➤ Tippen Sie eine MELDUNG ein. Sie erscheint unten in der Statuszeile des Internet-Browsers, sobald der Mauszeiger über diesen Slice gelangt. Wenn Sie nichts eintippen, zeigt die Statuszeile statt dessen die Adresse aus der URL-Zeile.

➤ Der ALT-Text zeigt sich auf der Seite, wenn Ihr Bild aus irgendeinem Grund nicht geöffnet werden kann. Sichtbar ist er zudem manchmal auch, bevor das Bild selbst übertragen wird. Der ALT-Text sollte also die Bildinformation in Worte fassen. Meist erscheint der Alternativ-Text außerdem als gelb unterlegter Einblendtext, sobald die Maus über den Slice gelangt.

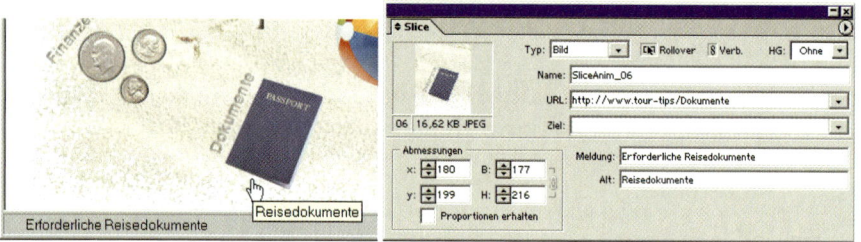

Abbildung 6.82:
Links: In der Slice-Palette geben Sie einen »Alt«-Text und eine »Meldung« vor. Rechts: Der »Alt«ernativ-Text erscheint als Einblendtipp auf der Internet-Seite, sobald der Mauszeiger über den Slice gelangt. Den Text aus dem Fenster »Meldung« zeigt das Internet-Programm in der Statuszeile. Wird keine »Meldung« angegeben, sehen Sie an dieser Stelle die Internet-Adresse oder lokale Speicheradresse (URL), mit der der Slice verknüpft ist.

6.7.7 Slices benennen und speichern

Das Slices-Ergebnis wird für die Internet-Seite in zwei Abteilungen gespeichert:

➤ Sichern Sie die gesamte HTML-Tabelle als HTML-Code im HTML-Dateiformat.

➤ Dazu erzeugen die Programme eine Reihe von Bilddateien – für jeden Slice eine separate Datei in einem der Internet-tauglichen Bildformate GIF, JPEG oder PNG. Diese Slices speichern Photoshop und ImageReady normalerweise in einem Unterverzeichnis »Bilder«, das automatisch erzeugt wird, sofern Sie die Voreinstellungen nicht geändert haben.

Optimierungseinstellungen für Slices

Sie geben für jeden Benutzer-Slice separat Dateiformat und Dateiformat-Optionen in der Optimieren-Palette an. Sie können mehrere Slices gemeinsam bei gedrückter ⇧-Taste mit dem Slice-Auswahlwerkzeug markieren, um dann für diese Slices gemeinsam die Dateiformatvorgaben einzurichten. Verbundene Slices (siehe oben) verwenden generell gemeinsame Optimierungseinstellungen. Markieren Sie zwei Slices mit unterschiedlichen Vorgaben gemeinsam, erscheint die Optimieren-Palette leer. Sie können in diesem Zustand neue Vorgaben machen, die dann für beide ausgewählten Slices gelten. Gibt es immerhin einige gemeinsame Eigenschaften – etwa zweimal JPEG-Format, aber mit unterschiedlicher Qualität –, so erscheinen die gemeinsamen Eigenschaften in der Optimieren-Palette.

Prüfen Sie, ob zwischen benachbarten Slices mit unterschiedlichen Optimierungsvorgaben harte Übergänge auftreten – zum Beispiel, wenn Sie GIF und JPEG nebeneinander stellen. Dazu verwenden Sie die Vorschau im Browser (Strg+Alt+P) oder eine »Optimiert«-Darstellung in ImageReady. Verbergen Sie in ImageReady eventuell die Slice-Rahmen mit der Schaltfläche SLICES EINBLENDEN/AUSBLENDEN ▭; so können Sie die Kanten besser prüfen.

Vorsicht, wenn Sie das GIF-Format mit Diffusion-Dithering verwenden: An den Grenzen einzelner Slices können sich unschöne Ränder bilden, weil das Streuraster der einzelnen Slices nicht harmoniert. Abhilfe: Markieren Sie die fraglichen Slices und verbinden Sie diese mit dem Befehl **Slices: Slices verbinden** *(siehe oben); dann streut ImageReady das Dithering-Muster über alle verkoppelten Slices, die Ränder verschwinden.*

Optimierungseinstellungen übertragen

In ImageReady übertragen Sie gelungene Optimierungseinstellungen leicht von einem Slice auf den anderen:

1. Aktivieren Sie den Slice mit den gewünschten Optimierungsvorgaben mit dem Slice-Auswahlwerkzeug ▱.
2. Ziehen Sie das Droplet-Symbol aus der Optimieren-Palette ▱ auf den Slice, der die Einstellungen übernehmen soll.

Slices speichern

Nachdem Sie eine Vorschau der Slices in mehreren Browsern gründlich geprüft haben, sollten Sie das Werk – wie auch bei Animationen und Imagemaps – auf zwei Arten speichern:

➨ Im Photoshop-Dateiformat, um später mit voller Farbqualität und unabhängigen Ebenen alles korrigieren zu können.

➨ Als HTML-Tabelle mit einer Reihe von GIF-, JPEG- oder PNG-Bilddateien für die Veröffentlichung auf WWW-Seiten.

Für die HTML-plus-Bilder-Fassung wählen Sie in ImageReady **Datei: Optimiert-Version speichern** oder in Photoshop **Datei: Für Web speichern**. Im Klappmenü DATEITYP verwenden Sie die Vorgabe HTML UND BILDER (*.HTML). Ein weiteres Klappmenü bietet die Auswahl zwischen ALLE SLICES und AUSGEWÄHLTE SLICES. Wenn Sie nur AUSGEWÄHLTE SLICES sichern, umfasst die resultierende HTML-Tabelle auch nur den Bereich der zuvor markierten gewählten Slices.

Slices »auf Dateigröße optimieren«

Sie können die Slices auf eine festgelegte Dateigröße optimieren. Im Menü der Optimieren-Palette wählen Sie **Auf Dateigröße optimieren** und nennen die geplante Größe. Für Slices gilt:

- Sie können das einzelne AKTUELLE SLICE auf die angepeilte Dateigröße zwingen.
- JEDES SLICE bringt jeden Slice Ihrer Komposition einzeln auf die genannte Dateigröße.
- ALLE SLICES setzt die Summe aller Slices auf den genannten Wert.

Vorgaben für Slices

In ImageReady machen Sie mit dem Befehl **Datei: Ausgabe-Einstellungen: Slices** weitere Vorgaben (also nicht mit **Bearbeiten: Voreinstellungen: Slices**). Sofern Sie die voreingestellte Option TABELLE ERSTELLEN verwenden, entsteht die übliche HTML-Tabelle. Dabei haben Sie diese weiteren Optionen:

- Im Klappmenü TD W&H geben Sie an, wie das Programm Höhen- und Breitenangaben für die Tabellenzellen erzeugen soll. In der Regel belässt man es bei der voreingestellten Option AUTO.

- Im Klappmenü LEERE ZELLEN legen Sie den Umgang mit KEIN-BILD-Slices fest, die also gemäß Ihrer Vorgabe in der Slice-Palette kein Bildmaterial enthalten (siehe oben): GIF, IMG W&H erzeugt ein 1-Pixel-GIF-Bild, das mit dem IMG-Tag im HTML-Code auf die Breite und Höhe der Tabellenzelle formatiert wird; GIF, TD W&H erzeugt ein 1-Pixel-GIF-Bild, das mit dem TD-Tag im HTML-Code auf die Breite und Höhe der Tabellenzelle formatiert wird. NOWRAP, TD W&H erzeugt ein nicht standardmäßiges NoWrap-Attribut und platziert die auf den TD-Tags festgelegten Angaben für Breiten und Höhen in der Tabelle.

- Per Klappmenü ABSTANDHALTER-ZELLEN bestimmen Sie, ob automatisch Platzhalter-Zellen erzeugt werden sollen. Sie sind gelegentlich erforderlich, wenn die äußeren Slice-Umrisse kein sauberes Rechteck ergeben. Bleiben Sie bei der Option AUTO.

Statt als übliche HTML-Tabelle können Sie das Slice-Arrangement auch als Cascading Style Sheet (CSS) speichern. Dazu verwenden Sie die Option CSS ERSTELLEN im Bereich SLICES der Ausgabe-Einstellungen.

Slices automatisch benennen

ImageReady bietet verschiedene Automatismen, um Slices zu benennen. Voreingestellt ist ein nachvollziehbares Verfahren: Zerlegen Sie beispielsweise die Datei »Test.psd« in verschiedene Slices, dann erzeugt ImageReady zunächst die Datei »Test.HTM«. Im »Bilder«-Verzeichnis finden Sie die erforderlichen Einzelbilder wie »Test_01.jpg«, »Test_02.jpg« und so weiter. Sie können aber auch andere Schemata vorgeben. Dies regeln Sie per **Datei: Ausgabe-Einstellungen: Slices**.

Bei der automatischen Benennung von Slices entscheiden Sie über die Verwendung von insgesamt sechs möglichen Abschnitten im Dateinamen – dort kann etwa der Name des Ausgangsdokuments, das Datum, ein anderer Name oder etwa ein Bindestrich erscheinen. Außerdem können Sie einen völlig eigenen Namensbestandteil in ein beliebiges Feld der »Voreinstellungen« tippen. Das Dialogfeld zeigt einen Beispielnamen, der sich Ihren aktuellen Vorgaben anpasst.

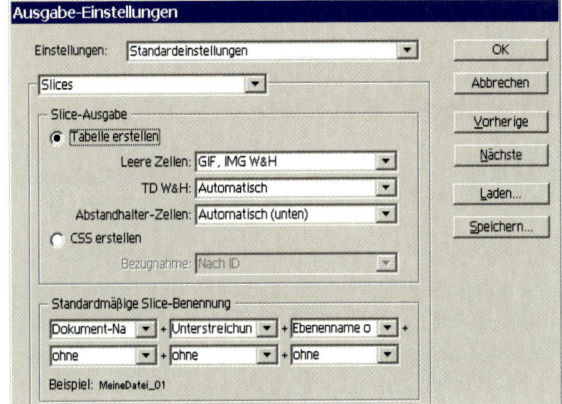

Abbildung 6.83:
Mit dem Befehl »Datei: Ausgabe-Einstellungen: Slices« regeln Sie, wie Slices gespeichert und benannt werden.

Slices individuell benennen

Sie können einem Slice auch einen individuellen Namen zuteilen – völlig losgelöst von der automatischen Durchnummerierung. Diesen Eigennamen tippen Sie in der Slice-Palette ins Feld NAME. Vermeiden Sie Umlaute, »ß«, Leerzeichen und andere exotische Zeichen. Sollten Sie Slice-Dateien in einem Dateiverzeichnis von Hand umbenennen, müssen Sie auch die zugehörige HTML-Datei korrigieren. Beachten Sie in diesem Fall auch, dass Unix-Internetserver zwischen Klein- und Großschreibung unterscheiden.

6.7.8 Slices mit Rollover-Effekten und Animationen

Sie können Rollover-Effekte und Animationen (siehe vorhergehende Hauptabschnitte) in einzelne Slices bringen. Die Möglichkeiten sind vielfältig; wir zeigen einige Beispiele in ImageReady auf Basis Datei »Slices_1.psd« aus dem »Praxis«-Verzeichnis der Buch-CD.

Rollover-Effekt

Slice 05 mit den Münzen soll einen Rollover-Effekt erhalten. Wir planen folgendes Verhalten: Sobald der Mauszeiger über die Münzen gerät, soll mehr Kleingeld im Sand liegen. Außerdem brauchen wir eine gelb unterlegte Einblenderklärung und eine Meldung für die Statuszeile, dass es hier ums Geld geht. Beim Anklicken sollen sich die gesamten Münzen zudem tiefer in den Sand eindrücken.

Schalten Sie das Slice-Auswahlwerkzeug ein und aktivieren Sie den Slice 05. Dann blenden Sie mit Hilfe des **Fenster**-Menüs die Rollover-Palette ein. Dort erscheint zunächst nur der Rollover-Zustand NORMAL und Sie erkennen an der Miniatur, dass nur der aktuelle Slice bearbeitet wird.

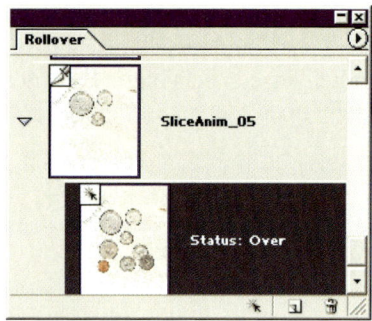 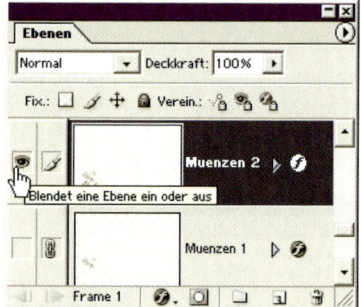

Abbildung 6.84:
Der ursprüngliche Zustand des Slice wird zunächst in der Rollover-Palette dupliziert. Im Status »Über« wird dann die neue Ebene »Münzen 2« mit dem Augensymbol eingeblendet; sie zeigt mehr Münzen als die bisher sichtbare Ebene »Muenzen 1«. Diese Ebene blenden wir aus.
Vorlage: Slice-Vorlage

Klicken Sie in der Rollover-Palette auf die Schaltfläche ERSTELLT EINEN NEUEN ROLLOVER-STATUS . Dabei erscheint eine zweite Miniatur mit dem Titel ÜBER. Hier erkennen Sie das Aussehen des Slice, wenn ein Mauszeiger darüber gerät. Im Slice links oben wie auch in der Slice-Palette blendet ImageReady das Rollover-Symbol ein, einen Mauszeiger.

In unserem Beispiel kommen beim ersten Mauskontakt weitere Münzen ins Bild. Wir haben bereits eine entsprechende Ebene »Muenzen 2« in der Montage; diese Ebene war allerdings bis jetzt ausgeblendet. Holen Sie mit der Taste F7 die Ebenenpalette auf den Schirm und blenden Sie die Ebene »Muenzen 2« mit dem Augensymbol ein. Durch einen Ebeneneffekt erscheinen auch diese Münzen leicht eingedrückt. Gleichzeitig blenden Sie die bisher angezeigte Ebene »Muenzen 1« aus.

Wenn die Rollover-Palette den Zustand ÜBER zeigt, tippen Sie in der Slice-Palette die MELDUNG für die Statuszeile des Browsers und den ALT-Text für die gelb unterlegte Einblenderklärung. Diese Informationen erscheinen also, sobald der Mauszeiger über dieses Bildsegment gerät.

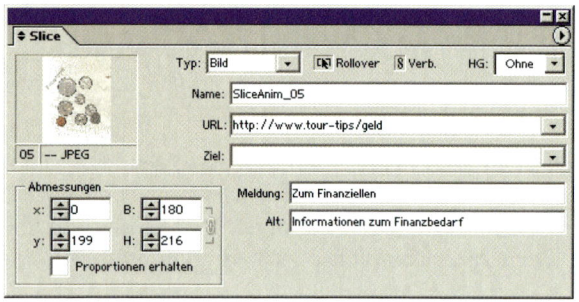

Abbildung 6.85:
In der Slice-Palette geben wir im Feld »Alt« einen Einblendtext vor und im Feld »Meldung« einen Text, der in der Statuszeile des Browsers erscheint. Diese Angaben gelten für alle Rollover-Zustände gemeinsam – unabhängig davon, welcher Zustand momentan aktiviert ist.

Slices   Kapitel 6

Nun folgt der dritte Rollover-Zustand für den Moment des Anklicks. Klicken Sie ein weiteres Mal auf die Schaltfläche ERSTELLT EINEN NEUEN ROLLOVER-STATUS in der Rollover-Palette. Damit erhalten Sie den Rollover-Status UNTEN. Er speichert das Aussehen des Slice in dem Moment, wenn das Segment auf der Internet-Seite angeklickt wird. Dabei sollen sich die sichtbaren Münzen der Ebene »Muenzen 2« tiefer in den Sand drücken; dafür benötigen Sie keine neue Ebene, dies erledigt ein Ebeneneffekt.

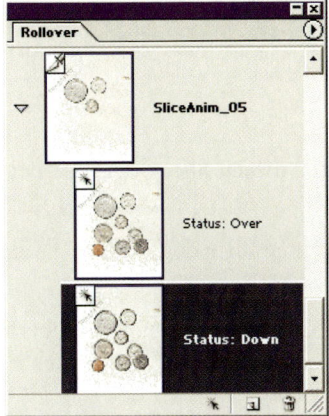
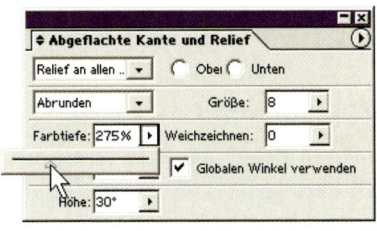

Abbildung 6.86:
Wir haben den zweiten Rollover-Status erneut dupliziert und bearbeiten nun den Status »Unten«; hier legen Sie fest, wie das Slice in dem Moment aussieht, wenn es angeklickt wird. In der Ebenenpalette klicken Sie unter der Ebene »Muenzen 2« doppelt auf die Ebeneneffekt-Ebene »Abgeflachte Kante und Relief«. Damit erscheint die gleichnamige Palette; hier behalten Sie die Vorgabe »Relief an allen Kanten« bei. Sie erhöhen aber die Werte für »Weichzeichnen« und »Farbtiefe«.

Klicken Sie also doppelt auf die Schaltfläche ABGEFLACHTE KANTE UND RELIEF unterhalb der Ebene »Muenzen 2«. Damit erscheint die Palette ABGEFLACHTE KANTE UND RELIEF. Sie erkennen, dass bereits bisher der Effekt RELIEF AN ALLEN KANTEN verwendet wurde. Sie erhöhen nun die Werte in den Feldern WEICHZEICHNEN und FARBTIEFE auf 4 oder 5. Spätestens nach einem Hieb auf die Eingabetaste wirkt es, als ob die Münzen deutlich tiefer in den Sand gesackt wären. Tragen Sie den gewünschten Hyperlink (URL) und eventuell ein ZIEL in die URL-Zeile der Slice-Palette ein. Überprüfen Sie den Effekt mit der Browser-Vorschau ([Strg]+[Alt]+[P]).

Abbildung 6.87:
Wir überprüfen den Rollover-Effekt im Internet-Browser. Erstes Bild: Hier ruht der Mauszeiger noch über einem benachbarten Slice, deshalb sind links nur wenige Münzen zu sehen. Mitte: Der Zeiger gelangt über den Slice mit Rollover-Effekt, dies ist der Zustand »Über«; zusätzliche Münzen werden eingeblendet, gelb unterlegt erscheinen der »Alt«-Text, die Statuszeile zeigt die in der Slice-Palette angegebene »Meldung«. Rechts: Der Slice wird angeklickt, der Zustand »Unten« tritt ein, die Münzen versinken im Sand. Datei (mit weiteren Effekten): SliceRoll.psd; HTML-Datei und Bilddaten für Browser-Darstellung im Unterverzeichnis »SliceRoll«

Slices mit Animation

Innerhalb einer Slice-Tabelle lassen sich auch Animationen abspielen. Generell gibt es zwei Varianten:

- Der Trickfilm im Slice läuft permanent ab.
- Der Trickfilm im Slice ist an einen Rollover-Zustand gebunden. Er rotiert beispielsweise nur, wenn sich ein Mauszeiger über den Slice verirrt.

Gehen Sie zum Beispiel so vor:

1. Klicken Sie den Slice mit dem Slice-Auswahlwerkzeug an.
2. Geben Sie in der Optimieren-Palette ein GIF-Dateiformat für diesen Slice vor, zum Beispiel Web-Palette mit Dithering.
3. Vergeben Sie in der Slice-Palette im Feld NAME nur diesem einen Slice den Namen »Animation«.
4. Speichern Sie jetzt das Gesamtwerk mit dem Befehl **Datei: Optimiert-Version speichern unter**. Dabei entsteht eine HTML-Datei und ein »Bilder«-Verzeichnis mit den verschiedenen Bilddateien.
5. Speichern Sie das Gesamtwerk neu als Photoshop-Datei mit dem Befehl **Datei: Speichern unter**, verwenden Sie einen Namen wie »Zwischenergebnis«.
6. Nun kehren Sie wieder zurück zu dem Slice »Animation«. Der Slice muss ausgewählt sein. Sie beschneiden jetzt das Gesamtbild auf die Größe dieses einen Slice.
7. Sie nehmen den Befehl **Auswahl: Auswahl aus Slice erstellen**.
8. Anschließend verwenden Sie **Bild: Freistellen** mit der Option LÖSCHEN. Damit hat das Bild nur noch die Größe dieses einen Slices.
9. Sie dürfen mit [Strg]+[S] zwischensichern.
10. Es ist immer noch ein Slice-Rahmen im Bild, den Sie nicht brauchen. Wählen Sie also **Slices: Alle löschen**.

Damit haben Sie das Slice als Einzelbild.

So legen Sie die Animation an:

1. Blenden Sie mit dem **Fenster**-Menü die Animation-Palette ein.
2. Erstellen Sie eine Animation (Seite 289). Einfacher Vorschlag: Duplizieren Sie das erste Einzelbild in der Animation-Palette mehrfach mit der Schaltfläche DUPLIZIERT AKTUELLEN FRAME und schieben Sie ein sichtbares Ebenenobjekt pro Einzelbild mit dem Verschieben-Werkzeug ein Stück weiter. Dazu muss dieses Objekt in der Ebenenpalette aktiviert sein.

Slices

Kapitel 6

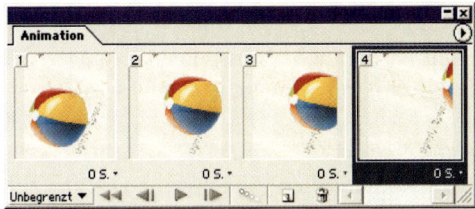

Abbildung 6.88:
Links: Um ein Slice als Einzelbild zu bearbeiten, wird es mit dem Slice-Auswahlwerkzeug angeklickt, dann wählen wir »Auswahl: Auswahl aus Slice erstellen« und entfernen die Bildumgebung mit dem Befehl »Bild: Freistellen« und der Option »Löschen«. Rechts: Der Ball befindet sich auf einer eigenen Ebene; Sie können also beispielsweise den Ball bewegen – entweder mit dem Verschieben-Werkzeug oder mit dem Paletten-Befehl »Dazwischen einfügen«. Schließlich speichert man diese Animation als GIF-Datei mit dem Befehl »Datei: Optimiert-Version speichern unter«. Dabei verwendet man denselben Namen im selben Verzeichnis wie für das bisherige Einzelbild aus der Slices-Tabelle.

3. Ist GIF in der Optimieren-Palette vorgegeben? Dann wählen Sie **Datei: Optimiert-Version speichern unter**. Beschränken Sie sich im Klappmenü DATEITYP auf die Option NUR BILDER. Speichern Sie Ihre Animation exakt in jenem Verzeichnis »Bilder«, in dem sich bereits die verschiedenen Einzelbilder für Ihre gesamte Slice-Komposition befinden. Und verwenden Sie den passenden, bereits vorhandenen Namen, also in unserem Beispiel »Animation.gif«.

4. Wenn Sie jetzt die HTML-Datei für die gesamte Slice-Tabelle in einem Internet-Browser öffnen, läuft die Animation ab.

Sie können dieses Gesamtergebnis nicht in einer einzelnen Photoshop-Datei festhalten und nicht per Browser-Vorschau aus ImageReady heraus besichtigen. Sie können jedoch die Animationsdatei als separate Photoshop-Datei aufheben. Gefällt Ihnen die Animation nicht mehr, reicht es aber auch, die GIF-Datei mit der Animation in ImageReady zu öffnen. Löschen Sie in der Animation-Palette alle Bilder bis auf eines, so dass ein Standbild zurückbleibt.

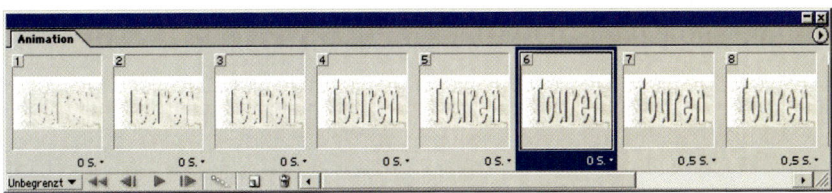

Abbildung 6.89:
Auch der Slice mit dem Schriftzug wird als Einzeldatei herausgetrennt, die Schrift wird als Animation schrittweise ein- und ausgeblendet. Dieser Effekt soll nur erscheinen, wenn der Mauszeiger über der Schrift liegt. Wir erzeugen also vorab innerhalb des Slice einen Rollover-Effekt für die Schrift. Die Einzelanimation speichern wir schließlich unter dem Namen und in dem Verzeichnis, in dem sich das Bild für den Zustand »Über« befindet.

Animation als Rollover-Zustand

Sie können eine Animation auch als einzelnen Rollover-Zustand sichern. Der Film läuft beispielsweise erst los, wenn der Mauszeiger naht – und friert nach Abzug des Cursors wieder ein.

Hier legen Sie im gewählten Slice zunächst die gewünschten Rollover-Zustände mit beliebigem Inhalt an – verwenden Sie aber in der Optimieren-Palette das GIF-Format. Danach geht es weiter wie oben beschrieben: Sie stellen den Slice frei, erzeugen eine Animation und wählen **Optimiert-Version speichern unter**. Nun speichern Sie das Bild als GIF-Datei; dabei nehmen Sie exakt den Namen derjenigen Bilddatei aus dem »Bilder«-Verzeichnis, welche den gewünschten Rollover-Zustand enthält – Sie speichern zum Beispiel als »Animation_over.gif«, um im Mauszustand ÜBER eine Animation zu sehen. Die ursprüngliche Datei wird also überschrieben.

Abbildung 6.90:
Auf den letzten Seiten haben Sie eine Internet-Seite mit Slices, Rollover-Effekten und Animation erzeugt. Datei: Slice-Anim.psd; HTML-Datei, Animationen im PSD-Format und Bilddaten für Browser-Darstellung im Unterverzeichnis »Slice-Anim«

6.8 Bilddarstellung beim Internet-Design

Vermutlich bearbeiten Sie hochwertige Bilddateien auf einem hochwertigen Rechner. Doch sind Ihre Motive erst online, hat es mit der erlesenen Qualität ein Ende:

- Um die Datenmenge zu reduzieren, werden die Bilder mit Verlust gespeichert – die Bildqualität sinkt.
- Sie wissen nicht, auf welchem Rechner Ihre Bilder überhaupt betrachtet werden. Möglicherweise verwendet Ihr Publikum nur 8-Bit-Grafikkarten, die maximal 256 unterschiedliche Farben darstellen können – Echtfarbdateien mit 24-Bit-Farbtiefe (maximal 16,7 Millionen unterschiedliche Farben) erscheinen hier verfälscht.

Bilddarstellung beim Internet-Design · Kapitel 6

Sie sollten darum schon bei der Bildbearbeitung in ImageReady oder Photoshop die Bilder so realistisch wie möglich darstellen:

- Simulieren Sie die beschränkte Wiedergabequalität auf einem fremden Rechner.
- Zeigen Sie den Qualitätsverlust beim Speichern in einem Internet-typischen Dateiformat schon vor dem endgültigen Speichern an.

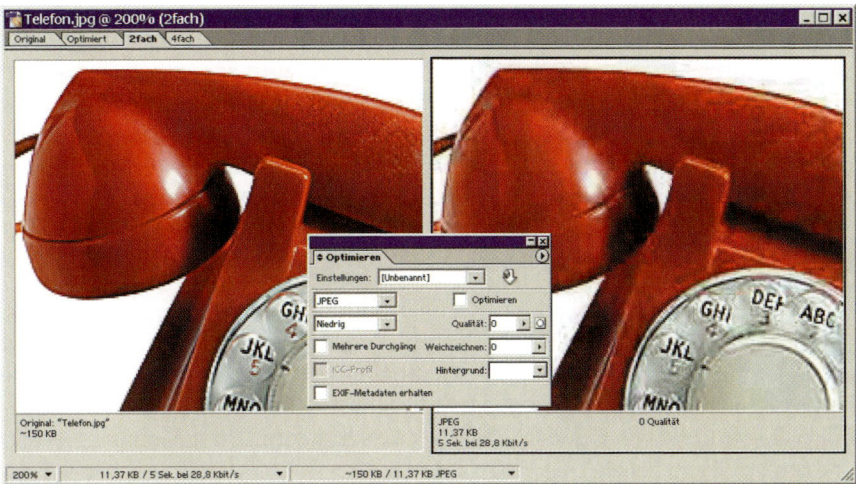

Abbildung 6.91:
In dieser Zweifach-Ansicht zeigt ImageReady rechts bereits, wie die Bildqualität sinkt, wenn man die Originaldatei im JPEG-Format mit der Qualitätsstufe 0 speichert; diese Vorgabe machen Sie in der Optimieren-Palette. Sie erkennen jedoch nicht, wie dieses Echtfarbbild mit 24-Bit-Farbtiefe auf einem Monitor wirkt, der nur mit 8-Bit-Farbtiefe für maximal 256 unterschiedliche Tonwerte betrieben wird. Dazu ist noch der Befehl »Ansicht: Vorschau: Browser-Dithering« erforderlich. Datei: Telefon

6.8.1 Darstellungsqualität simulieren

Windows- und Mac-Rechner setzen die im Bild gespeicherten Kontraste in unterschiedliche Monitorergebnisse um – sie arbeiten mit unterschiedlichem Monitorgamma.

Systemkompensierung

Ein Bild erscheint oft auf einem Windows-System dunkler als auf dem Mac. Sie haben im ImageReady-Untermenü **Ansicht: Vorschau** folgende Möglichkeiten:

- **Macintosh Standardfarbe** simuliert die Farbanzeige an Mac-Rechnern.
- **Windows Standardfarbe** ahmt die Farbwiedergabe von Windows-Systemen nach.
- **Eingebettetes Farbprofil verwenden** berücksichtigt ein Farbprofil, das Sie möglicherweise eingebettet haben. Damit erhalten Sie die Farbdarstellung aus Photoshop. Für Dateien ohne eingebettetes Farbprofil besteht die Option nicht. (ImageReady berücksichtigt die Information der ICC-Profile normalerweise nicht, sondern verwendet Monitor-RGB; das Programm erhält jedoch die im Bild vorhandenen ICC-Profile.)

Kapitel 6   Internet-Gestaltung

➡ **Nicht kompensierte Farbe** zeigt das Bild ohne Farbanpassung.

Photoshop bietet diese Befehle im Untermenü **Ansicht: Proof einrichten**, anschließend wählen Sie **Ansicht: Farb-Proof**. Sie erhalten die Funktionen abermals beim Befehl **Datei: Für Web speichern**; dort wählen Sie das Dreieck MENÜ VORSCHAU ▶ über dem rechten Vorschau-Fenster. In keinem Fall ändern Sie dadurch das Bild selbst; nur die Darstellung verändert sich.

TIPP

Internet-Browser zeigen Ihre Bilddateien zumeist in der Zoomstufe 100 Prozent. Sie sollten Ihre Dateien deshalb auch in ImageReady und Photoshop in der 100-Prozent-Darstellung prüfen. Dies gilt insbesondere für feine Strukturen und filigrane Schriften – sie wirken in vielen anderen Vergrößerungsstufen verzerrt (Seite 81). Die Zoomstufe 100 Prozent richten Sie beispielsweise per Strg+Alt+0 *oder mit dem Doppelklick auf die Lupe ein.*

Datei an Betriebssystem anpassen (»Gamma«-Befehl)

Sie können eine Datei, die auf Ihrem Windows-Rechner mit optimalen Kontrasten erscheint, für eine gleichartige Darstellung am Mac korrigieren. Dazu dient der ImageReady-Befehl **Bild: Einstellungen: Gamma**. Hier finden Sie die Schaltfläche WINDOWS ZU MACINTOSH, die Ihr Bild etwas dunkler macht. Umgekehrt wirkt MACINTOSH ZU WINDOWS. Der Gammawert lässt sich überdies stufenlos mit einem Schieberegler verändern. Diese **Gamma**-Korrektur funktioniert auch auf Textebenen.

Bei dieser Funktion verändern Sie tatsächlich die Bildpunkte und nicht nur ihre momentane Darstellung. Laut Photoshop-Hersteller Adobe verwendeten Bilder aus Photoshop 4.0 oder früher den Macintosh-Gammawert und sollten für die Anzeige unter Windows angepasst werden. Bilder ab Photoshop 5.0 verwenden den Windows-Gammawert und erscheinen ohne Anpassung korrekt unter Windows.

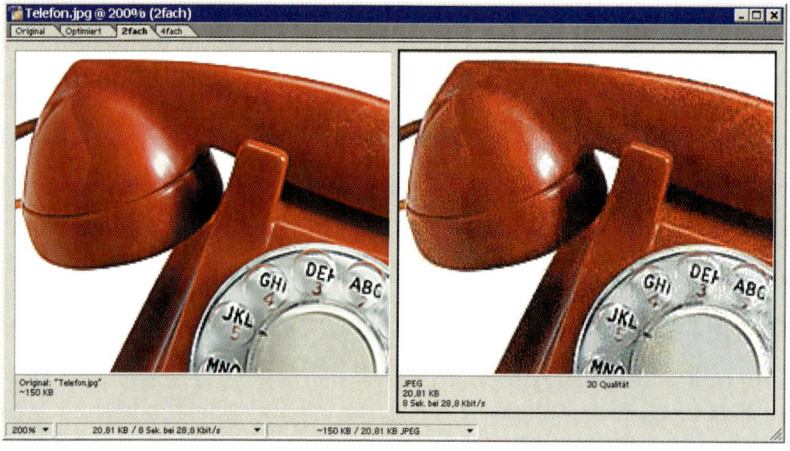

Abbildung 6.92:
Hier wurde der Befehl »Ansicht: Vorschau: Browser-Dithering« verwendet. ImageReady stellt jetzt die Vorschau rechts so dar, als ob das Bild auf einem Rechner mit nur 8-Bit-Farbtiefe (maximal 256 unterschiedliche Farben) erscheinen würde. Sie erkennen das Dithering-Streuraster. Die »Original«-Ansicht links bleibt unverändert.

Bilddarstellung beim Internet-Design   Kapitel 6

Gamma-Anpassung und viele weitere Kontraständerungen erlaubt der Befehl **Bild: Einstellungen: Tonwertkorrektur**; *für die Gamma-Bearbeitung verwenden Sie das mittlere, graue Dreieck direkt unter dem Histogramm (Seite 432).*

Browser-Dithering simulieren

Sehr alte Rechner stellen häufig nur 256 unterschiedliche Farben gleichzeitig dar, die Grafik arbeitet also nur mit 8-Bit-Farbtiefe. Da JPEG- und PNG-24-Dateien für das Internet jedoch bis zu 16,7 Millionen Farben enthalten, kommt es bei der Browser-Wiedergabe auf dem 8-Bit-Monitor zu Verlusten: Die verfügbaren Farbtöne werden durcheinander gestreuselt, um nicht verfügbare Farben zu simulieren. Speziell feine Farbübergänge wirken schnell verfälscht.

Auch wenn Sie an einem hochwertigen System mit Echtfarbdarstellung arbeiten, können Sie in ImageReady prüfen, wie Ihre Bilder auf einem Rechner mit schlichterer Grafikwiedergabe herauskommen:

1. Aktivieren Sie im Dateifenster nicht das ORIGINAL, sondern eine für das Internet »optimierte« Variante. Ohne diese Vorbereitung steht der Befehl nicht zur Verfügung.

2. Dann verwenden Sie in ImageReady den Befehl **Ansicht: Vorschau: Browser-Dithering** ([Strg]+[⇧]+[Y]). Damit erscheint die Vorlage im Streuraster, wie es Internet-Browser erzeugen. (Sie erhalten den Befehl auch im Untermenü **Vorschau anzeigen** des Kontextmenüs über dem Dateifenster.)

Bei dieser Darstellung leidet die Bildqualität in keiner Weise. Sie wenden durch den Befehl **Browser-Dithering** in keiner Weise Dithering auf die Bilddatei an (dies tun Sie höchstens mit der Optimieren-Palette, sofern Sie die Dateiformate GIF oder PNG-8 verwenden). Erkennen Sie beim Browser-Dithering grobe Verfälschungen, sollten Sie die Datei anders optimieren, zum Beispiel mit einem höheren Anteil an web-sicheren Farben.

In Photoshop wählen Sie den Befehl **Datei: Für Web speichern**; anschließend klicken Sie für **Browser-Dithering** auf das VORSCHAU-Dreieck ⊙ rechts oben.

Vergessen Sie nicht, die Betrachtungsweise **Browser-Dithering** *durch erneute Anwahl des Befehls wieder auszuschalten – ImageReady zeigt bei geschlossenem Untermenü keinerlei Hinweis, dass Sie mit dem verfälschenden Browser-Dithering arbeiten.*

6.8.2 Unterschiedliche Dateieigenschaften darstellen

Vielleicht bearbeiten Sie eine TIFF- oder PSD-Datei mit 24, 32, 48 oder 64 Bit Farbtiefe. Doch fürs Internet werden Sie meist die Formate JPEG oder GIF verwenden und dabei sinkt die Bildqualität. Sie sollten schon vor dem endgültigen Speichern sehen, wie Ihr Werk letztlich im geplanten Dateiformat mit der geplanten Qualitätsstufe wirkt.

Öffnen Sie eine Bilddatei in ImageReady und klicken Sie oben im Dateifenster auf den Reiter 4FACH. Nun zeigt das Programm vier Varianten Ihres Bildes. Ganz links oder links oben erscheint meist das ORIGINAL. Dazu sehen Sie drei bereits für das Internet heruntergerechnete Varianten – so genannte »optimierte« Dateien. Photoshop bietet eine weitgehend vergleichbare Darstellung mittels **Datei: Für Web speichern**; sie ist jedoch umständlicher, da man stets erst das Dialogfeld aufrufen und wieder schließen muss. Wir besprechen hier zunächst die Möglichkeiten mit ImageReady und gehen im Anschluss auf Besonderheiten bei Photoshop ein.

Abbildung 6.93:
Vier Varianten eines Bildes mit unterschiedlichen Dateiformatvorgaben zeigt ImageReady hier nebeneinander. Die aktive Variante wird durch ein schwarzes Rähmchen hervorgehoben, hier das dritte Bild von links. In der Optimieren-Palette steuern Sie die Vorgaben für die aktive Variante. Wurde als Dateiformat in der Optimieren-Palette GIF oder PNG-8 vorgewählt, zeigt die Palette »Farbtabelle« die maximal 256 Farben für die aktuelle Variante. Unten links erscheinen noch einmal Daten zur aktiven Variante. Die Art der Angaben dort lässt sich einstellen. Datei: Szene

Gleich unter den einzelnen Ansichten lesen Sie die aktuellen Dateiformat-Einstellungen wie etwa »GIF, 11,3 KB, 0 % Dithering, Web-Palette«. Auch die Datenübertragungszeit bei einer festgelegten Modemgeschwindigkeit wird mitgeteilt. Diese Angaben direkt unter den Einzelbildern verbergen Sie per **Ansicht: Optimierungsinformationen ausblenden**.

Ein schwarzes Rähmchen hebt jeweils die aktivierte Variante hervor. Alle Dateiformatvorgaben für diese aktivierte Variante erscheinen in der Optimieren-Palette, die Sie mit dem **Fenster**-Menü aufrufen. Verändern Sie nun in der Optimieren-Palette alle Einstellungen – etwa das geplante Dateiformat oder die Qualitätsstufe; ImageReady überträgt die neuen Vorgaben sofort auf die aktuelle Variante im Dateifenster. Sie können nach Belieben in jedem einzelnen Fenster auch das »Original« anzeigen. Bei einem Format, das 256 Farben darstellen kann – also GIF oder PNG-8 –, zeigt die Farbtabelle die Farben für die jeweils aktivierte Variante. Die Farbtabelle rufen Sie ebenfalls im **Fenster**-Menü auf. Zum Arbeiten sollten Sie das ORIGINAL-Fenster aktivieren (siehe auch unten, »Bildbearbeitung in der Mehrfach-Ansicht«).

Darstellung aktualisieren

Passt ImageReady die Bilddarstellung in allen Qualitätsvarianten nicht automatisch Ihren geänderten Wünschen an, probieren Sie es durch Drücken der Eingabetaste (sofern der Eingabe-Cursor noch in diesem Dialogfeld blinkt). Oder öffnen Sie das Menü zur Optimieren-Palette mit dem Dreieck rechts oben in diesem Bildschirmelement und wählen Sie **Darstellungen erneuern**.

Sie können die automatische Anpassung aber auch ganz abschalten – etwa, weil die Neuberechnung zu lange dauert. Dazu wählen Sie im Menü der Optimieren-Palette die Funktion **Auto Regenerieren** ab. Vorschaufenster, die nicht mehr die aktuelle Bildbearbeitung wiedergeben, zeigen dann jeweils rechts unten ein Warndreieck . Wollen Sie ein einzelnes Fenster aktualisieren, klicken Sie auf dieses Warndreieck oder wählen **Regenerieren** im Menü der Optimieren-Palette. Dadurch wechseln Sie wohlgemerkt nicht dauerhaft zur automatischen Regenerierung.

Häufig stört die Mehrfach-Vorschau nur und sie schluckt Platz. Deswegen beschränken sich manche Anwender auf die reine Originalansicht im Bildfenster und wechseln erst vor dem endgültigen Speichern zu einer Mehrfach-Darstellung.

Zentrale Bildinformation

Unten links im Rahmen des Bilddateifensters zeigt ImageReady weitere Bilddaten. Dort gibt es drei Bereiche; jeden Bereich richten Sie über ein Menü nach Ihren Vorstellungen ein. Das entsprechende Menü erhalten Sie durch Klick auf das schwarze Dreieck im jeweiligen Bereich. Ganz links wird die Zoomstufe angezeigt, das Menü bietet weitere Zoomstufen an. Das mittlere und das rechte Menü enthalten identische Informationsangebote: unter anderem einen Vergleich zwischen Original und optimierter Version, der sich beispielsweise so liest: »455 KB / 36,95 KB GIF«. Sie können hier aber auch Pixelmaße, Wasserzeichenstärke (vergleiche Seite 849) oder die Zahl der widerrufbaren Bildkorrekturen einblenden.

Bildbearbeitung in der Mehrfach-Ansicht

Um das Bild mit Pinseln zu bearbeiten, müssen Sie die ORIGINAL-Variante aktivieren. Die anderen Funktionen lassen sich auch nutzen, wenn eine so genannte »optimierte« Version aktiviert ist. Sie können in allen vier Vorschau-Fenstern den sichtbaren Ausschnitt mit Lupe (Strg +Leertaste) oder Verschiebe-Hand (nur Leertaste) bewegen.

Wechsel der Darstellung

Mit den Reitern oben im Bilddatei-Rahmen kehren Sie jederzeit zu einer anderen Darstellung zurück – so zeigen Sie beispielsweise nur das ORIGINAL, nur eine OPTIMIERTE Variante oder verwenden eine 2FACH-Ansicht. Entsprechende Befehle bietet je nach Situation auch das **Ansicht**-Menü.

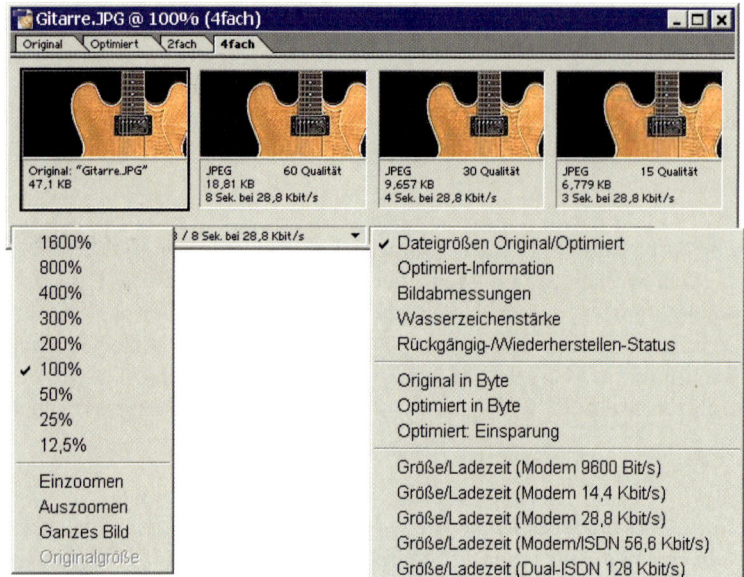

Abbildung 6.94:
Unten links im Bildfenster zeigt ImageReady Informationen über die aktivierte Variante. Welche Angaben dort erscheinen, lässt sich über Menüs einstellen.

 Ziehen Sie zum Beispiel den 2FACH-Reiter aus dem Dateifenster auf die ImageReady-Arbeitsfläche – Sie erhalten damit eine neue Zweifach-Ansicht derselben Datei. Dies entspricht dem Photoshop-Befehl **Fenster: Neues Fenster**. *Doch auch wenn Sie mehrere* 4FACH-*Darstellungen nebeneinander stellen, lassen sich nicht mehr als maximal fünf unterschiedliche Qualitäten anzeigen; und eine davon muss das* ORIGINAL *sein.*

Vorgaben für die Mehrfach-Vorschau

Verwenden Sie die Vierfach-Ansicht, zeigt ImageReady in der Regel als erstes Bild das ORIGINAL, dann eine Version mit den aktuellen Vorgaben aus der Optimieren-Palette und dazu zwei weitere, kleinere Fassungen. Sie können jedoch festlegen, welche Optimiert-Varianten ImageReady zuerst präsentiert. Dazu dient der Befehl **Bearbeiten: Voreinstellungen: Optimierung**. Sie machen hier separate Vorgaben für die alleinige Darstellung einer optimierten Version, für die Zweifach- und für die Vierfach-Darstellung.

Diese Möglichkeiten haben Sie:

- Sie können die ZUVOR BENUTZTE EINSTELLUNG VERWENDEN, wenn Sie den aktuellen Eintrag in der Optimieren-Palette beibehalten wollen. Diese Option heißt in einigen Klappmenüs AKTUELL.

- Sie können GIF/JPEG AUTOMATISCH WÄHLEN. Bei grafischen Motiven sowie bei Motiven mit Transparenz und Animation schlägt ImageReady dann zunächst das besser geeignete GIF-Format vor, bei Halbtonbildern dagegen JPEG.

Bilddarstellung beim Internet-Design — Kapitel 6

➤ AUTO erzeugt eine kleinere, optimierte Bildversion. Diese Option gibt es nur, wenn Sie in den 2FACH-EINSTELLUNGEN und in den 4FACH-EINSTELLUNGEN bereits eine AKTUELLE VERSION vorgesehen haben.

➤ Oder Sie greifen auf eine BENANNTE EINSTELLUNG zurück. Gemeint sind Vorgaben wie »JPEG hoch« – also Dateiformat-Einstellungen, die Sie in der Optimieren-Palette speichern können. Einige Klappmenüs listen die vorhandenen gespeicherten Einstellungen direkt auf.

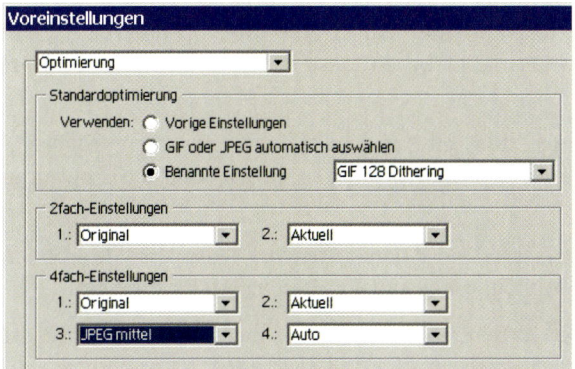

Abbildung 6.95:
Mit dem Befehl »Bearbeiten: Voreinstellungen: Optimierung« bestimmen Sie, welche Optimierungseinstellungen ImageReady in der Mehrfach-Vorschau zuerst anbietet.

6.8.3 Der Photoshop-Befehl »Für Web speichern«

Photoshop bietet mit dem Befehl **Datei: Für Web speichern** ([Strg]+[Alt]+[⇧]+[S]) die Möglichkeit, nach Art von ImageReady ein Bild in vier Varianten anzuzeigen. In vielen Punkten gleicht das Dialogfeld der Mehrfach-Vorschau von ImageReady. Allerdings: Der Photoshop-Befehl **Für Web speichern** lässt nur wenige Korrekturen mehr zu. Sie können Slices formen, die Bildpunktzahl ändern, die Vorgaben für JPEG, GIF und PNG sowie die Farbtabelle bearbeiten; aber weitere Retuschen sind innerhalb dieses Fensters nicht möglich.

Im Dialogfeld FÜR WEB SPEICHERN zeigt Photoshop Eingriffsmöglichkeiten, die ImageReady auf verschiedene Paletten verteilt: Dazu gehören die Bereiche FARBPALETTE, EINSTELLUNGEN (für Dateiformatvorgaben mit den Voreinstellungen aus ImageReady) oder die Slices-Kontrolle.

Ändern der »Bildgröße«

Auch eine BILDGRÖSSE-Korrektur finden Sie im Dialogfeld FÜR WEB SPEICHERN. Sie ändern hier also die Maße der optimierten Version, das Original bleibt mit den Originalwerten unversehrt zurück. Sie können nur Pixel- und Prozentwerte ändern, keine Druckmaße. Zwar stehen verschiedene Interpolationsverfahren zur Wahl, aber das oft nach einer Größenänderung empfehlenswerte Scharfzeichnen lässt sich nicht anschließen – dazu müssten Sie die Datei neu öffnen, korrigieren und abermals speichern. Haben Sie neue Größenwerte angegeben, klicken Sie auf die Schaltfläche ANWENDEN – damit rechnet das Programm die verschiedenen Darstellungen auf die neuen Maße um. Oft ist es sinnvoller, das Bild vorab mit dem Befehl **Bild: Bildgröße** herunterzurechnen (Seite 155).

Kapitel 6   Internet-Gestaltung

Einblendmenüs

Photoshops Dialogfeld FÜR WEB SPEICHERN zeigt vier mit dem Dreieck ⊳ gekennzeichnete Schaltflächen, die zu Menüs führen. Diese Funktionen wurden bereits im vorhergehenden Abschnitt bei ImageReady geklärt:

➤ Rechts oben, oberhalb vom zweiten Bildfenster, regeln Sie die Bilddarstellung, zum Beispiel **Browser-Dithering** oder **Macintosh Standardfarbe** (Seite 367).

➤ Ganz rechts außen finden Sie die Verwaltung der Dateiformatvorgaben. Sie können **Einstellungen speichern, Einstellungen löschen** oder **Auf Dateigröße optimieren**. Wenn Photoshop die Anzeige nach einer Änderung nicht aktualisiert, lassen sich hier die **Darstellungen erneuern**.

➤ Rechts unten, rechts unter dem rechten Bild, gibt es Schaltflächen, um die aktivierte – also durch einen Rahmen hervorgehobene – Bildvariante in einem Internet-Programm anzuzeigen.

➤ Das Klappmenü links unten stellt verschiedene Zoomstufen zur Auswahl. Sie können die Bilddarstellung aber auch direkt mit Lupe 🔍 und Verschiebehand ✋ regeln.

➤ Mit dem Slice-Auswahlwerkzeug 🗡 aktivieren Sie einzelne Slices, um für diese die Optimierungseinstellungen zu ändern (Details zu Slices ab Seite 346).

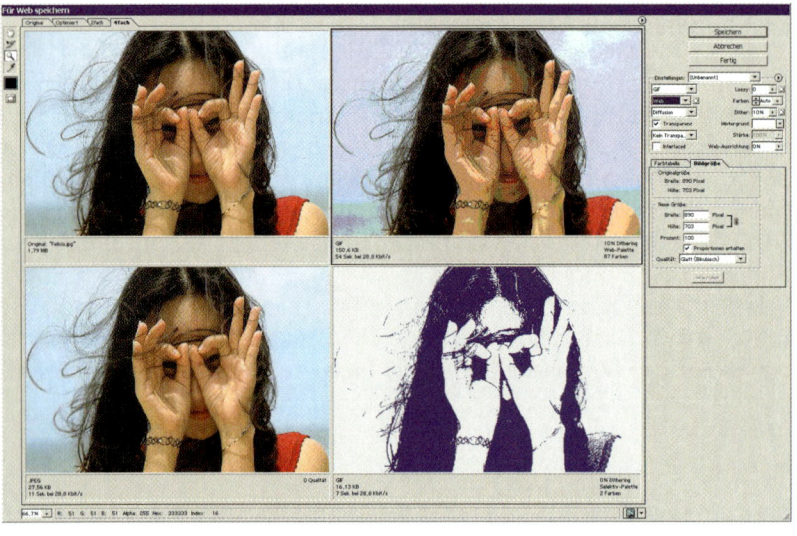

Abbildung 6.96:
Der Photoshop-Befehl »Datei: Für Web speichern« stellt mehrere Varianten der Bilddatei dar. Enthalten sind Eingabemöglichkeiten für Farbtabelle, Dateiformatvorgaben, Slices und Bildgröße. Über die Schaltflächen mit Dreieck blenden Sie Menüs ein. Vielseitiger und bequemer bietet diese Funktionen jedoch ImageReady an.

Zurücksetzen und merken

Drücken Sie bei geöffnetem Dialogfeld FÜR WEB SPEICHERN die [Alt]-Taste, ändern sich die zwei Schaltflächen oben rechts:

➤ Aus ABBRECHEN wird – wie immer – ZURÜCK. Per Anklicken setzen Sie die aktuelle Variante auf die Dateiformatvorgabe zurück, die bei Öffnen des Dialogfeldes galt.

➤ Aus OK wird MERKEN. Klicken Sie darauf, wenn in diesem Variationsfenster auch weiterhin die momentan sichtbaren Dateiformatvorgaben gemacht werden sollen. Beim nächsten Öffnen erscheint in diesem Fenster wieder eine Bildfassung mit den »gemerkten« Einstellungen. Die anderen Bildfassungen werden automatisch davon abgeleitet – es sind Varianten mit geringerer Dateigröße. Dies geschieht unabhängig von den Vorgaben, die Sie eventuell bei ImageReady mit dem Befehl **Bearbeiten: Voreinstellungen: Optimieren** gemacht haben.

Weitere Photoshop-Befehle für die Bilddarstellung

Photoshop bietet weitere Funktionen, die für die Bilddarstellung beim Internet-Design von Bedeutung sind:

➤ Speichern Sie ein Bild im JPEG-Format mit den Funktionen **Speichern unter** oder **Kopie speichern unter**, meldet das Photoshop-Dialogfeld resultierende Dateigröße und Übertragungszeit; das aktuell sichtbare Bild passt sich bereits den Qualitätsvorgaben an. Sie müssen also in Photoshop nicht unbedingt den Befehl **Für Web speichern** anklicken.

➤ Reduzieren Sie die Farbtiefe mit dem Befehl **Bild: Modus: Indizierte Farben** auf acht Bit (256 Farben), so sehen Sie noch bei geöffnetem Dialogfeld den Qualitätsverlust, sofern die VORSCHAU eingeschaltet ist.

6.8.4 Bilddarstellung im Internet-Browser

Sie können aus Photoshop und aus ImageReady heraus das Bild unmittelbar in einem Internet-Browser anzeigen. Praktisch: Zusätzlich zum Bild selbst melden die Programme Dateigröße, Pixelmaße, Dateiformatvorgaben und HTML-Code direkt im Browser-Fenster. Diese Angaben beziehen sich auf die optimierte Version, die zuletzt in der Mehrfach-Vorschau oder im Photoshop-Dialogfeld FÜR WEB SPEICHERN aktiviert war.

In ImageReady verwenden Sie zur Browser-Vorschau das Untermenü **Datei: Vorschau in,** die Schaltfläche VORSCHAU IN STANDARD-BROWSER aus der Werkzeugleiste oder statt dessen `Strg`+`Alt`+`P`. In Photoshop nehmen Sie den Befehl **Datei: Für Web speichern** und dann die Vorschau-Schaltfläche rechts unten.

Neue Programme für das Untermenü »Vorschau in«

Im Untermenü **Vorschau in** bieten ImageReady und Photoshop jene Internet-Browser sofort an, die bereits vor Installieren von Photoshop und ImageReady auf der Platte waren. Weitere und neue Browser können Sie bequem hinzufügen:

So fügen Sie dem ImageReady-Untermenü **Vorschau in** neue Programme hinzu:

1. Wechseln Sie in das Verzeichnis des gewünschten Programms.
2. Erzeugen Sie eine Verknüpfung der Programmdatei. In Windows klicken Sie dazu die Datei mit rechts an und verwenden den Kontextmenü-Befehl **Verknüpfung erstellen**. Am Mac legen Sie ein Alias an.

Kapitel 6   Internet-Gestaltung

3. Verschieben oder kopieren Sie die Verknüpfung in den Photoshop-Ordner »Helpers/Preview in«.

4. Nach dem nächsten Programmstart steht der Browser zur Verfügung.

Beachten Sie, dass Sie mit einem vergleichbaren Verfahren per **Datei: Springen zu** schnell auch zu anderen Grafikprogrammen oder HTML-Editoren wechseln können (Seite 78).

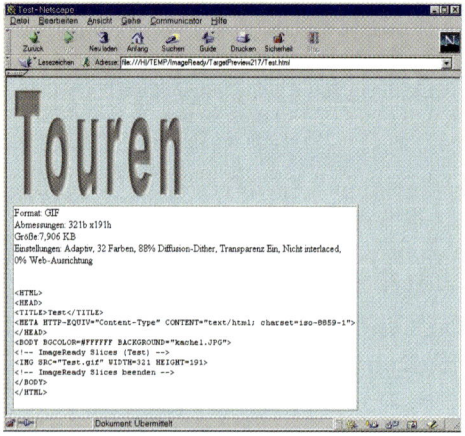

Abbildung 6.97:
Der ImageReady-Befehl »Datei: Vorschau in« zeigt, wie das aktuelle Bild im Internet-Browser wirkt. ImageReady blendet hier auch die Optimierungseinstellungen und den kompletten HTML-Code ein. In der Adresszeile des Browsers erkennen Sie das temporäre Verzeichnis, in dem ImageReady die Dateien für diese Vorschau ablegt.

Vorteile der Browser-Darstellung

Die Darstellung im Internet-Browser hat viele Vorteile:

- Animationen laufen nur im Browser, aber nicht unbedingt in ImageReady mit der korrekten Geschwindigkeit ab.

- Slices sollte man unbedingt in einem Browser prüfen – besser in verschiedenen Browsern, da es durchaus zu Abweichungen kommen kann.

- ImageReady zeigt Hintergrundkacheln nicht mehrfach aneinander gesetzt. Wollen Sie die Vielfach-Bildwirkung prüfen, müssen Sie die Kacheldatei als Hintergrundmuster definieren und im Browser begutachten. (Alternativen: Sie verwenden probehalber eine Füllebene mit Muster oder die MUSTERÜBERLAGERUNG als Ebenenstil.)

- Auch ein mit Transparenz freigestelltes Bild lässt sich in ImageReady oder Photoshop nicht ganz korrekt überprüfen. Man müsste schon das Hintergrundmuster oder die Hintergrundfarbe vorübergehend ins Original hineinmontieren. Bei der **Vorschau** im Web-Browser werden jedoch Hintergrundmuster oder Hintergrundfarben, die Sie mit dem ImageReady-Befehl **Datei: HTML-Hintergrund** eingerichtet haben, berücksichtigt.

- Bei der Browser-Darstellung blendet ImageReady zusätzlich den HTML-Code ein; Sie können ihn hier überprüfen oder auch markieren und kopieren.

TIPP *Der HTML-Code erscheint zwar direkt in der Browser-Vorschau. Sie können ihn aber aus dem Browser heraus auch in einem zusätzlichen Fenster öffnen; dazu dient ein Browser-Befehl wie* **Ansicht: Quelltext anzeigen**. *Nur Windows: Der Internet Explorer für Windows öffnet den Quelltext im Programm Editor, bei sehr großen HTML-Dateien im Programm WordPad; dort lässt sich der HTML-Code bei Bedarf bearbeiten und neu speichern. Nach einem Klick auf die Schaltfläche* AKTUALISIEREN *im Explorer sehen Sie das Ergebnis Ihres Eingriffs.*

Temporäres Verzeichnis

Für die Vorschau im Browser erzeugt ImageReady die erforderlichen HTML- und Bilddateien in einem Temporär-Verzeichnis:

➡ Windows: Die Dateien für die Browser-Vorschau finden Sie im aktuellen Temp-Verzeichnis Ihres Systems, den genauen Pfad – man kann auch URL dazu sagen – entnehmen Sie der Adresszeile des Browsers. Dabei entstehen typischerweise Unterverzeichnisse wie »Temp/ImageReady/TargetPreview210/Testdatei.html«. Achten Sie darauf, dass im Temp-Verzeichnis genügend Platz vorhanden ist. Sie können die Dateien dort bei Bedarf direkt weiterverwenden, löschen oder austauschen. Klicken Sie dann im Browser auf AKTUALISIEREN oder NEU LADEN, um die geänderte Internet-Grafik zu sehen. Läuft alles korrekt, werden die Dateien im »Temp«-Verzeichnis bei Schließen der Programme gelöscht.

➡ Mac OS 9: Die Vorschaudateien befinden sich im unsichtbaren Verzeichnis »Cleanup at startup«.

6.9 Transparenz

Übliche Bilddateien stehen stets in einer Rechteck-Box. Man kann aber auch Freiform-Ausschnitte anlegen, so dass der Hintergrund der Internet-Seite durchscheint – entweder die Hintergrundfarbe oder das Hintergrundmuster. Sie stellen beispielsweise Schriftzüge, nichtrechteckige Schaltflächen oder beliebige, frei ausgeschnittene Objekte so auf die Seite, dass die Motive unmittelbar vom Seitenhintergrund umgeben werden.

Transparenz-Möglichkeit bieten die Formate GIF, PNG-8 und PNG-24. JPEG scheidet komplett aus. Weil das PNG-Format noch nicht sehr verbreitet ist, erzeugt man Freisteller meist mit GIF-Bildern. Diese sind freilich auf 255 Farbtöne beschränkt.

6.9.1 Transparenz mit harten Kanten

Wir behandeln zunächst Freisteller mit harten Kanten – also den typischen Fall. Dabei sind keinerlei weiche Übergänge möglich, nicht einmal das »Glätten« mit seinen halbtransparenten Randpixeln. Jeder Bildpunkt erscheint auf der Webseite entweder voll deckend oder gar nicht.

Kapitel 6 Internet-Gestaltung

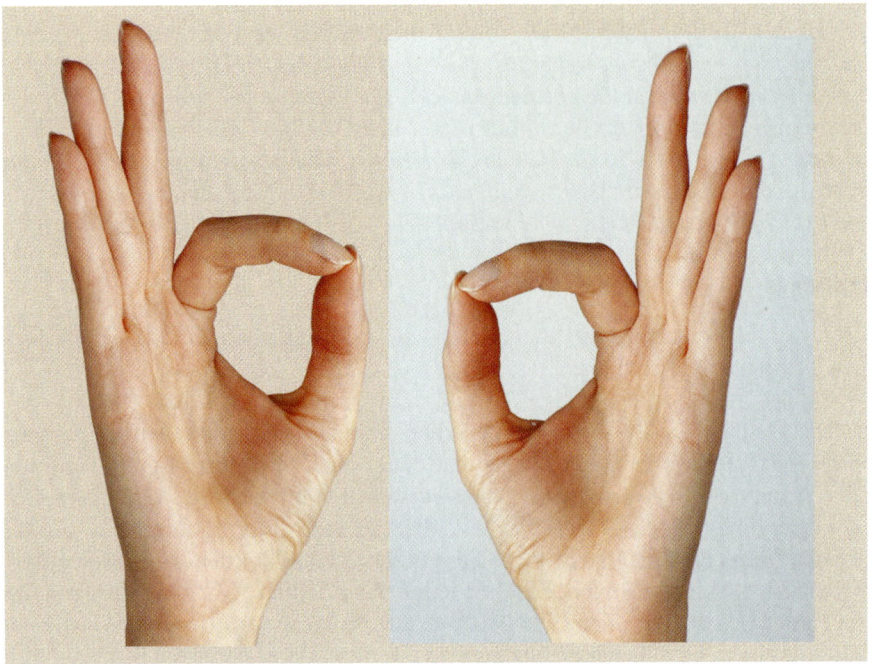

Abbildung 6.98:
Soll ein Motiv freigestellt über dem Hintergrund erscheinen, verwenden Sie GIF oder PNG und schalten die »Transparenz« ein. Sonst wird das freigestellte Motiv wie im rechten Beispiel von einer Rechteck-Fläche umgeben.

Zunächst benötigen Sie transparente Bereiche im Bild: Zonen also, in denen Photoshop oder ImageReady den karierten Hintergrund zeigen. Eventuell bearbeiten Sie einen Schriftzug oder ein Objekt, das mit den Formwerkzeugen entstand, oder Sie verwenden Ebenenmasken oder Ebenenfreistellpfade; dann gibt es vielleicht schon Transparenz im Bild; blenden Sie eventuell darunterliegende Ebenen mit dem Augen-Symbol 👁 aus. Ansonsten müssen Sie Ihr Objekt erst freischneiden – wie im folgenden Beispiel aus ImageReady:

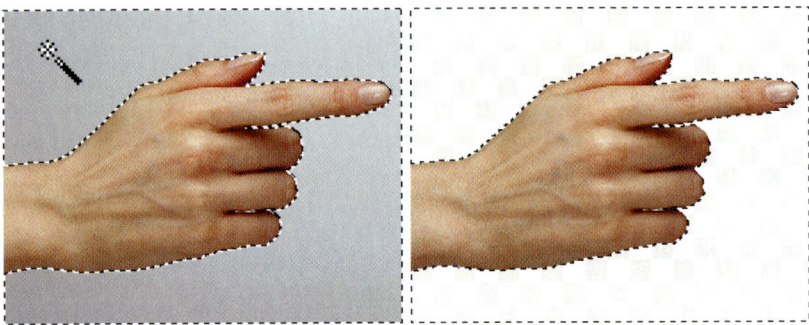

Abbildung 6.99:
Schalten Sie den Zauberstab mit der Kurztaste W ein, richten Sie in den Optionen etwa eine Toleranz von 33 ein und schalten Sie die Option »Benachbart« ein. Nun klicken Sie in den Bildhintergrund. Erste Bereiche werden von einer schwarzweißen Fließmarkierung umgeben. Klicken Sie bei gedrückter ⇧-Taste oder bei gedrückter Schaltfläche »Auswahl erweitern« noch mehrfach ins Bild, bis die Umgebung des Hauptmotivs komplett ausgewählt ist. Löschen Sie den Hintergrund dann mit der Entfernen-Taste. Vorlage: Hand.jpg

Transparenz   Kapitel 6

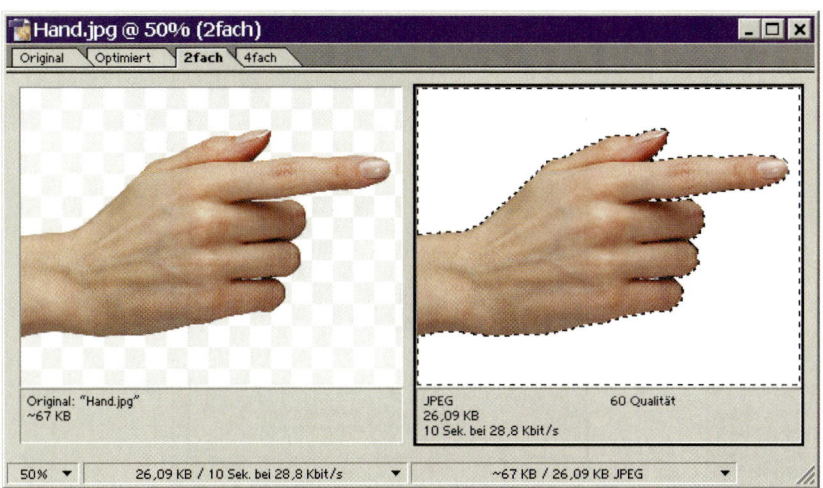

Abbildung 6.100:
Links: Im Fenster für das »Original« erkennen Sie am Karomuster, dass das Objekt jetzt tatsächlich über transparenter Fläche liegt. Rechts: In der Vorschau der »optimierten« Variante ist von der Transparenz aber nichts zu erkennen. Warum? Weil die Optimieren-Palette für dieses Vorschaufenster ein JPEG-Dateiformat vorgibt – und JPEG unterstützt generell keine Transparenz. Statt dessen erscheint hinter dem Objekt generell diejenige »Hintergrund«-Farbe, die Sie in der Optimieren-Palette eingestellt haben, hier also Weiß. Auch in den Hinweisen unter der »optimierten« Vorschau erkennen Sie den JPEG-Hinweis.

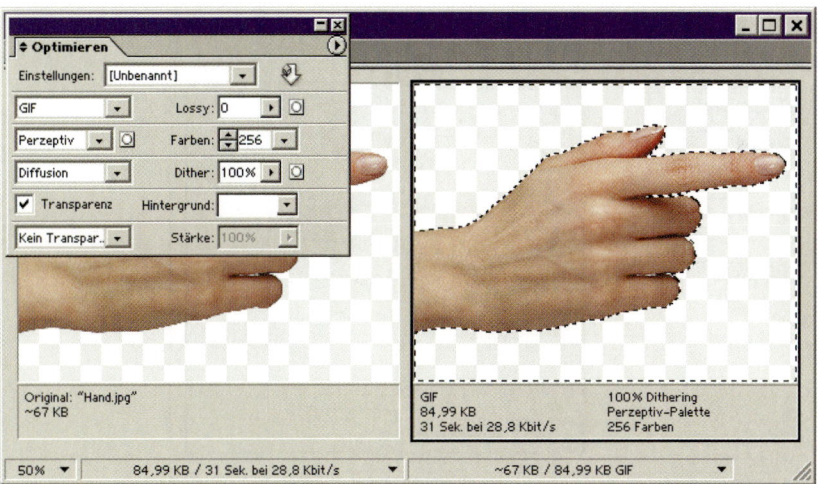

Abbildung 6.101:
Hier wurde in der Optimieren-Palette das GIF-Format eingerichtet. Außerdem haben wir in derselben Palette die »Transparenz« eingeschaltet. Nur mit dieser Vorgabe erscheint die Hand freigestellt. (Dies gilt auch für das PNG-8-Format.) Die Hand erscheint auch dann im Browser freigestellt, wenn bei »Hintergrund« irgendeine beliebige Farbe aktiviert ist (allerdings eventuell mit veränderten Kanten, siehe unten »Harte Kanten an Hintergrund anpassen«). Sie können das Ergebnis jetzt mit dem Befehl »Datei: Optimiert-Version speichern« als GIF-Datei konservieren, um es freigestellt auf der Seite zu präsentieren. Sie benötigen keinen HTML-Code für dieses freigestellte Objekt. Ergebnisdatei: Hand.gif

Kapitel 6   Internet-Gestaltung

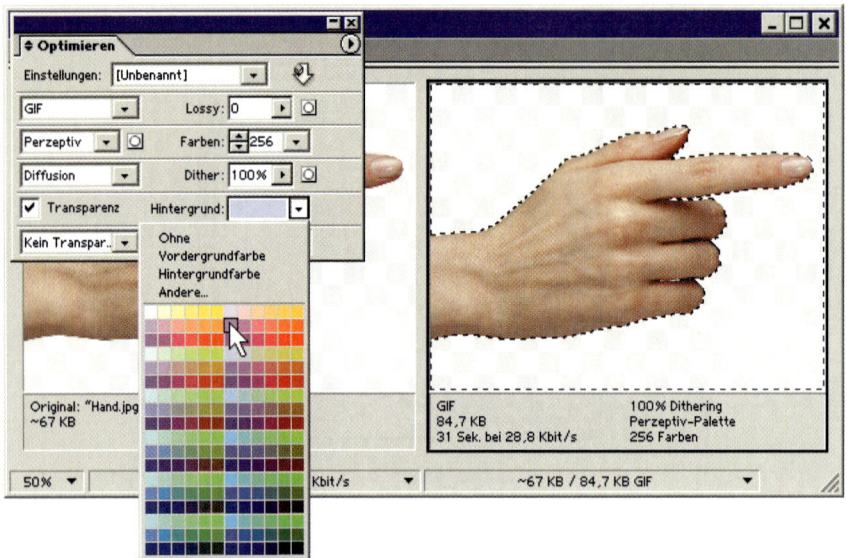

Abbildung 6.102:
Wir stellen eine neue »Hintergrund«-Farbe in der Optimieren-Palette ein. Die Farbe erscheint gleichwohl nicht in der ImageReady-Vorschau für das GIF-Format, mit JPEG würde sie dagegen sichtbar.

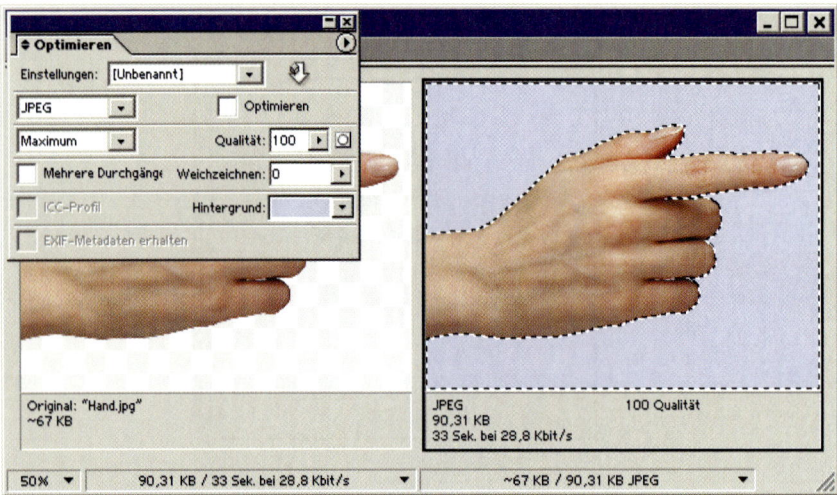

Abbildung 6.103:
Hier wurde in der Optimieren-Palette noch einmal das JPEG-Format angewählt. Weil es keine Transparenz unterstützt, erscheint hier die gewählte »Hintergrund«-Farbe in der Vorschau. Falls Sie diese Variante speichern, wird der Hintergrund mitgesichert.

Transparenz

Kapitel 6

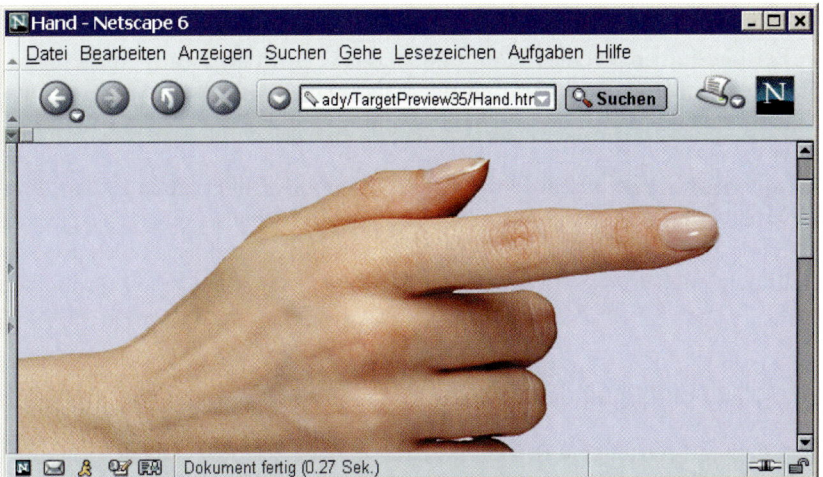

Abbildung 6.104:
Mit dem Befehl »Datei: Vorschau in« testen wir das Bild in einem Internet-Browser. Die zuvor gewählte »Hintergrund«-Farbe erscheint wohlgemerkt nur dann auf der fertigen Internet-Seite, wenn für die geplante Gesamtseite keine Hintergrundfarbe oder kein Hintergrundmuster definiert wurden. Die Farbe dient also nur der Prüfung. Bauen Sie das Ergebnisbild in eine Seite ein, für die Hintergrundfarbe oder Hintergrundmuster definiert wurden, ist von der hier verwendeten Hintergrundfarbe nichts zu sehen. Ergebnisdatei: Hand.gif

Abbildung 6.105:
Wir testen die freigestellte GIF-Datei aus ImageReady heraus mit dem geplanten Seitenhintergrund. Dazu verwenden wir in ImageReady den Befehl »Datei: Ausgabe-Einstellungen: Hintergrund« mit der Vorgabe »Ansicht unter: Bild« und tragen im Bereich »Hintergrund« das geplante Hintergrundmuster ein, in diesem Beispiel »Bad_Muster.jpg«. Dabei muss im Programmfenster die Datei »Hand« aktiviert sein. Das »Kachel«-Muster erscheint nicht im ImageReady-Dateifenster, es wird aber bei der Browser-Vorschau verwendet. Es spielt keine Rolle, welchen »Hintergrund« Sie in der Optimieren-Palette eintragen. Datei: Hand_4.psd

Kapitel 6   Internet-Gestaltung

Auswählen in Photoshop

Im vorhergehenden Beispiel haben wir das Hauptmotiv direkt in ImageReady ausgeschnitten. Photoshop bietet freilich mehr Auswahlfunktionen als ImageReady, so etwa den **Extrahieren**-Befehl, den Maskierungsmodus oder die Pfadtechnik.

Schneiden Sie das Motiv also bei Bedarf in Photoshop frei. Dann wählen Sie in diesem Programm den Befehl **Datei: Für Web speichern** – Sie können dort ebenso eine transparente GIF-Datei sichern wie in unserem Beispiel aus dem Programm ImageReady. Alternativ verwenden Sie die Schaltfläche SPRINGEN ZU IMAGEREADY ([Strg]+[⇧]+[M]) und setzen dort die Arbeit fort.

6.9.2   Harte Kanten an Hintergrund anpassen

Noch immer behandeln wir Freisteller mit harten Kanten. Als wir in der vorhergehenden Übung die Hand mit dem Zauberstab ausgewählt haben, kam es aus zwei Gründen zu hellen Säumen rund um das Objekt herum:

➡ Etwas von dem hellen Studiohintergrund des Fotomotivs gelangte mit in die Auswahl. Ursache hierfür sind unter anderem Kontrastsäume, die durch das Scharfzeichnen entstehen.

➡ Zudem entstanden halbtransparente Bildpunkte am Objektrand, weil wir beim Auswählen die Option GLÄTTEN verwendet haben. (Dies gilt auch für die GLÄTTEN-Optionen des Textwerkzeugs.) Diese halbtransparenten Bildpunkte werden beim Speichern im GIF-Format zu gänzlich undurchsichtigen Bildpunkten.

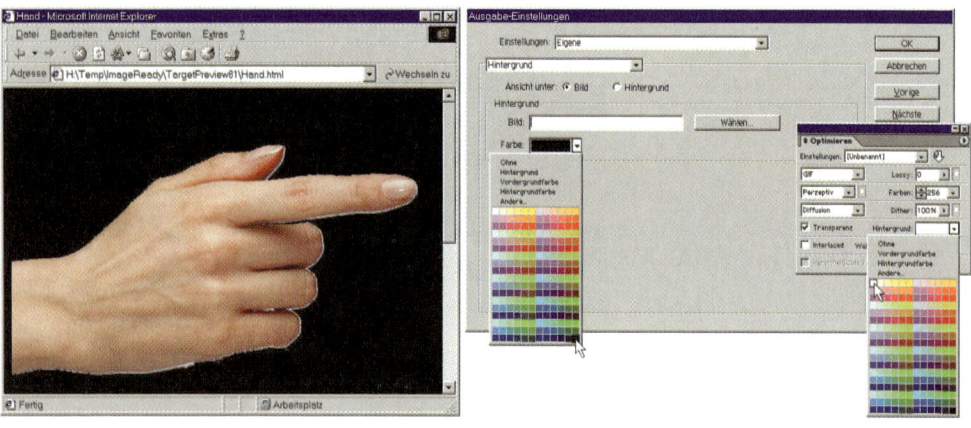

Abbildung 6.106:
Diese Browser-Vorschau zeigt unschöne weiße Kanten. Die Gründe: Reste der hellen Studioumgebung sind mit in die Auswahl des Hauptmotivs geraten. Außerdem haben wir die Auswahl mit der »Glätten«-Vorgabe des Zauberstabs erzeugt. Dabei entstehen halbtransparente Randpixel. Weil das GIF-Format Halbtransparenz nicht unterstützt, werden diese Bildpunkte, sofern sie zu mindestens 50 Prozent decken, in voll deckende Bildpunkte übersetzt. Und dabei mischt ImageReady in die Halbtransparenz die aktuelle »Hintergrund«-Farbe aus der Optimieren-Palette ein; diese »Hintergrund«-Farbe war auf Weiß gestellt, so dass der Objektrand hier aufgehellt wurde. Gleichzeitig haben wir als Seitenhintergrund mit dem Befehl »Datei: Ausgabe-Einstellungen: Hintergrund« im Bereich »Hintergrund« schwarze Farbe als Seitenhintergrund gewählt. Die hellen Objektkonturen treten so besonders deutlich hervor. Datei: Hand_2.psd

Transparenz   Kapitel 6

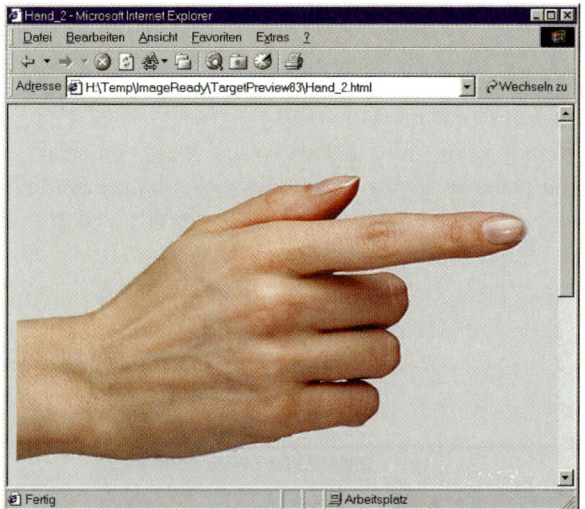

Abbildung 6.107:
Hier testen wir das freigestellte Objekt vor einem helleren Hintergrund, die Farbe haben wir wieder in den Ausgabe-Einstellungen eingerichtet. Die Kanten fallen weniger auf. Die Information über die »Hintergrund«-Farbe aus der Optimieren-Palette wie auch über den Seitenhintergrund aus dem Befehl »Ausgabe-Einstellungen: Hintergrund« wird im Photoshop-Dateiformat mitgespeichert. Datei: Hand_3.psd

Übersicht: Säume um das Objekt herum vermeiden

Entstehen helle Bildkanten und steht das Objekt vor einem dunklen Seitenhintergrund, dann tritt ein heller Saum hervor. Dagegen können Sie Folgendes unternehmen:

- Schneiden Sie das Motiv so frei, dass garantiert keine Bildumgebung mit in der Auswahl ist. Zum Beispiel wählen Sie zunächst den Hintergrund aus und vergrößern die Auswahlfläche noch mit dem ImageReady-Befehl **Auswahl: Auswahl transformieren: Ausweiten** (in Photoshop heißt es korrekter **Auswahl: Auswahl verändern: Ausweiten**). Außerdem müssen Sie in den Optionen zum Auswahlwerkzeug auf GLÄTTEN verzichten. Dabei kappt man freilich leicht an einigen Stellen zuviel vom Hauptmotiv weg.

- Alternative: Sofern Ihnen die Hintergrundfarbe der geplanten Internet-Seite bekannt ist, rechnen Sie diese Farbe schon in die Objektkanten hinein. Dies geschieht mit dem HINTERGRUND-Klappmenü in der Optimieren-Palette. Dabei entsteht eine Mischung zwischen Objektfarbe und Hintergrundfarbe, die für einen harmonischen Übergang sorgt.

Das »Hintergrund«-Klappmenü der Optimieren-Palette

Mit dem HINTERGRUND-Klappmenü aus der Optimieren-Palette bestimmen Sie, welche Farben ImageReady in halbtransparente Bildpunkte Ihres Objekts hineinrechnet. Solche halbtransparenten Bildpunkte gibt es zum Beispiel nach einer Auswahl mit der GLÄTTEN-Option oder auch bei Textebenen, die mit einer GLÄTTEN-Vorgabe entstanden. Wählen Sie eine Farbe aus, die der Farbe auf Ihrer Internet-Seite entspricht – so entsteht ein harmonischer, scheinbar geglätteter Übergang zum Seitenhintergrund. Folgende Möglichkeiten haben Sie:

- Klicken Sie auf das HINTERGRUND-Farbfeld. Damit erscheint der Farbwähler, und Sie können eine Farbe frei aussuchen (verwenden Sie eventuell NUR WEB-FARBEN).

Kapitel 6 Internet-Gestaltung

➡ Klicken Sie auf das Dreieck neben dem HINTERGRUND-Farbfeld. Hier bietet Image-Ready unter anderem VORDERGRUNDFARBE, HINTERGRUNDFARBE und eine Palette von internet-sicheren Farbtönen an.

➡ Klicken Sie auf das Dreieck neben dem HINTERGRUND-Farbfeld und wählen Sie OHNE. Dann rechnet das Programm keine fremde Farbe in halbtransparente Pixel. Statt dessen macht ImageReady alle Bildpunkte mit mehr als 50 Prozent Deckkraft voll deckend, alle Bildpunkte mit weniger Deckkraft verschwinden gänzlich. Dies verhindert unschöne Farbsäume, erzeugt aber ausgezackte Objektkonturen.

Diese Eingriffe beeinflussen nicht die für die HTML-Datei gespeicherte Farbe des Seitenhintergrunds. Sie erzeugen auch keine rechteckige Hintergrundfläche, die unter dem kompletten Hauptmotiv liegt – solange Sie die TRANSPARENZ in der Optimieren-Palette eingeschaltet lassen.

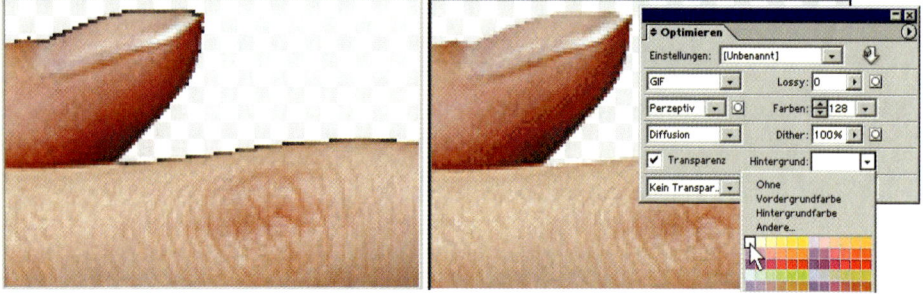

Abbildung 6.108:
Links: Hier ist Schwarz als »Hintergrund«-Farbe in der Optimieren-Palette festgelegt. In alle halbtransparenten Randpixel des freigeschnittenen Objekts mischt ImageReady also beim Speichern als »optimierte« GIF-Datei Schwarz ein. Diese Vorgabe eignet sich nur, wenn Sie einen dunklen Seitenhintergrund planen. Rechts: Hier wird der »Hintergrund« in der Optimieren-Palette auf Weiß umgestellt. Jetzt füllt Image-Ready alle halbtransparenten Pixel des Objekts mit Weiß auf. Damit fügt sich das Motiv wesentlich besser vor einen hellen Seitenhintergrund. Die »Hintergrund«-Vorgabe in der Optimieren-Palette verändert in keinem Fall den in der HTML-Datei beschriebenen Seitenhintergrund. Sofern Sie die »Transparenz«-Option in der Optimieren-Palette eingeschaltet lassen, entsteht hierbei auch keine rechteckige Hintergrundfläche, die unter dem kompletten Hauptmotiv liegt. Dateien: Hand_2, Hand_3

Farbe für Seitenhintergrund aus HTML-Code kopieren

Möchten Sie die Farbe für den Seitenhintergrund unmittelbar aus einer HTML-Datei übernehmen? Die Hintergrundfarbe wird in der HTML-Datei so angegeben:

```
<BODY BGCOLOR=#FFFFFF>
```

Dieses Beispiel beschreibt reines Weiß. Wenn Sie den Farbwert nach ImageReady übernehmen möchten, öffnen Sie zunächst den Quellcode der gewünschten HTML-Datei und markieren den Wert für BODY BGCOLOR – hier also »FFFFFF« – mit der Maus. Sie kopieren den Eintrag mit [Strg]+[C], wechseln zu ImageReady und klicken in der Optimieren-Palette auf das HINTERGRUND-Farbfeld. Damit öffnet sich der Farbwähler. Ganz unten rechts in dem mit »#« bezeichneten Feld für den Farbcode auf der Internet-Seite markieren Sie den aktuellen Eintrag komplett mit der Maus; anschließend fügen Sie den zuvor kopieren Wert per [Strg]+[V] so ein, dass Sie die bisherige Angabe komplett überschreiben.

Transparenz   Kapitel 6

Farbe für Seitenhintergrund mit Pipette aufnehmen

Entnehmen Sie die gewünschte Farbe für den Seitenhintergrund direkt mit der Pipette aus einem beliebigen Bereich des Monitors. Rufen Sie zum Beispiel eine fragliche Internet-Seite auf: Schalten Sie die ImageReady-Pipette ein (Kurztaste [I]), klicken Sie auf einen Bildpunkt innerhalb von ImageReady, und ziehen Sie die Pipette dann bei gedrückter Maustaste über den Internet-Browser (oder an eine beliebige andere Stelle). Der zuletzt berührte Bildpunkt liefert die nächste Vordergrundfarbe für ImageReady.

Farbe oder Muster für Seitenhintergrund im Bildprogramm testen

Sie können bereits in ImageReady oder Photoshop die Farbe oder das Muster für den Seitenhintergrund testen. So erkennen Sie bereits im Bildprogramm, ob es zu harten Übergängen kommt. Am komfortabelsten ist es in Photoshop; nutzen Sie zunächst die Schaltfläche SPRINGEN ZU PHOTOSHOP, dann geht es so weiter:

1. Erzeugen Sie mit der Schaltfläche NEUE FÜLLEBENE ODER EINSTELLUNGSEBENE der Ebenenpalette eine neue Füllebene; je nach Bedarf verwenden Sie die Vorgaben VOLLTONFARBE oder MUSTER (Seite 784).
2. Wählen Sie im Dialogfeld MUSTERFÜLLUNG das geplante Muster, oder nennen Sie im Farbwähler die gewünschte Einzelfarbe; dabei können Sie NUR WEBFARBEN ANZEIGEN.
3. Ziehen Sie die Füllebene in der Ebenenpalette unter das Hauptmotiv.

Weil ImageReady keine Füllebenen anbietet, legen Sie dort einfach neue, leere Ebenen an und wählen **Bearbeiten: Fläche füllen**. Prüfen Sie die Übergänge. Achtung: Bevor Sie das Ganze endgültig als GIF speichern, verbergen oder löschen Sie diese Hintergrundfarbe.

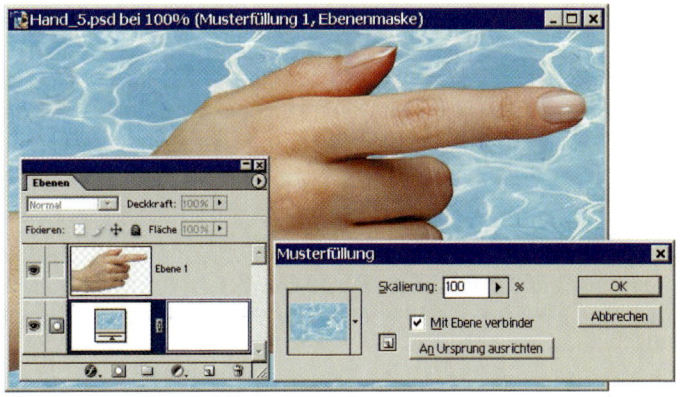

Abbildung 6.109:
Wir testen die Wirkung eines Hintergrundmusters in Photoshop. Wir haben eine neue Füllebene angelegt, unter das Objekt gezogen und das geplante WWW-Muster als Vorgabe in der der Muster-Bibliothek angeklickt. Löschen oder verbergen Sie diese Ebene vor dem endgültigen Speichern als GIF-Datei. Datei: Hand_5

Transparenz per Farbtabelle in Photoshop zuweisen

Sofern Sie bereits ein Bild im Modus INDIZIERTE FARBEN vor sich haben, legen Sie in Photoshop unmittelbar aus der Farbpalette heraus einen Tonwert als transparent fest:

1. Klicken Sie auf **Bild: Modus: Farbtabelle**.
2. Schalten Sie im Dialogfeld die Pipette ein.

3. Klicken Sie die gewünschte Farbe in der Farbtabelle oder im Bild an.

Der entsprechende Bereich erscheint sofort als transparent.

Abbildung 6.110:
Dieses freigestellte Objekt hat links unten einen halbtransparenten Übergang und zudem einen halbtransparenten Schatten. Doch im GIF-Dateiformat lassen sich die feinen Deckkraftabstufungen nicht umsetzen. Vorlage: Globus

6.9.3 Übergänge bei Muster-Hintergrund

Im vorhergehenden Abschnitt haben wir Objektkanten so eingefärbt, dass sie scheinbar in die Hintergrundfarbe der Internet-Seite übergehen. Dies wird jedoch problematisch, wenn Sie keine einfache Hintergrundfarbe verwenden, sondern ein Muster.

Muster bestehen aus mehreren Farben. Die Probleme beginnen schon, wenn das Objekt nur eine hauchdünne halbtransparente Kante hat, Folge des GLÄTTENS bei Auswahlwerkzeugen oder Textfunktion. Problematischer noch sind weiche Übergänge oder Schatten. Folgende Auswege sind denkbar:

➡ Speichern Sie die Datei mit weichem Übergang im Dateiformat PNG-24 mit aktivierter TRANSPARENZ-Option. Dieses Format unterstützt solche weichen Übergänge – etwa nach Art einer Ebenenmaske in Photoshop. Allerdings ist PNG kein gängiges Format für Internet-Browser (siehe unten) und weiche Übergänge bereiten noch mehr Umstände als harte Kanten: Dazu muss der Betrachter seinen Browser mit einem Plug-in für »Alpha-Transparenz« ausstatten.

➡ Verwenden Sie für das GIF-Dateiformat die Funktion TRANSPARENZ DITHER, die Schatten und andere halbdurchsichtige Bereiche unabhängig vom voll deckenden Hauptmotiv streuselig aufrastert (siehe unten).

➡ Montieren Sie das Muster schon in ImageReady oder Photoshop unter das Objekt. Dann speichern Sie das komplette Bild als normales Rechteck im GIF- oder JPEG-Format ohne TRANSPARENZ. Das funktioniert nur dann, wenn Sie ein fein zieseliertes Hintergrundmuster ohne grobe Kontraste und Unterschiede verwenden, so dass keine Stoßkanten zum übrigen Seitenhintergrund sichtbar werden.

Transparenz   Kapitel 6

Abbildung 6.111:
Wir legen das Muster »Kachel« mit dem Image-Ready-Befehl »Datei: Ausgabe-Einstellungen: Hintergrund« fest. In der Optimieren-Palette für das Gif-Format verwenden wir blaue Hintergrundfarbe und »Diffusion-Transparenz-Dither«; so mischen sich die weichen Übergänge relativ weich mit dem blauen Hintergrundmuster. Vorlage: Globus

Muster unter das gesamte Objekt legen

Unabhängig davon, ob Sie die Musterdatei nur in die weichen Objektkanten hineinrechnen oder als komplettes Rechteck unter das Objekt legen wollen – zunächst muss das Muster unter Ihrem Objekt in der ImageReady-Montage erscheinen. So geht's:

1. Öffnen Sie die Musterdatei, wählen Sie diese mit [Strg]+[A] aus, bestimmen Sie diese Auswahl als Muster mit dem **Bearbeiten**-Befehl **Muster definieren**.

2. Wechseln Sie zu Ihrem Hauptmotiv und erzeugen Sie eine neue Ebene, die Sie unter das Objekt ziehen.

3. Wenn die Ebene aktiviert ist, wählen Sie **Bearbeiten: Fläche füllen** ([⇧]+[←]) mit der Option MUSTER.

Nun sehen Sie das Muster unter Ihrem Objekt. Wenn Sie das Ergebnis als normales Rechteck-Bild auf die Webseite stellen, sind Sie nicht mehr an das GIF-Format gebunden, sondern können auch JPEG verwenden – für nuancierte Halbtonfotos die bessere Lösung. Aktivieren Sie eine »optimierte« Version in der Mehrfach-Vorschau – also nicht das Original –, und machen Sie die Dateiformatvorgaben in der Optimieren-Palette. Dann sichern Sie das Ergebnis mit dem Befehl **Datei: Optimiert-Version speichern**.

Muster-Ebenen können Sie in Photoshop auch als Füllebene anlegen; verwenden Sie die Schaltfläche NEUE EINSTELLUNGSEBENE ODER FÜLLEBENE *in der Ebenenpalette (Seite 784).*

Transparenz-Dither

Selbst wenn Sie für Ihr freigestelltes Objekt im GIF-Format kein Dithering-Streuraster verwenden – ImageReady bietet ein Dithering-Streuraster speziell für Schatten und andere halbtransparente Bereiche an. Zwar gibt es auch hier nur die Zustände »voll deckend« und »gar nicht deckend« und keine Halbtransparenz; doch mit einer körnigen Struktur müht sich ImageReady, weiche Übergänge vorzugaukeln. Immerhin: Sie müssen bei dieser simulierten Halbdurchsichtigkeit keine bestimmte Hintergrundfarbe von vornherein einplanen.

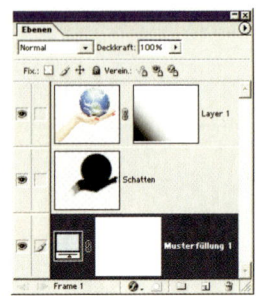

Abbildung 6.112:
Wir legen das Muster »Kachel« als neue Füllebene unter das Hauptmotiv, speichern das Gesamtergebnis als JPEG-Datei und stellen es so auf die WWW-Seite. Schatten und Übergänge verschmelzen optimal mit dem Hintergrund, doch das Verfahren eignet sich nur für sehr subtile Hintergrundmuster. Vorlage: Globus

Sofern Sie in der Optimieren-Palette GIF und TRANSPARENZ anwählen, steht Ihnen im untersten Bereich der voll ausgeklappten Palette auch das Klappmenü für TRANSPARENZ DITHER zur Verfügung. Es wirkt sich nur auf halbtransparente Bildteile aus, etwa auf die Effekte SCHLAGSCHATTEN oder SCHEIN NACH AUSSEN. Sie haben die üblichen drei Methoden DIFFUSION, MUSTER und STÖRUNGSFILTER zur Auswahl (Seite 411), DIFFUSION lässt sich zudem stufenlos regeln. Einen echten halbtransparenten Schatten ersetzen diese Kunstgriffe jedoch nicht.

Zeigen Sie zur genauen Beurteilung der »halbtransparent« gerasterten Zonen bereits das geplante WWW-Hintergrundmuster mit an, und zwar in der für die Seite geplanten Qualität. Es ist dabei nicht immer sinnvoll, die Hintergrundkachel zur Vorschau unter das Hauptobjekt zu montieren: Vielleicht komprimieren Sie das GIF-Objekt sehr stark mit nur wenigen Farben; darunter leidet auch die Darstellung der mit eingebauten Hintergrundkachel – obwohl die Hintergrundkachel auf der Webseite als separate, meist sehr gut farbdifferenzierte JPEG-Datei erscheint. Der Ausweg: Geben Sie die geplante Hintergrundkachel-Datei mit dem Befehl **Datei: Ausgabe-Einstellungen: Hintergrund** als Hintergrundmotiv an (Seite 338), und blenden Sie andere Hintergründe Ihres Objekts mit dem Augensymbol 👁 der Ebenenpalette aus. Dann starten Sie die Browser-Vorschau ([Strg]+[Alt]+[P]).

Verwenden Sie bei der Prüfung in ImageReady unbedingt die Zoomstufe 100,00 Prozent ([Strg]+[Alt]+[0]), andere Abbildungsmaßstäbe verzerren das Ergebnis.

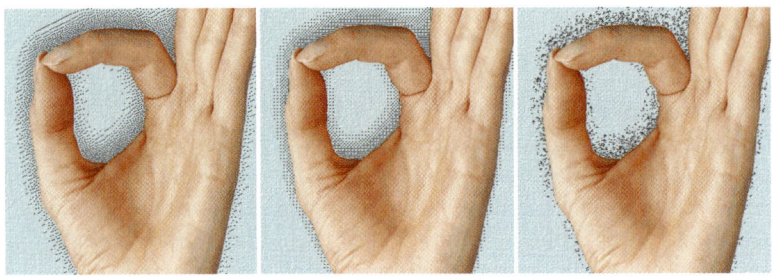

Abbildung 6.113:
Das Klappmenü »Transparenz Dither« der Optimieren-Palette simuliert Halbtransparenz wie diese Schatten durch verschiedene Streuraster. Sie sehen die Methoden »Diffusion«, »Muster« und »Störung«. Vorlage: Geste

6.10 Speichern für das Internet

Beim Speichern für das Internet konzentrieren wir uns zunächst auf ImageReady, das optimale Funktionen bietet.

6.10.1 Übersicht

Um die Dateigröße möglichst niedrig zu halten, nimmt man Qualitätseinbußen in Kauf. Oft speichert man das Ergebnis parallel in zwei Dateiformaten:

- im Photoshop-Format, das die volle Bildqualität erhält, aber auch alle Informationen über Slices, Animation, Hintergrundkachel oder Rollover-Effekte aufbewahrt. Dazu dient in ImageReady der Befehl **Datei: Speichern unter**.

- im zulässigen Dateiformat für die Internet-Seite, also meist GIF oder JPEG. Dies erledigt der Befehl **Datei: Optimiert-Version speichern unter**. Zusätzlich entsteht je nach Aufgabe auch ein HTML-Code.

Ablauf

Der generelle Ablauf beim Speichern für das Internet in ImageReady:

1. Sie öffnen ein Bild in einem beliebigen Dateiformat.

2. Mit den Reitern oben im ImageReady-Bildfenster erzeugen Sie eine 2FACH- oder 4FACH-Darstellung. Sie sehen also nebeneinander das Original und fürs Internet heruntergerechnete Varianten, so genannte OPTIMIERTE Versionen.

3. Sie aktivieren per Mausklick eine der »optimierten« Versionen und passen in der Optimieren-Palette die Vorgaben an – das Dateiformat und die Feineinstellungen für dieses Format. Dabei achten Sie auf die entstehende Bildqualität und auf die Angaben zur Dateigröße unten im Bildfenster.

4. Sie aktivieren die Bildvariante, die Sie endgültig sichern möchten, in der Mehrfachansicht. Dann rufen Sie den Befehl **Datei: Optimiert-Version speichern unter** auf.

5. Im Dialogfeld geben Sie beim Klappmenü DATEITYP an, ob Sie nur Bilder oder auch den HTML-Code wollen – also jenen HTML-Code, der erforderlich ist, um eine gestaltete Seite und nicht nur das reine Foto zu veröffentlichen. Dann klicken Sie auf OK.

6.10.2 HTML-Code erzeugen und weiterverwenden

Sie können eine Internet-Seite aus einer einzigen Bilddatei zusammenstellen und diese Bilddatei als Adresse angeben. Dann erscheint im Web-Browser die Datei vor weißem Hintergrund. Irgendeinen HTML-Code benötigen Sie also nicht zur Veröffentlichung eines Einzelbildes.

Manche ImageReady-Ergebnisse erfordern jedoch HTML-Code, in dem unter anderem Bildplatzierung und Bildsequenz geregelt werden:

Kapitel 6 — Internet-Gestaltung

- Zwingend erforderlich ist HTML-Code für Slices und Rollover-Effekte.
- Komplett ohne HTML-Code funktionieren dagegen Animationen, »Transparenz« und der Bildaufbau in MEHREREN DURCHGÄNGEN beziehungsweise nach INTERLACED-Schema; Dateien mit diesen Eigenschaften können Sie direkt als Einzelbild verwenden und in Internet-Seiten einbauen.

Um HTML-Code zu erhalten, verwenden Sie im Dialogfeld zum Befehl **Optimiert-Version speichern unter** das Klappmenü DATEITYP mit den Vorgaben HTML UND BILDER (*.HTML) oder NUR HTML (*.HTML). Die entstehende HTML-Datei enthält nur die Seitenbeschreibung, nicht jedoch die Bilder selber.

Welchen HTML-Code ImageReady exakt schreibt, regeln Sie mit dem Befehl **Datei: Ausgabe-Einstellungen**. ImageReady bietet die AUSGABE-EINSTELLUNGEN auch per Schaltfläche an, wenn Sie den Befehl **Optimiert-Version speichern unter** wählen. Generell sollten Sie in den Dateinamen Umlaute und andere exotische Schriftzeichen vermeiden. Die besonderen HTML-Optionen etwa für Imagemaps oder Slices besprechen wir in den jeweiligen Hauptabschnitten.

HTML-Code weiterverwenden

Sie müssen den HTML-Code aus ImageReady nicht als abgeschlossene Einzelseite verwenden, sondern können ihn auch in komplexere HTML-Dokumente einbauen. Sie haben mehrere Möglichkeiten, den HTML-Code aus ImageReady weiterzuverwenden:

- Nehmen Sie zum Beispiel den Befehl **Datei: Optimiert-Version speichern unter** mit der Option NUR HTML (*.html). Öffnen Sie die resultierende HTML-Datei etwa in einem Textprogramm, markieren Sie den Code, kopieren Sie ihn mit [Strg]+[C] und fügen Sie ihn mit [Strg]+[V] in eine vorhandene andere Seite ein.
- Sie können den HTML-Code unmittelbar in die Zwischenablage kopieren; dazu dient das ImageReady-Untermenü **Bearbeiten: HTML-Code kopieren**. Nun können Sie **Alle Slices kopieren** oder nur **Ausgewählte Slices kopieren**. Sofern Sie Ihr Bild nicht in Slices aufgeteilt haben, unterscheiden sich diese Optionen nicht in ihrer Auswirkung. Die Funktion **Geladene kopieren** bringt nur JavaScript-Code in die Zwischenablage, der für Rollover-Effekte erforderlich ist. In der Zieldatei fügen Sie den Code mit [Strg]+[V] wieder ein.
- Alternativ laden Sie Ihr Ergebnis mit [Strg]+[Alt]+[P] in den Internet-Browser. Dabei zeigt ImageReady den kompletten HTML-Code auf der Seite an. Sie können den Code markieren, kopieren und in einem anderen Programm einfügen.

»HTML aktualisieren«

Haben Sie HTML-Code für ein Bildarrangement in eine andere HTML-Datei eingefügt und das Bild anschließend in ImageReady bearbeitet? Sie können nun den HTML-Code für dieses Bild in der HTML-Datei automatisch aktualisieren. Dies kann interessant sein, wenn Sie Slices umarrangiert haben. Sie korrigieren also mit ImageReady eine bereits vorhandene HTML-Datei und müssen sie nicht neu aufbauen. Zunächst speichern Sie die optimierte

Datei mit der HTML-Datei für das Bild. Dann wählen Sie **Datei: HTML aktualisieren**. Nun geben Sie die HTML-Datei an, in der sich der Code für das Bild befindet. Klicken Sie auf BILDER SPEICHERN, wenn Sie auch die Bilddatei sichern wollen.

Einblendtext für Bilder

Soll Ihr Bild besonders schnell Information transportieren, dann statten Sie Ihre Motive mit Einblendmeldungen für das Browser-Fenster und mit Nachrichten in der Statuszeile aus. So gelangt eine Textvariante der Bildinformation schneller zu Ihrem Publikum als die Pixel selbst. Die Einblendmeldung, der so genannte Alternativ-Text oder Alt -Text, erscheint außerdem wie ein Dateiname im bereits sichtbaren Bildrahmen, wenn der Bildinhalt selbst noch nicht übertragen wurde oder verloren ging. So reichern Sie eine Einzeldatei mit Text an:

1. Rufen Sie mit dem **Fenster**-Menü die Slice-Palette auf. Wählen Sie im Palettenmenü den Befehl **Optionen einblenden**.
2. Tragen Sie eine MELDUNG und einen ALT-Text ein (Seite 357).
3. Nun bauen Sie das Bild samt HTML-Code in Ihre Internet-Seite ein. Verwenden Sie **Datei: Optimiert-Version speichern unter** oder **Bearbeiten: HTML-Code kopieren**. Die Informationen werden auch im Photoshop-Dateiformat mitgesichert.

6.10.3 Zoomview-Export

Mit dem Befehl **Datei: Exportieren: Zoomview** setzen Sie das Bild in eine Reihe von Segmenten plus Programmcode um. Auf einer Internet-Seite können Sie das Bild per Linksklick vergrößern und per Rechtsklick verkleinern – das Foto schrumpft oder wächst fast stufenlos. Innerhalb des sichtbaren Bereiches lässt es sich zudem verschieben. In anderen ZoomView-Varianten, die als »Vorlagen« angeboten werden sollen, kann man ZoomView-Bilder auch über Schaltflächen skalieren oder verschieben.

Per ZoomView stellen Sie auch hochauflösende Vorlagen auf kleiner Fläche bereit. Während bereits einzelne Bildsegmente, verkleinerte oder unscharfe Varianten zu sehen sind, kommt allmählich auch die hochauflösende Variante übers Netz – ideal für langsame Datenübertragung per Analogmodem oder ISDN. Der Effekt verlangt keine spezielle Software auf dem Server. Der Betrachter benötigt allerdings den VMP-Mediaplayer, der von verschiedenen Hard- und Software-Anbietern zunehmend vorinstalliert wird.

Ein einfaches ZoomView-Beispiel finden Sie im Unterverzeichnis »Praxis/Zoom-View« auf der CD zu diesem Buch. Klicken Sie zum Starten doppelt auf »Zoomview« HTM. Das Originalbild mit rund 3000 x 3000 Pixeln wurde durch einen ZoomView-Befehl in 194 Elemente zerlegt.

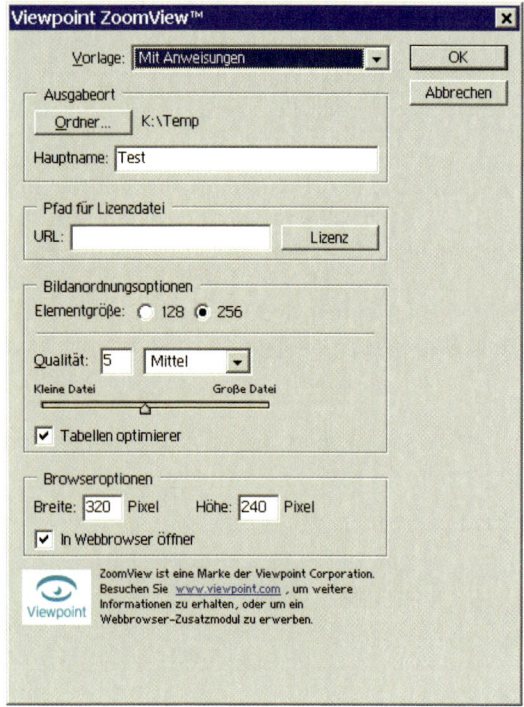

Abbildung 6.114:
Der ZoomView-Befehl ermöglicht eine dynamische Bilddarstellung im Internet.

Auf der englischsprachigen Internet-Seite des ZoomView-Herstellers Viewpoint erhalten Sie viele weitere Informationen, Beispiele und Verweise zu kommerziellen Zoomview-Anwendungen; spezielle Angebote für Photoshop-Nutzer waren bei Manuskriptabgabe angekündigt:

http://www.viewpoint.com/zoomview/index.html

Im Dialogfeld wählen Sie zunächst eine Vorlage für den ZOOMVIEW-Effekt. Die mitgelieferte Vorlage MIT ANWEISUNGEN blendet Tipps ins Bild, weitere Vorlagen können Sie auch von der Festplatte LADEN. Als AUSGABEORT nennen Sie einen Speicherplatz auf Ihrer Festplatte. Per Klick auf LIZENZ sollen Sie als kommerzieller Anwender eine Lizenz beantragen, deren Pfad Sie in das URL-Feld eintragen.

Die ZoomView-Technik zerlegt Ihr Bild in Kacheln von 128 oder 256 Pixeln Breite. Verwenden Sie für kleinere Bilder eine ELEMENTGRÖSSE von 128 Pixeln, für große Vorlagen 256 Pixel. Sie geben eine JPEG-QUALITÄT vor (Seite 258), die Vorgabe TABELLEN OPTIMIEREN bringt minimalen Speicherplatzgewinn. Im Bereich BROWSEROPTIONEN geben Sie die sichtbare Fläche des Bildes vor. Dieser »Rahmen« darf 64 bis 1000 Pixel breit und hoch sein. Ist der Rahmen kleiner als Ihre Vorlage, kann der Betrachter das Bild innerhalb des sichtbaren Bereiches zoomen und bewegen.

Speichern für das Internet   Kapitel 6

TIPP
Im »_img«-Ordner legt Photoshop die einzelnen Bildkacheln an. Sie tragen zwar die Endung ».mzv«, doch es handelt sich um JPEG-Dateien, die sich nach einer Korrektur der Namenserweiterung problemlos öffnen lassen.

6.10.4 Überblick: die Optimieren-Palette

Die Optimieren-Palette bietet ImageReady im **Fenster**-Menü an. In dieser Palette machen Sie alle Vorgaben für diejenige »optimierte« Bildversion, die im Dateifenster in der Mehrfach-Vorschau aktiviert ist. Diese aktivierte Version hebt ImageReady durch ein Rähmchen hervor. Klicken Sie mehrfach auf das Dreieck ≑ neben dem Palettennamen oder wählen Sie den Paletten-Befehl **Optionen einblenden**, bis Sie alle Regelmöglichkeiten sehen. Photoshop bietet weitgehend dieselben Möglichkeiten mit dem Befehl **Datei: Für Web speichern**.

»Einstellungen« speichern

Sie können beliebige Vorgaben in der Optimieren-Palette als so genannte »Einstellung« speichern und per Einblendmenü wieder abrufen. Also speichern Sie zum Beispiel die komplette Information »JPEG-Format mit Qualitätsstufe 60, ohne Optimieren, in mehreren Durchgängen, ohne Weichzeichnen« und holen sie nach Bedarf wieder her.

Das heißt: Möchten Sie ein Dateiformat mit allen konkreten Vorgaben öfter verwenden, öffnen Sie das Menü der Optimieren-Palette durch Klick auf das Dreieck ▶ rechts oben und wählen **Einstellungen speichern**. Jede Einstellung wird als separate Datei im Verzeichnis »Vorgaben/Optimierte Einstellungen« innerhalb Ihres Photoshop-Ordners abgelegt. Haben Sie bereits eine vorhandene Einstellung geöffnet, können Sie per Palettenmenü diese **Einstellungen löschen**.

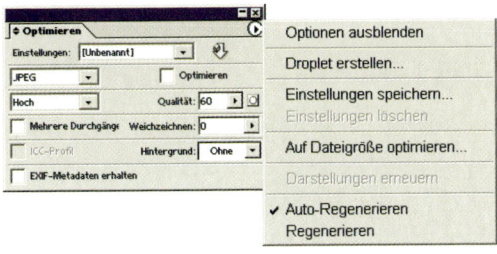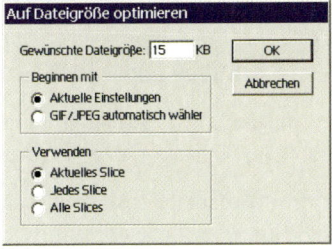

Abbildung 6.115:
Links: Die Optimieren-Palette speichert Dateiformatvorgaben als »Einstellung«. Sie zeigt Dateiformat-Vorgaben für das Bild an, das in der Mehrfach-Vorschau hervorgehoben ist. Rechts: Der Befehl »Auf Dateigröße optimieren« aus dem Menü zur Optimieren-Palette rechnet die aktivierte »optimierte« Bildversion in der Vorschau auf die von Ihnen gewünschte Dateigröße um.

TIPP
Haben Sie eine gespeicherte »Einstellung« durch Veränderung einzelner Optionen verändert, erscheint im Menü EINSTELLUNGEN *der Hinweis* [UNBENANNT]. *Ein gänzlich leeres* EINSTELLUNGEN*-Menü sehen Sie, sofern Sie mehrere Slices mit unterschiedlichen Vorgaben markieren.*

»Auf Dateigröße optimieren«

Sie können ein Bild mit einer gewünschten Dateigröße speichern. ImageReady ändert dann die Vorgaben für das Dateiformat so, dass die Wunschmaße in etwa erreicht werden. Zunächst aktivieren Sie in der Mehrfach-Vorschau eine »optimierte« Bildversion und nicht das ORIGINAL. Außerdem wählen Sie in der Optimieren-Palette das Dateiformat, das Sie ohnehin verwenden wollen. Dann öffnen Sie mit dem Dreieck ▶ oben rechts das Palettenmenü und wählen **Auf Dateigröße optimieren**. Das Dialogfeld bietet folgende Optionen:

- AKTUELLE EINSTELLUNGEN geht von denjenigen Vorgaben aus, die Sie bereits in der Optimieren-Palette gemacht haben – JPEG bleibt also auf jeden Fall JPEG.

- GIF/JPEG AUTOMATISCH WÄHLEN: Hier stellt ImageReady das Dateiformat passend zu den Eigenschaften des Bildes ein; Grafisches ohne Kantenglättung wird also anders behandelt als fein abgestufte Halbtöne.

- Sofern Sie Slices bearbeiten, zwingen Sie den AKTUELLEN SLICE auf die angepeilte Dateigröße; JEDES SLICE bringt jeden einzelnen Slice auf die gewünschte Dateigröße, ALLE SLICES setzt die Summe aller Slices auf den genannten Wert.

Tippen Sie die GEWÜNSCHTE DATEIGRÖSSE ein und klicken Sie auf OK. Damit verändert sich die aktivierte »optimierte« Bildversion – ImageReady rechnet die Variante auf die Zielgröße um. Sie lesen die erreichte Größe direkt unter der Bildversion ab; dort wie auch in der Optimieren-Palette erkennen Sie überdies, welche Einstellungen geändert wurden.

Automatisierung mit Droplets

ImageReady verwandelt eine ganze Reihe von Bildern automatisch in ein gewünschtes Dateiformat auf Basis Ihrer gespeicherten EINSTELLUNGEN. Dazu verewigen Sie die Einstellung als so genanntes Droplet. Details zu dieser Technik finden Sie ab Seite 128. Wir geben hier eine Kurzdarstellung:

1. Klicken Sie auf den Pfeil DROPLET ERSTELLEN ❧ rechts oben in der Optimieren-Palette.

2. Ziehen Sie diesen Pfeil auf den Windows-Desktop beziehungsweise auf den Mac-Schreibtisch.

3. Sobald Sie die Maustaste loslassen, sehen Sie ein neues, pfeilförmiges Symbol auf dem Desktop. Es trägt eine Bezeichnung wie »GIF erstellen (Auto Farben, World Wide Web, 100 Prozent Dither).exe«.

Wenn Sie den Droplet-Pfeil einfach nur anklicken, erhalten Sie ein SPEICHERN-Dialogfeld. In diesem Fall lassen sich Name und Speicherplatz für das Droplet frei wählen.

Um einzelne Dateien mit den per Droplet gespeicherten Vorgaben zu verändern, markieren Sie diese Dateien in einem Ordner und ziehen sie auf das Droplet-Symbol, das sich auf dem Windows-Desktop oder in einem Ordner befindet. ImageReady speichert die Dateien im Herkunftsordner unter einem neuen Namen. Ziehen Sie den gesamten Ordner auf das Symbol, um alle Bilder aus diesem Ordner zu verändern.

6.10.5 Allmählicher Bildaufbau

Normalerweise müht sich das Bild bei langsamer Internetverbindung Zeile für Zeile auf die Seite, von oben nach unten. Sie können jedoch auch eine andere Darstellungsart wählen: Dann erscheint sofort ein komplettes Rechteck; es zeigt Ihre Vorlage sehr verschwommen. In mehreren Durchgängen wird das Bild schärfer.

Dieser Bildaufbau in mehreren Wellen heißt beim JPEG-Format MEHRERE DURCHGÄNGE, bei GIF und PNG INTERLACED. Die Wirkung unterscheidet sich bei den einzelnen Formaten. Die JPEG-Variante bereitet Schwierigkeiten in älteren Bildprogrammen und Browsern.

Eine Vorschaufunktion für diesen allmählichen Bildaufbau gönnen die Photoshop-Programmierer ihren Kunden nicht. Der JPEG-Bildaufbau in »mehreren Durchgängen« lässt sich am eigenen Rechner gar nicht beobachten, sondern nur bei langsamer Datenübertragung per Modem. Der GIF-Aufbau nach Interlaced-Schema lässt sich in Photoshop oder ImageReady generell nicht verfolgen. Sie sehen den Aufbau einer Datei von der heimischen Festplatte aber eventuell in einem Internet-Browser – zumindest dann, wenn Sie eine sehr große Datei laden. Je schneller der Rechner, desto größer muss die Datei sein.

Im »Praxis«-Verzeichnis der CD zu diesem Buch finden Sie die Datei »GIF-Interlaced.gif«. Sie ist mit 3885 x 2565 Pixeln so groß, dass sich der allmähliche »Interlaced«-Bildaufbau meist auch beobachten lässt, wenn Sie die Datei nicht aus dem Internet, sondern vom eigenen Rechner abrufen. Ziehen Sie die Datei in einen Internet-Browser – in ImageReady oder Photoshop sehen Sie den Effekt ohnehin nicht. Dasselbe Motiv liefern wir überdies als »JPEG_mehrere_Durchgaenge.jpg« mit. Der Bildaufbau nach dem Schema »mehrere Durchgänge« lässt sich jedoch meist nicht beobachten, wenn die Datei vom eigenen Rechner aufgerufen wird.

Abbildung 6.116:
Zuwachs: Mit »Interlaced«-Vorgabe erscheint sofort ein volles Bild-Rechteck auf dem Schirm. Das Motiv wird zunehmend deutlicher.

6.10.6 Die Wahl des Dateiformats

Nur zwei Bilddateiformate aus dem Angebot von Photoshop oder ImageReady spielen im Internet eine Rolle: GIF und JPEG.

Sie finden zudem noch das weniger verbreitete PNG sowie WBMP, das Schwarzweiß-Format für Handy-Displays. ImageReady unterscheidet bei PNG zwischen PNG-8 (acht Bit Farbtiefe, maximal 256 Farben) und PNG-24 (24 Bit Farbtiefe, 16,7 Millionen Farbtöne möglich). Alle Formate sollen die Dateigröße stark verringern, um die Übertragungszeit zu verkürzen. Das neue Dateiformat JPEG 2000 fehlt bei Photoshop zum Marktstart im Frühjahr 2002 ebenso wie Flash-Animationen.

Kapitel 6   Internet-Gestaltung

Die verfügbaren Formate bieten sehr unterschiedliche Eigenschaften und Komprimierungstechniken. Man verwendet also je nach Bildtyp und Aufgabe bewusst ein bestimmtes Format.

Unterschiede im Überblick

Vereinfacht gesagt, unterscheiden sich die Internet-gängigen Dateiformate GIF, JPEG, PNG und WBMP wie folgt:

- Für Verläufe, fein abgestufte Hintergrundmotive, Portraits und alle üblichen Halbtonfotos nimmt man JPEG (Seite 258).
- Motive, die frei ausgeschnitten vor dem Hintergrundmuster stehen sollen – darunter auch Schriftzüge – speichert man als GIF trotz der nur 256 unterschiedlichen Farben. GIF (Seite 400) ist auch die bessere Wahl für harte Grafiken und Schriften, die ohne Kantenglättung entstanden. Animationen (Trickfilme) entstehen innerhalb des Photoshop-Pakets nur im GIF-Dateiformat.
- PNG verwendet man kaum, weil es neueste Internet-Browser erfordert und weil die Dateigröße weder zu JPEG noch zu GIF eine attraktive Alternative bildet.
- WBMP zeigt nur Schwarz und Weiß mit Ein-Bit-Farbtiefe, es wird für Handys und andere Mobilgeräte verwendet.

Die folgende Tabelle nennt die wichtigsten Unterschiede:

	GIF	**JPEG**	**PNG-8**	**PNG-24**
weit verbreitet	J	J	-	-
gut für hart konturierte Grafik	J	-	J	J
gut für nuancierte Halbtöne	-	J	-	J
Animation	J	-	-	-
Transparenz mit harten Kanten	J	-	J	J
Transparenz mit weichen Kanten	-	-	-	Jf [a]
Komprimierung ohne Verlust	J	-	J	J
Komprimierung mit Verlust	– [b]	J	-	–

a. Internet-Browser benötigt Zusatz-Plug-in für sog. »Alpha-Transparenz« (wenig verbreitet)
b. Bei ImageReady und Photoshop, nicht bei anderen Programmen, kann man eine Komprimierung mit Verlust anwählen.

Speichern für das Internet   Kapitel 6

  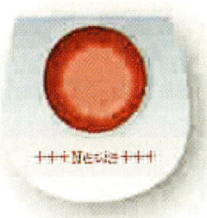

Abbildung 6.117:
Wir vergleichen die Dateiformate JPEG und GIF, hier zunächst ein Blick auf JPEG. Links: Die Vorlage für diese Schaltfläche beansprucht im RGB-24-Bit-Farbmodus 72 Kbyte Arbeitsspeicher und bei verlustfreier TIFF-LZW-Komprimierung 21 Kbyte Festplatte. Mitte: Die TIFF-Vorlage wird im JPEG-Format auf 2,7 Kbyte komprimiert, leichte Kantenfehler sind zu sehen. Rechts: Bei Komprimierung bis auf 1,3 Kbyte treten die typischen JPEG-Fehler massiv auf: Schleierbildung, künstliche Schatten und Farbblöcke. Zu erkennen ist, dass JPEG sich eher für nuancierte Halbton-Übergänge als für harte Konturen eignet. Vorlage: vergleich.tif

Automatische Wahl des Formats

Soll ImageReady das geeignete Dateiformat für Ihr Original automatisch anbieten? Wählen Sie **Bearbeiten: Voreinstellungen: Optimierung,** dann stellen Sie im Bereich STANDARDOPTIMIERUNG auf GIF/JPEG AUTOMATISCH WÄHLEN. Haben Sie in den 2FACH-EINSTELLUNGEN und in den 4FACH-EINSTELLUNGEN bereits eine AKTUELLE Version eingeplant, können Sie weitere Bildfenster mit der Option AUTO verplanen – ImageReady schlägt dann jeweils eine kleinere Bildversion vor.

Auch der Befehl **Auf Dateigröße optimieren** aus dem Menü der Optimieren-Palette wählt – so Sie es wünschen – das Dateiformat selber aus (Details zu diesem Befehl finden Sie ab Seite 394).

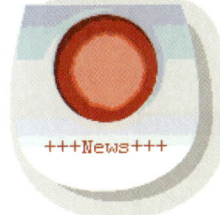  

Abbildung 6.118:
Ganz anders als JPEG wirkt das GIF-Dateiformat mit seiner Beschränkung auf maximal 256 Farben (8-Bit-Farbtiefe). Links: Gibt man in der Optimieren-Palette die »Web«-Farbpalette ohne das Dithering-Streuraster an, entstehen grobe Farbsprünge bei einer Dateigröße von nur 2,2 Kbyte; Konturen bleiben freilich im Vergleich zum JPEG-Format sauber erhalten. Mitte: Hier wurde ebenfalls die Web-Palette verwendet, aber mit 100 Prozent Dithering (Farbstreuung); dieses Verfahren simuliert Halbtöne und hebt die Dateigröße auf 5,2 Kbyte. Rechts: Ebenfalls rund 5,2 Kbyte beansprucht diese Variante: Die »Selektiv«-Farbpalette dieses Bildes enthält die 32 wichtigsten Tonwerte – ohne Rücksicht auf Web-Tauglichkeit. Das GIF-Format eignet sich offensichtlicher eher für harte Konturen als für weiche Farbübergänge.

6.10.7 Gewichtete Optimierung

Speichern Sie einzelne Zonen eines Bildes mit unterschiedlichen Qualitätsvorgaben. Komprimieren Sie beispielsweise den Schriftzug innerhalb eines Bildes nur mäßig, so dass er gestochen scharf bleibt; die Umgebung des Slogans dagegen komprimieren Sie mit stärkeren Faktoren, um möglichst viel Speicherplatz zu sparen.

Mehrere Eigenschaften lassen sich auf diese Art über das Bild verteilt variieren: JPEG-Qualitätsfaktor, GIF-Qualitätsverlust, GIF-Dithering. Dabei arbeiten Sie mit Auswahlen und Alphakanälen. Die Anwendung ist recht einfach, die Ergebnisse überzeugen jedoch nicht.

Möglichkeiten im Überblick

Sie legen ein MAXIMUM und ein MINIMUM für die gewünschte Höchst- und Mindestqualität fest. Faustregel: Im Innern der Auswahl herrscht höhere Qualität, außen verwendet ImageReady den niedrigeren Wert. Im Einzelnen:

- Der MAXIMUM-Wert für die JPEG-Qualität wird innerhalb des ausgewählten Bereichs angewendet (der im Alphakanal weiß erscheint). Der MINIMUM-Wert kommt außerhalb der Auswahl zum Tragen; der nicht gewählte Bereich erscheint also in schwächerer Qualität.

- Der MAXIMUM-Wert für den GIF-Qualitätsverlust (LOSSY-Vorgabe) wird wohlgemerkt außerhalb der Auswahl, also im schwarz unterlegten Alphakanal-Bereich angewendet. Der geringste Qualitätsverlust ergibt sich innerhalb der Auswahl. Es ist also dasselbe Schema wie bei JPEG – innen besser, außen schlechter.

- Der MAXIMUM-Wert für GIF-Dithering wird innerhalb der Auswahl angewendet, das MINIMUM-Streuraster erzeugt ImageReady außerhalb der Auswahl.

- Außerdem: Bei der automatischen Wahl der Farbpalette für GIF oder PNG-8 können sich die Programme nur an dem im Alphakanal ausgewählten (nicht maskierten) Bereich orientieren.

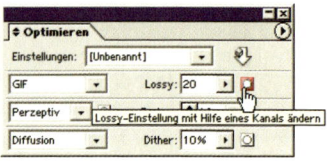
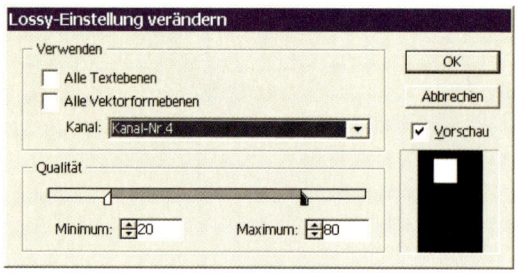

Abbildung 6.119:
Besteht ein Alphakanal oder eine Auswahl, bietet ImageReady die Schaltfläche »Lossy-Einstellung mit Hilfe eines Kanals ändern« (oder ähnlich) an. Hier teilen wir dem Bild für den ausgewählten Bereich eine »Maximum«-Qualität von 80 Prozent zu, für den nicht ausgewählten Bereich eine »Minimum«-Qualität von 20. Sie sehen auch eine Miniatur des Alphakanals. Weiß erscheint hier der schmale Bildteil, der für die Datei »News« (siehe unten) ausgewählt wurde.

Speichern für das Internet　　　　　　　　　　　　　　　　　　　　　　　　　　　　　Kapitel 6

Den Bildbereich auswählen

So legen Sie die Zone für die gewichtete Optimierung besonders einfach fest:

- In ImageReady erzeugen Sie eine Auswahl zum Beispiel mit dem Lasso ౭. Anschließend klicken Sie in der Optimieren-Palette neben der gewünschten Dateiformat-Eigenschaft auf die Schaltfläche mit einer Erklärung wie EINSTELLUNG MIT HILFE EINES KANALS ÄNDERN (oder ähnlich); im Dialogfeld EINSTELLUNG VERÄNDERN öffnen Sie anschließend das Klappmenü KANAL und klicken auf AUSWAHL SPEICHERN; danach geben Sie einen Kanalnamen an. Auch wenn bereits ein Alphakanal existiert, lassen sich mit diesem Verfahren weitere Kanäle anlegen.

- Wollen Sie speziell Text- oder Formebenen höherwertig komprimieren, verzichten Sie auf Auswahl und Alphakanal. Klicken Sie auf die Schaltfläche EINSTELLUNG MIT HILFE EINES KANALS ÄNDERN (oder ähnlich); im Dialogfeld EINSTELLUNG VERÄNDERN wählen Sie ALLE TEXTEBENEN oder ALLE VEKTORFORMEBENEN. Sie können Form- oder Textebenen auch bewegen, ImageReady wird immer die richtigen Bildstellen separat optimieren.

Bei Bedarf legen Sie auch vorab einen Alphakanal an, zum Beispiel nach Erstellen einer Auswahl mit dem Befehl **Auswahl: Auswahl speichern**. Wollen Sie den Kanal, der durch die gewichtete Optimierung entstand, dauerhaft im Bild behalten, verwenden Sie die Dateiformate TIFF (**Datei: Original exportieren**) oder Photoshop (**Datei: Speichern unter**). Im JPEG-Format können Sie keine Alphakanäle speichern.

> **:-) TIPP** *Damit keine harten Übergänge zwischen den verschiedenen Qualitätszonen entstehen, empfehlen sich häufig weiche Auswahlkanten. Diese richten Sie auf verschiedene Arten ein – zum Beispiel in den Optionen zu den Auswahlwerkzeugen mit dem Befehl* **Auswahl: Weiche Auswahlkante** *oder in Photoshop durch Weichzeichnen des Alphakanals (Seite 546).*

Abbildung 6.120:
Diese Beispiele zeigen die gewichtete Optimierung in extremer Form. Ausgewählt wurde in den ersten beiden Beispielen allein der Schriftzug. Links: Der Schriftzug wird mit 80 Prozent JPEG-Qualität komprimiert, der weitere Bildbereich nur mit 20 Prozent. Mitte: Der Schriftzug wird mit 20 Prozent GIF-Qualitätsverlust komprimiert, der Außenbereich mit 80 Prozent. Rechts: Hier wurde die Auswahl umgekehrt und neu als Alphakanal »5« gespeichert. Für den Schriftzug gilt 20 Prozent Dithering, für den (ausgewählten) Rest des Bildes 80 Prozent. Datei: vergleich

Gewichtete Optimierung beenden

Haben Sie eine gewichtete Optimierung angelegt und wollen diese beenden? Klicken Sie zunächst die gewünschte optimierte Variante in der Mehrfach-Vorschau an. In der Optimieren-Palette klicken Sie auf die Schaltfläche QUALITÄTSEINSTELLUNG MIT HILFE EINES KANALS ÄNDERN (oder ähnlich). Diese Schaltfläche erscheint eingedrückt beziehungsweise abgedunkelt, sofern Sie die gewichtete Optimierung verwendet haben. So schalten Sie die gewichtete Optimierung ab:

- Haben Sie eine Auswahl mit einem Alphakanal angelegt haben, öffnen Sie im Dialogfeld QUALITÄTSEINSTELLUNG VERÄNDERN das Klappmenü KANAL und wählen OHNE.

- Haben Sie eine Text- oder Formebene geschützt, wählen Sie die angekreuzten Optionen ALLE TEXTEBENEN oder ALLE VEKTORFORMEBENEN ab.

ImageReady behandelt das gesamte Bild nun mit dem bisherigen MAXIMUM-Wert.

Die Ergebnisse

Bildqualität und Platzersparnis überzeugen bei der gewichteten Optimierung nicht. GIF-Qualitätsverlust und gewichtete Optimierung sind im Übrigen Spezialitäten von Photoshop und ImageReady, die Sie kaum bei anderen Programmen wiederfinden. Im Test des Verfassers ließen sich die resultierenden Dateien in verschiedenen Bildprogrammen und Browsern gleichwohl sofort öffnen. Nicht in allen Fällen konnte man Dateien, die mit gewichteter Optimierung gesichert wurden, in anderen Programmen problemlos bei unveränderter Qualität speichern.

6.10.8   GIF-Dateiformat

Das GIF-Dateiformat wirkt mit seinen maximal 256 Farbtönen (8-Bit-Farbtiefe) reichlich beschränkt. Dennoch können Web-Designer nicht auf GIF (auch »Compuserve GIF«) verzichten. Die wichtigsten Merkmale:

- In GIF speichert man auch Trickfilme (Animationen).

- Im GIF-Format kann man freigestellte Objekte so auf der Seite platzieren, dass der Seitenhintergrund unmittelbar durchscheint; das Bild ist nicht mehr von einem sichtbaren Rechteck umgeben (Transparenz-Funktion).

- Liegt bereits eine 8-Bit-Datei vor, wendet das GIF-Format automatisch eine Komprimierung mit LZW-Algorithmus an – dabei entsteht keinerlei Informationsverlust.

- GIF ist weitverbreitet und in jedem Browser, der überhaupt Grafiken anzeigt, darstellbar.

Die Optionen von GIF und PNG-8 ähneln sich weitgehend. Die meisten Sonderfunktionen von GIF besprechen wir in separaten Hauptabschnitten innerhalb dieses Kapitels – Näheres finden Sie also unter »Animationen« (Seite 289), »Transparenz« (Seite 377) und »Farbtabelle und Farbwahl« (Seite 405). Das JPEG-Dateiformat besprechen wir ausführlich ab Seite 258.

Speichern für das Internet   Kapitel 6

Abbildung 6.121:
GIF-Dateien enthalten maximal 256 unterschiedliche Farbtöne. Die ImageReady-Farbtabelle zeigt die Tonwerte der in der Mehrfach-Vorschau aktivierten Version, hier das dritte Bild von links. In der Optimieren-Palette machen Sie die Vorgaben für die aktivierte Vorschau-Variante.

Verwendungszweck

Wegen seiner auf 256 begrenzten Farbenzahl eignet sich GIF, das Graphics Interchange Format, vor allem für plakative Grafiken, die ohne Kantenglättung entstanden. Zum Beispiel für Schriftzüge, Logos, Zeichnungen, Bildschirmfotos (Screenshots). Für subtile Hauttöne, Farbübergänge oder für sanfte Hintergründe nimmt man JPEG.

GIF-Dateien erzeugen

Es gibt verschiedene Wege, GIF-Dateien zu erzeugen:

- Besonders komfortabel: ImageReady mit Mehrfach-Vorschau, GIF-Vorwahl in der Optimieren-Palette, Farbtabelle und dem Befehl **Datei: Optimiert-Version speichern**.
- Das Pendant dazu ist der Photoshop-Befehl **Datei: Für Web speichern**.
- GIFs entstehen auch mit dem Photoshop-Befehl **Datei: Speichern unter**. Liefern Sie hier ein Echtfarb-Bild an, zum Beispiel im RGB- oder Lab-Modus, erscheint zunächst das Dialogfeld des Befehls **Bild: Modus: Indizierte Farben**. Sie bestimmen dann, auf welche Art das Bild auf 256 Farben heruntergerechnet wird. Mit diesem Dialogfeld plus GIF-Dialog haben Sie in etwa die gleichen Optionen wie in der Optimieren-Palette von ImageReady. Der LOSSY-Regler fehlt zwar, aber es gibt die Option EXAKTE FARBEN.

»Interlaced«

Mit der Vorgabe INTERLACED (Zeilensprung) baut sich das Bild anders auf dem Schirm auf: Statt nach und nach, Zeile für Zeile auf die Bildfläche zu trudeln, steht sofort das komplette Rechteck da (beziehungsweise die freigestellte Form). Der Browser zeigt im ersten Durchgang die erste, die neunte und alle weiteren Zeilen im Achter-Abstand; die Zwischenräume werden mit Zeilen-Wiederholungen gefüllt. Im zweiten Durchgang folgen Vierer-Sprünge. Visueller Eindruck: Das Werk wird allmählich schärfer und weniger pixelig.

Der GIF-Aufbau nach Interlaced-Schema lässt sich in Photoshop oder ImageReady generell nicht verfolgen. Sie sehen den Aufbau einer lokal gespeicherten GIF-Datei nach Interlaced-

Kapitel 6   Internet-Gestaltung

Verfahren aber eventuell in einem Internet-Browser – zumindest dann, wenn Sie eine sehr große Datei laden. Probieren Sie es mit dem Bild »GIF-Interlaced.gif« aus dem »Praxis«-Verzeichnis der CD zu diesem Buch; es misst 3885 x 2565 Bildpunkte.

Sie können den INTERLACED-*Modus nicht mit den Vorgaben* LOSSY *oder den* DITHER-*Methoden* STÖRUNGSFILTER *und* MUSTER *verwenden.*

»Lossy«

LOSSY bedeutet »mit (Qualitäts-)Verlust«. Dies ist ein spezielles Verfahren von ImageReady, das nicht einmal Photoshop bietet. GIF-Dateien werden hier mit Qualitätsverlust noch kleiner gestaucht. Andere Programme bieten das Verfahren nicht, können solche Dateien aber gleichwohl öffnen – sie sind voll kompatibel. Kapazitätsersparnisse von rund fünf bis 30 Prozent sind möglich, allerdings verursachen schon niedrige Werte am LOSSY-Regler sichtbare Qualitätsmängel. Sie können LOSSY nicht in Verbindung mit INTERLACED oder mit den Dither-Verfahren STÖRUNGSFILTER oder MUSTER verwenden.

Mit der gewichteten Optimierung wenden Sie zwei unterschiedliche LOSSY-Werte in ein und derselben Datei an – das Hauptmotiv erscheint dann klarer als die Umgebung.

Abbildung 6.122:
Unser Testbild »Tipp_72dpi« wird mit grober 72-dpi-Auflösung gedruckt, um die GIF-Unterschiede deutlich herauszuarbeiten. Die RGB-Vorlage beansprucht 44 Kilobyte Arbeitsspeicher. Links: Die GIF-Version mit Web-Palette bei 216 Farben und 30 Prozent Diffusion-Dithering benötigt 4,9 Kbyte Speicherplatz. Mitte: Um die Dateigröße um ein Kbyte senken zu können, haben wir den »Lossy«-Regler für Datenreduktion mit Verlust auf 40 gestellt (3,9 Kbyte); dabei wirkt das Bild bereits entstellt. Rechts: Ein weiteres Kbyte lässt sich mit einem »Lossy«-Wert von 90 einsparen. Vorlage: Tipp_72dpi

Weitere GIF-Optionen

Diese weiteren GIF-Optionen bietet die Optimieren-Palette:

- ➔ TRANSPARENZ: Haben Sie durchsichtige Bereiche im Bild – erkennbar an den Karos im Hintergrund – und soll an dieser Stelle der Hintergrund der Internet-Seite durchscheinen? Dann klicken Sie die TRANSPARENZ an. Diese Bereiche werden dann in der GIF-Datei als durchsichtig gespeichert (Seite 377).

➥ HINTERGRUND: Hier wählen Sie eine Farbe. Haben Sie die TRANSPARENZ-Option abgewählt, füllt ImageReady alle durchsichtigen Bildteile mit der hier gewählten Farbe. Eventuell arbeiten Sie mit der Transparenzfunktion, haben aber halbtransparente Bildbereiche, etwa geglättete Text- oder Objektkanten oder Schatten. In diesem Fall füllt ImageReady die halbdurchsichtigen Bereiche für das GIF-Speichern soweit mit der unter HINTERGRUND gewählten Farbe auf, bis die Partie komplett deckend ist.

➥ Hinzu kommen verschiedene Klappmenüs und Optionen wie WEB-AUSRICHTUNG oder DITHER. Sie bestimmen, welche Farbtabelle Sie verwenden und wie die letztlich verfügbaren Farben die ursprünglich vorhandenen, viel zahlreicheren Farben ersetzen sollen. Dieselben Optionen gelten auch für das Format PNG-8. Wir besprechen sie deshalb im separaten Hauptabschnitt »Farbtabelle und Farbwahl« ab Seite 405.

6.10.9   PNG-Dateiformat

Kenner sagen »Ping« dazu: Das Format Portable Networks Graphics mit dem Kürzel PNG soll eigentlich GIF und JPEG aus dem World-Wide-Web-Publishing verdrängen. ImageReady bietet in der Optimieren-Palette PNG-8 für 8-Bit-Grafiken (maximal 256 Farben) und PNG-24 für Echtfarbdateien (24-Bit-Farbtiefe) getrennt an. Wenn Sie mit 8-Bit-Grafik arbeiten, zeigt die Farbtabelle (aufrufbar im **Fenster**-Menü) die verwendeten Farbtöne. Ältere Internet-Browser brauchen ein Plug-in, um überhaupt PNG-Bilder anzuzeigen. Ohne Zusatzsoftware öffnen Internet Explorer 4.0 und Netscape ab Version 4.04 das Format.

PNG bietet automatisch eine verlustfreie Komprimierung. Sie ist oft etwas, aber nicht wesentlich stärker als TIFF-LZW oder GIF. Photoshop bietet beim Speichern als PNG eine Reihe unterschiedlicher Algorithmen an, die bei ImageReady nicht explizit auftauchen.

Die Bearbeitung der Farbtabelle für PNG-8 gleicht dem Umgang mit der Farbtabelle des GIF-Formats – wir besprechen sie deshalb separat ab Seite 405. Weitere PNG-Features wie die eingebaute Gammakorrektur werden nicht unterstützt. In der Praxis taucht PNG im Internet kaum auf.

Transparenz

So geht das PNG-Format mit transparenten Bereichen um, in denen das Hintergrundmuster Ihrer Internet-Seite durchscheinen soll.

➥ In 8-Bit-Bildern (mit 256 Farben und Farbtabelle) legen Sie einen transparenten Bereich mit harter Kante fest: Erzeugen Sie Transparenz in Ihrer Datei, und klicken Sie TRANSPARENZ in der Optimieren-Palette von ImageReady an. Die Bearbeitung gleicht den Transparenz-Funktionen von GIF; sie werden deshalb getrennt im Abschnitt TRANSPARENZ ab Seite 377 besprochen.

➥ In Verbindung mit 24-Bit-PNGs können Sie auch »stufenlose« Übergänge nach Art eines Alphakanals oder einer Ebenenmaske speichern. Dazu muss der Internet-Browser freilich mit einem Browser-Plug-in für Alpha-Transparenz bestückt sein. PNG-24-Bilder, die mit TRANSPARENZ gespeichert wurden, erschienen im Test mit Browsern ohne dieses Plug-in gänzlich ohne Freistellung – wie normale Bilder im Rechteckformat.

Online-Informationen

Detaillierte englische Informationen, Testbilder und zahllose Querverweise auch zu den Plug-in-Anbietern finden Sie vor allem hier:

http://www.libpng.org/pub/png/
http://www.w3.org/pub/WWW/Graphics/PNG/Overview.html

6.10.10 WBMP-Dateiformat

Wireless Bitmaps oder WBMP-Dateien sind für Handy-Displays und andere LCD-Anzeigen gedacht. Sie zeigen ausschließlich schwarze und weiße Bildpunkte mit Ein-Bit-Farbtiefe. WBMP geben Sie in der Optimieren-Palette von ImageReady oder in Photoshops Dialogfeld **Für Web speichern** vor. Photoshops Befehl **Speichern unter** listet den Dateityp nur auf, wenn sich das Bild bereits im Bitmap-Modus befindet.

Die Optionen erinnern an das GIF-Format (Seite 311) mit seiner ebenfalls beschränkten Farbtiefe: Wenn Sie keine groben schwarzen und weißen Flächen erhalten wollen, bestimmen Sie ein DITHER-Verfahren. Bei der meist empfehlenswerten DIFFUSION-Vorgabe regeln Sie zusätzlich den Grad der Aufrasterung. ImageReady ermöglicht hier zudem die gewichtete Optimierung: Sie erstellen eine Auswahl und klicken auf die Schaltfläche DITHER-EINSTELLUNG MIT HILFE EINES KANALS ÄNDERN ; anschließend nennen Sie Maximal- und Minimalwerte für das Dithering (Details ab Seite 398).

> **TIPP** *Die WBMP-Bildwirkung lässt sich ohne weiteres auch mit GIF-Vorgabe in der Optimieren-Palette erzielen – dazu geben Sie »2« Farben an, die Sie in der Farbtabelle auf Schwarz und Weiß setzen.*

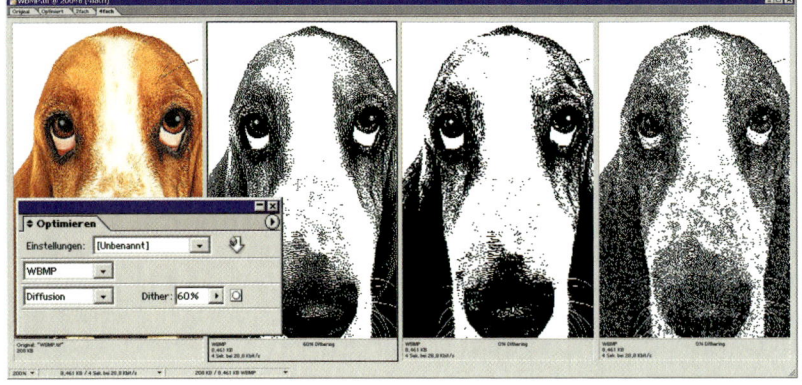

Abbildung 6.123:
Das WBMP-Format reduziert Ihr Bild auf reines Schwarz und Weiß. Die Wirkung steuern Sie mit verschiedenen »Dither-Methoden«. Die Optimieren-Palette zeigt die WBMP-Vorgaben für die erste schwarz-weiße Variante. Datei: WBMP

Farbtabelle und Farbwahl   Kapitel 6

6.11   Farbtabelle und Farbwahl

Das fürs Internet wichtige GIF-Dateiformat erlaubt statt der üblichen 24 Bit nur acht Bit Farbtiefe pro Bildpunkt. Pro Pixel werden also nur acht Nullen oder Einsen reserviert – und nicht 24. Bei 8-Bit-Farbtiefe sind darum nur 2^8, also maximal 256 unterschiedliche Farbtöne möglich. Diese 256 Farbtöne erscheinen in einer Farbtabelle, die im GIF-Bild gespeichert ist; sie können dort auch ausgetauscht werden.

In ImageReady können Sie ein Echtfarbbild (also mit 24 oder mehr Bit) laden und bearbeiten und gleichzeitig in der Mehrfach-Vorschau prüfen, wie es in verschiedenen 8-Bit-Varianten wirkt. Generell sollten Sie fein nuancierte Halbtonvorlagen fürs Internet eher als JPEG-Datei mit 24-Bit-Farbtiefe sichern, also im üblichen RGB-Modus. Grafisches ohne Kantenglättung sollte eher als GIF mit 256 Farben gesichert werden; benötigen Sie Animation oder Freisteller, bleibt fast nur GIF.

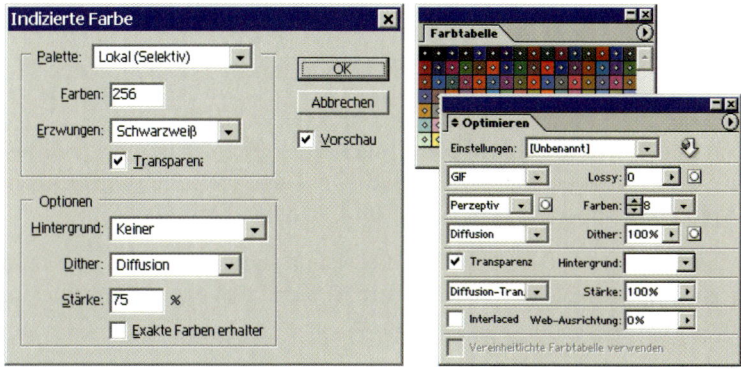

Abbildung 6.124:
Links: Die Farbtabelle wählt man in Photoshop zum Beispiel mit dem Befehl »Bild: Modus: Indizierte Farben«. Rechts: In ImageReady macht man die Farbtabellen-Vorgaben in der Optimieren-Palette, wenn GIF oder PNG-8 als Dateiformat für die »optimierte Version« gewählt sind. Die Bildschirmpalette »Farbtabelle« zeigt die verwendeten Farben und bietet Korrekturmöglichkeiten. Diese Eingabefelder aus ImageReady bietet auch Photoshop mit dem Befehl »Datei: Für Web speichern«.

6.11.1   Übersicht: Möglichkeiten mit der Farbtabelle

Die Farbtabelle bietet ImageReady im **Fenster**-Menü. Bei der Arbeit mit Farbtabellen wenden Photoshop und ImageReady alle Finessen auf, um im Konflikt zwischen Dateigrößenreduzierung und bestmöglicher Farbtreue einen brauchbaren Kompromiss zu finden:

➡ Verwenden Sie eine auf allen Rechnern unverfälscht darstellbare, gleichmäßige Farbtabelle, die aber die Farbschwerpunkte Ihres Bildes nicht berücksichtigt und deshalb die Bildwirkung verfälscht; oder Sie nehmen eine Farbtabelle, die genau die wichtigsten Farbtöne aus Ihrem Bild enthält, aber vielleicht auf 256-Farben-Rechnern verfremdet erscheint.

➡ Simulieren Sie nicht verfügbare Farben bei Bedarf durch regelbares »Dithering«-Streuraster.

- Die Zahl der Farben lässt sich unterhalb von 256 beliebig begrenzen, um die Dateigröße zu senken.
- Tauschen Sie einzelne Farben in der Tabelle gegen solche Farben aus, die garantiert unverfälscht in einem Internet-Browser erscheinen.
- Schützen Sie einzelne Farben in der Tabelle so, dass sie bei weiterer Bearbeitung nicht entfernt werden.

Wechsel zu »Indizierten Farben«

Bevor Sie die Farbtabelle korrigieren, verwandeln Sie zunächst ein Echtfarbbild oder ein Graustufenbild in den 8-Bit-Farbmodus. Dazu gehen Sie einen der folgenden Wege:

- In ImageReady geben Sie in der Optimieren-Palette die Formate GIF oder PNG-8 vor für die Bildfassung, die in der Mehrfachvorschau aktiviert ist; nun erscheinen die Optionen für die Wahl der Farben. Die Farbtabelle zeigt die verwendeten Farbtöne und bietet Korrekturmöglichkeiten.
- Dieselben Möglichkeiten wie ImageReady bietet Photoshop mit dem Befehl **Datei: Für Web speichern**.
- Wählen Sie in Photoshop den Befehl **Bild: Modus: Indizierte Farben**. Noch bei geöffnetem Dialogfeld sehen Sie die Auswirkung auf das Bild. Die Farbtabelle eines geöffneten 8-Bit-Bildes zeigen Sie in Photoshop mit dem Befehl **Bild: Modus: Farbtabelle** an.
- Photoshop blendet das Dialogfeld INDIZIERTE FARBEN auch ein, wenn Sie mit dem Befehl **Datei: Speichern unter** eine Datei im GIF-Format sichern wollen, die bisher in einem anderen Farbmodus vorlag, zum Beispiel in RGB-Farbe.

Wollen Sie ein 8-Bit-Bild in Photoshop mit dem Photoshop-Befehl **Indizierte Farben** *verändern? Das Dialogfeld öffnet sich gar nicht, wenn bereits eine 8-Bit-Datei vorliegt. Verwandeln Sie das Bild erst mit dem Befehl* **Bild: Modus: RGB-Farbe**; *dies ändert an der Bildinformation nichts.*

Verwendung

Die Reduzierung der Farbtiefe von 24 auf 8 Bit spart zwar zwei Drittel Arbeitsspeicher. Doch beim Vergleich der Dateien auf der Festplatte – deren Größe die Datenübertragungszeit bestimmt – sind 8-Bit-Bilder nicht unbedingt kleiner als 24-Bit-Echtfarbdateien, die geschickt im JPEG-Format gespeichert wurden. Die reduzierte Farbtiefe sollte man vor allem für ohnehin eher grafische Motive verwenden, etwa Schriften, Schaltpläne, Organigramme, Skizzen und Farbflächen ohne Kantenglättung; sie werden durch die JPEG-Komprimierung häufig beschädigt. Fein nuancierte Vorlagen, etwa übliche Halbtonfotos, sind allemal im JPEG-Format besser aufgehoben.

Farbtabelle und Farbwahl																			Kapitel 6

Beschränkungen

Achtung: Die meisten Filter und einige Farbkorrekturen funktionieren nicht bei 8-Bit-Farbe. Soll ein 8-Bit-Farbbild doch in Photoshop bearbeitet werden, wechseln Sie vorübergehend zurück zu RGB (**Bild: Modus: RGB-Farbe**). Das JPEG-Format speichert INDIZIERTE FARBEN nicht und Photoshop erlaubt in diesem Modus keine Ebenentechnik. ImageReady öffnet alle Bilder zunächst als 24-Bit-Vorlagen – es gibt also keine Schwierigkeiten.

6.11.2 Wahl der Farbtabelle

Auf unterschiedliche Art reduzieren Photoshop und ImageReady die ursprünglich bis zu 16,7 Millionen oder mehr verschiedenen Farben auf 256 Farben. Die Wahl der geeigneten Farbtabelle hängt vom Einsatzzweck ab.

»Exakt«

Die Option EXAKT steht in Photoshops Dialogfeld INDIZIERTE FARBEN bereit, wenn schon die Vorlage nur 256 oder noch weniger Farbwerte enthält. In diesem Fall benutzt Photoshop alle Originalfarben der Ursprungsdatei.

»System«

Wählen Sie WINDOWS oder MAC OS, werden Echtfarben mit den Werten aus der üblichen Farbpalette der Betriebssysteme ersetzt. Diese Paletten enthalten RGB-Farben in einer gleichmäßigen Verteilung. Vorteil: Auch auf einem Rechner mit nur 8-Bit-Farbdarstellung stört das Bild nicht die Anzeige, da es keine anderen Farben beansprucht als das Betriebssystem selbst. Dies gilt besonders, wenn mehrere Bilder zugleich am Schirm erscheinen sollen. Freilich wirkt die Beschränkung auf 256 Systemfarben grob, denn die Farben sind nicht auf das individuelle Motiv abgestimmt.

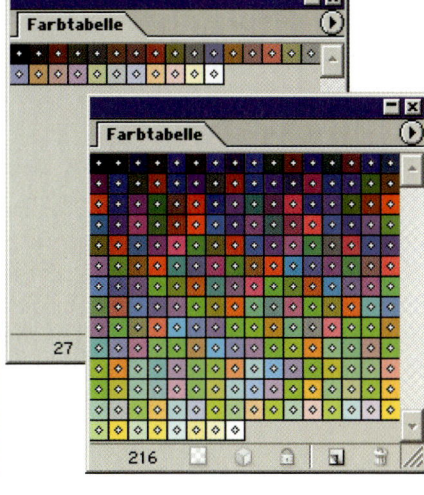

Abbildung 6.125:
Links: Mit der üblichen 216-Farben-Palette fürs Web benötigt die Datei nur rund 5,1 Kbyte; die Farbflächen lassen sich sehr gut komprimieren. Mitte: Von den 216 in der Web-Palette festgesetzten, gleichmäßig verteilten Tonwerten verwendet dieses Ergebnis nur 27 Tonwerte, sofern man im »Farben«-Menü der Optimieren-Palette auf »Auto« schaltet. Rechts: Erhöht man den »Farben«-Wert auf 256, ändert sich die Bildwirkung nicht – die Dateigröße steigt jedoch auf 5,6 KByte. Die Testbilder erscheinen hier mit der typischen Monitorauflösung von 72 dpi; das wirkt im Druck grob, hebt aber die Eigenheiten heraus. Vorlage: Tipp_72dpi

»Web«

Eine einheitliche Palette ist auch wichtig für Bilder auf WWW-Seiten im Internet. Sie müssen immer damit rechnen, dass Ihre Werke nur auf einem 8-Bit-System betrachtet werden. Hierfür gibt es eine spezielle WEB-Palette mit 217 Farben, die auf Mac- und Windows-Rechnern korrekt dargestellt werden, ohne dass es zu Verfälschungen durch den Rechner des Betrachters kommt, zum Beispiel durch Browser-Dithering (Farbstreuung).

Angepasste Paletten

Verwenden Sie eine angepasste Palette wie ADAPTIV, PERZEPTIV oder SELEKTIV, um das Echtfarbbild möglichst sauber anzuzeigen. Ein Beispiel: Sie wollen ein Landschaftsbild in indizierte Farben verwandeln, dann haben Sie viele Blau- und Grüntöne, aber wenig Rot im Bild. Entsprechend entsteht mit einer angepassten Palette eine blau und grün betonte Tabelle. Damit kommt das Ergebnis der Echtfarbdatei viel näher als eine Konvertierung mit Web-Palette; denn die Web-Palette hält ja überflüssige Rot- und Gelbschattierungen parat – auf Kosten zusätzlicher Blau- und Grünnuancen.

Der Nachteil einer angepassten Palette: Mehrere »adaptiv« umgerechnete Bilder benötigen unterschiedliche Farbtabellen und damit insgesamt mehr als 256 Farben. Auf Rechnern mit 8-Bit-Farbtiefe, die nur 256 Farben zeigen können, erscheinen zumindest die nicht aktiven Bilder verfälscht – mit der individuellen Palette des aktiven Bildes. (Sie können jedoch auch mehrere Bilder auf eine gemeinsame angepasste VEREINHEITLICHTE PALETTE bringen; siehe unten.)

Diese angepassten Paletten bieten ImageReady und Photoshop an:

- Die Option ADAPTIV verwendet die häufigsten Farben des Bildes.
- PERZEPTIV erzeugt ebenfalls eine Farbtabelle, die sich an den Schwerpunkten im Bild orientiert. Betont werden Farben, die vom menschlichen Auge besser wahrgenommen werden.
- SELEKTIV funktioniert ähnlich wie PERZEPTIV – doch mit breiterem Farbumfang und besserer Erhaltung der Web-Farben.

»WBMP«

Die Vorgabe WBMP erzeugt eine reine Schwarz-und-Weiß-Grafik für Displays von Handys oder Mini-Computern. Wenn Sie auf Dithering verzichten, erhalten Sie grobe grafische Flächen; hohe DITHER-Werte sorgen für den Eindruck gerasterter Drucksachen. ImageReady bietet zum Speichern das WBMP-Dateiformat an. Falls es Ihnen auf die grafische Schwarzweißwirkung, aber nicht auf ein spezielles Dateiformat ankommt, bieten sich je nach Vorhaben mehrere Alternativen zur WBMP-Vorgabe – so etwa der BITMAP-Modus (Seite 206) oder der Befehl **Bild: Einstellungen: Schwellenwert**, eventuell in Kombination mit anderen, verfeinernden Funktionen (Seite 475).

Farbtabelle und Farbwahl   Kapitel 6

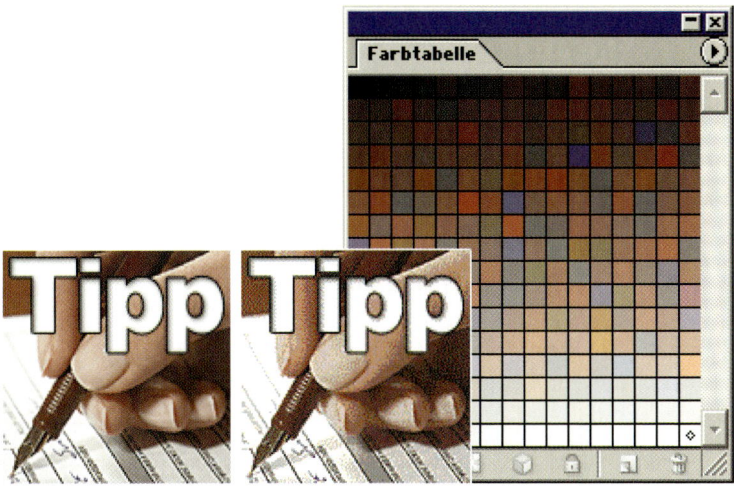

Abbildung 6.126:
Die Vorlage wurde mit der »Adaptiv«-Farbtabelle auf 256 Farben reduziert. Die Paletten »Selektiv« und »Perzeptiv« erzeugen ähnliche Ergebnisse. Das »Adaptiv«-Verfahren verwendet die häufigsten Tonwerte im Bild, so dass ein sehr realistisches Ergebnis entsteht. Die Farbtabelle weist jedoch nur einen einzigen Tonwert als web-kompatibel aus (erkennbar an der Raute bei reinem Weiß). Alle anderen Tonwerte sind nicht in der Standard-»Web«-Tabelle enthalten. Das heißt: Dieses Bild erscheint meist verfälscht auf Rechnern, die nur 256 unterschiedliche Farbtöne anzeigen. Wir überprüfen die Bilddarstellung mit dem Befehl »Ansicht: Vorschau: Browser-Dithering«: Tatsächlich tritt deutliche Farbrasterung auf. Auf Rechnern mit 24-Bit-Grafikdarstellung wird das Bild unverfälscht erscheinen.

Weitere Vorgaben für die Farbtabelle

Diese weiteren Möglichkeiten bieten Photoshop und ImageReady bei der Wahl der Farbtabelle:

➥ Die Option EIGENE erhält die aktuelle perzeptive, selektive oder adaptive Farbtabelle als feste Palette. Sie wird bei Veränderungen des Bildes nicht aktualisiert.

➥ Die Option GLEICHMÄSSIG verteilt die Farben der Palette gleichmäßig über das Spektrum. Dabei können Sie unterschiedliche Farbtiefen wählen. Bei fünf Bit Farbtiefe erhalten Sie fünf Rot-, fünf Grün- und fünf Blautöne in gleichmäßigem Abstand, insgesamt eine Palette aus 5 x 5 x 5, also 125 Tönen. In Verbindung mit »Diffusion Dithering« erzeugt sie bei niedrigen Werten den für Online-Grafik typischen Streusel-Look in matten Farben.

➥ Klicken Sie die VORIGE Palette an, sofern Sie zuvor bereits ein Bild mit den Optionen EIGENE oder FLEXIBEL bearbeitet haben und dieselbe Palette erneut verwenden möchten. Die Option beschleunigt das Bearbeiten mehrerer Bilder.

»Gewichtete« Zusammenstellung der Farbtabelle

Sie können die ADAPTIV-, PERZEPTIV- oder SELEKTIV-Farbtabelle nur auf Basis eines einzelnen Bildteils zusammenstellen; sämtliche Farbtöne werden dann aus diesem Bereich genommen. So betonen Sie ein Hauptmotiv und riskieren stärkere Verfälschung von weniger wichtigen Teilen. Wählen Sie in ImageReady den Bereich aus, der allein berücksichtigt werden soll, und speichern Sie die Auswahl als Alphakanal. Anschließend klicken Sie neben dem

Klappmenü für die Farbtabellen in der Optimieren-Palette auf die Schaltfläche FARBREDUKTION MIT HILFE EINES KANALS BEEINFLUSSEN (Seite 398).

Weitere Optionen bei Photoshop

Photoshops Befehl **Bild: Modus: Indizierte Farben** bietet weitere Gestaltungsmöglichkeiten für die Farbtabelle eines 8-Bit-Bildes:

➡ ERZWUNGEN: Mit dem Klappmenü ERZWUNGEN zwingen Sie autoritär bestimmte Farben in die Tabelle, auch wenn sie nicht im Bild vorkommen: SCHWARZWEISS fügt reines Schwarz und Weiß hinzu. PRIMÄRFARBEN setzt die Farben Rot, Grün, Blau, Zyan, Magenta, Gelb, Schwarz und Weiß ein. Mit der Option WEB nehmen Sie die 216 Web-kompatiblen Farben auf und mit der Option EIGENE definieren Sie Farben nach Ihrem persönlichen Bedarf. Diese Maßnahmen steigern meist die Dateigröße.

➡ Die Option EXAKTE FARBEN ERHALTEN verhindert, dass Farben aus der gewählten Palette noch einmal per Streurasterung in mehrere Farbtöne gebrochen werden. So schützen Sie unter anderem feine Konturen oder glatte Flächen. Photoshop bietet diese Option nur in Verbindung mit DIFFUSION-Dithering an.

➡ Für die Tabellen SELEKTIV, ADAPTIV und PERZEPTIV bietet Photoshop jeweils die Vorwahlen LOKAL oder MASTER. Die LOKAL-Vorgabe orientiert sich unmittelbar am aktuellen Bild; MASTER nutzt eine in ImageReady erzeugte Standardpalette (Seite 413).

6.11.3 Zahl der Farben herabsetzen

Beschränken Sie die Zahl der Farben in der Farbtabelle auf einen bestimmten Wert, um die Dateigröße klein zu halten. Je weniger mögliche Farbtöne, desto gröber wirkt freilich Ihre Vorlage. Die Bildung von blockartigen Farbflächen lässt sich zwar effektiv mit »Diffusion Dithering« verhindern (siehe oben) – aber damit steigt wiederum die Dateigröße. Die Farbenzahl steuern Sie in ImageReady mit dem Datenfeld FARBEN in der Optimieren-Palette, sofern GIF oder PNG-8 als Dateiformat vorgewählt sind. Die Zahl der Farben meldet ImageReady auch bei den technischen Daten in der Mehrfach-Vorschau.

»Auto«

Bei der WEB-Palette, aber auch bei SCHWARZWEISS-, WINDOWS- und MAC-OS-Palette verwendet das FARBEN-Klappmenü der Optimieren-Palette zunächst die Option AUTO. Damit legt die Farbtabelle nicht zwangsläufig sämtliche verfügbaren Tonwerte in der internen Tabelle an, also etwa 255 oder 216, sondern nur die tatsächlich verwendeten. Dies ändert die Bildqualität nicht, senkt jedoch die Dateigröße. So verwendet unser Beispielbild »Tipp_72dpi« nur 27 Farbwerte aus der genormten WEB-Palette mit ihren 216 möglichen Farben (siehe oben); beschränkt man die mit dem Bild gespeicherte Farbtabelle tatsächlich auf diese 27 Tonwerte, sinkt die Dateigröße gegenüber einem Bild, das 256 Farben in der Palette hat, davon aber doch nur 27 verwendet. Photoshops Befehl **Indizierte Farben** enthält keine solche Automatik.

Farbtabelle und Farbwahl   Kapitel 6

6.11.4 Dithering (Farbrasterung)

Das »Dithering«-Streuraster bricht grobe Farbflächen in ein körniges, weniger blockartiges Muster auf. So wirken Halbtonbilder deutlich natürlicher, speziell bei Verwendung der nicht ans Bild angepassten »Web«-oder »System«-Palette. Die Farbstreuung per Dithering hat jedoch auch Nachteile:

➥ An harten Kanten oder in homogenen Farbflächen kann es zu einem auffälligen Streuseleffekt kommen. Sie sollten eventuell solche Farbtöne in der Farbpalette schützen oder bei Photoshop EXAKTE FARBEN ERHALTEN.

➥ Weil die einheitlichen Flächen in viele unterschiedlich gefärbte Bildpunkte aufgebrochen werden, lässt sich das Ergebnis schlechter komprimieren – die Dateigröße bei Formaten wie GIF, PNG-8 oder TIFF-LZW steigt deutlich gegenüber einem 8-Bit-Bild ohne Dithering.

Wollen Sie auf Dithering verzichten, wählen Sie im Klappmenü der Optimieren-Palette KEIN DITHERING oder DIFFUSION mit einem DITHER-Wert von 0. Unabhängig vom Hauptmotiv lösen Sie halbtransparente Bereiche wie Schatten mit der Funktion TRANSPARENZ DITHER in ein Streumuster auf (Seite 387)

 *Beachten Sie, dass Internet-Programme mitunter Bilder mit Dithering-Raster darstellen, die ohne Dithering gespeichert wurden: Dies gilt dann, wenn ein Bild nicht nur die Web-kompatiblen Farben enthält, sondern mit einer individuellen Farbzusammenstellung oder mit 24-Bit-Farbtiefe gespeichert wurde und auf einem Rechner erscheint, der nur 256 unterschiedliche Farben abbildet. Sie prüfen dieses Phänomen mit dem Befehl **Ansicht: Vorschau: Browser-Dithering** in ImageReady.*

Abbildung 6.127:
Links: Unser Testbild erscheint hier mit »Web«-Palette, 27 »Auto«-Farben und 100 Prozent Diffusion Dithering. Das Streuraster ist deutlich zu erkennen, dennoch wirkt das Bild besser als die »Web«-Variante ohne Dithering. Die Dateigröße beträgt 6,2 Kbyte gegenüber 4,8 Kbyte ohne Dithering. Auch die weiteren Beispiele wurden mit 27 Farben und Web-Palette errechnet. Mitte: »Muster«-Dithering, 5,3 Kbyte. Rechts: »Störungsfilter«-Dithering, 5,7 Kbyte. Abbildung hier mit groben 72 dpi. Vorlage: Tipp_72dpi

Diffusion Dithering

ImageReady und Photoshop bieten verschiedene Methoden für das Dithering-Streuraster an. Relativ unauffällig und optimal bei Halbtonbildern arbeitet das »Diffusion«-Dithering; es streut nach dem Zufallsprinzip Bildpunkte verfügbarer Farben eng nebeneinander und täuscht so pfiffig Farben vor, die in der Farbtabelle gar nicht erscheinen. Bei angepasster Palette und Diffusion Dithering lässt sich oft weder am Schirm noch im Druck erkennen, dass bloß eine 8-Bit-Datei vorlag; ganz deutlich verbessert Diffusion Dithering auch Bilder mit System- oder Web-Palette.

Prüfen Sie individuell, welcher DITHER-Wert sich für Ihre Vorlage eignet. Haben Sie DIFFUSION eingeschaltet und das DITHER-Feld zeigt null Prozent, entspricht dies genau der Vorgabe KEIN DITHER. Je höher Sie den DITHER-Wert setzen,

- desto deutlicher wird die Farbstreuung,
- desto mehr lösen sich Farbblöcke auf,
- desto »natürlicher« wirken viele Halbtonfotos,
- desto mehr erhöht sich die Dateigröße.

Vorsicht, wenn Sie Slices erstellen – also größere Bildarrangements, die sich aus mehreren Einzeldateien zusammensetzen: Durch Diffusion-Dithering können Ränder ins Auge fallen. Abhilfe: Markieren Sie die fraglichen Slices und wählen Sie **Slices: Slices verbinden**; *dann streut ImageReady das Dithering-Muster über alle verkoppelten Slices, die Ränder verschwinden.*

»Gewichtetes« Dithering

Sie können innerhalb eines Bildes zwei verschiedene DITHER-Stärken anwenden: Wählen Sie den Bereich aus, der stärker gerastert werden soll, und speichern Sie die Auswahl als Alphakanal. Anschließend klicken Sie neben dem DITHER-Wert in der Optimieren-Palette auf die Schaltfläche DITHER-EINSTELLUNG MIT HILFE EINES KANALS ÄNDERN [O]. Im Dialogfeld DITHER-EINSTELLUNG ÄNDERN teilen Sie nun einen höheren Dither-Wert für den ausgewählten Bildteil und einen niedrigeren Wert für den nicht gewählten Bereich zu (Seite 398).

Prüfen Sie Dateien mit DITHER-*Raster in der Zoomstufe 100 Prozent – alle anderen Darstellungen, insbesondere Verkleinerungen, wirken stark verzerrend (*[Strg]+[Alt]+[0]*, Seite 81).*

Weitere Methoden der Farbrasterung

Die weitere Methoden der Farbrasterung wirken selten besser als das »Diffusion Dithering«:

- Das MUSTER-Dithering ordnet nach einem Rasterschema Bildpunkte verfügbarer Farben eng nebeneinander, um Farben zu simulieren, die in der Farbtabelle nicht vorkommen.

Farbtabelle und Farbwahl   Kapitel 6

Abbildung 6.128:
Links: Ein »Dither«-Wert von 45 Prozent erzeugt eine erste, leichte Aufweichung der Farbkanten im Bild. Die GIF-Dateigröße steigt gegenüber der Variante ohne Dithering gering von 4,8 auf 5,2 KByte. Mitte: Mit 70 Prozent Dithering verschwinden die Kanten, ohne dass die Vorlage schon so aufgelöst wirkt wie bei 100 Prozent (siehe oben); die Dateigröße steigt auf 5,6 Kbyte. Rechts: Um die Dateigröße zu senken, haben wir gegenüber dem mittleren Bild die Datenkomprimierung mit Qualitätsverlust angewendet und den »Lossy«-Wert in der Optimieren-Palette für GIF auf 50 gesetzt. Dateigröße: 3,9 Kbyte. Alle Beispiele entstanden mit »Web«-Palette und 27 »Auto«-Farben. Vorlage: Tipp_72dpi

- Der STÖRUNGSFILTER wendet ähnlich dem »Diffusion Dithering« ein Zufallsmuster an – jedoch ohne die Streuung des Musters über benachbarte Pixel. Ränder können bei diesem Verfahren nicht auftreten, so dass es sich besonders für Slices eignet.

- Mit dem Befehl **Filter: Sonstige Filter: DitherBox** lassen sich in ImageReady wie in Photoshop eigene Dithering-Muster anlegen. Diesen Filter müssen Sie jedoch erst von Hand installieren, er findet sich auf der Photoshop-CD im Verzeichnis »Zugaben/Optionale Zusatzmodule/Ditherbox«, beachten Sie auch die Textdateien dort.

Abbildung 6.129:
Diese Beispiele entstanden jeweils mit 70 Prozent »Diffusion Dithering« und »Web«-Palette. Verwendet man 27 Farben, benötigt das Ergebnis 5,6 Kbyte (siehe oben). Hier wurde die Farbzahl mit der Optimieren-Palette weiter gesenkt, um die Dateigröße zu verringern.
Links: 16 Farben, 4,3 Kbyte; Mitte: acht Farben, 3,3 Kbyte; rechts: vier Farben, 2,4 Kbyte. Vorlage: Tipp_72dpi

6.11.5   Standardpaletten

Sie können eine Standardpalette für Gruppen von GIF- oder PNG-8-Bildern erstellen, die für ein Multimedia-Projekt bestimmt sind. Alle Bilder erscheinen dann mit denselben, charakteristischen Farben. Das Verfahren im Überblick: Sie sammeln Farben aus einer Anzahl von Bildern, anschließend erstellen und speichern Sie die Standardpalette.

Standardpalette erstellen

So legen Sie eine Standardpalette an:

1. Öffnen Sie das erste 8-Bit-Bild.
2. Wählen Sie, falls verfügbar, **Bild: Standardpalette: Standardpalette löschen**. So stellen Sie sicher, dass Farben aus vorherigen Bildern nicht in die neue Palette aufgenommen werden.
3. Öffnen Sie ein Bild, dessen Farben Sie in die Standardpalette aufnehmen möchten.
4. Nun heißt es **Bild: Standardpalette: In Standardpalette aufnehmen**. Alle Farbinformationen für das aktuelle Bild werden in die Standardpalette eingefügt.
5. Wiederholen Sie diese Prozedur für alle Bilder, deren Farben in der Standardpalette erscheinen sollen.
6. In der Optimieren-Palette legen Sie die Einstellungen fest, zum Beispiel das Dithering-Verfahren.
7. Erzeugen Sie eine neue Farbtabelle aus allen bisherigen Informationen; dies geschieht per **Bild: Standardpalette: Standardpalette erstellen**.
8. Klicken Sie auf **Bild: Standardpalette: Standardpalette speichern**.
9. Geben Sie der Standardpalette im Dialogfeld einen Namen. Sie sollten die Palette wie vom Programm vorgeschlagen im Photoshop-Unterverzeichnis »Vorgaben/Optimierte Farben« sichern. Sie können Ihre Standardtabelle dann in der Optimieren-Palette aufrufen – im Klappmenü mit den anderen Tabellen wie WEB oder SELEKTIV.

Die neue Farbtabelle erscheint sofort im Klappmenü der Optimieren-Palette.

Standardpaletten anwenden

Um die Standardpalette auf Bilder anzuwenden, öffnen Sie zunächst die Dateien. Nun haben Sie zwei Möglichkeiten:

- Liegt die Standardfarbtabelle wie vorgeschlagen im Unterverzeichnis »Vorgaben/Optimierte Farben«? Dann zeigen Sie Ihr Bild in Mehrfach-Vorschau, geben Sie für die aktivierte »optimierte« Version GIF oder PNG-8 vor und wählen Sie Ihre Standardfarbtabelle aus dem Klappmenü mit den verschiedenen Farbtabellen.
- **Laden** Sie die Tabelle mit dem Menü zur Palette FARBTABELLE. Auch dies geht nur, wenn die Optimieren-Palette GIF oder PNG-8 als Dateiformat nennt.

In beiden Fällen gilt: Sobald Sie die Palette aufrufen, erscheinen Farbtöne in der »Farbtabelle«, das Bild ändert sich entsprechend. Bedenken Sie, dass Sie auch zahlreiche Bilder auf einen Rutsch automatisch mit dieser Farbpalette ausstatten können, wenn Sie den Zustand der Optimieren-Palette als so genanntes Droplet speichern (Details zu Droplets finden Sie ab Seite 128).

Farbtabelle und Farbwahl | Kapitel 6

Diese Tabelle lässt sich auch in Photoshop aufrufen – etwa mit dem Befehl **Datei: Für Web speichern,** der dem beschriebenen ImageReady-Verfahren ähnelt. Alternativ nehmen Sie den Befehl **Bild: Modus: Indizierte Farben,** wählen im Dialogfeld die EIGENE Palette und klicken im folgenden FARBTABELLE-Dialog auf LADEN.

6.11.6 Einzelne Farbtöne in der Farbtabelle bearbeiten

Bearbeiten Sie Einzelfarben oder Farbgruppen in der Farbtabelle. Sie können

- einen Farbton gegen einen beliebigen anderen Farbton austauschen
- einen Farbton löschen
- einen Farbton so fixieren, dass er auch bei weiterer Datenreduktion nicht unter den Tisch fällt
- einen Farbton gegen einen ähnlichen, aber WWW-kompatiblen Farbton austauschen
- einen bestimmten Prozentsatz an Farbtönen WWW-kompatibel machen

Sie öffnen die **Farbtabelle** in ImageReady über das **Fenster**-Menü; Sie sehen dort alle Farbtöne für die aktivierte GIF- und PNG-8-Variante in der Dateifenster-Vorschau; haben Sie eine JPEG-Variante angeklickt, zeigt die Farbtabelle gar nichts. Öffnen Sie ein 8-Bit-TIFF-Bild in ImageReady, sehen Sie für die ORIGINAL-Ansicht ebenfalls keine Farbtabelle – das Programm behandelt alle Bilder wie 24-Bit-Echtfarbe.

Die Reihenfolge der Farbtöne in der Palette ändern Sie mit den Befehlen des Palettenmenüs, dort sortieren Sie etwa **nach Farbton** oder **nach Häufigkeit.** Die folgende Grafik zeigt Ihnen die Möglichkeiten mit der Palette FARBTABELLE aus ImageReady.

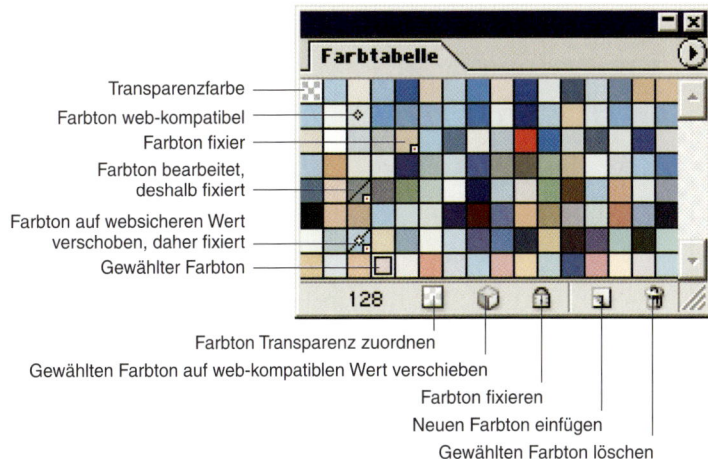

Abbildung 6.130:
ImageReady zeigt Farbtöne in der Farbtabelle nur an, wenn Sie die aktuelle Variante in der Mehrfach-Vorschau in der Optimieren-Palette als GIF- oder PNG-8-Datei angeben. Sie können einzelne Farbtöne löschen, ändern oder gegen Veränderung schützen.

Farbtöne auswählen und abwählen

Sehr gezielt wählen Sie in der Tabelle die Farbtöne aus, die Sie interessieren:

- Um einen einzelnen Farbton zu markieren, klicken Sie ihn an.
- Sie markieren mehrere Farbtöne, indem Sie diese bei gedrückter [Strg]-Taste anklicken.
- Wollen Sie einen einzelnen Farbton aus der Auswahl entfernen, klicken Sie ihn erneut mit der [Strg]-Taste an.
- Eine Reihe von Farbtönen markieren Sie so: Klicken Sie den ersten Farbton an, dann klicken Sie den letzten Farbton bei gedrückter [⇧]-Taste an.
- Per Farbtabellenmenü können Sie **Alle Farben auswählen**.
- Besteht eine Auswahl im Bild, können Sie **Alle Farben in Auswahl auswählen**.
- Zudem lassen sich **Alle Web-kompatiblen** oder **Alle nicht Web-kompatiblen Farben** auswählen.
- Möchten Sie eine bestimmte Farbe aus dem Bild auswählen? Schalten Sie die Pipette ein (Kurztaste I) und klicken Sie den Farbton an – er wird auf der Farbtabelle hervorgehoben. Dabei spielt es keine Rolle, ob Sie in das ORIGINAL mit hoher Farbtiefe oder in eine »optimierte« Version in der Mehrfach-Vorschau klicken. Bei diesem Verfahren ändern Sie auch die aktuelle Vordergrundfarbe.

So heben Sie die gesamte Auswahl wieder auf:

- Wählen Sie im Palettenmenü **Alle Farben abwählen**; oder
- klicken Sie in der Farbtabelle in den grauen Bereich außerhalb der Farbkästchen.

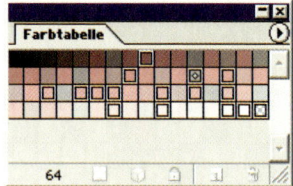

Abbildung 6.131:
Die wichtigsten Bildteile wurden mit dem Zauberstab ausgewählt. Der Palettenbefehl »Alle Farben in Auswahl auswählen« markiert die Farbtöne innerhalb der Fließmarkierung in der Farbtabelle. Datei: Verbindungen

Ausgewählte Farben im Bild hervorheben

Klicken Sie einen Farbton in der Tabelle an und halten Sie die Maustaste etwas länger gedrückt – der Farbton erscheint nun im Bild mit einer Alarmfarbe. So erkennen Sie, wo in Ihrer Datei der in der Farbtabelle markierte Farbton anzutreffen ist. Markieren Sie mehrere Farben (siehe vorhergehender Abschnitt), um sie durch längeres Anklicken im Bild hervorzuheben. Dabei verändern Sie nicht das Bildergebnis.

Farbtabelle und Farbwahl   Kapitel 6

Farbtöne neu aufnehmen und löschen

Übernehmen Sie die aktuelle Vordergrundfarbe in die Farbtabelle. Dazu klicken Sie rechts unten in der Farbtabelle auf das Symbol FÜGT DIE VORDERGRUNDFARBE DER PALETTE HINZU oder wählen den Befehl **Neue Farbe** im Palettenmenü. Die neue Farbe ist zunächst fixiert, wie Sie an dem kleinen Quadrat rechts unten im Farbkästchen erkennen; das heißt, dieser Farbton wird bei weiterer Bearbeitung der Datei vorerst nicht verworfen. Neue web-kompatible Farben fixiert ImageReady nicht. Um einen Farbton zu löschen und so die Dateigröße zu senken, ziehen Sie ihn in den Mülleimer.

Sie können einen Farbton nur dann hinzufügen, wenn er nicht schon in der Palette vorhanden ist.

Einzelfarbton ändern

So ändern Sie einen einzelnen Farbton in der Farbtabelle:

➤ Weisen Sie einer ausgewählten Farbe einen beliebigen neuen RGB-Farbwert zu. Klicken Sie dazu doppelt auf die Farbe in der Palette FARBTABELLE. Damit erscheint der Standardfarbwähler. Verwenden Sie bei Bedarf die Option NUR WEB-FARBEN.

➤ Verschieben Sie einzelne Farbtöne so, dass der nächstgelegene, web-kompatible Farbton eingesetzt wird. Damit gehen Sie sicher, dass dieser Farbton auch auf Rechnern mit 256-Farben-Anzeige unverfälscht erscheint, also ohne Browser-Dithering. Wählen Sie zunächst die gewünschten Farbtöne in einer »optimierten« Vorschauversion aus; dann klicken Sie in der Farbtabelle auf das Symbol WEB-VERSCHIEBUNG. Derart lassen sich auch mehrere markierte Farben gleichzeitig in den sicheren Bereich verschieben.

Bearbeitete Farben zeigt ImageReady in der Farbtabelle mit halbiertem Kästchen. Links oben sehen Sie die ursprüngliche Farbe. Rechts unten erscheint der neue Farbwert. Er ist gegen Verschiebung zunächst fixiert, wie Sie an dem Kästchen rechts unten im Farbfeld erkennen. In der Mitte einer »web-verschobenen« Farbe zeigt ImageReady eine kleine, weiß gefüllte Raute. Sie kennzeichnet auch alle anderen web-kompatiblen Farben.

Änderungen an der Farbtabelle widerrufen

Wollen Sie die Änderungen an der Farbtabelle wieder aufheben, öffnen Sie das Palettenmenü mit der Schaltfläche. Verwenden Sie für Ihre Rückrufaktion aus dem Palettenmenü den Befehl **Verschiebung widerrufen für alle Farben**. Dabei setzt ImageReady alle bearbeiteten Farbfelder auf den ursprünglichen Farbwert zurück, der in den gesplitteten Kästen links oben erscheint. Das gilt gleichermaßen für Tonwerte, die Sie web-kompatibel gemacht haben und für Tonwerte, die per Farbwähler völlig frei geändert wurden.

Zusätzlich enthält die Palette den Befehl **Web-Verschiebung für alle verschobenen Farben widerrufen**. Sofern Sie einige Farben per Klick in der Tabelle gewählt haben, lässt sich die Veränderung hin zu web-kompatiblen Farbtönen annullieren. Alternative: Klicken Sie erneut auf das Symbol VERSCHIEBT AUSGEWÄHLTE FARBEN IN DIE WEB-PALETTE.

Farbton fixieren und lösen

Ausgewählte Farben lassen sich in der Farbtabelle schützen. Verringern Sie die Farbzahl, bleibt diese »fixierte« Farbe auf jeden Fall erhalten. Beim Dithern wird diese Farbe nicht mitgerastert. Sie schützen so wichtige Tonwerte vor ungewünschter Veränderung – etwa eine Signalfarbe Ihres Kunden oder einen Tonwert, der mit dem Hintergrund der Internet-Seite korrespondiert.

Beachten Sie jedoch, dass die im Bild geschützte Farbe auf dem Rechner des Betrachters gleichwohl mit Dithering erscheinen kann, wenn es sich nur um 8-Bit-Darstellung handelt. Sie überprüfen das mit dem Befehl **Ansicht: Vorschau: Browser-Dithering**.

So fixieren Sie die Farbe, sofern Sie eine GIF- oder PNG-8-Variante bearbeiten:

1. Klicken Sie das Farbfeld in der Farbtabelle an.
2. Fixieren Sie die Farbe durch Klicken auf das Symbol FIXIEREN. ImageReady kennzeichnet fixierte Farben durch ein weißes Quadrat mit rotem Punkt in der unteren rechten Ecke des Farbfeldes in der Tabelle.

In diesen Situationen erzeugt ImageReady automatisch fixierte Farbtöne:

➤ wenn Sie eine nicht web-kompatible Farbe neu in die Palette einfügen;

➤ wenn Sie eine vorhandene Farbe per Farbwähler austauschen.

Ganz einfach heben Sie die Fixierung wieder auf: Markieren Sie fixierte Farben per Klick in der Farbtabelle und klicken Sie erneut auf das Symbol FIXIERT BZW. LÖST AUSGEWÄHLTE FARBEN. Wollen Sie alle fixierten Farben freigeben, verwenden Sie im Palettenmenü den Befehl **Alle Farben lösen**.

Den Anteil web-kompatibler Farbtöne erhöhen

Sie können den Anteil web-kompatibler Farben in einem Bild prozentweise erhöhen. Voraussetzung wie immer in diesem Abschnitt: Sie bearbeiten eine Vorschau-Version und haben GIF oder PNG-8 in der Optimieren-Palette als Dateiformat eingerichtet. Dann bietet die Optimieren-Palette den Regler WEB-AUSRICHTUNG. Er steht zunächst bei null Prozent.

Je weiter Sie den Wert für WEB-AUSRICHTUNG anheben, desto mehr Tonwerte ersetzt ImageReady durch web-kompatible Tonwerte. Das Bild wirkt also weniger entstellt, wenn es auf einem Rechner mit reiner 256-Farben-Anzeige läuft und dort vom Internet-Browser nur mit (nicht im Bild enthaltenem) Dithering-Streuraster wiedergegeben werden kann.

Alle verschobenen Farbtöne zeigen in der Mitte die kleine weiße Raute, das Symbol für Web-Kompatibilität. Je höher der Anteil web-kompatibler Farben, desto ungenauer wird oft die Bilddarstellung im Vergleich zum Original; Sie entfernen ja zumeist solche Farbtöne, die exakt für dieses Motiv besonders gut gepasst haben.

Farbtabelle und Farbwahl   **Kapitel 6**

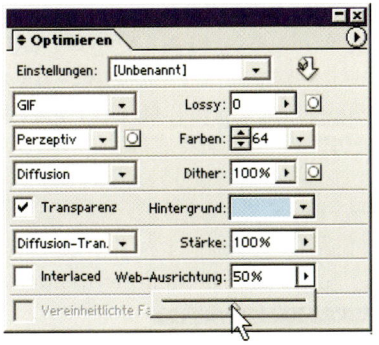 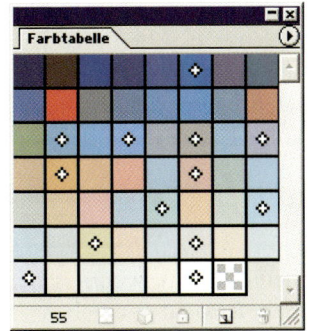

Abbildung 6.132:
Links: Der Regler »Web-Ausrichtung« in der Optimieren-Palette macht einen wählbaren Anteil an Farbtönen webkompatibel. Rechts: Die web-kompatiblen Tonwerte kennzeichnet ImageReady durch eine weiß gefüllte Raute im Farbfeld. Im Palettenmenü haben wir »Große Farbfelder« vorgegeben.

Farbtabellen speichern und laden

Mittels Palettenmenü können Sie eine brauchbare **Farbtabelle speichern**. Dabei schlägt ImageReady zunächst das Photoshop-Unterverzeichnis »Vorgaben/Optimierte Farben« vor. Verwenden Sie dieses Verzeichnis, wird diese Farbtabelle sofort auch im Menü der verschiedenen Farbtabellen innerhalb der Optimieren-Palette angeboten – also dort, wo Sie etwa auf WEB oder SELEKTIV zugreifen.

Sie öffnen beliebige Farbtabellen aus jedem beliebigen Unterverzeichnis über den Befehl **Farbtabelle laden**. ImageReady wendet die Farbtabelle sofort auf das Bild an. (Wie immer in diesem Abschnitt stehen die Funktionen nur bereit, wenn Sie eine »optimierte« GIF- oder PNG-8-Vorschau bearbeiten.)

Farbübergänge

Nur Photoshop zaubert neue Farbübergänge in die Palette, Öffnen Sie ein Acht-Bit-Bild und zeigen Sie mit dem Befehl **Bild: Modus: Farbtabelle** die Farbtabelle an. So geht's weiter:

1. Ziehen Sie den Mauszeiger über den Bereich der Palette, den Sie verändern möchten. Die erfassten Farbtöne erscheinen markiert.
2. Photoshop blendet sofort den Farbwähler ein, in dem Sie einen Farbton für den Beginn des Farbübergangs anklicken. Dann klicken Sie auf OK.
3. Unmittelbar erscheint der Farbwähler erneut und Sie geben eine Endfarbe für den Farbverlauf ein. Photoshop ersetzt die ausgewählten Farbtöne durch einen Farbverlauf mit den von Ihnen gewählten Endfarben.

Die Auswirkung sehen Sie bereits in der Vorschau.

6.11.7 Web-kompatible Farben auswählen und HTML-Farbwerte verwenden

Den Standardfarbwähler erhalten Sie beispielsweise nach Klick auf die Felder für Vordergrundfarbe und Hintergrundfarbe in der Werkzeugleiste oder nach Klick auf ein Farbfeld in der Farbtabelle. Schalten Sie hier die Option NUR WEB-FARBEN ein – dann sehen Sie nur noch Farbtöne aus der 216-Farben-Tabelle, die allseits unverfälscht wiedergegeben wird.

Alternative: Wählen Sie eine Farbe frei aus, ohne die Einschränkung auf NUR WEB-FARBEN. Dann zeigt der Farbwähler meist rechts oben die Warnung ACHTUNG, KEINE WEBSICHERE FARBE ; das heißt, die aktuell gewählte Farbe ist nicht web-kompatibel. Darunter sehen Sie bereits die nächstgelegene web-kompatible Farbe. Klicken Sie den Würfel an – damit verschiebt sich der zuvor gewählte Tonwert auf den web-kompatiblen Wert.

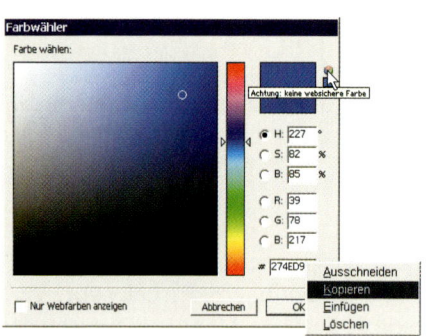 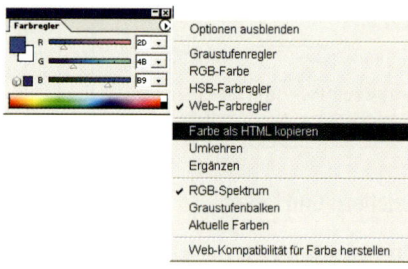

Abbildung 6.133:
Links: Sofern Sie die Option »Nur Web-Farben« im Farbwähler nicht verwenden, erscheint bei nicht web-kompatiblen Farben rechts oben das Symbol »Achtung, keine websichere Farbe«. Darunter zeigt das Programm die nächstgelegene web-kompatible Farbe. Klicken Sie den Würfel an, um den aktuellen Tonwert auf den angezeigten web-kompatiblen Wert zu verschieben. Unten rechts gibt das Programm den Hexadezimalcode für die Farbe an. Sie können hier Werte kopieren oder einfügen. Rechts: Der Farbregler bietet spezielle Optionen für web-kompatible Farben.

Am bequemsten stellen Sie Farben mit dem Farbregler ein [F6]. Klicken Sie im Menü der Farbregler-Palette auf **Web-Farbregler**; damit erscheinen nur noch Web-kompatible Farbtöne. Ist ein nicht web-tauglicher Farbwert gewählt, erhalten Sie die oben bereits beschriebene Warnung ACHTUNG, KEINE WEBSICHERE FARBE . Klicken Sie darauf, um die nächstmögliche web-taugliche Farbe einzusetzen.

Pipette

Mit der Pipette klicken Sie einen Bildpunkt an und bestimmen so eine neue Vordergrundfarbe. Klicken Sie nun in ein 24-Bit-Bild oder in ein 8-Bit-Bild mit nicht web-kompatiblen Farben, werden Sie meist Farben erwischen, die wiederum nicht web-kompatibel sind.

Sie können dabei auch Bildtöne außerhalb von ImageReady aufnehmen – zum Beispiel die Farbe aus einem Internet-Browser: Klicken Sie zunächst einen Farbton in ImageReady an; dann ziehen Sie das Werkzeug bei gedrückter Maustaste an jede andere Stelle auf dem Bildschirm.

Die Optionen zur Pipette bieten den Punkt AN WEB-FARBE AUSRICHTEN an. Nun lassen sich beliebige Bildpunkte anklicken – als neue Vordergrundfarbe erhalten Sie immer eine web-kompatible Farbe.

Farbtabelle und Farbwahl

HTML-Farbwerte kopieren

Der HTML-Code nennt Farben in hexadezimaler Schreibweise. Es gibt aber auch Bezeichnungen für Standardfarben. Reines Weiß kann beispielsweise auf diese zwei Arten in einem HTML-Code erscheinen:

```
COLOR=#FFFFFF
COLOR=White
```

Weitere vordefinierte Farben sind unter anderem aqua, black, blue oder maroon. Sie können in ImageReady eine Farbe festlegen und den Hexadezimal-Code in die Zwischenablage kopieren; dann lässt er sich in einem Layout-Programm etwa als Hintergrundfarbe einfügen. Sie finden den Befehl **Farbe als HTML kopieren** im Menü des Farbreglers; das Kontextmenü der Pipette bietet Ähnliches. Der Farbwähler nennt den HTML-Code in einem Feld rechts unten. Sie können den Code in diesem Dialogfeld markieren und mit [Strg]+[C] kopieren; per Rechtsklick (am Mac [Ctrl]-Klick) erhalten Sie dort auch ein Kontextmenü mit Befehlen wie **Kopieren** und **Einsetzen**.

HTML-Farbwerte übernehmen

Vielleicht möchten Sie HTML-Farbwerte von einer Internet-Seite übernehmen. Dann können Sie bei Ihren Grafiken perfekte Übergänge zum Hintergrund erzeugen. Zwei Wege sind denkbar:

- Öffnen Sie die HTML-Datei, markieren Sie den Farbcode, der hinter Hinweisen wie COLOR oder BGCOLOR erscheint, und kopieren Sie ihn mit [Strg]+[C] in die Zwischenablage. Öffnen Sie anschließend den ImageReady-Farbwähler zum Beispiel durch Klick auf die Vordergrundfarbe in der Werkzeugleiste; fügen Sie den Code in das Datenfeld rechts unten ein. Spätestens, wenn Sie in ein anderes Datenfeld klicken, erscheint die Farbe im Farbwähler.

- Öffnen Sie die Internet-Seite mit der gewünschten Farbe – zum Beispiel, indem Sie diese Seite online aufrufen. Schalten Sie die ImageReady-Pipette ein, klicken Sie in einen Bildpunkt innerhalb von ImageReady und ziehen Sie die Pipette dann bei gedrückter Maustaste über den Internet-Browser. Der zuletzt berührte Bildpunkt liefert die nächste Vordergrundfarbe für ImageReady.

7 Kontrast & Farbton

Abbildung 7.1:
Flau oder frisch: Mit den Tonwertfunktionen bessern Sie matte Bilddateien auf. Vorlage: See; Ergebnis: See_2

Fast immer sollten Sie eine neue Bilddatei noch farblich und in den Kontrasten korrigieren, bevor das Werk zum Drucker oder Belichter geht. Ausnahme eventuell: Die Bilddateien, die ein professioneller Belichtungsdienst produziert.

7.1 Grundlagen

Zunächst erhalten Sie hier einen Überblick, welche Befehle insgesamt den Bildeindruck verbessern und in welcher Reihenfolge man sie anklickt. Um ein Bild wirklich effektiv zu regulieren, sollten Sie sich mit Farbmodellen und Einheiten für Tonwerte auskennen und Ihr System kalibriert haben. Photoshop bietet einige Farbkorrektur-Befehle mehr als ImageReady; wir konzentrieren uns deshalb hier auf Photoshop.

7.1.1 Übersicht: Befehle für Kontrast, Tonwertumfang und Farbton

Die Befehle zur Kontrastkorrektur finden sich im **Bild**-Untermenü **Einstellungen**. Denken Sie daran, dass Sie diese Funktionen in der Ebenenpalette als abschaltbare Korrektur-Ebene einrichten können; damit stellen Sie das Objekt unter der Einstellungsebene verändert dar, wechseln aber jederzeit zurück zum Original oder zu einer anderen Bearbeitung (Details ab Seite 778).

Kapitel 7   Kontrast & Farbton

Photoshop bietet zahlreiche Funktionen für feine und für grobe Änderungen von Kontrasten und Farbstimmungen. Zu finden sind sie allesamt im **Bild**-Untermenü **Einstellungen**.

Abbildung 7.2:
Ganz links: Die Vorlage wirkt flau, sie zeigt keine ausgeprägten Lichter- oder Schattenbereiche. Zweites Bild: Wir heben die vorhandenen helleren Tonwerte mit der »Tonwertkorrektur« bis auf das Maximum an, das Bild hellt sich auf. Drittes Bild: Wir senken die vorhandenen dunkleren Pixel auf Schwarz ab, das Bild erhält mehr Tiefe. Viertes Bild: Eine Anhebung der Mitteltöne korrigiert den etwas dunklen Gesamteindruck. Linkes Histogramm: Sie erkennen, dass die Vorlage das mögliche Helligkeitsspektrum von 0 bis 255 gar nicht ausnutzt, sondern dass der Tonwertumfang nur von etwa 42 bis 215 reicht; alle drei Regler des Bereichs »Tonwertspreizung« werden verwendet. Rechtes Histogramm: Nach der Korrektur zeigt das Histogramm Tonwerte aller Helligkeitsbereiche an. Vorlage: See; Ergebnis: See_2

Feine Änderungen

Der überwiegende Teil der Funktionen erlaubt mit seinen subtilen Regelmöglichkeiten sehr feine Korrekturen:

- Mit den Reglern für **Helligkeit/Kontrast** verändern Sie helle wie dunkle Bildzonen gleichermaßen.
- Mit der **Tonwertkorrektur** erweitern oder begrenzen Sie den Tonwertumfang.
- Die **Auto-Korrektur** erweitert den Tonumfang automatisch, so dass Ihr Bild kontrastreicher und brillanter wirkt.
- Der Befehl **Auto Kontrast** erweitert ebenfalls den Tonwertumfang automatisch, vermeidet dabei aber Farbverschiebungen.
- **Auto-Farbe** behebt Farbstiche, ohne den Kontrasteindruck zu verändern.
- Die **Tonwertangleichung** sorgt für ausgeglichene Kontrastverhältnisse sowohl in zu harten als auch in zu weichen Bilddateien.
- Die **Gradationskurven** regeln die Kontraste neu nur für einzelne Helligkeitszonen.
- Eine spezielle Form der Gradationskurve ist die Gammakurve, die vor allem den Mittenbereich beeinflusst und über die **Tonwertkorrektur** eingestellt wird.
- Die **Farbbalance** entfernt Farbstiche.
- Das Dialogfeld **Farbton/Sättigung** ändert Farbtöne oder frischt ein Bild auf.
- Die **Selektive Farbkorrektur** verändert Farben, indem einzelne Grundfarben angehoben oder abgesenkt werden.

Grundlagen   Kapitel 7

- Die **Variationen** korrigieren die Farbstimmung über ein ganzes Vorschau-Tableau.
- **Farbe ersetzen** fasst zwei Aufgaben zusammen: Markieren gleichfarbiger Bildteile und Veränderung dieses Farbtons.
- Der **Kanalmixer** verändert den Anteil der einzelnen Grundfarben am Gesamtbild.

Grobe Änderungen

Eine Reihe weiterer Befehle dient nicht der behutsamen Bildverbesserung, sondern eher der Verfremdung:

- Der Befehl **Umkehren** erzeugt ein Negativ, sowohl von Farb- wie von Graustufendateien.
- Der **Schwellenwert** entfernt jegliche Zwischentöne und erzeugt eine harte Nur-noch-Schwarz-und-Weiß-Grafik.
- Die **Tontrennung** reduziert das Bild auf wenige Farbtöne, entfernt so die feinen Tonwertübergänge und schafft eine sehr poppige, plakative Wirkung.
- **Sättigung verringern** entzieht dem Bild die Farbinformationen; so entsteht der Eindruck eines flauen Graustufenwerks, das jedoch im Farbmodus verbleibt.

7.1.2   Handhabung der Kontrastkorrektur-Dialoge

Aktivieren Sie in allen Dialogfeldern für Farbkorrekturen die VORSCHAU; dann passt Photoshop den ausgewählten Bereich in der Bilddatei gemäß Ihren Änderungen sofort an. Schalten Sie die Vorschau vorübergehend aus, um den Unterschied zur ursprünglichen Bildfassung zu erkennen.

Einzelne Bildpunkte messen

Gut zu wissen: Auch bei geöffnetem Dialogfeld können Sie mit dem Mauszeiger jederzeit ins Bild fahren; der Cursor verwandelt sich dort in die Pipette ✐, mit der Sie alte und neue Werte anmessen. Die Infopalette (siehe auch Seite 108) nennt dabei nebeneinander den zuletzt gültigen und den korrigierten Tonwert des Bildpunkts, an dem sich die Pipette befindet. Klicken Sie mit rechts, um im Kontextmenü den Aufnahmemodus der Pipette zu ändern, zum Beispiel von Einzelpixel zu Drei-Pixeldurchschnitt zu wechseln.

Sie können bei geöffnetem Dialogfeld mit der Pipette ✐ auch ein nicht-aktives Bild ausmessen, um Vergleichswerte zu erhalten; allerdings lässt sich dieses Bild nicht bearbeiten.

Messpunkte setzen

Sie können bis zu vier Messpunkte mit dem Farbaufnehmer-Werkzeug ✐ setzen, während ein Dialogfeld zur Farb- oder Kontrastkorrektur geöffnet ist (Seite 109). Dazu klicken Sie bei gedrückter ⇧-Taste ins Bild. Die Werte für die Messpunkte erscheinen in der Infopalette.

Photoshop 7.0 Kompendium   425

Um einen Messpunkt noch bei offenem Dialogfeld wieder zu entfernen, klicken Sie ihn bei gedrückter ⇧+Alt-Taste an, zum Verschieben reicht die ⇧-Taste.

Bei geöffnetem Dialogfeld

Nutzen Sie auch bei geöffnetem Dialogfeld den Rollbalken am Bildfensterrand. Per Strg+Leertaste (am Mac ⌘+Leertaste) kommen Sie auch bei geöffnetem Dialogfeld zu einer Vergrößerungslupe, Alt+Leertaste zaubert eine Verkleinerungslupe her, die Leertaste allein sorgt für die Verschiebehand. Auch bei geöffnetem Dialogfeld können Sie Hilfslinien oder Auswahl-Markierungen ausblenden, ohne sie zu löschen, zum Beispiel mit **Ansicht: Extras einblenden.**

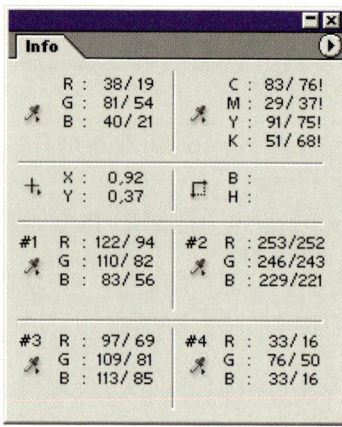

Abbildung 7.3:
Informativ: Bei geöffnetem Kontrastkorrektur-Dialogfeld zeigt die Infopalette (Seite 108) Vorher- und Nachherwerte für den Bildpunkt unter dem Zeiger. Hier erscheinen auch die Werte für die maximal vier Messpunkte des Farbaufnehmer-Werkzeugs.

Rücknahme von Eingaben bei geöffnetem Dialog

Haben Sie an mehreren Reglern gedreht und möchten zu einer früheren Reglerstellung zurückkehren, bietet Photoshop meist zwei Möglichkeiten:

➨ Drücken Sie den Standard-Rücknahmebefehl Strg+Z, um die allerletzte Veränderung zu annullieren.

➨ Drücken Sie die Alt-Taste; sie verwandelt die Schaltfläche ABBRECHEN in die Schaltfläche ZURÜCK. Die klicken Sie an, wenn Sie alle Werte wieder auf die ursprüngliche Einstellung setzen wollen, ohne dass sich das Fenster schließt.

»Cache Stufe«

Für die Kontrastkorrekturbefehle baut Photoshop zunächst intern ein Histogramm auf – quasi eine Statistik über die Häufigkeit bestimmter Helligkeitswerte im Bild (siehe unten). Sie sehen dieses Histogramm in den meisten Dialogfeldern gar nicht, dennoch entnehmen Sie zumindest bei sehr großen Bildern der Statusmeldung, dass ein solches Histogramm aufgebaut wird.

Bei großen Bildern auf kleinen Rechnern wird diese Histogramm-Erstellung zur Bremse. Wenn Sie jedoch ein sehr großes Bild in einer verkleinernden Zoomstufe wie 50 oder 25 Pro-

Grundlagen   Kapitel 7

zent zeigen, kann Photoshop das Histogramm auf Basis nur der sichtbaren Pixel – und nicht auf Basis der Gesamtdaten – aufbauen. Damit geht die Arbeit manchmal spürbar schneller. Sie lassen dies zu mit dem Befehl **Bearbeiten: Voreinstellungen: Arbeitsspeicher und Bildcache** (siehe Seite 52). Der Befehl **Bild: Histogramm** (siehe unten) nennt die aktuelle CACHE-STUFE. Rufen Sie den Befehl **Bild: Histogramm** (siehe unten) bei gedrückter ⇧-Taste auf, damit Photoshop das Gesamtbild berechnet und auf die schnelle Cache-Unterstützung verzichtet.

7.1.3 Übersicht: Arbeitsfolge bei Kontrastkorrektur

Bei Ihren Korrekturarbeiten sollten Sie folgende Reihenfolge wählen:

1. Drehen Sie das Bild, falls erforderlich.
2. Schneiden Sie überflüssigen Rand ab, falls erforderlich – die Außenbereiche verfälschen sonst die Analyse der Tonwertverteilung, wenn sie ohnehin später wegfallen sollen.
3. Sie setzen neue Schwarz- und Weißpunkte mit der **Tonwertkorrektur**.
4. Sie verteilen Lichter und Schatten neu mit den **Gradationskurven** oder mit dem Gammaregler in der **Tonwertkorrektur**.
5. Sie korrigieren Farbstiche entweder mit der Mittelton-Pipette in den Dialogfeldern für **Tonwertkorrektur** oder **Gradationskurven** oder mit dem Befehl für **Farbbalance** oder **Selektive Farbkorrektur**.
6. Ändern Sie gezielt Farben, etwa in Himmelspartien oder Gebäuden, zum Beispiel mit dem Dialogfeld für **Farbton/Sättigung**.
7. Rechnen Sie nun in den CMYK-Modus um, falls das für Ihre Produktion erforderlich ist.
8. Erst dann schärfen Sie das Bild zum Beispiel mit **Unscharf maskieren**.

7.1.4 Hintergrundflächen aufhellen

Mit den Befehlen zur Kontrastkorrektur lässt sich ein Bild nicht nur feinkorrigieren, sondern auch drastisch aufhellen, wenn man eine unauffällige Hintergrundfläche für Textblöcke braucht. Neben dem Aufhellen mit einem Kontrastbefehl bieten sich auch Weichzeichner an oder einige der zahlreichen Effektfilter, die ein Bild flächiger machen (Seite 858). Unter anderen sind diese Kontrastkorrekturen denkbar:

- Der mittlere, graue Gammaregler in der **Tonwertkorrektur** (Seite 432) verändert nur die Mitten. Das heißt, Sie werden immer einen dunklen Anteil behalten, der in Konflikt mit dunklem Text geraten kann.
- Der TONWERTUMFANG-Regler des Befehls **Tonwertkorrektur** bannt Extremtonwerte und setzt sie auf einen Einheitswert. Schieben Sie etwa den Schwarzregler nach innen, werden die Tiefen komplett entfernt und einheitlich auf einen höheren Wert gesetzt. Dagegen bleibt in den Lichtern die Zeichnung halbwegs erhalten. Insgesamt wirkt das

Bild vor allem grauer und flacher – wie für einen Hintergrund erwünscht. Sie könnten mit dem Gammaregler weiter aufhellen, ohne noch mehr extreme Tiefen und Lichter preiszugeben.

➧ Der HELLIGKEIT-Regler des Befehls **Helligkeit/Kontrast** verschiebt Höhen und Tiefen gleichermaßen zum Beispiel nach oben und entfernt so deutlich Zeichnung; er macht das Bild jedoch nicht sofort flacher, denn die Kontraste bleiben erhalten – in einem helleren Tonwertbereich (Seite 432). Der KONTRAST-Regler allein führt zu einem flauen, grauen Ergebnis, das selbst als Hintergrund unattraktiv wirkt. Eher verwendet man den KONTRAST erst im Anschluss an eine vorhergehende Behandlung.

➧ Das Dialogfeld FARBTON/SÄTTIGUNG bietet attraktive Möglichkeiten für gedimmte Hintergrundflächen. Sie können einen Hintergrund nicht nur umfärben, sondern mit Rücknahme der SÄTTIGUNG auch für sanfte Pastelltöne sorgen; per LAB-HELLIGKEIT entfernen Sie zügig Tiefen. Auch das FÄRBEN eignet sich gut für Hintergründe; nehmen Sie die SÄTTIGUNG stark zurück und heben Sie die LAB-HELLIGKEIT deutlich an.

Abbildung 7.4:
Photoshop bietet verschiedene Möglichkeiten, eine Datei zum Texthintergrund aufzuhellen. Je nach Bedarf erhalten oder tilgen Sie Helligkeitsbereiche. Die Aufhellungen wurden als Einstellungsebenen angelegt, die sich jederzeit ändern lassen; die Ebeneneffekte »Kontur« und »Schlagschatten« grenzen die korrigierten Flächen ab. Vorlage: Hintergrund; Ergebnis: Hintergrund_2

7.1.5 Der Befehl »Histogramm«

Der **Bild**-Befehl **Histogramm** zeigt quasi ein EKG Ihres Bildes. Sie erkennen, wie viele Bildpunkte von jedem einzelnen Helligkeitswert vorhanden sind. Auf einen Blick entnehmen Sie dem Balkendiagramm, ob zum Beispiel ganz helle bis weiße Tonwerte in der Datei vorkommen oder ob es im Mitteltonbereich eine Lücke gibt.

Grundlagen   Kapitel 7

Je höher der einzelne Balken an einem bestimmten Punkt des Spektrums, desto mehr Bildpunkte dieses Tonwerts haben Sie in der Fotodatei. Türmen sich ganz rechts die Balken besonders hoch, dann hat die Datei viele helle Töne. Möglicherweise erkennen Sie schon, dass ein bestimmter Tonwertbereich gar nicht ausgenutzt wird – orten Sie zum Beispiel ganz links keinen Ausschlag, dann fehlen Tiefen.

Der **Histogramm**-Befehl betrachtet stets alle sichtbaren Bildpunkte aller Ebenen – also nicht nur die aktivierte Einzelebene. Allerdings nimmt dieses Histogramm-Fenster keinerlei Änderungswünsche an. Korrekturmöglichkeiten mit Histogramm-Anzeige haben Sie mit dem Befehl **Bild: Einstellungen: Tonwertkorrektur** (ab Seite 432); dieser Befehl wirkt sich nur auf die aktuelle Einzelebene aus, sofern Sie ihn nicht auf einer Einstellungsebene verwenden.

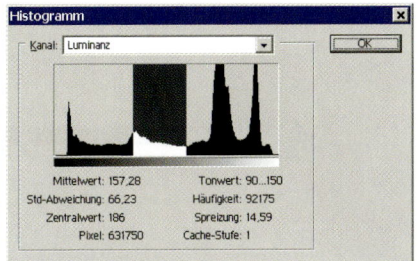

Abbildung 7.5:
Das Histogramm zeigt, dass dieses Fotos mehr helle als dunkle Bildpunkte enthält. Reines Schwarz kommt nicht vor, wie Sie an der Lücke ganz links erkennen. Hier wurde zusätzlich ein Bereich des Histogramms mit der Maus ausgewählt. Datei: Histogramm_a

Auswahl des Analysebereichs

Haben Sie eine Auswahl im Bild, zeigt das Histogramm nur die Werte für die Auswahl (genauer: für Bildteile, die zu mindestens 50 Prozent ausgewählt sind). Dabei können Sie als KANAL das Gesamtbild wählen – hier als LUMINANZ aufgelistet – oder einen einzelnen Farbkanal wie BLAU. Halten Sie den Mauszeiger über das Histogramm, lesen Sie im rechten Teil des Datenfeldes Details zu dem einzelnen Tonwert unter dem Zeiger. Markieren Sie einen Bereich des Histogramms durch Ziehen mit der Maus, informiert Sie dieser rechte Teil speziell über den markierten Bereich. Wählen Sie den **Bild: Histogramm** mit gedrückter [Alt]-Taste an, wenn Sie auch die Informationen aus Spotfarben- und Alphakanälen berücksichtigen wollen.

Detailinformationen im Datenfeld

Dem Datenfeld unter dem Histogramm entnehmen Sie folgende sachdienliche Hinweise:

- Der MITTELWERT ist der durchschnittliche Helligkeitswert.
- Die STD-ABWEICHUNG sagt, wie weit die Werte variieren.
- Der ZENTRALWERT zeigt den Mittelwert der Farbwerte an, so dass Sie zum Beispiel Rückschlüsse auf die durchschnittliche Helligkeit ziehen können.

Kapitel 7 Kontrast & Farbton

- PIXEL zählt die Bildpunkte in der Datei oder im Auswahlbereich.
- Neben TONWERT lesen Sie ab, über welchem Tonwertbalken im Histogramm sich der Cursor momentan befindet oder welcher Tonwertbereich ausgewählt ist.
- Die HÄUFIGKEIT besagt, wie oft dieser Wert auftaucht.
- Die SPREIZUNG nennt den prozentualen Anteil an Pixeln, die dunkler sind als dieser Wert.
- Die CACHE-STUFE verrät, ob die Informationen aus den Originalpixeln oder aus einer verkleinerten Bildschirmdarstellung errechnet wurden (siehe oben).

*Rufen Sie den Befehl **Bild: Histogramm** bei gedrückter ⬙-Taste auf, berechnet Photoshop generell das Gesamtbild und greift nicht auf verkleinerte Bildvarianten zurück.*

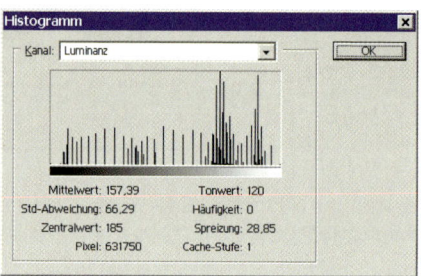

Abbildung 7.6:
Das Histogramm zeigt mehr Lücken als Tonwerte: Hier liegt offenbar eine Datei im Modus »Indizierte Farben« zugrunde, auch wenn sich das im Ausdruck und eventuell am Monitor nicht sofort erkennen lässt. Datei: Histogramm_b

Bildbeurteilung mit Histogramm

Das Histogramm gibt oft Aufschluss über Qualität und Brauchbarkeit einer Bilddatei:

- Finden Sie verteilt über das Tonwertspektrum immer wieder dünne Tonwertlöcher, wurde die Datei vermutlich schon einmal mit **Tonwertkorrektur** oder **Gradationskurven** bearbeitet oder schlecht gescannt; die Lücken zeigen sich nur in ungünstigen Fällen im Druck als Kontrastsprünge.
- Sehen Sie riesige Lücken und nur wenige Tonwertbalken, dann ist oder war die Datei vermutlich im Modus INDIZIERTE FARBEN und lässt eventuell nicht auf ein ausgewogenes Druckbild hoffen.
- Ist ein größerer Helligkeitsbereich links oder rechts gar nicht vertreten, haben Sie es mit einem schlechten Scan zu tun. Das Druckbild gerät flau, wenn Tiefen fehlen. Und es wirkt duster und unbrillant, wenn es an Lichtern mangelt. Ein Tonwertumfang von zehn bis 240 könnte für sauberen Druck ausreichen.

Grundlagen Kapitel 7

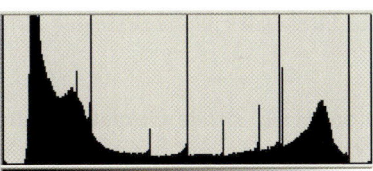

Abbildung 7.7:
Bei diesem Bild sollen die unteren Mitten und die Schatten angehoben werden, um Haare und Hemd deutlicher zu zeigen.
Datei: Tonwerte

Abbildung 7.8:
Der Helligkeitsregler hebt zwar wie gewünscht die Schatten an, so dass abgedunkelte Bildbereiche besser herauskommen: Der Grauwert 90 sinkt auf 75, der Grauwert 75 landet bei 60. Doch die Lichter steigen zu stark, der 50er-Wert erreicht zu helle 34, der 25er-Wert kommt auf 17.

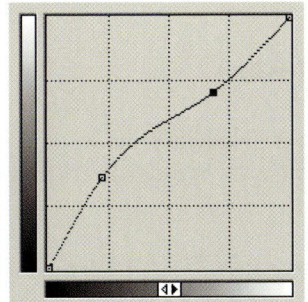

Abbildung 7.9:
Präziser gelingt die Korrektur mit der Gradationskurve. Wir heben die 75- und 90-Prozent-Werte auf dieselbe Helligkeit wie oben, die helleren 50- und 25-Prozent-bereiche werden dagegen weit weniger verändert.

Kapitel 7   Kontrast & Farbton

7.1.6   Der Befehl »Helligkeit/Kontrast«

Nahe liegend scheint es, Kontrastprobleme mit den Befehlen **Helligkeit/Kontrast** zu beheben. Doch springen diese Kommandos zu grob mit den Tonwerten um. Beim Helligkeitsregler gilt: Ob helle oder dunkle Pixel, alle werden sie gemeinsam angehoben oder abgesenkt.

Dabei passiert schnell Folgendes: Sie wollen dunkle Schatten anheben, das gelingt auch; doch gleichzeitig steigen auch die Werte für hellere Bildpunkte – sie fressen aus und verlieren jede Detailzeichnung. Oder: Sie wollen die helleren Partien noch ein wenig leichter und lichter gestalten, doch der Dreh am Helligkeitsregler nimmt gleich auch den tiefen Schatten Saft und Kraft.

Differenzierter funktioniert der Befehl **Gradationskurven** ([Strg]+[M]), der nur in ausgewählten Tonwertzonen – etwa im dunklen Bereich – für Anhebung sorgt (ab Seite 444). Dagegen senkt der Kontrastregler die Schatten noch ab, während er die Lichter weiter anhebt.

Für schnelle Korrekturen reicht dieser Dialog. So hilft der Kontrastschieber, ein Werk nach der Effektfilterung mit harten Kontrasten weiter aufzubrezeln. Der Helligkeitsregler mag dienlich sein, wenn Sie ein gut durchgezeichnetes Bild als flaue Hintergrundtapete für Text absoften wollen; hier kommt es gerade recht, dass dieses Werkzeug beim Aufhellen nicht nur die Höhen anhebt, sondern auch Mitten und Schatten heraufsetzt. Es verschiebt die Tonwertunterschiede nach oben.

Abbildung 7.10:
Mit dem Befehl »Tonwertkorrektur« können Sie flaue Vorlagen auffrischen oder komplett dämpfen, wie die Ergebnisse rechts und im Hintergrund zeigen. Vorlage: Tonwertkorrektur

7.2   »Tonwertkorrektur«

Wesentlich feiner als **Kontrast/Helligkeit** funktionieren die **Bild**-Befehle **Tonwertkorrektur** und **Gradationskurven**. Diese zwei Standardwerkzeuge der digitalen Bildbearbeitung sollten Sie perfekt beherrschen:

➡ Mit der **Gradationskurve** ([Strg]+[M]) korrigieren Sie oft nur das Verhältnis der Tonwerte untereinander, erweitern das Tonwertspektrum aber nicht unbedingt.

»Tonwertkorrektur« Kapitel 7

➡ Die **Tonwertkorrektur** (Strg+L, für Levels) arbeitet etwas ungenauer als die Gradationskurve. Sie ist jedoch anschaulicher, weil sie ein Histogramm präsentiert. Sie wird vor allem genutzt, um das vorhandene Spektrum zu erweitern: Statt von Tonwert 30 bis 210 erstreckt sich das Bild nach der Bearbeitung vom schwärzesten 0 bis zum porentief weißen 255. Dadurch wirkt es brillanter, tiefer, kontrastreicher.

Das Dialogfeld zeigt das Histogramm (siehe auch oben). Für jeden Tonwert von 0 (dunkel) bis 255 (hell) präsentiert das Histogramm einen Balken auf einer horizontalen Skala; je höher der Balken, desto mehr Pixel dieses Tonwerts enthält Ihr Bild. Sehen Sie ganz links und ganz rechts überhaupt keine Ausschläge, dann heißt das: Die ganz dunklen und ganz hellen Tonwerte kommen im aktuellen Bild überhaupt nicht vor – ein in der Regel unbefriedigender Zustand, den Sie mit diesem Dialogfeld beenden.

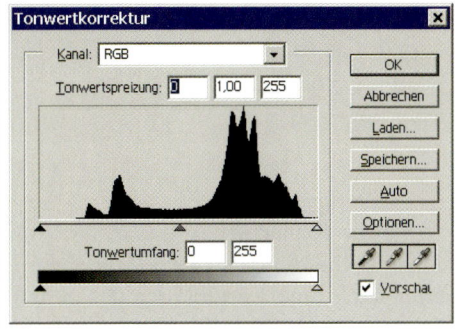

Abbildung 7.11:
Wir öffnen die Vorlage für die folgenden Korrekturschritte und starten den Befehl »Bild: Einstellungen: Tonwertkorrektur«. Die Balkengrafik, das so genannte Histogramm, zeigt ganz links und ganz rechts überhaupt keine Ausschläge. Das heißt: Die ganz dunklen wie auch die ganz hellen Tonwerte fehlen, die Vorlage muss zwangsläufig flau wirken. Datei: Tonwertkorrektur

7.2.1 Tonwertumfang erweitern

Führen Sie den linken, schwarzen Schieber direkt unter dem Histogramm nach rechts, bis Sie neben »Tonwertspreizung« statt der ursprünglichen 0 eine 30 lesen. Folge: Alle Tonwerte von 0 (Schwarz) bis 30 (sehr dunkel) werden auf Null gesetzt, sind also pechschwarz. Die anderen Tonwerte im Bild werden daraufhin neu verteilt und nach unten gespreizt; denn statt bis 30 müssen sie sich jetzt bis Null erstrecken. Das Bild sieht dunkler und kontrastreicher aus.

Umgekehrt wirkt der weiße Schieber ganz rechts unter der Balkengrafik: Schieben Sie ihn nach links, zum Beispiel von 255 bis 210, wie das Zahlenfeld oben ganz rechts anzeigt; dann werden alle Tonwerte zwischen 255 (reines Weiß) und 210 auf 255 gesetzt, also als absolutes Weiß definiert. Die anderen vorhandenen Tonwerte von 0 bis 210 werden neu verteilt und nach oben gespreizt; das Bild gerät heller und kontrastreicher.

Kapitel 7   Kontrast & Farbton

 Ziehen Sie bei gedrückter Alt*-Taste an den zwei Reglern zur Erweiterung des Tonwertumfangs. Damit wechseln Sie in den Schwellenwert-Modus: Sie erkennen sofort, welche Tonwerte bereits außerhalb des differenzierten Bereichs liegen und einheitlich auf einen Extremwert gesetzt werden.*

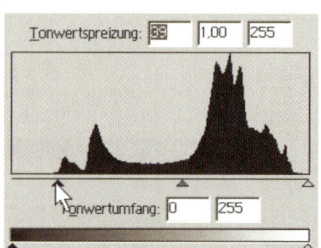

Abbildung 7.12:
Wir arbeiten im Bereich »Tonwertspreizung« und schieben den Tieftonregler nach innen auf den Wert 39. Alle dunklen Farbwerte von 0 bis 39 werden so auf tiefstes Schwarz mit dem Wert 0 abgesenkt; ähnlich dunkle Bildpunkte korrigiert das Programm nach unten nach. Sie sehen es an der Vorlage: Sie wirkt dunkler, aber auch brillanter.

Beschneidung

In der Regel werden Sie die Regler genau bis an die Außenkante des Histogramms heranschieben, um zum Beispiel die dunkelsten vorhandenen Töne auf 0 zu setzen. Schieben Sie den Regler noch weiter nach innen, ergibt sich das, was Photoshop »Beschneidung« nennt: Sie zwingen verschiedene, vorhandene Tonwerte auf einen einheitlichen Extremwert und verlieren so an Differenzierung.

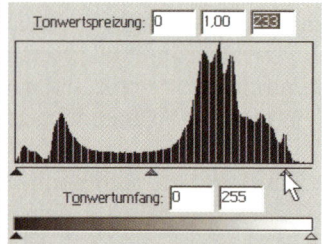

Abbildung 7.13:
Wir haben auf OK geklickt und das Dialogfeld erneut geöffnet. Sie sehen, dass das Histogramm ganz links Ausschläge zeigt – das sind unsere neuen Schattentöne von Schritt 2. Außerdem hat die Korrektur leichte Tonwertrisse erzeugt, erkennbar an den weißen Unterbrechungen im Histogramm. Sie stören meist nicht im Druck. Sie lassen sich auf ein Minimum begrenzen, wenn man mehrere Änderungen am Stück vornimmt. Wir schieben den Hochtonregler auf den Wert 233; das Programm hebt nun alle Bildpunkte mit Helligkeiten zwischen 233 und 255 auf 255 an, also auf reines Weiß. Die Vorlage sieht damit heller und noch kontrastreicher aus.

»Tonwertkorrektur« Kapitel 7

Ein Beispiel: Der vorhandene Tonwertumfang reicht bis herunter zu 30. Wenn Sie jetzt den Schwarzregler bis »40« nach innen schieben, senken Sie gleichmacherisch die vorhandenen Tonwerte 30 bis 40 auf Null ab und verlieren so die Differenzierung zwischen den Werten von 30 bis 40.

Sie müssen nicht unbedingt an den Schiebern zurren, sondern können verschiedene Automatiken nutzen, die unten in den Abschnitten über »Pipetten« und AUTO-Schaltfläche erläutert werden (siehe Abbildung 7.13).

7.2.2 Mittelton-Korrektur

Nachdem Sie den Tonwertumfang nach oben und unten erweitert haben, wirkt das Bild vielleicht zu dunkel oder zu hell. Darum bietet die TONWERTKORREKTUR einen Regler, der nur den Mitteltonbereich anhebt oder absenkt, ohne die zuvor definierten Eckwerte für Schwarz und Weiß anzutasten. Im Gegensatz zum Befehl **Helligkeit/Kontrast** verändert dieser Regler also den Helligkeitseindruck, ohne den gesamten Tonwertumfang nach oben oder unten zu verschieben.

Ausführendes Organ ist der mittlere, graue Schieber unter dem Histogramm. Er regelt den Gammawert, dessen Einstellung Photoshop im mittleren Datenfeld oben kundtut. Per Gamma verändern Sie vor allem die Mitteltöne, ohne die äußersten Lichter und Schatten stark anzugreifen:

- Ein Gamma unter 1 dunkelt die Mitteltöne ab, es lässt die Gradationskurve quasi durchhängen.
- Gammawerte über 1 hellen den Mittelbereich auf.

Die ganz dunklen und ganz hellen Töne, die visuellen Eckpfeiler, bleiben unverändert.

Haben Sie etwa das Tiefenspektrum eines Bildes erweitert, indem Sie einen neuen Schwarzpunkt definierten oder den Schwarzregler nach innen schoben, wirkt das Motiv zwar satter und tiefer, aber möglicherweise schon zu düster. Nehmen Sie jetzt den Gammaregler, um die Mitten wieder etwas anzuheben, ohne die soeben erst abgesenkten Schatten wieder mit zu liften. Noch präziser allerdings regeln Sie die Mitteltöne im Dialog GRADATIONSKURVEN (ab Seite 444).

*Sie können eine Datei, die auf Ihrem Mac-Rechner mit optimalen Kontrasten erscheint, für eine gleichartige Darstellung unter Windows korrigieren, da der Mac Kontraste anders wiedergibt. Dazu dient der ImageReady-Befehl **Bild: Einstellungen: Gamma** (Seite 368). Die Funktion richtet sich an Internet-Gestalter.*

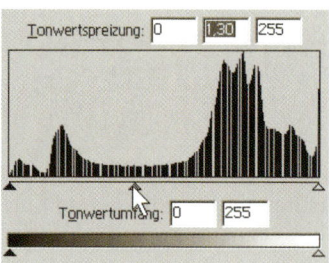

Abbildung 7.14:
Wir haben wieder auf OK geklickt und den Dialog erneut aufgerufen. Sie sehen, dass das Histogramm nun auch rechts den Rand erreicht; hier werden die neuen Lichter dargestellt, die wir im vorhergehenden Schritt ins Bild gerechnet haben. Zwar haben wir nun schöne Tiefen im Bild, doch wirkt die Vorlage insgesamt etwas dunkel. Natürlich heben wir nicht wieder die Schatten an, die wir gerade erst ins Bild gerechnet haben. Statt dessen liften wir die Mitteltöne etwas – auf einen Gammawert von 1,3. Dies erledigt der mittlere Schieberegler unter dem Histogramm. So kann man den Helligkeitseindruck steigern, ohne doch die ganz dunklen Bildpunkte wieder opfern zu müssen. Ergebnis: Tonwertkorrektur_2

7.2.3   Tonwertumfang begrenzen

Die Funktion TONWERTUMFANG in der Etage unter dem Histogramm schränkt den Tonwertumfang des Bildes ein, macht es also flauer. Beispiele:

➥ Schieben Sie den linken, schwarzen Regler nach rechts, bis er, vom ursprünglichen Wert 0 aus, beim Tonwert 30 angekommen ist. Damit hebt Photoshop alle Bildpunkte mit den niedrigen Werten 0 bis 30 auf 30 an; die Werte darüber werden entsprechend erhöht. Ihr Bild enthält also die dunkelsten Tonwerte von 0 bis 30 nicht mehr, es wirkt flauer.

➥ Entsprechend lassen sich auch die Höhen kappen: Schieben Sie den rechten, weißen Regler für »Tonwertumfang« nach innen; etwa von 255 (wie im Datenfeld abzulesen) bis auf 235. Die hellsten Punkte – alle zwischen Tonwert 235 und 255 – werden jetzt mit dem Tonwert 235 wiedergegeben; das Bild wirkt stumpfer.

Sinn dieses Reglers: Die Extremtonwerte 255 (absolutes Weiß) beziehungsweise 0 (total schwarz) bewältigen Drucker und Druckmaschinen ohnehin nicht, mehr als vier bis 97 Prozent sind nie gefragt. Was mehr drin ist in der Datei, steigert nur die Gefahr, dass das Bild im Druck zuläuft oder ausfrisst. Bedenken Sie, dass selbst bei mittlerer Druckqualität kaum mehr als 60 Tonwerte unterschieden werden und auch Kunstdruckpapier nicht mehr als 200 Nuancen trennt. Mit den TONWERTUMFANG-Schiebern nehmen Sie gleich die entsprechende Anpassung auf dem Monitor vor und können prüfen, ob dennoch genug Differenzierung verbleibt. Krassere Schiebereien im Bereich TONWERTUMFANG empfehlen sich, wenn Sie einen Bildteil als Hintergrund drastisch aufhellen möchten (siehe »Eine Datei als Hintergrundbild aufhellen«, Seite 427).

Automatik-Korrekturen   Kapitel 7

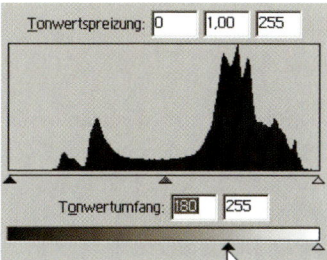

Abbildung 7.15:
Diesmal dehnen wir den Tonwertumfang nicht aus, statt dessen schränken wir die Kontrastdynamik drastisch ein. Wir soften eine Kopie des Originals ab, um sie als Hintergrundmuster für das Bild am Kapitelanfang zu verwenden. Dabei verschieben wir den Regler für »Tonwertumfang« von 0 auf 180. Das heißt: Das Programm hebt alle dunkleren Bildpunkte von 0 bis 180 auf den Wert 180 an; es gibt nichts Dunkleres mehr im Bild. Die Vorlage wirkt viel heller und flauer.

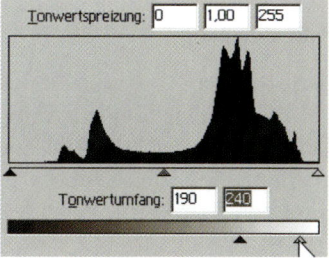

Abbildung 7.16:
Wir dämpfen das Hintergrundmotiv noch weiter und schieben den rechten Regler für »Tonwertumfang« auf den Wert 240. Die helleren Pixel von 241 bis 255 sinken also auf diesen Wert, reines Weiß wird ausgesperrt. Wir erhalten ein blasseres und dunkleres Foto.

7.3   Automatik-Korrekturen

Die Befehle **Tonwertkorrektur** und **Gradationskurven** liefern verschiedene Möglichkeiten zur automatischen Kontrastkorrektur:

➡ Mit den Pipetten klicken Sie bestimmte Helligkeitswerte an, um sie auf Schwarz abzusenken, zu Weiß anzuheben oder neutral zu stellen.

Kapitel 7   Kontrast & Farbton

➤ Mit der AUTO-Schaltfläche korrigieren Sie Bild oder Auswahl nach verschiedenen Vorgaben. Diese Funktionen korrespondieren mit den **Auto**-Befehlen aus dem Untermenü **Bild: Einstellungen**.

Wir besprechen alle Automatiken hier für **Gradationskurven** und **Tonwertkorrektur** gemeinsam. Außerdem stellen wir in diesem Abschnitt die **Tonwertangleichung** vor.

7.3.1 »Auto«-Korrekturen

Photoshop korrigiert die Kontraste auf Wunsch vollautomatisch; nutzen Sie die drei **Auto**-Befehle im Untermenü **Bild: Einstellungen;** wahlweise eine dieser drei Funktionen bietet Photoshop auch über die AUTO-Schaltfläche bei **Tonwertkorrektur** oder **Gradationskurven** an. Das genaue Verhalten der AUTO-Schaltfläche steuern Sie nach einem Klick auf die OPTIONEN-Schaltfläche bei diesen Dialogfeldern.

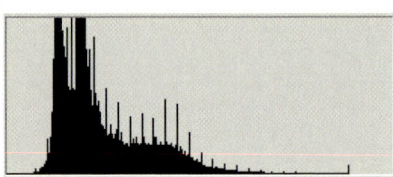

Abbildung 7.17:
Links: Diese Vorlage soll mit den »Auto«-Funktionen korrigiert werden. Das Histogramm zeigt, dass weder ganz dunkle noch ganz helle Tonwerte vorhanden sind. Datei: Stuehle

Mehr Kontrast, geschützte Farbstimmung

Die Vorgabe SCHWARZWEISS-KONTRAST VERBESSERN in den AUTO-FARBKORREKTUROPTIONEN entspricht dem Befehl **Bild: Einstellungen: Auto-Kontrast** (Alt+⇧+Strg+L). Sie dehnen den Tonwertumfang so aus, dass Ihr Bild auch extrem helle und dunkle Pixel enthält. Allerdings korrigiert Photoshop alle Grundfarbkanäle gleichmäßig stark – die Farbstimmung bleibt also erhalten, die Korrektur wirkt deshalb eventuell schwächer als bei anderen Vorgaben.

Mehr Kontrast, geänderte Farbstimmung

Die Vorgabe KONTRAST KANALWEISE VERBESSERN entspricht dem Befehl **Bild: Einstellungen: Auto-Tonwertkorrektur** (⇧+Strg+L). Das Programm setzt die hellsten und dunkelsten Pixel jedes Farbkanals einzeln auf Schwarz und Weiß. Einzelne unterrepräsentierte Grundfarben werden bei diesem Verfahren relativ stärker gespreizt als andere Kanäle – die Farbstimmung ändert sich eventuell. Diese Vorgabe kann Farbstiche korrigieren, aber auch gewünschte Farbstimmungen und -dominanten eliminieren. Steuern Sie eventuell mit der Vorgabe NEUTRALE MITTELTÖNE AUSRICHTEN gegen.

Abbildung 7.18:
Links: Der Befehl »Auto Kontrast« erweitert den Tonwertumfang, ohne die Farbschwerpunkte zu verschieben; er entspricht der Vorgabe »Schwarzweiß-Kontrast verbessern«. Mitte: Der Befehl »Auto-Tonwertkorrektur« entspricht der Vorgabe »Kontrast kanalweise verbessern«; er bringt zusätzlich Lichter ins Bild, erzeugt aber auch einen Farbstich. Rechts: Die Vorgabe »Dunkle und helle Farben suchen« entspricht in Verbindung mit der Option »Neutrale Mitteltöne ausrichten« dem Befehl »Auto-Farbe«. Vorlage: Stuehle

Farbstiche korrigieren

Die Vorgabe DUNKLE UND HELLE FARBEN SUCHEN arbeitet schwächer und wahrt die Farbstimmung. Sie entspricht in Verbindung mit der Vorgabe NEUTRALE MITTELTÖNE AUSRICHTEN dem Befehl **Bild: Einstellungen: Auto-Farbe** (⇧+Strg+B).

»Neutrale Mitteltöne ausrichten«

Die Vorgabe NEUTRALE MITTELTÖNE AUSRICHTEN bekämpft Farbstiche. Photoshop sucht fast neutrale Farbtöne und korrigiert den Gammawert so, dass sie neutral erscheinen.

Vorgaben widerrufen und speichern

Die Vorgaben in den AUTO-FARBKORREKTUROPTIONEN führt Photoshop sofort aus; sofern Sie die VORSCHAU eingeschaltet haben, erkennen Sie die Auswirkung im Original. Drücken Sie nach Schließen der OPTIONEN Strg+Z, um die automatische Änderung zu annullieren; alternativ drücken Sie die Alt-Taste und klicken auf ZURÜCK.

Mit welchem Algorithmus soll die AUTO-Schaltfläche das Bild korrigieren? Stellen Sie die Auto-Farbkorrekturoptionen wie gewünscht ein, Sie können sie dann ALS STANDARD SPEICHERN. Wenn Sie auf diese Vorgabe verzichten, gilt die Änderung nur für das aktuelle Bild, später wechselt Photoshop wieder zur ursprünglichen Einstellung.

 *Nutzen Ihre Bilder schon in allen Grundfarben das Tonwertspektrum aus, so verändern Sie mit diesen **Auto**-Befehlen nichts mehr. Probieren Sie alternativ **Bild: Einstellungen: Tonwertangleichung**.*

7.3.2 »Tonwertangleichung«

Per **Tonwertangleichung** verteilen Sie die Tonwerte im Bild neu. Photoshop sucht die hellsten und dunkelsten Werte des Bildes und ermittelt den Durchschnitt aller Helligkeitswerte, so dass der dunkelste Wert Schwarz, der hellste Wert Weiß darstellt. Meist steigt so der Kontrast, da mittelhellen Pixeln hohe oder niedrige Tonwerte zugeteilt werden. Der Befehl eignet sich besonders, um ein abgesoffenes Bild aufzuhellen und gleichzeitig kontrastreicher zu machen. Ein so aufbereitetes Bild eignet sich auch gut für Auswahlen per Zauberstab.

Sie können den Befehl mit gutem Erfolg auf das Gesamtbild anwenden. Wollen Sie jedoch extrem helle oder dunkle Zonen von der Berücksichtigung ausschließen, markieren Sie zum Beispiel mit dem Auswahlrechteck einen Bildteil. Dann wählen Sie die **Tonwertangleichung** an; danach erscheint ein Dialogfeld, in dem Sie angeben, wo Sie die Korrektur wünschen – NUR IM AUSGEWÄHLTEN BEREICH oder IM GANZEN BILD BASIEREND AUF DER AUSWAHL.

> *Die* TONWERTANGLEICHUNG *eignet sich nicht für Low-Key-Aufnahmen, die insgesamt sehr dunkel bleiben sollen. Solche Motive werden zu stark aufgehellt.*

Abbildung 7.19:
Links: Diese Vorlage bearbeiten wir mit der »Tonwertangleichung«. Mitte: Der erste Versuch bringt nur wenig Veränderung, weil das Bild schon ein ausgedehntes Helligkeitsspektrum besitzt. Rechts: Wir ziehen ein Auswahlrechteck nur um das Kind im Vordergrund und wählen die »Tonwertangleichung« mit der Option »Im ganzen Bild basierend auf der Auswahl«. Vorlage: Tonwertangleichung

7.3.3 Schwarz, Weiß und Neutralgrau per Pipette

Mit den Pipetten bei TONWERTKORREKTUR und GRADATIONSKURVEN legen Sie Tiefen, Lichter und Neutralwert manuell fest.

Schwarz und Weiß per Pipette

So legen Sie Schwarz und Weiß per Pipette fest

➡ Sie klicken mit der Schwarzpipette 🖉 auf einen Bildpunkt mit dunklem Helligkeitswert; diesen Wert senkt Photoshop quer durchs Bild auf Schwarz ab; alle anderen Tonwerte korrigiert das Programm entsprechend mit nach unten. Dies ist eine einfache Methode, einen flauen Scan schnell aufzuwerten: Hier fehlen oft die tiefen Schatten.

Automatik-Korrekturen   Kapitel 7

> Aktivieren Sie die weiße, rechte Pipette , um einen Bildpunkt Ihrer Wahl per Klick als Weiß zu definieren. Alle Bildpunkte mit dieser Helligkeit wandelt Photoshop zu Weiß um; die anderen Bildpunkte justiert Photoshop entsprechend nach. Dadurch wird das Bild heller und härter.

Gab es allerdings noch hellere Pixel als jenen, den Sie per Klick auf Weiß setzten, kommt es zu BESCHNEIDUNG: Verschiedene vorhandene Tonwerte werden auf einen einheitlichen Wert gezwungen, so dass ein Informationsverlust entsteht. Noch schneller geht es mit der AUTO-Schaltfläche (siehe unten). Eine Alternative bietet außerdem der Befehl **Bild: Einstellungen: Selektive Farbkorrektur**, mit dem Sie über Regler den Druckfarbenanteil an WEISS, NEUTRALTÖNEN und SCHWARZ steuern (Seite 469).

Verwenden Sie möglichst neutralgraue Flächen als Schwarz- und Weißpunkte. Sonst führt der Gebrauch von Schwarz- und Weißpipette zu Farbstichen.

Abbildung 7.20:
Links: Wir wählen einen Bildbereich als Orientierung für den Befehl »Bild: Einstellungen: Tonwertangleichung« aus (siehe oben). Mitte: Das Ergebnis zeigt noch einen Farbstich. Rechts: Wir klicken mit der Neutralgrau-Pipette aus »Gradationskurven« oder »Tonwertkorrekturen« auf das mitfotografierte Grau-Feld, um diesen Tonwert als Neutralgrau festzulegen. Vorlage: Atelier

Neutralpunkt per Pipette

Die mittlere, graue Pipette aus TONWERTKORREKTUR oder GRADATIONSKURVEN entfernt Farbstiche in mittleren Grauflächen: Sie setzt den angewählten Tonwert auf Neutralgrau. Scannen oder fotografieren Sie zum Beispiel eine Graustufentafel mit und lassen Sie von Photoshop das mittlere Graufeld tatsächlich als Grau darstellen.

Relativ neutrale Töne erkennen Sie an folgenden Merkmalen in der Infopalette oder im Farbwähler:

> Sie haben für die Grundfarben RGB oder CMY sehr ähnliche Werte.
> Nach dem HSB-Modell liegt die Sättigung (»S«) nahe Null.

Kapitel 7   Kontrast & Farbton

*Beachten Sie, während Sie die Pipetten über das Bild führen, die Farbwertangaben in der Informationen-Palette (Kurztaste F8, Seite 108). Auch mit dem **Schwellenwert**-Befehl können Sie hellste und dunkelste Bildpartien leicht aufspüren (Seite 475).*

7.3.4 »Zielfarben und Beschneiden«

Wählen Sie in GRADATIONSKURVEN oder TONWERTKORREKTUR die OPTIONEN. Im Bereich ZIELFARBEN UND BESCHNEIDEN regeln Sie unter anderem,

▸ welcher Tonwert tatsächlich als Schwarz (Zieltiefenfarbe) gilt,

▸ ob Photoshop extrem helle oder dunkle Bildpunkte bei der Automatikkorrektur ignorieren soll.

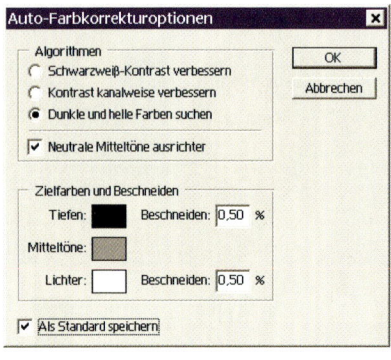
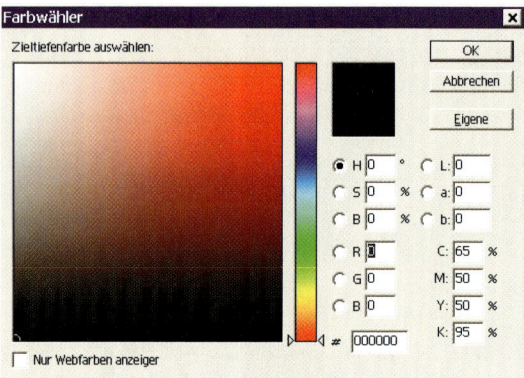

Abbildung 7.21:
Links: In den Optionen zu Gradationskurven oder Tonwertkorrektur steuern Sie die Automatik-Korrektur und die Vorgaben für die Pipetten. Rechts: Klicken Sie doppelt auf ein Zielfarbenfeld wie etwa auf »Tiefen«, um im Farbwähler den Tonwert zu definieren, den Ihr Drucker als Schwarz ausgibt. Entsprechend definieren Sie auch ein Neutralgrau und Weiß.

Tiefen, Lichter und Neutralpunkt definieren

In der Regel wollen Sie den mit der Schwarzpipette 🖋 angeklickten Tonwert nicht wirklich auf 0 heruntersetzen; statt dessen reicht ein etwas höherer Wert, der von Ihrer Druckmaschine bereits als Schwarz ausgegeben wird. Darum können Sie einen beliebigen Tonwert als ZIELTIEFENFARBE definieren, ebenso steuern Sie den Tonwert, den Photoshop tatsächlich für Neutralgrau oder Weiß einsetzt (ZIELMITTELTONFARBE oder ZIELLICHTERFARBE). Diesen Tonwert klicken Sie im üblichen Farbwähler an. Photoshop bietet zwei Wege, um die Zielfarben festzulegen. Zunächst starten Sie GRADATIONSKURVEN oder TONWERTKORREKTUR. So geht's weiter:

▸ Klicken Sie zum Beispiel doppelt auf die Schwarzpunkt-Pipette 🖋, um die ZIELTIEFENFARBE zu definieren.

▸ Oder öffnen Sie die OPTIONEN und verwenden Sie den Bereich ZIELFARBEN.

Für erste Versuche mit dem Schwarzwert eignet sich zum Beispiel eine L-Vorgabe von 4, wenn Sie in die a- und b-Datenfelder jeweils 0 eintragen. Für Weiß versuchen Sie es mit einem L-Wert von 96 bei 0-Stellungen für die a- und b-Kanäle.

Abbildung 7.22:
Links: Die Pipetten für Schwarz- und Weißpunkt eignen sich auch dazu, einen Normalscan mit harten Kontrasten aufzupeppen. Mitte: Hier wird zunächst ein Hautton der Stirn auf Weiß angehoben, so dass das Bild viel heller wirkt. Rechts: Wir senken einen Tonwert aus den Augenbrauen auf Schwarz ab. Bewegen Sie die Pipetten mit gedrückter Maustaste über das Bild, um verschiedene Korrekturen auszuprobieren. Datei: Vera

»Beschneiden«

Wenn Sie den Tonwertumfang per AUTO-Schaltfläche spreizen, setzt Photoshop nicht unbedingt den absolut tiefsten Wert des Bildes auf Schwarz und den absolut hellsten vorhandenen Wert auf Weiß – wie man es vielleicht zunächst erwartet.

Denn möglicherweise befinden sich im Bild einzelne versprengte Helligkeitswerte, die durch extrem hohe oder niedrige Tonwerte aus dem Rahmen fallen; zum Beispiel mit dem Tonwert 0 für schwärzestes Schwarz. Streng genommen bräuchte Photoshop jetzt den Tonwertumfang nicht mehr zu spreizen, indem er neue Schwarz- und Weißpunkte setzt – schließlich gibt es ja schon ein paar schwarze und weiße Pixel hier und da. Doch oft zeigt die große Mehrheit der Bildpunkte eben nicht Schwarz oder Weiß, sondern siedelt mehr in der Mitte des Spektrums, etwa ab 25 aufwärts.

Für diesen Fall können Sie Photoshop anweisen, sich beim Setzen neuer Schwarz- und Weißpunkte eben an der Mehrheit der Pixel mit Tonwert 25 zu orientieren – und nicht an den paar Einzelgängern, die einen weiteren Tonwertbereich vorgaukeln, durch ihre Minderzahl aber nichts ausrichten. Dann werden alle Bildpunkte zwischen 0 und 25 auf 0 gesetzt. Photoshop nennt diesen Vorgang auch »Beschneidung«: Die Tonwerte zwischen 0 und 25, in denen Ihr Bild zumindest rechnerisch noch Differenzierung zeigt, werden einheitlich auf 0 abgesenkt. Das bedeutet Informationsverlust, Sie verzichten auf feine Zeichnung in den Schatten zwischen 0 und 25; gleichzeitig wirkt Ihr Bild tiefer und voller.

Klicken Sie bei GRADATIONSKURVEN oder TONWERTKURVE auf OPTIONEN, um das BESCHNEIDEN zu regeln. Von Haus aus setzt Photoshop Schwarz- und Weißpunkt so, dass je 0,5 Prozent der Bildpunkte noch dunkler beziehungsweise noch heller sind. Damit basieren die neuen Schwarz- und Weißwerte nicht nur auf ganz wenigen Maximalwerten im hellen oder dunklen Bereich, sondern auf einer etwas breiteren Basis. Wenn Sie hier höhere Werte wie etwa ein Prozent eintragen, beschneidet Photoshop das Bild noch stärker – es werden noch mehr unterschiedliche Tonwerte rigoros auf 0 beziehungsweise 255 gesetzt; noch höher sollten Sie in der Regel nicht gehen.

7.4 »Gradationskurven«

Selbst eine völlig unterbelichtete Vorlage lässt sich mit der Gradationskurve noch auffrischen. Die neutrale Gradationskurve ohne Auswirkung auf die Kontraste verläuft exakt diagonal durch das Diagramm (1). Zur Korrektur heben wir zunächst die Schatten stark an (2). Dieser Anfasspunkt ist aktiviert, deshalb erkennen Sie die Werte in der Anzeige: der Vorher-Wert 25 steigt hier auf hellere 65. Dabei bleibt tiefes Schwarz jedoch schwarz - ein wichtiger Unterschied zum »Helligkeit«-Regler. Weil dabei die oberen Mitten zu stark mit angehoben werden, ziehen wir diesen Bereich wieder nach rechts (3) und begrenzen also die Veränderung in diesem Teil des Tonwertspektrums. Den Helligkeitsbereich von 220 bis 255 heben wir komplett auf 255, also auf reines Weiß an (4); dadurch wirkt das Bild heller und kontrastreicher. Vorlage: Springer

Besonders feinfühlige Kontrastkorrekturen erlaubt der Befehl **Bild: Einstellungen: Gradationskurven**. Hier ordnen Sie notfalls jedem einzelnen Tonwert von 0 bis 255 auf der Tonwertskala seinen eigenen, neuen Tonwert zu. Die Gradationskurve (Kurztaste [Strg]+[M]) zeigt das Verhältnis zwischen den Helligkeitswerten vor und nach der Bearbeitung, also zwischen EINGABE und AUSGABE.

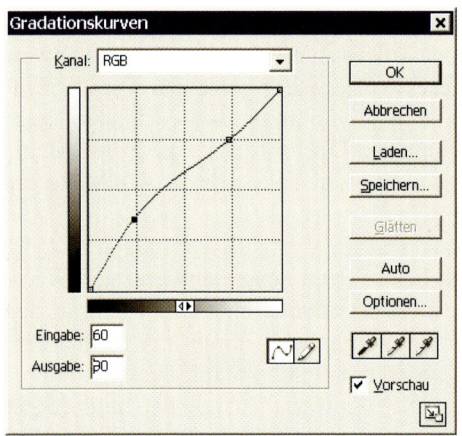 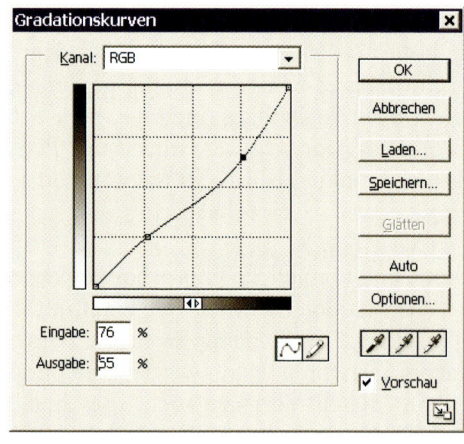

Abbildung 7.23:
Die Gradationskurve zeigt das Verhältnis zwischen den Tonwerten vor und nach der Korrektur. Links: Hier bearbeiten wir ein RGB-Bild; Schatten sind links, Lichter rechts angeordnet. Hier werden die Schatten vom ursprünglichen Wert 60 leicht angehoben auf Tonwert 90. Ein Kontrollpunkt im oberen Bereich hält die Kurve dort exakt diagonal und sorgt so dafür, dass sich die Anhebung in den Lichtern nicht mehr auswirkt. Rechts: Wenn Sie CMYK-Bilder bearbeiten, zeigt Photoshop die Schatten in der Gradationskurve rechts, die Lichter links. Sie können die Darstellung auch von Hand durch Klicken auf das Doppel-Dreieck im Graubalken umschalten.

»Gradationskurven« Kapitel 7

Die zwei Werte erscheinen auch in den korrigierbaren Datenfeldern. Wenn Sie also Tonwert 60 per Mausbewegung im Diagramm anheben bis auf Tonwert 80, so können Sie diese Werte auch eintippen, nachdem Sie erst einmal eine Veränderung vorgenommen haben. Die Kurve lässt sich auch speichern und erneut laden; so können Sie die Einstellung auf Bilder mit ähnlichem Korrekturbedarf anwenden. Noch bequemer ist es, eine Gradationseinstellung auf der Aktionenpalette zu platzieren oder sie als Einstellungsebene zu verwenden und von dort in andere Dateien zu ziehen. Gradationskurven bietet Photoshop noch öfter: im DUPLEX-Dialog und als DRUCKKENNLINIE beim DRUCKEN MIT VORSCHAU. (siehe Abbildung 7.23)

7.4.1 Anwendung

Mit der **Tonwertkorrektur** (siehe vorheriger Abschnitt) erweitern Sie eher den Tonwertumfang. Die **Gradationskurve** verteilt dagegen eher vorhandene Tonwerte neu; Sie heben oder senken einzelne Helligkeitsbereiche, ohne die hellsten oder dunkelsten Werte mit zu verschieben. Sie können aber mit der **Gradationskurve** auch den Tonwertumfang erweitern oder verkleinern.

Ein denkbarer Eingriff: Die Schatten sumpfen zu, Sie wollen dort mehr Differenzierung sehen. Also erhöhen Sie die dunklen Tonwerte bei 20 auf Tonwert 40 (Eingabe: 20, Ausgabe: 40); die Bildpunkte, die ursprünglich den Wert 35 hatten, setzen Sie nicht nur um 20, sondern gleich um 25 Einheiten hoch, auf 60 (Eingabe: 35, Ausgabe: 60). Alle umliegenden Tonwerte werden automatisch mit angepasst. So machen Sie die Schattenpartie heller und zugleich kontrastreicher.

Praktisch geht das meist so: Sie ziehen den linken, unteren Teil der Gradationskurve etwas nach oben. Alternativ tippen Sie die Eingabe-Ausgabe-Werte 20/40 beziehungsweise 35/60 in die Datenfelder, nachdem Sie zunächst einen Punkt in die Kurve geklickt haben.

Läuft die Gradationskurve als Gerade diagonal im 45-Grad-Winkel durchs Koordinatenfeld, dann heißt das: Die Eingabewerte werden 1:1 als Ausgabewerte übernommen – keine Korrektur; die Linie hat überall gleichen Abstand zur horizontalen Eingabeachse (Vorher) und zur vertikalen Ausgabeachse (für Nachher). Durch Manipulation dieser Geraden regeln Sie die Verteilung der Dichtestufen neu: also welche vorhandenen Bild-Eingabewerte mit welchen neuen Ausgabewerten erscheinen sollen. Ziehen Sie etwa den unteren Teil der Gradationslinie nach oben, dann werden die dunkleren Bildpartien heller. Drehen Sie die Gradationskurve genau umgekehrt diagonal, erzeugen Sie ein Negativ; dies erledigt auch der Befehl **Bild: Einstellungen: Umkehren** ([Strg]+[I]).

Auch im Dialog GRADATIONSKURVEN lassen sich Weiß- und Schwarzpunkte per AUTO-Schaltfläche bestimmen, oder nutzen Sie die Pipetten (siehe jeweils oben).

Anzeige

Im RGB-Modus zeigt der linke Teil der Gradationskurve die dunkleren Bildpartien, mit den digitalen RGB-Tonwerten ab Null. Die helleren Bildpartien mit den Dichtestufen bis hin zu 255 (reines Weiß) sehen Sie im rechten Teil der Linie. Ein von Dunkel nach Hell verlaufender Balken unter der Gradationskurve stellt die Tonwerte dar.

Kapitel 7   Kontrast & Farbton

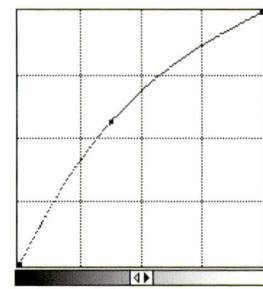

Abbildung 7.24:
Oft die bessere Alternative zum Helligkeitsregler: Das Anheben der Mitten ohne starke Änderungen bei extremen Lichtern und Schatten entspricht in etwa einem Gammawert über 1,0 in der »Tonwertkorrektur«.
Vorlage: Gradation

CMYK-Bilder werden zunächst andersherum dargestellt: Die hellen Werte liegen dann links, die dunklen rechts und die Zählung geht von 0 (Weiß) bis 100 Prozent Deckung (Schwarz) – so ist es in der Druckvorstufe üblich. Durch Klicken auf das Doppeldreieck im Grauverlauf unter der Gradationskurve stellen Sie jederzeit die Denkrichtung um. Aktive Punkte erscheinen gefüllt, nicht aktive Punkte als Kontur.

Mit dem Vergrößerungssymbol ![] unten rechts wächst das Dialogfeld leicht an. Durch [Alt]-Klick in das Koordinatennetz wechseln Sie zwischen engmaschiger 10-Prozent-Einteilung und weiter gefassten 25-Prozent-Koordinaten.

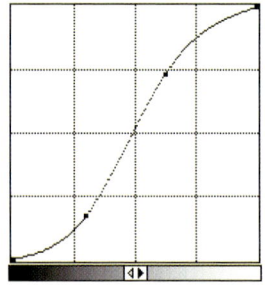

Abbildung 7.25:
Schatten weiter absenken, Lichter noch mehr anheben, so arbeitet auch der Kontrastregler.
Vorlage: Gradation

7.4.2   Handhabung

Klicken Sie unter dem Koordinatennetz das Kurvensymbol ![] an; so verformen Sie bei jedem Eingriff elegant die ganze Kurve und nicht winzige Bereiche der Kurve. Verformt sich die Kurve jedoch über einen weiteren Bereich als gewünscht, dann klicken Sie an einer anderen Stelle erneut hinein, um einen weiteren Punkt auf der Kurve aufzubringen; mit dem ziehen Sie die Kurve zurück auf Linie. Insgesamt stehen fünfzehn Punkte zur Verfügung. Punkte, die Sie nicht mehr brauchen, ziehen Sie komplett aus dem Gradationsdiagramm heraus (Alternative: ein ⌊Strg⌋-Klick).

Soll die Gradationskurve über einen bestimmten Tonwertbereich hinweg linealgerade verlaufen, drücken Sie die ⌊⇧⌋-Taste – dann brauchen Sie nur noch Anfangs- und Endpunkte des Kurvenabschnitts anzuklicken.

Wollen Sie eine stark veränderte Kurve Schritt für Schritt auf die Standarddiagonale zurückführen, dann klicken Sie im Dialogfeld zunächst das Bleistift-Werkzeug ✏ an. Jetzt steht die Schaltfläche GLÄTTEN *zur Verfügung; mit jedem Klick rückt sie den Graphen wieder ein Stück weit in die ursprüngliche 45-Grad-Ausrichtung.*

Mehrere Punkte verschieben

Sie können auch mehrere Punkte gleichzeitig verschieben. Aktivieren Sie die gewünschten Punkte bei gedrückter ⌊⇧⌋-Taste, so dass sie gefüllt und nicht als Kontur erscheinen, dann ziehen Sie alle gemeinsam. Sie müssen einen Punkt dieser Gruppe erneut mit der ⌊⇧⌋-Taste anklicken, um die Gemeinsamkeit aufzulösen. ⌊Strg⌋+⌊D⌋ entfernt jegliche Markierung.

Die Tastenkombination ⌊Strg⌋+⌊⇥⌋ aktiviert einzelne Punkte der Reihe nach, die ⌊⇧⌋-Taste dreht die Richtung des Durchlaufs herum.

Zahleneingabe

Erst wenn Sie einen Punkt in die Kurve klicken, erscheint ein Zahlenpaar in den Datenfeldern für Eingabe und Ausgabe und Sie können einen neuen Ausgabe- oder auch Eingabewert festlegen. Um ein weiteres Vorher-Nachher-Wertepaar zu bearbeiten, klicken Sie einen neuen Punkt in die Kurve; tippen Sie nicht einfach neue Werte ein, denn dann ist Ihr erstes Zahlenpaar gelöscht.

Kurve per Tastatur umformen

Aktivierte Kontrollpunkte bewegen sich auch per Druck auf die ⌊Pfeil⌋-Tasten. Die ⌊⇧⌋-Taste löst wie immer Zehnersprünge aus (siehe Abbildung 7.26).

Bei geöffnetem Dialogfeld

Auch bei geöffnetem Dialogfeld lohnt es sich, mit der Maus in die Bilddatei zu gehen:

➡ Klicken Sie auf einen Tonwert, den Sie verändern wollen: Photoshop signalisiert bei gedrückter Maustaste die Lage dieses Tonwerts auf der Gradationskurve durch einen Kreis.

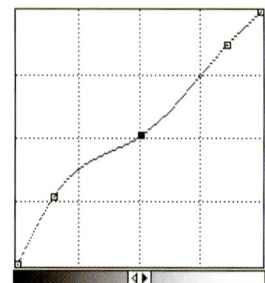

Abbildung 7.26:
Wir heben die Schatten an, Mitten und Lichter bleiben fast unverändert. Das Ergebnis wirkt etwas blass. Vorlage: Gradation

➥ Klicken Sie mit gedrückter ⌈Strg⌉-Taste; dann setzt Photoshop sofort einen Griffpunkt auf der Gradationskurve, der den Tonwert des angeklickten Bildpunkts anzeigt, und erzeugt ein Zahlenpaar in den Eingabefeldern. Wollen Sie weitere Griffpunkte setzen, klicken Sie erneut.

➥ Klicken Sie bei gedrückter ⌈Strg⌉- und ⌈⇧⌉-Taste, um Kontrollpunkte in allen Einzelkanälen, aber nicht im Gesamtkanal zu erzeugen.

Einzelkanäle bearbeiten

Sie können entweder den »RGB«- oder »CMYK«-Gesamtkanal bearbeiten oder einzelne Farbkanäle. Um eine Kombination aus zwei Einzelkanälen zu manipulieren, wählen Sie diese mit gedrückter ⌈⇧⌉-Taste in der Kanälepalette an, bevor Sie die **Gradationskurven** aufrufen. Das Einblendmenü für die Kanäle im Dialogfeld »Gradationskurven« zeigt dann Abkürzungen für die Zielkanäle, zum Beispiel YC für Gelb und Cyan.

Klicken Sie bei gedrückter ⌈Strg⌉-Taste ins Bild, erzeugen Sie einen Ankerpunkt auf der Gradationskurve des gewählten Kanals. Wenn Sie die ⌈⇧⌉-Taste dazunehmen, erhalten die Kurven aller Kanäle einen Ankerpunkt bei diesem Tonwert.

CMYK-Bilder

Wenn Sie CMYK-Bilder in der Normalansicht bearbeiten – also keine Einzelkanäle –, zeigt Photoshop weder eine Markierung in der Gradationskurve noch entstehen Kontrollpunkte. Dies geschieht nur bei der Bearbeitung von Einzelkanälen.

»Gradationskurven« Kapitel 7

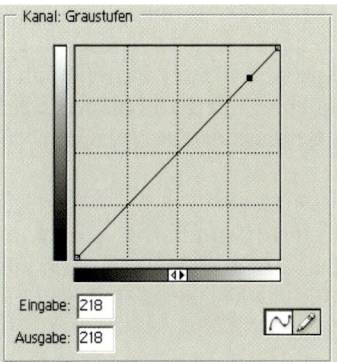

Abbildung 7.27:
Um einzelne Tonwerte zu korrigieren, öffnen Sie die »Gradationskurven« und klicken zunächst bei gedrückter [Strg]-Taste in das Bild. Dadurch entsteht ein Anfasspunkt auf der Gradationskurve, Photoshop meldet unten den Tonwert 218.

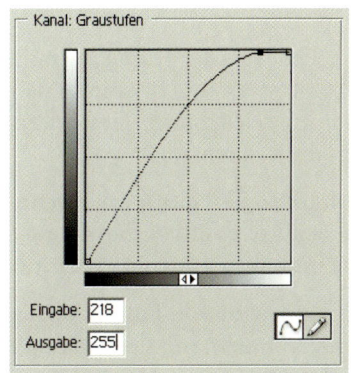

Abbildung 7.28:
Als neuen »Ausgabe«-Wert tippen Sie 255 ein, also reines Weiß. Photoshop hebt den grauen Hintergrund auf Weiß an, allerdings wirken auch die grauen Kanten der Grafik zu hart.

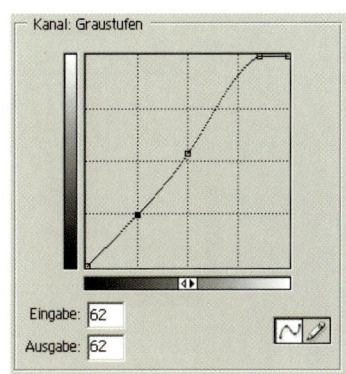

Abbildung 7.29:
Wir ziehen den unteren Teil der Kurve wieder auf den Normalverlauf. Die Grautöne an den Kanten der Grafik wirken nun wieder kräftiger, der Hintergrund verbleibt auf Weiß.

Kapitel 7   Kontrast & Farbton

7.4.3   Gradationskorrektur für einzelne Farbkanäle

Oben bietet die Gradationskurve ein Einblendmenü, mit dem Sie einzelne Farbauszüge eines RGB- oder CMYK-Bildes bearbeiten können. Damit lassen sich Farbstiche korrigieren. Wählen Sie in der Kanälepalette zwei Einzelkanäle mit gedrückter ⇧-Taste an, um im Gradationsdialog eine Kombination aus zwei Einzelkanälen bearbeiten zu können. Bedenken Sie, dass Sie Farbstiche bequemer mit **Farbbalance, Selektiver Farbkorrektur** und anderen Befehlen beackern; mit den **Gradationskurven** greifen Sie freilich besonders präzise auf Einzelkanäle zu.

Reduzieren Sie den Anteil einer Grundfarbe, erhöht dies das Gewicht des im Farbkreis gegenüberliegenden Tons. Das heißt: Nehmen Sie Rot zurück, tendiert das Bild gegen Cyan; wenn Sie Grün erhöhen, sinkt der Magentaanteil weiter; eine Reduzierung von Blau betont die Gelbanteile.

Bilden Sie die Schatten links und die Lichter rechts im Gradationsdiagramm ab. Bearbeiten Sie eine Einzelfarbe in einem RGB-Bild, stehen die hellen Bereiche der Gradationskurve für einen hohen Anteil dieser Farbe; mit den dunklen Bereichen der Gradationskurve manipulieren Sie Pixel, die nur einen geringen Anteil des gewählten Farbauszugs bieten:

➡ Ziehen Sie im oberen, hellen Teil der Kurve, wenn Sie die gewählte Farbe dort verändern wollen, wo sie ohnehin stark durchkommt (also auch in helleren Grauzonen). Soll etwa der Rotstich in gut ausgeleuchteten Gesichtern zurückgehen, ziehen Sie die Rotkurve im oberen Bereich nach unten.

➡ Ziehen Sie im unteren, dunklen Teil der Kurve, wenn Sie die gewählte Farbe dort verändern wollen, wo sie nur schwach auftritt. Stört eine Blautendenz in den Schatten, dann ziehen Sie die Blaukurve im linken, unteren Bereich weiter nach unten.

Allerdings passiert es bei der Korrektur von Einzelkanälen leicht, dass sich die Gesamthelligkeit verschiebt. Das lässt sich verhindern mit dem Dialogfeld zum Befehl **Bild: Einstellungen: Farbbalance** ([Strg]+[B]) und seiner Option LUMINANZ ERHALTEN (Seite 468).

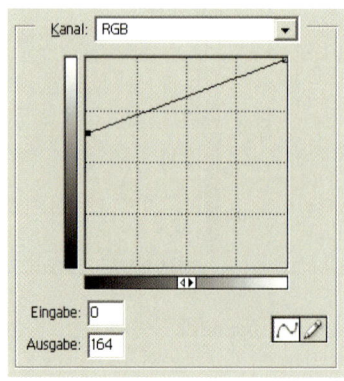

Abbildung 7.30:
Wir heben Schwarz und dunklere Töne mit der Gradationskurve stark an, so dass die Grafik grau wirkt. Falls Sie anschließend färben wollen, könnten Sie bei diesem Bild auch den Regler »Lab-Helligkeit« des Befehls »Farbton/Sättigung« verwenden.

»Gradationskurven«   Kapitel 7

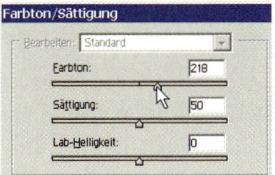

Abbildung 7.31:
Wir verwenden den »Bild«-Befehl »Farbton/Sättigung«. Mit der Option »Färben« kolorieren wir die Zeichnung, der »Farbton«-Regler steuert die Farbe; experimentieren Sie auch mit der »Sättigung«. Voraussetzungen hier: Die Skizze muss grau, nicht schwarz sein, und die Grafik muss sich jetzt in einem Farbmodus wie »RGB-Farbe« befinden.

7.4.4 Das Bleistiftwerkzeug

Klicken Sie unten im Gradationsdialog auf den Bleistift, biegt sich die Gradationskurve nicht mehr wie ein Gummiband; statt dessen lässt sie sich für jeden Tonwert einzeln umgestalten. Während Sie bei der Arbeit mit dem Kurvensymbol immer einen recht weiten Tonwertbereich erfassen, malen Sie mit dem Bleistift Ecken und verändern nur handverlesene, einzelne Tonwerte.

Haben Sie zum Beispiel in einem Bild einen grauen Hintergrund mit Tonwert 215, den Sie noch aufhellen wollen, dann klicken Sie zunächst mit geöffnetem Dialogfeld »Gradationskurven« auf die Graufläche – der Tonwert wird jetzt durch einen Kreis auf der Gradationslinie markiert. Ziehen Sie jetzt die Gradationskurve an der entsprechenden Stelle nach oben. Oder halten Sie den Bleistift ohne zu klicken über die gewünschte Bildstelle, so dass Sie zum Beispiel eine Meldung erhalten wie »Eingabe: 215, Ausgabe: 244«. Ein anderer Fall sind schwarze Konturen – die machen Sie blasser, wenn Sie den ganz linken, schwarzen Teil der Gradationskurve mit dem Bleistift nach oben ziehen. Die restlichen Tonwerte bewegen sich nicht mit.

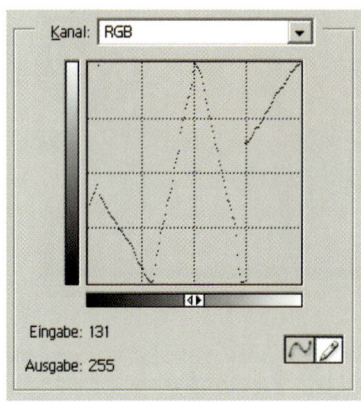

Abbildung 7.32:
Starke Verzerrungen mit dem Bleistiftwerkzeug führen zu verfälschten Farben und Kontrasten. Wir verwenden die im »Praxis«-Verzeichnis gespeicherte Kurve »Spezial.amp«; um diese Kurve per »Gradationskurven« zu »laden«, stellen Sie den Dateityp auf »Effektkurven (*.AMP)«. Vorlage: Spezial

Klicken Sie auf den GLÄTTEN-Knopf, wenn die harten Sprünge im Gradationsverlauf allzu harte Kontrastsprünge in der Datei bewirken. Auch ein Klick auf das Kurvensymbol glättet die Gradationsgebirge und versieht die Kurve mit Ankerpunkten, die zu weiteren Anpassungen einladen (siehe Abbildung 7.32).

7.4.5 Spezialeffekte

Bizarre Solarisationseffekte erzielen Sie, wenn Sie die Gradationskurve mit harten Ecken durchs Koordinatennetz ziehen und dabei helle Bildpunkte zum Schattendasein verdammen und dunkle Zonen ans Licht führen. Ähnliches erledigt auch der **Stilisierungsfilter: Solarisation** im **Filter**-Menü, aber ohne Optionen. Natürlich können Sie auch die Farbkanäle einzeln bearbeiten, um drastische Verfremdungen zu erreichen oder um überhaupt erst Farbe in eine Graustufenvorlage zu bringen (die Sie zuvor in einen Farbmodus konvertieren).

Soll die Gradationskurve über einen bestimmten Tonwertbereich hinweg linealgerade verlaufen, drücken Sie die -Taste – dann brauchen Sie nur noch Anfangs- und Endpunkte des Kurvenabschnitts anzuklicken. Eine Gradationskurve in Treppenform sorgt für plakative Tontrennung, wie sie weniger frei auch der Befehl **Bild: Einstellungen: Tontrennung** anbietet. Kehren Sie die Kurve komplett um, erhalten Sie ein Negativ nach Art des **Bild**-Befehls **Einstellungen: Umkehren**.

> **TIPP** *Nehmen Sie ein paar extreme Lichter und Schatten mit herein, damit das Bild Tiefe und Durchzeichnung erhält. Führen Sie also die Gradationskurve mindestens je einmal an den oberen und unteren Rand des Diagramms.*

Abbildung 7.33:
Links: Plakative Motive wie diese Vorlage mit deutlichen Konturen und klaren Farbflächen eignen sich für Farbexperimente besonders gut.
Rechts: Das Ergebnis entstand mit einer zunächst weichgezeichneten Vorlage und der Kurve »Spezial.amp«. Nach vorheriger Weichzeichnung entstehen Farbsäume.

»Gradationskurven« Kapitel 7

 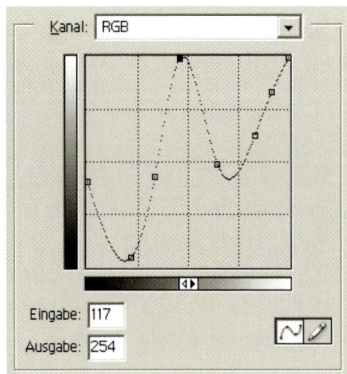

Abbildung 7.34:
Um die Farbsprünge automatisch zu glätten, wechseln wir in den Kurvenmodus. Überflüssige Griffpunkte ziehen wir aus dem Diagramm heraus. Eine Alternatvive wäre die Schaltfläche »Glätten«. Vorlage: Spezial; Kurve: Spezial_2.acv

7.4.6 3D-Effekt per Gradationskurve

Die Gradationskurve bietet sich auch für 3D- und Rahmeneffekte an. Dabei sind Ergebnisse möglich, die Sie mit den Ebeneneffekten so nicht erhalten, und der Weg ist ein ganz anderer: Zunächst erzeugen Sie ein weichgezeichnetes Objekt, zum Beispiel Schwarz auf Weiß. Die Konturen des Objekts erstrecken sich durch die Weichzeichnung über alle Helligkeitsstufen. Das Objekt darf jedoch nicht in Transparenz übergehen, was bei einer Textebene oft der Fall ist; verschmelzen Sie es bei Bedarf mit einer rein weißen Ebene darunter (Strg + E). Per Gradationskurve greifen Sie dann einzelne Helligkeitsbereiche heraus, um sie drastisch anzuheben oder abzusenken. Sie können Helligkeitsstufen in Farben umsetzen, wenn Sie Gradationskurven für einzelne Farbkanäle verformen.

Abbildung 7.35:
Links: Das Textwerkzeug erstellte hier einen einfachen Schriftzug in Schwarz. Rechts: Die Textebene wurde mit einer weißen Ebene verschmolzen und mit dem Befehl »Filter: Weichzeichnungsfilter: Gaußscher Weichzeichner« abgesoftet. Datei: Foto

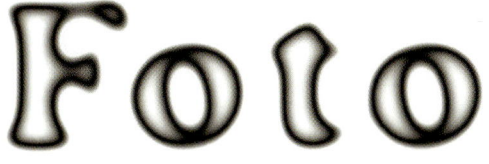 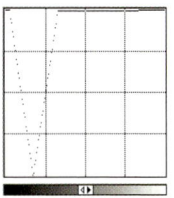

Abbildung 7.36:
Hier werden die dunkelsten, inneren Töne in Weiß verwandelt, um in der Mitte einen Lichtglanz zu erhalten. Der Zeiger wurde im Bleistiftmodus bei gedrückter ⇧-Taste links oben ins Diagramm gesetzt und nach unten geführt.

Kapitel 7 — Kontrast & Farbton

Häufig macht es Sinn, die Gradationskurve erst im Bleistiftmodus grob zu verformen und dann in den Kurvenmodus zu wechseln, um Feinheiten und Übergänge zu regeln. Schon der reine Wechsel von Bleistift zu Kurven weicht Ecken in der Kurve und Kontrastsprünge im Bild auf. Überflüssige Griffpunkte ziehen Sie wie immer einfach aus der Gradationskurve heraus. Regeln Sie das Ergebnis eventuell mit der **Tonwertkorrektur** nach.

TIPP
Sofern Sie für Farbverfremdungen ein Graustufenmotiv nach CMYK konvertieren, achten Sie darauf, dass nicht die gesamte Information in den Schwarzkanal geschrieben wird; dies passiert, wenn Sie per EIGENES CMYK (Seite 194) bei GCR die SCHWARZERZEUGUNG auf ein MAXIMUM gesetzt haben. Verwenden Sie hier KEINE oder WENIG SCHWARZERZEUGUNG, so dass die CMY-Farbkanäle gleichmäßig Farbe abbekommen.

 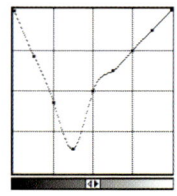

Abbildung 7.37:
Zunächst bügelt die »Glätten«-Schaltfläche die harten Tonwertsprünge, die im Bleistiftmodus entstehen, aus; dann wird die Kurve im Kurvenmodus noch verfeinert.

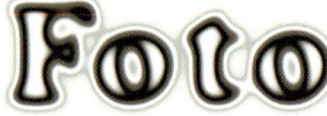 

Abbildung 7.38:
Links: Die mehrfach gewellte Kurve erzeugt einen komplexen 3D-Effekt. Rechts: Für Farbeffekte wurde die Graustufen-Datei ohne jede Schwarzerzeugung in den CMYK-Modus verwandelt. Die Grundfarben wurden einzeln bearbeitet, die Kurve zeigt den Magentakanal.

7.4.7 Übersicht: »Gradationskurve« versus »Tonwertkorrektur«

Mit **Gradationskurven** und **Tonwertkorrektur** tun Sie grundsätzlich dieselben Dinge; die beiden Dialogfelder leisten Vergleichbares, nur mit unterschiedlichen Oberflächen und Schwerpunkten. Dabei arbeiten Sie mit der Gradationskurve besonders tonwertgenau, während die Tonwertkorrektur mit ihrem Histogramm das Tonwertspektrum des Bildes sehr anschaulich darstellt.

Jedes Werkzeug hat allerdings seine besondern Vorzüge:

➜ Mit der **Tonwertkorrektur** erweitern Sie kommod das vorhandene Tonwertspektrum so, dass das Bild sich nachher über einen größeren Tonwertbereich erstreckt und damit tiefer und brillanter wirkt.

»Gradationskurven« Kapitel 7

➡ Die **Gradationskurven** dagegen eignen sich besonders, um feinsinnig die Helligkeitsverteilung schon vorhandener Tonwerte zu verändern, also Kontraste zu korrigieren, ohne den Tonwertumfang dabei auszudehnen.

Prinzipiell kann aber jedes Werkzeug viele Aufgaben des anderen übernehmen:

Aufgabe	Lösung mit »Tonwertkorrektur«	Lösung mit »Gradationskurven«
Um mehr Tiefen ins Bild zu bringen und die Tonwerte von 0 bis 30 auf 0 zu setzen und die anderen Tonwerte anzupassen...	schieben Sie den schwarzen Regler unter der »Tonwertspreizung« bis zur 30	schieben Sie das linke, dunkle Ende auf der X-Achse nach rechts bis zur Meldung »Eingabe: 30, Ausgabe: 0«
Um die höchsten Lichter von 220 bis 255 zu entfernen, auf 220 zu setzen und die anderen Tonwerte anzupassen...	schieben Sie den weißen Regler unter »Tonwertumfang« nach innen bis zur 220	schieben Sie das rechte, helle Ende auf der Y-Achse nach unten bis zur Meldung »Eingabe: 255, Ausgabe: 220«
Um die Mitten anzuheben, ohne extreme Lichter und Schatten stark zu ändern...	schieben Sie den grauen Gammaregler in der »Tonwertkorrektur« auf einen Wert über 1,0	heben Sie den mittleren Bereich in der Gradationskurve an

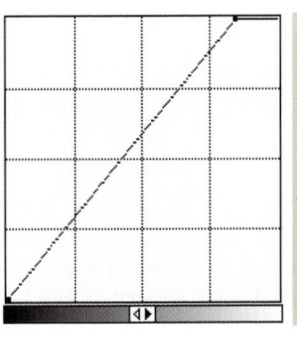
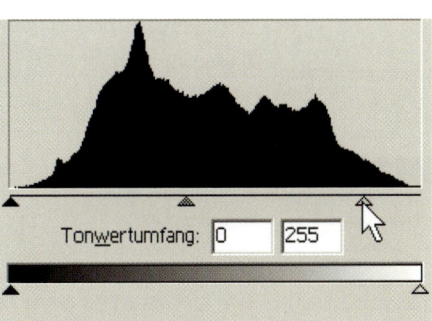

Abbildung 7.39:
Links: Diese Kurve setzt die oberen Tonwerte komplett auf den Höchstwert 255 (Weiß) und hebt den Rest an; das Bild wird heller, der Tonwertumfang erweitert. Rechts: Es hat dieselbe Wirkung, wenn Sie den Weißregler in der »Tonwertkorrektur« nach innen schieben.

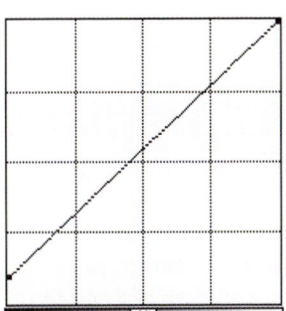
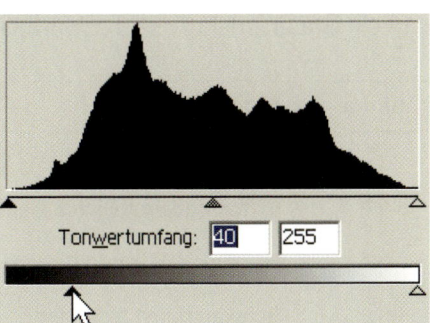

Abbildung 7.40:
Links: Anheben der Gradationsurve am Ende des Schattenbereichs hebt die dunkelsten Tonwerte auf einen einheitlichen, höheren Wert. Das Bild verliert an Tiefe und Tonwertumfang. Rechts: Vergleichbar in der »Tonwertkorrektur«: den Schwarzregler für »Tonwertumfang« nach innen schieben.

Kapitel 7   Kontrast & Farbton

Gradationskurven wie **Tonwertkurrektur** bieten überdies die Schwarz- und Weißpipetten; damit setzen Sie einen individuell gefundenen Tonwert im Bild auf einen individuell definierten Schwarz- oder Weißwert. Diese Arbeit nehmen Ihnen auch die AUTO-Schaltfläche oder der **Bild**-Befehl **Auto-Tonwertkorrektur** ab.

Auch die Tätigkeit von Befehlen wie **Helligkeit/Kontrast** oder **Tontrennung** übernimmt auf Wunsch der Befehl **Gradationskurven**:

Aufgabe	Lösung mit »Helligkeit/Kontrast«	Lösung mit »Gradationskurven«
Um das Bild über den gesamten Tonwertbereich abzudunkeln...	schieben Sie den Regler für »Helligkeit« nach links, auf einen Minus-Wert	schieben Sie den linken, dunklen Endpunkt der Gradationskurve um einen bestimmten Betrag auf der X-Achse nach rechts und den rechten, hellen Eckpunkt um den gleichen Betrag auf der Y-Achse nach unten
Um das Bild kontrastreicher zu machen...	schieben Sie den Regler für »Kontrast« nach rechts, auf einen positiven Wert	senken Sie in der Gradationskurve die Schatten ab und heben die Lichter an

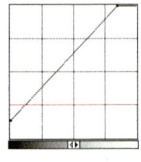 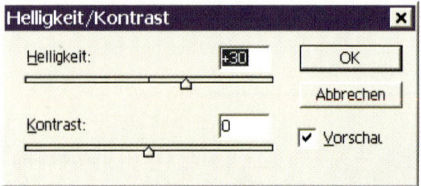

Abbildung 7.41:
So wie diese Kurve wirkt auch der Helligkeitsregler: Die hellsten Bereiche komplett auf 255 (Weiß) gesetzt, die dunkelsten Pixel durchgängig zu Dunkelgrau angehoben, den Rest mit verschoben. Schatten werden angehoben, Lichterdifferenzierung geht verloren.

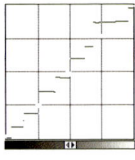 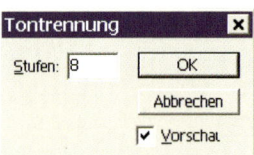

Abbildung 7.42:
Links: Diese Gradationskurve setzt benachbarte Tonwerte auf einheitliches Niveau und sorgt für stufenartige Übergänge. Rechts: Den gleichen Effekt mit weniger Feinsteuerung erzielt der Befehl »Tonwerttrennung«.

7.4.8   Befehle im Überblick: Gradationskurven, Tonwertkorrektur

Taste/Feld	Zusatztaste	Aktion	Ergebnis
～		🖱	weiche Gradationskurve ziehen
✏		🖱	harte Gradationskurve ziehen
◀▶		🖱	Hell-Dunkel-Darstellung im Diagramm umkehren
💧		🖱 (ins Bild)	Schwarzpunkt festlegen

»Farbton/Sättigung« Kapitel 7

Taste/Feld	Zusatztaste	Aktion	Ergebnis
🖉		🖱 (ins Bild)	Weißpunkt festlegen
🖉		🖱 (ins Bild)	neutralen Ton festlegen
🖉		🖱🖱	SCHWARZ definieren
🖉		🖱🖱	WEISS definieren
🖉		🖱🖱	NEUTRALTON definieren
Auto		🖱	Tonwertumfang automatisch erweitern
Alt -Taste			ABBRECHEN wird zu ZURÜCK

7.5 »Farbton/Sättigung«

Der Befehl **Farbton/Sättigung** (Strg + U , für »Hue«, Farbton) eignet sich für Feinkorrekturen an der Farbstimmung, für unauffälliges Umfärben eines markierten Motivs oder für Tonungen.

Verwandte Kommandos: **Bild: Einstellungen: Variationen** zeigt verschiedene Variationen für die Sättigung auf einem großen Tableau (siehe Seite 467). Der Kombi-Befehl **Bild: Einstellungen: Farbe ersetzen** (siehe Seite 578) enthält das komplette Dialogfeld FARBTON/SÄTTIGUNG in Verbindung mit dem Befehl **Auswahl: Farbbereich auswählen** (siehe Seite 574); Sie können also in einem einzigen Dialogfeld einen Bildteil erst auswählen und dann umfärben. Der Befehl **Bild: Einstellungen: Sättigung verringern** wirkt so, als ob Sie den SÄTTIGUNG-Regler des Befehls **Farbton/Sättigung** auf Null ziehen.

7.5.1 Anwendung

Die Änderungen gelten jeweils für den kompletten Farbbereich eines Bildes oder einer Auswahl oder nur für eine der Grundfarben Rot, Gelb, Grün, Cyan, Blau, Magenta. Bei Bedarf verändert man nur einzelne Teilbereiche des Farbkreises.

Im unteren Teil enthält das Dialogfeld zwei Farbskalen. Der obere Streifen zeigt unveränderlich das gesamte Farbspektrum; dies sind die Vorher-Werte Ihres Bildes. Im Streifen darunter erkennen Sie, wie sich diese Töne durch die aktuelle Reglerstellung verändern. Sehen Sie oben Rot und genau darunter Blau, dann haben Sie den FARBTON-Schieber so bewegt, dass sich rote Bildpunkte im Foto in Blau verwandeln. Auch eine Abschwächung der SÄTTIGUNG oder Manipulationen an der LAB-HELLIGKEIT drücken sich in veränderten Tonwerten auf dem unteren Streifen aus.

Kapitel 7   Kontrast & Farbton

Abbildung 7.43:
Links: Das Wagenblech wird mit dem Zauberstab ausgewählt. Rechts: Wir klicken in der Ebenenpalette auf die Schaltfläche »Neue Einstellungsebene oder Füllebene« und wählen »Farbton/Sättigung«; im Dialogfeld »Farbton/Sättigung« verschieben wir den »Farbton«-Regler um auf den Wert minus 40, das ausgewählte Gelb erscheint damit Rot. Auch nach dem Speichern lässt sich die Färbung jederzeit ändern oder abschalten. Bei diesem Verfahren entstand automatisch eine Ebenenmaske, die die Wirkung auf das zuvor ausgewählte Chassis beschränkt; sollten noch Auswahlmängel auffallen, lassen sie sich immer noch in der Ebenenmaske beheben. Vorlage: Jeep; Ergebnis: Jeep_2

Möchten Sie beide Farbstreifen parallel bewegen, klicken und ziehen Sie bei gedrückter Strg-Taste. Dabei verändert sich die Korrektur nicht. Klicken Sie bei geöffnetem Dialogfeld ins Bild, erscheint dort eine Pipette , die den angeklickten Farbton als neue Vordergrundfarbe lädt.

> **TIPP**
> *Einige Funktionen des Befehls* FARBTON/SÄTTIGUNG *bietet Photoshop auch in Pinselform: So können Sie mit dem Schwamm ⚪ (Kurztaste O) über das Bild fahren, um pixelweise Sättigung zu entziehen oder hinzuzufügen; der Abwedler ● macht Bildteile unter der Werkzeugspitze heller, der Nachbelichter dunkler (Seite 528).*

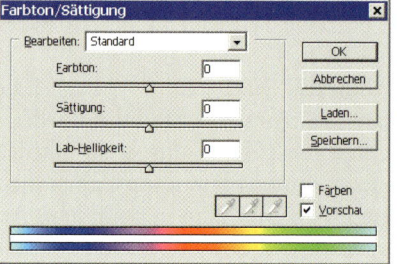

Abbildung 7.44:
Das Dialogfeld »Farbton/Sättigung« gibt Ihnen Kontrolle über die Sättigung und die Farben in einem Bildteil. Im Folgenden bearbeiten wir die zwei Segel im Vordergrund. Vorlage: Farbton

7.5.2 Das HSB-Farbmodell

Die Korrekturen des Befehls **Farbton/Sättigung** orientieren sich am HSB-Farbmodell, das Tonwerte nach Farbe (Hue), Sättigung (Saturation) und Helligkeit (Brightness) aufteilt; es wirkt oft übersichtlicher als RGB oder CMYK. Sie können nach diesem Schema auch Farben in Farbwähler oder Farbregler (ab Seite 486) mischen; zudem greifen einige Überblendverfahren auf einzelne Eigenschaften des HSB-Modells zurück.

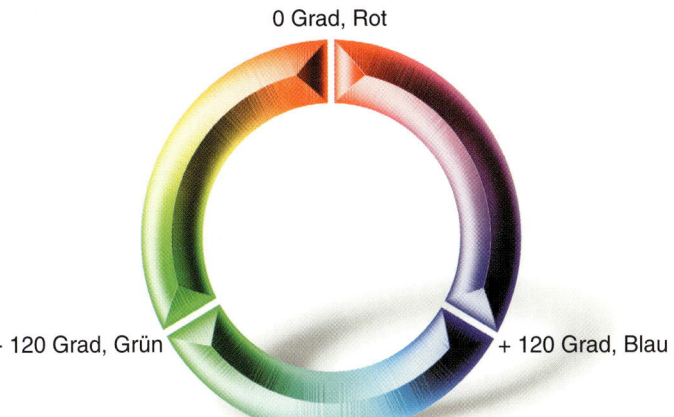

Abbildung 7.45:
Die Farbwerte liegen im HSB-Modell auf einem Rad. Denkt man sich Rot bei 0 Grad, dann sind Grün und Blau jeweils 120 Grad weit entfernt.

»Farbton«

Mit dem FARBTON (englisch Hue) verschieben Sie alle oder bestimmte Farben im Bild oder in einer Auswahl um eine bestimmte Gradzahl auf dem Farbkreis. Helligkeit und Sättigung – und damit das Relief des Motivs – bleiben erhalten. Sofern Sie STANDARD im Klappmenü verwenden, verschieben sich alle Farben gleichermaßen.

Mit dem FARBTON-Regler färben Sie ausgewählte Objekte um – besser als per Füllwerkzeug oder **Füllen**-Befehl, die ja das Objekt mit einer einheitlichen Farbe zuschütten. Beim Befehl **Farbton/Sättigung** wahrt der FARBTON-Regler die Bandbreite an unterschiedlichen Farben, sie werden nur verschoben. Mit dem FARBTON-Regler spielen Sie leicht durch, wie Hintergründe oder Objekte in 360 verschiedenen Tonwerten aussehen.

Den FARBTON stellt man sich auf einem Kreis vor, der alle denkbaren Farbtöne enthält. Sie verschieben den aktuellen FARBTON mit dem Schieberegler um maximal 180 Grad im Uhrzeigersinn oder um maximal minus 180 Grad gegen den Uhrzeigersinn. Die beiden Extrempositionen plus 180 Grad und minus 180 Grad führen zum selben Ergebnis, der maximalen Umfärbung.

»Sättigung«

Die SÄTTIGUNG verändert die Grauanteile der Farben im Verhältnis zur reinen Farbe. Oft führt nach einer FARBTON-Änderung erst die anschließende Korrektur von SÄTTIGUNG und auch LAB-HELLIGKEIT zum gewünschten Eindruck. Erhöhte Sättigung lässt den Bildteil frischer und reiner aussehen, erzeugt aber schnell grelle Farben außerhalb des druckbaren Bereichs (in der Infopalette durch ein Ausrufezeichen markiert). Schieben Sie die Sättigung in den Minus-Bereich, sinkt der Farbanteil immer mehr zugunsten des Grauanteils, so dass Sie Pastelltöne erhalten, die zum Beispiel für Hintergründe geeignet sind. Auch zu reine, nicht druckbare Farben bearbeiten Sie durch Absenken der Sättigung.

Die Null-Stellung schließlich führt zu einem Bild, das nur noch Grautöne enthält, das sich aber weiterhin im Farbmodus befindet. Sinn macht die Null-Sättigung eventuell, wenn Sie innerhalb einer Farbmontage einen Bildausschnitt per »Einstellungsebene« vorübergehend oder dauerhaft in Graustufenwirkung zeigen wollen. Denselben Sättigungsentzug bei anhaltend hoher Datentiefe bewirkt der Befehl **Bild: Einstellungen: Sättigung verringern**. Dabei entsteht jeweils ein relativ flaues Bild, da die einzelnen Farbtöne einheitlich und nicht nach ihrer visuellen Helligkeit gewichtet zu Graustufen verwandelt werden. Wege zu besser durchgezeichneten Ergebnissen zeigen wir ab Seite 200.

Abbildung 7.46:
Links: Wir erhöhen die »Sättigung« um 40 Prozent. Mitte: Wir verschieben den »Farbton«-Wert um plus 120 Grad. Rechts: Der »Farbton« wird um minus 120 Grad verändert. Vorlage: Farbton.

»Lab-Helligkeit«

Der Schieber für LAB-HELLIGKEIT stellt die Helligkeit ein. Auch er ist bei der Feinabstimmung erforderlich, um nach einer FARBTON-Korrektur oder nach dem FÄRBEN tatsächlich die gewünschte Wirkung zu erzeugen. Auch wenn Sie reines Weiß oder Schwarz färben wollen, müssen Sie es erst mit der LAB-HELLIGKEIT auf Grau setzen. Allerdings wirkt eine Gamma- oder Gradationskorrektur, die nur die Mitten verändert, oft subtiler als die LAB-HELLIGKEIT.

7.5.3 Die Option »Färben«

Die Option FÄRBEN deckt ein Bild oder einen Bildteil mit einer einfarbigen Tonung zu – wie ein Graustufenbild, das in der Dunkelkammer mit einem Blau- oder Brauntoner behandelt wurde. Alle Farbtöne im Bild tauscht Photoshop gegen den gewählten Farbton aus; doch die unterschiedlichen Helligkeitswerte – für die Unterscheidung von Strukturen und Konturen verantwortlich – bleiben erhalten.

Die Färbung steuern Sie über den FARBTON-Regler. Rot liegt in diesem Fall ganz links auf dem FARBTON-Regler, bei 0 Grad; gehen Sie bis zum Extremwert 180 Grad, erhalten Sie ein cyan (blaugrün) getöntes Bild, denn Cyan liegt auf dem Farbkreis genau gegenüber. Reines Schwarz und Weiß werden nicht mitgetönt, mittleres Grau schon. Wollen Sie Schwarz und Weiß mitbearbeiten, machen Sie es vorab mit den **Gradationskurven** oder mit der LAB-HEL-

»Farbton/Sättigung« Kapitel 7

LIGKEIT grau. Ein einmal getontes Bild lässt sich mit neuerlichem FÄRBEN umtonen. Änderungen an Sättigung und LAB-HELLIGKEIT können Sie weniger leicht zurücknehmen.

Abbildung 7.47:
Links: Die Option »Färben« tont eine Vorlage einfarbig. Wir verwenden den »Farbton«-Wert 30, der eine Art Sepia-Wirkung herstellt, bei einer »Sättigung« von »30«. Mitte: Der »Farbton«-Wert 220 führt zu einer Blautonung, hier bei 20 Prozent »Sättigung«. Rechts: Der »Sättigung«-Wert von 50 führt zu übertriebenen Farben. Vorlage: Farbton

Alternativen zum »Färben«

Ebenfalls getonte Bilder, auch mehrfarbig, erhalten Sie mit dem Befehl **Bild: Einstellungen: Kanalmixer**, wenn Sie die Option MONOCHROM ein- und wieder ausschalten (Seite 464). Einen äußerlich ähnlichen, aber differenzierteren Effekt als beim FÄRBEN erzielen Sie mit dem DUPLEX-**Modus**, bei dem Sie mit weniger Druckfilmen auskommen (Seite 209). Sie können eine Tonung auch erzeugen, indem Sie ein Bild in Graustufen verwandeln, dann zurück in einen Farbmodus wechseln und einzelne Farbkanäle mit **Gradationskurven** oder **Tonwertkorrektur** bearbeiten. Falls Sie jedoch nach CMYK konvertieren, achten Sie im Dialogfeld EIGENES CMYK (Seite 194) darauf, dass die Graustufen nicht nur im Schwarzkanal erzeugt werden, sondern vor allem in den drei Farbkanälen.

7.5.4 Einzelne Farbbereiche bearbeiten

Innerhalb des Bildes oder der Auswahl müssen Sie nicht zwangsläufig alle Farbtöne gleichermaßen verschieben. Sie können auch einen Farbbereich herausgreifen, den Sie exklusiv verändern. Zum Beispiel bearbeiten Sie nur die Gelbtöne, lassen aber alle anderen Werte unberührt. Dazu müssen Sie kein Auswahlwerkzeug bemühen.

Ausgewählte Farben

Wählen Sie zunächst im Klappmenü »Bearbeiten« den Farbbereich, zum Beispiel »Gelbtöne«. Zwischen den beiden Farbstreifen im Dialogfeld signalisiert jetzt ein dunkelgrauer Block den Tonwertbereich, der ab sofort voll ausgewählt und veränderbar ist. Außerdem erscheint eine Farbwert-Anzeige. Sie sehen, dass ein Abschnitt von 30 Grad auf dem Farbkreis voll ausgewählt ist. Die Grenzen erkennen Sie jeweils an den inneren Werten neben den Schrägstrichen – es ist in unserem Beispiel der Bereich von 45 bis 75 Grad.

Teilweise ausgewählte Farben

Eine weitere Zone von Farbwerten ist freilich noch halb-ausgewählt und verändert sich darum bei Manipulationen teilweise mit – so verhindert Photoshop, dass es zu harten Tonwert-Sprüngen kommt. Diese Zone ist durch hellgraue Balken zwischen den Farbstreifen gekennzeichnet. Die Grenzen dieser halb erfassten Farbtöne nennt Photoshop zudem rechts von den zwei Schrägstrichen, in unserem Fall beginnt die Korrekturwirkung schon bei 15 Grad, sie endet erst bei 105 Grad (doch nur die Zone von 45 bis 75 Grad wird komplett korrigiert).

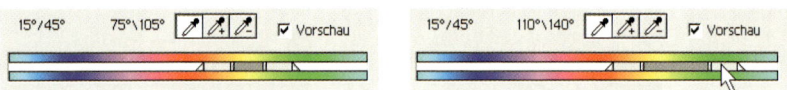

Abbildung 7.48:
Links: Den voll korrigierbaren Farbbereich signalisiert Photoshop im Dialogfeld »Farbton/Sättigung« durch einen dunkelgrauen Balken, den halb korrigierbaren Bereich durch hellgraue Balken. Rechts: Ziehen Sie an einem der hellgrauen Balken, um den korrigierbaren Bereich zu vergrößern oder zu verkleinern, ohne dass sich die Breite der halb erfassten Zone verändert.

7.5.5 Korrigierbaren Farbbereich mit Schiebereglern verändern

Sie haben verschiedene Möglichkeiten, den korrigierbaren Bereich so anzupassen, dass Photoshop genau die von Ihnen gewünschten Tonwerte erwischt. Zunächst geben Sie jedoch immer einen Farbbereich per BEARBEITEN-Klappmenü an – Sie können ihn danach beliebig verändern.

Gewählten Farbbereich mit Schiebereglern verkleinern und vergrößern

Der innere Bereich der voll ausgewählten Farben lässt sich beliebig erweitern oder verkleinern. Zur Veränderung dieses voll ausgewählten Bereichs klicken Sie in die hellgrau dargestellten Zonen zwischen den zwei Farbskalen und schieben Sie nach innen oder außen. So bewegen sich auch die jeweils zwei Begrenzer dieser Zonen parallel zueinander mit. Sie erweitern so zum Beispiel die voll erfassten Tonwerte auf den Bereich von 45 bis 110 Grad (zu erkennen an den jeweils innen genannten Werten). Sie haben auch nach diesem Eingriff eine 30 Grad breite Zone halb-markierter Farbnuancen: Sie reicht nun auf der rechten Seite von 111 bis 140 Grad, wie Sie an dem rechten Zahlenpaar erkennen.

Halb erfasste Zone verändern

Sie können auch die Tonwertauswahl so treffen, dass sich dabei der Bereich der halb erfassten Zone vergrößert oder verkleinert. Bei verkleinerten Zonen müssen Sie mit harten Tonwertsprüngen rechnen.

Schieben Sie die dreieckigen Regler, die den hellgrau unterlegten, halb-ausgewählten Bereich begrenzen, nach innen. So verkleinern Sie den halb erfassten Bereich und sorgen für härtere Auswahlgrenzen. Schieben Sie die Regler nach außen, um die Zone der schwach mitkorrigierten Tonwerte noch zu vergrößern. Jeweils an den äußeren Zahlen neben den Schrägstrichen erkennen Sie die neuen Grenzen.

»Farbton/Sättigung«   Kapitel 7

Sie können umgekehrt auch die Zone der voll erfassten Tonwerte bearbeiten. Dazu ziehen Sie an den stabförmigen Begrenzern, die das dunkelgraue Feld zwischen den Farbskalen einfassen. Sie ziehen die Begrenzer auseinander, um einen größeren Farbbereich zu erfassen; dabei verkleinert sich die halb-ausgewählte, hellgrau gezeigte Strecke. Bewegen Sie die Begrenzer nach innen, um weniger Farbwerte zu bearbeiten – und den Bereich der halb erfassten Töne zu vergrößern. Die jeweils inneren Zahlen neben den Schrägstrichen nennen die neuen Tonwertgrenzen.

Abbildung 7.49:
Links: Ziehen Sie an einem der dreieckigen Begrenzer, um den halb erfassten Bereich unabhängig von der voll korrigierbaren Zone zu verkleinern oder zu vergrößern. Rechts: Verschieben Sie den dunkelgrauen Block, wenn Sie einen anderen Farbbereich korrigieren möchten.

Gewählten Farbbereich verschieben

Ebenso einfach wählen Sie eine andere Zone korrigierbarer Farben, die gleich groß und gleich hart begrenzt ist wie der bisherige Bereich. Dazu ziehen Sie den dunkelgrauen Bereich. Wenn Sie ihn zum Beispiel weit genug nach links bewegen, erscheinen auch oben im Klappmenü neue Angaben, zum Beispiel statt bisher »Gelbtöne« dann »Rottöne 2« oder MAGENTATÖNE. Alternativ klicken Sie einen gewünschten Farbton im Bild an.

Abbildung 7.50:
Links: Durch eine Verschiebung rutscht die Darstellung des korrigierbaren Bereichs rechts aus der Anzeige heraus und wird links wieder fortgesetzt. Das ist unübersichtlich. Rechts: Verschieben Sie die Anzeige der Farbwerte bei gedrückter [Strg]-Taste so weit, bis der erfasste Bildbereich bequem in der Mitte der Skala Platz hat.

Anzeige des Farbbereichs verschieben

Wenn Sie den ausgewählten Bereich stark vergrößern oder aber Farbtöne herausgreifen, die genau am Rand der Skala liegen, wird es unübersichtlich: Die linke Grenze liegt schon am rechten Rand der Skala und die rechte Grenze rutscht herüber auf die äußerste linke Seite. In der Mitte des Farbspektrums sehen Sie den nicht ausgewählten Teil, an beiden Rändern liegt der gewünschte Bereich.

In diesem Fall können Sie die Anzeige des Farbspektrums verschieben, so dass der ausgewählte Bereich wieder in der Mitte der Balken erscheint. Ziehen Sie den Farbbalken dazu mit gedrückter [Strg]-Taste. Dabei verändern Sie wohlgemerkt nicht die Tonwertauswahl – nur die Anzeige des Dialogfeldes wird Ihren Bedürfnissen angepasst.

7.5.6 Korrigierbaren Farbbereich mit Pipetten auswählen

Wenn Sie einen ausgewählten Farbton korrigieren, diesen aber nicht per Schieber oder Klappmenü angeben möchten, dann verwenden Sie die Pipetten aus dem Dialogfeld **Farbton/Sättigung**. Auch hier wählen Sie zunächst aus dem BEARBEITEN-Klappmenü einen Farbbereich vor – zum Beispiel die GELBTÖNE. Sie können ihn dann beliebig verändern.

Dazu klicken Sie zunächst mit der linken Pipette auf einen Tonwert in der Datei, den Sie bearbeiten möchten. Photoshop erzeugt eine passende Farbauswahl, die wie bisher 30 Grad auf dem Farbkreis umfasst und dazu einen je 30 Grad breiten Rand halb-ausgewählter Farbtöne.

Dabei legt Photoshop immer einen geschlossenen Auswahlbereich an. Wählen Sie also zwei sehr unterschiedliche Farbtöne aus, erhalten Sie nicht etwa zwei Auswahlbereiche und dazwischen nicht berücksichtigte Tonwerte. Vielmehr entsteht eine sehr breite Auswahl, die fast schon das gesamte Farbspektrum umfasst.

Farbbereich erweitern oder verkleinern

Den ausgewählten Bereich können Sie nun verkleinern oder vergrößern, indem Sie mit der Plus-Pipette beziehungsweise mit der Minus-Pipette weitere Tonwerte anklicken. Sie haben jederzeit auch die Möglichkeit, durch Ziehen an den Begrenzern zwischen den zwei Farbbalken die Auswahl zu präzisieren. Statt der Plus- und Minus-Pipetten können Sie auch die üblichen Photoshop-Tasten verwenden: Die ⇧-Taste zur normalen Pipette fügt wie immer etwas hinzu, erweitert also die Auswahl; die Alt-Taste zur normalen Pipette verkleinert den Bereich.

Auf die Dauer ist es mühsam, ausgewählte Farbbereiche mit dem Befehl **Farbton/Sättigung** zu verändern. Leichter tut man sich oft mit dem **Bild**-Befehl **Farbe ersetzen** (Seite 578), mit der **Auswahl**-Funktion **Farbbereich auswählen** (Seite 574) oder mit einer Auswahl per Zauberstab oder Magnet-Lasso.

7.6 »Kanalmixer«

Der **Kanalmixer** reguliert die Anteile der einzelnen Farbkanäle am Gesamtbild neu. Um den Rotanteil in einem RGB-Bild zu stärken, wählen Sie ROT als AUSGABEKANAL. Der Mixer beginnt mit einer Einstellung von 100 Prozent für ROT und 0 Prozent für BLAU und GRÜN. Sie können den ROT-Regler nun bis zu einem Wert von 200 Prozent nach rechts schieben. Dabei hellt Photoshop den Rotkanal auf, so dass Rötliches stärker hervorsticht. Die anderen Farbkanäle ändern sich dabei nicht.

GRÜN steht zunächst bei 0 Prozent. Erhöhen Sie diesen Wert bei weiter aktiviertem ROT-Ausgabekanal, werden die Helligkeitswerte des Grünkanals in den Rotkanal geblendet. Daraus folgt: Wo der Grünkanal hell (also stark) ist, wird nun auch der Rotkanal stark und überstrahlt den Grünkanal. Der Grünkanal selbst ändert sich nicht, er kommt aber im Gesamtbild weniger zur Geltung.

»Kanalmixer« Kapitel 7

Abbildung 7.51:
Der Kanalmixer reguliert die Anteile der einzelnen Grundfarben am Gesamtbild. Datei: Kanalmixer

Per KONSTANTE legen Sie die Gesamthelligkeit neu fest. Sie kann sich deutlich ändern, wenn Sie einen Einzelkanal bearbeitet haben. Behalten Sie bei der Arbeit mit dem Kanalmixer die Kanälepalette mit den Miniaturen der Einzelkanäle im Auge. Wenn Sie die Veränderung der Einzelkanäle beobachten, erfassen Sie schneller die Funktion des Kanalmixers.

Interessante Voreinstellungen für den Kanalmixer finden Sie auf der Photoshop-CD und dort im Ordner »Zugaben/Kanalmixer-Voreinstellungen«. Klicken Sie im Kanalmixer auf die Schaltfläche LADEN.

Negative Werte

Ein negativer Wert kehrt den Quellkanal um, bevor Photoshop ihn mit dem Ausgabekanal verrechnet. Zum Beispiel: Sie ziehen den Grünregler auf -20; nun wird der immer noch aktivierte Rotkanal dort dunkler, wo der Grünkanal heller ist. Im Bild setzt sich Grünes zugunsten rötlicher Partien stärker durch.

Abbildung 7.52:
Die Kanalmixer-Beispiele entstanden mit den Vorgaben aus dem Verzeichnis »Zugaben/Kanalmixer-Voreinstellungen« von der Photoshop-CD und anschließender Tonwertkorrektur. Datei: Kanalmixer

»Monochrom«

Zu Graustufen nach Maß verhilft die Option MONOCHROM. Sie fasst alle Kanalinformationen zu einem Graustufenergebnis zusammen. Sofern Sie ein RGB-Bild bearbeiten, beginnt das Dialogfeld mit 100 Prozent für Rot und je Null Prozent für Blau und Grün. Das ist so, als ob Sie ein Graustufenbild lediglich aus dem Rotkanal erzeugen. Mischen Sie also nach Bedarf. Um Blaues hell hervorzuheben, liften Sie den Blaugehalt; Gesichter leuchten auf bei angehobenem Rotwert.

Freilich haben Sie bei diesem Dialogfeld nicht die Möglichkeit, nützliche Überblendverfahren wie MULTIPLIZIEREN anzuwenden. Dies bieten nur die **Kanalberechnungen** aus dem **Bild**-Menü. Diesen und weitere Wege zu hochwertigen Graustufenbildern finden Sie im GRAUSTUFEN-Abschnitt ab Seite 200.

Nach Anwendung des Kanalmixers mit MONOCHROM-Vorgabe haben Sie immer noch ein Bild im Farbmodus vor sich. Konvertieren Sie es, wenn Sie keine Farbe mehr einsetzen wollen, in den speichersparenden GRAUSTUFEN-Modus (Bild: Modus: Graustufen).

Getönte Bilder

Schalten Sie die Option MONOCHROM ein und wieder aus, können Sie getönte Bilder erzeugen. Das Vorgehen:

1. Sie erzeugen mit der MONOCHROM-Option zunächst den Graustufeneffekt, so dass alle Werte in einen Kanal geschrieben werden.

2. Heben Sie MONOCHROM wieder auf. Nun haben Sie immer noch ein einfarbiges Bild vor sich; aber Photoshop wertet jetzt wieder einzelne Farbkanäle aus.

Sie beginnen nun mit 100 Prozent ROT im Rotkanal, während die anderen Kanäle keine Anteile erhalten. Durch Arbeit in den verschiedenen Einzelkanälen erzeugen Sie reizvolle mehrfarbige Tonungen.

Vorsicht beim Experimentieren: Wenn Sie die Option MONOCHROM ein- und wieder ausschalten, haben Sie das Bild bereits verändert (siehe unten). Drücken Sie die Alt *-Taste und klicken Sie dann auf ZURÜCK, sofern Sie wieder vom ursprünglichen Bild ausgehen möchten.*

7.7 Weitere Korrekturfunktionen

Nicht immer führt die Kontrastkorrektur zum gewünschten Ergebnis: Schwarz- und Weißpunkte sitzen, doch ein Gelbstich verbleibt zum Beispiel. Traditionell bearbeitet man hier die Gradationskurven einzelner CMYK-Druckfarben: So würden Sie etwa einen Gelbauszug dämpfen oder die Gegenfarbe anheben. Photoshop bietet jedoch auch bequemere, spezialisierte Werkzeuge, mit denen Sie Bilder vom Farbstich befreien oder komplett umfärben. Auch für die folgenden Befehle brauchen Sie die Farbmodi CMYK, RGB oder Lab, während sich bei Indizierten Farben, Graustufen oder Bitmap nichts tut.

Weitere Korrekturfunktionen   Kapitel 7

7.7.1 »Variationen«

Besonders leicht regeln Sie die Bildwirkung mit dem Befehl **Bild: Einstellungen: Variationen**. Dieser Befehl versagt im Modus LAB.

Die Änderungen beziehen sich nach Wahl nur auf TIEFEN, MITTELTÖNE, LICHTER oder SÄTTIGUNG. Meist macht es Sinn, zuerst die wichtigen MITTELTÖNE zu korrigieren, dann an die LICHTER und TIEFEN zu gehen und danach die Mitteltöne abermals zu überprüfen. Wie stark die Unterschiede zwischen der ursprünglichen Version und den Korrekturvorschlägen ausfallen, das stellen Sie per Mausbewegung mit dem FEIN...GROB-Regler ein; jeder Strich auf der Skala verdoppelt die Größe eines Schritts.

Wollen Sie in Ihrem Bild MEHR GRÜN, dann klicken Sie auf das Bildchen mit der entsprechenden Unterschrift. Das korrigierte Bild erscheint jetzt auch in der Mitte und oben links als AKTUELLE WAHL im Vergleich zum ORIGINAL. Reicht Ihnen der Effekt noch nicht, klicken Sie erneut auf MEHR GRÜN. Wollen Sie weniger Grün, klicken Sie auf das Farbfeld gegenüber, in diesem Fall MEHR MAGENTA. Sie entfernen wie immer eine Farbe durch Hinzufügen der Gegenfarbe. Durch entsprechende Klicks auf die Bildchen rechts wird Ihr Foto auch HELLER oder DUNKLER. Nach jeder Korrektur ändern sich alle Vorschaubilder.

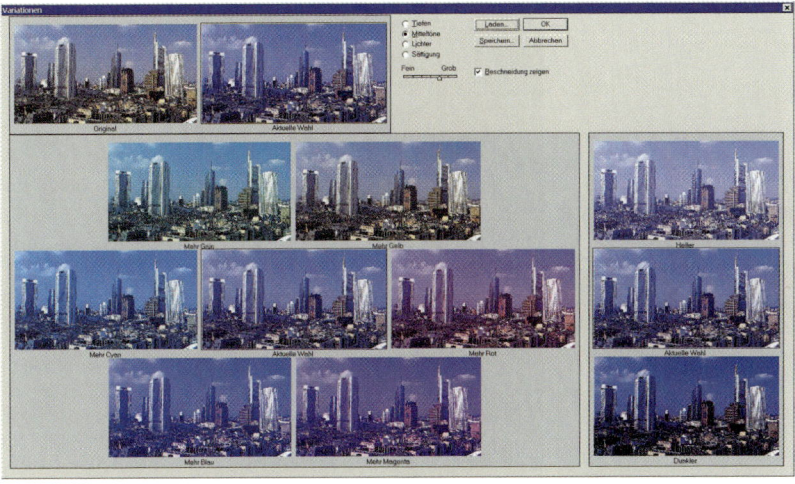

Abbildung 7.53:
Variatio delectat: Der Variationen-Dialog zeigt verschiedene Varianten einer Korrektur von Farbton, Sättigung und Helligkeit. Alarmfarben kennzeichnen hier die »Beschneidung« – Bildbereiche, in denen Differenzierung verloren geht.

In der Mitte sehen Sie als AKTUELLE WAHL immer die Bildfassung, die Sie durch Anklicken zuletzt auserkoren haben. Das Bildpärchen ganz oben zeigt Ihr ursprüngliches ORIGINAL und nebenan die AKTUELLE WAHL. Wenn Sie alles verwerfen und zurück zum Ursprung wollen, dann klicken Sie auf das ORIGINAL. Oder Sie drücken wie üblich die `Alt`-Taste, um aus dem Schalter ABBRECHEN eine ZURÜCK-Fläche zu machen. Bestätigen Sie jedoch ruhig mit OK und betrachten Sie das Ergebnis am bildschirmgroßen Original. Mit `Strg`+`Z` schalten Sie hin und her zwischen Vorher und Nachher. Haben Sie ähnliche Bilder, die Sie mit den gleichen Einstellungen korrigieren wollen, nutzen Sie die Möglichkeiten für SPEICHERN und LADEN einer gelungenen Korrektur.

Kapitel 7   Kontrast & Farbton

Die Korrektur per VARIATIONEN ist allerdings eher grob: Die Bildchen erscheinen nur klein, eine Detailansicht in der 100-Prozent-Zoomstufe gibt es gar nicht und dass man auf Befehle wie HELLER oder DUNKLER zugunsten des Gammareglers in der TONWERTKORREKTUR lieber verzichtet, das haben Sie schon weiter oben gelesen. Verwenden Sie das Dialogfeld nur für Proben, für kleinere Dateien und für Bilder, die bereits halbwegs stimmen. Gleichwohl wünscht man sich übersichtliche Tableaus nach Art der »Variationen« auch für unterschiedliche Scharfzeichnungen, 8-Bit-Versionen oder Tonwertkorrekturen.

»Beschneidung«

Auf Wunsch wird Photoshop die BESCHNEIDUNG ZEIGEN. Beschneidung meint, dass durch die Kontrastkorrektur bestimmte unterschiedliche Tonwerte auf einen identischen Extremwert gehoben werden, so dass Helligkeitsunterschiede entfernt werden. So geht beispielsweise die Differenzierung zwischen den sehr dunklen Tonwerten 0 und 15 verloren, weil Sie alle Tonwerte unterhalb 16 gleich auf tiefstes Schwarz, also Null, absenken. Diesen »beschnittenen« Bereich stellt Photoshop in Alarmfarben dar. Folglich entsteht Beschneidung nur bei Bearbeitung der LICHTER und TIEFEN, nicht bei den MITTELTÖNEN.

7.7.2   »Farbbalance«

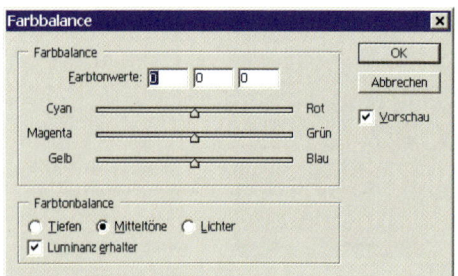
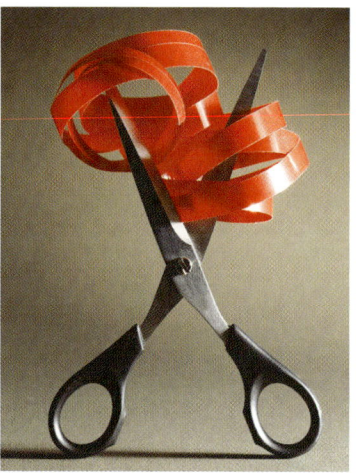

Abbildung 7.54:
Links: Der Befehl »Farbbalance« korrigiert Farbstiche oder ändert die Bildwirkung. Rechts: Mit dieser Vorlage testen wir die Funktion.
Datei: Farbbalance

Der Regler **Farbbalance** ([Strg]+[B], für Balance) korrigiert Farbstiche, indem er unerwünscht dominante Töne kappt, die für einen Farbstich verantwortlich sind, und entsprechend die auf dem Farbkreis gegenüberliegende Farbe aufwertet. Dabei wirkt er jeweils nur auf TIEFEN, MITTELTÖNE oder LICHTER – entfernen Sie zum Beispiel gezielt Blaustiche aus den Schatten. Sie sollten die LUMINANZ ERHALTEN, um nur die Farben, nicht aber auch die Helligkeitswerte anzugreifen; diese Option erhält die Tonwertbalance im Bild – und lässt sich damit besser kontrollieren als das Verändern einzelner Farbkanäle per **Gradationskurven**. Dabei muss der Gesamtkanal aktiv sein.

Weitere Korrekturfunktionen   Kapitel 7

Aber nicht nur Farbstiche, auch den Charakter eines Bildes bearbeiten Sie durch behutsames Schieben an den Reglern. So wirkt ein Motiv wärmer, wenn Sie das Farbgewicht nach Rot und Gelb verlagern, Cyan- und Blau-Schwerpunkte führen zu kaltem Look. Beurteilen lässt sich die Wirkung dieses Reglers sinnvoll nur auf einem kalibrierten System, besser noch auf einem Probedruck unter Auflagenbedingungen.

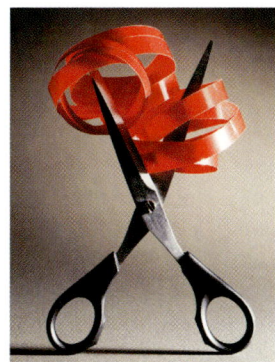

Abbildung 7.55:
Links: Nur die »Lichter« werden um 40 Einheiten von Gelb weg in Richtung Blau bewegt. Mitte: Wir verschieben nur die »Mitteltöne« um 40 Prozent von Gelb weg in Richtung Blau. Rechts: Nur die Tiefen verändern sich um 40 Prozent von Gelb in Richtung Blau. In allen Fällen verwenden wir die Option »Luminanz erhalten«. Vorlage: Farbbalance

Die Daten im Feld FARBTONWERTE zeigen die Farbänderungen für die Rot-, Grün- und Blaukanäle an, bei Lab-Bildern stehen die Werte für die zwei Farbkanäle a und b. So nutzen Sie die Regler:

- Wenn Sie den ersten Schieber auf ROT zubewegen, entfernen Sie ihn gleichzeitig von der Gegenfarbe CYAN (Blaugrün).
- Verlagern Sie in der mittleren Reihe das Gewicht in Richtung GRÜN, entfernen Sie gleichzeitig MAGENTA (Purpur) aus dem Foto.
- Steuern Sie verstärkt auf BLAU zu, entfernen Sie automatisch GELB, das Gegenüber auf dem Farbkreis.

7.7.3   »Selektive Farbkorrektur«

Noch genauer als mit der FARBBALANCE steuern Sie Tonwerte mit dem Befehl **Bild: Einstellungen: Selektive Farbkorrektur**. Hier sind nur feine Änderungen möglich. Sie greifen unmittelbar auf einen Druckfarbenanteil zu und verändern den Anteil der CMYK-Farben in jeder additiven und subtraktiven Grundfarbe. So meldet etwa die Infopalette, dass Sie in einer Gelbfläche etwas zuviel Cyan haben. Wählen Sie im Einblendmenü FARBEN die Gelbtöne und ziehen Sie den CYAN-Regler nach links auf einen negativen Wert. Dabei muss der Gesamtkanal aktiv sein. Der Befehl eignet sich für CMYK- und RGB-Dateien, nicht aber für Lab.

  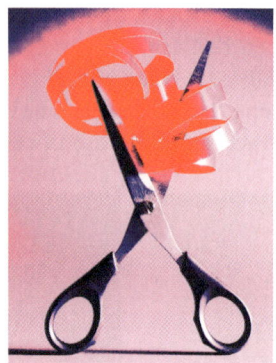

Abbildung 7.56:
Links: 30 Prozent mehr Rot in den Lichtern zu Lasten von Cyan lässt die Beleuchtung wärmer wirken. Mitte: 40 Prozent Zugabe bei den Blau-Lichtern und 60 Prozent in Richtung Cyan ebenfalls bei den Lichtern sorgen für einen sehr kalten Gesamteindruck. Rechts: Durchgängig Extremwerte für »Tiefen« und »Lichter« bei den drei Farbtonwert-Reglern, damit entsteht eine plakative Grafik. Vorlage: Farbbalance

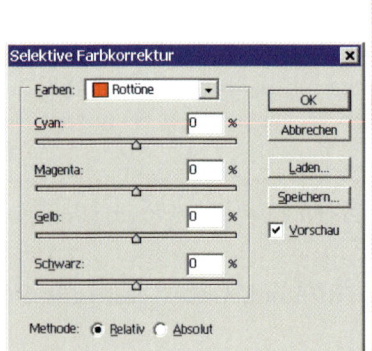 

Abbildung 7.57:
Links: Mit dem Befehl »Bild: Einstellungen: Selektive Farbkorrektur« verändern Sie die Farbanteile in den Druckfarben. Rechts: Mit dieser Vorlage testen wir die Funktion.
Datei: Farbkorrektur

Besonderheiten

Da dieses Dialogfeld nicht nach Höhen, Mitten und Tiefen unterscheidet, sondern die Grundfarbe insgesamt korrigiert, ist es mitunter bequemer als die **Farbbalance** (siehe oben). Auch Zugriff auf WEISS, neutrale GRAUTÖNE und SCHWARZ bietet nur dieses Dialogfeld, so dass es sich als Alternative zu den Weiß-, Schwarz- und Neutralpipetten der Befehle **Tonwertkorrektur** und **Gradationskurven** anbietet (siehe Abbildung 7.58).

»Absolut« und »Relativ«

Der Modus ABSOLUT verändert die Farben mit absoluten Werten: Heben Sie ein 40-prozentiges Cyan um zehn Prozent an, steigt der Anteil auf insgesamt 44 Prozent. RELATIV berücksichtigt die bereits vorhandenen Werte: Die zehnprozentige Anhebung eines 40-prozentigen Cyan-Tons liftet diesen auf 42 Prozent.

Weitere Korrekturfunktionen Kapitel 7

Abbildung 7.58:
Links: Wir steigern den Schwarzanteil in den Rottönen. Mitte: Wir heben Cyan in den Neutraltönen an. Rechts: Wir nehmen Magenta aus den Weißtönen heraus. Vorlage: Farbkorrektur

7.7.4 Kontrastkorrektur spezial

Nicht nur **Gradationskurven**, **Tonwertkorrektur** und andere Verfahren aus dem Untermenü **Bild: Einstellungen** verbessern die Kontraste. Frischen Sie Ihre Vorlagen auch einmal durch geschickte Anwendung der Füllmethoden auf (Seite 728). Das Verfahren im Überblick: Sie duplizieren die »Hintergrund«-Ebene, verwenden eine Füllmethode, pegeln die Deckkraft ein und bearbeiten eventuell die Ebenenmaske.

Abbildung 7.59:
Links: Die Vorlage wirkt blass. Mitte: Über die »Hintergrund«-Ebene« legen wir ein Duplikat im Modus »Multiplizieren«. Rechts: Wir senken die Deckkraft der duplizierten Ebene auf 60 Prozent. Vorlage: Britta, Ergebnis: Britta_2

Das Vorgehen

Zunächst legen Sie eine neue Ebene an. Für unsere Aufgabe bietet Photoshop zwei Möglichkeiten.

- Ziehen Sie die vorhandene »Hintergrund«-Ebene in der Ebenenpalette auf das Symbol NEUE EBENE . Dabei entsteht die neue Ebene »Hintergrund Kopie«. Sie können die neue Ebene später zum Beispiel weichzeichnen.

- Legen Sie mit dem Symbol NEUE EINSTELLUNGSEBENE ODER FÜLLEBENE in der Ebenenpalette eine beliebige neue Einstellungsebene an (Seite 778), zum Beispiel TONWERTKORREKTUR. Lassen Sie alle Einstellungen unverändert, so dass die Bilddarstellung gleich bleibt. Dieses Verfahren spart Speicherplatz, da Sie keine Bildpunkte verdoppeln.

Kapitel 7 Kontrast & Farbton

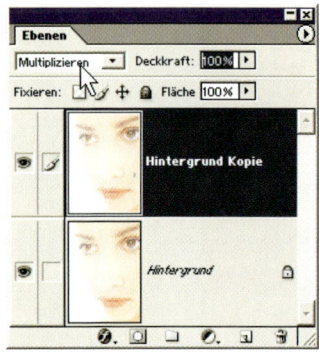 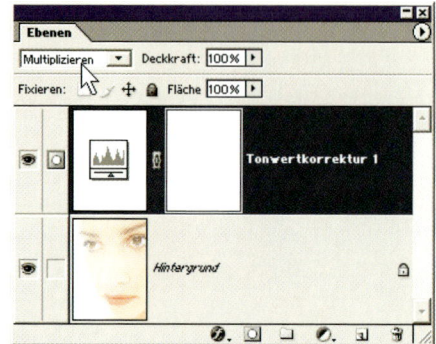

Abbildung 7.60:
Links: Für die Kontrastkorrektur erzeugen wir eine Kopie der »Hintergrund«-Ebene und ändern die Füllmethode; dieses Verfahren erlaubt mehr Korrekturen, kostet aber mehr Speicherplatz. Rechts: Statt der duplizierten »Hintergrund«-Ebene legen wir bei dieser Variante nur eine neutrale Einstellungsebene mit einer Füllmethode fest. Das Bildergebnis gleicht zunächst dem anderen Verfahren; Sie sparen hier Speicherplatz, haben jedoch weniger Bearbeitungsmöglichkeiten.

Noch sieht Ihr Motiv unverändert aus. Doch nun richten Sie für die obere Ebene eine neue Füllmethode ein.

Geeignete Füllmethoden

Je nach Aussehen Ihres Scans wenden Sie in der Ebenenpalette eins der folgenden Verfahren an:

- NEGATIV MULTIPLIZIEREN hellt zu dunkle Scans deutlich auf und eignet sich nicht zuletzt für unterbelichtete Gegenlicht-Portraits.
- MULTIPLIZIEREN dunkelt überbelichtete und zu helle Scans ab.
- WEICHES LICHT frischt flaue Scans behutsam auf. HARTES LICHT frischt flaue Scans stark auf und sorgt für Glanzlichter. Probieren Sie INEINANDERKOPIEREN, sofern die Ebenen nicht mehr identisch sind, und für deutliche Verfremdung STRAHLENDES LICHT.

Abbildung 7.61:
Links: Die Methode »Hartes Licht« hebt die Kontraste an. Mitte: »Farbig nachbelichten« sorgt für dunklere, farbsattere Bildpunkte. Rechts: Die Methode »Strahlendes Licht« steigert den Kontrast drastisch. Vorlage: Britta; Datei: Britta_3

Weitere Korrekturfunktionen　　　Kapitel 7

Verfeinerung

Die Überblendung wirkt häufig zu stark. So korrigieren Sie die Wirkung nach Maß:

Abbildung 7.62:
Links: Bei Gegenlicht belichtete die Kamera das Gesicht zu knapp, es ist zu dunkel. Mitte, rechts: Der Modus »Negativ multiplizieren« hellt das Bild deutlich auf. Vorlage: Gegenlicht

Abbildung 7.63:
Links: Um den Hintergrund auf die ursprüngliche Helligkeit zurückzusetzen, verbergen wir diesen Bereich mit einer Ebenenmaske. Mitte, rechts: Die Helligkeit des Hintergrunds soll einen Mittelwert zwischen ursprünglichem und voll korrigiertem Hintergrund zeigen; darum heben wir die Schwarztöne in der Ebenenmaske mit dem Befehl »Helligkeit/Kontrast« auf mittleres Grau an. Ergebnis: Gegenlicht_2

➤ Reduzieren Sie die Deckkraft der oberen Ebene. Das geht besonders schnell mit den Zifferntasten.

Kapitel 7   Kontrast & Farbton

→ Bereiche der unteren Ebene, die weniger oder keine Korrektur benötigen, verbergen Sie durch eine Ebenenmaske für die obere Ebene. Graustufen oder weiche Übergängen in der Ebenenmaske sorgen für stufenlose Korrekturen.

→ Testen Sie Helligkeits- und Kontraständerungen auf beiden Ebenen.

Reicht die Korrekturwirkung noch nicht, duplizieren Sie obere Ebene mit dem bereits gewählten Überblendverfahren erneut.

7.8 Grobe Korrekturen

Photoshop bietet im **Bild**-Untermenü **Einstellungen** einige Korrekturen an Farbton und Kontrast, die eher grob wirken. Wenn Sie hier überhaupt ein Dialogfeld erhalten, dann ein kleines – dafür mit großer Wirkung.

7.8.1 »Umkehren«

Der Befehl **Umkehren** ([Strg]+[I], für Invert) erzeugt ein Negativ aller Tonwerte, sowohl von Farb- wie von Graustufenbildern. Die Auswahlwirkung eines Alphakanals oder einer Ebenenmaske lässt sich damit umdrehen. Prüfen Sie nach stark verfremdenden, künstlerischen Filtern per [Strg]+[I], ob nicht das Negativ besser aussieht. Auch im Anschluss an den **Schwellenwert**-Befehl passt das Umkehren. Testen Sie zudem die Wirkung diffuser Hintergründe und Verläufe nach dem **Umkehren**. Negativ-Farbfilm lässt sich wegen der Orange-Maskierung nicht einfach durch das **Umkehren** in korrekte Positive umsetzen; beachten Sie am besten schon beim Scannen die korrekten Scanner-Vorgaben für Negativ-Farbfilm.

Möchten Sie nur die Farben, nicht aber die Helligkeitswerte umkehren, dann verwandeln Sie das Bild in den **Modus: Lab-Farbe**. Aktivieren Sie mit gedrückter [⇧]-Taste in der Kanälepalette die Kanäle a und b und fügen Sie durch Klick in die Augenleiste den L-Kanal zur Gesamtansicht hinzu, ohne dass er verändert wird. Jetzt kehren Sie die Kanäle a und b um; sie enthalten nur Farbinformationen, während die Helligkeitswerte im L-Kanal unberührt bleiben – die Struktur des Werks ändert sich dadurch weniger.

Abbildung 7.64:
Mitte: Der Befehl »Bild: Einstellungen: Umkehren« erstellt ein Negativ von Farbdateien. Rechts: Hier haben wir nur die Farbkanäle a und b einer Lab-Datei bearbeitet, die Helligkeitswerte des L-Kanals blieben unverändert. Vorlage: Blumen

7.8.2 »Schwellenwert«

Der **Schwellenwert**-Befehl verwandelt alle Bildpunkte entweder in Schwarz oder in Weiß und erzeugt so eine grobe, sehr plakative Strichgrafik.

Anwendung

Im Dialogfeld unter dem Histogramm legen Sie fest, ab welchem Helligkeitswert die Pixel nicht mehr schwarz, sondern weiß kommen sollen:

- Wählen Sie einen niedrigen Schwellenwert, etwa den dunklen Tonwert 90, dann werden sehr viele Bildpunkte weiß, nämlich alle von 91 bis 255. Sie erhalten eine lichte Grafik.
- Siedeln Sie den Schwellenwert erst bei helleren 170 an, verwandelt Photoshop viel mehr Pixel in Schwarz – nämlich alle mit den Tonwerten 0 bis 170; damit entsteht eine viel dunklere Schwarzweißgrafik.

 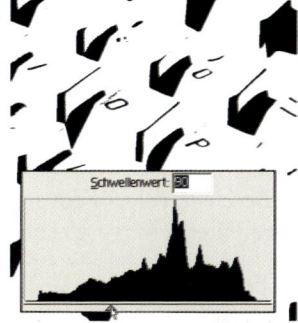 

Abbildung 7.65:
Links: Der Schwellenwertbefehl reduziert Halbtonfotos auf reine Schwarz- und Weißtöne. Mitte: Ein niedriger Schwellenwert von 90 setzt nur die dunkelsten Pixel unterhalb des Tonwerts 90 auf Schwarz und führt zu einem hellen Ergebnis. Rechts: Ein hoher Schwellenwert von 170 erzeugt ein dunkleres Ergebnis, denn der größere Teil der Helligkeitswerte wird auf Schwarz gesetzt, hier der Bereich von von 0 bis 170.
Vorlage: Tasten

Einsatzzweck

Der **Schwellenwert**-Befehl eignet sich nicht nur für grafische Zwecke:

- Der **Schwellenwert**-Befehl verbannt auch Zwischentöne aus gescannten Grafiken oder Schriften oder macht weichgezeichnete Auswahlkanäle schnell wieder hart. Je höher Sie den Schwellenwert ansetzen, desto mehr schwarze Pixel zeigt der Auswahlkanal – je nach Schwellenwert erhalten Sie also größere oder kleinere Auswahlbereiche. Per **Weichzeichnen** glätten Sie die Ränder erneut behutsam.
- Der Schwellenwert kann nützlich sein, wenn Sie mit dem Zauberstab komplexe Figuren einfangen wollen; messen Sie dazu die Tonwertübergänge zwischen der gewünschten Figur und ihrem Umfeld, so dass Sie einen Schwellenwert setzen können, der die Figur tatsächlich vom Hintergrund absetzt. Alternative: ein beherzter Dreh am Kontrastregler.

Kapitel 7   Kontrast & Farbton

▸ Der Schwellenwert hilft bei der Fahndung nach typischen hellsten oder dunkelsten Bildpunkten und unterstützt Sie so bei der Tonwerterweiterung mit den Pipetten der **Tonwertkorrektur** oder **Gradationskurven**. Dazu reduzieren Sie das Bild auf viel Schwarz mit geringstem Weißbereich und setzen dort bei geöffnetem Dialogfeld und gedrückter ⟨Alt⟩- und ⟨⇧⟩-Taste einen Punkt mit dem Farbaufnehmer-Werkzeug ; einen weiteren Aufnahmepunkt setzen Sie, nachdem Sie das Bild auf eine große weiße Fläche mit geringstem Schwarzanteil reduziert haben, im verbleibenden schwarzen Bereich. Anschließend schließen Sie das Dialogfeld durch ABBRECHEN und prüfen die Tonwerte in der Informationen-Palette.

▸ Wollen Sie ein Bild vektorisieren, dann reduzieren Sie es mit dem Schwellenwert auf seine Konturen.

▸ Harte Werkzeugspitzen lassen sich aus Bildteilen ableiten, indem Sie mit dem Schwellenwert in Schwarz und Weiß verwandelt und dann in die Werkzeugspitzenpalette geladen werden.

▸ Denkbar ist auch, über den Schwellenwert-Befehl, neue, weichgespülte Konturen ohne weichen Übergang zu erzeugen, etwa für Schriftzüge: Wechseln Sie in den Auswahlkanal, der eine zu zackige Auswahl enthält. Wenden Sie den **Weichzeichnungsfilter: Gaußscher Weichzeichner** mit einem hohen Wert an, so dass sich die Konturen fast auflösen. Die weichgezeichnete Auswahlkante wird mit dem **Schwellenwert**-Befehl wieder hart; je nach Schwellenwert erhalten Sie eine größere oder eine engere Ausdehnung. Eine Alternative können die Befehle **Helle Bereiche vergrößern** und **Dunkle Bereiche vergrößern** aus dem **Filter**-Untermenü **Sonstige Filter** sein (vergleiche Seite 877).

Abbildung 7.66:
Ein Schriftzug wird mit einer weißen »Hintergrund«-Ebene verschmolzen und weichgezeichnet. Der »Schwellenwert«-Befehl stellt wieder Lettern mit harten Konturen her, je nach Reglerstellung mit breiten und dünnen schwarzen Bereichen. Weil keinerlei Glättung möglich ist, wirken die Kanten zu hart. Vorlage: Foto

Wenn Sie Schwarzweißgrafiken im CYMK-Farbraum ausgeben, gelten besondere Bedingungen. Achten Sie unter EIGENES CMYK *(siehe Seite 194) darauf, dass Schwarz nicht in erster Linie aus einer Mischung der Grundfarben Cyan, Magenta und Gelb entsteht; bauen Sie bei Strichgrafiken die Bildfarbe Schwarz in erster Linie durch die Druckfarbe Schwarz auf – zum Beispiel mit den Vorgaben* STARK *oder* MAXIMUM *für den* SCHWARZAUFBAU. *Eine Schwarz-auf-Weiß-Skizze, deren Schwarz eher aus Cyan-Magenta-Gelb als aus reinem Schwarz gemixt wird, sieht leicht unsauber aus.*

Grobe Korrekturen — Kapitel 7

Harte Kanten glätten

Formen Sie über Weichzeichnen und anschließenden **Schwellenwert** eine Kontur, wie oben beschrieben, dann erhalten Sie zunächst zu harte Kanten mit Treppeneffekt. Leichtes Weichzeichnen hilft kaum. Besser verwenden Sie statt des **Schwellenwert**-Befehls die **Gradationskurven** oder **Helligkeit/Kontrast** (siehe unten).

Elegant glätten Sie die harte Kante auch auf dem Umweg über einen Pfad, dabei kommt es zu einer leichten weiteren Glättung der Konturen. Details finden Sie im »Pfade«-Kapitel ab Seite 623, hier die Kurzbeschreibung:

1. Laden Sie eine Auswahl der Schrift, indem Sie bei gedrückter `Strg`-Taste auf die Miniatur der Textebene klicken.
2. Verwandeln Sie die Auswahl in einen Pfad mit einer kleinen bis mittleren Toleranz von etwa 2 oder 4.
3. Erzeugen Sie eine neue, weiß gefüllte Ebene.
4. Füllen Sie den Pfad auf dieser Ebene mit Kantenglättung (**Pfadfläche füllen** im Menü der Pfadpalette).

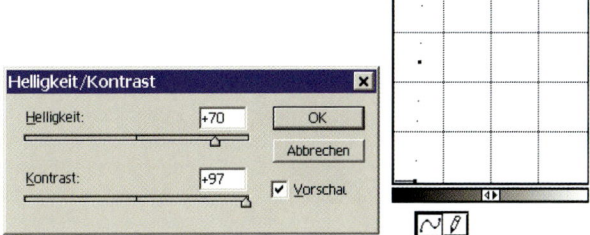

Abbildung 7.67:
Links: Als Schwellenwertregler lässt sich auch der Befehl »Helligkeit/Kontrast« einsetzen; der Helligkeitsregler definiert die Schwarzweißaufteilung, während Sie mit dem Kontrastregler die Kantenglättung einstellen, dabei bleiben einige Graustufen erhalten, die Konturen werden geglättet. Rechts: Auch eine steile Gradationskurve eignet sich als Alternative zum »Schwellenwert«.

Abbildung 7.68:
Je nach Vorgabe enthält das Ergebnis mehr Schwarz- oder Weißanteile.

Alternativen zum »Schwellenwert«-Befehl

Der **Schwellenwert** mit seinen knallharten Kanten ist nicht immer erste Wahl.

➥ Bearbeiten Sie etwa einen weichgezeichneten Schriftzug, bei dem eine feine, glatte Kante erhalten bleiben soll, eignet sich auch der Befehl **Bild: Einstellungen: Helligkeit/Kontrast**. Hier setzen Sie zunächst den KONTRAST-Regler auf einen sehr hohen Wert wie

+97. Mit dem Helligkeitsregler steuern Sie jetzt die Schwarzweißaufteilung, während Sie durch Nachjustieren des Kontrasts die Kantenglättung einstellen.

▶ Auch die **Gradationskurve** aus demselben Untermenü eignet sich. Dazu legen Sie zunächst im Bleistiftmodus den dunkleren Bereich komplett auf 0 (Schwarz), den angrenzenden helleren Bereich komplett auf 255 (Weiß). Sie erfassen ganze Diagrammstrecken mit der ⇧-Taste. Dann erzeugen Sie mit der Schaltfläche GLÄTTEN einen leichten Übergang, der die harten Konturen im Bild glättet. Wechseln Sie für weitere Einstellungen in den Kurvenmodus.

▶ Schöne Strichgrafiken entstehen überdies mit dem **Weichzeichnungsfilter: Selektiver Weichzeichner** (siehe Seite 844), wenn Sie die Option NUR KANTEN und einen niedrigen RADIUS verwenden. In diesen Fällen sollten Sie zunächst in den GRAUSTUFEN-Modus wechseln, sonst erhalten Sie ein plakatives Farbbild.

▶ Sie können die Datei auch in ein Vorschau-Fenster in ImageReady laden und in der Optimieren-Palette das GIF-Format und einen Wert von 2 Farben angeben. Sie erhalten dann eine Zwei-Farben-Grafik. Beide Farbtöne lassen sich mit der Farbtabelle ändern. Über den DITHER-Regler in der Optimieren-Palette kontrollieren Sie die Wirkung des Streurasters.

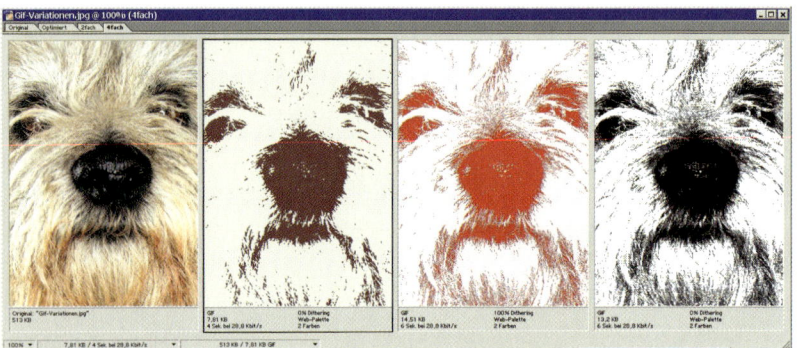

Abbildung 7.69:
Die Datei wurde hier in der GIF-Vorschau von ImageReady auf zwei Farbtöne reduziert. In der Farbtabelle experimentieren wir mit verschiedenen Tonwert-Paaren, in der Optimieren-Palette geben wir unterschiedliche Dithering-Verfahren zur Farbrasterung vor. Vorlage: Gif-Variationen

Linien herausarbeiten

Zunächst erzeugt der **Schwellenwert**-Befehl grobe schwarze und weiße Flächen. Sie können jedoch auch feine schwarze Konturlinien mit weißen Flächen herausarbeiten. Dazu fahnden Sie unter **Filter: Sonstige Filter** nach dem **Hochpass**. Dieser Filter arbeitet helle Stellen und Konturen heraus und betont die Umrisse. Als RADIUS geben Sie im Dialogfeld Werte zwischen 0 und 100 vor – je kleiner, um so dünner wird die Kontur. Häufig ist ein Wert von einem oder 1,5 Pixel optimal.

Dem **Hochpass** folgt der **Schwellenwert**. Vorher können Sie noch einen Weichzeichner einsetzen, der das Ergebnis glättet, aber auch Details tilgt. Denken Sie daran, dass Sie diese Sequenz aus drei Filtern und anschließender Konvertierung in den BITMAP- oder GRAUSTUFEN-Modus für häufigere Anwendung auf der Aktionenpalette speichern können.

Grobe Korrekturen   Kapitel 7

Weitere Bearbeitung

Eine Schwellenwert-Strichgrafik, die nicht mehr weiter bearbeitet wird, können Sie speichersparend mit dem **Bild**-Untermenü **Modus** in den **Bitmap**-Modus konvertieren (Seite 206). Im Dialogfeld BITMAP wählen Sie die Option SCHWELLENWERT 50%. Als Auflösung für die AUSGABE verwenden Sie den Wert, den Photoshop schon für das Original unter EINGABE nennt. Haben Sie jedoch eine Kantenglättung drin oder möchten noch weiter korrigieren, kommt auch der GRAUSTUFEN-Modus in Betracht.

Mit den GRADATIONSKURVEN (Seite 444) können Sie die schwarzen Linien auf Grau setzen; dazu muss sich das Bild im Graustufenmodus oder in einem Farbmodus befinden; mit dem Befehl **Farbton/Sättigung** (Seite 457) und der Option FÄRBEN können Sie die Grafik färben, wenn Sie in einem Farbmodus arbeiten; heben Sie die LAB-HELLIGKEIT an, weil rein schwarze Bildpunkte sich nicht färben lassen.

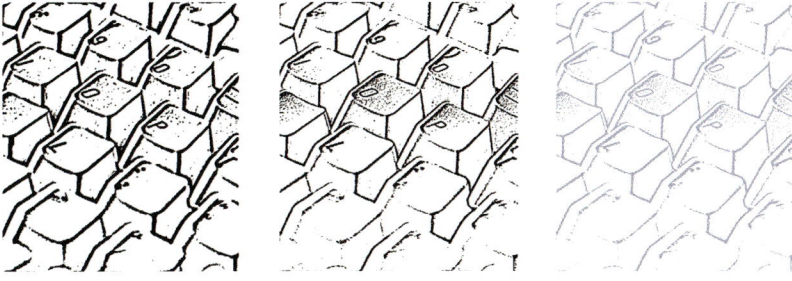

Abbildung 7.70:
Links: In Verbindung mit Weichzeichner und Hochpassfilter arbeitet der »Schwellenwert«-Befehl Konturen heraus. Mitte: Niedrige »Hochpass«-Werte wie 1,0 erzeugen besonders dünne Linien. Rechts: Um die Linien zu färben, verwenden Sie »Bild: Einstellungen: Farbton/Sättigung« mit der Option »Färben«; heben Sie die »Lab-Helligkeit« zum Beispiel auf +60 an, dann verwenden Sie den »Farbton«-Regler.
Vorlage: Tasten

7.8.3   »Tontrennung«

Der Befehl **Tontrennung** reduziert das Bild auf nur wenige Tonwertstufen. Das Ergebnis erinnert bei Farbbildern an poppige Plattencover aus den Siebzigern, bei Graustufenwerken an die aufwändige Isohelie-Technik in der traditionellen Dunkelkammer; der Effekt ist auch als »Posterisierung« oder »Posterization« bekannt.

Ohne die feinen Übergänge zwischen den vormals 256 Tonwertnuancen eines Farb- oder Graukanals wirkt das neue Werk mit seinen harten Sprüngen zwischen den einzelnen Dichteebereichen sehr plakativ und manchmal auch attraktiv, besonders, wenn Sie in das Datenfeld knappe Werte wie 4 oder 3 eintragen. Mit hohen Eingaben wie 60 ergibt sich oft nur ein visueller Schärfe- und Brillanzgewinn, während Sie mit 30 Stufen für ein Graustufenbild die Wirkung im Tageszeitungsdruck testen können. Weiterer Einsatzzweck: Tilgen Sie Schleier und Störpunkte, die sich beim Scannen von Logos und Grafiken ergeben haben. Photoshop erzeugt die Anzahl der eingetippten Tonwerte separat für jede Grundfarbe; tippen Sie also »3« für ein CMYK-Bild, erhalten Sie bis drei mal vier Farben. Wie meistens, können Sie die Werte im Datenfeld auch mit den Pfeil-Tasten verändern.

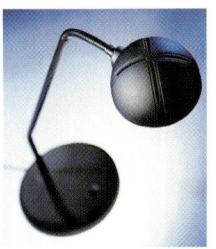  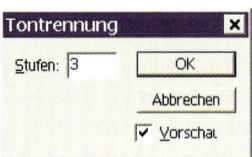

Abbildung 7.71:
Der Befehl »Bild: Einstellungen: Tontrennung« reduziert die Bilddatei hier auf drei Tonwertstufen pro Grundfarbe. Datei: Lampe

Variationen und Alternativen

Der Befehl **Tontrennung** lässt sich auf verschiedene Arten variieren oder ersetzen:

- Leichtes Weichzeichnen erzeugt ein flächigeres und glatteres Ergebnis, das nach der **Tontrennung** gleichwohl kaum durch unangenehme Unschärfe auffällt.

- Landen Tonwerte nach der Tontrennung auf einer falschen Stufe, sollten sie vorab per **Gradationskurven** gezielt korrigiert werden.

- Die Tontrennung ist nichts anderes als eine Gradationskurve in Treppenform. Mit dem **Bild**-Befehl **Einstellungen: Gradationskurven** (Seiten 444) malen Sie im Bleistiftmodus horizontale Treppenstufen in die Kurve; drücken Sie dabei die ⇧-Taste, um im Koordinatennetz nur noch Punkte zu setzen, die mit einer geraden Linie verbunden werden. So erhalten Sie eine Tontrennung mit maßgenauen Stufen. Mit der GLÄTTEN-Schaltfläche dämpfen Sie die harten Kanten zwischen den Tonwerten, dies erzeugt freilich Zwischentöne.

- Bringen Sie ein Farbbild zunächst in den **Modus: Graustufen**, wenn Sie eine Graustufen-Tontrennung wünschen.

- Sie können eine Tontrennung auch durch Konvertieren in den Modus INDIZIERTE FARBE erzeugen. Am übersichtlichsten legen Sie dazu in ImageReady eine Vierfach-Vorschau an und wählen in der Optimieren-Palette die Dateitypen GIF oder PNG-8 (die maximal 256 Farben erlauben). Nun legen Sie in der Optimieren-Palette die Zahl der Farben und die Art der Streurasterung fest; mit der Farbtabelle tauschen Sie einzelne Tonwerte aus.

Abbildung 7.72:
Links: Hier wurden 8 Stufen pro Grundfarbe gewählt. Mitte: Eine Graustufen-Tontrennung, hier bei 8 Stufen im Dialogfeld »Tontrennung«, entsteht nur auf Basis einer Datei im Graustufen-Modus. Rechts: Ein Weichzeichner vor Anwendung des Befehls »Tontrennung« mit 3 Stufen sorgte für glattere Konturen.

Graustufentreppe erzeugen

Mit der Tontrennung erzeugen Sie auch eine Graustufentreppe, um Drucker und Monitor zu testen:

a. Klicken Sie doppelt auf das Werkzeug LINEARER VERLAUF (Seite 499) und wählen Sie in den Optionen den Schwarzweißverlauf; schalten Sie DITHER ab.

b. Erstellen Sie mit [Strg]+[N] eine neue Datei; als MODUS wählen Sie GRAUSTUFEN, für BREITE und HÖHE reichen 600 x 200 Pixel.

c. Klicken Sie mit dem Verlaufswerkzeug ganz ans linke Ende des neuen Bildes und führen Sie es bei gedrückter Maustaste ans gegenüberliegende rechte Ende. Drücken Sie die [⇧]-Taste, um das Verlaufswerkzeug auf eine exakt horizontale Linie zu zwingen. Sobald Sie die Maustaste loslassen, füllt sich das Bild mit einem stufenlosen Verlauf von Schwarz nach Weiß.

d. Mit dem **Bild**-Befehl **Einstellungen: Tontrennung** und einem STUFEN-Wert von »11« verwandeln Sie den Verlauf in eine Treppe mit Tonwertsprüngen in 10-Prozent-Schritten.

Abbildung 7.73:
Dieser Verlauf wird mit dem Befehl »Tontrennung« zur Grautreppe mit 10-Prozent-Stufen.
Dateien:
Verlauf_Vorlage,
Verlauf_Ergebnis

8 Füllen, Malen, Retuschieren

Abbildung 8.1:
Pinsel und Werkzeugspitzen eignen sich auch für scheinbar handgemalte Bildränder. Tragen Sie weißen Rand zum Beispiel in einer neuen, leeren Bildebene auf. Alternativen: Füllen Sie das Bild mit Weiß und malen Sie im Bildinneren mit dem Protokollpinsel zurück zum vorherigen Zustand, malen Sie in eine Ebenenmaske oder tuschen Sie das Bild mit dem Kopierstempel in eine neue, weiße Datei.
Vorlage: Trio; Ergebnis: Trio_2

In diesem Kapitel besprechen wir, wie Sie Farbe auftragen. Sie können zum einen

- Mit dem Farbeimer, dem Verlaufswerkzeug und dem **Füllen**-Befehl ganze Bildbereiche einfärben oder aber
- mit Mausbewegungen einzelne Bildpunkte neu malen oder retuschieren.

Wollen Sie Farbe im Bild mit System auftragen, sollten Sie Folgendes kennen:

- die Pipette und die Farbwahl-Dialoge
- die Malwerkzeuge Pinsel und Buntstift
- Füllwerkzeug und Verlaufswerkzeug
- die Korrekturwerkzeuge Radiergummi, Reparaturpinsel, Ausbessern-Werkzeug, Kopierstempel, Musterstempel, Abwedler (Aufheller), Nachbelichter (Abdunkler), Schwamm (Sättigungswerkzeug), Weichzeichner, Scharfzeichner und Wischfinger
- die Werkzeugspitzenpalette

Kapitel 8   Füllen, Malen, Retuschieren

Beachten Sie auch, dass schneller Farbauftrag direkt auf der Hintergrundebene des Bildes keinesfalls immer die beste Lösung ist:

- Sie können die Farbe auf eine neue, transparente Ebene aufbringen und dann in Ruhe mit Deckkraft und Mischmodi experimentieren.
- Statt Muster, Farbe oder Verlauf dauerhaft anzuwenden, legen Sie diese Füllungen auf einer Ebene als Ebeneneffekt an, der sich jederzeit ändern oder abschalten lässt (Seite 740).
- Muster, Füllfarbe und Verlauf bietet Photoshop zudem als vielseitige Füllebene an (Seite 784).
- Um neue Figuren zu zeichnen, müssen Sie nicht freihändig arbeiten. Lassen Sie Malwerkzeuge an Pfaden entlang arbeiten (Seite 662) oder nutzen Sie die bequemen Formwerkzeuge (Seite 640).

8.1   Farbe und Muster wählen

Bevor Sie lospinseln oder -füllen, lernen Sie die Möglichkeiten der Farbwahl in Photoshop kennen. Viele Photoshopper hieven für jeden Wechsel der Vordergrundfarbe aufwändig den Farbwähler auf die Oberfläche. Es geht freilich einfacher.

8.1.1   Vordergrund- und Hintergrundfarbe

Gemalt wird mit der Vordergrundfarbe – der vorderen von zwei Farbflächen unten in der Werkzeugleiste. Sie steht zunächst auf Schwarz. Auch das Textwerkzeug T produziert Lettern in Vordergrundfarbe, ebenso wie die Befehle **Bearbeiten: Kontur füllen** und **Pfadkontur füllen** auf diesen Tonwert zugreifen.

Als Standardfarben gelten: Schwarz als Vordergrundfarbe, Weiß als Hintergrundfarbe. Schwarz und Weiß sind die meistbenötigten Farben, vor allem, wenn Sie Korrekturen in Alphakanälen oder Ebenenmasken anbringen wollen.

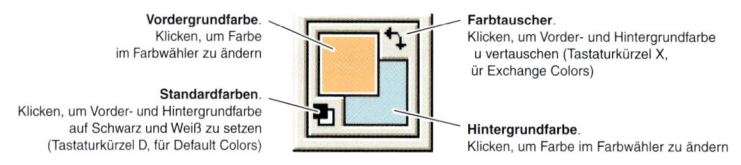

Abbildung 8.2:
Farbenwahl: Die Werkzeugleiste bietet Vorder- oder Hintergrundfarbe an.

Hintergrundfarbe

Die Hintergrundfarbe ist in der Werkzeugleiste als untere Farbe zunächst auf Weiß gestellt. Bei der Arbeit mit dem Verlaufswerkzeug können Sie diesen Tonwert einplanen. In Erscheinung tritt die Hintergrundfarbe zudem, wenn Sie auf Hintergrundebenen den Radiergummi verwenden oder einen markierten Bildteil mit der Entf -Taste löschen. Bauen Sie mit dem Befehl **Arbeitsfläche** oder mit dem Freistellwerkzeug Pixelbereiche an (siehe

484   Photoshop 7.0 Kompendium

Seite 181), so erscheint dieses Neuland in der Hintergrundfarbe, bei transparenten Ebenen allerdings transparent. Ein Pinselstrich kann von der Vordergrund- in die Hintergrundfarbe übergehen.

Kurztasten

Praktische Kurztasten und Schaltflächen verschaffen Zugriff auf die wichtigsten Farbwahl-Funktionen:

➡ Die Taste [X] (für Exchange) vertauscht Hintergrund- und Vordergrundfarbe. Alternative: ein Klick auf den Doppelpfeil.

➡ Die Taste [D] (für Default Colors) setzt die Vordergrundfarbe auf Schwarz und die Hintergrundfarbe auf Weiß – dies sind die so genannten Standardfarben. Alternative: ein Klick auf die Standardfarben-Schaltfläche.

Mit der Tastenfolge [DX] richten Sie folglich die Vordergrundfarbe Weiß ein.

Bei Alphakanälen und Ebenenmasken ist Weiß die Standard-Vordergrundfarbe, Schwarz die Standard-Hintergrundfarbe – dies gilt unabhängig davon, ob Sie ausgewählte Bereiche gemäß Photoshop-Vorgabe weiß zeigen oder schwarz.

8.1.2 Pipette

Mit der Pipette nehmen Sie eine neue Farbe direkt aus dem Bild auf (Kurztaste I, ausgesprochen engl. [Ai], für Eyedropper). Klicken Sie die Pipette in der Werkzeugleiste an und führen Sie das Instrument auf einen Bildpunkt, dessen Farbe Sie benötigen. Ein Klick lädt den Tonwert unterm Zeiger als Vordergrundfarbe. [Alt]-Klick lädt diesen Tonwert als Hintergrundfarbe. Die Infopalette zeigt die Farbwerte in zwei gewünschten Farbmodellen. Sind Sie mit dem Pinsel oder einem anderen Malwerkzeug beschäftigt, schaltet die [Alt]-Taste vorübergehend zur Pipette um.

In den Werkzeugoptionen regeln Sie, ob die Pipette nur den Farbwert eines einzelnen Bildpunkts messen soll oder ob der Aufnahmebereich 3x3 oder 5x5 Pixel beträgt; vor die gleiche Wahl stellt Sie auch das Kontextmenü. Im selben Fach der Werkzeugleiste wie die Pipette finden Sie auch das Farbaufnehmer-Werkzeug. Es dient zum reinen Ausmessen von Farbwerten und wird ab Seite 109 besprochen.

Sie können mit der Pipette in ein nicht aktives Bild klicken, ohne es dadurch zu aktivieren.

Kapitel 8   Füllen, Malen, Retuschieren

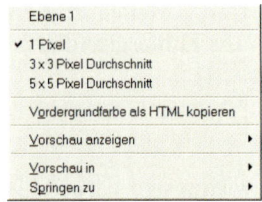 

Abbildung 8.3:
Hier sehen Sie das Kontextmenü und die Werkzeugoptionen zur Pipette in ImageReady. Das Kontextmenü erhalten Sie nach Rechtsklick in die Bilddatei bei aktivierter Pipette (am Mac mit Ctrl-Klick). Nur in ImageReady gibt es die Option »An Web-Farbe ausrichten« – damit werden nur noch Internet-sichere Farben erzeugt. Sie können überdies festlegen, dass die neugewählte Farbe aus einem Durchschnitt von 3x3 oder 5x5 Pixeln gebildet wird, und Sie können den aktuellen Farbwert als HTML-Code in die Zwischenablage kopieren.

Farben aus anderen Bildschirmbereichen

Die Pipette bei ImageReady – am Mac auch bei Photoshop – nimmt Bildtöne von außerhalb des Programms auf, zum Beispiel die Farbe aus einem Internet-Browser oder von der Betriebssystemoberfläche: Klicken Sie zunächst einen Farbton in ImageReady an; dann ziehen Sie das Werkzeug bei gedrückter Maustaste an eine beliebige andere Stelle auf dem Bildschirm.

Web-taugliche Farben festlegen

Die Pipette bei ImageReady lässt sich darauf festlegen, nur garantiert internet-taugliche Farben auszuwählen. Diese Tonwerte erscheinen ohne Verfremdung in jedem Internet-Browser. Dazu aktivieren Sie die Option AN WEB-FARBE AUSRICHTEN. Nun klicken Sie beliebige Bildpunkte an – als neue Vordergrundfarbe erhalten Sie immer eine web-kompatible Farbe. Sie finden außerdem den Befehl **Farbe als HTML kopieren** im Kontextmenü der Pipette bei Photoshop und ImageReady. Sie können den Farbwert dann per Strg+V (am Mac ⌘+V) in einem anderen Programm im HTML-Code einfügen. Details zur Farbwahl für Internet-Designer finden Sie ab Seite 405).

8.1.3 Photoshop-Farbwähler

Per Klick auf die Felder für Vorder- oder Hintergrundfarbe in der Werkzeugleiste öffnen Sie die Farbwähler. Sie sollten in den **Voreinstellungen** (Strg+K) die FARBAUSWAHL auf Photoshop festlegen; der Photoshop-Farbwähler wirkt oft vielseitiger als das ebenfalls angebotene Pendant Ihres Betriebssystems. (Generell ist die Palette für Farbregler und Farbfelder oft praktischer als der Farbwähler; siehe unten.) Die Farbwähler erscheinen in verschiedensten Dialogfeldern immer wieder: zum Beispiel, wenn Sie in den **Gradationskurven** den MITTELTON festlegen oder wenn Sie Lichtfarben bei **Beleuchtungseffekten** oder Effekten bestimmen.

Halten Sie bei geöffnetem Farbwähler den Mauszeiger über eine Bilddatei; durch Klick laden Sie den Tonwert unter dem Cursor in den Farbwähler und bearbeiten ihn dort bei Bedarf weiter.

Farbe und Muster wählen | Kapitel 8

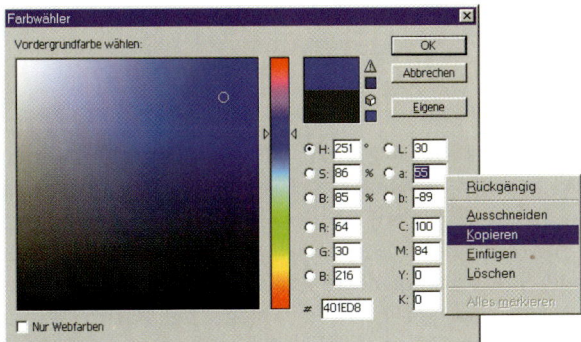

Abbildung 8.4:
So funktioniert der Farbwähler: Sie legen eine Farbeigenschaft auf der schmalen Mittelleiste fest, das große Farbfeld links daneben zeigt Variationen der zwei weiteren Eigenschaften. Hier wurde der Farbton (H) festgelegt, das große Farbfeld zeigt Varianten dieses Farbtons bei unterschiedlichen Werten für Helligkeit (B) und Sättigung (S). Das größere Farbpaar oben rechts zeigt die bisherige und die aktuell eingestellte Farbe. Das Warndreieck weist auf nicht druckbare Farben hin. Darunter erscheint die nächstgelegene druckbare Farbe, die sich mit einem Klick auf das Warndreieck als Vordergrundfarbe einrichten lässt. Der Würfel signalisiert, dass der aktuelle Tonwert nicht web-sicher ist, darunter sehen Sie die nächste web-sichere Farbe. Farbwerte ändern Sie durch Klicken in den Farbzonen oder durch Eingabe in den Datenfeldern.

Anwendung

CMYK-Werte lassen sich nur eintippen; RGB-, Lab und HSB-Werte richtet man dagegen auch per Schieber und Vorschau-Klick auf dem Farbfeld ein. Die Wahl folgt immer dem gleichen Schema:

1. Sie klicken eine Farbeigenschaft an, zum Beispiel »H« für Farbton oder »R« für Rottöne. Diese Eigenschaft erscheint auf der schmalen Mittelleiste.

2. Die große Farbfläche links zeigt Variationen der zwei anderen Farbeigenschaften bei festgelegter erster Eigenschaft.

Ein Beispiel:

1. Klicken Sie auf »H« (für Hue, Farbton), so zeigt die schmale Leiste das gesamte Farbtonspektrum; zwei Dreiecke markieren den aktuell gewählten Farbtonwert.

2. In der großen Farbfläche zeigt Photoshop Variationen dieses festliegenden Farbtons mit unterschiedlichen Werten für Sättigung (S) und Helligkeit (B, für Brightness). Sie können jeden Tonwert in der Farbfläche anklicken – er wird immer den gleichen Farbton haben, bietet aber in Helligkeit und Sättigung rund 65.000 Variationen.

Um einen anderen Farbton darzustellen, verschieben Sie den Regler auf der Mittelleiste oder tippen den Wert in das Datenfeld »H« ein. Möchten Sie verschiedene Farbtöne und Helligkeiten auf Basis einer festgelegten Sättigung sehen, klicken Sie den »S«-Knopf an. Entsprechend läuft es auch beim RGB-Modell. Klicken Sie »R« an, um verschiedene Tonwerte bei festgelegtem Rotanteil zu sichten. Verschieben Sie den Regler an der Leiste, um den Rotanteil zu ändern. Viele Anwender finden das Vorgehen nach dem HSB-Modell, das die Farbeigenschaften nach »Farbton«, »Sättigung« und »Helligkeit« differenziert, besonders übersichtlich; es wird ab Seite 459 erklärt.

Das Farbmusterfeld oben im Farbwähler zeigt die neue und die alte Farbe untereinander. Klicken Sie auf die Fläche der Vorher-Farbe, um diese wieder im Farbwähler herzustellen.

»Eigene«

Im Vierfarbdruck arbeiten Sie nicht nur mit den so genannten »Prozessfarben«, also den Standardtönen Cyan, Gelb, Magenta und Schwarz (CMYK). Sie verwenden eventuell auch Sonderfarben (Spotfarben, Volltonfarben, Schmuckfarben) der Druckfarbenhersteller – etwa um Logos in den speziellen Tönen Ihres Auftraggebers herauszubringen. In das Farbenangebot der Farbenhersteller wie Pantone oder HKS kommen Sie mit dem Farbwähler-Schaltknopf für EIGENE. Nützlich: Photoshop zeigt zuerst den Farbton, welcher der zuvor aktiven Farbe am meisten ähnelt. Adobe liefert unter anderem digitalisierte Farbkataloge von Pantone und HKS mit. Farbnummern nach Angaben des Herstellers können Sie einfach eintippen – auch wenn kein Eingabefeld zu sehen ist. Die Schaltfläche FARBWÄHLER bringt Sie wieder zum üblichen Farbwähler.

Sie können Schmuckfarben außer im DUPLEX-Modus auch zusätzlich zum üblichen CMYK-Schema einsetzen. Für zusätzliche Spotfarben neben den CMYK-Farben verwenden Sie so genannte Schmuckfarbenkanäle (ab Seite 605).

Die Farbtafeln der Druckfarbenhersteller können Sie gut in der Palette FARBFELDER *sichten, wenn Sie per Palettenmenü* **Kleine Miniaturen und Namen** *darstellen lassen (siehe unten).*

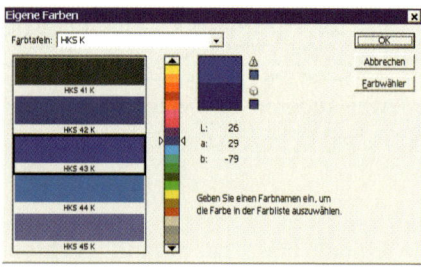 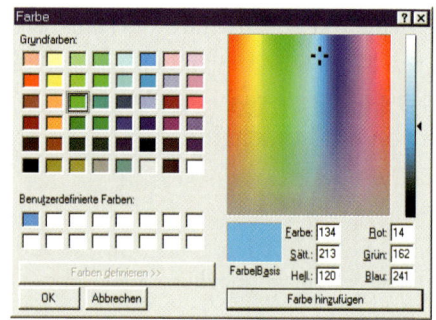

Abbildung 8.5:
Links: In den »eigenen Farben« wählen Sie Sonderfarben der Druckfarbenhersteller. Rechts: In den Voreinstellungen können Sie angeben, dass Photoshop den Standardfarbwähler Ihres Betriebssystems anzeigen soll, hier der Windows-Farbwähler.

»Nur Web-Farben«

Aktivieren Sie die Option NUR WEB-FARBEN unten im Farbwähler, damit Photoshop nur noch die 217 Tonwerte aus der Webpalette anbietet. Diese Farben erscheinen auch auf alten Rechnern und verschiedenen Betriebssystemen unverfälscht. Sie können den HTML-Code für diese Farben im Datenfeld rechts kopieren (Details ab Seite 419).

8.1.4 Warnungen bei Farbwähler und Farbregler

Farbwähler und Farbregler (siehe nächster Abschnitt) zeigen Warnungen, wenn die gewählte Farbe nicht im druckbaren Bereich oder nicht garantiert Internet-sicher ist:

Farbumfang-Warnung

Das Warndreieck ⚠ erscheint im Farbregler und im Farbwähler, wenn Sie eine nicht druckbare Farbe gewählt haben – die zwar im RGB- oder HSB-Modell vorkommt, aber im von Ihnen gewählten CMYK-Farbraum nicht druckbar ist; das passiert vor allem bei sehr satten Farben. Die nächstliegende druckbare Farbe präsentiert Photoshop unterhalb des Warndreiecks. Klicken Sie auf das Warnschild oder auf die Vorschau der nächstgelegenen druckbaren Farbe, setzt Photoshop automatisch diese Farbe ein. Die druckbaren Farben haben Sie in den **Farbeinstellungen** festgelegt (Seite 132). Weitere Informationen zu nicht druckbaren Farben erhalten Sie ab Seite 198. Photoshop zeigt kein Warndreieck, wenn Sie die Option NUR WEB-FARBEN eingeschaltet haben.

Web-Warnung

Klicken Sie eine Farbe ohne die Vorgabe NUR WEB-FARBEN an, dann zeigt der Farbwähler meist die würfelartige Web-Warnung ⬚ rechts oben; das heißt: Die aktuell gewählte Farbe ist nicht voll web-kompatibel. Darunter sehen Sie bereits die nächstgelegene web-kompatible Farbe. Klicken Sie den Würfel an – damit verschiebt sich der zuvor gewählte Tonwert auf den web-kompatiblen Wert.

Die Farbreglerpalette bei Photoshop präsentiert diese Web-Warnung nur, wenn Sie von einer Anzeige wie RGB-FARBE oder HSB-FARBE per Palettenmenü zum WEBFARBENREGLER wechseln (siehe unten). War die zuletzt gewählte Farbe nicht web-sicher, sehen Sie den Alarmwürfel. Bei ImageReady erhalten Sie die Warnung dagegen jederzeit, sofern Sie eine nicht Internet-taugliche Farbe gewählt haben.

8.1.5 Farbreglerpalette

So ähnlich wie der Farbwähler arbeitet auch die Palette FARBREGLER, die Sie mit dem **Fenster**-Menü oder mit `F6` aufrufen. Die Palette wirkt praktischer als der Farbwähler, weil sie auf weniger Fläche die wichtigen Informationen kompakt darstellt; sie bleibt permanent bei Ihnen und muss nicht erst durch Klicken hergerufen und geschlossen werden. Ohne Umschalten kann man Hintergrund- und Vordergrundfarbe frei einstellen.

Im Farbregler-Menü – erreichbar durch Klick auf das Dreieck ⊙ rechts oben – wählen Sie ein Farbmodell aus. Anschließend bestimmen Sie durch Verschieben der Regler oder durch Eingabe in die Datenfelder neue Farbwerte. Zwischen Vorder- und Hintergrundfarbe entscheiden Sie, indem Sie in eines der beiden Farbfelder für Vorder- bzw. Hintergrund rechts oben in der Palette klicken, so dass es durch eine Umrandung hervorgehoben wird. Brauchen Sie indes doch mehr Übersicht, erhalten Sie den großen Farbwähler, indem Sie auf das bereits aktivierte Farbfeld klicken. Der Farbregler bietet die gleichen Warnungen für nicht druckbare Farben ⚠ und für nicht web-sichere Farben ⬚ (siehe oben) wie der Farbwähler.

Kapitel 8   Füllen, Malen, Retuschieren

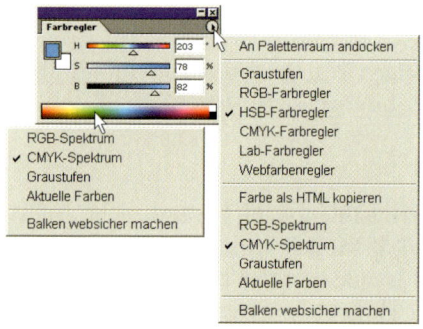

Abbildung 8.6:
Der Farbregler mischt Vorder- und Hintergrundfarben an; besonders schnelle Farbwahl ermöglicht der eingebaute Farbbalken, dessen Farbspektrum Sie per Kontextmenü wechseln.

Farbbalken

Ein Farbbalken unten in der Farbreglerpalette gewährt per Anklicken schnellen Zugriff auf eine ganze Bandbreite von Farbwerten. Welches Spektrum im Farbbalken erscheint, bestimmen Sie im unteren Teil des Farbregler-Menüs: Zur Wahl stehen **RGB-Spektrum, CMYK-Spektrum, Graustufen** oder **aktuelle Farben** – ein Übergang von der Vordergrund- zur Hintergrundfarbe. Überdies können Sie in Photoshop den **Balken websicher machen**; ImageReady ist eigen und nennt diese Option **Web-Kompatibilität für Farbe herstellen**. Es erscheinen dann jeweils nur noch Tonwerte im Balken, die sich im World Wide Web garantiert unverfälscht zeigen lassen.

Sie müssen jedoch nicht immer ins Palettenmenü wechseln, um den Farbbalken eines anderen Farbmodells zu erhalten – ein Klick bei gedrückter ⇧-Taste in den Farbbalken hinein reicht, um sofort zwischen einigen Farbschemata zu wechseln. Auch ein Kontextmenü öffnet sich nach Rechtsklick auf den Farbbalken. Per Alt-Klick ändern Sie die jeweils nicht aktivierte Farbe.

8.1.6 Die Farbfelderpalette

Die Farbfelderpalette speichert beliebige Tonwerte, die Sie öfter benötigen; einzelne Farben lassen sich hinzufügen oder entfernen. Die Grundfunktionen:

➡ Ein einfacher Klick auf ein Farbfeld lädt diesen Tonwert als Vordergrundfarbe.

➡ Alt-Klick erklärt den gewählten Tonwert zur Hintergrundfarbe.

Verwechseln Sie die Palette FARBFELDER nicht mit der Palette FARBTABELLE aus ImageReady. Diese FARBTABELLE, die nur bei 8-Bit-Bildern wichtig ist, besprechen wir im »Internet«-Kapitel.

Farben entfernen und ergänzen

Mit weiteren Griffen gestalten Sie Ihre eigene Palette:

➡ Wollen Sie eine neue Farbe zur bestehenden Palette hinzufügen, halten Sie den Mauszeiger über den freien Bereich in der Palette rechts unten; er erscheint dort als Farbeimer, der Tonwert wird an die Palette angehängt. Alternative: der Befehl **Neues Farbfeld** aus dem Palettenmenü.

Farbe und Muster wählen — Kapitel 8

➤ Wollen Sie eine vorhandene Farbe gegen die aktuelle Vordergrundfarbe austauschen, dann klicken Sie den überflüssigen Tonwert bei gedrückter ⇧-Taste an.

➤ ⇧- plus Alt-Taste heißt die Kombination, wenn eine Farbe mitten hineingesetzt werden soll, ohne dass deshalb vorhandene Tonwerte herausfliegen; die hinteren Felder rücken eins weiter.

➤ Per Strg-Taste verwandelt sich der Cursor über den Farbfeldern zur Schere; so schneiden Sie ein einzelnes Farbfeld ersatzlos aus dem Muster heraus, die anderen Felder rutschen um eine Position nach links.

Beim Beenden der Programme werden die aktuellen Paletten als Grundeinstellung gesichert. Das Kontextmenü über den Farbfeldern bietet die Befehle **Neues Farbfeld, Farbfeld löschen** und **Farbfeld umbenennen**.

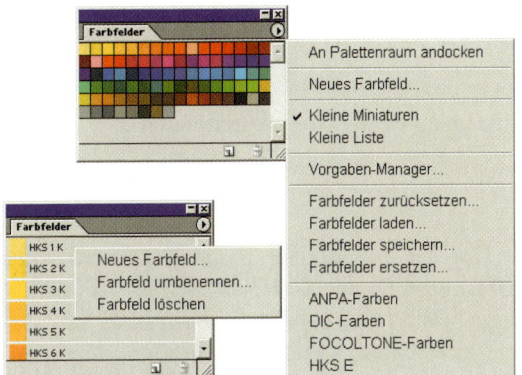

Abbildung 8.7:
Die Farbfelderpalette bietet schnellen Zugriff auf wichtige Tonwerte. Für jeden Auftrag lässt sich eine eigene Palette speichern. Über das Palettenmenü rufen Sie andere Farbzusammenstellungen auf, die im Photoshop-Verzeichnis »Vorgaben/Farbfelder« gesichert wurden – unter anderem auch Übersichten der Druckfarbenhersteller. Sie können die Farbfelder auch mit Namen darstellen. Das Kontextmenü bietet nützliche Befehle.

Farbfelder aufrufen und speichern

Nach einigen Experimenten wollen Sie vielleicht die Standardfarbfelder wieder herstellen – hierzu wählen Sie **Farbfelder zurückstellen** aus dem Untermenü der Farbfelderpalette; das erhalten Sie wie immer per Klick auf das Dreieck rechts oben. Dort haben Sie weitere Möglichkeiten:

➤ **Farbfelder speichern** verewigt die aktuelle Palette in einer Datei, die Sie auch weitergeben können. Verwenden Sie zum Beispiel Photoshops Unterverzeichnis »Vorgaben/Farbfelder«, das schon von Haus aus angelegt ist. Farbfelder, die Sie hier speichern, lassen sich auch bequem im Palettenmenü aufrufen – so wie die bereits mitgelieferten Paletten der Druckfarbenhersteller.

➤ **Farbfelder laden** ergänzt den Inhalt der aktuellen Farbfelderpalette durch eine Farbfelderpalette, die Sie zuvor auf Festplatte geschrieben haben.

➤ **Farbfelder ersetzen** ersetzt den Inhalt der aktuellen Farbfelderpalette durch eine Farbfelderpalette, die Sie zuvor auf Festplatte geschrieben haben.

➤ **Farbfelder zurückstellen** lädt wieder die Standardgruppe. Dabei können Sie die aktuellen Farbfelder ersetzen oder ergänzen.

8.1.7 Muster

Sie können einen Bildteil als »Muster« definieren und dann vielfach mit dem Farbeimer oder per **Füllen**-Befehl ausschütten (Seite 496) und mit dem Musterstempel stem-mus aufpinseln (Seite 525). Vielseitig lässt sich das Muster auch als Ebeneneffekt MUSTERÜBERLAGERUNG (Seite 759) oder als Füllebene skalier- und abschaltbar aufbringen und in der Musterbibliothek speichern. So lassen sich beispielsweise rauhe Flächen simulieren oder Logos und Schriftzüge vielfach einsetzen.

So nehmen Sie ein neues Muster in die aktuelle Bibliothek auf:

1. Schalten Sie das Auswahlrechteck ein und – wichtig – stellen Sie in den Optionen die WEICHE KANTE auf 0.

2. Rahmen Sie den gewünschten Bildteil mit dem Auswahlrechteck ein. (Sofern Sie die Gesamtdatei als Muster verwenden, reicht der Befehl **Auswahl: Alles auswählen** oder Strg+A.)

3. Wählen Sie **Bearbeiten: Muster festlegen** (in ImageReady **Muster definieren**).

4. Geben Sie dem Muster im Photoshop-Dialogfeld MUSTERNAME einen Namen.

Photoshop liefert einige reizvolle Dateien mit, die Sie als MUSTER *verwenden können. Testen Sie auf der Photoshop-CD das Unterverzeichnis »Zugaben/ Strukturen für Beleuchtungseffekte«. Im Photoshop-Programmverzeichnis eignen sich je nach Geschmack die Verzeichnisse »Zusatzmodule/Verschiebungsmatrizen« und »Vorgaben/Strukturen«. Besonders großflächige Bilder mit Strukturen liefert auf der Programm-CD das Verzeichnis »Zugaben/Hi Res RGB Textures«.*

Musterbibliothek

In der Musterbibliothek verwalten Sie Ihre Muster. Hier finden Sie auch Muster, die Photoshop von Haus aus mitbringt. Sie erreichen die aktuelle Sammlung unter anderem per **Bearbeiten: Vorgaben-Manager**, oben im Klappmenü VORGABE nennen Sie das MUSTER. Weitere Mustersammlungen laden Sie via Palettenmenü. Wie Sie generell mit »Vorgaben« und »Bibliotheken« umgehen, besprechen wir ab Seite 62. Details zur Erzeugung von nahtlos kombinierbaren Mustern zum Beispiel für den Hintergrund einer Internet-Seite finden Sie ab Seite 27 (siehe Abbildung 8.8).

PostScript-Muster

Schmücken Sie Ihre Werke mit den nahtlos kombinierbaren PostScript-Mustern aus dem Lieferumfang von Photoshop. So erhalten Sie die Muster:

1. Klicken Sie auf **Datei: Öffnen** (Strg+O).

2. Fahnden Sie nach dem Photoshop-Verzeichnis »Vorgaben/Muster/PostScript-Muster«.

Farbe und Muster wählen   Kapitel 8

Abbildung 8.8:
Haben Sie ein »Muster« definiert, erscheint es in der Musterbibliothek. Hier greifen wir mit dem Befehl »Bearbeiten: Fläche füllen« auf die Musterbibliothek zu. Aber auch Farbeimer oder Ebeneneffekte nutzen die gespeicherten Muster.

3. Klicken Sie zweimal auf das Muster Ihrer Wahl.

4. Jetzt erscheint der Dialog GENERISCHES EPS FORMAT WIRD GERASTERT. Die Muster liegen auflösungsunabhängig als Vektorgrafik vor – definiert über Kurven und Füllflächen, nicht über einzelne Bildpunkte. Darum nennen Sie für den Import in Photoshop zunächst Bildgröße, Auflösung und den Farbmodus, der zu der Zieldatei passt, und verbessern Sie das Ergebnis durch die Option GLÄTTEN. In der Regel sollte die Pixelzahl weit unter den Ausmessungen der Fläche liegen, die Sie mit dem Muster füllen wollen, so dass sich das Muster vielfach wiederholt. Probieren Sie zum Beispiel 64x64 oder 128x128 Pixel. Entscheiden Sie sich jedenfalls jetzt – eine spätere Größenänderung kann die Qualität beeinträchtigen.

5. Klicken Sie auf OK. Das Muster wird als eigene Bilddatei geöffnet.

6. Um die Wirkung besser zu beurteilen, stellen Sie Zielbild und Muster in der gleichen Zoom-Stufe dar, zum Beispiel 100 Prozent durch Doppelklick auf die Lupe 🔍.

7. Wenn die Muster-Datei aktiviert ist, wählen Sie **Alles Auswählen** (Strg+A) im **Auswahl**-Menü.

8. Im **Bearbeiten**-Menü sollten Sie jetzt ein **Muster festlegen**.

9. Wählen Sie in der Zieldatei den Bereich aus, den Sie mit dem PostScript-Muster füllen wollen.

10. Klicken Sie jetzt im **Bearbeiten**-Menü auf den Befehl **Fläche füllen** (⇧+←-Taste) mit der Option MUSTER und geben Sie das neu erstellte Muster im Klappmenü an. Natürlich können Sie auch mit dem Musterstempel 🖌 arbeiten.

Die PostScript-Muster werden zunächst mit durchsichtigen (transparenten) Bereichen erzeugt. Das heißt, dass der Bildhintergrund nach dem Füllen dort hindurchscheint. Sollen die transparenten Abschnitte indes weiß sein, verwenden Sie in der Musterdatei den Befehl **Ebene: Auf Hintergrundebene reduzieren.** *Beliebige Farben setzen Sie in die transparente Zone, wenn Sie unterhalb des Musters eine weitere Ebene einrichten und diese mit dem Befehl* **Fläche füllen** *(⇧+←-Taste) einfärben.*

Abbildung 8.9:
Die nahtlosen PostScript-Muster aus Photoshop können Sie in verschiedenen Größen laden.

8.2 Flächen und Konturen füllen

Nicht immer müssen Sie zum Pinsel greifen, um einen Bildbereich mit Farbe zu füllen. Haben Sie es auf eine größere Partie abgesehen, dann verwenden Sie die Werkzeuge und Befehle zur Füllung ganzer Flächen. Damit schütten Sie einen kompletten Auswahlbereich ohne viel Gepinsel mit Farbe zu. Wir besprechen auf den folgenden Seiten das Füllwerkzeug , das Verlaufswerkzeug und die Befehle **Fläche füllen** sowie **Kontur füllen**. Diese Funktionen verändern die Bildpunkte unmittelbar und dauerhaft.

8.2.1 Transparente Bereiche fixieren

Bei allen Füllfunktionen haben Sie die Wahl:

➡ Sie füllen entweder nur die bereits mit Bildpunkten gefüllten Bereiche einer Ebene, so dass transparente Bereiche unberührt bleiben und halbtransparente Bereiche nur halbdeckend verändert werden; dazu schalten Sie in der Ebenenpalette für die betreffende Ebene die Option TRANSPARENTE PIXEL FIXIEREN ein (Seite 710). Dialogfelder wie **Fläche füllen** bieten zusätzlich die Option TRANSPARENTE BEREICHE SCHÜTZEN.

➡ Oder Sie füllen die Ebene über die gesamte, rechteckige Bildfläche, dann arbeiten Sie ohne Transparenzschutz.

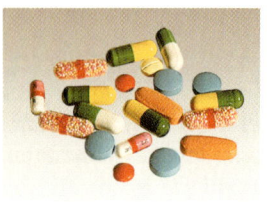 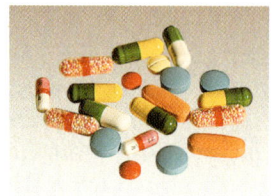 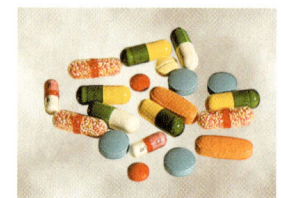

Abbildung 8.10:
Links: Ein schlichter Verlauf von Dunkelgrau zu Hellgrau wirkt hier zu glatt. Mitte, rechts: Störungsfilter oder »Wolken«-Filter lockern die Oberfläche auf. Vorlage: Flaechen

Einförmige Flächen auflockern

Die Ergebnisse der Füllfunktionen, also Verläufe, Farb- und Musterfüllungen wirken oft glatt und erinnern an sterile Computergrafik. Photoshop bietet jedoch genug Computerkosmetik gegen aalglatte Farbflächen:

➤ Der Befehl **Filter: Störungsfilter: Störungen hinzufügen** rauht das Bild auf (siehe Seite 847), mehr Gestaltungsfreiraum gewährt der Filter **Strukturierungsfilter: Körnung** (Seite 865).

➤ Ein **Verzerrungsfilter** (Seite 868) versetzt Verläufe in Schwingungen.

➤ Der Ebeneneffekt SCHLAGSCHATTEN (Seite 27) bringt interessante Tiefenwirkung über der Fläche, Alternativen bieten die Effekte SCHATTEN NACH INNEN und GLANZ.

➤ Der Filter **Beleuchtungseffekte** (Seite 853) mit oder ohne RELIEF-KANAL erzeugt magischen Realismus, auch die **Blendenflecke** (Seite 877) erfüllen häufig diesen Zweck.

➤ Der **Wolken**-Filter (Seite 877) streut eine luftig-leichte Mischung aus Vorder- und Hintergrundfarbe aus.

➤ Der **Strukturierungsfilter: Mit Struktur versehen** (Seite 835) webt eine Struktur in den Untergrund.

Kombinationen sind hier erlaubt, zum Beispiel **Wolken** plus **Struktur** plus **Beleuchtungseffekte**, wobei man dort noch einen Farbkanal mit Textur als RELIEF-KANAL einrichten kann. Agieren Sie damit auf einer separaten Ebene und dämpfen Sie zu starke Eingriffe nachträglich mit dem **Bearbeiten**-Befehl **Verblassen**. **Einstellungsebene**n (Seite 778) halten Kontraste und Farben des Hintergrunds flexibel.

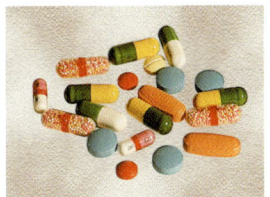 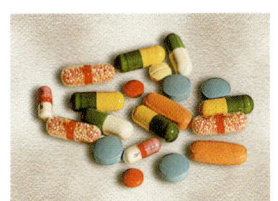 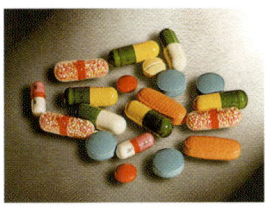

Abbildung 8.11:
Links: Der »Struktur«-Filter rauht das Ergebnis des »Wolken«-Filters auf. Mitte, rechts: Hinzu kommen ein Objektschatten und die »Beleuchtungseffekte«. Vorlage: Flaechen

Alternativen zur dauerhaften Füllung

Eine elegante Alternative bieten die Ebeneneffekte FARBÜBERLAGERUNG (siehe Seite 759), MUSTERÜBERLAGERUNG (Seite 759), VERLAUFSÜBERLAGERUNG (Seite 759) und KONTUR (Seite 498) sowie die Füllebenen (Seite 784). Statt also dauerhaft Farbe auf die aktuelle Ebene zu kippen, prüfen Sie diese Alternativen:

Kapitel 8   Füllen, Malen, Retuschieren

➤ Wählen Sie den gewünschten Bereich mit Lasso oder Zauberstab aus, heben Sie ihn mit [Strg]+[J] auf eine neue Ebene, klicken Sie doppelt auf die Ebenenminiatur, um im Dialogfeld EBENENSTIL Effekte wie FARBÜBERLAGERUNG, MUSTERÜBERLAGERUNG oder VERLAUFSÜBERLAGERUNG anzubringen.

➤ Legen Sie sofort eine neue Ebene an, die Sie mit einer beliebigen Farbe füllen, dann greifen Sie wieder zu Effekten wie MUSTERÜBERLAGERUNG etc. Verbergen Sie einzelne Bildpartien mit Ebenenmasken oder Vektormasken.

➤ Legen Sie mit der Schaltfläche NEUE EINSTELLUNGSEBENE ODER FÜLLEBENE eine neue Füllebene an, zum Beispiel mit der Vorgabe MUSTER. Einzelne Bereiche machen Sie mit Ebenenmaske oder Vektormaske unsichtbar.

Die Farben, Verläufe und Muster, die Sie auf diese Art ins Bild zaubern, lassen sich jederzeit abschalten oder korrigieren.

Abbildung 8.12:
Füllwerkzeug und Verlaufswerkzeug belegen ein gemeinsames Fach in der Werkzeugleiste. Beide Werkzeuge lassen sich mit der Taste [G] aufrufen.

8.2.2   Füllwerkzeug

Das Füllwerkzeug (Kurztaste [G]), im Volksmund Farbeimer, schüttet Vordergrundfarbe oder ein zuvor definiertes »Muster« auf Bildpunkte mit einer von Ihnen definierten Ähnlichkeit – Sie regeln die Toleranz wie beim Zauberstab (Seite 556).

Das Füllwerkzeug eignet sich zum Beispiel, um einzelne, abgegrenzte Teile einer Grafik umzufärben; dabei verwenden Sie vielleicht den Mischmodus FARBTON. Wollen Sie nur in Teile einer Grafik eine Struktur einflechten, nutzen Sie den Modus LUMINANZ. Auch Flächen in Auswahlkanälen – zum Beispiel einzelne Buchstaben – werden gern mit dem Farbeimer gefüllt. In Bitmap-Bildern verweigert das Gerät den Dienst. Ebenso wenig funktioniert es auf Textebenen.

Werkelt man mit dem Füllwerkzeug in kleinen Flächen, ist es oft übersichtlicher, per [⇧]-Taste statt des Eimersymbols das Präzisionskreuz als Werkzeugsymbol über der Datei abbilden zu lassen. Bevor Sie jedoch neue Toleranzwerte im Dialogfeld eintippen können, müssen Sie die [⇧]-Taste wieder lösen.

Füllwerkzeug-Optionen

Diese Möglichkeiten räumt das Füllwerkzeug ein:

➤ Nach Art des Zauberstabs regeln Sie, wie sehr die zu übertünchenden Bildpunkte jenem Pixel ähneln sollen, auf das Sie mit dem Füllwerkzeug klicken. Die Werte reichen von 0 bis 255. Niedrige Werte stehen für eine geringe Toleranz – es werden nur

Pixel gefüllt, deren Farbe der angeklickten Farbe stark ähnelt. Bei hohen Zahlen füllt das Gerät größere Bildbereiche. Wenn Sie »255« eintippen, überdecken Farbe oder Muster das ganze Bild.

➤ Die Option BENACHBART sorgt dafür, dass beim ersten Klick nur benachbarte farbähnliche Bildpunkte gefärbt werden. Wählen Sie die Option ab, erfasst das Werkzeug alle Pixel des definierten Toleranzbereichs – auch wenn sie vom angeklickten Bildpunkt durch eine andere Farbe getrennt werden. Die Option GLÄTTEN produziert durch halbtransparente Randpixel einen geschmeidigeren Übergang zwischen gefärbtem und unberührtem Bildteil – unbedingt zu empfehlen bei üblichen Halbtonfotos, nicht jedoch bei hart konturierten Grafiken ohne Kantenglättung (Seite 546).

➤ Das Klappmenü FÜLLUNG bietet neben der VORDERGRUNDFARBE auch die Option FÜLLEN MIT. Dort wählen Sie ein Muster aus (Seite 492).

Abbildung 8.13:
Einstellungssache: In den Füllwerkzeug-Optionen legen Sie »Toleranz«, Kantenglättung und die Art des Farbauftrags fest.

Ebenentechnik

Per Optionen können Sie bei einer Füllung nicht nur die aktive Ebene, sondern ALLE EBENEN einbeziehen. Wählen Sie in der Ebenenpalette die Option TRANSPARENTE PIXEL FIXIEREN ab, wenn die Farbe nicht nur auf das Objekt innerhalb einer Ebene, sondern in die gesamte Fläche gegossen werden soll, also auch in die bisher transparenten Zonen. Beachten Sie, dass beim Füllwerkzeug auch der Modus LÖSCHEN parat steht, mit dem Sie eine Ebene transparent machen können.

Alternativen

Photoshop bietet Alternativen zum Füllwerkzeug, die oft bessere oder schnellere Dienste leisten:

➤ Bei komplexen Motivpartien verwenden Sie lieber den Zauberstab, der farbähnliche Bereiche zunächst nur auswählt, aber nicht zutüncht. Sie korrigieren die Auswahl in aller Ruhe. Erst dann schütten Sie Farbe mit dem Befehl **Fläche füllen** aus ([⇧]+[←]-Taste, siehe unten). Auch nicht zu vergessen: der **Auswahl**-Befehl **Farbbereich auswählen** (ab Seite 574).

➤ Eine Auswahl auf einer Hintergrundebene füllen Sie per Entf-Knopf leicht mit der Hintergrundfarbe füllen. [Alt]+[←] kippt Vordergrundfarbe aus. Füllmethoden oder Deckkraftvariationen gibt es dabei nicht.

➤ Um ein Objekt diskret umzufärben, empfehlen sich die Kommandos **Farbton/Sättigung** ([Strg]+[U], Seite 457) oder **Farbe ersetzen** (Seite 578) aus dem **Bild**-Untermenü **Einstellungen:** Sie klatschen keinen Einheitsfarbton ins Bild, sondern verschieben die vorhandenen Pixel um einen einheitlichen Betrag auf dem Farbkreis. Wollen Sie ein Graustufenmotiv färben, nutzen Sie **Farbton/Sättigung** mit der Option FÄRBEN.

Kapitel 8   Füllen, Malen, Retuschieren

➨ Statt dauerhaft umzufärben, verwenden Sie den flexibel korrigierbaren Ebeneneffekt FARBÜBERLAGERUNG (siehe oben).

Abbildung 8.14:
Das Füllwerkzeug schüttet Farbe oder ein Muster in abgegrenzte Flächen. Hier wurde ein Muster aus einem Ausschnitt der Datei »Malmodus« abgeleitet und verändert.

8.2.3   Fläche füllen

Beim Füllen der Fläche kippen Sie Farbe, ein Muster oder eine frühere Zwischenfassung des Bildes aus der Protokollpalette in einen ausgewählten Bildbereich. Anders als beim Füllwerkzeug geschieht das unabhängig von farbähnlichen Pixeln – allein Ihre Auswahlmarkierung zählt. Wählen Sie **Bearbeiten: Fläche füllen** oder drücken Sie kurzerhand ⇧+←.

Das Dialogfeld bietet alle Füllmethoden (Seite 730) und eine Deckkraftregelung; außerdem legen Sie fest, was eigentlich ins Bild hineinkommt – Vordergrund- oder Hintergrundfarbe, Schwarz, Weiß oder Grau, ein Muster (Seite 492) oder ein früherer Bildzustand, der in der Protokollpalette gekennzeichnet sein muss (Seite 103). Wählen Sie in der Ebenenpalette die Option TRANSPARENTE PIXEL FIXIEREN ab, wenn die Farbe nicht nur auf das Objekt innerhalb einer Ebene, sondern in die gesamte Fläche gegossen werden soll. Wie auch für die anderen Füllfunktionen gilt: Mit einem abschaltbaren, korrigierbaren Ebeneneffekt sind Sie flexibler (Seite 495).

Kurztasten

Alt+Entf deckt die Auswahl ohne weitere Rückfrage mit 100 Prozent Vordergrundfarbe zu, Strg+Entf beschert die Hintergrundfarbe, auch wenn nichts ausgewählt ist Seite 484). Drücken Sie zusätzlich die ⇧-Taste, um sofort die Option TRANSPARENTE BEREICHE SCHÜTZEN zu aktivieren.

8.2.4   Kontur füllen

Der Befehl **Bearbeiten: Kontur füllen** malt an einer Auswahllinie, aber auch an der Kante einer Ebene entlang. Sie geben eine Breite vor und legen die Position der Kontur fest: INNEN, MITTE oder AUSSEN. Das Dialogfeld bietet zunächst die aktuelle Vordergrundfarbe an, doch mit dem FARBE-Feld lässt sich ein anderer Tonwert einstellen.

Es spricht viel dafür, statt dieses Befehls die Auswahl per Strg+J auf eine eigene Ebene zu heben und mit dem abschaltbaren Ebeneneffekt KONTUR zu arbeiten (Seite 495). Dort erhalten Sie die gleichen Optionen wie beim Befehl **Kontur füllen** und Sie können statt eines einfarbigen Rands auch Verläufe oder Muster in die Kontur einsetzen. Wir besprechen die Optionen deshalb detailliert nur in Zusammenhang mit dem KONTUR-Effekt.

Vorteilhaft am Befehl **Kontur füllen** ist lediglich, dass Sie statt Pixel (»px«) auch Zentimeter- oder Millimeterwerte (»cm«, »mm«) verwenden können. Beachten Sie jedoch, dass beide Funktionen nur gleichmäßig runde Striche auftragen; der Befehl **Pfadkontur füllen** (Seite 662) umrahmt ausgewählte Bereiche dagegen auch mit unregelmäßigen Pinselformen oder mit Retuschewerkzeugen.

Der Ebeneneffekt KONTUR *erzeugt geringfügig »rundere Ecken« als der Befehl* **Bearbeiten: Kontur füllen**, *sofern Sie die Vorgabe* AUSSEN *verwenden.*

Abbildung 8.15:
Links: Der Befehl »Bearbeiten: Kontur füllen« umrahmt Auswahllinien und Ebenenkanten mit der aktuellen Vordergrundfarbe. Rechts: Vielseitiger ist der Ebeneneffekt »Kontur«, den wir hier in Verbindung mit der »Reliefkontur« des Effekts »Abgeflachte Kante und Relief« plastisch modellieren. Dateien: Kontur_a, _b

8.3 Farbverläufe

Im Folgenden besprechen wir das Verlaufswerkzeug ▨ und den Befehl **Bild: Einstellungen: Verlaufsumsetzung**. Sie lernen hier den Umgang mit Farbverläufen kennen, wie er an anderen Stellen wiederkehrt, etwa bei den Ebeneneffekten VERLAUFSÜBERLAGERUNG (Seite 759) und KONTUR (Seite 757) oder bei Füllebenen (Seite 784).

8.3.1 Verlaufswerkzeug

Das Verlaufswerkzeug ▨ schüttet Farbe aus – und erzeugt dabei einen fließenden Übergang zwischen zwei oder mehr Farben oder von einer Farbe zu Transparenz. Die Funktion versagt bei Bildern mit 16 Bit Farbtiefe pro Farbkanal sowie bei den Modi BITMAP und INDIZIERTE FARBEN. Sie erzeugen damit alle Arten von Hintergründen oder Füllungen zum Beispiel für Textobjekte. Graustufenverläufe sind nützlich in Alphakanälen oder Ebenenmasken, um einen Bildteil stufenlos auszublenden; sie lassen sich dort durch Kontrast- und Helligkeitsregler weiter anpassen.

Verläufe wirken leicht zu glatt, können jedoch schnell lebendiger gestaltet werden (Seite 495). Interessante Überblendeffekte ergeben sich, wenn Sie mehrere Farbverläufe im Bildbereich übereinander legen und dabei verschiedene Richtungen und Mischmodi probie-

Kapitel 8   Füllen, Malen, Retuschieren

ren. Wie auch bei den anderen Füllfunktionen gilt: Das Verlaufswerkzeug verändert Bildpunkte endgültig. Alternativen: Der Ebeneneffekt VERLAUFSÜBERLAGERUNG (Seite 759) lässt sich beliebig ändern oder abschalten; auch Füllebenen bieten jederzeit Gestaltungsfreiheit (Seite 784).

> **TIPP** *Soll der Verlauf nicht gleichmäßig über die Bildfläche gehen, sondern sich den Konturen eines Ebenenobjekts anschmiegen? Verwenden Sie den Ebeneneffekt* KONTUR *mit der Füllung* VERLAUF *und dem Stil* EXPLOSION.

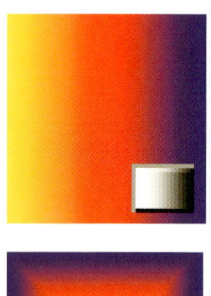 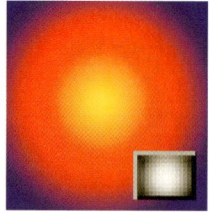  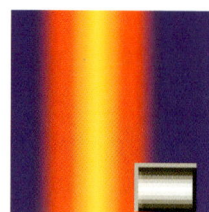

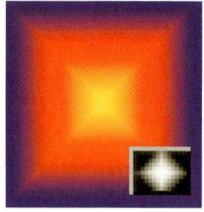 

Abbildung 8.16:
Verschiedene Verlaufsformen bietet Photoshop in den Optionen zum Verlaufswerkzeug an. Oben von links nach rechts: Linear, Radial, Winkelverlauf und Reflektiert. Unten: Rautenverlauf und Ebeneneffekt »Kontur« mit Füllung »Verlauf« und Stil »Explosion«.

Anwendung

So bringen Sie einen Verlauf ins Bild: Klicken Sie dort ins Bild, wo der Verlauf beginnen soll, und ziehen Sie die Maus mit gedrückter Taste an die Stelle, wo der Verlauf enden soll. Nach Loslassen der Maustaste sehen Sie das Farbenspiel. Ist vor dem Anfangspunkt oder hinter dem Endpunkt des Verlaufs noch Platz in der Bilddatei oder in der Auswahl, dann wird sich die Farbe auch noch dorthin erstrecken – allerdings mit der reinen Anfangs- bzw. Endfarbe, ohne jede Mischung. Drücken Sie die ⇧-Taste, um die Verlaufslinie auf 45-Grad-Winkel einzuschränken.

8.3.2   Optionen für Verläufe

Die folgenden Möglichkeiten finden Sie auf der Optionsleiste zum Verlaufswerkzeug wie auch beim Befehl **Verlaufsumsetzung**:

➧ Mit der Option UMKEHREN drehen Sie die Richtung des Verlaufs um.

➧ Wenn die Option DITHER eingeschaltet ist, werden die Farbübergänge durch Dithering-Streuraster geglättet. Es ergeben sich glattere Verläufe mit schmaleren Abschnitten, Streifenbildung wird vermieden. Wenn Sie allerdings eine **Tontrennung** (Seite 479) auf den entstandenen Verlauf anwenden, um zum Beispiel eine Graustufentreppe zu erzeugen, entstehen gezackte Kanten.

Farbverläufe Kapitel 8

Nur beim Verlaufswerkzeug ▓, nicht aber bei der **Verlaufsumsetzung** finden Sie folgende Vorgaben:

- Um die Transparenzmaske für den Verlauf auszuschalten und alle Farben mit gleicher, per Schieberegler angewählter Deckkraft aufzutragen, wählen Sie die TRANSPARENZ ab.
- Sie wählen verschiedene Formen wie RADIAL oder LINEAR (Beispiele siehe oben).
- Wie immer und überall bestimmen Sie Deckkraft und Füllmethode (Seite 730).

Der Ebeneneffekt VERLAUFSÜBERLAGERUNG und die Füllebene VERLAUF bieten ebenfalls das UMKEHREN und darüber hinaus die Funktion SKALIERUNG, die den Verlauf staucht oder dehnt:

- Werte über 100 Prozent sorgen dafür, dass die Anfangs- und Endfarben nicht mehr auf der Ebene erscheinen; die mittleren Tonwerte erhalten mehr Ausbreitung. Verläufe mit transparenten Bereichen wirken eventuell größer.
- Werte unter 100 Prozent sorgen dafür, dass die Anfangs- und Endfarben an den Rändern der Ebene viel Platz einnehmen, der Übergang zur nächsten Farbe beginnt nicht sofort. Verläufe mit transparenten Bereichen wirken eventuell kleiner.

Verläufe verwalten

Die Kollektion der »Vorgaben«, die bei den verschiedenen Verlaufsfunktionen erscheinen, lässt sich nach eigenem Geschmack ändern. Sie können die aktuelle Sammlung durch weitere neu angelegte oder gespeicherte »Vorgaben« für Verläufe ergänzen oder ersetzen. Alle Bibliotheken, die Sie im Photoshop-Verzeichnis »Vorgaben/Verlaufsdateien« sichern, werden unmittelbar im Verläufe-Menü zum Laden angeboten; dieses Menü erreichen Sie über das eingekreiste Dreieck ⊙ neben dem »Vorgaben«-Bereich. Weitere Details zur Verwaltung solcher Vorgaben besprechen wir ab Seite 62.

Abbildung 8.17:
Links: In den Optionen zum Verlaufswerkzeug wählen Sie eine Form und einen Verlauf aus. Über das Menü laden Sie neue Verlaufssammlungen. Nach einem Klick auf den oberen, breiter dargestellten aktiven Verlauf erhalten Sie das Dialogfeld »Verläufe bearbeiten«. Rechts: Im Dialogfeld »Verläufe bearbeiten« steuern Sie die Farben und die transparenten Bereiche eines Verlaufs.

8.3.3 Farbmarken im Verlauf bearbeiten

Gestalten Sie die mitgelieferten Verläufe vielseitig um. Klicken Sie zunächst auf den sichtbaren Verlauf zum Beispiel in der Optionenleiste zum Verlaufswerkzeug ▬, im Dialogfeld EBENENSTIL mit der Abteilung VERLAUFÜBERLAGERUNG, im Dialogfeld VERLAUFSFÜLLUNG oder im Dialogfeld zum Befehl **Verlaufsumsetzung**.

Sie bearbeiten zwei Haupteigenschaften des Verlaufs:

➥ Sie legen Farbmarken fest, zwischen denen Photoshop Farbübergänge erzeugt.

➥ Sie legen transparente, halbtransparente und voll deckende Abschnitte des Verlaufs fest.

Wie immer macht die [Alt]-Taste aus der ABBRECHEN-Schaltfläche ein ZURÜCK, [Strg]+[Z] annulliert den allerletzten Eingriff.

Neue Farben

Im Dialogfeld VERLÄUFE BEARBEITEN klicken Sie im VORGABEN-Bereich auf den Verlauf, den Sie weiterbearbeiten möchten. Um den ursprünglichen Verlauf beizubehalten, duplizieren Sie den vorhandenen Verlauf mit der Schaltfläche NEU. Alternativ klicken Sie auf den leeren Bereich im VORGABEN-Feld oder verwenden das Kontextmenü über den VORGABEN-Feldern. Wählen Sie als VERLAUFSTYP zunächst DURCHGEHEND, für die GLÄTTUNG 100 Prozent.

Klicken Sie eines der Symbole unter, nicht über dem Verlaufsbalken an, um mit der Bearbeitung der Farben zu beginnen. Das Dreieck (»das Dach«) über diesem Kästchen füllt sich schwarz, um zu signalisieren, dass Sie diesen aktuellen Punkt im Verlauf bearbeiten. Das Feld POSITION meldet die Position des aktivierten Punkts. Auf folgende Arten richten Sie die Farbe für den aktivierten Punkt im Verlauf ein:

➥ Klicken Sie auf das FARBE-Rechteck oder auf die verschiebbare Farbmarke, um im Farbwähler eine neue Farbe für die aktivierte Farbmarke auszuwählen (Seite 486).

➥ Öffnen Sie das Menü neben dem FARBE-Feld mit der dreieckigen Schaltfläche ▶. Photoshop bietet hier die aktuelle VORDERGRUND- und HINTERGRUND-Farbe (Seite 484) für den aktivierten Punkt des Verlaufs an. Die entsprechenden Farbmarkierungen unter dem Verlauf zeigen nun spezielle Kennzeichnungen. (Achtung: Der Verlauf wechselt jedes Mal sein Aussehen, wenn Sie Vordergrund- oder Hintergrundfarbe ändern.) Wenn Sie von VORDERGRUNDFARBE oder HINTERGRUNDFARBE wieder umschalten wollen zu einem dauerhaft fixierten Tonwert, machen Sie im Menü des FARBE-Feldes die Angabe BENUTZERDEFINIERTE FARBE. Photoshop setzt nun die aktuelle Vorder- oder Hintergrundfarbe als neue BENUTZERDEFINIERTE FARBE ein; sie wird sich bei Bearbeitung von Vorder- oder Hintergrundfarbe nicht mehr verändern.

➥ Bewegen Sie den Mauszeiger über die Verlaufsleiste oder über das aktive Bild; der Zeiger verwandelt sich in eine Pipette 🖉, mit der Sie einen Farbton aufnehmen.

Farben hinzufügen, platzieren und kombinieren

- So gestalten Sie den Verlauf weiter mit den Farbmarken:

- Neue Farbmarken fügen Sie ganz einfach hinzu: durch einen Mausklick an der gewünschten Stelle unter der Verlaufsleiste. Unerwünschte Farbmarken ziehen Sie aus dem Dialogfeld heraus. Auch die `Entf`-Taste entsorgt die aktive Farbmarke, denselben Job erledigt zudem die Schaltfläche LÖSCHEN.

- Sie können die Marken für die einzelnen Farben unter der Verlaufsleiste beliebig mit der Maus oder mit den `Pfeil`-Tasten verschieben oder durch Dateneingabe im Feld POSITION korrigieren. Verschieben Sie zum Beispiel die Marke für die Anfangsfarbe von Position 0 auf Position 20 Prozent, dann erzeugt Photoshop die ersten 20 Prozent des Verlaufs mit reiner Anfangsfarbe ohne jede Mischung.

- Zunächst liegt der 50-Prozent-Übergang zwischen zwei Farben auch genau auf halber Strecke zwischen diesen beiden Tonwerten. Diese Mittelstellung lässt sich jedoch mit dem Rautensymbol verschieben; die Rauten erscheinen zwischen zwei Farbmarken, eine aktivierte Raute stellt Photoshop schwarz gefüllt und nicht licht dar. Zu sehen sind stets höchstens zwei Rauten links und rechts von der aktiven Farbmarke. Verschieben Sie die Raute mit der Maus oder tippen Sie für die aktivierte Raute eine neue POSITION ein; die Angabe bezieht sich hier auf die Position zwischen den zwei umgebenden Farbmarken.

- Das GLÄTTUNG-Feld glättet bei hohen Werten bis hin zu 100 Prozent die Übergänge über den gesamten Verlauf hin. Niedrige Werte führen zu geringfügig härteren Übergängen.

Abbildung 8.18:
Das Verlaufswerkzeug erzeugt einen stufenlosen Übergang zwischen zwei oder mehr Farben in ausgewählten Bildteilen. Der Mischmodus »Farbton« erhält hier die Strukturen des darunter liegenden Bildes. Vorlage: Gitarre

8.3.4 Transparenz bearbeiten

Die Transparenzmaske gehört zu jedem Verlauf. Sie bestimmt die Deckkraft an verschiedenen Punkten des Verlaufs. Um die Transparenzmaske zu bearbeiten, bearbeiten Sie die Marken oberhalb, nicht unterhalb des Verlaufsbalkens im Dialogfeld VERLÄUFE BEARBEITEN. Eine schwarze Marke signalisiert: In diesem Bereich herrscht volle Deckkraft. Ein weißes Kästchen zeigt 0 Prozent Deckkraft an, in diesem Bereich ist der Verlauf komplett durchsichtig. Grautöne stehen für halbtransparente Zonen. Auch die Karos im Verlaufsbalken signalisieren durchsichtige Bereiche. Die aktive Transparenzmarke ist durch ein schwarz gefülltes Dreieck hervorgehoben.

Kapitel 8   Füllen, Malen, Retuschieren

Transparenz ändern

So verändern Sie die Deckkraft an der aktiven Transparenzmarke:

- Tragen Sie einen neuen Wert im Feld DECKKRAFT ein.
- Führen Sie den Mauszeiger über den Verlauf oder über das Bild. Dort nehmen Sie eine neue Transparenz mit der Pipette auf. Dabei berücksichtigt Photoshop nur die Deckkraft der aktuellen Ebene.

Weitere Möglichkeiten

Die weiteren Möglichkeiten im Bereich »Transparenz« ähneln der Bearbeitung der Farbwerte, die wir oben ausführlich besprochen haben:

- Durch Verschieben oder durch Dateneingabe im Feld POSITION platzieren Sie die Transparenzmarke um.
- Klicken Sie über den Balken, um neue Transparenzmarken zu setzen.
- Überflüssige Transparenzmarken ziehen Sie aus dem Dialogfeld heraus oder löschen sie per [Entf]-Taste.
- Mit der Raute platzieren Sie den 50-Prozent-Übergang zwischen zwei festgelegten Deckkraftvorgaben.

Um die Maske komplett auszuschalten und die Farben voll deckend aufzutragen, wählen Sie die TRANSPARENZ in den Optionen zum Verlaufswerkzeug ab. Mitunter ist es einfacher, einen Verlauf ohne Transparenzmaske auf eine eigene Ebene aufzubringen und die Mischung mit dem Hintergrund per Ebenenmaske, Überblendmodus oder Verbergen eines Tonwertbereichs zu regeln.

Abbildung 8.19:
Links: Das Verlaufswerkzeug erzeugt hier einen stufenlosen Farbübergang nur zwischen Vorder- und Hintergrundfarbe. Mitte: Wenn Sie das Werkzeug nur über den oberen Teil des Bildes führen, geht der Verlauf früh zur Hintergrundfarbe über. Rechts: Der rechte Rand des Verlaufs wurde als transparent festgelegt.

8.3.5   Verlauf mit »Störung«

Photoshop produziert beim Verlaufswerkzeug Zufallsverläufe auf Basis des aktivierten Verlaufs. Dazu wählen Sie im Klappmenü VERLAUFSTYP die Vorgabe STÖRUNG. Folgende weitere Möglichkeiten haben Sie:

Farbverläufe   Kapitel 8

➤ Der Regler KANTENUNSCHÄRFE bestimmt, wie hart die Grenze zwischen den zahlreichen Tonwerten ausfällt. Hohe Werte bis hin zu 100 sorgen für markante Stufen, niedrige Werte bis herunter zur Null für fließend weiche Übergänge.

➤ Legen Sie im Klappmenü FARBMODELL ein Farbschema fest.

➤ Die Option FARBEN BESCHRÄNKEN verhindert, dass zu gesättigte Farben in den Verlauf geraten.

➤ TRANSPARENZ HINZUFÜGEN macht den Verlauf nach einem Zufallsschema halbtransparent.

➤ Die Schaltfläche ZUFALLSPARAMETER produziert weitere Varianten des Verlaufs nach dem Zufallsprinzip.

Farbmodell

Im Bereich FARBMODELL legen Sie fest, welche Farbtöne der gestörte Verlauf generell enthält. Sie sehen Balken für Farbeigenschaften wie »Sättigung« oder »Grundfarbe Rot«. Jede Eigenschaft kann generell in 256 unterschiedlichen Abstufungen vorkommen. Durch Verschieben der Dreiecke unter den Balken nach innen schränken Sie diese Variationsbreite nach Bedarf ein; Photoshop verwendet nur den Bereich innerhalb der Dreiecke. Zwei Beispiele:

➤ Wählen Sie das HSB-Modell (Details ab Seite 459). Mit den zwei Dreiecken unter dem H-Regler (H für »Hue«, Farbton) legen Sie fest, welche Farbtöne der Verlauf enthalten darf. Nur die Farbtöne zwischen den beiden Dreiecken erscheinen im Verlauf, zum Beispiel nur ein Bereich zwischen Blau und Rot. Im Bereich B (für »Brightness«, Helligkeit) bestimmen Sie, ob alle Helligkeitsstufen zulässig sind oder beispielsweise nur hellere Tonwerte – dann grenzen Sie diesen Bereich mit den zwei Dreiecken ein.

➤ Oder: Wählen Sie das RGB-Modell (Details ab Seite 190). Um die Grundfarbe Rot aus dem Verlauf weitgehend auszuschließen, ziehen Sie das rechte, lichte Dreieck unter dem R-Balken nach links, in den dunkleren Bereich. Um die Grundfarbe Blau nur in kräftigen, hellen Tönen zu verwenden, ziehen Sie das schwarze Dreieck von links weit nach rechts herüber (siehe Abbildung 8.20).

 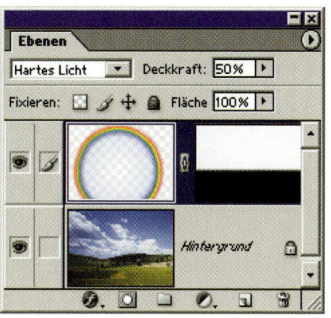

Abbildung 8.20:
Verlaufswerkzeug versus »Verlaufsüberlagerung«: Für dieses Bild haben wir zweimal das Verlaufswerkzeug verwendet. Der Regenbogen entstand mit der Vorgabe »Radial« und mit dem Verlauf »Regenbogen« aus der Bibliothek »Spezialeffekte«. Dazu kommt die Füllmethode »Hartes Licht« und eine Reduzierung der Deckkraft auf 50 Prozent. Eine Ebenenmaske – erkennbar in der Ebenenpalette rechts neben der Regenbogen-Ebene – verbirgt den unteren Teil des Regenbogens; in die Ebenenmaske haben wir einen Schwarzweißverlauf mit einem sehr kurzen Übergang eingesetzt, der den Regenbogen auf der Horizontlinie weich ausblendet. Vorlage: Land; Ergebnis: Land_2

Photoshop 7.0 Kompendium   505

Kapitel 8 Füllen, Malen, Retuschieren

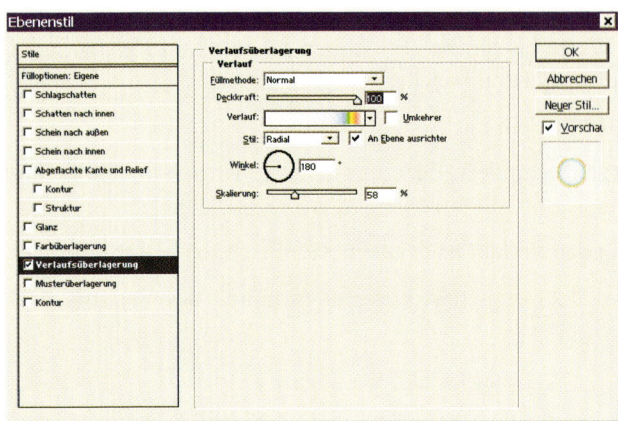
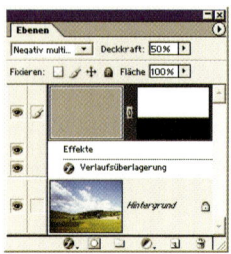

Abbildung 8.21:
Das gleiche Bildergebnis lässt sich auch mit dem Effekt »Verlaufsüberlagerung« erzielen: Die Ebene für den Verlauf wird zunächst mit Grau gefüllt – dies ist die »neutrale Farbe« (vergleiche Seite 738) für die Füllmethode »Hartes Licht«, die für eine Mischung von Regenbogen und Hintergrund sorgt. Nach einem Klick auf den Namen der »Ebene 1« richten wir im Dialogfeld »Ebenenstil« den Effekt »Farbüberlagerung« ein, wieder mit dem Verlauf »Regenbogen«. Die Größe des Regenbogens passen wir mit dem »Skalierung«-Regler an. Alle Eigenschaften lassen sich jederzeit ändern. Die gleichen Möglichkeiten bietet überdies eine Füllebene. Ergebnis: Land_3

8.3.6 Verlaufsumsetzung

Der Befehl **Bild: Einstellungen: Verlaufsumsetzung** wendet einen Verlauf auf die Helligkeitsstufen Ihres Bildes an: Die Farben links im Verlauf ersetzen die dunklen Tonwerte Ihrer Vorlage, die Farben rechts im Verlauf überlagern die hellen Tonwerte. Sie müssen den Befehl nicht unmittelbar auf eine Hintergrundebene anwenden – als Alternative bietet sich eine abschaltbare Einstellungsebene an, die Sie am schnellsten über die Schaltfläche NEUE FÜLLEBENE ODER EINSTELLUNGSEBENE in der Ebenenpalette einrichten (vergleiche Seite 778). Durch einen Klick auf den Verlaufsbalken laden Sie das Dialogfeld VERLAUF BEARBEITEN (siehe oben), die Schaltfläche mit dem gekippten Dreieck zeigt die aktuelle Bibliothek mit Verläufen.

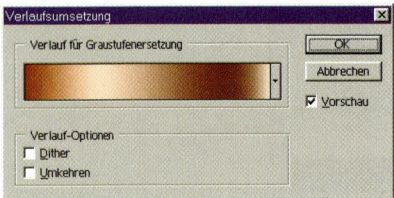

Abbildung 8.22:
Der Befehl »Bild: Einstellungen: Verlaufsumsetzung« wendet Farbverläufe auf die Helligkeitswerte einer Bilddatei an.

Die Funktion garantiert verblüffende Farbeffekte, sie eignet sich für effektvolles Einfärben oder behutsames Tonen von Graustufenbildern, die Sie zunächst mit dem Untermenü **Bild: Modus** in einen Modus wie **RGB-Farbe** bringen. Drehen Sie bei Bedarf die Farbverhältnisse mit der Option UMKEHREN um. Verwandeln Sie Ihre Vorlage im Anschluss an den Befehl **Verlaufsumsetzung** probehalber in ein Negativ (**Bild: Einstellungen: Umkehren**, Strg+I) oder testen Sie eine FARBTON-Verschiebung mit dem Befehl **Bild: Einstellungen: Farbton/Sättigung** (Strg+U, Seite 457).

Werkzeugspitzen	Kapitel 8

TIPP
Achten Sie darauf, dass Ihr Bild bereits vor der **Verlaufsumsetzung** einen hohen Tonwertumfang zeigt, nutzen Sie zum Beispiel die AUTO-Schaltfläche des Befehls **Tonwertkorrektur** (Strg + L). So wird auch der volle Umfang des Farbverlaufs ausgenutzt.

Abbildung 8.23:
Diese Bilder entstanden mit dem Befehl »Verlaufsumsetzung«. Vorlage: Tastatur

8.4 Werkzeugspitzen

Wie dick oder dünn sich die Mal- und Retuschewerkzeuge in der Bilddatei auswirken, das regeln Sie mit den Werkzeugspitzen. Jede Werkzeugspitze gilt als »Vorgabe« innerhalb der aktuellen Werkzeugspitzen-Bibliothek.

8.4.1 Werkzeugspitzen auswählen

So blenden Sie die Bibliothek mit den Werkzeugspitzen ein, um eine neue Werkzeugspitze für das aktive Mal- oder Retuschewerkzeug festzulegen:

▶ Klicken Sie auf das Symbol für die aktuelle Werkzeugspitze in der Optionenleiste zu Mal- und Retuschewerkzeugen; so erhalten Sie eine einfache Form der Werkzeugspitzenpalette, mit der Sie eventuell nur die Werkzeugspitze wechseln, die Größe ändern und eine neue Werkzeugspitzen-Vorgabe erstellen können. Dieses auch »Pop-uppalette« genannte Bildschirmelement unterscheidet sich je nach Werkzeug etwas.

▶ Klicken Sie bei eingeschaltetem Mal- oder Retuschewerkzeug mit rechts ins Bild (am Mac Ctrl -Klick), um dieselbe abgespeckte Version der Werkzeugspitzenpalette zu sehen.

▶ Drücken Sie F5 , wählen Sie **Fenster: Werkzeugspitzen** oder klicken Sie in der Optionenleiste auf die Schaltfläche WERKZEUGSPITZENPALETTE EIN-/AUSBLENDEN . Hier haben Sie alle Kontrollen.

Photoshop merkt sich die letzte Einstellung für jedes einzelne Werkzeug; bei neuerlicher Anwahl des Instruments erhalten Sie also wieder die zuletzt genutzte Spitze. ImageReady bietet weniger Möglichkeiten, so dass wir uns im Folgenden auf Photoshop konzentrieren.

Kapitel 8   Füllen, Malen, Retuschieren

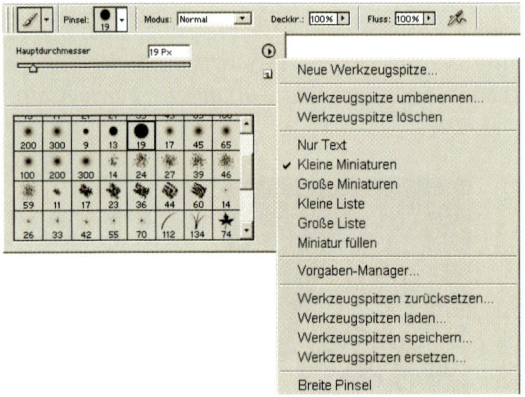

Abbildung 8.24:
In den Optionen zum Pinsel und zu anderen Mal- und Retuschewerkzeugen legen Sie die gewünschte Werkzeugspitze fest. Neue Werkzeugspitzen-Sammlungen wie »Breite Pinsel« laden Sie über das Palettenmenü. Ein erweitertes Angebot finden Sie in der Werkzeugspitzenpalette.

Die aktive Werkzeugspitze erscheint eingerahmt. Die kleineren Spitzen zeigt Photoshop in 100-Prozent-Größe. Halten Sie Ihre Datei im 100-Prozent-Maßstab daneben ([Strg]+[Alt]+[0]), können Sie die Reichweite der Spitze bereits ermessen. Extrabreite Spitzen, die nicht mehr in die Kästchen passen, erscheinen verkleinert, darunter schreibt Photoshop den Pixeldurchmesser. Wo die Spitzen nach Grau hin verblassen, tragen sie nur noch mit verminderter Deckkraft Farbe auf.

Photoshop sollte die Pinselspitze beim Malen nicht als Werkzeuglogo oder Fadenkreuz abbilden, sondern als Kontur in der GRÖSSE DER SPITZE – den Auftrag erteilen Sie per **Bearbeiten: Voreinstellungen: Bildschirm- und Zeigerdarstellung**. Diese Werkzeugspitzenkontur rahmt freilich nur jenen Bereich ein, der mit mindestens 50 Prozent Deckkraft aufträgt: Sie gibt also keinen genauen Aufschluss, bis wohin sich der weiche Rand eines Werkzeugs erstreckt.

Zwei Typen von Werkzeugspitzen

Photoshop bietet zwei Typen von Werkzeugspitzen an, die sich geringfügig unterscheiden:

- Die Standard-Werkzeugspitzen basieren auf einer geometrischen Kreisform. Diesen Kreis können Sie jedoch stauchen und drehen, um Ovale und Ellipsen zu erhalten. Die KANTENSCHÄRFE lässt sich regeln. Gemeint sind Werkzeugspitzen mit Einblendnamen wie »Rund hart« oder »elliptisch weich«.

- So genannte »aufgenommene Werkzeugspitzen« entstanden dagegen durch Aufnehmen eines konkreten, beliebig geformten Bildbereichs in die Werkzeugspitzen-Bibliothek. Die KANTENSCHÄRFE lässt sich hier nicht steuern. Gemeint sind Werkzeugspitzen mit Einblendnamen wie ÖL DICK AN ENDEN TROCKEN, AZALEE oder GANZ VIELE ENTEN. Eigene Werkzeugspitzen sind immer »aufgenommene« Werkzeugspitzen.

Für beide Typen stehen die weiteren Regler der Werkzeugspitzenpalette zur Verfügung, darunter RUNDHEIT, WINKEL, DURCHMESSER und sämtliche Bereiche wie FORMEIGENSCHAFTEN etc.

Werkzeugspitzen | Kapitel 8

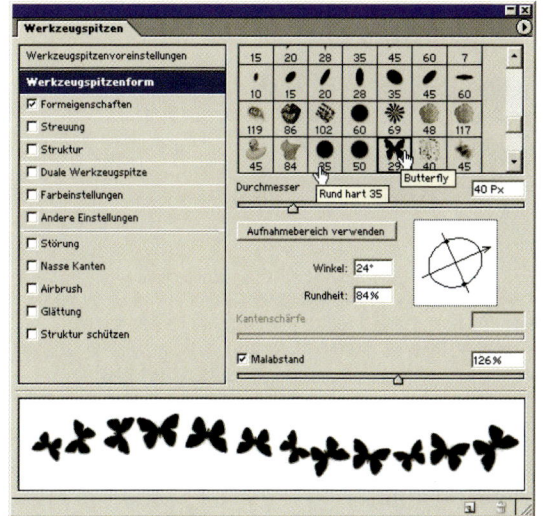

Abbildung 8.25:
Die Werkzeugspitzenpalette zeigt hier unter anderem die geometrische Standard-Werkzeugspitze »Rund hart 35« und die »aufgenommene« Werkzeugspitze »Butterfly«, die auf einem ausgewählten Bildbereich basiert. Sie erkennen an der Vorschau, dass wir im Bereich »Formeigenschaften« Zufallssteuerung (»Jitter«) für Größe und Winkel vorgegeben haben. Für die hier aktivierte »aufgenommene« Werkzeugspitze steht der Regler »Kantenschärfe« nicht zur Verfügung. Um zur unverzerrten Originalfigur zurückzukehren, klicken Sie auf »Aufnahmebereich verwenden«.

8.4.2 Eigene Werkzeugspitzenform definieren

Leicht erzeugen Sie eine eigene Werkzeugspitze auf Basis einer Bilddatei. Je dunkler diese verwendeten Bildteile sind, umso stärker wird ihre Deckkraft als Werkzeugspitze. Ein grauer Bildteil als Werkzeugspitze trägt schwarze Farbe nur grau (halbtransparent) auf, weiße Pinselzonen bringen gar keine Farbe oder Veränderung ins Bild. Als eigenen Pinsel laden Sie etwa ein Piktogramm, ein Firmenlogo, eine Unterschrift oder auch eine Struktur. So geht's:

1. Bearbeiten Sie den Bildteil, der zur Werkzeugspitze werden soll, zum Beispiel mit Kontrastkorrektur oder Größenänderung.

2. Wählen Sie den gewünschten Bildteil mit einem beliebigen Auswahlwerkzeug aus.

3. Klicken Sie auf **Bearbeiten: Werkzeugspitze festlegen**. Geben Sie einen Namen für die neue Werkzeugspitze an

Die neue Werkzeugspitze erscheint in der aktuellen Bibliothek als Vorgabe. Sie finden sie jedoch eventuell erst nach dem nächsten Programmstart (siehe Abbildung 8.26).

Tipps für die eigene Werkzeugspitze

Werfen Sie einen Blick auf die folgenden Tipps, bevor Sie die erste eigene Werkzeugspitze schnitzen.

→ Die meisten Bildelemente sind zunächst viel zu groß, um als Werkzeugspitze durchzugehen. Darum fertigt man mit **Bild: Duplizieren** ein Duplikat des Bildes, das mit dem **Bild**-Befehl **Bildgröße** heruntergerechnet wird. Alternative: Heben Sie eine Auswahl auf eine eigene Ebene ([Strg]+[J]), **transformieren** Sie den Bereich drastisch kleiner ([Strg]+[T]) und laden Sie die Auswahl per [Strg]-Klick auf die Ebenen-Miniatur. Nach der Größenänderung empfiehlt sich meist ein Scharfzeichner.

Kapitel 8 Füllen, Malen, Retuschieren

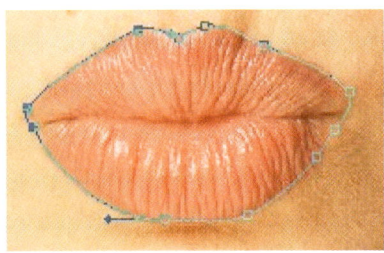 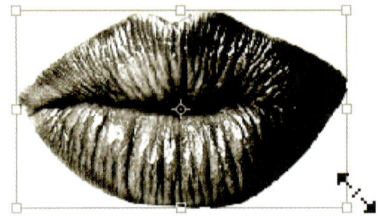

Abbildung 8.26:
So entsteht die eigene Werkzeugspitze. Links: Der Mund wird mit Auswahl- und Zeichenstift-Werkzeugen ausgewählt und auf eine eigene Ebene gehoben. Die freigestellte Form wird mit der Funktion »Bearbeiten: Transformieren« drastisch verkleinert. Wir dunkeln das Motiv zudem stark ab, so dass später ein stark deckender Farbauftrag zu erwarten ist. Bevor wir den Bereich als Werkzeugspitze festlegen können, wählen wir ihn aus – hier per [Strg]-Klick auf die Miniatur der Ebene in der Ebenenpalette. Vorlagen: Mund, Mund_2, Mund_3

➟ Das Umfeld der Pinselspitze sollte auf Weiß stehen, damit die Kontur gut herauskommt und der Pinsel nicht ein komplettes Quadrat ausmalt. Alternative: Sie wählen nur das Objekt selbst mit einer frei geformten Fließmarkierung.

➟ Die Werkzeugspitze trägt je nach Vorgabe und Werkzeug die aktuelle Vordergrundfarbe oder ein Muster auf. Wollen Sie einen Bildausschnitt stets mit derselben Farbzusammenstellung ins Bild pinseln, zum Beispiel mit den Originalfarben des Fotos, legen Sie diesen Bereich nicht als Werkzeugspitze, sondern als »Muster« fest und verwenden den Musterpinsel stem-mus.

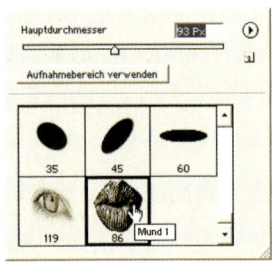 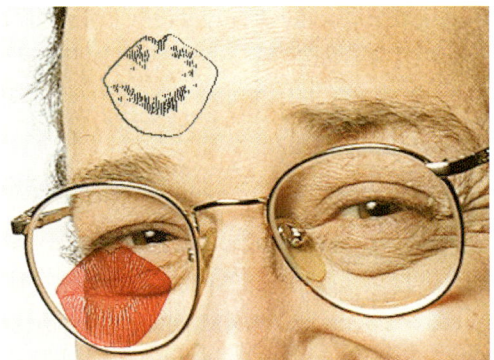

Abbildung 8.27:
Links: Der Befehl »Bearbeiten: Werkzeugspitze festlegen« erzeugt eine neue Vorgabe in der aktuellen Werkzeugspitzen-Bibliothek. Rechts: Der Pinsel erscheint über der Bilddatei bereits in der tatsächlichen Größe und Form, wenn Sie in den »Voreinstellungen« die »Größe der Spitze« vorgeben. Vorlage: Toni

 Legen Sie die Werkzeugspitze in der Größe an, die Sie besonders häufig verwenden möchten. Sie können die Größe mit dem DURCHMESSER-*Regler zwar frei verändern, doch dann wirken die Umrisse eventuell leicht unscharf.*

Deckkraft steuern

Damit die eigene Werkzeugspitze kräftig wirkt, sollte sie einige schwarze Partien zeigen – nur die haben später eine Deckkraft von 100 Prozent. Wechseln Sie vor den folgenden, empfehlenswerten Eingriffen am besten schon in den Graustufenmodus:

- Um eine gut deckende Werkzeugspitze zu erzeugen, nutzen Sie etwa den Befehl **Tonwertkorrektur** aus dem **Bild**-Menü **Einstellungen** (Strg+L, ab Seite 432): Drücken Sie auf die AUTO-Schaltfläche; oder schieben Sie den Schwarzregler links so weit nach innen, bis er mindestens die äußersten linken Balken im Histogramm erreicht; oder klicken Sie einen dunklen Bildpunkt mit der Schwarzpipette pip-sch an, um diesen Tonwert auf Schwarz abzusenken. Damit wird das Bild deutlich dunkler, doch bleibt die Zeichnung erhalten.

- Wollen Sie dagegen einen komplett schwarzen Pinsel ohne jede Zeichnung, verwenden Sie den **Schwellenwert**-Befehl aus dem Untermenü **Bild: Festlegen**. Sie vermeiden die dabei entstehenden krachharten Ränder, wenn Sie alternativ den Befehl **Helligkeit/Kontrast** mit Höchstwerten wie »97« für KONTRAST und variablen Werten für HELLIGKEIT einsetzen – aber nur im Graustufenmodus (vergleiche Seite 206).

Brauchen Sie später einen blassen Pinsel, nehmen Sie die DECKKRAFT zurück.

8.4.3 Werkzeugspitzen verwalten

Photoshop liefert attraktive »Vorgaben« für Werkzeugspitzen in »Bibliotheken« mit. Sie lassen sich wie immer per Palettenmenü laden; Sie können die aktuelle Sammlung ergänzen oder ersetzen. Ausführlich besprechen wir die Verwaltung und die Darstellung von »Vorgaben« und »Bibliotheken« ab Seite 62.

Haben Sie eine vorhandene Werkzeugspitze mit verschiedenen Reglern angepasst, können Sie diese individuelle Spitze dauerhaft als eigene neue Vorgabe in der aktuellen Bibliothek speichern: Dazu klicken Sie unten in der Werkzeugspitzenpalette auf die Schaltfläche NEUE WERKZEUGSPITZE ERSTELLEN . Dabei verewigen Sie wohlgemerkt nicht nur die Form, sondern auch alle Vorgaben aus der Werkzeugspitzenpalette wie NASSE KANTEN, FORMEIGENSCHAFTEN oder FARBEINSTELLUNGEN.

Um Werkzeugspitzen vielseitig darzustellen, umzubenennen oder zu löschen, verwenden Sie nicht die große Werkzeugspitzenpalette, sondern die Basisausgabe, die Sie per Kontextmenü oder in den Optionen zu Mal- und Retuschewerkzeugen aufrufen. Eine weitere Alternative bietet der Befehl **Bearbeiten: Vorgabenmanager** mit dem Bereich WERKZEUGSPITZEN; dort können Sie auch die Reihenfolge ändern.

Kapitel 8　　　Füllen, Malen, Retuschieren

8.4.4　　Die Malwerkzeuge für Einsteiger

Wenn Sie sich gerade erst mit Malwerkzeugen, Werkzeugspitzen und der Werkzeugspitzenpalette vertraut machen, helfen die folgenden Tipps:

➤ Zur Werkzeugspitzenpalette: Blenden Sie die Werkzeugspitzenpalette (siehe unten) mit `F5` ein und schalten Sie höchstens eine Kategorie auf einmal ein – wenn Sie mit FORMEIGENSCHAFTEN experimentieren, verzichten Sie auf STREUUNG oder DUALE WERKZEUGSPITZE. Setzen Sie am besten alles auf Null mit dem Befehl **Werkzeugspitzen-Steuerungen löschen** aus dem Menü zur Werkzeugspitzenpalette und verzichten Sie zunächst auf jegliche JITTER- oder STEUERUNG-Vorgabe.

➤ Verwenden Sie für erste Versuche eine übliche runde Standard-Werkzeugspitze, keine freie Form.

➤ Legen Sie zum Experimentieren eine neue, weiße Datei an, wählen Sie die gesamte Arbeitsfläche mit `Strg`+`A` aus und pinseln Sie nach Bedarf; ist die Datei vollgestrichelt, löschen Sie mit der `Entf`-Taste alles auf einmal. Dabei sollte die Hintergrundfarbe Weiß sein (Kurztaste `D`).

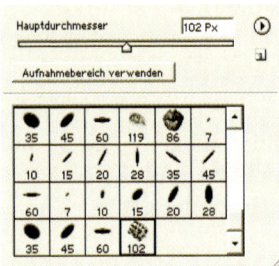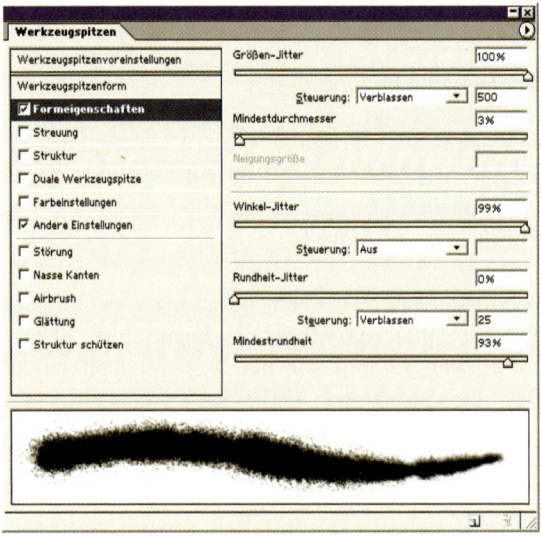

Abbildung 8.28:
Links: Diese vereinfachte Ausgabe der Werkzeugspitzenpalette erhalten Sie im Kontextmenü zum Mal- oder Retuschewerkzeug oder im »Pinsel«-Klappmenü aus der Pinsel-Optionenleiste; Sie können Durchmesser oder Werkzeugspitzenform ändern. Weit mehr Möglichkeiten bietet jedoch der Bereich »Werkzeugspitzenform« der eigentlichen Werkzeugspitzenpalette. Rechts: Im Bereich »Formeigenschaften« der Werkzeugspitzenpalette steuern Sie die Variation von Größe, Winkel oder Rundheit.

8.4.5　　Anwendung der Werkzeugspitzenpalette

Sie können viele Eigenschaften des Pinselstrichs variieren, ohne eigens die Werkzeugspitze zu wechseln. Dazu öffnen Sie die Werkzeugspitzenpalette, zum Beispiel mit `F5` oder mit der

Werkzeugspitzen | Kapitel 8

Schaltfläche WERKZEUGSPITZENPALETTE EIN-/AUSBLENDEN in der Optionenleiste zum Mal- oder Retuschewerkzeug. Grundsätzlich gilt für diese Palette:

- Wenn Sie die Einstellungen zum Beispiel aus dem Bereich FORMEIGENSCHAFTEN verwenden wollen, muss dieser Bereich auch aktiviert sein, erkennbar an einem Häkchen in der Schaltbox . Ist der Bereich nicht eingeschaltet, berücksichtig Photoshop die Einstellungen nicht.

- Mit der JITTER-Vorgabe bringen Sie ein Zufallselement ins Spiel: Der Null-Wert verändert gar nichts, bei 100 wird die jeweilige Stricheigenschaft völlig vom Zufall gesteuert – zum Beispiel schwanken Größe oder Farbe des Strichs. Das Ergebnis wirkt eventuell »natürlicher« oder »künstlerischer«.

Um alle Änderungen zurückzusetzen und die Werkzeugspitzenpalette in Neutralstellung zu bringen, öffnen Sie das Palettenmenü mit dem Dreieckschalter und wählen **Werkzeugspitzen-Steuerungen löschen** – damit kehren Sie zurück zu einer besonders übersichtlichen, nachvollziehbaren Malweise. (Alternativ schalten Sie alle Bereiche wie FORMEIGENSCHAFTEN etc. aus.) Zu einigen der mitgelieferten Werkzeugspitzen gehören zahlreiche Vorgaben in der Werkzeugspitzenpalette, die zunächst verwirren können. Im Folgenden besprechen wir die Möglichkeiten mit der Werkzeugspitzenpalette.

Abbildung 8.29:
Ganz links sehen Sie den Ausgangspfad für die folgenden Striche; 2: elliptische Form ohne Größen-Jitter oder -Verblassen; 3: freie Form mit Größen-Verblassen; 4: freie Form mit Streuung und Größen-Jitter; 4: freie Form mit Größen-Jitter, Streuung, Farbton-Jitter; 5: Duale Spitze, 20-Pixel-Ellipse mit Variationen innerhalb eines 60-Pixel-Kreises; 7: Deckkraft-Verblassen. Der Rand der Hintergrundfläche entstand ebenfalls mit einer freien Pinselform plus »Abgeflachte Kante«. Vorlage: Striche

Steuerung per »Verblassen«

In verschiedenen Bereichen der Werkzeugspitzenpalette finden Sie die STEUERUNG-Klappmenüs. Dort legen Sie fest, wie Sie variierbare Stricheigenschaften kontrollieren, etwa Durchmesser oder Deckkraft. Bei ersten Versuchen mit der Werkzeugspitzenpalette sollten Sie die STEUERUNG auf AUS stellen, so dass Sie nachvollziehbare, gleichmäßige Ergebnisse erhalten. Diese Möglichkeiten haben Sie:

Die STEUERUNG-Vorgabe VERBLASSEN verändert den Strich über eine wählbare Zahl von Malpunkten hin. (Photoshop baut jeden Pinselstrich aus vielen einzelnen Punkten auf, so genannte Spuren, die Sie mit hohen Werten für MALABSTAND einzeln sichtbar machen können.) Ein Beispiel: In den FORMEIGENSCHAFTEN stellen Sie unter GRÖSSEN-JITTER die STEUERUNG auf VERBLASSEN in 350 Schritten. Damit schrumpft der Pinselstrich innerhalb von 350 Malpunkten von der ursprünglichen Werkzeugspitzenbreite zur gewählten Mindestgröße.

Die Wirkung des VERBLASSENS hängt unmittelbar vom MALABSTAND ab, den Sie im Hauptbereich WERKZEUGSPITZENFORM einstellen. Ein Beispiel: Sie verwenden einen niedrigen Malabstand wie 5 Prozent, so dass ein durchgehender Strich entsteht, weil viele Malpunkte eng aufeinander folgen. Ein VERBLASSEN-Wert von 50 Malpunkten führt bei einer Strichlänge von 100 Pixeln eventuell zu einem vollständigen Übergang vom einen zum anderen Extremwert. Erhöhen Sie aber den MALABSTAND beispielsweise auf 400 Prozent, dann besteht der Strich aus einzeln erkennbaren Malpunkten mit viel Hintergrund dazwischen; nun führt die Verblassen-Vorgabe von 50 auf einer kurzen 100-Pixel-Länge kaum einen erkennbaren Übergang herbei – und Sie erkennen auch in der Vorschau nichts von einer Schwankung; nur wenn Sie den VERBLASSEN-Wert stark heruntersetzen, zum Beispiel auf 3, dann wird der geplante Übergang schon auf einer kurzen Pixelstrecke deutlich.

Steuerung per Grafiktablett

Sofern Sie ein druckempfindliches Grafiktablett verwenden, zum Beispiel von Wacom, können Sie die Stricheigenschaften per STEUERUNG-Klappmenü auch von ZEICHENSTIFT-DRUCK, ZEICHENSTIFT-SCHRÄGSTELLUNG oder vom Rändelrad des Zeichenstifts abhängig machen. Photoshop bietet diese Grafiktablett-Optionen auch, wenn gar kein Grafiktablett installiert ist. Sie sehen dann jedoch ein Warndreieck ⚠.

Wenn Sie mit dem Befehl **Pfadkontur füllen** (Seite 662) einen Pfad nachmalen, können Sie den ZEICHENSTIFT-DRUCK SIMULIEREN: Photoshop variiert über die Pfadstrecke hin diejenigen Stricheigenschaften, die Sie in den STEUERUNG-Klappmenüs der Werkzeugspitzenpalette auf ZEICHENSTIFT-DRUCK gestellt haben – zum Beispiel Durchmesser, Farbe oder Strukturtiefe (siehe Abbildung 8.30).

Deckkraft

Die DECKKRAFT des Malstrichs stellen Sie direkt in der Optionenleiste zum Mal- oder Retuschewerkzeug ein. Sofern ein solches Werkzeug aktiviert ist und der Mauszeiger nicht im Datenfeld einer Palette blinkt, tippen Sie schlicht eine einstellige »5«, um die Deckkraft auf 50 Prozent zu senken, oder »33« für ebendiese Deckkraft. Mit »0« gelangen Sie wieder zur vollen 100-Prozent-Deckung.

Im Bereich ANDERE EINSTELLUNGEN bietet die Werkzeugspitzenpalette STEUERUNG und JITTER für die DECKKRAFT. Per JITTER machen Sie die Deckkraft vom Zufall abhängig, per STEUERUNG ändert sich die Deckkraft zum Beispiel je nach Strichlänge oder abhängig vom Grafikstift (siehe oben).

Werkzeugspitzen	Kapitel 8

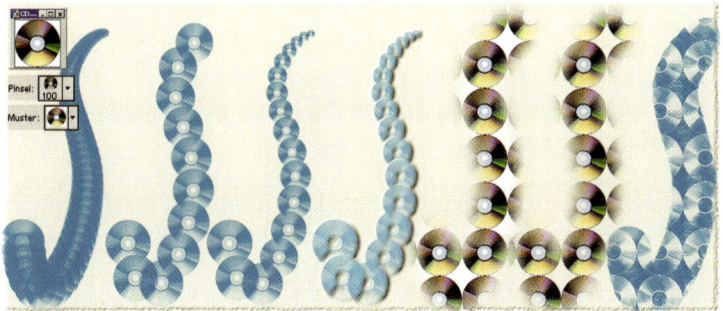

Abbildung 8.30:
Eine CD wird als Werkzeugspitze und als Muster festgelegt; bei der Werkzeugspitze verwenden wir in der Auswahl nicht den weißen Hintergrund, das Muster entsteht dagegen zwangsläufig mit weißer Hintergrundfläche. Wir beginnen mit Pinselfunktionen. 1: Geringer »Malabstand« mit einem »Verblassen«-Wert von 60 für die »Größe« führt zu einem kompletten Übergang zwischen den möglichen Extremwerten der Größe. 2: Hoher »Malabstand«, wiederum mit einem »Verblassen«-Wert 60, erzeugt kaum eine Veränderung zum Ende des Strichs, da auf der verwendeten Malstrecke nur genau elf Malpunkte entstehen. 3: Unverändert hoher »Malabstand«, jetzt aber mit einer »Verblassen«-Vorgabe von 19, lässt den Malpunkt zu einem Nichts schrumpfen. 4: Mit Ebenen-Effekten. 5: Muster-Stempel. 6: Muster-Stempel mit Ausblendung von Weiß in den Fülloptionen. 7: Pinsel mit »Struktur«. Vorlagen: CD, Striche.

Durchmesser

Den Durchmesser der Werkzeugspitze verändern Sie zum Teil einfach durch Wechsel zu einer anderen Spitze. Alternativ verschieben Sie den DURCHMESSER-Regler, den Sie auch in der vereinfachten Werkzeugspitzenpalette nach Rechtsklick mit einem Mal- oder Retuschewerkzeug erhalten.

Frei geformte Werkzeugspitzen – also auch die selbst definierten Spitzen – tragen nur perfekt auf, wenn Sie die Originalgröße verwenden, außerdem RUNDHEIT und WINKEL nicht verändern. Stellen Sie dagegen andere DURCHMESSER oder WINKEL ein, wirkt der Auftrag leicht unscharf. Die ursprüngliche unveränderte Größe richten Sie bequem mit einem Klick auf die Schaltfläche AUFNAHMEBEREICH VERWENDEN ein; allerdings werden Rundheit und Winkel nicht zurückgesetzt – dafür klicken Sie erst eine andere Spitze an, dann kehren Sie zur ursprünglichen Spitze zurück. Für runde und elliptische Standard-Werkzeugspitzen bietet Photoshop diese Möglichkeit nicht an, weil sie in jeder beliebigen Größe volle Präzision bieten.

Den Durchmesser steuern Sie direkt im Bereich WERKZEUGSPITZENFORM der Werkzeugspitzenpalette oder auch in der Basispalette, die Sie per Kontextmenü erhalten. Diese zusätzlichen Möglichkeiten bieten sich im Bereich FORMEIGENSCHAFTEN:

- Sollen einzelne Malpunkte (Spuren) unterschiedlich groß ausfallen, heben Sie den Wert GRÖSSEN-JITTER an.

- Soll der Strich über die Länge hin gleichmäßig schrumpfen, stellen Sie die STEUERUNG unter dem GRÖSSEN-JITTER auf VERBLASSEN (siehe oben) und wählen Sie eine Pixel-Distanz zwischen voller Größe und Mindestmaß. Die Größe, die nicht mehr unterschritten werden soll, bestimmt der Regler MINDESTDURCHMESSER. Sofern Sie die Größen-STEUERUNG per ZEICHENSTIFT-SCHRÄGSTELLUNG gewählt haben, steht zudem der Regler NEIGUNGSGRÖSSE zur Verfügung.

Kantenschärfe

Die KANTENSCHÄRFE bestimmt, wie stark die Werkzeugspitze zu den Rändern hin aufweicht und dort nur noch schwache Wirkung zeigt. Je kleiner der Wert, desto diffuser der Rand. Photoshop bietet diese Option nur für runde oder elliptische Standard-Werkzeugspitzen, nicht jedoch für freie (»aufgenommene«) Formen.

Selbst bei 100 Prozent Kantenschärfe erhalten Sie mit üblichen runden Werkzeugspitzen noch eine hauchdünne Kantenglättung. Knallharte Ränder ohne jeglichen halbtransparenten Übergang produziert Photoshop nur mit rechteckigen Werkzeugspitzen oder mit dem Buntstift . Das Menü zur Werkzeugspitzen-Bibliothek bietet die **Quadratischen Spitzen** an.

Steuerung per Tastatur

Mit [.]- und [,]-Taste verkleinern oder vergrößern Sie die Breite einer Werkzeugspitze. Zusätzlich können Sie bei Werkzeugspitzen der Typen RUND HART, RUND WEICH und bei den elliptischen Pinseln der Bibliothek »Kalligraphie« die Kantenschärfe mit [⇧]+[.]-Taste erhöhen oder mit [⇧]+[,]-Taste verringern.

Bearbeitung der Strichkanten

Einige Optionen der Werkzeugspitzenpalette wirken sich speziell auf die Kanten des Malstrichs aus:

- Die Option NASSE KANTEN simuliert Aquarellfarben – der Pinsel trägt innen leicht transparent auf und erreicht nur an den Rändern volle Deckkraft.

- Die Photoshop-Option AIRBRUSH finden Sie mit gleicher Wirkung auch als Schaltfläche in den Pinsel-Optionen. Wenn Sie den Bildschirmzeiger nicht bewegen und die Maus- oder `Grafikstift`-Taste gedrückt halten, sorgt diese Option dafür, dass die Farbe sich immer breiter ausdehnt. ImageReady führt den Airbrush als eigenes Werkzeug, nicht nur als Pinsel-Option.

- Die Vorgabe STÖRUNG bringt ein unregelmäßiges Streuselmuster in die halbdeckenden Bereiche einer Werkzeugspitze mit Grautönen, also zum Beispiel auch in Werkzeugspitzen mit geringer KANTENSCHÄRFE.

- Die Option GLÄTTUNG soll für glattere Kurven bei schnellen Malstrichen sorgen.

Die Form der gerundeten Werkzeugspitzen

Die runden Werkzeugspitzen steuern Sie im Bereich WERKZEUGSPITZENFORM so:

- Der WINKEL verrät, wie schräg die Spitze ausfällt. Sie können den Wert eintippen oder direkt die Achse im Vorschaufeld an den Griffpunkten verdrehen. Eine schräge, elliptische Spitze eignet sich für kalligrafische Effekte, sofern die Strichrichtung variiert.

- Als RUNDHEIT tippen Sie ein, ob Sie einen Kreis (100%) oder eine mehr oder weniger schmale Ellipse wollen. Die Vorschau lässt sich direkt an den zwei schwarzen Griffpunkten zurechtstauchen.

Werkzeugspitzen   Kapitel 8

▸ Für WINKEL wie auch RUNDHEIT bietet Photoshop im Bereich FORMEIGENSCHAFTEN den JITTER-Regler und STEUERUNG-Klappmenüs. Per JITTER machen Sie die Eigenschaften vom Zufall abhängig, per STEUERUNG variieren die Eigenschaften zum Beispiel je nach Strichlänge oder abhängig vom Grafikstift (siehe oben). Sie legen zusätzlich eine MINDESTRUNDHEIT fest, so dass die Werkzeugspitzen nicht unbedingt extrem schmal ausfällt.

Abbildung 8.31:
Links: Der Stift des Grafiktabletts steuert den Mauszeiger, Andruck oder Neigungswinkel beeinflussen Strichbreite oder Deckkraft.
Rechts: Relativ neu sind Monitore, auf die man unmittelbar malen kann.
Fotos: Wacom

Malabstand

Der MALABSTAND, sofern angekreuzt im Bereich WERKZEUGSPITZENFORM, reguliert die Dichte des Auftrags über die Länge des Pinselstrichs hinweg. Geben Sie hohe Werte ein, gerät der Strich sprenkelig, da mehr Pixel frei bleiben; niedrige Werte erzeugen einen durchgehenden Strich. Pinseln Sie zum Beispiel mit einem Logo, ist ein hoher Abstand wichtig, damit die Einzelbilder nicht ineinander laufen. Ist die Option abgewählt, hängt der Malabstand von der Mausbewegung ab: Je schneller Sie ziehen, umso löchriger wird die Linie.

Streuung

Wählen Sie in der Werkzeugspitzenpalette den Bereich STREUUNG mit dem gleichnamigen Regler. Sie legen hier fest, ob Photoshop einzelne Farbpunkte (Spuren) quasi »daneben« streut. Zunächst verteilen sich die Malpunkte senkrecht von der Strichrichtung weg, mit der Vorgabe BEIDE ACHSEN erreichen Sie eine strahlenförmige Streuung. Niedrige Werte führen eher zu einem leicht ausgefransten Strich, hohe Werte verteilen die Malspuren fast frei über dem Bild.

Die Zahl der verwendeten Punkte bestimmt der ANZAHL-Regler, die Sie per ANZAHL-JITTER und per STEUERUNG vom Zufall, von der Strichlänge oder vom Grafikstift abhängig machen. Auch bei der DUALEN WERKZEUGSPITZE legen Sie eine STREUUNG fest.

TIPP: Wie dicht die einzelnen Malpunkte bei der STREUUNG aufeinander folgen, regelt der MALABSTAND aus dem Bereich WERKZEUGSPITZENFORM.

Abbildung 8.32:
Der Strich ganz links entstand mit runder Werkzeugspitze und geringer Kantenschärfe. Rechts davon sehen Sie Variationen. 2: Nasse Kante; 3: Störungen; 4: Nasse Kante und Störungen; 5: Struktur; 6: Reparaturpinsel mit »Muster«-Option; 7: Muster-Stempel. Vorlage: Striche

Struktur

Mit dem STRUKTUR-Bereich weben Sie eine Textur oder ein Oberflächenrelief in den Farbauftrag ein. Sie greifen dabei auf die übliche Musterbibliothek zurück. Wie auch bei der MUSTER-Füllebene oder dem Effekt MUSTERÜBERLAGERUNG können Sie das Muster skalieren oder umkehren. Dazu bietet Photoshop eine Reihe von meist abdunkelnden Füllmethoden (Seite 730), starten Sie mit MULTIPLIZIEREN; HARTE MISCHUNG führt zu normalem, unstrukturiertem Farbauftrag.

Nur wenn Sie JEDE SPITZE MIT STRUKTUR VERSEHEN, stehen die TIEFE-Regler zur Verfügung. Hohe TIEFE-Werte arbeiten die Struktur besonders deutlich heraus. Der Regler TIEFEN-JITTER bestimmt, wie stark die Tiefe variieren darf. Wenn Sie in der STEUERUNG das VERBLASSEN wählen, hängt die Tiefe von der Länge des Pinselstrichs ab, alternativ kontrollieren Sie die Tiefe durch den ZEICHENSTIFT-DRUCK oder andere Grafiktablett-Funktionen (siehe oben). Sofern Sie eine dieser STEUERUNG-Vorgaben nutzen, legen Sie zusätzlich eine MINDESTTIEFE fest, die Photoshop nicht unterschreitet.

TIPP: Auch der Reparaturpinsel trägt Muster sehr wirkungsvoll auf.

Strukturen schützen und übertragen

Wollen Sie verschiedene Werkzeugspitzen mit einheitlicher Struktur verwenden? Dann nutzen Sie die Option STRUKTUR SCHÜTZEN unten links in der Werkzeugspitzenpalette. Damit simulieren Sie trotz Wechsel der Werkzeugspitze eine einheitliche Materialstruktur.

Sie können das aktuelle Muster zudem auf alle anderen Werkzeuge übertragen, die Strukturen unterstützen, darunter Kopierstempel, Musterstempel oder Protokollpinsel. Dazu öffnen Sie das Menü zur Werkzeugspitzenpalette mit der Dreieck-Schaltfläche und wählen **Struktur in andere Werkzeuge kopieren**.

Werkzeugspitzen   Kapitel 8

Duale Werkzeugspitze

Zeigen Sie eine zweite Werkzeugspitze innerhalb der Umrisse der ersten Spitze. Spitze 1 ist die aktuelle, normale Werkzeugspitze, die Sie zum Beispiel im Bereich WERKZEUGSPITZEN-FORM der Werkzeugspitzenpalette auswählen. Nehmen Sie zum Beispiel eine runde, harte Spitze mit 60 Pixeln Durchmesser. Im Bereich DUALE WERKZEUGSPITZE legen Sie nun Spitze 2 fest, zum Beispiel eine 20-Pixel-Ellipse. Anschließend malen Sie mit 20-Pixel-Ellipsen, die sich nur innerhalb der 60-Pixel-Breite von der Spitze ausdehnen.

Wie dicht die inneren Malspuren der zweiten Werkzeugspitze aufeinander folgen, bestimmen ABSTAND- und ANZAHL-Regler. Die Verteilung der Punkte in die Fläche des Bildes hinein legen Sie per STREUUNG fest – aber die Malpunkte werden sich nicht über die Umrisse der Spitze 1 hinaus ausdehnen.

Farbeinstellungen

Im Bereich FARBEINSTELLUNGEN regeln Sie die gewünschte Schwankung des Tonwerts. Für einige Werkzeuge wie Musterstempel, Kopierstempel oder Protokollpinsel steht dieser Bereich nicht zur Verfügung. So verändert sich die Farbe:

➡ Ein hoher Wert für VORDERGRUND-/HINTERGRUND-JITTER lässt den Pinselstrich zwischen Vorder- und Hintergrundfarbe schwanken.

➡ Per STEUERUNG machen Sie die Entscheidung für Vorder- oder Hintergrundfarbe zum Beispiel von der Strichlänge (VERBLASSEN) oder vom Grafiktablett abhängig (siehe oben). Dabei erhalten Sie einen Farbverlauf.

➡ Ein hoher Wert für FARBTON-JITTER führt zu freien, bunten Farbschwankungen.

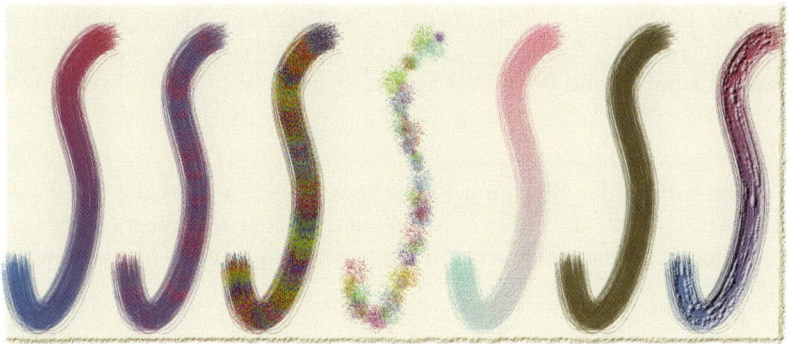

Abbildung 8.33:
1: Verblassen mit Vordergrund-/Hintergrundfarbe, kein Jitter; 2: Jitter mit Vordergrund-/Hintergrundfarbe, kein Verblassen; 3: Farbton-Jitter; 4: hoher Malabstand, geringe Streuung, Größen-Jitter, Farbton-Jitter, keine Störung; 5: Variante 1 mit Füllmethode »Farbig nachbelichten«; 6: Variante 1 mit Füllmethode »Luminanz«; 7: Variante 1 mit Ebeneneffekt »Abgeflachte Kante« und den Vorgaben »Weich meißeln« und »Glanzkontur«. Vorlage: Striche

Weitere Möglichkeiten: Die Farbsättigung schwankt mit hohen Vorgaben für SÄTTIGUNGS-JITTER. Der Regler REINHEIT setzt die Farbsättigung dauerhaft hoch oder herunter – unabhängig von der aktuellen Vordergrundfarbe. HELLIGKEITS-JITTER bringt Zufälligkeit in die Helligkeit des Pinselstrichs.

8.5 Mal- und Retuschewerkzeuge

Malwerkzeuge wie Pinsel oder Buntstift erzeugen in der Grundeinstellung Striche in der aktuellen Vordergrundfarbe. ImageReady bietet weniger Mal- und Retuschemöglichkeiten von Photoshop. Wir konzentrieren uns also im Folgenden allein auf Photoshop.

8.5.1 Allgemeine Optionen

Mit Pinsel , Buntstift und Musterstempel malen Sie neue Farben ins Bild; Abwedler (Aufheller), Scharfzeichner , Wischfinger , Schwamm und Nachbelichter (Abdunkler) »modeln« eher vorhandene Pixel um. Kopierstempel , Reparaturpinsel Reparapinsel und Ausbessern-Werkzeug behandeln wir im nächsten Hauptabschnitt.

Zahlreiche Einstellungen und Kurztasten gleichen sich bei allen Mal- und Retuschewerkzeugen: Zum einen arbeiten alle Stifte & Co. mit den Vorgaben aus der Werkzeugspitzenpalette; zum anderen ähneln sich die Einstellmöglichkeiten in der Optionenleiste. Die folgenden Tipps erleichtern die Arbeit mit den Werkzeugen.

Darstellung

Alle Mal- und Retuschewerkzeuge stellt Photoshop auf unterschiedliche Art über der Bilddatei dar: als Werkzeugsymbol, als Fadenkreuz oder – am besten – als Konturlinie in der Originalgröße der gewählten Werkzeugspitze. Wie Photoshop das Werkzeug anzeigt, regeln Sie in den »Voreinstellungen« (Strg+K, dann Strg+3). Auch die -Taste wechselt zwischen den Anzeigearten Fadenkreuz und Größe der Spitze.

Gerade Verbindung

Zu den universellen Kurzschaltern der Mal- und Retuschewerkzeuge gehört die -Taste: Sie klicken einen Farbtupfer ins Bild, lassen die Maus los und klicken andernorts erneut mit gedrückter -Taste – Photoshop wird die zwei Punkte mit einer geraden Linie verbinden. Klicken und -Ziehen führt zum gleichen Ziel.

Wechsel zu Pipette und Farbaufnehmer-Werkzeug

Eine Alt-Taste beim Malwerkzeug wechselt vorübergehend zur Pipette , mit der Sie eine neue Vordergrundfarbe aus dem Bild aufgreifen können. Sobald Sie die Alt-Taste freigeben, können Sie mit dem neuen Tonwert malen (Seite 485). Alt+ verhilft zeitweilig zum Farbaufnehmer-Werkzeug (Seite 109).

Mal- und Retuschewerkzeuge

Wechsel per Kurztaste

Alle Werkzeuge lassen sich am schnellsten per Kurztaste einschalten, zum Beispiel B wie Brush für den Pinsel, S für die Stempel. Werkzeuge, die sich ein Fach in der Werkzeugleiste teilen, etwa Pinsel und Buntstift, haben auch eine gemeinsame Kurztaste. Per ⇧+B wechseln Sie dann beispielsweise zwischen Pinsel und Buntstift, sofern Sie dies nicht in den **Voreinstellungen** mit der Option UMSCHALTTASTE FÜR ANDERES WERKZEUG geändert haben.

Deckkraft und Überblendverfahren

Für die meisten Malgeräte regeln Sie außerdem DECKKRAFT, DRUCK oder BELICHTUNG – je niedriger der Wert, der zwischen 1 und 100 liegen kann, desto geringer die Wirkung des Werkzeugs. Diese Werte lassen sich auch über die Zifferntasten einstellen – »1« steht für den niedrigen Wert »10«, »2« für 20, »0« für 100. Sie können aber auch präzise Vorgaben wie »53« machen. (Sofern Sie kein Mal- oder Retuschewerkzeug aktiviert haben und sofern der Cursor nicht im Dateneingabefeld einer Palette blinkt, ändern diese Tastengriffe die Deckkraft der aktuellen Ebene.)

> *Sie müssen sich nicht von vornherein mit Deckkraft und Überlendverfahren festlegen. Malen Sie stattdessen auf einer neuen Ebene mit voller Deckkraft und NORMAL-Modus. Anschließend testen Sie verschiedene Deckkraft- und Überblendeinstellungen für diese Ebene. Dabei bleibt das ursprüngliche Motiv unverändert erhalten.*

Ebenentechnik

Sofern Sie an einem Bild mit mehreren Ebenen arbeiten: Bei Wischfinger, Weichzeichner und Scharfzeichner wie auch bei den Stempeln malen Sie zunächst nur auf der gewählten aktiven Ebene. Möchten Sie aber Pixel aus einer Ebene in die andere kopieren oder wischen, dann weisen Sie Photoshop in den Werkzeugoptionen an, dass er ALLE EBENEN EINBEZIEHEN muss (siehe Abbildung 8.34).

Transparente Bereiche

Malen Sie auf einer Ebene mit transparenten Bereichen ohne jede Pixel, dann beachten Sie die Option TRANSPARENTE PIXEL FIXIEREN in der Ebenenpalette. Wollen Sie in der gesamten Ebene einschließlich transparenter Zonen malen, wählen Sie diese Option ab. Ist diese Vorgabe dagegen eingeschaltet, können Sie nur bereits eingefärbte Bildteile anstreichen, aber keine neue Farbe in leere Zonen bringen (Seite 710). Der Mischmodus DAHINTER malt umgekehrt ausschließlich in transparente Bildbereiche, steht aber nur für wenige Werkzeuge zur Verfügung.

Abbildung 8.34:
Aus Neu mach Alt: Der Rand zu dieser Illustration wurde mit verschiedenen »aufgenommenen«, also ungleichmäßigen Werkzeugspitzen bei wechselnder Deckkraft aufgetragen. Die Kratzer haben wir mit dem Buntstift erzeugt. Außerdem wurde die Vorlage entfärbt, mit dem Strukturierungsfilter »Körnung« bearbeitet, weichgezeichnet und mit der »Färben«-Option des Befehls »Farbton/Sättigung« koloriert. Vorlage: Nostalgie; Ergebnis: Nostalgie_2

Fluss

Der FLUSS-Regler in den Optionen von Pinsel, Muster-Stempel und Protokollpinsel steuert, wie schnell das Werkzeug Farbe aufträgt. Niedrige Werte führen dazu, dass der Pinselstrich an den Rändern ausbleicht und auch im Zentrum nicht sofort volle Deckkraft erreicht. Malen Sie mehrfach übereinander, wird der Farbauftrag kräftiger, ohne dass Sie zwischenzeitlich die Taste an Maus oder Grafikstift loslassen müssten.

Niedrige FLUSS-Werte verstärken den Eindruck »natürlichen« Malens und harmonieren gut mit der Vorgabe NASSE KANTEN aus der Werkzeugspitzenpalette. Im Bereich ANDERE EINSTELLUNGEN der Werkzeugspitzenpalette finden Sie JITTER und STEUERUNG für den FLUSS. Sie können diese Eigenschaft also vom Zufall, von der Strichlänge oder vom Grafikstift abhängig machen (siehe oben).

Malen nach Pfaden

Mit der Pfadpalette definieren Sie einen Pfad, an dem sich Mal- oder Retuschewerkzeuge mit beliebigen Einstellungen und Malmodi entlangarbeiten. Sie müssen dann nicht immer aufs Pixel genau zielen, sondern lassen nach Erstellung des Pfads nur noch kommod die **Pfadkontur füllen** (Seite 662).

Mal- und Retuschewerkzeuge Kapitel 8

TIPP

*Nutzen Sie im Dialogfeld zum Befehl **Pfadkontur füllen** die Option* DRUCK SIMULIEREN. *Photoshop variiert über die Pfadstrecke hin diejenigen Stricheigenschaften, die Sie in den* STEUERUNG-*Klappmenüs der Werkzeugspitzenpalette auf* ZEICHENSTIFT-DRUCK *gestellt haben – so verändern sich beispielsweise über die Pfadlänge hin Größe, Farbe oder Tiefe der Struktur.*

8.5.2 Standard-Malwerkzeuge

Wollen Sie Farbe aufbringen, stehen die folgenden Standardwerkzeuge zur Verfügung.

Pinsel

Der Pinsel (Kurztaste B, für Brush) heißt bei Photoshop teils auch tiefsinnig »Werkzeugspitzen-Werkzeug«; die Funktion erzeugt Striche mit geglätteter oder weicher Kante – in der Regel das beste Malwerkzeug. Verwenden Sie den Pinsel mit einer Werkzeugspitze von 100 Prozent Kantenschärfe, um eine geglättete Auswahlkontur im Alphakanal zu retuschieren. Soll der Pinsel absolut hart auftragen, laden Sie die rechteckigen Werkzeugspitzen oder verwenden Sie gleich den Buntstift .

TIPP

Wollen Sie Motivteile aus einer Bildfassung, die in der Protokollpalette noch zugänglich ist, mit künstlerischem Touch aufs Bild malen, verwenden Sie den Kunst-Protokollpinsel (Seite 105).

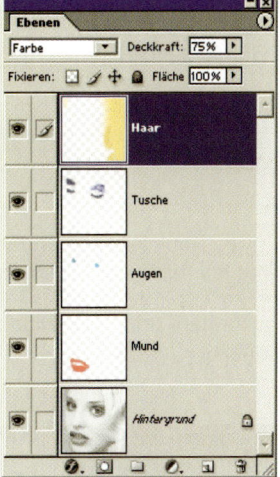

Abbildung 8.35:
Das Graustufenbild wurde in den RGB-Modus verwandelt, dann haben wir die Kolorierung auf neuen Ebenen jeweils mit der Füllmethode »Farbe« oder »Ineinanderkopieren« aufgetragen. Sie können jedes Element einzeln korrigieren oder umfärben, die Wirkung lässt sich mit »Deckkraft«-Regler, Einstellebenen oder Ebenenmasken weiter steuern, das Graustufenbild auf der Hintergrundebene wird nicht verändert. Vorlage: Tina; Ergebnis: Tina_2

Kapitel 8   Füllen, Malen, Retuschieren

Buntstift

Der Buntstift (Kurztaste [B]) teilt sich ein Fach der Werkzeugleiste mit dem Pinsel. Der Buntstift erzeugt scharfkantige, freie Linien oder Figuren ohne jeden geglätteten Rand. Mit ihm lässt sich AUTOMATISCH LÖSCHEN, also die Vordergrund- durch die Hintergrundfarbe austauschen. Kommt ihm jedoch keine Vordergrundfarbe unter, setzt der Buntstift die Vordergrundfarbe ein.

Der Buntstift wird vor allem bei Bitmap-Bildern verwendet, die per definitionem auf schwarze und weiße Bildpunkte beschränkt sind. Aber auch bei anderen hart konturierten Grafiken ohne Kantenglättung eignet er sich zur Retusche.

8.5.3 Übersicht: Welcher Malmodus für welchen Zweck

Einige Überblendverfahren werden bei der Arbeit mit Malwerkzeugen besonders häufig verwendet:

Aufgabe	Lösung
»Künstlerisch« malen	u.a. Füllmethode NORMAL, Deckkraft-Jitter, Größen-Jitter, NASSE KANTE, auch Füllmethoden MULTIPLIZIEREN oder HARTES LICHT, spezielle Werkzeugspitzen laden, zum Beispiel »Pinsel für nasse Farben«
Einen Bildteil umfärben und die Struktur erhalten	Füllmethode FARBTON, FARBE oder FARBIG NACHBELICHTEN
Graustufenbild kolorieren	Füllmethode FARBE, für stärkere Wirkung evtl. INEINANDERKOPIEREN; vorher Vorlage in Farbmodus verwandeln
Einem Bildteil eine neue Struktur geben	Füllmethode LUMINANZ und Musterstempel stem-mus, Pinsel mit STRUKTUR-Vorgabe in Werkzeugspitzenpalette oder Reparaturpinsel mit MUSTER-Option
»kreativer«, lebendiger Farbauftrag mit interessanter Mischung	LICHT-, ABWEDELN- oder NACHBELICHTEN-Füllmethoden
Schatten- und Überdeckungseffekte	Füllmethode MULTIPLIZIEREN oder ABDUNKELN

Abbildung 8.36:
Soll die Struktur unter dem Farbauftrag erhalten bleiben, arbeitet man mit dem Modus »Farbe« oder »Farbton« (links). Wird dagegen eine Farbfläche mit einer Struktur aufgeraut, verwendet man »Luminanz«, hier mit Musterstempel.

8.5.4 Musterstempel

Insgesamt gibt es zwei Stempelvarianten. Sie verteilen sich auf zwei Werkzeuge, die wiederum im selben Fach der Werkzeugleiste lagern:

➡ Der Kopierstempel dupliziert Bildpunkte von einer Stelle des Bildes an eine andere.

➡ Der Musterstempel pinselt ein zuvor definiertes Muster ins Bild.

Hier geht es um den Musterstempel. Dieses Werkzeug pinselt einen Bildteil auf, den Sie zuvor als »Muster« definiert haben. Dies kann eine diffus strukturierte Oberfläche sein, aber auch ein Logo oder ein Schriftzug. Der Reparaturpinsel mit der Vorgabe MUSTER (siehe unten) blendet Muster direkt in den Untergrund ein.

Abbildung 8.37:
Kopierstempel und Musterstempel teilen sich ein Fach in der Werkzeugleiste.

Kontext

Beachten Sie im Zusammenhang mit dem Musterstempel auch folgende Passagen im Buch:

➡ Kopierstempel und Reparaturpinsel besprechen wir ab Seite 531.

➡ Um die Verwaltung Ihrer Muster als »Vorgaben« in der Musterbibliothek geht es ab Seite 492.

➡ Bibliotheken und Vorgaben allgemein diskutieren wir ab Seite 62.

➡ Wie Sie eigene, nahtlos kombinierbare Muster-»Kacheln« entwerfen, erfahren Sie ab Seite 27.

➡ Alles über die angebotenen Füllmethoden lesen Sie ab Seite 730.

➡ Die Wahl der richtigen Werkzeugspitze erläutert der Abschnitt ab Seite 507.

➡ Alternative Funktionen: das Füllwerkzeug (Seite 496), der Befehl **Bearbeiten: Fläche füllen** (Seite 498), der Ebeneneffekt MUSTERÜBERLAGERUNG (Seite 759), Füllebenen mit MUSTER-Vorgabe (Seite 784).

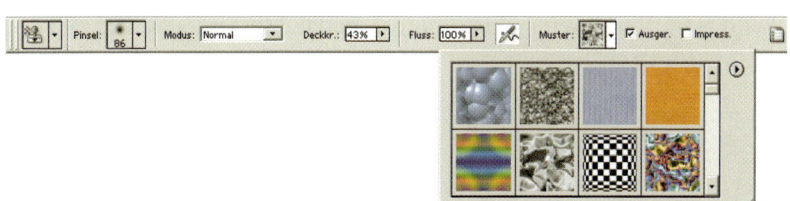

Abbildung 8.38:
Der Musterstempel trägt zuvor aufgenommene Bildbereiche auf.

Kapitel 8   Füllen, Malen, Retuschieren

Anwendung

So arbeiten Sie mit dem Musterstempel :

1. Wählen Sie in den Optionen ein Muster aus. Eventuell müssen Sie erst ein neues Muster festlegen.
2. Stellen Sie sicher, dass keine Auswahl im Bild ist, die die Ausbreitung Ihres Musters eingrenzen würde.
3. Tragen Sie das Muster mit gedrückter Maustaste auf.

Dabei haben Sie die Wahl zwischen zwei Musteroptionen. Der Unterschied zeigt sich erst, wenn Sie die Maustaste loslassen und neu ansetzen.

Mit Option »Ausgerichtet«

Wenn Sie AUSGERICHTET Muster aufstempeln, bedeutet dies: Sie pinseln stets eine komplette Musterkachel neben die andere. Auch wenn Sie zwischendurch loslassen und den Zeiger beliebig bewegen, werden Sie immer haarscharf eine Musterkachel neben die andere setzen, nie werden sich zwei Kacheln überlagern.

Mit dieser Option pinseln Sie Logos oder Schriftzüge auf, ohne dass sie sich überlappen. Tragen Sie einen strukturierten Hintergrund auf, der keine konkreten Elemente trägt, erhalten Sie schnell unerwünschte harte Kanten zwischen den einzelnen Kacheln; es sei denn, Sie definierten einen Musterbaustein, der sich wirklich nahtlos mehrfach aneinander setzen lässt (siehe oben »Übung: Nahtloses Muster«).

Abbildung 8.39:
Links: Die Option »ausgerichtet« setzt eine Musterkachel sauber neben die andere, auch nach Loslassen und Neu-Ansetzen. Sie erhalten jedoch harte Übergänge an den Rändern der Musterbausteine, sofern Sie nicht ein nahtlos kombinierbares Motiv verwenden. Rechts: Wenn Sie die Option »Ausgerichtet« abschalten, überlagern sich die einzelnen Musterbausteine, sobald Sie absetzen und neu beginnen.

Ohne Option »Ausgerichtet«

Wenn Sie die Option AUSGERICHTET nicht verwenden, funktioniert das Werkzeug wie folgt: Sobald Sie den Musterstempel einmal loslassen und neu ansetzen, werden sich die zwei Kacheln überlagern. Bei diesem Verfahren ordnet Photoshop das Muster jedes Mal neu um die Mitte der Werkzeugspitze herum an.

Diese Option ist sinnvoll, wenn Sie nur eine Hintergrundstruktur stempeln, die möglichst nicht verdächtig regelmäßig wirken soll. Weiche Werkzeugspitzen unterstützen unauffälligen Musterauftrag. Mitunter ersetzt das Auftragen eines Musters auch die Retusche mit der KOPIE-Option, sofern das Motiv nur wenig Fläche zum Kopieren bietet.

Alternativen

Nicht immer sollte man sich die Feinarbeit mit dem Musterstempel antun. Denken Sie daran, dass Sie ein »Muster« jederzeit auch mit dem Füllwerkzeug, mit dem Befehl **Fläche füllen**, mit dem Ebeneneffekt MUSTERÜBERLAGERUNG und in Verbindung mit einer Füllebene aufbringen können. Einzelne Bereiche lassen sich immer noch mit Ebenenmasken oder Vektormasken verbergen. Die Werkzeugspitzenpalette bietet den Bereich STRUKTUR zum Beispiel auch für den üblichen Pinsel, der Reparaturpinse webt MUSTER direkt in den Untergrund.

8.5.5 Retuschewerkzeuge (Übersicht)

Mit den Retuschewerkzeugen tragen Sie keine Vordergrundfarbe auf, stattdessen verändern Sie vorhandene Bildpunkte. Es handelt sich um die Werkzeuge Wischfinger, Radiergummi, Abwedler, Nachbelichter abdunkler, Schwamm (also Aufheller, Abdunkler, Entsättiger), Scharfzeichner, Weichzeichner und Wischfinger. Weichzeichner und Scharfzeichner sowie Aufheller und Abdunkler funktionieren nicht in Bildern mit indizierten Farben oder im schwarzweißen Bitmap-Modus. Kopierstempel, Reparaturpinsel und Ausbessern-Werkzeug behandeln wir im nächsten Hauptabschnitt.

Bei Wischfinger, Weich- und Scharfzeichner malen Sie zunächst nur auf der aktiven Ebene. Klicken Sie in den jeweiligen Werkzeugoptionen an, dass Sie ALLE EBENEN EINBEZIEHEN wollen, um etwa Pixel aus allen Ebenen unter dem Mauszeiger zu bearbeiten. Abwedler, Nachbelichter und Schwamm bieten die AIRBRUSH-Option.

Denken Sie aber auch daran: Alle Retuschetools sind im Grunde nur bewegliche Filter, die Werkzeugspitze dient als mausgeführter Auswahlbereich. Oft ist es einfacher, einen Bildteil mit Lasso und Zauberstab auszuwählen und dann einen Scharfzeichnerfilter oder den Helligkeitsregler darauf anzuwenden, als den Ausschnitt mit Schärfe- oder Aufhellerpinsel zu traktieren. Noch komfortabler: Legen Sie zwei identische Ebenen übereinander. Korrigieren Sie die untere mit dem gewünschten **Filter**- oder **Einstellungen**-Befehl. Dann pinseln Sie per Radiergummi oder Ebenenmaske pixelgenau Löcher dorthin in die obere Ebene, wo sich die Retusche letztlich zeigen soll.

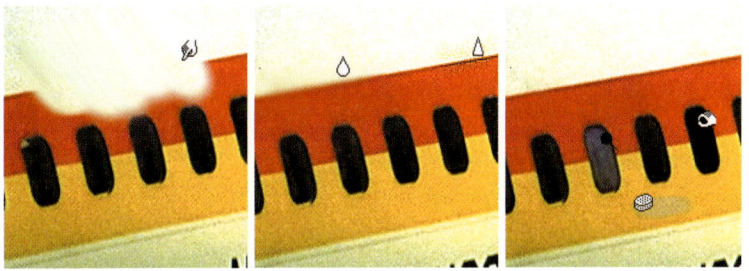

Abbildung 8.40:
Links: Mit dem Wischfinger ziehen Sie Farbe durch das Bild. Mitte: Weichzeichner und Scharfzeichner schwächen bzw. erhöhen den Kontrast an Konturen. Rechts: Der Abwedler (Aufheller) macht das Bild örtlich heller, der Nachbelichter (Abdunkler) dunkler, der Schwamm senkt oder erhöht die Farbsättigung.

8.5.6 Wischfinger

Der Wischfinger siedelt im selben Fach der Werkzeugleiste wie Scharfzeichner und Weichzeichner und teilt sich mit diesen die Kurztaste `R` (für Blur). Er simuliert den Effekt eines Fingers, der durch nasse Farbe gezogen wird. Der Wischfinger verschiebt die Farbe in Richtung der Mausbewegung. Photoshop bietet variablen DRUCK, wenn Sie ein druckempfindliches Grafiktablett einsetzen. Ohne diese Option eignet sich der Wischfinger etwa, um harte Kanten zwischen montierten Bildteilen zu verwischen – fangen Sie stets mit niedrigem Druck an. Natürlich eignet er sich auch für künstlerische Ambitionen.

Die Option FINGERFARBE lässt jedes Wischmanöver mit der Vordergrundfarbe beginnen. Damit kann man handgemalte Hintergründe erzeugen. Um nur vorübergehend mit FINGERFARBE zu malen, drücken Sie die `Alt`-Taste.

8.5.7 Weichzeichner, Scharfzeichner

Weichzeichner und Scharfzeichner verringern bzw. erhöhen den Kontrast zwischen Konturlinien und erzeugen so mehr oder weniger Schärfe im Bild (Kurztaste `R`, für Blur). Die beiden Werkzeuge teilen sich mit dem Wischfinger ein Abteil der Werkzeugleiste; durch `Alt`-Klick auf dieses Fach oder durch längeren Klick auf das kleine Dreieck, das das horizontale Werkzeugmenü hervorbringt, wechseln Sie zwischen den Tools. Auch mit dem Weichzeichner lassen sich recht feinfühlig Übergänge nach Montagen glätten. Ist der Untergrund jedoch körnig oder rauh, wird diese Struktur vom Weichzeichner schnell zerstört. Man arbeitet besser mit dem Kopierstempel. Wollen Sie die Übergänge zwischen zwei Ebenen absoften, denken Sie an die Option ALLE EBENEN EINBEZIEHEN. Auch in Alphakanälen macht sich der Weichzeichner nützlich, wenn nur an bestimmten Abschnitten eines Schwarzweißübergangs Graustufen für weiche Auswahlränder sorgen sollen.

Drücken Sie die `Alt`-Taste, während der Scharfzeichner bereits in Gebrauch ist, wechselt Photoshop so lange zum Weichzeichner, bis Sie diese Taste wieder loslassen; umgekehrt können Sie auch vorübergehend das Weichzeichnen zugunsten des Scharfzeichnerpinsels unterbrechen.

*TIPP: Praktischer als Weichzeichner- oder Scharfzeichner-Werkzeuge wirken oft die **Filter**-Befehle für **Scharfzeichnungsfilter** (Seite 839) und **Weichzeichnungsfilter** (Seite 842).*

8.5.8 Abwedler, Nachbelichter, Schwamm

Der Schwamm macht Farben örtlich gesättigter – also reiner, poppiger – oder blasser. Die Werkzeuge, mit denen Sie örtlich aufhellen oder abdunkeln, nennt Photoshop nach Techniken aus der traditionellen Dunkelkammer »Abwedler« (zum Aufhellen) und »Nachbelichter« (zum Nachdunkeln, jeweils Kurztaste `O`, für Dodge Tool).

Aufheller, Abdunkler und Schwamm siedeln auf einer einzigen Schaltfläche. Alt-Klick auf die Fläche wechselt zwischen den Werkzeugen, ebenso das horizontale Werkzeugmenü, das Sie nach Klick auf das kleine Dreieck erhalten. Wenn der Abwedler bereits aktiv ist, wechseln Sie bei gedrückter Alt-Taste vorübergehend zum Nachbelichter und umgekehrt. In der Optionsleiste klicken Sie an, ob Sie die LICHTER, MITTELTÖNE oder die SCHATTEN-Partien eines Bildes in Angriff nehmen.

Abwedler und Nachbelichter

Der Abwedler (Aufheller) leistet zum Beispiel gute Dienste im Augenweiß – nicht nur, wenn die Augen deutlich abgeschattet waren. Allerdings übertreibt man hier leicht und in den Illustrierten blinzeln die Beauties mit weißen Plastikaugen; weniger BELICHTUNG, meine Herren. Auch Zahnstein lässt sich mit dem Aufheller entfernen. Hellen Sie farbige Bildpartien bis hin zum Weiß auf, wenn Sie Glanzlichter setzen möchten – der Abdunkler setzt oder verstärkt Schatten.

Schwamm

Der Schwamm soll unter anderem übersättigte Bereiche so weit blasser machen, dass sie auch in den druckbaren Bereich des CMYK-Farbraums fallen (vergleiche Seite 198). Während Sie den Schwamm anwenden, verschwindet die Alarmfarbe zunehmend. Ebenso bieten die Schwamm-Optionen aber auch eine Verstärkung der Sättigung – wenn Sie eine Farbe herausarbeiten wollen. Allerdings macht es oft mehr Sinn, den fraglichen Bereich zu markieren und mit dem Befehl **Farbton/Sättigung** aufzufrischen; so erreichen Sie eine gleichmäßige Behandlung.

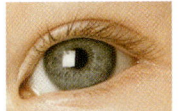 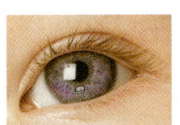 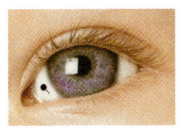

Abbildung 8.41:
Links: Dieses Bild verwenden wir zum Retuschieren. Mitte: Der Schwamm erhöht die Sättigung in der Iris. Rechts: Der Abwedler macht das Augenweiß heller. Datei: Auge

8.5.9 Radiergummi

Der Radiergummi teilt sich die Schaltfläche mit dem Magischen Radiergummi und dem Hintergrund-Radiergummi hintergr-radiergummi. Der Radiergummi (Kurztaste E, für Eraser) trägt Hintergrundfarbe auf, sofern Sie in der Hintergrundebene arbeiten. Damit lockt er keinen hinterm Ofen hervor – genauso gut kann man Vorder- und Hintergrundfarbe mit der Taste X tauschen und die vormalige Hintergrundfarbe als Vordergrundfarbe (Details ab Seite 484) mit dem Pinsel aufbringen. Wichtiger ist: In Ebenen löscht der Radiergummi Bildpunkte. Details zu dieser Verwendung finden Sie im »Ebenen«-Kapitel ab Seite 713.

Zurück zur letzten Version

Beim Radiergummi finden Sie die Option ZURÜCK ZUR LETZTEN VERSION. Damit pinseln Sie bildpunktgenau zu einer beliebigen Version des Bildes zurück, die auf der Protokollpalette verewigt ist. Welche Fassung es sein soll, kennzeichnen Sie in der Protokollpalette durch einen Klick in die Pinsel-Leiste ganz links. Die Option ZURÜCK ZUR LETZTEN VERSION erscheint nicht, wenn in der Protokollpalette keine Vorversion per Pinselsymbol vorgemerkt ist. Damit übernimmt der Radiergummi den Job des Protokollpinsels, sofern ein Bildzustand in der Protokollpalette entsprechend gekennzeichnet ist (Seite 103). Sie haben allerdings nicht die Wahl zwischen verschiedenen Überblendmodi. Um nur vorübergehend ZURÜCK ZUR LETZTEN VERSION zu radieren, drücken Sie die [Alt]-Taste.

Abbildung 8.42:
Bei diesem Bild sind wir von einer schwarzen Hintergrundebene ausgegangen. Die kleinen Sterne wurden mit der Airbrush-Option ins Bild getupft und mit dem Befehl »Filter: Weichzeichnungsfilter: Radialer Weichzeichner« leicht verzerrt. Die geraden Kometenbahnen haben wir mit dem Pinsel bei gedrückter [⇧]-Taste ins Bild gesetzt, so dass Anfangs- und Endpunkt automatisch verbunden wurden. Dabei haben wir in der Werkzeugspitzenpalette vorgegeben, dass der Farbauftrag schmaler und transparenter wird. Die gleichen Einstellungen galten auch für die gebogenen Leuchtspuren; sie entstanden jedoch mit dem Befehl »Pfadkontur füllen« (Seite 662) aus der Pfadpalette. Der Befehl »Filter: Rendering-Filter: Blendenflecke« (Seite 877) erzeugte das Gegenlicht. Ergebnis-Datei: Sterne

8.6 Bildfehler überdecken

In diesem Abschnitt besprechen wir das Entfernen störender Bilddetails – Kratzer, Hautunreinheiten, Stirnfalten, Strommasten oder Ex-Flirts. Dabei nehmen Sie in der Regel brauchbare Bildpunkte aus dem Foto auf und kopieren sie über die Störstelle; zum Beispiel kopieren Sie glatte Haut über einen Pickel, blauen Himmel über einen Hochspannungsmasten.

Abbildung 8.43:
Einsam am Wasser 1: Mit duplizierten Auswahlbereichen, Kopierstempel und Reparaturpinsel entfernen wir den Radfahrer.
Vorlage: Angler; Ergebnis: Angler_2

8.6.1 Verfahren im Überblick

Bei der Fehlerretusche lassen sich prinzipiell drei Verfahren unterscheiden:

➤ Sie wählen einen brauchbaren Bildteil zum Beispiel mit dem Lasso ⌒ bei weicher Auswahlkante aus und ziehen ein Duplikat über die Störstelle.

➤ Sie klicken eine brauchbare Motivpartie mit einem kopierenden Mal-Werkzeug wie dem Kopierstempel 🖋 an und klicken dann in die reparaturbedürftige Zone; auch so überdecken Sie die fehlerhaften Pixel mit den zuerst gewählten Pixeln.

➤ Sie rahmen die Problemzone mit dem Lasso 🔾 ein und wählen den **Filter**-Befehl **Staub und Kratzer entfernen**.

Oft gibt es dabei ein Problem: Die duplizierte, übertragene Bildzone fügt sich nicht immer optimal in den Bereich ein, den Sie kaschieren wollen. Zum Beispiel treten die Ränder hart hervor und müssen ihrerseits korrigiert werden. Darum gibt es Funktionen, die an den Bildrändern für einen Ausgleich sorgen:

➤ Statt Lasso 🔾 oder Auswahlrechteck ⬜ verwenden Sie das Ausbessern-Werkzeug ⟲; es gleicht Helligkeitsunterschiede an den Rändern der übertragenen Zone aus.

➤ Statt des Kopierstempels 🖋 wählen Sie den Reparaturpinsel 🖉; auch hier gleicht Photoshop das Helligkeitsgefälle aus.

Mit einem Auswahlbereich arbeiten Sie meist, wenn sich größere Bereiche auf einen Schlag übertragen lassen. Die Arbeit mit einer Werkzeugspitzenfunktion wie dem Kopierstempel 🖋 lohnt sich eher in kleinen, unübersichtlichen Zonen.

Abbildung 8.44: Einsam am Wasser 2: Mit Geduld und den richtigen Werkzeugen entfernen Sie auch komplexe Figuren aus Ihren Fotos. Vorlage: Steg; Ergebnis: Steg_2

8.6.2 Kopierstempel und Reparaturpinsel 🖋 🖉

Kopierstempel 🖋 (Kurztaste ⓢ, für Stempel) und Reparaturpinsel 🖉 (Kurztaste ⓙ) heißen in anderen Programmen oft »Duplizierpinsel« oder »Klonpinsel«. Das Prinzip: Sie überpinseln einen verunstalteten Bildteil mit benachbarten, brauchbaren Pixeln.

Der Reparaturpinsel 🖉 ist das intelligentere Werkzeug: Helligkeits- und Texturunterschiede zwischen dem duplizierten Bereich und dem Umfeld der Schadzone gleicht die Funktion nach Kräften aus, während Sie beim Kopierstempel 🖋 schnell unschöne Kanten zwischen Umfeld und Reparaturzone entdecken. Mit der Vorgabe MUSTER blendet der Reparaturpinsel 🖉 zudem Muster aus der Musterbibliothek ins Bild; die Helldunkel-Textur der Muster bleibt erhalten, doch bei der Farbe setzt sich der Untergrund durch.

Kapitel 8   Füllen, Malen, Retuschieren

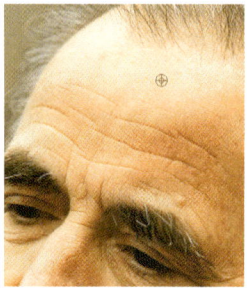 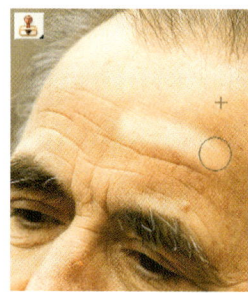 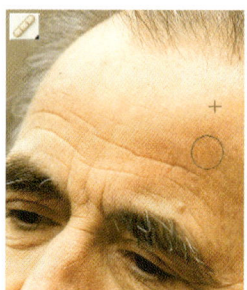

Abbildung 8.45:
Links: Wir wollen die Falten auf der Stirn glätten. Mit dem Kopierstempel definieren wir per Alt -Klick einen Kopierursprung in glatteren Hautbereichen weiter oben; Photoshop zeigt beim Klick ein Fadenkreuz. Mitte: Wir klicken mit dem Kopierstempel in den Bildbereich, der bearbeitet werden soll. Oben auf der Stirn zeigt ein Kreuz laufend den aktuellen Kopierursprung an. Allerdings ist der kopierte Bereich zu hell, er sticht unschön hervor. Rechts: Statt des Kopierstempels verwenden wir den Reparaturpinsel mit einem ähnlichen Kopierursprung; Helligkeitsunterschiede gleicht dieses Werkzeug aus. Vorlage: Stirn

Anwendung

So setzen Sie Kopierstempel oder Reparaturpinsel ein:

a. Aktivieren Sie das Werkzeug.

b. Drücken Sie F5 und wählen Sie eine geeignete Werkzeugspitze aus.

c. Platzieren Sie das Werkzeug über einer gut erhaltenen Bildstelle, die sich zum Überdecken des Fehlers eignet – dies ist der Kopierursprung.

d. Klicken Sie bei gedrückter Alt -Taste. Photoshop zeigt ein Fadenkreuz, damit ist der Kopierursprung markiert.

e. Lassen Sie die Maustaste los und bewegen Sie den Kopierstempel oder Reparaturpinsel zu dem Bildstück, das Sie überdecken wollen.

f. Sobald Sie die Maustaste drücken, werden Pixel von dem zuvor definierten Ursprung zur jetzt angesteuerten Bildstelle kopiert. Den Kopierursprung zeigt Photoshop durch ein Kreuz an.

Andere Ebenen und Bilder

Pixel übertragen Kopierstempel und Reparaturpinsel nicht nur innerhalb eines Bildes, sondern auch zwischen verschiedenen Bilddateien. Beim Reparaturpinsel müssen beide Bilder im selben Farbmodus vorliegen, eine der Dateien darf sich jedoch im GRAUSTUFEN-Modus befinden. Nur der Kopierpinsel kann ALLE EBENEN EINBEZIEHEN, wenn Sie Pixel von einer Ebene in die andere duplizieren möchten.

Mit Option »Ausgerichtet«

Je nach Aufgabe schalten Sie die Option AUSGERICHTET zu. Die Wirkung zeigt sich, sobald Sie die Maus einmal loslassen und neu ansetzen.

Die Option AUSGERICHTET bedeutet: Der Kopierursprung behält immer den gleichen Abstand zum Werkzeug. Sie können zwischendurch die Maustaste loslassen, über das Bild bewegen und andernorts neu anfangen – der Kopierursprung wird sich stets zum Beispiel 20 Pixel links vom Kopierstempel befinden. Dies ist die üblichere, näherliegende Vorgabe.

Mit dieser Einstellung tilgen Sie mitgescannte Staubfussel durch Darüberkopieren benachbarter Bildpunkte – Sie bewegen sich allmählich am Fussel entlang und wenn Sie zwischendurch absetzen und an einer neuen Stelle des Flusens wieder loslegen, wird der Ursprungszeiger doch wieder gleich neben dem Flusen und nahe dem Kopierstempel auftauchen und die unmittelbar benachbarten Pixel zur Kopie anbieten.

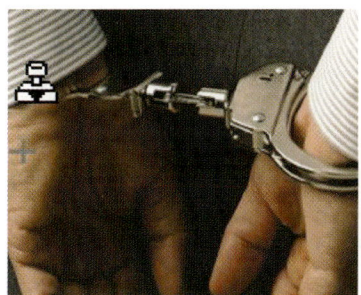 

Abbildung 8.46:
Mit dem Kopierstempel tilgen Sie komplette Objekte aus dem Bild.
Datei: Schellen

Ohne Option »Ausgerichtet«

Sie können die Option AUSGERICHTET auch ausschalten. Das bedeutet: Nach jedem Loslassen der Maustaste springt der Kopierursprung zurück auf die Stelle, die Sie zuerst angeklickt haben. Wann immer Sie Kopierstempel oder Reparaturpinsel absetzen und andernorts neu ins Bild tauchen – der Ursprungszeiger blinkt wieder dort auf, wo Sie ihn ursprünglich zuerst per Alt-Klick ansiedelten.

Mit dieser Einstellung übertragen Sie zum Beispiel einen Bildteil mehrfach: Malen Sie ihn einmal, lassen Sie los und starten Sie an anderer Stelle im Bild neu – der Ursprung springt wieder auf das Original zurück, obwohl Sie den Kopierstempel jetzt in einem anderen Bereich der Datei ansetzen.

Sinnvoll ist der Verzicht auf die Option AUSGERICHTET auch, wenn Sie neben einem störenden Flusen nur sehr wenig brauchbare Pixel zum Darüberkopieren vorfinden. Bei der »ausgerichteten« Retusche passiert es leicht, dass der parallel zum Kopierstempel mitlaufende Ursprungszeiger in ganz unbrauchbare Pixelregionen gerät. Wählen Sie also AUSGERICHTET ab. Dann tasten Sie sich mit dem Kopierstempel so weit vor, bis der Kopierursprung ans Ende des brauchbaren Bereichs gelangt; danach lassen Sie die Maus los und drücken erneut – der Kopierursprung sitzt jetzt wieder ganz am Anfang der verwertbaren Zone, während Sie mit dem Werkzeug am anderen Ende des Bildes weitere Teile des Flusens entfernen.

Kapitel 8 Füllen, Malen, Retuschieren

Abbildung 8.47:
Links: Die Stempel-Option »Ausgerichtet« hält den Kopierursprung immer im gleichen Abstand zum Stempel selbst. Damit eignet sie sich gut zum Kaschieren von Flusen, da sie bei wechselndem Bildinhalt stets die passenden benachbarten Pixel verwendet, auch wenn man zwischendurch die Maus absetzt. Rechts: Ohne die Option »Ausgerichtet« legt Photoshop dagegen bei jedem Neuansetzen den Ursprung wieder auf den Punkt, der zu Beginn angeklickt wurde; sie eignet sich daher zum Duplizieren von Bildteilen. Vorlage: Kurve

Kopierstempel-Retusche auf eigener Ebene

Was Sie mit Kopierstempel oder Reparaturpinsel angerichtet haben, lässt sich grundsätzlich mit dem Protokollpinsel wieder annullieren. Noch komfortabler speichern Sie eine Korrektur mit dem Kopierstempel auf einer eigenen Ebene und verändern die fehlerhafte Bildschicht zunächst gar nicht. So geht's:

1. Erzeugen Sie in der Ebenenpalette mit dem Symbol NEUE EBENE eine neue, transparente Ebene.

2. Klicken Sie in den Optionen auf ALLE EBENEN EINBEZIEHEN.

3. Während noch die neue Ebene aktiviert ist, setzen Sie im eigentlichen Bild per [Alt]-Klick einen Kopierursprung und duplizieren brauchbare Pixel über schadhafte Stellen. Sie duplizieren dabei von der Hintergrundebene auf die neue Ebene 1.

Abbildung 8.48:
Einsam am Wasser 3: Links: Ein brauchbarer Bildbereich wird bei weicher Auswahlkante markiert. Wir schalten das Bewegen-Werkzeug ein und drücken die [Alt]-Taste; so können wir ein Duplikat des Bildbereichs über die Störstelle ziehen. Drücken Sie eventuell zusätzlich die [⇧]-Taste, um den Bereich exakt gerade zu bewegen. Rechts: Prüfen Sie das Ergebnis mit ausgeblendeten Markierungslinien ([Strg]+[H]). [Strg]+[D] verschmilzt die »schwebende Auswahl« mit dem Hintergrund. Und wirklich: keine Seele am Strand. Vorlage: Meer; Ergebnis: Meer_2

4. Missglückte Retuschen in Ebene 1 nehmen Sie mit dem Radiergummi (Kurztaste [E]) pixelweise wieder zurück.

5. Der **Ebene**-Befehl **Auf Hintergrundebene reduzieren** vereinigt Hintergrund- und Retusche-Ebene (siehe Abbildung 8.48).

8.6.3 Auswahlbereiche mit Auswahlwerkzeugen duplizieren

Wenn Sie größere Flächen am Stück duplizieren können, um Bildfehler zu tilgen, dann arbeiten Sie nicht mit Kopierstempel oder Reparaturpinsel. Stattdessen gehen Sie mit Auswahlwerkzeugen wie dem Lasso vor oder Sie verwenden das Ausbessern-Werkzeug mit seinem raffinierten Helligkeitsausgleich.

Wir besprechen hier zunächst die üblichen Auswahlwerkzeuge. Rahmen Sie einen brauchbaren Bildteil, der sich zum Überdecken eignet, mit Lasso oder Auswahlrechteck ein, um ihn zu duplizieren. Dabei sollten Sie meist auf eine weiche Auswahlkante achten (Seite 546). In beiden unten vorgestellten Varianten können Sie den duplizierten »Flicken« noch mit **Transformieren**, Helligkeits- oder Kontrastfunktionen an die neue Umgebung anpassen, bevor er endgültig verankert wird. Die folgenden Verfahren bieten sich an:

- Schalten Sie das Verschieben-Werkzeug ein und ziehen Sie ein Duplikat des zuvor gewählten Bereichs als schwebende Auswahl (Seite 672) bei gedrückter [Alt]-Taste über die Störstelle. Korrekturmöglichkeiten bietet der Befehl **Bearbeiten: Verblassen**, solange die Auswahl noch nicht verankert ist, danach der Protokollpinsel.

- Heben Sie die Auswahl mit [Strg]+[J] auf eine neue Ebene und ziehen Sie diese Ebene über die Störstelle. Experimentieren Sie in Ruhe mit Deckkraft, Ebenenmasken oder Radiergummi. Verschmelzen Sie die Ebene mit dem Hauptbild per [Strg]+[E].

Abbildung 8.49:
Links: Aus der historischen Postkarte soll die Beschriftung entfernt werden. Wir rahmen den Text mit dem Ausbessern-Werkzeug ein. Mitte: Wir ziehen die Auswahllinie über eine brauchbare Bildstelle, die sich zum Überdecken der Schrift eignet. Rechts: Sobald Sie die Maustaste loslassen, kaschiert Photoshop den Schriftbereich und gleicht Helligkeitsunterschiede aus. Vorlage: Postkarte

8.6.4 Das Ausbessern-Werkzeug

Das Ausbessern-Werkzeug (Kurztaste [J]) gleicht die Schwächen des Überdeckens mit ausgewählten und duplizierten Bildbereichen aus. Helligkeitsunterschiede an den Bildrändern oder in der gesamten schadhaften Zone werden korrigiert. Dies ist das Standardverfahren:

Kapitel 8   Füllen, Malen, Retuschieren

a. Sie schalten das Ausbessern-Werkzeug ein.

b. Achten Sie in der Optionenleiste auf die Vorgabe QUELLE.

c. Sie rahmen die fehlerhafte Bildstelle bei gedrückter Maustaste ein; dabei arbeitet das Patch Tool wie ein Lasso, Sie erhalten also eine schillernde Fließmarkierung.

d. Ziehen Sie den Auswahlrahmen über eine brauchbare Motivpartie, die sich zum Überdecken eignet.

e. Lassen Sie die Maustaste los – nun kopiert Photoshop den Bildteil automatisch über den Schadensbereich und gleicht Helligkeitsunterschiede aus. Bei erneuter Anwendung muss die Quelle neu definiert werden.

Ziehen Sie die Auswahl mit großzügigem Abstand um den eigentlichen Bildfehler herum. Nur so erhalten Sie wirklich nahtlose Ergebnisse.

Abbildung 8.50:
Links: Mit dem Lasso ziehen wir zunächst eine großzügige Auswahl um die unerwünschte Lüftungsklappe herum, dann wird diese Auswahlmarkierung verschoben. Mitte: Wir haben das Verschieben-Werkzeug eingeschaltet und bei gedrückter [Alt]-Taste ein Duplikat der Auswahl über die Störstelle gezogen; doch der überdeckende Bereich ist viel zu dunkel. Rechts: Wir gehen von derselben verschobenen Auswahl aus dem linken Bild aus, schalten aber das Ausbessern-Werkzeug mit der Option »Ziel« ein. Wir ziehen den Bereich über die Lüftungsklappe, Photoshop dupliziert die gewählten Bildpunkte und gleicht das Helligkeitsgefälle perfekt aus. Vorlage: Decke; Ergebnis: Decke_2

Das Ausbessern-Werkzeug und die Auswahlwerkzeuge

Sie müssen die erste Auswahl nicht mit dem Ausbessern-Werkzeug selbst anlegen. Verwenden Sie jede beliebige Auswahlfunktion, zum Beispiel Lasso oder Rechteck. Sie brauchen dabei keine weiche Auswahlkante einzurichten, das übernimmt Photoshop für Sie. Diese zwei Verfahren gibt es:

➤ Wählen Sie mit dem Lasso oder einem anderen Auswahlwerkzeug die Störstelle selbst aus. Dann schalten Sie das Ausbessern-Werkzeug ein, achten in der Optionenleiste auf die Vorgabe QUELLE und schieben die Auswahl über die brauchbare Bildpartie, die sich als Abdeckung eignet. Sobald Sie die Maustaste loslassen, korrigiert Photoshop die Störstelle.

Bildfehler überdecken   Kapitel 8

➡ Wählen Sie mit dem Lasso ⌒ oder einem anderen Auswahlwerkzeug nicht die Störstelle aus, sondern den Bildbereich, der sich als Abdeckung für den Fehler eignet. Dann schalten Sie das Ausbessern-Werkzeug ⚙ ein, achten in der Optionenleiste auf die Vorgabe ZIEL und ziehen den »Flicken« über die Störstelle. Sobald Sie die Maustaste loslassen, gleicht Photoshop das Helligkeitsgefälle aus.

TIPP   *Das Ausbessern-Werkzeug bietet Ihnen Optionen wie andere Auswahlwerkzeuge auch: Bei gedrückter* [Alt]*-Taste verkleinern Sie eine vorhandene Auswahl, mit gedrückter* [⇧]*-Taste ergänzen Sie die vorhandene Auswahl;* [Strg]+[H] *blendet die Fließmarkierung aus, ohne sie zu löschen.*

8.6.5 Staub und Kratzer entfernen

Als digitales Pixelstaubtuch fungiert der Befehl **Filter: Störungsfilter: Staub und Kratzer entfernen**. Innerhalb einer ausgewählten Fläche merzt er aus, was allzu sehr heraussticht. Verstaubte Scans plagen vor allem die Anwender von Papierbild- und Diascannern. Freilich: Besser als jede Retusche wirkt die Vermeidung von Staub und Schlieren schon beim Scannen und Fotografieren. So geht's:

1. Ziehen Sie im Dialogfeld den Schwellenwertregler auf 0. Sie können dort die Werte von 0 bis 255 per Regler einstellen. Der Schwellenwertregler definiert, wie groß der Unterschied zwischen Flusen und Umfeld sein muss, damit die Flusen getilgt werden. Bei 0 haben Sie noch den Überblick über das ganze Bild.

2. Anschließend stellen Sie den Radiusregler ein. Er legt fest, in welchem Radius nach abweichenden Pixeln gefahndet wird. Ziehen Sie ihn nur bis zum kleinsten Radius, der den Fehler noch ausmerzt.

3. Jetzt erhöhen Sie den Schwellenwert so weit, wie es geht, ohne dass Fehler ins Bild kommen. In der Regel sollten Werte zwischen »60« und »140« ausreichen.

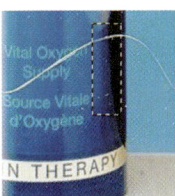
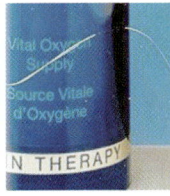
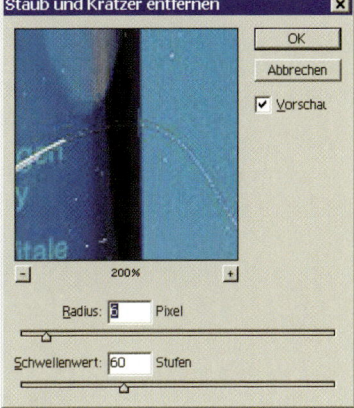

Abbildung 8.51:
»Staub und Kratzer entfernen«: Dieser Filter entfernt herausstechende Tonwerte in einem markierten Bereich.
Vorlage: Flasche

Ganz ohne Unschärfe geht das jedoch nicht vonstatten, auch nicht, wenn Sie mit verschiedenen Kombinationen experimentieren; und hilfreicher scheinen oft Kopierstempel oder ähnliche Funktionen (siehe oben).

Mehrere Kratzer bearbeiten

Hat ein Bild gleich mehrere Kratzer, gibt es ein verkürztes Verfahren. Sie brauchen nicht jeden Fleck einzeln mit dem Lasso zu umzingeln und zu filtern. So geht es schneller:

1. Heben Sie jede Auswahl im Bild mit [Strg]+[D] auf.
2. Wenden Sie den Filter **Staub und Kratzer entfernen** auf das Gesamtbild an.
3. Blenden Sie die Protokollpalette mit dem **Fenster**-Menü ein und klicken Sie auf das Symbol NEUER SCHNAPPSCHUSS (Seite 97); der Schnappschuss erscheint oben in der Protokollpalette.
4. Heben Sie den gefilterten Zustand des Bildes mit der Protokollpalette wieder auf, indem Sie auf den Befehl klicken, den Photoshop dort noch vor Anwendung des Filters **Staub und Kratzer entfernen** auflistet. Verwenden Sie nicht [Strg]+[Z] oder **Bearbeiten: Rückgängig**.
5. Klicken Sie in der Protokollpalette neben dem Schnappschuss in die Pinsel-Leiste ganz links, so dass Sie im Folgenden von diesem Schnappschuss aus weiterarbeiten.
6. Aktivieren Sie den Protokollpinsel und malen Sie die gefilterte Version dort ins Bild, wo es erforderlich ist.

8.6.6 Befehle im Überblick: Malen und Farben

Taste/Feld	Zusatztasten	Aktion	Ergebnis
		🖱	Farbwähler öffnen, Vordergrundfarbe wählen
		🖱	Vorder-/Hintergrundfarbe vertauschen
		🖱	Vorder-/Hintergrundfarbe auf Schwarz und Weiß setzen
D (für Default)			Vorder-/Hintergrundfarbe auf Schwarz und Weiß setzen
X (für Exchange)			Vorder-/Hintergrundfarbe vertauschen
B (für Brush)			
G (für Gradient Tool)			

Bildfehler überdecken — Kapitel 8

Taste/Feld	Zusatztasten	Aktion	Ergebnis
S (für Stempel)			
J			
(Pipette)		🖱	Vordergrundfarbe wählen
(Pipette)	`Alt`-Taste	🖱	Hintergrundfarbe wählen
`←`-Taste	`⇧`		Dialogfeld FLÄCHE FÜLLEN
`←`-Taste	`Alt`-Taste		Auswahl mit Vordergrundfarbe füllen
Entf-Taste (am Mac `←`-Taste)			Auswahl löschen (mit Hintergrundfarbe füllen bzw. transparent machen)
Jedes Mal-/Retuschewerkzeug	`Strg`		
Jedes Mal-/Retuschewerkzeug	`⇧`	🖱 ziehen oder klicken	Bearbeitung in gerader Linie
Malwerkzeuge	`Alt`-Taste		
Jedes Mal-/Retuschewerkzeug	`⇧`	🖱 an verschiedenen Stellen klicken	automatischer Farbauftrag in geraden Linien
Jedes Mal-/Retuschewerkzeug	`Feststelltaste`		Werkzeugsymbol als Fadenkreuz-Zeiger oder Fadenkreuz-Zeiger als Werkzeugkontur
(Würfel)		🖱	nächstmögliche web-sichere Farbe einsetzen
(Warndreieck)		🖱	nächstmögliche druckbare Farbe einsetzen

9 Auswählen

Das Auswählen gehört zu den wichtigsten Manövern bei der digitalen Bildbearbeitung: Sie versehen einen Bildteil mit einer schillernden Auswahl-Fließmarkierung, zum Beispiel per Lasso ○ oder Zauberstab ; fortan ist dieser Bildteil ausgewählt, markiert. Jede weitere Bearbeitung – Scharfzeichner, Farbkorrektur oder Pinselretusche – wirkt nur innerhalb des ausgewählten Bereichs, die Bildteile drumherum sind geschützt, bleiben unverändert. Ausgewählte Bildteile können Sie ausschneiden, im Bild verschieben, in andere Bilder und Programme einsetzen, vergrößern, verkleinern oder verzerren.

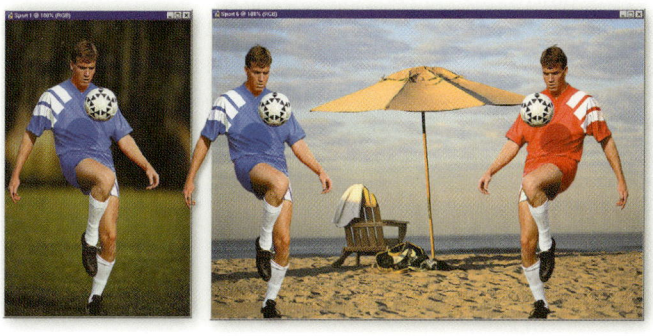

Abbildung 9.1:
Photoshop bietet starke Auswahltechniken, mit denen Sie auch komplexe Umrisse sauber heraustrennen und montieren können. Vorlage: Fussball

Auswählen, das ist so, als ob Sie ein Gemälde mit einer Schablone abdecken, so dass nur noch ein kleiner Bildteil herausguckt – neue Farbe lässt sich nur noch auf dieser offenliegenden Partie auftragen, der Rest ist vor Ihren Attacken sicher. Oder vergleichen Sie es mit der Arbeit in einem Textprogramm: Durch eine Mausbewegung wählen Sie einen Textbereich aus, den Sie nun formatieren oder löschen, während die Worte drumherum unverändert bleiben – und ebenso wählen Sie in Photoshop Bildbereiche aus.

In diesem Kapitel lernen Sie die Arbeit mit Auswahlrechteck , Auswahlellipse ○, Zauberstab und Lasso ○ kennen sowie die Befehle im **Auswahl**-Menü. Wir behandeln weitere Werkzeuge und Funktionen, die Bildteile aus ihrem Umfeld heraustrennen und gleich den Außenbereich transparent machen: den **Extrahieren**-Befehl, den Magischen Radiergummi und den Hintergrund-Radiergummi .

Bedenken Sie jedoch, dass man zur Feinkorrektur einer Auswahl in vielen Fällen auch mit Alphakanälen oder Pfaden arbeitet; darum geht es in den anschließenden Kapiteln. Nutzen Sie beim Auswählen die Möglichkeiten der Software konsequent und nehmen Sie sich Zeit dafür: Die Auswahl bereitet zunächst Mühe. Aber der Aufwand wird belohnt durch wirklich professionelle Freisteller ohne unschöne »Nähte« und »Klebekanten«.

Kapitel 9   Auswählen

9.1 Die Auswahlwerkzeuge

Häufig entsteht die erste, grobe Auswahl mit den Werkzeugen aus der Werkzeugpalette; als da wären:

- Auswahlrechteck und Auswahlellipse markieren Bildteile mit festgelegter Form.
- Das Lasso führen Sie mit der Maus auf beliebigen Wegen durchs Bild, es markiert freie Formen.
- Der Zauberstab fängt farbähnliche Pixel ein.
- Der Magische Radiergummi wählt ebenfalls farbähnliche Pixel aus und macht sie transparent.
- Der Hintergrund-Radiergummi macht die Umgebung eines gewählten Objekts im Bereich des Mauszeigers transparent.

Ein Teil der Auswahlgeräte teilt sich auf der Werkzeugpalette eine einzige Schaltfläche. Klicken Sie länger auf das angezeigte Auswahlwerkzeug, zum Beispiel auf das Auswahlrechteck, um ein Klappmenü aller dort versammelten Auswahlwerkzeuge zu erhalten. Alternative zum Weiterschalten: mehrfacher [Alt]-Klick auf die Schaltfläche oder meist [⇧]+[M].

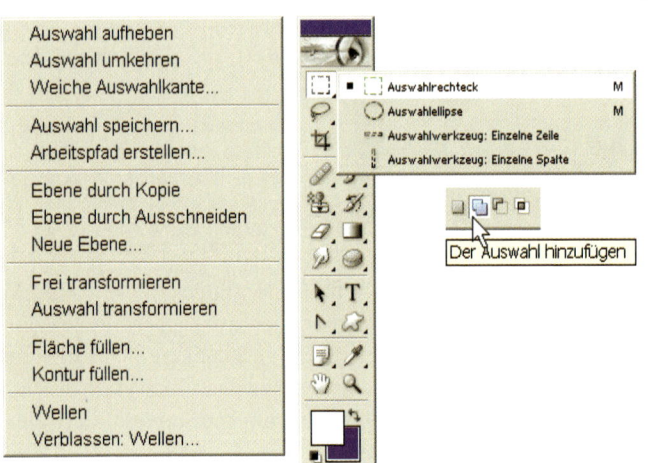

Abbildung 9.2:
Links: Das Kontextmenü zu den Auswahlwerkzeugen enthält zahlreiche nützliche Befehle. Sie erhalten dieses Menü unter Windows nach einem Rechts-Klick in die Bilddatei, am Mac per Ctrl-Klick. Mitte, rechts: Die Auswahlwerkzeuge für Rechtecke und Ovale belegen ein gemeinsames Fach in der Werkzeugleiste. Alle Auswahlwerkzeuge bieten in der Optionenleiste die Schaltflächen zum Verkleinern oder Vergrößern einer vorhandenen Auswahl.

9.1.1 Auswahlen mit Werkzeugfunktionen erweitern oder verkleinern

Eine erste, frische Auswahl ist meist noch nicht perfekt. So verkleinern, vergrößern oder entfernen Sie die Auswahl:

- Um zusätzliche Bildteile in die Auswahl hereinzunehmen, drücken Sie die [⇧]-Taste zusätzlich zum Auswahlwerkzeug oder klicken Sie auf die Schaltfläche DER AUSWAHL HINZUFÜGEN in den Werkzeugoptionen. Das Werkzeug zeigt sich dann über der Datei mit einem kleinen Plus-Zeichen.

Die Auswahlwerkzeuge   Kapitel 9

➡ So verkleinern Sie eine im Bild bereits vorhandene Auswahl mit einem Auswahlwerkzeug: Drücken Sie die [Alt]-Taste zusätzlich zum Auswahlwerkzeug; oder klicken Sie auf die Schaltfläche VON AUSWAHL SUBTRAHIEREN in den Werkzeugoptionen. Dabei ziert ein Minus-Zeichen das Auswahlwerkzeug über dem Bild.

➡ Und so entfernen Sie eine vorhandene Auswahl: Klicken Sie mit einem Auswahlwerkzeug außerhalb des ausgewählten Bereichs, während die Schaltfläche NEUE AUSWAHL aktiviert ist. Oder verwenden Sie **Auswählen: Auswahl aufheben** ([Strg]+[D], für Deselect, am Mac [⌘]+[D]), um die Auswahl restlos zu entfernen.

Wohlgemerkt, die Auswahl lässt sich nicht nur mit den Werkzeugen, sondern auch mit verschiedenen **Auswahl**-Befehlen verändern; davon handelt der nächste Hauptabschnitt.

Abbildung 9.3:
Links: Diese Auswahl entstand mit dem Lasso. Mitte: Hier wurde der vorhandene Auswahlbereich erweitert; dazu drücken Sie die [⇧]-Taste oder verwenden die Schaltfläche DER AUSWAHL HINZUFÜGEN in den Optionen zum Auswahlwerkzeug. Rechts: Um die Auswahlmarkierung ohne Inhalt zu verschieben, klicken Sie mit einem Auswahlwerkzeug in den Auswahlbereich und ziehen; dabei muss die Schaltfläche »Neue Auswahl« in den Optionen aktiviert sein. Datei: Paris

Auswahlmarkierung bewegen

Klicken Sie mit einem Auswahlwerkzeug wie Lasso oder Rechteck in die Auswahl hinein, können Sie den Auswahlrahmen im Bild verschieben; dabei muss die Schaltfläche NEUE AUSWAHL aktiviert sein. Noch einmal, dabei bewegt sich nur die Auswahlmarkierung, nicht aber der Auswahlinhalt. Mit den [Pfeil]-Tasten schieben Sie die Auswahlkontur pixelweise durchs Bild, die [⇧]-Taste dazu beschleunigt auf 10-Pixel-Etappen. Noch einmal: Dabei muss ein Auswahlwerkzeug angewählt sein.

Klicken Sie in die Auswahl hinein und drücken Sie danach auf die [⇧]-Taste, um die Auswahlbewegung auf Geraden oder auf 45-Grad-Winkel dazwischen zu beschränken. Haben Sie eine Rechteck- oder Kreisauswahl auf die gewünschte Größe aufgezogen, können Sie sofort die Leertaste drücken: Dann lässt sich der Auswahlrahmen verschieben, ohne dass der Bildinhalt mitwandert.

 Ziehen Sie einen Auswahlrahmen mit einem Auswahlwerkzeug wie Lasso oder Zauberstab in eine andere geöffnete Datei. Das ist nützlich, wenn Sie gleich große Ausschnitte aus verschiedenen Bildern benötigen. Dabei bleibt die Auswahl im ursprünglichen Bild erhalten.

Kapitel 9   Auswählen

Abbildung 9.4:
Links: Um den Auswahlinhalt zu verschieben, drücken Sie die `Strg`-Taste, die das Verschieben-Werkzeug aktiviert, und ziehen im Auswahlinneren. Dabei entsteht ein Loch in der aktuellen Hintergrundfarbe, hier die Standardfarbe Weiß. Mitte: Um eine Kopie des Auswahlinhalts zu verschieben, drücken Sie zusätzlich zum Auswahlwerkzeug die `Strg`- und `Alt`-Taste. Rechts: Wollen Sie Auswahl ganz entfernen, klicken Sie außerhalb der Auswahl oder verwenden Sie den Befehl »Auswahl: Auswahl aufheben« (`Strg`+`D`).

Auswahlinhalt bewegen

Um den Auswahlinhalt zu bewegen – also nicht nur den Rahmen, sondern auch die Bildpunkte –, drücken Sie erst die `Strg`-Taste, die das Verschieben-Werkzeug aktiviert. Anschließend ziehen Sie im Auswahlinnern; dabei entsteht ein Loch in der aktuellen Hintergrundfarbe. Um eine Kopie des Auswahlinhalts zu bewegen, drücken Sie `Strg`+`Alt`. Diese Funktionen besprechen wir ausführlich im »Ebenen«-Kapitel.

TIPP: Wollen Sie bei vorhandenem Auswahlrahmen eine komplette Ebene mit dem Verschieben-Werkzeug verschieben – und nicht nur den ausgewählten Bereich –, dann klicken Sie mit dem Verschieben-Werkzeug außerhalb des Auswahlrahmens, bevor Sie ziehen. Dabei wandert die Auswahl mit.

Auswahl außerhalb des sichtbaren Bildbereichs

Sie dürfen sich mit dem Auswahlwerkzeug auch außerhalb der Bilddatei tummeln. So entstehen oft erst die gewünschten großen Auswahlrahmen. Ebenenbereiche, die Sie außerhalb des aktuellen Bildrands verstaut haben, lassen sich mit dieser Auswahl erfassen und ins Bild ziehen. Schalten Sie in den Vollschirmmodus mit den Symbolen aus der Werkzeugpalette (oder kurz Taste `F`).

Photoshop tut so, als setze er die Auswahl jenseits der Bildgrenzen fort. Sie können zum Beispiel eine Kreisauswahl aufziehen und dann zur Hälfte aus dem Bild herausschieben. Den verbleibenden Auswahlteil füllen oder filtern Sie. Dann ziehen Sie bei Bedarf den Gesamtkreis mit einem Auswahlwerkzeug wieder ins Bild.

Sinnvoll ist diese Funktion auch, wenn Sie mit dem Polygon-Lasso Bildbereiche am Bildrand einfangen. Um die Lasso-Auswahl schließen zu können, ist es oft am einfachsten, das Werkzeug durch die Photoshop-Fläche außerhalb des Bildes zu ziehen, bis man wieder den Anfangspunkt der Lasso-Arbeit erreicht hat. Sie können hier ohne Weiteres auch Eckpunkte außerhalb des Bildes anbringen, die auf der Photoshop-Arbeitsfläche erscheinen.

Die Auswahlwerkzeuge Kapitel 9

 TIPP Liegen die Auswahlgrenzen außerhalb der Bilddatei, zeigt Photoshop keinen Auswahlrahmen entlang dem Bildrand an. Sie können diese übergroße Auswahlkontur zudem nicht als Alphakanal speichern; dort werden nur Markierungen innerhalb der Bildfläche erfasst. Auch bei der Verwandlung in einen Pfad berücksichtigt das Programm nur Auswahlkonturen innerhalb des Bildes.

Abbildung 9.5:
Das Magnet-Lasso erzeugt eine Auswahl außerhalb des sichtbaren Bildbereichs. Dabei haben wir den Vollschirm-Modus eingeschaltet (Taste [F]). Ebenen, die aus der sichtbaren Arbeitsfläche geschoben wurden, lassen sich auf diese Art auswählen. So können Sie Eckpunkte auch außerhalb des Bilds auf der Arbeitsfläche setzen.

Tastaturkombinationen und Schaltflächen im Überblick

Die wichtigsten Schaltflächen und Tastengriffe für die Auswahlwerkzeuge im Überblick:

➡ Die [⇧]-Taste zum Auswahlwerkzeug erhält die Auswahl und fügt die neu markierten Pixel zur bestehenden Auswahl hinzu. Alternative: die Schaltfläche DER AUSWAHL HINZUFÜGEN Auswahl_hinzuf‚gen.

➡ Die [Alt]-Taste zum Auswahlwerkzeug zieht die neu markierten Pixel von der bestehenden Auswahl ab. Alternative: die Schaltfläche VON AUSWAHL SUBTRAHIEREN .

➡ Die [Strg]-Taste zum Auswahlwerkzeug aktiviert wie meist das Verschieben-Werkzeug .

➡ [Strg]+[Ziehen] verschiebt den ausgewählten Bildinhalt als schwebende Auswahl (Seite 672) und erzeugt ein Loch in der Hintergrundfarbe.

➡ [Strg]+[Alt]+[Ziehen] verschiebt ein Duplikat des Auswahlinhalts als schwebende Auswahl.

➡ Klicken und Ziehen mit Auswahlwerkzeug bewegt den Auswahlrahmen, sofern die Schaltfläche NEUE AUSWAHL aktiviert ist.

➡ Die [⇧]-Taste beschränkt die Bewegung auf 45-Grad-Winkel,

➧ Die `Pfeil`-Taste bei aktivem Auswahlwerkzeug bewegt den Auswahlrahmen in 1-Pixel-Schritten.

➧ `Pfeil`-Taste+`⇧`-Taste bewegen die Auswahl bei aktivem Auswahlwerkzeug in 10-Pixel-Schritten.

Abbildung 9.6:
Links: Ein erster Klick mit dem Zauberstab markiert nur den unteren Bereich des Blechs mit einer Fließmarkierung. Mitte: Um auch den oberen Teil zu erfassen, reicht ein weiterer Klick im oberen Bildteil nicht: Der Teil oben ist dann zwar ausgewählt, doch die vorhandene Auswahl unten wird gelöscht. Rechts: Um die vorhandene Auswahl um den oberen Teil zu erweitern, klickt man stattdessen oben mit gedrückter `⇧`-Taste. Datei: Wagen

Abbildung 9.7:
Sobald die Auswahl fertig ist, kann man das Motiv bearbeiten oder montieren, ohne dass das Umfeld mit verändert wird.

Was Sie außerdem bedenken sollten, wenn Sie zu den Auswahlwerkzeugen greifen:

➧ Ausgewählt wird zunächst nur auf der aktiven Ebene. Zauberstab (Seite 556) und Magischer Radiergummi (Seite 559) bieten jedoch die Option ALLE EBENEN VERWENDEN bzw. ALLE EBENEN EINBEZIEHEN.

➧ Die Infopalette `F8` nennt Höhe und Breite einer Auswahl in Pixeln oder Zentimetern.

9.1.2 Die Werkzeugoptionen »Glätten« und »Weiche Kante«

Oft wirkt der Übergang zwischen Auswahl und nicht markiertem Bildteil zu hart. Haben Sie den markierten Bildteil mit Farbe gefüllt oder kontrastkorrigiert, dann entdecken Sie am Ergebnis eine hässliche Naht. Darum finden Sie in den Werkzeugoptionen verschiedene Methoden, die den Übergang zwischen Auswahl und nicht Ausgewähltem sanfter gestalten.

Glätten

Das GLÄTTEN finden Sie in den Dialogfeldern aller Auswahlwerkzeuge, aber auch bei Füllwerkzeug, Textwerkzeug und bei der Verwandlung eines Pfads in eine Auswahl. GLÄTTEN, oft auch »Anti-Aliasing« genannt, macht nur die äußersten Randpixel innerhalb und außerhalb der Auswahl halbtransparent und sorgt so für einen scheinbar nahtlosen Übergang zwischen Innen und Außen, der aber noch nicht aufgeweicht wirkt. Verwenden Sie die

Option stets bei üblichen Fotomontagen. Auf das GLÄTTEN verzichten sollten Sie dagegen bei plakativen Grafiken mit nur wenigen Tonwerten, die ohne Kantenglättung entstanden sind, bei Strichzeichnungen oder bei Bildschirmfotos (Screenshots); die charakteristischen harten Übergänge dieser Bilder leiden durch das Glätten.

 Schalten Sie das Glätten bereits vor Anwendung des Werkzeugs in der Optionenleiste ein. Es lässt sich nicht nachträglich anbringen.

Abbildung 9.8:
Harte Kante, geglättete Kante, weiche Kante: Eine nicht geglättete Auswahlkante führt oft zu allzu schroffen Übergängen. Die Option Glätten macht nur die äußersten Randpixel transparent, während sich die weiche Auswahlkante über bis zu 250 Pixel erstrecken kann.

Weiche Kante

Die WEICHE KANTE geben Sie in den Optionen zum Auswahlwerkzeug vor oder Sie verwenden bei einer vorhandenen Auswahl nachträglich den Befehl **Auswahl: Weiche Auswahlkante** (Strg+Alt+D). Damit verwischen Sie die Kanten einer Auswahl – in einer Breite von 1 bis 250 Pixel. Dabei gilt: Zehn Pixel weiche Kante wirken jeweils zehn Pixel in das Auswahlinnere und weitere zehn Pixel nach außerhalb.

Damit erzeugen Sie federweiche Übergänge, die sich etwa empfehlen, wenn Sie eine örtliche Kontrastkorrektur vornehmen und den Übergang zwischen manipuliertem und naturbelassenem Bild unauffällig halten wollen; die WEICHE KANTE hilft auch, sanft ein- und auszublenden.

Bedenken Sie, dass sich die weiche Auswahlkante je nach Auflösung unterschiedlich auswirkt. Drucken Sie mit 200 dpi, dann gerät eine WEICHE KANTE von 100 Pixeln im Druck größer als bei 300 dpi. Zur genauen Kontrolle blenden Sie Lineale (Strg+R) ein.

Gut zu wissen: Weichen Sie eine Auswahl auf, die teilweise an den Bildrand stößt, dann wird dieser Teil der Auswahl nicht abgesoftet. Das heißt: Pixel, die genau am Bildrand in der Auswahl liegen, bleiben auch nach dem Befehl **Weiche Auswahlkante** voll in der Auswahl. Nur konsequent: Nach dem Befehl **Alles auswählen** bietet Photoshop die **Weiche Auswahlkante** gar nicht an. Im Bedarfsfall müssten Sie die Auswahl erst verkleinern.

Kapitel 9 Auswählen

TIPP Das Aufweichen der Auswahl per Werkzeugoption gleich beim Ziehen des Rahmens kostet Zeit; Sie holen es nach mit dem **Auswahl**-Befehl **Weiche Auswahlkante**. Weichzeichnen können Sie eine Auswahl noch später im Alphakanal oder in der Ebenenmaske mit einem starken Weichzeichner wie »Filter: Weichzeichnungsfilter: Gaußscher Weichzeichner«.

Abbildung 9.9:
Links: Mit dem Polygon-Lasso klicken wir einen eckige Auswahlrahmen ins Bild. Rechts: Wir verwenden die Befehle »Auswahl: Weiche Auswahlkante« und »Auswahl: Auswahl umkehren«. Jetzt ist nur noch der Bildrand ausgewählt. Nach dem Befehl »Weiche Auswahlkante« wirkt der Umriss weniger eckig, der weiche Übergang zwischen innen und außen ist jedoch nicht zu erkennen. Vorlage: Weiche_Kante

Abbildung 9.10:
Wir richten mit der Taste [D] die Hintergrundfarbe Weiß ein und löschen den Randbereich leer. Wollen Sie die Wirkung des Übergangs nachträglich steuern, legen Sie diese Arbeit als Ebenenmaske an (Seite 766).

Darstellung der weichen Auswahlkante

Die schillernde Fließmarkierung stellt eine weiche Kante nur unvollkommen dar. Die Markierung umgibt alle Bildteile, die zu mehr als 50 Prozent ausgewählt sind. Wo die Auswahlwirkung jedoch unter die 50-Prozent-Marke fällt, erscheint die Markierungslinie nicht mehr. Dennoch wirken sich auch dort Ihre Befehle aus – mit einer Intensität von 1 bis 49 Prozent. Um die Verteilung der Auswahl mit allen Zwischenwerten zu erkennen, stellen Sie die Auswahl als Alphakanal bzw. als Schnellmaske dar (Kurztaste [Q], Seite 564) und erhöhen Sie die Deckkraft der Maske auf 100 Prozent. Drücken Sie erneut Q, um weiterzuarbeiten.

Abbildung 9.11:
Links: Wir stellen die Auswahl mit weichem Rand als rötlich deckende Schnellmaske dar (Taste [Q]). Rechts: Verläuft eine Auswahl exakt am Bildrand, stellt Photoshop keine »Weiche Kante« her. Darum sind hier die Randbereiche zu 100 Prozent mit erfasst, die weiche Kante wird nur im Bildinneren umgesetzt. Vorlage: Weicher_Rand

Weiche Auswahlkante oder Glättung zurücknehmen

Auf verschiedene Arten können Sie eine weiche Auswahlkante härter oder auch hundertprozentig hart machen. Die genaue Platzierung der Umrisse fällt dabei jedoch schwer. Sie haben unter anderem diese Möglichkeiten:

- Stellen Sie die Auswahl im Maskierungsmodus (Seite 564), als Alphakanal oder als Ebenenmaske dar. Der Befehl **Bild: Einstellungen: Schwellenwert** erzeugt wieder eine hundertprozentig krachharte Kante. Eine feinere Kantenglättung nach Maß erzeugen Sie dagegen mit der Funktion **Helligkeit/Kontrast** aus demselben Untermenü (Seite 432).

- Verwandeln Sie die weiche Auswahl in einen Pfad, bearbeiten Sie diesen Pfad eventuell und rechnen Sie den Pfad wieder in eine Auswahl zurück (Seite 657). Dabei können Sie die Optionen GLÄTTEN oder WEICHE KANTE verwenden oder eine hundertprozentig harte Auswahlkontur erzeugen.

9.1.3 Auswahlrechteck und Auswahlellipse

Auswahlrechteck und Auswahlellipse teilen sich zusammen mit der Auswahl von Einzelspalte und Einzelzeile ein Feld auf der Werkzeugleiste; ImageReady hält zusätzlich das Abgerundete Auswahlrechteck parat. [Alt]-Taste+Klick schaltet zwischen den Tools hin und her. Handhabung und Optionen dieser Gerätschaften ähneln sich.

Am bedeutendsten ist das Auswahlrechteck. Klicken Sie das Auswahlrechteck an und führen Sie die Maus mit gedrückter Taste über das aktive Bild. Die Enden der Diagonale, die Sie ziehen, bilden zwei der vier Ecken des rechteckigen Auswahlbereichs, der sich sofort auftut und feststeht, sobald Sie die Maustaste freigeben.

Kapitel 9 Auswählen

Abbildung 9.12:
Das Auswahlrechteck schafft Markierungen für abgesoftete Hintergründe, auf die Texte oder andere Objekte gestellt werden sollen.

Verwendung

Wozu das Auswahlrechteck gut ist:

- Ziehen Sie die Auswahl in mehrere Bilder, um per **Freistellen** Ergebnisse mit immer gleichen Pixelmaßen zu erzeugen.

- Das Auswahlrechteck ist das schnellste und einfachste Auswahlwerkzeug, sofern Sie keine weiche Kante vorwählen. Damit markiert man rasch einen Bildteil, der via Zwischenablage in andere Bilder oder Programme eingefügt wird oder der zum Test eines Filters herhalten soll.

- Mit dem Auswahlrechteck markieren Sie Bildteile, die hinterher aufgehellt und abgesoftet werden, um als Hintergrund für Headlines oder andere Textblöcke zu fungieren.

- Nur das Auswahlrechteck erlaubt es, Bildausschnitte mit vorgegebenen Pixelmaßen ohne Interpolation einzurahmen, um sie zu kopieren oder freizustellen.

- Auch wer die Anmutung von Polaroid-Bildern nachahmen will, hat Verwendung für das Auswahlrechteck.

TIPP
Möchten Sie unmittelbar neue, rechteckige oder ovale Objekte auf eigenen Ebenen erstellen, die zunächst mit der Vordergrundfarbe gefüllt werden? Dies erledigen am schnellsten nicht die Auswahlfunktionen, sondern die Formwerkzeuge (Seite 881).

Optionen

Üblicherweise stehen die Auswahloptionen auf NORMAL. Damit produzieren Sie Rechteck- oder Ovalrahmen beliebiger Größe. Sie haben aber auch andere Möglichkeiten:

- Sie können ein bestimmtes SEITENVERHÄLTNIS vorgeben, um zum Beispiel einen Bildteil für die randlose Dia-Ausbelichtung auszuwählen, also 10,5:7,0. Dezimalwerte sind erlaubt. Sie kopieren sehr einfach das Seitenverhältnis einer anderen Datei, wenn Sie deren Pixel- oder Zentimeterwerte in die Felder für BREITE und HÖHE eintragen.

Die Auswahlwerkzeuge   Kapitel 9

→ FESTE GRÖSSE bei Auswahlrechteck oder Auswahlellipse ◯ diktiert feste Werte für die Pixelzahl hoch mal quer. Es geht wohlgemerkt allein um die Zahl der Bildpunkte, die eingespeicherten Druckmaße spielen hier keine Rolle. Orientieren Sie sich bei Ihrem Projekt nicht an Pixeln, sondern an Zentimetern, verwenden Sie das Freistellwerkzeug zum Ausschneiden, denn dort lassen sich auch Zentimeter vorgeben. Nützlich ist die feste Pixelgröße, wenn Sie Bilder für Multimediazwecke auswählen und **Kopieren** oder per **Bild: Freistellen** vom Rand befreien. Mit dem Freistellwerkzeug 🗗 können Sie keine fixe Pixelzahl heraustrennen, ohne dass es zu Interpolation kommt.

→ Die Optionen GLÄTTEN und WEICHE KANTE diskutieren wir für alle Auswahlwerkzeuge gemeinsam ab Seite 546.

TIPP *Die Auswahlen mit Rechteck oder Oval können »magnetisch« an Bildrändern, Hilfslinien und anderen »Extras« andocken. Legen Sie die magnetischen* EXTRAS *mit dem Untermenü* **Ansicht: Ausrichten an** *fest (Details ab Seite 685).*

Einzelne Zeilen oder Spalten auswählen ⁞ ⊏=⊐

Für die waagerechte Auswahl einer einzelnen Pixelzeile verwenden Sie das Werkzeug EINZELNE ZEILE ⊏=⊐, senkrechte einzelne Pixelreihen erfasst das Werkzeug EINZELNE SPALTE ausspalte. Sobald Sie mit der Maus ins Bild klicken, erhalten Sie eine senkrechte oder horizontale Markierung durchs ganze Bild, einen Pixel breit. Wählen Sie nun **Bearbeiten: Fläche füllen** an, wird daraus eine Linie in der aktuellen Vordergrundfarbe.

TIPP *Wollen Sie eine Gerade ins Bild zeichnen, brauchen Sie nicht unbedingt die Werkzeuge für einzelne Zeilen oder einzelne Spalten. Sie können auch ein Malwerkzeug wie Pinsel ✎ oder Buntstift ✏ verwenden und zwei Punkte bei gedrückter ⇧-Taste verbinden. Wenn Sie ziehen statt klicken, sind nur rechte Winkel möglich. Weitere Alternative: der Linienzeichner ╲ (Seite 643).*

Tastaturkombinationen

Wie immer gibt es zahlreiche Tastaturkombinationen:

→ Ziehen Sie die Maus mit gedrückter Alt-Taste, vergrößert sich die Auswahl von der Mitte her in beide Richtungen. Dieses Vorgehen empfiehlt sich, wenn Sie die Auswahl rund um ein Motivdetail zentrieren wollen.

→ Bei gedrückter ⇧-Taste gerät die Auswahl garantiert nicht länglich rechteckig oder oval, sondern quadratisch bzw. kreisrund.

→ Mit Alt+⇧ ziehen Sie exakt Kreis oder Quadrat vom Mittelpunkt auf.

→ Ziehen Sie Rechteck oder Kreis auf und drücken Sie unmittelbar danach die Leertaste, um die Auswahlkontur zu verschieben.

Photoshop 7.0 Kompendium

9.1.4 Lasso und Polygon-Lasso

Mit dem Lasso erzeugen Sie frei geformte Auswahlbereiche; Sie zeichnen einen Auswahlumriss per Mausbewegung ins Bild. Zu diesem klassischen Auswahlwerkzeug bietet Photoshop zwei Varianten, die Sie auf der horizontalen Werkzeugleiste zum Lasso wiederfinden:

→ Das Polygon-Lasso produziert Auswahlen zwischen einzelnen Eckpunkten, die Sie durch Klicks setzen.

→ Das Magnet-Lasso orientiert sich ebenfalls an einzelnen Klicks; es verbindet diese aber nicht unbedingt durch Geraden, sondern bewegt sich an Bildkonturen entlang. Es wird im nachfolgenden Abschnitt detaillierter besprochen.

Mit dem üblichen Lasso erzeugen Sie eine völlig frei geformte Auswahlmaske um 100 Ecken und Kanten. Ziehen Sie zunächst bei gedrückter Maustaste durchs Bild um die Figur herum, die Sie markieren wollen. Sobald Sie loslassen, schließt sich die Umrandung auf dem kürzestmöglichen Weg zwischen Anfangs- und Endpunkt.

Natürlich sollten Sie das Objekt Ihrer Begierde möglichst schirmfüllend darstellen. Am schnellsten drücken Sie dazu [Strg]+Leertaste, damit sich jedes beliebige Werkzeug in eine Vergrößerungslupe verwandelt. Ein Doppelklick aufs Handsymbol oder aber [Strg]+[0] sorgen für eine bildschirmgroße Darstellung Ihrer Datei. Wollen Sie später wieder verkleinern, die Minus-Lupe bekommen Sie mit [Alt]+Leertaste.

Verwendung

Es ist nervenaufreibend, per Lasso um eine komplexe Figur herumzumanövrieren; denn viel zu schnell schließt Photoshop die Auswahl schon wieder. Viel geruhsamer arbeiten Sie mit einer Kombination aus Zeichenstift-Werkzeug, Zauberstab, Alphakanal-Korrekturen und auch mal mit dem Lasso. In der Regel setzt man das Lasso nur in Kombination mit anderen Werkzeugen ein – zum Beispiel, um zunächst eine grobe Auswahl zu markieren, die dann noch verfeinert wird, oder um einzelne, unruhig gefärbte Bereiche auf einen Schlag zu erfassen, bei denen der Zauberstab keine Chance hat.

Nicht zuletzt dient das Lasso dazu, große Bereiche eines Alphakanals oder einer Ebenenmaske einzufangen und einzufärben, wenn mit der Zauberstabauswahl keine saubere Markierung zustande kam.

Abbildung 9.13:
Links: Drei verschiedene Lasso-Werkzeuge finden Sie in der Werkzeugleiste. Rechts: Das Polygon-Lasso erzeugt mehreckige Auswahlbereiche. Sie klicken lediglich die Eckpunkte ins Bild. Die Auswahl wurde anschließend mit Zauberstab und normalem Lasso verfeinert. Vorlage: Rahmen

Die Auswahlwerkzeuge   Kapitel 9

Polygon-Lasso

Das Polygon-Lasso erreichen Sie neben dem Lasso im selben Fach der Werkzeugleiste. Mit dem Polygon-Lasso markieren Sie eckige Figuren. Das Procedere:

1. Aktivieren Sie das Polygon-Lasso.
2. Klicken Sie an den Anfangspunkt der geplanten Auswahllinie. Nicht ziehen.
3. Setzen Sie per Klicken weitere Eckpunkte.
4. Klicken Sie doppelt; jetzt schließt sich das Vieleck auf dem kürzesten Weg. Halten Sie die Taste über den Anfangseckpunkt, zeigt ein Kreis neben dem Symbol des Polygon-Lassos, dass die Auswahl hier geschlossen wird.

Sie haben jetzt eine Auswahl mit geraden Begrenzungslinien. Diese Linien können diagonal und mit beliebig vielen Ecken durchs Bild laufen. Das Polygon-Lasso erfasst besonders gut Dreiecke, sonstige eckige Bildbereiche sowie viereckige Bereiche im Bild, die schräg oder mit perspektivischer Verzerrung aufgenommen wurden.

Schneller Wechsel zwischen Lasso und Polygon-Lasso

Sie können bei aktiviertem Lasso vorübergehend die Funktionsweise des Polygon-Lassos nutzen und umgekehrt:

➡ Wenn Sie mit dem Lasso im Bild eine freie Linie zeichnen, drücken Sie die `Alt`-Taste, um im Stil des Polygon-Lassos nur noch Eckpunkte zu setzen. Lassen Sie die `Alt`-Taste los, wenn Sie wieder eine freie Kontur erzeugen wollen.

➡ Setzen Sie mit dem Polygon-Lasso Eckpunkte ins Bild, drücken Sie die `Alt`-Taste, um zwischenzeitlich eine völlig freie Kontur ziehen zu können. Lassen Sie die `Alt`-Taste wieder los, um weiter mit Eckpunkten zu arbeiten.

9.1.5 Magnetisches Lasso

Die Qualitäten von Zauberstab und Lasso kombiniert das magnetische Lasso. Das Prinzip: Sie klicken Orientierungspunkte ins Bild, ganz wie beim Polygon-Lasso. Doch Photoshop verbindet die Punkte nicht schlicht auf dem kürzestmöglichen Weg; stattdessen folgt die Linie den Bildkonturen. Alternativ führen Sie den Mauszeiger ganz ohne Klicken am Motiv entlang – Photoshop setzt sich seine Punkte auch selbst.

Wie immer gilt: Sie erweitern mit dem magnetischen Lasso bereits vorhandene Auswahlen, wenn Sie die `⇧`-Taste drücken. Mit gedrückter `Alt`-Taste lassen sich, business as usual, bestehende Auswahlen verkleinern.

Doch Vorsicht: Das magnetische Lasso ist nicht das Universal-Werkzeug schlechthin. Es kann erhebliche Mühe bereiten, die Auswahl tatsächlich an den gewünschten Konturen entlangfließen zu lassen. Dies gilt besonders für Objekte, die zum Beispiel durch Scharfzeichnen bereits einen Lichtsaum erhielten, also mehrere attraktive Konturen nebeneinander zeigen. Eine geruhsame Auswahlkorrektur mit Alphakanälen und Pfaden wirkt in vielen Fällen sicherer.

Bedenken Sie zudem, dass Photoshop auch den Freiform-Zeichenstift mit der Option MAGNETISCH enthält; der erzeugt – orientiert an Bildkonturen – sofort einen Pfad und bildet oft eine sinnvolle Alternative zum magnetischen Lasso. Magnetischer Zeichenstift und magnetisches Lasso haben die gleichen Optionen und die gleichen Tastenkürzel. Wenn Sie ein Werkzeug beherrschen, durchschauen Sie auch das andere. Die folgende Besprechung gilt für beide Werkzeuge.

Abbildung 9.14:
Nicht linientreu: Die Auswahl links mit dem magnetischen Lasso geriet zu grob. Rechts: Präziser wird die Auswahl, wenn man die Zahl der Punkte manuell oder automatisch erhöht und die »Breite« verkleinert. Datei: Schild

Punkte setzen

So wenden Sie Magnet-Lasso oder Magnet-Zeichenstift an:

1. Setzen Sie per Mausklick einen ersten Punkt direkt an der gewünschten Kontur. Nun bewegen Sie den Mauszeiger ohne Drücken der Maustaste weiter – die Auswahlvorschau folgt automatisch einer Kontur im Bild.
2. Weitere Punkte müssen Sie nicht unbedingt setzen, das erledigt Ihr Programm auch von allein, sobald Sie den Mauszeiger weiter bewegen.
3. Manchmal reißt die Markierungslinie jedoch aus und folgt den falschen Konturen. Dann bewegen Sie den Zeiger ohne Drücken zurück bis zu einer Stelle, an der die Auswahl noch korrekt sitzt, und klicken dort einen Punkt hin. Mit weiteren Klicks arbeiten Sie sich so vor, dass die Auswahl auf Linie bleibt.

Maßnahmen bei Fehltreffern: Sie erhöhen die FREQUENZ – also die Zahl der Punkte, die Photoshop automatisch setzt – oder Sie senken die BREITE, also die Bildbreite, die das magnetische Lasso nach Konturen absucht (siehe unten).

Punkte zurücknehmen

Der jeweils neueste Punkt auf dem Monitor erscheint gefüllt, die anderen Punkte sehen Sie als lichtes Geviert. Auch wenn das magnetische Lasso schon wieder weitere Konturen verfolgt hat – bis zum letzten, gefüllten Punkt kehren Sie jederzeit durch schlichtes Mausschie-

Die Auswahlwerkzeuge

Kapitel 9

ben zurück; so lässt sich das Lasso bei Bedarf anpassen oder auch ab diesem Punkt in eine völlig neue Richtung lenken.

Sie können sogar weiter als bis zum neuesten Punkt zurückkehren: Löschen Sie einfach die vorhandenen Punkte nach und nach mit der [Entf]-Taste, um wieder auf Ihren Ausgangspunkt zuzusteuern und die Linie neu zu lenken. Verschieben können Sie die Punkte nur beim Magnet-Pfad, nicht beim Magnet-Lasso.

Auswahl schließen

So schließen Sie die Auswahl:

➤ Klicken Sie doppelt oder

➤ klicken Sie bei gedrückter [Strg]-Taste.

Dabei bewegt sich die Auswahllinie nicht auf kürzestem Weg zum Startpunkt, sondern folgt weiterhin Bildkonturen. Halten Sie das Magnet-Werkzeug über den ersten Punkt oder drücken Sie die [Strg]-Taste, erscheint ein kleiner Kreis neben dem Werkzeugsymbol über der Datei. Damit signalisiert Photoshop, dass die Auswahl geschlossen werden kann bzw. dass der Ausgangspunkt wieder erreicht ist.

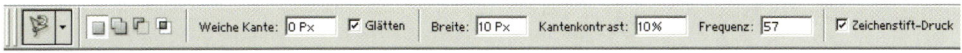

Abbildung 9.15:
Wie genau das magnetische Lasso Mausklicks und Bildkonturen verfolgt, regeln Sie in den Optionen. Vergleichbare Einstellmöglichkeiten bietet auch der Freiform-Zeichenstift mit der Vorgabe »Magnetisch«.

Breite

Mehrere Optionen regeln das Verhalten der Magnet-Werkzeuge. Der Wert BREITE gibt an, in welchem Pixelradius das magnetische Lasso oder Zeichenstift-Werkzeug nach signifikanten Konturen fahnden soll. Sofern Sie das Lasso eng am Objekt entlanglotsen, geben Sie hier einen niedrigen Wert vor; so lenken entferntere Kontraste Ihr Werkzeug nicht mehr ab. Hat das Motiv aber kleinere Ecken und Kanten, erhöhen Sie die »Breite«; dann müssen Sie mit dem Mauszeiger nicht jeder Motivkurve hinterherfahren – das erledigt Photoshop für Sie.

Wenn Sie die [✲]-Taste drücken, erscheinen die Werkzeuge als Kreis in der gewählten »Breite«. Führen Sie diesen Kreis über die interessanten Bildkonturen. Nur innerhalb des Kreises fahndet Photoshop nach Kontrasten. Mit der [.]-Taste senken Sie den BREITE-Wert, die [,]-Taste hebt ihn an.

TIPP *Der Maximal-Wert für die BREITE beträgt 256 Pixel. Wenn Sie das magnetische Lasso also durch eine sehr große, diffuse Zone führen, wird es dort verzweifelt Konturen ausmachen und nicht etwa eine 257 Pixel entfernte Objektkante aufspüren.*

Zeichenstift-Druck

Grafiktablett-Nutzer schalten die Option ZEICHENSTIFT-DRUCK ein. Durch Steigerung des Andrucks erhöhen Sie nun die BREITE.

Frequenz

Geben Sie nicht selbst durch gelegentliche Klicks Orientierungspunkte vor, tut Photoshop das allein. Sie legen eine FREQUENZ von 1 bis 100 fest, hohe Werte erzeugen mehr Punkte.

Je mehr Punkte das Programm setzt, desto schwieriger wird es, Linien nachträglich durch Rückschritte wieder zu korrigieren. Allerdings haben Sie bei hoher Punktzahl die Einzelsegmente besser im Griff und müssen weniger fürchten, dass das Lasso ausreißt und unerwünschten Konturen hinterherhechelt.

Kantenkontrast, Kontrast

Je höher der KANTENKONTRAST (beim Freiform-Zeichenstift der KONTRAST), desto stärker müssen die Tonwertgegensätze sein, denen das magnetische Lasso noch folgt. Bei niedrigen Werten wie »5« findet es alle möglichen Bildteile anziehend. Mit der [.]-Taste setzen Sie diesen Wert herauf, mit der [,]-Taste senken Sie ihn.

Weitere Optionen für das Magnet-Lasso

Folgende weitere Möglichkeiten gelten nur für das Magnet-Lasso:

- ➥ Sie können vorübergehend zu Lasso und Polygon-Lasso wechseln. Dazu drücken Sie die [Alt]-Taste. Nun können Sie Eckpunkte ins Bild klicken, die auf geradem Weg verbunden werden, ohne Bildkonturen zu berücksichtigen; oder Sie erzeugen eine freie Auswahlform durch Ziehen mit der Maus. Sobald Sie die [Alt]-Taste freigeben, arbeiten Sie wieder mit dem magnetischen Lasso.

- ➥ Die Optionen GLÄTTEN und WEICHE KANTE besprechen wir ausführlich ab Seite 546.

9.1.6 Zauberstab

Das freihändige Auswählen eines Baums oder eines Menschen macht mit dem Lasso zuviel Arbeit. Darum gibt es den Zauberstab (Kurztaste [W], für Magic Wand). Dieses wichtigste Auswahlgerät markiert automatisch Bildteile auf der Basis von farbähnlichen Bildpunkten. So wählen Sie zum Beispiel schnell und sauber ein rotes Objekt vor grünem Hintergrund aus. Bei üblichen Halbtonfotos sollten Sie stets die Option GLÄTTEN verwenden (siehe Seite 546).

Toleranz

Die TOLERANZ des Zauberstabs regeln Sie nach einem Doppelklick auf das Werkzeugsymbol in den Optionen: Niedrige Werte wie 5 oder 20 bedeuten, der Zauberstab wählt nur sehr wenige, farblich sehr ähnliche und eng benachbarte Pixel aus. Hohe Werte wie 80 oder 120 fangen einen größeren Bereich ein.

Die Auswahlwerkzeuge

Kapitel 9

Abbildung 9.16:
Links: Bei niedriger Toleranz wie 30 erfasst der Zauberstab nur einen kleinen Bildbereich. Rechts: Bei hoher Toleranz von 60 nimmt der Zauberstab größere Bereiche mit in die Auswahl. Datei: Anika

Abbildung 9.17:
Links: Die bereits vorhandene Auswahl wird mit dem Zauberstab erweitert; dazu drücken Sie beim Klicken die ⇧-Taste oder Sie schalten die Option »Der Auswahl hinzufügen« in der Optionenleiste ein. Neben dem Zauberstabsymbol erscheint ein Plus-Zeichen. Rechts: Der Befehl »Auswahl: Auswahl verändern: Abrunden« (siehe unten) tilgt letzte Auswahllücken. Der Ring könnte jetzt umgefärbt werden.

Benachbart

Mit der Option BENACHBART erwischt der Zauberstab ✱ nur Bildpunkte, die in Nachbarschaft des angeklickten Pixels liegen und nicht durch abweichende Farbbereiche abgetrennt sind. Liegt also zwischen zwei rosafarbenen Segelflächen eine grüne Leiste, wird zunächst nur ein Teil erfasst. Wählen Sie die Option BENACHBART indes ab, wählt der Zauberstab sofort sämtliche farbähnlichen Bildpunkte aus – unabhängig von ihrer Lage im Bild.

Abbildung 9.18:
In den Zauberstab-Optionen legen Sie die »Toleranz« fest, wichtig ist auch die Option »Benachbart«.

Arbeitsweise

Meist testet man verschiedene Toleranzen, bis der Zauberstab ✱ möglichst genau die gewünschten Bildteile markiert. Oder man markiert einen kleinen Bereich bei niedriger Toleranz, um dann die Auswahl mit gedrückter ⇧-Taste zu vergrößern. Der Zauberstab grast zunächst nur die aktive Ebene ab, was mitunter verwirren kann. Soll er sich jedoch an allen Ebenen orientieren, klicken Sie in den Optionen auf ALLE EBENEN EINBEZIEHEN.

Kapitel 9   Auswählen

Achten Sie darauf, wohin Sie mit dem Zauberstab klicken – vor allem bei niedrigen Empfindlichkeiten. Richten Sie den Zauberstab auf einen Bildpunkt, dessen Farbwert oder dessen Position ungefähr in der Mitte des angepeilten Bereichs liegt.

Abbildung 9.19:
Links: Die gelben Bereiche der Hose wurden mit der Zauberstab-Option »Benachbart« ausgewählt. Weitere Gelbe Zonen, die durch andersfarbige Pixel abgetrennt sind, gelangen nicht mit in die Auswahl. Mitte: Wir haben wir die Option »Benachbart« abgeschaltet. Sämtliche Bildpunkte im ganzen Bild, die innerhalb der Farb-»Toleranz« liegen, werden erfasst – nicht nur die unmittelbar angrenzenden. Dabei geraten jedoch leicht auch unerwünschte Bildteile mit in die Auswahl, zum Beispiel Hauttöne. Rechts: Die Auswahl wird bearbeitet. Datei: Bob

Zauberstabauswahl erweitern

Die Markierung, die der Zauberstab erzeugt hat, muss oft noch erweitert oder verfeinert werden; unter anderem bieten sich diese Manöver an:

- Bei gedrückter ⇧-Taste oder bei gedrückter Schaltfläche DER AUSWAHL HINZUFÜGEN fügen Sie wie üblich mit beliebigem Auswahlgerät weitere Bildbereiche der Auswahl hinzu (Seite 542).

- Der Befehl **Auswahl: Auswahl vergrößern** erweitert eine Auswahl um die angrenzenden Pixel; mit der Funktion **Auswahl: Ähnliches auswählen** fischen Sie dagegen nach farbähnlichen Pixeln im kompletten Bild (Seite 568).

- Der Befehl **Auswahl: Auswahl verändern: Abrunden** tilgt Auswahllücken (Seite 569).

Zauberstab spezial

Auf verschiedene Arten lässt sich die Arbeit mit dem Zauberstab erleichtern – oder vermeiden:

- Schneller gehen mitunter die Auswahlarbeiten voran, wenn Sie – nur für Auswahlzwecke – die Kontraste im Bild drastisch erhöhen, zum Beispiel per **Bild: Einstellungen: Tonwertkorrektur** (Seite 432), per **Helligkeit/Kontrast** (Seite 432) oder in dunklen, wenig differenzierten Zonen mit der **Tonwertangleichung** (Seite 439). Legen Sie zunächst die fragliche Ebene oder nur eine Auswahl daraus auf eine neue Ebene; sobald die Auswahl steht, wechseln Sie zurück zur ursprünglichen Ebene und bearbeiten die Auswahl weiter.

Die Auswahlwerkzeuge   Kapitel 9

- In Fotos mit Farbdominanten lohnt es sich, via Kanälepalette (Seite 598) nur einen Kanal mit besonders harten Kontrasten anzeigen zu lassen, dort die Auswahl zu treffen und dann zurück in den Gesamtkanal zu wechseln. So hebt sich zum Beispiel blauer Himmel im Blaukanal trefflich heraus, Hauttöne erwischen Sie gut um Rotkanal. Auch hier könnten Sie einen Bereich auswählen, **kopieren**, nach dem Wechsel zum Gesamtkanal als neue Ebene **einfügen**, weiter bearbeiten und dann erst die Zauberstabauswahl erstellen.

- Beachten Sie, dass die Befehle **Auswahl: Farbbereich auswählen** (Seite 574) und **Filter: Extrahieren** (Seite 579) mitunter viel Arbeit mit dem Zauberstab ersparen. Auch Hintergrund-Radiergummi (Seite 561) und Magischer Radiergummi mag-radiergummi arbeiten auf Basis farbähnlicher Zonen.

9.1.7 Magischer Radiergummi

In der Werkzeugleiste siedelt der magische Radiergummi in einem Fach mit den anderen Radiergummi-Varianten; mit ⇧+E wechseln Sie zwischen den drei Geräten.

Übersicht

Der magische Radiergummi fasst Schritte zusammen, die Sie sonst einzeln gehen müssen:

1. farbähnliche Bildbereiche mit dem Zauberstab auswählen,
2. den gewählten Bereich durch Transparenz oder durch die Hintergrundfarbe ersetzen.

Beachten Sie dabei:

- Bearbeiten Sie eine Ebene mit der Vorgabe TRANSPARENTE PIXEL FIXIEREN (siehe Seite 710), setzt der Magische Radiergummi nicht Transparenz, sondern die aktuelle Hintergrundfarbe ein.

- Hintergrundebenen verwandelt der Magische Radiergummi dagegen ohne weitere Meldung in eine »Ebene 0« oder ähnlich; dies erzeugt Transparenz in erfassten Bildbereichen.

Abbildung 9.20:
Links: Das Bild besteht zunächst aus einer üblichen Hintergrundebene. Rechts: Wir klicken mit dem Magischen Radiergummi in den blauen Himmel, in den Optionen verwenden wir die Option »Aufeinanderfolgend«. Photoshop entfernt Bildpunkte nur innerhalb der Farbgrenzen und verwandelt die Hintergrundebene in eine »Ebene 0«. Vorlage: Zaun

Kapitel 9   Auswählen

Optionen

Diese Möglichkeiten haben Sie:

- In den Werkzeugoptionen definieren Sie eine TOLERANZ so wie beim Zauberstab (vergleiche Seite 556): Je höher der Wert, desto weniger ähnlich müssen sich die Bildpunkte sein, die von einer Bearbeitung erfasst werden. Bei niedriger Toleranz werden nur die Pixel radiert, deren Farbwerte dem angeklickten Pixel deutlich ähneln.

- Verwenden Sie als DECKKRAFT 100 Prozent, damit die radierten Bildpunkte komplett transparent werden.

- Die Option ALLE EBENEN VERWENDEN nimmt radierte Farbe mit Hilfe kombinierter Werte aus allen sichtbaren Ebenen auf.

- GEGLÄTTET sorgt durch hauchfein halbtransparente Kanten erst für wirklich nahtlose Retuschen in üblichen Halbtonfotos. In harten Grafiken, die ohne geglättete Kanten erzeugt wurden, verzichten Sie auf diese Option (vergleiche Seite 546).

- Mit der Vorgabe AUFEINANDERFOLGEND entfernen Sie nur farbähnliche Bildpunkte, die an den angeklickten Bildpunkt angrenzen; dies entspricht der Vorgabe BENACHBART beim Zauberstab (auch bei ImageReady heißt es BENACHBART). Schalten Sie diese Option aus, werden alle farbähnlichen Pixel im gesamten Bild radiert.

Ist ein Objekt per Magischem Radiergummi sauber freigeschnitten, können Sie es mit dem Verschieben-Werkzeug in eine andere Datei ziehen.

*Ähnlich dem Zauberstab erledigt auch der Magische Radiergummi selten den ganzen Job beim ersten Klick. Beginnen Sie mit niedriger TOLERANZ, prüfen Sie, ob ein zweiter oder dritter Klick noch Verbesserungen bringt, und tilgen Sie notfalls weitere Bildteile von Hand: mit dem normalen Radiergummi oder durch Auswählen und **Löschen**.*

Abbildung 9.21:
Links: Die Option »Aufeinanderfolgend« wurde abgeschaltet; mit einem einzigen Klick in den blauen Himmel radiert das Programm nun alle farbähnlichen Bildpunkte in der gesamten Datei aus. Rechts: Sie können das freigeschnittene Objekt mit dem Verschieben-Werkzeug vor einen neuen Hintergrund ziehen. Ergebnis: Zaun_2

Die Auswahlwerkzeuge   Kapitel 9

9.1.8   Hintergrund-Radiergummi

Mit dem Hintergrund-Radiergummi können Sie Bildpunkte entlang von markanten Kanten ausradieren und in Transparenz umwandeln. Sie regeln den Grad der Kantenschärfe und der Transparenz. Der Hintergrund-Radiergummi, erhältlich nur bei Photoshop und nicht bei ImageReady, teilt sich ein Fach mit Magischem Radiergummi und normalem Radiergummi in der Werkzeugleiste.

Abbildung 9.22:
Links: Wir verwenden wir den Hintergrund-Radiergummi mit der Option »Nicht aufeinanderfolgend«; Blau, der Farbton unter dem Zentrum des Mauszeigers, wird also aus verschiedenen farblich voneinander getrennten Bildteilen entfernt. Hier verschwindet das Blau über und unter der Hürde, aber auch aus der Hose. Mitte: Die Option »Aufeinanderfolgend« erfasst keine farblich abgetrennten Bereiche mehr; der Himmel unter der Hürde wird nicht radiert, die Hose nur leicht. Rechts: Die Einstellung »Kanten suchen« wahrt die Objektkanten und radiert nicht mehr in die Hose hinein. Datei: Huerde

Richten Sie mit der Werkzeugspitzen-Bibliothek eine passende Größe ein (Seite 507). Der Zeiger des Hintergrund-Radiergummis erscheint als Pinsel mit einem Fadenkreuz, das den aktiven Punkt des Werkzeugs anzeigt. Wie der Magische Radiergummi, so verwandelt auch der Hintergrund-Radiergummi übliche Hintergrundebenen in eine »Ebene 0«.

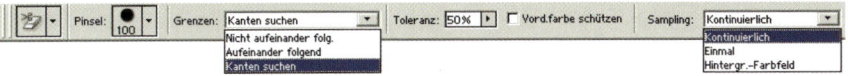

Abbildung 9.23:
In den Optionen zum Hintergrund-Radiergummi legen Sie fest, welche Farben ausradiert werden sollen.

»Toleranz«

Wählen Sie in den Optionen zum Hintergrund-Radiergummi eine niedrige TOLERANZ, dann werden nur solche Bereiche radiert, die der angeklickten Farbe stark ähneln. Ist der Toleranzwert hoch, wird ein größerer Farbbereich radiert. Sie können die Toleranz über die Zifferntasten auf der Tastatur umstellen: Die »1« steht für zehn Prozent, die »2« für 20 Prozent« und die »0« für 100 Prozent.

Steuern Sie die TOLERANZ mit dem Grafiktablett. Dazu öffnen Sie in den Optionen zum Hintergrund-Radiergummi nach einem Klick auf die PINSEL-Schaltfläche die vereinfachte Werkzeugspitzenpalette und verwenden ganz unten das Klappmenü TOLERANZ. Die eigentliche große Werkzeugspitzenpalette (Seite 512) lässt sich dagegen nicht nutzen.

Auch wenn Sie in der Ebenenpalette die Option TRANSPARENTE PIXEL FIXIEREN *verwenden (Seite 710), erzeugt der Hintergrund-Radiergummi Transparenz.*

Optionen für den Radierumfang

Mit dem Klappmenü GRENZEN bestimmen Sie, in welchem Umfang der Hintergrund-Radiergummi wirksam sein soll:

- NICHT AUFEINANDERFOLGEND radiert Farbe überall in der Ebene – soweit die Werkzeugspitze reicht.

- AUFEINANDERFOLGEND radiert nur benachbarte Bereiche, welche auch die aufgenommene Farbe enthalten. Angrenzende Bildteile ohne diese Farbe bleiben erhalten. Verwenden Sie diese Option vor allem, wenn Sie in halbdurchsichtigen Motiven arbeiten, etwa zum Entfernen der Umgebungsfarbe aus einem durchscheinenden Glas.

- KANTEN SUCHEN radiert nur in benachbarten Bereichen, welche die aufgenommene Farbe enthalten, und wahrt gleichzeitig die Schärfe der Objektkanten. Sollen angrenzende Motivteile komplett erhalten bleiben, nehmen Sie diese Option.

Abbildung 9.24:
Links: Wir verwenden den Hintergrund-Radiergummi mit der Option »Kontinuierlich«. Das Werkzeug radiert also permanent die Farbe aus, die unter dem Cursorzentrum liegt. Wir klicken in den grünen Hintergrund, doch auch die Hand verschwindet. Rechts: Besser geht es mit der Vorgabe »Einmal«. Nach einem Klick in den hellgrünen Hintergrund werden nur noch solche Bildpunkte entfernt. Beachten Sie, dass der Hintergrund-Radiergummi den grünen Hintergrund auch aus dem Glas entfernt, die Konturen des Glases jedoch erhält. Datei: Bianco

»Grenzen«-Optionen

Mit den Optionen im Klappmenü SAMPLING bestimmen Sie, an welcher Farbe sich das Werkzeug orientiert:

- Mit der Vorgabe KONTINUIERLICH nimmt das Werkzeug während des Ziehens fortlaufend Farbe auf. Nutzen Sie diese Option, wenn Sie mehrere farblich unterschiedliche Bereiche ausradieren wollen.

- EINMAL radiert nur Bereiche mit der Farbe, auf die zuerst geklickt wurde. Verwenden Sie diese Option, wenn ein Bereich mit einer einheitlichen Farbe radiert werden soll. Klicken Sie erneut, um an einem anderen Ort Farbe aufzunehmen.

- HINTERGRUND-FARBFELD radiert nur Bereiche mit der aktuellen Hintergrundfarbe.

Die Auswahlwerkzeuge   Kapitel 9

→ Schalten Sie die Option VORDERGRUNDFARBE SCHÜTZEN ein, damit Bereiche in der aktuellen Vordergrundfarbe nicht radiert werden.

 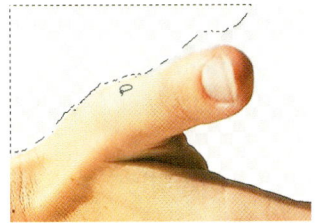

Abbildung 9.25:
Links: Ein weiterer Klick in den Schattenbereich ermöglicht es, auch diese dunkleren Bildpartien zu löschen. Rechts: Hier wird eine Zone mit dem Lasso markiert und mit der Entf-Taste gelöscht.

Deckkraft prüfen

Schnell radiert man mit dem Hintergrund-Radiergummi zumindest eine leichte Transparenz auch in erhaltenswerte Bereiche. Öffnen Sie die Informationenpalette mit dem **Fenster**-Menü, rufen Sie per Palettenmenü die **Paletten-Optionen** auf und stellen Sie **Deckkraft** als Kriterium für eine Farbwerteanzeige ein. Dann halten Sie den Mauszeiger über eine fragliche Bildstelle und prüfen, ob noch die volle Deckkraft erhalten ist (»Dk 100%«). Eventuell können Sie kleinere Löcher mit dem Protokollpinsel reparieren.

Abbildung 9.26:
Links: Ist das Motiv sauber ausgeschnitten, kann es mit dem Verschieben-Werkzeug vor einen neuen Hintergrund gezogen werden. Rechts: Erst hier stellen wir mit Radiergummi, Magischem Radiergummi, Hintergrund-Radiergummi oder Ebenenmaske noch weitere Transparenz her. Datei: Palme

Halbtransparente Bereiche erzeugen

Anders als Radiergummi und Magischer Radiergummi bietet der Hintergrund-Radiergummi keinen DECKKRAFT-Regler. Letztlich erzeugen Sie immer voll transparente Bereiche; nur in den »weichen« Bereichen einer weichen Werkzeugspitze bleibt halb deckendes Material zurück. Sie können jedoch auf unterschiedliche Arten auch an beliebigen anderen Bildstellen zu halbtransparenten Bereichen zurückkehren:

→ Verwenden Sie den Befehl **Bearbeiten: Verblassen: Hintergrund-Radiergummi** (⇧+Strg+F). Damit schwächen Sie die Wirkung des letzten Zugs mit dem Hintergrund-Radiergummi nach Maß ab. Das heißt: Je niedriger die DECKKRAFT, die Sie im

VERBLASSEN-Dialog einstellen, desto weniger Transparenz bleibt von der letzten Anwendung des Hintergrund-Radiergummis übrig.

▶ Malen Sie mit dem Protokollpinsel (Kurztaste [Y], vergleiche Seite 103) deckende Pixel ins Bild zurück, nachdem Sie in der Protokollpalette eine frühere Bildversion als Quelle festgelegt haben. In den Optionen zum Protokollpinsel regeln Sie per DECK-KRAFT, wie dick die ursprünglichen Pixel auftragen dürfen.

9.2 Auswahl-Befehle und -Optionen

Meist ist es mit ein paar Werkzeugaktionen noch nicht getan, die Auswahl muss verfeinert werden. Hier besteht zunächst die Möglichkeit, die erstellte Auswahl mit den Werkzeugen zu vergrößern (Seite 542). Hilfreicher wirken jedoch oft die Befehle aus dem **Auswahl**-Menü.

9.2.1 Auswahlen erkennen

Mitunter lässt sich gar nicht mehr erkennen, welche Bildteile überhaupt ausgewählt sind. Zum einen wirkt eine Zauberstabauswahl über unruhiger Fläche sehr verwirrend; zum anderen haben Sie vielleicht die Auswahlbegrenzung mit [Strg]+[H] versteckt.

So erkennen Sie schnell, ob und was ausgewählt ist:

▶ Haben Sie gar nichts ausgewählt, zeigt das **Auswahl**-Menü nur wenige Befehle an.

▶ Bewegen Sie ein Auswahlwerkzeug über das Bild, zum Beispiel den Zauberstab . Nur über bereits markierten Pixeln verwandelt sich das Werkzeug in einen Zeiger. Und nur über ausgewählten Pixeln meldet die Infopalette eine Auswahlgröße.

▶ Wechseln Sie vorübergehend in den Maskierungsmodus mit der Kurztaste [Q] (siehe unten); wenn Sie die Optionen für diesen Modus noch nicht bearbeitet haben, deckt Photoshop nicht ausgewählte Bereiche rötlich ab.

Auswahlkontrolle im Maskierungsmodus

Der Maskierungsmodus deckt in seiner Grundeinstellung nicht ausgewählte Bildteile mit roter, halbtransparenter Farbe ab. Deutlich erkennen Sie dann nur noch den zur Bearbeitung freigegebenen, ausgewählten Bildteil. Ideal prüfen Sie in diesem Modus, ob eine Auswahl schon wie angegossen sitzt.

Der Maskierungsmodus ist nichts anderes als ein vorübergehender Alphakanal, ein entsprechender Kanal erscheint auch in der Kanälepalette. Details zum Maskierungsmodus werden deshalb vom »Kanäle«-Kapitel miterfasst. Hier jedoch eine Kurzfassung Ihrer Möglichkeiten:

▶ Wenn schon eine Auswahl im Bild ist, klicken Sie in der Werkzeugleiste auf die Schaltfläche BEARBEITUNG IM MASKIERUNGSMODUS , um in den Maskierungsmodus zu wechseln. Alternativ drücken Sie die Taste [Q] (für Quickmask).

- Klicken Sie doppelt auf die Schaltfläche BEARBEITUNG IM MASKIERUNGSMODUS, um in den Optionen die Darstellung zu ändern, also Farbe, Deckkraft und das Prinzip (Details zu Optionen für Maskierungsmodus und Alphakanäle sowie weitere Illustrationen ab Seite 564).

- Klicken Sie die Schaltfläche BEARBEITUNG IM MASKIERUNGSMODUS bei gedrückter [Alt]-Taste an, um wechselweise Ausgewähltes oder nicht Ausgewähltes abzudecken. Decken Sie, abweichend von der Werksvorgabe, ausgewählte Bereiche farblich ab und zeigen Sie nicht Gewähltes frei sichtbar, erscheint das Symbol für den Maskierungsmodus innen gefüllt .

- Sie können diese Schnellmaske mit Pinseln, Filtern, Kontrastbefehlen oder Füllfunktionen bearbeiten (Details zu Retuschen im Alphakanal und im Maskierungsmodus ab Seite 607).

- Schalten Sie mit der Fläche BEARBEITUNG IM STANDARDMODUS stauswahl zurück zur normalen Auswahldarstellung mit dem bekannten Fließrahmen; alternativ drücken Sie erneut die Taste [Q]. Sie erkennen jetzt an der Fließmarkierung Änderungen, die Sie eventuell im Maskierungsmodus gemacht haben.

> **TIPP** *Möchten Sie eine Auswahl speichern, die Sie im Maskierungsmodus erarbeitet haben? Verwenden Sie den Befehl **Datei: Speichern unter** und ein Dateiformat wie TIFF oder Photoshop, das Alphakanäle unterstützt. Achten Sie darauf, im Dialogfeld die Option ALPHAKANÄLE einzuschalten. Beim nächsten Öffnen erscheint das Bild direkt im Maskierungsmodus. Alternativ kehren Sie zur Standarddarstellung mit Fließrahmen zurück und speichern die Auswahl als Alphakanal, Pfad, Ebenenmaske oder Vektormaske.*

Abbildung 9.27:
Links: Der Verlauf der Fließmarkierung ist oft nicht deutlich zu erkennen. Mitte: In der Werkzeugleiste schalten wir den Maskierungsmodus ein. Nun sehen Sie deutlicher, was ausgewählt ist und ob die Auswahl exakt sitzt. In diesem Beispiel werden »maskierte Bereiche«, also nicht ausgewählte Bildteile, abgedeckt. Rechts: In den Optionen zum Maskierungsmodus legen Sie Farbe und Deckkraft für die Abdeckfarbe fest; außerdem bestimmen Sie, ob ausgewählte oder nicht ausgewählte Bildteile abgedeckt werden sollen. Datei: Jeep

9.2.2 Auswahlen aufheben, ausblenden, wiederholen

Sie können die Fließmarkierung entfernen oder verstecken.

Auswahl aufheben

Der Befehl **Auswahl aufheben** (`Strg`+`D`, für Deselect) hebt jegliche Auswahl wieder auf. Rasch verschwindet die Auswahllinie auch durch Klick mit einem Auswahlwerkzeug außerhalb der Auswahl; dabei muss die Schaltfläche NEUE AUSWAHL in den Optionen zum Auswahlwerkzeug gedrückt sein.

Erneut wählen

Die letzte Auswahl, die Sie entfernt haben, merkt sich Photoshop. Er gibt sie Ihnen wieder mit dem Befehl **Auswahl: Erneut wählen** (`Strg`+`⇧`+`D`). Dabei spielt es keine Rolle, wie viele Eingriffe Sie seither unternommen haben.

Der Befehl zieht seine Informationen aus dem Protokollspeicher und sucht sich dort die nächste zurückliegende Auswahl. Sind Sie in der Protokollpalette um viele Schritte zurückgesprungen – hinter Ihre letzte Auswahl –, dann wird Photoshop per **Erneut wählen** nur eine noch davor erstellte Auswahl laden; oder das Programm bietet **Erneut wählen** gar nicht erst an, sofern Sie in der Protokollpalette auf ein Bildstadium zurückgegriffen haben, das noch gar keine Auswahl erlebt hatte. Haben Sie allerdings bereits so viele Manöver hinter sich, dass der Auswahl-Befehl schon wieder aus der Protokollpalette herausgerutscht ist, dann lässt sich die Auswahl immer noch mit **Erneut wählen** herholen. Auch wenn Sie den Protokollspeicher mit dem Befehl **Bearbeiten: Entleeren: Protokolle** freigeben, bleibt Ihnen der Rückgriff auf die Auswahl erhalten.

Photoshop ermöglicht hier also die Rückkehr zu einer lange zurückliegenden Auswahl. Sie müssen in diesem Fall nicht – wie bei dem üblichen Weg über die Protokollpalette – auch alle anderen Bearbeitungen aufheben.

Fließmarkierung ausblenden

Verbergen Sie die Auswahlmarkierung, um Randübergänge beim Bearbeiten genau beurteilen zu können. Die Auswahl-Fließmarkierung zählt – zusammen mit Hilfslinien, Grundraster und weiteren Elementen – zu den so genannten »Extras« bei der Bilddarstellung. Sie können die Fließmarkierung zum Beispiel mit dem Befehl **Ansicht: Extras einblenden** verbergen, ohne sie zu entfernen (`Strg`+`H`, Details ab Seite 57). Gut zu wissen: Auch bei geöffnetem Dialogfeld nimmt Photoshop diesen Befehl noch an.

Freilich vergisst man zuweilen, dass sich noch eine verborgene Auswahl im Bild befindet, und wundert sich dann sehr, warum Filter, Kontrastkorrekturen oder Auswahlwerkzeuge so eingeschränkt funktionieren. Photoshop sollte bei verborgenen Auswahlen ein »(A)« in der Titelleiste zeigen. Beachten Sie unsere Hinweise zum Erkennen einer Auswahl ab Seite 564.

Auswahl-Befehle und -Optionen Kapitel 9

*Der Befehl **Ansicht: Extras einblenden** steht selbst dann zur Verfügung, wenn ein Dialogfeld wie etwa* FARBTON/SÄTTIGUNG *geöffnet ist.*

9.2.3 Auswahl umkehren

Wenn Sie die **Auswahl umkehren** ([Strg]+[⇧]+[I], für Invert), markiert Photoshop alle Bildpunkte, die zuvor nicht markiert waren. Dieser Befehl ermöglicht das typische Ausschneiden von Hauptmotiven vor homogenem Hintergrund:

1. Sie fotografieren ein Objekt vor einfarbiger Kulisse.
2. Sie wählen den einfarbigen Hintergrund mit wenigen Zauberstab-Attacken aus.
3. Dann kehren Sie die Auswahl um – nur noch das Objekt ist ausgewählt.
4. Sie können das Objekt jetzt isoliert korrigieren oder mit dem Verschieben-Werkzeug in ein anderes Bild ziehen.

So fangen Sie Personen, Bauwerke und Landschaften vor blauem Himmel, Produkte vor monochromer Studiokulisse oder Lettern auf weißem Grund ein.

Sofern Sie das Hauptmotiv noch freistellen wollen, denken Sie schon beim Fotografieren an einen homogenen Hintergrund, der sich vom Hauptmotiv gut abhebt. Vermeiden Sie Schatten und Unschärfe im Übergang zwischen Hauptmotiv und Hintergrund.

9.2.4 Alles auswählen

Der Menübefehl **Auswahl: Alles auswählen** ([Strg]+[A]) umgibt das komplette Bild mit der schillernden Begrenzung. Sie wählen etwa das Gesamtwerk aus, wenn Sie es via Zwischenablage in ein anderes Bild oder in ein anderes Programm kopieren wollen (mehr darüber im Montagekapitel). Oder Sie wählen das ganze Bild aus, um es durch **Bearbeiten: Löschen** bzw. per [Entf]-Taste mit der Hintergrundfarbe zu füllen – eine komplett ausgewählte Ebene wird transparent gelöscht. Wollen Sie indes das komplette Werk filtern, kontrastkorrigieren, füllen oder mit dem Verschieben-Werkzeug in eine andere Datei ziehen, brauchen Sie die Gesamtauswahl wohlgemerkt nicht zu treffen: Denn wurde gar nichts gewählt, wirken Filter und Tonwertbefehle ohnehin auf das ganze Bild.

Sinn macht **Alles auswählen** auch, wenn Sie die Pixelmaße einer kleineren Datei auf eine größere Datei übertragen wollen, um diese größere Datei ohne Pixelneuberechnung auf die Maße der kleineren zurechtzustutzen oder einen entsprechenden Bildbereich zu kopieren, etwa für Multimedia-Projekte. Das Procedere:

1. Markieren Sie die gesamte kleinere Datei mit `Strg`+`A`.
2. Ziehen Sie die Auswahl mit einem Auswahlwerkzeug in die größere Datei.
3. Rücken Sie die Auswahl dort mit einem Auswahlwerkzeug über dem gewünschten Ausschnitt zurecht.
4. Schneiden Sie den Außenrand beispielsweise mit dem Befehl **Bild: Freistellen** weg.

Abbildung 9.28:
Schneller Freisteller für Produkte oder Personen. Links: Ein Klick mit dem Zauberstab fängt einen ersten Teil des Hintergrunds ein. Rechts: Der Rest des Hintergrunds wird mit Zauberstab und den »Auswahl«-Befehlen »Erweitern« und »Abrunden« hinzugefügt. Datei: Schreibmaschine

Abbildung 9.29:
Links: Der Befehl »Auswahl umkehren« (`Strg`+`⇧`+`I`) dreht die Auswahlwirkung herum. Jetzt ist nur noch das Hauptmotiv ausgewählt, die Schreibmaschine. Rechts: Das Motiv kann mit dem Verschieben-Werkzeug in eine neue Datei gezogen werden, in diesem Beispiel kommt noch der Ebeneneffekt »Schlagschatten« hinzu.
Ergebnis: Schreibmaschine_2

9.2.5 Auswahlen um farbähnliche Bereiche erweitern

Zwei Menübefehle erweitern eine vorhandene Auswahl um farbähnliche Bildzonen. So wirken die Befehle:

➡ Der Befehl **Auswahl: Auswahl vergrößern** erweitert eine Auswahl nur um farbähnliche angrenzende Pixel; dies entspricht der Zauberstab-Option BENACHBART (Seite 556).

➡ Mit der Funktion **Auswahl: Ähnliches auswählen** fischen Sie dagegen nach farbähnlichen Pixeln im kompletten Bild. Eine Alternative ist oft der Befehl **Auswahl: Farbbereich auswählen** (Seite 574).

Voraussetzungen

Für beide Befehle gilt:

➡ Sie müssen die vorhandene Auswahl nicht mit dem Zauberstab erstellt haben; Sie können vorab genauso gut Auswahlrechteck oder Lasso verwenden.

Auswahl-Befehle und -Optionen   Kapitel 9

➡ Bei der Ausdehnung der Auswahl orientiert sich Photoshop an der TOLERANZ, die Sie in den Zauberstab-Optionen vorgeben. Ändern Sie also diese Vorgabe, wenn Sie mit den Befehlen **Auswahl vergrößern** oder **Ähnliches auswählen** andere Ergebnisse erzielen wollen.

Wollen Sie die Auswahl ohne Orientierung an Farbähnlichkeit einfach gleichmäßig ausdehnen oder schrumpfen lassen, verwenden Sie die Befehle **Ausweiten** oder **Verkleinern** aus dem Untermenü **Auswahl: Auswahl verändern** (siehe unten).

Abbildung 9.30:
»Ähnliches auswählen«: Links wurde eine schnelle Auswahl mit dem Rechteckwerkzeug gezogen. Rechts: Der Befehl »Auswahl: Ähnliches auswählen« erfasst jetzt den gesamten rosa Bereich des Segels. Dazu haben wir in den Optionen zum Zauberstab die »Toleranz« auf 40 gesetzt. Datei: Surfer.

9.2.6 Auswahl verändern: Abrunden

Sie können eine Auswahl nicht nur weichzeichnen, sondern beispielsweise auch vergrößern, verkleinern oder von Löchern befreien. Dazu geben Sie jeweils einen Wert in Pixeln vor. Diese Befehle finden Sie bei Photoshop im Untermenü **Auswahl: Auswahl verändern**.

Eine Auswahl **Abrunden** werden Sie vor allem nach Zauberstabaktionen, wenn Sie innerhalb einer unruhigen Fläche noch Auswahlinseln haben, die farblich etwas abweichen. Sie könnten jetzt zwar die **Auswahl vergrößern** – doch das bringt's nur, wenn die fehlenden Pixel ähnliche Farben haben; sie werden bei einer Vergrößerung mit eingeschlossen. Weichen die fehlenden Pixel innerhalb des auszuwählenden Bildteils farblich jedoch deutlich vom Umfeld ab, hilft **Auswahl vergrößern** nicht weiter. Besonders nützlich wirkt das bei schlechten, grobkörnigen Scans, die eventuell übermäßig scharfgezeichnet wurden.

Mit dem **Abrunden** geben Sie einen Pixelradius vor, in dem Photoshop Auswahllücken tilgt – ganz unabhängig von farblicher Ähnlichkeit. Gut zu wissen: Erfasst werden dabei nur die Pixel, die innen im vorhandenen Auswahlrahmen liegen; die Auswahl wird nur innen bereinigt, die Außenkante bleibt unverändert. Den Befehl nutzen Sie also vor allem, wenn die Außenbereiche der Auswahl schon gut markiert sind.

Sie definieren einen Radius von 1 bis 16 Pixeln. Bei einem Radius von zehn Pixeln betrachtet Photoshop jeden Pixel als Mittelpunkt eines Feldes von zehn mal zehn Pixeln. Ist der größere Teil dieses Feldes markiert, werden die nicht markierten Bildpunkte in die Auswahl mit hineingezogen. Ist jedoch der Großteil nicht markiert, werden die ausgewählten Pixel aus der Auswahl entfernt. Wie viel Druckfläche Sie freilich mit diesem Befehl erfassen, ist eine Frage der Druckauflösung: Wenn Sie Ihr Bild mit 300 dpi ausgeben, sind 16 Pixel weit weniger Druckfläche als bei 150 oder 72 dpi.

Abbildung 9.31:
Links: So tilgen Sie Auswahllücken: Diese Auswahl auf einer unruhigen Pixelfläche entstand mit mehreren Zauberstab-Klicks. Rechts: Der Befehl »Auswahl: Auswahl verändern: Abrunden« zieht Pixelfelder mit in die Auswahl hinein, die schon zum größeren Teil ausgewählt waren. Wählen Sie bereits vor dem »Abrunden« die Ränder des gewünschten Bereichs möglichst sauber aus; die Auswahlränder verändern sich durch das »Abrunden« nicht. Datei: Jeep

9.2.7 Auswahl verändern: Umrandung

Eine Auswahllinie rechnet Photoshop auch in einen Rahmen um. Dazu dient der Befehl **Auswahl: Auswahl verändern: Umrandung**. Ausgewählt ist danach nur noch ein schmaler Bereich um die vormalige Auswahlkante herum. Die Breite des Rahmens in Pixeln lässt sich vorgeben bis zum Höchstwert 200. Verwenden Sie innerhalb des neuen Rahmens einen Filter oder einen Tonwertbefehl, wenn Sie nur eine Objektkontur bearbeiten möchten.

Vor- und Nachteile

In der Praxis braucht man dieses Kommando selten. Schillert eine Auswahlmarkierung über Ihrer Bilddatei, dann verwenden Sie etwa **Bearbeiten: Kontur füllen** oder den Ebeneneffekt KONTUR (Seite 757), um mit Farbe, Muster oder Verlauf an einer Auswahlkante entlangzugehen. Alternativ verwandeln Sie die Auswahl in einen Pfad; dann lassen Sie mit dem Pfad-Befehl **Pfadkontur füllen** Mal- und Retuschewerkzeug mit beliebigen Werkzeugspitzen- und Überblendeinstellungen an der Auswahl entlangarbeiten (Seite 662).

Möglich ist jedoch, dass Sie eine Filterwirkung nur um einen vormals ausgewählten Bereich oder um eine Textkontur herum brauchen, zum Beispiel für Bewegungsunschärfe an den Rändern eines Gegenstands. Auch beim Aufhellen der Kontur eines abwechslungsreichen Objekts nützt die Funktion **Umrandung**. Sie könnten zwar auch das Abwedler-Werkzeug (Seite 528) mit aufhellender Wirkung an einem Pfad entlangwedeln lassen. Es bearbeitet jedoch LICHTER, MITTELTÖNE und TIEFEN separat. Dagegen haben Sie mit Rahmen und einem Befehl wie **Gradationskurven**, **Tonwertkorrektur** oder **Helligkeit/Kontrast** das ganze Tonwertspektrum der Objektkontur auf einmal im Griff. Sie können diese Kontrastkorrektur sogar auf eine Einstellungsebene legen (Seite 778) und mit der Rahmenauswahl die Maske der Einstellungsebene formen.

Auswahl-Befehle und -Optionen   Kapitel 9

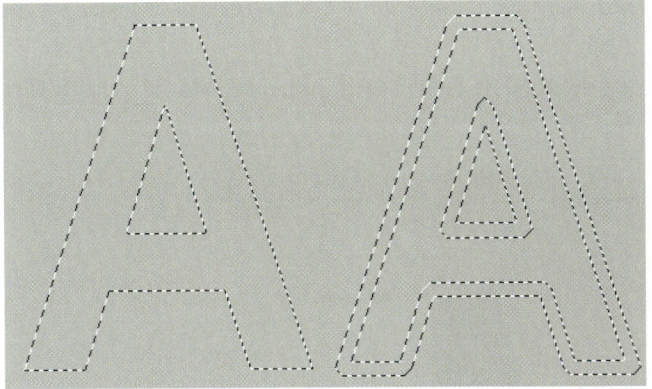

Abbildung 9.32:
Der Photoshop-Befehl »Auswahl: Auswahl verändern: Umrandung« erzeugt eine Auswahl, die nur noch den bisherigen Auswahlumriss umfasst. Dieser Umriss kann 1 bis 200 Pixel breit sein.

9.2.8 Auswahl verändern: Ausweiten, Verkleinern

Mitunter kommt man mit dem Zauberstab oder mit dem magnetischen Lasso nicht bis an den Rand des gewünschten Elements heran. Wenn Sie schon scharfgezeichnet haben, umgibt ein Kontrastsaum das Objekt, der sich schwer mit dem Zauberstab einfangen lässt. Sie können darum die Gesamtauswahl gleichmäßig um einen bestimmten Pixelbetrag ausweiten oder verkleinern – je nachdem, ob Sie innerhalb oder außerhalb des Objekts mit der Markierung angefangen haben:

1. Wenn Sie eine Auswahl im Bild haben, wählen Sie **Auswahl: Auswahl verändern: Ausweiten**, um die Auswahl gleichmäßig zu vergrößern.

2. Im Feld AUSWEITEN UM geben Sie einen Pixelbetrag bis maximal 100 ein. Photoshop erweitert die Auswahlkontur nach OK-Klick wunschgemäß.

Die Funktion orientiert sich in keiner Weise an farbähnlichen Punkten, wie dies die **Auswahl**-Befehle **Ähnliches auswählen** und **Auswahl vergrößern** tun (vergleiche Seite 568).

Auswahlen ausweiten oder verkleinern mit »Filter«-Befehlen

Ob die Auswahl nach Anwendung des Befehls **Ausweiten** passgenau sitzt, sehen Sie freilich erst nach dem Klick auf OK. Bequemer als das **Ausweiten** macht es oft der Befehl **Auswahl: Transformieren** (siehe unten). Eine interessante Alternative bietet zudem die Arbeit mit Alphakanal, Maskierungsmodus oder Ebenenmaske. Hier sind jeweils ausgewählte Bereiche in der Regel durch Weiß dargestellt bzw. voll sichtbar, nicht Ausgewähltes erscheint Schwarz bzw. abgedeckt. Aktivieren Sie in der Ebenen- oder Kanälepalettte den entsprechenden Kanal oder die entsprechende Maske. Dann verwenden Sie aus dem Untermenü **Filter: Sonstige Filter** die Befehle **Dunkle Bereiche vergrößern** und **Helle Bereiche vergrößern**.

Sofern Sie Photoshops Standardvorgabe verwenden, erscheinen ausgewählte Bereiche im Alphakanal oder in der Maske in Weiß, nicht Gewähltes ist schwarz. Dann nutzen Sie die Befehle wie folgt:

Photoshop 7.0 Kompendium   571

Kapitel 9   Auswählen

➥ Der Befehl **Dunkle Bereiche vergrößern** verkleinert die Auswahl oder die Maske gleichmäßig.

➥ Der Befehl **Helle Bereiche vergrößern** dehnt die Auswahl oder die Maske gleichmäßig aus.

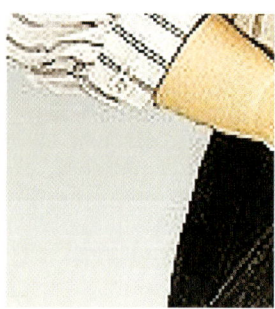 

Abbildung 9.33:
Nach dem Schärfen wird die Figur von einem Kontrastsaum umgeben, der mit dem Zauberstab schwer zu markieren ist (links). Dies zeigt sich, nachdem wir die Auswahl des Hintergrundbereichs im Maskierungsmodus darstellen: Die Kontur ist noch nicht ganz erfasst. Datei: Puppen (geschärft)

Die Befehle eignen sich vorzüglich, um die weißen oder die schwarzen Bereiche eines Alphakanals, einer Maske im Maskierungsmodus oder einer Ebenenmaske pixelgenau zu verändern. Während sich die Vorschau ständig dem gewählten Pixelradius anpasst, spielen Sie bequem verschiedene Radiuseinstellungen in der Vorschau durch. Sie müssen einen unpassenden Wert nicht erst anwenden und widerrufen, um dann den Befehl neu zu laden, wie es die Befehle **Ausweiten** und **Verkleinern** erfordern (siehe oben). Noch vor Schließen des Dialogfelds haben Sie volle Ergebniskontrolle.

 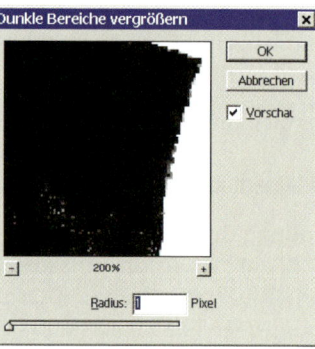

Abbildung 9.34:
Der Bereich der Maske, in dem die Auswahl besser sitzen soll, wird mit dem Auswahlrechteck markiert, diese Auswahl soften wir mit dem Befehl »Auswahl: Weiche Auswahlkante« ab. Dann sorgt der Befehl »Sonstige Filter: Dunkle Bereiche vergrößern« dafür, dass sich die Maske präzise ans Objekt anpasst. Danach wird die Rechteckauswahl entfernt und die Maske wieder in eine Auswahlmarkierung verwandelt.

Diese Filter empfehlen sich vor allem dann im Vergleich zu den einfachen **Auswahl**-Befehlen **Ausweiten** und **Verkleinern**, wenn sich die Auswahlmarkierung über eine längere Strecke dehnt und nicht überall gleich weit von der Ziellinie entfernt ist. Sie verändern also nur einen Teil der Auswahl. Dann gehen Sie zum Beispiel so vor:

1. Erzeugen Sie die verbesserungsbedürftige Fließmarkierung mit dem Zauberstab.
2. Wechseln Sie in den MASKIERUNGSMODUS (Kurztaste Q, Seite 564).
3. Kreisen Sie mit dem Lasso die Zone ein, die Sie verfeinern wollen.

4. Soften Sie diese Auswahlkontur eventuell mit dem Befehl **Auswahl: Weiche Auswahlkante** ab, damit keine harten Sprünge übrig bleiben.

5. Jetzt verwenden Sie den Filter **Dunkle Bereiche vergrößern** oder **Helle Bereiche vergrößern**, bis die Auswahl sitzt. Bestätigen Sie mit OK.

6. Wechseln Sie vom Maskierungsmodus zurück in den STANDARDMODUS ◯ (erneut Kurztaste [Q]). Sie sehen die verbesserte Fließmarkierung.

9.2.9 Auswahl transformieren

Sie können Auswahlmarkierungen auch per Anfasser drehen, vergrößern und verzerren; dazu wählen Sie zunächst **Auswahl: Transformieren**. Dabei verändert sich nur die Auswahllinie, nicht der Bildinhalt. Sie agieren genauso wie beim **Transformieren** von Ebenen oder Pfaden, wir besprechen die Details ab Seite 713.

Um die Veränderung gültig zu machen, klicken Sie doppelt in die Auswahl oder drücken die [↵]-Taste. Wollen Sie das **Transformieren** ohne jede Bearbeitung der Auswahl abbrechen, verwenden Sie die [Esc]-Taste. Die letzte Verzerrung lässt sich aufheben, ohne dass Sie die früheren Veränderungen mit annullieren: Dazu verwenden Sie die Tastenkombination [Strg]+[Z].

Abbildung 9.35:
Links außen: Der Befehl »Auswahl: Auswahl transformieren« verzerrt nur die Auswahllinie, nicht den Bildinhalt. Halblinks: Der Maskierungsmodus zeigt, dass die Auswahl zunächst keinerlei weiche Kanten hatte. Halbrechts: Nach dem Verzerren mit dem Befehl »Auswahl transformieren« entstanden weiche Auswahlkanten, weil wir in den Voreinstellungen das Interpolationsverfahren »Bikubisch« gewählt hatten. Rechts außen: Stellen Sie das Interpolationsverfahren auf »Pixelwiederholung«, entstehen keine weichen, aber eventuell grob ausgezackte Kanten.

Ungewollte Kantenglättung

Beim **Transformieren** einer Auswahl kommt es leicht zu unerwünschter Kantenglättung. Selbst wenn die Auswahl ohne GLÄTTEN oder WEICHE KANTE entstand (Seite 546), ist die Kontur nach dem Transformieren aufgeweicht, sofern Sie in den **Voreinstellungen** das übliche Interpolationsverfahren BIKUBISCH oder auch BILINEAR verwenden (Seite 156). Sie verhindern die Aufweichung eventuell auch, wenn Auswahlmarkierung und Begrenzungsrahmen der Transformieren-Funktion genau übereinander liegen, bevor Sie die Verzerrung durch Doppelklick in die Auswahl anwenden. Dazu wechseln Sie in eine sehr hohe Zoomstufe.

Bei hart konturierten Grafiken ohne Kantenglättung oder bei Bildern in den Modi BITMAP oder INDIZIERTE FARBEN ist der Verzicht auf die Kantenglättung wesentlich; hier sollten Sie zur Interpolationsmethode PIXELWIEDERHOLUNG wechseln. Untersuchen Sie Ihre Auswahl auf ungewollte Kantenglättung nach dem **Transformieren**, indem Sie bei starker Vergrößerung in den MASKIERUNGSMODUS ⬤ umschalten (Kurztaste Q, Seite 564).

*Wollen Sie nachträglich jegliche Kantenglättung entfernen, verwenden Sie im Maskierungsmodus, im Alphakanal oder in der Ebenenmaske den Befehl **Bild: Einstellungen: Schwellenwert** (Details ab Seite 476).*

9.2.10 Auswahl aus Ebenen ableiten

Arbeiten Sie mit Ebenen, dann können Sie unkompliziert den Umriss eines Objekts als Auswahl laden und zum Beispiel auf einer anderen Ebene einsetzen oder in ein anderes Bild ziehen. Die erzeugte Auswahl orientiert sich dabei an den Deckkraft-Informationen in der Ebene: Übliche, 100 Prozent deckende Objekte erzeugen eine volle Auswahlwirkung innerhalb der Objektgrenzen; geglättete oder weiche Kanten oder halbtransparente Partien haben nur geschwächte Auswahlwirkung. Der transparente Bereich um das Objekt herum wird gar nicht ausgewählt. So geht's:

- Klicken Sie bei gedrückter Strg-Taste auf die Ebenenminiatur in der Ebenenpalette, um die Kontur des Objekts als Auswahl zu erhalten. Eine bereits im Bild vorhandene Auswahl wird dabei ersetzt.

- Wollen Sie eine im Bild vorhandene Auswahl um die Ebenenkontur erweitern, klicken Sie die Ebenenminiatur mit Strg+⇧-Taste an.

- Um von einer vorhandenen Auswahl die Ebenenkontur abzuziehen, klicken Sie die Miniatur mit Strg+Alt-Taste an.

- Um nur die Schnittmenge aus vorhandener Auswahl und Ebenenkontur als Auswahl zu erzeugen, drücken Sie Strg+⇧+Alt beim Klick auf die Miniatur.

Exakt dieselben Tastengriffe gelten auch für Ebenenmasken und Alphakanäle. Ein Beispiel: Klicken Sie die Ebenenmasken-Miniatur mit gedrückter Strg-Taste an, wenn Sie die Ebenenmasken-Information als Auswahl laden wollen.

*Auswahlen können Sie als Alphakanal oder als Pfad speichern. Dazu verwenden Sie Befehle aus dem **Auswahl**-Menü oder aus Paletten für Kanäle und Pfade. Wir besprechen die Funktionen ausführlich ab Seite 623.*

9.3 Farbbereich auswählen

Mit dem **Auswahl**-Befehl **Farbbereich auswählen** bietet Photoshop quasi einen Turbo-Zauberstab in Dialogfeld-Form. Hier werden sofort ausgewählte Farbtöne im ganzen Bild mit regelbarer Toleranz markiert. Sie können aber auch bestimmte Farbbereiche wie ROTTÖNE oder AUSSERHALB DES FARBUMFANGS erfassen lassen. Sobald Sie auf OK klicken, erscheint die Auswahl als schillernde Fließmarkierung in der Datei.

Farbbereich auswählen   Kapitel 9

TIPP

*Wollen Sie einen **Farbbereich auswählen**, um ihn mit dem Befehl **Farbton/Sättigung** zu verändern? Dazu brauchen Sie nicht diese zwei Funktionen hintereinander aufzurufen. Photoshop fasst die Funktionen unter dem Menüpunkt **Bild: Einstellungen: Farbe ersetzen** zusammen (Seite 578).*

9.3.1 Auswahl

Neben dem Titel AUSWAHL legen Sie fest, welche Tonwertbereiche Photoshop markieren soll – Farbwerte wie ROTTÖNE oder MAGENTATÖNE, Helligkeitsbereiche wie LICHTER oder TIEFEN oder zu gesättigte Bildpunkte AUSSERHALB DES FARBUMFANGS (Seite 192).

Am wichtigsten ist die Option AUFGENOMMENE FARBEN; sie funktioniert nach Art des Zauberstabs und erfasst alle Farben, die Sie im Bild oder in der Vorschau anklicken. Dabei werden stets ähnliche Farbwerte im ganzen Bild erfasst, unabhängig von trennenden Bereichen dazwischen. Sofern Sie die AUSWAHL auf AUFGENOMMENE FARBEN einstellen, also auf den Zauberstabmodus, markiert Photoshop in der Vorschau zunächst Bildteile, die der aktuellen Vordergrundfarbe ähneln. Dies ändern Sie mit dem ersten Pipetten-Klick.

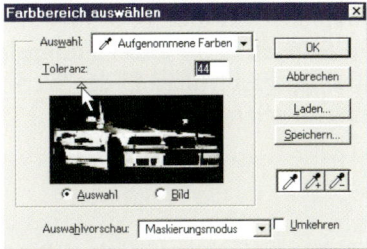 

Abbildung 9.36:
Mit dem Dialogfeld »Farbbereich auswählen« wählen Sie einzelne Farbtöne im Bild aus. Links: Die Dialogfeld-Vorschau stellt die Auswahl in einem Alphakanal dar. Rechts: In der Bilddatei kennzeichnet Photoshop hier die Auswahl mit den aktuellen Einstellungen für den Maskierungsmodus; bei einer »Toleranz« von 44 wird noch nicht die ganze gewünschte Fläche erfasst. Datei: Wagen

9.3.2 Vorschau-Optionen

Unter dem Vorschaubild im Dialogfeld haben Sie diese Optionen:

➤ Sie entscheiden sich für AUSWAHL, wenn Photoshop den markierten Bereich im Vorschaubild innerhalb des Dialogfelds bereits hervorheben soll.

➤ Sie wählen BILD, wenn Photoshop die unveränderte Datei auch in der Vorschaudarstellung anbieten soll; das macht Sinn, wenn Sie von dem Dokument nur einen Ausschnitt auf dem Schirm sehen. Im Vorschaubild können Sie immer noch Pixel aus dem gesamten Werk anklicken.

Mit der Strg-Taste schalten Sie jederzeit zwischen den beiden Darstellungsweisen hin und her, ohne klicken zu müssen.

Kapitel 9   Auswählen

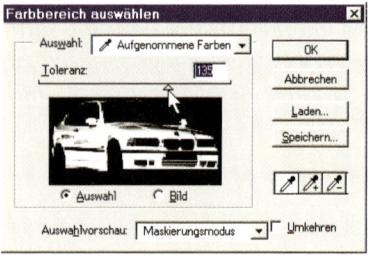

Abbildung 9.37:
Eine erhöhte »Toleranz« von 135 führt zu einem größeren Auswahlbereich.

Ganz unten neben AUSWAHLVORSCHAU geben Sie an, wie Photoshop die aktuelle Auswahl in der Bilddatei darstellen soll:

➧ Zum Beispiel kann ein WEISSER HINTERGRUND oder ein SCHWARZER HINTERGRUND die gewählten Bildpunkte umgeben.

➧ Lassen Sie die Vorschau als GRAUSTUFEN zeigen, erscheinen markierte Pixel weiß, nicht markierte schwarz und nur mehr oder weniger ausgewählte Bildpunkte sehen Sie mehr oder weniger hell – hier zeigt Photoshop quasi einen Alphakanal an, der auch im Vorschaubild innerhalb des Dialogs erscheint, wenn Sie auf AUSWAHL klicken.

➧ Entscheiden Sie auf MASKIERUNGSMODUS, zeigt Photoshop die Auswahl mit den aktuellen Einstellungen für den Maskierungsmodus (vergleiche Seite 564). Sie klicken doppelt auf den Schalter für Maskierungsmodus rechts unter den Farbfeldern in der Werkzeugleiste, um an die Optionen für die Maskendarstellung zu gelangen.

9.3.3 Toleranz und Pipetten

Der Regler für TOLERANZ gibt vor, wie weit die ausgewählten Farbtöne von dem Pixel abweichen dürfen, das Sie mit der Pipette anklicken. Je höher der Wert, desto weitgefasster – und vielleicht ungenauer – gerät die Auswahl.

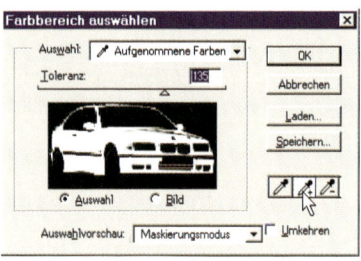

Abbildung 9.38:
Klicken Sie mit der Plus-Pipette ins Bild oder in die Vorschau, um weitere Farbschattierungen aufzunehmen.

So arbeiten Sie mit den Pipetten:

➧ Mit der Pipette – quasi der Zauberstab – klicken Sie einen Bildpunkt mit einem Tonwert an, den Photoshop markieren soll; erfasst werden farbähnliche Bildpunkte quer durch die Datei – also nicht nur benachbarte. Ein neuer Klick hebt die alte Auswahl auf und markiert andere Bereiche.

Farbbereich auswählen   Kapitel 9

- Die Plus-Pipette 🖋 fügt dagegen neue Tonwerte zur vorhandenen Auswahl hinzu – sozusagen der Zauberstab mit gedrückter ⇧-Taste.
- Die Minus-Pipette 🖋 zieht Tonwerte von der Auswahl ab; sie funktioniert erst, wenn die Plus-Pipette einmal eingesetzt wurde.

Mit der ⇧-Taste wechseln Sie klickfrei vorübergehend zur Plus-Pipette, während die Alt-Taste die Minus-Pipette ins Spiel bringt.

Abbildung 9.39:
Links, Mitte: Die »Auswahlvorschau« können Sie in der Bilddatei auch mit weißem oder schwarzem Hintergrund darstellen. Rechts: Ein Klick auf OK umgibt den ausgewählten Farbbereich mit einer Fließmarkierung; Sie können die Auswahl weiter verfeinern oder den Bildinhalt bearbeiten.

9.3.4   Mehrstufige Auswahlen

Der Befehl **Farbbereich auswählen** behandelt immer nur die aktuelle Auswahl: Haben Sie bereits eine Markierung im Bild, trifft das Dialogfeld seine eigene Auswahl nur noch innerhalb der schon vorhandenen Markierung. So erfassen Sie in zwei Stufen etwa alle ROTTÖNE, die AUSSERHALB DES FARBUMFANGS liegen. Das Procedere:

1. Wählen Sie **Auswahl: Farbbereich auswählen**.
2. Geben Sie als AUSWAHL die ROTTÖNE vor.
3. Dann klicken Sie auf OK – die Rottöne sind von einer schillernden Fließmarkierung umgeben.
4. Rufen Sie erneut den Befehl **Farbbereich auswählen** auf.
5. Als AUSWAHL geben Sie jetzt AUSSERHALB DES FARBUMFANGS vor und klicken auf OK.

Erfasst von der schillernden Fließmarkierung werden jetzt nur nicht druckbare Rottöne; andere nicht druckbare Farben sind nicht markiert, ebenso wenig druckbare Rottöne. Heben Sie alle im Bild vorhandenen Auswahlen auf, wenn Sie eine völlig neue Auswahl erstellen wollen.

9.3.5 Alphakanal-Technik

Zu beachten ist, dass der Befehl **Farbbereich auswählen** die Farben nicht unbedingt zu 100 Prozent auswählt, sondern feingestufte Auswahlen anlegt, in denen ein Pixel auch zu 90 oder 77 Prozent ausgewählt sein kann. Bei einer späteren Bearbeitung – etwa der Verschiebung von Farbtönen – wirkt sich der Befehl auf diese Pixel nur teilweise aus, die alte Fassung lugt schamhaft unter der Bearbeitung hervor. Darum sollte man die Auswahl des Farbbereich-Dialogs bei Bedarf nachbearbeiten.

Hinderlich wirkt sich bei der Auswahlarbeit mit der Funktion FARBBEREICH aus, dass die eingestellte Toleranz immer für alle mit den Pipetten angepeilten Punkte zugleich gilt. So lässt sich zu einer großzügigen Auswahl bei hoher Toleranz von 100 nicht auch noch eine Randfarbe mit niedriger Toleranz hinzufügen.

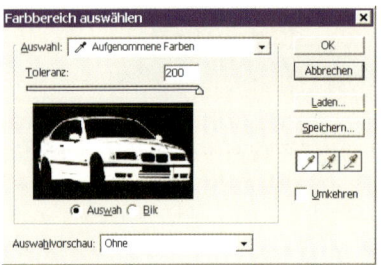 

Abbildung 9.40:
Links: Zeigt die Auswahl im Vorschaubild noch Graustufen, dann sind die Pixel nicht zu hundert Prozent markiert. Rechts: Die Bearbeitung der resultierenden Auswahl wirkt sich nicht voll aus. Rote Bildpunkte der alten Version überdauern auch die »Farbton«-Verschiebung.

9.3.6 Farbe ersetzen

Der Befehl **Bild: Einstellungen: Farbe ersetzen** fasst zwei nützliche Befehle zum Kombipack zusammen: Er vereint die Auswahlmöglichkeiten von **Farbbereich auswählen** und die Retuschemöglichkeiten aus **Farbton/Sättigung**. So geht's:

1. Wählen Sie erst die Farbe mit Pipetten und TOLERANZ aus, so wie Sie es vom Befehl **Farbbereich auswählen** her kennen (Seite 574).

2. Dann verschieben Sie den Farbton und manipulieren die Sättigung, wie es auch beim Befehl **Farbton/Sättigung** Usus ist (Seite 457).

Allerdings sollten Sie beachten: Der Befehl **Farbe ersetzen** hinterlässt keine Auswahlmarkierung. Sie verschieben die Farbe, sagen OK und das war's. Brauchen Sie den Auswahlbereich mehrfach, dann wählen Sie ihn vielleicht doch anderweitig aus, speichern die Auswahl und verschieben die Farben mit dem FARBTON-Regler des Befehls **Farbton/Sättigung**.

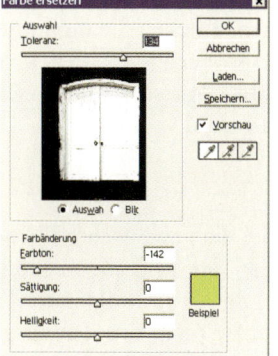

Abbildung 9.41:
Das Dialogfeld »Farbe ersetzen« wählt einen Farbbereich aus und ermöglicht danach die Änderung von Farbton, Sättigung und Helligkeit.
Datei: Tuer

9.4 Extrahieren

Mit den üblichen Photoshop-Werkzeugen ist es schwierig, Lockenköpfe, Plüschtiere, buschige Pflanzen oder Federn sauber auszuschneiden, um sie vor einen neuen Hintergrund zu stellen. Dies gilt besonders bei Gegenlichtaufnahmen. Der Photoshop-Befehl **Filter: Extrahieren** ([Alt]+[Strg]+[X]) erleichtert solche Aufgaben erheblich. Alternativ arbeiten Sie mit angepassten Bildteilen in Alphakanal oder Ebenenmaske (Seite 616).

9.4.1 Der Ablauf

Das Verfahren verteilt sich auf folgende Schritte innerhalb des Dialogfelds:

1. Sie rahmen die Kontur Ihres Hauptmotivs ein.
2. Sie füllen das Innere des Hauptmotivs.
3. Sie verfeinern nach Bedarf.
4. Nach dem Klick auf OK erscheint der Hintergrund transparent.

Abbildung 9.42:
Der Befehl »Filter: Extrahieren« trennt Motive mit komplexen Umrissen aus dem Hintergrund heraus.
Vorlage: Extrahieren;
Ergebnis: Extrahieren_2

Am Dialogfeld EXTRAHIEREN ziehen Sie rechts unten, um es in der gewünschten Größe auf dem Schirm zu sehen. Klicken Sie die Lupe 🔍 an und klicken Sie mehrfach ins Bild, um die Bildvorschau zu vergrößern ([Alt]-Klick verkleinert die Darstellung). Wir arbeiten nur noch im Dialogfeld, es gibt keine schnelle Vorschau am Originalbild. Mit diesen Schritten bereiten Sie das Bild im Dialogfeld vor:

Vorbereitungen

Vorab aktivieren Sie die gewünschte Ebene in der Ebenenpalette [F7]. Legen Sie sicherheitshalber ein Duplikat der aktuellen Datei an (**Bild: Duplizieren**) oder sichern Sie es als Schnappschuss auf der Protokollpalette (Seite 99). Entfernen Sie jegliche Auswahl im Bild ([Strg]+[D]), sofern Sie nicht nur den ausgewählten Bereich bearbeiten möchten.

Kanten und Füllung

Klicken Sie das Werkzeug KANTENLICHT extrah_kantenlicht ganz oben links an (Kurztaste [B]). Damit malen Sie eine Umrandung um Ihr Hauptmotiv – also genau um jenen Bereich, in dem Photoshop nach Rändern suchen soll. Wir tragen den grünen Strich also genau dort auf, wo einzelne Locken auf den Hintergrund treffen.

Bei unscharfen Kanten bedecken Sie die Bereiche, in denen der Vordergrund sich mit dem Hintergrund mischt. Ist der Innenbereich des Objekts klar definiert, achten Sie darauf, dass das grüne »Kantenlicht« eine geschlossene Form bildet. Bereiche, in denen das Objekt die Bildgrenzen erreicht, müssen Sie jedoch nicht umranden. Bei unserem Beispielbild müssen wir also nicht am unteren Rand entlangmalen.

Klar konturierte Kanten fahren Sie mit KANTENLICHT-Pinsel extrah_kantenlicht und der Option HERVORHEBUNGSHILFE ab. Die Funktion entspricht dem magnetischen Lasso lassmag (Seite 553) aus den üblichen Auswahlwerkzeugen: Sie erfasst Konturen in einer wählbar breiten Umgebung; die Breite stellen Sie im Feld PINSELGRÖSSE ein. Mit dem Regler GLÄTTEN korrigieren Sie Unsauberkeiten.

 Erfassen Sie wirklich nur die Grenze und nicht breite Teile von Hintergrund oder Hauptmotiv – dann wird die Auswahl unsauber. Testen Sie also verschiedene Werte im Feld PINSELGRÖSSE *und korrigieren Sie eine erste Kantenlicht-Kontur sorgfältig (siehe unten).*

Haben Sie das Hauptmotiv eingerahmt, füllen Sie es mit dem Füllwerkzeug 🪣 (Kurztaste [G]). Klicken Sie einfach in das Innere Ihrer Auswahl. Photoshop deckt das Hauptmotiv blau ab. Falls jedoch das gesamte Hauptmotiv diffus erscheint, bearbeiten Sie es komplett mit dem KANTENLICHT-Pinsel; stellen Sie dabei eine hohe Pinselgröße ein.

Vorschau

Nun klicken Sie auf VORSCHAU (Kontur und Füllung müssen zu sehen sein). Nach Bedenkzeit zeigt Photoshop Ihr ausgeschnittenes Hauptmotiv im Dialogfeld. Der Hintergrund, den Sie entfernen wollen, wird überdeckt: durch **Schwarz**, **Weiß**, **Grau** oder einen beliebigen

anderen Tonwert, je nach Wahl im Klappmenü EINBLENDEN (bei Graustufenbildern können Sie keine farbigen Untergründe abbilden). Sie können im Klappmenü ANZEIGEN auch die **Maske** wählen. Photoshop stellt die aktuelle Auswahl dann als Alphakanal in Graustufen dar; dabei sehen Sie jedoch Ihr Bild nicht mehr.

Im Klappmenü EINBLENDEN wählen Sie **Extrahiertes**, damit nur noch das ausgeschnittene Bild zu sehen ist.

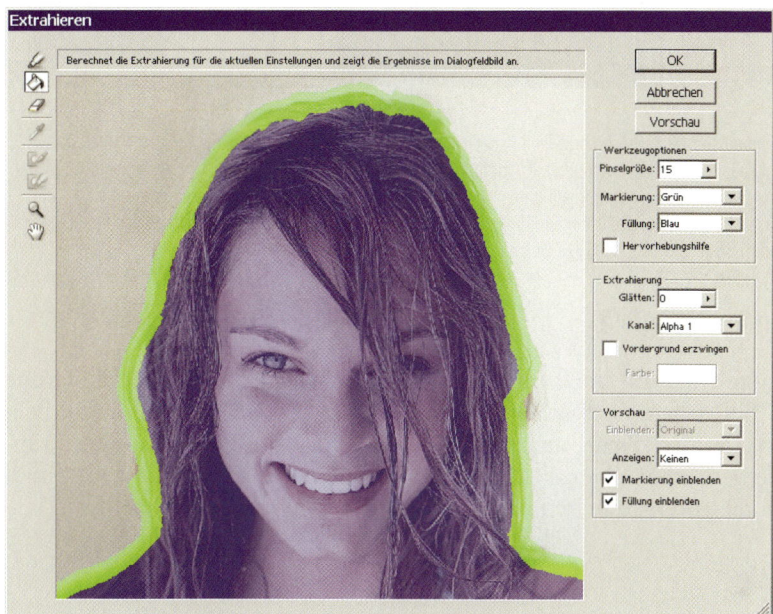

Abbildung 9.43:
Im »Extrahieren«-Dialogfeld rahmen Sie den Umriss des Hauptmotivs mit dem Pinsel »Kantenlicht« ein, das Innere wird mit dem Füllwerkzeug gefüllt. Datei: Extrahieren

9.4.2 Alphakanal verwenden

Überspringen Sie diesen Schritt bei Ihren ersten Versuchen mit **Extrahieren**. Sie können die grün dargestellte Kontur Ihres Hauptmotivs auch aus einem Alphakanal laden, den Sie vorab angelegt haben. Dazu dient rechts das Klappmenü KANAL; es bietet die im Bild vorhandenen Alphakanäle an. Der Alphakanal darf als Auswahl nur den Umriss Ihres Hauptmotivs enthalten und nicht etwa das ganze Motiv selbst. Wenn Sie die Kontur aus dem Alphakanal im Dialogfeld EXTRAHIEREN verändern, erscheint der Kanal hier unter dem Namen **Eigener**.

Sie können zur Vorbereitung zunächst das Hauptmotiv auswählen, dann wählen Sie **Auswahl: Auswahl verändern: Umrandung**, so dass nur noch eine schmale Zone um Ihr Motiv herum markiert ist. Im Dialogfeld EXTRAHIEREN laden Sie diese Information im Klappmenü LICHT LADEN als grüne Kontur und verfeinern diese mit dem Kantenlicht-Pinsel. Im Test funktionierte das nur, wenn der Alphakanal mit der Option FARBE KENNZEICHNET: AUSGEWÄHLTE BEREICHE gespeichert wurde; das heißt, die ausgewählte Objektkontur muss schwarz erscheinen, der nicht ausgewählte Rest weiß.

 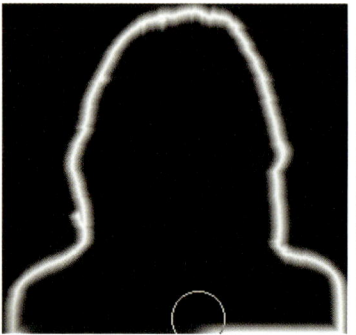 

Abbildung 9.44:
Links: Um diesen Auswahlrahmen um die Person herum zu erstellen, haben wir mit dem Zauberstab den Hintergrund ausgewählt, die Auswahl umgekehrt und den Befehl »Auswahl: Auswahl verändern: Umrandung« verwendet. Mitte: Die Auswahl wird als Alphakanal gespeichert (»Auswahl: Auswahl speichern«); die untere Umrandung entfernen wir mit dem Pinsel bei schwarzer Vordergrundfarbe. Rechts: Die Umkehrung aller Farbwerte besorgt der Befehl »Bild: Einstellungen: Umkehren«. In dieser Form eignet sich Alphakanal als Kontur-Vorgabe beim »Extrahieren«. Aktivieren Sie zum Schluss wieder den RGB-Gesamtkanal. Datei: Extrahieren

9.4.3 Korrekturen im Dialogfeld

Meist sollten Sie die erste Auswahl noch im Dialogfeld korrigieren. Wollen Sie die grüne Umrandung wieder im Bild sehen, nutzen Sie die Option LICHT EINBLENDEN. Oder aktivieren Sie erneut den KANTENLICHT-Pinsel und malen Sie ins Bild; dann erscheint die Umrandung wieder. Geben Sie bei Bedarf oben rechts im Dialogfeld andere Farben für LICHT und FÜLLUNG an, wenn sich die voreingestellten Farben von Ihrem Bild nicht gut abheben.

Umrandung korrigieren

Um Teile der Umrandung zu entfernen, schalten Sie den Radiergummi ein (Kurztaste E). Stellen Sie auch hier eine passende PINSELGRÖSSE ein und radieren Sie den grünen Rahmen nach Maß weg. Die komplette Kontur verschwindet mit dem Tastengriff Alt-←. Photoshop zeigt jetzt weiterhin das ausgeschnittene Hauptmotiv. Sie können aber auch wieder das Gesamtbild mit dem Originalhintergrund sehen: Dazu wechseln Sie im Klappmenü EINBLENDEN von **Extrahiert** zu **Original**.

Vordergrund erzwingen

Bei besonders komplexen Objekten oder wenn ein Innenbereich nicht klar abgegrenzt ist, bedecken Sie zunächst das gesamte Objekt mit dem KANTENLICHT-Pinsel. Dann wählen Sie VORDERGRUND ERZWINGEN und anschließend die Pipette oben links im Dialogfeld. Nun klicken Sie innerhalb des Objekts, um eine Farbe aufzunehmen, die als Vordergrund gelten soll. Danach klicken Sie auf VORSCHAU, um die Auswirkung zu erkennen. Diese Technik eignet sich für Objekte mit unterschiedlichen Tönen einer einzigen Farbe.

Kantenverfeinerer und »Bereinigen«

Sobald Sie mit der VORSCHAU-Schaltfläche eine Voransicht des freigestellten Motivs erzeugt haben, bietet das Dialogfeld zwei Werkzeuge, um nun erkennbare Mängel zu beheben:

Extrahieren   Kapitel 9

- Das Werkzeug BEREINIGEN entfernt verbliebene Spuren des ursprünglichen Hintergrunds, indem es nach und nach Transparenz herstellt (Kurztaste [C]). Wenden Sie es bei Bedarf mehrfach hintereinander an.
- Der Kantenverfeinerer arbeitet Konturen in diffusen Bereichen heraus (Kurztaste [T]). Nutzen Sie es bei Bedarf mehrfach.

Beachten Sie, dass man einige Retuschen bequemer am fertigen Bild erledigt (nächster Abschnitt).

TIPP

Es gelten ähnliche Tastenkürzel wie bei der sonstigen Photoshop-Oberfläche: Per [Strg]+Leertaste schalten Sie vorübergehend die Vergrößerungslupe ein, [Alt]+Leertaste ruft die Verkleinerungslupe lupemin auf, die Leertaste schaltet um zur Verschiebehand. Wenn Sie die [Alt]-Taste drücken, verwandelt sich – wie immer – die [Abbrechen]-Taste in eine ZURÜCK-Schaltfläche. Sie annullieren damit sämtliche Auswahlen und Vorgaben, ohne das Dialogfeld zu schließen.

9.4.4 Korrekturen am Bildergebnis

Wenn der korrigierte grüne Rahmen gut sitzt, füllen Sie erneut das Innere mit dem Füllwerkzeug und klicken auf OK. Damit verschwindet der bisherige Hintergrund aus dem Bild. Stattdessen erscheint dort ein Karomuster – es signalisiert, dass sich an dieser Stelle keine Bildpunkte befinden. Blenden Sie per [F7] die Ebenenpalette ein; Sie erkennen, dass Ihr Foto nicht mehr aus einer üblichen Hintergrundebene besteht. Stattdessen gibt es eine »Ebene 0«. Sie können jetzt

- das freigestellte Motiv mit dem Verschieben-Werkzeug in eine neue Datei ziehen oder
- einen neuen Hintergrund unter das freigestellte Motiv ziehen.

Doch oft werden Sie das Ergebnis noch verfeinern.

Abbildung 9.45:
Links: Teile der Haare wurden hier von der »Extrahieren«-Funktion unerwünscht mit entfernt. Mitte: Mit dem Protokollpinsel holen wir die vermissten Locken in das Ergebnisbild zurück. Rechts: Diesen Hintergrundbereich hat der »Extrahieren«-Befehl nicht erfasst, wir entfernen ihn mit dem Radiergummi.

Photoshop 7.0 Kompendium   583

Überflüssigen Hintergrund entfernen

Haben Sie noch überflüssigen Hintergrund am Hauptmotiv? Oft klebt noch Umgebung am Motiv, die Sie gar nicht benötigen. So beseitigen Sie die Rückstände:

➤ Schalten Sie in der Werkzeugleiste den Radiergummi (Seite 713) oder den Hintergrund-Radiergummi (Seite 561) ein und radieren Sie die verbliebene Umgebung weg. Achten Sie auf die richtige Größe und Kantenschärfe der Werkzeugspitze.

➤ Wählen Sie den Bereich mit Lasso oder einem anderen Auswahlwerkzeug aus; die `Entf`-Taste entsorgt den Auswahlinhalt.

Löcher im Hauptmotiv

Oder gibt es Löcher im Hauptmotiv? Manchmal entfernt der **Extrahieren**-Befehl an einigen Stellen zu viele Bildpunkte. Sie können die Originalbildpunkte wieder herstellen und die Lücken schließen. Dazu rufen Sie mit dem **Fenster**-Menü die Protokollpalette auf. Sie zeigt, dass **Extrahieren** Ihr letzter Befehl war. Ganz oben in der Palette sehen Sie vermutlich den Befehl **Öffnen** (sofern dieser Befehl nicht bereits von anderen Arbeitsschritten ersetzt wurde). Klicken Sie neben dem **Öffnen**-Eintrag ganz links in das quadratische Fach mit der Einblenderklärung WÄHLT DIE QUELLE FÜR DEN PROTOKOLLPINSEL. Dort erscheint das Symbol für den Protokollpinsel.

Den Ur-Zustand, wie er beim Öffnen noch herrschte, stellen Sie nun punktuell wieder her – eben dort, wo Ihr Hauptmotiv unerwünschte Löcher zeigt. Schalten Sie den Protokollpinsel ein (am schnellsten mit dem Y auf Ihrer Tastatur). Nun malen Sie an den löchrigen Stellen in Ihrem ausgeschnittenen Bild – sie werden mit den Originalbildpunkten gefüllt. Achten Sie auch hier wieder auf die richtige Werkzeugspitzengröße.

Eine Herausforderung für den Hintergrund-Radiergummi wie auch für den Befehl Filter: Extrahieren sind neben der Datei »Lissy.psd« auch die Lockenköpfe »Marlies.psd« und »Hair.psd« – zu finden wie immer im »Praxis«-Verzeichnis auf der CD zu diesem Buch.

In diesem Kapitel haben Sie gelernt, wie man Auswahlen erzeugt und wie man sofort unerwünschten Hintergrund wegschneidet. Sofern Sie mit Auswahlen arbeiten, können Sie diese speichern, um später darauf zurückzukommen. Dazu bietet Photoshop zwei Verfahren:

➤ Entweder Sie wandeln die Maske in einen Pfad um – dazu mehr im »Pfade«-Kapitel ab Seite 623;

➤ oder Sie klicken auf **Auswahl: Auswahl speichern** und konservieren die Maske als Graustufenbild in einem zusätzlichen Alphakanal. Davon handelt das folgende Kapitel.

Extrahieren   Kapitel 9

9.4.5 Befehle im Überblick: Auswahl

Taste/Feld	Zusatztasten	Aktion	Ergebnis
🔘		🖱	Arbeit im Maskierungsmodus
🔘	Alt	🖱	Geschützten/gewählten Bereich farblich abdecken
▭ ○		🖱	Auswahlrechteck oder Oval-Auswahl
▭ ○	Alt	🖱	Auswahl von der Mitte aufziehen
▭ ○	⇧	🖱	Nur Quadrat-/Kreis-Auswahl möglich
▭ ○	Leertaste (beim Erstellen)	🖱 (ziehen)	Neuen Auswahlrahmen bewegen
◯		🖱 (Bewegung im Bild)	Freiform-Auswahl
✨		🖱	Auswahl farbähnlicher Bildteile
▭ ○ ◯ ✨	⇧	🖱	Zu bestehender Auswahl hinzufügen
▭ ○ ◯ ✨	Alt	🖱	Von bestehender Auswahl abziehen
▭ ○ ◯ ✨	Strg+⇧	🖱 Ziehen im Bild	Schnittmenge von Auswahlbereichen wählen
▣			Zu bestehender Auswahl hinzufügen
▢			Von bestehender Auswahl abziehen
▭ ○ ◯ ✨	⇧	🖱 Klicken, dann ziehen	Auswahlkontur in festen Winkeln bewegen
Pfeil-Taste			Auswahlkontur in 1-Pixel-Schritten bewegen (bei aktiviertem Auswahlwerkzeug)

Kapitel 9   Auswählen

Taste/Feld	Zusatztasten	Aktion	Ergebnis
Pfeil-Taste	⇧		Auswahlkontur in 10-Pixel-Schritten bewegen (bei aktiviertem Auswahlwerkzeug)
🖱	Alt	🖱 (Bewegen einer Auswahl)	Duplikat einer Auswahl oder Ebene als neue Ebene erstellen und bewegen
Strg + A (für All)			Alles auswählen
Strg + D (für Deselect)			Auswahl aufheben
Strg + D	Alt		Weiche Auswahlkante
Strg + H			Auswahlbegrenzung (und andere »Extras«) ein-/ausblenden
Strg + I	⇧		Auswahl umkehren
Strg + J			Auswahl als neue Ebene anlegen
[Ebenenminiatur]	Strg	🖱	Deckkraft-Information aus Ebene als Auswahl laden
[Ebenenminiatur]	Strg + Alt	🖱	Vorhandene Auswahl um Deckkraft-Information aus Ebene verkleinern
[Ebenenminiatur]	Strg + ⇧	🖱	Vorhandene Auswahl um Deckkraft-Information aus Ebene erweitern

10 Kanäle & Masken

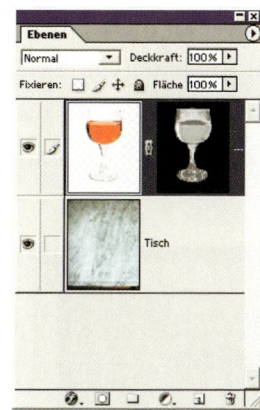
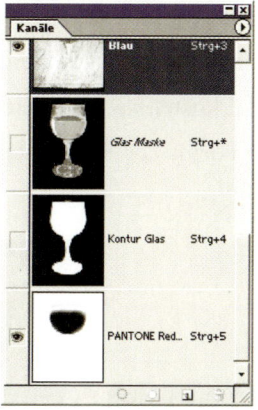

Abbildung 10.1:
Die Kanälepalette (ganz rechts) zeigt, dass dieses Bild einen Alphakanal, eine Ebenenmaske und einen Schmuckfarbenkanal enthält. Die momentane Auswahl wurde im Alphakanal »Kontur Glas« gespeichert. Datei: Glas_3

In verschiedenen Situationen arbeiten Sie mit Kanälen:

- Sie bearbeiten einzelne Grundfarbkanäle eines Bilds, zum Beispiel einen Kanal wie Cyan, Magenta, Gelb oder Schwarz in einem CMYK-Bild oder Rot, Grün, Blau in einem RGB-Bild (siehe unten).
- Sie legen zusätzlich zu diesen Grundfarbkanälen noch weitere Extrafarben an, so genannte Schmuckfarben (Seite 605).
- Sie speichern eine Auswahl als so genannten Alphakanal, der Ausgewähltes weiß und nicht Gewähltes schwarz darstellt; diesen Alphakanal können Sie mit Mal-, Retusche- und Füllfunktionen, aber auch mit Filtern und Kontrastkorrekturen bearbeiten, um die Auswahlinformation zu verändern (siehe unten). Der Alphakanal lässt sich dann wieder in eine Auswahl-Fließmarkierung umsetzen.
- Sie stellen eine Auswahl im Maskierungsmodus dar, also als vorübergehenden Alphakanal (Seite 564).
- Auch Ebenenmasken (Seite 770) arbeiten nach dem Prinzip des Alphakanals: Weiß Unterlegtes erscheint voll deckend, schwarz Unterlegtes wird verborgen, Zwischentöne erzeugen Halbtransparenz.

Die Arbeit mit Kanälen – die Umsetzung von Schwarz, Weiß und der Grautöne dazwischen in Auswahlinformationen – ist also für verschiedene Bereiche des Photoshoppings von Bedeutung. Alles in allem sind 24 Kanäle möglich.

Kapitel 10   Kanäle & Masken

10.1 Einführung

Alphakanäle zeichnen sich durch eine Reihe von Besonderheiten aus. Beachten Sie bei der Arbeit mit Grundfarbkanälen, Alphakanälen, Maskierungsmodus und Ebenenmasken diese Aspekte:

- Der Alphakanal speichert Auswahlen in einem zusätzlichen Graustufenkanal innerhalb der Bilddatei.
- Auf dem Weg über den Alphakanal können Auswahlen mit Mal- und Retuschewerkzeugen bearbeitet und wieder als Auswahl geladen werden.
- Der Alphakanal erzeugt Auswahlen mit 256 unterschiedlichen Intensitäten.
- Ein Alphakanal kostet soviel Arbeitsspeicher wie eine Graustufenversion des Bilds.
- Eine spezielle Form, der Schmuckfarbenkanal, nimmt Informationen über zusätzliche Druckfarben auf.

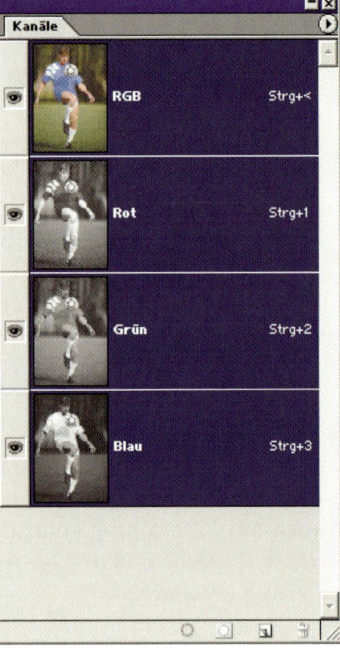

Abbildung 10.2:
Auswahlen im Standardmodus ohne Alphakanal zeigt Photoshop als Fließmarkierung an. In der Kanälepalette erscheinen nur die Grundfarbkanäle. Datei: Fussball

10.1.1 Eigenschaften im Detail

Die Eigenschaften und Besonderheiten eines Alphakanals im Einzelnen:

Auswahlkorrektur mit Malwerkzeugen

Gut zu wissen: Ein Alphakanal kann mit Mal- und Retuschewerkzeugen, mit Tonwertbefehlen oder Filtern bearbeitet und dann als korrigierte Fließmarkierung mit Auswahlwirkung neu geladen werden. Im Alphakanal lassen sich Auswahlen oft einfacher korrigieren als mit den Auswahlwerkzeugen selbst. Interessant ist auch die Möglichkeit, bereits eine Grundauswahl im Alphakanal zu speichern, dann mit Lasso ⌒ und Zauberstab ✲ weitere, kleine Auswahlen zu erzeugen und diese vom Alphakanal abzuziehen oder zum Kanal hinzuzufügen.

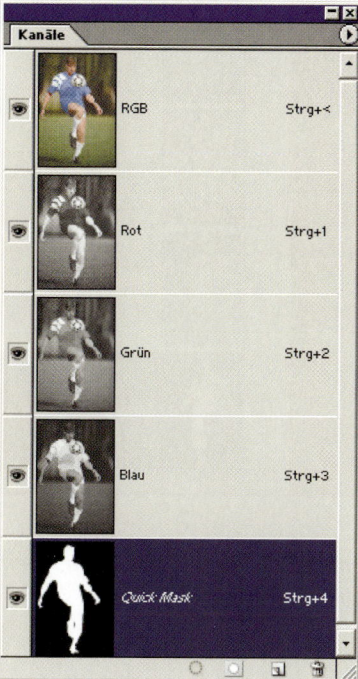

Abbildung 10.3:
Im Maskierungsmodus stellt Photoshop eine Auswahl vorübergehend als Alphakanal (als Schnellmaske) dar, der hier rot halb-deckend über den nicht ausgewählten Bereich geblendet wird. Der Kanal erscheint als »Quick Mask« in der Kanälepalette. Sie erkennen, dass der Kanal zur Bearbeitung aktiviert ist und mit dem Augensymbol auf sichtbar geschaltet wurde. Die Grundfarbkanäle sind sichtbar, aber nicht aktiviert. Eine Retusche verändert bei dieser Einstellung also nur die Maske, nicht das Bild selbst.

Stufenlose Auswahlen

Das Besondere: Ein Alphakanal unterscheidet mehr als nur »Ausgewählt« und »Nicht ausgewählt«. Der Alphakanal hat eine 8-Bit-Farbtiefe wie ein normales Graustufenbild, er nimmt also 2^8 Tonwerte auf. Er kennt damit auch Stufen wie »ein bisschen ausgewählt«, »ein bisschen mehr ausgewählt« oder »ziemlich stark ausgewählt, aber noch nicht zu 100 Prozent«. Wollen Sie zum Beispiel ein Objekt von oben nach unten stufenlos einblenden, erzeugen Sie zunächst im Alphakanal einen Verlauf von Schwarz nach Weiß, den Sie als Auswahl laden. Dann ziehen Sie das Objekt vor einen anderen Hintergrund – es erscheint dort mit stufenlos zunehmender Deckkraft.

Arbeitsspeicherbedarf

Ein Alphakanal kostet soviel Arbeitsspeicher wie eine Graustufenversion des Bilds, wie ein Drittel einer 24-Bit-RGB-Datei oder wie ein Viertel einer 32-Bit-CMYK-Datei. Auf Festplatte kostet der Alphakanal deutlich weniger Speicher, wenn Sie ein komprimierendes Dateiformat wie TIFF oder PSD wählen: Die oft einheitlichen Farben im Alphakanal lassen sich bestens zu komprimierten Blöcken verdichten.

Kapitel 10   Kanäle & Masken

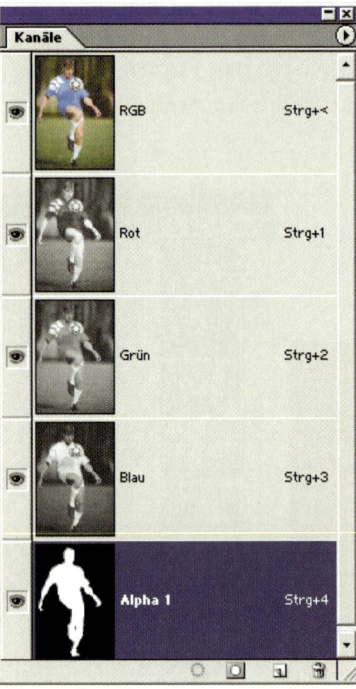

Abbildung 10.4:
Wird eine Auswahl gespeichert, erscheint sie in der Kanälepalette. Auch hier ist der Alphakanal sichtbar geschaltet, er erscheint in halbtransparentem Rot und deckt die nicht gewählten Bildbereiche ab; diese Darstellungsweise lässt sich in den Optionen ändern. Datei: Fussball

TIPP

Kommt es auf niedrigste Dateigrößen an, speichert man eine Auswahl besser als Pfad oder in einer separaten Datei.

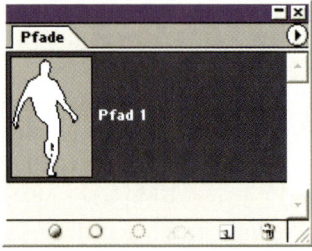

Abbildung 10.5:
Alternative zum Alphakanal: Die Auswahl lässt sich auch als Pfad ablegen und über Ankerpunkte korrigieren. Dies spart Speicherplatz, eignet sich aber nicht für halbtransparente Auswahlbereiche. Datei: Fussball

Zusatz-Druckfarbe

Photoshop unterstützt auch Spotfarbenkanäle, so genannte Schmuckfarbenkanäle. Hier definieren Sie, wo Sonderfarben – zusätzlich zu den üblichen CMYK-Druckfarben – erscheinen sollen (Seite 605).

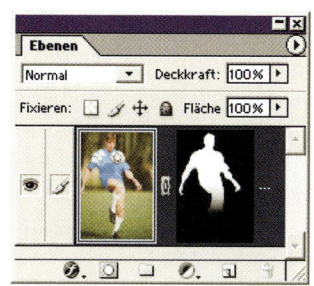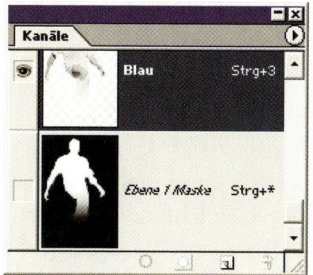

Abbildung 10.6:
Wir machen den Außenbereich einer Montage-Ebene per Ebenenmaske unsichtbar. Mitte: Schwarze Bereiche in der Maske verbergen die entsprechenden Bildpunkte, durch den Grauverlauf entsteht ein weicher Übergang von Transparent zu Deckend, das Karomuster signalisiert transparente Bereiche ohne Bildfüllung. Rechts: Die Ebenenmaske erscheint auch in der Kanälepalette, sofern die entsprechende Ebene aktiviert ist. Datei: Fussball_2

Ebenenmaske als Alternative

Wenn Sie ein Bild per Alphakanal teiltransparent auswählen und über einen neuen Hintergrund ziehen, transportieren Sie tatsächlich nur die markierten Pixel; was Sie teiltransparent übertragen haben, lässt sich nicht mehr so deckend machen, wie es war. Eine praktische Alternative ist die Ebenenmaske – ein Alphakanal für eine einzelne Ebene: Die Ebenenmaske verbirgt beliebige Pixel auf einer Ebene mit beliebiger Deckkraft, ohne diese Pixel jedoch dauerhaft zu löschen. Durch die Korrektur der Ebenenmaske können Sie verborgene Bildpunkte wieder anzeigen – die gesamte Ebene bleibt unbeschädigt (Details ab Seite 770). Die Bearbeitung einer Ebenenmaske gleicht weitgehend der Korrektur eines Alphakanals.

Vektormaske als Alternative

Auch mit einer Vektormaske (Seite 773) machen Sie Teile einer Ebene unsichtbar. Gegenüber der Ebenenmaske sparen Sie Speicherplatz, allerdings sind keine halbtransparenten Bereiche möglich. Eine Vektormaske wird wie ein üblicher Pfad bearbeitet (ab Seite 623).

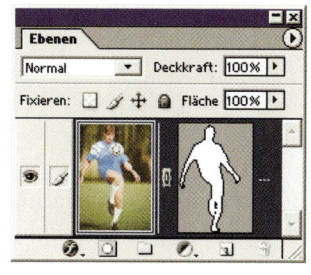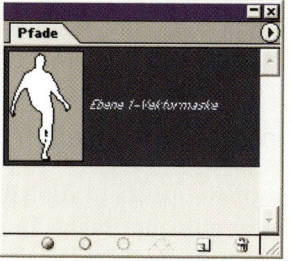

Abbildung 10.7:
Hier befindet sich das Bild auf einer Montage-Ebene, nicht auf einer Hintergrundebene. Mitte: Eine Vektormaske wurde aus dem Pfad abgeleitet und verbirgt den Außenbereich, so dass das Umfeld des Hauptmotivs transparent erscheint. Rechts: Die Vektormaske lässt sich auch über die Pfadepalette aktivieren und einblenden, sofern die entsprechende Ebene aktiviert ist. Datei: Fussball_3

Alphakanäle bei ImageReady

ImageReady ist nur teilweise für Alphakanäle ausgerüstet. Zwar finden Sie die **Auswahl**-Befehle **Auswahl laden** und **Auswahl speichern**. Alternativ klicken Sie in der Optimierenpalette neben der gewünschten Dateiformat-Eigenschaft auf Schaltflächen wie QUALITÄTSEINSTELLUNG MIT HILFE EINES KANALS ÄNDERN ⊙; im Dialogfeld QUALITÄTSEINSTELLUNG VERÄNDERN öffnen Sie anschließend das Klappmenü KANAL und klicken auf AUSWAHL SPEICHERN (vergleiche »Gewichtete Optimierung«, Seite 398). Doch es gibt keine Kanälepalette und keinen Maskierungsmodus in ImageReady. So können Sie zwar auf vorhandene Alphakanäle zurückgreifen und neue Kanäle anlegen; Sie können diese Kanäle aber nicht bearbeiten. Im Folgenden konzentrieren wir uns darum auf Photoshop.

Probleme

Andere Programme auf Ihrem Rechner zeigen vielleicht normale TIFF-Bilder an, wissen aber TIFFs mit Alphakanälen nicht zu deuten; mitunter werden RGB-TIFFs mit einem Alphakanal als CMYK-Bilder interpretiert und völlig falsch angezeigt. Weitere Möglichkeit: Der Alphakanal wird als Freistellpfad genutzt, Bereiche außerhalb der Auswahl erscheinen nicht mehr im Layout. Vor der Weitergabe an Layoutprogramme sollte also der Alphakanal verschwinden. Um schnell eine Kopie des Bilds ohne Alphakanäle auf Platte zu bannen, nutzen Sie den **Datei**-Befehl **Speichern unter**; hier wählen Sie beliebige Formate an und schließen Alphakanäle aus.

10.2 Auswahlen speichern und laden

Sie können Auswahlen speichern und wieder laden. In der Regel legen Sie die Auswahl in einem Alphakanal ab: Diese Schicht unterlegt Ausgewähltes durch weiße Bereiche, während nicht Ausgewähltes schwarz gekennzeichnet ist. Dies ist jedenfalls Photoshops werkseitige Voreinstellung.

Die Photoshop-Oberfläche bietet verschiedene Möglichkeiten, Auswahlen zu sichern und zu laden, unter anderem über die **Auswahl**-Befehle **Auswahl speichern** bzw. **Auswahl laden** oder über die Symbole in der Kanälepalette.

10.2.1 Kompatible Dateiformate

Nicht alle Dateiformate speichern Alphakanäle im Bild mit; so zeigen sich zum Beispiel EPS, GIF und JPEG nicht aufnahmefähig. Dagegen können TIFF und Photoshop gleich mehrere Zusatzkanäle sichern – einschließlich Farbkanälen dürfen es 24 sein. Auch PDF und Pict spielen mit, während DCS 2.0 nur Schmuckfarbenkanäle akzeptiert.

Nutzen Sie im Dialogfeld SPEICHERN UNTER einen nicht passenden Dateityp wie JPEG, erscheint die Option ALPHAKANÄLE automatisch abgedimmt – das Bild gelangt ohne Alphakanäle auf den Datenträger; diesen Vorgang begleitet Photoshop mit den üblichen Warnungen im SPEICHERN-UNTER-Dialog und – bei Schließen der Datei – mit einer weiteren Einblendmeldung (Seite 231).

10.2.2 Auswahlen speichern

Auf zwei Wegen speichern Sie eine Auswahl als Alphakanal:

➤ Klicken Sie bei vorhandener Auswahl schnell und unkompliziert in der Kanälepalette auf das schraffierte Symbol AUSWAHL ALS KANAL SPEICHERN. Damit entsteht sofort ein neuer Alphakanal.

➤ Wählen Sie bei vorhandener Auswahl den Befehl **Auswahl: Auswahl speichern.** Photoshop konfrontiert Sie nun zunächst mit dem Dialogfeld AUSWAHL SPEICHERN. Sie erhalten das Dialogfeld auch, wenn Sie das Symbol AUSWAHL ALS KANAL SPEICHERN bei gedrückter [Alt]-Taste anklicken. Im Folgenden besprechen wir die Möglichkeiten dieses Dialogfelds.

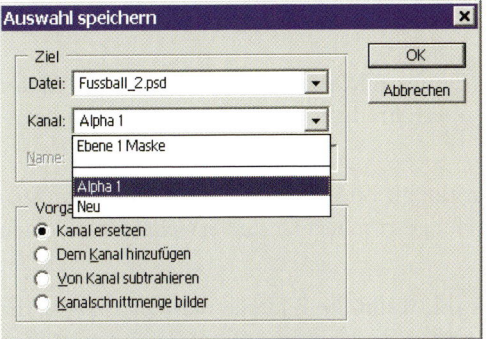

Abbildung 10.8:
Beim »Speichern« einer Auswahl als Alphakanal bietet Photoshop verschiedene Verfahren an.

Wo werden Auswahlen gesichert?

Neben DATEI im Dialogfeld AUSWAHL SPEICHERN wählen Sie den Ort, wo der neu erstellte Alphakanal gespeichert werden soll:

➤ Zuerst steht hier der Name der Originaldatei. In der Regel sichern Sie den Alphakanal dort. Die Dateigröße steigt um den Betrag eines 8-Bit-Kanals, also die Dateigröße einer Graustufenversion Ihres Bildes (sofern Sie in einem neuen Alphakanal speichern).

➤ Das Einblendmenü zeigt aber auch andere geöffnete Dateien an, sofern diese aufs Pixel genau gleich groß sind wie die Ursprungsdatei, in der Sie die Auswahl erstellt haben. Sollten die Größen abweichen, können Sie Auswahlen auch einfach mit einem Auswahlwerkzeug in eine neue Datei ziehen und dort als Alphakanal speichern; oder Sie speichern die Auswahl in der aktuellen Datei als Alphakanal und ziehen diesen Kanal aus der Kanälepalette über die gewünschte neue Datei.

➤ Klicken Sie auf NEU, wenn Sie den Alphakanal in einer gänzlich neuen Datei speichern wollen. Damit halten Sie die Ursprungsdatei klein und frei von Alphakanälen. Der separat gespeicherte Kanal lässt sich jederzeit wieder in die ursprüngliche Datei zurückkopieren mit **Kanal duplizieren** aus dem Kanäle-Menü oder indem Sie den Kanal aus der Kanälepalette auf das gewünschte Bild ziehen.

Wie werden Auswahlen beim Speichern verrechnet?

Das Einblendmenü neben KANAL bietet diese Optionen:

- Sie haben auf jeden Fall die Möglichkeit, einen Kanal NEU anzulegen. Damit erscheint die Auswahl in einem neuen Alphakanal, andere Kanäle werden nicht verändert, die Dateigröße steigt um die Größe einer Graustufenversion Ihres Bildes. Einen neuen Kanal legen Sie auch an, indem Sie bei vorhandener Auswahl in der Kanälepalette auf das schraffierte Symbol AUSWAHL ALS KANAL SPEICHERN klicken.

- Haben Sie bereits Alphakanäle gespeichert, listet das Einblendmenü auch diese Kanäle auf. Die im Bild vorhandene Auswahl lässt sich in diese vorhandenen Kanäle hineinschreiben.

Schreiben Sie eine Auswahl in einen vorhandenen Kanal, so bieten sich verschiedene Möglichkeiten:

- Klicken Sie auf NEUER KANAL, dann wird die im Bild schillernde Auswahl den unter KANAL genannten Auswahlkanal komplett überschreiben. Der ursprüngliche Alphakanal ist damit getilgt.

- Sie wählen ZUM KANAL HINZUFÜGEN, wenn die im Bild schillernde Auswahl jene Auswahl noch erweitern soll, die im Kanal bereits gespeichert ist. Sie erweitern also einen vorhandenen Auswahlbereich.

- VOM KANAL ABZIEHEN lässt sich eine Auswahl, wenn Sie Bildteile markiert haben, die im Alphakanal bereits ausgewählt sind. So hatten Sie vielleicht mit einer ersten großen Auswahl zu viele Bildpunkte erwischt und ziehen jetzt bei der Feinarbeit Randpixel ab. Eine vorhandene Auswahlinformation wird verkleinert.

- Überkreuzen sich eine alter Alphakanal und eine frisch gezeichnete Auswahl, dann lässt sich auch eine KANALSCHNITTMENGE BILDEN.

Maskierungsmodus

Brauchen Sie eine Auswahl nur vorübergehend als Alphakanal? Dann legen Sie die Auswahl an und richten mit der Schaltfläche BEARBEITUNG IM MASKIERUNGSMODUS in der Werkzeugleiste oder mit der Taste [Q] den Maskierungsmodus ein; nun erscheint die Auswahl als Alphakanal. Dieses Verfahren bietet exakt dieselben Möglichkeiten und Optionen zur Auswahlbearbeitung wie die übliche Arbeit mit einem Alphakanal; Details zu diesem Modus finden Sie ab Seite 564.

10.2.3 Auswahlen laden

Wenn Sie mit dem Befehl **Auswahl: Auswahl laden** einen Alphakanal als Fließmarkierung ins Bild hieven, können Sie im Dialogfeld AUSWAHL LADEN vorhandene und neue Auswahlinformationen verrechnen und neue Speicherorte für die Auswahl festlegen. Schneller geht es freilich mit Klicks in der Kanälepalette (siehe unten).

Was als Auswahl geladen wird

Sofern Ihr Bild einen Alphakanal enthält, verwenden Sie den Befehl **Auswahl: Auswahl laden** und gehen wie folgt vor:

- Neben DATEI nennen Sie das Bild, aus dem die Auswahl in das aktive Bild geladen werden soll. Dies können andere Bilder sein als das aktive selbst, sofern diese eine absolut gleiche Pixelzahl aufweisen – zum Beispiel duplizierte Versionen. Die gespeicherten Zentimetermaße spielen dabei keine Rolle, wichtig ist die Pixelzahl. Bilder von anderer Größe bietet Photoshop in diesem Dialogfeld nicht an; deren Alphakanäle laden Sie indes unabhängig von der Größe ganz einfach in ein neues Bild, indem Sie die Kanalminiatur aus der Palette in das fragliche Bild ziehen.

- Neben KANAL wählen Sie den gewünschten Kanal aus. Sofern Sie mit Ebenen arbeiten, bietet das Listenfeld auch die TRANSPARENZ einer Ebene an: Darunter versteht Photoshop den Umriss aller nicht transparenten Pixel einer Ebene. Als Fließmarkierung wird zum Beispiel die Kontur eines montierten Fußballers geliefert; bei Zwischenwerten für die Deckkraft erhalten Sie auch eine teiltransparente Maske. Ist die aktive Ebene mit einer Ebenenmaske ausgestattet, lässt sich auch die Ebenenmaske als Auswahl laden.

- UMKEHREN lässt sich die Auswahl, wenn Sie zum Beispiel statt eines markierten Hintergrunds sofort das Vordergrundobjekt ausgewählt sehen möchten. Dies erledigt nachträglich auch der **Auswahl**-Befehl **Auswahl umkehren** ([Strg]+[⇧]+[I], für Invert, am Mac [⌘]+[⇧]+[I]); dauerhaft drehen Sie die Helligkeitsverteilung im Alphakanal oder in der Ebenenmaske mit dem Befehl **Umkehren** aus dem **Bild**-Untermenü **Festlegen** ([Strg]+[I]) um.

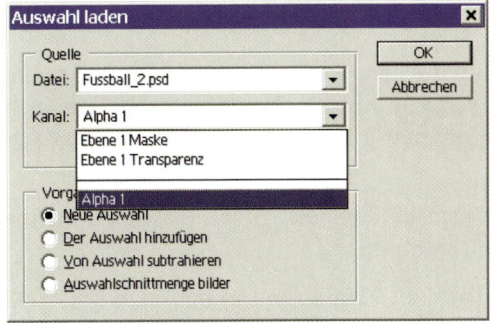

Abbildung 10.9:
Beim Laden einer Auswahl verrechnen Sie die Informationen aus dem Alphakanal mit einer vorhandenen Auswahl.

Wie Sie die Auswahl verrechnen

Dazu kommt eine OPERATION nach Wahl:

- Schillert keine aktive Auswahlmarkierung im Bild, können Sie den Alphakanal nur als NEUE AUSWAHL laden.

- Besteht jedoch schon eine Auswahl, können Sie den Alphakanal ebenfalls als völlig neue Auswahl laden und die vorhandene Auswahl verwerfen; Sie können die neu zu ladende Auswahl aber auch »Zur Auswahl hinzufügen«, »Von der Auswahl abziehen« oder eine »Schnittmenge bilden«.

Kapitel 10   Kanäle & Masken

Auswahlen laden per Kanälepalette

Schneller als mit dem Dialogfeld AUSWAHL LADEN haben Sie die gesicherte Auswahl mit der Kanälepalette geladen:

➜ Klicken Sie den Alphakanal mit gedrückter ⌜Strg⌟-Taste an, um diesen Kanal als neue Auswahl zu laden und vorhandene Auswahlen zu verwerfen. Alternative: Ziehen Sie den gewünschten Kanal auf das kreisrund-gestrichelte Symbol KANAL ALS AUSWAHL LADEN.

➜ Klicken Sie den Kanal mit ⌜Strg⌟+⌜⇧⌟-Taste an, um die aktive Auswahl um diesen Kanal zu erweitern.

➜ Klicken Sie den Kanal mit ⌜Strg⌟+⌜Alt⌟-Taste an, um die aktive Auswahl um diesen Kanal zu verkleinern.

➜ Klicken Sie den Kanal mit ⌜Strg⌟+⌜⇧⌟+⌜Alt⌟-Taste an, wenn Sie als Auswahl die Schnittmenge aus aktiver Auswahl und Alphakanal benötigen.

Mit den gleichen Griffen wie bei Alphakanälen mit der gespeicherten Auswahl laden Sie auch einen einzelnen Farbkanal oder den Gesamtfarbkanal als Auswahl – bei grafischen Bildern eine nützliche Sache.

Auswahlen laden per Ebenenpalette

Die Transparenz-Informationen aus Ebene und Ebenenmaske können Sie – alternativ zum Befehl **Auswahl laden** – auch durch Klicken in die Miniaturen der Ebenenpalette als Auswahl laden.

➜ Klicken Sie Ebenen- oder Ebenenmasken-Miniatur mit gedrückter ⌜Strg⌟-Taste an, um die Transparenz-Information als Auswahl zu laden. Entsprechende Befehle erscheinen auch in den Kontextmenüs über der Ebenenminiatur oder über der Ebenenmasken-Miniatur (nicht über dem Ebenennamen).

➜ Klicken Sie die Miniatur mit ⌜Strg⌟+⌜⇧⌟-Taste an, um die aktive Auswahl um die Transparenzinformation aus dieser Ebene zu erweitern.

➜ Klicken Sie die Miniatur mit ⌜Strg⌟+⌜Alt⌟-Taste an, damit Photoshop die aktive Auswahl um die Transparenzinformation aus dieser Ebene verringert.

➜ Klicken Sie die Ebenenminiatur mit ⌜Strg⌟+⌜⇧⌟+⌜Alt⌟-Taste an, um die Schnittmenge aus aktiver Auswahl und Ebenentransparenz zu bilden.

Auswahlen von Hand verrechnen

Sie können Auswahlen auch von Hand verrechnen. Zeigen Sie zum Beispiel Kanal »Alpha 1« an, markieren Sie den Gesamtkanal mit ⌜Strg⌟+⌜A⌟ und kopieren Sie ihn mit ⌜Strg⌟+⌜C⌟ in die Zwischenablage. Dann aktivieren Sie Kanal »Alpha 2« und fügen »Alpha 1« mit ⌜Strg⌟+⌜V⌟ ein. Zunächst überdeckt der eingefügte Kanal »Alpha 1« den darunter liegenden Kanal.

Wählen Sie den Befehl **Bearbeiten: Verblassen,** auch erhältlich via Kontextmenü. Im Dialogfeld stellen Sie die Füllmethode AUFHELLEN ein; damit bleiben bei beiden Kanälen die weißen Bereiche erhalten – so erweitern Sie die Auswahlinformation des unteren Kanals um die Auswahlinformation des oberen.

Wählen Sie die Füllmethode ABDUNKELN, wenn bei beiden Kanälen die schwarzen Bereiche erhalten bleiben sollen – so ziehen Sie die Auswahlinformation des einen Kanals von der Auswahlinformation des anderen Kanals ab. Testhalber senken Sie die Deckkraft, um zu sehen, wie sich die Kanäle überlagern. Danach verankern Sie den eingefügten Kanal mit `Strg`+`D`. Ähnliche Möglichkeiten bietet – über ein komplexes Dialogfeld – auch der Befehl **Bild: Kanalberechnungen** (Seite 202).

10.3 Kanäle duplizieren, löschen und berechnen

Auswahlkanäle kann man häufig auch in anderen Bildern gebrauchen – darum lassen sie sich duplizieren. Umgekehrt sollte man im Blick haben, dass Auswahlkanäle Arbeitsspeicher fressen und andere Programme verwirren können – also nichts wie weg damit nach Gebrauch.

10.3.1 Kanäle löschen

Auswahlkanäle kosten so viel Arbeitsspeicher wie eine 8-Bit-Graustufenversion des zugehörigen Bilds. Den gleichen Platz beanspruchen sie theoretisch auch auf der Festplatte. Komprimierende Formate wie Photoshop oder TIFF LZW stauchen die Kanäle freilich oft auf wenige Bytes zusammen – geschlossene Flächen werden nicht Pixel für Pixel notiert, sondern en bloc verwaltet. Das spart Platz, kostet allerdings Rechenzeit beim Sichern und Laden.

So entfernen Sie den Alphakanal, wenn er nicht auf Platte verewigt werden soll:

➡ Ziehen Sie den Kanal auf das Mülleimersymbol 🗑 in der Kanälepalette; oder

➡ aktivieren Sie den Kanal und verwenden Sie den Palettenbefehl **Kanal löschen;** oder

➡ verwenden Sie den **Datei**-Befehl **Speichern unter** – dort können Sie vor dem Speichern anklicken, dass ALPHAKANÄLE entfernt werden sollen (bei einem nicht kompatiblen Dateiformat wie JPEG oder GIF fällt der Alphakanal ohnehin unter den Tisch).

10.3.2 Kanäle duplizieren

Vielleicht wollen Sie eine mühsam erstellte Maske auch in einem anderen Bild verwenden. Nichts leichter als das:

➡ Verwenden Sie den Kanäle-Befehl **Kanal duplizieren.** Im Dialogfeld geben Sie neben DATEI den Namen der Zieldatei an. Achtung: Diese Datei muss in Pixel hoch mal quer exakt die gleichen Pixelzahlen aufweisen wie das Ursprungsbild, sonst funktioniert der Befehl nicht. Sie können als DATEI aber auch NEU angeben, um den Kanal in einer neuen Datei abzulegen.

Kapitel 10   Kanäle & Masken

➤ Einfacher: Ziehen Sie den Alphakanal aus der Kanälepalette auf ein neues Bild. Er erscheint dann mit einer Nummer in der zugehörigen Kanälepalette. Die Pixelmaße von Quelle und Zielbild müssen hier nicht übereinstimmen.

10.4 Die Kanälepalette

Kontrolle über den Kanälewirrwarr verschafft die Kanälepalette. Diese laden Sie per **Fenster: Kanäle einblenden.** Sie regeln hier, welche Kanäle angezeigt und welche bearbeitet werden – und zwar unabhängig voneinander. Sie kontrollieren dabei Alphakanäle, Schmuckfarbenkanäle und Grundfarben, aber bei Bedarf auch Ebenenmasken. Via Kanälepalette können Sie Auswahlen als Alphakanal ablegen oder Alphakanäle und Farbkanäle als Auswahl laden.

Abbildung 10.10:
Der Normalfall: Die Grundfarbenkanäle sind zur Bearbeitung und zur Ansicht freigegeben, der Alphakanal wird momentan weder bearbeitet noch angezeigt.
Datei: Taucher

10.4.1 Kanäle anzeigen und aktivieren

So lassen sich einzelne Kanäle anzeigen und aktivieren:

➤ Klicken Sie auf die Miniatur eines Kanals, um diesen Kanal anzuzeigen und zu aktivieren, so dass er bearbeitet werden kann. Alle weiteren Alphakanäle und Grundfarbkanäle werden ausgeblendet und deaktiviert. Das gewählte Feld in der Kanälepalette erscheint hervorgehoben.

➤ Klicken Sie auf das Augensymbol 👁 neben nicht aktiven Kanälen, um diese Kanäle anzuzeigen, ohne dass sie bearbeitet werden.

➤ Ziehen Sie in der Augenleiste, um mehrere Kanäle gleichzeitig auszublenden oder wieder auftauchen zu lassen.

➤ Klicken Sie auf den Namen des Gesamtkanals – etwa »RGB« oder »CMYK« –, um das Gesamtbild anzuzeigen und alle Alphakanäle auszublenden und zu deaktivieren.

➤ Aktivieren Sie einen Einzelkanal und fügen Sie dieser Auswahl weitere Kanäle mit gedrückter ⇧-Taste hinzu.

➤ Klicken Sie doppelt auf den Namen des Kanals, wenn Sie ihn umbenennen wollen.

Die Kanälepalette zeigt die Miniaturen der Farbkanäle von Haus aus in Graustufen. Möchten Sie die Kanäle in den zugeordneten Farben sehen, etwa Rot, Grün und Blau, dann klicken Sie im Bereich BILDSCHIRM- UND ZEIGERDARSTELLUNG der **Voreinstellungen** (Strg+K) auf FARBAUSZÜGE IN FARBE.

Wollen Sie nur Grundfarbkanäle einer einzelnen Ebene ausblenden, dann aktivieren Sie diese Ebene, klicken Sie unten in der Ebenenpalette auf das Symbol EBENENEFFEKT und wählen FÜLLOPTIONEN. Im Dialogfeld EBENENSTIL schalten Sie im Bereich ERWEITERTE FÜLLMETHODE, Abschnitt KANÄLE, die gewünschten Farbkanäle ab.

Abbildung 10.11:
Ein Klick auf die Miniatur des Alphakanals (hier »Alpha 1«) zeigt und aktiviert ausschließlich diesen Auswahlkanal. Der Auswahlkanal kann jetzt mit Mal- und Retuschewerkzeugen oder mit Korrekturbefehlen bearbeitet werden; die Grundfarbkanäle werden hier nicht angezeigt und nicht verändert. Datei: Taucher

Auswahlen laden und sichern per Kanälepalette

Wie Sie Auswahlen per Kanälepalette laden und sichern, haben Sie bereits im vorhergehenden Abschnitt »Auswahlen speichern und laden« gelesen. Generell gilt: Klicken Sie einen Alpha- oder Farbkanal mit gedrückter Strg-Taste an, um ihn als Auswahl zu laden; nehmen Sie Strg+⇧-Taste, um ihn zur Auswahl hinzuzufügen oder Strg+Alt-Taste, um ihn von der Auswahl abzuziehen. Ein Klick auf das Symbol AUSWAHL ALS KANAL SPEICHERN verewigt eine Auswahl als Alphakanal.

10.4.2 Kanäle verwalten

Mit weiteren Klicks in der Kanälepalette organisieren Sie die Kanäle:

- Doppelklick auf einen Auswahl- oder Schmuckfarbenkanal öffnet die Kanaloptionen. Dort vergeben Sie zum Beispiel einen neuen Namen oder teilen eine neue Druckfarbe zu (siehe unten).
- Die Reihenfolge der Auswahlkanäle verändern Sie durch Verschieben innerhalb der Kanäleliste; die Grundfarbenkanäle stehen allerdings immer oben.
- Ziehen Sie einen Kanal auf den Mülleimer, um ihn ohne Rückfrage zu entsorgen.

Kapitel 10   Kanäle & Masken

➤ Klicken Sie einmal auf das Symbol NEUER KANAL, um ohne Rückfrage einen neuen, leeren Kanal zu erstellen. Klicken Sie mit gedrückter [Alt]-Taste auf das Symbol NEUER KANAL, um einen neuen, leeren Kanal zu erstellen und vorab die Kanaloptionen zu sichten.

➤ Klicken Sie bei gedrückter [Strg]-Taste auf das Symbol NEUER KANAL, um einen neuen Schmuckfarbenkanal zu erzeugen.

➤ Ziehen Sie einen vorhandenen Kanal auf das Symbol NEUER KANAL, um diesen zu duplizieren. Das macht Sinn, wenn Sie den Kanal verändern, aber eine Sicherheitskopie zurückbehalten möchten.

 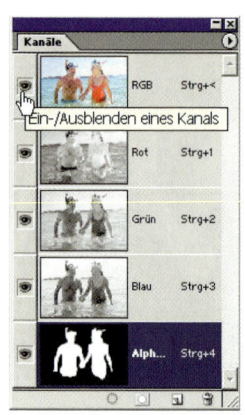

Abbildung 10.12:
Ein Klick in die Augen-Leiste neben dem Gesamtkanal (hier »RGB«) blendet das Bild zur Orientierung mit ein. Der Alphakanal erscheint jetzt als Schutzlack in der Farbe, die Sie in den »Kanal-Optionen« wählen. Er kann weiterhin bearbeitet werden, das Grundbild ist weiterhin vor Bearbeitung geschützt. Hier erscheint der Alphakanal mit der voreingestellten Option »Farbe kennzeichnet: Maskierte Bereiche«; das heißt, nicht ausgewählte Bereiche werden abgedeckt. Datei: Taucher

 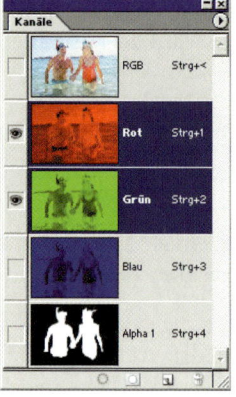

Abbildung 10.13:
Per [⇧]+Klick markiert man mehrere Einzelkanäle. In den Dialogfeldern für Tonwertkorrektur und Gradationskurven können Sie diese beiden Kanäle gemeinsam korrigieren. In den »Voreinstellungen« haben wir hier die Option »Farbauszüge in Farbe« gewählt. Datei: Taucher

Die Kanälepalette   Kapitel 10

Einige dieser Funktionen listet auch das Palettenmenü auf, das Photoshop wie üblich über die Schaltfläche ⓘ anbietet. Sie sind überdies im Kontextmenü über den Kanalminiaturen zu finden.

10.4.3 Befehle im Überblick: Kanälepalette

Taste/Feld	Zusatztasten	Aktion	Ergebnis
⬚		🖱	Vorhandene Auswahl in neuem Alphakanal sichern
ⓘ		🖱	Palettenmenü
🗑		🖱🖱	aktiven Kanal mit Rückfrage löschen
		🖱🖱	Kanal ohne Rückfrage löschen
🗑		Kanal auf Symbol ziehen	
🗔		🖱	neuen, leeren Kanal ohne Rückfrage erstellen
🗔	Alt	🖱	neuen, leeren Kanal erstellen, vorher Optionen sehen
🗔	Strg	🖱	neuen Schmuckfarbenkanal erstellen
⬚		🖱	aktiven Kanal als Auswahl laden
[Kanalminiatur]	Strg	🖱	Kanal als Auswahl laden
[Kanalminiatur]	Strg+⇧	🖱	vorhandene Auswahl um Kanalinformation erweitern
[Kanalminiatur]	Strg+Alt	🖱	vorhandene Auswahl um Kanalinformation verkleinern
[Kanalminiatur]	Strg+⇧+Alt	🖱	Auswahlschnittmenge aus vorhandener Auswahl und Kanalinformation bilden

10.4.4 Kanäle teilen und zusammenfügen

Sie können Bilder in ihre Einzelkanäle zerlegen und wieder zusammenfügen. Die entsprechenden Befehle finden Sie im Menü zur Kanälepalette.

Kanäle teilen

Wenn Sie **Kanäle teilen**, splittet Photoshop die Grundfarben- und Auswahlkanäle in separate Graustufendateien auf. Das Originaldokument wird geschlossen. Dies funktioniert nur bei Dateien ohne Montage-Ebenen – es darf also nur eine Hintergrundebene existieren. An den

Kapitel 10   Kanäle & Masken

neu vergebenen Dateinamen erkennen Sie, welcher Grundfarbkanal ursprünglich dahinter stand: »Beispiel_G« leitet sich aus dem Grünkanal ab, »Beispiel_4« war ein Alphakanal oder ein Schmuckfarbenkanal. Schmuckfarbenkanäle lassen sich beim Zusammenfügen nicht wieder herstellen.

 TIPP *Wenn Sie **Kanäle teilen**, bleibt kein unverändertes Original zurück. Sie sollten daher die ursprüngliche Datei duplizieren und erst dann die Kopie mit dem Befehl **Kanäle teilen** bearbeiten. Verwenden Sie zum Beispiel den Befehl **Bild: Bild duplizieren** oder die Schaltfläche* ERSTELLT EIN NEUES DOKUMENT *in der Protokollpalette.*

Abbildung 10.14:
Hintergrund: Der Palettenbefehl »Kanäle teilen« splittet eine Farbdatei in separate Dateien für jeden Grundfarben- und Alphakanal auf. Vordergrund: Der Befehl »Kanäle zusammenfügen« setzt in zwei Schritten Graustufenbilder zu Farbdateien zusammen. Datei: Fussball

Kanäle zusammenfügen

Sie können die zuvor geteilten – oder auch andere – **Kanäle zusammenfügen**. Die entsprechenden Bilder müssen aufs Pixel genau gleich groß sein. So geht's:

1. Sie geben im Dialogfeld KANÄLE ZUSAMMENFÜGEN unter MODUS zunächst ein Farbmodell vor, unter KANÄLE die Zahl der geplanten Kanäle. Tippen Sie allerdings unter KANÄLE eine Zahl ein, die nicht zum Modus passt – zum Beispiel fälschlich »2« bei einem RGB-Bild mit seinen drei Grundfarben –, springt Photoshop automatisch in den Modus MEHRKANAL (vergleiche Seite 211) und tilgt alle Farbinformationen.

2. Sobald Sie zum Beispiel auf RGB geklickt und bestätigt haben, erscheint der Vereinigungsdialog ZU RGB-BILD ZUSAMMENFÜGEN. Hier geben Sie neben ROT, GRÜN und BLAU an, welches der vorhandenen Einzelbilder den jeweiligen Kanal füllen soll. Verwendet wird diese Funktion unter anderem, wenn bei Einzelauszügen von DCS-Dateien die Verbindung verloren gegangen ist.

Die Kanälepalette   Kapitel 10

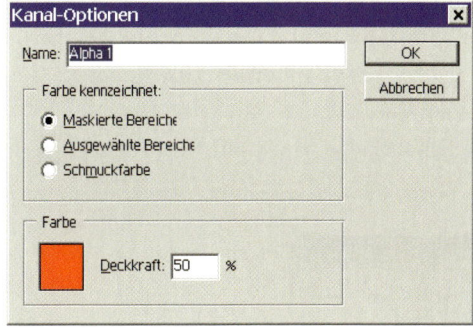

Abbildung 10.15:
In den Kanal-Optionen regeln Sie die Darstellung des Alphakanals. Hier sehen Sie die Grundeinstellung von Photoshop.

10.4.5 Optionen für Alphakanäle

Klicken Sie doppelt auf die Miniatur eines Alphakanals in der Palette, um an die KANALOPTIONEN zu gelangen. Die Vorgaben hier verändern in keiner Weise das Bild oder den Inhalt des Alphakanals. Sie regeln hier lediglich, wie Sie den Kanal darstellen:

➤ Nach einem Klick auf das FARBE-Feld bestimmen Sie im Farbwähler (Seite 486) eine neue Maskenfarbe; Sie legt fest, wie der Alphakanal über die Bilddatei geblendet wird, falls Sie diese Darstellungsart bei einer Kanalarbeit verwenden. Notwendig wird die Farbänderung, wenn sich die Maskenfarbe nicht von einer wichtigen Farbe im Bild abhebt.

 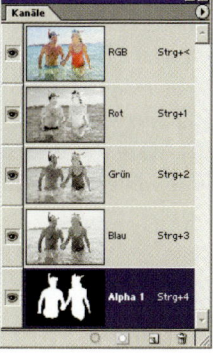

Abbildung 10.16:
In den Kanal-Optionen verwenden wir die Standardvorgabe »Farbe kennzeichnet: Maskierte Bereiche« – nicht Gewähltes erscheint abgedeckt. Hier haben wir die Maskenfarbe auf Blau mit 80 Prozent Deckkraft umgestellt. Datei: Taucher

➤ Tippen Sie einen Wert für die Masken-DECKKRAFT ein. Wie üblich wirken auch die `Pfeil`-Tasten regulierend; damit bestimmen Sie, wie viel vom Original die Maske noch durchblicken lässt. Wohlgemerkt: Die Schutzfunktion der Maske wird durch Änderungen in diesem Feld nicht beeinflusst. Eine hohe Deckkraft ist besonders übersichtlich, wenn Sie schnell erkennen wollen, wie gut die Maske sitzt. Bevor Sie jedoch lange mit zu niedriger Deckkraft experimentieren, überlegen Sie lieber, ob Sie nicht die Darstellungsweise komplett umkehren (Option FARBE KENNZEICHNET, siehe unten).

➤ Sie können den Alphakanal auch in eine Schmuckfarbe verwandeln. Klicken Sie nach diesem Schritt erneut doppelt auf den Kanal; Photoshop tischt dann die Schmuckfarben-Optionen auf, Sie teilen eine Druckfarbe und die Deckkraft zu (siehe unten).

Fast die gleichen Optionen bietet auch der Maskierungsmodus (vergleiche Seite 564). Sie erreichen diese Optionen nach Doppelklick auf die Schaltfläche MASKIERUNGSMODUS in der Werkzeugleiste.

 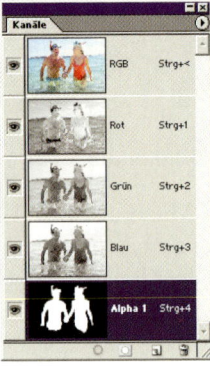

Abbildung 10.17:
In den Kanal-Optionen verwenden wir die Standardvorgabe »Farbe kennzeichnet: Maskierte Bereiche« – nicht Gewähltes erscheint abgedeckt. Hier haben wir die Maskenfarbe auf Blau mit 80 Prozent Deckkraft umgestellt.
Datei: Taucher

Farbe kennzeichnet

Besonders wichtig sind die Optionen unter FARBE KENNZEICHNET.

➤ MASKIERTE BEREICHE: Die Vorgabe MASKIERTE BEREICHE ist Photoshops Standardeinstellung; damit erscheint der ausgewählte Bildteil im Alphakanal weiß, nicht ausgewählte Partien sind schwarz. Blenden Sie den Alphakanal über das Grundbild, dann wird der geschützte, nicht ausgewählte Bereich mit Farbe abgedeckt. Nur der Teil, der bei Umwandlung in eine Auswahl noch bearbeitet werden kann, ist voll sichtbar. Dies ist zunächst Photoshops Vorgabe und bei den eng verwandten Ebenenmasken gibt es keine andere Darstellung. Dieses Buch verwendet durchgängig die Standardvorgabe MASKIERTE BEREICHE.

 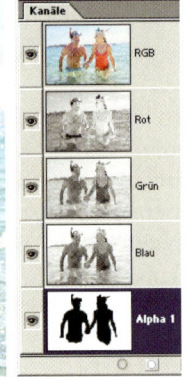

Abbildung 10.18:
Wir verwenden die Maskenfarbe Rot mit der Option »Farbe kennzeichnet: Ausgewählte Bereiche«. Manchmal sind Auswahlfehler in dieser Darstellung besser zu erkennen. Datei: Taucher

- AUSGEWÄHLTE BEREICHE: Der Klick auf AUSGEWÄHLTE BEREICHE lässt den ausgewählten Bildteil im Alphakanal schwarz erscheinen, nicht Gewähltes ist weiß. Blenden Sie den Alphakanal über das Grundbild, färbt diese Betriebsart den von Ihnen markierten Bereich mit der gewählten Schutzfarbe ein. Dieser zweite Modus ist manchmal sinnvoll, wenn Sie das Umfeld eines Objekts auswählen, um schließlich die Auswahl umzukehren. Mit der Vorgabe AUSGEWÄHLTE BEREICHE deckt die Schutzfarbe das Umfeld ab, nicht Ihr Objekt, und Sie können leicht prüfen, wie gut die Maske sitzt.

Haben Sie im Maskierungsmodus zuletzt die Option FARBE KENNZEICHNET: AUSGEWÄHLTE BEREICHE *verwendet, verwendet Photoshop diese Vorgabe zunächst auch in den Optionen zu Alphakanälen. In diesem Fall zeigt sich die Schaltfläche* MASKIERUNGSMODUS *anders als üblich, nämlich innen gefüllt* .

10.4.6 Schmuckfarben

Schmuckfarben wurden oder werden auch »Volltonfarben«, »Vollfarben«, »Sonderfarben« oder »Spotfarben« genannt. Dabei handelt es sich um Druckfarben, die Sie zusätzlich zu den üblichen, so genannten Prozessfarben Cyan, Magenta, Gelb und Schwarz zu Papier bringen. Damit heben Sie spezielle Farbtöne markanter ins Bewusstsein, als es mit der Mischung nach CMYK-Schema möglich wäre – zum Beispiel die Corporate-Identity-Farbe Ihres Auftraggebers oder auch eine zusätzliche Lackierung. Sie wählen aus den Unterlagen eine speziell benannte Farbe eines Druckfarbenherstellers.

Sie können in dem Schmuckfarbenkanal malen und arbeiten wie in jedem anderen Kanal auch. Farbe und SOLIDITÄT lassen sich jederzeit ändern – klicken Sie einfach doppelt auf den Schmuckfarbenkanal. Nicht in allen Fällen sind die Schmuckfarben jedoch erste Wahl:

- Benötigen Sie Schmuckfarbenbereiche mit gestochen scharfen Kanten, die keine weiteren Farben zeigen, dann sollten Sie die Fläche eher in einem Grafik- oder Layout-Programm anlegen (Alternative: eine PDF-Datei mit Vektorebenen).
- Möchten Sie die gesamte Fläche mit der Schmuckfarbe tönen, verwenden Sie den Duoton-Modus (Seite 209).

Schwarze Flächen im Schmuckfarbenkanal kennzeichnen Bildbereiche, in denen die Sonderfarbe gedruckt wird. Weiße Bereiche kennzeichnen Bildzonen ohne Sonderfarbe.

Schmuckfarbenkanäle erstellen

Sie haben verschiedene Möglichkeiten, einen Schmuckfarbenkanal anzulegen:

- Verwenden Sie den Befehl **Neuer Schmuckfarbenkanal** aus dem Menü der Kanälepalette.
- Oder klicken Sie bei gedrückter Strg-Taste auf das Symbol NEUEN KANAL ERSTELLEN unten in der Kanälepalette.
- Rufen Sie bei einem vorhandenen Alphakanal die Kanaloptionen per Doppelklick auf (siehe oben) und klicken Sie SCHMUCKFARBE an.

In den beiden ersten Fällen gilt: Haben Sie eine Auswahl im Bild, setzt Photoshop die Schmuckfarbe sogleich innerhalb der Auswahl ein. Üblicherweise blendet Photoshop die Schmuckfarbe direkt ins Gesamtbild ein; mit dem Augensymbol 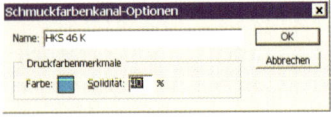 in der Kanälepalette lässt sie sich bei Bedarf verbergen.

Optionen aufrufen

Photoshop zeigt automatisch die Optionen für die Schmuckfarbe, wenn Sie den Menübefehl oder das Symbol für einen neuen Schmuckfarbenkanal verwenden. Verwandeln Sie dagegen einen Alphakanal in einen Schmuckfarbenkanal, dann klicken Sie diesen nach der Umwandlung erneut doppelt an, um die Optionen zu sehen. Klicken Sie auf das Farbfeld in den Schmuckfarben-Optionen. Photoshop bietet Ihnen jetzt seinen Farbwähler. Klicken Sie auf die Schaltfläche EIGENE, wenn Sie eine spezielle Druckfarbe aus einer digitalen Farbtafel übernehmen möchten (Details ab Seite 486).

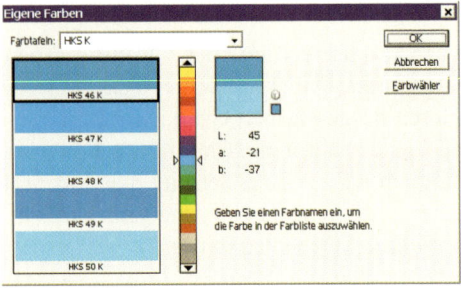

Abbildung 10.19:
In den Optionen zum Schmuckfarbenkanal definieren Sie die Druckfarbe und die »Solidität«.

Solidität

Außerdem legen Sie die SOLIDITÄT fest. Damit simuliert Photoshop die Dichte der gewählten Druckfarbe auf dem Schirm. 100 Prozent simuliert eine völlig deckende Farbe, 0 Prozent deutet eine durchsichtige Farbe an, die alle darunter liegenden Farben zeigt. So können Sie zum Beispiel Bildzonen für Klarlack-Auftrag anlegen und zeigen. Die Option verändert nur die Bildschirmansicht, nicht aber das Druckergebnis. Allerdings: Wenn Sie den Schmuckfarbenkanal ins Gesamtbild einmischen (siehe unten), entscheidet die SOLIDITÄT mit über das Ergebnis.

Schmuckfarben ins Gesamtbild mischen

Möchten Sie die Zusatzfarbe nicht separat drucken, sondern aus den vier Standarddruckfarben erzeugen, müssen Sie die Schmuckfarbe mit den anderen Grundfarbenkanälen verschmelzen. Dazu dient der Befehl **Schmuckfarben mischen** im Menü der Kanälepalette. Achtung, Erpressung: Photoshop führt den Befehl nur aus, wenn Sie zustimmen, dass alle Ebenen einer Montage verschmelzen; die gesamte Montage bildet anschließend eine Hintergrundebene. Das Druckergebnis erreicht nicht unbedingt die Qualität eines Ausdrucks mit Zusatzfarbe.

Schmuckfarbenkanäle speichern

Photoshop bietet nur wenige Dateiformate, die Schmuckfarbenkanäle aufnehmen, darunter das unverwüstliche TIFF und das hauseigene Photoshop-Format. Sofern Sie im CMYK-Farbmodus arbeiten und für die Druckvorstufe arbeiten, empfiehlt sich das Format PHOTOSHOP DCS 2.0. Es wird auch für Graustufenbilder angeboten, nicht jedoch für RGB-Dokumente. Hier können Sie das Werk zum Beispiel in Einzeldateien für jede Grundfarbe und für den Schmuckkanal aufteilen (Details ab Seite 257). Eine Alternative bildet das PDF-Format.

10.5 Retuschen in Alphakanal oder Ebenenmaske

Um die Auswahl oder den sichtbaren Bereich zu korrigieren, können Sie im Alphakanal malen, füllen, filtern oder Kontraste verändern. Klicken Sie auf den Namen des Alphakanals; er muss jetzt markiert sein. Je nach Situation stellen Sie den Alphakanal allein dar oder blenden ihn halbdeckend über das Bild.

10.5.1 Übersicht

Bei allen folgenden Beispielen verwenden wir in den Kanaloptionen (siehe oben) Photoshops Standardeinstellung FARBE KENNZEICHNET: MASKIERTE BEREICHE. Das bedeutet:

➡ Nicht ausgewählte, also geschützte, »maskierte« Bildteile unterlegt Photoshop mit FARBE – im Alphakanal mit Schwarz, beim über das Bild geblendeten Alphakanal mit einer von Ihnen gewählten Farbe und Deckkraft, werkseitig zunächst 50 Prozent Rot.

➡ Ausgewählte Bildteile unterlegt Photoshop weiß – sie sind auch dann voll zu erkennen, wenn der Alphakanal über das Bild geblendet wird.

Das bedeutet für Ihre Retuschen im Alphakanal:

➡ Pinseln oder füllen Sie mit Schwarz, verkleinern Sie die Auswahl im Alphakanal oder den sichtbaren Bereich der Ebene.

➡ Pinseln oder füllen Sie mit Weiß, vergrößern Sie die Auswahl.

➡ Erstellen Sie im Auswahlkanal einen Verlauf von Schwarz nach Weiß, ist das Bild zunehmend stärker ausgewählt und kann mit stufenlos zunehmender Wirkung bearbeitet oder überblendet werden.

Gilt bei Ihnen umgekehrt FARBE KENNZEICHNET: AUSGEWÄHLTE BEREICHE, verkleinern Sie die Auswahl mit Weiß und vergrößern Sie sie mit Schwarz.

Bevor Sie einen gelungenen Auswahlkanal weiter manipulieren, duplizieren Sie ihn und arbeiten mit der Kopie weiter. Dazu ziehen Sie die Kanal-Miniatur auf das Symbol NEUER KANAL *unten in der Kanälepalette.*

Kapitel 10   Kanäle & Masken

Abbildung 10.20:
Von der Auswahl zum Alphakanal und zurück: Hier wird zunächst ein Teil per Zauberstab ausgewählt (links). Mit gedrückter ⇧ -Taste und mit dem Befehl »Auswahl: Auswahl erweitern« werden weitere Teile in die Auswahl einbezogen (Mitte). Durch Klick auf das schraffierte Symbol »Auswahl als Kanal speichern« wird die Auswahl als Alphakanal »Alpha 1« gespeichert und in der Kanälepalette angezeigt.
Datei: Tuer

Abbildung 10.21:
Ein Klick auf den Alphakanal in der Palette zeigt diesen Kanal allein an. Hier wird Photoshops Vorgabe für die Kanaloptionen verwendet, »Farbe kennzeichnet: Maskierte Bereiche«. Das heißt: Bereits ausgewählte Bildzonen zeigt Photoshop weiß, nicht ausgewählte (»maskierte«) schwarz. Links: Teile, die eindeutig aus der Auswahl entfernt werden müssen, werden hier mit dem Polygon-Lasso eingerahmt und per Entf -Taste bei weißer Hintergrundfarbe mit Weiß überschrieben. Rechts: Weitere Bildteile werden mit dem Pinsel bei weißer Vordergrundfarbe übermalt und so in den ausgewählten Bereich einbezogen.

Farbwahl

Sobald ein Alphakanal aktiviert ist, bietet Photoshop als Vorder- und Hintergrundfarbe für Ihre Retuschen nur noch Graustufen. Standard-Vordergrundfarbe ist in dieser Situation Weiß: Wählen Sie also das [D] auf der Tastatur (für Default Colors, Standardfarben), richtet Photoshop ausnahmsweise nicht Schwarz, sondern Weiß als Vordergrundfarbe ein. Damit vergrößern Sie den ausgewählten Bereich in einem Alphakanal. Um Schwarz zu erhalten, drücken Sie [X] (für Exchange), die Kurztaste für den Austausch von Vorder- und Hintergrundfarbe, oder klicken Sie auf die entsprechende Schaltfläche. Alternativ tragen Sie mit dem Radiergummi (Kurztaste [E], für Eraser) unmittelbar Hintergrundfarbe auf.

Retusche bei eingeblendetem Originalbild

Wenn Sie den Alphakanal bei eingeblendetem Original bearbeiten, erscheint er zum Beispiel mit 50prozentigem Rot über der Datei. Doch auch in dieser Situation retuschieren Sie den Kanal mit Weiß und Schwarz. Es gilt:

- Pinseln Sie mit Weiß ins Bild, um weitere Bereiche in die Auswahl hineinzunehmen.
- Pinseln Sie mit Schwarz, um die ausgewählte Zone zu verkleinern. Dieser Bereich wird zwar über der Datei rot dargestellt, aber er erscheint im Kanal tatsächlich als Schwarz.

Abbildung 10.22:
Um die Ränder präzise bearbeiten zu können, wird das zugrunde liegende Bild durch einen Klick in die Augenleiste neben dem RGB-Gesamtkanal mit eingeblendet. Jetzt erscheint der Alphakanal als roter »Schutzlack« über dem Bild; nicht ausgewählte Bereiche sind rot abgedeckt, ausgewählte scheinen frei durch. Dies ist die Darstellungsweise ab Werk. Links: Verwenden Sie den Pinsel mit runder Werkzeugspitze bei 100 Prozent Kantenschärfe; so können Sie die Grenzen des Auswahlbereichs im Alphakanal präzise retuschieren. Mitte: Auch hier lassen sich größere Flächen mit dem Polygon-Lasso einfangen und mit Weiß füllen (»Bearbeiten: Fläche füllen«). Rechts: Wie die Kanälepalette zeigt, ist das Bild selbst aber nicht aktiviert; es kann also nur betrachtet, aber nicht bearbeitet werden.

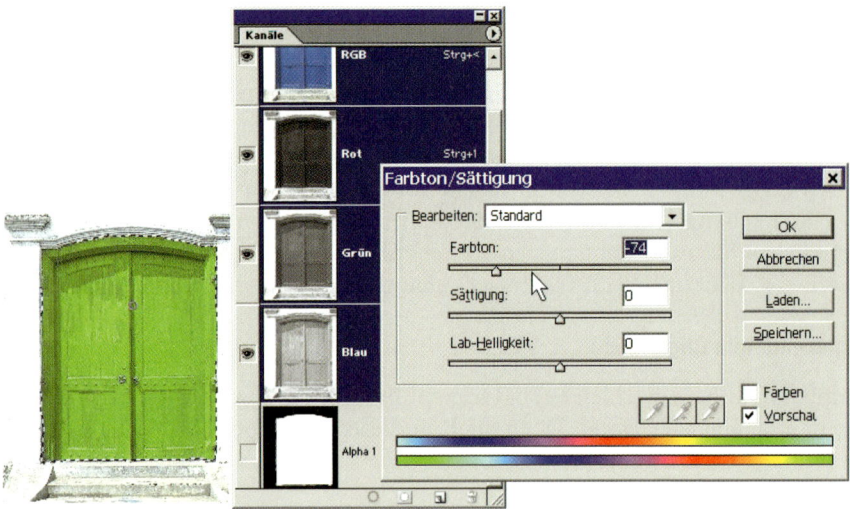

Abbildung 10.23:
Wenn der Kanal präzise sitzt, aktivieren Sie wieder das Farbbild durch einen Klick in den RGB-Gesamtkanal. Blenden Sie den Alphakanal durch einen Klick in die Augenleiste aus. Laden Sie den Kanal als Auswahl, indem Sie das Feld des Alphakanals in der Kanälepalette auf das runde, gepunktete Symbol »Kanal als Auswahl laden« ziehen. Die im Alphakanal retuschierte Auswahl erscheint als Fließmarkierung, das Objekt kann jetzt zum Beispiel umgefärbt werden. Wenn Sie die Auswahl nicht mehr benötigen, ziehen Sie den Kanal auf den Mülleimer.

10.5.2 Pinsel- und Füll-Funktionen bei der Alphakanal-Retusche

Wollen Sie zusammengehörende Flächen in die Auswahl hineinnehmen, so markieren Sie diese rasch mit dem Auswahlrechteck [_] oder mit dem Polygon-Lasso. So füllen Sie die Auswahl im Auswahlkanal besonders zügig:

➤ Die [Entf]-Taste setzt die Hintergrundfarbe ein, bei Alphakanal-Arbeiten standardmäßig Schwarz.

➤ [Alt]-Taste+[Entf] setzt die Vordergrundfarbe ein, bei Alphakanal-Arbeiten standardmäßig Weiß.

Details zu Fülltechniken finden Sie ab Seite 496.

TIPP   *Malen Sie mit dem Pinsel und einer Werkzeugspitze mit 100 Prozent Kantenschärfe am Rand entlang, sofern Sie Kanten bearbeiten, die bereits mit der Option* GLÄTTEN *entstanden.*

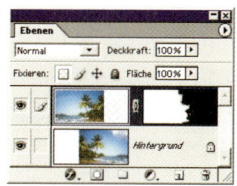

Abbildung 10.24:
Um ein extrabreites Landschaftsfoto zu erhalten, wird die Hintergrundebene auf eine neue Ebene dupliziert, per »Transformieren« horizontal gespiegelt und nach außen geschoben. Mit dem »Arbeitsfläche«-Befehl verbreitern wir den Bildbereich fast auf das Doppelte. In der Ebenenmaske retuschieren wir mit weicher Werkzeugspitze, um einen nahtlosen Übergang zwischen den zwei Ebenen herzustellen. Vorlage: Palmen

Abbildung 10.25:
Im linken Bild haben wir mit dem Stempel-Werkzeug die Wolke entfernt. Sie könnten auch noch eine der Inseln tilgen.
Ergebnis: Palmen_2

Geglättete und weiche Kanten retuschieren

Bei normalen Fotomontagen arbeiten Sie mit geglätteten Auswahlkanten (Seite 546); die erkennen Sie im Alphakanal an dem hauchdünnen grauen Übergang zwischen Schwarz und Weiß. Bearbeiten Sie einen Auswahlrand, müssen Sie diese gleiche Glättung erreichen; denn: Zu harte Werkzeugspitzen lassen die Auswahl an der retuschierten Stelle abrupt enden, zu weiche Spitzen stellen allzu sanfte Übergänge her.

Besonders misslich wirken Werkzeugspitzen mit der falschen Kantenglättung, wenn eine einzige Auswahlkontur erst mit Lasso ⌒ oder Zauberstab ⚹ erstellt und dann nur auf Teiletappen per Pinsel ✎ korrigiert wurde. So machen Sie's richtig:

Kapitel 10 Kanäle & Masken

- Zur Retusche von Auswahlen, die mit der Glätten-Funktion von Lasso oder Zauberstab zustande kamen, verwenden Sie den Pinsel samt einer Werkzeugspitze mit 100 Prozent Kantenschärfe. Nur so kommt exakt jener hauchdünne weiche Rand zustande, der zur geglätteten Auswahl passt. Die Kantenschärfe einer Werkzeugspitze stellen Sie nach Klick auf das Symbol in der Optionenleiste ein (siehe Seite 507).

- Retuschieren Sie an einer harten Auswahl ohne jede glatte Kante, zum Beispiel bei Grafiken, Screenshots oder Strichzeichnungen, dann bearbeiten Sie die Maske nicht mit dem Pinsel, sondern mit dem Buntstift (Seite 524, Kurztaste [B]). Nur der malt ohne jeglichen Übergang hartes Schwarz auf Weiß.

- Zu Auswahlen mit sehr weicher Kante: Hier probieren Sie es mit reduzierter Kantenschärfe in den Werkzeugspitzen-Optionen; oder Sie malen erst mit harter Werkzeugspitze, markieren den noch aufzuweichenden Bereich mit dem Lasso und soften den Übergang später mit dem **Filter**-Befehl **Weichzeichnungsfilter: Gaußscher Weichzeichner** ab (Seite 843). Halten Sie allerdings auch den Übergang zwischen dem nachträglich weichgezeichneten Alphakanal und den bereits weich angelieferten Partien unauffällig. Dazu verwenden Sie in den Lasso-Optionen die WEICHE KANTE oder nach Anwendung des Lassos den **Auswahl**-Befehl **Weiche Auswahlkante**. Alternative: Verlängern Sie eine weiche Auswahlkante im Alphakanal durch Pixelkopie per Kopierstempel (Seite 531) oder durch Duplizieren eines Auswahlbereichs, den Sie seinerseits mit weicher Kante erstellt haben.

Abbildung 10.26:
Die »Palmen«-Vorlage von oben wurde hier in der umgekehrten Richtung gespiegelt, die Überlappung entstand mit weichen Übergängen in der Ebenenmaske sowie mit Stempelretusche in den Bildebenen. Dabei haben wir die Stempeloption »Alle Ebenen einbeziehen« genutzt.

10.5.3 Auswahlen vergrößern und verkleinern

Mitunter kommt man mit dem Zauberstab nicht bis ganz an den Rand des gewünschten Elements heran. Speziell nach dem Scharfzeichnen sind einzelne Motivteile oft von einem Saum umgeben, der sich schwer mit dem Zauberstab einfangen lässt. Sie erkennen das im Alphakanal daran, dass Objekte nur in einem bestimmten Abstand von Farbe umgeben, aber noch nicht nahtlos eingeschlossen sind.

Um diese schmale Zone noch zu erfassen, sind verschiedene Techniken denkbar:

- Sie markieren den Saum von Hand mit Lasso, Magnet-Lasso oder Zauberstab.

- Sie markieren den Saum, indem Sie im Alphakanal mit dem Pinsel darüber malen.
- Sie verwenden, je nach Situation, die Befehle **Ausweiten** oder **Verkleinern** aus dem **Auswahl**-Untermenü **Auswahl verändern** (Seite 542).
- Sie verschieben die Auswahl-Fließmarkierung um wenige Pixel zur gewünschten Kontur, sofern sie gleichmäßigen Abstand zum Objekt hat – zum Beispiel, bei aktivem Auswahlwerkzeug, mit den `Pfeil`-Tasten. Sie müssen dann auf der gegenüberliegenden Seite freilich nacharbeiten.

Am bequemsten ist es jedoch oft, helle oder dunkle Zonen im Alphakanal um einen bestimmten Pixelbetrag auszudehnen oder zu verkleinern. Dies erledigen die Befehle **Dunkle Bereiche vergrößern** und **Helle Bereiche vergrößern** aus dem Untermenü **Filter: Sonstige Filter**. Dabei gilt:

- **Dunkle Bereiche vergrößern** dehnt schwarze Bereiche aus. Auswahlen, die durch das in Photoshop voreingestellte Weiß gekennzeichnet sind, verkleinern sich also.
- Nach umgekehrtem Schema lassen sich auch **Helle Bereiche vergrößern**. Damit erweitern Sie den ausgewählten Bereich.

Abbildungen und weitere Details zu diesen Filtern finden Sie ab Seite 825.

10.5.4 Bereiche des Alphakanals bewegen

Beim Verschieben eines ausgewählten Bereichs im Alphakanal per Verschieben-Werkzeug entsteht ein Loch am ursprünglichen Standort. Photoshop füllt dieses Loch mit der Hintergrundfarbe. Arbeiten Sie also im Alphakanal mit weißen Auswahlbereichen – das übliche Verfahren –, dann sollten Sie auf Schwarz als Hintergrundfarbe achten, bevor Sie Bereiche bewegen.

Bei der Korrektur einer Alphakanal-Auswahl eines Textes passiert leicht dies: Sie haben um einen Auswahlbereich herum zuviel Schwarz mitmarkiert; dieses Schwarz überdeckt beim Verschieben schon wieder den angrenzenden (weißen) Buchstaben. So verhindern Sie die Überdeckung:

1. Wenn der Bereich verschoben ist und als schwebende Auswahl im Bild steht, wählen Sie **Bearbeiten: Verblassen**; der Befehl findet sich auch im Kontextmenü.
2. Im Dialogfeld VERBLASSEN setzen Sie den Modus AUFHELLEN fest.

Damit setzen sich jeweils die helleren Bereiche durch, ein weißer Buchstabe bleibt auf jeden Fall erhalten.

Auswahlbereiche, die Sie im Alphakanal verschieben, lassen sich nicht dauerhaft als eigene Ebene speichern; sie liegen als so genannte »schwebende Auswahl« (Seite 672) nur vorübergehend über dem Bild und werden später mit dem Untergrund verschmolzen. Mit der `Entf`-Taste verschwindet die schwebende Auswahl rückstandslos.

Abbildung 10.27:
Links: Beim Bewegen einer Auswahl im Alphakanal entsteht ein Loch in der Hintergrundfarbe; die Hintergrundfarbe sollte also auf Schwarz gestellt werden. Zweites Bild: Hier wird schwarze Hintergrundfarbe verwendet; allerdings überdeckt das schwarze Umfeld des Buchstaben beim Verschieben bereits den nächsten Buchstaben. Drittes Bild: Wählen Sie darum im Kontextmenü des Auswahlwerkzeugs den Befehl »Verblassen« und im Dialogfeld den Modus »Aufhellen«. Dann setzen sich jeweils die helleren Pixel durch, die weißen Lettern bleiben auf jeden Fall erhalten. Rechts: Bereiche, die mit niedriger Zauberstab-»Toleranz« markiert werden, hinterlassen einen weißen Rand.

Auswählen von Einzel-Buchstaben

Auch dieses Problem besteht vor allem bei Schriftauswahlen: Mitunter sitzen Buchstaben so eng aufeinander, dass man kein Einzelexemplar mit Rechteck oder Lasso erwischt. Dann markieren Sie den Buchstaben mit dem Zauberstab. Bedenken Sie aber, dass die Letter nicht nur aus Weiß besteht, sondern dass geglättete Lettern im Auswahlkanal auch einen grauen Rand an sich haben. Daraus folgt: Klicken Sie den Buchstaben mit niedriger Zauberstabtoleranz an, bleiben die dunkleren Randpixel außen vor und Sie hinterlassen beim Bewegen einen hässlichen grauen Rand.

Abhilfe: Verwenden Sie für einfarbigen Text oder im Alphakanal als TOLERANZ den zweithöchsten Wert »254« und klicken Sie in die schneeweiße Mitte des Buchstabens. Der wird damit komplett samt hellgrauem Rand erfasst und erst kurz vor dem reinweißen Umfeld macht der Zauberstab Halt. Der so markierte Buchstabe lässt sich rückstandsfrei verschieben. (Generell einfacher ist es jedoch, Text auf einer ansonsten transparenten Ebene zu sichern und dort zu bewegen.)

Abbildung 10.28:
Der Modus »Aufhellen« erlaubt hier passgenaues Verschieben; das schwarze Umfeld kann benachbarte weiße Zonen nicht überdecken. Wenn Sie in einem Alphakanal arbeiten, richtet man diesen Modus über den Befehl »Bearbeiten: Verblassen« ein; er findet sich auch im Kontextmenü eines Auswahlwerkzeugs über schwebenden Auswahlen.

10.5.5 Teiltransparente Auswahlen

Sie haben schon gesehen, dass Photoshop geglättete Auswahlkanten im Alphakanal nicht mit einem harten Schwarzweißgegensatz speichert, sondern eine dünne Schicht mittelgrauer Pixel dazwischen setzt. Hintergrund: Photoshop legt seine Maskenkanäle als Graustufenbilder an. Jeder Punkt des Maskenkanals wird mit einer Informationstiefe von acht Bit gespeichert; darum gibt es für die Bildpunkte im Alphakanal $2^8 = 256$ unterschiedliche Helligkeitsstufen. Laden Sie einen Alphakanal also als Auswahl, können Bildteile mit 256 verschiedenen Intensitätsgraden zur Bearbeitung freigegeben werden. Filter, Pinsel oder Kontrastkorrekturen wirken sich dort nur mehr oder weniger aus. Graustufen in Alphakanälen oder Ebenenmasken helfen in vielen Situationen:

- nicht nur bei geglätteten Kanten, sondern auch
- bei halbdurchsichtigem Glas,
- bei durchscheinendem Haar,
- immer wenn Sie etwas stufenlos ein- oder ausblenden möchten.

Ist ein Bildteil mit einem grauen Bereich im Alphakanal unterlegt und laden Sie diesen Kanal als Auswahl, dann wird sich ein Filter oder eine Montage dort nur teilweise auswirken. Dies bedeutet, das Originalbild bleibt mehr oder weniger blass erhalten, die gefilterte Version liegt transparent darüber. Dies bedeutet wohlgemerkt nicht, dass über einem Verlauf im Alphakanal ein Filter mit variablen Einstellungen abläuft, etwa ein Scharfzeichner mit zunehmender STÄRKE; vielmehr: Die mit einheitlichem Wert scharfgezeichnete Version des Bildes setzt sich immer stärker durch gegenüber dem darunter liegenden Original.

Die Darstellung von stufenlosen Auswahlen über der Datei dient nur bedingt der Orientierung: Zum einen können Sie den Alphakanal per Augensymbol über das Bild blenden. Die mittleren bis hellen Graustufen dieses Auswahlkanals erscheinen indes nur unscheinbar bis unkenntlich. Wenn Sie die Deckkraft des über die Datei geblendeten Alphakanals in den Kanaloptionen auf 90 oder 100 Prozent erhöhen, sehen Sie mehr von dem Kanal – und weniger vom Bild. Andererseits: Laden Sie den Alphakanal als Auswahl, umgibt Photoshop nur jene Bildteile mit einer Fließmarkierung, die zu mehr als 50 Prozent ausgewählt sind. Alles, was Sie schwächer als mit 50 Prozent markiert haben, liegt zwar außerhalb der sichtbaren abgrenzenden Fließmarkierung – dennoch sind auch diese Bildteile ein bisschen mit ausgewählt.

Weiche Auswahlen im Alphakanal korrigieren

Mit Verläufen von Schwarz nach Weiß im Alphakanal blenden Sie Motive stufenlos ein oder aus oder lassen einen Befehl stufenlos stärker wirken. Die Tonwertabstufungen im Alphakanal lassen sich mit Befehlen wie **Tonwertkorrektur** oder **Gradationskurven** sehr präzise regeln. Damit haben Sie genau im Griff, wo ein Bild wie stark geschützt sein soll:

- Verwenden Sie das Dialogfeld **Bild: Einstellungen: Tonwertkorrektur** (Seite 432, Strg+L) und ziehen Sie den Weißregler nach innen, um hellere Grauzonen auf Weiß zu setzen und damit den ausgewählten Bereich zu vergrößern.
- Mit dem Befehl **Helligkeit/Kontrast** aus demselben Untermenü heben Sie den Kontrast in einem Verlauf an und verkürzen damit die Zone des Übergangs, so dass er härter wirkt; helle Bereiche im Alphakanal werden weiß, dunkle Bereiche schwarz, die Zone mittlerer Auswahlkraft schrumpft.
- Der **Schwellenwert**-Befehl aus dem **Bild**-Untermenü **Einstellungen** reduziert einen Alphakanal auf hartes Schwarz und Weiß und erzeugt so knallharte Auswahlkanten; je höher der Schwellenwert, desto größer der Schwarzanteil und desto kleiner der ausgewählte Bereich nach dem Laden des Alphakanals. Stellen Sie danach mit dem Weich-

zeichner eine nur minimal geglättete Auswahlkante her oder verwenden Sie von vornherein den Befehl **Helligkeit/Kontrast**. Dort heben Sie den Kontrast bis auf 97 Prozent und regeln den Schwarzweißübergang mit dem Helligkeitsschieber (Details zu diesen Verfahren ab Seite 475).

Diese Angaben beziehen sich – wie immer in diesem Buch – auf Photoshops Standardvorgabe: ausgewählte bzw. sichtbare Bereiche werden also weiß dargestellt.

Abbildung 10.29:
Links: Wir legen im Alphakanal eine stufenlose Auswahl als Schwarzweißverlauf an. Mitte: Wird der Alphakanal als Auswahl geladen, umgibt Photoshop nur jene Pixel mit einer Fließmarkierung, die zu mehr als 50 Prozent ausgewählt sind. Tatsächlich verläuft die Auswahlwirkung aber stufenlos – die Wirkung nimmt von oben nach unten allmählich ab. Rechts: Um eine Ahnung von der Auswahlwirkung zu bekommen, blendet man den Alphakanal durch einen Klick in die Augenleiste über das Bild und erhöht in den Kanaloptionen die Deckkraft des so angezeigten Kanals auf 100 Prozent. Vorlage: Welle

Abbildung 10.30:
In die so erzeugte stufenlose Auswahl wird mit dem Befehl »Bearbeiten: In die Auswahl einsetzen« ([Strg]+[⇧]+[V]) ein Bild eingesetzt, das zuvor in die Zwischenablage kopiert worden war. Dabei entsteht eine Ebenenmaske. Links: Die Deckkraft des eingesetzten Bildes nimmt von oben nach unten ab. Mitte: Um einen kürzeren Übergang zu erzeugen, verkleinern Sie den grauen Bereich im Verlauf durch starkes Erhöhen des Kontrasts mit dem Regler »Helligkeit/Kontrast« aus dem »Bild«-Untermenü »Einstellungen«. Alternative: Ziehen Sie den Verlaufszeiger nur über eine Teilstrecke. Rechts: Jetzt vollzieht sich der Übergang zwischen den beiden Bildern nur noch in einem kleineren Teil.

Abbildung 10.31:
Links: Wir wählen die linke obere Ecke der Uhren-Ebene mit dem Zauberstab aus. Mitte: Wir aktivieren die Ebenenmaske und füllen den zuvor ausgewählten Bereich mit Schwarz; so erscheint auch in diesen Ecken der Hintergrund. Rechts: Die Ebenenmaske auf der Uhrenebene entstand automatisch bei Anwendung des Befehls »In die Auswahl einsetzen«. Ergebnis: Welle_2

10.6   Motivteile in Alphakanal oder Ebenenmaske

Mitunter ist es zu aufwändig, ein Objekt mit Zauberstab , Lasso und Alphakanalretusche zu markieren. Stattdessen überträgt man gleich das ganze Motiv in den Kanal, passt es dort an und lädt das Ergebnis als Auswahl. Auf verschiedene Arten bringen Sie den kompletten Bildinhalt in den Alphakanal:

- Wählen Sie das Gesamtbild mit Strg+A aus, kopieren Sie es mit Strg+C in die Zwischenablage, legen Sie mit der Schaltfläche NEUEN KANAL ERSTELLEN aus der Kanälepalette einen neuen, leeren Alphakanal an, aktivieren Sie diesen Kanal und fügen Sie das Bild aus der Zwischenablage mit Strg+V ein; es erscheint in Graustufen.

- Alternative: Laden Sie die Bildinformation als Auswahl, indem Sie bei gedrückter Strg-Taste auf die Miniatur des Gesamtkanals in der Kanälepalette klicken, zum Beispiel auf »RGB« oder »CMYK«; diese Auswahl setzen Sie mit der Schaltfläche AUSWAHL ALS KANAL SPEICHERN in der Kanälepalette in einen neuen Alphakanal um.

Bedenken Sie wieder, dass Sie statt des Alphakanals mit anschließender Montage des markierten Motivs auch eine Ebenenmaske anlegen können (Seite 767), die Sie genauso bearbeiten wie einen Alphakanal.

10.6.1   Durchscheinendes Haar

Dünne Haarlocken sind besonders schwer auszuwählen – wegen der komplexen Formen und weil sie leicht durchscheinen sollten, um nicht aufgeklebt zu wirken. Hier leistet beim Freistellen der Befehl **Filter: Extrahieren** gute Dienste (Strg+Alt+X, Seite 579). Alternative:

Kapitel 10   Kanäle & Masken

Sie kopieren die Haarpracht aus dem Bild in den Alphakanal – und passen sie dort so an, dass lichte Haarstellen grau erscheinen; eindeutig Gewähltes bzw. nicht Gewähltes soll dagegen schwarz oder weiß herauskommen. Eine Alternative bietet eventuell der Befehl **Filter: Extrahieren**.

  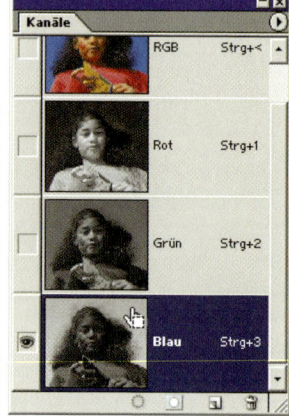

Abbildung 10.32:
Links: Wie kann man diese Haare so auswählen, dass sie sich mit der momentan verdeckten Hintergrundebene kombinieren lassen? Jedenfalls nicht mit dem Zauberstab. Mitte: Die besten Kontraste zeigen sich im Blaukanal, der blauen Himmel hell hinter den dunklen Haaren zeigt. Rechts: Wir klicken den Blaukanal bei gedrückter [Strg]-Taste in der Kanälepalette an, um die Graustufen des Blaukanals als Auswahl zu laden. Datei: Hair

 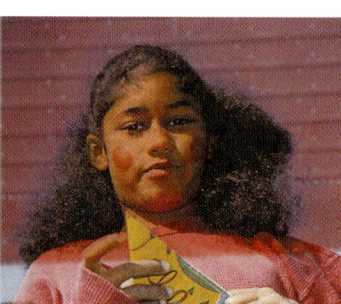 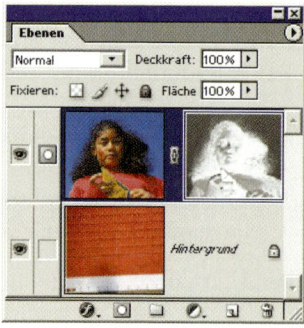

Abbildung 10.33:
Links: Die Personen-Ebene ist aktiviert, wir klicken unten in der Ebenenpalette auf das Symbol »Ebenenmaske hinzufügen«. Die Hintergrundebene zeigt sich nun vor allem innerhalb der Person, denn die fällt im Blaukanal und damit auch in der Ebenenmaske dunkel aus; weil der Blaukanal im Bereich des Himmels hell gewesen war, entsteht hier auch eine helle Ebenenmaske, dass heißt, der blaue Himmel kann sich in unserem Zwischenergebnis gut durchsetzen. Mitte: Bei aktivierter Ebenenmaske verwenden wir den Befehl »Bild: Einstellungen: Umkehren«. Nun geht es in die richtige Richtung: Im Bereich des Kinds ist die Ebenenmaske nun heller, damit setzt sich die Person eher durch, während der Himmel verblasst. Datei: Hair_2

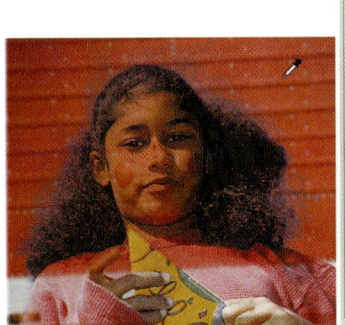 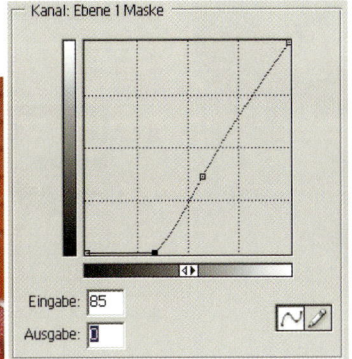 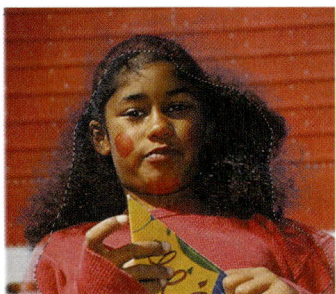

Abbildung 10.34:
Links, Mitte: Bei aktivierter Ebenenmaske verwenden wir »Bild: Einstellungen: Gradationskurve« und klicken in den Bildhintergrund; dabei erscheint eine Pipette, den gewählten Tonwert zeigt Photoshop auf der Gradationskurve als Anfasspunkt. Wir senken diesen Tonwert 85 auf 0 ab. So sinkt die Graustufe, die für den Himmel im Originalbild steht, auf Schwarz, damit ist der Himmel nicht mehr sichtbar; die Haare mischen sich brauchbar mit der nun deutlich hervortretenden Hintergrundebene. Rechts: Immer noch ist die Ebenenmaske aktiviert; wir rahmen den größten Teil der Darstellerin mit dem Lasso ein und füllen den Bereich mit Weiß. Bis auf einige Übergänge steht die Auswahl jetzt. Datei: Hair_3

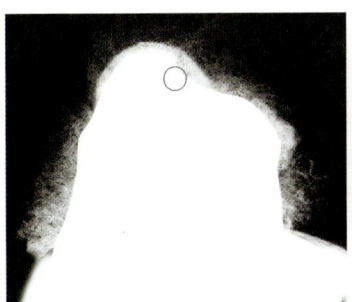 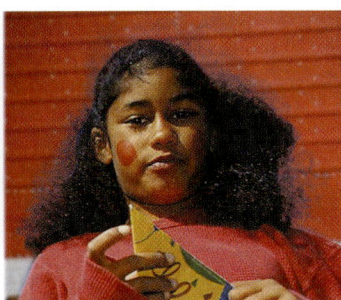 

Abbildung 10.35:
Bearbeiten Sie die Übergänge mit dem Pinsel bei weicher Werkzeugspitze. Alternativen sind der Weichzeichnerpinsel oder Weichzeichnerfilter in Auswahlbereichen mit weicher Auswahlkante. Stellen Sie mit dem Befehl »Fenster: Dokumente: Neues Fenster« das Bild und die Maske nebeneinander dar; um allein die Graustufen der Ebenenmaske zu sehen, klicken Sie die Maskenminiatur bei gedrückter ⌥-Taste an. Datei: Hair_4

10.6.2 Wolken

Besonders leicht lassen sich Wolken in den Alphakanal oder in die Ebenenmaske einsetzen. Wo Weiß im Alphakanal ist, werden die Wolken ausgewählt bzw. sie sind sichtbar. Wo der Alphakanal dunkel ist, weil das Original dort blauen Himmel zeigte, wird wenig oder nichts ausgewählt oder angezeigt. Teilweise können Sie Wolken auch allein durch Verbergen von Helligkeitsbereichen überblenden.

Kapitel 10   Kanäle & Masken

 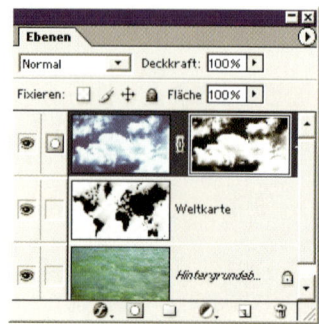

Abbildung 10.36:
Das Wolkenfoto wurde über die Montage mit der Weltkarte gelegt, so dass es zunächst die gesamte Bildfläche überdeckte. In der Kanälepalette haben wir bei gedrückter [Strg]-Taste auf den Grünkanal geklickt, in dem Wolken und blauer Himmel besonders stark kontrastierten. Anschließend haben wir die Wolkenebene aktiviert und auf die Schaltfläche »Ebenenmaske hinzufügen« geklickt. Die Wolken erscheinen jetzt als Ebenenmaske. Weil der blaue Himmel in der Graustufen-Ebenenmaske dunkel ist, wird dieses Blau im Gesamtbild unterdrückt, während die helleren Wolken gut herauskommen. Die Kontraste in der Ebenenmaske wurden noch mit dem Befehl »Bild: Einstellungen: Tonwertkorrektur« verstärkt, so dass die Maske tatsächlich reines Schwarz und Weiß enthält. Datei: Weltkarte

10.6.3   Durchscheinendes Glas

Wer ein Weinglas montiert und den Hintergrund sanft durchschimmern lassen möchte, kann nicht etwa die gesamte Bildebene des Behältnisses auf verminderte Deckkraft stellen: Denn in der Realität schimmert der Hintergrund mal mehr, mal weniger durch; teils wirkt das Glas fast durchsichtig; dunkel abgeschattete, aber auch hell reflektierende Stellen verbergen die Umgebung dahinter gänzlich. Auch hier hilft es, das Objekt mit einer Kopie seiner selbst im Alphakanal zu maskieren. Einzelne Helligkeitsbereiche lassen sich mit dem Befehl **Bild: Einstellungen: Gradationskurven** ([Strg]+[L], Seite 444) punktgenau auf die gewünschte Helligkeit bringen. Eine Alternative zu diesem Verfahren bietet allerdings der Hintergrund-Radiergummi (Details und Ergebnisbilder ab Seite 561).

Abbildung 10.37:
Links: Das Weinglas wurde ohne transparente Bereiche ausgewählt und montiert; es wirkt unrealistisch. Mitte: Wir kopieren das Glas in den Alphakanal und verwenden es als Auswahl; aber auch dieses Bild überzeugt nicht. Rechts: Wir haben einzelne Helligkeitsbereiche des Alphakanals mit Kontrastkorrekturen bearbeitet und den Alphakanal neu als Auswahl geladen. Vorlage: Glas, Tisch; Ergebnis: Glas_2

Motivteile in Alphakanal oder Ebenenmaske   Kapitel 10

10.6.4 Pinselstrich im Alphakanal

Sie können auch Motive wie einen Pinselstrich, eine Briefmarke oder einen Papierschnipsel in die Ebenenmaske kopieren, um das darüber liegende Bild in diesen Konturen erscheinen zu lassen.

Abbildung 10.38:
Wir kopieren den Graustufenscan eines Pinselstrichs in das Portrait, laden die Auswahlinformation der Graustufen per [Strg]-Klick auf die Miniatur in der Kanälepalette und leiten daraus durch den Klick auf die Schaltfläche »Ebenenmaske hinzufügen« eine Ebenenmaske für die Portrait-Ebene ab. Wir kehren den Scan ins Negativ um, steigern die Kontraste kräftig, ohne alle Zwischentöne zu entfernen, und bringen mit Photoshop-Pinseln weitere Schwarz- und Weißbereiche an. Wählen Sie Bereiche aus, die Sie duplizieren oder mit der Transformieren-Funktion ([Strg]+[T]) drehen oder dehnen. Wenn Sie die Verbindung zwischen Maske und Ebene aufheben, können Sie das Portrait innerhalb der Maske verschieben und verschiedene Bildausschnitte oder auch Größen probieren. Datei: Pinselstrich

11 Pfade & Formen

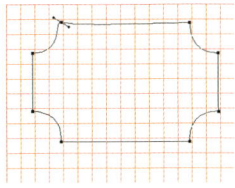  

Abbildung 11.1:
Pfade eignen sich besonders für geschwungene Formen, für harte Ecken und Geraden. Beim Skizzieren helfen Grundraster, die auch den Pfad magnetisch anziehen können. Dieser Pfad entsteht mit dem Zeichenstift. Er wird über den Scan einer Steinoberfläche gezogen und in eine Vektormaske umgewandelt. Den verbleibenden sichtbaren Bereich bearbeiten wir mit den Ebeneneffekten für »Schlagschatten« sowie »Abgeflachte Kante und Relief«. Datei: Stein

Neben der Kanalarbeit gibt es noch eine ganz andere Möglichkeit, Auswahlen zu speichern: als Pfade. Diese Pfade liegen quasi über dem eigentlichen Bild und können, wie die Alphakanäle, unabhängig vom Bild selbst korrigiert werden.

11.1 Einstieg

Pfade sind nur Hilfslinien, sie werden nicht gedruckt. Sie können aber Pfade oder ihre Umrisse mit Bildpunkten füllen – dauerhaft oder als korrigierbaren Ebeneneffekt. Dabei unterscheidet sich ein Pfad grundlegend von allem, was Sie an pixelorientierter Bildbearbeitung gewohnt sind. Die Linien eines Pfads sind keine Pixel unter Pixeln im Pixeldschungel einer Fotodatei. Pfade – eigentlich üblich in Illustrationsprogrammen wie Freehand oder CorelDraw – setzen sich vielmehr zusammen aus Ankerpunkten und den Linien dazwischen. Die Variante Vektormaske grenzt den sichtbaren Bereich von Ebenen ein – zum Beispiel auch von Formebenen, also von so genannten Vektorebenen.

11.1.1 Pfade erstellen und verwenden

Pfade entstehen auf verschiedene Arten:

- Sie erstellen einen Pfad mit Zeichenstift ✎ oder Freiform-Zeichenstift ✐.
- Sie erstellen eine Form (also einen sofort geschlossenen Pfad) mit einem Formwerkzeug wie »Abgerundetes Rechteck« ▢ oder »Eigene Form« ✿.

→ Sie wandeln die aktive Auswahl in einen Pfad um.

→ Sie konvertieren eine Textebene mit dem Untermenü **Ebene: Text** in einen Arbeitspfad oder in eine Form.

Mit Pfadtechniken erstellen Sie einfach fließende und präzise Formen, die gut nachzubearbeiten sind; diese Formen bekommen Sie mit pixelorientierten Werkzeugen wie Lasso oder Pinsel kaum hin. Auch Auswahlkanten, die unschön ausfransen, lassen sich mit einem Pfad elegant glätten. Besonders empfiehlt sich die Pfadtechnik für flüssige Umrisse, Geraden und harte Ecken. Keinesfalls eignen sich Pfadfunktionen für weiche Übergänge oder komplexe Umrisse, etwa einen Haarschopf.

Pfade können Sie in Photoshop vielseitig verwenden:

→ als Grundlage für das Auswählen eines Bildteils,

→ als Kontur, die Photoshop mit einem beliebigen Mal- oder Retuschewerkzeug umrandet oder füllt,

→ als Vektormaske, die einer Ebene zugeordnet ist und die Ebene außerhalb der Pfadgrenzen unsichtbar macht. Dabei können Sie übliche Bildpunktbereiche eingrenzen oder, in »Formebenen«, Figuren nur mit Ebeneneffekten füllen.

→ als Beschneidungspfad, der einem Layoutprogramm die Begrenzungen eines frei ausgeschnittenen Bildteils angibt, damit freigestellte Objekte nicht von einem Rechteckkasten umgeben werden,

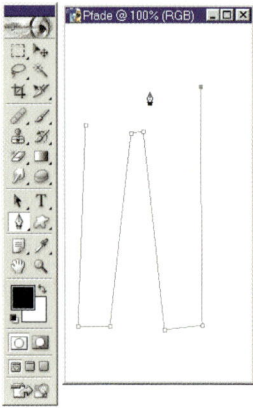 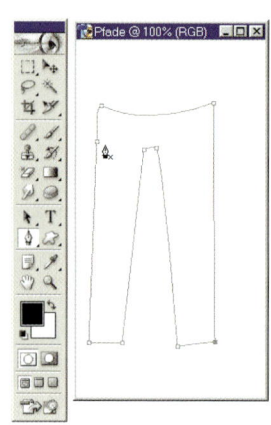 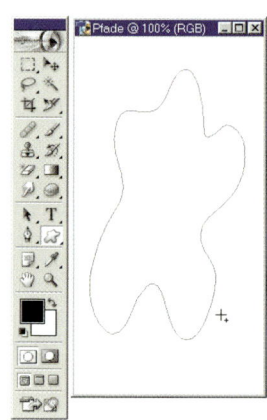

Abbildung 11.2:
Links: Diese Figur kann nur mit einem Pfadwerkzeug wie Zeichenstift oder Freiform-Zeichenstift entstehen. Sie zeigt einen offenen Pfad, den man auch als »Pfadsegment« oder als »Unterpfad« bezeichnet. Mitte: Hier wurde der offene Pfad mit dem Zeichenstift geschlossen; eine solche Figur könnte auch als Form gespeichert und mit dem Werkzeug »Eigene Form« in verschiedenen Proportionen ins Bild gesetzt werden. Rechts: Die Figur wurde als Vorgabe aus der Formenbibliothek gewählt und mit dem Werkzeug »Eigene Form« angebracht. Sie könnte jedoch auch Ankerpunkt für Ankerpunkt mit einem Zeichenstift-Werkzeug gezeichnet werden. Alle drei Figuren entstanden mit der Vorgabe »Pfade«, nicht mit der Vorgabe »Formebenen« (vergleiche nächster Abschnitt). Deswegen sehen Sie hier nur einen Pfad ohne jede Füllung. Sie könnten jedoch in allen drei Situationen auch mit der Option »Formebenen« beginnen; dann wird die Figur von Anfang an als neue Formebene angelegt und mit verschiedenen Füll- und 3D-Ebeneneffekten ausgestattet. Es spielt für die Weiterbearbeitung keine Rolle, ob Sie mit dem Zeichenstift oder mit einem Formwerkzeug beginnen.

*Die Figuren der Pfad- und Formwerkzeuge docken bei Bedarf magnetisch an verschiedenen »Extras« an, so etwa an Hilfslinien, Grundraster oder Bildgrenzen. Die entsprechenden Vorgaben machen Sie im Untermenü **Ansicht: Ausrichten an** und mit dem Befehl **Ansicht: Ausrichten** (Seite 685).*

11.1.2 Dateiformate

Am Mac können Sie Pfade in beliebigen Dateiformaten speichern, unter Windows sind Sie auf die Formate JPEG, EPS, DCS, PDF und TIFF beschränkt. Bedenken Sie jedoch, dass der Pfad verloren gehen kann, wenn Sie eine Datei mit Pfad in einem anderen Programm bearbeitet und neu gespeichert haben. Gegenüber einem Alphakanal bietet ein Pfad die Möglichkeit, Auswahlen speichersparend zu sichern. Ein Pfad kostet meist nur wenige Kbyte Speicherplatz. Sie müssen einen Pfad nicht in einer Bilddatei speichern – er begnügt sich auch mit einem Platz auf der Aktionenpalette. Beachten Sie dabei jedoch die Wahl der Maßeinheiten; sie entscheidet darüber, in welcher Größe der Pfad in späteren Bilddateien erscheint.

Ein schlichter Pfad, den Sie noch nicht als Beschneidungspfad definiert haben, wird von Layoutprogrammen mitunter als Freistellpfad interpretiert (Seite 652); Bildteile außerhalb des Pfads erscheinen also nicht mehr auf der Seite. Entfernen Sie den Pfad im Zweifelsfall.

11.1.3 Pfade bei ImageReady

Nur Photoshop bietet alle Pfadfunktionen; ImageReady enthält weder Zeichenstift-Werkzeuge noch die Formwerkzeuge für Polygone und eigene Formen ; so können Sie in ImageReady Pfade zwar bewegen und transformieren, aber nicht auf Punktebene bearbeiten, auch die Steuerung für Überlappungen fehlt. Wir blicken im Folgenden allein auf Photoshop.

*Speichern Sie in ImageReady eine JPEG-Datei mit Pfad per **Optimiert-Version speichern**, so geht der Pfad verloren. Aber auch, wenn Sie mit **Speichern unter** eine Photoshop-Datei schreiben oder mit **Original exportieren** eine TIFF-Datei anlegen, bleiben ursprünglich vorhandene Pfade auf der Strecke. Dagegen erzeugt der ImageReady-Befehl **Speichern unter** eine Photoshop-Datei einschließlich vorhandener Pfade.*

Kapitel 11   Pfade & Formen

11.2 Pfade oder Formen beginnen

In diesem Abschnitt besprechen wir, wie Sie einen Pfad neu anlegen.

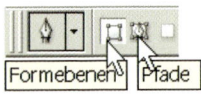 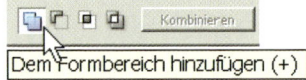

Abbildung 11.3:
Links: So beginnt die Arbeit mit einem Pfad: Sie haben ein Pfad- oder Formwerkzeug gewählt, aber noch keine Figur ins Bild gesetzt. In der Optionenleiste wählen Sie, ob Sie einen »neuen Arbeitspfad« oder eine »neue Formebene« erstellen wollen. Rechts: So geht die Arbeit mit dem Pfad weiter, wenn eine erste Figur bereits im Bild ist. Photoshop bietet jetzt verschiedene Vorgaben für den Fall an, dass Sie dem vorhandenen Pfad weitere Pfadkomponenten hinzufügen wollen. So können Sie den vorhandenen Formbereich um die neue Zone erweitern oder verkleinern.

11.2.1 Verschiedene Pfadergebnisse

Schon bevor Sie den Pfad ins Bild klicken, bestimmen Sie in den Optionen zum Pfad- oder Formwerkzeug Ihr Ziel:

→ Ein neuer Arbeitspfad: Sie verwenden die Schaltfläche PFADE in den Optionen zu Form- oder Pfadwerkzeugen. ImageReady bietet diese Option nicht.

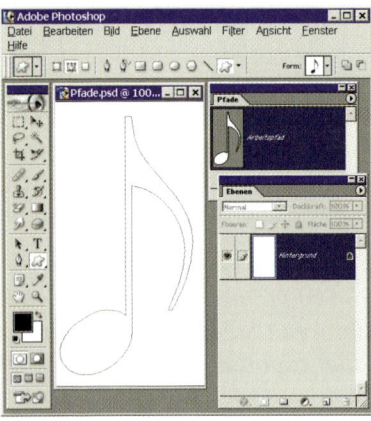 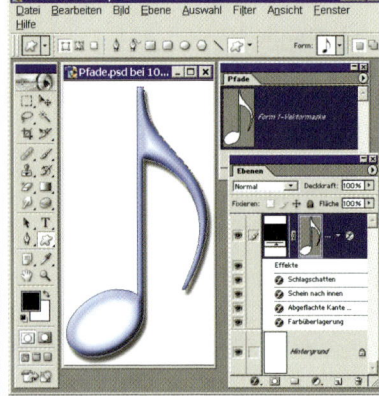

Abbildung 11.4:
Links: Ausgangsbasis für dieses Bild war eine weiße Hintergrundebene. Wir haben das »Eigene-Form-Werkzeug« eingeschaltet. In der Optionenleiste haben wir links die Vorgabe »Pfade« gewählt, im Klappmenü »Form« die Figur. Anschließend haben wir den Mauszeiger diagonal über das Bild gezogen und zusätzlich die ⇧-Taste gedrückt, um die Seitenverhältnisse exakt zu wahren. Die Pfadpalette zeigt, dass ein neuer »Arbeitspfad« entstanden ist. Einen solchen Arbeitspfad können Sie auch mit Zeichenstift oder Freiform-Zeichenstift erstellen. Sie können den Arbeitspfad füllen oder nachzeichnen, als Auswahl verwenden oder in eine Vektormaske umwandeln. Rechts: Dieses Bild entstand ebenfalls mit dem »Eigene-Form-Werkzeug«; hier wurde links die Vorgabe »Formebenen« gewählt, in den Klappmenüs »Form« und »Stil« haben wir die Figur und den Ebenenstil angegeben. Die Ebenenpalette zeigt, dass eine neue »Formebene« entstand; der Umriss wird durch die Vektormaske begrenzt; Ebeneneffekte wie »Abgeflachte Kante und Relief« bestimmen das Aussehen der Formebene. Auch die Pfadpalette zeigt die »Vektormaske« für die neue Formebene an. Eine solche Formebene können Sie auch mit Zeichenstift oder Freiform-Zeichenstift erstellen.

Pfade oder Formen beginnen   Kapitel 11

→ Eine neue Formebene, also eine neue Füllebene mit Vektormaske: Wählen Sie zunächst die Schaltfläche FORMEBENEN in den Optionen zu den Form- oder zu den Pfadwerkzeugen. Hier können Sie sofort einen EBENENSTIL (Seite 741) festlegen, also eine Kombination aus verschiedenen Ebeneneffekten plus Informationen über Deckkraft und Überblendmodus. Dazu gibt es separate Optionen für Überblendmodus (Seite 730), Deckkraft und Kantenglättung (Seite 546). Falls Sie keinen Ebenenstil nennen, produziert Photoshop eine Formebene mit einer Füllung in der aktuellen Vordergrundfarbe.

→ Eine gerasterte, gefüllte Figur auf der aktuellen Ebene: Nutzen Sie die Schaltfläche PIXEL FÜLLEN in den Optionen zu den Formwerkzeugen. Diese Vorgabe führt schneller zu einem beschädigten Original, Sie können das Ergebnis nicht frei umformen.

11.2.2 Einen Pfad oder eine Form beginnen

Planen Sie einen neuen Pfad oder eine neue Form, rufen Sie zuerst mit dem **Fenster**-Menü die Pfadpalette auf. Vorhandene Pfade werden dort aufgelistet. So zeichnen Sie einen Pfad oder eine Form:

1. Falls Sie soeben an einem Pfad gearbeitet haben, schließen Sie die Bearbeitung durch einen Klick auf die OK-Schaltfläche in den Werkzeugoptionen oder per ⏎ ab.

2. Falls bereits ein Pfad aktiviert ist, heben Sie diese Auswahl auf, indem Sie in den Freiraum der Pfadpalette klicken; der Pfad verschwindet.

3. Entscheiden Sie mit den Schaltflächen in den Optionen, ob Sie einen Arbeitspfad oder eine Form auf neuer Ebene anlegen wollen (siehe vorhergehender Abschnitt).

4. Klicken Sie unten in der Pfadpalette auf das Symbol NEUER PFAD . In der Pfadpalette erscheint eine Miniatur für den neuen Pfad.

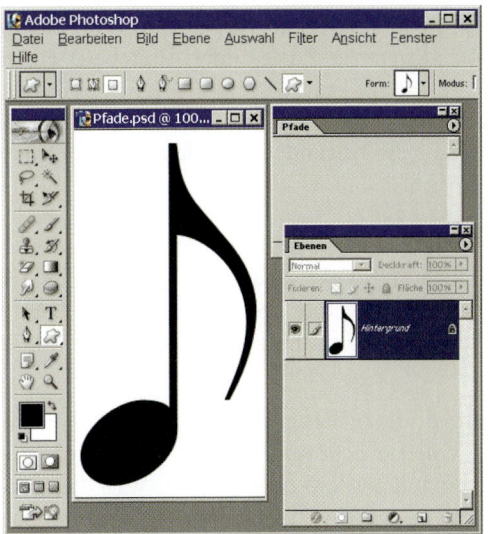

Abbildung 11.5:
Dieses Bild begann mit weißer Hintergrundebene und dem »Eigene-Form-Werkzeug«. In den Optionen klicken wir auf »Pixel füllen«, bevor wir den Mauszeiger diagonal über das Bild ziehen. Photoshop füllt die aktuelle Ebene sofort mit der aktuellen Vordergrundfarbe, hier mit Schwarz; die ursprünglichen Bildpunkte an dieser Stelle sind verloren. Es entsteht kein Pfad und keine neue Ebene. Dieses Vorgehen lässt sich mit Zeichenstift oder Freiform-Stift nicht unmittelbar nachvollziehen. Sie können jedoch mit diesen Werkzeugen einen Pfad zeichnen und anschließend die Funktionen »Pfadfläche füllen« aus der Pfadpalette nutzen.

5. Wählen Sie eines der Pfad- oder Formwerkzeuge in der Werkzeugleiste, mit denen man einen Pfad beginnen kann (siehe unten).

6. Setzen Sie Punkte für den Pfad.

7. Wenn Sie den Pfad schließen möchten, klicken Sie wieder auf den zuerst gesetzten Punkt; dabei erscheint ein Kreis neben dem Zeichenstift. Um den Pfad zu beenden, ohne ihn zu schließen, klicken Sie auf die OK-Schaltfläche. (Die Pfade der Formwerkzeuge werden ohnehin automatisch geschlossen.)

Beginnen ohne »Neuen Pfad«

Sie können auch mit einem Zeichenstift- oder Formwerkzeug loslegen, ohne zuerst einen neuen leeren Pfad zu erstellen. Es gilt:

- Wenn Sie den neuen Pfad erstellen, während ein anderer Pfad aktiv ist, ergänzt der neue Pfad den vorhandenen als Pfadsegment; bisheriger Pfad und neues Pfadsegment erscheinen also in einer einzigen Miniatur in der Palette.

- Ist kein Pfad aktiv, entsteht beim ersten Klick ein »Arbeitspfad« (vergleiche Seite 649).

Vorsicht: Wenn Sie den »Arbeitspfad« abschalten, das Bild schließen und später zu einem neuen Arbeitspfad ansetzen, ist der bisherige Arbeitspfad verloren. Sie sollten ihn deshalb in einen üblichen Pfad verwandeln, zum Beispiel durch Doppelklick auf die Miniatur des »Arbeitspfads« in der Palette.

11.2.3 Formebenen rastern

Wenn Sie Formebenen nicht mit den Zeichenstiften, sondern mit Pinseln, Füllfunktionen, mit den Korrekturbefehlen aus dem Untermenü **Bild: Einstellungen** oder mit **Filter**-Befehlen bearbeiten möchten, müssen Sie den Pfad in eine neue Pixelebene verwandeln. Photoshop bietet das Rastern automatisch an, wenn Sie bei aktivierter Form- oder Textebene einen **Filter**-Befehl wählen.

Im Zusammenhang mit Formebenen interessieren uns die folgenden Befehle aus dem Untermenü **Ebene: Rastern**:

- Der Befehl **Ebene: Rastern: Form** entfernt die Vektormaske und erzeugt eine dauerhafte Pixelfüllung in den Bereichen, die durch die bisherige Vektormaske sichtbar waren. Sie können also die Umrisse nicht mehr mit dem Zeichenstift korrigieren. Dieser Befehl wirkt nur bei Formebenen, nicht aber bei üblichen Bildpunktbereichen, die Sie durch eine Vektormaske eingegrenzt haben.

- Der Befehl **Ebene: Rastern: Füllfläche** verwandelt die bisherige dynamische Füllebene in eine neue Bildpunktebene, die dauerhaft in voller Fläche mit Pixeln gefüllt wird – je nach bisheriger Füllebene mit einer Einzelfarbe, mit Verlauf oder Muster. Weil die Vektormaske erhalten bleibt, ist jedoch unverändert nur ein Ausschnitt der Gesamtebene sichtbar.

Pfade oder Formen beginnen | Kapitel 11

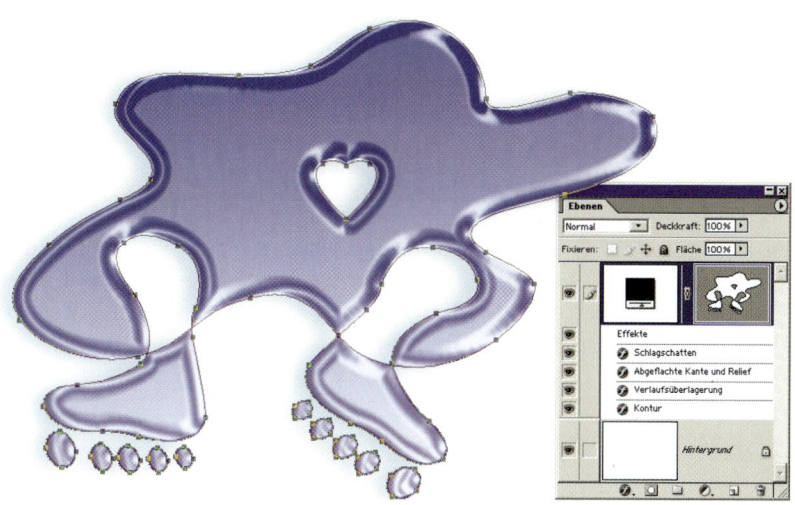

Abbildung 11.6:
Diese Figur besteht aus einer Formebene – also eine Füllebene plus Vektormaske; die Vektormaske setzt sich hier aus mehreren Pfadkomponenten zusammen, sie legen den sichtbaren Bereich der Füllebene fest. Der Pfad mit seinen Anfasspunkten wurde hier durch Einrahmen mit dem Pfadauswahl-Werkzeug sichtbar gemacht. Datei: Form

➤ **Ebene: Rastern: Vektormaske** verwandelt die Vektormaske in eine Ebenenmaske. Diese steuert ebenso wie die Vektormaske die Sichtbarkeit einzelner Ebenenpartien; sie lässt sich jedoch mit Pinseln, Füllfunktionen, **Filter**- und Kontrastbefehlen verändern oder auch weichzeichnen, um sanfte Übergänge zu erzeugen (Seite 773).

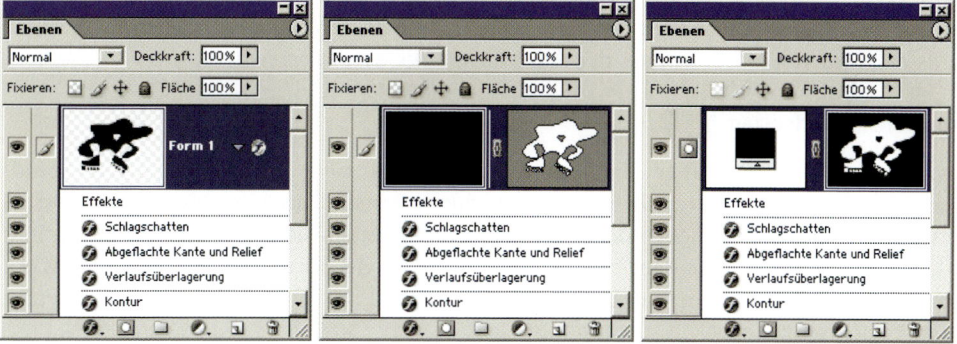

Abbildung 11.7:
Links: Der Befehl »Ebene: Rastern: Form« entfernt die Vektormaske und erzeugt eine dauerhafte Pixelfüllung. Mitte: Der Befehl »Füllfläche« verwandelt die bisherige dynamische Füllebene in eine normale Bildpunktebene, die hier mit Schwarz gefüllt wird, die Vektormaske mit ihrer Pfadtechnik bleibt jedoch erhalten. Rechts: Der Befehl »Vektormaske« konvertiert die Vektormaske in eine Ebenenmaske. Vorlage: Form

Effekte rastern

In allen Fällen entsteht eine Ebene in der aktuellen Vordergrundfarbe. Die bisherigen Ebeneneffekte bleiben jedoch von den Befehlen aus dem Untermenü **Ebene: Rastern** völlig unberührt. Das heißt, eine VERLAUFSÜBERLAGERUNG, eine FARBÜBERLAGERUNG oder eine ABGE-

FLACHTE KANTE befindet sich weiterhin als Ebeneneffekt im Bild und lässt sich nicht mit üblichen Werkzeugen oder Korrekturbefehlen verändern. Möchten Sie auch die Wirkung der Effekte in übliche, lokal korrigierbare Pixelebenen umsetzen, verwenden Sie **Ebene: Ebenenstil: Ebene erstellen** (Seite 746).

11.2.4 Gemeinsame Optionen der Zeichenstift-Werkzeuge

Mit den Werkzeugen ZEICHENSTIFT und FREIFORM-ZEICHENSTIFT pfad-well erstellen Sie Pfade. Sie haben einige gemeinsame Optionen, auf die wir zunächst eingehen. Die Korrekturwerkzeuge wie ANKERPUNKT HINZUFÜGEN eignen sich sowohl zur Bearbeitung von Pfaden als auch von Formen (also geschlossenen Pfaden).

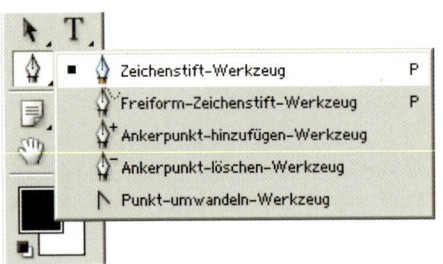

Abbildung 11.8:
Mit Zeichenstift und Freiform-Zeichenstift erzeugen Sie Pfade, die anderen Werkzeuge aus diesem Klappmenü in der Werkzeugleiste dienen zur Korrektur vorhandener Pfade.

Pfad beenden, ohne ihn zu schließen

Möchten Sie einen Pfad beenden, ohne ihn zu schließen, klicken Sie doppelt auf das Werkzeugsymbol in der Werkzeugleiste oder wechseln Sie das Werkzeug. Halten Sie das Zeichenstift-Werkzeug über den ersten Punkt, den Sie gesetzt haben, erscheint ein kleiner Kreis neben dem Werkzeugsymbol über der Datei. Damit signalisiert Photoshop, dass die Auswahl geschlossen werden kann bzw. dass der Ausgangspunkt wieder erreicht ist.

Pfadkomponente fortsetzen

Halten Sie ein Werkzeug über den letzten Punkt eines nicht geschlossenen Unterpfads. Sofern Sie den Pfadabschnitt nicht unmittelbar zuvor erstellt haben, erscheint zunächst ein Kästchen mit zwei Strichen neben dem Werkzeug; Sie befinden sich also über dem Endpunkt eines Unterpfads. Klicken Sie den Ankerpunkt an, damit ein Schrägstrich neben dem Werkzeug erscheint. Sie können jetzt an den vorhandenen Pfad anknüpfen und diesen fortsetzen, bei Bedarf auch schließen.

Vorübergehender Werkzeugwechsel

So schalten Sie vorübergehend zu einem anderen Werkzeug um:

- Halten Sie Zeichenstift oder Freiform-Zeichenstift pfad-well über eine Stelle des Pfads, die keinen Ankerpunkt hat, erscheint ein kleines Pluszeichen neben dem Werkzeug. Sie können nun durch Klicken weitere Ankerpunkte einfügen. Sie können darauf verzichten, wenn Sie die Option AUTOMATISCH HINZUFÜGEN/LÖSCHEN abwählen.

➤ Halten Sie Zeichenstift ✒ oder Freiform-Zeichenstift pfad-well über eine Stelle des Pfads, die bereits einen Ankerpunkt hat, erscheint ein kleines Minuszeichen neben dem Werkzeug. Sie können durch Klicken diesen Ankerpunkt entfernen. Die Automatik lässt sich mit der Option AUTOMATISCH HINZUFÜGEN/LÖSCHEN abschalten.

➤ Drücken Sie die ⌈Strg⌉-Taste, um vorübergehend das »Direktauswahl«-Werkzeug ▶ zu erhalten. Damit markieren Sie Pfadpunkte durch Einrahmen, die Sie bewegen oder löschen können (siehe unten).

➤ Drücken Sie die ⌈Alt⌉-Taste, um vorübergehend das Werkzeug »Punkt umwandeln« ▶ zu erhalten. Damit verwandeln Sie harte Eckpunkte in weiche Übergänge und umgekehrt (siehe unten).

11.2.5   Der Zeichenstift ✒

Der Zeichenstift ✒ ist das traditionelle Pfadwerkzeug in Photoshop, mit dem Sie einen neuen, offenen Pfad beginnen. Es eignet sich für schnurgerade wie für geschwungene Pfade. Dabei haben Sie mehrere Möglichkeiten, die Linien zu gestalten:

➤ Klicken Sie nur Eckpunkte an, um diese durch Linien über harte Ecken zu verbinden.

➤ Um diese Linie auf die nächste 45-Grad-Achse einzuschränken, drücken Sie beim nächsten Klick die ⌈⇧⌉-Taste.

➤ Klicken Sie Eckpunkte an und ziehen Sie gleichzeitig auch zumindest kurz mit gedrückter Maustaste, um den nachfolgenden Punkt mit einer weichen Kurve anzuschließen.

Ankerpunkte löschen

Mit der ⌈Entf⌉-Taste löschen Sie den letzten aktiven Ankerpunkt; ⌈Entf⌉-Taste mal zwei löscht den zuletzt gezeichneten Pfad; ⌈Entf⌉-Taste mal drei löscht alle Pfadkomponenten im aktuellen Pfad.

Kurven zeichnen

Beim Zeichenstift wirkt es oft sinnvoll, zunächst Geraden ins Bild zu klicken und diese nachträglich in Kurvenform zu biegen. Wollen Sie jedoch von vornherein Kurven ins Bild setzen, ziehen Sie die Maus zumindest kurz in die geplante Richtung; dabei verwandelt sich der Zeiger in eine Pfeilspitze. Beim Ziehen erscheint außerdem eine Grifflinie, deren Griffpunkte sich um den feststehenden Ankerpunkt bewegen; Länge und Neigung der Linie bestimmen die Größe und Biegung der Kurve. Setzen Sie den zweiten Punkt, werden die Punkte mit einer geschwungenen Kurve verbunden. Sie können jederzeit auf das Ziehen verzichten und zwei Punkte mit einer schlichten Geraden verbinden. Alternative: Um sofort eine Vorschau auf die entstehende Kurve zu erhalten, wählen Sie in den Optionen das GUMMIBAND an. Hier erhalten Sie eine Vorschau auf das kommende Segment, noch bevor Sie den Punkt ins Bild klicken.

Kapitel 11   Pfade & Formen

Wie oben schon besprochen, müssen Sie den Pfad noch abschließen, indem Sie zum Beispiel das OK-Symbol ✔ in den Optionen anklicken – sonst verbindet Photoshop den folgenden Ankerpunkt mit dem zuvor gesetzten durch eine Linie.

11.2.6   Freiform-Zeichenstift

Der Freiform-Zeichenstift erinnert teilweise an das Auswahlwerkzeug Lasso ⌀ oder an ein Malwerkzeug. Die Optionen:

- Ziehen Sie bei gedrückter Maustaste beliebig geformte Pfade ins Bild.
- Wenn Sie die Maustaste loslassen und später neu ansetzen, beginnt ein neues Pfadsegment; die Strecke, die Sie ohne Maustaste zurückgelegt haben, wird nicht verbunden.
- Drücken Sie bei noch gedrückter Maustaste auf `Strg`, um den Pfad auf dem kürzestmöglichen Weg zu schließen.
- Drücken Sie die `Entf`-Taste, um den bisherigen Pfad komplett zu löschen.

Kurvenanpassung

Die Vorgaben zum Freiform-Zeichenstift öffnen Sie durch einen Klick auf das Dreieck in der Optionenleiste. Dort finden Sie das Kästchen KURVENANPASSUNG. Hier stellen Sie ein, wie genau die Ankerpunkte gesetzt werden sollen. Photoshop produziert zunächst eine grobe Vorschau für den Kurvenverlauf und erzeugt den exakten Pfad erst, wenn Sie die Erstellung abschließen, zum Beispiel durch Doppelklick auf das Werkzeugsymbol in der Leiste. Eine niedrige KURVENANPASSUNG von zum Beispiel 0,5 (Mindestwert) oder 1,5 erzeugt viele Ankerpunkte; Sie haben so eine exakte Kontrolle bei der späteren Korrektur, aber die Änderung größerer Bereiche des Pfads ist mühsam, da der Pfad zu oft unterteilt ist. Der Höchstwert ist 10.

Die Pfade heben sich oft nicht deutlich vom Bild ab. Um sie besser zu erkennen, erzeugen Sie eine neue, weiße Ebene als Hintergrund. Wollen Sie etwas vom Bild sehen, drosseln Sie die Deckkraft der weißen Ebene; später verbergen Sie die Ebene oder löschen sie.

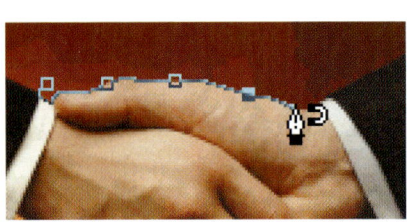 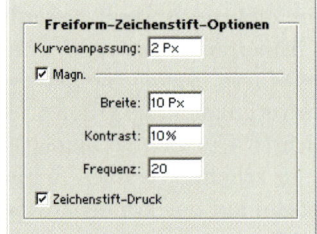

Abbildung 11.9:
Links: Mit der Vorgabe »Magnetisch« orientiert sich der Freiform-Zeichenstift an Bildkonturen. Rechts: Die Empfindlichkeit und andere Eigenschaften des Freiform-Zeichenstifts regeln Sie in den Einblendoptionen.

Magnetisch

Mit der Option MAGNETISCH verbindet das Freiform-Zeichenwerkzeug die Pfadpunkte entlang von markanten Bildkonturen. Setzen Sie per Mausklick einen ersten Punkt direkt an der gewünschten Kontur. Nun bewegen Sie den Mauszeiger ohne Drücken der Maustaste weiter – die Auswahl-Vorschau folgt automatisch der Kontur. Per ⏎-Taste oder Doppelklick schließen Sie den Pfad.

Die Regelmöglichkeiten zu dieser speziellen Funktion erhalten Sie nach einem Klick auf das Dreieck in der Optionenleiste. Sie gleichen vollständig den Einstellungen für das magnetische Lasso; wir besprechen darum beide Werkzeuge gemeinsam ab Seite 553.

Mit der Alt-Taste schalten Sie den Magnetismus vorübergehend aus und ziehen bei gedrückter Maustaste beliebig geformte Umrisse. Klicken Sie bei gedrückter Alt-Taste, wenn Sie Geraden durch Eckpunkte verbinden wollen.

11.2.7 Beispiel: Einen Pfad zeichnen und korrigieren

Die folgende Sequenz zeigt, wie Sie die Arbeit mit einem Pfad oder einer Form beginnen könnten.

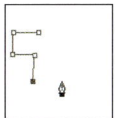 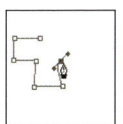

Abbildung 11.10:
Links: Das Zeichenwerkzeug setzt beim Klick Ankerpunkte, die Photoshop durch Geraden verbindet. Rechts: Ziehen des Zeichenwerkzeugs beim Klicken erzeugt einen Ankerpunkt mit Grifflinien, die das Formen von Kurven erlauben. Wir bearbeiten hier ein Pfadsegment, noch keinen geschlossenen Pfad oder eine geschlossene Pfadkomponente.

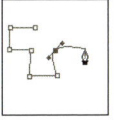 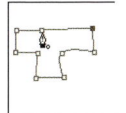

Abbildung 11.11:
Links: Im »Gummiband«-Modus zeigt Photoshop den Weg des nächsten Pfadsegments schon an, bevor der Ankerpunkt durch Klicken gesetzt wurde. Rechts: Befindet sich das Zeichenwerkzeug wieder über dem ersten Ankerpunkt, signalisiert ein Kreis neben dem Zeiger, dass der Pfad geschlossen wird.

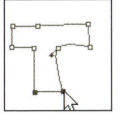 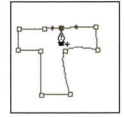

Abbildung 11.12:
Links: Zwei Ankerpunkte wurden mit dem Direktauswahl-Werkzeug durch Einrahmen markiert; jetzt kann der untere Teil des Pfads in die Länge gezogen werden. Rechts: Das Werkzeug »Ankerpunkt einfügen« mit dem Pluszeichen setzt einen weiteren Ankerpunkt ein.

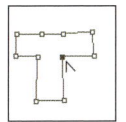 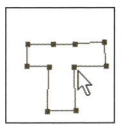

Abbildung 11.13:
Links: Das Werkzeug »Ankerpunkt umwandeln« macht aus dem flüssigen Übergang wieder einen harten Eckpunkt; weiteres Ziehen würde wieder einen flüssigen Übergang erzeugen. Rechts: Um den Gesamtpfad zu verschieben, klickt man ihn mit dem Pfadauswahl-Werkzeug an oder rahmt ihn mit dem Werkzeug »Direktauswahl« komplett ein; dann lässt er sich bewegen.

11.3 Pfade korrigieren

Zu den Stärken der Pfadtechnik gehört es, dass man Pfade vielfältig und präzise korrigieren kann – ein völlig anderes Arbeiten als mit Auswahlen oder Alphakanälen.

11.3.1 Schritte rückgängig machen und speichern

Mit [Strg]+[Z] machen Sie den letzten Schritt rückgängig, mit der [Entf]-Taste löschen Sie den letzten Punkt oder alle – annullierbar wiederum per [Strg]+[Z]. Die Protokollpalette (siehe Seite 97) notiert akribisch, was Sie mit den Zeichenstift-Werkzeugen anrichten: Hier können Sie die Entstehung des Pfads stufenweise nachvollziehen und zurücksetzen. Auf der Aktionenpalette können Sie ganze Pfade speichern.

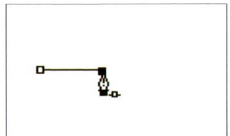  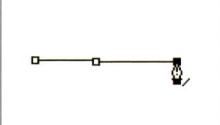

Abbildung 11.14:
Links: Die Bearbeitung dieses Pfads wurde vorübergehend unterbrochen. Hält man danach den Zeiger des Zeichenstifts über einen äußeren Ankerpunkt, erscheint das Zeichen, dass es sich um einen Endpunkt handelt. Klicken Sie einmal darauf, um den Pfad fortsetzen zu können. Mitte: Nun erscheint neben dem Werkzeug der Schrägstrich; er signalisiert, dass Sie beim nächsten Klick den vorhandenen Pfad fortsetzen und nicht etwa einen neuen Pfad beginnen. Rechts: Hier wurde der Pfad bereits fortgesetzt. Er wird durch Klick auf das OKsymbol in der Optionenleiste vorerst nicht weiter verlängert.

11.3.2 Ankerpunkt einfügen

Sie wollen weitere Ankerpunkte einfügen, wenn sich eine Kurve nicht genau kontrollieren lässt oder wenn Sie in einer Kurve oder Linie eine Ecke brauchen. Wählen Sie das Werkzeug »Ankerpunkt einfügen« und klicken Sie mit diesem Werkzeug an die gewünschte Stelle im Pfad. Photoshop baut sofort einen Ankerpunkt ein und stellt ihn mit den entsprechenden Grifflinien dar.

Vorübergehend einblenden

Häufig reicht es, wenn Sie das Werkzeug »Ankerpunkt einfügen« nur vorübergehend einblenden: Halten Sie eines der Zeichenwerkzeuge über einen Pfadabschnitt ohne Ankerpunkt. Dann erscheint ein Pluszeichen neben dem Werkzeug; es signalisiert, dass Sie nun einen Ankerpunkt einfügen können. Wenn diese automatische Umschaltung unerwünscht ist, drücken Sie die [⇧]-Taste. Oder wählen Sie die Option AUTOMATISCH HINZUFÜGEN/LÖSCHEN ab, um dem Wechsel vorzubeugen.

11.3.3 Ankerpunkt löschen

Umgekehrt geht es genauso – Sie können einzelne Ankerpunkte herausnehmen, um sich beispielsweise einer Ecke zu entledigen und fließendere Übergänge zu erstellen. Wählen Sie das Werkzeug »Ankerpunkt löschen«.

Vorübergehend einblenden

Auch das Werkzeug »Ankerpunkt einfügen« lässt sich bequem nur vorübergehend einblenden: Halten Sie ein Zeichenwerkzeug wie Freiform-Zeichenstift oder Zeichenstift über den Ankerpunkt. Dann erscheint ein Minuszeichen neben dem Werkzeug; Sie können den Anker-

punkt nun entfernen. Wiederum bewahrt Sie die ⇧-Taste oder Abwahl der Option AUTO-
MATISCH HINZUFÜGEN/LÖSCHEN vor dem automatischen Wechsel zu diesem Werkzeug.

 TIPP *Wollen Sie viele Ankerpunkte gleichmäßig entfernen, gehen Sie einen anderen Weg: Verwandeln Sie den Pfad in eine Auswahl (Seite 657) und die verwandeln Sie zurück in einen Pfad – mit höherer Toleranz (Seite 655).*

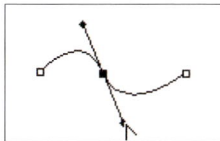 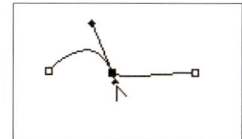 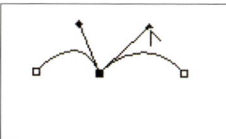

Abbildung 11.15:
Links: Klicken Sie den mittleren Ankerpunkt mit dem Werkzeug »Ankerpunkt umwandeln« an und ziehen Sie, um die zwei Pfadabschnitte zu verformen. Dabei erscheinen zwei Griffpunkte. Mitte: Schieben Sie einen der Griffpunkte wieder auf den Ankerpunkt zurück, damit das zweite Pfadsegment seine ursprüngliche Richtung wieder erhält. Rechts: Oder bewegen Sie den Griffpunkt in Gegenrichtung, um das zweite Pfadsegment so auszurichten wie das erste.

11.3.4 Das Werkzeug »Ankerpunkt umwandeln«

Das Werkzeug »Ankerpunkt umwandeln« verwandelt harte, eckige Übergänge in weiche, geschwungene Übergänge und umgekehrt. Klicken Sie mit dem Werkzeug auf einen harten Eckpunkt und ziehen Sie: Jetzt erscheinen die Grifflinien, an denen Sie die zwei umliegenden Kurventeile bauchig ausformen können. Schieben Sie einen Griffpunkt ganz zurück auf den Eckpunkt, erhalten Sie ein gerades Teilstück. Noch ein Klick mit dem Umwandler macht den Übergangspunkt bei Bedarf wieder zum harten Eckpunkt.

Ziehen Sie die Grifflinien in die Länge, dann ändert sich die Wirkung des Griffs auf die Pfadkurve. Haben Sie eine Gerade (eine »einfache Kurve«) gezogen, kontrolliert der erste Griff Richtung und Winkel der Kurve; der zweite Griff kontrolliert bereits das nächste Pfadsegment. Beim Zeichnen einer Kurve dagegen setzen Sie Ankerpunkte als Übergangspunkte: Beide Griffhälften bewegen sich als Einheit und kontrollieren auch Kurventeile gleichzeitig links und rechts vom Punkt. Das Problem: Ziehen Sie am Griff über dem Kurventeil links, ändert sich die Kurve rechts vom Ankerpunkt mit, weil sich automatisch auch dort der Griff mitbewegt. Das sorgt zwar einerseits für sehr flüssige Kurvenverläufe, verhindert aber zum anderen harte Richtungsänderungen im Pfad. Schieben Sie die Grifflinie auf einer Seite des Punkts wieder ganz auf den Punkt zu, um nach dieser Seite eine harte Ecke zu erhalten.

 TIPP *Wenn das Direktauswahl-Werkzeug aktiviert ist, halten Sie es über einen Ankerpunkt und drücken Strg+⇧+Alt – Photoshop bietet nun das Werkzeug »Ankerpunkt umwandeln«.*

Kapitel 11   Pfade & Formen

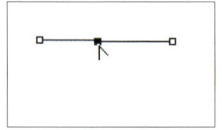  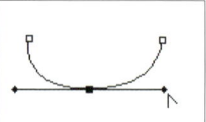

Abbildung 11.16:
Links: Klicken Sie den mittleren Ankerpunkt mit dem Werkzeug »Ankerpunkt umwandeln« an, um wieder einen harten Eckpunkt herzustellen. Mitte: Ziehen Sie diesen Punkt mit dem Direktauswahl-Werkzeug, so dass ein Dreieck entsteht. Rechts: Wenn Sie wieder zum Werkzeug »Ankerpunkt umwandeln« wechseln, können Sie einen gleichmäßigen Halbkreis herstellen.

11.3.5   Transformieren (Skalieren, Drehen, Verzerren)

Sie können Pfade, Pfadkomponenten oder einzelne Pfadabschnitte mit den typischen **Transformieren**-Befehlen dehnen, stauchen oder verzerren. Ihre Möglichkeiten im Überblick:

- Das Untermenü **Bearbeiten: Pfad transformieren** bietet Befehle wie **Skalieren**, **Drehen** oder **Verzerren**. Sie können hier durch die entsprechenden Tastenkombinationen immer noch zu einer anderen Art der Veränderung schalten. Sofern nur Pfadsegmente, also einzelne Punkte, aktiviert sind, heißt es **Frei transformieren Punkte** und **Punkte transformieren**.

- Der Befehl **Bearbeiten: Frei transformieren Pfad** (Strg + T) bietet über die entsprechenden Kurztasten die Möglichkeit, den Pfad zu verzerren, zu skalieren oder zu drehen.

- Sobald Sie eine **Transformieren**-Funktion gestartet haben, erscheint auch die spezielle Bearbeitungsleiste. Hier können Sie neue Werte für Größen oder Drehwinkel eintragen, der Pfad verändert sich sofort mit.

Das **Transformieren** von Pfaden gleicht dem Transformieren von Ebenen und Auswahlen. Wir besprechen die Funktion deshalb für alle drei Bereiche gemeinsam ab Seite 713. Dort lernen Sie alle Tastengriffe und Schaltsymbole kennen.

Abbildung 11.17:
Mit den Transformieren-Optionen lässt sich der Pfad per Zahleneingabe drehen, vergrößern oder neigen. Die Optionen erscheinen, sobald Sie die »Transformieren«-Funktion einschalten, zum Beispiel per Strg + T .

 Die Befehle zum Transformieren von Pfaden stehen nur bereit, wenn auch ein Pfad existiert und aktiviert wurde. Sonst finden Sie an derselben Stelle Befehle zum Transformieren von Ebenen.

Solange die Begrenzungsbox des Transformieren-Zustands angezeigt ist, können Sie kaum andere Dinge unternehmen. Zur Verfügung steht nur der **Schließen**-Befehl, einiges aus dem **Ansicht**-Menü und das Untermenü **Transformieren**, wo Sie einzelne Verzerrungsfunktionen ausdrücklich anwählen können. Um die Veränderung endgültig anzuwenden, klicken Sie doppelt in die Box, auf das OK-Häkchen ✓ oder drücken Sie die ⏎ . Um den Begrenzungsrahmen folgenlos zu entfernen – auch nach mehreren Verzerrungen, doch vor dem Bestätigen –, drücken Sie Esc oder klicken auf die Abbrechen-Schaltfläche ⊘. Mit [Strg]+[Z] annullieren Sie nur Ihren letzten Zug an den Griffpunkten.

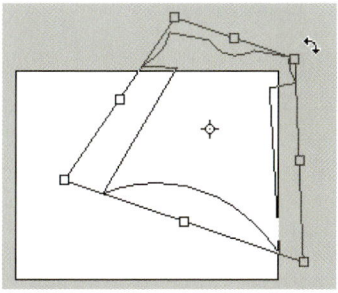

Abbildung 11.18:
Pfade können Sie mit den Transformieren-Funktionen verzerren. Dabei lassen sich auch Bereiche außerhalb der Bilddatei nutzen. Schalten Sie dazu in einen Vollschirm-Modus, zum Beispiel mit der Taste [F]. Auch Pfadteile, die außerhalb des sichtbaren Bereichs liegen, werden gespeichert und lassen sich später wieder ins Bild bewegen.

Veränderungen der Bilddaten

Der Pfad wächst oder schrumpft mit, wenn Sie mit dem Befehl **Bild: Bildgröße** die Pixelgröße neu berechnen. Auch wenn Sie die Arbeitsfläche drehen oder spiegeln, hat das Konsequenzen für den Pfad. Vergleichbare Veränderungen einer einzelnen Ebene tangieren den Pfad indes nicht. Ein Pfad orientiert sich in keiner Weise an Einzelebenen.

11.3.6 Pfadoperationen

Sie können Pfadsegmente bzw. Formen miteinander verrechnen – beispielsweise ziehen Sie die Fläche einer Pfadkomponente von der Fläche einer anderen Pfadkomponente ab oder zeigen nur die Schnittmenge beider Pfade. Die Vorgabe lässt sich bereits vor dem Erstellen der zweiten Pfadkomponente machen; alternativ schalten Sie die Verrechnung aber auch nachträglich um.

Abbildung 11.19:
Legen Sie fest, welche Bereiche von zwei überlappenden Pfaden Sie zeigen möchten.

Sie sollten einen oder mehrere Pfadkomponenten mit dem Pfadauswahl-Werkzeug markieren, so dass die Ankerpunkte sichtbar werden. Zum Mischen von Pfaden bietet Photoshop nun folgende Möglichkeiten:

- Die Option DEM FORMBEREICH HINZUFÜGEN baut die Fläche des zweiten Bereichs an die vorhandene Fläche an. Die Option lässt sich auch mit der [+]-Taste einschalten.

- VOM FORMBEREICH SUBTRAHIEREN zeigt nur den Bereich der ersten Fläche, in dem die zweite Fläche nicht zu sehen ist. Wählen Sie diesen Modus kurzerhand mit der [-]-Taste an.

- Die Vorgabe SCHNITTMENGE VON FORMBEREICHEN zeigt nur die Schnittmenge der zwei Pfade, jenen Bereich also, in dem sie sich überschneiden.

Kapitel 11   Pfade & Formen

➨ Wählen Sie ÜBERLAPPENDE FORMBEREICHE AUSSCHLIESSEN, um nur den Bereich anzuzeigen, in dem sich die Pfade nicht überlagern.

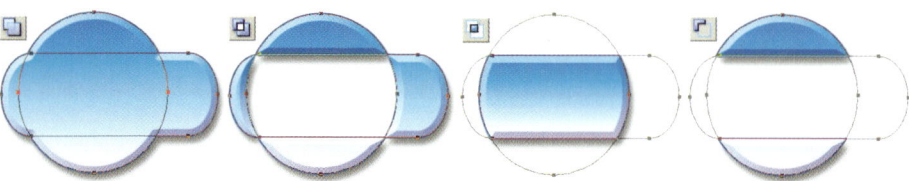

Abbildung 11.20:
Ganz links: Die Option »Dem Formbereich hinzufügen« zeigt die Summe beider Pfadflächen. Zweites Bild: »Überlappende Formbereiche ausschließen« zeigt nur die Zone, in der sich die Pfadsegmente nicht überdecken. Drittes Bild: »Schnittmenge von Formbereichen« zeigt die Schnittmenge der beiden Pfade, also die Zone, in der sich die Pfade überlagern. Ganz rechts: Die Vorgabe »Vom Formbereich subtrahieren« zeigt nur den Bereich der ursprünglichen Fläche, den der zweite Pfad nicht belegt. Sie können diese so genannten Pfadoperationen jederzeit umschalten. Datei: Operationen

11.4   Pfade und Pfadteile auswählen

Mit zwei Werkzeugen wählen Sie Pfade, Unterpfade oder einzelne Ankerpunkte eines Pfads aus. Die Werkzeuge dienen überdies dazu, Pfade oder Pfadbereiche zu bewegen oder umzuformen.

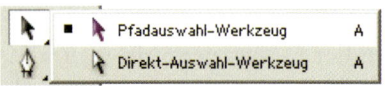

Abbildung 11.21:
In der Werkzeugpalette bietet Photoshop zwei Werkzeuge zur Auswahl von Pfadbereichen.

11.4.1   Das Werkzeug »Direktauswahl«

Sie können beliebige Segmente eines Pfads markieren, etwa um sie

➨ zu löschen,

➨ zu duplizieren,

➨ umzuformen oder

➨ als »Unterpfad« nachmalen zu lassen.

Dazu gibt es das Direktauswahl-Werkzeug, mit dem Sie einen angepeilten Ankerpunkt anklicken und verschieben oder gleich eine Reihe von Punkten einrahmen.

TIPP Das Direktauswahl-Werkzeug schalten Sie jederzeit vorübergehend von anderen Zeichenstift-Werkzeugen aus ein, indem Sie die [Strg]-Taste drücken. Außerdem aktivieren Sie dieses Werkzeug (oder das Pfadauswahl-Werkzeug) mit dem Tastenkürzel [A].

Darstellung der Ankerpunkte

So stellt Photoshop die Ankerpunkte dar:

- Markierte Punkte zeigt Photoshop als gefülltes Quadrat,
- nicht markierte Punkte stellt er als lichtes Geviert dar;
- orten Sie überhaupt keine Kästchen, ist der Pfadbereich nicht aktiv.

Pfadauswahl erweitern

Leicht erweitern Sie die Auswahl um zusätzliche Pfadsegmente:

- Klicken Sie benachbarte Segmente mit der ⇧-Taste an, um sie in die Auswahl aufzunehmen.
- Mit gedrückter Alt-Taste markieren Sie ein komplettes Pfadsegment (alternativ verwenden Sie gleich das Pfadauswahl-Werkzeug, siehe unten). Dabei erscheint ein Plus-Zeichen neben dem Werkzeug.
- ⇧-Taste+Alt markiert mehrere Pfadsegmente hintereinander.
- Wenn Sie mit dem Direktauswahl-Werkzeug ziehen, öffnet sich ein Rechteckrahmen, mit dem Sie beliebige Ankerpunkte einfangen.

Außerdem können Sie mit dem Direktauswahl-Werkzeug einzelne Punkte, markierte Pfadbereiche oder auch den gesamten Pfad verschieben – je nachdem, was markiert ist. In 1-Pixel-Schritten lassen Sie den Pfad oder markierte Pfadteile per Richtungstasten wandern, zehn Pixel bewegt sich der Pfadabschnitt bei zugleich gedrückter ⇧-Taste weiter.

Pfadteile duplizieren

Ziehen Sie mit gedrückter Alt-Taste, um das markierte Pfadsegment zu duplizieren und zu bewegen. Dabei erscheint ein Plus-Zeichen neben dem Werkzeug »Direktauswahl«.

11.4.2 Das Pfadauswahl-Werkzeug

Das Pfadauswahl-Werkzeug wählt per Anklicken sofort eine komplette Pfadkomponente aus, nicht nur einzelne Griffpunkte. Dieselbe Wirkung erzielen Sie, wenn Sie beim Direktauswahl-Werkzeug die Alt-Taste drücken (siehe oben). Anschließend lässt sich der markierte Bereich bewegen. Ihre Optionen:

- Wie auch beim Direktauswahl-Werkzeug erweitern Sie die Auswahl bei gedrückter ⇧-Taste. Verwenden Sie die Schaltflächen in der Optionenleiste, um die Auswahl zu verkleinern oder auf Schnittmengen zu begrenzen.
- Die Schaltfläche KOMBINIEREN verschmilzt mehrere Pfadkomponenten zu einer einzigen Pfadkomponente.

➡ Mit den Schaltflächen rechts in der Optionenleiste zum Pfadauswahl-Werkzeug können Sie Unterpfade gleichmäßig verteilen oder ausrichten. Diese Funktion gibt es in der gleichen Art auch für Ebenen, wir besprechen sie ausführlich ab Seite 27.

11.5 Form-Funktionen

Mit den Formwerkzeugen wie »Abgerundetes Rechteck« oder »Eigene Form« erzeugen Sie sofort einen fertigen, geschlossenen Pfad, zum Beispiel Rechtecke, Pfeile und andere Figuren. Anders als bei Zeichenstift pfadwerk oder Freiform-Zeichenstift zeichnen Sie die Konturen also nicht von Hand. Sie wählen das Werkzeug und eine Option wie FORMEBENEN, dann ziehen Sie bei gedrückter Maustaste über die Bilddatei. Im Bereich der Mausbewegung erhalten Sie anschließend die gewünschte Form – entweder einen Arbeitspfad, eine Formebene oder eine Farbfüllung auf der aktuellen Ebene (Seite 626). Bei der Option FORMEBENEN legen Sie sofort EBENENSTIL (Seite 741), Überblendmodus (Seite 730), Deckkraft und Kantenglättung (Seite 546) fest.

Sie können die Formen jederzeit mit allen Pfadfunktionen korrigieren (Seite 633) – zum Beispiel einzelne Punkte bewegen oder mehrere Punkte oder den gesamten Pfad dehnen, drehen und verzerren. Neue Ergebnisse sichern Sie bei Bedarf dauerhaft als »Eigene Form« (Seite 644).

TIPP *Es passiert leicht, dass man mehrere Figuren in einer einzigen Formebene anlegt; Sie können dann zwar einen gemeinsamen Ebenenstil und die Pfadoperationen (siehe oben) verwenden. Einzelne Figuren müssen jedoch erst mit dem Pfadauswahl-Werkzeug aktiviert werden. Klicken Sie nach jeder Figur das OK-Häkchen an; dann entsteht bei der nächsten Anwendung eines Formwerkzeugs eine gänzlich neue Formebene. Dann wiederum können Sie Schnittmengen bilden.*

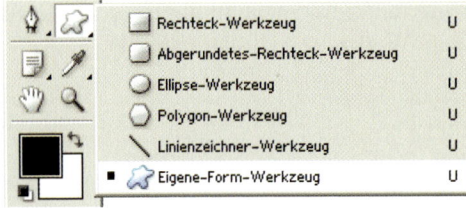

Abbildung 11.22:
Mit den Formwerkzeugen entstehen sofort geschlossene Pfade oder Pfadkomponenten wie Rechtecke, Pfeile oder andere Figuren.

11.5.1 Übersicht: Formwerkzeuge

Die folgenden Formwerkzeuge bietet Photoshop:

➡ »Rechteck« und »Abgerundetes Rechteck« verhelfen, tatsächlich, zu Rechtecken, das Ellipsen-Werkzeug produziert Ovale oder Kreise.

➡ Das Polygon-Werkzeug setzt mehreckige Figuren in die Welt.

Form-Funktionen   Kapitel 11

➔ Der Linienzeichner steuert Linien und Pfeile bei.

➔ Das Werkzeug »Eigene Form« übernimmt Formen aus der Formen-Bibliothek.

Mit der dreieckigen Schaltfläche blenden Sie die Optionen für das aktuelle Werkzeug ein. Geben Sie einen Ebenenstil vor, sonst verwendet Photoshop die aktuelle Vordergrundfarbe.

11.5.2 Rechtecke und Ellipse

Die Rechtecke und Ellipsen lassen sich mit Hilfe der aufgeklappten Geometrieoptionen vielseitig steuern:

➔ Sie bestimmen eine FESTE GRÖSSE. Tippen Sie die gewünschte Maßeinheit wie »px« oder »cm« hinter die Zahlen.

➔ Alternativ bietet Photoshop ein beliebiges Seitenverhältnis an oder bedient Sie mit makellosen Quadraten sowie Kreisen.

➔ Zudem besteht die Möglichkeit, die Figur von der Mitte aufzuziehen.

➔ AN PIXELN AUSRICHTEN platziert die Figur glatt entlang von Bildpunkten. Beobachten lässt sich das nur bei sehr hohen Zoomstufen. Damit wird es leichter, die Figur später exakt auszuschneiden und mit anderen Ebenen passgenau zu kombinieren. Auch bei sehr kleinen Bilddateien ist die Option von Bedeutung.

➔ Beim »Abgerundeten Rechteck« legen Sie zudem direkt in der permanent sichtbaren Optionenleiste die Kantenrundung in Pixel- oder »cm«-Werten fest.

Abbildung 11.23:
In den Optionen zu Rechteck, Abgerundetem Rechteck oder Ellipse bestimmen Sie das Seitenverhältnis oder eine feste Größe.

11.5.3 Polygon

Beim Polygon-Werkzeug bestimmen Sie die Zahl der gewünschten Ecken direkt in den permanent sichtbaren Optionen. Weitere Einstellungen bieten die Optionen:

➔ Der RADIUS definiert in Pixel- oder Zentimeterwerten den Abstand von der Objektmitte bis zu einem Außenpunkt.

➔ ECKEN ABRUNDEN sorgt für weichere Außenecken.

Kapitel 11   Pfade & Formen

→ SEITEN EINZIEHEN knickt die Außenecken quasi nach innen, so dass ein Stern entsteht. Hier geben Sie einen Prozentwert vor. Je höher der Wert, desto spitzer geraten die Strahlen.

→ EINZÜGE GLÄTTEN glättet die Innenecken, die mit der Vorgabe SEITEN EINZIEHEN entstanden.

TIPP: *Nicht immer sind Linienzeichner und Polygon-Werkzeug erste Wahl. Beachten Sie, dass auch die Formen-Bibliothek entsprechende Formen bereithält. Sie lassen sich mit dem Werkzeug »Eigene Form« ins Bild setzen (siehe unten).*

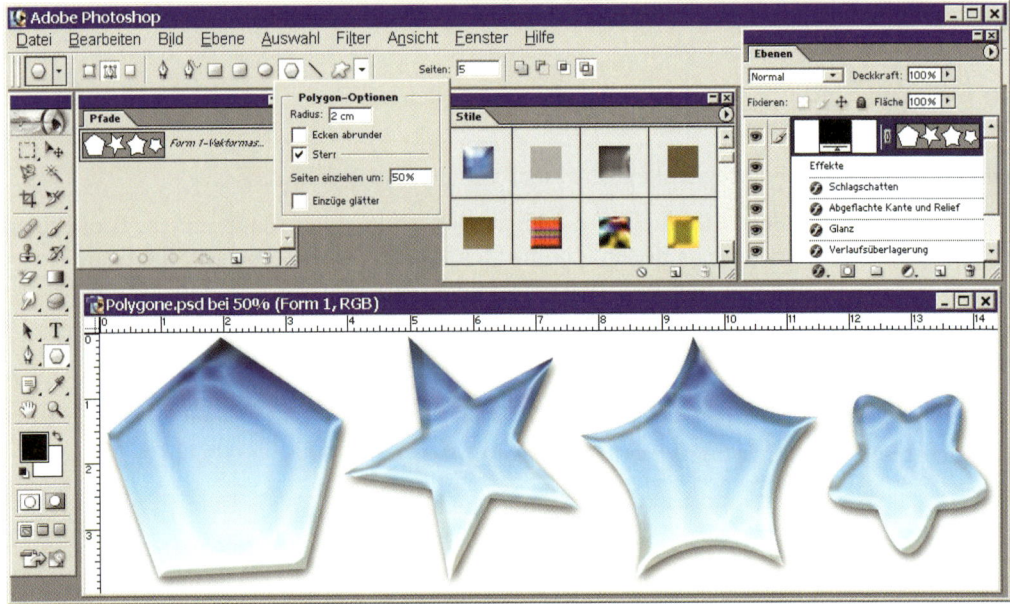

Abbildung 11.24:
Diese Figuren entstanden mit dem Polygon-Werkzeug. Dabei haben wir durchgängig fünf Ecken und zwei Zentimeter Radius vorgegeben. Zweite Figur von links: Die Vorgabe »Seiten einziehen« mit einem Wert von 50 Prozent erzeugt Strahlen. Dritte Figur: Die Option »Einzüge glätten« sorgt für gerundete Innenecken. Rechts außen: »Ecken abrunden« bewirkt gerundete Außenecken. Hier entstanden alle Figuren in einer einzigen Formebene auf Basis eines Ebenenstils; das heißt, alle Elemente erhalten einen gemeinsamen Ebenenstil, Photoshop füllt die Gesamtebene mit dem Ebeneneffekt »Verlaufsüberlagerung«, doch nur im Innern der neu entstandenen Vektormasken ist der Verlauf sichtbar, Ebeneneffekte wie »Abgeflachte Kante« oder »Schlagschatten« produzieren eine plastische Wirkung. Das Verschieben-Werkzeug verschiebt generell nur alle Figuren gemeinsam, da sich alle Figuren innerhalb eines einzigen Pfads befinden, wie die Pfadpalette zeigt. Sie können jedoch jede Figur einzeln mit dem Pfadauswahl-Werkzeug aktivieren, bewegen und verzerren. Sobald Sie mehrere Figuren bei gedrückter ⇧-Taste aktivieren, stehen die Schaltflächen für gleichmäßiges Verteilen und Ausrichten zur Verfügung. Der Bildrand wurde mit dem Befehl »Bild: Zuschneiden« automatisch so gekappt, dass keine überflüssige weiße Fläche entsteht. Datei: Polygone

Form-Funktionen   Kapitel 11

11.5.4 Linienzeichner

Der Linienzeichner erzeugt gerade Linien sowie Pfeile. Die ⇧-Taste beschränkt den Winkel der Linie auf 45 Grad oder ein Vielfaches davon. Sie können die Linienbreite in Pixel- oder Zentimeterwerten einstellen – und Sie können Pfeilspitzen anbringen. Wenn Sie keinen EBENENSTIL festlegen, verwendet die Funktion die aktuelle Vordergrundfarbe. Wie bei allen anderen Formebenen auch, können Sie natürlich die Farbe per Ebenenstil und die Form mit den Zeichenstiften oder Transformieren-Funktionen weiter bearbeiten.

TIPP
Eine schnelle Alternative zum Linienzeichner bilden der Pinsel oder andere Malwerkzeuge (Seite 523): Klicken Sie bei gedrückter ⇧-Taste Punkte ins Bild, Photoshop verbindet sie durch Geraden. Auch die Pfadwerkzeuge eignen sich gut dafür.

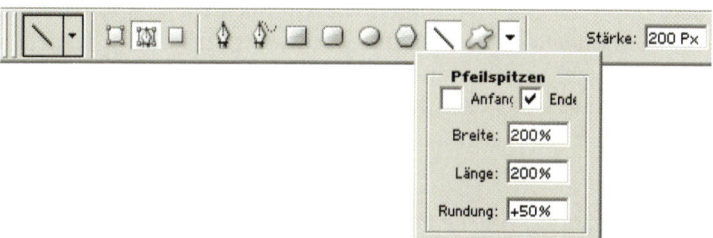

Abbildung 11.25:
Der Linienzeichner erzeugt Linien und Pfeile.

Pfeilspitzen

Um den Linienzeichner mit Pfeilspitzen arbeiten zu lassen, klicken Sie in den Linienzeichner-Optionen zunächst auf die Schaltfläche FORM. Sie erhalten dann das Dialogfeld »Pfeilspitzenform« mit folgenden Möglichkeiten:

➤ Klicken Sie ANFANG, ENDE oder beides an – je nachdem, wo Sie den Pfeil sehen möchten.

➤ Geben Sie für die BREITE der Pfeilspitze Werte zwischen zehn und 1000 Prozent an. Dies ist die Relation zur BREITE der Linie. Verwenden Sie eine 20-Pixel-Linie und eine Vorgabe von 200 Prozent für die BREITE der Pfeilspitze, so wird die Spitze 40 Pixel breit.

➤ Benennen Sie auch die LÄNGE der Pfeilspitze mit einem Wert zwischen zehn und 5000 Prozent, bezogen auf die in der Optionenleiste genannte Breite.

➤ Bestimmen Sie einen Prozentwert zwischen +50 und -50 für die RUNDUNG. Damit nehmen Sie Einfluss auf jene Stelle, an der Spitze und Linie aufeinander treffen. Je höher der Rundungswert, desto spitzer wird der innere Winkel zwischen Pfeilflanken und Linie.

TIPP
Weitere Pfeilformen liefert das Eigene-Form-Werkzeug (siehe unten): Öffnen Sie in der Optionenleiste zu diesem Werkzeug das Klappmenü FORM und laden Sie über das Palettenmenü die Bibliothek PFEILE. Die Ergebnisse modellieren Sie mit dem Zeichenstift und anderen Pfadfunktionen nach Bedarf weiter.

Kapitel 11   Pfade & Formen

Abbildung 11.26:
Alle Pfeile entstanden mit derselben Vorgabe für die Linienbreite und mit der Vorgabe »Ende«. Links: Für die Pfeilspitze verwenden wir die Werte 200 Prozent bei »Breite« und »Länge«. Die Spitze wird also doppelt so breit und doppelt so lang wie die Grundlinie. Mitte: Hier wurde zusätzlich die »Rundung« auf +50 Prozent gesetzt. Rechts: Wir nutzen eine »Breite« von 300 Prozent und eine »Länge« von nur 50 Prozent. Sie können jederzeit einzelne Pfadpunkte mit dem Direktauswahl-Werkzeug einrahmen und die Ecken glätten oder umformen. Datei: Pfeile

11.5.5   Werkzeug »Eigene Form«

Das Werkzeug »Eigene Form« setzt Figuren aus der aktuellen Formen-Bibliothek als Pfad ins Bild. Die Optionen sind mit Rechteck ▪, Abgerundetem Rechteck ▪ und Ellipse ● vergleichbar (siehe oben): Sie können also Außenmaße oder Seitenverhältnisse festlegen oder die Figur von der Mitte her aufziehen. Wie immer geben Sie separat einen EBENENSTIL vor, Sie können vorhandene Formen nach Belieben korrigieren (Seite 633) und neu in der Formen-Bibliothek verewigen.

> **TIPP** *Die Darstellung des Werkzeugs »Eigene Form« kann verwirren: Photoshop zeigt das Werkzeugsymbol in den Optionen wie auch in der Werkzeugleiste immer mit der aktuell gewählten Form. Das Werkzeugsymbol ändert sich also jedes Mal, wenn Sie eine neue Figur in der Form-Bibliothek anwählen.*

11.5.6   Eigene Formen anlegen und verwalten

So legen Sie in Photoshop Ihre eigenen Formen an, die sich später über die Formen-Bibliothek abrufen lassen:

1. Erzeugen Sie einen Pfad mit beliebigen Werkzeugen, zum Beispiel mit »Eigene Form« oder mit Zeichenstift, oder aktivieren Sie einen in der Pfadpalette vorhandenen Pfad. Ob der Pfad als Vektormaske mit Füllung erscheint oder ob Sie bloß die Pfadkonturen sehen, spielt keine Rolle.

2. Korrigieren Sie den Pfad nach Bedarf, zum Beispiel durch **Transformieren** oder Verändern einzelner Ankerpunkte.

3. Wählen Sie **Bearbeiten: Eigene Form festlegen**. Geben Sie einen Namen im Dialogfeld NAME DER FORM an.

Damit lässt sich der Pfad über die Formen-Bibliothek abrufen; sie erscheint in der Optionenleiste zum Werkzeug »Eigene Form« oder mit dem Befehl **Bearbeiten: Vorgaben-Manager**. Dort sichert Photoshop wohlgemerkt nur die Pfadkontur. Die eventuelle Füllung per Ebenenstil wird für eine »Eigene Form« nicht mitgesichert. Speichern Sie bei Bedarf einen separaten Ebenenstil oder speichern Sie Pfad samt Ebenenstil-Füllung als Photoshop-Datei – Umriss wie Inhalt lassen sich jederzeit verlustfrei ändern.

Form-Funktionen Kapitel 11

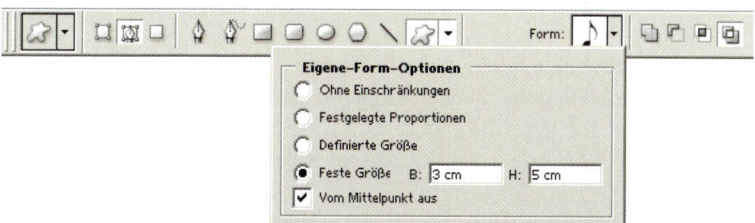

Abbildung 11.27:
Die Optionen zum Werkzeug »Eigene Form« bieten verschiedene Vorgaben für Größe oder Seitenverhältnis.

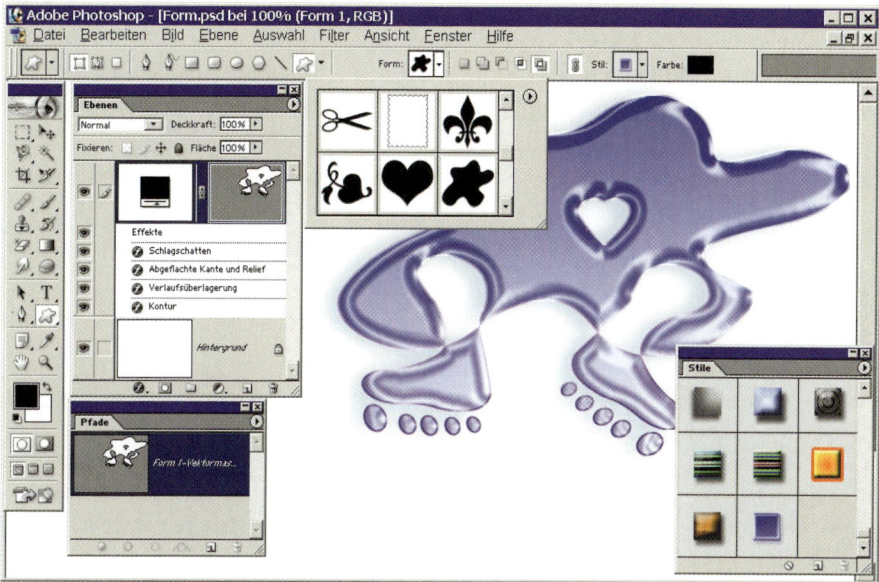

Abbildung 11.28:
Die Formen-Bibliothek listet Ihre »Eigenen Formen« auf. Sie können die vorhandene Sammlung durch neue »Bibliotheken« ergänzen oder ersetzen und Sie können einzelne Figuren löschen oder umbenennen. In dieser Grafik haben wir verschiedene Formen nacheinander als Pfadkomponenten eingesetzt und mit den Schaltflächen »Vom Formbereich subtrahieren« und »Schnittmenge vom Formbereich« gemischt. Die Arbeit begann mit der Vorgabe »Formebenen«. Dabei erzeugt Photoshop eine so genannte »Füllebene«, deren Sichtbarkeit durch eine Vektormaske begrenzt wird. Datei: Form

Pfadkomponenten in der Formen-Bibliothek

Legen Sie eine Form in der Formen-Bibliothek ab, die aus mehreren Pfadkomponenten besteht (wie auf der letzten Abbildung), so verschmelzen alle Pfadkomponenten zu einem Gesamtpfad. Sie können also nicht mehr eine einzelne Pfadkomponente durch Anklicken mit dem Pfadauswahl-Werkzeug aktivieren und verschieben. Abhilfe: Rahmen Sie den gewünschten Bereich des Pfads bzw. der Form mit dem Direktauswahl-Werkzeug ein, klicken Sie einen Ankerpunkt an und ziehen Sie. Dieses Verfahren können Sie auch verwenden, wenn Sie Pfadkomponenten mit der KOMBINIEREN-Schaltfläche aus den Optionen zum Pfadauswahl-Werkzeug verschmolzen haben.

Die Formen-Bibliothek

Die Formen-Bibliothek listet Ihre »Eigenen Formen« auf. Mit der Schaltfläche ⊙ erhalten Sie das Palettenmenü. Sie haben verschiedene Darstellungsmöglichkeiten für diese Galerie und Sie können neue »Bibliotheken« anlegen und laden. Die Bearbeitung ähnelt weitgehend dem Umgang mit »Vorgaben« für Verläufe oder Werkzeugspitzen; Details lesen Sie ab Seite 62.

Bei der Beurteilung einer Form in der Formebene stören oft die eingeblendeten Pfade. Sie können die Pfade ausblenden, ohne sie abzuschalten: Dies erledigt der Befehl **Ansicht: Einblenden: Zielpfad**. *Alternativ wählen Sie* **Ansicht: Extras**, *um zugleich auch Auswahlmarkierungen oder Hilfslinien zu verbergen (Seite 57).*

11.6 Pfade verwalten

Die Pfade verwalten Sie über die Pfadpalette und einige weitere Befehle.

11.6.1 Die Pfadpalette

Die Pfadpalette, hervorgerufen vom **Fenster**-Menü, ermöglicht Speichern, Neu-Erstellen, Duplizieren, Anzeigen, Abschalten und Löschen von Pfaden; außerdem werden hier Auswahlen in Pfade oder Pfade in Auswahlen verwandelt sowie Pfade und Pfadkonturen gefüllt. Das Palettenmenü erreichen Sie wie stets über das Dreieck ⊙. Viele Befehle aus dem Palettenmenü handeln Sie schneller ab, wenn Sie die Symbole unten in der Palette verwenden.

Die Reihenfolge der aufgelisteten Pfade ändern Sie durch Verschieben. Arbeitspfad und Vektormaske sind allerdings unverrückbar.

Paletten-Optionen

Nach dem Palettenbefehl **Paletten-Optionen** entscheiden Sie, ob Photoshop Pfade in der Palette nur namentlich auflisten oder auch in einer von drei Größen darstellen soll. Zwar beschleunigt es die Arbeit, wenn Sie auf die bildliche Darstellung verzichten. Die Abbildung macht sich jedoch verdient, wenn zum Beispiel über einem vielfarbigen Motiv der Originalpfad kaum noch zu erkennen ist oder wenn Sie bei kurvenreichen Pfaden nicht mehr zwischen Grifflinien und dem eigentlichen Pfad unterscheiden können – die Palette zeigt den Pfad auf jeden Fall pur, ohne Grifflinien. Übersichtlich wirkt der Minipfad in der Palette auch, wenn Sie von der Originaldatei nur einen Ausschnitt sehen oder mit Pfadnamen wie »Pfad 1« bis »Pfad 77« nichts anfangen können.

Photoshop stellt Pfade (wie auch Ebenen) in der Palettenminiatur immer relativ zur Gesamtdatei dar. Das heißt: Erstreckt sich der Pfad nur über wenig Bildfläche, erscheint er in der Miniatur besonders klein.

11.6.2 Pfade umbenennen, duplizieren und löschen

Die Techniken zum Löschen, Duplizieren oder Umbenennen von Pfaden sind weitgehend mit den Verfahren vergleichbar, die Sie auch bei den Paletten für Ebenen, Alphakanäle oder Aktionen verwenden:

- Um einen Pfad umzubenennen, klicken Sie doppelt auf den Pfadnamen in der Palette; Sie erhalten dann das Dialogfeld PFAD UMBENENNEN, wo Sie einen neuen Namen eintippen können.

- Um einen Pfad ohne weitere Rückfragen zu löschen, ziehen Sie ihn auf den Mülleimer. Wie immer können Sie auch auf den Mülleimer klicken: Photoshop meldet sich dann mit der Frage, ob Sie den aktiven Pfad löschen wollen; [Alt]-Klick verhindert die Rückfrage.

- Bevor Sie einen gelungenen Pfad weiterbearbeiten, sollten Sie ein Duplikat zurücklegen; Sie erzeugen den Doppelgänger, indem Sie den Pfad auf das Symbol NEUER PFAD ziehen. Das Duplikat erhält den Namenszusatz »Kopie«; drücken Sie jedoch die [Alt]-Taste, während Sie den Pfad über dem Symbol loslassen, präsentiert Photoshop ein Dialogfeld, in dem Sie einen Namen vergeben. Weitere Alternative: der Palettenbefehl **Pfad duplizieren**.

- Ziehen Sie bei gedrückter [Alt]-Taste mit dem Pfadauswahl-Werkzeug oder mit dem Direktauswahl-Werkzeug an einem markierten Pfadbereich oder einem kompletten Pfadsegment – die Zone wird innerhalb des aktiven Pfads als neues Pfadsegment dupliziert und kann bewegt werden.

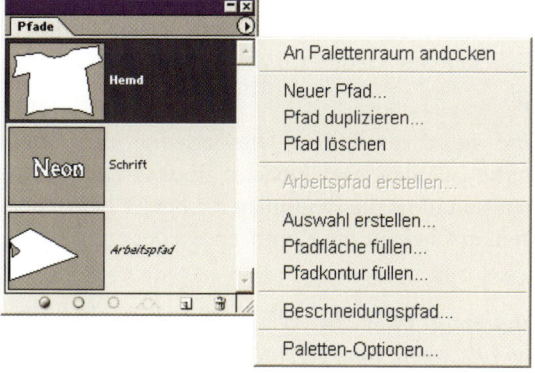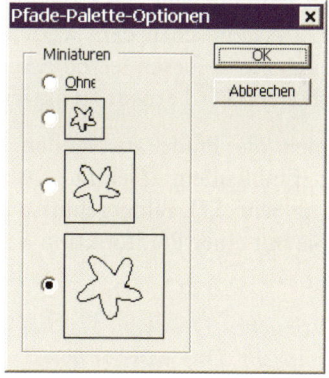

Abbildung 11.29:
Die Palette verwaltet Ihre Pfade. Viele Befehle aus dem Palettenmenü erreichen Sie schneller über die Schaltflächen unten in der Palette oder im Kontextmenü über den Pfadminiaturen. In den Paletten-Optionen regeln Sie die Darstellung der Pfadminiaturen.

Kapitel 11   Pfade & Formen

Pfade in andere Dateien übertragen

Ohne Weiteres lassen sich Pfade oder Pfadbereiche in andere Dateien übertragen:

➤ Ziehen Sie den Pfad aus der Palette in das Fenster einer anderen Bilddatei, dann wird der Pfad in dieses Dokument kopiert. Der Pfad oder Pfadbereich im Herkunftsbild bleibt unverändert erhalten.

➤ Markierte Pfadteile lassen sich mit [Strg]+[C] in die Zwischenablage kopieren und in einer anderen Datei per [Strg]+[V] wieder zutage fördern; sie erscheinen dort zunächst als »Arbeitspfad«.

TIPP   *Ist beim Übertragen eines Pfads im Zielbild bereits ein Pfad aktiv, fügt Photoshop den Neuankömmling dem vorhandenen Pfad als neues Pfadsegment an. Es ist auf jeden Fall übersichtlicher, im Zielbild zunächst alle Pfade auszuschalten – zum Beispiel durch Klick in den grauen Bereich der Pfadpalette. Oder legen Sie mit der Schaltfläche NEUER PFAD einen neuen, leeren Pfad an. Damit entsteht beim Übertragen ein neuer, unabhängiger Pfad.*

11.6.3   Pfade anzeigen und aktivieren

Der aktive Pfad ist in der Pfadpalette hervorgehoben. Klicken Sie einen anderen Pfad an, wenn Sie diesen bearbeiten wollen. Photoshop zeigt immer nur einen Pfad auf einmal. So werden Pfade ausgeschaltet oder verborgen:

➤ Um einen Pfad zugleich auszublenden und auszuschalten, ziehen Sie die Pfadpalette so weit auf, dass zwischen dem letzten Pfad und der Symbolleiste noch freier Raum ist, und klicken Sie in diesen leeren Raum. Klicken Sie wieder auf den Pfadnamen, um den entsprechenden Pfad erneut zu aktivieren.

➤ Sie können die Pfade ausblenden, ohne sie abzuschalten: Dies erledigt der Befehl **Ansicht: Einblenden: Zielpfad**. Alternativ wählen Sie **Ansicht: Extras einblenden** (Details ab Seite 57). Bildergebnisse lassen sich ohne die Pfadlinien oft besser beurteilen. Sobald Sie mit einer Pfadfunktion arbeiten, erscheinen die Konturen wieder.

TIPP   *Vorsicht: Drücken Sie bei aktiviertem Pfad die [Entf]-Taste, ist der Pfad gelöscht. Das passiert leicht ungewollt, wenn man eigentlich Pixel löschen wollte und nicht den Pfad – der immer noch aktiv, aber längst vergessen ist. Deshalb sollte man einen nicht benötigten Pfad zügig ausschalten.*

11.6.4   Pfade exportieren

Sie können Photoshop-Pfade auch im speziellen Illustrator-Format mit der Endung ».ai« speichern. Der Pfad lässt sich dann in einem Illustrationsprogramm wie Freehand, Corel-Draw oder Illustrator weiterbearbeiten, das dieses Format öffnet. Sie können je nach Programm dort auch Text am Pfad entlang wandern lassen und diesen Schriftzug eventuell wieder in Photoshop einsetzen. So exportieren Sie die Pfade:

1. Öffnen Sie das Dokument mit dem Pfad, den Sie exportieren wollen.

2. Wählen Sie den DATEI-Befehl PFAD EXPORTIEREN -> **Illustrator**. Geben Sie im Dialogfeld dem Kind einen Namen und wählen Sie neben EXPORTIEREN jenen Pfad aus dem Listenfeld, der es sein soll. Sie können auch alle Pfade einschließen.

3. Öffnen Sie dieses Dokument in Illustrator oder einem anderen kompatiblen Grafikprogramm.

Dabei geben die Schnittmarken im Illustrator-Dokument die Größe der Photoshop-Datei wieder. Die Position des Pfads im Photoshop-Dokument bleibt erhalten, wenn Sie Schnittmarken und Pfad nicht bewegen. Sie haben so beispielsweise die Möglichkeit, im Grafikprogramm einen Text an der Kontur des Pfads entlanglaufen zu lassen.

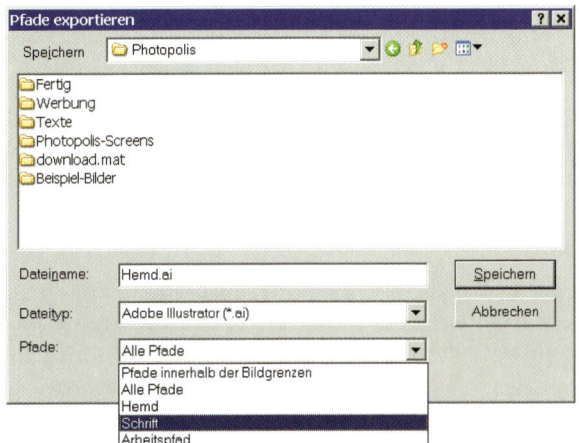

Abbildung 11.30:
Die Pfade einer Bilddatei können Sie im Illustrator-Format mit der Endung ».ai« ablegen, um sie in einem Grafikprogramm weiterzuverwenden.

11.7 Verschiedene Pfadtypen

Photoshop erfreut Einsteiger mit einem vielseitigen Angebot aus Pfaden, Unterpfaden, Beschneidungspfaden, Arbeitspfaden, Pfadkomponenten und Vektormasken.

11.7.1 Arbeitspfade und Pfade

Wenn Sie einen neuen Pfad erstellen, sollten Sie den Unterschied zwischen »Pfad« und »Arbeitspfad« kennen.

Mit einem Arbeitspfad beginnen

Sobald Sie den ersten Klick mit einem Pfadwerkzeug tun und die Option PFADE verwenden, zeigt Photoshop in der Pfadpalette einen Arbeitspfad – dies ist ein vorübergehender, nicht gesicherter Pfad. Auch wenn Sie eine Auswahl in einen Pfad verwandeln, entsteht

Kapitel 11   Pfade & Formen

zunächst ein Arbeitspfad. Dieser Arbeitspfad wird zwar je nach Dateiformat mitgespeichert. Legen Sie jedoch einen weiteren Pfad an, ist er weg. Ein solcher Arbeitspfad lässt sich überdies nicht als Beschneidungspfad speichern (siehe unten). Dieser Arbeitspfad gilt außerdem immer als Pfadkomponente. Sie haben volle Kontrolle erst, wenn Sie das Ergebnis als normalen Pfad sichern.

Vom Arbeitspfad zum Pfad

Ist bereits ein Arbeitspfad in der Palette aktiviert, verwandeln Sie ihn folgendermaßen in einen regulären Pfad:

➤ Wählen Sie den Palettenmenü-Befehl **Pfad speichern** oder klicken Sie doppelt auf den Arbeitspfad in der Pfadpalette. Photoshop öffnet dann das Dialogfeld PFAD SPEICHERN, in dem Sie einen Namen vergeben.

➤ Ziehen Sie den Arbeitspfad aus der Pfadpalette auf das Symbol NEUER PFAD unten in der Palette. Auch damit ist der Pfad gesichert, Photoshop verpasst ihm automatisch eine Nummer. Wie immer: Drücken Sie dabei die [Alt]-Taste, erkundigt sich Ihr Pixelprogramm nach dem gewünschten Pfadnamen.

Ist der Pfad erst mal gesichert, wird Photoshop ihn immer wieder aktualisiert zusammen mit Ihrem Bild auf Festplatte verewigen (Windows-Nutzer müssen freilich auf das passende Dateiformat achten, vergleiche Seite 625).

Mit einem regulären Pfad beginnen

Besser ist es, von vornherein mit einem Pfad und nicht mit einem Arbeitspfad zu hantieren. Dazu wählen Sie vor jedem neuen Pfad den Palettenbefehl **Neuer Pfad** oder klicken auf das Symbol NEUER PFAD in der Pfadpalette. Diese Maßnahme verhindert auch, dass Sie eine neue Zeichnung nicht als separaten Pfad anlegen, sondern ungewollt als Pfadkomponente in einem größeren Pfadgebilde unterbringen. Beenden Sie die Arbeit an einem Pfad deshalb auch sicherheitshalber immer per Klick auf das OK-Häkchen ✓ in der Optionenleiste.

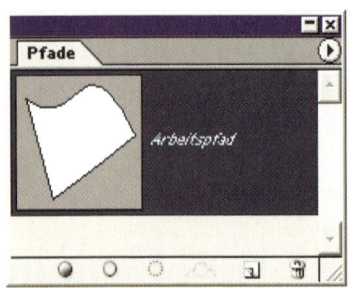 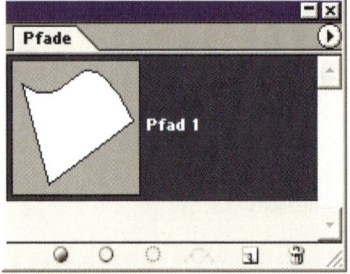

Abbildung 11.31:
Links: Wenn Sie ohne den Befehl »Neuer Pfad« mit dem Zeichenstift-Werkzeug zu arbeiten beginnen oder wenn Sie eine Auswahl in einen Pfad verwandeln, ohne zuvor einen leeren Pfad erstellt zu haben, dann verwendet Photoshop zunächst einen Arbeitspfad. Rechts: Sie sollten den Pfad schnellstmöglich sichern, indem Sie die Miniatur für den Arbeitspfad auf das Symbol »Neuer Pfad« ziehen; damit erhält der Pfad einen Namen. Jetzt arbeiten Sie an einem regulären Pfad.

11.7.2 Pfade und Pfadsegmente

Sie arbeiten zunächst immer am selben Pfad. Selbst wenn Sie zwischendurch doppelt auf das Zeichenwerkzeug klicken und zu einer ganz neuen Figur ansetzen, die mit der vorherigen nicht verbunden ist – Sie haben damit nicht zwei neue Pfade, sondern nur zwei neue Pfadkomponenten innerhalb eines Pfads. Wollen Sie nur eine dieser Pfadkomponenten separat bearbeiten, dann klicken Sie ihn mit dem Pfadauswahl-Werkzeug an.

Pfadfiguren, die Sie getrennt verwenden, sollten Sie auch als getrennte Pfade anlegen und nicht als Sammlung von Pfadkomponenten in einem Pfad. Es passiert leicht, dass man zwei Figuren innerhalb eines Pfads übereinander legt und nur erschwert einzeln korrigieren kann. Um einen neuen Pfad anzulegen, wählen Sie den Palettenbefehl **Neuer Pfad** oder klicken auf das Symbol NEUER PFAD in der Pfadpalette. Jetzt können Sie die ganze Bildfläche mit einem neuen, unabhängigen Pfad überziehen.

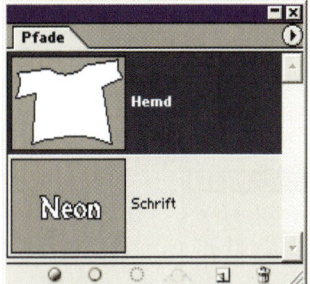 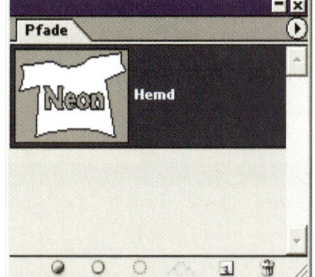

Abbildung 11.32:
Links: In der Regel legen Sie getrennte Konturen auch als getrennte Pfade an; dazu verwenden Sie vor Erstellen der zweiten Figur den Befehl »Neuer Pfad«. Rechts: Sie können aber auch beliebig viele Konturen als Pfadkomponenten innerhalb eines einzigen Pfads ablegen, wenn Sie diese gemeinsam als Auswahl laden, füllen oder mit Operationen wie »Schnittmenge von Formbereichen« mischen wollen.

11.7.3 Vektormasken

Eine Vektormaske grenzt die Sichtbarkeit einer Montage-Ebene ein: Die Bildpunkte der Ebene sind nur innerhalb der Pfadumrisse sichtbar. Außenliegendes wird verborgen. Photoshop zeigt die Vektormaske neben der zugehörigen Ebene in der Ebenenpalette an. Ist diese Ebene aktiviert, erscheint die Vektormaske auch als aktiver Pfad in der Pfadpalette. Formebenen erhalten automatisch eine Vektormaske.

Sie können diese Vektormaske zusätzlich in einen üblichen Pfad verwandeln, der sich unabhängig von der betreffenden Ebene bearbeiten lässt. Wählen Sie eines der folgenden Verfahren:

- Klicken Sie doppelt auf die Vektormaske in der Pfadpalette (nicht in der Ebenenpalette) und tragen Sie im Dialog PFAD SPEICHERN einen Namen ein.
- Ziehen Sie die Vektormaske in der Pfadpalette auf das Symbol NEUER PFAD, um ohne Rückfrage einen neuen Pfad zu erstellen.

Kapitel 11   Pfade & Formen

Eine Vektormaske wirkt ähnlich wie eine Ebenenmaske. Ausführlich besprechen wir die Funktion ab Seite 773.

11.7.4 Beschneidungspfad

Eine Besonderheit ist der »Beschneidungspfad«, auch Clipping-Pfad oder Freistellpfad geheißen und nicht mit der Vektormaske zu verwechseln. Der Beschneidungspfad hilft bei der Weitergabe eines Motivs an ein Layout-Programm. Die Umgebung eines ausgewählten Objekts wird hier transparent in ein Layoutprogramm geladen. So erscheint nur das freigestellte Objekt, ansonsten wäre es mindestens von einem weißen Rechteck umgeben.

Dieser Freistellpfad hat nichts zu tun mit den Freistellern, die vor allem mit dem Dateiformat GIF auf Internetseiten möglich sind (Details zu Transparenz in WWW-Objekten ab Seite 377).

 Traditionell unterstützt nur das EPS-Format Freistellpfade. Einige Layout-Programme interpretieren aber auch normale Pfade in TIFF- und JPEG-Dateien als Beschneidungspfad. Wollen Sie also das ganze Bild zeigen, entfernen Sie den Pfad vor der Weitergabe.

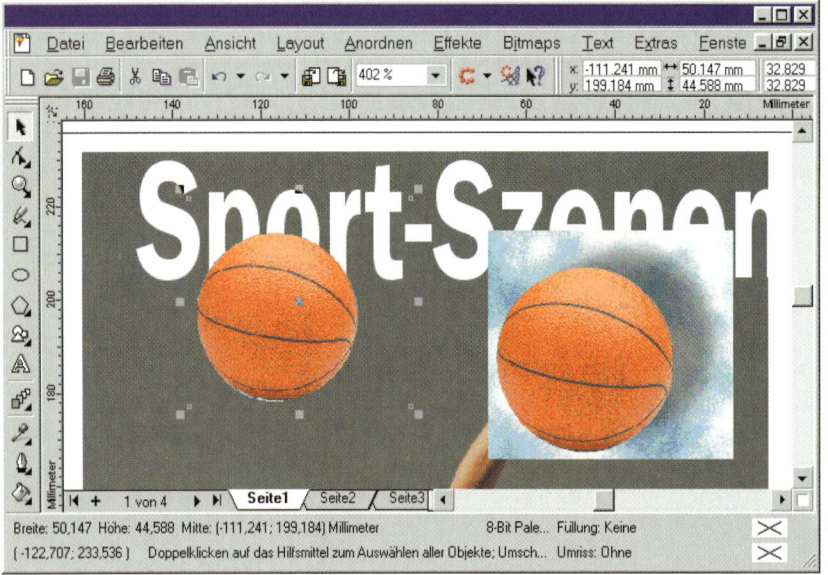

Abbildung 11.33:
Die Datei »Ball.psd« wurde zweimal im EPS-Format gesichert und in einem Layout-Programm eingesetzt. Links wurde die Kontur des Balls als Auswahl geladen, die Auswahl wurde in einen Arbeitspfad, dann in einen Pfad und schließlich in einen Beschneidungspfad umgesetzt. Deswegen erscheint das Objekt freigestellt auf der Layoutseite. Bei dem rechten Beispiel haben wir auf den Beschneidungspfad verzichtet, deswegen erscheint das Bild mit der üblichen Rechteckumgebung. Dateien: Ball_Pfad, Ball_Keinpfad

Verschiedene Pfadtypen | Kapitel 11

Vorgehen

So legen Sie einen speziellen Beschneidungspfad an:

1. Erzeugen Sie einen geschlossenen Pfad, der das gewünschte Objekt präzise umgibt.
2. Verwandeln Sie einen »Arbeitspfad« zunächst in einen regulären Pfad, indem Sie den »Arbeitspfad« auf das Symbol NEUER PFAD in der Pfadpalette ziehen.
3. Wählen Sie im Palettenmenü **Beschneidungspfad**.
4. Wählen Sie im Dialogfeld BESCHNEIDUNGSPFAD den gewünschten Pfadnamen und eine Kurvennäherung (siehe unten). Sie können also pro Datei nur einen Beschneidungspfad angeben.
5. Klicken Sie auf OK. Nun erscheint der Pfadname in der Palette in Fettschrift, um ihn als Beschneidungspfad herauszustellen.
6. Speichern Sie das Bild im Dateiformat Photoshop EPS, DCS oder PDF. Der in der Pfadpalette benannte Beschneidungspfad wird dabei automatisch übernommen. Alternativ nutzen Sie das TIFF-Format, wenn Sie keinen EPS-Drucker zur Ausgabe verwenden.

Halbautomatisch legen Sie einen Beschneidungspfad mit dem Befehl **Hilfe: Transparentes Bild exportieren** an. Dabei muss der gewünschte Freistellbereich entweder ausgewählt sein oder über transparentem Hintergrund liegen; geben Sie DRUCKEN-Verwendung an, nicht ONLINE-Veröffentlichung. Alles Weitere erledigt Photoshop.

Beim Speichern im EPS-Format haben Sie auch die Option MIT VEKTORDATEN. Schriften oder Formebenen werden dann eventuell vom Layoutprogramm oder von der Druckfunktion als größenunabhängige Vektoren verwendet – dies kann beim Skalieren im Layoutprogramm die Qualität erhalten. Photoshop selbst wird die Vektordaten beim nächsten Öffnen allerdings in Bildpunkte aufrastern.

Kurvennäherung

Für den Beschneidungspfad kann man eine KURVENNÄHERUNG vorgeben. Eine niedrigere Kurvennäherung führt zu etwas gröberen Freistellpfaden, vermeidet aber auch Belichtungsfehler. In der Regel verwendet man eine Kurvennäherung von acht bis zehn für hoch auflösende Belichter über 1200 dpi, Werte zwischen eins und drei empfehlen sich zwischen 300 und 600 dpi. Häufig trägt man gar nichts ein; dann wird die Voreinstellung des Druckgeräts verwendet.

Probleme mit der Kurvennäherung

Es kann passieren, dass ein komplexer Freistellpfad auf einem niedrig auflösenden Drucker korrekt ausgegeben wird, weil der Drucker den Pfad automatisch vereinfacht hat; bei der endgültigen hoch auflösenden Wiedergabe erscheinen aber Fehlermeldungen. In diesem Fall erhöht man den Wert für KURVENNÄHERUNG (Flatness) im Dialogfeld für den Freistellpfad. Mit hohen Werten für die Kurvennäherung erzeugt der PostScript-Interpreter im Drucker eine flachere Kurve; für Drucker über 1200 dpi eignen sich Werte von 8 bis 10, 300 oder

Kapitel 11   Pfade & Formen

600 dpi werden mit einer Kurvennäherung von 1 bis 3 angesteuert. Setzt man die Kurvennäherung auf hohe Werte wie 25, kann die freigestellte Kontur grob wirken. Geben Sie keinen Wert ein, erscheint das freigestellte Motiv nach Vorgabe des Druckers – meist die beste Wahl. Erhöhen Sie den Wert eventuell für sehr lange Kurven, um überhaupt einen Druck zu ermöglichen.

Innerhalb der EPS-Datei wird eine eigene Bildversion nur für die Vorschau im Layoutprogramm angelegt (vergleiche Seite 254). Es kann sein, dass diese Vorschau keinen korrekten Aufschluss über die Wirkung des Freistellpfads gibt – bei hoch auflösendem Ausdruck erscheint das Bild gleichwohl trotzdem wie gewünscht, weil das druckende Programm nun auf die Feindaten zurückgreift.

Ankerpunkte verringern

Bringt der Pfad wegen zu zahlreicher Ankerpunkte den Belichter aus dem Takt, reduzieren Sie die Ankerpunkte eines Pfads nachträglich zum Beispiel wie folgt:

1. Mit dem Palettenbefehl **Auswahl erstellen** laden Sie den Beschneidungspfad noch einmal als Auswahl.
2. Rechnen Sie die Auswahl jetzt mit dem Palettenbefehl **Pfad erstellen** wieder in einen Pfad um – mit einer hohen Toleranz von zum Beispiel 6.
3. Definieren Sie diesen Pfad als **Beschneidungspfad**.

11.8   Auswahlen und Pfade

Sie können Auswahlen in Pfade umrechnen und Pfade wieder in Auswahlen verwandeln. Dies ist oft eine elegante Möglichkeit, Auswahlen zu korrigieren, und es spart Platz gegenüber der Auswahlspeicherung im Alphakanal. Sie können den Pfad auch als Freistellpfad abspeichern und in einem EPS-Dokument an ein Layoutprogramm weiterreichen – dort erscheint dann nur das freigestellte Objekt ohne viereckiges Umfeld.

Abbildung 11.34:
Photoshop kann Auswahlen mit unterschiedlicher »Toleranz« in Pfade umrechnen. Je höher die »Toleranz«, umso ungenauer, aber auch fließender gerät der Pfad; er hat dann weniger Ankerpunkte. Ein Pfad spart Speicherplatz gegenüber der Auswahlspeicherung mit Alphakanälen.

11.8.1 Auswahl in Pfad verwandeln

Der Menüpunkt **Pfad erstellen** in der Pfadpalette macht aus einer schillernden Auswahlumrandung einen Pfad. Haben Sie einen Bildteil ausgewählt und klicken Sie auf **Pfad erstellen**, dann geben Sie an, wie genau der Pfad an einer Pixel für Pixel definierten Auswahllinie entlanggeführt werden soll. Als TOLERANZ nennen Sie Werte zwischen 0,5 und 10 Pixeln. Je höher der Wert, umso ungenauer, aber auch fließender gerät der Pfad. Er hat dann weniger Ankerpunkte.

Abkürzung: Um die Auswahl mit der zuletzt verwendeten Toleranz in einen Pfad zu verwandeln, klicken Sie auf das Symbol ARBEITSPFAD AUS AUSWAHL ERSTELLEN .

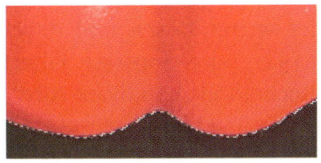 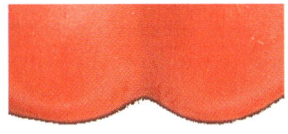

Abbildung 11.35:
Links: Der schwarze Hintergrund der »Paprika« soll ausgewählt werden, um mit umgekehrter Auswahl das Gemüse allein selektieren zu können. Doch der Übergang ist, bedingt durch Schatten und Scharfzeichnung, sehr unruhig. Rechts: Auch der Maskierungsmodus, hier mit weißer Deckfarbe, zeigt, dass die Auswahl ausgefranst ist und noch nicht sitzt. Datei: Paprika

Bedenken Sie, dass Auswahlen grundsätzlich an Pixeln entlang laufen, während Pfade freischwebend darüber liegen und sich statt an Pixeln an Kurven und Ankerpunkten orientieren; das heißt: eine als Pfad gespeicherte Auswahl, die Sie wieder in eine Auswahl zurückverwandeln, hat nicht unbedingt den exakt gleichen Verlauf. Arbeiten Sie indes mit niedriger Toleranz, kann man Pfade in der Regel problemlos als Auswahlen speichern und spart eine Menge Speicherplatz gegenüber einem Alphakanal. Vor allem, wenn Sie mehrere Auswahlen haben, die sich überschneiden – dafür bräuchten Sie mehrere Alphakanäle –, speichern Sie ökonomischer im Pfadverfahren. Allerdings können Sie im Pfad keine präzisen stufenlosen Auswahlveränderungen speichern, wie es in einem Alphakanal mit seinen 256 Graustufen Pixel für Pixel einzeln möglich ist.

Die Umwandlung von der Auswahl zum Pfad kostet Zeit – je niedriger Ihre TOLERANZ, desto mehr. Auf kleinen, niedrig aufgelösten Bildern wirkt sich eine Toleranzänderung viel stärker aus als in hoch aufgelösten Dateien.

 Eine hohe Zahl von Ankerpunkten kann ein Layoutprogramm zum Kollaps bringen, wenn Sie den gespeicherten Pfad als Beschneidungspfad verwenden (siehe oben). Versuchen Sie es dann mit einer höheren TOLERANZ.

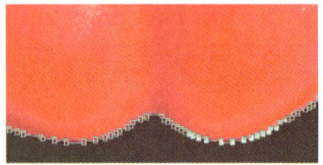 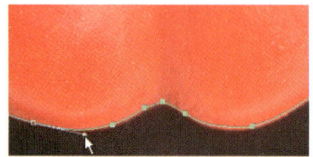

Abbildung 11.36:
Links: Um die Paprika sauber auswählen zu können, wird die Auswahl in einen Pfad umgewandelt. Doch bei niedriger Toleranz von »0,5« entstehen zu viele Ankerpunkte. Rechts: Ein neuer Versuch mit einer Pfadtoleranz von »4« erzeugt nur noch wenige Ankerpunkte. Wo der Pfad außerhalb der Frucht verläuft, werden mehrere Segmente markiert und leicht nach innen geschoben. Durch die Neu-Platzierung der Kontur und durch die Grifflinien kann man die Frucht nach Belieben formen.

Auswahlkorrektur per Pfad

Insbesondere wenn Sie eine Auswahl abschnittweise enger oder weiter fassen und dabei Befehle verwenden wie **Auswahl verändern: Erweitern** (Seite 542) oder **Sonstige Filter: Dunkle Bereiche vergrößern** (Seite 571), empfiehlt sich die Pfadtechnik als handliche Alternative:

1. Um auf jeden Fall eine Reserve der aktuellen Auswahl beizubehalten, sichern Sie diese in einem Alphakanal mit dem Befehl **Auswahl: Auswahl speichern** (Seite 592).

2. Verwandeln Sie die Auswahl mit dem Befehl **Pfad erstellen** aus der Pfadpalette in einen Arbeitspfad. Dabei verwendet man in der Regel keine ganz niedrige Toleranz, da sich die resultierende Vielzahl von Ankerpunkten kaum in den Griff bringen lässt; testen Sie einen Wert wie 3,0.

3. Verwandeln Sie diesen Arbeitspfad in einen Pfad, indem Sie ihn in der Pfadpalette auf das Symbol NEUER PFAD ziehen.

4. Markieren Sie den Pfadbereich, der verändert werden soll, mit dem Direktauswahl-Werkzeug (Seite 638).

5. Bewegen oder **transformieren** Sie den markierten Pfadbereich, um ihn dem Bildmotiv anzupassen.

6. Entfernen Sie eventuell einzelne Ankerpunkte oder fügen Sie einzelne Ankerpunkte hinzu und korrigieren Sie bei Bedarf Grifflinien. Wenn diese Korrektur aufwändig ausfällt, sollten Sie die Auswahl mit einer anderen Toleranz neu in einen Pfad verwandeln.

7. Verwandeln Sie den korrigierten Pfad zurück in eine Auswahl, indem Sie ihn auf das gepunktete Symbol PFAD ALS AUSWAHL LADEN pfadpfad ziehen.

*Es hat meist wenig Zweck, ein Objekt ganz präzise am vorhandenen Rand auszuschneiden. Oft spart es Zeit – und macht die spätere Montage realistischer –, wenn Sie ein oder zwei Pixel des äußersten Objektrands weglassen, also die Auswahl etwas nach innen schieben. So verhindern Sie, dass unerwünschter Hintergrund mit in die Auswahl gerät, und Sie können das Objekt geringfügig formen. Alternative: das Untermenü **Ebene: Hintergrund**, dessen Befehle Randpixel entfernen (Seite 680).*

Auswahlen und Pfade Kapitel 11

Abbildung 11.37:
Der korrigierte Pfad wird in eine geglättete Auswahl verwandelt; dazu dient der Befehl »Auswahl erstellen« aus dem Menü zur Pfadpalette. Durch das Verschieben der Konturen nach innen entsteht ein sauber geformter Freisteller.

Unsaubere Ränder glätten per Pfad

Oft entstehen bei Auswahltechniken via Zauberstab oder Alphakanalretusche unsaubere, gezackte Ränder. Typische Beispiele:

- Der Übergang zwischen Hauptmotiv und Hintergrund ist abgeschattet und lässt sich weder mit Lasso noch Zauberstab präzise erfassen.

- Sie haben eine Auswahl im Alphakanal mit Tonwertbefehlen wie **Dunkle Bereiche vergrößern** oder **Helligkeit/Kontrast** verändert, dazu womöglich noch skaliert, rotiert, weichgezeichnet und den Kontrast wieder angehoben, zum Beispiel bei Text – eine schöne Randglättung dürfen Sie nach solcher Manipulation nicht mehr erwarten.

In diesen Fällen verwandeln Sie die unschöne Auswahl bei niedriger bis mittlerer Toleranz von zum Beispiel »2« oder »3« in einen Pfad. Konvertieren Sie diesen zurück in eine Auswahl, wobei Sie das GLÄTTEN anwählen – Sie erhalten eine saubere Kante.

Abbildung 11.38:
Links: Die Kanten dieses Objekts wurden durch mehrfaches Interpolieren entstellt, wie sich in der Vergrößerung deutlich zeigt. 2. Bild: Das Objekt wurde als Auswahl geladen, die Auswahl wurde in einen Pfad verwandelt – doch bei nur 0,5 Pixel Toleranz gerät der Pfad zu unruhig. 3. Bild: Bei 2,0 Pixel Toleranz lässt sich der Pfad besser korrigieren. Rechts: Der Pfad wird gefüllt, dabei ist die Option »Glätten« aktiv; die Vergrößerung zeigt, dass ein sauber geglätteter Rand entstanden ist. Datei: Objekt

11.8.2 Pfad in Auswahl verwandeln

Einen vorhandenen Pfad können Sie in eine Auswahl verwandeln. Dazu gibt es verschiedene Wege:

- Wählen Sie **Auswahl erstellen** im Palettenmenü; Photoshop zeigt das Dialogfeld Auswahl erstellen.

- Wählen Sie den Befehl **Auswahl erstellen** im Kontextmenü über einer Pfadminiatur.

➔ Möchten Sie die vorhandenen Einstellungen aus dem Dialogfeld übernehmen, klicken Sie auf das gepunktete Symbol PFAD ALS AUSWAHL LADEN pfadpfad.

➔ Oder klicken Sie bei gedrückter (Strg)-Taste auf die Pfadminiatur in der Palette.

Offene Pfade schließt Photoshop auf direktem Weg zwischen den beiden Pfadenden.

Weiche Kante

Im Dialogfeld AUSWAHL ERSTELLEN machen Sie unter BERECHNUNG folgende Angaben:

➔ Sie definieren eine WEICHE KANTE; damit blendet der Rand weich aus und geht, wenn Sie den Bildteil ausschneiden und andernorts einsetzen, fließend in den neuen Hintergrund über. Fünf Pixel Radius bedeuten fünf Pixel weichen Rand auf jeder Seite der Auswahllinie; 250 sind höchstens möglich. Sie können eine Auswahl auch nachträglich mit dem **Auswahl**-Befehl **Weiche Auswahlkante** soften.

➔ Die Option GLÄTTEN erstellt einen nahtlosen Übergang unmittelbar am Auswahlrand. Sie füllt die äußersten Randpixel zu 50 Prozent mit den Werten der nicht ausgewählten Bildpunkte direkt daneben – meist die ideale Einstellung für übliche Montagen. Details zu GLÄTTEN und WEICHER KANTE finden Sie ab Seite 546.

Wenn Sie die Option GLÄTTEN verwenden, achten Sie darauf, dass im Eingabefeld WEICHE KANTE eine »0« steht.

Auswahlen verrechnen

Im Bereich VORGANG des Dialogfelds AUSWAHL ERSTELLEN geben Sie an, ob Sie die neue Auswahl von einer bereits bestehenden Markierung abziehen oder die Auswahl vielmehr erweitern.

➔ Gibt es gar keine Auswahlbereiche im Bild, erstellen Sie beim Umwandeln des Pfads eine NEUE AUSWAHL.

➔ Haben Sie dagegen bereits einen Bildteil markiert, können Sie die per Zeichenstift-Werkzeug erstellte weitere Markierung ZUR AUSWAHL HINZUFÜGEN. Damit wird ein weiterer, separater Bildteil für die kommende Bearbeitung herangezogen.

➔ Setzen Sie die neue Auswahl dagegen in eine schon bestehende Auswahl hinein, können Sie den neu markierten Bereich VON DER AUSWAHL ABZIEHEN.

➔ Überkreuzt sich eine vorhandene Auswahl mit dem aktiven Pfad, dann lässt sich beim Umwandeln auch die SCHNITTMENGE BILDEN.

Auswahlen und Pfade | Kapitel 11

11.8.3 Befehle im Überblick: Pfade

Taste/Feld	Zusatztasten	Aktion	Ergebnis
P (für Pen Tool)			Letztes Zeichenstift-Werkzeug
A			
▨			PFADE erstellen, nicht Formebenen oder Pixelfüllung
▢			FORMEBENEN erstellen, nicht Pfade oder Pixelfüllung
▪			PIXEL FÜLLEN, nicht Pfade oder Formebenen erstellen
▫			PFADBEREICH ERWEITERN (+)
▫			VOM FORMBEREICH SUBTRAHIEREN (-)
▫			SCHNITTMENGE AUS PFADBEREICHEN BILDEN
▫			ÜBERLAPPENDE PFADBEREICHE AUSSCHLIESSEN
✎		🖱	Geraden Pfad zeichnen
✎	⇧-Taste	🖱	Geraden Pfad mit 45-Grad-Winkeln zeichnen
✎		🖱 ziehen	Kurven-Pfad zeichnen
✎	Strg		▸
▸		🖱 auf markierten Ankerpunkt, Griffpunkt	Ankerpunkt, Griffpunkt bewegen
▸		🖱 ziehen	Pfadbereich markieren
▸	⇧	🖱	Zusätzliche Pfadsegmente/Ankerpunkte markieren
▸	Alt	🖱	Gesamte Pfadkomponente auswählen

Photoshop 7.0 Kompendium   659

Kapitel 11 Pfade & Formen

Taste/Feld	Zusatztasten	Aktion	Ergebnis
▶		🖱	Gesamte Pfadkomponente auswählen
▶	Alt	🖱 ziehen	Duplikat des gewählten Bereichs bewegen
▶	Alt	🖱 ziehen	Duplikat des gewählten Bereichs bewegen
▶	Strg	🖱 über Ankerpunkt	▶
▶		🖱 auf Ankerpunkt	Kurven-Ankerpunkt in harten Eckpunkt umwandeln und umgekehrt
▶		🖱 auf Ankerpunkt ziehen	Harten Eckpunkt in Kurven-Ankerpunkt umwandeln
✎+		🖱	Ankerpunkt hinzufügen
✎-		🖱	Ankerpunkt entfernen
🗑		🖱 Pfad auf Symbol ziehen	Pfad löschen
▭		🖱	Pfad neu erstellen
▭		🖱 Pfad auf Symbol ziehen	Pfad duplizieren
◌		🖱	Auswahl mit aktuellen Einstellungen in »Arbeitspfad« verwandeln
◌		🖱	Pfad mit aktuellen Einstellungen in Auswahl verwandeln
[Pfadminiatur]	Strg	🖱	Pfad mit aktuellen Einstellungen in Auswahl verwandeln
Richtungstasten			Markierte Punkte in 1-Pixel-Schritten verschieben
Richtungstasten	⇧		Markierte Punkte in 10-Pixel-Schritten verschieben
▶		🖱	Pfadpalettenmenü

660

Photoshop 7.0 Kompendium

Malen nach Pfaden — Kapitel 11

Taste/Feld	Zusatztasten	Aktion	Ergebnis
○			Pfadkontur mit aktueller Einstellung füllen
○	Alt		Dialogfeld PFADKONTUR FÜLLEN
●			Pfadfläche mit aktuellen Einstellungen füllen
●	Alt		Dialogfeld PFADFLÄCHE FÜLLEN

11.9 Malen nach Pfaden

Photoshops Mal- und Retuschewerkzeuge können sich an den Pfaden entlangarbeiten, um die Pfadkontur nachzumalen. Dazu wählen Sie den Palettenbefehl **Pfadkontur füllen**. Sie können auch nur einen Teil des Wegs gehen. Soll die Fläche innerhalb des Pfads komplett mit Farbe zugeschüttet werden, nehmen Sie **Pfadfläche füllen**. Haben Sie nur Pfadsegmente oder Pfadkomponenten innerhalb eines Pfads mit dem Direktauswahl-Werkzeug markiert, heißen die Befehle **Unterpfadfläche füllen** und **Unterpfadkontur füllen**. Dann wird auch nur der ausgewählte Teil bearbeitet. Aber aktivieren Sie zuvor die richtige Ebene. Zu diesen Befehlen bietet Photoshop interessante Alternativen (siehe unten). Die Befehle **Pfadkontur füllen** und **Pfadfläche füllen** funktionieren nicht auf Textebenen und auf Formebenen.

> **TIPP** Legen Sie die Farbfüllungen zunächst auf einer neuen, leeren Ebene an, so dass das Originalbild unverändert erhalten bleibt.

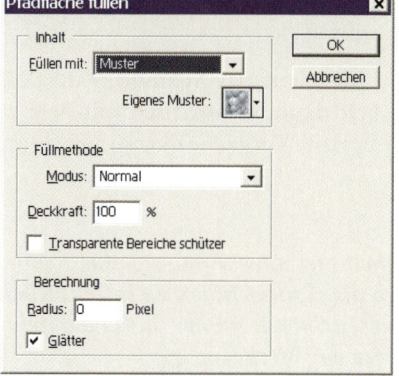

Abbildung 11.39:
Links: Der Befehl »Pfadkontur füllen« aus der Pfadpalette lässt ein Mal- oder Retuschewerkzeug mit den aktuellen Einstellungen für dieses Werkzeug an einem Pfad entlangarbeiten. Rechts: Der Befehl »Pfadfläche füllen« füllt die Ebene innerhalb des Pfads mit einfacher Farbe, Muster oder einem Bildzustand aus der Protokollpalette. Wenn Sie nur ein Pfadsegment oder eine Pfadkomponente innerhalb eines Pfads auswählen, heißt es »Unterpfadkontur füllen« oder »Unterpfadfläche füllen«.

11.9.1 Pfadkontur füllen

Sie können den Pfad mit einem beliebigen Mal- oder Retuschewerkzeug nachmalen lassen, etwa Pinsel oder Musterstempel (Seite 520). Sie geben ein Werkzeug vor und Photoshop führt es mit den aktuellen Optionen dieses Geräts am Pfad entlang. Statt also bestimmte Zeichnungen oder Retuschen immer wieder mit neuen Werkzeugspitzen und Modi anzugehen, legen Sie nur einmal einen Pfad an und schicken dann die Werkzeuge mit unterschiedlichsten Einstellungen auf die Reise – bis der Pfad in gewünschter Weise abgearbeitet ist.

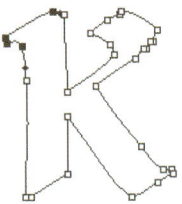

Abbildung 11.40:
Der Befehl »Pfadkontur füllen« malt automatisch einen Pfad mit beliebigen Werkzeugen und Einstellungen nach. Links: Hier wurde erst mit Airbrush-Option und auf einem Pfadsegment mit einer frei geformten Pinselspitze gearbeitet. Rechts: Der Musterstempel trug ein Muster mit elliptischer Werkzeugspitze auf.

So starten Sie den Vorgang per Palettenmenü:

1. Klicken Sie in der Pfadpalette auf den Pfad Ihrer Wahl.
2. Öffnen Sie das Palettenmenü mit der Schaltfläche .
3. Wählen Sie **Pfadkontur füllen** im Palettenmenü.
4. Wählen Sie ein Werkzeug im Dialogfeld PFADKONTUR FÜLLEN. Beim Nachzeichnen der Kontur gelten die aktuellen Optionen für dieses Werkzeug einschließlich der Einstellungen bei Vordergrundfarbe und Werkzeugspitzenpalette (Größe, Deckkraft, Malabstand etc.).
5. Klicken Sie auf OK.

Auch mit einem Klick auf das Symbol PFADKONTUR FÜLLEN füllen Sie die Pfadkontur. Photoshop strichelt dann automatisch mit dem zuletzt verwendeten Mal- oder Retuschierwerkzeug und mit den Werkzeugspitzen und Optionen, die Sie für dieses Werkzeug genutzt hatten.

Ziehen Sie einen Pfad auf das Symbol PFADKONTUR FÜLLEN *, um automatisch die Kontur füllen zu lassen. Klicken Sie das Symbol mit der* Alt *-Taste an, erhalten Sie wie immer das Dialogfeld, hier also* PFADKONTUR FÜLLEN; *nun wählen Sie ein Werkzeug aus.*

Vorteile

Der Befehl **Pfadkontur füllen** bietet mehrere Vorteile gegenüber dem **Bearbeiten**-Befehl **Kontur füllen** (Seite 498) wie auch gegenüber dem Ebeneneffekt KONTUR (Seite 757):

➡ Sie können unterschiedliche Werkzeuge verwenden, etwa auch den Abwedler (Aufheller), mit denen Sie nicht Farbe auftragen, sondern eher vorhandene Tonwerte verändern.

➡ Verschiedenste Werkzeugspitzen stehen zur Verfügung, etwa elliptische, sternförmige, weitere ungleichmäßige und halbdeckende Varianten (Seite 507).

Dagegen verwenden die anderen Funktionen zum Füllen einer Kontur einen harten Einheitspinsel, nur die Breite ist wählbar. Interessant ist dort höchstens die Möglichkeit, die Farbe gezielt nur INNEN oder AUSSEN laufen zu lassen.

Nachteile und Alternativen

Wollen Sie eine Kontur nur mit einer üblichen, runden Werkzeugspitze auftragen, sind Sie mit dem Ebeneneffekt KONTUR unschlagbar flexibel, denn Sie können jederzeit Farbe, Breite und Position des Rahmens verändern und sogar Verläufe oder Muster einsetzen (Seite 757).

Gelegentlich bietet sich auch die Alternative an, eine Auswahl um eine Objektkontur herum in einen Rahmen zu verwandeln mit dem Befehl **Auswahl verändern: Umrandung** (Seite 570). Ausgewählt und zur Bearbeitung freigegeben ist nun nur noch eine schmale Zone um das Objekt herum. Sie können diesen Rahmen jetzt eventuell mit einem Kontrastbefehl besser aufhellen, als dies manchmal mit dem Abwedler möglich ist, der immer nur bestimmte Helligkeitsbereiche bearbeitet. Auch für die Filteranwendung in Randbereichen eines Objekts eignet sich die Funktion.

Druck simulieren

Mit der Option DRUCK SIMULIEREN im Dialogfeld PFADKONTUR FÜLLEN bauen Sie reizvolle Schwankungen in den Farbauftrag ein. Photoshop variiert über die Pfadstrecke hin diejenigen Stricheigenschaften, die Sie in den STEUERUNG-Klappmenüs der Werkzeugspitzenpalette auf ZEICHENSTIFT-DRUCK gestellt haben – auch wenn Sie gar kein Grafiktablett verwenden (Seite 662). Ein Beispiel: Sie stellen für GRÖSSEN-JITTER und für VORDERGRUND-/HINTERGRUND-JITTER die STEUERUNG auf ZEICHENSTIFT-DRUCK. Nun wird sich der Strich über die Pfadstrecke hin verjüngen und von der Vorder- zur Hintergrundfarbe übergehen. Wie stark der Strich tatsächlich schrumpft, regeln Sie immer noch per MINDESTDURCHMESSER.

Unabhängig von der Option DRUCK SIMULIEREN übernimmt Photoshop alle weiteren Vorgaben aus der Werkzeugspitzenpalette, zum Beispiel auch die Schwankungen oder Übergänge verschiedener Strich-Eigenschaften per JITTER oder VERBLASSEN.

Kapitel 11   Pfade & Formen

Experimentieren Sie mit dem MALABSTAND *in der Werkzeugspitzenpalette, um deutliche Übergänge und Veränderungen zu erhalten; starten Sie mit niedrigen Werten wie fünf Prozent.*

Abbildung 11.41:
Im Beispiel rechts haben wir die Option »Druck simulieren« des Dialogfelds »Pfadkontur füllen« genutzt. Dazu wurden in der Werkzeugspitzenpalette die Stricheigenschaften »Größe«, »Fluss«, Struktur-Tiefe und »Vordergrund-/Hintergrundfarbe« auf »Steuerung« per »Zeichenstift-Druck« eingestellt. Vorlage: Monde

11.9.2   Pfadfläche füllen

Ähnlich läuft es, wenn Sie die ganze **Pfadfläche füllen**. Im Dialogfeld PFADFLÄCHE FÜLLEN machen Sie eine Reihe von Angaben, die Sie zum Teil beim Befehl **Bearbeiten: Fläche füllen** (Seite 498) wiederfinden, der zum Füllen von Auswahlbereichen dient:

➡ Zum Füllen stehen Vorder- und Hintergrundfarbe, Schwarz, Weiß und Grau, Muster (vergleiche Seite 492) und das aktuell vorgemerkte Stadium in der Protokollpalette bereit.

➡ Als FÜLLMETHODE geben Sie eine Deckkraft und einen Modus vor (vergleiche Seite 730).

➡ Wählen Sie TRANSPARENTE BEREICHE SCHÜTZEN, wenn Sie innerhalb einer Ebene nur das eigentliche Objekt, nicht aber die transparente Fläche drumherum füllen wollen (Seite 710).

➡ Schließlich können Sie den Rand durch RADIUS oder GLÄTTEN absoften (Seite 546).

Arbeit mit der Schaltfläche

Das Symbol PFADFLÄCHE FÜLLEN unten in der Werkzeugleiste erspart Ihnen den Weg ins Palettenmenü:

➡ Mit einem Klick auf das Symbol füllen Sie den Pfad. Photoshop orientiert sich an den zuletzt verwendeten Fülloptionen.

➡ Ziehen Sie einen Pfad auf das Symbol, um die Fläche automatisch füllen zu lassen.

➡ Klicken Sie das Symbol mit der [Alt]-Taste an, erhalten Sie das Dialogfeld PFADFLÄCHE FÜLLEN und verändern die Optionen.

Malen nach Pfaden | Kapitel 11

Alternativen

Zum Befehl **Pfadfläche füllen** bietet Photoshop eine Reihe von Alternativen:

➡ Wenn Sie nicht eine Pfad-, sondern eine Auswahlfläche füllen möchten, verwenden Sie den Befehl **Bearbeiten: Auswahl füllen** (⇧ + ⌫ , Seite 498).

➡ Das Füllwerkzeug füllt eine farblich abgegrenzte Fläche, ohne dass Sie vorab eine Auswahl erstellen müssten (Seite 496).

➡ Besonders attraktiv ist der Ebeneneffekt FARBÜBERLAGERUNG (Seite 759): Diese Farbe lässt sich jederzeit ändern, auch Deckkraft oder Überblendmodus bleiben variabel und Sie können auch Füllungen wie MUSTERÜBERLAGERUNG (Seite 759) oder VERLAUFS-ÜBERLAGERUNG (Seite 759) verwenden. Voraussetzung: Der gewählte Bereich befindet sich auf einer eigenen Ebene. Dazu wählen Sie den Bildteil aus und kopieren ihn mit Strg + J auf eine eigene Ebene. »Verbinden« Sie eventuell diese neue Ebene mit der darunter liegenden, so dass Sie beide gemeinsam bewegen können.

➡ Wenn die Ebene außer der einfarbig gefüllten Fläche keinerlei Bildpunkte enthält, können Sie gleich eine Formebene auf Basis eines Pfads anlegen (Seite 626). Er lässt sich jederzeit umformen und umfärben.

12 Ebenen

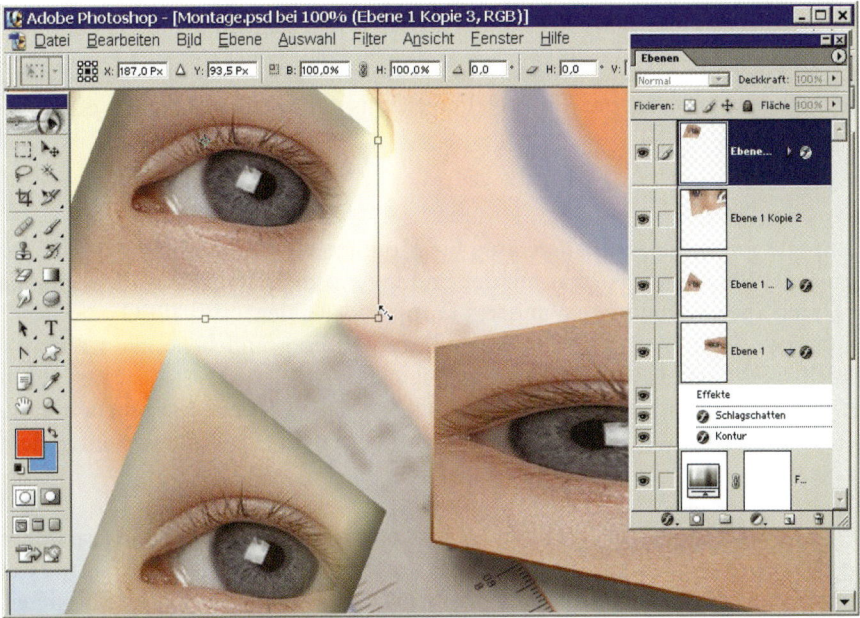

Abbildung 12.1:
In Montagen liegen verschiedene Bildelemente als so genannte »Ebenen« übereinander; diese Ebenen können Sie bewegen oder auf verschiedene Arten mischen, ohne dass überlappende Bereiche beschädigt werden. Die Ebenenpalette (rechts) zeigt die einzelnen Montage-Elemente und ermöglicht es, eine Ebene zur Bearbeitung zu aktivieren. In diesem Beispiel verwenden wir auch Ebeneneffekte und eine Einstellungsebene. Datei: Montage

In den vorangegangenen Kapiteln haben Sie erfahren, wie man Bildteile auswählt und für die weitere Bearbeitung isoliert. Sie haben gelernt, wie man die Auswahlen mit Hilfe von Alphakanälen und Pfaden verfeinert und speichert. In diesem Kapitel besprechen wir, wie Sie die ausgewählten Bildteile verschieben, in andere Bilder einsetzen und auf verschiedene Arten raffiniert mischen.

12.1 Einführung

Photoshops Ebenentechnik zählt zu den großen Stärken des Programms gegenüber der Konkurrenz, die Photoshops Methoden nie ganz vollständig kopiert. Mit bis zu 8000 Ebenen pro Datei geht das Programm äußerst flexibel um, beliebige Fotomontagen sind möglich.

Kapitel 12   Ebenen

12.1.1 Übersicht

Mit der Ebenentechnik können Sie:

- Bildteile zerstörungsfrei montieren und immer wieder neu arrangieren
- Bildteile teilweise verbergen und jederzeit wieder komplett nach vorn holen
- Bildbereiche kontrastkorrigiert anzeigen, ohne sie tatsächlich zu verändern
- Objekte mit korrigierbarem Schatten, Lichthof oder 3D-Effekt ausstatten
- Texte einsetzen, die sich immer wieder neu formatieren und umformulieren lassen

Wir besprechen alle Techniken im Folgenden sehr detailliert. Sie können alle Beispiele mit den Dateien nachvollziehen, die Sie im »Praxis«-Verzeichnis auf der CD zu diesem Buch finden.

Dateiformate

Nur drei Dateiformate zeigen sich aufnahmefähig für Montage-Objekte (»Ebenen«) über der Hintergrundebene: das Photoshop-Format mit der Endung ».psd«, TIFF und PDF. Wenn Sie mit dem Befehl **Datei: Speichern unter** ein anderes Format vorwählen, etwa JPEG oder PCX, verschmelzen sämtliche Montage-Ebenen zu einer starren Hintergrundebene, die Komposition lässt sich nicht mehr umarrangieren. Das Dialogfeld SPEICHERN UNTER zwingt Sie in dieser Situation dazu, die flachgelegte Montage ALS KOPIE zu speichern. Sie arbeiten dann auf der Programmoberfläche weiterhin an der unveränderten Ebenenmontage unter dem ursprünglichen Namen.

Verwenden Sie für Ebenen-Montagen TIFF mit LZW-Komprimierung, sparen Sie gegenüber dem Photoshop-Dateiformat eventuell 10 oder 20 Prozent Speicherplatz auf der Festplatte; die mit TIFF angebotene JPEG-Komprimierung hilft bei Bildern mit Ebenen kaum weiter. Da die meisten anderen Programme TIFFs mit Ebenen nicht entziffern können und PDF-Fotos schon gar nicht, verwendet man für Montagen meist das traditionelle »Photoshop«-Dateiformat mit der Endung ».psd«.

Solche Photoshop-Dateien mit Montage-Ebenen lassen sich mit einigen anderen Programmen öffnen und schreiben – darunter Corel PhotoPaint, Paint Shop Pro, PhotoLine 32, Picture Publisher 10 oder Photoshop-Ableger wie PhotoDeluxe, Photoshop Elements und Photoshop LE. Allerdings werden nie alle möglichen Features einer Photoshop-Montage unterstützt. Speziell Ebeneneffekte, Textebenen, Vektormasken, Beschnittgruppen und Einstellungsebenen sind nur teilweise oder gar nicht anerkannt.

Sie können eine Montage-Datei so öffnen, dass Photoshop statt der Einzelebenen die im Bild gespeicherte »flache« Ansicht der Datei lädt. Dazu drücken Sie beim Laden per **Öffnen**, per **Dateibrowser** oder per **Letzte Dateien** zugleich [Alt]- und [⇧]-Taste. Nach einer Rückfrage erhalten Sie eine Datei, die nur aus einer Hintergrundebene besteht.

Einführung   Kapitel 12

Anzeige der Größenverhältnisse

Bei Montagen richtet sich Photoshop allein nach der Pixelzahl und nicht nach eingespeicherten Zentimetergrößen – dpi-Zahlen spielen hier keine Rolle. Um beurteilen zu können, in welchen Größenverhältnissen sich zwei Bilder kombinieren lassen, stellen Sie diese in derselben Zoomstufe nebeneinander, zum Beispiel im Maßstab 100 Prozent (Strg + Alt + 0), am Mac (⌘ + Alt + 0). Sie können einzelne Elemente vor oder nach der Montage zum Beispiel mit der **Transformieren**-Funktion vergrößern oder verkleinern (alle Details in diesem Kapitel).

Übernahme der Werte aus der Zieldatei

Nach der Montage gelten in der Zieldatei die Werte dieser Datei. Die Auflösung der Zieldatei bleibt erhalten, auch wenn Sie etwas aus einem Bild mit einer anderen gespeicherten Druckauflösung einfügen. Auch der Farbmodus der Zieldatei bleibt erhalten. Fügen Sie ein RGB-Objekt in ein Graustufenbild ein, wird es dort nur in Graustufen erscheinen. Um es farbig montieren zu können, bringen Sie das Graustufenbild zunächst in einen Echtfarbmodus (zum Beispiel **Bild: Modus: RGB-Farbe**).

Dateigröße

Durch die Ebenentechnik kann die Dateigröße erheblich anwachsen – auf Festplatte und im Arbeitsspeicher. Noch weiter steigt der Festplattenbedarf, wenn Sie per **Voreinstellungen** oder Dialogfeld die KOMPATIBILITÄT FÜR PHOTOSHOP-PSD-DATEIEN IMMER MAXIMIEREN. Stellen Sie die Systembeanspruchungsanzeige unten in der Statusleiste (am Mac im unteren Bildrahmen) auf DATEI-GRÖSSEN. Dann meldet Photoshop im Zahlenpaar rechts den Speicherwert, den er für die aktuelle Datei mit allen Ebenen braucht. Der niedrigere Wert links verrät, wie groß die gleiche Datei wäre, wenn man alle Ebenen verschmilzt (vergleiche Seite 106).

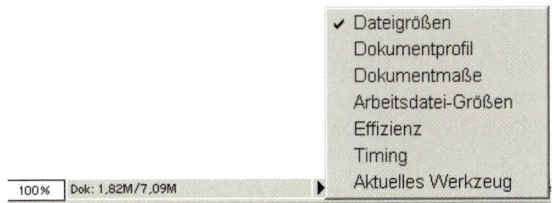

Abbildung 12.2:
Diese Anzeige der »Datei-Größe« gilt für die Datei »Urlaub_3« aus dem »Praxis«-Verzeichnis der CD zu diesem Buch. Die Datei beansprucht mit allen Einzelebenen und Ebenenmasken 7,09 Mbyte Arbeitsspeicher. Der innerhalb der gespeicherten Bildränder sichtbare Bereich, auf eine Ebene reduziert, beansprucht nur noch 1,82 Mbyte Arbeitsspeicher.

Verbesserungsmöglichkeiten

So leistungsstark Photoshops Ebenentechnik ist, es gibt Verbesserungsmöglichkeiten.

- ➜ Wir vermissen einen weichen Objektrand als abschaltbare Ebeneneigenschaft. Einsteigerprogramme bieten diese Möglichkeit, die mitunter schnell weiterhilft, wenn man einen zu harten oder unsauberen Ausschnitt erzeugt hat.

- ➜ Skalierung, Drehung und Verzerrung als verlustfrei abschaltbare Ebeneneigenschaft wünschen wir uns auch.

Photoshop 7.0 Kompendium   669

Kapitel 12   Ebenen

- In Photoshops Ebenenoptionen fehlt die Möglichkeit, nicht nur die dunkelsten oder die hellsten Tonwerte zu verbergen, sondern bei Bedarf auch nur mittlere Helligkeitsstufen. Außerdem sollte neben der Ebenenminiatur in der Palette oder im Dateifenster-Rahmen ein Symbol vermelden, dass Dichtebereiche verborgen wurden.

- Per Einstellungsebene kann Photoshop Bildteile zeitweise und abschaltbar aufhellen oder umfärben, ohne sie dauerhaft zu verändern. Die Konkurrenz kann aber noch mehr per Einstellungsebene – etwa schärfen, weichzeichnen und stören.

- Scharfzeichner oder Gradationskurven sollten auf Wunsch alle sichtbaren Ebenen gemeinsam korrigieren, so dass man nicht mehrere Ebenen nacheinander bearbeiten muss. Schließlich gibt es auch bei einigen Werkzeugen die Option ALLE EBENEN EINBEZIEHEN.

- Bei großen Montagen fehlt eine starke Datenkompression, notfalls sogar mit JPEG-Prinzip. Die für TIFF oder PDF gebotene JPEG-Komprimierung wirkt nicht bei Ebenen einer Montage.

- Wo bleiben Ebenenmontagen bei 8-Bit-Farbbildern?

- Zum präzisen Platzieren vermisst man eine Technik mit dem Verschieben-Werkzeug , die folgendermaßen funktioniert: Bewege die Ebene so, dass – klick – dieser Punkt der Ebene an dieser Stelle landet – klick. Stattdessen muss man Daten in Dialogfelder eintippen.

- »Schwebende Auswahlen« sollten als eigenes Objekt in der Ebenenpalette erscheinen (so war es einst).

- Einfacher noch wäre es, die letztlich überflüssigen und verwirrenden Unterschiede zwischen Ebenen, Hintergrundebenen und »schwebenden Auswahlen« gänzlich abzuschaffen.

Unterschiede zwischen Photoshop und ImageReady

Photoshop und ImageReady setzen jeweils eigene Schwerpunkte bei der Ebenentechnik. Sie können jedoch Dateien bedenkenlos in jeweils anderen Programm verwenden und dort im Photoshop-Format speichern – die Features lassen sich allemal betrachten und wieder speichern, aber eben teilweise nicht bearbeiten. Nur Photoshop bietet Einstellungsebenen und Füllebenen, außerdem zeigt sich das Programm vielseitiger im Umgang mit Vektormasken. Ausschließlich bei Photoshop finden Sie zudem die Möglichkeit, einzelne Helligkeitsbereiche auszublenden, etwa alle hellen Partien der oberen Ebene unsichtbar zu machen.

Nur bei ImageReady lassen sich Ebenen in Rollover-Sequenzen und Animationen umsetzen. Dieses Programm bietet überdies Ebenenoptionen und Ebenenstile anders an. Da Photoshop für allgemeine Montagen mehr zu bieten hat, konzentrieren wir uns im Folgenden auf dieses Programm – die Besonderheiten bei ImageReady merken wir natürlich an.

12.2 Bildteile einsetzen

Jeden Bildteil, den Sie ausgewählt haben, können Sie sofort bewegen. Dabei unterscheiden wir zwischen Bildbereichen, die Sie innerhalb derselben Datei bewegen, und solchen Objekten, die Sie in eine andere Datei bugsieren.

Abbildung 12.3:
Links: Wir haben den Bildteil ausgewählt und wollen ihn innerhalb desselben Bilds verschieben. Rechts: Zum Verschieben verwenden wir hier ein Auswahlwerkzeug (mit dem Modus »Neue Auswahl«). Doch das hilft nicht weiter: Mit dem Auswahlwerkzeug bewegen Sie nur die Auswahlmarkierung ohne Inhalt.
Datei: Natur

12.2.1 Einen ausgewählten Bildbereich im selben Bild verschieben

Sie können einen markierten Bildteil innerhalb eines Bildes verschieben, ohne ihn in eine separate Ebene zu verwandeln. Dabei arbeiten Sie mit »schwebenden Auswahlen«. So geht's:

1. Markieren Sie eine Bildauswahl mit einem Auswahlwerkzeug wie Lasso, Zauberstab oder Rechteck.

2. Versuchen Sie nicht, den Bildteil mit einem Auswahlwerkzeug zu verschieben; damit bewegen Sie nur die Auswahlmarkierung selbst (sofern Sie in den Optionen zum Auswahlwerkzeug den Modus NEUE AUSWAHL verwenden, vergleiche Seite 542). Wechseln Sie zum Verschieben-Werkzeug mit der Kurztaste V (für Move) oder indem Sie vorübergehend die Strg-Taste drücken.

3. Klicken Sie in die Auswahl und halten Sie die Maustaste gedrückt.

4. Mit gedrückter Maustaste führen Sie den markierten Bildteil an die gewünschte Stelle im selben Bild. Zurück bleibt ein Loch in der Hintergrundfarbe, zum Beispiel Weiß. (Kein weißes Loch bleibt zurück, wenn Sie mit gedrückter Alt-Taste verschieben; Sie bewegen dann eine Kopie des gewählten Ausschnitts. Drücken Sie die ⇧-Taste, um die Auswahl in 45-Grad-Winkeln zu bewegen.)

5. Sie können nun die **Auswahl aufheben** – entweder durch den Menübefehl oder durch die Kurztaste Strg+D (für Deselect), im Modus NEUE AUSWAHL auch durch einen Klick ins Bild außerhalb der Auswahl. Damit ist der verschobene Bildteil im Untergrund verankert. Die vormals schwebende Auswahl siedelt nun auf derselben Ebene mit dem Bild darunter, der überdeckte Abschnitt ist gelöscht. Alternativ können Sie den neuen Bildteil auf einer eigenen Ebene ansiedeln, indem Sie in der Ebenenpalette auf das Symbol NEUE EBENE klicken; wie üblich drücken Sie die Alt-Taste, wenn Sie das Dialogfeld zu diesem Vorgang sehen möchten.

Kapitel 12   Ebenen

 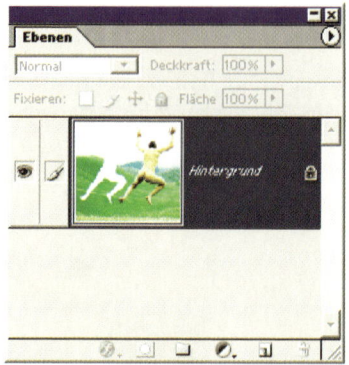

Abbildung 12.4:
Links: Wieder wurde das Hauptmotiv ausgewählt. Mit der Taste `V` (für Move Tool) haben wir das Verschieben-Werkzeug eingeschaltet. Jetzt können Sie die ausgewählten Pixel verschieben. Dabei bleibt ein Loch in der aktuellen Hintergrundfarbe zurück, in diesem Fall Weiß. Die verschobenen Pixel siedelt Photoshop zunächst als »schwebende Auswahl« über dem Untergrund an. Rechts: Unsere schwebende Auswahl erscheint nicht als separates Objekt in der Ebenenpalette; dennoch ist der Untergrund noch nicht endgültig gelöscht, Sie können den verschobenen Bildbereich unabhängig vom Untergrund bearbeiten. Datei: Natur

Schwebende Auswahl (Einführung)

Wichtig ist hier das Konzept der »schwebenden Auswahl«. Eine »schwebende Auswahl« ist quasi eine Eintagsebene, die man nicht dauerhaft unabhängig vom Untergrund speichert. Mit »schwebenden Auswahlen« bekommen Sie in folgenden Situationen zu tun:

- wenn Sie markierte Bildteile unmittelbar innerhalb desselben Bilds mit dem Verschieben-Werkzeug duplizieren und bewegen;
- wenn Sie Bilder im Modus INDIZIERTE FARBEN bearbeiten, die keine Ebenen zulassen;
- wenn Sie Bildteile in Alphakanäle oder Ebenenmasken einsetzen, die ebenfalls keine eigenen Ebenen zulassen.

Abbildung 12.5:
Links: Das Hauptmotiv wurde wieder ausgewählt und mit dem Verschieben-Werkzeug bewegt. Hier bewegen wir jedoch ein Duplikat des ausgewählten Bereichs; es entsteht kein Loch im Hintergrund. Dazu drücken wir zusätzlich zum Verschieben-Werkzeug die `Alt`-Taste. Rechts: Auch in diesem Fall wird der verschobene Bildteil zunächst als schwebende Auswahl angelegt, die Ebenenpalette zeigt keine neue Ebene. Mit der `Entf`-Taste lässt sich die schwebende Auswahl bei Bedarf gänzlich entfernen. Vorlage: Natur

Das im Abschnitt zuvor verschobene Element »schwebt« zunächst über dem neuen Untergrund. Sie verschieben die bewegte Auswahl, Sie experimentieren mit Füllmethoden und passen das montierte Objekt in der Größe an, ohne dass das Bild ringsum beschädigt würde. Die Auswahl schwebt auf einer eigenen Ebene – noch. Die »schwebende Auswahl« erscheint nicht als separates Element in der Ebenenpalette.

Schwebende Auswahl verankern

Sie können die schwebende Auswahl nicht im Schwebezustand speichern. Auf verschiedene Arten bereiten Sie dem Schwebezustand ein Ende:

➡ Wählen Sie **Auswahl: Auswahl aufheben** (Strg+D); der bewegte Teil verschmilzt mit der darunter liegenden Ebene, so dass er später nicht mehr separat bewegt werden kann.

➡ Denselben Effekt hat ein Mausklick außerhalb der Markierung, sofern Sie den Modus NEUE AUSWAHL nutzen oder auch

➡ das **Speichern**.

Damit pflanzen Sie die schwebende Auswahl dauerhaft in den Untergrund ein. Die Markierungslinie verschwindet, die Auswahl ist fest integriert, der überdeckte Teil des Untergrunds gelöscht – und das passiert allzu leicht auch ungewollt. Wollen Sie das montierte Element wieder wegbewegen, kommt der alte Untergrund nicht mehr zum Vorschein, sondern nur Hintergrundfarbe.

Abbildung 12.6:
Links: Hier wurde die schwebende Auswahl dauerhaft mit dem Untergrund verschmolzen. Dazu wählen Sie »Auswahl: Auswahl aufheben« oder Strg+D (für Deselect). Rechts: Die Ebenenpalette zeigt weiterhin nur eine einzige Ebene. Die ursprünglichen Bildpunkte des Hintergrunds wurden gelöscht. Vorlage: Natur

Schwebende Auswahl auf neue Ebene legen

Sicherer ist es, wenn Sie die schwebende Auswahl auf einer neuen Ebene speichern. Sie können dann das Objekt jederzeit unabhängig verschieben, die darunter liegenden Bildpunkte bleiben auf der separaten Ebene voll erhalten. Sie speichern das Element sozusagen dauerhaft schwebend auf einer eigenen Folie, ohne dass Untergrund-Bildpunkte dadurch irgendwie beschädigt würden. Man sieht einige von ihnen zwar nicht, aber man kann sie wieder hervorholen.

So gelangt der bewegte Mann auf eine neue Ebene:

1. Wählen Sie bei vorhandener schwebender Auswahl den Befehl **Ebene: Neu: Durch Kopieren** ([Strg]+[J]); diesen Befehl erhalten Sie auch im Kontextmenü, wenn Sie die schwebende Auswahl bei aktiviertem Auswahlwerkzeug (nicht Verschieben-Werkzeug) mit rechts anklicken. Die neue Ebene erscheint zum Beispiel als »Ebene 1« in der Ebenenpalette. Allerdings: An der bisherigen Stelle der schwebenden Auswahl ist das verschobene Motiv auch in der Hintergrundebene zu sehen.
2. Ziehen Sie die schwebende Auswahl in ein neues Bild, das sich aber nicht im Modus INDIZIERTE FARBEN oder BITMAP befinden darf. Dort erscheint der Pixelbrocken automatisch als »Ebene 1« oder ähnlich.

Möglichkeiten bei schwebender Auswahl

Solange Sie die schwebende Auswahl noch nicht endgültig platzieren wollen, speichern Sie das Bild nicht – das verankert die Auswahl, die darunter liegenden Pixel sind fort. Sie haben jedoch den Befehl **Kopie speichern unter** ([Strg]+[Alt]+[S]) – so schreiben Sie die aktuell sichtbare Version einschließlich verankerter schwebender Auswahl unter neuem Namen auf die Festplatte, das Bild auf dem Schirm bleibt dagegen flexibel. Sie dürfen jederzeit die Auswahl eines schwebenden Bildteils in einem Alphakanal speichern, indem Sie zum Beispiel auf das Symbol AUSWAHL ALS KANAL SPEICHERN in der Kanälepalette klicken; die schwebende Auswahl wird dadurch nicht verankert. Solange die Auswahl schwebt, lässt sie sich per [Entf]-Taste aus dem Bild werfen. Eine schwebende Auswahl macht einiges mit:

➤ Sie passen mit den **Transformieren**-Befehlen ([Strg]+[T], siehe Seite 713) den ausgeschnittenen Bildteil in Größe und Perspektive an.

➤ Unschöne Schneidekanten zwischen dem Ausschnitt und dem Untergrund lassen sich mit den Befehlen aus dem **Ebene**-Untermenü **Hintergrund** entfernen (Seite 680).

➤ Pinselretuschen, Kontrastkorrekturen, Filter-Befehle etc. sind möglich.

➤ Ändern Sie Deckkraft und Überblendmodus. Dazu verwenden Sie nicht die Ebenenpalette, sondern den Befehl **Bearbeiten: Verblassen**. Sie erhalten diesen Befehl auch im Kontextmenü eines Auswahlwerkzeugs über der schwebenden Auswahl.

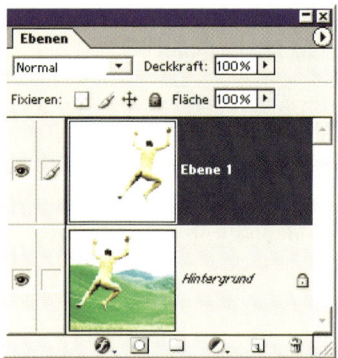

Abbildung 12.7:
Links: Der Bildteil wurde ausgewählt und mit dem Befehl »Ebene: Neu: Ebene durch Kopie« ([Strg]+[J]) auf eine eigene Ebene gehoben. Rechts: Die Ebenenpalette zeigt die neu entstandene »Ebene 1«; die ursprüngliche Ebene ist voll erhalten. Datei: Natur_2

Bildteile einsetzen — Kapitel 12

Alternative zur schwebenden Auswahl

Insgesamt ist die schwebende Auswahl ein riskantes Verfahren, zu leicht sind Pixel der darunter liegenden Ebenen überschrieben oder Sie löschen die Auswahl durch ein unbedachtes Drücken der [Entf]-Taste. Wollen Sie einen ausgewählten Bildteil innerhalb derselben Datei mehrfach einsetzen, bieten sich einige Alternativen an, bei denen sofort eine neue, dauerhaft unabhängig speicherbare »Ebene 1« oder ähnlich entsteht:

- Kopieren Sie die Auswahl mit [Strg]+[V] in die Zwischenablage und fügen Sie den Bereich mit [Strg]+[V] sofort wieder ein – einmal oder mehrfach.
- Heben Sie die Auswahl mit dem Befehl **Ebene: Neu: Ebene durch Kopie** ([Strg]+[J]) auf eine eigene Ebene.

In beiden Fällen bleibt der Hintergrund völlig unverändert.

 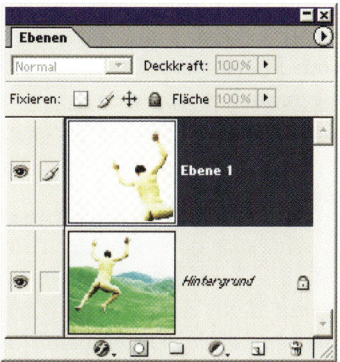

Abbildung 12.8:
Links: Mit dem Verschieben-Werkzeug ziehen wir die separate Ebene auf einen neuen Platz im Gesamtbild, mit der Transformieren-Funktion ([Strg]+[T]) ändern wir Drehwinkel und Größe. Durch Löschen oder Verbergen der »Ebene 1« könnten Sie das ursprüngliche Bild wieder herstellen. Rechts: Die Ebenenpalette zeigt den Inhalt der Ebene 1 relativ zu den Gesamtmaßen des Bildes. Das Motiv erscheint also jetzt innerhalb der Ebenenminiatur größer und weiter unten. Vorlage: Natur_2

12.2.2 Auswahlbereiche und Ebenen in ein anderes Bild einsetzen

Um einen markierten Bildteil oder eine Ebene in eine neue Bilddatei einzusetzen, bietet Photoshop verschiedene Wege:

- per **Kopieren** oder **Ausschneiden** und anschließendem **Einfügen**;
- durch Ziehen mit dem Verschieben-Werkzeug.

Einsetzen per Zwischenablage: Kopieren

Mit den **Bearbeiten**-Befehlen **Kopieren** ([Strg]+[C] für Copy) oder **Ausschneiden** ([Strg]+[X]) bringen Sie den markierten Bildteil in die Zwischenablage. Dann aktivieren Sie das Zielbild, wo Sie das Objekt einsetzen ([Strg]+[V]).

Photoshop legt den Neuzugang sofort als eigene, nummerierte Ebene an. Haben Sie im Zielbild eine Auswahl, erscheint das neu eingesetzte Element mittig über der Auswahl; sonst platziert Photoshop es zentral im Dateifenster.

Kopieren belastet die Zwischenablage und damit den Arbeitsspeicher, Photoshop kann langsamer werden. Der Befehl **Bearbeiten: Entleeren: Zwischenablage** *löscht den Pixelbrocken und gibt Arbeitsspeicher frei; alternativ markieren Sie ein paar Pixel oder Buchstaben und kopieren diese in die Zwischenablage. Zu empfehlen ist der Weg über die Zwischenablage eigentlich nur, wenn Sie ein Objekt mehrfach einsetzen wollen – in ein Bild oder in mehrere Bilder. Ansonsten sparen Sie Arbeitsspeicher durch Übertragen der Ebene mit dem Verschieben-Werkzeug.*

Auf eine Ebene reduziert kopieren

Beim Kopieren erfasst Photoshop nur die aktive Ebene: Pixel, die Sie innerhalb der Fließmarkierung sehen, die aber auf Ebenen darunter oder darüber liegen, werden nicht mit kopiert. Möchten Sie alle sichtbaren Ebenen innerhalb des Auswahlbereichs kopieren, erledigt dies der Befehl **Auf eine Ebene reduziert kopieren** ([Strg]+[⇧]+[C]). Dabei kommt im Zielbild nur eine Ebene an – die Gesamtansicht des markierten Bildbereichs aus der Vorlage.

Kopierte Teile von Textebenen lassen sich nur in andere Textebenen einsetzen. Formebenen lassen sich gar nicht per Auswählen und Zwischenablage übertragen. Wollen Sie die Text- oder Formeigenschaften voll erhalten, sollten Sie das Gesamtobjekt mit dem Verschieben-Werkzeug in die Zieldatei verschieben und dort weiterbearbeiten. Dabei bleibt das ursprüngliche Dokument unverändert zurück.

Kopieren und Ebeneneffekte

Wenn Sie eine Ebene mit Ebeneneffekt, also mit Schatten, Lichthof oder 3D-Kante markieren, kopieren und andernorts einfügen, erscheint im Zielbild nur die flache Ebene ohne Ebeneneffekt. Verwenden Sie dagegen den Befehl **Auf eine Ebene reduziert kopieren**, lässt sich die Ebene mit Ebeneneffekten übertragen. Allerdings rechnet Photoshop den Effekt dauerhaft auf die Ebene um, so dass Sie Schatten oder Kanten nicht mehr frei verändern können. Abhilfe: Ziehen Sie das Objekt mit dem Verschieben-Werkzeug ans Ziel; nun bleiben die Effeke als korrigierbare Ebeneneigenschaft erhalten.

Einsetzen per Ziehen und Ablegen

Meist verzichtet man auf das **Kopieren** und geht den einfachen und speicherschonenden Weg des Ziehens und Ablegens. Diese Alternativen haben Sie:

➥ Sie aktivieren das Verschieben-Werkzeug (Kurztaste [V]) oder vorübergehend die [Strg]-Taste) und ziehen das Element – das auch aktiviert sein muss – unmittelbar aus dem Ursprungsbild in die neue Datei.

➥ Oder ziehen Sie eine Ebenenminiatur aus der Ebenenpalette über ein neues Bild.

Bildteile einsetzen   Kapitel 12

Abbildung 12.9:
Der Bildbereich wird mit dem Zauberstab ausgewählt, mit dem Verschieben-Werkzeug in ein anderes Bild gezogen und mit der Transformieren-Funktion gedreht und skaliert. Die Ebenenpalette zeigt den eingesetzten Bildteil als neue »Ebene 1«.
Vorlagen: Natur, Pool; Ergebnis: Pool_2

Im Zielbild erscheint die überlieferte Ebene mit dem vertrauten Ebenennamen. Wichtiger Vorteil: Dieser Weg belastet die Zwischenablage nicht. Die Quelldatei bleibt unverändert, der markierte und herübergezogene Bereich bleibt also am ursprünglichen Ort voll erhalten. Weitere Möglichkeiten:

➤ Ziehen Sie einen Zustand oder einen Schnappschuss aus der Protokollpalette in das Zielbild. Damit verwandelt sich das Zielbild in eine Kopie der Vorlage; die ursprünglichen Ebenen sind fort.

➤ Das Menü der Ebenenpalette wie auch das **Ebene**-Menü bieten den Befehl **Ebene duplizieren**. Hier nennen Sie für die aktive Ebene als ZIEL eine geöffnete Datei oder eine neue Datei. Der neuen Datei wie auch der duplizierten Ebene teilen Sie dabei gleich einen Namen zu.

Bildteile übertragen bei indizierten Farben

Der Farbmodus INDIZIERTE FARBEN (8-Bit-Farbe), wie er zum Beispiel für GIF-Dateien typisch ist, unterstützt keine Ebenentechnik. Das hat Konsequenzen:

➤ Wenn Sie einen Bildteil aus der Zwischenablage in ein 8-Bit-Bild einfügen, erscheint er nicht als neue Ebene, sondern als »schwebende Auswahl«, die nach Verschieben und Transformieren in den Hintergrund verankert oder gelöscht werden muss (siehe oben).

➤ Auch wenn Sie einen markierten Bereich aus einem Bild in ein anderes ziehen, erhalten Sie im 8-Bit-Ziel nicht wie üblich eine neue Ebene, sondern nur eine schwebende Auswahl.

➤ Eine komplette Ebene in ein 8-Bit-Farbbild zu ziehen, das lehnt Photoshop kommentarlos ab.

12.2.3 Objekte außerhalb der Dokumentbegrenzung

Sie können Ebenen über den Bildrand hinausragen lassen; von diesen Ebenen sehen Sie nichts mehr, aber gelöscht werden die Außenposten auch nicht – sie lassen sich immer wieder mit dem Verschieben-Werkzeug ins Bild hereinziehen. Auch wenn Sie per Freistellwerkzeug den Rand kappen und die Option AUSBLENDEN nutzen (Seite 167), entsteht Bildfläche außerhalb der Dokumentbegrenzung. Sie können halb versteckte Element sogar verzerren; dabei berücksichtigt Photoshop fürsorglich auch unsichtbare Teile.

Mehr Bildfläche anbauen

So sorgen Sie für eine größere Bildfläche, um Außenstände wieder sichtbar zu machen:

- Bauen Sie Bildfläche nach Belieben mit dem Freistellwerkzeug oder mit dem Befehl **Bild: Arbeitsfläche** an (Seite 181).
- Erweitern Sie die Bildfläche exakt passend zu den Außen-Seitern mit dem Befehl **Bild: Nichts maskiert** (Seite 183).

Ausgeblendete Bildteile endgültig löschen

Die aus dem Bild herausragenden Pixel kosten auch Speicher und sollten irgendwann endgültig entfernt werden. So entsorgen Sie die Außenposten ein für allemal:

- Wählen Sie den Befehl **Auswahl: Alles auswählen** ([Strg]+[A]). Anschließend nutzen Sie den Befehl **Bild: Freistellen**, der ein Bild auf die Grenzen des aktiven Auswahlrahmens zurechtschneidet.
- Verwenden Sie das Freistellwerkzeug mit der Option LÖSCHEN, nicht mit AUSBLENDEN.
- Speichern Sie in einem Dateiformat, das keine Ebenen unterstützt, beispielsweise JPEG oder Targa; dabei fallen Bildpunkte außerhalb des sichtbaren Bereichs unter den Tisch.

12.2.4 In die Auswahl einfügen

Sie können ein Objekt in die Zwischenablage **kopieren** und im Zielbild **In die Auswahl einfügen** ([Strg]+[⇧]+[V]). Im Zielbild lässt sich das Objekt nur innerhalb der Auswahlgrenzen bewegen – außerhalb der Grenzen wird es sich nicht zeigen. Damit setzen Sie Dinge in Rahmen.

Das neue Objekt erscheint als neue Ebene im Zielbild. Dazu legt Photoshop automatisch eine Ebenenmaske an (Seite 772), die den Bereich der neuen Ebene außerhalb der Auswahl unterdrückt. Das Prozedere:

Bildteile einsetzen   Kapitel 12

1. Wählen Sie mit einem Auswahlwerkzeug wie Lasso ⌇ oder Zauberstab ✷ im Ursprungsbild den gewünschten Bildbereich für den neuen Hintergrund aus.
2. Schreiben Sie das zu bewegende Objekt durch **Kopieren** (`Strg`+`C`) in die Zwischenablage.
3. Wählen Sie im Zielbild den Bereich, der gefüllt werden soll, aus.
4. Laden Sie das neue Objekt mit dem **Bearbeiten**-Befehl **In die Auswahl einfügen** (`Strg`+`⇧`+`V`). Jetzt erscheint das kopierte Objekt innerhalb der Auswahl. Photoshop legt eine eigene Ebene und eine Ebenenmaske an.
5. Mit gedrückter Maustaste schieben Sie den eingefügten Bildteil hin und her, bis er passt. Sie können den eingesetzten Ausschnitt auch noch vergrößern, verzerren oder überblenden (**Bearbeiten: Transformieren** oder `Strg`+`T`).

 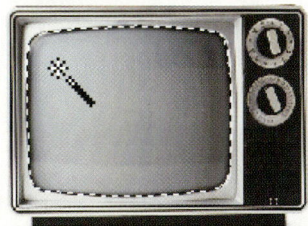 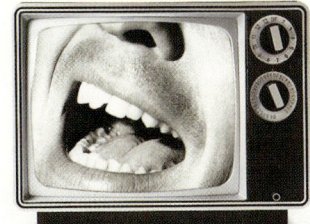

Abbildung 12.10:
So nutzen Sie den Befehl »Bearbeiten: In die Auswahl einfügen«. Links: Wir markieren zunächst das Motiv, das wir einsetzen wollen, mit dem Auswahlrechteck und kopieren es mit `Strg`+`C` in die Zwischenablage. Mitte: Dann markieren wir im Zielbild den Bereich, in dem wir das Objekt einsetzen wollen; wir wählen die Mattscheibe eines TV-Geräts mit dem Zauberstab aus. Rechts: Wir setzen das kopierte Motiv mit dem Befehl »Bearbeiten: In die Auswahl einfügen« ein (`Strg`+`⇧`+`V`). Für unser Beispiel gilt: Weil der kopierte Bereich deutlich mehr Bildpunkte hat als die Auswahl im Zielbild, erscheint zunächst nur ein Ausschnitt des kopierten Fotos. Vorlagen: TV, Mister

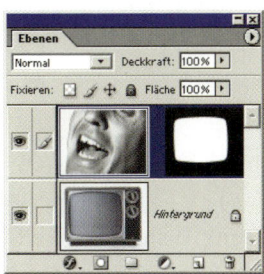 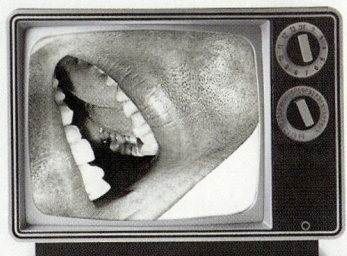 

Abbildung 12.11:
Links: Photoshop legt für das kopierte Objekt eine neue Ebene an und deckt Bereiche, die außerhalb der Auswahl liegen, durch eine Ebenenmaske ab (Seite 772). Mitte, rechts: Sie können das eingefügte Objekt bewegen, drehen oder verkleinern, zum Beispiel mit dem Befehl »Bearbeiten: Transformieren« (`Strg`+`T`). Es wird sich nur innerhalb des markierten Bereichs zeigen. Denn die außerhalb gelegenen Bildteile sind durch die Ebenenmaske abgedeckt; die Ebenenmaske verändert oder bewegt sich in diesem Fall nicht mehr mit dem eingefügten Bild, da sie nicht verbunden ist. Ergebnis: TV_2

Kapitel 12   Ebenen

 TIPP *Nach dem Einfügen ist die Auswahl im Zielbild weg – Sie sollten eine gelungene Markierung also eventuell als Alphakanal oder als Pfad speichern. Freilich können Sie die Auswahlinformation auch aus der neu entstandenen Ebenenmaske ableiten: Klicken Sie die Miniatur der Ebenenmaske in der Ebenenpalette bei gedrückter* Strg *-Taste an.*

Abbildung 12.12:
Beliebt ist das Einsetzen in die Auswahl, um einen blassen Himmel auszutauschen. Links: Mit dem Auswahlrechteck wählen wir ein Wolkenfoto grob aus und kopieren es mit Strg + C in die Zwischenablage. Mitte: Wir wählen den Himmel im Zielbild. Rechts: Wir verwenden den Befehl »Bearbeiten: In die Auswahl einfügen«. Dateien: Surfer, Wolken

Außerhalb der Auswahl einfügen

Klicken Sie den Befehl **In die Auswahl einfügen** mit gedrückter Alt -Taste an. Sie erhalten den umgekehrten Effekt: Sie fügen das Bild aus der Zwischenablage jetzt nur außerhalb der Auswahl ein. Dasselbe Ergebnis erhalten Sie jedoch auch nachträglich, wenn Sie zunächst den Befehl **In die Auswahl einsetzen** verwendet haben: Aktivieren Sie die Ebenenmaske in der Ebenenpalette und verwandeln Sie diese mit dem Befehl **Bild: Einstellungen: Umkehren** (Strg + I) in ihr Negativ.

12.2.5   Randfehler korrigieren

Erst wenn ein montierter Bildteil über dem neuen Hintergrund schwebt, erkennt man oft genau, ob das Objekt sauber ausgeschnitten war. Stand das Element zum Beispiel auf Weiß, dann ist es in der neuen Umgebung vielleicht von einer unansehnlichen dünnen weißen Kante umgeben – Überreste des ursprünglichen Backgrounds, die besonders dann hartnäckig kleben, wenn Sie mit geglätteter Auswahlkante arbeiten. Mit dem **Ebene**-Untermenü **Hintergrund** lassen sich solche unschönen Ränder manchmal tilgen. Dieses Untermenü erreichen Sie nur unter diesen Bedingungen:

- Sie bearbeiten eine Ebene über der Hintergrundebene und haben keine Auswahl im Bild; oder
- Sie haben eine schwebende Auswahl erzeugt. (In diesem Fall stört die Fließmarkierung bei der Beurteilung; sie lässt sich mit Strg + H ausblenden.)

Es ist jedoch meist einfacher, schon vorab die Auswahl sauber anzupassen und dazu Befehle wie **Auswahl verändern: Verkleinern** zu verwenden, bei Alphakanal-Technik oder Ebenenmaske heißt das Pendant **Sonstige Filter: Dunkle Bereiche vergrößern** (Seite 877). Weitere Alternative: Sie schmiegen die Auswahl mit Pfadtechnik eng an; man entfernt im Zweifelsfall eher einen winzigen Randbereich des Hauptobjekts, bevor man Umgebungspixel mit aufnimmt.

»Schwarz entfernen« und »Weiß entfernen«

Schwarz entfernen und **Weiß entfernen** Sie vor allem, wenn Sie mit einer geglätteten Auswahl markiert haben und diesen Auswahlbereich in ein anderes Bild übertragen. Stand das Motiv ursprünglich vor Weiß, zeigt es im neuen Milieu unschöne weiße Randspuren. Die tilgt man mit dem Befehl **Weiß entfernen**. Umgekehrt klicken Sie auf **Schwarz entfernen**, wenn das Objekt vor dunklem Hintergrund markiert wurde und vor neuer, heller Umgebung schwarze Kanten zeigt.

*Wenden Sie **Weiß entfernen** getrost mehrfach an, falls der erste Versuch nicht genug Wirkung zeigt.*

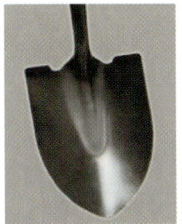  

Abbildung 12.13:
Links: Dieser Spaten wurde vor weißem Hintergrund fotografiert, in Photoshop mit geglätteter Kante ausgewählt und vor eine graue Fläche montiert. Dabei zeigt sich, dass ein weißer Rand um das Objekt herum verbleibt. Mitte: Etwas Abhilfe schafft der Befehl »Ebene: Hintergrund: Weiß entfernen«. Er entfernt die hellen Überreste. Rechts: Erneute Anwendung dieses Befehls tilgt weitere Spuren. Datei: Spaten

Rand entfernen

Der Befehl **Rand entfernen** ersetzt die Farbe aller Randpixel durch die Farbe der innen angrenzenden Bildpunkte, die keine Hintergrundfarbe enthalten; Sie geben einen Pixelradius vor. Das klingt schöner, als es ist: Leicht entstehen hier durch Wiederholungen erst recht unschöne Ränder – farblich nicht mehr so abweichend, aber dafür durch ihre streifige Gleichmäßigkeit genauso unangenehm. Dies gilt jedenfalls bei nicht völlig gleichmäßigen Rändern.

12.2.6 Vektorgrafiken einfügen

Auf verschiedene Arten setzen Sie Vektorgrafiken aus anderen Programmen wie CorelDraw, Freehand oder Illustrator in Ihre Montage ein:

- Der Befehl **Datei: Platzieren** setzt die Vektorgrafik als neue Montage-Ebene ein; die Grafik wird dabei gerastert.

Kapitel 12 Ebenen

→ Auch durch Ziehen und Ablegen oder durch **Kopieren** und **Einfügen** zwischen Programmen können Sie Vektormaterial zumindest in gerasterter Form übertragen, zwischen Illustrator und Photoshop auch als Vektoren.

Details finden Sie ab Seite 245.

12.2.7 Befehle im Überblick: Bildteile bewegen und einsetzen

Taste/Feld	Zusatztasten	Aktion	Ergebnis
[Strg]+[X]			Bildteil in die Zwischenablage ausschneiden, im Quellbild entsteht ein Loch in der Hintergrundfarbe
[Strg]+[C]			Markierten Bereich in die Zwischenablage kopieren
[Strg]+[C]	[⇧]		Markierten Bereich aus allen Ebenen auf Einzelebene reduziert in die Zwischenablage kopieren
[Strg]+[V]			Aus der Zwischenablage einfügen
[Strg]+[V]	[⇧]		Aus der Zwischenablage in ausgewählten Bereich einfügen
[Strg]+[V]	[⇧]+[Alt]		Aus der Zwischenablage außerhalb des gewählten Bereichs einfügen
[Strg]+[J]			Duplikat des markierten Bereichs als neue Ebene
V (für Move Tool)			▶⊕
Fast jedes Werkzeug	[Strg]		Vorübergehend ▶⊕
▶⊕		🖱 ziehen	Auswahlinhalt/Ebene bewegen
▶⊕	[Alt]	🖱 ziehen	Duplikat des ausgewählten Bildteils bewegen
▶⊕	[⇧]	🖱 ziehen	Auswahlbereich/Ebene in 45-Grad-Winkeln bewegen
▶⊕	[Alt]+[⇧]	🖱 ziehen	Duplikat des markierten Bildteils oder der Ebene in 45-Grad-Winkeln bewegen
▶⊕ aktiviert		Pfeil-Taste drücken	Ebene in 1-Pixel-Schritten bewegen

Taste/Feld	Zusatztasten	Aktion	Ergebnis
▶︎ aktiviert	⇧	Pfeil-Taste drücken	Ebene in 10-Pixel-Schritten bewegen

12.3 Bildteile bewegen und anordnen

Bewegen Sie Ebenen mit dem Verschieben-Werkzeug ▶︎ (Kurztaste V). Bei den meisten anderen Werkzeugen, etwa Mal- und Retuschewerkzeuge oder Auswahlwerkzeuge, gilt: Solange Sie die Strg-Taste drücken, wechseln Sie vorübergehend zum Verschieben-Werkzeug ▶︎. Um eine Ebene mit dem Verschieben-Werkzeug nur in 45-Grad-Winkeln zu bewegen, drücken Sie wie immer die ⇧-Taste. Doch das Bewegen einer Ebene oder schwebenden Auswahl durch Ziehen mit der Maus ist nicht sonderlich präzise. Es gibt verschiedene Wege, ein Objekt genauer zu platzieren.

Für alle Erläuterungen in diesem Abschnitt gilt natürlich: Die Ebenen dürfen nicht »fixiert« sein, etwa mit der Option POSITION FIXIEREN eb_pos-sperren aus der Ebenenpalette (Seite 709). Bevor wir das eigentliche Bewegen besprechen, behandeln wir wichtige Hilfsmittel zur präzisen Ausrichtung – Hilfslinien und Raster.

Vorsicht: Befindet sich eine Auswahl im Bild, bewegt sie sich mit der Ebene mit – auch wenn die Auswahl eigentlich auf einer anderen Ebene angewendet werden sollte. Sichern Sie die Auswahl vor dem Bewegen der Ebene als Alphakanal oder als Pfad.

12.3.1 Hilfslinien

Sie können zur Fotomontage oder zum Ausrichten von Horizonten Hilfslinien über das Bild blenden. Diese Linien, die nicht mitgedruckt werden, ziehen Objekte bei Bedarf magnetisch an. Sie klicken einfach in die Linealleiste (einzublenden mit Strg+R) und ziehen eine Hilfslinie ins Bild. Alternative: der Befehl **Ansicht: Neue Hilfslinie** (siehe unten).

Der Befehl **Ansicht: Einblenden: Hilfslinien** schafft die Striche vom Schirm. Selbst nach diesem Kommando wird Photoshop die Linien wieder anzeigen, sobald Sie eine neue Linie aus den Linealen hervorziehen. Diagonale Linien behält man sich für eine spätere Photoshop-Version vor.

Die Farbe der Hilfslinien bestimmen Sie per **Datei: Voreinstellungen: Hilfslinien & Raster** (Strg+K, dann Strg+6), allerdings nur in Photoshop, nicht in ImageReady. Sie wählen zwischen durchgezogenen und gepunkteten Linien und greifen aus dem Listenfeld eine Farbe heraus, die sich gut von Ihrer Datei und vom »Raster« abhebt. Klicken Sie auf das Farbviereck, um im Farbwähler gänzlich freie Tonwerte auszuwählen.

Kapitel 12   Ebenen

Horizontale, vertikale oder diagonale Hilfslinien können Sie natürlich mit dem Linienzeichner auch als dauerhafte Ebene erzeugen (Seite 643.)

Neue Hilfslinie (Photoshop)

Photoshop bietet den Befehl **Ansicht: Neue Hilfslinie**. Hier können Sie Hilfslinien mit einem festen Abstand zum oberen oder linken Bildrand schaffen. Rufen Sie den Befehl mehrfach hintereinander auf, um mehrere Linien nacheinander ins Bild zu setzen – diese Funktion löscht vorhandene Linien nicht. Tippen Sie außerdem die gewünschte Maßeinheit ein: Wenn Photoshop zunächst »px« für Pixels anbieten sollte, verwenden Sie stattdessen nach Bedarf etwa »cm« oder »mm«.

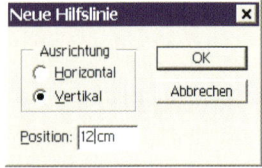
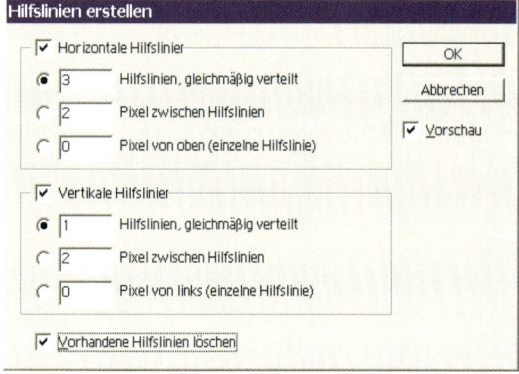

Abbildung 12.14:
Links: Photoshops Befehl »Ansicht: Neue Hilfslinie« erzeugt bei mehrfacher Anwendung auch mehrere Hilfslinien nebeneinander. Rechts: Der Befehl »Ansicht: Hilfslinien erstellen« in ImageReady erzeugt gleichmäßig verteilte Hilfslinien oder eine einzelne, exakt positionierte Hilfslinie.

Hilfslinien erstellen (ImageReady)

Sie müssen die Hilfslinien nicht von Hand aus dem Lineal hervorzerren. Alle Optionen entfernen bereits vorhandene Hilfslinien; Sie können also mit dem Befehl **Hilfslinien erstellen** vorhandene Hilfslinien nicht ergänzen, sondern nur ersetzen. Verwenden Sie stattdessen bei Photoshop den Befehl **Ansicht: Neue Hilfslinie**, um Hilfslinien per Zahleneingabe anzulegen. Getrennt für HORIZONTALE HILFSLINIEN und VERTIKALE HILFSLINIEN haben Sie hier folgende Möglichkeiten:

- Erzeugen Sie eine festgelegte Zahl von GLEICHMÄSSIG VERTEILTEN Hilfslinien.
- Erzeugen Sie Hilfslinien mit einem gleichmäßigen Abstand von x PIXEL ZWISCHEN HILFSLINIEN.
- Erzeugen Sie eine Hilfslinie mit einem festgelegten Abstand von x PIXEL VON OBEN (EINZELNE HILFSLINIE) bzw. x PIXELS VON LINKS. Diese Vorgaben produzieren generell nur eine einzige Hilfslinie, auch wenn sich zuvor mehrere Hilfslinien im Bild befanden.

Mit den Optionen GLEICHMÄSSIG VERTEILT *und* PIXEL ZWISCHEN HILFSLINIEN *erhalten Sie eine gleichmäßige Verteilung der Hilfslinien. Dies erreichen Sie ebensogut mit dem Raster (siehe unten).*

Hilfslinien einrichten und bewegen

Die Hilfslinien haften an den magnetischen »Raster«-Linien, sofern diese angezeigt sind (siehe nächster Abschnitt). Bei gedrückter ⇧-Taste docken die Hilfslinien auch an den Linealeinteilungen an. Der Photoshop-Befehl **Ansicht: Neue Hilfslinie** setzt eine Hilfslinie exakt an die von Ihnen gewünschte Position. Im Dialogfeld verwendet das Programm zunächst diejenige Maßeinheit, die Sie in den Voreinstellungen gewählt haben – es nennt also zum Beispiel einen Wert »px« für Pixel. Tippen Sie bei Bedarf einfach eine andere Maßeinheit ein, etwa »mm« für Millimeter.

Sie können eine Hilfslinie verschieben, wenn Sie ihr mit dem Verschieben-Werkzeug ▸⊕ acht Monitorpixel nah kommen; der Zeiger verwandelt sich dann in einen Hilfslinien-Cursor hilfsli-cursor. Drücken Sie die Alt -Taste, um aktivierte horizontale in vertikale Hilfslinien zu verwandeln und umgekehrt.

Hilfslinien verriegeln, speichern und entfernen

Der Befehl **Ansicht: Hilfslinien fixieren** sperrt die Hilfslinien gegen weiteres Verschieben. Dann wird sich der Bewegen-Zeiger nicht mehr in ein Hilfslinien-Werkzeug verwandeln. Neuerliche Anwahl des Kommandos macht die Hilfslinien wieder beweglich.

Wenn Sie das Bild in gängigen Dateiformaten wie TIFF, JPEG, Pict oder Photoshop speichern und dann wieder in Photoshop öffnen, stoßen Sie erneut auf zuvor eingerichtete Hilfslinien. Natürlich muss der **Ansicht**-Befehl **Einblenden: Hilfslinien** gewählt sein. Speichern Sie das Bild allerdings zwischendurch in einem anderen Programm, ist es mit der Linientreue vorbei: Beim späteren Öffnen in Photoshop fehlen die Hilfslinien.

Ausgediente Hilfslinien ziehen Sie mit dem Verschieben-Werkzeug aus dem Bild. Um alle Hilfslinien zu verwerfen, nutzen Sie den **Ansicht**-Befehl **Hilfslinien löschen**.

Magnetische Hilfslinien

Auf Wunsch docken Ebenen, schwebende Auswahlen, aber auch Werkzeuge magnetisch an den Hilfslinien an. So eignen sich die Striche gut, um Slices oder ImageMaps vorzubereiten. Die anziehende Wirkung erreichen Sie mit dem Befehl **Ansicht: Ausrichten an: Hilfslinien**. Gerät ein Objekt näher als acht Monitorpixel an die Hilfslinie heran, ordnet es sich dort automatisch an – und lässt sich nur mit einer gewissen Willenskraft darüber hinaus bewegen.

Beachten Sie, dass auch weitere Bildschirm- und Bildelemente anziehend wirken können. Das Untermenü **Ansicht: Ausrichten an** bietet dafür neben den **Hilfslinien** auch Slices, Raster und Bildgrenzen an. Eine gleichmäßige Verteilung von Montageobjekten erlauben außerdem die Befehle **Ausrichten** und **Verteilen** aus dem **Ebene**-Menü (Seite 27).

Hilfslinien auf ein anderes Bild übertragen

Sie können die Hilfslinien nicht in einer Art Hilfslinien-Datei speichern. Um einen Satz Hilfslinien auf ein anderes Bild zu übertragen, speichern Sie die Entstehung der Hilfslinien als Aktion. Im Einzelnen gehen Sie so vor:

a. Stellen Sie die passende Maßeinheit mit dem Befehl **Bearbeiten: Voreinstellungen: Maßeinheiten & Lineale** ein.

b. Blenden Sie mit [Strg]+[R] die Lineale ein und rufen Sie mit dem **Fenster**-Menü die Aktionenpalette auf.

c. Legen Sie eine neue Aktion mit dem Symbol an.

d. Geben Sie der Befehlsfolge, die Sie jetzt aufzeichnen, im Dialogfeld einen Namen.

e. Ziehen Sie die Hilfslinien aus den Linealen heraus über das Bild.

f. Wenn alle Hilfslinien sitzen, beenden Sie die Aufzeichnung der Aktion mit dem Palettenbefehl **Aufzeichnung beenden**.

g. Aktivieren Sie jetzt das nächste Bild, das Sie mit einem identischen Hilfsliniensatz ausstatten wollen.

h. Aktivieren Sie die Hilfslinienaktion in der Aktionenpalette.

i. Starten Sie die Hilfslinienaktion mit dem Palettenbefehl **Ausführen** oder mit dem entsprechenden Symbol.

Zu den Maßeinheiten

Wenn Sie die Hilfslinienproduktion per Aktionenpalette aufzeichnen, wählen Sie zuvor mit dem Befehl **Bearbeiten: Voreinstellungen: Maßeinheiten & Lineale** die passende Maßeinheit, zum Beispiel Pixel, Zentimeter oder Prozent. Beachten Sie, dass sich Photoshop bei der Platzierung auch nach Zentimeterangaben richtet. Orientieren Sie sich zum Beispiel an Zentimeterwerten und steht Ihr Lineal auf Zentimetereinheiten, dann platziert Photoshop die Hilfslinien nach der Übertragung via Aktionenpalette im nächsten Bild wieder millimetergenau. Wenn jedoch die Druckauflösung der beiden Werke nicht übereinstimmt, erscheinen die Hilfslinien an unterschiedlichen Pixelpositionen. Ein Beispiel: Findet Photoshop im zweiten Werk eine höhere Auflösung, also mehr Pixel pro Zentimeter, vor, wird er die Hilfslinien näher am linken bzw. oberen Rand platzieren – weil dort mehr Pixel pro Zentimeter eingerichtet sind. Verschiebungen entstehen auch, wenn Sie die Auflösung verändern, Arbeitsfläche anbauen oder wegschneiden.

12.3.2 Raster

Als Alternative zu den Hilfslinien, die Sie exakt platzieren, bietet sich das gleichmäßige Raster an. Der Befehl **Ansicht: Einblenden: Raster** zeigt oder versteckt das Gitternetz; **Ansicht: Ausrichten an: Raster** sorgt dafür, dass Objekte und schwebende Auswahlen magnetisch an den Linien andocken. Auch Hilfslinien, die Sie aus den Linealen herausziehen, haften an magnetischen Rastern.

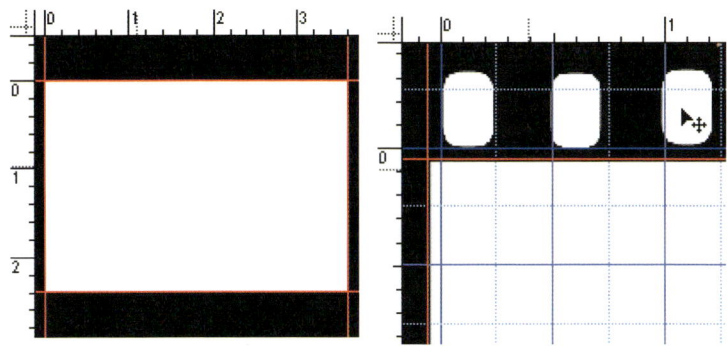

Abbildung 12.15:
Links: Zur Anlage eines Filmstreifens werden zunächst Hilfslinien über das Bild gezogen. Rechts: Bei der Anlage der Perforation hilft das regelmäßige Raster in 0,5-Zentimeter-Abständen. Der Nullpunkt der Lineale wird jeweils passend verschoben; dazu klickt man in den Bildwinkel oben links und zieht den Nullpunkt auf die gewünschte Stelle.

Einrichtung

Das Raster-Gitternetz richten Sie ein mit dem Befehl **Bearbeiten: Voreinstellungen: Hilfslinien & Raster** ([Strg]+[K], dann [Strg]+[6], nicht bei ImageReady). Sie definieren eine Aufteilung, also in welchem Abstand die Hilfslinien aufeinander folgen sollen. Als Einheit stehen etwa Pixel, Zentimeter oder Prozentwerte zur Verfügung. Wenn Sie den Nullpunkt der Lineale verschieben, wandern zentimeterorientierte Rasterlinien mit. Geboten sind durchgezogene Linien, gepunktete Linien und die unaufdringlichen Einzelpunkte. Aus dem Listenfeld FARBE greifen Sie einen Tonwert für das Gittermuster heraus, der sich gut von der vorhandenen Datei und von eventuellen Hilfslinien abhebt.

Zu den Haupt-Rasterlinien bietet Photshop UNTERTEILUNGEN an; sie zerlegen die Quadrate des Grundrasters noch einmal in kleinere Felder. Die Häufigkeit der UNTERTEILUNGEN bestimmen Sie mit einer ganzen Zahl zwischen 1 und 100. »1« bedeutet, dass Photoshop die Quadrate des Grundrasters gar nicht unterteilt; »2« heißt, dass zu den vorhandenen Hoch- und Querlinien nochmal jeweils auf halber Entfernung Unterlinien kommen; »3« drittelt die Abstände.

*Die Verwendung von Prozentwerten erzeugt unkompliziert eine gleichmäßige Aufteilung der Rasterlinien. Der Wert 20 Prozent erzeugt je vier Linien horizontal und vertikal; das Bild wird also in 5 x 5 gleich große Felder zerlegt. Ebenfalls gleich große Segmente erzeugen Sie zum Beispiel mit Vorgaben wie 5, 10 oder 25 Prozent. Wollen Sie dagegen Hilfslinien – nicht Raster – gleichmäßig aufteilen, verwenden Sie in ImageReady den Befehl **Ansicht: Neue Hilfslinie** mit den Optionen GLEICHMÄSSIG VERTEILT oder PIXEL ZWISCHEN HILFSLINIEN (siehe vorhergehender Abschnitt).*

Gitternetz speichern und übertragen

Ein Rasternetz lässt sich ohne Weiteres auf eine andere Datei übertragen. Rufen Sie das nächste Bild auf und achten Sie darauf, dass Sie im **Ansicht**-Untermenü **Einblenden** das **Raster** eingeschaltet haben. Sollte sich Ihr Gitternetz an Zentimeterwerten und nicht an Pixeln orientieren, wird es sich auf der zweiten Datei anders verteilen als auf der ersten, sofern die zweite Datei eine andere Druckauflösung (Pixel pro Zentimeter) hat.

Sie können die Voreinstellungen für das Raster auch mit der Aktionenpalette speichern. Nützliche Werte lassen sich dann nach verschiedenen Änderungen leicht wieder herstellen.

12.3.3 Bewegen mit den `Pfeil`-Tasten

Schwebende Auswahlen und Ebenen lassen sich mit den `Pfeil`-Tasten auf Ihrer Tastatur fortbewegen – um einen Pixel je Tastendruck. Wohlgemerkt: Dazu muss das Verschieben-Werkzeug aktiviert sein (Kurztaste `V`). Nehmen Sie die `⇧`-Taste dazu, um das Objekt in 10-Pixel-Etappen durchs Bild zu schieben.

Wenn Sie bei gedrückter `Alt`-Taste die Richtungstasten verwenden, erhalten Sie mit jedem Tastendruck eine neue Kopie des Objekts, jedes Mal auf einer eigenen Ebene. Wollen Sie die vielen neuen Ebenen zu einer Ebene verschmelzen, nutzen Sie die Befehle **Sichtbare auf eine Ebene reduzieren** oder **Verbundene auf eine Ebene reduzieren** aus dem **Ebene**-Menü. Auch schwebende Auswahlen lassen sich auf diese Art vervielfältigen.

Abbildung 12.16:
Schalten Sie das Verschieben-Werkzeug ein und bewegen Sie eine Ebene mit den `Pfeil`-Tasten bei gedrückter `Alt`-Taste. Dabei entstehen vielfache Kopien der Ebene. In diesem Beispiel haben wir den Bildrand mit dem Befehl »Filter: Störungsfilter: Störungen hinzufügen« aufgerauht, um den Kanteneffekt zu betonen.

12.3.4 Bewegen per »Transformieren«

Sie können die Ebene auch durch Eintippen von Zahlen verschieben. Dazu verwenden Sie den Befehl **Bearbeiten: Frei transformieren** (`Strg`+`T`) und achten auf die Optionenleiste oben. Hier interessiert uns nur der Bereich links mit den Angaben für die Position auf der X- und Y-Achse (weitere Möglichkeiten dieser Leiste ab Seite 713). Geben Sie in die X- und Y-Felder eine neue Position in »px«- oder »cm«-Einheiten an, weitere Maßeinheiten bietet das Kontextmenü über dem Eingabefeld.

ImageReady zeigt sich eingeschränkt: Das Programm verzichtet auf die Option »Relative Positionierung« und nimmt wie üblich nur Pixel-, aber keine Zentimetermaße an.

Vorbereitungen

Blenden Sie zur Übersicht das Lineal mit `Strg`+`R` (für Rulers) ein. Ob das Lineal nach Pixeln, Prozentwerten oder Zentimetern unterteilt ist, regeln Sie durch Doppelklick oder Rechtsklick auf die Lineale (am Mac Ctrl-Klick). Zeigen Sie eventuell zur Orientierung mit dem Untermenü **Ansicht: Einblenden** ein **Raster** an; den Abstand der Rasterlinien definieren Sie per **Bearbeiten: Voreinstellungen: Hilfslinien & Raster**.

Bildteile bewegen und anordnen — Kapitel 12

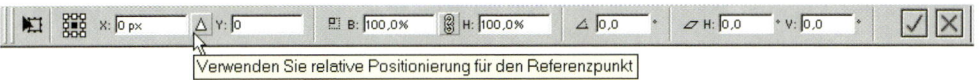

Abbildung 12.17:
Mit der Optionenleiste zum Befehl »Bearbeiten: Frei transformieren« platzieren Sie Ebenen exakt im Bild. Hier sehen Sie die Ausgangssituation für die folgenden Bildbeispiele: Als X- und Y-Position nennen wir jeweils 0, die Option »Relative Positionierung« deaktivieren wir.

Referenzpunkt

Sobald Sie den Befehl **Frei transformieren** wählen, erscheint die aktuelle Ebene in einem Begrenzungsrahmen. Besonders wichtig ist hier der Referenzpunkt, den Sie zunächst in der Mitte der Ebene sehen. Beim Positionieren nach Zahlenvorgabe orientiert sich Photoshop an diesem Referenzpunkt. Ein Beispiel: Sie haben die Option RELATIVE POSITIONIERUNG ausgeschaltet und wollen das Objekt in die linke obere Ecke verschieben: Dazu tippen Sie eine »0« in das X- und Y-Feld. Tatsächlich platziert Photoshop den Referenzpunkt auf der Nullposition; dies bedeutet, dass der linke obere Bereich Ihrer Ebene aus dem Bild herausrutscht.

Darum können Sie den Referenzpunkt beliebig verschieben. Sobald der Mauszeiger in die Nähe des Referenzpunkts gelangt, erscheint neben dem Cursor ein kleiner Kreis. Ziehen Sie den Referenzpunkt an eine beliebige Stelle, auch außerhalb des Begrenzungsrahmens. Besonders häufig benötigt man den Referenzpunkt in den äußersten Bildecken – ziehen Sie ihn dort hin, er wird magnetisch andocken.

Sie können die Ebene auch bei sichtbarem Begrenzungsrahmen jederzeit mit den [Pfeil]-Tasten oder mit dem Verschieben-Werkzeug bewegen. Photoshop meldet die neue Position sofort in den X- und Y-Feldern.

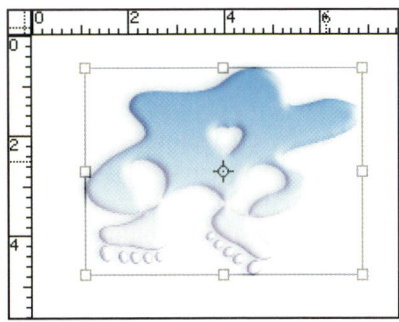 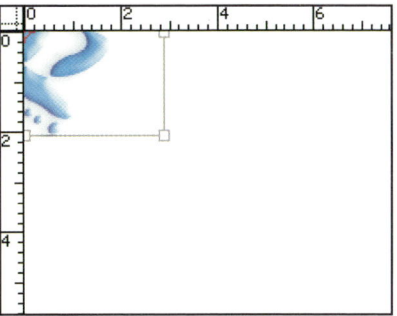

Abbildung 12.18:
Links: Wir wollen die Figur exakt in die linke obere Ecke des Bildes setzen. Zunächst blenden wir mit [Strg]+[R] die Lineale ein. Wir wählen den Befehl »Bearbeiten: Frei transformieren« ([Strg]+[R]). Photoshop umgibt die aktuelle Ebene mit einem Begrenzungsrahmen und mit einem Referenzpunkt in der Mitte. Wir schalten in der Leiste die Option »Relative Positionierung« aus und tippen eine Null für X- und Y-Position ein. Rechts: Das Ebenenobjekt landet zu drei Vierteln außerhalb des Bildes. Warum? Im linken Bild sehen Sie den Referenzpunkt in der Mitte des Objekts. Dieser Punkt kennzeichnet die Bildstelle, die auf den genannten Zielpunkt versetzt wird. Weil unsere Nullpunkt-Positionierung also genau für den Mittelpunkt des Objekts gilt, rutschen einige äußere Bereiche des Objekts aus dem Bild (sie lassen sich gleichwohl mitspeichern, vergleiche Seite 678). Datei: Form

Relative Positionierung

Klicken Sie beim **Transformieren** in der Optionenleiste den Schalter RELATIVE POSITIONIERUNG an, so dass dieser Schalter eingedrückt erscheint. Nun geht Photoshop von der aktuellen Position des Objekts aus. Tippen Sie zum Beispiel für die X-Achse einen Wert von plus 150 Pixel ein, für die Y-Achse den Wert 0, dann rutscht das Objekt 150 Pixel nach rechts – ganz unabhängig von Bildrändern oder Linealen. Verwenden Sie dagegen für X- und Y-Achse den Wert 0, bewegt sich das Objekt horizontal und vertikal um 0 Pixel, also gar nicht. Mit Minuswerten bringen Sie das Objekt nach links bzw. nach unten. Diesen Modus finden Sie nicht bei ImageReady.

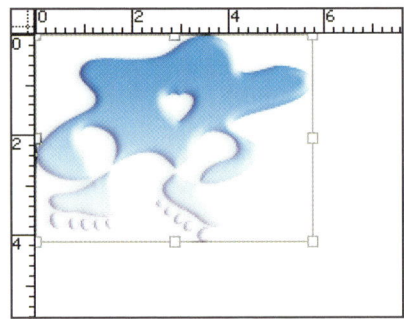

Abbildung 12.19:
Links: Wieder haben wir den Befehl »Bearbeiten: Frei transformieren« gewählt. Dieses Mal verschieben wir den Referenzpunkt in die linke obere Ecke des Begrenzungsrahmens – am Eckpunkt dockt der Referenzpunkt magnetisch an. Wir schalten in der Leiste erneut die Option »Relative Positionierung« aus und nennen eine Null für X- und Y-Position. Rechts: Diesmal landet die Figur wie gewünscht in der linken oberen Bildecke, nichts wird abgeschnitten. Denn der Referenzpunkt innerhalb der Figur saß links außen. Beim Verschieben auf die Nullpunkte fällt kein Bildbereich aus der Dokumentbegrenzung heraus.

Orientierung am Gesamtbild

Schalten Sie die RELATIVE POSITIONIERUNG aus; die Schaltfläche in der Leiste erscheint also nicht eingedrückt. Nun orientiert sich Photoshop an den Nullpunkten der Lineale, in der Regel also an der linken oberen Bildecke. Verwenden Sie zum Beispiel für die X- und für die Y-Achse den Wert 0, setzt Photoshop das Objekt mit seinem Referenzpunkt in die linke obere Ecke der aktuellen Nullpunkte. Verwenden Sie für die X-Achse den Wert 100, dann landet der Referenzpunkt der Ebene 100 Pixel unter der Oberkante der Datei (sofern dies die Nullposition des Lineals ist). Minuswerte bringen das Objekt zwangsläufig zumindest teilweise aus dem sichtbaren Bereich heraus, es wird freilich nicht gelöscht.

So beenden Sie die Arbeit, wenn Sie per **Transformieren** eine Ebene bewegt haben:

➡ Drücken Sie die [Esc]-Taste, um die Korrektur aufzuheben; alles bleibt beim Alten.

➡ Bestätigen Sie die Verschiebung mit der [⏎]-Taste.

Wenn Sie die Ebene nur bewegen und keine anderen TRANSFORMIEREN-Funktion nutzen, verändern Sie die Bildpunkte nicht, es entsteht keinerlei Qualitätsverlust.

Den Nullpunkt der Lineale können Sie verschieben; dazu klickt man in die linke obere Ecke des Dateifensters, wo sich horizontales und vertikales Lineal treffen, und anschließend zieht man. Photoshop orientiert sich nun im nicht-relativen Modus nicht mehr an der linken oberen Bildecke, sondern am von Ihnen verschobenen, aktuellen Nullpunkt. Um die Lineale wieder auf den Standard-Nullpunkt ganz links oben zurückzusetzen, klicken Sie doppelt in den Dateifenster-Eckpunkt links oben.

12.3.5 Bewegen per »Verschiebungseffekt«

Etwas umständlicher als das **Transformieren** wirkt der Befehl **Filter: Sonstige Filter: Verschiebungseffekt**. Text- und Formebenen werden dabei gerastert. Sie können die Bewegung nur in Pixeln, nicht in Zentimeterwerten vorgeben. Der VERSCHIEBUNGSEFFEKT arbeitet nur im Modus »Relative Positionierung«. Die eingetippten Werte geben Abweichungen von der bisherigen Position des Objekts an und haben keinen Bezug zu den Gesamtmaßen des Bildes.

Je nachdem, ob Sie eine Hintergrundebene oder eine frei schwebende Ebene verwenden, bietet Photoshop für den nach der Verschiebung frei werdenden Bereich die Optionen MIT HINTERGRUNDFARBE FÜLLEN bzw. AUF TRANSPARENT EINSTELLEN. Weitere Optionen dieses Befehls erklären wir ab Seite 870. Eine abgespeckte Variante des Befehls bietet ImageReady (Seite 334).

Wollen Sie die Positionierung von Textebenen auch nach Änderungen exakt steuern, dann verwenden Sie Schaltflächen wie TEXT LINKS AUSRICHTEN *oder* TEXT RECHTS AUSRICHTEN *aus der Absatzpalette. Damit legen Sie fest, ob sich die Worte nach einer Kürzung oder Verlängerung der Textebene am Anfang oder Ende der ursprünglichen Ebene orientieren.*

12.3.6 Ebenenposition festlegen

Nur ImageReady bietet den Befehl **Ebene: Ebenenposition festlegen**. Getrennt für HORIZONTAL und VERTIKAL legen Sie hier den Pixelabstand zu einer bestimmten Position fest – als Positionen bietet ImageReady im Klappmenü HORIZONTAL die AKTUELLE POSITION, die LINKE KANTE, die RECHTE KANTE sowie die MITTE; im Klappmenü VERTIKAL finden Sie entsprechend eine UNTERE KANTE und eine OBERE KANTE.

Ein Beispiel: Soll sich ein Objekt exakt am rechten oberen Bildrand ansiedeln, verwenden Sie bei HORIZONTAL die Vorgabe RECHTE KANTE, bei VERTIKAL die Vorgabe UNTERE KANTE und tragen für beide Achsen 0 Pixel Abstand ein. Praktischer wirkt letztlich das Bewegen mit der Optionenleiste zum **Transformieren**-Befehl.

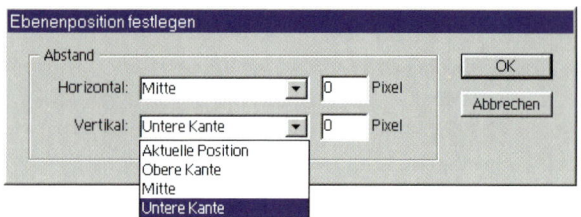

Abbildung 12.20:
Der ImageReady-Befehl »Ebenenposition festlegen« bewegt eine Ebene pixelgenau.

12.3.7 Bewegen mit Hilfslinien-Orientierung

Am leichtesten fällt präzises Produkt-Placement oft, wenn man Hilfslinien oder Raster über das Bild legt und per Untermenü **Ansicht: Ausrichten an** magnetisch macht. Dann bugsieren Sie das Objekt mit dem Verschieben-Werkzeug durchs Bild – ab acht Pixel Bildschirmentfernung wirken die Linien anziehend. Ein Grundraster können Sie in seiner Gesamtheit verschieben, wenn Sie den Nullpunkt der Lineale ändern. Dazu klicken Sie in die linke obere Ecke des Lineals und ziehen.

12.3.8 Ebenen gleichmäßig anordnen

Photoshop kann Ebenen, die zuvor »verbunden« wurden, gleichmäßig über das Bild verteilen. Zum »Verbinden« aktivieren Sie eine der Ebenen und klicken neben den weiteren Ebenen in die Verbinden-Leiste unmittelbar neben der Ebenenminiatur (Seite 697).

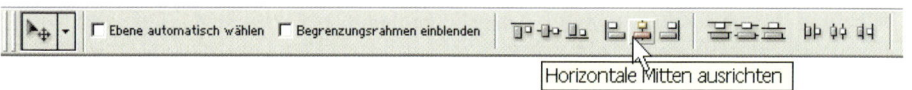

Abbildung 12.21:
Die Funktionen zum gleichmäßigen Anordnen von verbundenen Ebenen finden Sie in den Untermenüs »Ebene: Verbundene ausrichten« und »Ebene: Verbundene verteilen«. Photoshop bietet die Befehle außerdem in der Optionenleiste zum Verschieben-Werkzeug an. Voraussetzung ist in jedem Fall, dass zwei oder drei Ebenen verbunden wurden.

Übersicht

Diese Verfahren zur gleichmäßigen Anordnung finden Sie vor:

- Der Befehl **Ebene: Verbundene ausrichten** platziert verbundene Ebenen und orientiert sich dabei am Inhalt der aktiven Ebene oder an einer Auswahlbegrenzung.

- Befindet sich eine Auswahl im Bild, erhalten Sie den Befehl **An Auswahl ausrichten**; er orientiert sich an der Auswahlmarkierung.

- Der Befehl **Ebene: Verbundene verteilen** platziert verbundene Ebenen in gleichmäßigen Abständen.

Die entsprechenden Funktionen finden Sie auch in der Optionenleiste zum Verschieben-Werkzeug, sofern Ebenen verbunden wurden. Vergleichbare Verfahren hält Photoshop auch für Slices, ImageMaps und Pfadkomponenten parat.

Bildteile bewegen und anordnen — Kapitel 12

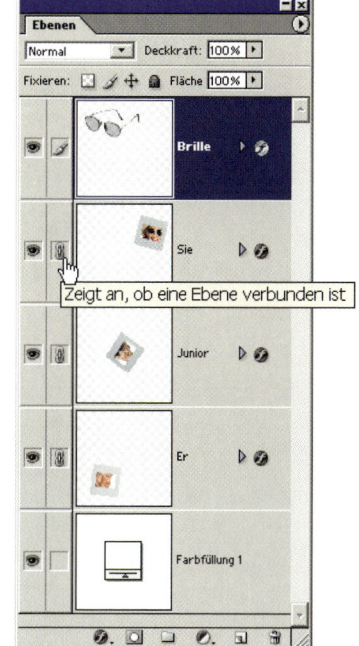

Abbildung 12.22:
Sie benötigen mehrere verbundene Ebenen, um Bildteile gleichmäßig auszurichten oder zu verteilen. Die Abbildungen zeigen die Ausgangsposition für die folgenden Beispiele. Die Brille ist aktiviert und mit allen weiteren Ebenen verbunden. Datei: Dias

Verbundene ausrichten

Mit dem Befehl **Verbundene ausrichten** orientieren sich die verbundenen Ebenen an einer Seite der aktivierten Ebene. Einige Beispiele:

- Der Befehl **Obere Kanten** platziert die Oberkante aller verbundenen Ebenen an der Oberkante der aktivierten Ebene. (Dabei rutschen die verbundenen Objekte durchaus in Richtung des unteren Bildrands, wenn das aktivierte Objekt sich auch eher unten befindet.)

- Der Befehl **Linke Kanten** bringt die Linksaußenseite der verbundenen Ebenen auf eine Flucht mit der linken Kante der aktivierten Ebene.

- Der Befehl **Vertikale Mitten** holt die verbundenen Ebenen vom oberen und unteren Bildrand auf eine Höhe mit der aktivierten Ebene, der Abstand zum linken und rechten Bildrand ändert sich nicht.

- Der Befehl **Horizontale Mitten** holt die verbundenen Ebenen vom linken und rechten Bildrand auf eine Linie mit der aktivierten Ebene, der Abstand zum oberen und unteren Bildrand ändert sich nicht.

Sofern eine Auswahl im Bild existiert, heißt das Untermenü **Ebene: An Auswahl ausrichten**. Die Ebenen orientieren sich bei der Neuausrichtung an den Auswahlkanten, nicht an der aktivierten Ebene.

Kapitel 12   Ebenen

 TIPP *Für die Untermenüs **Verbundene ausrichten** wie auch **Verbundene verteilen** gilt: Der Befehl **Rechte Kanten** erscheint korrekt in der Optionenleiste und in der Protokollpalette; in den Untermenüs heißt diese Funktion jedoch fälschlich **Text rechts ausrichten**; es gibt indes keinen speziellen Zusammenhang mit Textebenen.*

Abbildung 12.23:
Die Befehle aus dem Untermenü »Ebene: Verbundene ausrichten« oder die entsprechenden Schaltflächen aus der Optionenleiste zum Verschieben-Werkzeug verteilen verbundene Ebenen neu. Die Ebenen orientieren sich an einer Kante oder Mittelachse der aktivierten Ebene. Hier ist die Brille aktiviert. Links: Mit dem Befehl »Obere Kanten« orientieren sich die verbundenen Ebenen an der Oberkante der Brillen-Ebene. Mitte: Der Befehl »Linke Kanten« bringt die linken Objektränder auf eine einheitliche Flucht. Rechts: »Horizontale Mitten« holt die Ebenen vom linken und rechten Bildrand auf eine Mittelachse mit der aktivierten Ebene. Vorlage: Dias

Verbundene verteilen

Der Befehl **Verbundene verteilen** streut verbundene Ebenen in regelmäßigen Abständen über die Datei. Drei Ebenen müssen mindestens verbunden sein. Welche Ebene aktiviert ist, spielt keine Rolle. Einige Beispiele:

- **Obere Kanten** verteilt verbundene Ebenen gleichmäßig ab dem obersten Pixel auf jeder Ebene.

- **Vertikale Mitte** verteilt verbundene Ebenen gleichmäßig ab dem vertikal mittleren Pixel auf jeder Ebene.

Abbildung 12.24:
Der Befehl »Verbundene verteilen« verteilt verbundene Ebenen in regelmäßigen Abständen über die Datei. Rechts: »ObereKanten« verteilt die Oberkanten der verbundenen Ebenen. Mitte: »Linke Kanten« bringt die linken Ebenenränder in gleichmäßigen Abstand. Rechts: »Horizontale Mitten« arrangiert gleichmäßige Abstände basierend auf der horizontalen Mitte der Objekte. Vorlage: Dias

- **Linke Kanten** verteilt die verbundenen Ebenen gleichmäßig ab dem äußersten linken Pixel auf jeder Ebene.

- **Horizontale Mitten** streut die verbundenen Ebenen gleichmäßig ab dem horizontal mittleren Pixel auf jeder Ebene über das Bild.

12.4 Ebenen organisieren

Die Befehle zur Kontrolle des Ebenengestrüpps verteilen sich über mehrere Programmzonen: das Menü **Ebene**, das Menü der Ebenenpalette, die Symbole in der Ebenenpalette und die verschiedenen Kontextmenüs über einzelnen Bereichen der Ebenenpalette. Viele Funktionen werden an mehreren Stellen gleichzeitig angeboten.

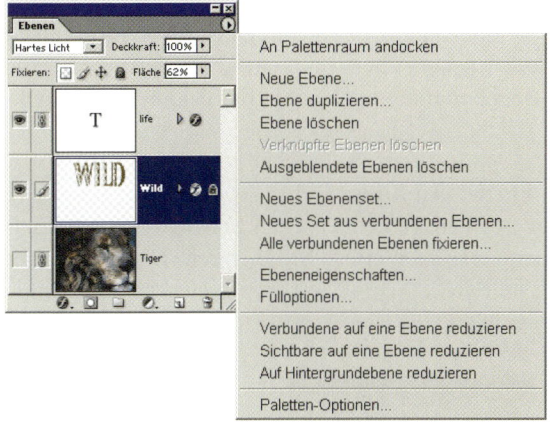

Abbildung 12.25:
Mit der Ebenenpalette [F7] kontrollieren Sie Anordnung und Sichtbarkeit der einzelnen Ebenen. Nutzen Sie auch die Kontextmenüs, die Photoshop über verschiedenen Bereichen der Ebenenpalette anbietet.

12.4.1 Ebenenpalette

Kontrolliert werden Ebenen über die Ebenenpalette, die Sie meist per [F7] aufrufen können. Sie ist ähnlich aufgebaut wie Pfade- und Kanälepalette (die vielen Gemeinsamkeiten aller Paletten besprechen wir ab Seite 695). Die Ebenenpalette enthält:

- Eine Namens- und Miniaturenliste, die aktive Ebene ist hervorgehoben. Die Größe der Miniaturen kontrollieren Sie mit dem Befehl **Paletten-Optionen**; den Farbcode des Ebenenfelds und den Namen ändern Sie mit den **Ebeneneigenschaften**. Zur Umbenennung reicht jedoch auch ein Doppelklick auf den Ebenennamen.

- Symbole unter anderem zum Löschen und neu Erstellen von Ebenen.

- Ein Palettenmenü, das Sie über das Dreieck ⊙ rechts oben in der Titelleiste erreichen.

- DECKKRAFT-Regler, FLÄCHE-Regler und Modus-Einblendmenü im Ebenenkopf. Hier bestimmen Sie einige wichtige Vorgaben für die aktive Ebene.

- Schaltflächen zum »Fixieren« der Ebene. So schützen Sie bestimmte Ebeneneigenschaften gegen Bearbeitung.

Per Doppelklick auf die Miniatur einer Pixelebene erhalten Sie das Dialogfeld EBENENSTIL (nicht bei Textebenen und Füllebenen). Per Rechtsklick (am Mac Ctrl-Klick) präsentieren Sie weitere Befehle; dieses so genannte Kontextmenü variiert, je nachdem, ob Sie die Bildminiatur, eine Maskenminiatur, eine Effekt- oder Textminiatur oder den Ebenennamen anklicken.

Kapitel 12   Ebenen

TIPP   *Jede Ebenenminiatur stellt stets das Gesamtbild dar; haben Sie also ein Objekt relativ klein montiert, erscheint es in der Miniatur nur winzig. Objektteile, die über den Bilddateirand hinausragen, werden von Photoshop nicht gelöscht; sie lassen sich aber in den Miniaturen nicht orten.*

12.4.2   Ebenen verlagern

Welches Motiv in Ihrer Montage »ganz vorn« oder »ganz oben« rangiert, also voll sichtbar ist, und welches »ganz hinten« durch andere Ebenen überdeckt wird, das bestimmen Sie durch Verschieben der Ebenenfelder in der Ebenenpalette; ziehen Sie die Felder bei gedrückter Maustaste nach oben oder unten.

Alternativ verwenden Sie das Untermenü **Ebene: Anordnen**: Hier können Sie die aktive Ebene **Nach vorne bringen**, also ganz nach oben hieven, oder auch **Schrittweise vorwärts** expedieren, um sie nur eine Ebene aufsteigen zu lassen. Weitere Möglichkeit: Befördern oder degradieren Sie die Ebene per [Strg]+[.]-Taste bzw. [Strg]+[,]-Taste. Neu erstellte Ebenen siedelt Photoshop über der zuletzt aktiven Ebene an.

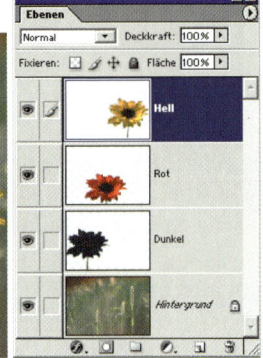

Abbildung 12.26:
Links: Nach einem Rechtsklick mit dem Bewegen-Werkzeug bietet Photoshop alle Ebenen unter dem Mauszeiger zum Aktivieren an. Rechts: Ebenen, die in der Palette oben liegen, erscheinen im Bild vorne; die momentan aktivierte Ebene ist hervorgehoben. Durch Ziehen der Miniaturen ändern Sie die Rangfolge. Datei: Blueten

12.4.3   Ebenen aktivieren

Bevor Sie eine Ebene bearbeiten, aktivieren Sie diese, so dass sie in der Palette hervorgehoben wird. Die meisten Befehle etwa aus den den Menüs **Filter** oder **Bild: Einstellungen** wirken sich nur auf eine einzelne Ebene aus. So aktivieren Sie die gewünschte Ebene:

- Klicken Sie auf den Ebenennamen in der Ebenenpalette.

- In der Optionenleiste zum Verschieben-Werkzeug finden Sie das Angebot EBENE AUTOMATISCH WÄHLEN. Wenn diese Option aktiviert ist, brauchen Sie eine Ebene nur noch mit dem Verschieben-Werkzeug anzuklicken, um sie für die weitere Bearbeitung zu aktivieren.

- Klicken Sie mit der rechten Maustaste (am Mac [Ctrl]-Taste) bei aktiviertem Verschieben-Werkzeug in das Bild. Photoshop präsentiert ein Kontextmenü, das die unter

Ebenen organisieren | Kapitel 12

dem Zeiger liegenden Ebenen auflistet. (Wenn Sie ein anderes Werkzeug aktiviert haben, wechseln Sie zum Aktivieren vorübergehend mit der [Strg]-Taste zum Verschieben-Werkzeug.)

➤ Noch eine Möglichkeit mit dem Verschieben-Werkzeug: Klicken Sie mit der rechten Maustaste bei gedrückter [Alt]-Taste in einen Bildteil; Photoshop aktiviert die oberste Ebene unter dem Zeiger.

Photoshop bearbeitet meist nur die eine aktive Ebene. **Transformieren**-Befehle verändern jedoch alle »verbundenen« Ebenen. Die aktive Ebene kann per DECKKRAFT ausgeblendet, mit dem Augensymbol vom Bildschirm verbannt, hinter einem anderen Objekt oder außerhalb der Dokumentgrenzen versteckt sein – und doch wird diese aktivierte Ebene bearbeitet und keine andere. Eine typische Quelle für großes Staunen: Sie haben »Ebene 1« aktiviert, aber mit dem Augensymbol ausgeblendet; »Ebene 2« indes sieht man im Bildfenster, sie ist allerdings nicht aktiviert. Preisfrage: Was ändert sich, wenn Sie mit dem Verschieben-Werkzeug im Bild ziehen?

Darstellung der aktiven Ebene

So erkennen Sie, welche Ebene aktiviert ist:

➤ Die aktive Ebene erscheint in der Palette farblich hervorgehoben und mit einem Pinselsymbol; das Symbol signalisiert, dass diese Ebene bearbeitet werden kann.

➤ Die aktive Ebene wird in der Titelleiste des Dateirahmens erwähnt.

➤ Bei eingeschaltetem Verschieben-Werkzeug können Sie per Optionenleiste einen BEGRENZUNGSRAHMEN EINBLENDEN, der jeweils nur für die aktive Ebene angezeigt wird; er eignet sich auch zum **Transformieren** (Seite 713).

12.4.4 Ebenen verbinden

Sie können mehrere Ebenen aneinander ketten – »verbinden« –, um sie gemeinsam durchs Bild zu schieben oder auch gemeinsam zu drehen oder zu verzerren. Mögliche Gründe für eine Verbindung:

➤ Die Verzerrungen beim **Transformieren** werden auf alle verbundenen Ebenen übertragen, unabhängig davon, welche Einzelebene Sie aktivieren.

➤ **Kopieren** Sie die Effekte einer Ebene, um sie auf verbundene Ebenen zu übertragen.

➤ **Verbinden** Sie zwei oder mehr Ebenen, um sie gleichmäßig anzuordnen (Seite 27), zu verschmelzen oder zu rastern.

➤ Das Verbinden eignet sich zur Vorbereitung von Beschnittgruppen (Seite 775) und Ebenensets (siehe unten).

➤ Mit dem **Ebene**-Menü können Sie **Alle verbundenen Ebenen fixieren**, also gegen verschiedene Eingriffe schützen (Seite 709).

Viele andere Befehle, etwa **Scharfzeichnen** oder **Tonwertkorrektur**, verändern nur die in der Ebenenpalette hervorgehobene Einzelebene, nicht alle verbundenen Ebenen.

Handeln Sie wie folgt:

a. Aktivieren Sie die erste gewünschte Ebene in der Ebenenpalette.

b. Klicken Sie neben einer weiteren Ebene in die zweite Spalte von links – dort erscheint das Verbindensymbol.

c. Klicken Sie eventuell neben weiteren Ebenen in die sogenannte Verbinden-Spalte.

Klicken Sie die Verbindungssymbole in der Palette an, um der Liaison mit der aktiven Ebene ein Ende zu bereiten. Ziehen Sie den Mauszeiger gleichmäßig über mehrere Verbindungssymbole, wenn Sie mehrere Ebenen gleichzeitig verbinden oder aus der Verbindung entfernen möchten.

Das Verbinden von Objekten bezeichnen andere Grafikprogramme oft als »Gruppieren«. Unter »Gruppieren« versteht man jedoch bei Photoshop das Anlegen einer Beschnittgruppe (Seite 775).

12.4.5 Ebenensets

Andere Möglichkeiten als beim Verbinden einer Ebene bieten sich, wenn Sie mehrere Ebenen durch einen so genannten »Ebenenset« oder kurz »Set« (früher »Ebenensatz«) zusammenfassen:

➟ In der Ebenenpalette klappen Sie alle Miniaturen eines Ebenensets mit dem Dreieck en bloc weg, um mehr Übersicht zu schaffen.

➟ Richten Sie für alle Ebenen eines Sets ein gemeinsames Überblendverfahren und gemeinsame Deckkraft ein.

➟ Sie können alle Ebenen eines Sets verbinden, ohne dies erst für die Einzelebenen einzurichten. Dazu klicken Sie neben dem Ebenensetsymbol in der Ebenenpalette in das zweite Feld von links, so dass das Verbindungssymbol erscheint. Haben Sie den Ebenenset in der Palette geschlossen, lassen sich die Ebenen nur gemeinsam bewegen, als ob sie verbunden wären. Verbinden Sie den kompletten Ebenenset bei Bedarf überdies mit Ebenen außerhalb des Sets.

➟ Mit einer Ebenenmaske (Seite 766) begrenzen Sie die Sichtbarkeit eines kompletten Ebenensets auf eine beliebige Zone innerhalb der Dokumentgrenzen. Aktivieren Sie den gewünschten Ebenenset und klicken Sie in der Ebenenpalette auf das Symbol MASKE HINZUFÜGEN.

➟ Ebenen aus dem Ebenenset lassen sich bequem zu einer einzigen Ebene verschmelzen; **Ebenenset auf eine Ebene reduzieren** heißt dieser Befehl aus dem Palettenmenü oder aus dem **Ebene**-Menü.

Ebenen organisieren   Kapitel 12

▶ Sie können den kompletten **Ebenenset duplizieren** oder, mit der alten Bezeichnung, einen **Ebenensatz löschen**; diese Möglichkeiten finden Sie im Menü zur Ebenenpalette und im **Ebene**-Menü.

▶ Mit dem Befehl **Alle Ebenen in Set fixieren** schützen Sie sämtliche Ebenen zum Beispiel gegen Verschieben oder gegen jegliche Veränderung (Seite 709).

▶ Benennen Sie den Ebenenset um, teilen Sie ihm eine Kennfarbe in der Ebenenpalette zu und zeigen Sie von allen Elementen des Ebenensets nur einzelne Grundfarben an, beispielsweise nur den Rotkanal; diese Möglichkeiten bietet der Befehl **Ebenenset-Eigenschaften** aus dem Menü der Ebenenpalette, sofern Sie einen Ebenenset aktiviert haben.

Allerdings: Befehle wie **Transformieren** oder **Scharfzeichnen** oder auch Ebeneneffekte lassen sich nicht auf alle Ebenen eines Sets gemeinsam anwenden. Öffnen Sie den Ebenenset, falls erforderlich, mit dem Dreieck ▷ und aktivieren Sie zur Bearbeitung eine Einzelebene.

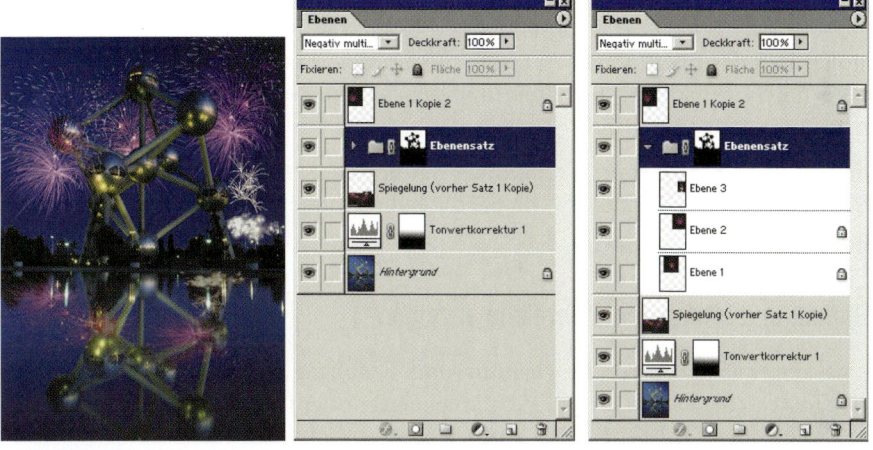

Abbildung 12.27:
Links: Das Feuerwerk wurde mit unabhängigen Ebenen eingesetzt, die meisten dieser Ebenen wurden in einem Ebenenset zusammengefasst. Für die Spiegelung unten haben wir den Ebenenset dupliziert, mit dem Befehl »Ebenenset auf eine Ebene reduzieren« zu einer Einzelebene verschmolzen, verschoben, weichgezeichnet, vertikal gespiegelt und in der Deckkraft abgeschwächt. Eine Einstellungsebene dunkelt den oberen Bereich der Hintergrundebenen ab, ohne sie dauerhaft zu verändern. Mitte: In der Ebenenpalette erkennen Sie, dass Teile des Ebenensets durch eine Ebenenmaske verborgen werden; die Ebenen aus dem Ebenenset erscheinen damit nur hinter dem Atomium. Rechts: Mit dem Dreieck wurde der Ebenenset aufgeklappt, Sie erkennen die Einzelebenen. Die nahtlose Überblendung zum Hintergrund kommt zustande, weil wir für den gesamten Ebenenset den Überblendmodus »Negativ multiplizieren« gewählt haben. Datei: Bruessel

Ebenenset anlegen und ergänzen

Wollen Sie einen neuen, leeren Ebenenset anlegen? Klicken Sie auf das Symbol NEUEN SET ERSTELLEN in der Ebenenpalette, wählen Sie **Neuer Ebenenset** aus dem Palettenmenü oder den Befehl **Ebene: Neu: Ebenenset**. Alternativ packen Sie gleich mehrere »verbundene« Ebenen zu einem Set zusammen: **Neuer Set aus verbundenen Ebenen** nennt sich die Funktion aus dem Palettenmenü.

Wollen Sie den Ebenenset um neue Ebenen erweitern? Ziehen Sie den Kandidaten einfach innerhalb der Palette in einen geöffneten Ebenenset oder auf das Feld eines geschlossenen Ebenensets. Auf umgekehrte Art entfernen Sie auch Ebenen aus einem Set.

Füllmethode

Zunächst gilt für alle Ebenen eines Sets die Füllmethode HINDURCHWIRKEN. Das heißt: Jede Ebene behält Überblendmethode und Deckkraft wie zuvor (Details zu Füllmethoden ab Seite 730). Ändern Sie jedoch bei aktiviertem Ebenenset die Überblendmethode, teilt Photoshop allen Ebenen diese eine gewählte Füllmethode zu. Ändern Sie die Deckkraft für den Ebenenset, erhalten alle zusammengefassten Ebenen dieselbe Deckkraft. Sie können jedoch jederzeit den Ebenenset in der Palette öffnen, eine Einzelebene aktivieren und hier spezielle Eigenschaften nur für eine Ebene wählen.

Beachten Sie diese Besonderheiten:

- Einstellungsebenen (Seite 778) innerhalb des Ebenensets beeinflussen zunächst auch Ebenen außerhalb des Ebenensets. Verlassen Sie mit dem Ebenenset jedoch den Modus HINDURCHWIRKEN, korrigiert die Einstellungsebene nurmehr Ebenen innerhalb des Ebenensets.

- Das Verhalten von Ebenensets in Verbindung mit der AUSSPARUNG aus dem Dialogfeld EBENENSTIL ändert sich gleichfalls, wenn Sie die Füllmethode HINDURCHWIRKEN verlassen (Seite 761).

12.4.6 Ebenen und transparente Bereiche anzeigen

Sie können eine einzelne Ebene zur Bearbeitung und unabhängig davon zur Ansicht freigeben. Oft erleichtert es die Orientierung, wenn man einige oder fast alle Ebenen auf Tauchstation schickt. So blenden Sie Ebenen oder ganze Ebenensets aus und ein:

- Klicken Sie auf das Augensymbol 👁 ganz links in der Ebenenpalette, um eine Ebene oder einen kompletten Ebenenset aus- und beim nächsten Klick wieder einzublenden. Eventuell ist es zur übersichtlichen Darstellung einer Montage aber nützlicher, nur die Deckkraft mehrerer Ebenen zu reduzieren.

- Um mehrere Ebenen gleichzeitig ein- und auszublenden, ziehen Sie die Maus in der Augen-Leiste.

- Klicken Sie bei gedrückter [Alt]-Taste in die Augen-Leiste, um nur diese eine Ebene zu sehen. Ein neuerlicher [Alt]-Klick zeigt wieder tutti frutti.

Übrigens druckt Photoshop nur Ebenen, die zur Ansicht eingeblendet sind. Bei den Befehlen **Bild: Bild duplizieren** sowie **Datei: Speichern unter** mit der Option ALS KOPIE werden auch verborgene Ebenen berücksichtigt. Wenn Sie allerdings alles zu einer Hintergrundebene verschmelzen, fallen verborgene Ebenen endgültig unter den Tisch.

| Ebenen organisieren | Kapitel 12 |

Darstellung von Transparenz

Wenn Sie Bildteile montieren, müssen Sie zwischen deckend weißen Flächen einerseits und transparenten, durchsichtigen Partien andererseits unterscheiden können: Ist zum Beispiel ein bestimmtes Objekt von weißer Farbe umgeben oder ist das Umfeld dieses Objekts durchsichtig, so dass benachbarte Bildelemente voll durchkommen können? Photoshop zeigt darum transparente Flächen nicht etwa Weiß, sondern mit einem Karomuster an. Im Dialogfeld **Bearbeiten: Voreinstellungen: Transparenz & Farbumfang-Warnung** bestimmen Sie Größe und Farbe dieser Karos. Durch Klicken auf die Farbfelder kommen Sie an den Photoshop-Farbwähler, der eine freiere Auswahl der Farben ermöglicht als die Listenfelder. Klicken Sie KEINES an, erscheinen transparente Flächen ganz in Weiß, was aber die Orientierung erschwert. Die Transparenz des Bildpunkts unter dem Mauszeiger sehen Sie auch in der Infopalette als Wert »Dk« für Deckkraft, sofern Sie das vorgeben.

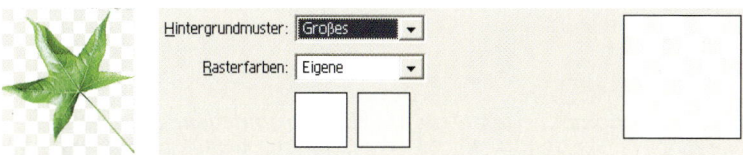

Abbildung 12.28:
Links: Transparente Flächen ohne jeden Pixelinhalt kennzeichnet Photoshop durch ein Karomuster. Rechts: Größe und Farbe des Transparenzmusters regeln Sie mit dem Befehl »Bearbeiten: Voreinstellungen: Transparenz & Farbumfang-Warnung«.

12.4.7 Ebene und Hintergrundebene

Beginnen Sie mit einem üblichen Bild zum Beispiel im JPEG-Dateiformat, so besteht es nur aus einer Hintergrundebene. Montieren Sie neue Objekte darüber, erscheinen diese als normale »Ebene 1« oder ähnlich. Jedes Bild kann nur eine Hintergrundebene haben – quasi das Grundbrett für eine Montage, das ganz unten liegt. Im Vergleich zu normalen Ebenen gelten für die Hintergrundebene wesentliche Einschränkungen:

- Sie können keine »Löcher« durch **Löschen** eines Auswahlbereichs oder durch den normalen Radiergummi erzeugen (stattdessen bringen diese Funktionen auf Hintergrundebenen die aktuelle Hintergrundfarbe ins Bild).
- Sie können die Hintergrundebene nicht in der Ebenenpalette nach oben schieben.
- Sie können keine Ebenenmaske anbringen.
- Modus- oder Deckkraftänderungen sind Ihnen ebenso verwehrt.
- Die **Transformieren**-Befehle bietet Photoshop gar nicht erst an.
- Fehlanzeige auch bei den Ebeneneffekten.

All dies ist erst möglich, wenn Sie die Hintergrundebene in eine normale Ebene verwandeln.

Hintergrundebene in Ebene verwandeln

So verwandeln Sie in Photoshop eine Hintergrundebene in eine flexiblere Normalebene:

1. Klicken Sie doppelt auf die Miniatur »Hintergrund« in der Ebenenpalette. Damit präsentiert Photoshop das Dialogfeld NEUE EBENE.
2. Teilen Sie im Dialogfeld NEUE EBENE einen Namen zu.
3. Klicken Sie auf OK. Nun können Sie die Ebene behandeln wie jede andere auch.

Auf transparente Bereiche in dieser untersten Ebene macht Photoshop Sie wieder durch Karos aufmerksam. Wenn Sie das Bild drucken oder in einem »flachen« Dateiformat wie JPEG speichern, werden die transparenten Bereiche mit Weiß gefüllt. Um in Photoshop die Hintergrundebene zu duplizieren, ziehen Sie diese auf das Symbol NEUE EBENE ERSTELLEN in der Palette. Sofern Sie dabei die [Alt]-Taste drücken, blendet Photoshop wie üblich das zugehörige Dialogfeld ein.

> **TIPP** *Einige Photoshop-Funktionen verwandeln die Hintergrundebene automatisch in eine normale »Ebene 1« oder ähnlich – so der magische Radiergummi, der Hintergrund-Radiergummi und der Befehl **Filter: Extrahieren**.*

Hintergrundebene neu erstellen

Es kommt durchaus vor, dass Sie in Bilddateien keine Hintergrundebene vorfinden. Vielleicht haben Sie die Hintergrundebene einer Montage in den Mülleimer geworfen. Oder Sie haben Hintergrundebenen in eine Einzelebene verwandelt (siehe oben). Auf verschiedene Arten bringen Sie eine Hintergrundebene wieder ins Spiel:

- Wollen Sie sämtliche Ebenen zu einer Hintergrundebene einstampfen, haben Sie diese Möglichkeiten: Wählen Sie **Datei: Speichern unter** mit einem ebenen-untauglichen Dateiformat wie JPEG oder schalten Sie die Option EBENEN aus (Seite 231); alternativ plätten Sie die vorhandenen Ebenen mit dem Befehl **Ebene: Auf Hintergrundebene reduzieren**.

- Machen Sie die in der Palette aktivierte Einzelebene zur Hintergrundebene und behalten Sie im Übrigen die Ebenenkonstruktion Ihres Bildes bei. Dies erledigt der Befehl **Ebene: Neu: Hintergrund aus Ebene**.

> **TIPP** *Die Arbeit mit einer speziellen Hintergrundebene in der Montage ist eventuell übersichtlicher. Einen wirklichen Vorteil gegenüber der Normalebene bringt die Hintergrundebene jedoch nicht.*

12.4.8 Ebenen neu erstellen

Auf mehrere Arten ergänzen Sie das vorhandene Bild um zusätzliche Ebenen:

- Sie erstellen eine neue, leere Ebene.
- Sie setzen eine Ebene aus diesem oder aus einem anderen Bild ein.
- Sie verwandeln eine Auswahl aus diesem oder einem anderen Bild in eine neue Ebene.

 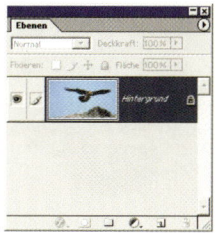

Abbildung 12.29:
Der Bartgeier segelt einsam durch eine reine Hintergrundebene. Beachten Sie, dass Photoshops Ebenenpalette hier keine Möglichkeiten zur Änderung von Füllmethode oder Deckkraft anbietet. Wir wählen den Vogel mit dem Zauberstab aus; im Kontextmenü zum Auswahlwerkzeug finden wir den Befehl »Ebene durch Kopie« ([Strg]+[J]). Datei: Vogel

Neue, leere Ebene erstellen

Eine neue, leere Ebene über dem Hintergrund erstellen Sie zum Beispiel, um Bildretuschen zunächst auf einer separaten Schicht anzubringen, die man jederzeit in den Mülleimer stecken kann, ohne dass das ursprüngliche Bild zu Schaden kommt. Sie haben die Wahl:

- Verwenden Sie den Befehl **Ebene: Neu: Ebene**, den Sie auch im Palettenmenü wiederfinden. Diese beiden Befehle zeigen das Dialogfeld NEUE EBENE, in dem Sie sofort Füllmethode, Deckkraft, neutrale Farbe und Name regeln.
- Klicken Sie in der Ebenenpalette auf das Symbol NEUE EBENE. Die neue Ebene entsteht hier ohne Rückfrage. Wenn das Dialogfeld NEUE EBENE jedoch erwünscht ist, klicken Sie wie immer mit gedrückter [Alt]-Taste.

12.4.9 Auswahlen in Ebenen verwandeln

Statt leere Ebenen neu zu erstellen, werden Sie eher Auswahlbereiche in Ebenen verwandeln. Wählen Sie zunächst einen Bildbereich mit Zauberstab, Lasso und anderen Funktionen aus. Dann haben Sie diese Möglichkeiten:

- Verwenden Sie **Ebene: Neu: Ebene durch Kopieren** ([Strg]+[J]). Der Befehl legt ein Duplikat des markierten Bereichs auf eine höhere Ebene. Die ursprüngliche Ebene, auf der Sie die Auswahl erstellt haben, ändert sich also nicht. Diesen Befehl erhalten Sie auch per Rechtsklick im Kontextmenü zu Auswahlwerkzeugen.

➡ Der selten genutzte Befehl **Ebene: Neu: Ebene durch Ausschneiden** (`Strg`+`⇧`+`J`) stellt Ausgewähltes ebenfalls auf eine neue Ebene. In der Ursprungsebene entsteht jedoch ein Loch. Auf Hintergrundebenen setzt Photoshop die aktuelle Hintergrundfarbe ein, zum Beispiel Weiß. Bei Normalebenen entsteht eine transparente Zone.

➡ Ziehen Sie die Auswahl mit dem Verschieben-Werkzeug in ein neues Dokument. Das Ursprungsbild und die Auswahl verändern sich dabei nicht. Das Element erscheint sofort als neue Ebene im Zielbild.

 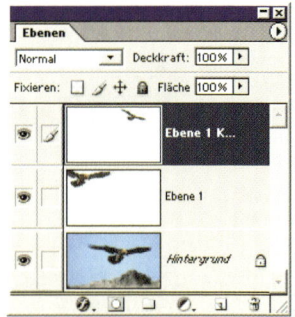

Abbildung 12.30:
Der Bestand wächst: Der Befehl »Ebene durch Kopie« erzeugte eine neue »Ebene 1«. Wir bewegen den Doppelgänger mit dem Verschieben-Werkzeug. Für weiteren Zuwachs sorgen wir, indem wir in der Palette die »Ebene 1« auf das Symbol »Neue Ebene« ziehen. Dadurch entsteht die neue »Ebene 1 Kopie«. Mit dem Befehl »Bearbeiten: Frei Transformieren« (`Strg`+`T`) drehen und schrumpfen wir den jüngsten Zugang. Ergebnis: Vogel_2

Bewegen und Kopieren

Ziehen Sie eine Auswahl mit dem Verschieben-Werkzeug, um die gewählten Pixel zu bewegen und in eine »schwebende Auswahl« zu verwandeln. Diese »schwebende Auswahl« erscheint nicht als eigenes Feld in der Ebenenpalette (Seite 672). Am vormaligen Platz des Auswahlbereichs entsteht eine Lücke in der Hintergrundfarbe, sofern Sie auf einer Hintergrundebene arbeiten; ansonsten entsteht ein transparentes Loch. Um aus der schwebenden Auswahl eine eigene Ebene zu machen, nutzen Sie den Befehl **Ebene: Ebene durch Kopieren** (`Strg`+`J`). Allerdings wird die »schwebende Auswahl« gleichzeitig in der darunter liegenden Ebene verankert.

Ziehen Sie eine Auswahl bei gedrückter `Alt`-Taste mit dem Verschieben-Werkzeug, um ein Duplikat der markierten Pixel zu bewegen und in eine »schwebende Auswahl« zu verwandeln. So verändert sich der Hintergrund nicht.

12.4.10 Ebenen duplizieren

Mühelos duplizieren Sie vorhandene Ebenen, die sich auch in andere Montagen ziehen lassen:

- Ziehen Sie das Ebenenfeld in der Palette auf das Symbol NEUE EBENE, um die Ebene innerhalb der Datei zu duplizieren. Oder ziehen Sie das Ebenenfeld über die eigene Bilddatei.

- Ziehen Sie die Ebene mit dem Verschieben-Werkzeug aus einem Bild in ein anderes. Sie erscheint dort sofort unter ihrem ursprünglichen Namen und bringt alle Einstellungen für Deckkraft und Füllmethode mit.

- Ziehen Sie eine Ebenenminiatur aus der Ebenenpalette über ein anderes Bild. Die Ebene erscheint am Ziel sofort als eigene Ebene, sie behält Deckkraft, Füllmethode und den vertrauten Namen.

- Verwenden Sie den Palettenbefehl **Ebene duplizieren**. Als DATEI geben Sie dort die Ursprungsdatei, eine andere geöffnete Datei oder NEU an.

12.4.11 Einzelebene als neue Datei

Mitunter braucht man eine einzelne Ebene (oder eine Auswahl) als eigenständige Datei. Dazu dient zum einen der Befehl **Ebene duplizieren** aus dem **Ebene**-Menü oder dem Palettenmenü. Hier stellen Sie das Listenfeld DATEI auf NEU, um eine neue Datei zu erzeugen. Die aktive Ebene erscheint dann in einer neuen Datei.

Neues Bild per Duplizieren

Eine Alternative zu dem Befehl **Ebene duplizieren**:

1. Blenden Sie die gewünschte Ebene ein und alle anderen aus; das erfordert nur einen [Alt]-Klick in das Augensymbol der gewünschten Ebene.

2. Nun rufen Sie den Befehl **Bild: Bild duplizieren** auf, auch per Kontextmenü über der Titelleiste des Dateifensters.

3. Im Dialogfeld aktivieren Sie AUF EINE EBENE REDUZIEREN.

4. Sobald Sie auf OK klicken, erhalten Sie eine neue Datei mit der Einzelebene.

Die neue Datei, die mit diesen Verfahren entsteht, beansprucht jedoch genauso viel Pixelfläche wie das ursprüngliche Dokument – auch wenn das einzig gewünschte Element viel kleiner ist. Wählen Sie darum **Bild: Zuschneiden** mit der Option **Transparente Pixel** (Seite 178).

12.4.12 Ebenen verschmelzen und löschen

Halten Sie die Dateigröße klein durch sorgsamen Umgang mit den Ebenen. Löschen Sie überflüssige Ebenen und verschmelzen Sie mehrere unabhängige Ebenen zu einer. Die unten liegenden Pixel sind danach fort und die verschmolzenen Bildteile lassen sich nicht mehr ohne Schaden auseinander ziehen. Ebenso zementieren Sie bei diesem Vorgang Füllmethode und Deckkraft: Haben Sie eine Ebene mit 50 Prozent Deckkraft halb durchscheinend gemacht, so können Sie diese mit der darunter liegenden Ebene verschmelzen – dort kommt die Ebene aber nur blass an und die ursprüngliche, ganzheitliche Ebeneninformation ist perdu.

Grundsätzlich bieten sich zwei Strategien an:

- Sie verschmelzen zwei oder mehr Ebenen zu einer.
- Sie verschmelzen alle Ebenen und erzeugen ein konventionelles, »flaches« Bild mit der Funktion **Auf Hintergrund reduzieren**.

Diese Möglichkeiten bieten sich:

- Den Befehl **Ebene: Sichtbare auf eine Ebene reduzieren** finden Sie im Palettenmenü und im **Ebene**-Menü ([Strg]+[⇧]+[E]); er fasst zwei oder mehr Ebenen auf einer einzigen Bildschicht zusammen. Blenden Sie vorab mit dem Augensymbol in der Ebenenpalette alle Ebenen aus, die Sie nicht vereinigen wollen.

- Oft wünscht man neu eingefügte Pixel nach dem ersten Zurechtrücken gar nicht mehr auf einer eigenen Ebene. Eine frisch eingebaute Ebene lässt sich darum besonders schnell per [Strg]+[E] (für Merge down) mit der darunter liegenden Ebene verschmelzen; **Mit darunterliegender auf eine Ebene reduzieren** heißt dieser Befehl im **Ebene**-Menü. Photoshop verweigert diesen Befehl, wenn auf der unteren Ebene Text oder eine Formebene rangieren. Liegen Text oder Formebene jedoch oben, lassen sie sich problemlos mit der darunter liegenden Ebene verschmelzen – dabei werden die Ebenen gerastert, sie können also nicht mehr mit Zeichenstift-Werkzeugen bzw. mit Textfunktionen bearbeitet werden.

- Sofern Sie eine verbundene Ebene (Seite 697) aktivieren, bietet Photoshop den Befehl **Verbundene auf eine Ebene reduzieren**. Der Befehl **Mit darunterliegender auf eine Ebene reduzieren** fehlt dann, auch das Tastenkürzel [Strg]+[E] geht an den Befehl **Verbundene auf eine Ebene reduzieren**.

- Nur noch eine Hintergrundebene hinterlässt der Befehl **Ebene: Auf Hintergrundebene reduzieren**. Damit sind alle Einzelebenen perdu, sie haben ein »flaches« Pixelbild vor sich, wie es als GIF- oder JPEG-Datei leicht gespeichert und weitergegeben werden kann. Die Dateigröße sinkt. Löschen oder verbergen Sie zuvor nicht benötigte Ebenen. Vormals transparente Zonen füllt Photoshop mit der aktuellen Hintergrundfarbe aus.

> **:-) TIPP**
>
> *Es gibt noch eine schnelle Möglichkeit, ein flaches Bild zu erzeugen. Verwenden Sie den **Bild**-Befehl **Bild duplizieren** und aktivieren Sie die Option* AUF EINE EBENE REDUZIEREN; *dabei entsteht allerdings keine spezielle »Hintergund«-Ebene. Wollen Sie eine Gesamtansicht aller Ebenen in die Zwischenablage kopieren, nutzen Sie den Befehl **Bearbeiten: Auf eine Ebene reduziert kopieren** ([Strg]+[⇧]+[C]).*

Ebene löschen

Auch den Befehl **Ebene löschen** finden Sie im **Ebene**-Menü und im Palettenmenü. Die Menübefehle löschen die Ebene ohne Rückfrage. Leichter noch hat man es mit dem Mülleimer der Ebenenpalette. Ziehen Sie den Entsorgungsfall auf den Mülleimer oder klicken Sie den Mülleimer an, um eine aktivierte Ebene erst nach artiger Rückfrage zu löschen.

Ebenen organisieren — Kapitel 12

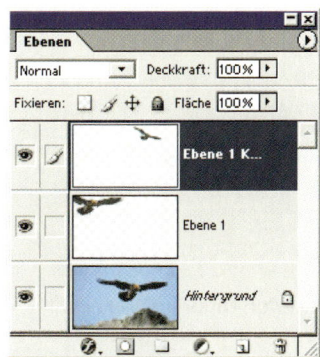 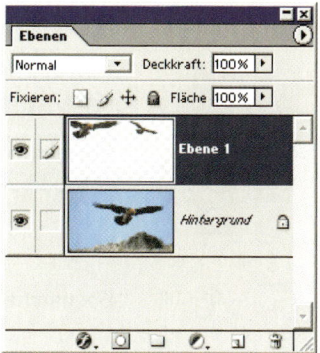 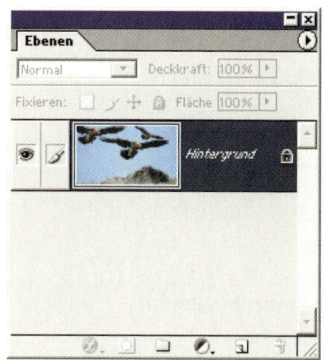

Abbildung 12.31:
Links: Drei Ebenen kosten viel Speicherplatz. Mitte: Der Befehl »Mit darunterliegender auf eine Ebene reduzieren« hat die aktivierte »Ebene 1 Kopie« mit der darunter liegenden »Ebene 1« verschmolzen. Rechts: Der Befehl »Auf Hintergrundebene reduzieren« hinterlässt nur noch eine Hintergrundebene. Das Bild im Dateifenster sieht unabhängig von der Zahl der Ebenen immer gleich aus, doch Dateigröße und Bearbeitungsmöglichkeiten ändern sich. Vorlage: Vogel_2

Taste/Feld	Zusatztasten	Aktion	Ergebnis
▶		🖱	Palettenmenü
🗑		🖱	Aktivierte Ebene nach Rückfrage löschen
🗑	Alt	🖱	Aktivierte Ebene ohne Rückfrage löschen
▫		🖱	Neue, leere Ebene erstellen
▫	Alt	🖱	Neue, leere Ebene erstellen mit Dialogfeld NEUE EBENE
⭕		🖱	Ebenenmaske erstellen, nichts maskiert oder ausgewählter Bereich sichtbar
⭕	Alt	🖱	Ebenenmaske erstellen, alles maskiert oder ausgewählter Bereich nicht sichtbar
📁			Neuen, leeren Ebenenset erstellen
📁	Alt		Neuen, leeren Ebenenset erstellen mit Dialogfeld NEUER EBENENSET
⊘			Dialogfeld EBENENSTIL
⊘			Einstellungsebene oder Füllebene hinzufügen
[Ebenenminiatur]	Strg	🖱	Ebenenkontur als Auswahl (Transparenzmaske)
[Ebenenminiatur]	Strg + ⇧	🖱	Auswahl der Ebenenkontur zu vorhandener Auswahl hinzufügen

Taste/Feld	Zusatztasten	Aktion	Ergebnis
[Ebenenminiatur]	Strg + Alt	🖱	Auswahl der Ebenenkontur von vorhandener Auswahl abziehen
[Ebenenminiatur]		🖱 auf ⬜ Ziehen	Ebenendeckkraft als Ebenenmaske für aktive Ebene
[Ebenenmasken-Miniatur]	Strg	🖱	Ebenenmasken-Information als Auswahl
[Ebenenmasken-Miniatur]	Strg + ⇧	🖱	Ebenenmasken-Information zu vorhandener Auswahl hinzufügen
[Ebenenmasken-Miniatur]	Strg + Alt	🖱	Ebenenmasken-Information von vorhandener Auswahl abziehen

12.5 Retuschieren und Transformieren von Ebenen

Ebenen passen Sie auf vielfältige Art ans Bild an, zum Beispiel durch Retuschieren, Löschen von Bereichen, Verkleinern oder Verzerren. Zunächst klären wir, wie Sie transparente Bereiche einer Ebene erkennen und wie Sie bestimmte Teile einer Ebene gegen Veränderungen fixieren. Wir besprechen anschließend die **Transformieren**-Befehle, danach komplexe Funktionen wie **3D-Transformieren** und **Verflüssigen**.

12.5.1 Transparenz erkennen

Wenn Sie auf Ebenen malen, montieren und retuschieren, müssen Sie das Konzept der TRANSPARENZ kennen. Sie sollten wissen, welche Teile einer Ebene durchsichtig sind und welche deckend. So erkennen Sie schnell, wie viel Transparenz in einer Ebene ist:

➡ Klicken Sie mit der Alt-Taste neben der gewünschten Ebene in die Augen-Leiste 👁, um nur diese Ebene allein anzuzeigen und alle anderen auszublenden. Am Karomuster im Hintergrund erkennen Sie, welche Bereiche transparent sind (siehe oben). Klicken Sie das Augensymbol erneut mit der Alt-Taste an, damit Photoshop wieder die Gesamtkomposition zeigt.

➡ Die Infopalette (Seite 108) nennt die Deckkraft des Pixels unter dem Zeiger, wenn Sie diesen Parameter im Einblendmenü der Palette anwählen. Die Palette addiert freilich alle Ebenen und kommt so schnell auf 100 Prozent, wenn Sie mehrere Ebenen übereinander zeigen. Sind Ebenenbereiche per Deckkraftregler oder Ebenenmaske verborgen, erkennt die Infopalette auf verminderte Deckkraft, obwohl sich solche Ebenen jederzeit wieder auf 100 Prozent bringen lassen.

Eine Ebene kann im Gesamtbild transparent erscheinen, weil Sie das mit DECKKRAFT, Füllmethode, Ebenenmaske, Beschnittgruppe oder Vektormaske so eingerichtet haben. Dennoch muss die Ebene nicht transparent sein; im Dateifenster erkennen Sie das höchstens, wenn Sie Deckkraft, Dichtebereich, Modus usw. auf Normalwerte stellen.

12.5.2 Ebenen fixieren

Sie können bestimmte Eigenschaften einer Ebene oder eines Ebenensets gegen weitere Bearbeitung schützen. Die entsprechenden Schaltflächen finden Sie oben in der Ebenenpalette im Bereich FIXIEREN.

Fixierbare Ebeneneigenschaften

Diese Eigenschaften lassen sich gegen Veränderung schützen:

- Fixieren Sie die TRANSPARENZ, so dass Sie transparente Bereiche nicht mehr verändern können (Details siehe unten).

- Fixierte BILDPIXEL schützen die Ebenenfüllung vor Retusche, auch das Verschieben-Werkzeug richtet nichts aus. Ebenenmasken oder Vektormasken bleiben aber im Zugriff.

- Die Vorgabe POSITION nagelt Ihre Ebene an Ort und Stelle fest, andere Retuschen sind jedoch möglich.

- Fixieren Sie ALLES; auf dieser Ebene geht gar nichts mehr. Auch Überblendmodus, Deckkraft oder Ebenenstil behält die Ebene hartnäckig bei.

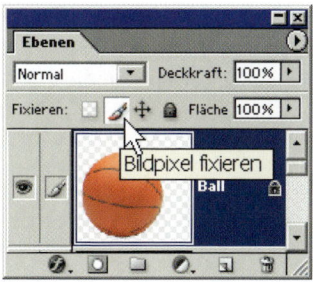

Abbildung 12.32:
Sperren Sie bestimmte Eigenschaften der aktivierten Ebene gegen weitere Bearbeitung.

Symbole

Neben den FIXIEREN-Symbolen ganz oben in der Ebenenpalette gibt Photoshop folgende Hinweise auf Sperrbezirke:

- Haben Sie ALLES fixiert, erscheint neben dem Namen der Ebene das gefüllte Vorhängeschloss.

- Haben Sie nur einen Teil der Ebeneneigenschaften gesperrt, beispielsweise mit der Vorgabe POSITION, so sehen Sie neben dem Ebennennamen ein nicht gefülltes Vorhängeschloss.

Kapitel 12   Ebenen

➤ Wollen Sie ein Werkzeug auf eine fixierte Eigenschaft anwenden, erscheint statt des üblichen Werkzeugsymbols ein Parkverbot ⊘ über dem Dateifenster.

Automatisch fixiert

Bestimmte Ebenentypen fixiert Photoshop automatisch:

➤ Hintergrundebenen (Seite 701) sind von Haus aus mit POSITION ✣ und TRANSPARENZ ▨ fixiert. Verwandeln Sie die Hintergrundebene bei Bedarf durch Doppelklick in eine normale Ebene.

➤ Bei Textebenen (Seite 789) fixiert Photoshop automatisch die Eigenschaften TRANSPARENZ ▨ und BILDPIXEL ✎.

➤ Füllebenen und damit auch Formebenen bieten keinen Zugriff auf die Eigenschaften TRANSPARENZ ▨ und BILDPIXEL ✎.

Wollen Sie Textebenen oder Formebenen frei bearbeiten, verwandeln Sie diese zunächst mit dem Untermenü **Ebene: Rastern** *in normale Bildpunktebenen. Spezielle Text- oder Pfadfunktionen lassen sich dann nicht mehr nutzen.*

Verbundene Ebenen oder Ebenensets fixieren

Für verbundene Ebenen (Seite 697) und für Ebenensets (Seite 698) gilt zunächst: Alle Ebenen behalten ihre speziellen FIXIEREN-Vorgaben. Sie können jedoch den Ebenenset in der Palette aktivieren und ihn mit der Vorwahl ALLES 🔒 fixieren.

Wollen Sie nur einige Eigenschaften der verbundenen oder zum Ebenenset vereinten Ebenen sperren, aktivieren Sie zunächst den Ebenenset oder eine der verbundenen Ebenen. Dann wählen Sie aus dem Menü der Ebenenpalette den Befehl **Alle Ebenen in Set fixieren** bzw. **Alle verbundenen Ebenen fixieren**. Nun sperren Sie gezielt bestimmte Eigenschaften wie die POSITION eb_pos-sperren – gemeinsam für alle betreffenden Ebenen.

Wann Sie die Transparenz fixieren sollten ▨

Besonders wichtig ist das Fixieren – oder Freigeben – der TRANSPARENZ ▨. In diesen Situationen sollten Sie die TRANSPARENZ ▨ fixieren:

➤ Sie retuschieren mit einem Mal- oder Retuschewerkzeug wie Pinsel ✎ oder Kopierstempel 🖌 eine Einzelebene und wollen nicht über den Rand des Objekts hinaus stricheln; die ursprüngliche Form soll also erhalten bleiben.

➤ Sie wollen eine Ebene mit Farbe, Muster oder Bild füllen und wollen die Konturen des Objekts auf dieser Ebene erhalten. Sie haben allerdings in den FÜLLEN-Dialogen ebenfalls die Option TRANSPARENTE PIXEL SCHÜTZEN; Sie müssen die Ebene also nicht unbedingt vorab in der Palette fixieren.

Retuschieren und Transformieren von Ebenen — Kapitel 12

Abbildung 12.33:
Hier ist die Transparenz fixiert; die Bearbeitung wirkt sich nur auf gefüllte Bildpunkte aus, nicht aber auf die Transparenzfläche drumherum. Links: Bei der Pinselretusche gelangt Farbe nur auf das Objekt, nicht in die Umgebung. Rechts: Die Wirkung von Unschärfe- oder Verzerrungsbefehlen (hier »Bewegungsunschärfe«) wird am Objektrand abgeschnitten.
Datei: Ball

Wann Sie die Transparenz nicht fixieren

In einigen Situationen fixieren Sie die TRANSPARENZ ganz bewusst nicht:

→ Sie verwenden einen Filter, der die Kontur des Objekts verändert – zum Beispiel Weichzeichner- oder Verzerrungsfilter. Der Filtereffekt würde sonst an den Rändern der bisherigen Kontur abgeschnitten;

→ Sie wollen auf der Ebene in der gesamten Fläche des Bildes frei malen oder Bildpunkte einfügen.

Wenn Sie ein Objekt per **Transformieren** verzerren (siehe Seite 713), funktioniert Photoshop unabhängig von Ihrer Vorgabe so, als ob Sie die TRANSPARENZ freigegeben hätten.

Abbildung 12.34:
Hier haben wir die Transparenz nicht fixiert. Nun wirken sich alle Befehle und Werkzeuge auf die gesamte Ebene aus, auch in den transparenten Bereichen. Links: Der Pinsel trägt jetzt auch in den transparenten Zonen auf. Rechts: Die »Bewegungsunschärfe« kann das Objekt über die bisherigen Grenzen des Objekts hinaus verzerren.

12.5.3 Werkzeugmodi und -optionen für die Ebenenretusche

Eine Reihe von Werkzeugoptionen und -modi beziehen sich speziell auf die Arbeit mit Ebenen und haben in Bildern ohne Ebene keine Bedeutung.

Überblendverfahren für die Ebenentechnik

Folgende Überblendverfahren bietet Photoshop speziell in Verbindung mit Ebenentechnik an:

→ DAHINTER AUFTRAGEN für Mal- und Retuschewerkzeuge malt gezielt nur hinter dem Objekt auf der Ebene, also nur im transparenten Bereich.

→ Das LÖSCHEN gilt nur für wenige Füllfunktionen, es ersetzt gefüllte Bildpunkte durch Transparenz (Details zu beiden Methoden ab Seite 737).

→ HINDURCHWIRKEN betrifft nur Ebenensets (Seite 698).

Kapitel 12   Ebenen

Optionen

Einige Werkzeuge, Befehle oder Menüs bieten spezielle Optionen zur Ebenentechnik:

➡ So kennen die Befehle **Fläche füllen** und **Kontur füllen** (Seite 498) oder auch **Pfadfläche füllen** die Option TRANSPARENTE PIXEL SCHÜTZEN. Wählen Sie diese Option ab, schüttet der Befehl die gesamte Fläche mit Vordergrundfarbe oder Muster zu, nicht nur das Objekt selbst. Haben Sie den transparenten Bereich aber bereits mit der TRANSPARENZ-Option in der Ebenenpalette vor Attacken gesichert, bieten die Fülldialoge die Option gar nicht an.

➡ Sie können mit einigen Werkzeugen auch teiltransparent auftragen, so dass nicht die ganze Ebene zugedeckt wird: Der Pinsel geht mit der VERBLASSEN-Vorgabe im Bereich ANDERE EINSTELLUNGEN der Werkzeugspitzenpalette zu transparent über. Bei allen Werkzeugen können Sie natürlich die Deckkraft reduzieren.

➡ Mit den Verlauffunktionen definieren Sie bestimmte Bereiche eines Verlaufs als halb- oder ganz transparent; in diesem Abschnitt des Farbübergangs ist der Verlauf nicht voll deckend (Seite 503).

➡ Wischfinger, Weich- und Scharfzeichner wie auch der Kopierstempel bieten die Option ALLE EBENEN EINBEZIEHEN. Damit kopieren Sie Pixel von einer Ebene in die andere. Sie arbeiten dann so, als ob das Bild nur aus einer Hintergrundebene besteht.

➡ Sofern eine Auswahl vorhanden ist, können Sie **Auf eine Ebene reduziert kopieren** (Strg + ⇧ + C).

  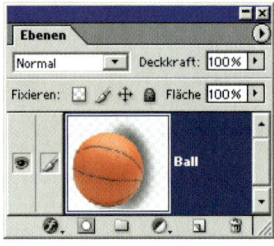

Abbildung 12.35:
Links: Mit der Entf -Taste löschen Sie zuvor ausgewählte Teile einer Ebene leer. Rechts: Um nur die transparenten Bereiche einer Ebene mit Mal- und Retuschewerkzeugen zu bearbeiten und gefüllte Flächen zu schützen, wählen Sie in den Werkzeugoptionen den Malmodus »Dahinter auftragen«. Vorlage: Ball

12.5.4   Teile einer Ebene löschen

Wollen Sie eine Lücke in die Ebene schneiden, bieten sich zwei Verfahren an:

➡ Markieren Sie den Bereich mit einem Auswahlwerkzeug und lassen sie ihn mit der Entf -Taste verschwinden. Wählen Sie **Auswahl: Alles auswählen** (Strg + A), wenn die gesamte Ebene durchsichtig werden soll.

➡ Rubbeln Sie unerwünschte Zonen mit dem Radiergummi weg.

Retuschieren und Transformieren von Ebenen   Kapitel 12

TIPP
Sie müssen Ebenenbereiche nicht dauerhaft entfernen – mit Ebenenmasken (Seite 766), Vektormasken (Seite 773) oder Beschnittgruppen (Seite 775) lassen sich Objektteile auch vorübergehend verbergen und bei Bedarf wieder hervorholen.

Radiergummi

Der Radiergummi (Kurztaste E, für Eraser) macht Ebenen – nicht Hintergrundebenen – transparent, die darunter liegende Ebene scheint durch. Dabei kann der Radiergummi verschiedene Gestalten annehmen: In den Werkzeugoptionen oder auch im Kontextmenü wählen Sie, ob der Radiergummi hart wie der BUNTSTIFT, wie ein starres QUADRAT oder flexibel wie der Pinsel (WERKZEUGSPITZE) wirken soll.

Bei WERKZEUGSPITZE- und BUNTSTIFT-Vorgabe wählen Sie eine beliebige Spitze aus der Werkzeugspitzenpalette (Seite 507), das QUADRAT steht nur in einer Einheitsgröße zur Verfügung.

TIPP
Beachten Sie, dass auch Magischer Radiergummi (Seite 559) und Hintergrund-Radiergummi (Seite 561) Bildpunkte löschen und gegen Transparenz austauschen; dabei wählen diese Werkzeuge gleich bestimmte Bildpunkte aus.

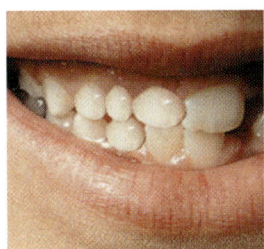
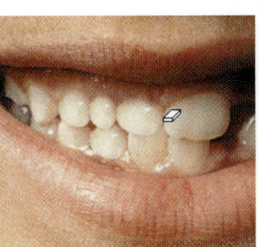
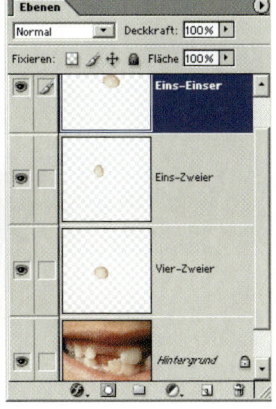

Abbildung 12.36: Der Radiergummi macht Objekte über der Hintergrundebene transparent. Hier wurden duplizierte Zähne eingesetzt; die unschönen Ränder feilte der Radiergummi ab. Datei: Luecken

12.5.5 Transformieren

Vergrößern und Verkleinern (Skalieren), gleichmäßiges Verzerren oder Drehen – diese Korrekturen bietet Photoshop mit dem Befehl **Bearbeiten: Frei Transformieren** (Strg+T) an. Sie können diese Befehle anwenden auf schwebende oder nicht schwebende Auswahlbereiche, auf Pfade und Formebenen und natürlich auf Ebenen. Aktivieren Sie zunächst die gewünschte Ebene und heben Sie eine vorhandene Auswahl auf.

Kapitel 12   Ebenen

Nur einige **Transformieren**-Techniken funktionieren auch mit Textebenen. Haben Sie mehrere Ebenen verbunden, so werden diese Ebenen auch gemeinsam verzerrt. Sobald das Zeichenstift-Werkzeug aktiv ist, beziehen sich die Transformieren-Funktionen aus dem Bearbeiten-Menü auf den Pfad und nicht mehr auf die aktuelle Ebene. Ist jedoch kein Pfad aktiviert, bietet Photoshop den Befehl nicht an. Wechseln Sie zu einem beliebigen anderen Werkzeug, wenn Sie die Ebene und nicht den Pfad verändern möchten.

Grundsätzlich lassen sich zwei Vorgehensweisen unterscheiden:

➢ Veränderung durch Eingabe von Zahlen oder Befehlen, geboten bei Ebenen, Auswahlbereichen, Pfaden und, eingeschränkt, bei Gesamtbildern;

➢ Veränderung durch Ziehen an Griffpunkten bei Ebenen und Auswahlinhalten sowie bei Pfaden und Auswahlkonturen.

 *Bedenken Sie, dass das **Transformieren** von Ebenen, Auswahlinhalten und Pfaden stets vom **Bearbeiten**-Menü ausgeht – vergleichbare Veränderungen für das Gesamtbild mit allen Ebenen nehmen Sie dagegen über das **Bild**-Untermenü **Arbeitsfläche drehen** in Angriff. Möchten Sie nur Auswahlkonturen verändern, ohne die Bildpunkte selbst zu manipulieren, verwenden Sie den Befehl **Auswahl: Auswahl Transformieren** (in ImageReady fälschlich **Auswahl: Auswahl verändern**).*

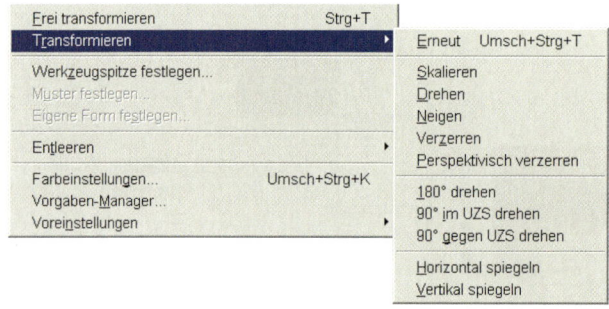

Abbildung 12.37:
Über das Untermenü »Bearbeiten: Transformieren« verzerren, vergrößern und drehen Sie Einzelebenen und schwebende Auswahlen. Der Befehl »Bearbeiten: Frei transformieren« bietet alle Funktionen gleichzeitig.

Transformieren bei fixierten Ebenen

Achtung: Photoshop ignoriert die Ebenenoptionen TRANSPARENTE PIXEL FIXIEREN und BILDPIXEL FIXIEREN (Seite 709). Auch transparente oder gefüllte Bereiche, die geschützt sind, lassen sich durch das **Transformieren** mit neuen Pixeln füllen. Nutzen Sie indes die Vorgaben POSITION FIXIEREN eb_pos-sperren oder ALLES FIXIEREN EB_KOMPLETT-SPERREN, müssen Sie auf das **Transformieren** komplett verzichten.

Retuschieren und Transformieren von Ebenen | Kapitel 12

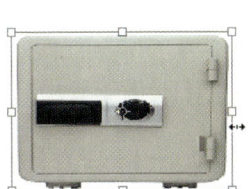  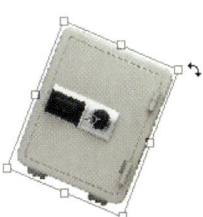

Abbildung 12.38:
Links: Um eine Seite der Ebene, eines Pfads oder einer Auswahl zu vergrößern, ziehen Sie nach Anwahl des Befehls »Frei Transformieren« an einem der Griffpunkte. Mitte: Drücken Sie die ⇧-Taste, damit die Seitenverhältnisse gewahrt bleiben; alternativ klicken Sie auf die Schaltfläche »Seitenverhältnis wahren« in den Werkzeugoptionen. Rechts: Ziehen Sie außerhalb der Begrenzungsbox, wenn Sie das Objekt drehen möchten. Alternativ verwenden Sie die entsprechenden Schaltflächen in den Werkzeugoptionen. Datei: Tresor

Ablauf im Überblick

So arbeiten Sie mit den **Transformieren**-Funktionen (hier am Beispiel einer Ebene):

1. Aktivieren Sie die gewünschte Ebene.

2. Wählen Sie **Bearbeiten: Frei transformieren** (Strg+T). Um die Ebene herum erscheint nun ein Rechteckrahmen mit Griffpunkten. Durch Ziehen verändern Sie die Proportionen. Gleichzeitig können Sie das Objekt durch Zahleneingabe in der Optionsleiste verändern. Photoshop stellt alle Veränderungen sofort in einer Grobvorschau dar. Strg+Z annulliert Ihren letzten Zug an den Griffpunkten. Solange die Begrenzungsbox erscheint, können Sie nichts anderes unternehmen, etwa eine neue Datei laden oder eine Kontrastkorrektur beginnen.

3. Um die Veränderung dauerhaft anzuwenden, klicken Sie entweder doppelt in die Rechteckbox, einmal auf die OK-Schaltfläche ✓ oder drücken Sie die ⏎. Um den Begrenzungsrahmen folgenlos zu entfernen, drücken Sie Esc – damit bleibt alles beim Alten, die Vorschau für die Veränderungen springt zurück.

 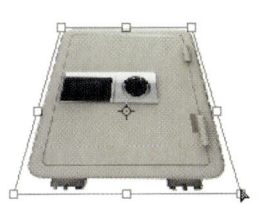 

Abbildung 12.39:
Links: Um Ebene, Auswahl oder Pfad frei zu verzerren, drücken Sie beim Ziehen eines Eckgriffs die Strg-Taste. Mitte: Ziehen an einem Eckgriff mit Strg+Alt+⇧-Taste verzerrt das Element perspektivisch. Rechts: Ziehen am Seitengriff mit Strg+⇧-Taste neigt die Ebene.

Kapitel 12   Ebenen

Mit den Optionen zum Verschieben-Werkzeug können Sie den BEGRENZUNGS-
RAHMEN EINBLENDEN. *Dieser Rahmen bleibt dauerhaft sichtbar und gibt Ihnen
jederzeit Zugriff auf die* **Transformieren***-Funktionen, ohne dass Sie erst den
Menübefehl oder das Tastenkürzel wählen müssen.*

Funktionen im Einzelnen

Die nun folgenden Funktionen gelten für Ebenen, aber sinngemäß auch für die Umformung von Auswahlen mit dem Befehl **Auswahl: Auswahl transformieren**, für die Umformung von Pfaden mit dem Befehl **Bearbeiten: Pfad frei transformieren**, sofern ein Pfad aktiviert ist, sowie für das Einfügen von Vektorgrafik mit dem Befehl **Datei: Platzieren**. Diese Möglichkeiten bieten Ihnen die TRANSFORMIEREN-Funktionen:

➡ Sie bewegen das Objekt, indem Sie innerhalb der Box mit dem Mauszeiger ziehen oder die [Pfeil]-Tasten nutzen.

➡ Sie positionieren das Objekt neu durch Angaben für X- und Y-Achse (Details nur zu diesem gezielten Positionieren finden Sie ab Seite 688).

➡ Sie vergrößern oder verkleinern ein Element, indem Sie an einem Griffpunkt ziehen. Um bei diesem so genannten Skalieren das Seitenverhältnis zu wahren und die Proportionen beizubehalten, drücken Sie erst die [⇧]-Taste, dann ziehen Sie. Lassen Sie danach erst die Maustaste los, dann die [⇧]-Taste. Alternativ klicken Sie auf die Schaltfläche SEITENVERHÄLTNIS ERHALTEN in der Optionsleiste.

➡ Um Auswahl oder Ebene zu drehen, setzen Sie den Zeiger außerhalb des Begrenzungsrechtecks an und ziehen. Mit der [⇧]-Taste legen Sie die Umdrehung auf 15-Grad-Schritte fest. Verschieben Sie das Zentrierstück, das zunächst in der Mitte liegt, wenn Sie die Ebene um einen bestimmten Fleck in der Datei drehen möchten.

➡ Um nur an einer einzelnen Ecke zu verzerren, drücken Sie die [Strg]-Taste beim Ziehen eines Eckgriffs – also kein Griff in der Mitte einer Seite.

➡ Sie verzerren Auswahl oder Ebene symmetrisch von der Mitte ausgehend, wenn Sie die [Alt]-Taste drücken.

➡ Um eine Auswahl oder Ebene zu neigen, ziehen Sie an einem Seitengriff – nicht an einem Eckgriff – und drücken [Strg]+[⇧]-Taste. Dabei verzerrt Photoshop gegenüberliegende Seiten parallel.

➡ Um eine Auswahl oder Ebene perspektivisch zu verzerren, drücken Sie [Strg]+[Alt]+[⇧]-Taste und ziehen an einem Eckgriff.

*Beachten Sie, dass Sie die Daten in der Optionsleiste wie immer auch mit den
[Pfeil]-Tasten – oder in Zehnerschritten mit [⇧]-Taste plus [Pfeil]-Taste – verändern können. Photoshop zeigt die Veränderung sofort an. Mit der [⇥]-Taste
springen Sie von einem Datenfeld zum nächsten und mit [⇧]+[⇥] wieder
zurück.*

Retuschieren und Transformieren von Ebenen — Kapitel 12

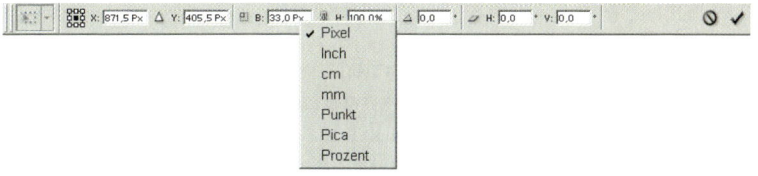

Abbildung 12.40:
Während Sie mit der »Transformieren«-Funktion eine Montage-Ebene, eine Auswahl, einen Pfad oder eine platzierte Grafik umformen, erscheinen die Werte in der Optionenleiste. Statt mit der Maus zu ziehen, können Sie hier auch direkt neue Werte vorgeben. Verwenden Sie verschiedene Maßeinheiten wie »Pixel«, »%« oder »cm«, die Photoshop auch per Kontextmenü anbietet.

Drehen, Neigen, Skalieren, Verzerren

Sie müssen die Tastaturkombinationen für den Befehl **Frei Transformieren** nicht im Kopf haben. Verwenden Sie das Untermenü **Ebene: Transformieren** und dort einen der Einzelbefehle wie **Drehen**, **Neigen**, **Skalieren** oder **Verzerren**. Photoshop zeigt die Begrenzungsbox, erlaubt Ihrer Maus aber zunächst nur die jeweils gewählte Veränderung sowie das Verschieben. Sie haben jedoch, noch bevor Sie mit der ⏎ bestätigen, die Möglichkeit, den Befehl **Frei Transformieren** zu wählen oder Strg+T zu drücken; dann sind alle anderen Veränderungen auch möglich. Ebenso können Sie zu einem anderen Einzelbefehl wechseln.

TIPP *Der Rahmen der Begrenzungsbox lässt sich auch über die Bildgrenzen hinausziehen. Am übersichtlichsten ist das im Vollschirmmodus (Kurztaste F, für Full screen). Auch Bildpunkte, die außerhalb des sichtbaren Bereichs liegen, werden in Formaten wie Photoshop gespeichert und lassen sich später wieder ins Bild hineinziehen. Der Befehl **Bild: Nichts maskiert** (Seite 183) erweitert die Arbeitsfläche so, dass alle Außenstände sichtbar werden.*

Abbildung 12.41:
Links: Das einzusetzende Bild wird zunächst mit Freistellwerkzeug oder Auswahlrechteck auf das monitortypische Seitenverhältnis von 4:3 gestutzt. Dann skalieren wir es mit der Transformieren-Funktion ungefähr auf Monitormaße und schieben es in die linke untere Ecke. Rechts: Wir wählen »Frei Transformieren« und drücken die Strg-Taste, um einzelne Bildecken so zu verzerren, dass sie sich den Fluchtlinien der Mattscheibe anpassen. Dann bestätigen wir die Änderung mit der ⏎. Vorlagen: Transformieren_a, _b

12.5.6 Verzerrungen wiederholen

Eine gelungene Verzerrung lässt sich leicht auf andere Ebenen übertragen – und genauso gut auch von einer Ebene auf einen Pfad oder umgekehrt. Aktivieren Sie die gewünschte Ebene und wählen Sie den Befehl **Bearbeiten: Transformieren: Erneut** (⇧ + Strg + T). Es ist in Ordnung, wenn Sie zwischenzeitlich andere Werkzeuge benutzt oder das erste Verzerren widerrufen haben. Sie können auch in andere Dateien wechseln und dort Ebenen oder Pfade »erneut« verzerren.

Wollen Sie eine erfolgreiche Verzerrung auf Dauer behalten, speichern Sie den Vorgang mit der Aktionenpalette (Seite 112).

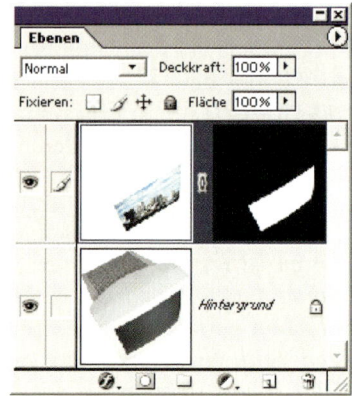

Abbildung 12.42:
Bei aktiviertem Monitorbild wurde die Mattscheibe mit dem Zauberstab ausgewählt. Anschließend haben wir die Hafenebene aktiviert und in der Ebenenpalette auf die Schaltfläche »Ebenenmaske hinzufügen« geklickt. Dadurch erscheint das Motiv nur innerhalb der Mattscheibe. Ergebnis: Transformieren_2

12.5.7 Qualitätsprobleme beim Drehen, Skalieren und Verzerren

Beim Drehen, Skalieren oder Verzerren muss Photoshop Bildpunkte hinzurechnen, neu berechnen oder rauswerfen. Das geschieht nicht ohne Qualitätsverluste. Daraus folgt, Sie sollten eine Ebene möglichst nur einmal »transformieren«. Erledigen Sie alle Veränderungen in einem Rutsch im Vorschaumodus – Drehen, Verzerren, Skalieren – und bestätigen Sie das erst zum Schluss. Beginnen Sie das **Transformieren** erneut, gerät das Bild noch unsauberer als nach der ersten Transformation. Darum macht es eher Sinn, eine bereits bestätigte Transformation schnell aufzuheben und die Ebene komplett neu zurechtzurücken. Alternativ spielen Sie die Verzerrung testhalber an einer duplizierten Ebene durch. (Reines Verschieben ist harmlos.)

Entscheidend ist das Verfahren für die INTERPOLATION, das Sie in den **Voreinstellungen** (Strg + K) festlegen. In der Regel sollte es BIKUBISCH sein, anschließend sollten Sie scharfzeichnen. Nur bei Bildschirmfotos (Screenshots) oder harten Grafiken kommt die PIXELWIEDERHOLUNG in Frage (Seite 156).

Abbildung 12.43:
Links: Mit dem Befehl »Bearbeiten: Frei transformieren« drehen wir die Ebene. In der Vorschau errechnet Photoshop eine schnelle Ansicht mit der Methode »Pixelwiederholung«; unsere Vergrößerung zeigt die Schwächen dieses Verfahrens besonders deutlich. Mitte: Wesentlich glatter werden die Kanten, nachdem die Drehung per Doppelklick bestätigt wurde; dann berechnet Photoshop die Ebene endgültig mit der Interpolationsmethode, die in den »Voreinstellungen« gewählt wurde, hier »Bikubisch«. Rechts: Meist kann ein Scharfzeichner das Ergebnis verbessern. Datei: Wecker

12.5.8 Auswahlbereiche oder Ebenen spiegeln und drehen

Spiegeln oder drehen können Sie jeweils einen Auswahlbereich oder ein ganzes Bild. Für einzelne Ebenen verwenden Sie das Untermenü **Bearbeiten: Transformieren**; für das Gesamtbild, das dazu nicht ausgewählt sein muss, ist es das Untermenü **Bild: Arbeitsfläche drehen** (Seite 173). Bietet die aktuelle Datei nicht genug Raum zum Drehen, erweitern Sie es per **Bild: Arbeitsfläche** oder mit dem Freistellwerkzeug (Seite 181).

12.5.9 3D-Transformieren

Der Befehl **Filter: Renderingfilter: 3D-Transformieren** verzerrt mehrere Seiten eines Objekts gleichzeitig mit dreidimensionaler Wirkung. Die zeitaufwendigen Einstellungen lassen sich nicht speichern: Weder können Sie ein Gittermodell aufbewahren noch dessen Drehung. Photoshop erinnert sich an nichts beim nächsten Aufruf des Befehls. Auch wenn Sie **3D-Transformieren** mit der Aktionenpalette aufzeichnen, startet das Programm beim Abspielen lediglich das Dialogfeld – doch ein Gittermodell müssen Sie neu aufziehen.

Im Übrigen sind die Möglichkeiten begrenzt. Beim Drehen muss das Programm permanent neue Pixel erfinden und oft kann es nicht auf benachbarte Punkte zurückgreifen. Dann setzt Photoshop verschiedene Grauschattierungen ein – hübsch zwar, aber ohne Zusammenhang zum Objekt. Sie könnten allenfalls neu errechnete graue Seiten mit Zauberstab, Polygon-Lasso oder Zeichenstift-Werkzeug markieren und mit einer Struktur füllen. So dient das **3D-Transformieren** eher zur Schöpfung völlig neuer Objekte denn zur unauffälligen Korrektur vorhandenen Fotomaterials.

Zum Drehen und Bewegen brauchen Sie viel Platz in der Datei, sonst wird das Objekt abgeschnitten. Erweitern Sie Ihren Spielraum großzügig mit dem Befehl **Bild: Arbeitsfläche** *(Seite 181). Denken Sie daran, dass Photoshop das Neuland in der Datei in der Hintergrundfarbe anlegt; Kurztaste* D *richtet Weiß ein.*

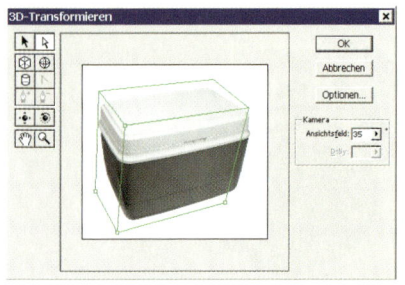
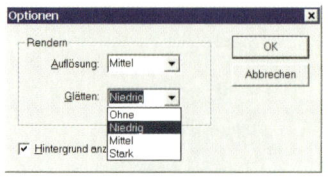

Abbildung 12.44:
Links: Über ein Drahtgittermodell verzerrt der Filter »3D-Transformieren« mehrere Seiten eines Objekts. Rechts: In den Optionen stellen Sie die Qualität der Berechnung ein. Datei: Box

Erstellen des Gittermodells

Wählen Sie im Dialogfeld zunächst ein Gittermodell, also Quader 🔲, Kugel 🔘 oder Zylinder 🔲 (Kurztasten [M], [N] bzw. [C]). Klicken Sie in eine Ecke des Objekts und ziehen Sie einen Rahmen auf. Er erscheint grün. Sofern Sie einen roten Rahmen sehen, haben Sie die Grenzen des Machbaren überschritten.

Sie können mehrere Modelle gleichzeitig aufziehen. Aktivieren Sie das gewünschte Gittermodell mit dem Auswahlwerkzeug ▶ (Kurztaste [V]). Um ein Geflecht zu löschen, klicken Sie es mit diesem Werkzeug an und drücken die [Entf]-Taste.

Gittermodell korrigieren

Mit dem Direktauswahl-Werkzeug ▶ (Kurztaste [A]) ziehen Sie die Punkte des Gittermodells in Position. Klicken Sie jeweils Eckpunkte links oder unten an, um einzelne Seiten zu ändern. Klicken Sie Punkte rechts und oben an oder die Längsseiten, um das gesamte Modell zu bewegen. Ändern Sie außerdem die Werte für das ANSICHTSFELD, um das Gittermodell zu drehen.

*Da der Filter viel Rechenzeit benötigt, sollten Sie für erste Versuche das Original duplizieren und per **Bild: Bildgröße** (Seite 155) auf rund 400 Pixel verkleinern.*

Besonderheiten bei Zylindern

Bei Zylindern können Sie zusätzliche Ankerpunkte einsetzen, um nicht nur schlichten Dosen, sondern auch komplexeren Formen wie Flaschen oder Weingläsern eine 3D-Transformation angedeihen zu lassen. Aktivieren Sie das so genannte Ankerpunkt-einfügen-Werkzeug und setzen Sie auf dem rechten Rand des Drahtgitters einen Ankerpunkt. Wenn Sie nun zum Direktauswahl-Werkzeug ▶ wechseln, können Sie den Zylinder an dieser Stelle bauchig quetschen oder aufblähen – allerdings nur symmetrisch auf beiden Seiten.

Drücken Sie die [Strg]-Taste, um vorübergehend zum Auswahlwerkzeug ▶ zu gelangen; damit verschieben Sie das Modell. Bei gedrückter [Alt]-Taste erhalten Sie das so genannte Ankerpunkt-löschen-Werkzeug, das Ankerpunkte – na? – entfernt. Sie können es per Schaltfläche auch dauerhaft aktivieren.

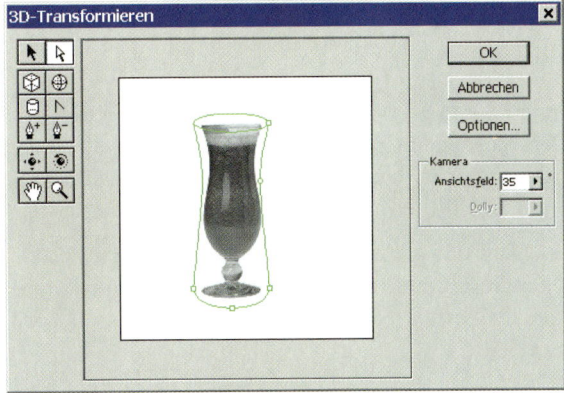

Abbildung 12.45:
Im Zylinder-Modus können Sie symmetrische Rundungen markieren. Datei: Drink

Objekt bewegen

Sie bewegen das Objekt durch Ziehen mit dem Kamera-schwenken-Werkzeug 3d_kamera-schwenken (Kurztaste E). Möchten Sie das Objekt drehen, verwenden Sie das Trackball-Werkzeug 3d_trackball (Kurztaste R). Mit Werten zwischen 0 und 100 bei DOLLY vergrößern oder verkleinern Sie das transformierte Objekt. Per ANSICHTSFELD vergrößern oder verkleinern Sie den sichtbaren Bereich.

Abbildung 12.46:
Wenn Photoshop kein Oberflächenmaterial für eine Drehung findet, muss er es selber erzeugen.

Optionen

Über die OPTIONEN-Schaltfläche bietet das Dialogfeld **3D-Transformieren** die folgenden Regelmöglichkeiten:

- Unter AUFLÖSUNG nennen Sie die Qualität des errechneten Bildes. Dies wirkt sich insbesondere bei Kugeln und Zylindern aus, weniger bei Quadern.

- Unter GLÄTTEN nennen Sie den gewünschten Faktor, um ausgezackte Kanten zu vermeiden.

- Sofern Sie den HINTERGRUND ANZEIGEN, werden Teile des Originals, die außerhalb des Drahtmodells liegen, in die Vorschau und in das errechnete Bild eingeschlossen. Schalten Sie die Option aus, trennt Photoshop das verzerrte Objekt von seinem Hintergrund.

Bilddarstellung in der Vorschau

So ändern Sie die Bilddarstellung in der Vorschau:

- Klicken Sie die Lupe an oder drücken Sie `Strg`+Leertaste, um Bildteile in der Vorschau größer anzuzeigen, oder rahmen Sie den interessanten Bereich ein. `Alt`+Leertaste nehmen Sie zur Verkleinerung der Ansicht; bei aktivierter Lupe nehmen Sie die `Alt`-Taste, um eine Verkleinerungslupe zu erhalten.

- Ist die Ansicht so weit vergrößert, dass nicht das ganze Bild ins Dialogfeld passt, rücken Sie mit dem Hand-Werkzeug den gewünschten Bildteil ins Fenster. Dazu klicken Sie das Werkzeug im Dialogfeld an oder Sie drücken wie üblich die Leertaste, um nur vorübergehend das Hand-Werkzeug zu erhalten.

12.5.10 Verflüssigen

Der Befehl **Filter: Verflüssigen** (`Strg`+`⇧`+`X`) bietet Werkzeuge, mit denen Sie Bildteile gummiartig knautschen, dehnen oder eindrücken. Sie können einzelne Bereiche auswählen oder stufenlos gegen Veränderung schützen. Das Gitternetz lässt sich für weitere Anwendungen speichern und wieder laden.

Die Wirkung erinnert an das Programm Goo; sie eignet sich nicht nur für grinsende Mundwinkel, sondern auch für korrigierte Proportionen von Motorhauben, menschlichen Körpern oder gerasterten Schriftzügen. Die Nachteile:

- Die komplette Bearbeitung findet in einem Dialogfeld statt – nicht im Dateifenster selbst –, und das ohne Vorschau am Original.

- Die Dehnübungen lassen sich nicht unkompliziert in einen Film gießen.

- Präzise perspektivische Korrekturen werden nicht unterstützt.

- Textebenen und Formebenen werden gerastert.

Alternativen zu **Verflüssigen** bilden je nach Aufgabe eventuell Befehle aus dem Untermenü **Filter: Verzerrungsfilter**, so etwa **Schwingungen**, **Verbiegen** oder **Versetzen** (Seite 868); für Textebenen empfiehlt sich das »Verkrümmen«, dabei bleibt der korrigierbare Textmodus erhalten (Seite 814).

Das VERFLÜSSIGEN *beansprucht viel Rechenzeit – in der Vorschau und bei der endgültigen Anwendung nach dem OK-Klick. Experimentieren Sie bei größeren Vorlagen zunächst mit Duplikaten, die Sie mit dem Befehl* **Bild: Bildgröße** *(Seite 155) auf etwa 500 Pixel Kantenlänge herunterrechnen.*

Retuschieren und Transformieren von Ebenen	Kapitel 12

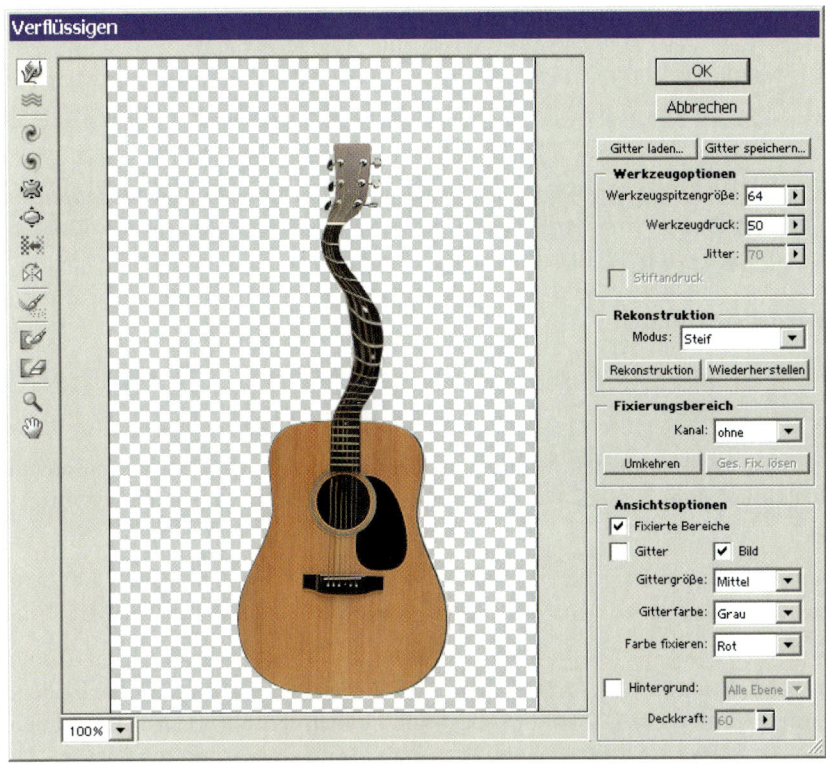

Abbildung 12.47:
Mit dem Befehl »Filter: Verflüssigen« dehnen und knautschen Sie Bildpartien gummiartig per Mausbewegung. Vor Veränderung geschützte Bereiche erscheinen farblich abgedeckt. Sie können die Verzerrung nach verschiedenen Methoden zurückfahren. Vorlage: Western

Werkzeuge zum Umformen

Diese Werkzeuge zum Umformen bietet das Dialogfeld **Verflüssigen**:

- Das Werkzeug VERKRÜMMEN schiebt die Bildpunkte vor sich her. Klicken Sie zweimal bei gedrückter ⇧-Taste, um die beiden Punkte durch eine Gerade zu verbinden.

- Vage vergleichbare, aber stärkere, wellenartige Verzerrung schafft das TURBULENZ-GERÄT. Per JITTER steuern Sie den Grad der Verfremdung.

- Die STRUDEL-Werkzeuge und verdrehen Bildpunkte im Uhrzeigersinn oder gegen den Uhrzeigersinn.

- Per ZUSAMMENZIEHEN scheint das Material unter dem Mauszeiger zu schrumpfen.

- Das AUFBLASEN wölbt die Bildpunkte unter dem Mauszeiger.

- PIXEL VERSCHIEBEN heißt ein Werkzeug, das Bildpunkte senkrecht zur Werkzeugrichtung verschiebt. Die Alt-Taste kehrt die Richtung um. Klicken bei gedrückter ⇧-Taste verbindet die Punkte durch eine Gerade.

- Die REFLEXION sorgt für reizvolle Spiegelungen. Ziehen bei gedrückter Alt-Taste variiert den Effekt, Klicken bei gedrückter ⇧-Taste verbindet die Punkte durch eine Gerade.

Die Wirkung aller Werkzeuge im Dialogfeld steuern Sie im Bereich WERKZEUGOPTIONEN mit den Datenfeldern für WERKZEUGSPITZENGRÖSSE und WERKZEUGDRUCK. Wichtig vor allem: Je höher der WERKZEUGDRUCK, desto drastischer wirkt die Funktion, desto härtere Kanten entstehen.

Legen Sie vor Aufruf des Dialogfelds gleich mehrere Alphakanäle an. Duplizieren Sie einen brauchbaren Alphakanal mehrfach, indem Sie ihn in der Kanälepalette auf das Symbol NEUER KANAL ziehen.

Bildbereiche vor Veränderung schützen

Einzelne Bildbereiche können Sie vor Veränderungen schützen. Folgende Möglichkeiten haben Sie:

➡ Noch bevor Sie den Befehl aufrufen, wählen Sie die gewünschte Motivpartie mit einem Auswahlwerkzeug wie dem Lasso aus. Im Dialogfeld sehen Sie nur noch den ausgewählten Bereich.

➡ Legen Sie einen Alphakanal an (Seite 587) und verwenden Sie den Alphakanal zur Auswahl veränderbarer Bildzonen. Den Alphakanal geben Sie im FIXIERUNGSBEREICH im Klappmenü KANAL an.

➡ Malen Sie mit dem FIXIERUNGSWERKZEUG über Zonen, die erhalten bleiben sollen. Wenn Sie bei niedrigem WERKZEUGDRUCK begonnen haben, erhöht mehrfaches Malen die Schutzwirkung. Stärkere Schutzwirkung erkennen Sie an einer stärkeren Maske.

Malen Sie mit dem FIXIERUNGSLÖSER über die gewünschte Partie, um die Fixierung aufzuheben, und prüfen Sie auch hier wieder den WERKZEUGDRUCK. Alternativ macht die Schaltfläche GESAMTE FIXIERUNG LÖSEN das komplette Bild zugänglich. Die Schaltfläche UMKEHREN fixiert bis dato verfügbare Partien und gibt geschützte Zonen zur Bearbeitung frei.

Zum »Verflüssigen« benötigen Sie viel Bildfläche, die Sie mit dem Befehl **Bild: Arbeitsfläche** oder mit dem Freistellwerkzeug anlegen (Seite 180).

Verzerrung exakt zurücksetzen

So nehmen Sie Verzerrungen im Dialogfeld VERFLÜSSIGEN exakt wieder zurück:

➡ Mit [Strg]+[Z] widerrufen Sie den letzten Pinselstrich.

➡ Drücken Sie die [Alt]-Taste, damit die Schaltfläche ABBRECHEN wie immer die Beschriftung ZURÜCK zeigt. Damit setzen Sie das Bild zurück – aber auch alle Werkzeug-Voreinstellungen des Dialogfelds wechseln wieder zur Vorgabe ab Werk.

➡ Die Schaltfläche WIEDERHERSTELLEN setzt das gesamte Bild auf den Urzustand zurück.

- Die Schaltfläche REKONSTRUIEREN stellt nicht fixierte Bereiche automatisch schrittweise wieder her. Um die Wiederherstellung einzufrieren, drücken Sie entweder [Strg]+[.]-Taste oder [Esc]+[.]-Taste; eventuell müssen Sie zunächst in die Vorschau klicken, um die Wiederherstellung anzuhalten.

- Malen Sie mit dem Werkzeug REKONSTRUKTION über Bereiche, die Sie zurücksetzen möchten. Für behutsame Anwendung nehmen Sie den WERKZEUGDRUCK zurück. Fixieren Sie Bereiche, die Sie nicht zurücksetzen möchten, und nutzen Sie im MODUS-Klappmenü das WIEDERHERSTELLEN.

TIPP | Der Befehl **Verflüssigen** erzeugt selten auf Anhieb ein perfektes Bild. Bei der Nachbearbeitung helfen vor allem Kopierstempel (Seite 531), Protokollpinsel (Seite 103) und Scharfzeichner-Befehle. Mit dem Wischfinger (Seite 528) verstärken Sie die Verzerrung nachträglich.

  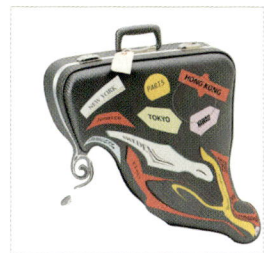

Abbildung 12.48:
Links: Die Verzerrungen entstanden vor allem mit dem Werkzeug »Verkrümmung«. Mitte: Weitere Verzerrungen mit Werkzeugen wie »Strudel« und »Pixel verschieben« kommen hinzu. Rechts: Wir glätten die Verzerrung mit dem Werkzeug »Rekonstruktion« im Modus »Steif«. Datei: Gepaeck

Verzerrung angepasst zurücksetzen

Beim VERFLÜSSIGEN empfiehlt sich oft folgendes Vorgehen:

1. Verzerren Sie das Bild stark.
2. Schützen Sie Bereiche, die voll verzerrt bleiben sollen, mit dem FIXIERUNGSWERKZEUG.
3. Stellen Sie die nicht fixierten Bereiche wieder her – mit dem Werkzeug REKONSTRUKTION oder mit der Schaltfläche REKONSTRUIEREN.

Dabei sollten Sie die ungeschützten Zonen nicht perfekt bis zum Originalzustand rekonstruieren: Der Gegensatz zu den verzerrten Partien wirkt krass und es entsteht ein harter Übergang. Deshalb bietet das Dialogfeld VERFLÜSSIGEN im Bereich REKONSTRUKTION mehrere Verfahren, die nicht geschützte Partien angepasst zurücksetzen:

- Nur das WIEDERHERSTELLEN sorgt für exakte Rekonstruktion.

- VERSCHIEBEN arbeitet auf Basis der bisherigen Verschiebung. Das rekonstruierte Bild erhält eine neue Position.

- DREHEN renoviert ungeschützte Zonen entsprechend der ursprünglichen Drehung oder Skalierung an dieser Bildstelle.

- ZUWEISEN stellt Bildpunkte auf Grundlage der früheren Verzerrung wieder her. In den drei letztgenannten Verfahren erlaubt Photoshop kein REKONSTRUIEREN per Schaltfläche, Sie müssen also zum Werkzeug greifen.

- STRENG wahrt rechte Winkel am Übergang zwischen fixierten und nicht fixierten Zonen.

- STEIF führt die Verzerrungen aus nicht geschützten Zonen in den fixierten Bereichen weiter, wird jedoch zunehmend schwächer. So entstehen gute Übergänge.

- Die Vorgabe WEICH erweitert die Verzerrungen der fixierten Bereiche gleichmäßig auf nicht fixierte Partien. Ähnlich arbeitet UNGENAU.

Ansichtsoptionen

Wie üblich können Sie zoomen, zum Beispiel auch per [Strg]+[-]-Taste, und das Bild durchs Vorschaufenster schieben. Im Abschnitt ANSICHTSOPTIONEN können Sie nach Bedarf die Deckfarbe für FIXIERTE BEREICHE EINBLENDEN oder verbergen, Sie können das BILD EINBLENDEN oder verbergen sowie zusätzlich oder allein ein GITTER EINBLENDEN, das die Verzerrung besonders anschaulich darstellt. Photoshop bietet verschiedene Optionen für GITTERGRÖSSE, GITTERFARBE und für die Abdeckung der geschützten Bildteile (FARBE FIXIEREN).

Im Bereich HINTERGRUND entscheiden Sie, ob weitere Ebenen der aktuellen Montage mit in der Vorschau erscheinen sollen. Zeigen Sie entweder nur einzelne andere Ebenen oder ALLE EBENEN und zeigen Sie diese weiteren Ebenen, die Sie ja nicht bearbeiten, in der Vorschau wahlweise mit reduzierter DECKKRAFT.

12.6 Deckkraft, Fläche und Füllmethode

Nicht immer soll eine Ebene wie ein Abziehbild auf dem Hintergrund kleben, so dass dieser völlig verschwindet. Oben in der Ebenenpalette finden Sie Möglichkeiten, um die Mischung der aktiven Ebene mit den darunter liegenden Ebenen zu steuern: die Regler für DECKKRAFT und FLÄCHE sowie das Einblendmenü für die Füllmethode, also für Überblend- oder Mischverfahren. Die Funktionen kehren im Dialogfeld EBENENSTIL wieder. Alle drei Eigenschaften lassen sich gemeinsam als Ebenenstil speichern (Seite 741) und somit leicht auf andere Dateien übertragen.

12.6.1 Deckkraft

Die Deckkraft für die aktivierte Ebene stellen Sie mit dem DECKKRAFT-Regler ganz oben in der Ebenenpalette ein; Alternative: der DECKKRAFT-Regler im Bereich ALLGEMEINE FÜLLMETHODE des Dialogfelds EBENENSTIL. Per Deckkraft machen Sie eine Ebene mehr oder weniger blass, so dass der Untergrund durchscheint; niedrige Werte blenden eine Ebene nur blass

Deckkraft, Fläche und Füllmethode   Kapitel 12

in den Untergrund ein, 100 Prozent bedeutet volle Deckung. Beachten Sie jedoch, dass oft nicht der DECKKRAFT-Regler, sondern nur eine andere Füllmethode die gewünschte Wirkung bringt (siehe unten).

Die Deckkraftwerte ändern Sie bequem über die Zifferntasten, sofern das Verschieben- oder ein Auswahlwerkzeug aktiv ist: Tippen Sie »1« für zehn Prozent Deckkraft, »2« für 20 Prozent, »0« sorgt für 100 Prozent Deckkraft; auch Zwischenwerte von 01 bis 100 sind möglich. Arbeiten Sie allerdings mit einem Mal- oder Retuschewerkzeug – etwa Pinsel oder Kopierstempel –, dann korrigieren die Zifferntasten die Deckkraft dieser Geräte und wirken sich nicht auf die Ebenen-Deckkraft aus.

Wohlgemerkt: Die Pixel auf der Ebene ändern sich durch eine Deckkraftregulierung nicht dauerhaft; sie werden nur anders dargestellt. Sie können völlig verlustfrei eine Ebene auf 30 Prozent Deckkraft stellen, speichern und dann wieder zu 100 Prozent zurückkehren. Verschmelzen Sie allerdings eine erblasste Ebene mit einer anderen, übertragen Sie nur blasse Pixel; die bekommen Sie nicht hundertprozentig wieder.

TIPP *Den Übergang zwischen unterschiedlichen Deckkraftwerten setzt ImageReady unkompliziert in einen Trickfilm um. Objekte lassen sich also über einen Zeitabschnitt hinweg aus- oder einblenden. Verwenden Sie den Befehl **Dazwischen einfügen** aus der Animationpalette (Seite 299).*

Abbildung 12.49:
Links: Die Deckkraft wurde auf 50 Prozent gesenkt, so dass die graue »News«-Ebene nur blass erscheint. Mitte, rechts: Die Deckkraft steht auf 100 Prozent, doch der »Fläche«-Regler zeigt 0 Prozent. Die Pixelfüllung verschwindet, hier zeigt sich der Hintergrund. Die Schattierungen durch die Ebeneneffekte »Schlagschatten«, »Abgeflachte Kante« und »Kontur« bleiben voll erhalten.
Datei: Deckkraft_1

12.6.2   Fläche

Den FLÄCHE-Regler finden Sie in der Ebenenpalette unter dem DECKKRAFT-Regler. Er ist nur interessant, wenn Sie Ebeneneffekte verwenden. Der FLÄCHE-Regler blendet allein die in der Ebene dauerhaft vorhandenen Bildpunkte aus. Nicht ausgeblendet werden dagegen die Schattierungen, die durch Ebeneneffekte wie VERLAUFSÜBERLAGERUNG, KONTUR, SCHLAG-

SCHATTEN oder ABGEFLACHTE KANTE entstehen. Identisch wirkt der DECKKRAFT-Regler im Bereich ERWEITERTE FÜLLMETHODE des Dialogfelds EBENENSTIL, das Sie meist nach Doppelklick auf eine Ebenenminiatur sehen.

Abbildung 12.50:
Die Ergebnisse entstanden mit verschiedenen Ebeneneffekten, der »Fläche«-Wert lag jeweils bei 0. Vorlage: Deckkraft_1

In unserem Beispiel verschwindet die graue Farbe des Textobjekts. Die Auswirkung der Ebeneneffekte bleibt dagegen voll erhalten: Sie sehen auch weiterhin die Schattierungen der plastischen Kanten, den SCHLAGSCHATTEN und die weiße KONTUR. Diese Effekte wirken sich nun nicht mehr auf die per FLÄCHE-Regler ausgeblendete Textebene aus, sondern auf die darunter liegende Ebene.

Abbildung 12.51:
Links: Der Schriftzug entstand mit Ebeneneffekten und einer »Fläche«-Vorgabe von 0. Mitte, rechts: Wollen Sie den Hintergrund ausblenden und den Bildinhalt nur innerhalb der Schrift zeigen, legen Sie eine Beschnittgruppe an.
Datei: Deckkraft 2

12.6.3 Die Arbeit mit Füllmethoden

Mit den Füllmethoden blenden Sie Ebenen einer Montage raffiniert übereinander. So erscheinen nur bestimmte Aspekte der Bildinformation im Gesamtbild, zum Beispiel nur Hell-Dunkel-Strukturen oder nur Farbwerte unabhängig von der Helligkeit. Simulieren Sie Überbelichtung oder übermalte Farben, jegliche fantasievolle Mischung ist möglich. Gleich oben in der Ebenenpalette haben Sie Zugriff auf das Füllmethoden-Einblendmenü.

Die meisten Modi sind auch beim Malen und Retuschieren von Bedeutung, da Sie auch dort Bildpunkte übereinander legen. Ausführlich besprechen wir die Füllmethoden auf den folgenden Seiten. Spezielle Hinweise zum Malen finden Sie jedoch auf Seite 730. Weitere Aspekte speziell der Füllmethoden MULTIPLIZIEREN und NEGATIV MULTIPLIZIEREN zeigen unsere Tipps zur Kontrastkorrektur per Füllmethode ab Seite 423.

Deckkraft, Fläche und Füllmethode

!! STOP *Photoshop 7.0 hat die folgenden Füllmethoden neu eingeführt:* STRAHLENDES LICHT, LINEARES LICHT, LICHTPUNKTE, LINEAR ABWEDELN *und* LINEAR NACH-BELICHTEN. *Montagen mit diesen Methoden können Sie mit älteren Fassungen von Photoshop nicht korrekt öffnen. Stattdessen erscheint eine Warnung, dann lädt Photoshop diese Ebenen mit der Füllmethode* NORMAL. *Ebenfalls erst mit Photoshop 7 kamen die Ebenenstil-Optionen* EBENENMASKE VERBIRGT EFFEKTE *und* VEKTORMASKE VERBIRGT EFFEKTE.

12.6.4 Füllmethoden auf einen Blick

Die folgende Tafel zeigt Ihnen die Überblendmodi auf einen Blick.

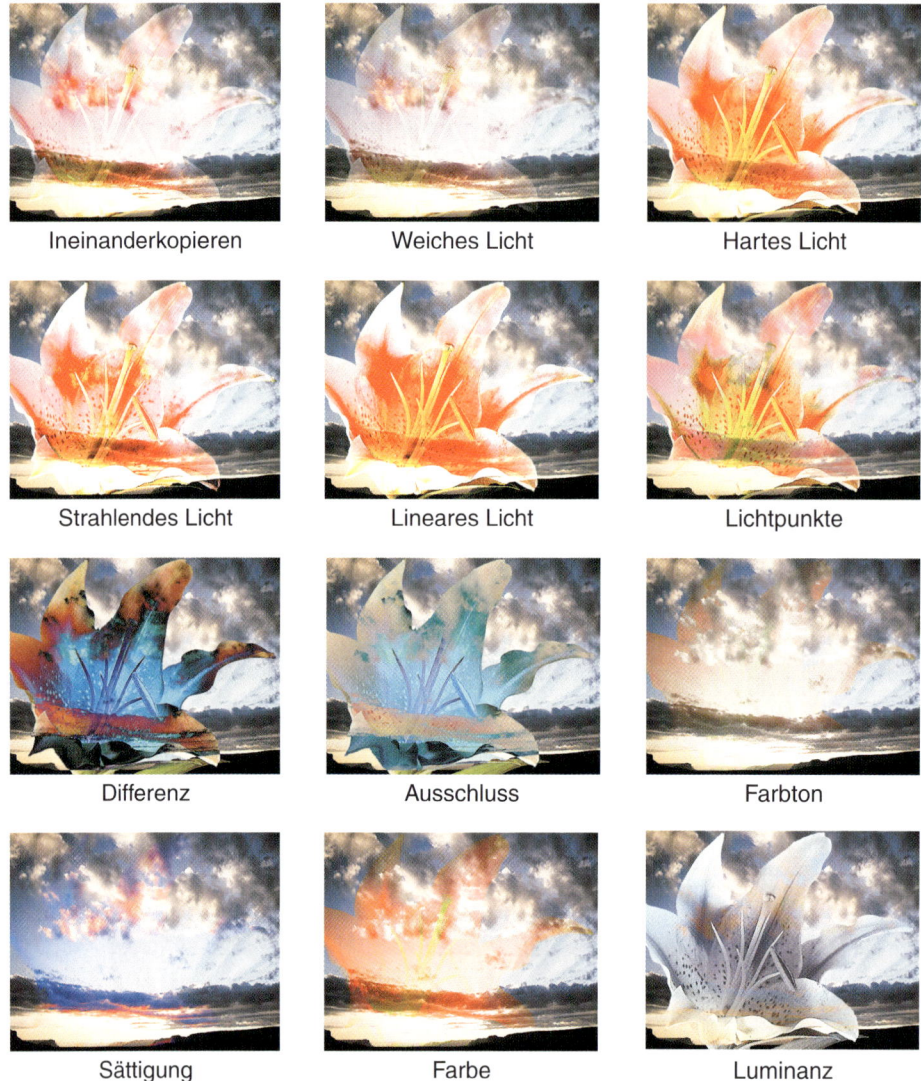

Abbildung 12.52:
Wie sich die aufgemalten oder eingefügten Tonwerte mit dem Untergrund mischen, hängt von der Füllmethode und von der Deckkraft ab. Vorlage: Fuellmethode

Füllmethoden im Einzelnen

Photoshops Füllmethoden sollten Sie verstehen; sie gelten für Malwerkzeuge, Füllwerkzeuge und Füllbefehle und die meisten kehren wieder beim Montieren in der Ebenenpalette.

Kurztasten

Sie können Deckkraft und Überblendmodus beim Malen und für Ebenen bequem über Kurztasten verändern. Zum Beispiel drücken Sie die Taste [5] für eine Deckkraft von 50 Prozent und [⇧]+[Alt]+[M] für den Multiplizieren-Modus. Allerdings gelten für Malen wie für Ebenentechnik dieselben Tasten und die Malwerkzeuge haben Vorrang. Das bedeutet:

- Solange ein Werkzeug für Retusche oder Farbauftrag aktiviert ist – zum Beispiel Pinsel, Kopierstempel stempel oder Füllwerkzeug –, verändern die Tastengriffe die Optionen zu diesem Werkzeug.
- Sind jedoch zum Beispiel Verschieben-Werkzeug oder Lasso eingeschaltet, verändern die Tastenkürzel eine in der Ebenenpalette aktivierte Ebene.

Normal

Der NORMAL-Fall bei Malen und Montage: Die unter dem Pinsel oder unter der Ebene liegenden Pixel nehmen komplett die neue Farbe an, von den Tonwerten darunter bleibt nichts zurück (Kurztaste [⇧]+[Alt]+[N]).

Sprenkeln

Das SPRENKELN verteilt Farbe (oder Bildteile) pünktchenförmig über den Untergrund, abhängig von der Deckkraft (Kurztaste [⇧]+[Alt]+[I]). Die Wirkung des SPRENKELNS hängt stark von der Druckauflösung ab. Damit lässt sich etwa ein Hintergrund aufrauhen oder die Wirkung eines alten Stempels oder einer billigen Fotokopie simulieren.

Die einzelnen Streusel fallen allerdings durch harten Rand unangenehm auf; da definiert man im Zweifelsfall lieber eine ausfransende Werkzeugspitze oder blendet mit einer aufgerauhten Ebenenmaske über.

Sie können eine Ebene mit SPRENKELN-Vorgabe nicht mit weiteren Füllmethoden wie HARTES LICHT usw. kombinieren. Workaround: Richten Sie das Sprenkeln in der gewünschten Stärke ein; erzeugen Sie eine neue, leere Ebene direkt unter der SPRENKELN-Ebene und verschmelzen Sie beide Ebenen; die Streusel lassen sich nun nicht mehr zurücksetzen, Sie können jedoch weitere Füllmethoden anwenden. Glätten Sie Sprenkel eventuell mit einem Weichzeichner, per *Bildgröße* oder *Transformieren*.

Abdunkeln

Im Modus ABDUNKELN setzt sich nur das Dunklere durch (Kurztaste [⇧]+[Alt]+[K]). Damit montieren Sie mehrere Strichzeichnungen, die auf Weiß stehen, nebeneinander – der weiße Hintergrund wird die benachbarte Skizze nicht überdecken. Im Farbmodus LAB funktioniert der Modus nicht. Quasi eine Verstärkung des ABDUNKELNS ist der Modus MULTIPLIZIEREN (siehe unten). Alternative bei Ebenentechnik: die maßgenaue Ausblendung von Helligkeitsbereichen (Seite 762). Genau umgekehrt wirkt das AUFHELLEN.

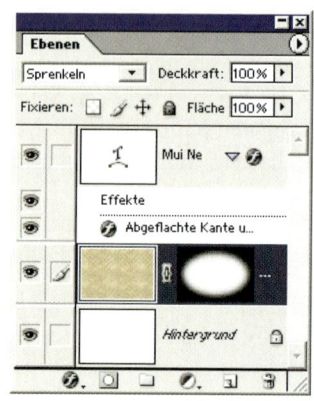

Abbildung 12.53:
Die Sandebene wird durch eine weichgezeichnete Ebenenmaske zum Rand hin ausgeblendet. Weil wir den Modus auf »Sprenkeln« gesetzt haben, äußert sich die Wirkung der Ebenenmaske hier nicht in abnehmender Deckkraft, sondern in der Verteilung einzelner Partikel. Von der Textebene sind nur die per Ebeneneffekt gewölbten Kanten sichtbar; die eigentliche Textfarbe wird mit dem »Fläche«-Regler ausgeblendet. Datei: Sand

Aufhellen

Beim AUFHELLEN setzt sich jeweils das Hellere durch; dort, wo die untere Ebene heller ist als die aktive AUFHELLEN-Ebene, ändert sich nichts (Kurztaste ⇧+Alt+G). Damit kann man etwa mehrere Alphakanäle übereinander legen, um Auswahlen zusammenzuführen – die weiß ausgesparten Auswahlbereiche bleiben allesamt erhalten. Der Modus NEGATIV MULTIPLIZIEREN bewerkstelligt das AUFHELLEN auf noch drastischere Art. Der Farbmodus Lab ist hier tabu; als Alternative bietet sich ein Ausblenden von Helligkeitsbereichen in Ebenentechnik an (Seite 762).

Multiplizieren

Beim MULTIPLIZIEREN werden die Farbwerte übereinander liegender Bildpunkte multipliziert, das Bild dunkelt deutlich ab – als ob Sie mit Filzstiften mehrfach übereinander malen oder zwei Dias übereinander kleben (Kurztaste ⇧+Alt+M). Je öfter Sie übermalen, desto dunkler wird es. Der Modus mischt Bildpunkte nach dem subtraktiven CMYK-Schema: Montieren Sie Cyan auf Gelb, erhalten Sie Grün; Magenta und Gelb vereinen sich zu Rot. Pinseln Sie indes Hell auf Dunkel, ändert sich gar nichts. Mit dieser Einstellung wird Schatten angelegt – selbst dunkler Untergrund sinkt im MULTIPLIZIEREN-Modus bei nur mittlerem Schatten-Grau noch mehr ab. Stark überbelichtete Fotos kopiert man per MULTIPLIZIEREN mehrfach übereinander, um mehr Zeichnung zu erhalten (Seite 193).

Negativ multiplizieren

Der Modus NEGATIV MULTIPLIZIEREN hellt die Farben auf – wie zwei Spotlights oder Dias, die man übereinander projiziert (Kurztaste ⇧+Alt+S). Dies eignet sich zum Beispiel, um Spitzlichter zu setzen oder Feuerwerk in einen Nachthimmel zu montieren. Auch Überstrahlung simuliert man so, wenn man das oben liegende Duplikat einer Ebene mit Gaußschem oder Radialem Weichzeichner bearbeitet (Seite 845).

Deckkraft, Fläche und Füllmethode — Kapitel 12

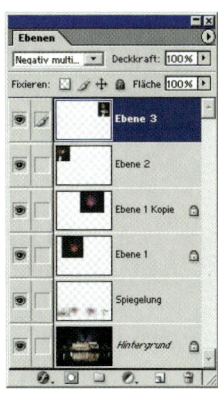

Abbildung 12.54:
Die einzelnen Feuerwerksaufnahmen wurden mit den Füllmethoden »Negativ multiplizieren« oder »Aufhellen« über den Nachthimmel gelegt. Nur das Hellere setzt sich durch. Datei: Feuerwerk

Ineinanderkopieren

Der Modus INEINANDERKOPIEREN multipliziert, abhängig von der Originalfarbe, die normalen oder die umgekehrten Farbwerte (Kurztaste ⇧+Alt+O). Mittlere Farbtöne werden geändert, Lichter und Schatten des Originals bleiben jedoch erhalten. Photoshop ersetzt die Originalfarbe nicht, sondern mischt sie mit dem Farbauftrag, um helle und dunkle Zonen zu erhalten.

Abbildung 12.55:
Das Foto wird über sich selbst kopiert, die obere Ebene erhält die Füllmethode »Ineinanderkopieren«, einen Weichzeichner und eine »Deckkraft«-Abschwächung. Kontraste und Sättigung steigen deutlich. Vorlage: Strand; Ergebnis: Strand_2

Die Licht-Methoden

Photoshop bietet eine Reihe von »Licht«-Methoden, die jeweils den Kontrast steigern:

> WEICHES LICHT simuliert das Beleuchten eines Bilds mit diffusem Licht: Ist die Malfarbe heller als 50 Prozent Grau, wird das Bild aufgehellt; liegt die Malfarbe dunkler als 50 Prozent Grau, dunkelt Photoshop das Bild ab (Kurztaste ⇧+Alt+F). Am stärksten wirkt der Modus bei Schwarz und Weiß. Mehrfaches Auftragen verstärkt den Effekt.

Kapitel 12   Ebenen

- HARTES LICHT wirkt stärker als WEICHES LICHT: Ist die Malfarbe heller als 50-prozentiges Grau, hellt Photoshop das Bild auf, indem er es mit den umgekehrten Farbwerten multipliziert (Kurztaste ⇧+Alt+H). Dunklerer Farbauftrag jedoch sorgt für ein deutliches Abdunkeln nach dem Schema des Modus MULTIPLIZIEREN. Neutralgrau wird gar nicht übertragen. Mit diesem sehr lebhaften Modus pinseln Sie Glanzlichter oder Schatten und sorgen für frische Farben bei Überblendungen. HARTES LICHT und WEICHES LICHT eignen sich auch für Kontrastauffrischung (Seite 845).

- STRAHLENDES LICHT sorgt durch »Abwedeln« oder »Nachbelichten« des Kontrasts für kräftige Auffrischung (Kurztaste ⇧+Alt+V). Ist die Füllfarbe heller als Neutralgrau, wird das Bild durch Kontrastverringerung stark aufgehellt; ist sie dunkler, wird durch Kontrastabsenkung stark abgedunkelt.

- LINEARES LICHT (Kurztaste ⇧+Alt+J) sorgt durch »Abwedeln« oder »Nachbelichten« der Helligkeit (Kurztaste ⇧+Alt+V) für Auffrischung. Ist die Füllfarbe heller als Neutralgrau, wird das Bild durch Steigerung der Helligkeit aufgehellt; ist sie dunkler, tritt eine Abdunkelung auf.

- LICHTPUNKTE ersetzt Farben (Kurztaste ⇧+Alt+Z). Ist die Füllfarbe heller als Neutralgrau, werden Bildpunkte ersetzt, die dunkler als die Füllfarbe sind, während hellere Bildpunkte unverändert bleiben. Ist die Füllfarbe dunkler als Neutralgrau, werden hellere Bildpunkte ersetzt.

Differenz

Der DIFFERENZ-Modus arbeitet Unterschiede zwischen zwei Ebenen heraus – nur komplett schwarze Resultate deuten auf identischen Pixelbestand (Kurztaste ⇧+Alt+E). Während der Modus für das Malen weniger interessiert und im Lab-Modus gar nicht angeboten wird, bietet DIFFERENZ bei Montagen interessante Möglichkeiten, zwei Ebenen zu vergleichen. Dazu legen Sie die Ebenen übereinander und richten den DIFFERENZ-Modus ein. Häufiger möchte man zwei Ebenen vergleichen:

- Zum Beispiel können Sie eine großzügige und eine eng gefasste Maske vergleichen und den Unterschied aus beiden als neue Maske verwenden.

- Auch das Muster des Digimarc-Filters (Seite 849) machen Sie sichtbar, indem Sie eine Bildversion mit Wasserzeichen im DIFFERENZ-Modus über eine ungefilterte Variante legen. Heben Sie den Kontrast drastisch an, um die Unterschiede herauszuarbeiten.

- Vielleicht haben Sie aus einem größeren Bild einen Teil entnommen, nur teilweise verändert und möchten ihn nun wieder ins große Ganze einsetzen. Die obere Ebene statten Sie mit dem DIFFERENZ-Modus aus und verschieben sie so lange, bis alle unveränderten Bildteile komplett schwarz erscheinen.

- Testen Sie die Auswirkung von Befehlen wie **Auto Kontrast**, **Auto-Tonwertkorrektur** oder **Tonwertangleichung** aus dem Untermen **Bild: Einstellungen**. Duplizieren Sie zunächst die Ebene, wenden Sie den Kontrastbefehl auf die obere Ebene an und richten Sie den DIFFERENZ-Modus ein. Nur wo Sie nicht Schwarz sehen, hat die Kontrastkorrektur gewirkt.

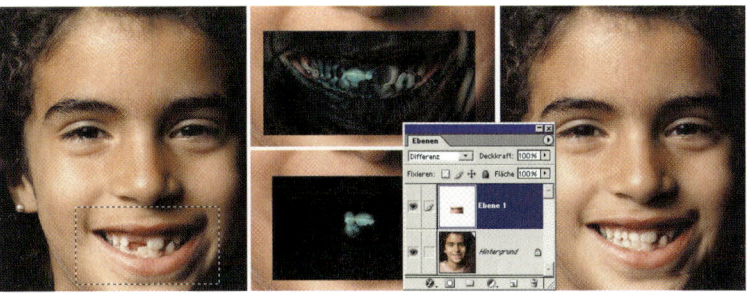

Abbildung 12.56:
Links: Ein Ausschnitt wird aus dem Portrait herausgenommen und separat bearbeitet. Mitte: Die korrigierte Mundpartie wird wieder in das Gesicht eingesetzt. Wir ziehen den Mund mit dem Verschieben-Werkzeug in das größere Portrait. Dort erscheint der Mund als »Ebene 1«. Für diese »Ebene 1« richten wir den Modus »Differenz« ein. Solange der Mund nicht pixelgenau sitzt, erscheint die Ebene vielfarbig. Bei aktiviertem Verschieben-Werkzeug verschieben wir den Mund mit den Pfeil -Tasten, bis Photoshop den Großteil der Ebene perfekt schwarz anzeigt; damit stimmt die Position genau. Nur der Eins-Einser Schneidezahn und seine Umgebung erscheinen heller, denn hier besteht ein Unterschied zwischen den beiden Ebenen. Rechts: Zum Schluss stellen wir die Füllmethode zurück auf »Normal« und verschmelzen den korrigierten Ausschnitt mit der Hintergrundebene. Datei: Differenz.psd

Ausschluss

Weicher als die DIFFERENZ arbeitet der AUSSCHLUSS (Kurztaste ⇧+Alt+X). Oben liegende weiße Pixel kehren die Werte der darunter liegenden Farbe um, Schwarz oben verändert nichts. Der Modus funktioniert nicht bei Lab-Vorlagen.

Die Abwedeln-Methoden

Abwedeln, das bedeutet bei Photoshop nach einer alten Dunkelkammertechnik soviel wie Aufhellen. Beide Methoden zeigen keine Wirkung mit Schwarz:

- FARBIG ABWEDELN hellt die Untergrundfarbe auf, so dass die Malfarbe hell aufscheint (Kurztaste ⇧+Alt+D). Der Modus eignet sich für Leuchteffekte.
- LINEAR ABWEDELN hellt die Ausgangsfarbe auf, um die Füllfarbe zu reflektieren (Kurztaste ⇧+Alt+W).

Die Nachbelichten-Methoden

Mit NACHBELICHTEN, also Abdunkeln, bietet Photoshop die folgenden Füllmethoden, die bei Weiß keine Wirkung zeigen:

- FARBIG NACHBELICHTEN dunkelt die Untergrundfarbe ab, so dass die Malfarbe sich dunkel darüber mischt (Kurztaste ⇧+Alt+B). Das Mischverfahren eignet sich für lebendig leuchtenden Farbauftrag.
- LINEAR NACHBELICHTEN dunkelt die Ausgangsfarbe ab, um die Füllfarbe zu reflektieren (Kurztaste ⇧+Alt+A).

Kapitel 12   Ebenen

Farbton

Mit dem FARBTON-Modus ändern Sie nur den Farbwert (Kurztaste ⇧+Alt+U), Helligkeit und Farbsättigung bleiben erhalten. Er eignet sich zum Umfärben bei Erhalt der Strukturen. Vergleichbar ist der Effekt mit der Option FÄRBEN im Dialogfeld des **Bild**-Befehls **Farbton/Sättigung** (Seite 457). Falls dieser Modus noch zu schwach wirkt, verwenden Sie FARBE.

Die Überblendverfahren FARBTON, FARBE sowie LUMINANZ basieren auf dem HSB-Farbmodell. Es wird ab Seite 459 erläutert.

Farbe

Die Füllmethode FARBE lässt nur die Helligkeit unverändert (Kurztaste ⇧+Alt+C). Sie wahrt Strukturen und Konturen des Untergrunds und eignet sich besonders zum Einfärben von Graustufenbildern (die Sie vorab in einen Farbmodus verwandeln). Weil FARBE mit einheitlicher Sättigung aufträgt, ist der artifizielle Charakter auf Graustufen- wie Farbvorlagen ausgeprägter als der reine FARBTON-Modus.

*Bei GRAUSTUFEN-Bildern wird der Modus FARBE nicht angeboten. Wollen Sie Graustufenbilder umfärben, wandeln Sie diese zunächst in einen Farbmodus um, zum Beispiel per **Bild: Modus: RGB-Farbe**.*

  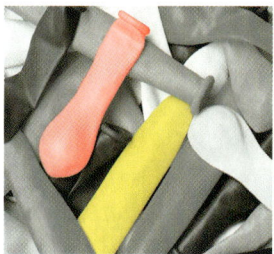

Abbildung 12.57:
Links: Teile dieses Bildes wollen wir mit dem Füllwerkzeug bearbeiten. Mitte: Die Füllmethode »Normal« überdeckt die Struktur des Untergrunds. Rechts: Der Modus »Farbe« eignet sich besser, um Graustufen einfarbig zu tonen und den Oberflächencharakter zu erhalten. Vorlage: Ballons

Sättigung

Der Modus SÄTTIGUNG korrigiert nur das Verhältnis zwischen Grau- und Farbanteil in jedem Bildpunkt, Farbwert und Helligkeit bleiben unberührt (Kurztaste ⇧+Alt+T). Farbauftrag über völlig neutralen Bildbereichen verändert gar nichts. Ein graues Objekt entfärbt einen bunten Hintergrund.

Luminanz

Der LUMINANZ-Modus bearbeitet nur die Helligkeit der Bildpunkte und bildet damit den Gegenpol zum FARBTON-Modus: Hiermit übertragen Sie eine Struktur, also die Helligkeitswerte, ohne die Farbe zu ändern (Kurztaste ⇧+Alt+Y). Damit stanzen Sie Strukturen ins Bild.

  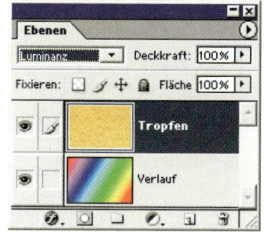

Abbildung 12.58:
Links: Strukturen und Farben mischen Sie auf unterschiedliche Art. Mitte: Hier wurde ein Verlauf über eine Struktur gelegt; im Modus »Farbton« wirkt der Verlauf als reine Färbung, die Struktur bleibt erhalten. Rechts: Dasselbe Bildergebnis erhalten Sie, wenn sich die Struktur oben befindet und im Modus »Luminanz« überblendet wird; so überträgt Photoshop nur die Helligkeitsunterschiede, behält aber die Farbinformation des darunter liegenden Verlaufs. Datei: Mischen

Dahinter auftragen

DAHINTER AUFTRAGEN (Kurztaste ⇧+Alt+Q) ist nur für die Arbeit mit Malwerkzeugen auf Ebenen interessant; es wird in der Ebenenpalette nicht angeboten: Der Modus malt nur in den bisher transparenten Teil einer Ebene – zum Beispiel, um per Airbrush einen Schatten anzubringen oder um einen Hintergrund einzufügen. Das Objekt selbst ist vor jeder Einwirkung geschützt. Photoshop bietet den Modus DAHINTER AUFTRAGEN nur an, wenn Sie die TRANSPARENZ nicht fixieren (Seite 709). Sie erhalten den Modus auch im Kontextmenü zu den Malwerkzeugen.

Das Verfahren hat allerdings erhebliche Nachteile: Die Transparenz im übermalten Bereich ist fort, der Schatten klebt jetzt dauerhaft am Objekt, auch wenn Sie es verschieben – und vielleicht den Schatten korrigieren möchten. Sie können das ursprüngliche Objekt und den nachträglich in die Transparenz gemalten Bereich nicht mehr unabhängig voneinander korrigieren. Sichere Alternative: Man malt zunächst auf einer eigenen Ebene und verbindet oder verschmilzt beide Ebenen bei Bedarf.

Löschen

Auch das LÖSCHEN funktioniert nur bei Mal- und Retuschewerkzeugen im Zusammenhang mit Ebenen – übermalte Pixel erscheinen transparent, die darunter liegende Ebene guckt hervor (Kurztaste ⇧+Alt+R). Angeboten wird das Löschen nur beim Füllwerkzeug (Seite 496) und den Befehlen **Kontur füllen** und **Fläche füllen** aus dem **Bearbeiten**-Menü (ab Seite 498). Die Option TRANSPARENZ FIXIEREN in der Ebenenpalette muss ausgeschaltet sein. Gute Alternativen zum LÖSCHEN-Modus:

- Erstellen Sie eine Auswahl auf einer Ebene und löschen Sie diese mit der Entf-Taste.
- Radieren Sie Ebenenteile mit dem Radiergummi weg.
- Verbergen Sie Ebenenteile per Ebenenmaske (Seite 772) oder Vektormaske (Seite 773).

12.6.5 Neutrale Farbe

Transparente Ebenen können Sie nicht mit Filtern bearbeiten. Um hier dennoch zum Beispiel einen **Beleuchtungsfilter** oder die **Blendenflecke** anzubringen, füllen Sie die Ebene erst mit der so genannten NEUTRALEN FARBE für die verwendete Füllmethode; dieser Tonwert ist im jeweiligen Überblendmodus unsichtbar. Verwenden Sie zum Beispiel den Befehl **Bearbeiten: Fläche füllen**.

Photoshop kann neu erstellte, leere Ebenen sofort mit der NEUTRALEN FARBE füllen. Dazu müssen Sie die Ebene allerdings auf einem Weg erstellen, der Ihnen das Dialogfeld NEUE EBENE auch anzeigt. So geht's:

1. Klicken Sie bei gedrückter [Alt]-Taste auf das Symbol NEUE EBENE in der Ebenenpalette.
2. Vertauschen Sie im Dialogfeld NEUE EBENE den Mischmodus NORMAL gegen einen anderen, zum Beispiel HARTES LICHT. Jetzt bietet Photoshop diese Option: MIT DER NEUTRALEN FARBE FÜR DEN MODUS ‚HARTES LICHT' FÜLLEN (GRAU).

Abbildung 12.59:
Links: Eine »Ebene 1« wurde neu erstellt, mit der Füllmethode »Hartes Licht« ausgestattet und der zugehörigen »neutralen Farbe« grau gefüllt. Neutralgrau ist jedoch im Bild nicht sichtbar, wenn Sie den Modus »Hartes Licht« nutzen. Rechts: Anschließend haben wir den Befehl »Filter: Rendering-Filter: Blendenflecke« auf die Ebene 1 angewendet; die Lichtreflexe liegen also auf einer separaten Ebene.

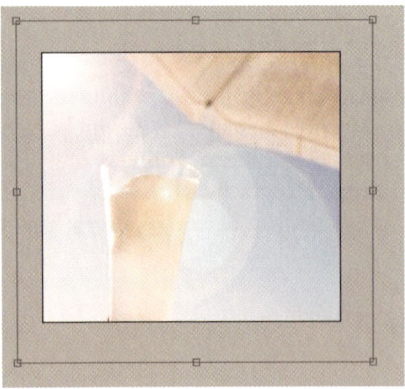

Abbildung 12.60:
Diese Gegenlichtreflexe können Sie jetzt über dem Bild verschieben oder auch über die Bildgrenzen hinaus skaliert oder gedreht werden. Vorlage: Blau; Ergebnisse: Blau_2, Blau_3

12.6.6 Bildberechnungen

Statt in der Ebenenpalette zu kombinieren und dann Füllmethoden und Deckkraft zu variieren, können Sie Ihre Bilder auch via Dialogfeld mischen und dabei Füllmethoden erproben: Der **Bild**-Befehl **Bildberechnungen** vergleicht Pixel aus zwei Bildern oder aus zwei Ebenen und wendet das Ergebnis auf die gewünschte Ebene im gewünschten Dokument an. Die Modi sind zum größten Teil von den Malwerkzeugen und aus der Ebenenpalette bekannt.

In vielen Fällen erscheint es freilich übersichtlicher, zwei Bilder in der Ebenenpalette übereinander zu legen und dann mit Füllmethoden-Menü und Deckkraftregler den gewünschten Effekt herbeizuführen. Die Helligkeitsverschiebungen der speziellen Modi ADDIEREN und SUBTRAHIEREN lassen sich durch Korrekturen an den Helligkeitsbereichen der einzelnen Ebenen erzielen. Praktisch ist es immerhin, durch Wechseln der QUELLE ein Zielbild bei geöffnetem Dialogfeld »Bildberechnungen« hintereinander gleich mit mehreren verschiedenen (gleich großen) Dateien testhalber zu kombinieren, zum Beispiel mit verschiedenen Texturen. Mit dem VORSCHAU-Knopf wechseln Sie zwischen Vorher- und Nachher-Darstellungen.

Kombinieren Sie verschiedene Dateien, müssen diese in Pixelhöhe mal -breite exakt übereinstimmen. Wollen Sie nur einzelne Kanäle kombinieren, verwenden Sie den ähnlichen **Bild**-Befehl **Kanalberechnungen** (Seite 202).

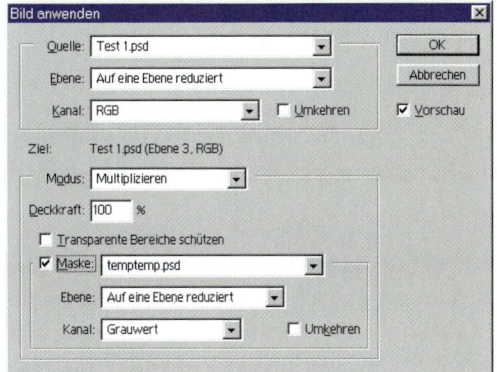

Abbildung 12.61:
Der Befehl »Bild: Bildberechnungen« blendet zwei exakt gleich große Bilddateien ineinander.

Das Procedere step by step:

1. Öffnen Sie zwei exakt gleich große Dateien, die gemischt werden sollen.
2. Aktivieren Sie die Datei, die verändert werden soll, durch einen Klick auf die Titelleiste. Aktivieren Sie auch die passende Ebene.
3. Jetzt wählen Sie **Bild: Bildberechnungen**.

Optionen

Dies sind Ihre Möglichkeiten im Dialogfeld BILDBERECHNUNGEN:

- Neben QUELLE wählen Sie die gewünschte Datei zur Mischung.
- Unter EBENE klicken Sie auf die gewünschte Ebene dieser Datei oder wählen »Auf eine Ebene reduziert«, wenn Photoshop alle oben liegenden Pixel verwenden soll.
- Neben KANAL geben Sie den gewünschten Kanal an – eine Grundfarbe, einen Auswahlkanal oder den Gesamtkanal wie RGB oder CMYK; verwenden Sie eine einzelne Ebene, dann lässt sich als TRANSPARENZ hier auch die Kontur des Objekts auf dieser Ebene als Maske verwenden.
- Per UMKEHREN verwandeln Sie den gewählten Kanal ins Negativ.
- Darunter sprechen Sie sich für einen MODUS aus – Sie kennen die Modi schon vom Malen und von den Kanalberechnungen her, nachfolgend werden einige erneut erklärt.
- Die Stärke dieses Effekts regeln Sie per DECKKRAFT.
- TRANSPARENTE BEREICHE SCHÜTZEN Sie, wenn die freien, transparenten Stellen einer Ebene nicht überschrieben werden sollen; damit wirkt sich ein Effekt nur auf das Objekt, nicht aber drumherum aus.
- Klicken Sie die MASKE an, können Sie zusätzlich einen Kanal als Maske verwenden. Hier wählen Sie wie gehabt eine EBENE und einen KANAL.

Besondere Überblendarten

Die meisten Füllmethoden aus den Bildberechnungen kennen Sie schon (siehe oben). Es gibt jedoch für die Befehle **Bildberechnungen** und **Kanalberechnungen** (Seite 202) zwei besondere Verrechnungsarten:

- HINZUFÜGEN fasst die Helligkeitswerte der Pixel aus beiden Kanälen zusammen. Das Ergebnis wird durch den Skalierungsfaktor geteilt, der Verschiebungswert zum Ergebnis addiert. Der Skalierungsfaktor kann jede Zahl zwischen 1,000 und 2,000 sein – je höher, desto dunkler der Output. Zusätzlich können Sie die Pixel im Zielkanal um einen Verschiebungswert +255 und -255 aufhellen oder abdunkeln. Negative Verschiebung macht das Bild dunkler, positive heller.
- Ähnlich arbeitet die Vorgabe SUBTRAHIEREN. Hier werden die Helligkeitswerte übereinander liegender Pixel voneinander abgezogen.

12.7 Ebenenstil und Ebeneneffekte

Mit den Ebeneneffekten aus dem Dialogfeld EBENENSTIL stellen Sie sichtbare Ebenenbereiche verändert dar – Sie wenden Konturen, Farb- oder Musterfüllungen, plastische Kanten oder Schatten auf die Ebenen an. Alle Veränderungen lassen sich jederzeit neu steuern, verbergen, gänzlich entfernen und als Stil speichern; die ursprüngliche Ebene bleibt voll erhalten.

12.7.1 Ebenenstil

Eine Kombination mehrerer Ebeneneffekte zusammen mit den Vorgaben der FÜLLOPTIONEN für Deckkraft, Füllmethode oder Aussparung (ab Seite 727) bezeichnet man als »Stil« oder »Ebenenstil«. Sie können diesen Stil speichern und unkompliziert auf andere Ebenen in beliebigen Bildern übertragen. Der Hersteller liefert bereits fertige Stile mit.

Ebenenstil anwenden

So wenden Sie einen gespeicherten Ebenenstil an:

- Aktivieren Sie die gewünschte Ebene in der Ebenenpalette und klicken Sie einen Stil in der Stilepalette an – die Ebene erscheint sofort verändert, in der Ebenenpalette sehen Sie eventuell veränderte Füllmethoden und neue Ebeneneffekte.

- Ziehen Sie die Stil-Miniatur auf eine Ebene in der Ebenenpalette. Ziehen Sie bei gedrückter ⇧-Taste, um bereits vorhandene Ebeneneffekte, die nicht im Stil enthalten sind, beizubehalten; aktuelle Effekte, die der Stil auch enthält, werden durch den Stil ersetzt.

- Ziehen Sie die Stil-Miniatur auf Bildpunkte in der Datei – die oberste Ebene erhält diesen Stil. Ziehen bei gedrückter ⇧-Taste wahrt auch hier bereits vorhandene Effekte, sofern sie nicht im Stil gespeichert werden.

- Öffnen Sie durch einen Doppelklick auf die Miniatur der gewünschten Ebene das Photoshop-Dialogfeld EBENENSTIL, wählen Sie in der Leiste links die oberste Vorgabe STILE und klicken Sie den gewünschten Stil einmal an. Das Dialogfeld erhalten Sie auch nach Rechtsklick auf den Ebenennamen in der Ebenenpalette. Auf Basis eines hier gewählten Stils könnten Sie besonders bequem mit eigenen Versuchen weiterarbeiten; der ursprüngliche Stil verändert sich dadurch nicht.

 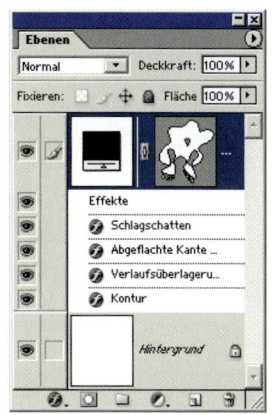 

Abbildung 12.62:
Die Formebene wird durch verschiedene Ebeneneffekte ausgestaltet, die in der Ebenenpalette zu erkennen sind. Wir klicken in der Stilepalette auf die Schaltfläche »Neuen Stil erstellen«. Damit ist die aktuelle Effekte-Kombination als »Stil« gespeichert, sie lässt sich leicht auf andere Ebenen übertragen. Datei: Form

Kapitel 12   Ebenen

➡ Erstellen Sie eine Formebene mit einem Werkzeug wie Linienzeichner oder »Eigene Form«, verwenden Sie also in der Optionenleiste die Vorgabe NEUE FORM ERSTELLEN (Seite 644). Damit erscheint das Klappfenster EBENENSTIL in der Optionenleiste.

Ebenenstil speichern

Eine gelungene Kombination von Effekten und Füllmethoden lässt sich leicht als eigener Stil speichern und immer wieder verwenden. Am einfachsten ist es, wenn Sie das Dialogfeld EBENENSTIL nicht mehr benötigen – dann klicken Sie einfach in der Stilepalette auf die Schaltfläche NEUER STIL; wollen Sie das Dialogfeld NEUER STIL sehen, drücken Sie wie immer zusätzlich die (Alt)-Taste.

Photoshop bietet einen weiteren Weg aus dem Dialogfeld EBENENSTIL heraus:

1. Klicken Sie doppelt auf eine Miniatur in der Ebenenpalette.
2. Stellen Sie im Dialogfeld EBENENSTIL die gewünschten Ebeneneffekte und Füllmethoden zusammen.
3. Klicken Sie auf die Schaltfläche NEUER STIL.
4. Geben Sie im Dialogfeld NEUER STIL einen Namen an und klicken Sie auf OK. Sie entscheiden hier separat, ob der Stil Informationen über EBENENEFFEKTE und über die EBENENFÜLLUNG enthalten soll. ImageReady speichert zudem die Veränderungen innerhalb einer Rollover-Sequenz als Stil (siehe Seite 326).

Abbildung 12.63:
Durch einen einfachen Klick in der Stilepalette übertragen Sie neue Stile auf Ebenen; ein weiterer Klick auf einen neuen Stil bringt schon wieder eine völlig neue Ansicht. Sie können den angewendeten Stil weiterbearbeiten und neue Ergebnisse wieder als Stil speichern. Die eigentliche Bildfüllung der Ebene verändert sich nicht.

Der neue Stil steht fortan dauerhaft in der aktuellen Stile-Bibliothek parat. Das Menü zur Stilepalette erreichen Sie wie immer über die dreieckige Schaltfläche ⊙ rechts oben. Hier bietet Photoshop auch weitere Stile-Sammlungen an, die Sie in die aktuelle Bibliothek laden können. Details zur Verwaltung der Paletten für Stile, aber auch für andere Vorgaben wie Verläufe oder Werkzeugspitzen finden Sie ab Seite 62.

12.7.2 Effekte anlegen, verbergen und löschen

So legen Sie Effekte neu an:

- Klicken Sie in Photoshop doppelt auf die Miniatur der gewünschten Ebene; damit erscheint das Dialogfeld EBENENSTIL, in dem Sie einen Effekt auswählen. Bei Text- und Formebenen klicken Sie mit rechts in die Ebenenminiatur und wählen **Fülloptionen** im Kontextmenü.

- Wählen Sie in Photoshop oder ImageReady mit der Schaltfläche EBENENEFFEKT ⊙ in der Ebenenpalette einen Effekt aus. Photoshop zeigt das Dialogfeld EBENENSTIL mit dem gewünschten Effekt; ImageReady zeigt eine Palette für den gewählten Effekt.

Die neuen Effekte werden in der Effekteleiste unter der jeweiligen Ebene genannt. Überdies erscheint neben dem Ebenennamen das Effektesymbol ⊙ . Mit dem Dreieck ▷ neben dem Effektesymbol klappen Sie die Auflistung der Effekte auf oder zu.

Bevor Sie einen Effekt anlegen, beachten Sie, dass Sie dafür normale Ebenen, Form- oder Textebenen benötigen – bei Auswahlbereichen oder Hintergrundebenen funktioniert es nicht. Schnellster Weg zu einer Ebene: Wählen Sie einen Bildbereich mit Auswahlrechteck ⌑ oder Lasso ⌇ aus und heben Sie ihn mit `Strg`+`J` *auf eine eigene Ebene.*

Effekte bearbeiten

Wollen Sie einen vorhandenen Effekt bearbeiten? Unter anderem gibt es diese Wege:

- Klicken Sie doppelt auf die Miniatur der Ebene, auf den EFFEKTE-Schriftzug unter der Ebene oder auf den Balken für einen Einzeleffekt wie SCHLAGSCHATTEN.

- Klicken Sie mit rechts auf das Effektesymbol ⊙ oder auf die Ebenenminiatur und wählen Sie **Fülloptionen**.

- Wählen Sie die Effekteschaltfläche ⊙ unten in der Ebenenpalette.

Effekte verbergen ⊙

So verbergen Sie Effekte, ohne sie zu löschen:

- Mit dem Augensymbol ⊙ neben dem Effektnamen blenden Sie einen einzelnen Effekt aus, ohne ihn zu löschen.

Kapitel 12 Ebenen

➤ Klicken Sie wie üblich mit gedrückter [Alt]-Taste ins Auge, um nur diesen einen Effekt zu sehen und alle anderen auszublenden. Neuerlicher [Alt]-Klick zeigt wieder alle Effekte an.

➤ Im Kontextmenü über den Effektnamen wie auch im **Ebene**-Menü finden Sie den Befehl **Alle Effekte ausblenden**.

➤ Nur Photoshop: Entfernen Sie das Häkchen neben dem Effekt im Dialogfeld EBENEN-STIL. Der Effekt lässt sich wohlgemerkt wieder aktivieren.

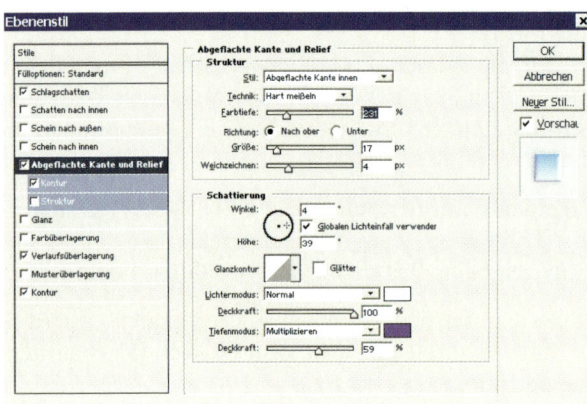 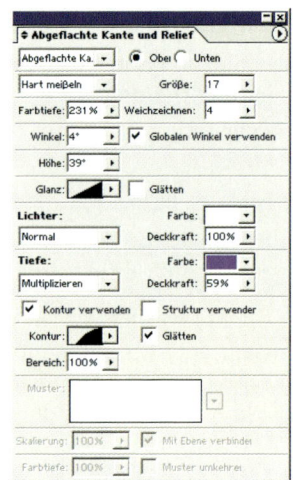

Abbildung 12.64:
Links: Photoshop zeigt die Einstellmöglichkeiten für einen Effekt im üblichen Dialogfeld »Ebenenstil«. Sie müssen es öffnen und wieder schließen. Rechts: ImageReady zeigt eine dauerhaft sichtbare Palette für den in der Ebenenpalette aktivierten Effekt. Allerdings trägt dieselbe Palette, wenn Sie eine Ebenenfüllung und keinen Effekt aktivieren, den Namen »Ebenenoptionen« und erlaubt lediglich die Änderung des Ebenennamens und der Deckkraft. Achten Sie überdies darauf, die Palette voll zu öffnen; dazu verwenden Sie das Doppeldreieck neben dem Palettennamen oder den Befehl »Optionen einblenden« aus dem Palettenmenü.

Effekte löschen

Wenn Sie endgültig genug von einem Effekt haben, ziehen Sie ihn in den Mülleimer. Per Palettenmenü lassen sich zudem **Alle Effekte löschen**. Weitere Möglichkeit: Klicken Sie in der Stilepalette auf das Symbol STIL ENTFERNEN. Das entsorgt ebenfalls alle Effekte der aktuellen Ebene; dabei verschwindet wohlgemerkt kein gespeicherter Stil aus der Palette.

12.7.3 Effekte übertragen

Gelungene Effekte lassen sich auf andere Ebenen übertragen – in derselben oder einer anderen Datei. Bei Bedarf gestalten Sie zudem mehrere »verbundene« Ebenen (Seite 697) mit einem einzigen Klick neu.

Vorlage: Effekte.psd | Farbüberlagerung, Schlagschatten | Verlaufsüberlagerung, Schein nach außen | Musterüberlagerung

Effekte durch Kopieren übertragen

Photoshop und ImageReady bieten diesen Weg zur Übertragung eines Effekts:

1. Aktivieren Sie die Ebene, in der Sie einen brauchbaren Effekt finden.
2. Wählen Sie **Ebene: Ebenenstil: Ebenenstil kopieren**. Aktivieren Sie nun die Ebene, die Sie auf die gleiche Art verändern wollen.
3. Nun heißt es **Ebene: Ebenenstil: Ebenenstil einfügen**. Bei Bedarf können Sie den **Ebenenstil in verbundene Ebenen einfügen**.

Bildteile, die Sie in die Zwischenablage kopiert haben, werden durch das Kopieren der Effekte nicht entfernt. Der Befehl **Bearbeiten: Entleeren: Alle** berührt den Ebeneneffekte-Speicher nicht.

*Sämtliche Befehle des Untermenüs **Ebene: Ebenenstil** finden Sie auch im Kontextmenü über der* EFFEKTE*-Leiste und im Kontextmenü zum Effektesymbol neben dem Ebenennamen.*

Schatten nach innen, Kontur | Schein nach innen, Mitte | Schein nach innen, Kante | Glanz

Effekte durch Ziehen übertragen

Alternativ zu den Menübefehlen ziehen Sie die Effekte einfach durch den Photoshop:

➡ Ziehen Sie den Namen des Einzeleffekts in der Ebenenpalette über eine andere Ebenenminiatur, um deren Ebene ebenfalls mit dem Effekt auszustatten.

- Ziehen Sie die Überschrift EFFEKTE in der Ebenenpalette über eine andere Ebenenminiatur, um deren Ebene mit sämtlichen aufgelisteten Effekten auszustatten.

- Ziehen Sie den Namen des Effekts oder die EFFEKTE-Überschrift aus der Ebenenpalette über ein anderes Bild; damit erhält die oberste Ebene an der Stelle, an der Sie loslassen, den bewegten Einzeleffekt oder alle Effekte, die sich unter der Überschrift fanden.

Die ursprüngliche Ebene bleibt in allen Fällen unverändert erhalten.

TIPP *Wählen Sie ein Objekt mit Ebeneneffekten per Auswahlwerkzeug aus, kopieren es in die Zwischenablage und fügen es in einem neuen Bild ein, so erscheint es am Ziel ohne jeden Ebeneneffekt. Abhilfe: Ziehen Sie das Objekt mit dem Verschieben-Werkzeug, aber ohne jede Auswahl, in das neue Bild, um die Ebeneneffekte mitzunehmen. Alternativ ziehen Sie die Ebenenminiatur aus der Palette über das Zielbild.*

 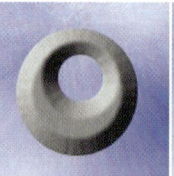  

Abbildung 12.65:
Die Reihe zeigt verschiedene Vorgaben des Effekts »Abgeflachte Kante und Relief«: Ganz links »Relief an allen Kanten«, daneben »Abgeflachte Kante innen«, halbrechts »Abgeflachte Kante außen« und rechts außen »Relief«.

12.7.4 Ebenen erstellen

Wie gesagt: Die Schatten und Kanten sind zunächst nichts als ein Rechentrick; sie zeigen die vorhandene Pixelfüllung zwar dramatisch verändert an – Sie können die Effekte selbst aber nicht mit Pinsel oder **Transformieren**-Befehlen bearbeiten.

Bei Bedarf verwandeln Sie die Effekte jedoch in frei zugängliche Ebenen; nutzen Sie den Befehl **Ebene: Ebenenstil: Ebenen erstellen**. Diese Funktion legt die Veränderungen der Effekte auf neue, eigene, mit Pixeln gefüllte Ebenen. Die tragen Namen wie »Schatten für abgeflachte Kanten von innen von Ebene 2«; sie sind oft klein, halbtransparent, mit Überblendverfahren wie dem MULTIPLIZIEREN ausgestattet und in Beschnittgruppen organisiert. Allerdings erhalten Sie mitunter keine perfekte Nachbildung des ursprünglichen Effekts.

Gründe für Einzelebenen

Es gibt Situationen, in denen man die Verfremdungen der Ebeneneffekte auf konventionellen, separaten Ebenen haben möchte. Zum Beispiel:

- Sie wollen die Montage mit getrennten Ebenen an ein Programm weitergeben, das zwar Photoshop-Ebenen wiedergeben kann, aber nicht die Ebeneneffekte seit Version 5.0.

Ebenenstil und Ebeneneffekte　　　　　　　　　　　　　　　　　　　　　　　　　　　　　　　　Kapitel 12

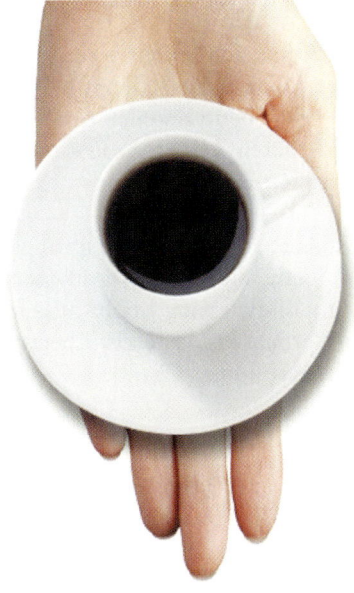
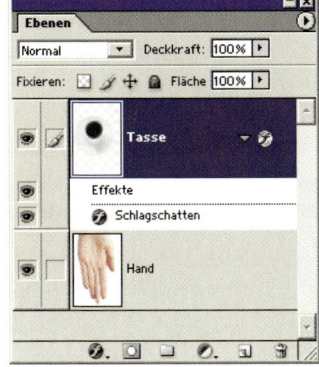

Abbildung 12.66:
Die Tasse erhält als Ebeneneffekt einen
»Schlagschatten«. Er deckt aber nicht
nur die Hand ab, sondern erreicht
unerwünscht auch den Hintergrund.
Datei: Tasse

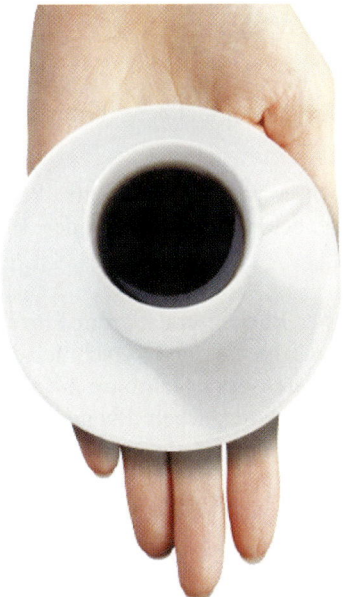
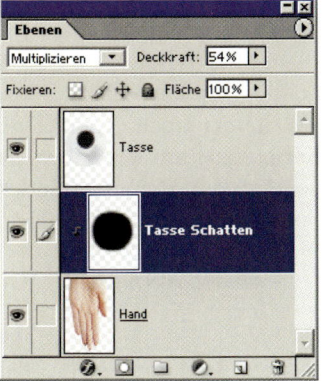

Abbildung 12.67:
Rechts: Hier wurde der Schatten mit
dem Befehl »Ebenen erstellen« in eine
Einzelebene verwandelt; außerdem
wurde das weiße Umfeld der Hand
entfernt, so dass sie von Transparenz
umgeben ist. Eine Beschnittgruppe
(vergleiche Seite 775) sorgt jetzt dafür,
dass sich der Schatten nurmehr innerhalb der darunter liegenden Basisebene
zeigt. Datei: Tasse_2

➧ Sie wollen die **Effekte** in einer Weise ändern, die mit dem Dialogfeld nicht möglich sind. Vielleicht möchten Sie den Schatten perspektivisch verzerren oder die Flutlichtstrahler der **Beleuchtungseffekte** über ein 3D-Objekt legen.

➧ SCHLAGSCHATTEN oder SCHEIN NACH AUSSEN sollen nur einzelne Bereiche der darunter liegenden Ebenen abdecken, aber nicht überall sichtbar sein.

Kapitel 12   Ebenen

Tipps zum Befehl »Ebenen erstellen«

Die Einzelebenen ragen unter Umständen aus dem sichtbaren Bildbereich heraus – zum Beispiel ein SCHLAGSCHATTEN oder ein SCHEIN NACH AUSSEN, den Sie weit ausgedehnt haben. Doch selbst wenn die separate Schatten-Ebene, die mit dem Befehl **Ebene erstellen** entsteht, nur zur Hälfte im Bild ist: Photoshop speichert auch die unsichtbaren Teile mit. Erweitern Sie die Arbeitsfläche passgenau mit dem Befehl **Bild: Nichts maskiert** (Seite 183).

Und Vorsicht: Die neuen Ebenen, die per **Ebenen erstellen** entstehen, sind mit der Ursprungsebene nicht verbunden (Seite 697). Das heißt: Bewegen oder skalieren Sie eine dieser Ebenen, verharren alle anderen, zugehörigen Ebenen an ihrem Platz; die Bildwirkung bricht auseinander. Sie sollten also die Ebenen verbinden, indem Sie in die Verbinden-Leiste der Ebenenpalette klicken, so dass Sie das Verbindensymbol sehen (siehe Abbildung 12.67).

Ebene mit Ebeneneffekt in eine Ebene ohne Ebeneneffekt verwandeln

Sie können alle Ebeneneffekte in eine dauerhafte Pixelfüllung auf einer Einzelebene umsetzen. Die Bildwirkung verändert sich fürs Auge nicht. Technisch erhalten Sie eine Ebene ohne Effekte. Gehen Sie so vor:

1. Erzeugen Sie mit dem Symbol NEUE EBENE ERSTELLEN der Ebenenpalette eine neue, leere Ebene, die Sie unter die Ebene mit den Effekten ziehen.
2. Aktivieren Sie die Ebene mit den Ebeneneffekten.
3. Klicken Sie auf den Befehl **Ebene: Mit darunterliegender auf eine Ebene reduzieren** (Strg + E).

Dabei bleibt die Bildwirkung des Ebeneneffekts erhalten, doch er wird in dauerhafte Pixel umgerechnet und ist technisch eine Ebene ohne Ebeneneffekte. Schatten, Lichthof oder 3D-Kante sehen Sie erstmals auch im Ebenen-Thumbnail.

Andere Möglichkeit: Haben Sie die »Effekte«-Ebene bereits per **Ebenen erstellen** in Einzelebenen zerlegt, können Sie diese immer noch zu einer gemeinsamen Ebene verschmelzen. Dazu nutzen Sie die Befehle **Verbundene auf eine Ebene reduzieren** oder **Sichtbare auf eine Ebene reduzieren** aus dem **Ebene**-Menü; zuvor verbinden Sie die fraglichen Ebenen oder blenden die nicht in Frage kommenden Ebenen mit dem Augensymbol aus.

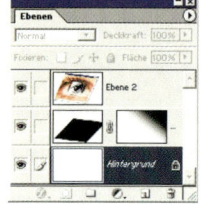

Abbildung 12.68:
Der Schlagschatten in dieser Montage wurde mit dem Befehl »Ebene erstellen« auf eine eigene Ebene gelegt, mit den »Transformieren«-Befehlen verzerrt und mit einem Verlauf in der Ebenenmaske weich ausgeblendet. Datei: Schlagschatten

Ebenenstil und Ebeneneffekte   Kapitel 12

Ebeneneffekt-Ebene als separate Datei exportieren

Sie können die Effekte-Ebene allein oder verschmolzen mit anderen Ebenen als normale TIFF- oder JPEG-Datei exportieren; so lassen sich die Effekte allein – etwa der SCHLAGSCHATTEN – mit allen möglichen Programmen betrachten und weiterbearbeiten. Der Hergang:

1. Zerlegen Sie die Effekte mit dem Befehl **Ebenen erstellen** in Einzelebenen.
2. Blenden Sie mit dem Augensymbol 👁 alle Ebenen aus, die Sie nicht weiter benötigen.
3. Sofern Sie die Bildgrenzen auf das erforderliche Mindestmaß kappen möchten, verwenden Sie BILD: FREISTELLEN mit der Option TRANSPARENTE PIXEL (Seite 178).
4. Wählen Sie den Befehl **Datei: Speichern unter**. Je nach gewähltem Dateiformat werden die Ebenen verschmolzen, transparente Bereiche mit Weiß gefüllt.

Weitere Alternativen, um nur die Effekte, nicht aber die eigentliche Pixelfüllung der Ebene zu sehen:

➤ Zerlegen Sie die Effekte mit dem Befehl **Ebenen erstellen** in Einzelebenen, blenden Sie die unerwünschten Ebenen aus und nutzen Sie die Funktion **Bild: Bild duplizieren** mit der Option AUF EINE EBENE REDUZIEREN.

➤ Öffnen Sie das EBENENSTIL-Dialogfeld, indem Sie auf der EFFEKTE-Schaltfläche 🅕 der Ebenenpalette die **Fülloptionen** aufrufen, und senken Sie die Deckkraft nur im Bereich **Erweiterte Füllmethode** (vergleiche Seite 727).

12.7.5   Kontur-Optionen

Die Ab- oder Zunahme eines Effekts steuern Sie über die Gradationskurven für KONTUR oder GLANZKONTUR. Bei SCHEIN oder SCHLAGSCHATTEN steuern Sie per KONTUR-Option die Verteilung der Hell-Dunkel-Zonen – Sie legen zum Beispiel konzentrische Ringe oder harte Stufen an. Ähnlich verändern Sie auch beim Effekt ABGEFLACHTE KANTE UND RELIEF die Lichter und Schatten auf den plastischen Kanten; im Unterbereich KONTUR dieses Effekts regeln Sie die Berg- und Talverteilung per KONTUR-Kurven. Der SCHEIN NACH AUSSEN verteilt sich je nach KONTUR-Variation auf mehrere Ringe.

»Kontur« verändern

Voreingestellt ist zunächst außer beim GLANZ die lineare 45-Grad-Kurve – sie steht für gleichmäßige Veränderung. So tauschen Sie die Kontur aus:

➤ Klicken Sie auf das Dreieck ▼, um andere Kontur-Kurven aus der Bibliothek zu laden (Details zu Bibliotheken ab Seite 62).

➤ Klicken Sie auf die Gradationskurve, um im KONTUR-EDITOR die Kurve von Hand zu formen. Starten Sie eventuell mit einer mitgelieferten Kurven im Klappmenü VORGABE. Um weiche in harte Übergänge zu verwandeln, klicken Sie die ECKE an. Die Bearbeitung erinnert sehr an den Befehl **Bild: Einstellungen: Gradationskurven** (Seite 444).

Kapitel 12   Ebenen

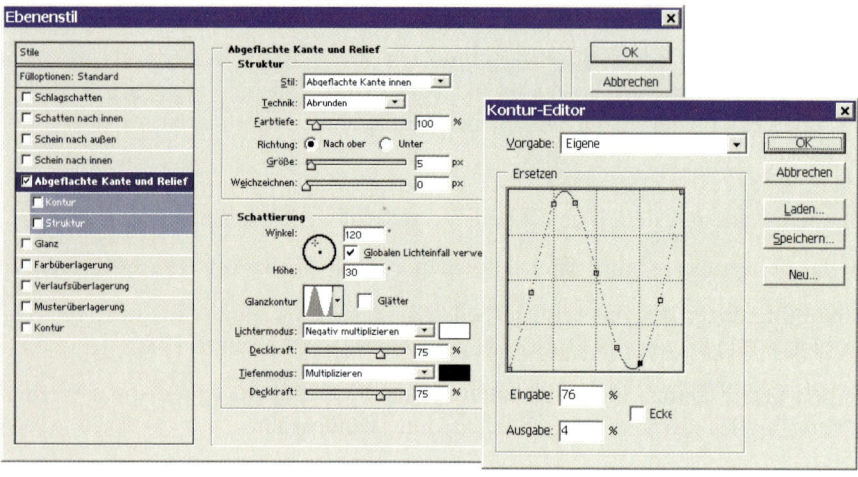

Abbildung 12.69:
Mit den »Kontur«-Vorgaben bestimmen Sie, wie gleichmäßig sich ein Effekt verändert. Photoshop liefert verschiedene »Konturen« mit, im »Kontur«-Editor lässt sich die Kurve formen und abspeichern.

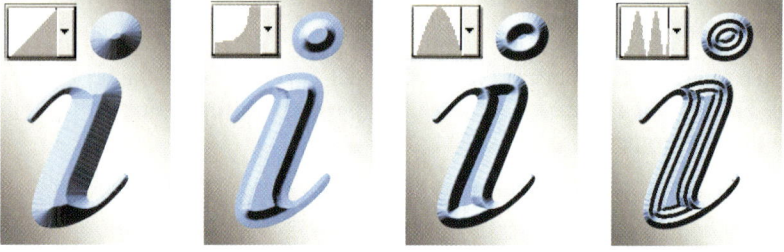

Abbildung 12.70:
Die Reihe zeigt den Ebeneneffekt »Abgeflachte Kante und Relief« mit den Optionen »Abgeflachte Kante innen« und »Weich meißeln«. Im Unterbereich »Kontur« haben wir diese »Kontur«-Kurven gewählt (v.l.n.r.): »Linear«, »Einbuchtung stark«, »Kegel« und »Doppelter Ring«.
Datei: Effekte

12.7.6   Muster-Optionen

Nicht nur die MUSTERÜBERLAGERUNG, auch KONTUR sowie ABGEFLACHTE KANTE UND RELIEF im Bereich STRUKTUR bieten MUSTER an. Hier greifen Sie auf die aktuelle Musterbibliothek zu. Folgende Optionen haben Sie:

➢ Klicken Sie auf das Symbol NEUE VORGABE AUS AKTUELLEM MUSTER, um die aktuelle Mustereinstellung dauerhaft zu sichern.

➢ Ziehen Sie bei geöffnetem Dialogfeld über der Datei, um das Muster zu bewegen. Setzen Sie das Muster bei Bedarf mit der Schaltfläche AN URSPRUNG AUSRICHTEN zurück.

➢ Bewegen Sie die Ebene, bewegt sich normalerweise die Musterfüllung mit. Wählen Sie die Option MIT MUSTER VERBINDEN jedoch ab, schieben Sie die Bildpunkte der Ebene quasi über das feststehende Muster; je nach Position der Bildpunktfüllung wechselt der sichtbare Musterinhalt. Die Option AN URSPRUNG AUSRICHTEN lässt das Muster exakt in der linken oberen Bildecke beginnen, sofern Sie MIT EBENE VERBINDEN abwählen. Dies ist vor allem interessant, wenn Sie keine diffusen Strukturen, sondern zum Beispiel Schriften oder Logos als »Muster« nutzen.

→ Per SKALIERUNG steuern Sie die Größe des Musters.

Die Verwaltung von Bibliotheken für Muster und andere Vorgaben behandeln wir ab Seite 62. Wie Sie eigene, nahtlos kombinierbare Muster produzieren, besprechen wir ab Seite 27.

Ein »Muster« wirkt bei einer Skalierung von genau 100 Prozent gestochen scharf. In allen anderen Größen kommt es zu leichter Weichzeichnung, besonders entstellend wirken Werte deutlich über 100 Prozent.

12.7.7 Weitere gemeinsame Aspekte

Die folgenden Aspekte gelten für mehrere oder alle Ebeneneffekte.

Globalen Lichteinfall verwenden

Zu vielen Effekten wählen Sie eine Lichtrichtung und Sie norden fallweise alle Effekteebenen innerhalb einer Ebene und gleichzeitig innerhalb einer Datei auf die gleiche Lichtrichtung ein – dies besorgt die Option GLOBALEN LICHTEINFALL VERWENDEN. Allerdings stellten die Programmierer keinen Zusammenhang her zu Filtern wie **Beleuchtungseffekte** oder **Mit Struktur versehen**, die ebenfalls Licht und Schatten verteilen.

Bewegen Sie also bei einer Ebene den Schatten, wird er sich bei allen anderen mitdrehen. Und auch die Licht- und Schattenseiten eines RELIEFS AN ALLEN KANTEN passen sich an. Ziehen Sie eine effektbeladene Ebene in eine andere Datei, die schon Ebeneneffekte enthält, verpasst Photoshop dem Neuankömmling den bereits herrschenden GLOBALEN LICHTEINFALL.

Alternativ nutzen Sie unabhängig vom Einzeleffekt den Befehl **Ebene: Ebenenstil: Globaler Lichteinfall**. Nicht nur der WINKEL steht hier zur Disposition, sondern auch die HÖHE. Je niedriger der Wert, desto härter die Übergänge zwischen Licht- und Schattenseiten.

Ebeneneffekte skalieren und verzerren

Beim Drehen oder Spiegeln einer Ebene voller Effekte bleiben Licht- und Schattenfall konstant: Ein Schatten rechts unten verharrt rechts unten – auch wenn Sie die Ebene um 180 Grad drehen oder horizontal spiegeln.

Wichtiger jedoch: Skalieren Sie das Objekt per **Transformieren** oder per **Bild: Bildgröße**, so behalten Schatten- oder Kanteneffekte stur ihr definiertes Pixelmaß. Das heißt: Eine Kante, die fünf Pixel breit definiert wurde, misst auch nach einer 200-Prozent-Verkleinerung der Ebene fünf Pixel Breite. Das heißt weiter, die Wirkung des Effekts im Vergleich zum Objekt ändert sich: Eine vormals schmale Kante, ein bis dato dezenter Schatten stechen nach einer Verkleinerung der Ebene deutlicher hervor.

Zur Abhilfe bietet Photoshop den Befehl **Ebene: Ebenenstil: Effekte skalieren**. Damit verändern Sie die Intensität des Effekts in Prozentschritten.

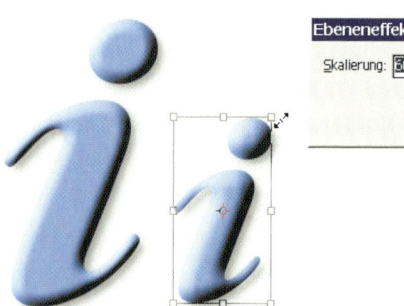

Abbildung 12.71:
Wir verkleinern das Objekt mit der »Transformieren«-Funktion. Doch die Pixelwerte für Kantenerhöhung und Schattenabstand verringern sich nicht entsprechend. Darum wirkt der 3D-Effekt im verkleinerten Objekt vergleichsweise stärker. Mit dem Befehl »Effekt skalieren« gleichen Sie die Wirkung wieder aus. Vorlage: Effekte

Arbeitsgeschwindigkeit

Die Ebeneneffekte kosten Rechenpower. Bewegen Sie große Effekte-Ebenen – zum Beispiel über 1000 Pixel breit – auf kleineren Rechnern, dann merken Sie eventuell, wie Photoshop ins Ruckeln kommt. Dies gilt jedenfalls, wenn Sie die Ebene in der 100-Prozent-Ansicht verschieben.

So geht es schneller: Setzen Sie in den **Voreinstellungen** den Bild-Cache zum Beispiel auf den Wert 4 und zeigen Sie das Bild in einer Zoomstufe von 50 Prozent oder weniger – Photoshop verwendet dann für die Monitordarstellung nur die zur Ansicht verkleinerte Bildversion und tut sich damit sichtlich leichter. Alternative: Verbergen Sie die Effekte zwischenzeitlich mit dem Augensymbol.

Weitere wiederkehrende Optionen

Wir besprechen hier Optionen und Möglichkeiten, die für mehrere Ebeneneffekte gelten:

- Für alle Effekte geben Sie eine FÜLLMETHODE an (Seite 731), teilweise sogar getrennt für Licht- und Schattenseiten. In aller Regel ändert man die Vorgabe des Herstellers nicht.

- Ein Klick auf das Farbfeld öffnet jeweils den Farbwähler, mit dem Sie eine neue Farbe zum Beispiel für SCHLAGSCHATTEN oder SCHEIN NACH AUSSEN herauspicken; Sie können die Farbe bei geöffnetem Farbwähler auch aus der Bilddatei aufnehmen (Seite 486). Achten Sie je nach Aufgabe auf web-sichere Farben.

- Verschiedene Effekte bieten Farbverläufe an, neben der VERLAUFSÜBERLAGERUNG etwa auch KONTUR oder die SCHEIN-Funktionen. Das Dreieck bietet Zugriff auf die aktuelle Bibliothek mit Verläufen, ein Doppelklick auf den Verlaufsbalken öffnet das Dialogfeld VERLAUF BEARBEITEN (Seite 502). Per ZUFALLSWERT variieren Sie Farbe und Deckkraft des Verlaufs.

- Das GLÄTTEN sorgt nur bei komplexen Figuren für geringfügige Verbesserung.

- Die STÖRUNG bricht den Farbauftrag in weniger deckenden Bereichen von SCHEIN oder SCHLAGSCHATTEN nach Art der Füllmethode SPRENKELN streuselig auf und sorgt für eine rauhere Wirkung.

- Die Vorgabe ÜBERFÜLLEN bestimmt, um wie viel größer ein SCHEIN oder ein SCHATTEN gegenüber dem eigentlichen Objekt ist, bevor der Effekt weichgezeichnet wird. UNTERFÜLLEN verkleinert SCHATTEN NACH INNEN oder SCHEIN NACH INNEN, bevor die Effektebene weichgezeichnet wird. Prüfen Sie jeweils die Wechselwirkung mit dem GRÖSSE-Regler.

- Eine Alternative zu den Effekten FARBÜBERLAGERUNG, MUSTERÜBERLAGERUNG oder VERLAUFSÜBERLAGERUNG könnte eine entsprechende Füllebene sein (Seite 784), eventuell in Verbindung mit Vektormaske oder Ebenenmaske; dies gilt, wenn Sie den Effekt mit 100 Prozent Deckkraft im Modus NORMAL zeigen wollen.

- Den Übergang zwischen zwei Vorgaben für einen Ebeneneffekt verwandeln Sie in einen Trickfilm – lassen Sie Verläufe schillern, Konturen und plastische Kanten anschwellen, Lichter und Schatten wandern. Verwenden Sie in ImageReady den Befehl **Dazwischen einfügen** aus der Animationpalette (Seite 299).

12.7.8 Schlagschatten

Im Folgenden stellen wir die einzelnen Ebeneneffekte vor. Wir gehen nur noch auf Funktionen ein, die Sie in den vorhergehenden Absätzen nicht bereits kennen gelernt haben. Beispiele für Ebeneneffekte finden Sie im gesamten Buch.

Zusammen mit ABGEFLACHTE KANTE UND RELIEF und SCHATTEN NACH INNEN gehört der SCHLAGSCHATTEN zu denjenigen Effekten, die besonders den Eindruck von Dreidimensionalität hervorrufen. WINKEL und DISTANZ des Schattens können Sie nicht nur per Dialogfeld regeln. Ziehen Sie einfach – bei geöffnetem SCHLAGSCHATTEN-Bereich im EBENENSTIL-Dialog – den Schatten in Position. Dämpfen Sie den Schatten mit dem DECKKRAFT-Regler und experimentieren Sie mit dem Verhältnis von ÜBERFÜLLEN zu GRÖSSE. Für lebhaftere Wirkung über farbigen Hintergründen probieren Sie die Füllmethoden INEINANDERKOPIEREN und FARBIG NACHBELICHTEN, jeweils bei deutlich reduzierter DECKKRAFT.

In aller Regel verwenden Sie dabei die Option EBENE SPART SCHLAGSCHATTEN AUS. Denn manchmal ist das Hauptobjekt halb durchsichtig, etwa durch eine Füllmethode oder DECKKRAFT-Senkung; wenn Sie die Option EBENE SPART SCHLAGSCHATTEN AUS verwenden, zeigt sich dennoch keinerlei dunkler Schatten innerhalb der Bildpunktfüllung – Sie sehen die Verdunkelung nur außerhalb der Objektgrenzen, unabhängig von der Transparenz des Objekts. Der Schatten wird nicht durch die vorhandenen Bildpunkte hindurch sichtbar.

Kapitel 12   Ebenen

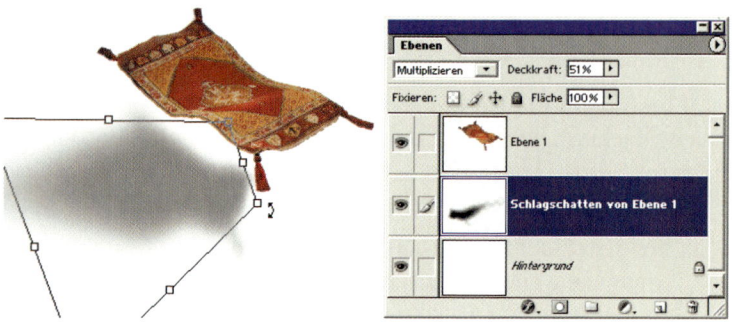

Abbildung 12.72:
Photoshop bietet keine perspektivisch verzerrten Schatten als Ebeneneffekt. Wollen Sie einen Schatten unabhängig vom Objekt drehen oder verzerren, verwandeln Sie ihn mit dem Befehl »Ebene erstellen« (Seite 746) in eine übliche Ebene. Auch Teile der Schattenebene, die aus dem sichtbaren Bereich herausragen, werden mitgespeichert und können ins Bildinnere geholt werden. Sie können den Schatten auf einer separaten Ebene zudem individuell weichzeichnen oder mit einer Ebenenmaske ausblenden. Wollen Sie das Hauptmotiv und die zugehörige Schattenebene gemeinsam bewegen oder verzerren, so »verbinden« Sie die beiden Ebenen (vergleiche Seite 697). Datei: Teppich

12.7.9   Schein nach außen

Der Effekt SCHEIN NACH AUSSEN umgibt Objekte oder Schriften mit einem Lichthof, der unter anderem Objekte über dunklem Hintergrund betont und schnell dramatisch wirkt. Er kann auch Bestandteil einer Neonschrift sein – experimentieren Sie mit verschiedenen Farben, Verläufen und KONTUR-Vorgaben. Für harte Wirkung wechseln Sie zum Ebeneneffekt KONTUR. Kombinieren Sie den Effekt bei Bedarf mit **Blendenflecken** oder **Beleuchtungseffekten**. Machen Sie den Hintergrund eventuell mit einer Einstellungsebene (Seite 778) noch dunkler, um den »Schein« stärker zu betonen. Verwenden Sie zum Beispiel die Tonwertkorrektur mit einer Absenkung des Gammawerts, also mit dem grauen Regler (Seite 432).

 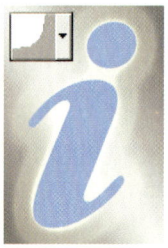  

Abbildung 12.73:
Die Reihe zeigt den Ebeneneffekt »Schein nach außen« mit den folgenden »Kontur«-Vorgaben (v.l.n.r.): »Linear«, »Einbuchtung stark«, »Kegel« und »Doppelter Ring«.
Vorlage: Effekte

12.7.10   Schein nach innen

Der SCHEIN NACH INNEN leuchtet in zwei Varianten:

- MITTE lässt das Objekt von innen her warm erstrahlen.
- KANTE lässt zuerst die Ränder des Objekts leuchten und greift auf das Innere erst über, wenn Sie höhere Werte einstellen.

Mitunter peppt SCHEIN NACH INNEN den Effekt ABGEFLACHTE KANTE UND RELIEF zusätzlich auf. Testen Sie generell höhere Werte und auch andere Farben als vom Hersteller vorgegeben. Um die Wirkung deutlich zu verstärken, wechseln Sie zur Füllmethode FARBIG ABWEDELN. Zumeist verwenden Sie im Bereich TECHNIK die Vorgabe WEICHER, nur bei komplexen, harten Kanten eventuell PRÄZISE.

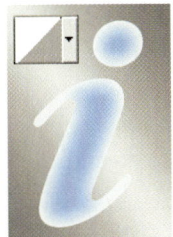 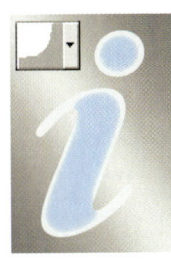  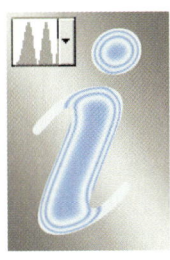

Abbildung 12.74:
Die Reihe zeigt den Ebeneneffekt »Schein nach innen« mit der Option »Kante« und folgenden »Kontur«-Vorgaben (v.l.n.r.): »Linear«, »Einbuchtung stark«, »Kegel« und »Doppelter Ring«.
Vorlage: Effekte

12.7.11 Abgeflachte Kante und Relief

Der Ebeneneffekt ABGEFLACHTE KANTE UND RELIEF rechnet knackig-dreidimensionale Kanten an Pixelobjekte, Texte oder Formebenen. Dröge geometrische Flächen und abgehangene Schriftarten schießen hier so plastisch ins Kraut, dass sie fast aus dem Bild kullern: zeitgeistkonforme Lüftlmalerei der digitalen Art. Die ABGEFLACHTE KANTE produziert in Verbindung mit einem SCHLAGSCHATTEN gefällig rundliche, sinnliche Objekte in angenehm plastischer Tiefenwirkung – in der Anmutung vergleichbar dem künstlichen Hall von Pop- oder Jazzaufnahmen. Auch dort ist das Ergebnis keineswegs der Realität nachgebildet; doch die Räumlichkeitstricks befriedigen allemal. Sie finden Bildbeispiele an verschiedenen Stellen im Buch.

Abbildung 12.75:
Der Schriftzug oben verwendet den »Schatten nach innen«, der die Objektränder innen abdunkelt. Für die Schaltflächen nutzen wir »Abgeflachte Kante und Relief« mit dem Stil »Relief an allen Kanten«, der die Umgebung mit einkerbt. Zur »Technik«: links »Abrunden«, Mitte »Weich meißeln«, rechts »Weich meißeln« mit der Vorgabe »Runde Stufen« im Unterbereich »Kontur«. Der Hintergrund verwendet unter anderem »Abgeflachte Kante und Relief« mit den Vorwahlen »Abgeflachte Kante innen« und »Hart meißeln«; im Unterbereich »Kontur« haben wir den »Ring« verwendet, im Unterbereich »Struktur« das Muster »Violett«.
Datei: Start

Stile

Sie formen Ihre 3D-Gestalten mit unterschiedlichen STILEN:

➧ Die Vorgabe ABGEFLACHTE KANTE AUSSEN erzeugt einen 3D-Effekt, indem sie Teile der darunter liegenden Ebene so aufhellt und abdunkelt, als ob sie Kanten der darüber liegenden, aktiven Ebene bilden. Die Pixelfüllung der aktiven Ebene erscheint völlig unverändert. Damit kommt quasi ein fremdes Material von der darunter liegenden Ebene ins Spiel; zumeist erwartet man eher Kanten, die dem Inneren des Objekts ähneln. RELIEF steigert die Wirkung noch.

Kapitel 12   Ebenen

- Die Option ABGEFLACHTE KANTE INNEN formt typische 3D-Objekte, deren Kanten aus dem Objekt selbst, nicht aus der darunter liegenden Ebene geformt werden. Niedrige WEICHZEICHNEN-Werte erzeugen flache Objekte mit harten Kanten, hohe Zahlen in diesem Eingabefeld führen zu sanften Hügeln. ABGEFLACHTE KANTE INNEN lässt sich gut mit dem SCHLAGSCHATTEN-Effekt kombinieren. Allerdings wirkt der Übergang zwischen abgeschatteter Seite und Schatten bisweilen finster. Abhilfen: Wählen Sie den GLOBALEN WINKEL ab und ziehen Sie den Schatten probehalber bei geöffnetem SCHLAGSCHATTEN-Dialog an andere Positionen; reduzieren Sie die Deckkraft für den Schatten oder nehmen Sie eine leichte KONTUR hinzu.

- Das RELIEF kombiniert ABGEFLACHTE KANTE INNEN und ABGEFLACHTE KANTE AUSSEN: Die Wölbung beginnt auf der darunter liegenden Ebene und setzt sich im eigentlichen Objekt fort. Der Übergang überzeugt nicht immer.

- Die Option RELIEF AN ALLEN KANTEN kerbt quasi einen Graben zwischen Objekt und darunter liegende Ebene ein: Der Hintergrund scheint sich zu vertiefen, dann wächst das Objekt heran, bis es dieselbe Höhe wie die darunter liegende Ebene erreicht. RELIEF AN ALLEN KANTEN eignet sich gut, um Figuren in Sand, Holz, Metall oder andere Untergründe zu stanzen.

- Die Vorgabe RELIEFKONTUR ist nur wirksam, wenn Sie auch den Ebeneneffekt KONTUR verwenden. Mit der RELIEFKONTUR formen Sie den KONTUR-Effekt plastisch aus, ohne den Rest der Ebene zu verändern.

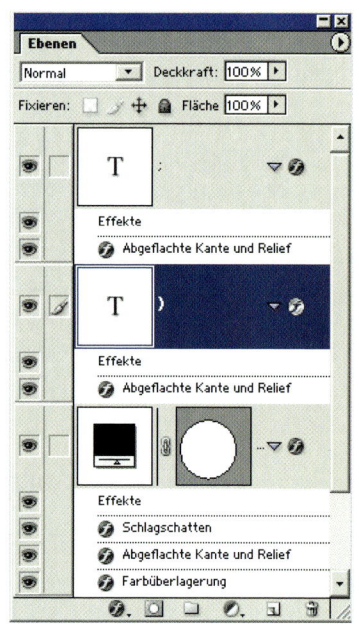

Abbildung 12.76:
Ein Kreis auf Basis einer Formebene und ein paar Satzzeichen formen diesen Knopf. Wir modellieren den Kreis mit den Effekten »Abgeflachte Kante innen«, »Farbüberlagerung« und »Schlagschatten«, die Interpunktion erhält ein »Relief an allen Kanten«. Datei: Knopf

Licht und Schatten gestalten

Für die aufgehellten und für die abgedunkelten, gegenüber liegenden Kanten stellen Sie im Bereich SCHATTIERUNG Farben und Deckkraft separat ein, eventuell passend zur weiteren Umgebung. Der FARBTIEFE-Regler bestimmt den Kontrast zwischen aufgehellten und abschattierten Zonen. Wenn der Effekt nicht stark genug herauskommt – zum Beispiel bei größeren Objekten oder ungünstigem Untergrund – erhöhen Sie die Deckkraft der beiden Farben. Testen Sie außerdem zusätzlich einen SCHEIN NACH INNEN.

Jedes Mal wählen Sie außerdem zwischen OBEN und UNTEN. Damit kehren Sie die Lichtrichtung um. Dies ist eine Möglichkeit, zum Beispiel zwei verschiedene Zustände einer Schaltfläche darzustellen.

Weitere Optionen

Das Dialogfeld bietet weitere, starke Gestaltungsmöglichkeiten:

- Im Unterbereich KONTUR formen Sie das Berg-und-Tal-Relief des Effekts.
- Im Unterbereich STRUKTUR weben Sie ein Relief in Ihr Objekt (Details jeweils ab Seite 749).
- Das ABRUNDEN aus dem Klappmenü TECHNIK erzeugt besonders weiche Kanten, während WEICH MEISSELN und HART MEISSELN schärfere Konturen und sogar Relief in Diagonalen errechnen; mit dem Regler WEICHZEICHNEN dämpfen Sie diese Wirkung.

12.7.12 Kontur

Per Ebeneneffekt KONTUR fassen Sie Ihr Ebenenmotiv in ein Rähmchen, das wahlweise aus einer Einzelfarbe, aus einem Muster oder einem Verlauf besteht. Wichtig sind die Optionen zur Position:

- Lassen Sie die Konturlinie INNEN entlang laufen, können Sie bisherige Auswahlen oder Masken weiterverwenden, denn die Farbe geht nur nach innen, nicht aber über den alten Maskenrand hinaus. Die ursprüngliche Größe des Objekts verändert sich nicht – auch Buchstaben gehen nicht unschön aus dem Leim. Allerdings überdecken Sie den Rand der Ebenenfüllung. Harte Ecken bleiben hart.
- Die Option AUSSEN lässt dagegen den markierten Bildbereich gänzlich unberührt – die Kontur zieht sich nur außerhalb der Außenkante entlang. Die Objekte werden also größer, Buchstabenränder können überlappen. Harte Ecken werden rundlich.
- Die MITTE erstreckt sich halb aufs Innere, halb auf die Umgebung der Ebene.

Besonderheiten

Beachten Sie beim KONTUR-Effekt:

- Wenn Sie als FÜLLUNG den VERLAUF und anschließend den Stil EXPLOSION verwenden, geht der Verlauf nicht mehr wie üblich gleichmäßig über die Bildfläche. Statt essen schmiegt er sich den Objektpixeln an. Vom Regenbogen-Rähmchen bis zur metallischen Einfassung ist alles möglich.

➤ Wollen Sie nur den KONTUR-Effekt einer Ebene mit einem Relief-Effekt und mit Struktur bearbeiten, dann wählen Sie den Ebeneneffekt ABGEFLACHTE KANTE UND RELIEF mit der Vorgabe RELIEFKONTUR. Die Bildfüllung selbst bleibt unverändert.

Abbildung 12.77:
Der Ebeneninhalt wurde mit dem »Fläche-Regler« in der Ebenenpalette ausgeblendet, Sie sehen nur noch den Ebeneneffekt »Kontur«. Ganz links: Füllung »Farbe«; zweites Bild: Füllung »Verlauf«, »linear«; drittes Bild: Füllung »Verlauf«, »Explosion«; viertes Bild: zusätzlich Ebeneneffekt »Abgeflachte Kante und Relief« mit dem Stil »Reliefkontur«. Vorlage: Effekte_2

Alternativen

Eine reizvolle Alternative zum KONTUR-Effekt bilden die Befehle **Pfadkontur füllen** oder **Underpfadkontur füllen**, welche die Pfadpalette anbietet (Seite 662). Ihre Vorteile:

➤ Beim Füllen einer Pfadkontur wird das aktuelle Werkzeug mit den akuten Einstellungen aus der Werkzeugspitzenpalette angewandt – auch ungleichmäßige Spitzen und weiche Werkzeugspitzenkanten stehen zur Verfügung.

➤ Haben Sie nur Teile eines Pfads markiert und ausgewählt, werden auch nur diese Teile gefüllt.

Weitere Alternativen:

➤ Der Befehl **Bearbeiten: Kontur füllen** (Seite 498) zeichnet eine Auswahl unmittelbar auf der aktuellen Ebene nach und verwendet nur runde Spitzen. Ein Vorteil des Befehls **Kontur füllen**: Statt Pixel können Sie auch Zentimeter- oder Millimeterwerte verwenden. Sie können die neue Kontur – wie auch beim Füllen einer Pfadkontur – sofort auf einer separaten Ebene erzeugen.

➤ Manchmal ist es am besten, nur den Rand eines Objekts auszuwählen und mit einem **Filter**- oder **Einstellungen**-Befehl zu bearbeiten. Laden Sie den Ebenenumriss als Auswahl, indem Sie bei gedrückter [Strg]-Taste auf die Miniatur in der Ebenenpalette klicken, und verwenden Sie den Photoshop-Befehl **Auswahl: Auswahl verändern: Umrandung** (Seite 570).

12.7.13 Glanz

GLANZ zaubert dunkle Schattierungen auf die Ebene, die sich an den Umrissen der Ebene orientieren. Sie stellen eine GRÖSSE ein, den ABSTAND zwischen Schattierung und Original legen Sie per Regler oder durch Ziehen über die Datei fest. Der Effekt ist eine interessante Ergänzung zu allen Bildern mit Struktur, niedrige DECKKRAFT reicht oft. Variieren Sie das Schattenspiel mit den KONTUR-Vorgaben, ABSTAND- und GRÖSSE-Regler.

Um einen hellen »Glanz« zu erzeugen, rufen Sie mit dem Farbfeld den Farbwähler auf, geben eine helle Farbe an und stellen die Füllmethode auf NEGATIV MULTIPLIZIEREN oder sogar FARBIG ABWEDELN. Für diffuser verteilten »Glanz« testen Sie den Ebeneneffekt SCHATTEN NACH INNEN bei sehr weicher Kante. Weitere Alternative: Legen Sie eine neue Ebene im Modus HARTES LICHT über der Zielebene an, stellen Sie die Standardfarben Schwarz und Weiß mit der Taste [D] her, wenden Sie den Befehl **Filter: Rendering-Filter: Wolken** an (Seite 877) und klicken Sie bei gedrückter [Alt]-Taste auf die Trennlinie zwischen beiden Ebenen, um mit dem Doppelkreis-Zeiger iBeschnitt-cursor eine Beschnittgruppe herzustellen (Seite 775). Per DECKKRAFT-Regler in der Ebenenpalette korrigieren Sie die Wirkung.

12.7.14   Weitere Ebeneneffekte

Die Programme bieten weitere Ebeneneffekte an – die meisten Optionen haben wir bereits in den vorhergehenden Abschnitten besprochen:

- Der SCHATTEN NACH INNEN legt einen Schatten von den Objektkanten aus nach innen. So kann der Eindruck entstehen, dass die aktive Ebene selbst quasi hohl ist und der SCHATTEN NACH INNEN auf einer darunter liegenden Ebene erscheint. Oder die Ebene wirkt wie versenkt, man blickt durch ein Loch in Form dieser Ebene auf den Ebeneninhalt. Wenn Sie mit geringer DECKKRAFT und weicher Kante arbeiten, erzeugen Sie ein sanftes Schattenspiel ohne direkt plastische Wirkung; es belebt allzu einförmige Objekte. Bewegen Sie den Schatten mit der Maus direkt über der Datei. Bei schwarzen Objekten sehen Sie von diesem Effekt nichts.

- Die FARBÜBERLAGERUNG deckt eine Ebene komplett einfarbig ab. Sie können beliebige Ebenen also einfarbig anzeigen und diese Darstellung jederzeit ändern oder abschalten.

- Der Ebeneneffekt MUSTERÜBERLAGERUNG ziert die Ebene mit einem Muster. Verwenden Sie die Füllmethode HARTES LICHT, um das Muster quasi in die Ebene einzustanzen. Beachten Sie auch unsere Hinweise zu den Muster-Optionen allgemein ab Seite 750.

- Die VERLAUFSÜBERLAGERUNG überzieht Ihr Bild mit einem Farbverlauf. Das Dreieck ▼ bietet Zugriff auf die aktuelle Bibliothek mit Verläufen, ein Doppelklick auf den Verlaufsbalken öffnet das Dialogfeld VERLAUF BEARBEITEN (Seite 502). Wenn Sie den Verlauf AN EBENE AUSRICHTEN, bewegt er sich beim Verschieben der Bildpunkte mit, sonst sehen Sie je nach Position der Ebenen-Bildpunkte unterschiedliche Teile des Verlaufs. Ziehen Sie über dem Bild, um Anfangs- oder Endpunkt des Verlaufs zu verschieben.

12.8   Erweiterte Füllmethode

In diesem Abschnitt besprechen wir die Möglichkeiten, die das Dialogfeld EBENENSTIL im Bereich ERWEITERTE FÜLLMETHODE einräumt. Photoshop zeigt dieses Dialogfeld nach Doppelklick auf den Namen der jeweiligen Ebenenminiatur, aber nicht bei Hintergrundebenen, bei Text- und Form-Ebenen rufen Sie es per Kontextmenü hervor. In der Leiste links sollte die oberste Zeile aktiviert sein: FÜLLOPTIONEN. Den Regler DECKKRAFT aus der Abteilung ERWEITERTE FÜLLMETHODE finden Sie mit identischer Funktion auch außen auf der Ebenenpalette mit der Beschriftung FLÄCHE; wir besprechen diese Funktion bereits auf Seite 727.

Alle Eigenschaften aus diesem Abschnitt lassen sich als Ebenenstil speichern (Seite 741) und somit leicht auf andere Dateien übertragen. Schalten Sie die VORSCHAU aus und wieder ein, um zwischen der vorherigen Einstellung und Ihrer aktuellen Korrektur zu vergleichen. Drücken Sie [Strg]+[Z], um die allerletzte Regleränderung zu widerrufen. Die [Alt]-Taste verwandelt wie üblich die Schaltfläche ABBRECHEN in ein ZURÜCK; damit stellen Sie den Status quo ante wieder her.

12.8.1 Kanäle

Im Bereich KANÄLE der ERWEITERTEN FÜLLMETHODEN legen Sie fest, welche Grundfarben Ihrer Ebene überhaupt eine Bearbeitung anzeigen sollen (Details zu Kanälen ab Seite 587). Zumeist sind alle Grundfarbkanäle aktiviert. Ein Beispiel:

1. Sie bearbeiten die Ebene eines Bildes im Modus RGB-FARBE (Seite 190) und klicken doppelt auf eine Miniatur in der Ebenenpalette, um das Dialogfeld EBENENSTIL zu sehen.

2. Sie schalten den Rotkanal (»R«) aus. Jetzt sind nur noch die Grundfarben Grün und Blau sichtbar – dies gilt für die ursprüngliche Füllung der Ebene wie auch für den Effekt.

3. Sie klicken auf OK und bearbeiten das Bild. Die Kanälepalette meldet Änderungen nur am Grün- und Blaukanal.

4. Sie rufen das Dialogfeld EBENENSTIL erneut auf und schalten den Rotkanal wieder ein. Nun sehen Sie wieder das vollständige Bild – und auch Ihre letzten Änderungen zeigen sich jetzt im Rotkanal. Sie haben den Kanal also nicht von der Bearbeitung ausgenommen, sondern nur ausgeblendet.

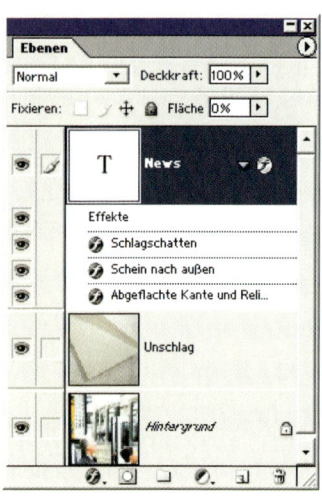
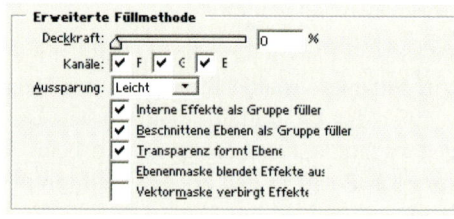

Abbildung 12.78: Sie sehen hier die Vorgaben für das Bild rechts in der nachfolgenden Reihe: Für die Textebene wird der »Fläche«-Wert auf 0 gestellt. Dies entspricht einer Nullstellung des Reglers »Deckkraft« in der »Erweiterten Füllmethode«. Die »Aussparung« steht auf »Leicht«.

Erweiterte Füllmethode   Kapitel 12

TIPP *Zwar könnten Sie auch mit dem Augensymbol 👁 in der Kanälepalette bestimmte Grundfarben verbergen. Doch dort bearbeiten Sie das komplette sichtbare Bild, nicht nur eine einzelne Ebene.*

12.8.2   Aussparung

Photoshop bietet drei verschiedene Optionen für die AUSSPARUNG. Wirksam wird die »Aussparung« nur, wenn Sie mindestens eine dieser Bedingungen erfüllen:

➥ Sie setzen im Bereich ERWEITERTE FÜLLMETHODE des Photoshop-Dialogfelds EBENENSTIL die DECKKRAFT der Ebenenbildpunkte herunter. (Die Deckkraft aus dem Bereich ALLGEMEINE FÜLLMETHODE bzw. aus der Ebenenpalette spielt keine Rolle, sie sollte eher hoch sein.)

➥ Sie verwenden eine andere FÜLLMETHODE als NORMAL, beispielsweise HARTES LICHT oder NEGATIV MULTIPLIZIEREN.

TIPP *Starten Sie erste Versuche mit der Aussparung mit übersichtlichen Vorgaben: Richten Sie im Dialogfeld EBENENSTIL eine KONTUR ein, wechseln Sie dann wieder zu den Fülloptionen und senken Sie im Bereich ERWEITERTE FÜLLMETHODE die DECKKRAFT auf 0 Prozent.*

Abbildung 12.79:
Links: Die Textebene liegt normal über der Montage. Mitte: Wir senken den »Fläche«-Wert für die Textebene auf 0, so dass statt der Buchstaben-Füllfarbe die darunter liegende Ebene »Umschlag« erscheint. Die Ebeneneffekte der Textebene wie 3D-Kante und Schatten bleiben aber erhalten. Rechts: Wir stellen im Bereich »Erweiterte Füllmethode« des Dialogfelds »Ebenenstil« die »Aussparung« auf »Leicht«; innerhalb der Textfüllung wird nun die ganz unten liegende Hintergrundebene sichtbar. Datei: Aussparung

Ohne Aussparung

Sie verwenden im Klappmenü AUSSPARUNG die Option OHNE und senken wie erforderlich die Deckkraft im Bereich ERWEITERTE FÜLLMETHODE oder mit dem FLÄCHE-Regler. Damit verschwindet die ursprüngliche Bildfüllung, Ebeneneffekte wie KONTUR oder die abgeschatteten und aufgehellten Kanten von ABGEFLACHTE KANTE UND RELIEF bleiben aber sichtbar. In den transparent gemachten Bereichen sehen Sie die darunter liegende Ebene. Nichts Neues also – das haben wir bereits ab Seite 727 diskutiert.

Leichte Aussparung

Sie stellen die AUSSPARUNG auf LEICHT und senken die DECKKRAFT im Bereich ERWEITERTE FÜLLMETHODE oder mit dem FLÄCHE-Regler. Nun sehen Sie in den transparent gemachten Bereichen nicht mehr diejenige Ebene, die unmittelbar unter der aktivierten Ebene liegt. Sie blicken diesmal tiefer, durch mehrere Ebenen hindurch: Bei Ebenensets (Seite 698) sehen Sie die unterste Ebene dieses Sets; bei Beschnittgruppen (Seite 775) sehen Sie die Basisebene. In Bildern ohne diese Merkmale erscheint Transparenz bzw. die Hintergrundebene in den Grenzen der aktiven Ebene, sofern diese Zone nicht durch einen Effekt gefüllt ist. Diejenigen Ebenen, die unmittelbar unter der aktiven Ebene liegen, werden also »ausgespart«.

Starke Aussparung

Sie stellen die AUSSPARUNG auf STARK und senken die Deckkraft im Bereich ERWEITERTE FÜLLMETHODE oder mit dem FLÄCHE-Regler. Nun können Sie in den transparent gemachten Bereichen noch tiefer blicken: Auch durch Ebenensets oder Beschnittgruppen hindurch erscheint im Bereich der aktiven Ebene die Hintergrundebene, ansonsten Transparenz.

Besonderheiten

Beachten Sie folgende Besonderheiten:

- Sie können komplette Ebenensets mit anderen Ebenen »aussparen«.
- Bearbeiten Sie eine Ebene aus einem Ebenenset, ohne die übliche Füllmethode HINDURCHWIRKEN zu verwenden, so zeigt sich innerhalb der aktivierten Ebene die unterste Ebene des Ebenensets auch bei STARKER Aussparung.
- Bei Beschnittgruppen endet die Aussparung nicht auf der Basisebene, sondern unmittelbar unterhalb der Basisebene, wenn Sie die Option BESCHNITTENE EBENEN ALS GRUPPE FÜLLEN abschalten.

Die Optionen BESCHNITTENE EBENE ALS GRUPPE FÜLLEN und INTERNE EFFEKTE ALS GRUPPE FÜLLEN besprechen wir in Zusammenhang mit Beschnittgruppen ab Seite 775, die angebotene Ausblendung der Effekte durch Masken ab Seite 769.

12.8.3 Helligkeitsbereiche ausblenden

Ganz unten im Bereich ERWEITERTE FÜLLMETHODEN des Photoshop-Dialogfelds EBENENSTIL behandeln Sie einzelne Helligkeitsbereiche der aktivierten Ebene. Ihre Möglichkeiten:

- Sie blenden mit dem Regler DIESE EBENE einzelne Helligkeitsbereiche aus, zum Beispiel nur die Lichter – etwa Papierweiß.
- Mit dem Regler DARUNTERLIEGENDE EBENE sorgen Sie dafür, dass sich bestimmte Helligkeitsbereiche der darunter liegenden Ebenen in der aktuellen Ebene auf jeden Fall durchsetzen, zum Beispiel nur die Schatten.

Erweiterte Füllmethode — Kapitel 12

Wie immer gilt: Alles lässt sich verlustfrei zurücksetzen.

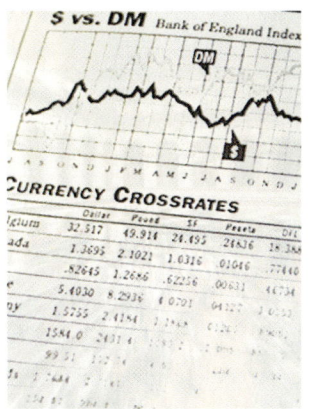 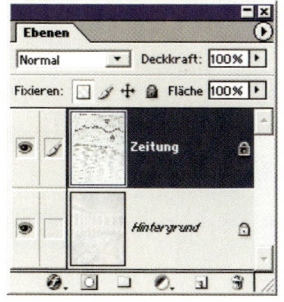 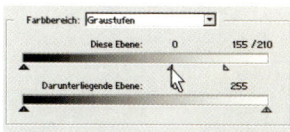

Abbildung 12.80:
Der Scan einer Tageszeitung wurde über einen abgesofteten Hintergrund geblendet. Um den Hintergrund durchscheinen zu lassen, wurden auf der Ebene der Zeitung die hellen Tonwerte des Papiers verborgen: Der Bereich von 255 (Weiß) bis 210 wurde ganz ausgeschlossen, die Tonwerte von 201 bis 155 wurden nur halbtransparent übertragen. Datei: Boerse

Diese Ebene

Der Regler DIESE EBENE legt fest, welche Tonwerte sichtbar sind; nur Tonwerte innerhalb der beiden Regler erscheinen überhaupt in der Komposition. So blenden Sie zum Beispiel die hellen Bereiche aus: Ziehen Sie den rechten Regler für die hellen Tonwerte auf 200; damit werden nur die Tonwerte zwischen 0 und 200 übertragen, die Lichter zwischen 201 und 255 erscheinen nicht mehr in der Montage. So lässt sich schnell ein weißer Hintergrund ausblenden, etwa Papier-Weiß.

Darunterliegende Ebene

Der Regler DARUNTERLIEGENDE EBENE gibt an, welche Tonwerte der darunter liegenden Ebenen überdeckt werden – und zwar nur Tonwerte innerhalb der Reglerstellung. So schützen Sie zum Beispiel schwarze Schrift oder schwarze Konturen auf darunter liegenden Ebenen vor Überdecken: Beschränken Sie den Bereich DARUNTERLIEGENDE EBENE auf die Werte von 50 bis 255; damit zeigen sich die dunklen Tonwerte 0 bis 49 der tieferen Ebenen auf jeden Fall auch in der Ebene darüber.

Halbtransparente Bereiche

Die Überblendung lässt sich noch verfeinern. Denn Übergänge zwischen der aktuellen Ebene und dem Darunterliegenden geraten oft zu hart, wenn Sie bei einem bestimmten Tonwert die Übertragung abrupt beenden. Sie können darum einen Bereich von Tonwerten halbtransparent einrichten – hier nimmt die Deckkraft stufenlos ab oder zu. So geht's: Bewegen Sie die äußeren Hälften der Regler-Dreiecke mit gedrückter [Alt]-Taste; wenn Sie jetzt ziehen, bewegt sich nur das halbe Dreieck mit. Der Bereich zwischen den beiden Dreiecken wird halbtransparent übertragen.

Abbildung 12.81:
Bei dieser Montage wurde die Wolkenebene dupliziert, auf einer Ebene dazwischen wurde der freigestellte Sportler untergebracht. Wir klicken doppelt auf die Miniatur der oberen Wolkenebene und blenden im Dialogfeld »Ebenenstil« die dunkleren Bildpunkte der oberen Wolkenebene von 0 bis 140 komplett aus, die Tonwerte von 141 bis 191 erscheinen nur halbtransparent. Für die Gesamtebene reduzieren wir die Deckkraft auf 90 Prozent, so dass der Hürdenläufer nie völlig überdeckt ist. Datei: Huerde_2

Beschränken Sie zum Beispiel die Lichter der aktuellen Ebene, um den hellen Hintergrund der Zeitungsseite auszublenden, dann lesen Sie jetzt etwa eine Anzeige wie »120/160«. Das bedeutet: Die helleren Tonwerte zwischen 161 und 255 werden überhaupt nicht übertragen; Tonwerte zwischen 120 und 160 erscheinen abgeschwächt im Bild. Erst Tonwerte unter 120, bis herunter zu Schwarz, werden voll ins Gesamtbild übertragen. So vermeiden Sie hart abgerissene Kanten und erzeugen luftige Überblendungen.

Ausblenden der Helligkeitsbereiche hilft nicht immer allein zum Ziel. Eventuell sollten Sie zusätzlich Bildbereiche per Ebenenmaske ausblenden (Seite 766) oder andere Füllmethoden testen (Seite 730).

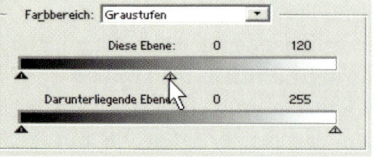

Abbildung 12.82:
In den hellen Bereichen der Stiftebene soll der Hintergrund durchscheinen. Ziehen Sie den Weißregler für »Diese Ebene« auf den Wert »120«. Damit verbannen Sie die hellen Tonwerte zwischen 121 und 255 (reinem Weiß) aus dem Gesamtbild. Allerdings wirken die Übergänge zwischen angezeigten und verborgenen Tonwertbereichen sehr hart. Vorlage: Stift

Ebenenbereiche verbergen Kapitel 12

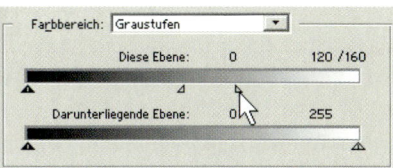

Abbildung 12.83:
Um die Übergänge zu glätten, definieren Sie einen Tonwertbereich, der halbtransparent übertragen wird. Dazu klicken Sie mit gedrückter Alt -Taste auf das äußere Dreieck des rechten Weißreglers, so dass sie es unabhängig von der anderen Hälfte dieses Reglers nach außen ziehen können. Wenn Photoshop »120/160« anzeigt, heißt das: Die hellen Tonwerte von 160 bis 255 sind ganz verborgen, die Tonwerte zwischen 120 und 160 werden nur mit abgeschwächter Deckkraft übertragen. Nur die dunkleren Tonwerte von 149 bis 0 (Schwarz) werden voll übertragen. Testen Sie jetzt neue Werte für den inneren Regler.

Abbildung 12.84:
Bei unverändert ausgeblendeten Helligkeitsbereichen wie oben testen wir andere Füllmethoden. Links: »Strahlendes Licht« feuert die Farben an. Rechts: »Luminanz« verändert nur die Helligkeit, nicht aber die Farbe des Hintergrunds.

12.9 Ebenenbereiche verbergen

Sie können Teile einer Ebene verbergen, ohne sie dauerhaft zu löschen. Sie müssen die Bildpunkte also nicht mit Radiergummi oder **Löschen**-Befehlen dauerhaft entsorgen. Sie holen die versteckten Motivpartien vielmehr bei Bedarf in alter Frische wieder hervor.

12.9.1 Übersicht

Wir besprechen in diesem Hauptabschnitt folgende Techniken:

- Die Ebenenmaske versteckt Teile einer Einzelebene, sie verwendet quasi einen Alphakanal nur für diese Ebene. Sie korrigieren die Maske mit Mal- und Retuschewerkzeugen, Füllfunktionen, Filter- oder Kontrastkorrektur-Befehlen. Auch weiche Übergänge sind möglich.

- Die Vektormaske versteckt Teile einer Einzelebene per Pfadtechnik. Sie kostet im Vergleich zur Ebenenmaske weniger Speicherplatz und lässt sich mit Pfadwerkzeugen bearbeiten. Weiche Übergänge sind nicht möglich. Sie können Vektormaske und Ebenenmaske kombinieren. Beide haben einige gemeinsame Eigenschaften.

- Die Beschnittgruppe kontrolliert gleich mehrere Ebenen: Alle »gruppierten« Ebenen erscheinen nur noch innerhalb der Umrisse einer so genannten Basisebene.

Ebenenmaske und Vektormaske lassen sich auch auf mehrere Ebenen in einem Ebenenset (Seite 698) anwenden. Überdies bietet Photoshop die Möglichkeit, per AUSSPARUNG mehrere Ebenen in den Umrissen der aktivierten Ebene zu verbergen (Seite 761).

Für Ebenenmasken oder Vektormaske benötigen Sie normale Ebenen, Hintergrundebenen eignen sich nicht. Klicken Sie doppelt auf eine Hintergrundebene, um sie in eine normale Ebene zu verwandeln.

12.9.2 Ebenenmasken

Sie können Teile einer Ebene mit einer Ebenenmaske abdecken. Sie liegt wie eine Schablone über der Ebene und blendet Ebenenbereiche pixelgenau aus; die Ebene lässt sich jederzeit ohne Schaden wieder entfernen. Sie eignet sich nicht zuletzt für weiche Übergänge; weil die Maske wie ein üblicher Bildkanal 256 Graustufen aufnimmt, blendet sie Bildteile mit 256 Dichtestufen ein und aus.

Die Ebenenmasken-Miniatur erscheint in der Ebenenpalette neben der zugehörigen Ebenenminiatur. Schwarz in der Ebenenmaske verdeckt die dazugehörigen Bildpunkte, Weiß gibt die entsprechenden Pixel zur Ansicht frei, Grautöne blenden halbtransparent aus. Sie können die Maske zum Beispiel mit Pinseln korrigieren und mit Weichzeichnern absoften. Bearbeitung und Optionen der Ebenenmaske gleichen weitestgehend der Bearbeitung von Alphakanälen; alle Informationen zur perfekten Retusche von Ebenenmasken wie auch Alphakanälen finden Sie ab Seite 607. Die Maske lässt sich überdies ausschalten, löschen, dauerhaft anwenden und auf verschiedene Arten anzeigen. Die Ebenenmaske kostet so viel Arbeitsspeicher und eventuell auch so viel Festplattenplatz wie eine »flache« 8-Bit-GRAUSTUFEN-Version Ihrer Vorlage. Sind glatte Umrisse erwünscht, spart die Vektormaske Speicherplatz (siehe unten).

Ebenenbereiche verbergen   Kapitel 12

 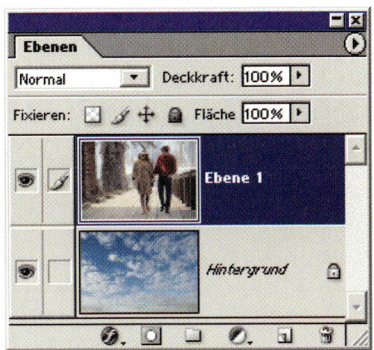

Abbildung 12.85:
Schnelle Ebenenmaske: Über das Hintergrundmotiv wird mit dem Verschieben-Werkzeug ein anderes Bild gezogen, es verdeckt die Hintergrundebene zunächst vollständig; das neue Motiv erscheint in der Ebenenpalette als »Ebene 1«. Wir wählen einen Bereich der »Ebene 1« mit dem Lasso aus, der Auswahlübergang wird mit dem Befehl »Auswahl: Weiche Auswahlkante« geglättet. Datei: Hafen

 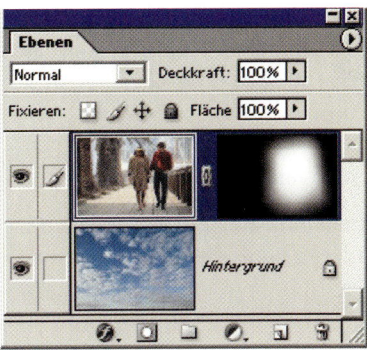

Abbildung 12.86:
Wir erzeugen eine Ebenenmaske mit der Schaltfläche »Maske hinzufügen«. Dies entspricht dem Befehl »Ebene: Ebenenmaske hinzufügen: Außerhalb der Auswahl maskieren«. Die Ebenenmaske verbirgt alle Bildteile auf »Ebene 1«, die zuvor außerhalb der Auswahl waren. Dabei werden die Originalpixel jedoch nicht gelöscht, sondern nur verborgen. Sie können durch Bearbeiten, Ausschalten oder Entfernen der Ebenenmaske wieder hervorgeholt werden. Mit Pinsel, Weichzeichner und anderen Funktionen können Sie die Maske weiter bearbeiten. Datei: Hafen_2

Ebenenmaske erstellen

Sie erstellen eine Ebenenmaske zum Beispiel mit dem Untermenü **Ebene: Ebenenmaske hinzufügen** oder mit dem Symbol MASKE HINZUFÜGEN in der Ebenenpalette. Hat die aktive Ebene schon eine Maske, heißt es an gleicher Stelle **Ebenenmaske entfernen**. Aktivieren Sie die gewünschte Ebene, dann geht es so weiter:

➜ Der Befehl **Ebene: Ebenenmaske hinzufügen: Nichts maskiert** lässt die komplette Ebene zur Ansicht frei, es entsteht also eine gänzlich weiße Ebenenmaske. Dasselbe bewirkt ein Klick auf das Symbol MASKE HINZUFÜGEN , sofern keine Auswahl im Bild besteht.

➜ Verwenden Sie **Alles maskiert,** entsteht eine schwarze Ebenenmaske, die gar nichts durchblicken lässt. Ebendies bewirkt auch ein Alt -Klick auf das Symbol MASKE HINZUFÜGEN, sofern keine Auswahl im Bild besteht.

- Besteht jedoch eine Auswahl, können Sie **Außerhalb der Auswahl maskieren**; sichtbar bleiben nur die Bildpunkte innerhalb der Auswahl. Die neue Ebenenmaske ist im Bereich der Auswahl weiß, drumherum schwarz. Dieselbe Wirkung hat – bei vorhandener Auswahl im Bild – ein Klick auf das Symbol MASKE HINZUFÜGEN.

- Umgekehrt lässt sich auch eine **Auswahl maskieren**; Bildpunkte innerhalb einer Auswahl werden damit auf der aktiven Ebene verborgen, außenliegende Pixel bleiben sichtbar. Innerhalb der Auswahl trägt die Ebenenmaske Schwarz, außerhalb der Fließmarkierung zeigt sie Weiß. Alternative: [Alt]-Klick auf das Symbol MASKE HINZUFÜGEN.

> **TIPP**: Mit dem Befehl **Bearbeiten: In die Auswahl einfügen** ([Strg]+[⇧]+[V], Seite 678) entsteht automatisch eine Ebenenmaske. In diesem Fall verbindet Photoshop Ebene und Maske nicht – das ist in der Regel sinnvoll.

Ebene mit Maske verbinden

Zwischen den Miniaturen für Ebene und Ebenenmaske ist Platz für das Verbindungssymbol, das Sie durch einfachen Klick ein- und ausschalten können. In der Regel sind neue Ebenenmasken mit der Ebene verbunden. Das Gleiche gilt im Übrigen auch für die Vektormaske (Seite 773). Sie entscheiden hier,

- ob sich die Ebenenmaske mit der Ebene bewegt, wenn Sie die Ebene verschieben oder
- ob die Ebenenmaske stur am angestammten Platz verharrt, so dass ein Verschieben der Ebene andere Ebenenbereiche ans Tageslicht holt.

Dies bedeutet konkret:

- Sie koppeln eine Ebenenmaske per Verbindungssymbol an die Ebene, wenn sich die Maske nur an der Ebene selbst orientiert. Haben Sie störende Teile eines Objekts per Maske versteckt, dann muss die Ebenenmaske verbunden sein – damit beim Bewegen immer dieselben Motivteile versteckt bleiben. Umgekehrt bewegt sich auch die Ebene mit, wenn Sie die Ebenenmaske bewegen.

- Manchmal orientiert sich die Ebenenmaske am Inhalt der darunter liegenden Ebenen – zum Beispiel zeigt sich das aktive Objekt innerhalb eines Fensters oder eines anderen Rahmens. Hier verzichten Sie auf die Verbindung von Ebenenmaske und Ebene und klicken das Verbindungssymbol weg.

> **TIPP**: Verschieben Sie die Ebenenmaske, füllt Photoshop an den Rändern frei werdende Bereiche weiß auf. Wenn Sie in diesen Bereich der verschobenen Ebene also etwas einsetzen, ist es sofort sichtbar.

Abbildung 12.87:
Die Hundeebene wird durch eine Ebenenmaske so begrenzt, dass sie nur innerhalb des Bilderrahmens auf der Hintergrundebene erscheint. Weil die Ebenenmaske hier mit dem Bild nicht verbunden ist, lässt sich das Motiv mit dem Verschieben-Werkzeug innerhalb des Bilderrahmens bewegen. Datei: Rahmen

Ebeneneffekte und Ebenenmasken

Beachten Sie die Wirkung von Ebenenmasken und Vektormasken auf Ebeneneffekte, die sich speziell am Rand der Ebenenfüllung auswirken, etwa die KONTUR oder die ABGEFLACHTE KANTE:

→ Verzichten Sie im Dialogfeld EBENENSTIL auf die Option EBENENMASKE BLENDET EFFEKTE AUS. Nun orientiert sich der Ebeneneffekt an den tatsächlich sichtbaren Pixeln, die Ebenenmaske wird also berücksichtigt. In unserem Beispiel wird der Schriftzug durch die katzenförmige Ebenenmaske teilweise verdeckt. Die Effekte ABGEFLACHTE KANTE sowie SCHEIN NACH AUSSEN folgen also den Konturen der Ebenenmaske, nicht ausschließlich der Schriftkontur.

Abbildung 12.88:
Links wurde die Option »Ebenenmaske blendet Effekte aus« verwendet. Die Effekte folgen der Kontur der Ebenenmaske, nicht der Kontur der gesamten Textebene. Datei: Katzen

Kapitel 12   Ebenen

➤ Schalten Sie die Option EBENENMASKE BLENDET EFFEKTE AUS ein. Nun laufen die Effekte nicht mehr an der Ebenenmaske entlang, sondern an den Außengrenzen der gesamten Ebenenfüllung – auch wenn die zum Teil verborgen ist. Sie sehen es im Bildbeispiel rechts, dass um die Katze und um die Felsen herum keine speziellen Randeffekte mehr zu beobachten sind. Die Ebenenmaske verbirgt die Ränder der Ebene; und auch die Effekte, die sich auf die Ränder auswirken, sind nicht mehr zu erkennen.

Diese Option gibt es separat auch für Vektormasken.

Ebenenmasken aktivieren

Es empfiehlt sich, zumindest bei der Arbeit mit Ebenenmasken in den **Paletten-Optionen** die Anzeige von Miniaturen vorzugeben.

Wenn Sie die Ebenenmaske – und nicht die Bildpunkte selbst – bearbeiten wollen, dann aktivieren Sie die Ebenenmaske per Klick auf die Ebenenmasken-Miniatur. Photoshop stellt die Ebenenmaske zunächst nicht explizit über der Datei dar. So meldet Photoshop, dass Sie an der Maske und nicht an der Ebene selbst hantieren:

➤ Sie sehen das Maskensymbol [ ] neben der Ebenenminiatur.

➤ In der Titelzeile des Dateifensters finden Sie einen weiteren Hinweis auf die Maske.

Und Sie sehen es bei der Arbeit: Tragen Sie Schwarz auf, verschwindet die Ebene; tragen Sie Weiß auf, erscheint die Ebene wieder. Der Farbwähler bietet nur Graustufen an. Sie retuschieren an einer Maske, die Sie gar nicht sehen.

Ebenenmaske darstellen

Machen Sie die Ebenenmaske sichtbar, um sie besser zu prüfen und zu bearbeiten:

➤ [Alt]-Klick auf die Miniatur der Ebenenmaske stellt allein die Maske in Graustufen dar – wie einen Alphakanal. Wiederholen Sie den Griff, um zur normalen Darstellung nur der Ebene zu gelangen.

➤ [Alt]-[⇧]-Klick blendet die Maske halbdeckend über die Ebene. Farbe und Deckkraft einer eingeblendeten Ebenenmaske legen Sie nach Doppelklick auf die Maskenminiatur fest (vergleiche Seite 603). In beiden Fällen können Sie die Maske weiter bearbeiten.

➤ [⇧]-Klick auf die Miniatur der Ebenenmaske schaltet die Maske aus, ohne sie zu löschen; sie erscheint durchgestrichen in der Palette. Alternativ erledigt das der Befehl **Ebene: Ebenenmaske deaktivieren**.

➤ Mit einem beherzten Klick auf die Miniatur der Ebene selbst kehren Sie wieder zur üblichen Bilddarstellung zurück.

Einige dieser Befehle enthält auch das Kontextmenü, das Sie mit einem Rechts-Klick über der Ebenenmasken-Miniatur zum Vorschein bringen. Photoshop zeigt die Ebenenmaske der aktiven Ebene zudem in der Kanälepalette; dort lässt sie sich durch Anklicken aktivieren und per Augensymbol 👁 ein- und ausblenden.

Ebenenbereiche verbergen
Kapitel 12

TIPP
*Zeigen Sie zwei Darstellungen ein- und desselben Bilds nebeneinander mit dem Befehl **Fenster: Neues Fenster**. Sie können nun in einem Fenster die Ebenenmaske anzeigen, im Vollbild, nach Bedarf arbeiten Sie in beiden Fenstern. Sie können auch unterschiedliche Zoomstufen verwenden.*

Abbildung 12.89:
Links: Zur leichteren Retusche blenden Sie durch [Alt]+[⇧]+Klick die Ebenenmaske als »Farblack« über die Ebene. Mitte: [Alt]+Klick zeigt allein die Graustufen der Maske. Rechts: [⇧]+Klick auf die Miniatur der Ebenenmaske schaltet die Wirkung der Maske ab, ohne sie zu löschen. Datei: Monitor_2

Ebenenmasken duplizieren

Duplizieren, kopieren und verrechnen lassen sich Ebenenmasken mit den **Kanalberechnungen** aus dem **Bild**-Menü (Seite 202). Allerdings muss hier die Zieldatei exakt die gleiche Pixelbreite und -höhe haben wie die Datei mit der vorhandenen Ebenenmaske. Folgende einfache Varianten bieten sich an:

- Laden Sie die Ebenenmaske als Auswahl – dazu klicken Sie die Maskenminiatur bei gedrückter [Strg]-Taste an. Aktivieren Sie die neue Ebene und erstellen Sie mit dem Symbol MASKE HINZUFÜGEN ⬚ die neue Maske.

- Laden Sie die Ebenenmaske als Auswahl und ziehen Sie die Auswahl mit einem Auswahlwerkzeug wie dem Rechteck rechteck.tif über eine andere Datei. Aktivieren Sie die gewünschte Ebene und klicken Sie auf das Symbol MASKE HINZUFÜGEN ⬚.

- Ziehen Sie die Miniatur der Ebenenmaske aus der Kanälepalette – also nicht aus der Ebenenpalette – über eine neue Datei; so etablieren Sie die Ebenenmaske zunächst als üblichen Alphakanal. Laden Sie die Auswahl per [Strg]-Klick auf die Kanalminiatur, aktivieren Sie die Zielebene, klicken Sie auf das Symbol MASKE HINZUFÜGEN ⬚ und löschen Sie den Alphakanal.

Noch bequemer wirken diese Möglichkeiten:

- Sie können eine vorhandene Ebenenmaske leicht in eine andere Ebene derselben Datei kopieren. Dazu aktivieren Sie zunächst die Zielebene; dann ziehen Sie die gewünschte Ebenenmaske auf das Symbol EBENENMASKE HINZUFÜGEN ⬚ in der Palette – sie erscheint in der aktivierten Ebene.

Kapitel 12   Ebenen

➤ Beim Duplizieren der Ebene innerhalb der Datei oder beim Ziehen der Ebene in eine andere Datei folgt die Ebenenmaske auf dem Fuß. Das gilt auch für nicht verbundene Ebenenmasken.

Sie können die Ebenenmaske nicht durch Ziehen und Ablegen der Ebenenmasken-Miniatur über eine neue Datei duplizieren.

Ebenenmasken löschen und anwenden

Sie können die Ebenenmaske jederzeit löschen, um Speicher zu sparen. Dazu wird sie auf den Mülleimer 🗑 in der Ebenenpalette gezogen. Entfernen Sie die Ebenenmaske jedoch, schaltet sich Photoshop mit einer Frage dazwischen: SOLL DIE MASKE VOR DEM LÖSCHEN AUF DIE EBENE ANGEWENDET WERDEN? Es geht um Folgendes:

➤ LÖSCHEN der Ebenenmaske bedeutet: Die Maskierungswirkung entfällt; die ehedem maskierte Ebene zeigt sich in voller Pracht so, wie sie bereits ohne Ebenenmaske aussah.

➤ ANWENDEN der Ebenenmaske bedeutet: Die Bildteile, die Sie zuvor mit Hilfe der Ebenenmasken verborgen haben, werden endgültig gelöscht – wie mit dem Radiergummi 🩹 oder mit Auswahl und [Entf]-Taste. Halbtransparent eingeblendete Bildpunkte haben nach dem ANWENDEN der Ebenenmaske nur noch halbe Deckkraft; die ursprünglichen, voll deckenden Bildpunkte sind weg.

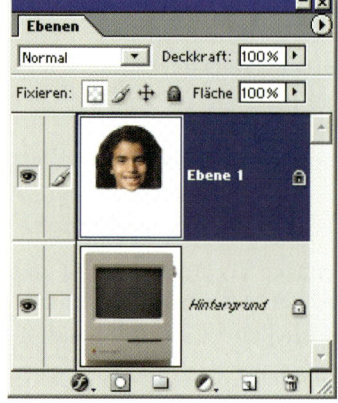

Abbildung 12.90:
Ebenenmaske anwenden: Die Ebene wurde auf den Mülleimer gezogen, beim Löschen haben wir die Option »Anwenden« genutzt. Die Ebenenmaske verschwindet und die zuvor nur verborgenen Bildpunkte werden dauerhaft entfernt. Von Ebene 1 bleibt nur der Bildinhalt übrig, den die Ebenenmaske zuvor sichtbar gelassen hatte. Vorlage: Monitor_2; Ergebnis: Monitor_3

Ebenenmaske als Auswahl laden

Die Maskierungsinformation der Ebenenmaske lässt sich als Auswahl laden, am schnellsten per [Tastatur]+Klick:

➤ [Strg]+Klick auf die Ebenenmasken-Miniatur lädt die Ebenenmasken-Information als Auswahl.

➤ Nehmen Sie die [⇧]-Taste hinzu, um eine bereits vorhandene Auswahl zu erweitern.

Ebenenbereiche verbergen   Kapitel 12

➥ Mit der [Alt]-Taste zur [Strg]-Taste verkleinern Sie eine vorhandene Auswahl.

➥ [Strg]+[⇧]+[Alt] bildet die Schnittmenge aus vorhandener und neu geladener Auswahl.

Auf dem entsprechenden Weg – Klick auf Miniatur plus Taste – lassen sich auch die Deckkraftwerte der Ebene selbst als Auswahl laden bzw. die Graustufen der Hintergrundebene. Wenn Sie die Kurzbefehle vergessen haben, erhalten Sie dasselbe Angebot auch über den Befehl **Auswahl: Auswahl laden**. Im Einblendmenü KANAL finden Sie dort Angebote wie »Ebene 1 Maske« und »Ebene 1 Transparenz«. Außerdem unterstützt Sie das Kontextmenü über der Ebenenmasken-Miniatur. Und weil diese Möglichkeiten sicherlich nicht ausreichen: Ziehen Sie doch einmal die Miniatur der Ebenenmaske in der Kanälepalette auf das Symbol KANAL ALS AUSWAHL LADEN.

12.9.3 Vektormasken

Ähnlich wie die Ebenenmaske grenzt auch eine Vektormaske (früher »Ebenen-Beschneidungsmaske«) die Sichtbarkeit einer Montage-Ebene ein: Die Bildpunkte der Ebene sind nur innerhalb der Pfadumrisse sichtbar. Außenliegendes wird verborgen. Durch Umformen des Pfads zeigen Sie andere Bereiche der Ebene an. Unterschiede zur Ebenenmaske: weniger Speicherbedarf, keine weichen Übergänge, elegantes Umformen mit Zeichenstift- oder Formwerkzeugen, aber keine Bearbeitung mit Filtern, Pinseln oder Kontrastkorrektur.

Wie eine Ebenenmaske, so können Sie auch eine Vektormaske mit dem Verbindungssymbol an die Ebene ankoppeln oder von ihr lösen (Details ab Seite 768). Ebeneneffekte orientieren sich wahlweise an der Gesamtebene oder nur am sichtbaren Bereich; das bestimmen Sie mit der Option VEKTORMASKE VERBIRGT EFFEKTE im Dialogfeld EBENENSTIL (Seite 769). Die Vektormaske erscheint als Miniatur neben der Ebene in der Ebenenpalette, aber auch in der Pfadpalette; sie kann auch dort aktiviert werden.

 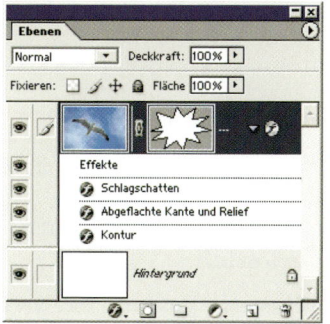

Abbildung 12.91:
Mit dem Befehl »Ebene: Vektormaske hinzufügen: Nichts maskiert« haben wir eine Vektormaske angelegt, die zunächst die gesamte Ebene zur Ansicht freigibt. Bei aktivierter Vektormaske haben wir mit dem Werkzeug »Eigene Form« eine Figur in die Vektormaske gesetzt; diese Form begrenzt die sichtbaren Bereiche der Ebene; dabei nutzten wir in der Optionenleiste die Vorgabe »Dem Formbereich hinzufügen«. Anschließend haben wir doppelt auf die Ebenenminiatur geklickt und verschiedene Ebeneneffekte wie »Schlagschatten« und »Abgeflachte Kante« angewendet«. Hier korrigieren wir die Vektormaske: Einzelne Pfadsegmente werden mit dem Direktauswahl-Werkzeug markiert und bewegt. Datei: Moewe_1

Vektormaske anlegen

Eine Vektormaske kommt auf folgende Arten zustande:

➔ Sie aktivieren eine Ebene und wählen den Befehl **Ebene: Vektormaske hinzufügen: Nichts maskiert**. Die Ebene bleibt zunächst voll sichtbar. Anschließend zeichnen Sie mit einem Werkzeug wie dem Zeichenstift ✏ oder »Eigene Form« 🔲 einen Pfad und verfolgen mit, wie Ebenenteile außerhalb des Pfads verschwinden; achten Sie jedoch in der Optionenleiste auf die Vorgabe DEM FORMBEREICH HINZUFÜGEN 🔲.

➔ Sie erzeugen einen Pfad, aktivieren die gewünschte Ebene und wählen den Befehl **Ebene: Vektormaske hinzufügen: Aktueller Pfad**. Die Ebene ist nur noch innerhalb der Pfadgrenzen sichtbar.

➔ Sie verwenden für Pfad- oder Formwerkzeuge die Vorgabe FORMEBENEN 🔲. Damit entsteht eine neue Ebene (Details zu dieser Option auf Seite 626).

➔ Die Schaltfläche 🔲 in der Ebenenpalette, die sonst die Bezeichnung EBENENMASKE HINZUFÜGEN trägt, erzeugt eine Vektormaske, sofern sie bei gedrückter [Strg]-Taste angeklickt wird. Auch wenn bereits eine Ebenenmaske vorhanden ist, meldet sich die Schaltfläche ausnahmsweise mit der Bezeichnung VEKTORMASKE HINZUFÜGEN.

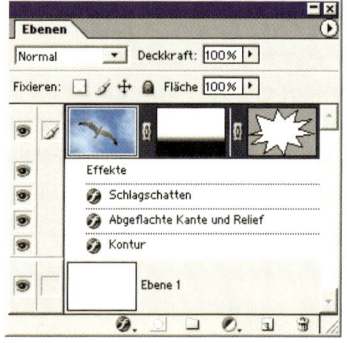

Abbildung 12.92:
Die Vektormaske wurde hier durch eine Ebenenmaske ergänzt, die für die weiche Ausblendung sorgt.
Datei: Moewe_2

Vektormasken löschen, rastern und konvertieren

Auf folgende Arten verändern Sie die Vektormaske:

➔ Klicken Sie die Vektormaske bei gedrückter [⇧]-Taste an, um sie vorübergehend abzuschalten, ohne sie zu löschen.

➔ Der Befehl **Ebene: Rastern: Vektormaske** verwandelt die Vektormaske in eine Ebenenmaske (Seite 773).

➔ Der Befehl **Ebene: Rastern: Ebene** erzeugt eine Bildpunktebene, die nur in den bisher sichtbaren Bereichen mit Bildpunkten gefüllt ist. In denjenigen Bereichen, die durch die Vektormaske ausgeblendet waren, entsteht Transparenz. Sie können auch **Verbundene Ebenen** oder **Alle Ebenen** rastern.

- Klicken Sie doppelt auf die Vektormaske in der Pfadpalette und tragen Sie im Dialog PFAD SPEICHERN einen Namen ein. Damit entsteht ein neuer, regulärer Pfad unabhängig von der Ebene. Alternative: Ziehen Sie die Vektormaske in der Pfadpalette auf das Symbol NEUER PFAD, um ohne Rückfrage einen neuen Pfad zu erstellen. Sie können jetzt eine andere Ebene aktivieren und den Pfad mit dem Befehl **Ebene: Vektormaske hinzufügen: Aktueller Pfad** übertragen.

- Ziehen Sie die Vektormaske in der Pfade- oder Ebenenpalette auf den Mülleimer; die Ebene ist nun wieder voll sichtbar.

Kontext

Beachten Sie im Zusammenhang mit der Vektormaske auch folgende Passagen im Buch:

- Wie Sie Pfade mit den Zeichenstift-Werkzeugen bearbeiten, lesen Sie ab Seite 633.

- Das Auswählen von Pfadsegmenten, Pfadkomponenten und kompletten Pfaden mit Direktauswahl-Werkzeug und Pfadauswahl-Werkzeug behandeln wir ab Seite 638.

- Wie Sie Pfade und damit auch eine Vektormaske mit Formwerkzeugen gestalten, erfahren Sie ab Seite 773.

- Wollen Sie eine Auswahl in eine Vektormaske verwandeln, legen Sie zunächst einen üblichen Pfad an; Details zu diesem Verfahren finden Sie ab Seite 655.

- Mit dem Befehl **Frei Transformieren** können Sie eine aktivierte Vektormaske ohne Qualitätsverlust drehen, vergrößern oder verzerren; Einzelheiten finden Sie ab Seite 713.

- Vektormasken eignen sich gut zur Verwendung mit Ebenenstilen und Ebeneneffekten (Seite 138).

12.9.4 Beschnittgruppe

Die Beschnittgruppe (vormals »Maskierungsgruppe«) ist quasi die Steigerung der Ebenenmaske oder der Vektormaske – sie kontrolliert gleich mehrere Ebenen. Die »gruppierten«, also die einer Beschnittgruppe zugeordneten Ebenen zeigen sich nur noch innerhalb der Umrisse der so genannten Basisebene. Die Deckkraft, die Füllmethode und die Ebeneneffekte dieser Basisebene bestimmen meist, in welchen Bereichen die gruppierten Ebenen sichtbar sind:

- Wo die Basisebene volle Deckkraft hat, zeigen sich die gruppierten Ebenen darüber ebenfalls in voller Pracht.

- Wo die Basisebene halbtransparent ist, zeigen sich die zugeordneten Ebenen auch nur schwach.

- Wo die Basisebene keine Pixel aufweist, sehen Sie die gruppierten Ebenen nicht.

- Die gruppierten Ebenen übernehmen die Ebeneneffekte der Basisebene, zum Beispiel die ABGEFLACHTE KANTE.

Kapitel 12   Ebenen

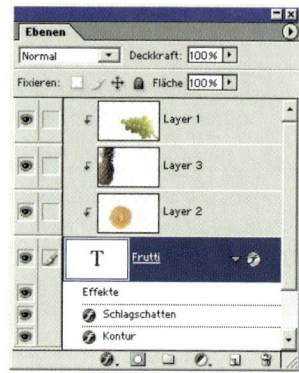

Abbildung 12.93:
Hier wurde ein Schriftzug als Basisebene einer Beschnittgruppe eingerichtet. Die gruppierten Ebenen erscheinen nur noch innerhalb der Basisebene, das heißt, die Früchte erscheinen nur noch innerhalb der Schrift.
Datei: F_Frutti_1; Einzelobjekte: F_Traube etc.

Als Alternative bietet sich eine Ebenenmaske (Seite 766) für einen Ebenenset (Seite 698) an.

Beschnittgruppe erstellen

So erstellen Sie eine Beschnittgruppe:

1. Richten Sie zunächst eine Ebene ein, die als »Basisebene« dienen soll. Ebenen, die die gesamte Bildfläche abdecken, eignen sich nicht, ebensowenig wie Hintergrundebenen. Erzeugen Sie zum Beispiel eine neue Textebene mit dem Textwerkzeug T.

2. Legen Sie eine oder mehrere Ebenen oberhalb dieser geplanten »Basisebene« an.

3. Um die oberen Ebenen mit der »Basisebene« zu gruppieren, klicken Sie bei gedrückter Alt -Taste auf die Trennlinie zwischen den beiden Ebenen in der Ebenenpalette. Dabei erscheint der Zeiger als Doppelkreis beschnitt-cursor. So wird die obere Ebene mit der darunter liegenden gruppiert, sie erscheint nur noch in den deckenden Bereichen der »Basisebene«. Das Feld der oberen Ebene in der Palette erscheint eingerückt neben dem Beschnittgruppensymbol beschnitt_pal-symbol, die Trennlinie ist punktiert, der Name der »Basisebene« unterstrichen. Alternativ verwenden Sie den Befehl **Ebene: Mit darunterliegender Ebene gruppieren** (Strg + G , für Group).

4. Gruppieren Sie weitere Ebenen per Alt -Klick auf die Trennlinie. Alle Ebenen zusammen erhalten zunächst den Modus und die Deckkraft der Basisebene.

5. Entfernen Sie auf umgekehrtem Weg Ebenen aus der Beschnittgruppe, indem Sie erneut bei gedrückter Alt -Taste auf die gepunktete Trennlinie klicken.

6. Um Ebenen außerhalb der Beschnittgruppe anzulegen, die voll sichtbar sind, ziehen Sie diese Ebenen unter die Basisebene oder über die Beschnittgruppe. Innerhalb einer Beschnittgruppe lässt sich keine einzelne nicht maskierte Ebene anlegen.

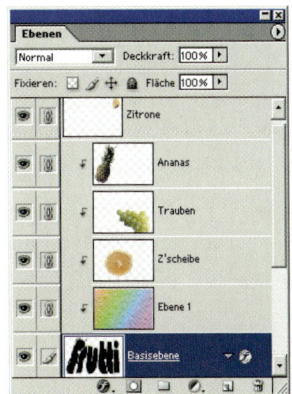

Abbildung 12.94:
Der Schriftzug wurde gerastert und mit Auswahlen, Pfadfüllungen, Pinseln und Ebeneneffekten weiter bearbeitet. Datei: F_Frutti_2

Ebenenstil-Optionen

Aktivieren Sie die Basisebene, klicken Sie auf die Schaltfläche EBENENEFFEKT und wählen Sie **Fülloptionen**. Damit erscheint das Dialogfeld EBENENSTIL mit der Kategorie FÜLLOPTIONEN. Im Bereich ERWEITERTE FÜLLMETHODE finden Sie hier wichtige Optionen für die Basisebene:

- Zunächst gilt die Füllmethode der Basisebene für alle gruppierten Ebenen, also ein Überblendverfahren wie HARTES LICHT oder NORMAL. Wählen Sie jedoch die Option BESCHNITTENE EBENE ALS GRUPPE FÜLLEN ab, behält jede eingerückte Ebene ihre ursprüngliche Füllmethode.

- Sofern Sie mit AUSSPARUNG arbeiten (Seite 761), endet die Aussparung üblicherweise auf der Basisebene, der Basis der Beschnittgruppe, wenn die Option BESCHNITTENE EBENEN ALS GRUPPE FÜLLEN nicht aktiviert ist. Verzichten Sie jedoch auf die Option BESCHNITTENE EBENE ALS GRUPPE FÜLLEN, wird durch die Aussparung die Ebene unter der Basisebene sichtbar.

- Die Option INTERNE EFFEKTE ALS GRUPPE FÜLLEN bezieht sich auf Ebeneneffekte, die das Innere der Ebenenfüllung verändert darstellen – also GLANZ, SCHEIN NACH INNEN, FARBÜBERLAGERUNG, MUSTERÜBERLAGERUNG oder VERLAUFSÜBERLAGERUNG. Ist die Option aktiviert, wird die aktuelle Füllmethode auf alle Ebeneneffekte innerhalb der Ebenengrenzen angewandt.

Kapitel 12   Ebenen

Tipps

Beim Hantieren mit mehreren Ebenen kommt leicht die Übersicht abhanden, darum hier noch einmal ein paar praktische Handgriffe in der Übersicht:

- Rechts-Klick ins Bild bei aktiviertem Verschieben-Werkzeug zeigt ein Auswahlmenü mit den Ebenen unter dem Zeiger.
- [Alt]+Rechts-Klick ins Bild bei aktiviertem Verschieben-Werkzeug aktiviert die oberste Ebene unter dem Zeiger.
- [Alt]-Klick auf das Augensymbol in der Palette zeigt die Ebene daneben allein, alle anderen blendet Photoshop aus; neuerlicher [Alt]-Klick zeigt alle Ebenen. Allerdings: Eine gruppierte Ebene ist ohne Basisebene nicht sichtbar. Blenden Sie die Basisebene mit ein, um eine einzelne gruppierte Ebene innerhalb der Umrisse der Basisebene zu besichtigen.
- Ziehen Sie über den Augensymbolen, um eine Reihe von Ebenen anzuzeigen oder auszublenden.
- Um zwei Ebenen gemeinsam zu verschieben, markieren Sie die erste Ebene und klicken neben der zweiten Ebene in die Verbindungsleiste, die zweite Spalte von links.
- Um die Basisebene zu verkleinern, also Deckkraft zu entfernen, verwenden Sie zum Beispiel den Radiergummi oder Sie löschen einen markierten Bereich mit der [Entf]-Taste. Um die Basisebene zu vergrößern, verwenden Sie zum Beispiel den Pinsel oder die **Transformieren**-Funktion.

12.10   Einstellungsebenen und Füllebenen

Auf Einstellungsebenen speichern Sie keine Pixel, sondern eine Kontrast- oder Farbkorrektur. Sie zeigen die Ebenen darunter verändert, ohne die Bildpunkte selbst zu verändern. So präsentieren Sie einen Hintergrund mal weniger, mal mehr gedämpft oder ein Objekt in verschiedenen Farben. An den Pixeln ändert sich gar nichts, Sie verändern nur Werte in der Einstellungsebene. Anders ausgedrückt: Sie betrachten das Bild durch eine gefärbte Brille. Sie können jederzeit die Brille abnehmen oder anders getönte Gläser einsetzen.

Außerdem besprechen wir in diesem Hauptabschnitt Füllebenen, die hauptsächlich in Verbindung mit Formebenen genutzt werden.

12.10.1   Einführung Einstellungsebenen

Als Einstellungsebene lassen sich die Befehle zur Kontrast- und Tonwertkorrektur verwenden, die Sie aus dem Untermenü **Bild: Einstellungen** kennen, zum Beispiel **Farbton/Sättigung, Helligkeit/Kontrast, Gradationskurven, Kanalmixer** und **Tonwertkorrektur**, aber auch **Umkehren, Tontrennung** und **Schwellenwert**; wir besprechen diese Funktionen ab Seite 432. Scharfzeichnungs- oder Störungsfilter bieten nur Konkurrenzprodukte als Einstellungsebene an.

Einstellungsebenen und Füllebenen   Kapitel 12

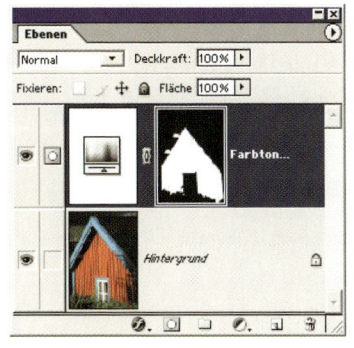

Abbildung 12.95:
Die Ebenenpalette zeigt ein rotes Gebäude. Durch eine passend maskierte Einstellungsebene mit der Funktion »Farbton/Sättigung« wird das Gebäude gelb dargestellt, der Rest bleibt unverändert. Datei: Haus

Alle Ebenen unter der Einstellungsebene werden mit der Korrektur gezeigt. Diese Ebenen verändern sich aber nur in der Anzeige, die eigentlichen Daten bleiben unberührt. Im Übrigen ist die Einstellungsebene eine Ebene wie andere auch, die sich unter anderem gruppieren, verbinden und maskieren lässt. Sie können:

- die Korrektur jederzeit verändern,
- die Korrektur vorübergehend ausschalten,
- die Korrektur per Deckkraftregler dämpfen oder per Füllmethode anders anwenden,
- die Wirkung per Ebenenmaske auf bestimmte Bildbereiche begrenzen,

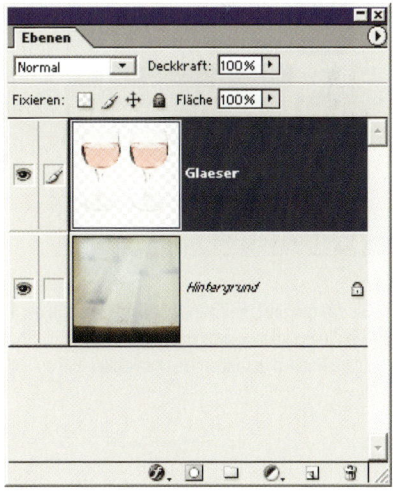

Abbildung 12.96:
Einstellungsebenen Schritt für Schritt: Diese zwei Rotweingläser befinden sich auf einer separaten Ebene über dem Hintergrund. In unserer Schrittfolge wird der Inhalt als Weißwein dargestellt, aber es soll letztlich Rotwein in der Datei verbleiben. Dazu verwenden wir eine Einstellungsebene, die Darunterliegendes umgefärbt abbildet. Datei: Rot

Kapitel 12   Ebenen

➡ die Wirkung per Beschnittgruppe auf eine Einzelebene beschränken,

➡ die Einstellungsebene dauerhaft anwenden,

➡ die Einstellungsebene mit der darunter liegenden Ebene »verbinden«.

12.10.2   Einstellungsebenen anlegen

Eine Einstellungsebene entsteht auf diesem Weg:

1. Klicken Sie in der Ebenenpalette auf das Symbol NEUE EINSTELLUNGSEBENE ODER FÜLLEBENE ⬤; oder verwenden Sie **Ebene: Neue Einstellungsebene**. Ist eine Auswahl aktiv, während Sie die Einstellungsebene erzeugen, entsteht automatisch eine Ebenenmaske, die die Wirkung der Einstellungsebene auf den ausgewählten Bereich beschränkt.

2. Im Menü wählen Sie einen der angebotenen Befehle aus.

3. Sofern zu dem gewählten Befehl ein Dialogfeld gehört – also in den meisten Fällen –, erscheint das Dialogfeld. Stellen Sie die gewünschten Werte ein. Klicken Sie auf OK.

4. Die Einstellungsebene in der Palette erscheint über der zuletzt aktiven Ebene und verändert alle darunter liegenden Ebenen. Sie können die Einstellungsebene jetzt gruppieren oder maskieren.

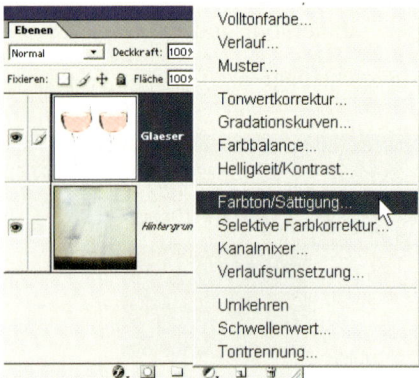 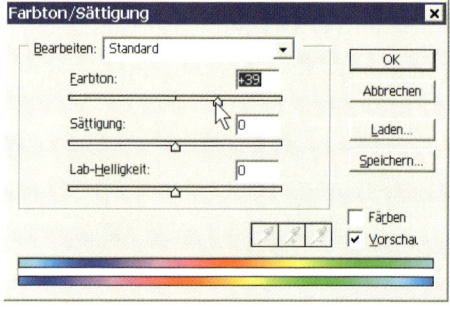

Abbildung 12.97:
Links: Aktivieren Sie die gewünschte Ebene und klicken Sie in der Ebenenpalette auf das Symbol »Neue Einstellungsebene oder Füllebene«. Im Menü wählen Sie die Funktion »Farbton/Sättigung«. Rechts: Photoshop zeigt jetzt dieses Dialogfeld an; verschieben Sie den »Farbton«-Regler, bis die richtige Nuance gefunden ist, und klicken Sie auf OK.

Einstellungsebenen und Füllebenen | Kapitel 12

12.10.3 Einstellungsebenen bearbeiten

Sie können die Einstellungsebene und unabhängig davon die Maske bearbeiten.

Einstellungen verändern

So arbeiten Sie mit der Einstellungsebene weiter:

- Um die Werte des Befehls auf der Einstellungsebene zu ändern, klicken Sie doppelt auf das grafische Symbol für diese Ebene (nicht auf das Maskensymbol): Photoshop zeigt das entsprechende Dialogfeld, zum Beispiel FARBTON/SÄTTIGUNG.
- Schalten Sie die Einstellungsebene mit dem Augensymbol 👁 aus, um das Bild unverändert – also ohne Einwirkung der Einstellungsebene – zu betrachten.
- Verschieben Sie die Ebene in der Palette nach oben oder unten.
- Schwächen Sie die Wirkung mit dem Deckkraftregler oder wechseln Sie die Füllmethode.

*Wollen Sie den Befehl auf der Einstellungsebene austauschen, zum Beispiel GRADATIONSKURVEN statt FARBTON/SÄTTIGUNG verwenden, wählen Sie **Ebene: Inhalt der Ebene ändern**.*

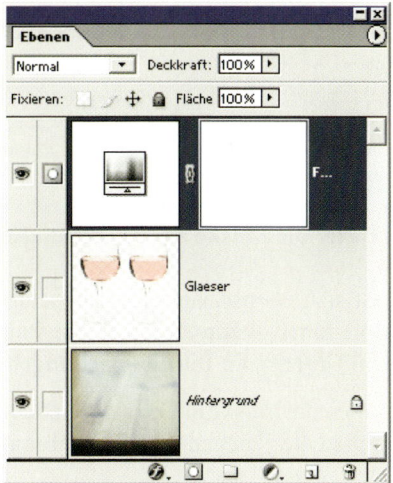

Abbildung 12.98:
Links: Die Einstellungsebene zeigt den Roten als Weißwein. Die Ebenenminiatur beweist jedoch, dass es auf der Ebene tatsächlich bei rotem Wein bleibt, der lediglich weiß erscheint. Um das Bild ohne Einstellungskorrektur zu betrachten, klicken Sie auf das Augensymbol neben der Einstellungsebene. Allerdings hat sich auch der Tisch im Hintergrund verfärbt, da die Einstellungsebene alle darunter liegenden Ebenen verändert.

Kapitel 12   Ebenen

Die Maske der Einstellungsebene

Einstellungsebenen haben automatisch eine Ebenenmaske, wie Sie in der Ebenenpalette sehen: Zunächst ist diese Maske zur Einstellungsebene komplett weiß – das heißt, die Einstellungsebene wirkt auf die gesamte Arbeitsfläche für alle darunter liegenden Ebenen. Füllen Sie Bereiche der Ebenenmaske mit Schwarz; alle darunter liegenden Ebenen werden in diesen Zonen nicht mehr verändert.

 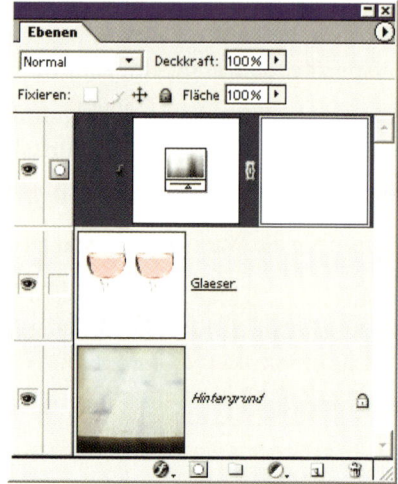

Abbildung 12.99:
Wir lassen die Einstellungsebene nur auf die unmittelbar darunter liegende Ebene wirken – also auf die Gläser – und verschonen tiefer darunter liegende Ebenen wie den Tisch. Dazu legen Sie eine Beschnittgruppe an (Seite 775). Klicken Sie bei gedrückter [Alt]-Taste auf die Trennlinie zwischen Einstellungsebene und der darunter liegenden Ebene; so verändert die Einstellungsebene nur die Pixel der darunter liegenden »Basisebene«. Die Ebenenpalette zeigt die Einstellungsebene nun eingerückt.

Insgesamt bietet die Maske zur Einstellungsebene diese Möglichkeiten:

➜ Sie lässt sich ebenso vielseitig retuschieren (Seite 607) wie eine Ebenenmaske oder wie ein Alphakanal – zum Beispiel mit Pinseln, Gradationsfunktion, Filtern oder Befehlen aus dem Untermenü **Bild: Einstellungen**.

➜ Sie können die Maske in Graustufen oder als halbtransparenten »Schutzlack« einblenden; dazu gelten die gleichen Tastenkombinationen wie bei der Ebenenmaske (Seite 770).

➜ Die Optionen für die Maske der Einstellungsebene – Farbe und Deckkraft – erreichen Sie per Doppelklick auf die Maskenminiatur (Seite 603).

Einstellungsebenen und Füllebenen   Kapitel 12

12.10.4 Einstellungsebenen gruppieren

Auf zwei Arten lässt sich die Wirkung der Einstellungsebene begrenzen:

➤ Die Gruppierung der Einstellungsebene mit der darunter liegenden Ebene reduziert die Wirkung auf die Pixel dieser einen Ebene.

➤ Mit einer Ebenenmaske beschränken Sie die Wirkung auf bestimmte Zonen des Gesamtbildes – also nicht nur einer Einzelebene – unterhalb der Einstellungsebene.

 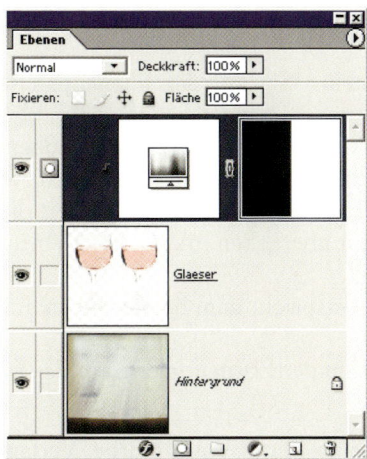

Abbildung 12.100:
Um ein Glas Rotwein und ein Glas Weißwein nebeneinander anbieten zu können, verwenden Sie eine Maske. Sie begrenzt die Wirkung der Einstellungsebene auf einen Teilbereich der darunter liegenden Gesamtbildfläche. Voll verändert werden die Ebenen dann in den Bildbereichen, die in der Maske der Einstellungsebene weiß erscheinen; wo die Ebenenmaske der Einstellungsebene Schwarz zeigt, bewirkt sie gar nichts. In diesem Fall wird die Maskenminiatur der Einstellungsebene aktiviert, die linke Bildhälfte wird mit dem Auswahlrechteck ausgewählt und per ⇧+← -Taste mit Schwarz gefüllt – zu erkennen in der Miniatur der Maske. Folglich wirkt sich die Einstellungsebene auf die linke Bildhälfte nicht mehr aus, das linke Glas zeigt sich also wieder mit dem ursprünglichen, roten Inhalt. Per Verbindensymbol direkt neben der Ebenenminiatur »verbinden« wir die beiden Ebenen, so dass sie sich beim Verschieben und Verkleinern parallel verändern (Seite 697).

Oft macht es Sinn, nur eine ausgewählte Ebene zu verändern. Dazu richten Sie eine Beschnittgruppe ein: Aktivieren Sie die Ebene unter der Einstellungsebene und klicken Sie bei gedrückter Alt -Taste auf die Trennlinie zwischen beiden Ebenen, während der spezielle Cursor beschnitt-cursor erscheint (Seite 775).

12.10.5 Einstellungsebene dauerhaft anwenden

Möchten Sie die Bildveränderung, die durch die Einstellungsebene entstanden ist, dauerhaft anwenden? Sie können die Einstellungsebene mit der darunter liegenden Bildebene verschmelzen. Wählen Sie diese Strategie:

1. Aktivieren Sie die Einstellungsebene, mit der Sie eine darunter liegende Ebene dauerhaft verändern möchten, in der Ebenenpalette.

2. Nutzen Sie den Befehl **Ebene: Mit darunterliegender auf eine Ebene reduzieren** (kurz `Strg`+`E`).

Sie haben die darunter liegende Ebene nun dauerhaft verändert. Alle weiteren, noch tiefer liegenden Ebenen nehmen dagegen wieder ihr unkorrigiertes Aussehen an – auch wenn sie zuvor durch die Einstellungsebene verändert wurden.

12.10.6 Füllebenen

Füllebenen erstellen Sie auf der Ebenenpalette mit derselben Schaltfläche ⬤ wie Einstellungsebenen. Auch hier entsteht eine neue Ebene. Sie ist randvoll gefüllt – mit Einzelfarbe, Verlauf oder Muster. Der Vorteil gegenüber einer sonstigen Füllung auf einer üblichen Ebene: Wenn Sie die Bildfläche vergrößern, wächst die Füllebene mit – auch bei Mustern und Verläufen. Sie testen hier unkompliziert die Wirkung von Nahtlosmustern; Verläufe, die nach transparent übergehen, blenden Bildebenen weich aus.

Das Prozedere entspricht dem bei der Einstellungsebene:

➤ Klicken Sie in der Ebenenpalette auf das Symbol NEUE EINSTELLUNGSEBENE ODER FÜLLEBENE ⬤.

➤ Wählen Sie im Menü **Volltonfarbe**, **Verlauf** oder **Muster**.

➤ Stellen Sie die Optionen ein.

➤ Bearbeiten Sie bei Bedarf die Maske. Sofern sich eine Auswahl im Bild befindet, erscheint automatisch nur dieser Bereich gefüllt, der Rest ist per Ebenenmaske verborgen.

➤ Um die Einstellungen für die Füllung zu korrigieren, klicken Sie doppelt auf das Symbol in der Ebenenminiatur.

Im Übrigen gelten unsere Hinweise zur Einstellungsebene weiter oben in diesem Abschnitt sinngemäß auch für die Füllebene.

Füllebenen maskieren

Photoshop liefert automatisch eine Ebenenmaske mit, so dass Sie die sichtbare Ausdehnung der Füllung begrenzen können (Seite 766). Verwenden Sie alternativ zur Ebenenmaske auch eine Vektormaske (Seite 773). Formebenen, wie sie mit den Formwerkzeugen entstehen, verwenden automatisch Füllebene plus Vektormasken (Seite 773).

Einstellungsebenen und Füllebenen | Kapitel 12

Kontext

Beachten Sie im Zusammenhang mit Füllebenen auch folgende Passagen im Buch:

- Für Füllebenen mit der Vorgabe **Volltonfarbe** bietet Photoshop den Farbwähler an; wir erklären ihn ab Seite 486.
- Bei **Verlauf**-Füllebenen sollten Sie die Verlauf-Funktionen kennen (Seite 502).
- Die Füllebenen vom Typ **Verlauf** und **Muster** bieten die Vorgaben in Bibliotheken an, deren Anwendung wir ab Seite 62 besprechen.
- Möchten Sie eigene nahtlose Muster erstellen, finden Sie Hinweise ab Seite 27.
- Die Optionen im Dialogfeld MUSTERFÜLLUNG erklären wir im Zusammenhang mit Ebeneneffekten ab Seite 750. (Auch in Füllebenen können Sie das Muster mit dem Verschieben-Werkzeug bewegen.)

13 Text

Abbildung 13.1:
Für die Textebene haben wir die »Verkrümmen«-Funktion genutzt, außerdem wurde sie per »Transformieren« weiter verzerrt. Die Füllfarbe der Textebene wurde mit dem »Fläche«-Regler der Ebenenpalette ausgeblendet, der Text tritt hier allein durch die Ebeneneffekte »Kontur« und »Schlagschatten« hervor. Sie können jederzeit Texteigenschaften wie Wortlaut oder Schriftart ändern. Datei: Sommer

Eine besondere Form der Auswahl- und Ebenentechnik ist die Textfunktion. Sie können mit Photoshop und ImageReady spezielle »Text«-Ebenen speichern, die sich jederzeit wieder als »Text« wie in einem Textprogramm bearbeiten lassen – Sie können die Schriftzüge also umformulieren oder umformatieren, beispielsweise die Schriftart ändern. Sie können auch mehrere Formatierungen in einem Textobjekt verwenden. Verwenden Sie alle installierten Type-1-, OpenType- oder TrueType-Schriftarten. Allerdings sind in diesem »Text«-Modus andere Dinge unmöglich, zum Beispiel Filter (siehe unten). Das erlauben die Programme erst, wenn Sie die Textebene mit dem Befehl **Ebene: Rastern: Text** in eine normale Bildpunktebene verwandelt haben. Damit gerinnen die Buchstaben zu üblichen Pixeln unter Pixeln und lassen sich nicht mehr als Text verändern.

13.1 Textmodus und Pixelebenen

Weil Text letztlich oft als Pixel und nicht als Kontur ausgegeben wird, befriedigt die Qualität von Photoshop-Text nicht in jeder Situation. Einfacher, schwarzer Text über einem Bild wird besser, wenn man das Bild in ein Zeichen- oder Layoutprogramm lädt und dort den Text über das Foto legt; in diesen Programmen werden Buchstaben aus Kurven abgeleitet, die Sie ohne Qualitätsverlust vergrößern und drucken. Zu Papier gelangen sie mit der Höchstauflösung des Druckers oder Belichters. Schwarze Headlines in einer Illustrierten erscheinen also zum Beispiel mit 2540 dpi und wirken deshalb so gestochen scharf. Die Stärke von Konturen lässt sich viel präziser definieren.

Das Punkt-für-Punkt-Prinzip der Bildprogramme ist für filigrane Buchstaben zu grob. Folge: Die Lettern wirken treppig oder unterbrochen. Arbeiten Sie also mit hoher Auflösung und verfeinern Sie die Lettern mit einer der »Glätten«-Varianten. 300 dpi Auflösung sollten es mindestens sein, 400 sind besser. Freilich sind Höchstauflösungen nicht mehr wichtig, wenn Sie keine ganz haarfeinen und gestochenen Konturen verwenden. Ein Schriftzug, der weich im Bild aufgeht, ist unkritisch.

Das Faszinierende bei der Textbearbeitung in Photoshop und ImageReady ist, dass sich die Grenzen von Zeichen und von Gegenständen verwischen, Worte wirken wie Dinge, die Sie mit Schatten und dreidimensionaler Wirkung in den Raum stellen. Photoshop und Image-Ready erlauben einen Umgang mit textförmigen Pixelbereichen, den Illustrations- oder Layoutprogramme nicht bieten können: Sie blenden Text stufenlos ein und aus, versehen Lettern mit plastischen Materialstrukturen und stanzen die Buchstaben in den Untergrund. Sie können den Text verzerren, skalieren und auf andere Motive aufprägen, als ob er schon immer dort gestanden hätte.

Anwendungsfälle

Entscheiden Sie sich für oder gegen Photoshops Textwerkzeug je nach Aufgabe:

- Einfarbige, unverzerrte und vor allem auch kleine, filigrane Lettern in Massentext beherrscht ein Layout- oder Illustrationsprogramm eindeutig besser.

- Wann immer sich Text und Bild raffiniert mischen sollen, schlägt Photoshops Stunde als Texter. Je weicher die Übergänge zwischen Text und Bild, desto weniger fällt die nicht so hohe Auflösung ins Gewicht.

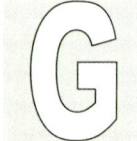  

Abbildung 13.2:
Von links nach rechts sehen Sie Textobjekte in 400, 200 und 100 dpi Bildauflösung, geglättet wurde mit der »Scharf«-Vorgabe. Vorlage: G

13.1.1 Schrift-Ordner

Sie können die Schriftarten verwenden, die auf Ihrem System installiert sind. Zusätzlich lassen sich Schriftarten aus Ordnern nutzen, auf die nur Adobe-Programme zugreifen. Unter Windows ist es der Ordner »Programme/Gemeinsame Dateien/Adobe/Fonts«, am Mac nehmen Sie »Systemordner/Application Support/Adobe/Fonts«.

13.1.2 Der Textmodus

Photoshop und ImageReady legen den Schriftzug, der nach Einschalten des Textwerkzeugs entsteht, automatisch auf eine neue Ebene. Dies ist eine spezielle »Text«-Ebene, kenntlich am Zeichen T in der Ebenenminiatur.

Möglichkeiten im Textmodus

Im Textmodus haben Sie – auch nach dem Speichern und erneuten Öffnen – folgende Möglichkeiten:

- Sie können den Text mit der VERKRÜMMEN-Funktion verbiegen.
- Sie können zwischen Absatztext und Punkttext wechseln.
- Mit dem Verschieben-Werkzeug lässt sich der Text verschieben.
- Sie können jederzeit alle Änderungen vornehmen, welche die Textfunktionen erlauben, also etwa Text, Schriftart, Buchstabenabstand und Grundfarbe korrigieren.
- Sie haben die Möglichkeiten des Untermenüs **Ebene: Text**.
- Die Ebeneneffekte statten Ihren Text mit Schatten, Lichthof, 3D-Kanten, Farbfüllung, Muster oder Verlauf aus.
- Die **Transformieren**-Funktionen **Drehen** und **Neigen** passen die Lettern an das Gelände an.
- Die Textebene lässt sich in Photoshop als Basisebene einer Beschnittgruppe einsetzen.
- Per Ebenenstil verbergen Sie bestimmte Helligkeitsbereiche einer Ebene.
- Der Kurzbefehl [Alt]+[Entf] setzt wie üblich die Vordergrundfarbe ein, [Strg]+[Entf] (am Mac [⌘]+[←]) appliziert die Hintergrundnote.

Wie gesagt: Alle diese Änderungen sind im Textmodus möglich. Auch Text, der bereits gedreht ist und Ebeneneffekte zeigt, kann also noch im Textmodus umformatiert werden.

Wollen Sie die Textebene noch ändern, speichern Sie das Bild am besten im Dateiformat »Photoshop (*.psd)«. Freilich ist auch TIFF möglich, wenn Sie bei Verwendung des Befehls DATEI: SPEICHERN UNTER *die Speicherung von* EBENEN *ausdrücklich mit anwählen.*

Nicht möglich im Textmodus

Solange Sie eine spezielle Textebene bearbeiten, müssen Sie auf andere Photoshop-Funktionen verzichten:

- Die **Transformieren**-Funktionen **Verzerren** und **Perspektivisch verzerren** bieten Photoshop und ImageReady für »Text« nicht an.

Kapitel 13   Text

 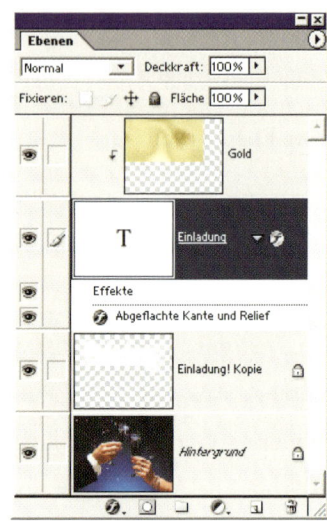

Abbildung 13.3:
Der im Vordergrund sichtbare Text besteht hier noch im Textmodus, Sie können also jederzeit Wortlaut, Buchstabenabstand und andere Texteigenschaften ändern. Der weiße Lichthof dahinter basiert auf einem Duplikat der Textebene, das mit dem Befehl »Filter: Weichzeichnungsfilter: Radiale Unschärfe« bearbeitet wurde; dazu musste der Text gerendert werden, wir mussten also den Textmodus verlassen. Die Wirkung des vorderen Textobjekts beruht auf dem Effekt »Abgeflachte Kante« inklusive »Glanzkontur«. Zu sehen ist nicht die Füllfarbe des Textobjekts; vielmehr dient der Text als Basisebene einer Beschnittgruppe, innerhalb des Textes erscheint hier eine Metalloberfläche, die als eigene Ebene eingefügt wurde. Datei: Einladung

➤ Kein einziges Mal- oder Retuschewerkzeug funktioniert auf der Textebene, etwa Pinsel, Verlauf, Musterstempel Stem-Mus oder Füllwerkzeug. Statt des Werkzeugsymbols zeigt Photoshop über der Datei nur ein Parkverbot. (Sie können die Einschränkung aber durch Anwendung von teilmaskierten Einstellungsebenen, durch Ebenenmasken, Vektormasken, Ebeneneffekte oder durch Beschnittgruppen wettmachen; siehe unten.)

➤ Die Tonwertveränderungen des Untermenüs **Bild: Einstellungen** stehen nicht zur Verfügung. (ImageReady bietet zwar **Tonwertkorrektur** und **Variationen** an, warnt aber sofort, dass die Textebene gerastert werden muss. Verfügbar ist dort noch der **Gamma**-Befehl, der jedoch das Gesamtbild verändert.)

➤ Sämtliche **Filter** laufen auf Textebenen nicht. Photoshop bietet die Filter zwar an; hier verwandelt das Programm jedoch die Textebene nach Warnung in eine übliche Rasterebene, deren Texteigenschaften sich nicht mehr bearbeiten lassen.

➤ Auswahlen auf einer Textebene haben keine Wirkung.

Textebene umwandeln

Wenn Sie Funktionen wie **Filter** oder **Einstellungen** benötigen, verwandeln Sie den Text erst in eine ganz normale Ebene. Dazu dient der Befehl **Ebene: Rastern: Text**. Die Schriftinformationen werden nun in ganz normale Bildpunkte verwandelt; Sie haben keine speziellen Textmöglichkeiten mehr. Sie haben einen schriftförmigen Pixelbereich vor sich, der sich bearbeiten lässt wie andere Bildteile auch – aber Sie können nicht mehr umformatieren oder umformulieren.

Text anlegen und markieren   Kapitel 13

Mit weiteren Befehlen aus dem Untermenü **Ebene: Text** mutiert die Textebene zum Arbeitspfad oder zur Formebene. Das Kontextmenü zum Textwerkzeug bietet ebenfalls die in diesem Abschnitt genannten Befehle an.

Gründe für den Textmodus

Wann sollten Sie den Textmodus verwenden und wann verwandelt man die Textebene per **Ebene: Rastern: Text** in eine übliche Pixelfläche?

Selbstverständlich bleiben Sie im Textmodus, solange Text oder Schriftart noch nicht endgültig feststehen. Beim **Transformieren** empfiehlt sich dringend der Textmodus oder Pfadmodus: Wenn Sie Text verzerren, erhalten Sie auch nach dem 17. Mal immer saubere, glatte Kanten, die aus den Schriftkoordinaten errechnet werden. Nach dem Rastern, im normalen Pixelmodus, leiden die Kanten beim Verzerren, Drehen oder Skalieren zunehmend, sie zeigen Treppen oder weichen auf. Auch das Verbiegen mit der VERKRÜMMEN-Funktion funktioniert nur im Textmodus.

Gründe gegen den Textmodus

Wenn Sie mehr machen wollen mit dem Schriftzug, müssen Sie ihn meist in eine normale Ebene umrastern und auf weitere Textbearbeitung verzichten – zum Beispiel, wenn Sie einen **Weichzeichnungsfilter** oder einen **Verzerrungsfilter** einsetzen möchten. Der Einbau von Verläufen, Strukturen oder Bildern ist auch im Textmodus möglich, wenn Sie Ebenenstile oder eine Beschnittgruppe verwenden (siehe unten).

Abbildung 13.4:
So sehen die Textwerkzeug-Optionen aus, wenn Sie das Textwerkzeug aktiviert, mit der Texteingabe aber noch nicht begonnen haben: Mit den Schaltflächen links haben Sie noch die Wahl zwischen Textebenen und Textmaskierung sowie zwischen horizontalem und vertikalem Verlauf. Nur in diesem Zustand können Sie teilweise ohne Markieren die gesamte Textebene umformatieren oder Befehle wie »Zeichen zurücksetzen« verwenden.

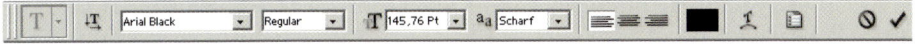

Abbildung 13.5:
So zeigt Photoshop die Textoptionen, sobald Sie mit dem Textwerkzeug erstmals ins Bild geklickt und mit der Texteingabe begonnen haben. Die Möglichkeiten sind reduziert, Sie können jedoch immer noch für die kommenden Buchstaben Schriftart, Größe oder Kantenglättung verändern. Später lassen sich auch die bereits eingetippten Lettern beliebig korrigieren; dazu müssen Sie die Lettern meist erst mit der Maus markieren.

13.2   Text anlegen und markieren T

In diesem Abschnitt besprechen wir, wie Sie Text in der Praxis anlegen. Zunächst klären wir kurz die Begriffe Punkttext, Absatztext, Textebene und Textmaskierung, dann geht es in die Details.

Punkttext versus Mengentext

Je nach Vorgabe erzeugt Photoshop automatisch Zeilenschaltungen oder überlässt diese Aufgabe Ihnen.

➙ Punkttext ist die üblichere Textvariante. Sämtliche Worte erscheinen in einer Zeile. Nur wenn Sie die ⏎-Taste drücken, umbricht Photoshop den Textfluss in eine neue Zeile.

➙ Bei Absatztext geben Sie einen Rahmen vor, in dem sich der Text ausbreiten kann. Hier sorgt Photoshop selbst für automatischen Zeilenumbruch und auf Wunsch für Trennungen. Wenn Sie Länge oder Breite des Rahmens verändern, verteilt sich der Text neu.

Textebenen versus Textmaskierung

Beide Textwerkzeuge legen sowohl Absatztext als auch Punkttext an:

➙ Zumeist werden Sie mit Textebenen arbeiten, die das übliche Textwerkzeug T erzeugt – also das schwarz gefüllte »T« mit der Einblenderklärung HORIZONTALES TEXT-WERKZEUG (und nicht das gestrichelte Symbol für Textauswahlbegrenzung rechts daneben). Hierbei entsteht ein Text in der aktuellen Vordergrundfarbe als neue Ebene; diese ist in der Ebenenpalette klar als spezielle Textebene gekennzeichnet. Sie können den Text jederzeit nach Belieben im Textmodus bearbeiten.

➙ Das Textmaskierungs-Werkzeug Textmaskierunglegt dagegen textförmige Auswahlbereiche an, es entsteht keine neue Ebene.

13.2.1 Punkttext anlegen

So legen Sie Punkttext an:

1. Aktivieren Sie das Textwerkzeug T durch Klicken in die Werkzeugleiste oder mit der Taste ⊤.

2. Achten Sie in den Werkzeugoptionen darauf, dass links oben das Symbol TEXTEBENE ERSTELLEN T aktiviert ist.

3. Klicken Sie an die gewünschte Bildstelle.

4. Tippen Sie Ihre Worte ein. Sie erscheinen sofort im Bild.

5. Markieren Sie einzelne Buchstaben mit der Maus, um sie mit Absatzpalette, Zeichenpalette oder Textwerkzeug-Optionen einzeln umzuformatieren oder um die Buchstaben auszutauschen. (Diese Paletten blenden Sie mit der Schaltfläche PALETTEN in den Optionen zum Textwerkzeug ein.)

6. Drücken Sie die Strg-Taste, um zwischenzeitlich zum Verschieben-Werkzeug zu wechseln; Sie können den Wortbeitrag nun über dem Bild verschieben.

Text anlegen und markieren   Kapitel 13

Abbildung 13.6:
Links: Bei diesem Punkttext entstand der Zeilenumbruch von Hand mit der ⏎ , jede weitere Texteingabe bleibt zunächst auf der aktuellen Zeile. Mitte: Hier sehen Sie Absatztext. Vor der Texteingabe wurde mit dem Textwerkzeug zunächst ein Rahmen aufgezogen, Photoshop sorgt automatisch für Zeilenumbrüche und Trennungen innerhalb des Rahmens. Rechts: Ändern Sie die Proportionen des Absatztextrahmens durch Ziehen an den Anfasspunkten, erzeugt Photoshop automatisch einen neuen Zeilenumbruch.

Texteingabe beenden

Während der Texteingabe stehen Ihnen keine Menübefehle zur Verfügung. Photoshop bietet verschiedene Möglichkeiten, vom Texteingabemodus wieder zur üblichen Bildbearbeitung zurückzukehren, wenn Sie die Bearbeitung vorerst abschließen möchten:

➥ Wechseln Sie per Mausklick in der Werkzeugleiste zu einem anderen Werkzeug.

➥ Klicken Sie auf das OK-Häkchen ✔ in den Werkzeugoptionen.

➥ Drücken Sie [Strg]+[⏎]-Taste.

Wollen Sie den Text später ändern, speichern Sie sicherheitshalber im Dateiformat »Photoshop« (*.psd, *.pdd). Für alle Textvarianten gilt: Möchten Sie die Textproduktion ohne Worte abbrechen, dann bereiten Sie dem Vorgang mit der [Esc]-Taste oder mit der Abbruch-Schaltfläche 🚫 ein Ende.

 Beachten Sie, dass während der Texteingabe bei aktiviertem Textwerkzeug T viele andere Photoshop-Funktionen nicht zur Verfügung stehen; dies gilt auch für viele Tastenkombinationen, die Photoshop während der Texteingabe als Text und nicht als Programmbefehl wertet. Sie können also während der Texteingabe auch nicht zwischenspeichern. Zuerst müssen Sie den Eingabemodus verlassen, zum Beispiel durch Wechsel des Werkzeugs in der Werkzeugleiste.

13.2.2   Absatztext anlegen

Bei Absatztext erzeugt Photoshop die Zeilenumbrüche automatisch:

1. Aktivieren Sie das Textwerkzeug. Der Mauszeiger erscheint als Textcursor.
2. Achten Sie in den Werkzeugoptionen darauf, dass links oben das Symbol TEXTEBENE ERSTELLEN T aktiviert ist.

Kapitel 13 Text

3. Klicken Sie ins Bild und ziehen Sie einen Begrenzungsrahmen in der gewünschten Größe auf.
4. Tippen Sie Ihre Worte in den Textrahmen ein. Photoshop erzeugt sofort Zeilenumbrüche; diese können Sie später beliebig korrigieren.
5. Drücken Sie die [Strg]-Taste, um zwischenzeitlich zum Verschieben-Werkzeug zu wechseln; Sie können den Text samt Rahmen nun über dem Bild bewegen.
6. Wechseln Sie per Mausklick in der Werkzeugleiste zu einem anderen Werkzeug, wenn Sie die Bearbeitung vorerst abschließen möchten, oder klicken Sie auf das OK-Häkchen ✓ in den Werkzeugoptionen.

Sie müssen den Absatztext nicht neu eintippen. Liegt der Text bereits in einer Datei vor, lässt er sich auch per Zwischenablage übertragen. Öffnen Sie den Text im Text- oder Layoutprogramm, markieren Sie den gewünschten Teil und kopieren Sie Ihre Worte mit [Strg]+[C] in die Zwischenablage. Nun ziehen Sie in Photoshop den Textrahmen auf und fügen die Litanei mit [Strg]+[V] ein. Formatierungen werden nur unvollständig oder gar nicht übernommen.

*Tippen Sie bei Bedarf den Text über die aktuellen Bildgrenzen oder über den Textrahmen hinaus ein. Sie können den Text auch nach Schließen und erneutem Öffnen noch vollständig ins Bild ziehen oder durch eine Erweiterung des Bildbereichs (**Bild: Arbeitsfläche**) sichtbar machen. Dazu verwenden Sie das Photoshop-Dateiformat.*

Überschüssiger Absatztext

Eventuell ist der Textrahmen zu klein, so dass die letzten Stücke Absatztext ein unsichtbares Dasein jenseits des Rahmens fristen. In diesem Fall zeigt Photoshop am rechten unteren Anfasser des Textrahmens ein Kreuz. Sie können den herausgefallenen Mengentext auf verschiedene Arten ins Bild holen:

- Vergrößern Sie den Textrahmen.
- Markieren Sie den Gesamttext mit [Strg]+[A] – dabei erfassen Sie auch nicht sichtbare Textpartien – und verringern Sie die Buchstabengröße.

13.2.3 Die Textfunktion »Maske oder Auswahl erstellen«

Mit dem Textmaskierungswerkzeug Textmaskierung entsteht keine neue Textebene. Stattdessen erhalten Sie nur einen buchstabenförmigen Auswahlbereich. Nur in wenigen Fällen benötigt man tatsächlich eine solche Textauswahl:

- wenn Sie in den Umrissen des Textes die zugrunde liegende Ebene verändern, zum Beispiel aufhellen oder umfärben wollen;
- wenn Sie eine textförmige Kopie des Untergrunds benötigen;
- wenn Sie Textumrisse in Ebenenmasken oder Alphakanälen anlegen möchten.

Text anlegen und markieren

Kapitel 13

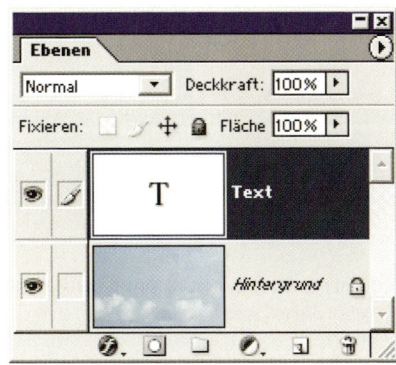

Abbildung 13.7:
Textwerkzeug: Wenn Sie mit dem üblichen Textwerkzeug arbeiten, entsteht eine neue Textebene in der aktuellen Vordergrundfarbe. Sie können alle Texteigenschaften jederzeit im Textmodus bearbeiten, etwa Wortlaut, die Schriftart oder Größe.

Arbeiten Sie in den Farbmodi MEHRKANAL, BITMAP oder INDIZIERTE FARBEN, wechselt Photoshop automatisch zur Textmaskierungsfunktion. Eine solche Auswahl lässt sich jedoch nur umständlich verändern und Veränderungen von Größe, Proportion oder Neigung führen zu Beschädigungen des Randbereichs. Darum empfiehlt sich das Verfahren nur in seltenen Fällen; unten nennen wir eine Alternative. Sie können mit dem Textmaskierungswerkzeug Textmaskierung wahlweise Absatztext oder Punkttext (siehe vorhergehende Abschnitte) erzeugen. So geht's:

a. Aktivieren Sie das TextmaskierungswerkzeugTextmaskierung. Der Mauszeiger erscheint als Textcursor.

b. Klicken Sie ins Bild. Photoshop überzieht das gesamte Bild mit einer rötlichen »Schnellmaske«, die auch in der Kanälepalette erscheint.

c. Tippen Sie Ihre Worte ein. Innerhalb der Buchstaben sehen Sie das unveränderte Bild ohne Maske.

d. Wechseln Sie per Mausklick in der Werkzeugleiste zu einem anderen Werkzeug, wenn Sie die Bearbeitung vorerst abschließen möchten, oder klicken Sie auf das OK-Häkchen OK-H‰kchen in den Werkzeugoptionen. Nun erscheint der Text als schillernde Auswahlmarkierung.

 TIPP *Sie können die Maskenfarbe und die Deckkraft verändern, wenn Sie mit dem Textmaskierungswerkzeug Textmaskierung arbeiten möchten. Dazu klicken Sie vor oder nach der Textbearbeitung auf die Schaltfläche* BEARBEITUNG IM MASKIERUNGSMODUS *rechts in der Werkzeugleiste (Details zum Maskierungsmodus ab Seite 564).*

Textmasken bei der Erstellung verändern

Fertige Textauswahlen lassen sich nicht mehr wie übliche Textebenen korrigieren. Aber während der Texterstellung – wenn Sie die Farbe der Schnellmaske noch sehen – haben Sie folgende Möglichkeiten:

Kapitel 13   Text

 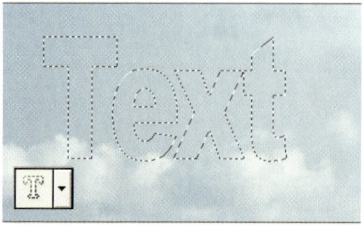

Abbildung 13.8:
Arbeiten Sie mit dem Textmaskierungswerkzeug, zeigt Photoshop zunächst eine rötliche Schnellmaske. Nur an Stellen, an denen Sie Text eingeben, ist das darunter liegende Bild voll sichtbar. In dieser Phase können Sie noch einzelne Buchstaben markieren und umformatieren oder die »Verkrümmen«-Funktion nutzen. Sobald Sie jedoch zu einem anderen Werkzeug wechseln oder auf die OK-Schaltfläche in den Textoptionen klicken, entsteht eine textförmige Fließmarkierung über dem Bild; sie lässt sich so bearbeiten oder speichern wie andere Auswahlen auch, kann jedoch nicht mehr im Textmodus verändert werden.

- Markieren Sie einzelne Buchstaben mit der Maus, um sie in den Absatz- und Zeichenpaletten einzeln umzuformatieren oder um die Buchstaben auszutauschen.
- Drücken Sie die [Strg]-Taste, um zwischenzeitlich zum Verschieben-Werkzeug zu wechseln; Sie können den Text samt Rahmen nun über dem Bild verschieben.
- Klicken Sie auf die Schaltfläche VERKRÜMMTEN TEXT ERSTELLEN in den Werkzeugoptionen, wenn Sie den Text verbiegen möchten.

Diese Möglichkeiten haben Sie nach Fertigstellung einer Textmaske nicht mehr.

Weitere Bearbeitung einer vorhandenen Textauswahl

Behandeln Sie die textförmige Auswahl genauso weiter wie jede andere Auswahl auch (Seite 541):

- Stellen Sie die Fließmarkierung übersichtlich als Schnellmaske dar, am flottesten mit der [Q]-Taste. Sie können die Auswahl nun mit Malwerkzeugen, Füllfunktionen, Filtern oder mit Tonwertkorrekturen aus dem Untermenü **Bild: Einstellungen** manipulieren.
- Speichern Sie die Umrisse als Alphakanal oder als Pfad. (Die Textauswahl bleibt allerdings via Protokollpalette oder **Auswahl: Erneut wählen** ([⇧]+[Strg]+[D]) einstweilen greifbar.)
- Verwenden Sie die Auswahl als Basis für eine neue Ebenenmaske oder eine Vektormaske.
- Füllen Sie Inhalt oder Umriss der Lettern.
- Bewegen Sie den Textblock mit einem beliebigen Auswahlwerkzeug; die [⇧]-Taste beschränkt die Fortbewegung auf 45-Grad-Winkel; [Pfeil]-Tasten bewegen im Pixelschritt, [⇧]+[Pfeil]-Taste bringt 10-Pixel-Schritte.
- Entfernen Sie nach Bedarf zuvor Textteile aus der Auswahl; dazu verwenden Sie ein Auswahlwerkzeug wie Lasso oder Rechteck bei gedrückter [Alt]-Taste.

Text anlegen und markieren Kapitel 13

➤ Korrigieren Sie die Umrisse mit dem Untermenü **Auswahl: Auswahl verändern** oder mit dem Befehl **Auswahl: Auswahl transformieren**. Hierbei entstellen Sie aber womöglich die Textkanten (Seite 573).

➤ Mit `Strg`+`H` (für Hide) blenden Sie die Fließmarkierung aus, ohne sie aufzuheben.

Alternative zum Textmaskierungswerkzeug

Mit dem Textmaskierungswerkzeug Textmaskierung entsteht keine neue Textebene. Stattdessen erhalten Sie lediglich einen buchstabenförmigen Auswahlbereich; der lässt sich nur mühsam verändern und wird allzu schnell versehentlich entfernt. Weitere Gefahr: Sie beschädigen den Rand der Textauswahl durch weiche Kanten oder Zacken. Dieses Problem besteht bei Textebenen generell nicht: Hier greift Photoshop immer neu auf die ursprünglichen Informationen zur Buchstabenkontur zurück.

Deshalb: Selbst wenn Sie nur eine textförmige Auswahl benötigen und keine eigene Textebene, sollten Sie zunächst eine Ebene anlegen und daraus die Auswahl ableiten. Bei Bedarf verändern Sie die vorhandene Ebene nun bequem mit allen Textfunktionen und leiten alsdann eine neue Auswahl ab. So geht's:

1. Erzeugen Sie wie oben beschrieben eine Textebene; achten Sie also in den Werkzeugoptionen darauf, dass links das gefüllte Symbol T mit der Einblenderklärung TEXTEBENE ERSTELLEN gewählt ist (und nicht das gestrichelte Symbol textmaskierung).

2. Bearbeiten Sie den Schriftzug, bis er genau die von Ihnen gewünschte Form hat.

3. Erzeugen Sie eine Auswahlmarkierung auf Basis der neuen Textebene; dazu klicken Sie bei gedrückter `Strg`-Taste auf die Textminiatur in der Palette.

4. Bei Bedarf verbergen Sie die Textebene mit dem Augensymbol 👁 in der Ebenenpalette. (Alternativen: Reduzieren Sie die Deckkraft, ändern Sie den Mischmodus oder verstecken Sie die Ebene unter einem anderen Objekt.)

5. Arbeiten Sie weiter mit der Auswahlmarkierung; Sie können diese auch als Alphakanal oder Pfad speichern.

Wenn Sie den Text ändern möchten, blenden Sie die ursprüngliche Textebene wieder ein und korrigieren sie im Textmodus. Anschließend erzeugen Sie mit `Strg`-Klick auf die Miniatur abermals einen Auswahlbereich.

13.2.4   Vorhandenen Text aktivieren

Text, der sich noch im Textmodus auf einer eigenen Textebene befindet, können Sie jederzeit korrigieren. So greifen Sie die gewünschten Teile heraus:

a. Aktivieren Sie die Textebene durch einen Mausklick in der Ebenenpalette oder durch Rechtsklick bei aktiviertem Verschieben-Werkzeug ⊕.

b. Aktivieren Sie das Textwerkzeug T durch einen Mausklick oder mit der Taste `T`.

c. Markieren Sie die Buchstaben, die Sie verändern möchten, durch Ziehen mit gedrückter linker Maustaste.

d. Bearbeiten Sie die Buchstaben.

e. Schließen Sie die Bearbeitung ab, indem Sie zu einem anderen Werkzeug wechseln.

Text markieren

Ganz wie in einem Textprogramm markieren Sie Textteile. Folgende Möglichkeiten bietet Photoshop:

- Markieren Sie die Textteile bei aktiviertem Textwerkzeug T und aktivierter Textebene durch Ziehen mit der Maus.
- Den Gesamttext markieren Sie am schnellsten mit `Strg`+`A` oder durch Doppelklick auf die Textminiatur in der Ebenenpalette.
- Ein komplettes Wort markieren Sie durch Doppelklick.
- Mit `⇧`-Taste und `Pfeil`-Taste links oder rechts markieren Sie Buchstaben links oder rechts vom Textcursor.
- Mit `Strg`+`⇧`-Taste und horizontalen `Pfeil`-Tasten markieren Sie ganze Worte links oder rechts vom Textcursor.
- Mit `⇧`-Taste und `Pfeil`-Tasten nach oben oder unten markieren Sie komplette Zeilen.

Schriftart nicht vorhanden

Sie können Dateien mit Textebenen auch mit PCs öffnen, auf denen diese Schriftart gar nicht installiert ist. Photoshop zeigt das Schriftbild zunächst korrekt, denn intern ist auch ein Pixelbild der Schrift abgelegt. Sobald Sie allerdings den Text bearbeiten, setzt Photoshop eine verfügbare andere Schriftart ein. Dadurch ändert sich natürlich das Gesamtbild und Photoshop präsentiert eine Warnung: EINIGE TEXTEBENEN MÜSSEN MÖGLICHERWEISE AKTUALISIERT WERDEN... Außerdem zeigt die Miniatur in der Ebenenpalette bei nicht verfügbarer Schriftart ein gelbes Warndreieck.

Weitere Besonderheiten

Beachten Sie weitere Besonderheiten:

- Weitere Optionen für chinesische, koreanische und japanische Schriftzeichen lassen sich mit Hilfe der **Voreinstellungen** (`Strg`+`K`) einblenden. (Schon bei der Installation wird die PDF-UNTERSTÜTZUNG FÜR ASIATISCHE SPRACHEN angeboten.)
- Ebenfalls in den **Voreinstellungen** legen Sie fest, ob die Schriftartnamen (Fonts) in englischer Sprache angegeben werden.
- Eine Auswahl im Bild beeindruckt Ihre Imaging-Software bei der Bearbeitung einer Textebene wenig: Sie wird einfach ignoriert, bleibt aber immerhin erhalten.

Text formatieren						Kapitel 13

> Die Farbmodi MEHRKANAL, BITMAP oder INDIZIERTE FARBEN erlauben keine Ebenentechnik. Photoshop wechselt hier automatisch zum Textmaskierungswerkzeug, dauerhaft korrigierbare Textebenen lassen sich nicht anlegen.

13.3 Text formatieren

Generell gilt: Wenn Sie Text nachbearbeiten, also zum Beispiel noch die Schriftart ändern, müssen Sie den Text zumeist durch Ziehen mit der Maus markieren (siehe vorhergehende Absätze). Den Text formatieren Sie mit drei Bildschirmelementen: Zeichenpalette, Absatzpalette und die Textwerkzeug-Optionen, die einige Funktionen aus beiden Paletten bieten.

Die Paletten

So rufen Sie die Paletten zur Textformatierung auf:

> Verwenden Sie die Befehle **Zeichen** und **Absatz** aus dem **Fenster**-Menü.

> Klicken Sie auf die Schaltfläche PALETTEN in den Textwerkzeug-Optionen.

> Sofern bereits ein Textteil markiert ist, rufen Sie mit [Strg]+[T] die Zeichenpalette auf (ansonsten starten Sie so das **Transformieren**).

Die meisten Optionen finden Sie auf der Palettenoberfläche, aber auch im Palettenmenü, zu erreichen nach einem Klick auf die Dreieck-Schaltfläche rechts oben. Die Menüoptionen, die für die aktuell markierten Lettern zutreffen, zeigen ein Häkchen. Ein Punkt bedeutet dagegen: Diese Eigenschaft trifft nur für einige, aber nicht für alle markierten Buchstaben zu.

Im Folgenden behandeln wir die zwei Photoshop-Paletten für Zeichen und Absatz; die gängigsten Funktionen finden Sie auch in den Textwerkzeug-Optionen. Die ASIATISCHEN TEXTOPTIONEN haben wir dabei in den Voreinstellungen abgewählt.

Texteinstellungen wiederholen

Benötigen Sie öfter dieselben Textvorgaben, zum Beispiel eine bestimmte Schriftart in einer bestimmten Größe bei erweitertem Buchstabenabstand? Sie haben diese Möglichkeiten:

> Speichern Sie die Einstellung als Werkzeugvorgabe. Dazu richten Sie die Texteinstellungen wie gewünscht ein, starten aber die Texteingabe noch nicht. Klicken Sie vielmehr links oben in den Optionen auf das Dreieck nebem dem Textsymbol **T**, öffnen Sie das Palettenmenü mit dem eingekreisten Dreieck und wählen Sie den Befehl **Neue Werkzeugvoreinstellung** (Seite 62).

> Kombinierte Ebeneneffekte für Ihren Text speichern Sie als STIL (Seite 741).

> Legen Sie eine Sammlung unterschiedlich formatierter Buchstaben in einer Photoshop-Datei an, die Sie für neue Textobjekte duplizieren und bearbeiten. Sie können in einem Buchstaben Text- und Stilvorgaben speichern.

Kapitel 13   Text

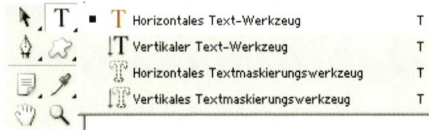

Abbildung 13.9:
Links: Die Werkzeugpalette bietet Werkzeuge für Textebenen und Textauswahlen, jeweils separat für horizontalen und vertikalen Text. Rechts: Mit der Zeichenpalette legen Sie die Eigenschaften für einzelne Buchstaben fest.

13.3.1 Schriftgrad

Als Maßeinheit für den SCHRIFTGRAD, also für die Größe, tippen Sie zum Beispiel »px« für Pixel, »mm« oder »Pt« für Punkt in das SCHRIFTGRAD-Feld der Optionenleiste oder der Textpalette. So verändern Sie die Buchstabengröße:

➧ Wechseln Sie zum Textwerkzeug T, aktivieren Sie die Textebene und noch bevor Sie einen Textcursor im Bild sehen, nennen Sie eine neue Größe in der Zeichenpalette oder in den Textwerkzeug-Optionen. Dadurch verändern Sie den gesamten Schriftzug.

➧ Wie immer können Sie die Werte auch per [Pfeil]-Tasten in einstelligen Schritten ändern. Die [⇧]-Taste sorgt für Zehnersprünge; klicken Sie zuvor ins Feld für Textgröße und markieren Sie den Text – sonst zeigt Photoshop die Änderung erst nach dem Drücken der [↵] an.

➧ Markieren Sie die gewünschten Lettern, wenn Sie nur einige Buchstaben vergrößern oder verkleinern möchten.

➧ Aktivieren Sie die Textebene, aber schalten Sie in der Werkzeugleiste das Verschieben-Werkzeug ein. Anschließend wählen Sie **Bearbeiten: Frei Transformieren** oder kurz [Strg]+[T] (Seite 713). Nun können Sie den Gesamtschriftzug beliebig in die Breite oder in die Höhe ziehen. Wenn Sie das Seitenverhältnis nicht verzerren wollen, drücken Sie zusätzlich die [⇧]-Taste. Alternativ tippen Sie neue Maße in die HÖHE- und BREITE-Felder der Optionenleiste.

Einzelne Buchstaben unproportional verändern

Mit der **Transformieren**-Funktion verzerren Sie den Gesamtschriftzug in die Breite oder in die Höhe. Photoshop bietet zusätzlich die Möglichkeit, auch einzelne Buchstaben innerhalb eines größeren Textobjekts zu bearbeiten. Dazu dienen die Eingabefelder VERTIKAL SKALIEREN und HORIZONTAL SKALIEREN in der Zeichenpalette. Markieren Sie zunächst Lettern, die Sie dehnen oder stauchen möchten; anschließend nennen Sie für Höhe oder Breite eine prozentuale Veränderung.

Orientierung an Druckauflösung

Beachten Sie, dass sich PUNKT- und MILLIMETER-Werte an den gespeicherten Druckmaßen des Bildes orientieren. Daraus folgt: In einem 300-dpi-Bild erfordert ein Schriftzug mit 72 Punkt oder 25,4 Millimeter Größe mehr Pixelfläche als in einem Bild, das mit einer Druckauflösung von 200 oder 100 dpi gesichert wurde. Denn die 72-Punkt-Größe erfordert in 300 dpi mehr Pixel. Ändern Sie die Druckauflösung mit dem Befehl **Bild: Bildgröße**, ohne die Pixelzahl zu ändern – die Option BILD NEUBERECHNEN ist also abgeschaltet –, so zeigt Photoshop nach dem Eingriff andere Millimeter- und Punktwerte für Ihre Lettern auf der Textebene an.

Oft am übersichtlichsten: Schalten Sie in den **Voreinstellungen** oder im Kontextmenü über den Linealen die Maßeinheit für Text auf PIXEL – unabhängig von der dpi-Druckauflösung erscheint Text dann bei gleicher Zoomstufe gleich groß auf dem Schirm.

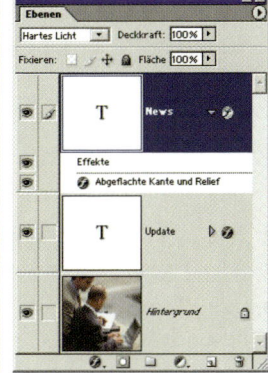

Abbildung 13.10:
Für den Schriftzug rechts haben wir das vertikale Textwerkzeug verwendet. Die Schrift kann jederzeit auf horizontalen Verlauf zurückgestellt werden. Datei: Update

13.3.2 Horizontal und vertikal

Sie können horizontal, aber auch vertikal schreiben. Sie müssen sich damit nicht schon bei der Texteingabe festlegen. Diese Möglichkeiten haben Sie:

- Wissen Sie schon bei der Texteingabe, wie es laufen soll, so wählen Sie bewusst das horizontale oder das vertikale Textwerkzeug.

- Möchten Sie den Text erst nachträglich umstellen, ändern Sie die Richtung mit der Schaltfläche TEXTAUSRICHTUNG ÄNDERN in der Optionen-Leiste. Alternativ verwenden Sie das Untermenü **Ebene: Text** mit den Befehlen **Horizontal** oder **Vertikal**, die Sie bei aktiviertem Textwerkzeug auch im Kontextmenü entdecken werden. Dabei darf sich noch kein Textzeiger im Schriftzug befinden; Sie sollten also eben erst zum Textwerkzeug gegriffen haben.

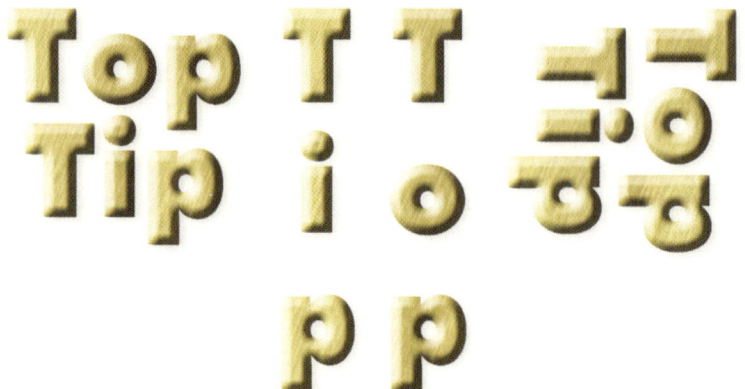

Abbildung 13.11:
Links: In diesem Schriftzug haben wir bereits den »Zeilenabstand« verändert. Rechts: Mit dem Befehl »Ebene: Text: Vertikal« ordnen wir den Schriftzug vertikal an. Drittes Bild: Hier wurde der ursprüngliche, horizontale Schriftzug mit dem Befehl »Bearbeiten: Transformieren: 90° im UZS drehen« verändert. Datei: Top-Tip

13.3.3 Weitere Zeichenformatierung

Photoshop und ImageReady bieten weitere Einstellmöglichkeiten für Ihren Text:

Schriftart

Als Schriftart wählen Sie jede installierte Schrift, egal ob Druckerschrift, TrueType, OpenType oder Adobe Type 1. In der Regel eignen sich zum Füllen und Montieren breit laufende Headline-Schriften am besten; Tipps, wie Sie vorhandene Schriftzüge »aufblasen«, folgen unten. Beachten Sie, dass besonders schlanke Schriften in Bildern oft zu mager wirken und bei starker JPEG-Komprimierung unleserlich werden.

Wenn Sie das Bild im JPEG-Dateityp speichern und stark komprimieren, können Sie in ImageReady speziell für Textebenen eine höhere Qualitätsvorgabe verwenden. Klicken Sie in der Optimierenpalette auf die Schaltfläche QUALITÄTS-EINSTELLUNG MIT HILFE EINES KANALS ÄNDERN, *im Dialogfeld* EINSTELLUNG VERÄNDERN *wählen Sie* ALLE TEXTEBENEN *(Seite 398).*

Kursiv und Fett

Sind zusätzlich zur normalen Schriftart gefettete oder kursive Schriftvarianten auf Ihrem Rechner installiert, so rufen Sie diese aus dem SCHRIFTSCHNITT-Klappmenü neben dem Schriftartnamen auf.

Sie können Schriftarten jedoch auch dann fett und kursiv darstellen, wenn eine entsprechende Schriftartinformation nicht auf Ihrem Rechner gespeichert ist. Photoshop errechnet dann den geänderten Schriftschnitt auf eigene Faust. Die entsprechenden Optionen heißen **Faux Kursiv** und **Faux Fett**, zu erreichen in der Zeichenpalette per Menü oder Schaltfläche, außerdem per Kontextmenü zum Textwerkzeug T, sofern Sie bereits einen Textteil markiert haben.

Die NORMAL-Darstellung erscheint bei englischen Schriftarten oft als REGULAR oder PLAIN. FETT läuft als BOLD, KURSIV heißt ITALIC.

Großbuchstaben und Kapitälchen

Benötigen Sie einen Text in Großbuchstaben, müssen Sie Ihre Worte nicht gleich bei gedrückter ⇧-Taste eintippen. Stattdessen lässt sich der Text auch für Großbuchstaben formatieren – so wechseln Sie durch einen einfachen Menübefehl bei Bedarf wieder zurück zur üblichen gemischten Schreibweise. **Großbuchstaben** stellt alle markierten Zeichen in Großbuchstaben dar. **Kapitälchen** belässt die markierten Großbuchstaben in der üblichen Größe; die Kleinbuchstaben erscheinen als verkleinerte Großbuchstaben – je nach Schriftschnitt exakt so hoch wie zuvor die Kleinbuchstaben. Die Einblendmeldung zur KAPITÄLCHEN-Schaltfläche Tt in der Zeichenpalette redet allerdings fälschlich von KLEINBUCHSTABEN.

Die Breite des Gesamttextes kann sich ändern, wenn Sie zu **Großbuchstaben** *oder* **Kapitälchen** *wechseln.*

Laufweite

Die LAUFWEITE – der allgemeine Abstand zwischen den Lettern – erzeugt eine gleichmäßige Distanz zwischen mehr als zwei Zeichen eines markierten Textteils. Maßeinheit ist wieder Pixel oder Punkt. Der Wert Null bedeutet Standardlaufweite. Negative Werte rücken die Buchstaben enger zusammen, positive Eingaben machen den Schriftzug luftiger. Die Möglichkeiten reichen von –1000 bis + 1000. Zum Beispiel:

- Tippen Sie »–5« ein, wenn die Buchstaben enger zusammenrücken sollen.
- Tippen Sie »–10«, wenn die Buchstaben noch enger zusammenrücken sollen.
- Tippen Sie »10« ein, wenn die Buchstaben weiter als normal auseinander rücken sollen.

Sofern Sie keinen Textteil markieren, verändert Ihre Eingabe die gesamte Textebene.

Abstand zwischen zwei Zeichen (Kerning)

Den individuellen Abstand zwischen zwei Buchstaben übernimmt Photoshop aus der Information, die im Schriftsatz gespeichert ist. Dies gilt, solange Sie im Datenfeld ABSTAND ZWISCHEN ZWEI ZEICHEN der Zeichenpalette die METRIK-Anzeige oder eine Null sehen. Je nach Buchstabenpaar fällt die Distanz vorprogrammiert größer oder kleiner aus.

Sie verändern den Abstand zwischen zwei Zeichen – oft auch »Kerning« genannt – nach eigenem Belieben. Es gilt wie schon bei der LAUFWEITE: Negative Werte verringern die Distanz, positive Werte schaffen Freiraum. Achtung: Wollen Sie den Abstand zwischen zwei Lettern per KERNING korrigieren, muss sich der Mauszeiger zwischen den beiden Buchstaben befinden, es darf kein Text markiert sein.

Sie verändern Laufweite und Kerning auch um 20/1000 Geviert mit den ←- und →-Tasten bei gedrückter Alt-Taste. Nehmen Sie Strg dazu, wenn Sie den Zwischenraum in Schritten von 100/1000 Geviert verändern wollen.

 Sobald Sie Text markieren, bietet Photoshop das »Kerning« nicht mehr an.

Abbildung 13.12:
Links: Wir verwenden die Standardvorgaben für Laufweite und Zeilenabstand. Mitte: Für den »Zeilenabstand« verwenden wir einen kleineren Wert als in der »Größe«, so dass die Zeilen zusammenrücken. Rechts: Wir geben zusätzlich einen negativen Wert als »Laufweite« ein, um den Buchstabenabstand zu verkleinern.

Zeilenabstand

Den ZEILENABSTAND regeln Sie mit der gleichen Maßeinheit wie die Schriftgröße, also meist Punkt, Pixel oder Millimeter. Das Verfahren funktioniert gleichermaßen bei Punkttext wie bei Absatztext. Zunächst verwendet Photoshop den zur Schriftart gehörigen Zeilenabstand – solange Sie als Eintrag AUTO oder ein leeres Feld vorfinden. Arbeiten Sie mit umbrochener 80-Punkt-Schrift, dann

➤ geben Sie einen ZEILENABSTAND von »60« vor, wenn die Zeilen besonders eng zusammenrücken sollen;

➤ geben Sie »120« vor, wenn die Zeilen besonders weit auseinander liegen sollen;

➤ lassen Sie das Feld leer oder klicken Sie auf AUTO, wenn Sie den Standardabstand nutzen möchten.

Sie verändern den Zeilenabstand, wenn Sie die Alt-Taste zusammen mit den Pfeil-Tasten nach oben und unten benutzen. Für größere Verschiebungen nehmen Sie die Strg-Taste hinzu. Dabei muss das Textwerkzeug aktiviert und der Text markiert sein. Bei Mengentext berücksichtigt Photoshop nur solche Zeilen, die Sie vollständig markieren.

Grundlinie

Sie können einzelne Buchstaben über oder unter die Grundlinie stellen, so dass sie tiefer sinken oder höher rücken. Markieren Sie die Buchstaben, dann tippen Sie einen Wert neben GRUNDLINIE ein oder drücken Sie ⇧+Alt-Taste zusammen mit aufwärts oder abwärts weisenden Pfeil-Tasten. Ein positiver Wert bugsiert horizontalen Text nach oben, vertikalen Text nach rechts. Negativeingaben schieben die Lettern nach unten bzw. nach links. Dabei verändert sich die Buchstabengröße nicht.

Text formatieren Kapitel 13

Tiefgestellt und Hochgestellt

Sie können den Text auch hoch- oder tiefstellen und dabei die Buchstaben verkleinern – so wie es für wissenschaftliche Formeln erforderlich ist. Die Befehle **Hochgestellt** und **Tiefgestellt** bietet Photoshop im Menü zur Zeichenpalette an und auch – wie viele weitere Zeichenformatierungen – als Schaltfläche in der Zeichenpalette.

*Mit dem Befehl **Zeichen zurücksetzen** aus dem Menü zur Zeichenpalette setzen Sie sämtliche Einstellungen wieder auf Null zurück und machen auch völlig entstellte Schriftzüge wieder lesbar. Dabei darf sich der Textcursor nicht im Schriftzug befinden – wechseln Sie bei Bedarf zu einem anderen Werkzeug, schalten Sie dann wieder das Textwerkzeug ein und wählen Sie unmittelbar danach den Befehl **Zeichen zurücksetzen**.*

Weitere Optionen zur Zeichenformatierung

Photoshop bietet weitere Vorgaben bei der Zeichenformatierung als Menübefehl oder Schaltfläche in der Zeichenpalette:

- Die Optionen **Unterstrichen** und **Durchgestrichen** gelten wie üblich nur für den markierten Textteil; befindet sich kein Textcursor zwischen den Buchstaben, wird jedoch das ganze Textobjekt geändert.

- Die Vorgabe **Systemlayout** richtet die Buchstaben so ein, wie Sie von Ihrem Betriebssystem dargestellt werden. Photoshop entfernt zum Beispiel ungewöhnliche Laufweiten oder die Kantenglättung – eine nützliche Funktion bei der Gestaltung von Online-Texten, Schaltflächen oder Menüs.

- Mit der Vorwahl **Ligaturen** im Palettenmenü rücken bestimmte Buchstabenpaare enger zusammen und verschmelzen fast, zum Beispiel »fi«. Die Option lässt sich für Open-Type- und Type-1-Schriftarten nutzen, die Ligaturen enthalten. Die gleiche Einschränkung gilt auch für den **Mediävalstil**, der Ziffern auf spezielle Art darstellt.

- Ab Werk verwenden ImageReady und Photoshop GEBROCHENE ZEICHENBREITEN. Die Abstände zwischen den einzelnen Textzeichen sind also unterschiedlich groß und betragen zwischen einigen Zeichen auch den Bruchteil eines Pixels. Dies ist meist die optimale Vorgabe. Kleine Schriftgrößen, die am Monitor dargestellt werden, können jedoch ineinander laufen. Sie können darum die **Gebrochenen Breiten** abschalten und damit Buchstabenabstände von ganzen Pixeln erzwingen; dies erledigen Sie im Menü zur Zeichenpalette.

- Wählen Sie die richtige Spracheinstellung, zum Beispiel DEUTSCH, für Silbentrennung und Rechtschreibkorrektur.

Seitenausrichtung

In der Absatzpalette finden Sie die Schaltflächen TEXT LINKS AUSRICHTEN, TEXT ZENTRIEREN und TEXT RECHTS AUSRICHTEN. Diese Vorgaben sind auch interessant, wenn Sie nur ein einzelnes Wort als »Punkttext« statt als »Absatztext« bearbeiten. Sie legen

Kapitel 13   Text

fest, ob sich die Worte nach einer Kürzung oder Verlängerung der Textebene am Anfang oder Ende der ursprünglichen Textebene orientieren:

- Kürzen Sie ein Wort, das mit der Vorgabe TEXT LINKS AUSRICHTEN ≡ formatiert ist, so beginnt es nach der Umformulierung auf der Anfangsposition des ursprünglichen Textes; das Ende des neuen Wortes liegt also weiter links als bei dem früheren, längeren Begriff.

- Hatten Sie dagegen TEXT RECHTS AUSRICHTEN ≡ vorgewählt, so platziert Photoshop das Ende des neuen Wortes an die Stelle des bisherigen Endes – der erste Buchstabe des gekürzten Begriffs rückt also weiter nach rechts.

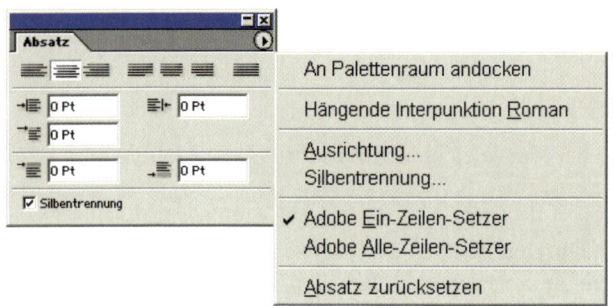

Abbildung 13.13:
Mit der Absatzpalette verändern Sie den Zeilenfall. Einige Funktionen lassen sich gleichermaßen für Absatztext wie auch für Punkttext verwenden.

13.3.4 Absatzformatierung

Photoshop bietet verschiedene Optionen, wie Sie den Zeilenfluss innerhalb eines Absatzes regeln. Wenn Sie keinen Text markieren, verändert sich per Eingabe die gesamte Ebene. Setzen Sie den Textcursor in einen Absatz, um nur diesen zu formatieren.

Ausrichtung Flattersatz

Als Ausrichtung zeigen die Symbole in der Absatzpalette oder teilweise auch in der Optionenleiste LINKSBÜNDIG, ZENTRIERT oder RECHTSBÜNDIG. Die Funktion eignet sich gleichermaßen für Punkttext wie für Absatztext, für das Anlegen von neuem Text wie zum Formatieren von vorhandenen Sentenzen.

Die Angaben wie LINKSBÜNDIG beziehen sich stets auf den Punkt, an dem Sie in die Bilddatei geklickt haben. Die Vorschau über der Datei passt sich sofort an. So geht's: Sie klicken mit dem Textwerkzeug ins Bild und wählen LINKSBÜNDIG, wenn der Text genau dort beginnen soll (Kurztaste [Strg]+[⇧]+[L]). RECHTSBÜNDIG lässt Text an der Stelle Ihres Mausklicks enden ([Strg]+[⇧]+[R]). Mit der Vorgabe ZENTRIERT ordnet sich der Text mittig um die angeklickte Bildstelle an ([Strg]+[⇧]+[C]).

Ebenso verändern Sie den Zeilenfall in einem vorhandenen mehrzeiligen Text: LINKSBÜNDIG sorgt zum Beispiel für einen unregelmäßigen Rand rechts.

Text formatieren — Kapitel 13

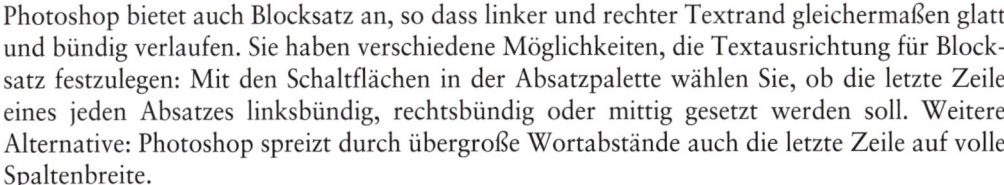

Abbildung 13.14:
Links: Dieser Absatztext wurde in der Absatzpalette mit Blocksatz und erhöhtem Abstand zwischen den Absätzen formatiert. Die Option »Silbentrennung« sorgt für automatische Worttrennungen am Rand des Textrahmens. – Rechts: Hier wurde die »Silbentrennung« ausgeschaltet; Photoshop umbricht Wörter nur noch an Bindestrichen. Die teils auffällig hohen Buchstabenabstände reduzieren Sie bei Bedarf mit dem Dialogfeld »Ausrichtung« aus dem Menü der Absatzpalette.
Datei: Absatz-Text_1

Ausrichtung Blocksatz

Photoshop bietet auch Blocksatz an, so dass linker und rechter Textrand gleichermaßen glatt und bündig verlaufen. Sie haben verschiedene Möglichkeiten, die Textausrichtung für Blocksatz festzulegen: Mit den Schaltflächen in der Absatzpalette wählen Sie, ob die letzte Zeile eines jeden Absatzes linksbündig, rechtsbündig oder mittig gesetzt werden soll. Weitere Alternative: Photoshop spreizt durch übergroße Wortabstände auch die letzte Zeile auf volle Spaltenbreite.

»Alle-Zeilen-Setzer« und »Ein-Zeilen-Setzer«

Den Textumbruch über die gesamte Absatzlänge hin steuert Photoshop nach verschiedenen Prinzipien, die Sie im Menü der Absatzpalette nennen:

- Wählen Sie **Adobe Alle-Zeilen-Setzer,** um beim Umbruch den gesamten Absatz zu berücksichtigen. Diese Vorgabe erzeugt meist gleichmäßigere Ergebnisse; vor allem Zeichen- und Wortabstände fallen besser aus.

- Der **Ein-Zeilen-Setzer** betrachtet nur Einzelzeilen. Hier kommt es eher zu gedehnten oder komprimierten Wortabständen.

13.3.5 Silbentrennung

Mit der Option SILBENTRENNUNG in der Absatzpalette entscheiden Sie, ob Photoshop bei Absatztext lange Wörter automatisch trennen soll. Wirksam ist die Option nur, wenn Sie für die entsprechenden Abschnitte den Befehl **Kein Umbruch** aus der Zeichenpalette ausgeschaltet haben (siehe unten). Photoshop verwendet dabei ein deutsches Wörterbuch, das sich nicht ändern lässt.

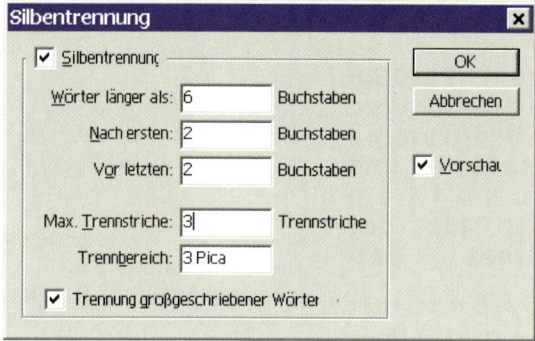

Abbildung 13.15:
Das Dialogfeld »Silbentrennung« rufen Sie mit dem Menü der Absatzpalette auf; hier bestimmen Sie, in welchem Bereich Photoshop Wörter trennt.

Optionen für die Silbentrennung

Rufen Sie im Menü der Absatzpalette die **Silbentrennung** auf. Hier haben Sie folgende Optionen:

- Sie legen fest, dass nur Wörter ab einer bestimmten Buchstabenzahl getrennt werden (WÖRTER LÄNGER ALS).

- Sie bestimmen eine Zahl von Buchstaben, die in der oberen Zeile mindestens erscheinen sollen, bevor getrennt werden darf (NACH ERSTEN X BUCHSTABEN).

- Sie definieren eine Zahl von Lettern, die in der unteren Zeile mindestens erscheinen sollen, nachdem getrennt wurde (VOR LETZTEN X BUCHSTABEN).

- Sie legen die maximale Zahl von Trennstrichen in aufeinander folgenden Zeilen fest (MAXIMUM TRENNSTRICHE). 0 steht für keinerlei Begrenzung.

- Sie geben den Abstand vom Ende einer Zeile an, bei dem ein Wort in Text ohne Blocksatz umbrochen wird (TRENNBEREICH). Diese Vorgabe gilt nur für den **Ein-Zeilen-Setzer** (siehe oben).

- Verhindern Sie speziell die TRENNUNG GROSSGESCHRIEBENER WÖRTER.

*Erzwungene Trennung: Tippen Sie einen normalen Trennstrich ein. Photoshop umbricht den Text an dieser Stelle, sofern sich der Trennstrich am Rand des Textrahmens befindet und Sie die Option **Kein Umbruch** ausgeschaltet haben.*

Zeilenumbruch und Trennung verhindern

Den Befehl **Kein Umbruch** aus dem Menü der Zeichenpalette verwenden Sie in folgenden Situationen:

- Mehrere benachbarte Wörter sollen zwingend in einer einzigen Zeile erscheinen und nicht auf mehrere Zeilen umbrochen werden. Diese Option heißt in Textprogrammen »Geschütztes Leerzeichen«.
- Sie haben mit dem Befehl **Silbentrennung** aus dem Menü der Absatzpalette die Trennfunktion eingeschaltet, möchten aber bei einzelnen Wörtern am Zeilenrand die Trennung untersagen.
- Photoshop umbricht ein Koppelwort mit Bindestrich in die nächste Zeile. Sie möchten das Wort jedoch en bloc in einer einzigen Zeile sehen.

In allen Fällen markieren Sie zunächst den fraglichen Text und verwenden dann die Vorgabe **Kein Umbruch** im Menü der Zeichenpalette (das Häkchen muss anschließend dort sichtbar sein).

Eventuell markieren Sie freilich so viele Wörter, dass diese gar nicht in eine einzige Zeile passen. Dann füllt Photoshop die Zeile bis zum Rand mit Buchstaben und umbricht ohne Trennstrich und ohne Trennregeln in die nächste Zeile. Dabei erscheinen Leerzeichen auch am Beginn einer Zeile.

Abbildung 13.16:
Links: Der Absatztext hat die gewünschte Breite, zeigt jedoch unschöne Trennungen. Mitte: Also werden die Zeichen, die gemeinsam in einer Zeile erscheinen sollen, mit der Maus markiert; anschließend schalten wir im Menü der Zeichenpalette die Option »Kein Umbruch« ein. Rechts: Den zuvor markierten Textteil nimmt Photoshop nun komplett in die nächste Zeile. Vorlage: Absatz-Text 2

Zeileneinzug

Regeln Sie mit Absatzpalette, ob und wie weit Photoshop Zeilen eines Absatzes nach rechts einzieht:

- EINZUG AM LINKEN RAND: Mit Eingaben in diesem Feld verkleinern Sie den gesamten Absatz von links her, der Absatz wird schmaler; dabei entsteht links ein Abstand zum Textrahmen.
- EINZUG AM RECHTEN RAND: Mit Eingaben in diesem Feld machen Sie den gesamten Absatz von rechts her schmaler.
- EINZUG ERSTE ZEILE: Geben Sie hier an, ob die erste Zeile jedes Absatzes nach rechts einrücken soll.

Kapitel 13   Text

➡ ABSTAND VOR ABSATZ EINFÜGEN: Hier legen Sie fest, ob und wie viel Leerraum Photoshop automatisch oberhalb von einem Absatz erzeugt.

➡ ABSTAND NACH ABSATZ EINFÜGEN: Hier legen Sie fest, ob und wie viel Leerraum Photoshop automatisch unterhalb von einem Absatz erzeugt.

»Hängende Interpunktion Roman«

Wenn Sie die Option HÄNGENDE INTERPUNKTION ROMAN einschalten, landen Satzzeichen wie Kommata, Punkte oder Anführungszeichen außerhalb des Rahmens für den Absatztext.

*Mit dem Befehl **Absatz zurücksetzen** aus dem Menü zur Absatzpalette setzen Sie sämtliche Einstellungen wieder auf Null zurück und machen auch völlig entstellte Absätze wieder leserlich. Dabei darf sich der Textcursor nicht im Schriftzug befinden – wechseln Sie bei Bedarf zu einem anderen Werkzeug oder drücken Sie die ⎡Esc⎦-Taste, schalten Sie dann wieder das Textwerkzeug ein und wählen Sie unmittelbar danach den Befehl **Absatz zurücksetzen**.*

Abbildung 13.17:
Dieser Absatz wurde markiert, dann haben wir im Feld »Einzug am linken Rand« der Absatzpalette den Wert 20 Millimeter eingetragen – so wird der gesamte Absatz schmaler und entfernt sich vom linken Rand.

Hier haben wir nach dem Markieren des Absatzes einen Blocksatz mit rechtsbündiger letzter Zeile vorgesehen; ein Eintrag im Feld »Einzug erste Zeile« sorgt für den Einzug der ersten Zeile. Wir haben im Menü der Absatzpalette die »Roman hängende Interpunktion« eingeschaltet; Trennstriche und der Punkt liegen deshalb außerhalb des Textrahmens.

Bei diesem Blocksatz mit linksbündiger letzter Zeile verzichteten wir auf »Roman hängende Interpunktion«, so dass die Satzzeichen innerhalb des Textrahmens erscheinen.
Datei: Absatz-Text_3

13.3.6 Rechtschreibprüfung

Die Rechtschreibprüfung setzt nur auf ausdrücklichen Wunsch ein. Legen Sie unten in der Zeichenpalette zunächst die gewünschte Sprache fest und aktivieren Sie eventuell die gewünschte Ebene. Wollen Sie nur bestimmte Textbereiche untersuchen, markieren Sie diese. Setzen Sie den Cursor in ein Wort, wenn Sie nur dieses Wort prüfen wollen. Dann wählen Sie **Bearbeiten: Rechtschreibung prüfen**.

Stößt Photoshop auf Worte, die nicht in seinem Wörterbuch enthalten sind, erscheint statt der Meldung RECHTSCHREIBPRÜFUNG ABGESCHLOSSENEN das Dialogfeld RECHTSCHREIBUNG PRÜFEN. Ihre Möglichkeiten:

- Mit der Schaltfläche IGNORIEREN ändert sich nichts am aktuellen Wort, Photoshop springt zur nächsten Fehlerstelle. Wenn Sie ALLE IGNORIEREN, spricht Photoshop auch später nicht mehr auf das Wort an.

- Die Schaltfläche ÄNDERN tauscht das Fehlerwort gegen diejenige Vokabel aus, die unten im Bereich VORSCHLÄGE markiert erscheint. Kommt der Fehler möglicherweise öfter vor, klicken Sie auf IMMER ÄNDERN.

- Wenn Sie das Wort dagegen öfter in der von Photoshop monierten Schreibung nutzen möchten, können Sie es dem Photoshop-Wörterbuch HINZUFÜGEN. Die Rechtschreibprüfung springt dann nicht mehr auf den Ausdruck an.

Von Haus aus untersucht das fleißige Programm nur die aktivierte Textebene. Die Vorgabe ALLE EBENEN PRÜFEN unterzieht aber auch weitere Textebenen einem Orthographie-Check.

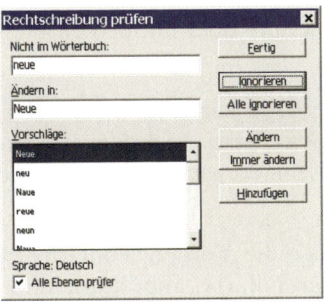 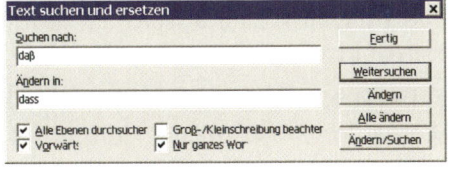

Abbildung 13.18:
Links: Das Wort »neue« fehlt in Photoshops Wörterbuch, es soll durch »Neue«, »Naue«, »reue« oder »neun« ersetzt werden. Rechts: Tauschen Sie einzelne Worte per Suchen/Ersetzen aus.

13.3.7 Suchen/Ersetzen

Der Befehl **Bearbeiten: Text suchen und ersetzen** spürt gesuchte Wortteile auf und tauscht sie bei Bedarf gegen einen anderen Ausdruck. Tippen Sie den Suchbegriff in das Feld SUCHEN NACH und – eventuell – eine gewünschte Änderung in den Bereich ÄNDERN IN. Mit WEITERSUCHEN startet die Fahndung. Beim ersten Treffer entscheiden Sie auf ÄNDERN oder ALLE ÄNDERN. Nur mit ÄNDERN/SUCHEN bemüht sich Photoshop nach einem Austausch gleich zur nächsten Fundstelle.

Die Option NUR GANZES WORT beschränkt die Suche auf komplette Wörter und lässt Wortteile außer Acht. Die Vorgabe GROSS-/KLEINSCHREIBUNG BEACHTEN findet nur Worte, deren Groß-/Kleinschreibung exakt mit dem Wortlaut im Feld SUCHEN NACH übereinstimmt.

Auffälligkeiten

Im Test mit einer frühen deutschen Vollversion unter Windows bot Photoshop die Option ALLE EBENEN DURCHSUCHEN zunächst nur an, wenn mehrere Textebenen verbunden wurden. Danach stand die Funktion jedoch auch bei nicht verbundenen Textebenen zur Verfügung. Der Schalter WEITERSUCHEN sollte zur nächsten Fundstelle springen, ohne dass sich etwas ändert; das funktionierte jedoch nur, wenn gleichzeitig die Suchrichtung VORWÄRTS eingeschaltet war. Ohne diese Vorgabe durchforstet Photoshop den Text von unten nach oben, weigert sich aber, nach einem Klick auf WEITERSUCHEN auch weiterzusuchen.

13.4 Text färben und glätten

Photoshop und ImageReady bieten ausgefeilte Möglichkeiten, um Schriftzüge umzufärben und die Kanten zu glätten.

13.4.1 Textfarbe

Um eine Textebene – oder nur ein paar Buchstaben darin – umzufärben, haben Sie diese Möglichkeiten:

➥ Markieren Sie einen Textteil oder den Gesamttext mit dem Textwerkzeug T und wechseln Sie die Vordergrundfarbe zum Beispiel mit dem Farbwähler oder mit den Farbfeldern – die markierten Lettern färben sich entsprechend mit.

➥ Klicken Sie auf das TEXTFARBE-Feld in den Textwerkzeug-Optionen oder in der Zeichenpalette und legen Sie im Farbwähler einen neuen Tonwert fest. Auch hier müssen Sie zunächst eine Auswahl treffen. Gut zu wissen: Bei diesem Vorgang ändert sich die aktuelle Vordergrundfarbe nicht.

➥ Der Kurzbefehl [Alt]+[Entf] setzt ohne weitere Rückfrage die Vordergrundfarbe in markierte Textteile ein. [Strg]+[Entf] sollte die Hintergrundfarbe anbringen, diese Funktion versagte aber im Test.

Markieren Sie Buchstaben mit mehreren, unterschiedlichen Farben, zeigt das Farbfeld in den Textwerkzeug-Optionen und in der Zeichenpalette ein Fragezeichen.

Sie müssen die Textfarbe nicht dauerhaft ändern. Sie können auch die Ebeneneffekte FARBÜBERLAGERUNG (Seite 759) oder VERLAUFSÜBERLAGERUNG (Seite 759) verwenden. Alternativ legen Sie eine Einstellungsebene über die Textebene (Seite 778).

Text färben und glätten   Kapitel 13

13.4.2   Buchstaben glätten a a

Verschiedene Vorgaben wie SCHARF oder ABRUNDEN machen die äußersten Randpixel der Buchstaben halbtransparent und sorgen so für einen geschmeidigen – aber nicht aufgeweichten – Übergang zwischen Schrift und umgebendem Bild. Sie vermeiden allzu harte Kanten, die unschön aufgeklebt und ausgezackt aussehen.

Nur bei sehr kleinen Schriftgrößen können feine Konturen gänzlich untergehen, dann verzichten Sie aufs Glätten (die Option heißt in anderen Programmen häufig »Anti-Aliasing«). Wollen Sie den Text ohnehin weichzeichnen, verzichten Sie auf die Option, die etwas Zeit kostet. Das GLÄTTEN erhöht überdies die Zahl der Farbtöne im Bild, so dass die Dateigröße je nach Speicherverfahren steigen kann. Photoshop bietet GLÄTTEN ja auch für die Auswahlkanten an, die mit Zauberstab ✷ oder Lasso ⌒ entstehen.

72 O.   12 Ohne   6 Ohne
        36 O.

72 Sc. 12 Scharf 6 Scharf
        36 Sch.

72 St. 12 Stark   6 Stark
        36 St.

72 Ab. 12 Abrunden 6 Abrunden
        36 Ab.

Abbildung 13.19:
Hier sehen Sie verschiedene Pixelgrößen für die Schriftart Arial mit unterschiedlichen Vorgaben beim »Glätten«: »Ohne«, »Scharf«, »Stark« und »Glätten«. Wir drucken die Schrift hier in einer typischen Bildschirmauflösung von 72 dpi, deshalb wirkt die Wiedergabe grob.
Datei: 72-dpi-Text

Photoshop bietet die verschiedenen Glättungsvorgaben in der Zeichenpalette, außerdem in der Optionenleiste und im Kontextmenü zum Textwerkzeug. Die Glättung gilt generell für die gesamte Textebene und nicht nur für markierte Buchstaben. Sie finden das »Glätten«-Klappmenü nur vor, wenn noch kein Textcursor im Buchstabenfeld blinkt. Beenden Sie notfalls die Texteingabe durch [Strg]+[↵]-Taste, aber lassen Sie das Textwerkzeug aktiviert.

Kapitel 13   Text

Die vier unterschiedlichen Glättungsverfahren sollen die Buchstabenränder optimal an verschiedene Größen und Auflösungen anpassen. Im Test verursachte die Option SCHARF manchmal die deutlichste Kantenaufweichung bei niedrigem Schriftgrad, manchmal erhielt sie aber auch einen harten Kern der Schrift besser als die anderen Varianten. Laut Hersteller soll SCHARF den Text besonders gestochen herausbringen.

Beurteilen Sie die Kantenglättung in der Zoomstufe 100 Prozent ([Strg]+[Alt]+[0]) über dem geplanten Hintergrundmuster. In sehr hohen Zoomstufen können Sie die Unterschiede bei der Kantenglättung gut erkennen. Ungerade Vergrößerungsmaßstäbe wie 123,4 Prozent verfälschen deutlich.

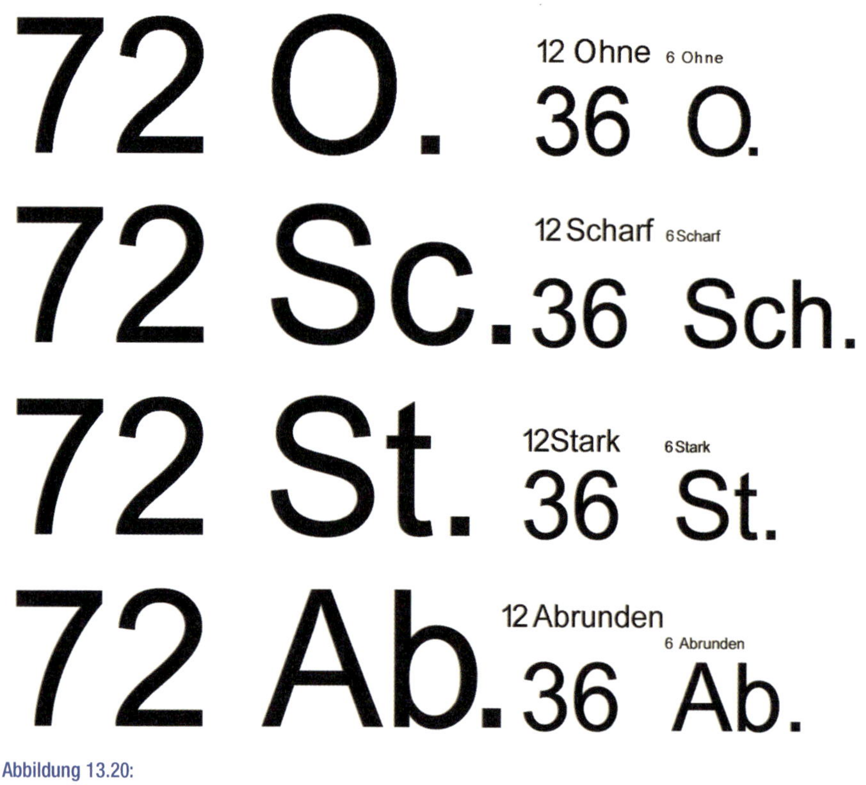

72 O.   12 Ohne   6 Ohne
        36 O.

72 Sc. 12 Scharf 6 Scharf
        36 Sch.

72 St. 12 Stark 6 Stark
        36 St.

72 Ab. 12 Abrunden 6 Abrunden
        36 Ab.

Abbildung 13.20:
Hier sehen Sie verschiedene Punktgrößen, diesmal in einer typischen Druckauflösung von 300 dpi, mit den unterschiedlichen Varianten für das »Glätten«. Die Pixelgrößen sind hier wesentlich höher. Datei: 300-dpi-Text

13.5   Text verkrümmen und verzerren

Sie können Text durch ungewöhnliche Verzerrungen reizvoller machen. Zum Teil müssen Sie dabei die Textebene **rastern**, so dass weitere Korrekturen im Textmodus ausscheiden.

13.5.1 Text verkrümmen

Mit dem Befehl **Text verkrümmen** können Sie Textebenen vielseitig verzerren. Das Wichtige dabei: Der Schriftzug bleibt im Textmodus erhalten, er lässt sich also weiterhin mit Zeichen- und Absatzpalette korrigieren. Sämtliche Dehnübungen, die Sie mit der Funktion TEXT VER-KRÜMMEN durchführen, beschädigen auch nicht den empfindlichen Rand der Buchstaben.

Abbildung 13.21:
Das Beispiel zeigt »Verkrümmungen« mit den Vorgaben »Bogen« (oben links), »Wellen« (oben rechts) und »Bogen unten« (unten links). Die Textebenen wurden außerdem mit Ebenenstilen bearbeitet und mit der Funktion »Frei Transformieren« verzerrt, um sie an die Umgebung anzupassen. »Verkrümmte« Textebenen erscheinen in der Ebenenpalette mit einem speziellen Symbol. Datei: Bullauge

Verkrümmung beginnen und abschalten

So starten Sie die Funktion »Text verkrümmen«: Klicken Sie auf das Symbol VERKRÜMMTEN TEXT ERSTELLEN in der Optionsleiste zum Textwerkzeug. Alternativ verwenden Sie den Befehl **Ebene: Text: Text verkrümmen,** den Sie auch im Kontextmenü zum Textwerkzeug wiederfinden. Textebenen mit Verkrümmung kennzeichnet Photoshop durch ein spezielles, verzerrtes »T«-Symbol in der Ebenenpalette.

Möchten Sie den Text wieder entzerren? Wählen Sie erneut den Dialog TEXT VERKRÜMMEN und klicken Sie im STIL-Menü auf **Ohne.**

Auch bei geöffnetem Dialogfeld TEXT VERKRÜMMEN *können Sie den Schriftzug mit der Maus im Bild verschieben.*

Abbildung 13.22:
Links: Die Vorgabe »Flagge« des Dialogfelds »Text verkrümmen« wirft den Text in Wellen. Rechts: »Flagge« mit positiver horizontaler Verzerrung. Datei: Aussicht

Optionen im Dialogfeld »Text verkrümmen«

Diese Optionen bietet das Dialogfeld:

➤ Als STIL suchen Sie eine Form wie BOGEN oder MUSCHEL unten heraus. Beliebige freie Formen bietet Photoshop nicht an, ebenso wenig wie Text auf Pfaden.

➤ Mehrere Stile bieten die Auswahl zwischen einer Verzerrung HORIZONTAL oder VERTIKAL. Die vertikale Variante eignet sich fast nur für Textebenen, die höher als breit sind, zum Beispiel bei unproportional in die Höhe verzerrtem Text oder wenn Sie den Befehl **Ebene: Text: Vertikal** verwendet haben.

➤ Der Regler BIEGUNG bestimmt den Grad der Verzerrung. Je weiter nach außen Sie den Regler schieben, umso stärker ist die VERKRÜMMUNG – prüfen Sie in der Zoomstufe 100 Prozent, ob die Lettern überhaupt noch zu entziffern sind. Negative Werte links auf der Reglerskala kehren den Effekt um; ein ursprünglich nach oben gewölbter BOGEN biegt sich nun nach unten durch.

➤ Ziehen Sie den Regler für HORIZONTALE VERZERRUNG nach rechts, auf positive Werte, so erscheint der Schriftzug links schlanker und rechts fetter als zuvor. Bei negativen Werten, also Reglerposition links, beginnt der Slogan extradick und wird von links nach rechts schwindsüchtig.

➤ Die VERTIKALE VERZERRUNG bestimmt, ob Ihr Schriftzug oben oder unten breiter erscheinen soll. Ein positiver Wert erzeugt einen breiten Textsockel, der sich nach oben verjüngt. Negative Werte (also Reglerposition links) produzieren stürzende Linien in die Gegenrichtung: unten schmal und oben breiter.

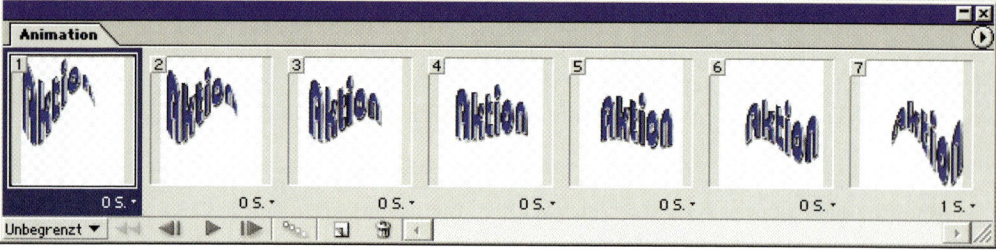

Abbildung 13.23:
Setzen Sie Veränderungen innerhalb einer »Verkrümmen«-Vorgabe in einen Trickfilm um. Um gleichzeitig eine Verschiebung und die Verformung zu erreichen, haben wir in der Animationpalette zunächst zwei Frames angelegt, die auf einer einzigen Textebene mit unterschiedlichen Werten für Position und Verkrümmung basieren. Im Dialogfeld »Dazwischen einfügen« wurden die Vorgaben »Position« und »Effekt« verwendet. Besonders platzsparend und effektvoll lässt sich Text im Flash-Dateiformat animieren, allerdings nicht mit ImageReady oder Photoshop. Dateien: Aktion.psd, Aktion.gif

13.5.2 Weitere Textverzerrung

Weitere Verzerrungsmöglichkeiten für Textebenen bietet der Befehl **Bearbeiten: Frei transformieren** (Strg + T). Hier ziehen Sie – teils mit Zusatztasten – an den Anfasspunkten um die Rechteckbox herum oder Sie tippen Werte in die Eingabefelder der Optionenleiste, die Photoshop automatisch einblendet. Sie können dabei die Schrift skalieren (auch unproportional), drehen oder neigen, allerdings nicht perspektivisch verzerren. Wollen Sie die Textproportionen wahren, drücken Sie beim Skalieren die ⇧-Taste oder zuvor die Schaltfläche SEITENVERHÄLTNIS ERHALTEN. Diese Funktionen lassen sich zusätzlich zum VERKRÜMMEN oder stattdessen verwenden. Details zum Transformieren finden Sie auf Seite 713. Ihr Slogan verbleibt dabei im praktischen Textmodus.

Abbildung 13.24:
Diese Möglichkeiten haben Sie erst nach Anwendung des Befehls »Ebene: Rastern: Text«. Links: »Bearbeiten: Transformieren: Perspektivisch verzerren«; Mitte: »Filter: Verzerrungsfilter: Wölben«; Rechts: »Filter: Verzerrungsfilter: Polarkoordinaten« (Kreise bis maximal 180 Grad erlaubt allerdings die »Verkrümmen«-Funktion.)

Weitere attraktive Verzerrungsmöglichkeiten für gerasterten Text finden Sie in den folgenden Menüs:

- Das **Filter**-Untermenü **Verzerrungsfilter** enthält starke Befehle wie **Schwingungen, Strudel** oder **Verbiegen**. Details erfahren Sie im »Filter«-Kapitel ab Seite 825.

- Gummiartig dehnen lassen sich die Worte mit dem Befehl **Filter: Verflüssigen** (siehe Seite 722).

Freilich gilt hier jedes Mal: Photoshop rastert zunächst die Ebene – Sie können den Schriftzug also nicht mehr im Textmodus bearbeiten und sollten auch auf beschädigte Kanten achten. Beim Verzerren schalten Sie die Ebenenoption TRANSPARENTE PIXEL FIXIEREN oben in der Ebenenpalette aus (vergleiche Seite 710).

Abbildung 13.25:
Verwenden Sie die Funktion »Bearbeiten: Frei Transformieren« (Strg + T) auch bei Textebenen, die Sie bereits verkrümmt haben. Datei: Bullauge

Kapitel 13   Text

13.6 Schriftzüge weiter verändern

Die Schriftzüge lassen sich auf vielfältige Art für die jeweiligen Zwecke anpassen. Sie können die Laufweite ändern, die Schriften verformen, einzelne Buchstaben verformen oder den ganzen Schriftzug. Für viele Veränderungen müssen Sie freilich die Textebene **rastern** (siehe oben), so dass anschließend keine Bearbeitung im Textmodus mehr möglich ist.

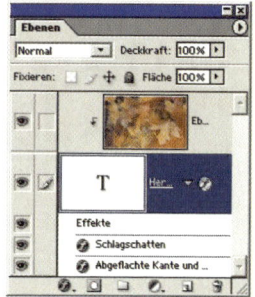

Abbildung 13.26:
So füllen Sie die Textebene mit einem Bild: Bringen Sie das Bild auf eine Ebene über dem Text. Klicken Sie mit gedrückter [Alt]-Taste auf den Begrenzungsstrich zwischen den Ebenen. Damit wird der Schriftzug zur »Basisebene«, die Struktur erscheint nur innerhalb der Lettern. Wir haben zusätzlich Ebeneneffekte verwendet. Der Text bleibt korrigierbar, das Bild darüber können Sie zum Beispiel verschieben oder vergrößern. Datei: Herbst

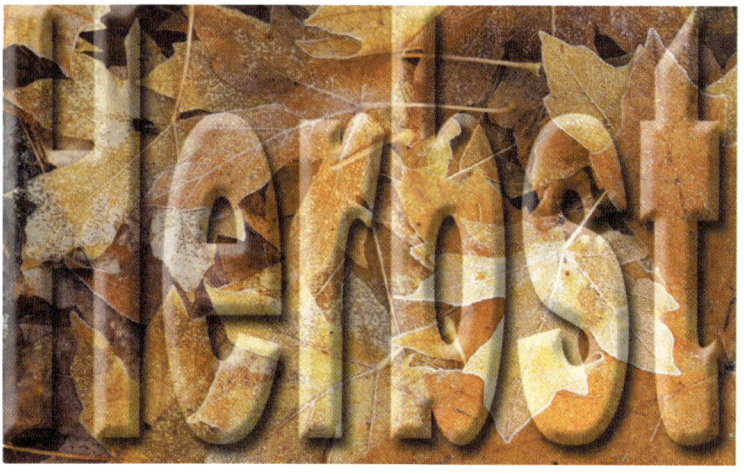
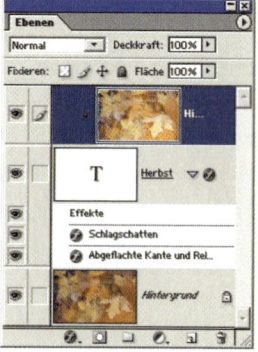

Abbildung 13.27:
Auch hier wurde mit einer Basisebene gearbeitet, die durch einen Ebeneneffekt verändert wird. Der Filter »Beleuchtungseffekte« hat die darüber liegende Struktur aufgefrischt. Eine unveränderte Variante des Herbstfotos liegt unter der Basisebene und erscheint deshalb in vollem Umfang. Datei: Herbst_2

13.6.1 Schriftzüge mit einem Bild füllen

Generell können Sie in Textebenen kein Bild einsetzen. Auf verschiedenen Umwegen erreichen Sie das aber leicht doch:

- Verwenden Sie die Textebene als Basisebene einer Beschnittgruppe; die darüber liegenden Ebenen füllen den Schriftzug aus, ragen aber nicht über die Schriftkonturen hinaus. Details erfahren Sie im »Ebenen«-Kapitel ab Seite 775.

- Blenden Sie den Schriftzug so ein, dass die darunter liegende Ebene in der Schrift erscheint. Beispielsweise verwenden Sie Neutralgrau als Textfarbe und HARTES LICHT als Überblendmodus. Weil Neutralgrau selbst im Modus HARTES LICHT unsichtbar ist, muss der Schriftzug irgendeine Kontur erhalten, zum Beispiel durch die Ebeneneffekte ABGEFLACHTE KANTE UND RELIEF (Seite 755) oder KONTUR (Seite 860). Alternativ senken Sie die Deckkraft der Ebenenfüllung mit dem FLÄCHE-Regler oben in der Ebenen-Palette (Seite 727).

- Verwandeln Sie den Textumriss in eine Vektormaske. Sie wählen bei aktivierter Textebene den Befehl **Ebene: Text: Arbeitspfad erstellen**; dann aktivieren Sie die gewünschte Ebene und klicken auf **Ebene: Vektormasken hinzufügen: Aktueller Pfad** (Details Seite 773). Wenn Sie nun die Vektormaske aktivieren und alle Buchstaben mit dem Pfadauswahl-Werkzeug oder mit dem Direktauswahl-Werkzeug auswählen, können Sie die Buchstaben über dem Bild verschieben und neu bestimmen, welche Bildteile sichtbar sind.

- Füllen Sie den Schriftzug per Ebenenstil mit einer MUSTERÜBERLAGERUNG (Seite 759). Hier können Sie eine beliebige, auch sehr große Datei verwenden, die dann nur einmal innerhalb der Lettern erscheint.

 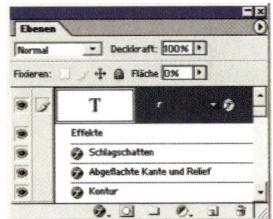

Abbildung 13.28:
Links: Bei jedem Buchstaben wurde der Ebenen-Stil um einen Effekt oder eine Füllmethode erweitert. Der jeweils vorhandene Ebenenstil wurde mit den Befehlen »Ebenenstil kopieren« und »Ebenen-Stil einfügen« auf die nächste Ebene übertragen und weiter bearbeitet. Es beginnt mit dem Effekt »Schlagschatten«, dann kommt »Kontur« hinzu. Anschließend verwendeten wir »Abgeflachte Kante und Relief«, dann »Abgeflachte Kante und Relief« mit zusätzlicher »Kontur«. Im letzten Schritt haben wir den »Fläche«-Regler in der Ebenenpalette auf 0 gestellt. Rechts: Die Palette zeigt die Einstellungen für den Buchstaben »r«. Datei: Wasser-Text

13.6.2 Text und Ebeneneffekte

Die Ebeneneffekte eignen sich vorzüglich für Textveränderungen (Einführung ab Seite 740). Dabei bleibt der Text voll korrigierbar. Ändern Sie die Textform, passen sich die Effekte unverzüglich an. Beispiele für Text mit Ebeneneffekten finden Sie an verschiedenen Stellen im Buch, unter anderem auf der Seite 776. Die interessantesten Funktionen:

➧ Die KONTUR umgibt den Text mit einer Randlinie – die Textkontur tritt besser hervor, hebt sich besser vom Hintergrund ab.

 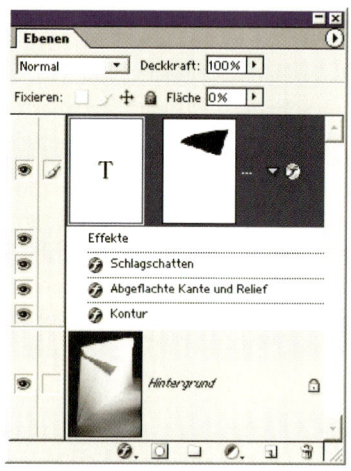

Abbildung 13.29:
Für die Textebene verwenden wir die Ebeneneffekte »Schlagschatten«, »Abgeflachte Kante« und »Kontur«. Die eigentliche Textfarbe wurde mit dem »Fläche«-Regler ausgeblendet, die Textform wurde mit der »Transformieren«-Funktion verzerrt. Eine Ebenenmaske verbirgt die Textbereiche unter der Umschlagklappe. Die Ebenenmaske ist mit der Bildebene nicht verbunden, der Text kann also unter der Umschlagklappe her verschoben werden, verdeckt wird immer der richtige Bereich. Datei: Umschlag

➧ ABGEFLACHTE KANTE UND RELIEF sorgt für knackig-plastische 3D-Textobjekte.

➧ Der SCHLAGSCHATTEN unterlegt Ihre Worte mit einem Schatten – gut geeignet, um Schriftzüge besser von Hintergrund abzuheben. SCHEIN NACH AUSSEN legt einen Lichthof um Ihre Message – sie hebt sich dadurch besser von dunklen Hintergründen ab.

➧ Mit VERLAUFSÜBERLAGERUNG, FARBÜBERLAGERUNG oder MUSTERÜBERLAGERUNG verändern Sie die Textfüllung – und können jederzeit wechseln.

➧ Senken Sie die DECKKRAFT im Bereich ERWEITERTE FÜLLMETHODE der FÜLLOPTIONEN (Seite 727), so dass die Textfüllung verschwindet und nur noch die Ebeneneffekte Ihre Botschaft vertreten, etwa als Kontur oder durchsichtige 3D-Plastik.

13.6.3 Korrekturen nach dem Rastern

Oft müssen Sie den Text erst mit dem Befehl **Ebene: Rastern: Text** in eine übliche Bildpunktebene verwandeln, ehe Photoshop Änderungen erlaubt. Bei **Filter**-Befehlen bietet Photoshop diesen Schritt von sich aus an. Alle folgenden Korrekturen erfordern eine gerasterte Ebene.

Schriftzüge weiter verändern | Kapitel 13

Tipps für die Arbeit mit gerastertem Text

Bevor Sie den Befehl **Ebene: Rastern: Text** anwählen, sollten Sie ein Duplikat der Textebene erzeugen. Ziehen Sie die Ebene dazu in der Palette auf das Symbol NEUE EBENE ; das Duplikat machen Sie mit dem Augensymbol unsichtbar. Sie haben nun auch bei gescheiterten Versuchen mit der gerasterten Textversion immer noch Zugriff auf die ursprünglichen Lettern, die Sie gegebenenfalls auch noch im Textmodus verändern können. (Natürlich können Sie bei Bedarf auch mit der Protokollpalette zurück zur Textebene springen.)

Auch den gerasterten Text sollten Sie auf einer eigenen Ebene lassen und nicht mit darunter liegenden Ebenen verschmelzen. Sind die Lettern von Transparenz umgeben, lassen sie sich wesentlich sauberer auswählen und bewegen als buchstabenförmige Bereiche, die zum Beispiel von weißen Pixeln eingefasst werden.

Korrektur des Buchstabenabstands

Sie können die Buchstabenposition zum Teil einfacher verändern, wenn Sie den Text erst gerastert haben. Wollen Sie einzelne Lettern bewegen, werden diese nach dem Rendern zunächst mit Zauberstab oder Lasso markiert und dann mit dem Verschieben-Werkzeug verschoben. Denken Sie dabei an ein paar Regeln aus der Ebenentechnik:

- Die ⇧-Taste lässt nurmehr Bewegungen auf Geraden oder 45-Grad-Winkeln zu.
- Die `Pfeil`-Tasten bewegen den Buchstaben in Pixelschritten, sofern das Verschieben-Werkzeug aktiviert ist; nehmen Sie für Zehnersprünge die ⇧-Taste dazu.

TIPP *Buchstaben lassen sich überdies leicht verschieben, wenn Sie den Text in eine Form verwandeln (**Ebene: Text: In Form konvertieren**). Jeden einzelnen Buchstaben aktivieren Sie bequem mit dem Pfadauswahl-Werkzeug. Drücken Sie die ⇧-Taste, um die Bewegung auf rechte Winkel zu beschränken.*

Erweiterte Textumrisse mit »Dunkle Bereiche vergrößern«

Möchten Sie Bildteile innerhalb eines Schriftzugs zeigen, kommt es auf möglichst breit laufende Schriften an. Doch sogar Posterschriften zuzüglich FAUX FETT kann man (nach dem **Rastern**) mit verschiedenen Funktionen noch weiter aufpumpen, so dass mehr Bildmaterial hineinpasst.

Verwenden Sie zum Beispiel den **Filter**-Befehl **Sonstige: Dunkle Bereiche vergrößern** (vergleiche Seite 571). Er wirkt auch bei hellen Schriftfarben, sofern die Lettern von Transparenz umgeben sind. Sie können die Schrift bis zu zehn Pixel verbreitern und erzeugen so sehr wuchtige Lettern. Harte Ecken in den Umrissen bleiben in etwa erhalten, aber auch die Randglättung überlebt.

Kapitel 13   Text

Abbildung 13.30:
Links: Diese Schrift soll breiteren Raum einnehmen, damit sie deutlicher mit Bildmaterial gefüllt werden kann. Mitte, rechts: Diese Aufgabe übernimmt der Befehl »Filter: Sonstige: Dunkle Bereiche vergrößern« mit unterschiedlichen Intensitäten. Die Option »Transparente Pixel fixieren« muss abgewählt sein. Datei: E

Abbildung 13.31:
Links: Die Schrift wurde zunächst deutlich weichgezeichnet und dann mit dem »Schwellenwert«-Befehl bearbeitet. Dabei kommt es aber zu harten Rändern. Mitte: Glattere Ränder entstehen, wenn man statt des »Schwellenwerts« den Befehl »Helligkeit/Kontrast« verwendet, den Kontrast auf etwa 98 Prozent stellt und mit der Helligkeit die Schriftstärke reguliert. Rechts: Auch schlankere Lettern sind möglich, dieses Beispiel entstand mit der »Tonwertkorrektur« auf Basis des weichgezeichneten Schriftzugs.

Erweiterte Textumrisse durch Weichzeichnen und Kontraststeigerung

Ein weiterer Weg zu fetteren (aber auch schlankeren) Typen: Soften Sie zunächst die Lettern mit dem Befehl **Weichzeichnungsfilter: Gaußscher Weichzeichner** deutlich ab – die Umrisse müssen aber erhalten bleiben. Anschließend machen Sie die Kontur wieder hart. Dazu verwenden Sie verschiedene Befehle aus dem Untermenü **Bild: Einstellungen**. Besonders schnell arbeitet der **Schwellenwert**; hohe Vorgaben wie 160 oder 180 blähen die Schrift auf. Allerdings erzeugt diese Funktion unschöne, krachharte Ränder. Glattere Ränder erhalten Sie mit dem Befehl **Helligkeit/Kontrast**; stellen Sie den Kontrast etwa auf 98 Prozent und nehmen Sie die Helligkeit so weit zurück, dass sich die Schriftumrisse ausweiten.

Auf diesem Weg können Sie auch schlankere Schriftschnitte hervorbringen; probieren Sie auch andere Tonwertbefehle wie die **Tonwertkorrektur**. In jedem Fall erhalten Sie durch das vorherige Weichzeichnen gerundete Umrisse ohne Ecken und Kanten.

 Bei diesem Verfahren darf sich die Schrift nicht in einer transparenten Ebene befinden; am besten verschmilzt man sie mit einer neuen, weiß gefüllten Ebene.

Buchstaben mit dem Zeichenstift-Werkzeug umformen

Mitunter möchte man einzelne Buchstaben umformen – damit sie besser aussehen oder sich exakt Motivteilen anpassen. Sie können natürlich schlicht mit dem Pinsel arbeiten, doch besser geeignet sind die Pfadfunktionen, die Sie überwiegend nur bei Photoshop finden (Details im »Pfade«-Kapitel ab Seite 623). Aktivieren Sie die Textebene und verwenden Sie den Befehl **Ebene: Text: In Form konvertieren**. Photoshop erstellt eine Form mit einem Pfad, den Sie in der Pfadpalette erkennen. Mit dem Direktauswahl-Werkzeug (Kurztaste A) und anderen Pfadwerkzeugen verändern Sie den Pfad, bis Sie eine gelungene Schriftform gefunden haben. Testen Sie verschiedene Stile aus der Stilepalette.

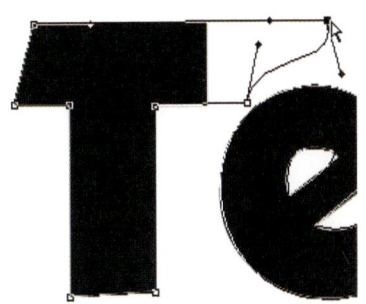 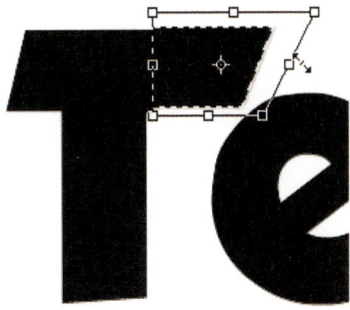

Abbildung 13.32:
Links: Hier wird mit dem Zeichenstift-Werkzeug die Textkontur erweitert und anschließend mit dem Befehl »Pfad füllen« eingefärbt. Rechts: Ein Teil des Buchstabens wurde markiert und mit der »Transformieren«-Funktion gedehnt und geneigt.

Buchstabenteile transformieren

Mitunter möchte man nur einzelne Buchstabenteile in die Länge ziehen, stauchen oder verzerren. Markieren Sie den gewünschten Bereich der (bereits gerenderten) Lettern und wählen Sie **Bearbeiten: Transformieren** ([Strg]+[T]). In der Regel sollte in den **Voreinstellungen** die Interpolationsmethode BIKUBISCH eingerichtet sein. Prüfen Sie jedoch, ob es zu Randunschärfen kommt.

Text füllen und verzerren

Füllen Sie gerenderten Text auf einer Ebene mit Muster oder Motiv, sollten Sie die Option TRANSPARENTE PIXEL FIXIEREN in der Ebenenpalette einschalten. Sonst wird die gesamte Bildfläche zugeschüttet. Wollen Sie dagegen den Text verzerren oder weichzeichnen, schalten Sie die Option aus – die Wirkung der Filter wird sonst an den vorhandenen Texträndern abgeschnitten.

Skalieren und Transformieren

Sie können auch gerenderte, ehemalige Textebenen skalieren und mit den **Transformieren**-Funktionen verbiegen, zumal die Varianten **Verzerren** und **Perspektivisch verzerren** für Text gar nicht im Angebot sind. Aber belassen Sie es bei ein, zwei Durchgängen, weil die Randschärfe sonst leiden kann. In der Regel sollten Sie als INTERPOLATIONSMETHODE in den Voreinstellungen BIKUBISCH vorgeben, sofern Sie nicht mit kleinsten, einfarbigen Lettern hantieren; dann hilft, wenn überhaupt, eher die PIXELWIEDERHOLUNG (Details zu diesen Verfahren ab Seite 156).

Randfehler beheben

Beim Verzerren gerenderter Textebenen entstehen leicht unschön ausgefranste Ränder. Sie lassen sich oft wieder glätten, zumindest wenn die Buchstaben eine gewisse Breite nicht unterschreiten:

Kapitel 13   Text

Abbildung 13.33:
Links: Diese Lettern wurden mit dem »Gaußschen Weichzeichner« abgesoftet. Mitte: Eine verschlungene »Gradationskurve« verteilte die Tonwerte um. Rechts: Der Regler »Helligkeit/Kontrast« sorgte für flächigere Töne.

➤ Verzerren Sie den Text auf transparentem Grund, laden Sie dann die Auswahlinformation per ⌈Strg⌉-Klick auf die Miniatur, kehren Sie die Auswahl um, dann weiten Sie diese Auswahl um wenige Pixel aus mit dem Befehl **Auswahl: Auswahl verändern: Ausweiten** oder mit der **Auswahl**-Funktion **Auswahl transformieren** (diese Funktion gibt es nur in Photoshop, das falsch benannte Untermenü **Auswahl transformieren** in Image-Ready bewirkt etwas anderes). Nun löschen Sie das Schriftumfeld mit der ⌈Esc⌉-Taste, um die ausgefransten Randpixel zu eliminieren.

➤ Erzeugen Sie von der gerasterten Textebene eine Auswahl, indem Sie bei gedrückter ⌈Strg⌉-Taste auf die Miniatur in der Ebenenpalette klicken; die Auswahl verwandeln Sie in einen Pfad bei mittlerer oder niedriger Toleranz von zum Beispiel »2« (vergleiche Seite 657); den Pfad füllen Sie mit aktivierter Option GLÄTTEN auf einer neuen Ebene.

➤ Zeichnen Sie den Text geringfügig weich; anschließend sorgen Sie mit dem **Schwellenwert** oder mit **Helligkeit/Kontrast** – jeweils aus dem Untermenü **Bild: Einstellungen** – wieder für harte Konturen (vergleiche Seite 476).

14 Filter

Abbildung 14.1:
Die Vorlage wird mit dem Befehl »Filter: Weichzeichnungsfilter: Radialer Weichzeichner« bearbeitet, wir verwenden die Option »Strahlenförmig«. Rechts haben wir die Hintergrundebene dupliziert, das Duplikat gefiltert und im Bildzentrum per Ebenenmaske die unverfremdete Hintergrundebene angezeigt. Vorlage: Alpin

Auf Knopfdruck machen Sie eine Bildpartie schärfer, lassen sie wie ein Gemälde oder wie eine eherne Statue aussehen, Sie knüllen das Foto zusammen, spannen es auf eine Kugel, beleben es durch Zoom und Bewegungsunschärfe. Die entsprechenden Funktionen finden Sie im **Filter**-Menü. Die Filter tragen Namen wie **Facetteneffekt, Stark scharfzeichnen, Schwingungen** oder **Kreide & Kohle**.

Manche Filter sollen ein Foto zur effektvollen Illustration aufwerten; andere dienen als schlichte Helfer, die Bildschwächen wie Unschärfe oder zuviel Schärfe ausbügeln. Über 90 Befehle drängeln sich in den **Filter**-Untermenüs. Der wohl wichtigste Filter heißt **Unscharf maskieren**; nicht jeder weiß, dass es ein Scharfzeichner ist.

  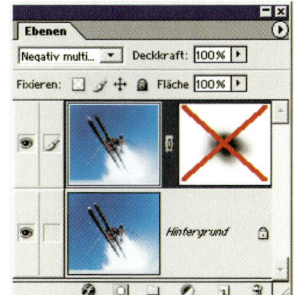

Abbildung 14.2:
Links: Die obere Ebene wurde auf die Füllmethode »Aufhellen« umgestellt. Mitte: Die Füllmethode »Negativ Multiplizieren« hellt das Gesamtbild auf. Rechts: In der Ebenenpalette erkennen Sie, dass wir für das mittlere Bild aus dieser Reihe die Ebenenmaske abgeschaltet haben. Ergebnis: Alpin_2

14.1 Grundlagen

Filter verändern einen Auswahlbereich oder das ganze Bild. Haben Sie keinen Bildteil markiert, wirkt sich der Filter aufs ganze Bild aus. Vorsicht: Manche Filter, wie etwa **Kristallisie-**

Kapitel 14   Filter

ren oder **Beleuchtungseffekte,** brauchen viel Zeit. Hier probt man zunächst mit einer kleinen Auswahl oder mit einem heruntergerechneten Duplikat.

Die Bildpunkte, die sich Photoshop dabei zum Teil neu ausdenkt, werden nach einer der drei Interpolationsmethoden ermittelt, die Sie in den **Voreinstellungen** zur Auswahl haben; in der Regel sollten Sie auf BIKUBISCH entscheiden – langsam, aber gut (Seite 156). Dies gilt insbesondere für die **Verzerrungsfilter.** Photoshop und ImageReady bieten in etwa dasselbe. Teilweise sind bei Photoshop die Untermenüs besser gefüllt, hier orientieren wir uns an Photoshop. Einige wenige **Filter**-Befehle haben wir bereits in vorhergehenden Kapiteln besprochen, darunter **Verflüssigen** (Seite 722), **Extrahieren, Helle Bereiche vergrößern** und **Dunkle Bereiche vergrößern** (Seite 571).

14.1.1   Filtervergleich

Zu den wichtigen digitalen Helfern zählen **Unscharfmaskierung, Gaußscher Weichzeichner** und **Störungen hinzufügen.** Eigenen Stellenwert haben auch einige **Verzerrungsfilter** und die **Beleuchtungseffekte.**

Doch bei der kreativen Verfremdung geht es drunter und drüber; die vormals separat zu erwerbende Filtersammlung »Gallery Effects« wurde ab Photoshop 4 nachträglich ans Programm geklebt und überschneidet sich vielfach mit alteingesessenen Funktionen. Freilich ist jeder Filter etwas anders, der eine verwendet STRUKTUR, der andere nimmt nur die Vordergrundfarbe, der eine erlaubt Skalierung, der andere nur Veränderung der Intensität. Gleichwohl: Hier sollte man Filterabbau betreiben und Funktionen zusammenfassen. Lästig, dass Photoshop keinen Filterwechsel bei geöffnetem Dialogfeld oder eine Vielfach-Vorschau für verschiedenste Filter in einem Tableau erlaubt – die Konkurrenz ist weiter.

Vergleichbare Filter

Filter, die ähnliche Wirkungen erzeugen:

- **Relief, Basrelief** und **Stuck** konkurrieren offenbar.
- Groß ist das Angebot an leuchtendennten, erhältlich in Variationen etwa bei **Kanten betonen, Konturen finden, Konturwerte, Leuchtende Konturen** und **Konturen nachzeichnen.**
- **Rasterungseffekt** und **Farbraster** wirken unterschiedlich; aber die Ähnlichkeit der Namen verwirrt, ein einzelnes Dialogfeld wäre besser.
- **Dunkle Malstriche, Fresko** und **Sumi-e** überziehen das Bild mit schwarzem Etwas.
- **Spritzer, Verwackelte Striche, Kreuzschraffur** und **Feuchtes Papier** wollen mit verzerrten Mikrostrukturen bezaubern, **Malgrund** packt noch STRUKTUR dazu.
- Der **Stilisierungsfilter: Facetteneffekt** ist eine Teilmenge des **Selektiven Weichzeichners** bei Anwendung der Option FLÄCHE.

Grundlagen   Kapitel 14

➤ **Risse** und **Kacheln** tendieren in die gleiche Richtung und sind beide nur Ausschnitte dessen, was der universale Filter **Mit Struktur versehen** zu bieten hat.

➤ **Extrudieren** und **Patchwork** dröseln das Bild in Bausteine auf.

➤ Die **Verzerrungsfilter Ozeanwellen, Kräuseln** und **Glas** ähneln sich, aber auch **Wellen** und **Strudel** sind so unterschiedlich nicht.

  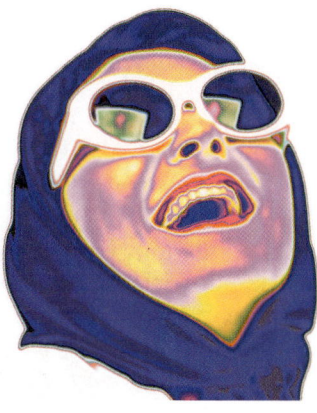

Abbildung 14.3:
Nicht immer sind »Filter«-Befehle der richtige Weg, wenn Sie deutliche Farbverfremdungen zum Ziel haben. Andere Funktionen bieten bessere Steuerungsmöglichkeiten: Diese Reihe entstand mit stark verzerrten Gradationskurven, eine weitere Möglichkeit bietet der Befehl »Bild: Einstellungen: Verlaufsumsetzung«. Für beide Befehle gilt: Bearbeiten Sie eventuell einzelne Grundfarbkanäle, und zeichnen Sie die Vorlage behutsam weich, um wie im rechten Ergebnis glattere Farbübergänge zu erhalten. Vorlage: Verfremdung

Schnelle Tests

Wenn Sie mit unterschiedlichen Filtern oder Filtereinstellungen experimentieren, sollten Sie eine Datei vielfach über sich selbst kopieren und die einzelnen Ebenen zunächst als Miniatur vergleichen. Sie können dann auch mit verschiedensten Mischungen arbeiten. Schnellster Weg:

1. Laden Sie die Datei.
2. [Strg]+[A] (Alles auswählen, am Mac [⌘]+[A])
3. [Strg]+[C] (in die Zwischenablage kopieren)
4. Mehrfach [Strg]+[V] (wiederholt als neue Ebene einsetzen)

Klicken Sie mit der [Alt]-Taste in die Augen-Leiste der Ebenenpalette, um eine Einzelebene zu betrachten; neuerlicher [Alt]-Klick blendet alle Ebenen übereinander. Sie können sich direkt im Bild auch alle Ebenen im Kontextmenü auflisten lassen, wenn das Verschieben-Werkzeug aktiv ist. Ziehen in der Augenleiste blendet ganze Ebenenfolgen aus und ein.

14.1.2 Rücknahme und Wiederholung

Wollen Sie eine oder mehrere Reglerveränderungen im Dialogfeld annullieren, dann drücken Sie die [Alt]-Taste. Die Schaltfläche ABBRECHEN erhält dann den Titel ZURÜCK: Sie kehren per Klick zu den ursprünglichen Einstellungen des Filters zurück, ohne ihn schließen und neu starten zu müssen.

Ein wachsender Balken signalisiert Fortschritte der Filteraktion. Mit [Strg]+[Z] bzw. **Bearbeiten: Rückgängig** heben Sie den letzten Schritt wieder auf; haben Sie zum Widerrufen einmal zu viel gefiltert, greifen Sie zur Protokollpalette. Vor langwierigen Experimenten sollte man ein **Bild duplizieren** mit dem entsprechenden **Bild**-Befehl oder auch eine neue Ebene des Werks anlegen.

Der **Bearbeiten**-Befehl **Verblassen** ([Strg]+[⇧]+[F]) nimmt einen Filter – aber auch eine Kontrastkorrektur – stufenlos zurück, indem er die Vorherversion des Werks mit wählbarer Deckkraft darüber blendet (Seite 95). Wohlgemerkt fahren Sie damit nicht etwa Filterwerte zurück – den Scharfzeichner von »200« auf »80« –, sondern Sie mixen zwei Versionen des Werks.

Der Griff [Strg]+[F] wiederholt einen Filter mit den vorherigen Einstellungen, ohne das zugehörige Dialogfeld noch einmal zu zeigen; einen entsprechenden Menübefehl finden Sie auch im Filtermenü und im Kontextmenü der Auswahlwerkzeuge, sofern eine Auswahl im Bild aktiv ist. Mit [Strg]+[Alt]+[F] kommen Sie zum Dialogfeld, ändern Werte und filtern dann neu.

14.1.3 Auswahlkante

Damit der Übergang zwischen der gefilterten Auswahl und dem unberührten Drumherum nicht allzu abrupt gerät, achten Sie beim Erzeugen der Auswahl auf GLÄTTEN oder auf eine **Weiche Auswahlkante** (Seite 546). Sie können die Filterwirkung passgenau mit Alphakanal oder Maskierungsmodus im Zaum halten und so etwa den Filtereffekt stufenlos zunehmen lassen. Alternative mit Bild-zurück-Garantie: Legen Sie ein Duplikat auf die Ebene über dem Original, filtern Sie es und kontrollieren Sie die Sichtbarkeit der gefilterten Version durch eine Ebenenmaske (Seite 780). Nun gestalten Sie den Übergang zwischen dem unveränderten Original und dem komplett veränderten Duplikat durch Bearbeiten der Ebenenmaske immer neu und experimentieren mit Deckkraft, Tonwertbegrenzung und Füllmethoden.

Für behutsame nachträgliche Anpassung zwischen gefiltertem und naturbelassenem Bereich sorgen Sie mit dem Protokollpinsel (Seite 103); suchen Sie sich dazu aus der Werkzeugspitzenpalette ein Malutensil mit weicher Kante. Auch Weichzeichner-Werkzeug oder Wischfinger (Seite 528) vertuschen die Grenzen zwischen gefiltertem und naturbelassenem Pixelanbau. Um von vornherein den Übergang ohne störende Fließmarkierung zu beurteilen, wählen Sie im **Ansicht**-Menü die Option **Extras einblenden** ab ([Strg]+[H]); das geht sogar bei geöffnetem Dialogfeld.

Grundlagen   Kapitel 14

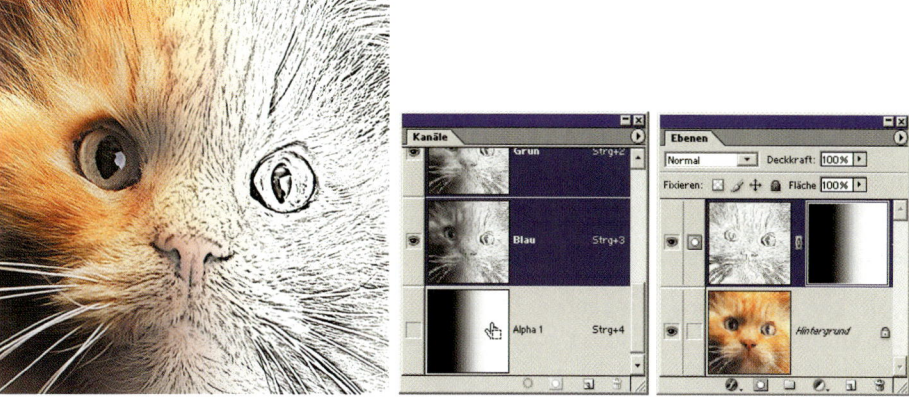

Abbildung 14.4:
Links: Die Filterwirkung nimmt stufenlos zu. Mitte: Dazu haben wir einen Schwarzweißverlauf im Alphakanal angelegt; Sie laden ihn per Strg -Klick auf die Kanalminiatur in der Kanälepalette als Auswahl laden. Rechts: Alternative mit Bild-zurück-Garantie: Legen Sie eine Duplikatebene über den Hintergrund und kontrollieren Sie die Sichtbarkeit des gefilterten Duplikats mit einer Ebenenmaske. Datei: Filter

14.1.4   Mit Filtereffekt malen

Photoshop bietet nur wenige Retuschewerkzeug, die einen Filtereffekt bei wählbarer Werkzeugspitzengröße auf das Bild tuschen – darunter Weichzeichner , Scharfzeichner und in gewisser Weise der Wischfinger . Dennoch können Sie auf verschiedene Arten auch jeden anderen Filtereffekt mit Pinseln auftragen. Im Übrigen eignen sich die Verfahren auch für eine gezielte Anwendung der Tonwertveränderungen aus dem Untermenü **Bild: Einstellungen**.

Filtereffekt mit Protokollpinsel auftragen

So tragen Sie den Filtereffekt mit dem Protokollpinsel auf:

1. Wenden Sie den Filter auf die gewünschte Ebene an.

2. Rufen Sie die Protokollpalette mit dem **Fenster**-Menü auf und gehen Sie einen Schritt zurück; damit ist der Filterbefehl annulliert.

3. Markieren Sie in der Protokollpalette das Objekt für den Filterbefehl – in unserem Beispiel also das Objekt ganz unten – als Ursprung für den Protokollpinsel . Dazu klicken Sie neben der Befehlsbezeichnung in das leere Kästchen, so dass dort ein Pinselsymbol erscheint.

4. Schalten Sie mit der Taste Y den Protokollpinsel ein, wählen Sie in den Optionen eine passende Werkzeugspitze und malen Sie den Filtereffekt aus dem widerrufenen Zwischenstadium ins Bild.

Kapitel 14   Filter

Filtereffekt per Duplikat und Ebenenmaske auftragen

Noch flexibler sind Sie beim »Aufmalen« eines Filtereffekts, wenn Sie eine Ebenenmaske anwenden (Details ab Seite 766):

1. Rufen Sie die Ebenenpalette mit F7 auf, aktivieren Sie die gewünschte Ebene und duplizieren Sie die Ebene zum Beispiel mit dem Befehl **Ebene duplizieren** aus dem Kontextmenü über dem Namen der Ebenenminiatur.
2. Wenden Sie den Filterbefehl auf die »Kopie«-Ebene an.
3. Legen Sie für diese Ebene eine neue Ebenenmaske an, welche die gefilterte Ebene zunächst komplett verbirgt. Dies erledigt der Befehl **Ebene: Ebenenmaske hinzufügen: Alles maskiert**.
4. Wenn diese Ebenenmaske aktiviert ist, achten Sie auf weiße Vordergrundfarbe und tragen Sie mit dem Pinsel oder einem anderen Malwerkzeug Weiß in der Maske auf; an diesen Stellen tritt die gefilterte »Kopie«-Ebene wieder hervor.

14.1.5 Vorschau

Viele Photoshop-Filter bieten ein Vorschaufeld, in dem Sie die Optionen einstellen und gleichzeitig eine Vorschau erhalten. Freilich wirkt dieses Vorschaufenster oft zu klein und die Sofort-Vorschau am Originalbild bietet nur wenige Befehle.

Abbildung 14.5:
In den meisten Dialogfeldern bietet Photoshop ein Vorschaufenster für die Filterwirkung. Der Abbildungsmaßstab ist regelbar.

Die Vorschauabbildung zeigt Ihnen zunächst einen Ausschnitt des Werks in 100-Prozent-Auflösung: ein Pixel des Originals wird mit einem Monitorpixel abgebildet. So verändern Sie die Ansicht und den Abbildungsmaßstab im Filterdialog und in der Originaldatei:

- Bewegen Sie den Mauszeiger in die Vorschau, wird er zum Hand-Werkzeug, mit dem Sie das Bild im Vorschaufenster verschieben; klicken Sie in das Dateifenster, um einen beliebigen Bereich im Vorschaufenster abzubilden (sofern das Dialogfeld eine VORSCHAU-Option hat).

- Bewegen Sie den Mauszeiger mit gedrückter ⇧-Taste in das Dateifenster, erhalten Sie das Hand-Werkzeug, um die Datei innerhalb des Fensters zu verschieben (sofern das Dialogfeld eine VORSCHAU-Option hat und die Datei nicht voll sichtbar ist).

Grundlagen　　　　　　　　　　　　　　　　　　　　　　　　　　　　Kapitel 14

- Um eine höhere Zoomstufe in der Vorschau herzustellen, klicken Sie auf das Plus-Zeichen oder bewegen Sie die Maus mit gedrückter ⟨Strg⟩-Taste auf die Vorschau – Sie erhalten dann eine Lupe 🔍, mit der Sie den gewünschten Bildteil einrahmen und sofort vergrößert darstellen lassen. Mit der ⟨Strg⟩-Taste erhalten Sie auch eine Lupe über der Datei, so dass Sie auch das Original vergrößern können.

- Eine kleinere Zoomstufe zeigt Photoshop im Vorschaudialogfeld, wenn Sie auf das Minuszeichen im Dialogfeld klicken oder mit gedrückter ⟨Alt⟩-Taste in das Vorschaufenster klicken – dann erscheint die Verkleinerungslupe 🔍. Diese Verkleinerungslupe erhalten Sie bei gedrückter ⟨Alt⟩-Taste auch über der Datei, um sie bei geöffnetem Dialogfeld zu verkleinern.

Dialogfelder mit VORSCHAU-Option bieten zunächst eine Vorschau im eigenen kleinen Fenster. Aber im gleichen Prozessortakt wenden sie die Einstellungen sofort auch auf die Originaldatei an, so dass Sie die Filterwirkung schon dort beurteilen können. Nach jeder Änderung einer Einstellung berechnet Photoshop auch die Darstellung in der Originaldatei neu, ohne dass Sie ihn dazu auffordern müssen. Sie können die VORSCHAU zwischendurch ausschalten, um Vorher und Nachher zu vergleichen oder wenn die Neuberechnung zu lange dauert. Ein schnelles Vorher-Nachher haben Sie auch nach Anwendung des Filters, wenn Sie mit mehrfachem ⟨Strg⟩+⟨Z⟩ die Ausführung widerrufen und wiederherstellen; alternativ klicken Sie Zwischenschritte auf der Protokollpalette an.

Mit der ⟨Alt⟩-Taste verändert sich das Schaltfeld ABBRECHEN wie immer in ZURÜCK – damit bringen Sie alle Regler zurück auf die zuletzt angewendete Einstellung.

14.1.6　Filterbeurteilung

Manche Filter laufen so langsam ab, dass es Sinn macht, zunächst nur eine verkleinerte Vorlage zu bearbeiten. Doch auch wenn Sie das Original bearbeiten, gelten die folgenden Regeln. Je nach Filter verwenden Sie für die Vorschau einen Ausschnitt des Bilds oder eine heruntergerechnete Version.

Filterbeurteilung im 100-Prozent-Maßstab

Lassen Sie das Bild in Originalgröße und filtern Sie testhalber nur einen schnell markierten Ausschnitt in einem wichtigen Bildteil, wenn der Filter auf kleinstem Raum wirkt und Mikrostrukturen verändert – so etwa die **Strukturierungsfilter**, die **Scharfzeichnungsfilter** oder die **Störungsfilter**: Um etwa die **Körnung** zu beurteilen, reichen ein paar Quadratpixel, aber zuverlässig ist die Beurteilung nur, wenn Sie das Bild in der 100-Prozent-Darstellung begutachten – das gilt gleichermaßen für das Original wie für die Vorschau im Dialogfenster (vergleiche Seite 81).

Filterbeurteilung am Gesamtbild

Arbeitet der Filter aber unterschiedlich über das Bild hinweg, hat er ein Zentrum und Außenbereiche – so etwa **Blendenflecke** oder **Beleuchtungseffekte** –, dann sollten Sie für langwierige Testarbeiten eine verkleinerte Version eines Duplikats bearbeiten und im Dialogfeld deutlich verkleinern; das gilt auch für die **Verzerrungsfilter**. Sie müssen nicht unbedingt das

Bild duplizieren. Alternativ kopieren Sie das Werk nur auf eine höhere Ebene und schieben es dort mit der **Transformieren**-Funktion ([Strg]+[T]) zusammen; drücken Sie die [⇧]-Taste, um die Proportionen zu wahren (Seite 713).

14.1.7 Troubleshooting

Wenn der Filter bei Ihnen nichts oder das Falsche ausrichtet oder gar nicht erst angeboten wird, kann das unter anderem daran liegen:

- Bilder im Modus INDIZIERTE FARBEN und 1-Bit-Strichgrafiken (Bitmaps) werden nicht angenommen. Mitunter sind auch Lab, CMYK, Graustufen und 64-Bit-CMYK tabu – die Filter werden gar nicht angeboten, wechseln Sie per **Bild: Modus: RGB-Farbe** zum universellen RGB-Modus.

- Nur die allerwichtigsten Filter funktionieren in Bildern mit 16 Bit Farbtiefe pro Grundfarbe (Seite 189); prüfen Sie im Untermenü **Bild: Modus**, ob die Option **16 Bit pro Kanal** eingeschaltet ist.

- Der Hauptteil des sichtbaren Bilds liegt nicht auf der aktiven Ebene.

- Die aktive Ebene ist durch das Augensymbol ausgeblendet oder überdeckt.

- Sie haben eine kleine oder verborgene Auswahl im Bild. Heben Sie jegliche Auswahl mit [Strg]+[D] auf.

- Statt einer Bildebene haben Sie Ebenenmaske, Schnellmaske, Alphakanal oder Vektormasken aktiviert.

- Sie filtern ein freigestelltes Objekt auf einer sonst transparenten Ebene und haben in der Ebenenpalette die Option TRANSPARENTE PIXEL FIXIEREN angeklickt (Seite 710) – unter anderem bei Verzerrungsfiltern oder Weichzeichnungsfiltern beschneidet das den Effekt drastisch.

Wenn schlicht der Arbeitsspeicher nicht reicht, entfernen Sie zunächst überflüssige Kanäle und Ebenen; notfalls versuchen Sie, Einzelkanäle zu bearbeiten.

14.1.8 Filter verändern und nachbearbeiten

Die Wirkung vieler Effektfilter lässt sich leicht verstärken und verändern. Typische Maßnahmen: Scharfzeichnen, Kontrasterhöhung mit **Helligkeit/Kontrast** oder **Tonwertkorrektur** ([Strg]+[L]), **Tontrennung, Umkehren** ([Strg]+[I]), nachträgliche Anwendung von **Strukturierungsfilter: Mit Struktur versehen** (Seite 835), **Renderingfilter: Blendenflecke** (Seite 877) oder **Beleuchtungseffekte** (Seite 853) sowie Veränderung von FARBTON und SÄTTIGUNG ([Strg]+[U], Seite 457). Wenden Sie eventuell Filter nur auf Einzelkanäle an, experimentieren Sie mit Füllmethoden (Seite 730) und Tonwerteingrenzung (Seite 762).

Grundlagen Kapitel 14

14.1.9 Plug-ins (Zusatzmodule)

Sie können Photoshop und ImageReady durch Zusatzmodule – auch Plug-ins genannt – von Fremdherstellern erweitern. Damit erhalten Sie neue Befehle und Funktionen. Sie erscheinen meist unten im **Filter**-Menü. Dateiformat-Funktionen finden Sie in den Untermenüs **Datei: Importieren** oder **Datei: Exportieren** sowie unmittelbar in Dialogfeldern wie SPEICHERN UNTER oder ÖFFNEN. Zu den bekanntesten Plug-ins gehören »Kai's Power Tools« (KPT) und die Produkte von Nik, Alien Skin, Extensis und Andromeda. Sie finden Beispiel-Plug-ins von Fremdherstellern auf der Photoshop-CD im Verzeichnis »Drittanbieter« auf der CD zu diesem Buch (Seite 897) sowie in reicher Zahl im Internet (siehe unten).

Sollten Sie Probleme mit Photoshop haben, starten Sie das Programm versuchsweise ohne Fremdhersteller-Plug-ins; entfernen Sie dazu dubiose Module aus den verwendeten Ordnern.

Abbildung 14.6:
Seine hauseigenen Plug-ins verstaut Photoshop in verschiedenen Unterverzeichnissen innerhalb des Verzeichnisses »Zusatzmodule«. Zusätzliche Plug-ins von Fremdanbietern sollten Sie in weiteren, neuen Unterverzeichnissen anlegen. Alternativ legen Sie mit dem Befehl »Bearbeiten: Voreinstellungen: Zusatzmodule & Virtueller Speicher« ein weiteres Hauptverzeichnis für Plug-ins fest, auch außerhalb des Photoshop-Verzeichnisses (siehe unten).

Plug-ins installieren

Die Installation eines Plug-ins ist denkbar einfach: Sie kopieren Plug-in-Dateien – oft mit einer Endung wie ».8bf« – in ein Verzeichnis, das Photoshop nach Plug-ins absucht (siehe unten). Beim nächsten Programmstart stehen die Befehle zur Verfügung. Manche kommerziellen Plug-in-Sammlungen suchen sogar auf eigene Faust nach dem passenden Verzeichnis. Einige Plug-ins verlangen eventuell eine ältere Photoshop-Seriennummer – einzutragen mit dem Befehl **Bearbeiten: Voreinstellungen: Zusatzmodule & virtueller Speicher** im Feld LEGACY-SERIENNUMMER.

 Bedenken Sie, dass Sie nicht immer die Originaldateien der Plug-ins kopieren müssen: Sie können auch Verknüpfungen anlegen.

Verzeichnisse für Plug-ins

Generell gibt es zwei Verzeichnisse mit zugehörigen Unterverzeichnissen, in denen Photoshop und ImageReady nach Plug-ins suchen:

- Das Standardverzeichnis »Photoshop/Zusatzmodule« enthält die bereits mitgelieferten Plug-in-Filter für Photoshop und ImageReady. Sie erkennen, dass viele Befehle aus dem **Filter**-Menü hier ihr Dasein als Plug-ins fristen. Sie können hier weitere Plug-ins oder Verknüpfungen zu Plug-ins speichern – am besten in eigenen Unterverzeichnissen (siehe unten).

- Wählen Sie **Bearbeiten: Voreinstellungen: Zusatzmodule & virtueller Speicher** und legen Sie ein weiteres, frei wählbares Plug-in-Verzeichnis fest. Es muss sich nicht innerhalb des »Photoshop«-Verzeichnisses befinden. Die Verwendung eines solchen Verzeichnisses empfiehlt sich meist, wenn noch weitere Programme auf Fremdanbieter-Plug-ins zugreifen sollen.

Unterverzeichnisse

Wie Sie schon an der Photoshop-Standardinstallation erkennen, lassen sich innerhalb des »Zusatzmodule«-Verzeichnisses weitere Ordner anlegen, in denen Sie die vorhandenen Plug-ins sortieren. Packen Sie neue Plug-ins in jeweils eigene Unterverzeichnisse, so dass man sie bei Bedarf schnell aus dem Verkehr ziehen kann. Außerdem fällt es bei getrennten Ordnern leichter, andere Programme gezielt auf diese Drittanbieter-Plug-ins zugreifen zu lassen, ohne gleichzeitig auch die Photoshop-eigenen Plug-ins zu laden – die nämlich laufen bei der Konkurrenz nicht unbedingt.

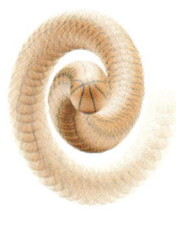 

Abbildung 14.7:
Links: »MuRa's Copies«, ein kostenloses Plug-in, verteilt ein Objekt vielfach. Dabei lassen sich verschiedene Anordnungen vorgeben, auch Zufallsverteilungen und nahtlose Muster sind möglich; die Adresse: http://www.geocities.com/murakuma/mmplugins.html. Rechts: Verblüffende plastische Verzerrungen errechnet das kostenlose Windows-Plug-in »Jama 3D«; die Adresse: http://www.redfieldplugins.com/

Plug-ins aus dem Internet

Querverweise zu meist englischsprachigen Plug-ins, darunter auch viele kostenlose, finden Sie im Internet. Zum einen bieten Hobbyprogrammierer ihre Ergebnisse an, oft nur für Windows-Rechner; zum anderen finden Sie Lockangebote von Plug-in-Herstellern, die durch Herschenken von einzelnen Plug-ins zum Kauf der ganzen Sammlung animieren möchten. Prüfen Sie für Links zu oft kostenlosen Plug-ins die folgenden englischsprachigen Übersichten:

```
http://www.thepluginsite.com/resources/freeps.htm
http://www.thepluginsite.com/resources/freeff.htm
```

Struktur | Kapitel 14

    http://www.netins.net/showcase/wolf359/adobepc.htm
    http://www.deepspaceweb.com/plugins.shtml

Diese Adressen boten bei Manuskriptabgabe kommentierte Verweise auf Englisch, oft auch Beispielbilder. Beachten Sie, dass kostenlose Plug-ins nicht immer überzeugen und gelegentlich nicht einmal funktionieren. Manche Gratismodule bilden gleichwohl eine gute Erweiterung von Photoshop. Wie immer übernehmen Verlag und Autor keine Verantwortung und keine Beratung für Verfügbarkeit und Inhalt der in diesem Buch genannten Internetseiten. Eigene Zusatzmodule entwickeln Sie unter anderem mit der Filter Factory aus dem Verzeichnis »Zugaben/Optionale Zusatzmodule/Ffactory« von der Photoshop-CD; am Mac läuft die Filter Factory nur unter MacOs 9 oder im Classic-Modus.

14.1.10 Befehle im Überblick: Filter

Taste/Feld	Zusatztasten	Aktion	Ergebnis
Esc (während Filter läuft)			Filter abbrechen
Strg+Z	–		Filter widerrufen
Strg+F	–		Letzten Filter wiederholen
Strg+F	Alt		Letzten Filterdialog aufrufen
Strg+F	⇧		**Verblassen**

14.2 Struktur

Einige Filter arbeiten mit STRUKTUR, das heißt, sie legen ein Relief aus SANDSTEIN oder LEINEN zugrunde – so etwa bei den Befehlen **Conté-Stifte**, **Grobes Pastell**, **Glas** und **Malgrund**. Der **Strukturierungsfilter: Mit Struktur versehen** appliziert die Struktur ohne zusätzliche »künstlerische« Verfremdung. Damit rauhen Sie glatte Flächen auf – etwa Verläufe oder Produkte des Wolken-Filters – oder Sie gestalten Hintergrundmuster für Internetseiten. Ihre Optionen bei allen Filtern mit STRUKTUR:

➤ Vier STRUKTUREN sind in Photoshop eingebaut: ZIEGEL, SACKLEINEN, LEINWAND und SANDSTEIN.

➤ Sie können eine beliebige weitere **Struktur laden**.

➤ Per SKALIERUNG verändern Sie die Ausdehnung des Reliefs.

➤ Der RELIEF-Regler steuert die Tiefe bzw. Höhe.

➤ Sie legen eine LICHTPOSITION fest – etwa OBEN LINKS oder UNTEN RECHTS und können das Relief UMKEHREN.

Für die **Beleuchtungseffekte** gelten die Beschreibungen in diesem Abschnitt wohlgemerkt nicht.

Abbildung 14.8:
Die Wirkung der »Struktur« hängt von der Druckauflösung ab. Sie sehen »Sackleinen« mit 300 dpi, daneben mit 200 dpi. Bei geringerer Druckauflösung wirkt die »Struktur« größer.

14.2.1 Struktur laden

Das Einblendmenü bei allen Filtern mit STRUKTUR-Option bietet den Punkt **Struktur laden**. Hier wählen Sie eine beliebige Datei im Photoshop-Dateiformat, also mit der Endung ».psd«; auch Farbdateien eignen sich – die Helligkeitsinformationen werden als Struktur auf das Bild oder auf die Auswahl gelegt. Sie können hier Ihr Firmenlogo ebenso einweben wie eine gescannte Textur. Kleine Motive werden vielfach wiederholt, zu große Motive lassen sich aber nicht zurechtschieben. Wie Sie nahtlose Muster selbst herstellen, lesen Sie ab Seite 27.

Mitgelieferte Strukturen

Einige reizvolle Dateien, die Sie sofort mit dem Befehl **Struktur laden** aus den Filterdialogfeldern verwenden können, finden Sie auf der Photoshop-CD im Unterverzeichnis »Zugaben/Strukturen für Beleuchtungseffekte«, außerdem in den Photoshop-Programmverzeichnissen unter »Zusatzmodule/Verschiebungsmatrizen«.

Farbige Strukturdateien, darunter »Leinengewebe« oder »Zerknittertes Holzpapier« liefert das Photoshop-Verzeichnis »Vorgaben/Strukturen«. Sie eignen sich zum Beispiel auch, um ein MUSTER zu definieren; einige der Dateien liegen im JPEG-Format vor, so dass sie vor einer Verwendung mit der STRUKTUR-Option der Photoshop-Filter erst als Photoshop-Dateien gesichert werden müssen. Weitere besonders großflächige Bilder mit Strukturen liefert auf der Programm-CD das Verzeichnis »Zugaben/Hi Res RGB Textures«. Legen Sie diese Dateien auch ohne Filter direkt über das Bild, zum Beispiel mit der Füllmethode LUMINANZ, oder testen Sie die Wirkung als Hintergrundfläche.

*Beschränken Sie die PSD-Datei, die Sie als **Struktur laden** möchten, auf eine reine Hintergrundebene, sonst lässt sie sich nicht korrekt verwenden. Dies erledigt der Befehl **Ebene: Auf Hintergrundebene reduzieren**.*

14.2.2 Alternativen zu »Mit Struktur versehen«

Sie können eine Struktur auf viele verschiedene Arten einweben. Die folgenden Vorschläge bereiten mehr Arbeit als der Befehl **Mit Struktur versehen**, aber sie sind flexibler und durchschauen die Wirkung besser.

Struktur   Kapitel 14

Struktur per Auswahl

Die folgende Variante ist besonders einfach:

1. Legen Sie die Strukturdatei in einem Alphakanal ab.
2. Laden Sie den Alphakanal als Auswahl.
3. Hellen Sie die Auswahl deutlich auf.
4. Verschieben Sie die Auswahl geringfügig mit einem Auswahlwerkzeug oder mit den `Pfeil`-Tasten, während ein Auswahlwerkzeug aktiv ist.
5. Dunkeln Sie die Auswahl deutlich ab.

Experimentieren Sie mit weichen Auswahlkanten oder Weichzeichnung im Alphakanal und mit dem Versatz der zwei Auswahlen.

Musterüberlagerung

Wenden Sie den Ebeneneffekt MUSTERÜBERLAGERUNG auf das Bild an. Sofern Ihr Bild nur eine Hintergrundebene zeigt, klicken Sie zunächst doppelt auf die Miniatur, um eine normale »Ebene 0« herzustellen. Anschließend klicken Sie erneut doppelt auf die Miniatur, damit Sie den EBENENSTIL-DIALOG sehen. Wählen Sie im Bereich Musterüberlagerung eine Füllmethode wie HARTES LICHT oder MULTIPLIZIEREN.

Struktur auf eigener Ebene

Sie müssen den Filter **Mit Struktur versehen** nicht direkt auf die Bildebene anwenden. Erzeugen Sie eine neue, leere Ebene, die Sie mit Neutralgrau füllen und mit der Füllmethode HARTES LICHT ausstatten. Dort wenden Sie die Struktur an; Sie können nun mit Deckkraft oder anderen Füllmethoden wie INEINANDERKOPIEREN und WEICHES LICHT experimentieren. Sie können problemlos zwischen verschiedenen Strukturen wechseln. Soll diese Struktur nur eine einzelne Ebene Ihrer Montage zieren, kombinieren Sie die beiden Ebenen zur Beschnittgruppe (Seite 775).

Wollen Sie die Struktur über dem Gesamtbild verschieben, sollte die Strukturebene die sichtbare Bildfläche von vornherein überragen. Dazu schalten Sie den Vollschirmmodus ⬛ ein (Tastenkürzel `F`), wählen **Bearbeiten: Frei transformieren** (`Strg`+`T`, 713) und ziehen die noch nicht gefilterte neutralgraue Fläche in die Höhe und in die Breite. Anschließend verwenden Sie **Mit Struktur versehen**; der Filter beackert nun auch Ebenenbereiche außerhalb der Dokumentgrenzen, Sie können die Strukturebene also verschieben.

Machen Sie die Strukturebene noch lebendiger, zum Beispiel mit **Filter: Renderingfilter: Beleuchtungseffekte** (Seite 853). Arbeiten Sie dort auch mit einem RELIEF-KANAL. Zeigen Sie zum Beispiel vorab die Strukturebene allein mit der Füllmethode NORMAL an, laden Sie die Grauwerte als Auswahl durch einen `Strg`-Klick auf den RGB- oder CMYK-Gesamtkanal in der Kanälepalette, dann machen Sie daraus einen Alphakanal mit der Schaltfläche AUSWAHL ALS KANAL SPEICHERN ⬜ unten in der Kanälepalette. Nun heben Sie die Auswahl mit `Strg`+`D` auf, stellen die Strukturebene zurück auf die Füllmethode HARTES LICHT, rufen die **Beleuchtungseffekte** auf und experimentieren mit dem RELIEF-KANAL.

Kapitel 14   Filter

Einzelbild als Struktur

Sie müssen als Struktur nicht ein wiederkehrendes »Muster« verwenden, es reicht auch eine Einzeldatei, zum Beispiel ein größerer Stoff- oder Stein-Scan. Meist sollten Sie es auf eine Graustufenwirkung beschränken, zum Beispiel per **Bild: Einstellungen: Sättigung verringern** ([⇧]+[Strg]+[U]) oder flexibler mit dem **Kanalmixer** aus demselben Untermenü. Anschließend richten Sie die Füllmethode »Hartes Licht« ein und experimentieren mit starken Kontraständerungen für die Strukturebene; der durchschnittliche Tonwert, der auf wenig Relief hindeutet, sollte um Neutralgrau herum liegen.

Besonders flexibel bringen Sie die Kontrastkorrektur mit einer Einstellungsebene an (Seite 778). In komplexen Montagen beschränken Sie die Wirkung der Einstellungsebene per Beschnittgruppe allein auf die Strukturebene. Einige große Bilddateien mit Strukturoberflächen liefert die Photoshop-Programm-CD im Verzeichnis »Zugaben/Hi Res RGB Textures«.

Struktur mit Füllebene

Besonders flexibel sind Sie, wenn Sie die Struktur in einer Füllebene anlegen (Seite 784). Größe, Tiefe und Position des Musters lassen sich anschließend jederzeit frei ändern und bei einer Vergrößerung der Arbeitsfläche wächst die Musterebene mit. Die eigentliche Bildebene bleibt unberührt. So geht's in Photoshop:

a. Zunächst benötigen Sie eine Musterdatei, deren Grundfarbe Neutralgrau sein sollte. Legen Sie entweder eine völlig neue Datei an, dabei starten Sie mit einer glatten grauen Fläche, in die Sie ein Muster einflechten. Oder Sie korrigieren ein vorhandenes Muster in Richtung Neutralgrau.

b. Verewigen Sie die Datei in der Musterbibliothek; das erledigt der Befehl **Bearbeiten: Muster festlegen** (Seite 492).

c. Öffnen Sie das Bild, das Ihr Muster zieren soll, und klicken Sie auf die Schaltfläche das Symbol NEUE EINSTELLUNGSEBENE ODER FÜLLEBENE ●. Wählen Sie **Muster**.

d. Im Dialogfeld MUSTERFÜLLUNG geben Sie das neue Muster an und klicken auf OK. Die Musterebene deckt das Bild zunächst völlig zu.

e. In der Ebenenpalette richten Sie für die neue Musterebene zum Beispiel die Füllmethoden HARTES LICHT, WEICHES LICHT oder INEINANDERKOPIEREN ein. Prüfen Sie eine Rücknahme der DECKKRAFT.

Klicken Sie doppelt auf die Miniatur der Musterebene, um zum Beispiel die SKALIERUNG zu ändern.

Legen Sie eine neue Musterdatei an, kann es sinnvoll sein, wenn Sie das Muster bereits in die neutralgraue Fläche per MIT STRUKTUR VERSEHEN *einstanzen. Es wirkt in der anschließenden Montage eventuell besonders »prägend«. Die neue Musterdatei sollte dabei möglichst dieselbe Pixelgröße haben wie das zugrunde liegende Muster. Probieren Sie zum Beispiel 128x128 Pixel.*

Scharfzeichnungsfilter Kapitel 14

Abbildung 14.9:
Links: Mit der Strukturfunktion weben Sie feine Texturen in Bilddateien. Mitte: Der Filter »Mit Struktur versehen« verwendet beliebige Dateien im Photoshop-Dateiformat. Rechts: Hier liegt die Struktur auf einer separaten Ebene über der Bilddatei.
Datei: Goldmohn

14.3 Scharfzeichnungsfilter

Was Heimscanner oder Foto-CD-Sammlungen liefern, das sollten Sie zumeist noch scharfzeichnen. Auch wenn Sie Bilder oder Bildteile mit den Interpolationsmethoden BIKUBISCH oder BILINEAR vergrößert, verkleinert oder transformiert haben – ein gezielter Scharfzeichnereinsatz wirkt den Aufweichungstendenzen dieser Prozeduren entgegen. Ebenso sollte das Scharfzeichnen auf Verzerrungsfilter folgen.

Der Scharfzeichnungseffekt entsteht durch Kontrastanhebung in Bildbereichen, die ohnehin stark kontrastieren. Dadurch sehen scharfgezeichnete Bilder frischer oder greller aus als die Vorlage. Allerdings wirkt die Scharfzeichnung am Monitor mit seiner niedrigen Auflösung drastischer als im Druck, so dass eine überstarke Scharfzeichnung für Ihr Projekt genau das Richtige sein kann.

Einen Scharfzeichner finden Sie auch als Werkzeug auf der Werkzeugpalette: Der Scharfzeichnerpinsel (Kurztaste R, Seite 528) teilt sich dort eine Schaltfläche mit Weichzeichner weichze und Wischfinger. Beachten Sie jedoch, dass es zu diesen Werkzeugen sinnvolle Alternativen gibt: Sie bearbeiten eine komplette duplizierte Ebene mit einem **Filter**-Befehl und machen dieses Ergebnis per Ebenenmaske nur örtlich sichtbar (Seite 829).

Das Scharfzeichnen sollte stets am Ende einer Bildverbesserung stehen, nach Dichte- und Farbkorrektur. Scharfzeichner lassen sich nur in der Zoomstufe 100 Prozent sinnvoll beurteilen (Seite 81).

Kapitel 14   Filter

| Vorlage | Scharfzeichnen | Stark scharfzeichnen | Konturen Scharfzeichnen |

Abbildung 14.10:
Die Scharfzeichnungsfilter erhöhen den Kontrast an ohnehin kontrastierenden Bildstellen. Das Bild wird mit 300 dpi gedruckt. Vorlage: Scharfzeichnen

14.3.1 Unscharf maskieren

Unscharf maskieren ist das Standard-Scharfzeichnungsgerät der Grafikprofis und hat einen Platz auf der Aktionenpalette verdient, samt Kurztaste. Die eigenartige Bezeichnung stammt von einer Technik aus der klassischen Dunkelkammer.

Stärke

Als STÄRKE nennen Sie einen Wert zwischen 1 und 500 Prozent; je höher der Wert, desto deutlicher der Effekt – gemeint ist der erzeugte Kontrastunterschied. In der Regel reichen 80 bis 200 Prozent, für plakative Grafiken erhöhen Sie auf 500.

> **TIPP** Sie können die Unschärfemaskierung mit niedrigen Werten durchaus mehrfach hintereinander anwenden ([Strg]+[F]). Während die anderen Schärfefilter hier schnell zu Über-Körnigkeit tendieren, lässt sich dieser unschöne Effekt beim unscharfen Maskieren durch angehobenen Schwellenwert vermeiden.

Radius

Mit dem RADIUS legen Sie fest, in welchem Umkreis einer Kontur Pixel scharfgestellt werden sollen; je höher der Wert, desto mehr Bildpunkte links und rechts der Kontur werden mit erfasst und umso eher erhalten Sie die Lichtsäume um eine Kontur herum. Je kleiner die Bildauflösung, desto niedriger sollte der Radius sein. Aber auch bei 300 dpi probieren Sie es mit einigen wenigen Pixeln; aber nicht nur einem, sonst bekommen Sie eventuell eine zu harte Konturlinie. Einen deutlich weichgezeichneten Bildbereich beispielsweise im Alphakanal können Sie mit hohem RADIUS teilweise scharfstellen. Hohe Werte führen schnell zu plakativer Wirkung; die übersatten Farben bei hohem Radius dämpfen Sie, indem Sie nur den L-Kanal eines Lab-Bilds scharfstellen (siehe Abbildung 14.11).

Scharfzeichnungsfilter Kapitel 14

70 Prozent   200 Prozent   500 Prozent   500 Prozent, nur L-Kanal

Abbildung 14.11:
Bei der Unschärfemaskierung reichen meist Stärkewerte zwischen 80 und 200 Prozent, darüber hinaus müssen Sie mit Körnung und eventuell Lichtsäumen rechnen. Als Radius wurde durchgängig 1,0 verwendet, als Schwellenwert 0. Vorlage: Scharfzeichnen

Schwellenwert

Mit dem SCHWELLENWERT geben Sie an, wie viel Kontrastunterschied zwischen benachbarten Pixeln tatsächlich eine Scharfstellung auslösen soll; je niedriger der Wert, desto eher wird scharfgestellt, desto stärker die Filterwirkung. Durch Heraufsetzen des Schwellenwerts verhindern Sie, dass zu viele vorhandene Störungen mit scharfgestellt werden. Hautunreinheiten, Filmkorn oder Scannerfehler fallen im Originalbild zunächst durch leichte Kontrastunterschiede auf; sie geraten bei einer Scharfzeichnung zu unruhig. Diese körnige Wirkung lässt sich durch einen höheren Schwellenwert wieder glätten; hohe Schwellenwerte reduzieren die Scharfstellung auf die ganz harten Kontraste im Bild (siehe Abbildung 14.12).

Radius 2   Radius 5   Schwellenwert 5   Schwellenwert 30

Abbildung 14.12:
Der Radiusregler legt fest, in welchem Bereich um eine Kontur herum Photoshop scharfstellen soll. Ein sinnvoller Wert hängt stark von der Druckauflösung ab, hohe Werte führen schnell zu plakativer Wirkung. Der Schwellenwert definiert den Kontrast, der zu einer Scharfstellung führen soll – hohe Schwellenwerte reduzieren die Scharfstellung auf harte Kontraste wie Glanzlichter und Konturen; sie verhindern, dass sich vorhandene Störungen stark herauskristallisieren. Alle Beispiele bei Stärke 200. Vorlage: Scharfzeichnen

14.3.2   Weitere Scharfzeichnungsfilter

Einige Scharfzeichnungsfilter kommen ganz ohne Dialogfeld aus und eignen sich für die schnelle Korrektur zwischendurch:

➤ **Scharfzeichnen** und **Stark scharfzeichnen** erhöhen den Kontrast zwischen ohnehin kontrastierenden Pixeln und sorgen so für gesteigerten Schärfeeindruck.

Kapitel 14   Filter

➤ Genauso, nur weniger differenziert, funktioniert das **Konturen-Scharfzeichnen**. Dieser Filter lässt das Bild weich und bearbeitet nur harte Konturen. So könnten Sie die unerwünschte Körnung etwa in Hauttönen oder anderen unregelmäßigen Bereichen vermeiden. Differenzierter geht das mit erhöhten Schwellenwerten des Filters **Unscharf maskieren** (siehe oben).

14.3.3   Scharfzeichnen spezial

Nicht immer gelingt es, das Bild knackig scharfzustellen, aber unschönes Auskristallisieren, hässliche Kontrastsäume oder überzogene Steigerung des Gesamtkontrasts zu vermeiden. Unter Umständen helfen hier diese Tricks:

➤ Geraten die Farben zu satt, wandeln Sie das Bild in den **Modus: Lab** um (Seite 199), aktivieren Sie in der Kanälepalette ausschließlich den L-Kanal mit den Helligkeitsinformationen und wenden Sie die Scharfzeichnung nur hier an. Blenden Sie die anderen Kanäle mit dem Augensymbol 👁 ein, um die Gesamtwirkung zu kontrollieren.

➤ Prüfen Sie, ob das ursprüngliche Bild nur in einzelnen Grundfarbkanälen ausgeprägte Körnung zeigt. Dazu klicken Sie die Kanäle einzeln in der Kanälepalette an. Anschließend zeichnen Sie die Kanäle einzeln scharf, den körnigen Kanal filtern Sie schwächer oder gar nicht.

➤ Generell soll es helfen, die einzelnen Grundfarbkanäle mit unterschiedlichen Werten scharfzuzeichnen.

➤ Manche Fachleute empfehlen auch, die zu schärfende Ebene zu duplizieren und die obere Ebene mit der Füllmethode HARTES LICHT auszustatten. Das Bild wirkt nun zunächst sehr kontrastreich. Es folgt **Filter: Sonstige Filter: Hochpass** mit RADIUS-Werten ab etwa 4. Um die Wirkung abzuschwächen, wechseln Sie zum WEICHEN LICHT.

14.4   Weichzeichnungsfilter

Die **Weichzeichnungsfilter** bügeln Bildteile glatt, indem sie Kontraste herausnehmen. Sie eignen sich, um Vorder- und Hintergrund stärker zu trennen – wichtig bei Montagen – oder um von vornherein Fototapeten zu schaffen, auf die Text oder Schatten gestellt werden soll. Auch soften Sie mit Weichzeichnern Konturen in Schnellmasken, Alphakanälen und Ebenenmasken. Verwenden Sie einen schwachen Filter mehrfach hintereinander, ganz einfach durch [Strg]+[F].

Einen Weichzeichnerpinsel 💧 finden Sie auf der Werkzeugpalette (Kurztaste [R], Seite 528). Allerdings gibt es zu diesem Werkzeug lohnende Alternativen (Seite 829).

14.4.1 Schnelle Weichzeichner

Zwei der Weichzeichnungsfilter arbeiten auf die Schnelle ganz ohne Dialogfeld:

- **Weichzeichnen** dämpft harte Farbübergänge; der Filter hellt Pixel auf, die neben den harten Kanten von vorhandenen Linien oder Schattenzonen liegen.
- **Stark Weichzeichnen** wirkt drei- bis viermal so stark (siehe Abbildung 14.13).

Vorlage

Weichzeichnen

Stark weichzeichnen

Stark weichzeichnen, 200 dpi

Abbildung 14.13:
Weichzeichnungsfilter glätten Konturen durch Kontrastausgleich. Die Vorlage hat 300 dpi, bei geringerer Druckauflösung (ganz rechts) wirkt die Weichzeichnung stärker. Vorlage: Weichzeichnen

14.4.2 Gaußscher Weichzeichner

Der **Gaußsche Weichzeichner** zeichnet eine Auswahl mit einem regelbaren Betrag weich; niedrige Werte ab 0,1 zeigen wenig Effekt, hohe Eingaben (bis 250) putzen alles weg. Damit eignet sich der Gaußsche Weichzeichner auch, beliebige hart konturierte Motive zur sanften Tapete umzufunktionieren – jedes Bild mit passenden Farben lässt sich in eine flockige Fläche verwandeln, schöne Farbkombinationen mutieren zum luftigen Pixelgespinst.

Bearbeiten Sie Fototapeten noch mit **Tonwertkorrektur** und **Farbton/Sättigung**, mit Störfilter und den Filtern **Beleuchtungseffekte** oder **Blendenflecke**. Wichtig ist die Funktion auch, um Auswahlen im Alphakanal aufzuweichen und um handgefertigten Schatten den luftigen Look zu geben.

Radius 1,5

Radius 4

Radius 10

Radius 50

Abbildung 14.14:
Der »Gaußsche Weichzeichner« löst scharf konturierte Motive mit regelbarer Stärke zu flächigen Fototapeten auf.

14.4.3 Selektiver Weichzeichner

Der **Selektive Weichzeichner** erinnert bei Anwendung der Option NORMAL an den **Stilisierungsfilter: Facetteneffekt** (Seite 866), erlaubt jedoch eine feinere Kontrolle per Schieberegler. Kleinere oder größere Pixelbereiche werden zu einheitlichen Farbflächen zusammengeschlossen, so dass eine plakative Grafik entsteht, die aber nicht so grob wirkt wie der Befehl **Einstellungen: Tontrennung** und die Farbstimmung besser erhält.

Der RADIUS-Regler kontrolliert die Wirkung, niedrige Werte bringen glatte Ergebnisse. Nutzen Sie die Option NUR KANTEN, entsteht eine Schwarzweißgrafik; anders als beim **Schwellenwert**-Befehl kommen jedoch keine groben Flächen, sondern fein gezeichnete Konturen zustande. Es kann Sinn machen, dieses Ergebnis umzukehren ([Strg]+[I]) und eventuell im Modus ABDUNKELN über eine andere Version des Bildes zu blenden, so dass nur die schwarzen Konturen herauskommen – zu sehen im Bildbeispiel ganz rechts.

Fläche

Kante

Beides

Kombination

Abbildung 14.15:
Der »Selektive Weichzeichner« glättet Kontraste und hebt Konturen heraus.
Vorlage: Selektiv

14.4.4 Radialer Weichzeichner, Bewegungsunschärfe

Zwei weitere Befehle aus dem Untermenü **Filter: Weichzeichnungsfilter** imitieren fotografische Effekte:

Radialer Weichzeichner

Ein **Radialer Weichzeichner** ahmt eine zoomende oder rotierende Kamera nach; Sie geben als Weichzeichnungsmethode KREISFÖRMIG oder STRAHLENFÖRMIG an und dazu einen Wert von 1 bis 100. Beim KREISFÖRMIGEN Modus gibt dieser Wert den Drehungsgrad an; beim STRAHLENFÖRMIGEN Weichzeichnen nennt er die Stärke des Effekts. Natürlich verwendet man den Filter, um Rotation etwa von Reifen zu zeigen. Aber der dynamische Effekt brezelt alle möglichen Motive auf, so auch Hintergründe oder Schriftzüge.

Sie erhalten grobkörnige Qualität, wenn Sie den schnellen ENTWURF wählen; weichere Ergebnisse erzielen GUT und SEHR GUT, die nur in großen Auswahlen unterschiedliche Ergebnisse bringen – auf langsamen Rechnern ein Geduldsspiel (siehe Abbildung 14.16).

Bewegungsunschärfe

Die **Bewegungsunschärfe** ahmt ein Phänomen der Fotografie nach: Schnelle Bewegungen, die Sie mit langer Belichtungszeit aufnehmen, verwischen; nicht anders ergeht es statischen Motiven, wenn der Fotograf die Kamera verreißt.

Kreisförmig, Stärke 5 — Strahlenförmig, Stärke 25 — Bewegungsunschärfe — Nur Rand

Abbildung 14.16:
Der »Radiale Weichzeichner« erzeugt Rotations- und Zoomeffekte. Der Filter »Bewegungsunschärfe« ahmt einen fotografischen Wischeffekt nach. Es kann sinnvoll sein, ihn nur auf den Rand eines Objekts wirken zu lassen. Dateien: Weichzeichnen, Ball

Tippen Sie im Dialogfeld einen WINKEL ein oder ziehen Sie die Kreislinie im Uhrzeigersinn für einen positiven, gegen den Uhrzeigersinn für einen negativen Winkel; unter DISTANZ notieren Sie mit Werten von 1 bis 999, wie stark die Wirkung ausfallen soll, wie lang der Wischeffekt gerät. Dieser Filter bietet überdies eine interessante Alternative zum Gaußschen Weichzeichner, wenn Schatten anzulegen oder Hintergründe glattzustreichen sind; die Ergebnisse wirken lebendiger. An Schriftzügen oder Objekten vor einfarbigem Hintergrund lässt sich sogar eine Art 3D-Effekt herausarbeiten.

Die **Bewegungsunschärfe** soll oft nur am Rand eines Objekts wirken. Laden Sie dazu zunächst die Auswahl für das Objekt ([Strg]-Klick auf die Ebenenminiatur), dann verwenden Sie den Befehl **Auswahl: Auswahl verändern: Rahmen erstellen** und geben Sie eine Pixelbreite ein. Damit ist nur die Objektkontur von einem Rahmen umflossen. Diesen Rahmen verschieben Sie mit einem Verschieben-Werkzeug in die Richtung, in die die Bewegungsunschärfe laufen soll, dann geben Sie ihm eine **Weiche Auswahlkante** und lassen den Filter los. Alternative: die Objektauswahl umkehren und leicht verschieben. Mitunter überblendet man auch zwei Objekte mit und ohne Bewegungsunschärfe.

Der Filter **Bewegungsunschärfe** kann auch Oberflächenrelief erzeugen, zum Beispiel auf Verläufen und sonstigen glatten Flächen. Bringen Sie zunächst einen leichten **Störungsfilter** an (Seite 847), dann sorgt die **Bewegungsunschärfe** für feine Riffelung. Dieses Ergebnis lässt sich wiederum mit Kontrastanhebung auffrischen. Prinzipiell leistet Ähnliches auch der **Strukturierungsfilter: Körnung** (Seite 865) mit den Optionen HORIZONTAL oder VERTIKAL.

14.4.5 Weichzeichnen spezial

Einen duftigen, fotografischen Weichzeichnereffekt erzielen Sie, wenn Sie ein weichgezeichnetes Bild mit verminderter Deckkraft über sein naturbelassenes Duplikat legen. Verwenden Sie für die übliche, aufhellende Wirkung die Füllmethode NEGATIV MULTIPLIZIEREN oder schwächer AUFHELLEN, während MULTIPLIZIEREN abdunkelt; HARTES LICHT und WEICHES LICHT heben den Kontrast an (Seiten 733 und 728). Testen Sie auch INEINANDERKOPIEREN für extrasatte Farben. Schnelle Alternative, wenn Sie aufhellen möchten: **Filter: Verzerrungsfilter: Weiches Licht** (Seite 845).

Kapitel 14   Filter

 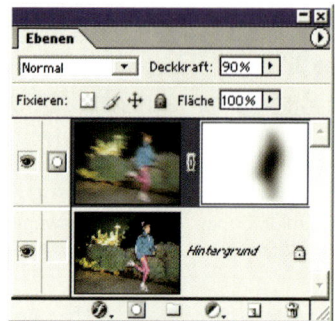

Abbildung 14.17:
Hier wenden wir die Bewegungsunschärfe auf ein Duplikat der Hintergrundebene an. Das Hauptmotiv wird auf dem Duplikat durch eine weichgezeichnete Ebenenmaske ausgespart, so dass das unverzerrte Original an dieser Stelle erkennbar bleibt. Vorlage: Bewegung; Ergebnis: Bewegung_2

 *Testen Sie statt des **Gaußschen Weichzeichners** auch die **Bewegungsunschärfe** und den **Radialen Weichzeichner** (siehe oben).*

  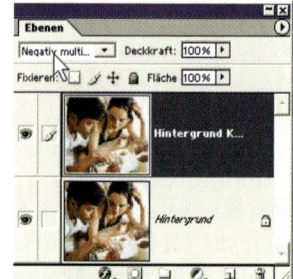

Abbildung 14.18:
Links: Die Vorlage wirkt dunkel und zu hart. Mitte, rechts: Wir duplizieren zunächst die Hintergrundebene und richten die Füllmethode »Negativ duplizieren« ein. Sie hellt das Bild deutlich auf. Datei: Paar

Abbildung 14.19:
Links: Wir bearbeiten die obere Ebene mit dem Gaußschen Weichzeichner. Mitte, rechts: Wir verschmelzen die beiden Ebenen aus dem Bild »Paar« und verwenden »Filter: Verzerrungsfilter: Weiches Licht« mit verschiedenen Einstellungen.

Um den Effekt abzuschwächen, senken Sie die Deckkraft der oberen Ebene oder verbergen einzelne Zonen mit einer Ebenenmaske. Um den Effekt zu verstärken, hellen Sie eventuell die obere Ebene auf. Betonen Sie speziell die helleren Bereiche, zum Beispiel mit den Befehlen **Gradationskurven** oder **Tonwertkorrektur** aus dem Untermenü **Bild: Einstellungen** oder mit **Filter: Sonstige Filter: Helle Bereiche vergrößern**.

Abbildung 14.20:
Links: Das Original soll noch dramatisiert werden. Rechts: Wir duplizieren die Hintergrundebene. Auf der »Kopie«-Ebene wenden wir den »Radialen Weichzeichner« mit der Vorgabe »Strahlenförmig« an. Die Füllmethode »Aufhellen« sorgt dafür, dass nur die helleren, streifigen Partien der Zoomeffekt-Ebene im Gesamtbild erscheinen. Datei: Henrik

14.5 Störungsfilter

Die **Störungsfilter** verändern die Struktur eines Bildes. **Störungen hinzufügen** vergröbert das Motiv, die anderen sorgen für eine Weichstellung. In allen Fällen sollten Sie die Wirkung der Filter im Abbildungsmaßstab 100 Prozent prüfen (vergleiche Seite 81).

14.5.1 Störungen hinzufügen

Der Filter **Störungen hinzufügen** fügt nach einem Zufallsschema kontrastierend gefärbte Pixel ein und lässt so eine glatte Fläche körniger und rauher wirken. Damit wirken Bereiche, die Sie mit dem Pinsel, mit Füllwerkzeug oder Verlauf gemalt haben, weniger glatt und gelackt, ebenso Erzeugnisse aus Grafik- oder Rendering-Programmen. Auch wenn Sie einen der vielen »künstlerischen« Filter auf eine glatte Grafik anwenden wollen, empfiehlt sich vorab ein Störungsfilter. Wer im Photoshop viel malt und illustriert, wird diese Filter brauchen. Ihre Optionen:

- Unter MENGE geben Sie an, wie stark die Stör-Pixel von den bereits vorhandenen Farbwerten abweichen dürfen; von 1 bis 999 ist alles möglich.

- Dann wählen Sie, ob die Farbwerte GLEICHMÄSSIG abweichen sollen oder nach der GAUSSSCHEN NORMALVERTEILUNG – diese Variante bevorzugt kleine Abweichungen, lässt aber auch starke zu und wirkt auffälliger.

- Die Option MONOCHROM wendet den Filter nur auf den Grauanteil des Bilds an und wahrt so die Farbbalance.

Die Wirkung des Störungsfilters ist stark abhängig von der Druckauflösung. Je höher aufgelöst Sie drucken, desto weniger auffällig wirkt ein bestimmter Filterwert. Mit Scharfzeichnung oder Kontrastanhebung lässt sich die Wirkung verstärken. Vor **Bewegungsunschärfe** oder einem **Verzerrungsfilter** angewandt, eignet sich die Funktion auch, um Oberflächenstrukturen aus dem Nichts heraus zu schaffen – eine Rauhfasertapete ist das Mindeste. Eine Alternative mit künstlerischen Ambitionen ist der **Strukturierungsfilter: Körnung** (Seite 865), dessen Sparversion **Korneffekt** heißt. Weitere Alternative: der Mal- und Montagemodus SPRENKELN, zu finden in der Ebenenpalette bzw. bei den Werkzeugoptionen; testen Sie hier verschiedene Werte für DECKKRAFT.

Abbildung 14.21:
Links: Dieses Objekt aus einem Rendering-Programm wirkt in der Montage zu glatt. »Störungen hinzufügen« dämpft den künstlichen Eindruck. Rechts: Die Wirkung des Filters hängt von der Druckauflösung ab. Hier wurden die Einstellungen »30«, »60« und »60« monochrom verwendet – einmal mit 200, einmal mit 150 dpi. Datei: Baum

14.5.2 Störungen entfernen

Störungen entfernen möchten Sie etwa nach dem Scannen eines bereits gerasterten Bildes, bei dem ein deutliches Moiré stört. Dieser Filter zeichnet die gesamte Auswahl weich, indem er Farbkontraste mildert, tastet aber Konturen nicht an. Auch für Scannerstreifen kann er gut sein – doch die Gefahr einer Weichstellung besteht. Er eignet sich auch zum Glätten von unruhigen Strichscans.

14.5.3 Helligkeit interpolieren

Zu starke Helligkeitsunterschiede merzt der Filter **Helligkeit interpolieren** aus. In einem RADIUS, den Sie von 1 bis 100 definieren, werden Helligkeiten gemessen und stark abweichende Pixel, die als Störenfriede gelten, mit Mittelwerten übertüncht.

Abbildung 14.22:
Dieser missratene Scan hat grobe Fehler. Der Filter »Störungen entfernen« kann sie teilweise beheben (zweites Bild), sorgt aber auch für eine leichte Weichzeichnung. Auch der Filter »Helligkeit interpolieren« mit den Werten »1« und »2« sorgt nicht für eine Verbesserung. Datei: Dach

Alternativ zu **Störungen entfernen** und **Helligkeit interpolieren** können Sie auch die Pixelzahl des Bilds mit dem **Bild**-Befehl **Bildgröße** neu berechnen (Seite 155). Aktivieren Sie das NEUBERECHNEN und geben Sie eine geringfügig geänderte Auflösung an. Stellen Sie in den Voreinstellungen (Strg+K) die INTERPOLATIONSMETHODE auf BIKUBISCH – dieses Verfahren errechnet neue Pixel aus Mittelwerten zwischen vorhandenen Bildpunkten (Seite 156) und kann so die harte Wirkung von Störstreifen deutlich mildern. Danach ist eine behutsame Scharfzeichnung fällig.

14.6 Digimarc

Ein eigenes Untermenü beanspruchen die **Digimarc**-Filter zur Einblendung eines »digitalen Wasserzeichens«. Mit diesen Filtern können Sie Ihren Bildern Urheberrechtsinformationen hinzufügen oder fremdes Material auf Hinweise abklopfen. Das feine Pixelmuster auf Basis der so genannten PictureMarc-Technik ist nicht sichtbar und soll über viele Bearbeitungen hin erhalten bleiben. Auch nach dem Scannen eines gedruckten Bilds soll es aufzuspüren sein. Findet Photoshop ein Wasserzeichen, zeigt er das Copyrightsymbol © in der Titelleiste des Bilds und unten im Abschnitt für die Systembeanspruchung (sofern Sie die Digimarc-Erkennung verwenden).

Die Digimarc Corporation unterhält eine Datenbank mit Fotodesignern. Dort lassen Sie sich registrieren, um eine eigene Urhebernummer (ID) zu erhalten. Diese ID können Sie dann in Ihre Bilder einbetten; dazu gehören auch Informationen, wie das Bild verwendet werden darf – zum Beispiel ohne Lizenzgebühren oder nur mit Einschränkungen. Wer Ihr Bild kaufen will, kann Sie anhand der Urhebernummer über Digimarcs Internet- und Faxdienste kontaktieren. Digimarc-Filter werden nicht exklusiv mit Photoshop geliefert, sondern gehören auch zum Standardumfang anderer Bildprogramme. Die Internetseiten von Digimarc finden Sie unter folgender Adresse:

http://www.digimarc.com

Hat der Pixelklau mit Digimarc ein Ende? Nicht ganz. Noch stecken Schwächen im System: Manche Bildbearbeitung kann das Wasserzeichen zerstören, so etwa leichtes Drehen oder Weichzeichnen, auch die Verwendung des nicht verlustfreien JPEG-Formats ist kritisch bei sehr starker Datenverdichtung. Eine deutliche Beschneidung schadet nicht unbedingt. In einem gedruckten Bild, das Sie erneut einscannen, lässt sich das Logo entgegen den Versprechungen nicht unbedingt wiederfinden. Eventuell überlebt das Wasserzeichen nur, wenn Sie das Bild bei niedrigster Auflösung und höchster HALTBARKEIT drucken und scannen – damit ist aber die Bildqualität perdu.

14.6.1 Übersicht

Photoshop liefert drei Digimarc-Filter mit:

- Der Filter **Mit Wasserzeichen versehen** webt die verborgene Kennung ins Bild.
- Der Filter **Wasserzeichen anzeigen** sucht per Menübefehl nach einem Wasserzeichen und meldet das Ergebnis.
- Der Filter **Wasserzeichen entdecken** sucht eine Datei automatisch beim Öffnen nach einem Wasserzeichen ab. Die Funktion erscheint nicht als Menübefehl.

Kapitel 14   Filter

Voraussetzungen

Der Hersteller empfiehlt Mindestmaße für Digimarc-geschützte Bilder:

- 100 Pixel x 100 Pixel, wenn das Bild vor der Verwendung nicht verändert oder komprimiert wird.
- 256 Pixel x 256 Pixel, wenn das Bild beschnitten, gedreht, komprimiert oder sonstwie verändert werden könnte, nachdem Sie es mit einem Wasserzeichen versehen haben.
- 750 Pixel x 750 Pixel, sofern das Bild mit 300 dpi oder höher gedruckt werden soll.

Sie erhalten Bildschirmwarnungen, wenn diese Werte unterschritten werden. Das Motiv sollte überdies gewisse Farbvariationen enthalten, damit das Wasserzeichen unsichtbar eingebettet werden kann – Halbtonfotos eignen sich also eher als Grafiken. Bilder im Modus INDIZIERTE FARBEN verwandeln Sie für die Digimarkierung in den RGB-Modus und dann wieder zurück – testen Sie aber die Lesbarkeit des Wasserzeichens (siehe unten). Bauen Sie das Wasserzeichen erst nach jeder anderen Bildbearbeitung, aber vor einer Farbseparation nach CMYK ein. Mit dem Signalstärkenleser prüfen Sie schließlich, ob das Wasserzeichen stark genug geriet.

Der Filter **Wasserzeichen entdecken** erscheint gar nicht erst im Menü. Photoshop meldet aber beim Öffnen einer Datei in der Statusleiste, dass das Bild auf Digimarc-Informationen abgesucht wird.

TIPP
Wollen Sie sich die Zeit für den automatischen Wasserzeichen-Check sparen? Dann entfernen Sie den Filter »Wasserzeichen suchen.8be« oder »Detect Watermark.8be« aus dem Photoshop-Unterverzeichnis »Zusatzmodule/Digimarc«. Lagern Sie ihn irgendwo außerhalb des »Zusatzmodule«-Ordners. Photoshop zeigt Wasserzeichen dann immer noch nach explizitem Befehl **Filter: Digimarc: Wasserzeichen anzeigen**. *Wollen Sie auf Digimarc ganz verzichten, benennen Sie den Ordner in »~Digimarc« um.*

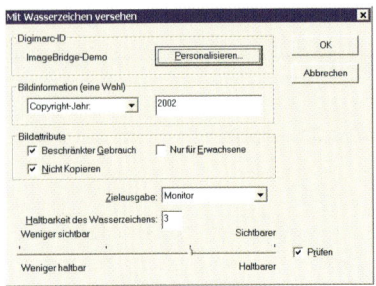 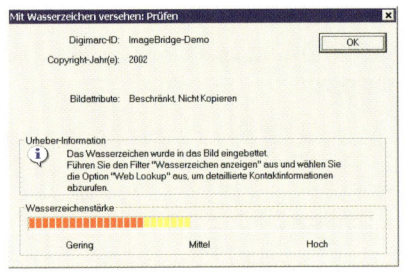

Abbildung 14.23:
Links: Der Befehl »Filter: Digimarc: Mit Wasserzeichen versehen« fügt ein digitales Wasserzeichen mit Urheberinformationen in Ihr Bild ein. Anschließend können Sie die Signalstärke prüfen.

14.6.2 Mit Wasserzeichen versehen

Pro Bild können Sie nur ein Wasserzeichen einbauen. Ist also schon eins drin, geht es nicht mehr. So betten Sie ein Wasserzeichen ein:

1. Öffnen Sie ein Bild, das noch kein Wasserzeichen enthält.
2. Klicken Sie auf **Filter: Digimarc: Mit Wasserzeichen versehen**.
3. Benutzen Sie den Filter erstmalig, klicken Sie auf »Personalisieren«. Sie können eine Urheber-ID erhalten, indem Sie auf »Registrieren« klicken. Damit starten Sie Ihr Internetprogramm und erhalten Zugang zu Digimarcs Internetseite www.digimarc.com; dort können Sie über das Internet eine Urheber-ID erhalten.
4. Geben Sie die Urheber-ID in das entsprechende Feld ein und klicken Sie auf OK. Haben Sie eine Urheber-ID eingegeben, ändert sich die Option »Personalisieren« in »Ändern«; damit können Sie eine andere ID eingeben.
5. Wählen Sie als Nutzung EINGESCHRÄNKT oder GEBÜHRENFREI und geben Sie COPYRIGHT-Jahre an.
6. Wählen Sie bei Bedarf NUR FÜR ERWACHSENE. Diese Option beschränkt innerhalb von Photoshop den Zugang zum Bild nicht, aber andere Programme könnten die Information nutzen.
7. Wählen Sie unter ZIELAUSGABE zwischen MONITOR, WORLD WIDE WEB und DRUCKEN.
8. Wählen Sie mit dem Regler einen Wert für die Haltbarkeit des Wasserzeichens (siehe unten).
9. Die PRÜFEN-Option untersucht die Haltbarkeit des Wasserzeichens nach dem Einbetten automatisch (siehe unten).

Haltbarkeit

Je nach Einsatz Ihres Bildes wählen Sie eine HALTBARKEIT für das Wasserzeichen:

- Der Wert 1 erzeugt ein fast unsichtbares Wasserzeichen.
- Der Wert 2 wurde für übliche, gerasterte Druckausgabe mit Rasterweiten zwischen 135 und 155 dpi (52 bis 62 Linien pro Zentimeter) optimiert.
- Noch haltbarer ist der Wert 3, der mehr Bearbeitungen übersteht.
- 4 erzeugt besonders schnell sichtbare Muster.

Das Wasserzeichen kann durch verschiedene Kontrastkorrekturen zerstört werden, aber auch beim Wechsel des Farbmodus. Um INDIZIERTE FARBEN mit Wasserzeichen auszustatten, wechseln Sie zunächst in den RGB-Modus, betten das Wasserzeichen ein und wechseln wieder zurück. Auch ein Beschneiden des Bildes kann die Information zerstören. Bei Ebenendateien wird das Wasserzeichen in die aktive Ebene geschrieben – Sie sollten das Bild vorab mit dem Befehl **Ebene: Auf Hintergrundebene reduzieren** flachlegen; oder erzeugen Sie mit dem Befehl **Bild: Duplizieren** ein Duplikat und nutzen Sie dabei die Option AUF HINTERGRUNDEBENE REDUZIEREN.

Kapitel 14   Filter

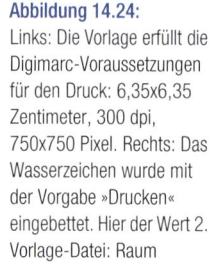

Abbildung 14.24:
Links: Die Vorlage erfüllt die Digimarc-Voraussetzungen für den Druck: 6,35x6,35 Zentimeter, 300 dpi, 750x750 Pixel. Rechts: Das Wasserzeichen wurde mit der Vorgabe »Drucken« eingebettet. Hier der Wert 2. Vorlage-Datei: Raum

Abbildung 14.25:
Je höher die »Haltbarkeit«, desto deutlicher ist das Wasserzeichen auch im Druck zu erkennen. Links: Haltbarkeit 3. Rechts: 4.

14.6.3   Wasserzeichen anzeigen

So spüren Sie ein Wasserzeichen auf:

➤ Klicken Sie auf **Filter: Digimarc: Wasserzeichen anzeigen**. Findet der Filter ein Wasserzeichen, zeigt er in einem Dialog die Urheber-ID und die Nutzungsart an.

➤ Klicken Sie auf OK oder verlangen Sie weitere Informationen:

Klicken Sie auf IM WWW SUCHEN, um mehr Informationen über den Künstler zu erhalten. Der Browser wählt dann die Digimarc-Webseite an und zeigt die Kontaktinformationen des Künstlers an, zu dem die Urheber-ID gehört.

Signalstärke prüfen

Der Signalstärkeleser prüft, ob ein Wasserzeichen für den beabsichtigten Einsatz kräftig genug geriet. Er funktioniert nur mit Wasserzeichen, die Sie selbst eingebettet haben. Zum Beispiel nach mehrfachem Komprimieren und Bearbeiten Ihrer Dateien empfiehlt sich dieses Gerät. Der Signalstärkeleser erscheint automatisch, wenn Sie beim Einbau des Wasserzeichens PRÜFEN wählen.

14.7 Beleuchtungseffekte

Er ist der Solitär unter den Filtern: Der Befehl **Filter: Rendering-Filter: Beleuchtungseffekte** taucht flaue Motive ins rechte Licht, blendet visuellen Schrott mildtätig aus, haucht flachen Hintergründen Leben ein, schafft digitales Drama und verleiht Pixelflächen Wärme und Ambiente. Die **Beleuchtungseffekte** harmonieren mit vielen anderen Filtern; oft reicht behutsame Anwendung.

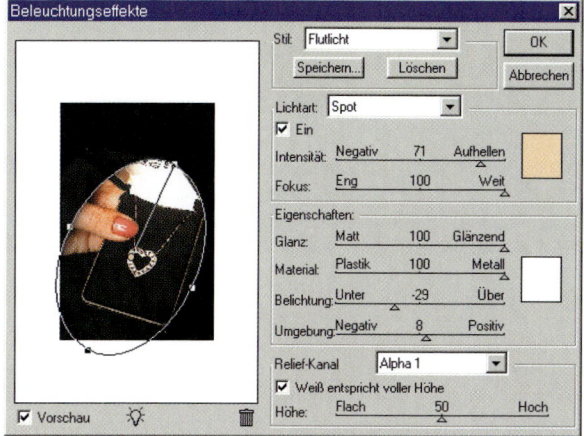

Abbildung 14.26:
Die »Beleuchtungseffekte« tauchen Bilddateien in Flutlicht.

Das Prinzip: Sie haben eine Lichtquelle – oder mehrere – und darum herum ein Umgebungslicht. Sie definieren die Farbe und die Intensität sowohl für Lichtquellen als auch für das Umgebungslicht. So kann es innen heller und außen herum dunkler werden. Insgesamt stehen Ihnen maximal 16 Lichtquellen, drei Lichtarten und regelbare Eigenschaften wie GLANZ, MATERIAL und BELICHTUNG zur Verfügung. Zusätzlich können Sie Struktur per Alphakanal einflechten und mit Reliefwirkung ausleuchten lassen.

 TIPP *Die **Beleuchtungseffekte** funktionieren nur bei RGB-Bildern – so wie sich auch Licht nach dem RGB-Schema mischt. Richten Sie diesen Modus bei Bedarf mit dem Befehl **Bild: Modus: RGB-Farbe** ein (Details zu diesem Modus ab Seite 190).*

14.7.1 Stil und Lichtquellenarten

Im Einblendmenü STIL wählen Sie eine Beleuchtungsart. Der STIL speichert alle Einstellungen für alle Lichtquellen, die zur gleichen Zeit brennen. Adobe liefert schon eine Reihe Stile mit; Ihre eigenen Lichtkreationen lassen sich mit den entsprechenden Schaltflächen SPEICHERN und auch wieder LÖSCHEN; jede Komposition erscheint im Einblendmenü STIL.

Kapitel 14   Filter

Abbildung 14.27:
Links: Diese Vorlage bearbeiten wir mit dem Befehl »Filter: Rendering-Filter: Beleuchtungseffekte«. Zweites Bild: Der erste Strahler betont das Hauptobjekt und blendet unerwünschte Bereiche aus. Drittes Bild: Ein zweiter Strahler setzt oranges Licht auf den Handrücken. Viertes Bild: Wir wählen den Hintergrund mit Lasso und Zauberstab aus, wenden anschließend den Befehl »Auswahl: Weiche Auswahlkante« an und setzen einen blauen »Spot«; dabei kommt es auf hohe Werte für »Radius« und »Intensität« an. Vorlage: Kette

Im Einblendmenü LICHTART haben Sie die Wahl:

➢ DIFFUSES LICHT ist am wenigsten regulierbar und scheint über die ganze Fläche gleichmäßig hell. Mit der Linie in der Vorschau bestimmen Sie Winkel, Richtung und Standort. Je mehr Sie die Linie verkürzen, umso heller scheint das diffuse Licht. Ziehen mit gedrückter ⇧-Taste hält den Winkel konstant und verändert nur die Länge der Linie. Umgekehrt korrigieren Sie den Winkel bei geschützter Länge mit gedrückter Strg-Taste.

➢ Ein STRAHLER leuchtet direkt von oben auf das Bild. Im Vorschaufeld erscheint deshalb stets ein konzentrischer Kreis. Sie können ihn durch Ziehen am mittleren Griff bewegen oder mit einem der vier äußeren Griffe vergrößern oder verkleinern.

 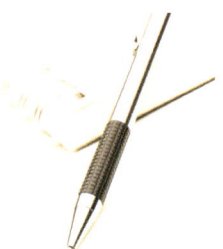  

Abbildung 14.28:
Links: An dieser Aufnahme zeigen wir die verschiedenen Lichtarten. Zweites Bild: Das »diffuse Licht« scheint über die ganze Fläche gleichmäßig. Drittes Bild: Der »Strahler« leuchtet direkt von oben. Viertes Bild: Ein »Spot« leuchtet aus einer festgelegten Richtung. Vorlage: Beleuchtung

➢ Ein SPOT erzeugt ellipsenförmiges Licht, das scheinbar schräg von einem definierbaren Strahlerstandpunkt ausgeht. Die Linie im Vorschaufeld legt Richtung und Winkel fest, die vier Griffpunkte zeigen die Begrenzung. Sie bewegen die Lichtquelle durch Ziehen

Beleuchtungseffekte   Kapitel 14

des mittleren Griffpunkts in der Strahlerfarbe; an den äußeren Griffpunkten regulieren Sie Winkel und Länge des Lichtstrahls. Mit gedrückter ⌂-Taste halten Sie die Winkel konstant und verändern nur die Größe. Umgekehrt hält die gedrückte `Strg`-Taste die Größe konstant, so dass Sie nur die Richtung des Spots und den Winkel ändern können.

14.7.2 Lichtart

Im Feld LICHTART stellen Sie die Eigenschaften der markierten Lichtquelle ein.

- Im Einblendmenü wählen Sie einen Lichtquellentyp, also SPOT, STRAHLER oder DIFFUSES LICHT (siehe oben).

- Der Regler INTENSITÄT kontrolliert die Stärke des Effekts. Ziehen Sie den Regler nach rechts in Richtung auf AUFHELLEN, nimmt der Effekt zu.

- Der FOKUS-Regler bestimmt bei der Lichtquelle SPOT, wie weit sich das Licht innerhalb der Begrenzung ausbreiten kann. Nur wenn der Regler auf WEIT steht, füllt das Licht die ganze Begrenzung aus, ansonsten verteilt es sich schwächer nur im Bereich des Zentrums. So lässt sich ein helles, aber schwach ausstrahlendes Licht ebenso einstellen wie ein schwaches, aber über die gesamte Begrenzung verteiltes Licht. Ist bei WEIT der Anschlag erreicht, brennt das Licht mit einer unangenehm harten Kante.

- Klicken Sie in das Farbfeld, um im Farbwähler eine Lichtfarbe zu definieren. Informationen zum Farbwähler finden Sie ab Seite 486.

- Mit dem EIN-Schalter knipsen Sie das Licht vorübergehend aus, ohne es dauerhaft zu entfernen.

14.7.3 Eigenschaften

Mit vier Reglern definieren Sie die Lichteigenschaften näher:

- Der GLANZ-Regler stellt stufenlos Oberflächen von MATT bis GLÄNZEND her.

- Neben MATERIAL legen Sie fest, ob Lichtquelle oder Objekt stärker reflektiert: Bei PLASTIK wird stärker die Farbe der Lichtquelle gespiegelt, während METALL die Objektfarbe betont.

- Die BELICHTUNG hellt das Bild auf, wenn ein positiver Wert eingestellt ist; bei negativen Werten wird das Motiv abgedunkelt.

- Mit der UMGEBUNG legen Sie den Einfluss des Umgebungslichts fest. Ein positiver Wert macht die Lichtquelle allein wirksam, ein negativer Wert nimmt ihren Einfluss zurück.

- Nach einem Klick auf das Farbfeld im Abschnitt EIGENSCHAFTEN stellen Sie im Farbwähler die Farbe des Umgebungslichts ein.

Kapitel 14   Filter

TIPP *Stellen Sie die* GRUNDHELLIGKEIT *auf Pluswerte und* INTENSITÄT *auf einen Minusbetrag, um einen Schatten zu erzeugen oder um anderweitig abgedunkelte Bereiche zu definieren.*

14.7.4 Vorschaufeld

Über dem Vorschaubild stellt Photoshop die Strahler dar. Die einzelnen Lichtquellen bewegt man durch Ziehen an den Mittelpunkten, die gleichzeitig die Lichtfarbe darstellen. Begrenzung und Winkel stellt man mit den Griffpunkten an den Begrenzungskreisen ein. Sie können nur einen Strahler gleichzeitig bearbeiten, nur bei ihm sind Griffpunkte und Begrenzung sichtbar. Den nächsten Strahler aktivieren Sie durch Klick auf einen Strahler-Mittelpunkt oder per ⇆-Taste. Dass man nicht einige oder alle Strahler zugleich verschieben kann, macht die Arbeit an komplexen Kreationen nicht leichter.

Ziehen Sie das Lichtquellensymbol 💡 auf die Vorschaufläche, um eine neue Lichtquelle einzubringen – maximal 16 dürfen strahlen. Mit gedrückter [Alt]-Taste duplizieren Sie eine vorhandene Lichtquelle. Überflüssige Lichtquellen entsorgen Sie in den Mülleimer 🗑 oder per [Entf]-Taste. Der EIN-Schalter im Abschnitt LICHTART knipst eine Lampe vorübergehend aus, ohne sie zu entfernen.

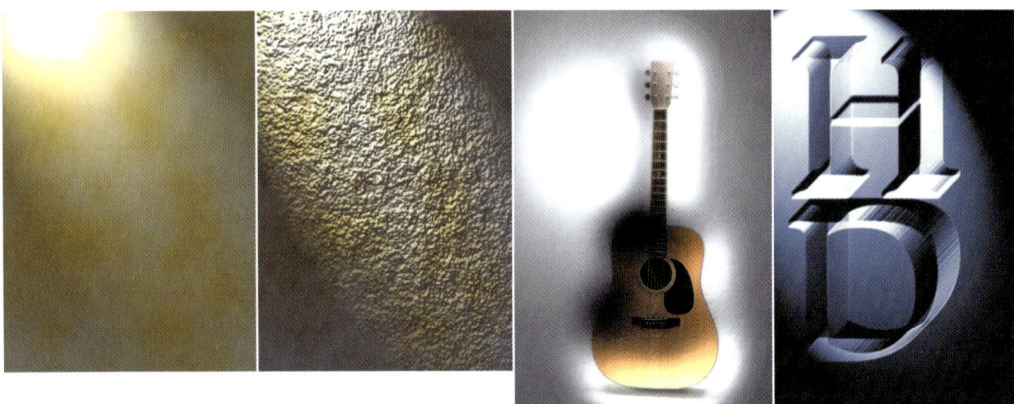

Abbildung 14.29:
Die »Beleuchtungseffekte« beleben eine Hintergrundfläche, die mit dem Befehl »Filter: Rendering-Filter: Wolken« entstand. Zweites Bild: Hier wurde eine Struktur als Relief-Kanal verwendet. Drittes Bild: Die Auswahl des Objekts wurde im Alphakanal weichgezeichnet und als Relief-Kanal eingesetzt. Viertes Bild: Weißer Text auf Schwarz wurde im Alphakanal mit dem Befehl »Filter: Weichzeichnungsfilter: Bewegungsunschärfe« verzerrt, auf neutralgrauem Grund als Relief-Kanal ausgeleuchtet und mit der »Färben«-Option des Dialogs »Farbton/Sättigung« bearbeitet. Vorlagen: Western, HD

14.7.5 Relief-Kanal

Alphakanäle (Seite 607) oder Grundfarbenkanäle können Sie nutzen, um Relief ins Werk zu weben. Photoshops Prinzip: Graustufen werden in Höhenwerte umgesetzt. So geht's:

- Als RELIEF-KANAL wählen Sie einen Alphakanal oder einen Grundfarbenkanal, der eine Struktur enthält, die Photoshop als Relief ausleuchten soll.
- Mit der Option WEISS ENTSPRICHT VOLLER HÖHE kehren Sie die Auswahlwirkung des Kanals um – statt der schwarzen Bereiche markieren jetzt die Weißzonen im Alphakanal die Bildteile, die Photoshop erhaben darstellen soll.
- Mit dem HÖHE-Regler bestimmen Sie, wie markant das Relief hervortritt.

Schade nur, dass hier ein Regler für SKALIERUNG fehlt, wie ihn viele andere Filter zu bieten haben. Als Füllung für die Reliefkanäle kommen zum Beispiel Strukturen von Stoff, Papier, Holz, Stein oder Stoff in Frage. Photoshop liefert einige Strukturen mit, zu finden im Programmordner »Vorgaben/Strukturen«. Zahlreiche weitere Strukturen beherbergt das Verzeichnis »Zugaben/Strukturen für Beleuchtungseffekte« auf der Photoshop-CD.

Packen Sie gleich diverse Alphakanäle mit unterschiedlichen Strukturen voll, so dass man sie im Dialogfeld hintereinander ausprobieren kann.

Relief-Kanal variieren

Verwenden Sie auch einmal eine Objektkontur als Relief-Kanal. Damit umfließt das Licht Ihr Objekt nur an den Rändern – sollten Sie jedoch Schwarz sehen, schalten Sie die Option WEISS ENTSPRICHT VOLLER HÖHE um. Verkleinern Sie diese Alphakanalauswahl auch einmal mit dem Befehl **Dunkle Bereiche vergrößern** aus dem Filter-Untermenü **Sonstige Filter**. Zuvor duplizieren Sie aber den guten Auswahlkanal, indem Sie ihn in der Kanälepalette auf das Symbol NEUER KANAL ziehen. Zu harte Ränder zeichnen Sie weich.

Haben Sie keinen Maskenkanal für Ihr Objekt angelegt, tut es mitunter auch der Grundfarbenkanal – jedenfalls wenn sich das Objekt kontrastreich vom Hintergrund abhebt. Klicken Sie vor Aufruf des Filters die Einzelkanäle in der Kanälepalette an, um herauszufinden, welcher Kanal das Motiv am besten herausstellt.

Man kann sich jede beliebige Graustufendatei in ein Gebirge umrechnen lassen, zum Beispiel Buchstaben. Laden Sie den Text in den Alphakanal und zeichnen Sie ihn weich. Damit der volle Tonwertbereich ausgenutzt wird und große Höhenunterschiede zustande kommen, erweitern Sie mit dem Befehl **Tonwertkorrektur** aus dem **Bild**-Untermenü **Einstellungen** das Tonwertspektrum – ein Klick auf die AUTO-Schaltfläche spreizt den Tonwertumfang weitgehend von Schwarz bis Weiß; Sie können dort noch mit dem grau dargestellten Gammaregler die mittleren Tonwerte mehr aufhellen oder abdunkeln – je nachdem, ob das virtuelle Gebirge schnell oder langsam in die Höhe schießen soll. Sie können auch die Textauswahl in einen Kanal mit einer Struktur laden. Dunkeln Sie das Textinnere ab, hellen Sie die umgekehrte Auswahl auf. Eventuell sollten Sie weichzeichnen und Kontrast herausnehmen, wenn einerseits die Schrift hoch aufragen, aber die Struktur nicht zu stark hervortreten soll.

Abbildung 14.30:
Links: Diese schlichte Grafik verwenden wir für unseren Test. Zweites Bild: Wir nutzen die »RGB«-Voreinstellung aus den »Beleuchtungseffekten«. Drittes Bild: Hier wurde der Rotkanal als Relief-Kanal verwendet. Viertes Bild: Hier diente ein weichgezeichnetes Duplikat des Rotkanals als Relief-Kanal.

14.7.6 Beleuchtungseffekte verschieben und animieren

Um einen Beleuchtungseffekt (oder die **Blendenflecke**, siehe Seite 877) flexibel über einer Datei verschieben zu können, wenden Sie den Filter auf eine separate, neutralgraue Ebene an:

1. Klicken Sie mit gedrückter ⌥Alt⌡-Taste auf das Symbol NEUE EBENE in der Ebenenpalette.

2. Entscheiden Sie sich im Dialogfeld NEUE EBENE für den Modus HARTES LICHT und für die Füllung mit der NEUTRALEN FARBE, hier Grau.

3. Wenden Sie die Beleuchtungseffekte auf diese Ebene an.

Damit der Beleuchtungseffekt nicht gleich am aktuellen Bildrand abgeschnitten wird, können Sie diese Ebene mit der »Transformieren«-Funktion über den aktuellen Dateirand hinaus vergrößern (Details zu diesem Verfahren ab Seite 853). Die Isolierung auf einer separaten Ebene ermöglicht es auch, den Lichtschein in einer GIF-Animation über das Bild wandern und ausklingen zu lassen. Dazu verwenden Sie die Animationpalette in ImageReady und dort den Befehl **Dazwischen einfügen** (Seite 299).

14.8 Künstlerische Filter

Letzte Rettung für fade Scans, Computerspiel für Grafikfexe oder ernsthaftes Imaging? Die zahllosen Effekte der Menüs **Kunstfilter**, **Malfilter**, **Stilisierungsfilter** und **Zeichenfilter** verfremden eine Datei mit künstlerischem oder grafischem Touch. Viele haben das Zeug, aalglatte Computergrafik »menschlicher« oder »natürlicher« zu machen. Aber oft entsteht erst recht Computerschrott. Zu empfehlen sind Filterkombinationen, nachträgliche Kontrastanhebung, Versuche mit Füllmethoden und Deckkraft – auch zu haben per **Bearbeiten: Verblassen** – sowie Bearbeitung von Einzelkanälen in Graustufendateien, die in den RGB-Modus konvertiert wurden.

Künstlerische Filter   Kapitel 14

Eine Leinwandstruktur aus dem **Strukturierungsfilter: Mit Struktur versehen** betont noch den handwerklichen Charakter, einzelne Filter verwenden ohnehin Strukturen. Sie bieten im Einblendmenü den Punkt **Struktur laden** (Details zur »Struktur«-Funktion ab Seite 835).

Das Resultat gerät eher künstlich als künstlerisch: Mit den namensgebenden Kunsttechniken haben die **Kunstfilter**-Resultate so viel zu tun wie das »Klarinetten«-Register einer Heimorgel mit dem Klang des gleichnamigen Holzblasinstruments. Weder erinnert das **Fresko** an Malerei auf frischem Kalkbewurf noch denkt man beim **Mezzotint**-Output an einen entsprechenden Kupferstich. Das **Basrelief** hat nur vage mit einem typischen Flachrelief zu tun.

Wollen Sie Motivteile aus einer Bildfassung, die in der Protokollpalette noch zugänglich ist, mit künstlerischem Touch aufs Bild malen, verwenden Sie den Kunst-Protokollpinsel (Seite 105).

14.8.1 Stilisierungsfilter

Die **Stilisierungsfilter** verwandeln Ihre Bilddateien in poppige Grafiken. Sie arbeiten mit Pixelverschiebung und Kontrastmanipulation. Nicht immer wird alles »Kunst statt Kitsch«. Mit Verzerrungen arbeiten die **Stilisierungsfilter: Kacheleffekt, Extrudieren** und **Windeffekt**.

  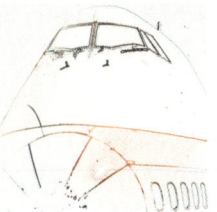 

Extrudieren · Kacheleffekt · Konturen finden · Konturwerte finden

Abbildung 14.31:
Links: Diese schlichte Grafik verwenden wir für unseren Test. Zweites Bild: Wir nutzen die »RGB«-Voreinstellung aus den »Beleuchtungseffekten«. Drittes Bild: Hier wurde der Rotkanal als Relief-Kanal verwendet. Viertes Bild: Hier diente ein weichgezeichnetes Duplikat des Rotkanals als Relief-Kanal.

 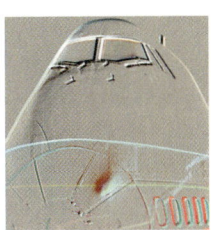  

Leuchtende Konturen · Relief · Solarisation · Windeffekt

Abbildung 14.32:
Links: Diese schlichte Grafik verwenden wir für unseren Test. Zweites Bild: Wir nutzen die »RGB«-Voreinstellung aus den »Beleuchtungseffekten«. Drittes Bild: Hier wurde der Rotkanal als Relief-Kanal verwendet. Viertes Bild: Hier diente ein weichgezeichnetes Duplikat des Rotkanals als Relief-Kanal. »Stilisierungsfilter«: Diese Funktionen erzeugen grafische Verfremdungen und Pixelverschiebungen. Die Beispieldatei wird mit 300 dpi gedruckt. Vorlage: Jumbo

14.8.2 Relief

Der **Relief**-Filter lässt eine Auswahl erhöht oder geprägt erscheinen. Dazu werden Konturen nachgezeichnet. Dabei greift das Programm seit Version 5 Farben aus der Datei auf. Benötigen Sie ein eher graues Bild nach Art der Vorversionen, nehmen Sie die Sättigung mit dem Regler **Farbton/Sättigung** zurück. Probieren Sie alternativ auch den **Zeichenfilter: Basrelief**. Benötigt werden klare Kontraste. Geben Sie einen WINKEL zwischen +360 und −360 Grad an oder bewegen Sie die Linie innerhalb des Relief-Dialogfelds. Um die Oberfläche zu erhöhen, tippen Sie einen positiven Wert ein; ein negativer Wert lässt das Bild eingedrückt erscheinen. Legen Sie dann die HÖHE des Reliefs fest und die Stärke von 1 bis 500 Prozent. 1 nimmt besonders viel Farben aus der Auswahl, 500 erhält die Farbwerte entlang den Kanten, wirkt aber grell. Wollen Sie kräftigere Reliefs herausholen, machen Sie das Bild zuvor kontrastreicher, zum Beispiel mit **Tonwertkorrektur** oder **Helligkeit/Kontrast** aus dem **Bild**-Untermenü **Einstellungen**. Alternativen zum **Relief** auf Basis von Vorder- und Hintergrundfarbe bieten die **Zeichenfilter: Stuck** und **Basrelief** (siehe unten). Wiederholen Sie den **Relief**-Effekt ein zweites Mal mit sehr niedrigen Werten – [Strg]+[Alt]+[F] bringt den letzten Filterdialog wieder her.

Relief-Effekt von Hand

Einen handgemachten Relief-Effekt erzeugen Sie folgendermaßen:

1. Legen Sie zwei Versionen des Bildes in der Ebenenpalette übereinander, indem Sie zum Beispiel die Hintergrundebene auf das Symbol NEUE EBENE ziehen.

2. Kehren Sie die obere Ebene um ([Strg]+[I]) und vermindern Sie die Deckkraft.

3. Verschieben Sie die obere Ebene um wenige Pixel – zum Beispiel mit den [Pfeil]-Tasten, wenn Sie das Verschieben-Werkzeug aktivieren ([Strg]+[V]).

4. Experimentieren Sie mit Füllmethoden wie HARTES LICHT, AUSSCHLUSS oder INEINANDERKOPIEREN und mit dem DECKKRAFT-Regler.

14.8.3 Konturenfilter

Drei Funktionen aus dem Untermenü **Stilisierungsfilter** befassen sich mit den Konturen:

▶ Lassen Sie den einschlägigen Filter **Konturen finden**, wenn Sie Objekte in einem Bild mit einem dunklen Rand umgeben und gleichzeitig den Hintergrund dämpfen wollen. Der Filter eignet sich auch zur Überblendung mit dem naturbelassenen Original zum Beispiel im Modus ABDUNKELN.

▶ Beim Filter **Konturwerte finden** nennen Sie im Feld STUFE einen Schwellenwert zum Ermitteln der Farbwerte. Der Wert bezieht sich auf den Tonwertbereich von 0 bis 255; fahren Sie mit dem Mauszeiger ins Bild und lassen Sie sich von der Infopalette [F8] nach dem RGB- oder CMYK-Schema zeigen, welche Werte Sie betonen wollen. Die tippen Sie dann ein. Die Option UNTERE wendet den Filter auf Farbwerte unterhalb des festgelegten Werts an; die Option OBERE bearbeitet die helleren Farbwerte darüber. Wollen Sie die Konturen in ein Halbtonbild einblenden, legen Sie es auf eine Ebene darüber und

Künstlerische Filter Kapitel 14

blenden per EBENENSTIL-Dialog die hellsten Lichter für DIESE EBENE aus (Seite 762). Es kann sinnvoll sein, vorab weichzuzeichnen und/oder die Kontraste anzuheben, auch mit dem Befehl **Filter: Sonstige Filter: Hochpass** glätten Sie die Konturen.

➤ Der Filter **Leuchtende Konturen** ist die Neonausgabe der anderen **Konturen**-Befehle. Stellen Sie mit dem GLÄTTEN-Regler einen mittleren Wert ein, um auch rauhe Flächen glatt wiederzugeben. Das Farbenspiel lässt sich mit dem Befehl **Farbton/Sättigung** ([Strg]+[U], Seite 457) leicht ändern. Ist der Hintergrund rein schwarz, eignet sich das Ergebnis zum Beispiel gut zum Überblenden mit aufhellenden Modi wie NEGATIV MULTIPLIZIEREN oder AUFHELLEN. Natürlich können Sie das Ergebnis auch umkehren ([Strg]+[I]) oder die schwarzen Bereiche per FÜLLOPTIONEN von der Bildfläche verbannen (vergleiche Seite 762).

*Alternativen zu den **Konturen**-Kommandos finden Sie im Untermenü **Malfilter** (siehe unten): Der Befehl **Kanten betonen** ist eine diskrete Fassung von **Konturen finden** oder **Leuchtende Konturen**; er verdrängt nicht die eigentliche Bildinformation. **Konturen nachzeichnen** wirft noch Farbspritzer ein.*

14.8.4 Weitere Funktionen

Diese weiteren Angebote macht Photoshop im Untermenü **Stilisierungsfilter**:

➤ Beim **Extrudieren** wird die Vorlage in ein Feld von dreidimensionalen QUADERN oder PYRAMIDEN verwandelt. Wählen Sie beim Quader GESCHLOSSENE OBERFLÄCHEN, füllt Photoshop die oberen Seiten jedes Quaders mit dem mittleren Farbwert – das Ergebnis wirkt grafischer, flächiger. Alternativ verwenden Sie die Originalbildpunkte aus der Datei. HELLIGKEITSABHÄNGIG lässt helle Bildteile mehr hervorstehen. Blenden Sie Quader oder Pyramiden, die sich nur teilweise innerhalb der Auswahl befinden, aus – dafür sorgt die Option UNVOLLSTÄNDIGE BLÖCKE MASKIEREN.

➤ Der **Kacheleffekt** zerbricht das Bild in zahlreiche Platten. Geben Sie an, wie viele Kacheln Sie mindestens in jeder Reihe sehen wollen und wie der Zwischenraum zwischen den Platten gefüllt werden soll – am sinnvollsten wohl mit einer ausgewählten HINTERGRUNDFARBE.

➤ Der **Korneffekt**-Filter (ohne Abbildung) simuliert das Filmkorn eines hochempfindlichen Films, allerdings ist die Stärke nicht regelbar. Er mischt Pixel, um sie weniger scharf erscheinen zu lassen. Sie können die Bildpunkte NORMAL, also zufallsgesteuert, verteilen lassen. Der **Korneffekt** kann den **Störungsfilter** ersetzen und einen Alphakanal oder eine Ebenenmaske aufrauhen. Eine vielseitige Alternative bietet der **Strukturierungsfilter: Körnung**.

➤ Die **Solarisation** erzeugt poppige Kontraste und Farbverfälschungen, sie erinnert an eine gleichnamige Dunkelkammertechnik. Präziser basteln Sie eine Solarisation, indem Sie die Gradationskurve gegen den Strich verzerren – mit dem Bleistift-Werkzeug und der GLÄTTEN-Option; ebenfalls schillernde Verfremdungen erzeugt die Funktion **Bild: Einstellungen: Verlaufsumsetzung** (Seite 506).

Kapitel 14   Filter

▶ Der Windeffekt ahmt mit kleinen horizontalen Linien eine Luftbewegung nach. Dabei ist STURM stärker als WIND und der ORKAN verschiebt gar die Windlinien. Der Effekt wirkt ausgesprochen grob; die Befehle **Bewegungsunschärfe** (Seite 844) oder **Verwackelungseffekt** (Seite 866) agieren differenzierter. Die Streifen des **Windeffekts** geraten immer weiß; um schwarze Streifen zu erhalten, kehren Sie die Vorlage zunächst um ([Strg]+[I], für Invert), dann filtern Sie, anschließend kehren Sie erneut um.

14.8.5   Kunstfilter

Mal flächig, mal körnig geraten die Ergebnisse mit den Filtern im Untermenü **Kunstfilter**. Sie finden hier schöne Funktionen für flächige Hintergründe, so etwa **Grobes Pastell, Farbpapier-Collage, Malmesser** bei hoher STRICHSTÄRKE oder **Ölfarbe getupft**. Zu den vielen Photoshop-Variationen des Themas »Korn und Kanten« gehören die weniger reizvollen Filter **Grobe Malerei, Fresko** sowie **Tontrennung & Kantenbetonung**.

Aquarell

Buntstiftschraffur

Diagonal verwischen

Farbpapier-Collage

Fresko

Grobe Malerei

Grobes Pastell

Körnung & Aufhellung

Abbildung 14.33:
Links: Diese schlichte Grafik verwenden wir für unseren Test. Zweites Bild: Wir nutzen die »RGB«-Voreinstellung aus den »Beleuchtungseffekten«. Drittes Bild: Hier wurde der Rotkanal als Relief-Kanal verwendet. Viertes Bild: Hier diente ein weichgezeichnetes Duplikat des Rotkanals als Relief-Kanal.

Kunststoff-verpackung

Malgrund

Malmesser

Neonschein

Ölfarbe getupft

Ölfarbe getupft (2)

Schwamm

Tontrennung & Kantenbetonung

Abbildung 14.34:
Kunstfilter: Flächige und körnige Ergebnisse produzieren die Funktionen aus dem Untermenü »Kunstfilter«. Einige verwenden Strukturen. Vorlage: Hütte

Künstlerische Filter | Kapitel 14

14.8.6 Malfilter

Die **Malfilter** setzen den Trend der **Kunstfilter** fort: Verzerren und Farbe untermischen. Etwas schwarzen Farbauftrag bringen etwa **Dunkle Malstriche** und **Sumi-e** ins Spiel. **Kanten betonen** ist eine diskrete Fassung von **Konturen finden** oder **Leuchtende Konturen**, während **Konturen nachzeichnen** quasi ein **Kanten betonen** mit Farbspritzern ist. **Spritzer** und **Verwackelte Striche** wetteifern um die gleiche, kleinflächige Verzerrung, während die **Kreuzschraffur** kreuzförmig verzerrt. Viele Anwender halten dieses Untermenü nicht für Photoshops stärkstes.

Dunkle Malstriche

Gekreuzte Malstriche

Kanten betonen

Konturen nachzeichnen

Kreuzschraffur

Spritzer

Sumi-e

Verwackelte Striche

Abbildung 14.35:
Malfilter: Die Filter dieser Gruppe arbeiten mit feinen Verzerrungen und Farbspritzern.
Vorlage: Leuchtturm

14.8.7 Zeichenfilter

Zahlreiche **Zeichenfilter** greifen auf Vorder- und Hintergrundfarbe zu. Denken Sie daran, dass Sie diese Tonwerte besonders einfach über die **Farbfelder** oder mit dem **Farbregler** einstellen können, erhältlich im **Fenster**-Menü. Oft empfiehlt sich als Hintergrundfarbe Weiß; die Standardfarben Schwarz und Weiß richten Sie mit der Kurztaste [D] (für Default Colors) ein. Die Resultate lassen sich problemlos umfärben mit dem FARBTON-Regler im Dialogfeld FARBTON/SÄTTIGUNG ([Strg]+[U]); auch eine Tonwerterweiterung ist oft angezeigt ([Strg]+[L]).

Als **Alternativen** zum **Relief**-Filter fungieren **Basrelief** und **Stuck,** wenn man mit der Vordergrundfarbe arbeiten möchte. Eine Verstärkung der **Kunststoffverpackung** bietet der Materialwechsel zu **Chrom.** Der **Stempel**-Befehl mit seinen Strichgrafiken ist einmal mehr eine Alternative zu **Schwellenwert** plus **Hochpaß** (Seite 842). Auch der **Rasterungseffekt** basiert auf Vorder- und Hintergrundfarbe und unterscheidet sich damit deutlich vom **Vergröberungsfilter: Farbraster**; der **Rasterungseffekt** lässt an Monitorzeilen denken. Die **Fotokopie** macht perfekte, gelackte Grafiken wieder billig und lebendig. Das **Feuchte Papier** wurde offenbar falsch einsortiert: Mit seinen Lichtsäumen und feinen Verzerrungen auf Mikroebene erinnert es eher an **Kreuzschraffur** und andere.

Kapitel 14 — Filter

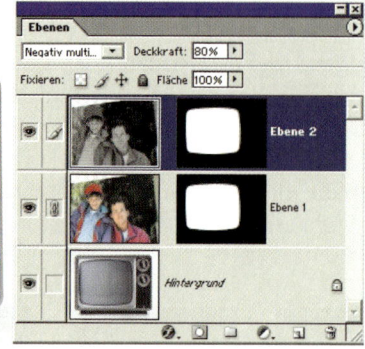

Abbildung 14.36:
Die Portraitebene wurde mit dem Befehl »Filter: Zeichenfilter: Rasterungseffekt« bearbeitet; dabei nutzten wir die Vorgabe »Linien«. So entstand ein Graustufenbild mit dem typischen Linienmuster einer schlechten TV-Übertragung. Da es jedoch zu blass wirkt, mischen wir es mit dem farbigen Portrait von Ebene 1, dessen Deckkraft wir auf 70 Prozent senken. In der Ebenenpalette schalten wir für Ebene 2 die Füllmethode »Negativ multiplizieren« ein und senken die Deckkraft ebenfalls auf 80 Prozent. Eine Ebenenmaske beschränkt die Portraitebene auf den Bereich der Mattscheibe. Bild und Maske sind nicht verbunden, die beiden Personenebenen sind jedoch verbunden und so lässt sich das Portrait innerhalb der Mattscheibe verschieben. Vorlagen: TV, TV_3; Ergebnis: TV_4

Abbildung 14.37:
Zeichenfilter: Einige Filter verwenden Vorder- und Hintergrundfarbe, hier Blau und Weiß.
Vorlage: Fenster

14.9 Vergröberung und Strukturierung

Die zwei Untermenüs **Vergröberungsfilter** und **Strukturierungsfilter** bieten vor allem Funktionen, die Pixelflächen zusammenfassen oder aufrauhen.

14.9.1 Strukturierungsfilter

Die **Strukturierungsfilter** rauhen Bildoberflächen auf. Die Ergebnisse lassen sich teilweise auch mit anderen Filtern erzielen. Dieses Untermenü zielt aber mehr auf malerische Ergebnisse und weniger auf Zweckentfremdung, die weiterbearbeitet wird.

Den Filter **Mit Struktur versehen** und die sonstigen STRUKTUR-Funktionen haben wir bereits ab Seite 835 besprochen. Grobe Mosaiksteinchen mit festgelegter Oberflächenstruktur erzeugt der Filter **Kacheln**. Die Tiefe der Fugen ist regelbar. Letztlich ist dieser Filter eine Teilfunktion von **Mit Struktur versehen**. Ähnlich den **Kacheln** fressen auch die **Risse** tiefe Gräben in ein Bild, freilich unregelmäßiger und ohne eine allgemeine Oberflächenstruktur. Regeln Sie die Breite der Einschnitte.

Abbildung 14.38:
Strukturierungsfilter: Diese Funktionen verändern scheinbar die Oberfläche der abgebildeten Motive.
Vorlage: Residenz

Ein sehr abstraktes »Mosaikfenster« produziert der Filter **Buntglas-Mosaik**. Die Größe der Fugen ist regelbar, die Farbe der Fugen wird aus der aktuellen Vordergrundfarbe hergeleitet. Hohe LICHTINTENSITÄT führt zu einer malerischen Überstrahlung. Statt **Störungen hinzufügen** (Seite 847) können Sie auch eine **Körnung** anbringen. Dieser Filter bietet schöne Varianten des

Themas »Zufällige Pixelverteilung«, so etwa mit den Optionen HORIZONTAL und VERTIKAL, die eine Art Maserung aufbringen. Die INTENSITÄT ist regelbar, nicht so die Skalierung. Testen Sie die Überblendung per **Verblassen**, zum Beispiel im Modus HARTES LICHT. **Patchwork** erinnert an Legobausteine; verwandte Verfremdungen liefern **Kacheleffekt** oder **Extrudieren**.

14.9.2 Vergröberungsfilter

Die **Vergröberungsfilter** fassen Bereiche unterschiedlicher Pixel zu geschlossenen Blöcken zusammen. So soll ein malerischer Effekt oder eine Struktur entstehen. Die Wirkung hängt stark von der Druckauflösung ab. Diese Möglichkeiten haben Sie:

- Der **Mosaikeffekt** fasst Bildpunkte zu quadratischen Blöcken zusammen. Das Bildergebnis mutet pixelig und »digital« an. Manche Zeitschriften anonymisieren Personen nicht mit schwarzem Augenbalken, sondern per **Mosaikeffekt** über den Augen. Spätere Kontrastanhebung verstärkt den Effekt.

- Der **Verwackelungseffekt** erzeugt vier Kopien der Pixel, berechnet ihren Durchschnitt und platziert sie versetzt zueinander. Das eignet sich manchmal auch für einen verwischten Hintergrund. Alternative: manuell mehrere Ebenen hintereinander setzen, mit abnehmender Deckkraft (per Zifferntaste bei eingeschaltetem Verschieben-Werkzeug) und verschiedenen Füllmethoden experimentieren.

- Der **Facetteneffekt** gibt Bildern ein handgemaltes Aussehen. Der Effekt ebnet Farbnuancen ein und lässt die Datei flächig wirken. Verstärken Sie die Wirkung durch mehrfache Anwendung. Eine Alternative mit Regelmöglichkeit bietet der **Weichzeichnungsfilter: Selektiv weichzeichnen** (Seite 844) mit der Option FLÄCHE.

- Beim **Punktieren** bricht die Farbe in zufällig platzierte Punkte auf wie in einem pointilistischen Gemälde. Quasi als Leinwandfläche zwischen den Punkten dient die Hintergrundfarbe, die auf einem hellen, wenig gesättigten Wert stehen sollte; Weiß richten Sie mit Kurztaste [D] ein. Dieser Filter raut auch Farbflächen oder Übergänge in Alphakanälen und Ebenenmasken auf.

- Das **Kristallisieren** fasst Bildpunkte zu flächig eingefärbten »Kristallen« zusammen.

- Schraffurverfremdungen produziert der Befehl **Mezzotint**. Er hat verschiedene Parallelen in den **Zeichenfiltern** (siehe oben). Es kann sinnvoll sein, die Sättigung zurückzunehmen, zu kolorieren oder gleich ein Graustufenbild zu bearbeiten.

- Das **Farbraster** erzeugt in jedem Farbkanal ein grobes, stilisiertes Druckraster. Der Filter löst das Bild in Rechtecke auf, jedes Rechteck wird durch einen Kreis ersetzt, die Größe der Kreise verhält sich proportional zur Helligkeit des Rechtecks.

14.9.3 Gerasterter Rand

Befehle wie **Kristallisieren** oder **Farbraster** rastern Auswahlränder auf. So schaffen Sie nichtalltägliche Hingucker mit starkem Aufmerksamkeitswert.

Vergröberung und Strukturierung

Kapitel 14

Vorlage — Facetteneffekt — Farbraster — Kristallisieren

Abbildung 14.39:
Vergröberungsfilter: Diese Effekte fassen unterschiedliche Pixel zu einheitlichen Farbblöcken zusammen. Vorlage: Boot

Mezzotint — Mosaikeffekt — Punktieren — Verwacklungseffekt

Abbildung 14.40:
Strukturierungsfilter: Diese Funktionen verändern scheinbar die Oberfläche der abgebildeten Motive. Vorlage: Residenz

  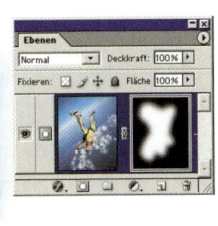

Abbildung 14.41:
Photoshop setzt die Auswahl in eine Ebenenmaske um und blendet den Hintergrund aus. Vorlage: Bob

So legen Sie den Raster-Effekt an:

a. Falls Ihr Bild nur aus einer Hintergrundebene besteht, verwandeln Sie es vorab in eine normale Ebene; klicken Sie dazu einfach doppelt auf die Miniatur in der Ebenenpalette.

b. Markieren Sie den gewünschten Bildbereich mit dem Lasso.

c. Soften Sie den Auswahlübergang mit dem Befehl **Auswahl: Weiche Auswahlkante** deutlich ab, zum Beispiel um 25 Pixel.

d. Klicken Sie in der Ebenenpalette auf das Symbol Maske hinzufügen eb-maske; die Auswahl wird in eine Ebenenmaske umgesetzt (Seite 767), Photoshop blendet den Bereich außerhalb der Ebenenmaske aus.

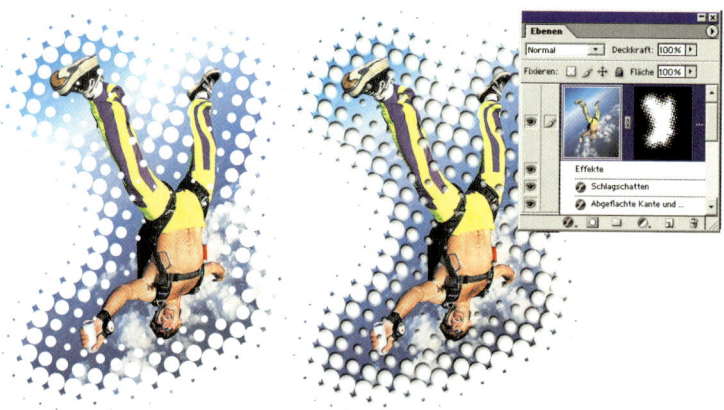

Abbildung 14.42:
Ebeneneffekte wie »Schlagschatten« oder »Abgeflachte Kante« heben das Bild heraus.
Datei: Bob_2

a. Achten Sie darauf, dass weiterhin die Ebenenmaske aktiviert ist und nicht etwa die Ebene selbst – zu erkennen in der Titelleiste des Bildes und am Maskensymbol eb-maske neben der Ebenenminiatur. Der Befehl **Filter: Vergröberungsfilter: Farbraster** rastert den Auswahlrand deutlich auf. Starten Sie mit Werten um »12«, bei größeren Dateien mit breitem Auswahlübergang erhöhen Sie diese Vorgabe.

b. Störende Löcher in der Maske entfernen Sie mit dem Pinsel 🖌 bei weißer Vordergrundfarbe. Mit dieser Methode machen Sie auch halb oder ganz ausgeblendete Details Ihres Hauptmotivs wieder sichtbar.

c. Sie können das Ergebnis plastisch herausheben und mit einem Schatten unterlegen. Dazu verwenden Sie die Ebeneneffekte nach einem Doppelklick auf die Ebenenminiatur in der Palette.

Heben Sie die Verbindung zwischen Maske und Ebene auf; dazu klicken Sie auf das Verbindungssymbol 🔗. Nun lässt sich das Motiv innerhalb des unbeweglichen Rahmens verschieben.

14.10 Verzerrungsfilter

Die **Verzerrungsfilter** erzeugen eine geometrische Verzerrung. Das Bild wirkt, als sei es über eine Kugel gespannt, zusammengeknäult oder als spiegele es sich auf einer unruhigen Wasserfläche. Damit passen Sie Bildteile an, die Sie auf eine unregelmäßige Oberfläche montieren wollen, oder bringen erfrischende Unruhe in allzu gleichförmige Flächen. Außerdem lassen sich verschiedene geometrische Figuren erzeugen.

Verzerrungsfilter
Kapitel 14

Abbildung 14.43:
Auch »Mosaikeffekt« (links) und »Kristallisieren« aus dem Untermenü »Filter: Vergröberungsfilter« rastern einen weichen Rand in der Ebenenmaske auf.

Jedoch fehlt immer noch ein Warping-Filter, der sich als Gitternetz übers Bild legt und präzise örtliche Verzerrungen erlaubt; der Befehl **Filter: Verflüssigen** ([Strg]+[⇧]+[X], Seite 722) mit seinem Knautschpinsel ist kein vollwertiger Ersatz. Der **Versetzen**-Filter leistet diese Dienste zwar – jedoch nur in Grenzen und umständlich.

Abbildung 14.44:
Links: Das Stadtfoto wird zunächst exakt horizontal ausgerichtet, an den Rändern retuschiert und um 180 Grad gedreht. Mit der Auswahlellipse erzeugen wir eine Markierung, anschließend nutzen wir den Befehl »Filter: Verzerrungsfilter: Polarkoordinaten« mit der Vorgabe »Rechteckig -> Polar« (siehe unten). Das Ergebnis heben wir mit [Strg]+[J] auf eine eigene Ebene, mit [Strg]+[T] schieben wir es zu einer Kugel zusammen. Anschließend müssen mit dem Stempel Nahtstellen korrigiert werden. Für solche Ergebnisse benötigen Sie Bilder, deren linker und rechter Rand sich gut aneinander setzen lassen. Wenn Sie die Vorlage nicht auf den Kopf stellen, erscheint der Himmel im Innern der Kugel. Vorlage: Stadt; Ergebnis: Stadt_2

14.10.1 Grundlagen

Beachten Sie bei der Arbeit mit den **Verzerrungsfiltern**:

➡ Wenn Sie nur einen Teil eines Bildes verzerren, setzen Sie eine **Weiche Auswahlkante** ein (Seite 546), um den Übergang zwischen verzerrtem Bereich und Restbild fließend zu gestalten.

➡ Arbeiten Sie mit einer Auswahl, markieren Sie das Objekt großräumig, damit der Filter Platz zur Ausdehnung hat.

➡ Die Option TRANSPARENTE PIXEL FIXIEREN eb_transp_schutz in der Ebenenpalette muss abgewählt sein.

➡ Stößt die Verzerrung an einen Bildrand, wird sie nicht über diese Grenze hinaus fortgesetzt; erweitern Sie also beizeiten die Datei mit dem Befehl **Bild: Arbeitsfläche** (Seite 181) oder mit dem Freistellwerkzeug.

Denken Sie daran, dass Photoshop hier massiv Pixel neu erfinden (interpolieren) muss und das kostet Qualität. Zur INTERPOLATION verwendet Photoshop das Verfahren, das Sie mit dem Befehl **Bearbeiten: Voreinstellungen: Allgemeine** vorgeben. Empfehlenswert ist in der Regel die Methode BIKUBISCH (156), manchmal gefolgt von einem Scharfzeichner.

*Für alle Verzerrungsfilter gilt: Möglicherweise möchten Sie nur den Rand einer Ebene verzerren, nicht aber das Innere. Dann verzerren Sie eventuell zunächst doch das komplette Objekt, um anschließend mit Protokollpinsel oder **Füllen**-Befehl das Innere wieder herzustellen. Alternative: Wählen Sie von vornherein nur den Rand aus; erstellen Sie zum Beispiel eine Auswahl für das Objekt, dann verwenden Sie **Auswahl: Auswahl verändern: Rahmen**.*

Undefinierte Bereiche

Mit Bildteilen, die nicht verzerrt werden, passiert bei den Verzerrungsfiltern, aber auch beim Befehl **Filter: Sonstige Filter: Verschiebungseffekt** Folgendes:

➡ Die Option DURCH VERSCHOBENEN TEIL ERSETZEN füllt die undefinierten Bereiche durch den verschobenen Teil von der gegenüberliegenden Seite des Bildes.

➡ Die Option KANTENPIXEL WIEDERHOLEN verlängert die Farben der Pixel entlang der Kanten des Bildes. Unterschiedlich gefärbte Randpixel erzeugen einen Streifeneffekt.

Verzerrung und Effekte

Eventuell verzerren Sie Objekte oberhalb der Hintergrundebene, die sich mit Effekten wie SCHLAGSCHATTEN, KONTUR oder SCHEIN NACH AUSSEN weit ausdehnen. Möglicherweise reißen Schatten, Kontur oder Lichthof nach der Verzerrung hart am Bildrand ab. Erweitern Sie die Arbeitsfläche mit dem Befehl BILD: NICHTS MASKIERT; Photoshop dehnt die Bildfläche so weit aus, dass SCHLAGSCHATTEN oder SCHEIN NACH AUSSEN genug Platz finden, um voll auszuklingen. Allerdings: Die Bildobjekte selbst verzerrt Photoshop nicht über den Dokumentrand hinaus, sie reißen dort hart ab. Im Zweifel erweitern Sie also die **Arbeitsfläche** bereits vor dem Verzerrungsfilter.

14.10.2 Polarkoordinaten

Der **Polarkoordinaten**-Filter verwandelt die Koordinaten einer rechteckigen Auswahl in Polarkoordinaten und umgekehrt. In der Einstellung RECHTECKIG->POLAR werden rechteckige Bildbereiche quasi in einem Metallzylinder gespiegelt. In der Praxis können Sie Linien, Text oder Flächen mit den Enden aufeinander zu drehen. Die Strategien:

Verzerrungsfilter

Kapitel 14

Abbildung 14.45:
»Rechteckig->Polar«: Fassen Sie das Motiv in eine quadratische Auswahl, die links und rechts eng ansitzt, wenn Sie einen Kreis erzeugen möchten. Lassen Sie links und rechts Platz, wenn nur ein Halbkreis entstehen soll. Fassen Sie das Objekt in eine enge Auswahl mit ungleichmäßigen Seitenverhältnissen, wenn Sie ein Oval erzeugen möchten. Datei: 500

- Fassen Sie die Auswahl eng und quadratisch, wenn Sie einen geschlossenen Kreis erhalten möchten.
- Fassen Sie die Auswahl weit, wenn nur ein Halbkreis entstehen soll.
- Erzeugen Sie eine Auswahl mit ungleichen Seitenverhältnissen, damit ein Oval entsteht.

Bei geschlossenen Figuren sollten die Enden möglichst nahtlos aneinander anschließen. Dazu kopieren Sie beispielsweise eine weich ausgewählte, gespiegelte Version des linken Rands auf die rechte Seite. Der Modus POLAR->RECHTECKIG kann die Verzerrung genau rückgängig machen. Eine erweiterte Fassung des Polarkoordinaten-Befehls finden Sie als kostenloses englisches Windows-Plug-in »Pole Transform« aus der Hand eines japanischen Programmiers unter dieser Adresse:

http://www.geocities.com/murakuma/mmplugins.html

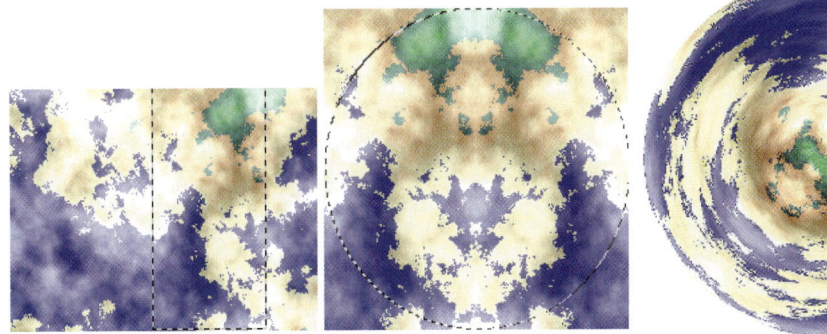

Abbildung 14.46:
Als Grundlage für diesen Erdball dient eine Bitmap-Füllung aus CorelDraw. Gearbeitet wurde mit einem korrigierten quadratischen Ausschnitt, dessen linke Seite nahtlos an die rechte anschließt. Links: Dazu wurde mit dem Rechteckwerkzeug ein Ausschnitt im Verhältnis 1:2 erzeugt und gespiegelt dupliziert. Mitte: Dann wurde eine Kreisauswahl erzeugt, die bis an die Bildränder reicht; der Filter »Polarkoordinaten« mit der Option »Rechteckig->Polar« erzeugt die kreisförmige Spiegelung nach innen. Dateien: Polar, Polar_2

14.10.3 Versetzen

Der **Versetzen**-Filter verwendet ein zweites Bild, um den Auswahlbereich zu verzerren. Sie können damit das Bild auf eine beliebige Fläche projizieren, es zum Beispiel durchhängen lassen oder ausbeulen oder auf eine ungleichmäßige Fläche aufmodellieren. Die Verzerrungen wirken dreidimensional.

Man definiert die Verschiebung nicht unmittelbar in Zahlen. Stattdessen orientiert sich der Filter an Tonwerten aus einem zweiten Bild. Wenden Sie zum Beispiel den **Wellen**-Filter auf eine strukturierte Graufläche an, heben Sie den Kontrast an und laden Sie das Bild als Matrix; damit wellt sich das Objekt.

Trifft der Filter im kontrollierenden Bild – der VERSCHIEBUNGSMATRIX – auf ein weißes Pixel mit Tonwert 255, erhalten Sie die maximale positive Verschiebung; Schwarz mit Tonwert 0 führt zur maximalen negativen Verschiebung; mittleres Grau mit Tonwert 128 lässt das Bild unverändert.

Die Bildpunkte im Originalbild können vertikal, horizontal oder diagonal verschoben werden. Besteht die Verschiebungsmatrix nur aus einem Kanal, verschiebt Photoshop das Bild entlang einer Diagonalen, die durch Ihre Vorgaben für HORIZONTALE SKALIERUNG und VERTIKALE SKALIERUNG definiert ist. Ein Wert von 100 Prozent bewirkt eine Verschiebung um 128 Pixel, also die höchste Abweichung. Besteht die Matrix jedoch aus zwei Kanälen, kontrolliert der erste Kanal die horizontale, der zweite die vertikale Verschiebung.

Sie werden aufgefordert, das Bild für die Verschiebungsmatrix von der Festplatte zu laden. Sie können also nicht mit einer neu erstellten Datei, etwa einer Kopie, loslegen, die noch nie gespeichert wurde. Für kleinstrukturierte Verzerrungen eignen sich die PSD-Dateien aus dem Photoshop-Untermenü »Zusatzmodule/Verschiebungsmatrizen«.

Farbvorlagen, die Sie als Verschiebungsmatrix nutzen, sollten Sie der Übersicht halber in Graustufen verwandeln und dabei alle Photoshop-Finessen nutzen (Seite 200). Legen Sie am besten gleich mehrere Varianten mit unterschiedlichen Kontrasten an.

Abbildung 14.47:
»Versetzen«: Dieser Filter verzerrt ein Motiv auf Basis von Tonwerten in einer zweiten Datei. Neutralgrau bewirkt keine Veränderung. Vorlage: Devise

Matrix anpassen

Am leichtesten durchschauen Einsteiger das **Versetzen**, wenn die Verschiebungsmatrix exakt die gleiche Größe hat wie die Bildauswahl, die Sie verzerren wollen. Hat die Verschiebungsmatrix jedoch andere Maße als der Zielbereich im Foto, gibt es zwei Möglichkeiten:

➧ Nutzen Sie die Option AUF AUSWAHLGRÖSSE SKALIEREN, die die Matrix automatisch in der Größe anpasst.

➧ Dagegen füllt die Option WIEDERHOLEN den Auswahlbereich, indem die jeweilige Matrix wie Musterteile aneinander gesetzt wird.

Die Option UNDEFINIERTE BEREICHE erklären wir auf Seite 870.

Abbildung 14.48:
Der »Versetzen«-Filter verzerrt das Wolkenfoto nach dem Relief eines Portraits, das hier als Verschiebungsmatrix dient.
Vorlagen: Versetzen_a, _b;
Ergebnis: Versetzen_2

14.10.4 Schwingungen

Der **Schwingungen**-Filter arbeitet ähnlich wie **Kräuseln, Glas** oder **Ozeanwellen**, bietet aber weit mehr Wirkung und Kontrollmöglichkeiten:

➧ Sie präzisieren die Zahl der Wellengeneratoren zwischen 1 und 999.

➧ Sie legen auch die minimale und die maximale Länge der Wellen (die Entfernung von einem Wellenkamm zum nächsten) zwischen 1 und 999 fest.

➧ Sie regeln die Wellenhöhe (AMPLITUDE).

➧ Den Wellentyp definieren Sie als SINUS (rollend), DREIECK oder QUADRAT.

➧ Die Stärke der Verzerrung kontrollieren Sie mit der SKALIERUNG zwischen einem und 100 Prozent.

Zusätzlich testen Sie mit dem Schalter ZUFALLSPARAMETER verschiedene Varianten durch.

Der Verzerrungsfilter eignet sich, um einen Schriftzug oder ein Objekt in Schwingungen zu versetzen oder erzittern zu lassen. Er bringt Bewegung in glatte Flächen. Um nur ein sanftes Wogen zu erzeugen, hält man die ANZAHL GENERATOREN klein, die WELLENLÄNGE hoch, die AMPLITUDE klein und die SKALIERUNG ebenfalls klein. Per SKALIERUNG können Sie vertikale und horizontale Veränderungen separat einstellen. Die Option UNDEFINIERTE BEREICHE erklären wir auf Seite 870.

  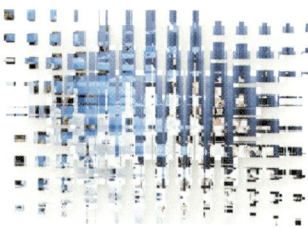

Abbildung 14.49:
»Schwingungen«: Dieser Filter eignet sich für sanfte Veränderung ebenso wie für komplette Verfremdung.
Vorlage: Verzerrung

14.10.5 Weitere Verzerrungsfilter

Zahlreiche **Verzerrungsfilter** werfen das Bild in Wellen. Dabei wirken die einen gleichmäßig über die Fläche hin – so etwa **Ozeanwellen**, **Kräuseln** und **Glas**; die Wirkung dieser Filter lässt sich in etwa auch mit dem **Schwingungen**-Dialog erzeugen. Andere Filter ziehen von der Mitte aus ihre Kreise – darunter **Wellen** und **Strudel**. Im Einzelnen:

- Die **Ozeanwellen** zeigen das Bild in kleineren oder größeren Wellen – nicht spektakulär, aber mitunter praktisch. Anders als die **Wellen** arbeiten die **Ozeanwellen** gleichmäßig übers Bild hin und gehen nicht von einem Zentrum aus. Das **Kräuseln** ist ein verwandter Effekt.

- Der **Kräuseln**-Filter verzerrt den ausgewählten Bereich wellenförmig. Verwenden Sie den Filter, um ein Objekt als Spiegelung auf eine Wasseroberfläche zu montieren. Die Wellen-GRÖSSE regeln Sie zwischen –999 und +999. Die Zahl der Wellen geben Sie im Feld für FREQUENZ vor.

- Der **Glas**-Filter zeigt die Datei durch verzerrtes Glas. Er bietet einen STRUKTUR-Bereich; hier stehen Glassorten wie BLOCKGLAS oder RIFFELUNG parat, aber Sie können auch eine eigene STRUKTUR LADEN (vergleiche Seite 835). In homogenen Flächen ist von einer Filterwirkung nichts zu erkennen.

- Der **Strudel**-Filter zieht eine Auswahl sogartig in die Mitte: Er dreht sie in der Mitte stärker als außen. Sie geben einen Winkel zwischen +999 und –999 vor. Der Filter wird manchmal auf Verläufe angewendet.

- Kreisförmige Verzerrungen produziert der **Wellen**-Filter. Man denkt an einen Stein, der ins Wasser geworfen wurde. Sie können die STÄRKE und die Zahl der »Wellen« einstel-

Verzerrungsfilter   Kapitel 14

len. Die Vorgabe DIAGONAL WELLENFÖRMIG verschiebt die Bildpunkte schräg, KONZENTRISCH AUS DER MITTE verschiebt die Pixel gleichmäßig vom Zentrum her, KREISFÖRMIG UM DIE MITTE erzeugt Wellenlinien, die sich vom Zentrum wegbewegen und um das Zentrum drehen.

Abbildung 14.50:
Der Filter »Wellen« verzerrt von einem Zentrum aus nach außen; von links: »Diagonal wellenförmig«, »konzentrisch aus der Mitte« oder »kreisförmig um die Mitte«.

Abbildung 14.51:
Die Filter »Ozeanwellen«, »Kräuseln« und »Glas« (v.l.n.r.) verzerren die Bildfläche gleichmäßig.
Vorlage: Verzerrung

Distorsion

Der Filter **Distorsion** verzerrt kreisförmig. Sie können die Auswahl auf die Mitte hin zusammenschieben; dazu geben Sie einen positiven Wert im entsprechenden Dialogfeld ein. Oder Sie zerren die Auswahl von der Mitte her auseinander, dies geschieht mit einem negativen Wert. Bei einer Rechteckauswahl gehen manipulierter Bildteil und Umgebung fließend ineinander über. Bei einer freien Form sollten Sie eine **Weiche Auswahlkante** verwenden, um den Filter zum Auswahlrand hin abzuschwächen und so einen glatteren Übergang zu schaffen.

Abbildung 14.52:
»Strudel« verzerrt kreisförmig. »Distorsion« mit einem positiven Wert zieht das Objekt nach innen, während eine negative Vorgabe das Motiv auswölbt.

Wölben

Der **Wölben**-Filter spannt das Bild auf eine Kugel und lässt flächige Objekte dreidimensional aussehen. Benutzen Sie die Funktion, wenn Sie auf eine Litfasssäule, eine Flasche oder einen Ball montieren, etwas unter die Lupe nehmen oder nur Dramatik erzeugen wollen – auch bei Text. Die Optionen VERTIKAL und HORIZONTAL simulieren die Projektion auf einen Zylinder, etwa eine Flasche. Innerhalb einer Rechteckauswahl greift sich der Filter nur einen runden Bereich. Soll also wirklich die komplette Auswahl bis in die letzte Ecke verzerrt werden, müssen Sie die Auswahl entsprechend vergrößern.

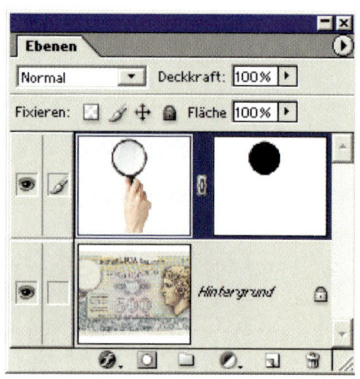

Abbildung 14.53:
»Wölben«: Dieser Filter spannt die Auswahl auf eine Kugel.
Datei: Banknote

*Wiederholen des Filters **Wölben** steigert die Wirkung.*

Verbiegen

Der Filter **Verbiegen** verzerrt das Bild entlang einer Kurve, die Sie festlegen können. Im Dialogfeld ziehen Sie an der dargestellten Linie eine Kurve, nach der das Bild verzerrt werden soll. Per Mausklick setzen Sie Punkte, an denen sich die Kurvenrichtung ändert. Nicht benötigte Punkte ziehen Sie aus dem Diagramm heraus.

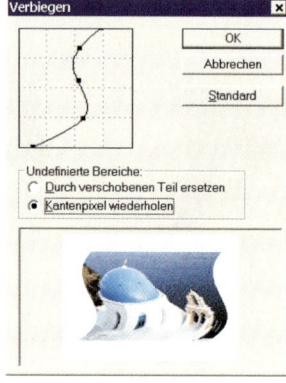

Abbildung 14.54:
»Verbiegen«: Mit einer formbaren Linie steuern Sie die Verzerrung des Objekts. Datei: Verzerrung

14.11 Weitere Filter

Alle Filter aus dem Untermenü **Sonstige Filter** leisten reine Zuträgerdienste für andere Photoshop-Funktionen und wurden bereits in diesem Buch besprochen: **Helle Bereiche vergrößern** und **Dunkle Bereiche vergrößern** finden Sie ab Seite 542. Der **Verschiebungseffekt** erscheint ab Seite 691. Der **Hochpass** erscheint unter anderem ab Seite 842. Der ImageReady-Befehl **Kacheln erstellen** wird ab Seite 331 erläutert. Ebenfalls bereits diskutiert haben wir **Verflüssigen** (Seite 722) und **Extrahieren** ab Seite 579.

14.11.1 Rendering-Filter

Schnelle Effekte haben Sie mit den **Rendering**-Filtern **Blendenflecke**, **Wolken** und **Differenz-Wolken** zur Hand. Die **Beleuchtungseffekte** wurden bereits ab Seite 853 besprochen, **Struktur laden** erschien ab Seite 835, **3D-Transformieren** finden Sie ab Seite 719.

Blendenflecke

Der Filter **Blendenflecke** ahmt die Gegenlichtreflexe nach, die beim Fotografieren in eine Lichtquelle hinein entstehen können. Geben Sie die HELLIGKEIT vor in Werten zwischen 10 und 300 Prozent. Klicken Sie in die Vorschau des Bildes, um den Mittelpunkt für die Blendenflecke zu platzieren. Dann wählen Sie ein Objektiv aus.

Die **Blendenflecke** sind das kleine, schnelle Pendant zu den **Beleuchtungseffekten**: Allzu glatte Oberflächen, ob von Foto oder Photoshop, bekommen mit diesem Filter ein packendes Live-Element, ebenso fade Himmel. Auch für Blitzlichtgewitter und Nachtbilder eignet sich der Effekt. Ganze Bildbereiche können Sie im Gleißen auflösen.

Um die Lichtreflexe frei über dem Bild zu verschieben, werden sie auf einer eigenen, neutralgrauen Ebene im Modus HARTES LICHT angebracht (vergleiche Seite 733). Bei der Konkurrenz sieht man inzwischen viel differenziertere Lichtreflexe; dort können Sie die Zahl der Strahlen, den Lichthof, die Lichtfarbe und ein knappes Dutzend weiterer Parameter einstellen.

Wolken

Der **Wolken**-Filter erzeugt ein luftiges Farbgemisch aus Vorder- und Hintergrundfarbe. Adobe stattete die **Wolken**-Filter sehr sachlich aus – kein Schieberegler, kein Überblendmodus, gar nichts; nur eine magere ⇧-Taste. Drücken Sie diese beim Wählen des Befehls, macht Photoshop das Muster kontrastreicher. Mit der gleichen Wirkung können Sie freilich nachträglich Sättigung oder Tiefen anheben oder eine solche Korrektur flexibel als Einstellungsebene über eine **Wolken**-Ebene legen. Nachbearbeiten lässt sich das Ergebnis mit allen Arten von Tonwert- und Farbreglern, etwa **Farbton/Sättigung** oder **Tonwertkorrektur**. Lösen Sie das Muster mit dem **Gaußschen Weichzeichner** noch auf oder konturieren Sie es mit einer starken Unscharfmaskierung. Sie können das Gebilde mit den **Beleuchtungseffekten** beleben, **Mit Struktur versehen** oder mit einem der **Zeichenfilter** ein Gemälde daraus machen. Per **Transformieren** oder **Verzerrungsfilter** verändern Sie die Wolkenformationen.

Kapitel 14   Filter

Beide Wolken-Filter erzeugen bei jedem Anlauf ein neues Muster. Aber nicht auf Lab-Bildern. Verwenden Sie Seitenlängen von 128 Pixeln oder einem Vielfachen davon, um Muster mit einem nahtlos kombinierbaren Rand zu erhalten (Details ab Seite 335).

Differenz-Wolken

Differenz-Wolken erzeugt ein vergleichbares Muster, blendet dies aber nach dem DIFFERENZ-Modus in den Hintergrund; das erinnert an ein Negativ. Hell-Dunkel-Gegensätze, also Strukturen, bleiben dabei ansatzweise erhalten. So können Sie den Filter auch nutzen, um ein Licht-Schatten-Spiel auf einförmige Flächen zu bringen. Blenden Sie den Filter mit [Strg]+[F] immer wieder neu ins Bild – das Ergebnis erinnert zunehmend an eine Marmorierung.

Alternative mit Bild-zurück-Garantie: Legen Sie den normalen **Wolken**-Filter auf eine Ebene über der Vorlage und richten Sie den Modus **Differenz** ein. Um nur ein Licht-Schatten-Spiel ohne Farbveränderung zu erzeugen, richten Sie

1. Schwarz und Weiß als Vorder- und Hintergrundfarbe ein (Kurztaste [D]),
2. legen über der Zielebene eine neue, leere Ebene an, die Sie mit Neutralgrau füllen,
3. wenden **Wolken** auf diese neue, graue Ebene an und
4. steuern die Intensität mit dem Deckkraftregler.

Eine elegante Alternative zu solchen Mustern bildet der Ebeneneffekt GLANZ (Seite 758).

Abbildung 14.55:
Links: Der Filter »Wolken« erzeugt ein luftiges Muster aus Vorder- und Hintergrundfarbe; etwas kräftiger gerät das Bild, wenn Sie den Filter mit gedrückter [⇧]-Taste anwählen. Rechts: »Blendenflecke« rechnet Gegenlichtreflexe ins Bild. Vorlage: Skyline3

14.11.2   Videofilter

Mit den **Videofiltern** werden digitalisierte Videostandbilder aus TV-Quellen bearbeitet.

NTSC-Farben

NTSC-Farben schränkt die Farben so ein, dass das Fernsehbild nicht durch Übersättigung überstrahlt wird. Die NTSC-Norm gilt in den USA, Europa hat Farben nach Pal-Norm.

De-Interlace

Der Filter **De-Interlace** entstört digitalisierte Fernsehbilder, indem er die ungeraden oder die geraden Zeilen entfernt und durch PIXELWIEDERHOLUNG oder INTERPOLATION ersetzt.

Der Hintergrund: Fernsehbilder werden mit Zeilensprung (interlaced) aufgebaut – es stehen immer abwechselnd alle geraden und alle ungeraden Zeilen auf dem Schirm; wird mit einem Video-Digitizer ein bewegtes Bild eingefangen, kann es sein, dass die Bildzeilengruppen nicht zueinander passen.

15 Service

Im Service-Teil finden Sie Werkzeuglisten, Hinweise zur CD, die diesem Buch beiliegt, das Lexikon und das Stichwortverzeichnis.

15.1 Übersicht: Werkzeugfunktionen und Bedienung

Hier listen wir alle Werkzeuge aus Photoshop und ImageReady auf.

15.1.1 Die Werkzeuge auf der Photoshop-Werkzeugpalette

In diesem Abschnitt erhalten Sie eine Kurzerklärung für alle Symbole, die Sie auf der Werkzeugleiste bei Photoshop finden. Viele, aber nicht alle Symbole treffen Sie bei ImageReady wieder. Die genannten Möglichkeiten zum Wechsel des Werkzeugs per ⇧-Taste+Werkzeug-Kurztaste gelten für den Fall, dass Sie in den **Voreinstellungen** (Strg+K, am Mac ⌘+K) diese Option einschalten: UMSCHALTTASTE FÜR ANDERES WERKZEUG.

Eine Aufstellung der speziellen Werkzeuge von ImageReady folgt im nächsten Abschnitt. Anschließend finden Sie eine Auflistung aller Werkzeuge, sortiert in alphabetischer Reihenfolge nach den Tastaturkürzeln.

Adobe Online
Verbindung zur Internetseite von Adobe

Auswahlrechteck
Erstellt rechteckige Auswahlbereiche, bewegt vorhandene Auswahlränder
Kurztaste: M (für Marquee Tool)
⇧-M: Wechsel zwischen Auswahlellipse und Auswahlrechteck
Doppelklick oder ↵: Optionen
Mit ⇧-Taste: erstellt Quadrat
Mit Alt-Taste: zieht Auswahl vom Mittelpunkt auf
Mit Alt-Taste bei vorhandener Auswahl: Auswahl verkleinern
Mit ⇧-Taste bei vorhandener Auswahl: Auswahl vergrößern
Mit Strg-Taste bei vorhandener Auswahl: Auswahlinhalt verschieben

Mit `Strg`- und `Alt`-Taste bei vorhandener Auswahl: Duplikat des Auswahlinhalts verschieben

Klick in oder neben Auswahl: hebt Auswahl auf

Bei aktiviertem Werkzeug: Auswahlkontur mit `Pfeil`-Tasten oder `⇧`+`Pfeil`-Tasten verschiebbar

Spalten-Auswahl

Erstellt rechteckige Auswahlbereiche von einem Pixel Breite in voller Bildhöhe

Weitere Optionen siehe oben, »Auswahlrechteck«

Zeilen-Auswahl

Erstellt rechteckige Auswahlbereiche von einem Pixel Breite in voller Bildbreite

Weitere Optionen siehe oben, »Auswahlrechteck«

Auswahlellipse

Erstellt ovale Auswahlbereiche, bewegt vorhandene Auswahlränder

Kurztaste: `M` (für Marquee Tool)

`⇧`-M: Wechsel zwischen Auswahlellipse und Auswahlrechteck

Doppelklick oder `↵`: Optionen

Mit `⇧`-Taste: erstellt Kreis

Mit `Alt`-Taste: zieht Auswahl vom Mittelpunkt auf

Mit `Alt`-Taste bei vorhandener Auswahl: Auswahl verkleinern

Mit `⇧`-Taste bei vorhandener Auswahl: Auswahl vergrößern

Mit `Strg`-Taste bei vorhandener Auswahl: Auswahlinhalt verschieben

Mit `Strg`- und `Alt`-Taste bei vorhandener Auswahl: Duplikat des Auswahlinhalts verschieben

Bei aktiviertem Werkzeug: Auswahlkontur mit `Pfeil`-Tasten oder `⇧`+`Pfeil`-Tasten verschiebbar

Klick in oder neben Auswahl: hebt Auswahl auf

Verschieben-Werkzeug

Bewegt Ebenen und Auswahlinhalte

Kurztaste: `V` (für Move)

Doppelklick oder `↵`: Optionen

Klick mit rechter Maustaste ins Bild: Menü aller Ebenen unter dem Zeiger

Jederzeit vorübergehend aktivierbar per `Strg`-Taste

Lasso

Erstellt frei geformte Auswahlbereiche per Mausbewegung

Kurztaste: `L` (für Lasso)

⇧+L: Wechsel zwischen Lasso, Polygon-Lasso und Magnet-Lasso
Doppelklick oder ⏎: Optionen
Mit Alt-Taste: Eckpunkte setzen (wie Polygon-Werkzeug)
Mit Alt-Taste bei vorhandener Auswahl: Auswahl verkleinern
Mit ⇧-Taste bei vorhandener Auswahl: Auswahl vergrößern

Mit Strg-Taste bei vorhandener Auswahl: Auswahlinhalt verschieben
Mit Strg- und Alt-Taste bei vorhandener Auswahl: Duplikat des Auswahlinhalts verschieben
Klick in oder neben Auswahl: hebt Auswahl auf
Bei aktiviertem Werkzeug: Auswahlkontur mit Pfeil-Tasten oder ⇧+Pfeil-Tasten verschiebbar

Polygon-Lasso

Erstellt mehreckige Auswahlbereiche per Mausklicks
Kurztaste: L (für Lasso)
⇧+L: Wechsel zwischen Lasso, Polygon-Lasso und Magnet-Lasso
Doppelklick oder ⏎: Optionen
Mit Alt-Taste: vorübergehend üblicher Lasso-Modus
(weitere Optionen wie oben)

Magnetisches Lasso

Erstellt mehreckige Auswahlbereiche per Mausklick und orientiert an Motivkontrasten
Kurztaste: L (für Lasso)
⇧+L: Wechsel zwischen Lasso, Polygon-Lasso und Magnet-Lasso
Klick: Orientierungspunkte setzen
Doppelklick oder ⏎: Auswahl schließen
Strg+Klick: Auswahl schließen
Mit Alt-Taste: Eckpunkte setzen oder freie Formen ziehen (wie Lasso bzw. Polygon-Lasso)
(weitere Optionen wie oben)

Zauberstab

Markiert farbähnliche Bildpunkte, bewegt vorhandene Auswahlränder
Kurztaste: W (für Magic Wand)
Doppelklick oder ⏎: Optionen
Mit Alt-Taste bei vorhandener Auswahl: Auswahl verkleinern
Mit ⇧-Taste bei vorhandener Auswahl: Auswahl vergrößern
Mit Strg-Taste bei vorhandener Auswahl: Auswahlinhalt verschieben
Mit Strg- und Alt-Taste bei vorhandener Auswahl: Duplikat des Auswahlinhalts verschieben

Bei aktiviertem Werkzeug: Auswahlkontur mit `Pfeil`-Tasten oder `⇧`+`Pfeil`-Tasten verschiebbar

Freistellwerkzeug

Entfernt Bildteile außerhalb der Markierung
Kurztaste: `C` (für Crop)
Doppelklick oder `↵`: Optionen
Mit `⇧`-Taste: erstellt Quadrat
Mit `Alt`-Taste: verändert Auswahl symmetrisch
`Escape`-Taste: vorhandene Freistellauswahl aufheben
`↵`-Taste: Bild auf vorhandene Auswahl freistellen

Slice-Werkzeug

Ziehen, um Bild in Slices (Einzel-Segmente) für Internetveröffentlichung zu zerlegen
Kurztaste: `K`
Doppelklick oder `↵`: Optionen
Mit `⇧`-Taste: erstellt Quadrat
Mit `Strg`-Taste: vorübergehender Wechsel zu Slice-Auswahlwerkzeug
Mit `Alt`-Taste: verändert Auswahl symmetrisch
Rechtsklick im Bild: Kontextmenü mit Slice-Befehlen

Slice-Auswahlwerkzeug

Slices (Bild-Einzelsegmente) aktivieren und bewegen
Kurztaste: `K`
Mit `⇧`-Taste: bewegt Slices auf Geraden
Mit `Strg`-Taste: vorübergehender Wechsel zu Slice-Werkzeug
Mit `Alt`-Taste und Ziehen: erzeugt gleich großen zweiten Slice
Rechtsklick im Bild: Kontextmenü mit Slice-Befehlen

Pinsel

Trägt Vordergrundfarbe auf, Orientierung an Werkzeugspitzen
Kurztaste: `B` (für Brush)
`⇧`+`B`: Wechsel zwischen Buntstift und Pinsel
Doppelklick oder `↵`: Optionen
Mit `Alt`-Taste: schaltet vorübergehend zu Pipette um
`⇧`-Klick: gerade Verbindung zum letzten bearbeiteten Punkt

Buntstift

Zeichnet freie Linien oder Geraden ohne Kantenglättung, Orientierung an Werkzeugspitzen
Kurztaste: `B`

Übersicht: Werkzeugfunktionen und Bedienung | Kapitel 15

⇧+B: Wechsel zwischen Buntstift und Pinsel
Doppelklick oder ⏎: Optionen
Mit Alt-Taste: schaltet vorübergehend zu Pipette um
⇧-Klick: gerade Verbindung zum letzten bearbeiteten Punkt

Kopierstempel

Dupliziert Bildbereiche, Orientierung an Werkzeugspitzen
Kurztaste: S (für Stamp)
⇧+S: Wechsel zwischen Kopierstempel und Musterstempel
Doppelklick oder ⏎: Optionen
Mit Alt-Taste: Kopierursprung definieren
⇧-Klick: gerade Verbindung zum letzten bearbeiteten Punkt

Musterstempel

Trägt definierte »Muster« auf, Orientierung an Werkzeugspitzen
Kurztaste: S (für Stamp)
⇧+S: Wechsel zwischen Kopierstempel und Musterstempel
Doppelklick oder ⏎: Optionen
⇧-Klick: gerade Verbindung zum letzten bearbeiteten Punkt

Reparaturpinsel

Dupliziert Bildbereiche mit Helligkeitsausgleich, Orientierung an Werkzeugspitzen
Kurztaste: J (für Stamp)
⇧+J: Wechsel zwischen Reparaturpinsel und Ausbessern-Werkzeug
Doppelklick oder ⏎: Optionen
Mit Alt-Taste: Kopierursprung definieren
⇧-Klick: gerade Verbindung zum letzten bearbeiteten Punkt

Ausbessern-Werkzeug

Wählt Bildbereiche, um sie mit Helligkeitsausgleich über Fehlerstellen einzusetzen
Kurztaste: J (für Stamp)
⇧+J: Wechsel zwischen Reparaturpinsel und Ausbessern-Werkzeug
Doppelklick oder ⏎: Optionen
Mit ⇧-Taste bei vorhandener Auswahl: Auswahl vergrößern
Mit Strg- und Alt-Taste bei vorhandener Auswahl: Duplikat des Auswahlinhalts verschieben

Protokollpinsel

Trägt frühere Bildversionen auf, Orientierung an Werkzeugspitzen und Protokollpalette
Kurztaste: Y (für History)

⬆+Y: Wechsel zwischen Protokollpinsel und Kunst-Protokollpinsel
Doppelklick oder ↵: Optionen
⬆-Taste: in 45-Grad-Winkeln auftragen
⬆-Klick: gerade Verbindung zum letzten bearbeiteten Punkt

Kunst-Protokollpinsel

Trägt frühere Bildversionen verfremdet auf, Orientierung an Werkzeugspitzen und Protokollpalette

Kurztaste: Y (für History)

⬆+Y: Wechsel zwischen Protokollpinsel und Kunst-Protokollpinsel

Weitere Optionen siehe oben, »Protokollpinsel«

Radiergummi

Setzt Hintergrundfarbe ein oder löscht Ebene, Orientierung an Werkzeugspitzen

Kurztaste: E (für Eraser)

Doppelklick oder ↵: Optionen

Mit Alt-Taste: vorübergehend zurück zur letzten Version

⬆+E oder Alt-Klick auf Symbol: Wechsel zu Magischem Radiergummi und Hintergrund-Radiergummi

Klick und ⬆-Klick: Punkte durch Geraden verbinden

⬆+Ziehen: exakt horizontal oder vertikal arbeiten

Hintergrund-Radiergummi

Ersetzt gewählten Farbbereich per Ziehen durch Transparenz, Hintergrundebenen werden in Ebenen verwandelt

Kurztaste: E (für Eraser)

Doppelklick oder ↵: Optionen

Mit Alt-Taste: vorübergehend zurück zur Pipette

Klick und ⬆-Klick: Punkte durch Geraden verbinden

⬆+Ziehen: exakt horizontal oder vertikal arbeiten

⬆-E oder Alt-Klick auf Symbol: Wechsel zu Magischem Radiergummi und Hintergrund-Radiergummi

Magischer Radiergummi

Ersetzt gewählten Farbbereich per Einzelklick durch Transparenz, Hintergrundebenen werden in Ebenen verwandelt

Kurztaste: E (für Eraser)

Doppelklick oder ↵: Optionen

Mit Alt-Taste: vorübergehend zurück zur Pipette

Übersicht: Werkzeugfunktionen und Bedienung | Kapitel 15

⇧+E oder Alt-Klick auf Symbol: Wechsel zu Magischem Radiergummi und Hintergrund-Radiergummi

Verlaufswerkzeug

Erstellen fließende Tonwertübergänge zwischen mehreren Farben
Kurztaste: G (für Gradient Tool)
⇧+G: Wechsel zwischen Verlaufswerkzeug und Füllwerkzeug
Doppelklick oder ↵: Optionen
Mit Alt-Taste: schaltet zu Pipette um
⇧-Taste: Verlaufpfade in 45-Grad-Winkeln ziehen

Füllwerkzeug

Füllt farbähnliche Bereiche mit Vordergrundfarbe
Kurztaste: G
⇧+G: Wechsel zwischen Verlaufswerkzeug und Füllwerkzeug
Doppelklick oder ↵: Optionen
Mit Alt-Taste: schaltet zu Pipette um

Wischfinger

Verwischt kontrastierende Bildbereiche oder malt im Fingerfarbenmodus.
Kurztaste: R
⇧+R: Wechsel zwischen Weichzeichner, Scharfzeichner und Wischfinger
Doppelklick oder ↵: Optionen

Weichzeichner

Zeichnet kontrastreiche Bildteile weich, Orientierung an Werkzeugspitzen
Kurztaste: R
⇧+R: Wechsel zwischen Weichzeichner, Scharfzeichner und Wischfinger
Doppelklick oder ↵: Optionen
Alt-Klick: vorübergehender Wechsel zu Scharfzeichner

Scharfzeichner

Zeichnet kontrastreiche Bildteile scharf, Orientierung an Werkzeugspitzen
Kurztaste: R (Wechselschalter zu Weichzeichner)
⇧+R: Wechsel zwischen Weichzeichner, Scharfzeichner und Wischfinger
Doppelklick oder ↵: Optionen
Alt-Klick: vorübergehender Wechsel zu Weichzeichner

Abwedler (Aufheller)

Hellt Bildbereiche auf, Orientierung an Werkzeugspitzen

Kurztaste: [O] (für Dodge)
[⇧]+[O]: Wechsel zwischen Abwedler, Nachbelichter und Schwamm
Doppelklick oder [↵]: Optionen
[Alt]-Klick auf Werkzeugsymbol: Wechsel des Werkzeugs

Nachbelichter (Abdunkler)

Dunkelt Bildbereiche ab, Orientierung an Werkzeugspitzen
Kurztaste: [O]
[⇧]+O: Wechsel zwischen Abwedler, Nachbelichter und Schwamm
Doppelklick oder [↵]: Optionen
[Alt]-Klick: Wechsel des Werkzeugs

Schwamm (Sättigungswerkzeug)

Sättigt oder entsättigt Bildbereiche, Orientierung an Werkzeugspitzen
Kurztaste: [O]
[⇧]+O: Wechsel zwischen Abwedler, Nachbelichter und Schwamm
Doppelklick auf Schaltfläche: Optionen

Direktauswahl-Werkzeug

Markiert Ankerpunkte oder Pfade
Kurztaste: [A]
[⇧]+[A]: Wechsel zwischen Direktauswahl-Werkzeug und Pfadauswahl-Werkzeug
Doppelklick auf Schaltfläche: Optionen
[Alt]-Klick auf Werkzeugsymbol: Wechsel des Werkzeugs
Mit [Strg]-Taste: schaltet zum Werkzeug »Ankerpunkt hinzufügen«

Pfadauswahl-Werkzeug

Wählt komplette Pfadkomponenten aus
Kurztaste: [A]
[⇧]+[A]: Wechsel zwischen Direktauswahl-Werkzeug und Pfadauswahl-Werkzeug
[Alt]-Klick auf Werkzeugsymbol: Wechsel des Werkzeugs
Mit [Alt]-Taste: weitere Pfadkomponenten auswählen
[Alt]-Ziehen: Pfadkomponente duplizieren

Textwerkzeug T

Erzeugt korrigierbaren Text in Vordergrundfarbe auf neuer Textebene
Kurztaste: [T] (für Text)

Ankerpunkte erzeugen

Erzeugt Ankerpunkte für Pfad
Kurztaste: [P] (für Path Tool)
[⇧]+[P]: Wechsel zwischen Zeichenstift-Werkzeugen
Doppelklick auf Schaltfläche: Optionen
[Alt]-Klick auf Werkzeugsymbol: Wechsel des Werkzeugs
Mit [Strg]-Taste: schaltet um zur Pfadauswahl

Ankerpunkt hinzufügen

Fügt vorhandenem Pfad Ankerpunkt hinzu
Kurztaste: [P]
[⇧]+[P]: Wechsel zwischen Zeichenstift-Werkzeugen
Doppelklick auf Schaltfläche: Optionen
[Alt]-Klick auf Werkzeugsymbol: Wechsel des Werkzeugs
Mit [Strg]-Taste: schaltet um zur Pfadauswahl

Ankerpunkt löschen

Entfernt Ankerpunkt aus vorhandenem Pfad
Kurztaste: [P]
[⇧]+[P]: Wechsel zwischen Zeichenstift-Werkzeugen
Doppelklick auf Schaltfläche: Optionen
[Alt]-Klick auf Werkzeugsymbol: Wechsel des Werkzeugs
Mit [Strg]-Taste: schaltet um zur Pfadauswahl

Ankerpunkt umwandeln

Konvertiert zwischen Eckpunkten und Kurvenpunkten
Kurztaste: [P]
[⇧]+[P]: Wechsel zwischen Zeichenstift-Werkzeugen
Doppelklick auf Schaltfläche: Optionen
[Alt]-Klick auf Werkzeugsymbol: Wechsel des Werkzeugs
Mit [Strg]-Taste: schaltet um zur Pfadauswahl

Freiform-Zeichenstift Tool

Erzeugt Pfade durch Maus-Ziehen (nicht Klicken)
Kurztaste: [P]
[⇧]+[P]: Wechsel zwischen Zeichenstift-Werkzeugen
Doppelklick auf Schaltfläche: Optionen
[Alt]-Klick: Gerade Pfadabschnitte per Klick einsetzen
[Alt]-Klick auf Werkzeugsymbol: Wechsel des Werkzeugs
Mit [Strg]-Taste: schaltet um zur Pfadauswahl

Magnetischer Zeichenstift

Erzeugt Pfade entlang von Bildkonturen
Kurztaste: `P`
`⇧`+`P`: Wechsel zwischen Zeichenstift-Werkzeugen
Doppelklick auf Schaltfläche: Optionen
`Alt`-Klick auf Werkzeugsymbol: Wechsel des Werkzeugs
Klick: Orientierungspunkte setzen
Doppelklick oder `↵`: Pfad schließen
`Strg`+`Klick`: Pfad schließen
`↵`: Pfad beenden

Rechteck-Werkzeug, Werkzeug Abgerundetes Rechteck

Erstellt rechteckige Figur auf neuer Ebene, begrenzt durch Vektormasken
Kurztaste: `U`
`⇧`+`U`: Wechsel zwischen Rechteck-Werkzeug, Werkzeug »Abgerundetes Rechteck«, Ellipsen-Werkzeug, Polygon-Werkzeug, Linien-Werkzeug und Werkzeug »Eigene Form«
Doppelklick oder `↵`: Optionen
Mit `⇧`-Taste: erstellt Quadrat
Mit `Alt`-Taste: zieht Auswahl vom Mittelpunkt auf
Mit `Strg`-Taste: Schaltet um zu Pfadauswahl-Werkzeug

Ellipsen-Werkzeug

Erstellt elliptische oder kreisförmige Pfadfigur als Formebene oder Arbeitspfad
Kurztaste: `U`
`⇧`+`U`: Wechsel zwischen Rechteck-Werkzeug, Werkzeug »Abgerundetes Rechteck«, Ellipsen-Werkzeug, Polygon-Werkzeug, Linien-Werkzeug und Werkzeug »Eigene Form«
Mit `⇧`-Taste: erstellt Kreis
Weitere Optionen siehe oben, »Rechteck-Werkzeug«

Polygon-Werkzeug

Erstellt Figuren mit regelbarer Zahl der Ecken als Formebene oder Arbeitspfad
Kurztaste: `U`
`⇧`+`U`: Wechsel zwischen Rechteck-Werkzeug, Werkzeug Abgerundetes Rechteck, Ellipsen-Werkzeug, Polygon-Werkzeug, Linien-Werkzeug und Werkzeug »Eigene Form«
Weitere Optionen siehe oben, »Rechteck-Werkzeug«

Werkzeug »Eigene Form«

Erstellt Figuren nach Vorgabe in Formenbibliothek als Formebene oder Arbeitspfad
Kurztaste: `U`

Übersicht: Werkzeugfunktionen und Bedienung   Kapitel 15

⇧+U: Wechsel zwischen Rechteck-Werkzeug, Werkzeug »Abgerundetes Rechteck«, Ellipsen-Werkzeug, Polygon-Werkzeug, Linien-Werkzeug und Werkzeug »Eigene Form«
Mit ⇧-Taste: wahrt gleichmäßiges Seitenverhältnis
Weitere Optionen siehe oben, »Rechteck-Werkzeug«

Linienzeichner

Zeichnet Linien und Pfeile als Formebene oder Arbeitspfad
Kurztaste: U
⇧+U: Wechsel zwischen Rechteck-Werkzeug, Werkzeug »Abgerundetes Rechteck«, Ellipsen-Werkzeug, Polygon-Werkzeug, Linien-Werkzeug und Werkzeug »Eigene Form«

Anmerkungen-Werkzeug

Erzeugt nicht druckbare Textnotizen im Bild
Kurztaste: N (für Notes Tool)
Notiz ziehen mit Alt-Taste: Notiz duplizieren (funktionierte im Test nicht)

Audio-Anmerkung-Werkzeug

Erzeugt Tonanmerkungen im Bild durch Mikrofonaufnahme
Kurztaste: N (für Notes Tool)
Notiz ziehen mit Alt-Taste: Notiz duplizieren (funktionierte im Test nicht)

Pipette

Lädt Farbe aus dem Bild als Vordergrundfarbe
Kurztaste: I (engl. [ai] für Eyedropper)
⇧+I: Wechsel zwischen Pipette und Farbaufnehmer-Werkzeug
Doppelklick oder ↵: Optionen
Mit Alt-Taste: lädt Farbe aus dem Bild als Hintergrundfarbe

Farbaufnehmer-Werkzeug

Setzt bis zu vier Messpunkte in Bilddatei, Auslesen in Infopalette
Kurztaste: I
⇧+I: Wechsel zwischen Pipette und Farbaufnehmer-Werkzeug
Doppelklick oder ↵: Optionen
Alt: Messpunkt unter dem Zeiger entfernen
Strg: Messpunkt verschieben/löschen

Messwerkzeug

Misst Abstände in der Bilddatei, Anzeige in Infopalette
Kurztaste: I (für Measure Tool)
Keine Werkzeugoptionen
⇧-Taste: Messpfade in 45-Grad-Winkeln ziehen

Kapitel 15   Service

Verschiebe-Hand

Verschiebt das Bild innerhalb des Dateifensters
Kurztaste: [H] (für Hand)
Doppelklick oder [↵]: Bildschirmfüllend darstellen (keine Optionen)
Mit [Strg]-Taste: schaltet zu Vergrößerungslupe um
Mit [Alt]-Taste: schaltet zu Verkleinerungslupe um
Bei jedem Werkzeug vorübergehend aktivierbar durch Leertaste

Lupe

Stellt eingerahmten Bildteil vergrößert dar
Kurztaste: [Z] (für Zoom)
Doppelklick oder [↵]: Optionen und Bilddarstellung im 100-Prozent-Maßstab
Mit [Alt]-Taste: Verkleinerungslupe
Bei jedem Werkzeug vorübergehend aktivierbar durch [Strg]+Leertaste; Verkleinerungslupe bei jedem Werkzeug vorübergehend aktivierbar durch [Alt]+Leertaste

Farbfelder Vordergrundfarbe/Hintergrundfarbe

Zeigen Vordergrundfarbe/Hintergrundfarbe
Klick: aktiviert Farbwähler für Vordergrundfarbe/Hintergrundfarbe

Standardfarben

Klick: Standardfarben Schwarz als Vorder-, Weiß als Hintergrundfarbe einrichten (umgekehrt bei Alphakanälen und Ebenenmasken)
Kurztaste: [D] (für Default Color)

Farbtauscher

Tauscht Vorder- und Hintergrundfarbe aus
Kurztaste: [X] (für Exchange)

Standard-Auswahlmodus

Auswahl wird mit Fließmarkierung dargestellt.
Kurztaste: [Q] (für Quick Mask, Wechselschalter zu Maskierungsmodus)
Doppelklick oder [↵]: Maskierungsmodus-Optionen

Maskierungsmodus

Ausgewählte oder nicht ausgewählte Bildteile werden durch vorübergehenden Alphakanal abgedeckt.
Kurztaste: [Q] (für Quick Mask, Wechselschalter zu Standard-Auswahlmodus)
Doppelklick oder [↵]: Optionen

[Alt]-Klick auf Symbol: Wechsel zwischen Abdeckung ausgewählter oder nicht ausgewählter Bildteile

Standard-Fenstermodus

Darstellung mit Titelleiste und mehreren Bildern nebeneinander
Kurztaste: [F] (für Full Screen Mode, Wechselschalter zu anderen Darstellungsarten)

Vollschirmmodus mit Menüleiste

Kurztaste: [F] (für Full Screen Mode, Wechselschalter zu anderen Darstellungsarten)
[⇧]+[F]: Menüleiste aus-/einblenden

Vollschirmmodus ohne Menüleiste, Menübefehle über Werkzeugleiste erreichbar

Kurztaste: [F] (für Full Screen Mode, Wechselschalter zu anderen Darstellungsarten)
[⇧]+[F]: Menüleiste ein-/ausblenden

In Photoshop geöffnetes Bild in ImageReady öffnen (und umgekehrt)

Kurztaste: [Strg]+[⇧]+[M]

15.1.2 Spezielle Funktionen auf der ImageReady-Werkzeugpalette

In diesem Abschnitt erscheinen nur Symbole, die Sie ausschließlich auf der Werkzeugleiste bei ImageReady finden, nicht aber bei Photoshop. Die Werkzeugschaltflächen, die es auch oder nur bei Photoshop gibt, wurden im vorhergehenden Abschnitt erklärt.

ImageMap zeichnen

Erzeugt rechteckige, runde oder vieleckige Bereiche für eine ImageMap (ein Bild mit mehreren Hyperlinks)
Kurztaste: [P]
[⇧]+[P]: Wechsel zwischen den verschiedenen ImageMap-Werkzeugen

ImageMap-Auswahl

Aktiviert angeklickte ImageMap, um sie zu verschieben oder umzuformen
Kurztaste: [P]
[⇧]+[P]: Wechsel zwischen den verschiedenen ImageMap-Werkzeugen
Doppelklick in ImageMap: ImageMap-Palette einblenden

ImageMap anzeigen

Blendet ImageMaps ein oder aus
Kurztaste: [A]

Kapitel 15   Service

Slices anzeigen

Blendet Slices ein oder aus
Kurztaste: [O]

Rollover-Vorschau

Vorschau für Rollover-Effekte starten
Kurztaste: [Y]

Browser-Vorschau

Aktuelles Bild im Internet-Browser prüfen
Kurztaste: [Strg]+[Alt]+[P] (für Internet Explorer)

15.1.3 Werkzeugtastenkürzel nach Alphabet

Im Folgenden finden Sie eine Liste aller Werkzeuge, alphabetisch sortiert nach dem Tastaturkürzel. Die Änderungen von Werkzeugpositionen und -tastenkürzeln gegenüber Photoshop 5.5 erläutern wir in der Einleitung ab Seite 29.

	Abgeleitet von	Aktiviert
A		Direktauswahl-Werkzeug, Pfadauswahl-Werkzeug
A	(in ImageReady)	ImageMap ein-/ausblenden
B	Brush	Pinsel, Buntstift
C	Crop Tool	Freistellwerkzeug
D	Default Colors	Schwarz und Weiß als Vorder- und Hintergrundfarbe
E	Eraser	Radiergummi, Magischer Radiergummi, Hintergrund-Radiergummi
F	Full Screen Mode	Vollschirmmodus
G	Gradient Tool	Verlaufswerkzeug, Füllwerkzeug
H	Hand	Hand
I	»Eye«dropper	Pipette, Farbaufnehmer-Werkzeug, Messwerkzeug
J		Reparaturpinsel, Ausbessern-Werkzeug
K		Slice-Werkzeug, Slice-Auswahl
L	Lasso	Lasso, Polygon-Lasso, Magnetisches Lasso

	Abgeleitet von	Aktiviert
M	Marquee	Auswahlrechteck, Auswahlellipse
N	Notes	Text-Anmerkungen, Ton-Anmerkungen
O	Dodge Tool	Aufheller/Abdunkler/Schwamm
P	Pen Tool	div. Zeichenstift-Werkzeuge
P	(in ImageReady)	ImageMap-Werkzeuge
Q	Quickmask	Maskierungsmodus/Fließmarkierungsmodus
Q	(in ImageReady)	Slices einblenden/ausblenden
R	Sharpen	Scharfzeichner/Weichzeichner/Wischfinger
S	Stample	Kopierstempel/Musterstempel
T	Text Tool	Textwerkzeug
U		Formwerkzeuge
V	Move Tool	Verschieben-Werkzeug
W	Magic Wand	Zauberstab
X	Exchange	Vorder- und Hintergrundfarbe vertauschen
Y		Protokollpinsel
Y	(in ImageReady)	Rollover-Vorschau
Z	Zoom Tool	Lupe

15.2 Zur beiliegenden CD

Die beiliegende CD enthält die Übungsfotos aus dem Buch. Außerdem: professionelle Agenturfotos von PhotoDisc und Demo-Versionen etablierter Programme und Zusatzmodule, die für anspruchsvolle Bildbearbeiter interessant sind. Fahnden Sie in den einzelnen Verzeichnissen nach Textdateien, die Ihnen nähere Erklärungen zu Bildern und Software bieten und die Lizenzbedingungen erläutern.

15.2.1 Das Verzeichnis »Praxis«

Praktisch alle Bilder aus diesem Buch, insgesamt über 350, finden Sie auf der beiliegenden CD im Verzeichnis »Praxis«; Sie können also die Beispiele sofort nachvollziehen. Die Bilder haben oft Auflösungen von rund 500x500 bis 700x700 Pixeln; sie lassen sich so auch auf kleinen Rechnern und Monitoren öffnen. Die Dateinamen erscheinen jeweils in der Bildunterschrift. Als Dateiformate finden Sie vor allem:

- JPEG, das besonders wenig Platz auf der Festplatte kostet und Pfade mitspeichert,
- TIFF, das Alphakanäle mitspeichert, und
- Photoshop für Bilder mit Ebenen und Effekten für Internetseiten.

Grafiken für Internetseiten, die aus mehreren Bilddateien plus HTML-Code bestehen, wurden jeweils in Unterverzeichnissen gespeichert, ebenso wie die »Sammlungen«, mit denen Sie **Web-Fotogalerie** oder **Kontaktabzug** testen können.

Prüfen Sie, ob ein Bild Pfade oder Alphakanäle enthält, aus denen Sie Auswahlen laden können (`Strg`-Klick auf die Miniatur in der Pfade- oder Kanälepalette), oder ob ein Photoshop-Bild Ebenen – auch verborgene – oder Ebenenmasken und Vektormasken enthält, die Bildbereiche verbergen können. Überspielen Sie eventuell einige oder alle Dateien auf Ihren Rechner, um Zeit beim Öffnen zu sparen und das CD-ROM-Laufwerk für andere Aufgaben freizuhalten.

Die Bilder im »Praxis«-Teil sind ausschließlich für den privaten Gebrauch und nicht zur Weitergabe oder zur Veröffentlichung gedacht. Wenn Sie die Bilder veröffentlichen möchten, wenden Sie sich an die Agenturen Photodisc.de oder Digitalvisiononline.de. Weiteres Bildmaterial finden Sie noch auf der Photoshop-CD im Verzeichnis »Zugaben/Stock Art/Images«.

15.2.2 Das Verzeichnis »DigitalVision«

Viele Fotos aus diesem Buch stammen von der Bildagentur DigitalVision. Im Ordner »DigitalVision« stellt sich die Bildagentur vor. Sie finden weitere Informationen und zwölf Kostproben aus dem DigitalVision-Archiv. Die Bilder sind bis zu 1500x2000 Pixel groß. Klicken Sie einfach doppelt auf »start.html«, um die Seiten in einem Internet-Browser zu öffnen. Beachten Sie jedoch: Die Bilder der Kategorie »A5 CMYK« lassen sich nicht unmittelbar im Browser darstellen. Entweder öffnen Sie das Kontextmenü zu diesen Links, verwenden »Bild speichern unter« und öffnen die Datei dann in einem anderen, CMYK-tauglichen Programm wie Photoshop. Oder Sie laden die Dateien direkt aus dem Verzeichnis »DigitalVision\Bilder\10MB« in Ihr Bildprogramm. Die vollständige Adresse:

Digital Vision GmbH
Paulstr. 3
D-20095 Hamburg
Tel: +49-(0)1802/40 10 31
Fax: +49-(0)1802/40 10 32
E-Mail: service@digitalvisiononline.de
Web: www.digitalvisiononline.de

15.2.3 Das Verzeichnis »Softline«

Softline ist ein Software-Händler mit Schwerpunkt bei Grafiksoftware, der auch berät und einen interessanten Katalog herausgibt. Die Adresse:

Softline AG
Lange Straße 51
77652 Offenburg
Telefon 0781-9293-222
Fax 0781-9293-240
www.softline.de

Für dieses Buch haben Autor und Softline eine Reihe von Demoversionen interessanter Software zusammengestellt, die Sie innerhalb des Softline-Ordners finden und zum Teil gleichermaßen unter Windows und am Mac nutzen können. Es handelt sich um Programme, die Photoshop gut ergänzen oder teilweise mit Photoshop konkurrieren. Darunter sind auch Zusatzmodule (Plug-ins); Hinweise zur Installation von Zusatzmodulen erhalten Sie ab Seite 833.

So prüfen Sie die Demo-Versionen im »Softline«-Ordner:

- Am einfachsten: Klicken Sie im »Softline«-Ordner doppelt auf die Datei »softline_service.html«. Damit öffnet sich der Internet-Browser mit Informationen von Softline direkt zu den verschiedenen Programmen, die Sie über die Navigationsleiste links auswählen. Aus dem Internet-Browser heraus können Sie die Programme und Zusatzmodule auch installieren.

- Alternative: Gehen Sie sofort in den Ordner »Softline/Applications/Demo«; dort liegen die Programmdateien.

Unter anderem finden Sie die folgenden Produkte:

- Paint Shop Pro 7 ist ein Bildprogramm, das sich bei der Montagetechnik stark an Photoshop orientiert; über Photoshop hinaus bietet es jedoch Text auf Pfaden und Sofortvorschau für alle Filter.

- Painter 7 gilt als bestes Malprogramm, mit dem Sie natürlichen Farbauftrag simulieren und viele verblüffende Effekte erzielen können.

- Nik Sharpener Pro bietet als Plug-in eine besonders ausgefeilte Scharfzeichnungstechnik.

- Nik Color Efex, diese Plug-in-Sammlung erzeugt reizvolle, wenig aufdringliche Farbveränderungen.

- Kai's Power Tools (KPT) enthalten Plug-ins für raffinierte Farbveränderungen, Verzerrungen und andere verblüffende Effekte.

- Intellihance Pro 4 hilft als Plug-in bei der Kontrast- und Farbkorrektur.

- Portfolio dient als Datenbank für Multimedia-Aufgaben.
- Mask Pro 2 hilft beim Auswählen komplexer, teilweise transparenter Motive vor schwierigem Hintergrund..

15.2.4 Das Verzeichnis »Ulead«

Interessante deutschsprachige Windows-Demoprogramme der Software-Schmiede Ulead, die Photoshop gut ergänzen, finden Sie im »Ulead«-Verzeichnis: Die Bildbearbeitung PhotoImpact 7 hat nicht zuletzt interessante Automatiken und Schnelltricks für Internetgestalter; dazu kommt die Bilddatenbank PhotoExplorer 7. Klicken Sie zur Installation doppelt auf die »Exe«-Dateien. Mehr Informationen gibt es unter www.ulead.de.

15.3 Lexikon

Additive Grundfarben

Siehe RGB.

Alphakanal

Alphakanäle werden in Photoshop zusätzlich zu den Kanälen für die Grundfarben Schwarz, RGB oder CMYK eingerichtet. Bildprogramme legen Alphakanäle an, wenn eine Auswahl gespeichert wird. Weiße Flächen im Alphakanal repräsentieren zum Beispiel ausgewählte Bildbereiche, schwarze Flächen nicht ausgewählte. Die Informationstiefe je Bildpunkt beträgt acht Bit, so dass 256 unterschiedliche Auswahlintensitäten je Bildpunkt gespeichert werden können. Die Kanäle werden über die Kanälepalette kontrolliert; auf diesem Schaltfeld werden Kanäle unabhängig voneinander zur Ansicht und/oder zur Bearbeitung freigegeben. Ein Alphakanal erhöht die Dateigröße im Arbeitsspeicher um den Betrag einer Graustufenversion des Bildes.

Animation

Eine Folge von Bildern, die aneinander gereiht wie ein Film wirken, nennt man Animation.

Anti-Aliasing

Siehe Glätten.

Arbeitsspeicher

Der Arbeitsspeicher enthält die Daten, die vom geöffneten Programm unmittelbar bearbeitet werden. Wenn Sie mehr Arbeitsspeicher installieren, können Sie größere Bilder bearbeiten und der Rechner wird entlastet. Weitere Bezeichnungen für Arbeitsspeicher sind Hauptspeicher oder RAM (Random Access Memory). Die Daten im Arbeitsspeicher (RAM) sind flüchtig, das heißt, sie gehen bei Ausschalten des Geräts verloren. Sie müssen also zum Beispiel auf der Festplatte gespeichert werden. Da der Zugriff auf einen Arbeitsspeicher auf Halbleiterbasis viel schneller ist als auf einen elektromagnetischen Speicher (also zum Beispiel eine Festplatte), wird heute mit Arbeitsspeicherchips auf Halbleiterbasis gearbeitet.

Auflösung

Die Zahl der Bildpunkte pro Längeneinheit bestimmt die Auflösung und damit die Detailgenauigkeit der Bildwiedergabe. Typische Flachbettscanner lösen 600 oder 1200 Pixel pro Zoll (dpi) auf, Computermonitore meist 72 bis 120 dpi. Bei Scannern wird meist eine physikalische Auflösung angegeben, die das Gerät tatsächlich aufgrund seiner Bestückung mit CCD-Elementen erreicht, sowie ein höherer Wert, der jedoch nur durch Hochrechnung (Interpolation) von Bildinhalt ohne Informationsgewinn zustande kommt. Bei Scannern oder Faxgeräten kann die Auflösung in vertikaler und horizontaler Richtung unterschiedlich groß sein. Teilweise, zum Beispiel bei Digitalkameras, meint »Auflösung« nicht die Zahl der Bildpunkte pro Zoll oder Zentimeter, sondern einen absoluten Wert wie 3072 x 2048 Bildpunkte.

Auswählen

Beim »Auswählen« wird ein Pixelbereich festgelegt, der nach dem Auswahlvorgang unabhängig von der Umgebung bearbeitet, bewegt, kopiert oder montiert werden kann. Typische Auswahlwerkzeuge sind Lasso oder Zauberstab. Ausgewählte Bereiche werden in der Bildschirmdarstellung von einer Fließmarkierung eingefasst – eine gestrichelte, schillernde Linie. Sie kann verborgen werden, um den Übergang zwischen dem markierten, bearbeiteten und dem außerhalb liegenden Bildteil besser zu beurteilen. Auswahlen können als Alphakanal oder Pfad gespeichert werden. Siehe auch »Alphakanal«.

BMP

Der BMP-Dateityp (Bitmap) ist nur bei den Betriebssystemen MS-DOS/Windows und OS/2 auf IBM-kompatiblen Computern gebräuchlich. Sonderformen des BMP-Formats sind RLE und DIB: RLE ist eine einfache Komprimierung mit Lauflängenkodierung (Run Length Encoding), die aber nur bis 8-Bit-Farbtiefe angeboten wird. DIB für Device Independent Bitmap, geräteunabhängiges Pixelbild, ist identisch aufgebaut wie BMP; Sie benötigen es zur Integration von Pixelbildern in Programmfenster oder Multimedia-Anwendungen.

Beschneidung

Im Photoshop-Sprachgebrauch meint »Beschneidung« eine Veränderung des Tonwertumfangs, wobei Differenzierung verloren geht, weil unterschiedliche vorhandene Tonwerte auf einen einzigen Tonwert, zum Beispiel Schwarz oder Weiß, gesetzt werden. Zu Beschneidung kann es etwa bei den Photoshop-Befehlen »Variationen« oder »Tonwertkorrektur« kommen, aber auch bei der Farbseparation. Der Photoshop-Befehl **Variationen** bietet die Option »Beschneidung anzeigen«.

Betriebssystem

Das Betriebssystem ist diejenige Software, die unmittelbar zwischen den Anwendungsprogrammen etwa zur Bildbearbeitung und den Rechner-Chips vermittelt. Bekannte Betriebssysteme sind etwa Windows oder MacOS (wenn es auch Diskussionen darum gibt, was nun exakt als »Betriebssystem« bezeichnet werden darf). Das Betriebssystem erfordert bestimmte, kompatible Geräte; so läuft Apples MacOS nicht auf Rechnern mit Intel-Prozessor. Andere Bezeichnung: OS (Operating System).

Bildspeicher

Siehe Videospeicher

Bildwiederholfrequenz

Siehe Monitor

Bit

Acht Bits bilden ein Byte, die kleinste adressierbare Speichereinheit. Je mehr Bit ein Pixel darstellen, umso mehr verschiedene Graustufen können abgebildet werden (Datentiefe). Wenn nur ein Bit – also »0« oder »1« – für ein Pixel steht, können nur zwei Tonwerte, nämlich Schwarz oder Weiß, gezeigt werden. Schon zwei Bit je Pixel ermöglichen 2^2 Tonwerte.

Bitmap

Ein aus einzelnen Pixeln – und nicht aus Kurven, Objekten und Flächen – bestehendes Bild wird allgemein Bitmap genannt. Jedes einzelne Pixel drückt bestimmte Farb- oder Dichtewerte aus. Bildverarbeitungsprogramme arbeiten mit Bitmaps wie dem TIFF-Format. Im Apple-Bereich und im Programm Photoshop wird unter Bitmap auch eine Strichgrafik (Line-Art, 1-Bit-Grafik) verstanden, die nur aus schwarzen und weißen Bildpunkten besteht und keine Zwischentöne bietet. Zusätzlich meint »Bitmap« manchmal auch den BMP-Dateityp (siehe BMP).

Byte

Siehe Bit

Bézierkurve

Eine durch Ankerpunkte kontrollierte Kurve in einem Pfad. Die Formen einer Bézierkurve werden verändert durch Verschieben von vier Kontrollpunkten, die sich jeweils an den Enden von zwei geraden, variabel langen Linien befinden; jede Linie geht von einem Ankerpunkt aus. Ein Verschieben dieser Linien drückt die Kurve in eine andere Richtung. Der Ingenieur Pierre Bézier entwickelte diese Art der Kurvenbeschreibung bei Renault, um die Rundungen an einem Autochassis korrekt zu beschreiben. Bézierkurven werden vor allem von objektorientierten Grafikprogrammen wie Adobe Illustrator oder CorelDraw verwendet, aber auch Photoshops Zeichenstift-Werkzeug arbeitet mit Bézierkurven.

Cache

Im EDV-Bereich meint Cache allgemein einen Zwischenspeicher, der häufig benutzte Daten besonders schnell zugänglich macht. Internet-Browser legen Cache-Speicher auf der Festplatte an, Prozessoren haben Cache-Speicher. Photoshop verwendet einen »Bild-Cache«, der verkleinerte Versionen des Bilds parat hält, um die Vorschau und das Errechnen der Histogramme zu beschleunigen.

Cascading Style Sheets

Siehe CSS.

CCD

Charge Coupled Device, ladungsgekoppelte Speicher. CCD-Elemente werden in billigeren Scannern oder Digitalkameras eingesetzt: Auf einer Zeile sitzen spezielle optoelektronische Sensoren, die auf die auftreffenden Helligkeiten mit unterschiedlichen Spannungszuständen reagieren; diese werden dann in ein digitales Format übersetzt.

Chrominanz

Farbanteil des Videosignals, zum Beispiel bei dem Farbmodell Lab.

CIE-Lab

Farbmodell mit Helligkeit (L für Luminanz) und zwei Farbkomponenten (a, b). Siehe Lab.

CMYK

CMYK ist das Farbmodell der Druckvorstufe. Offset-Druckmaschinen arbeiten mit den deckenden, subtraktiven Grundfarben, die übereinander gedruckt Schwarz ergeben. Dabei handelt es sich um die Farben Grünblau, Gelb und Purpur sowie Schwarz (Cyan, Yellow, Magenta, Black). Gelb, Grünblau und Magenta entstehen durch Mischung von jeweils zwei der additiven Primärfarben Rot, Grün und Blau zu gleichen Teilen. Grünblau, Gelb und Purpur übereinander ergeben theoretisch bereits Schwarz, aus drucktechnischen Gründen jedoch ein dunkles Grau oder Braun. Die eigene Druckfarbe Schwarz verstärkt deshalb den Tiefeeindruck; außerdem spart es Druckfarbe und macht den Druckprozess stabiler, wenn statt der drei Druckfarben Cyan, Yellow und Magenta übereinander lediglich ein gleichwertiger Schwarzanteil gedruckt wird. Andere Farbmodelle, die von Photoshop ebenfalls unterstützt werden, sind RGB und Lab.

CPU

Zentraler Rechenprozessor, Central Processing Unit.

CSS

Cascading Style Sheets (CSS) sind eine Alternative zu HTML (siehe dort) bei der Gestaltung von Internetseiten. CSS legen Seitenformate fest, die über mehrere Seiten beibehalten werden und sorgen für besonders präzise Formatierung und Bildplatzierung.

Dateityp

Ein Bild kann in verschiedenen Datenstrukturen – Dateitypen oder Dateiformaten – abgespeichert werden, so etwa in TIFF, EPS oder JPEG. Ein Programm muss eine Importfunktion für das jeweilige Format besitzen, um es öffnen zu können.

Dateinamenserweiterung

Die drei Buchstaben nach dem Punkt hinter einem Dateinamen bilden die Dateinamenserweiterung (auch Extension), die zugleich auf den Dateityp verweist. Zu den wichtigsten Erweiterungen für Bilddateien gehören .TIF und .BMP, Textdateien enden häufig auf .TXT oder .DOC, ausführbare Programmdateien auf .EXE.

DCS

Eine in vier CMYK-Farbauszüge separierte Grafik im Dateiformat EPS.

Densitometer

Gerät zum Messen des Schwärzungsgrads etwa auf Fotopapieren, Andrucken oder Monitoren; das Densitometer erfasst den Dichteumfang einer Vorlage und hilft bei Qualitätskontrolle und Belichterkalibrierung.

Dithering

Kann eine bestimmte Farbe oder ein Tonwert nicht dargestellt werden, werden nebeneinander liegenden Pixeln in einem Streumuster verfügbare andere Farben zugewiesen, um die fehlende Farbe zu simulieren. Unterstützt zum Beispiel ein Monitor nicht mehr als 256 Farben, simuliert er weitere Farben durch gestreutes Nebeneinanderstellen ähnlicher, verfügbarer Farbpunkte (Dithering, Streuraster). In Photoshop sind mehrere Arten von Streuraster etwa für die Monitordarstellung, aber auch beim Rastern der Bilddateien selbst wählbar. Im Gegensatz zum Rastern sind beim Dithern alle Punkte gleich groß, Tonwertunterschiede werden durch die Zahl der Druckpunkte pro Flächeneinheit, nicht durch die Größe der Druckpunkte simuliert.

Dot Pitch

Siehe Monitor

dpi

Auflösungen werden meist mit dots per inch (dpi), Bildpunkten pro Inch, angegeben. Tageszeitungen drucken meist mit 32 Pixeln pro Inch, Hochglanzmagazine mit 200. Hochwertige Farbdrucker, die zum Beispiel auf Fotopapier belichten, drucken mit 300 oder 400 dpi. Eine Verdoppelung der Auflösung vervierfacht die Zahl der Bildpunkte.

EBV

Elektronische Bildverarbeitung.

EPS

Beim Sichern mit der Endung EPS für Encapsulated PostScript verwandeln Sie das Bild in eine Datei, die nur noch zum Einbau in Layoutprogramme oder zum Ausbelichten gedacht ist, aber nicht mehr zum Bearbeiten. Beim Speichern einer separierten EPS-Bilddatei kann man ein kleines TIFF-Bild mitsichern, damit das Werk im Layout nicht nur als leerer Rahmen angezeigt wird. Viele Bildprogramme können EPS zwar schreiben, aber sie öffnen den Dateityp höchstens, wenn sie es selbst erstellt haben. EPS-Dateien können zusätzlich zum Pixelbild auch Kurvengrafiken oder Schriften enthalten, die unabhängig von der Bildauflösung in höchster Druckerauflösung ausgegeben werden. Zusätzlich nimmt EPS auch Freistellpfade auf – Auswahlkonturen um ein Motiv herum. Das EPS-Format ist vor allem in der professionellen Druckvorstufe wichtig.

Exif

Nach dem Exif-Standard schreiben Digitalkameras bestimmte Informationen in Bilddateien – darunter Kameradaten wie Belichtungszeit, Blitzverwendung, Weißabgleich oder Blende. Die Version 2.2 vermerkt auch Einstellungen für Helligkeit und Kontrast. Einige Drucker werten solche Daten aus.

Farbauszug

Ein Farbauszug enthält Informationen über eine Grundfarbe oder einen Farbkanal eines Farbbilds als Graustufendarstellung. Farbauszüge werden bei der Farbseparation erzeugt.

Farbmodell

Farbspektren können in verschiedenen Farbmodellen abgebildet werden. Die gängigsten sind RGB und CMYK, dazu kommen HSV (auch HSL oder HSB), im professionellen Bereich Lab und YCC. Bilddateien und Monitore arbeiten mit RGB, aber viele EBV-Programme bieten auch die Farbmischung nach HSV und YMCK an. Drucker funktionieren meist nach dem CMYK-Schema.

Farbpalette

In der EBV ist die Farbpalette eine individuelle oder vorgefertigte Palette von Farben, die in eine Bilddatei übertragen werden können. Bei Bilddateien mit indizierten Farben werden aus einem Angebot von zum Beispiel 16,7 Millionen Farben 256 zu einer Palette zusammengestellt, mit der das Bild gezeigt werden kann.

Farbseparation

Für den Mehrfarben-Offset-Druck werden Farbbilder in vier Graustufenbilder für die Druckfarben Schwarz, Gelb, Magenta und Blaugrün (CMYK) separiert.

Farbtemperatur

Die Farbtemperatur gibt die farbliche Zusammensetzung des Lichts an und wird in der Maßeinheit Kelvin gemessen. Je niedriger der K-Wert, desto mehr tendiert das Licht gegen Rot. Höhere K-Werte machen das Licht blauer. Abendrot hat um 3000 Kelvin, das Normlicht der Druckindustrie mit 5500 Kelvin soll normales Mittagslicht simulieren, Tageslicht bei klar blauem Himmel hat über 10.000 Kelvin.

Farbtiefe

Die Farbtiefe bezeichnet die Anzahl von Bits, mit der die Farbinformationen eines einzelnen Bildpunkts codiert werden. Je mehr Bits pro Bildpunkt, umso differenziertere Bildergebnisse sind möglich, umso mehr steigt aber auch der Speicherbedarf. Im Desktop-Bereich verbreitet ist eine Farbtiefe von 24 Bit (28 = 16,7 Mio. Farben, so genanntes Truecolor), doch Hi-End-Scanner digitalisieren auch mit weit höheren Farbtiefen, um vor allem eine noch präzisere Schattendurchzeichnung zu erreichen.

Farbwert

Jeder Farbe ist ein numerischer Wert zugeordnet, der vom verwendeten Farbmodell abhängt. So hat Rot im RGB-Modell die Werte 100/0/0 Prozent, im CMYK-Schema wird es mit 0/100/100/0 Prozent angegeben.

Festplatte

Auf der elektromagnetisch speichernden Festplatte werden Daten abgelegt, die Sie nicht aktuell bearbeiten, sowie solche Daten, die nicht mehr in den Arbeitsspeicher passen. Neben der Speicherkapazität (zum Beispiel 4, 8 oder 16 Gbyte) sind Zugriffsgeschwindigkeit, Lautstärke und Anschlussart (zum Beispiel SCSI oder IDE) Kriterien bei der Kaufentscheidung. Weitere Bezeichnungen: Massenspeicher, Festspeicher oder HDD (Hard Disk Drive).

Filter

In der elektronischen Bildverarbeitung sind Filter Befehle, die jedes einzelne Pixel nach einem festgelegten Schema verändern. Zu den gebräuchlichsten Filtern gehören Schärfe- und Weichzeichnerfilter, verbreitet sind aber auch Effektfilter wie »Relief«, »Mosaik«, »Wellen« oder »Wölben«.

Fixieren

Die aktivierte Ebene einer Montage lässt sich gegen verschiedene Veränderungen schützen, bei Photoshop FIXIEREN genannt. Klicken Sie die gewünschten Merkmale oben in der Ebenenpalette an. Wahlweise schützen Sie nur den transparenten Bereich oder nur die Bildfüllung. Alternativ nageln Sie das Objekt an der aktuellen Position fest oder sperren es gegen jegliche Veränderung. Fixierte Ebenen zeigen ein Vorhängeschloss neben der Miniatur.

Flachbettscanner

Preisgünstiges Tischgerät zur Digitalisierung von Papierbildern und teilweise auch Dias. Siehe Scanner.

Font

Schriftart (wie etwa Times oder Helvetica), die in einem bestimmten digitalen Format wie Adobe Type 1, OpenTye oder TrueType vorliegt. In Photoshop können Schriften sowohl im Type-1-Format als auch TrueType eingesetzt werden.

Füllebene

Die Füllebene belegt die komplette Ebene mit einer Einzelfarbe, mit einem Muster oder einem Verlauf. Die Eigenschaften der Füllung lassen sich jederzeit bearbeiten. Sie können hier zum Beispiel die Wirkung von Nahtlosmustern oder Verläufen testen. Füllebenen entstehen auch in Verbindung mit Formebenen (siehe dort).

Formebene

Die Formebene kombiniert eine Füllebene (siehe dort) mit der Vektormaske. Das heißt, die Füllung der Ebene ist nur in dem Teilbereich sichtbar, den die Vektormaske freigibt. Formebenen entstehen automatisch, wenn Sie ein Formwerkzeug wie Linienzeichner, Abgerundetes Rechteck oder Eigene Form mit der Option NEUE FORMEBENE einsetzen. Umriss wie Füllung der Figur lassen sich jederzeit völlig verlustfrei ändern.

GCR

Das »Grey Component Replacement« (GCR), wie es auch Photoshop anbietet, steht für das völlige oder teilweise Ersetzen der aus Cyan, Magenta und Gelb gebildeten Grautöne eines Bildes durch Schwarz. Gezielter GCR-Einsatz kann verhindern, dass dunkles Grau oder Schwarz, das nur durch CMY gebildet wird, im Druck braun oder sonstwie farbstichig wirkt. Im Gegensatz zu UCR (Under Color Removal) wirkt GCR auf den ganzen Tonwertbereich eines Bildes und nicht nur auf die Schatten.

Gamma-Korrektur

Siehe Gradationskurve.

Glätten

Die Photoshop-Option GLÄTTEN erstellt einen weicheren Übergang unmittelbar am Rand einer Auswahl. GLÄTTEN verhindert Treppeneffekte oder harte Kanten beim Einsetzen von Pixelbereichen in Montagen. Dabei werden zum Beispiel harte Übergänge zwischen einem montierten Bildteil und dem Hintergrund halbtransparent gefüllt; nur die äußersten Randpixel erhalten zu 50 Prozent den Wert der unmittelbar benachbarten nicht ausgewählten Bildpunkte. Das ist meist die ideale Einstellung, um Schnittkanten bei Montagen zu vermeiden.

Gradationskurve

Die Gradationskurve zeigt das Verhältnis zwischen vorhandener Lichtmenge und durch Bearbeitung erzeugter Schwärzung. Eine Gerade in einem Winkel von 45° zeigt, dass Ein- und Ausgabewerte unverändert bleiben. Durch Manipulation der Kurve werden die Dichten des Bilds in erster Linie nicht erweitert, sondern umverteilt. Die Gradationskurve stellt über ihren Graphen dar, welche ursprünglichen Tonwerte (»Eingabe«) auf welche neuen Werte (»Ausgabewerte«) angehoben oder gesenkt werden. Ein spezieller Fall ist die Gamma-Kurve, die nur die mittleren Tonwerte anhebt oder senkt, ohne die wichtigen Lichter oder Schatten zu verschieben.

Grafikkarte

Die Grafikkarte, die auf der Hauptplatine des PC eingesteckt wird, setzt die Computersignale in ein für den Monitor verständliches Datenformat um. Ein Arbeitsspeicher (RAM) auf der Grafikkarte speichert die Bildschirmsignale zwischen. Je größer der Videospeicher, umso höher die Zahl der darstellbaren Farben bei höchster Auflösung.

Grafiktablett

Mit einem Grafiktablett (auch: Digitalisiertablett) kann wesentlich präziser gearbeitet werden als mit einer Maus. Beim Grafiktablett wird ein Stift über eine Fläche bewegt, um so zum Beispiel bestimmte Bildbereiche zu bemalen oder auszuwählen. Kriterien für Grafiktabletts sind Größe und Druckempfindlichkeit. Tabletts mit druckempfindlichen Stiften variieren je nach Vorgabe im Bildprogramm Breite, Transparenz oder Farbe eines Pinselstrichs – so entstehen sehr lebendige Retuschen und die dauernde Änderung des aktuellen Tonwerts entfällt.

Graukeil

Der Graukeil zeigt genormte Grauwerte in einem festgelegten, abgestuften Verhältnis. Er kann zur Überprüfung von Farb- und Kontrasttreue gescannt, auf dem Monitor abgebildet und gedruckt werden.

Graustufen

GRAUSTUFEN ist in der digitalen Bildbearbeitung ein Farbmodus, in dem die Pixel eines Bilds zum Beispiel 256 Zwischentöne zwischen Schwarz und Weiß darstellen können. Davon zu unterscheiden ist zum Beispiel der »Bitmap«-Modus, der nur zwei Tonwerte trennt: Schwarz und Weiß.

Halbtonbild

Bei einem Halbtonbild gehen die Dichtestufen kontinuierlich ineinander über. Da jedoch Laserdrucker oder Offset-Druckmaschinen nur Schwarz drucken können, müssen die Bilder erst gerastert werden; die Aufrasterung in unterschiedlich große schwarze Punkte – meist 20 bis 70 pro Zentimeter – täuscht Halbtöne vor. Diabelichter oder Fotopapierbelichter geben verschiedene Halbtöne direkt ohne Rastern in Halbtönen aus. Pro Schwarzweißbild oder pro Grundfarbe werden meist 256 Halbtöne unterschieden.

HDTV

Das High Definition Television ist eine neue, hoch auflösende Übertragungsnorm für TV-Signale. Das Bild hat ein Seitenverhältnis von 16:9.

Helligkeit

Komponente des HSB-Farbmodells, siehe dort.

Hicolor

Eine Farbtiefe von 16 Bit (64.000 Farben) wird Hicolor genannt. Vergleiche Truecolor.

Histogramm

Das Histogramm stellt in einer Balkengrafik die Häufigkeit bestimmter Helligkeitswerte innerhalb eines Bildes dar. Jeder Balken steht für eine der meist 256 Dichtestufen eines Bildes; je höher der Balken, umso mehr Pixel dieser Dichte sind vorhanden. Das Histogramm gibt Aufschlüsse darüber, ob neue Schwarz- und Weißpunkte gesetzt werden sollten.

Horizontalfrequenz

Die Horizontalfrequenz eines Monitors oder einer Grafikkarte gibt Aufschluss über die Vertikalfrequenz bei einer bestimmten Auflösung und damit über die Qualität der Bilddarstellung; als untere Grenze für die Vertikalfrequenz gelten 70 Hertz, wesentlich besser sind jedoch Werte über 85 Hertz. Die Formel lautet: Horizontalfrequenz / (Vertikalauflösung + fünf Prozent). Dabei sind die fünf Prozent der nicht sichtbare Bildteil, der bei der Berechnung mit zu berücksichtigen ist. Eine mögliche Horizontalfrequenz von 69 Kilohertz führt also auf einem Monitor mit 768 Linien (= Vertikalauflösung) zu einer hochwertigen Bildwiederholrate von gut 85 Hertz. Die Formel lautet: 69.000 / (768+38).

HSB-Modell

Das HSB-Farbmodell definiert Farben durch Farbton (Hue), Sättigung (Saturation) und Helligkeit (Brightness). Der Farbton nennt die genaue Lage des Farbtons im Farbspektrum, gedacht als 360-Grad-Kreis: Rot liegt bei 0 Grad, Blau bei 120, Cyan bei 180, Grün bei 240. Die Sättigung wird auf einer Skala von Grau bis zur Reinfarbe gemessen. Ein auf Null reduzierter Sättigungsgrad führt zu Grau; ein hoher Sättigungsgrad lässt Farben leuchtend wirken. Helligkeit gibt die sichtbare Helligkeit verglichen mit einer Grauskala an, anders ausgedrückt, den Anteil an Licht, den wir bei einer Farbe wahrnehmen. 100 Prozent steht für Weiß, 0 Prozent für Schwarz; der reine Farbton hat 50 Prozent. Das HSB-Modell gilt als eingängigste Farbbeschreibung.

HTML

Hypertext Markup Language (HTML) ist die Seitenbeschreibungssprache für Internetseiten. Prinzipiell lässt sich HTML mit jedem Textprogramm schreiben, wenn man den Code beherrscht, einfacher machen es jedoch Programme für Internetgestaltung. Die HTML-Datei enthält den Text, die Textformatierung, Hyperlinks (siehe dort), JavaScript und Platzierungshinweise für die Bilder. Die Bilddateien selbst werden separat übertragen.

Hyperlink

Auf einer Internetseite ist ein Hyperlink (oft kurz Link genannt) eine Sprungmarke zu einer anderen Seite oder zu einer anderen Datei. Man klickt zum Beispiel eine Schaltfläche, ein Bild oder ein Wort an, das im zugehörigen (nicht sichtbaren) HTML-Code der Seite als Hyperlink definiert wurde. Damit wird die entsprechende Datei aufgerufen, zum Beispiel eine Internetseite, ein einzelnes Bild oder eine Datei zum Herunterladen. Wichtig ist die Unterscheidung zwischen »relativen« und »absoluten« Hyperlinks.

ICC-Geräteprofil

Ein ICC-Profil beschreibt, wie ein bestimmtes Gerät – Monitor, Scanner, Drucker – Farben wiedergibt. Es gibt Profile für einen bestimmten Bautyp oder für ein spezielles Einzelgerät beim Anwender.

Imagemap

Eine Imagemap (auch Clickable Map) ist ein Bild auf einer Seite im World Wide Web des Internets, bei dem verschiedene Bildteile per Hyperlink (siehe dort) zu unterschiedlichen anderen Dokumenten weiterleiten.

ImagePack

Ein Satz aus fünf oder sechs unterschiedlich aufgelösten Versionen eines Bildes auf der Photo CD, vergleiche Photo CD.

Inch

Ein Inch (Zoll) = 2,54 Zentimeter.

Indizierte Farben

Bilder mit »indizierten Farben« sind ein Sonderfall in der Bildbearbeitung. Manche Programme oder Dateitypen (vor allem GIF) unterstützen keine 24-Bit-Vollfarbdateien. Sie akzeptieren zum Beispiel nur 8-Bit-Farbbilder, die für Rot-, Grün- und Blautonwerte je Pixel insgesamt nur acht Bit übrig haben; das ergibt total 256 verschiedene Farben. Beim Umrechnen einer Echtfarben-Datei in eine 256-Farben-Datei, also in eine Indizierte-Farben-Datei, können die Systemfarben oder eine dem Bildinhalt möglichst angepasste Palette gewählt werden. Das Verfahren spart Speicherplatz, kostet aber Differenzierung und Bildqualität.

Interlaced

Beschleunigte Darstellung eines Bildes durch Anzeigen von zum Beispiel nur jeder zweiten oder vierten Bildzeile; die fehlenden Bildzeilen werden eventuell durch Verdoppelung der gezeigten Zeilen ersetzt (Zeilensprung).

Interpolation

Beim Neuberechnen der Größe gerasterter Bilder wird die Zahl der vorhandenen Pixel je nach Vergrößerungsfaktor umgerechnet zu einer kleineren oder größeren Anzahl. Dabei werden aus den Farbübergängen zwischen den ursprünglichen Bildpunkten geeignete Mittelwerte gebildet (interpoliert); Unschärfe kann die Folge sein.

Invertieren

Beim Invertieren werden alle Dichte- und Farbwerte eines Bildes ins Negativ umgekehrt.

Java

Das US-Unternehmen Sun hat die Programmiersprache Java entwickelt (benannt nach der Kaffeebohne der gleichnamigen indonesischen Hauptinsel). Eine Besonderheit: Java-Programme lassen sich auf unterschiedlichsten Betriebssystemen einsetzen. Java ermöglicht auch die Verwendung so genannter Java-Applets – Programme, die innerhalb eines Internet-Browsers ablaufen (sofern Java aktiviert ist) und über das Internet geladen werden.

JavaScript

Die Scriptsprache JavaScript erinnert vom Namen her an Java, wurde jedoch unabhängig davon bei der Firma Netscape entwickelt. JavaScript lässt sich ohne Lizenzkosten verwenden und eignet sich allgemein, um Dynamik und Interaktion auf Internetseiten zu bringen – zum Beispiel bei Rollover-Effekten.

JPEG

Das JPEG-Dateiformat (Joint Photographers' Expert Group) spart drastisch Speicherplatz, indem es feine Farbinformationen abschnittweise tilgt und erst beim Öffnen des Bildes durch Mittelwertberechnung wieder erzeugt.

Kalibrieren

Beim Kalibrieren wird gemessen, wie stark Scanner, Monitor und Drucker von den gewünschten Tonwerten abweichen. Anschließend werden die Komponenten korrigiert.

Komprimierung

Durch Komprimieren können Bilddateien auf weniger Speicherplatz zusammengedrängt werden. Das LZW-Verfahren des TIFF-Dateityps komprimiert verlustfrei, während die hocheffektive JPEG-Komprimierung Information tilgt. Einfluss hat das nur auf den Speicherplatzbedarf auf der Festplatte, nicht im Arbeitsspeicher.

Kontextmenü

An verschiedenen Stellen im Programmfenster, zum Beispiel über Paletten oder in Auswahlbereichen, kann man das Kontextmenü mit zur Arbeitssituation passenden Befehlen öffnen. Unter Windows öffnet sich das Kontextmenü mit einem Rechtsklick, am Mac per ctrl-Klick.

Konvergenz

Im Videobereich meint Konvergenz das deckungsgleiche Aufeinandertreffen von Rot-, Grün- und Blausignal innerhalb einer Farbbildröhre. Fortschrittliche Farbmonitore haben einen Konvergenzregler. Bei fehlerhafter Konvergenz erscheinen weiße Linien und Flächen mit Farbsäumen.

Konvertieren

Im PC-Bereich meint »Konvertieren« meist die Umwandlung eines Dateityps in einen anderen – zum Beispiel von TIFF nach JPET – oder den Wechsel des Farbmodells für ein bestimmtes Bild, zum Beispiel von RGB nach CMYK.

Lab

Das Farbmodell Lab wurde 1931 vom Centre Internationale d'Eclairage (CIE) entwickelt; es dient der geräteunabhängigen Farbbeschreibung und umfasst die Farbräume des RGB- und CMYK-Modells. Lab-Bilder setzen sich zusammen aus der Helligkeit (L) und zwei Farbkomponenten, a von Grün bis Magenta, b von Blau bis Gelb. Photoshop arbeitet intern mit dem Lab-Modus, ebenso wie der Druckstandard PostScript Level II.

Laserdrucker

Ein Laserdrucker schreibt die Pixeldaten durch punktförmige Entladung auf eine elektrostatisch aufgeladene Fotoleitertrommel. Dieses Bild wird mit Toner geschwärzt und auf das Papier übertragen. Die typische Auflösung von 300 oder 600 dpi eines SW-Laserdruckers aus dem Bürobereich reicht nicht für gute Halbtonwiedergabe, da erst Blöcke von 4x4 oder 8x8 Punkten einen einzigen Bildrasterpunkt bilden, so dass pro Inch nur 75 oder 37 Bildpunkte übrig bleiben.

lpi

Die Rasterweite beim Druck wird oft in lines per inch (lpi), Linien pro Zoll, angegeben. Je größer die Rasterweite, desto kleiner die Punkte, desto höher Auflösung und Qualität.

Modem

Ein Modem (Modulator/Demodulator) wandelt die digitalen Daten eines PC in analoge Signale um, die über die Telefonleitung übertragen werden können und beim empfangenden PC durch ein weiteres Modem wieder digitalisiert werden. Modems sind erforderlich für die Datenübertragung in analogen Telefonnetzen. Wichtigstes Kriterium ist die Geschwindigkeit, zum Beispiel 14,4, 28,8, 33,6 oder 56 Kilobit pro Sekunde. ISDN-Geräte für die Datenübertragung werden nicht als Modems bezeichnet.

Moiré

Durch die Überlagerung mehrerer Rastermuster entsteht ein schillernder, unerwünschter optischer Effekt. Moirés entstehen zum Beispiel beim Scannen von gedruckten, also bereits gerasterten Vorlagen oder bei der Verarbeitung von sehr fein strukturierten Motiven, beispielsweise Textiloberflächen.

Monitor

Je öfter ein Monitor das Bild in der Sekunde neu aufbaut, desto ruhiger wirkt es. Sinnvoll sind Bildwiederholfrequenzen oberhalb von 74 Hertz (Wiederholungen pro Sekunde). Je näher die Mittelpunkte benachbarter Pixel (dot pitches) auf der Lochmaske eines Monitors nebeneinander liegen, desto feiner ist die mögliche Bildschirmauflösung. Aktuelle Monitore bieten ein dot pitch von 0,24 bis 0,20 Millimeter. Die Horizontalfrequenz gibt an, wie oft eine Bildzeile auf der Innenseite der Bildschirmoberfläche aufgebaut wird.

Neutralgrau

Ein Bildbereich ist neutralgrau, wenn er keinerlei (sichtbare) Farbanteile enthält. Farbverfälschungen von Filmen, Scannern oder Druckern können durch Reproduktion einer garantiert neutralgrauen Fläche kontrolliert werden. Im RGB-Modell stellt man Neutralgrau mit den Werten 128 für Rot, Grün und Blau her; im HSB-Modell kommt es auf den Wert 0 für Sättigung und auf den Wert 50 für die Helligkeit an, während der H-Wert für die Farbe beliebig sein kann.

OPI (Open Press Interface)

Dieses Verfahren tauscht für Layoutzwecke hoch aufgelöste Bilddateien gegen eine niedrig aufgelöste Version des gleichen Bilds; das beschleunigt die Bearbeitung und den Druck eines Ganzseitenlayouts einschließlich Bildvorschau und spart Speicherplatz. Das hoch aufgelöste Bild wird in der Regel beim Dienstleistungsbetrieb gespeichert und bei der Belichtung automatisch für den Platzhalter eingesetzt.

On the fly

Bearbeitungen, die stattfinden, noch während eine vorhergehende Bearbeitung läuft, finden »on the fly« statt – zum Beispiel das Umrechnen von RGB-Scanner-Daten in CMYK noch während des Scan-Vorgangs.

PICT

Im PICT-Dateiformat werden Grafiken zwischen Programmen auf dem Apple-MacIntosh-Computer übertragen. PICT2 kann 8- oder 24-Bit-Bilder verarbeiten. Auf IBM-kompatiblen Computern ist PICT wenig gebräuchlich.

Passerkreuze

Passerkreuze sind Fadenkreuzmarkierungen, die auf den Druckplatten für die einzelnen CMYK-Druckfarben jeweils an der gleichen Stelle angebracht werden. Beim Übereinanderlegen lässt sich feststellen, ob die einzelnen Farbplatten beim Drucken passgenau sitzen. Beim Drucken mit EBV-Programmen können Passerkreuze wahlweise mitgedruckt werden.

Pfad

In Illustrationsprogrammen setzt sich die Linie eines Pfads nicht aus einzelnen Pixeln zusammen, sondern aus Ankerpunkten und den Kurvenzügen dazwischen. Diese Bézierkurven werden durch Geraden kontrolliert, die die Ankerpunkte wie Tangenten schneiden. Eine Bewegung dieser Geraden verändert die Kurvenform. Pfade in Photoshop können als Maske, Beschneidungspfad oder gemalte Linie genutzt werden.

Photo CD

Auf der verbreiteten Photo CD Master werden digitalisierte Bilder gespeichert, zum Beispiel rund 100 Bilder in jeweils fünf Auflösungen zwischen 128x192 und 2048x3072 Bildpunkten; sie speichert Scans von Kleinbild-Dias und -Negativen. Das dazugehörige Dateiformat heißt ebenfalls Photo CD, die Dateiendung lautet PCD. Die seltenere Pro Photo CD Master nimmt wahlweise auch das Format 4000x6000 Pixel auf und akzeptiert Durchlichtvorlagen bis 10x13 Zentimeter.

PIM

Die Print Image Matching Technik (PIM) arbeitet ähnlich wie Exif (siehe dort). Die Informationen über Helligkeit, Kontrast und anderes werden auch von PIM-tauglichen Druckern übernommen.

Pixel

Ein Pixel (picture element, Bildpunkt) ist die kleinste Einheit in einem als Bitmap (siehe dort) gespeicherten Bild. Durch stark vergrößerte Darstellung auf dem Monitor können die quadratischen Pixel einzeln beurteilt und korrigiert werden. Je höher die Auflösung eines Scanners, desto höher die Zahl der Pixel pro Inch (ppi) und desto detailreicher die Darstellung.

Polygon

Das geschlossene Vieleck (Polygon) gehört zu den Grundfiguren der Computergrafik. Polygone können mit EBV-Programmen sehr einfach erzeugt werden.

PostScript

Die von Adobe entwickelte Seitenbeschreibungssprache PostScript stellt Schriftzeichen und grafische Elemente so dar, dass sie größenunabhängig in der höchstmöglichen Auflösung des Drucker oder Belichters ausgegeben werden können. PostScript-Elemente können auch mit grundsätzlich größenabhängigen Pixelbildern kombiniert werden. Das PostScript-Dateiformat heißt EPS (Encapsulated PostScript). Zum EPS-Bild gehört teilweise noch ein niedrig aufgelöstes Vorschaubild für die Anzeige der Datei im Layoutprogramm. Bereits in vier Farbauszüge vorsepariert ist das EPS/DCS-Format, auch hier gehört ein Platzhalter-Pixelbild dazu.

Posterizing

Siehe Tontrennung.

ppi

Die Maßeinheit ppi (pixel per inch) gibt an, wie viele Bildpunkte ein Scanner je Zoll des Originals erfasst.

Prescan

Beim Prescan, dem Vorab-Scan, wird die gesamte zu scannende Vorlage mit niedriger Auflösung gescannt, um sie in ein Vorschaufenster zu laden. Danach wird der eigentlich benötigte Bildausschnitt gewählt.

Proof

Bevor ein Bild in Massenauflage erscheint, soll ein Proof gedruckt werden – ein Einzeldruck, der verbindlichen Aufschluss über die zu erwartende Bildqualität gibt, am besten auf Auflagenpapier. Zu den bekannten Proof-Verfahren zählt Cromalin.

Prozessor

Der Prozessor ist der zentrale Rechenchip eines Computers. Neben der Rechengeschwindigkeit (zum Beispiel 2 Gigahertz) zählen auch Datenbreite (beispielsweise 64 Bit), Fließkommaeinheit, Hitzentwicklung und integrierter Zwischenspeicher (Cache) zu den Kriterien. Weitere Bezeichnung: CPU (Central Processing Unit).

Punkt

Schriftgrößen werden in der Typografie in der Einheit »Punkt« gemessen. Der in Europa gebräuchliche Didotpunkt misst 0,375 mm, der Pica-Punkt 0,351 mm. Auch bei der Texteingabe in EBV-Programmen wie Photoshop kann die Schriftgröße in Punkt vorgegeben werden; die daraus entstehende Pixelfläche hängt von der vorgegebenen Druckauflösung der Datei ab.

Punktschluss

Je größer ein einzelner Bildpunkt, desto eher stößt er an den Nachbarpunkt. Sobald dieser so genannte Punktschluss eintritt, erhöht sich der Grauwert deutlich. Sichtbar wird das allerdings höchstens bei feinen Grauverläufen. Die Rasterform entscheidet, wie schnell ein Bild dunkel zuläuft. Bei einem quadratischen Punkt tritt der Punktschluss bei rund 40 Prozent Grauwert ein, bei einem runden Punkt erst bei 65 Prozent, bei elliptischen Punkten bei 50 und 75 Prozent. Gröbere Raster, etwa vom Laserdrucker, zeigen den Punktschluss weniger deutlich.

RAM

Random Access Memory. Siehe Arbeitsspeicher.

RGB

Wenn die additiven Leuchtfarben Rot, Grün und Blau mit gleicher, voller Stärke übereinander projiziert werden, addieren sie sich zu Weiß. Nach diesem Prinzip arbeiten Farbmonitore. Eine Nulldichte von Rot, Grün und Blau führt zu Schwarz; jeder mittlere Gleichstand der drei Grundfarben zeigt einen reinen Grauwert dazwischen an. Auch Farbdateien in PC-Bildverarbeitungsprogrammen sind oft nach dem RGB-Schema aufgebaut, in Photoshop sind aber auch CMYK oder LAB möglich. Dia- und Fotopapierbelichter arbeiten nach dem RGB-Schema, indem sie nacheinander den Diafilm mit den Grundfarben Rot, Grün und Blau bestrahlen.

Raster

Viele Drucker (etwa Laserdrucker oder Filmbelichter für den Offset-Druck) können nur Schwarz drucken, keine Halbtöne. Deswegen muss das Bild gerastert werden: Hellere Bildwerte werden durch kleinere, größere Bildwerte durch größere Bildpunkte dargestellt, alle jeweils schwarz, dazwischen liegt jeweils weiße Fläche. Der Punktabstand bleibt dabei konstant. Der unterschiedliche Schwarzweißanteil auf jedem Quadratzentimeter simuliert Graustufen. Jeder Bildrasterpunkt setzt sich aus wesentlich kleineren, jeweils gleich großen Belichterpunkten zusammen.

Rastertiefe

Die Zahl der verschiedenen Grauwerte in einem Bild hängt davon ab, wie viele Pixel einen Rasterpunkt im Druck bilden. Je mehr Pixel einen Rasterpunkt bilden, zum Beispiel 8x8, desto besser ist die Rastertiefe, also die Zahl der Halbtöne. Damit sinkt jedoch automatisch die Auflösung.

Rasterweite

Die Zahl der Bildpunkte pro Zentimeter oder Inch (Zoll) beim Druck von Fotos. Unterschiedlich große Rasterpunkte je Flächeneinheit stellen helle oder dunkle Bildteile dar; die unterschiedlich großen Rasterpunkte werden aus vielen Druckerpunkten zusammengesetzt. Hochwertiger Druck verlangt 60 bis 80 Linien pro Zentimeter auf gestrichenem Papier. Tageszeitungen kommen mit 32 Linien aus.

Rasterwinkel

Im Offset-Druck steigt der Schärfeeindruck, wenn die Rasterpunkte nicht in Zeilen nebeneinander liegen, sondern schräg versetzt angeordnet sind. Im SW-Druck ist ein 45°-Rasterwinkel üblich; die vier Farbauszüge einer Vierfarbdatei werden zur Vermeidung von Moiré mit unterschiedlichen Rasterwinkeln gedruckt.

Rollover-Effekt

Ruht der Mauszeiger über einem definierten Bereich einer Internetseite, verändert sich dieser Bereich, eventuell erscheint eine Einblendmeldung und ein Hinweis in der Statusleiste des Internetprogramms. Dieser Effekt, der mit der Programmiersprache JavaScript erzeugt wird, heißt Rollover-Effekt oder auch Mouseover-Effekt.

Sättigung

Farbintensität im Gegensatz zu Farbwert und Helligkeit. Genannt wird das Verhältnis zwischen reiner Farbe und gleichhellem Grau. Siehe »HSV«.

Scanner

Scanner leuchten Vorlagen ab und setzen die gemessenen Helligkeitswerte in ein digitales Format um. Dabei werden je nach Scannerauflösung die Informationen der Vorlage in eine bestimmte Zahl von Pixeln je Zoll umgesetzt. Jedes Pixel enthält Informationen über seine

Helligkeit und Farbe. Das Ergebnis des Scans liegt als RGB-Datei vor und kann in einem Bildverarbeitungsprogramm verändert werden. Am billigsten sind Flachbettscanner; sie arbeiten mit CCD-Elementen, deren innerer elektrischer Widerstand sich in Abhängigkeit vom einfallenden Licht verändert. Professionelle Trommelscanner, die von Verlagen eingesetzt werden, kosten mindestens fünfstellige Beträge. Hier wird die Vorlage auf eine rotierende Trommel gespannt, in Photo-Multiplier-Technik abgetastet und von einem Wandler direkt in CMYK umgerechnet.

Schmuckfarben

Während die Skalenfarben aus der Mischung von Cyan, Yellow, Magenta und Black (CMYK, subtraktive Farbmischung) entstehen, werden die Spotfarben (auch Vollfarben) einzeln aus Tabellen von Anbietern wie Pantone oder HKS ausgewählt und als Schmuckfarben zusätzlich oder ausschließlich gedruckt.

Schnappschuss

Der Schnappschuss ist eine Momentaufnahme des Zustands einer Datei während einer Bearbeitung. In Photoshop erstellt man einen Schnappschuss mit der Protokollpalette. Man kann später zu dem Bildzustand, wie er im Schnappschuss festgehalten ist, zurückkehren; dabei ändert man entweder das komplette Bild oder nur Teile.

Schwellenwert

Die Graustufe, oberhalb der ein Scanner oder ein EBV-Programm schwarze Pixel anordnet. Das Setzen eines Schwellenwerts verwandelt ein Halbtonbild in eine reine Schwarzweißvorlage (Strichbild). Je nach Schwellenwert enthält das neue Bild mehr Schwarz oder mehr Weiß. Auf Farbe bezogen bedeutet das: Werte, deren Reinheitsgrad über dem gesetzten Reinheitsgrad liegen, werden beibehalten, die anderen gelöscht.

SCSI

Das SmalSchnappschuss l Computer System Interface (SCSI) ist eine genormte Schnittstelle, mit der sich interne und externe Geräte wie Scanner oder Wechselspeicher untereinander und mit dem Rechner verbinden lassen. Apple-Rechner haben eine SCSI-Buchse ab Werk, Windows-Kompatible müssen mit einem SCSI-Controller ausgerüstet werden.

Seitenverhältnis

Das Verhältnis zwischen der Länge einer Quer- und einer Längskante eines Bildes. Das Seitenverhältnis ist zum Beispiel wichtig bei der Vorbereitung einer Datei für die Ausbelichtung auf Diamaterial oder Fotopapier.

Skalenfarben

Siehe Schmuckfarben

Skalierung

Veränderung der Außenmaße eines Bildinhalts oder Bildteils, also eine Vergrößerung oder Verkleinerung.

Slice

Man kann größere Bilder in mehrere kleine Bilder – Slices – zerlegen, um diese Elemente dann je nach Bildinhalt optimiert zu speichern, separat zu übertragen und erst auf der Internet-Seite beim Betrachter wieder mit Hilfe einer HTML-Tabelle zusammenzusetzen. Die Slices lassen sich überdies mit individuellen Hyperlinks oder Rollover-Effekten ausstatten (siehe Hyperlinks, siehe Rollover-Effekte).

Spotfarben

Siehe Schmuckfarben

Strichzeichnung

Eine Strichzeichnung (Line-Art) enthält nur die Tonwerte Schwarz und Weiß. Jeder Bildpunkt braucht damit nur ein Bit.

Subtraktive Grundfarben

Siehe »CMYK«

Thermosublimationsdrucker

Der Farb-Thermosublimationsdrucker bringt Bildpunkte durch punktuelle Erhitzung eines wärmeempfindlichen Farbbands zu Papier. Als Farbträger dient eine mit den CMYK-Grundfarben beschichtete Polyesterfolie. Die Druckauflösung wird durch die Anzahl der Halbleiterelemente auf der Thermoschiene bestimmt, der Grad der Erhitzung legt den Halbton fest. Thermotransferdrucker arbeiten mit einer ähnlichen Technik, können aber keine Halbtöne unterscheiden; sie müssen rastern, was die Auflösung herabsetzt.

Thermotransferdrucker

Siehe Thermosublimationsdrucker

Thumbnails (Miniaturen)

Starke Verkleinerungen von Bildern, Ebenen oder Seitenlayouts zur Übersicht und Dateiauswahl zum Beispiel in Bilddatenbanken oder in Photoshops Paletten für Ebenen, Kanäle und Pfade.

TIFF

Das Tagged Image File Format (TIFF) ist ein weit verbreitetes Dateiformat für Pixelbilder. TIFF nimmt auch Alphakanäle auf und verarbeitet zahlreiche Farbmodi. Die LZW-Komprimierung innerhalb des TIFF-Formats spart verlustfrei Festplattenplatz.

Tontrennung

Die Tontrennung, auch »Posterizing« oder »Postereffekt« genannt, reduziert ein Bild auf wenige Graustufen oder Farbtöne und erzeugt so eine plakative Wirkung.

Tonwertzuwachs

Der Tonwertzuwachs wird definiert als Helligkeitsunterschied zwischen der Filmvorlage und dem fertigen Druckergebnis. Durch das Saugverhalten des Papiers nimmt die Größe von Rasterpunkten im Ausdruck zu. Dieser Tonwertzuwachs (oder Punktüberhang oder Punktzuwachs) macht die Reproduktion vor allem in den mittleren Tönen dunkler als geplant. Der Tonwertzuwachs kann in den Photoshop-Grundeinstellungen für Druckfarben ausgeglichen werden.

Trommelscanner

Siehe Scanner

Truecolor

Mit dem Begriff Truecolor beschreibt man die Fähigkeit einer Grafikkarte, Farben mit einer Datentiefe von 24 Bit darzustellen. Das ermöglicht pro RGB-Grundfarbe acht Bit beziehungsweise 256 verschiedene Dichtestufen. So können 256x256x256 = 16,7 Millionen Farben angezeigt werden. 16-Bit-Karten zeigen rund 64.000 Farben; das ist die Kategorie Hicolor.

Twain

Der Twain-Standard soll Scanner und Bildverarbeitungsprogramme (aber auch DTP-, Grafik- und Textsoftware) universell miteinander verbinden. Anbieter von EBV- oder sonstiger Grafiksoftware schreiben keine spezialisierten Treiber für jeden einzelnen Scanner. Sie bauen nur eine Twain-Schnittstelle ein, über die man eine Scansoftware lädt, die der Scannerhersteller mitliefert – universell passend für alle Twain-kompatiblen Programme. Über den Befehl »Anbinden« beziehungsweise »Acquire« wird die Treibersoftware für den Scanner als eigenes Fenster im EBV-Programm aufgerufen. Gerüchteweise steht »Twain« für »Tool without an important name«. Doch die Twain-Erfinder von Aldus, Caere, Kodak, Logi und Hewlett-Packard wählten die Vokabel »Twain«, eine veraltete englische Form für »zwei«, nach einem Rudyard-Kipling-Zitat: »... and never shall the twain meet«. Mit Twain sollen Scanner und Software angeblich doch zusammenarbeiten.

Überfüllung

Beim Drucken entstehen unerwünschte weiße Blitzer zwischen Farbflächen, wenn das Papier sich beim Lauf durch die Druckmaschine verzieht. Darum werden mit einer Überfüllung die vorgegebenen Maße der jeweiligen Farbflächen um minimale Beträge, meist nicht mehr als 0,25 Millimeter, erhöht. Die Überlappungszonen werden vom Betrachter nicht wahrgenommen, gleichen aber den Papierverzug aus.

UCA (Unterfarbenzugabe)

Im Druck können dunkle Bereiche flach wirken, wenn die Schatten überwiegend mit der Druckfarbe Schwarz erzeugt werden. Hier verwendet man bei der Farbseparation von RGB- in CMYK-Daten die Unterfarbenzugabe (UCA), die in den Schatten auch Cyan-, Magenta- und Gelbanteile hinzufügt und entsprechenden Schwarzanteil entfernt. Die Unterfarbenzugabe verhindert einen Tontrennungseffekt in detailreichen dunklen Bildteilen. Sie ist nur bei Farbseparation nach dem GCR-Schema (siehe dort) möglich.

UCR

Wenn bei der Farbseparation Cyan-, Yellow- und Magentawerte übereinander liegen, um Schwarz oder Grau zu bilden, druckt man in dunklen Bildteilen nur zwei Farben und einen entsprechenden Schwarzanteil, um Druckfarbe zu sparen. Dafür wird die Unterfarbenkorrektur (UCR, Under Color Removal) eingesetzt, wie sie auch Photoshop anbietet. In den Teilfarbauszügen werden die Anteile von Cyan, Magenta und Gelb reduziert und durch Schwarz ersetzt. Während UCR nur auf die Schattenbereiche eines Bildes wirkt, bearbeitet das Gray Component Replacement, GCR, den gesamten Tonwertumfang.

Unbuntaufbau

Gleiche Anteile der Druckfarben Cyan, Gelb und Magenta sollten theoretisch Grau ergeben, so dass bei jeweils 100 Prozent Farbdeckung Schwarz zustande kommt. Beim dreifarbigen Aufbau eines Bildes ergibt der Anteil, der in allen drei Farben vorkommt, Grau. Dazu kommt noch die Tatsache, dass sich in der Druckpraxis die drei Grundfarben durchaus nicht zu neutralem Grau mischen, sondern eher zu Braun oder Grün. Darum kann man die Farbe auch gleich durch zwei Buntauszüge und einen Grauwert darstellen, also als vierte Druckfarbe Schwarz verwenden. Dieser Unbuntanteil wird jedoch in der Praxis nicht vollständig durch Schwarz übernommen, weil dies zu Detailverlusten im Schattenbereich unbunter und stark gebrochener Farben führt. Wird der Unbuntaufbau auf die Tiefen eines Bildes beschränkt, redet man von Under Color Removal, UCR. Erstreckt sich der Ausgleich auf alle Dichtebereiche, nennt man das Verfahren Gray Component Replacement, GCR. Im Druckprozess reduziert der Unbuntaufbau die Farbmenge, wodurch sich der Druck beschleunigt.

URL

Der »Unique Resource Locator« (URL) ist die weltweit gültige, eindeutige Speicheradresse einer Datei, zum Beispiel einer Internet-Seite im HTML-Format. Jede Internet-Adresse wie »http://www.mut.de/index.htm« gilt als URL, es kann aber auch der Pfad einer Datei auf einer lokalen Festplatte sein.

Variablen

»Variablen« sind bei Photoshop Eigenschaften einer Montage, die sich durch eine automatisierte, datenbank-gestützte Bearbeitung verändern lassen. So kann man einzelne Montageebenen verbergen oder ausschalten und den Wortlaut von Textebenen ändern.

Vektorisieren

Die Umwandlung eines pixelorientierten Bildes (Bitmap) in eine Menge von Geraden mit definierten Anfangs- und Endpunkten (Vektoren) sowie Kurven und Flächen. In einem vektorisierten Bild werden Formen durch Setzen von Ankerpunkten verändert. Das Umwandeln von Bitmap zu Grafik (auch »Tracing« genannt) kann durch manuelles Nachzeichnen oder automatisch geschehen. Zum Vektorisieren dienen spezialisierte Programme. Vektorgrafiken benötigen meist weniger Speicherplatz als entsprechende pixelorientierte Bitmaps und können ohne Qualitätsverlust beliebig groß mit der Höchstauflösung des Druckers ausgegeben werden.

Verlauf

Eine allmähliche, stufenlose Änderung der Farbintensität oder ein gleitender Übergang von einer Farbe zur anderen.

Video-Bandbreite

Die Video-Bandbreite einer Grafikkarte errechnet sich aus der Formel Horizontalfrequenz x (Horizontalauflösung + 10 Prozent). Leistungsfähige Platinen erreichen hier zum Beispiel 77 Megahertz. Am Beispiel eines Bildes mit 1024x768 Pixeln errechnet sich dies so: 69.000 x (1024 + 102) = 77 Mio. Diese Video-Bandbreite von 77 Megahertz erweist sich als zu karg, wenn 1280x1024 Pixel dargestellt werden: Die Formel 77 Mio. / (1280 + 128) führt zu einer Horizontalfrequenz von nur noch 54 Kilohertz; und dieser Wert ergibt bei 1280x1024 Bildpunkten eine unruhige Vertikalfrequenz von nur 50 Hertz.

Virtueller Speicher

Der virtuelle Speicher (swapfile, Auslagerungsspeicher) simuliert einen größeren Arbeitsspeicher (RAM), als physikalisch tatsächlich vorhanden ist. Der physikalisch vorhandene Arbeitsspeicher wird dabei durch Teile zum Beispiel der Festplatte erweitert. Photoshop verwendet unabhängig vom Betriebssystem einen eigenen virtuellen Speicher (Arbeitsvolume), der in den Grundeinstellungen festgelegt wird. Der Zugriff auf den virtuellen Speicher verlangsamt Photoshop deutlich.

Volltonfarben

Siehe Schmuckfarben

Weiche Auswahlkante

In Photoshop lässt sich eine »weiche Kante« definieren; damit franst der Auswahlrand weich aus und geht, bei einer Montage, fließend in den neuen Hintergrund über. Auch wenn der Bildausschnitt gefiltert oder mit Farbe gefüllt wird, endet die Wirkung weich im Bereich der Auswahlgrenze. Fünf Pixel Radius bedeuten fünf Pixel weichen Rand auf jeder Seite der Auswahllinie. Siehe »Glätten« und »Auswählen«.

Kapitel 15   Service

Zwischenablage

Über die Zwischenablage des Betriebssystems werden markierte Dateiausschnitte von einem Programm ins andere oder von einer Datei in die andere übertragen. Der Befehl »Kopieren« überträgt den markierten Bereich, ohne dass die Datei im aktiven Fenster verändert wird. Der Befehl »Ausschneiden« entfernt dagegen den markierten Teil aus der Ursprungsdatei. Mit dem Befehl »Einfügen« wird der Inhalt der Zwischenablage in eine neue Datei eingesetzt. Photoshop verwendet eine programmeigene Zwischenablage unabhängig vom Betriebssystem. Beim Wechsel zu einem anderen Programm kann Photoshop die Daten aus der Photoshop-Zwischenablage an die Zwischenablage des Betriebssystems übergeben.

Stichwortverzeichnis

!
(Alt) (Option Slice-Palette, nur ImR) 358
16 Bit pro Kanal (Bild-Befehl) 189
3D-Transformieren (Filter-Befehl) 719
4fach anzeigen (Ansicht-Befehl, nur ImR) 371
8 Bit pro Kanal (Bild-Befehl) 189

A
Abbildungsmaßstab (Zoomstufe) 81
Abdunkeln (Füllmethode)
   bei Alphakanälen 597
   Erklärung 731
Abgeflachte Kante und Relief (Ebeneneffekt)
   Beispiel 645
   Beispiele 144, 773, 777, 868
   Einführung 755
   Relief an allen Kanten (Option) 756
Abgerundetes Auswahlrechteck (nur ImR) 549
Abgerundetes Rechteck (Form-Werkzeug) 641
Abrunden (Auswahl-Befehl) 569
Absatz zurücksetzen (Befehl Absatz-Palette) 810
Absatz-Formatierung (Text-Funktion) 806
Absatztext
   Absatz-Formatierung 806
   anlegen 793
   Blocksatz 807
   Flattersatz 806
   Kurz-Erklärung 792
   Silbentrennung 808
   Zeilenumbruch verhindern 809
Abwedler 570
Abwedler (Aufhellwerkzeug) 529
Acrobat-Dateiformat 247
Adaptiv (Option Farbtabellenwahl) 408
Additive Farbmischung 191
Adobe Ein-Zeilen-Setzer (Textfunktion) 807
Adobe Online (Hilfe-Befehl) 91
Ähnliches auswählen (Auswahl-Befehl) 568
AI-Dateien 245
Aktionenpalette
   A. laden und speichern bei ImageReady 131
   Aktion ausführen 121
   Aktion duplizieren 127
   Aktion entfernen 127
   Aktion erneut aufzeichnen 127
   Aktion erstellen 116
   Aktion speichern 127
   Aktionen laden und ersetzen 128
   Aktions-Optionen 127
   Ausführen-Optionen 122
   Bedingte Modusänderung 119
   Befehl erneut aufzeichnen 127
   Befehle aufzeichnen 116
   Befehle ausschalten 121
   Befehle hinzufügen 127
   Befehle im Überblick 114
   Befehle nachträglich einfügen 120
   Befehle verschieben 127
   bei ImR (s. a. Droplet) 128
   Dialogfeld anzeigen 122
   Einführung 112
   Fortfahren zulassen 121
   Freistellwerkzeug aufzeichnen 117
   Geschwindigkeit regeln 122
   Listenmodus 112
   Maßeinheiten 116
   Menübefehl einfügen (Befehl) 120
   Orientierung am Lineal 116
   Pfad einfügen 118
   Schaltermodus 112
   Set erstellen 115
   Stapelverarbeitung (mehrerer Dateien) 123
   Transformieren-Befehle aufzeichnen 117
   Übersicht 113
   Unterbrechung einfügen 120
   Verläufe aufzeichnen 117
Aktualisieren von Dateien beim Programmwechsel 78
Alle Ebenen in Set fixieren (Ebene-Befehl) 699
Alles auswählen (Auswahl-Befehl) 567
Alphakanäle
   Alternativen 591
   Arbeitsspeicherbedarf 589
   bei ImageReady 592
   duplizieren 597
   Eigenschaften im einzelnen 588
   Einführung 587
   geglättete Kanten retuschieren 611
   Kanäle teilen 601

Stichwortverzeichnis

Kanäle zusammenfügen 602
Kanäle-Palette 598
Kanaloptionen 603
kompatible Dateiformate 592
Pinselretusche und Füllen 610
Schmuckfarbenkanal 605
speichern und löschen 597
Übersicht 588
Alpha-Transparenz (bei PNG-Dateiformat) 386
AlterCast 268
An Auswahl ausrichten (Ebene-Untermenü) 692
An Hilfslinien ausrichten (Ansicht-Befehl) 685
An Slices ausrichten (Slices-Befehl, nur ImR) 353
Animation 289
  aktueller Frame 304
  Alle Frames auswählen (Befehl Animation-Palette) 303
  Alle Frames löschen (Befehl Animation-Palette) 304
  Animation optimieren (Palettenbefehl) 312
  Anzahl der Durchläufe festlegen 308
  Auf Hintergrund wiederherstellen (Befehl Kontextmenü) 308
  aus einer einzigen Ebene ableiten 295
  Automatisch (Befehl Kontextmenü) 308
  Bilddateien als Frames laden 297
  Dazwischen einfügen (Paletten-Befehl) 299
  Ebene in allen Frames anpassen (Paletten-Befehl) 291
  Ebenen-Bearbeitung und Einzelbilder 293
  Ebenenmasken 293
  Einführung 289
  Einzelbilder auswählen 303
  Einzelbilder löschen 304
  Einzelbilder verschieben 304
  Flash-Dateien 289
  Frames auf Ebene reduzieren (Paletten-Befehl) 294
  Frames einfügen (Befehl Animation-Palette) 305
  Frames kopieren (Befehl Animation-Palette) 305
  Frames umkehren (Befehl Animation-Palette) 304, 308
  frame-spezifische Änderungen 295
  GIF-Dateien aus anderen Programmen 312
  Hinzugefügte Ebenen verbinden (beim Einfügen von Frames) 307
  Informationen im Internet 313
  Miniaturengröße in Palette ändern 303
  mit Zuschneiden-Befehl 304
  Neue Ebenen sichtbar in allen Frames (Paletten-Befehl) 294
  Neuen Frames eine Ebene hinzufügen (Paletten-Befehl) 293
  Nicht entfernen (Befehl Kontextmenü) 308
  Ordner als Frames (Datei-Befehl) 297
  Quicktime-Dateiformat (MOV) 313
  Speichern als GIF-Datei 311
  Speichern als Photoshop-Datei 311
  Standzeit des Einzelbildes 309
  Vorschau im Web-Browser 310
  Vorschau in ImageReady 309
  Weitere Ebenen hinzufügen 294
  Weitere Einzelbilder hinzufügen 293

Animation optimieren (Befehl Animation-Palette) 312
Ankerpunkt-einfügen-Werkzeug
  bei 3D-Transformieren (Filter-Befehl) 720
  bei Pfaden 634
Ankerpunkt-löschen-Werkzeug 634
Ankerpunkt-umwandeln-Werkzeug 635
Anmerkungen (Datei-Befehl) 227
Anmerkungen-Werkzeuge 225
Anpassen (Ebene-Befehl, nur ImR) 319
Anschnitt (Drucken mit Vorschau) 140
Ansicht-Befehl
  4fach anzeigen (nur ImR) 371
  An Hilfslinien ausrichten 685
  Ausgabegröße 154
  Auswahlkanten 566
  Browser-Dithering 369
  Einblenden (Untermenü) 57
  Eingebettetes Farbprofil verwenden (nur ImR.) 367
  Extras 57
  Farb-Proof 88
  Farbumfang-Warnung 88
  Ganzes Bild 83
  Hilfslinien einblenden 683
  Hilfslinien fixieren 685
  Lineale einblenden 56
  Macintosh Standardfarbe (nur ImR.) 367
  Macintosh-RGB 88
  Monitor-RGB 88
  Neue Hilfslinie 685
  Neue Hilfslinie (nur ImR) 684
  Neue Hilfslinie (nur Photoshop) 684
  Neues Fenster 86
  Nicht kompensierte Farbe (nur ImR) 367
  Optimierungsinformationen ausblenden (nur ImR) 370
  Original einblenden (nur ImR) 371
  Papierweiß simulieren 88
  Proof einrichten (Untermenü) 88
  Schwarze Druckfarbe simulieren 88
  Slices fixieren (nur Photoshop) 351
  Slices löschen (nur Photoshop) 352
  Tatsächliche Pixel 82
  Windows Standardfarbe (nur ImR) 367
  Windows-RGB 88
Anti-Aliasing (Kantenglättung)
  bei Auswahlfunktionen 546
  bei Text 813
Apfel-Menü (Macintosh) 50
Aquarell (Filter-Befehl) 862
Arbeitsbereich speichern (Fenster-Befehl) 60
Arbeitsdatei-Größen (Systembeanspruchungsmenü) 108
Arbeitsfarbraum (Farbeinstellungen) 134
Arbeitsfläche (Bild-Befehl) 181
Arbeitsfläche drehen (Bild-Befehl) 173
Arbeitsgruppe (Datei-Untermenü) 222
Arbeitspfad versus Pfad 649

Stichwortverzeichnis

Arbeitsspeicher
    freihalten 53
    Photoshop zuteilen 52
    verfügbaren A. messen 108
Arbeitsvolumes (Voreinstellungen) 51
Asiatische Textoptionen einblenden (Voreinstellungen) 798
Audio-Anmerkung-Werkzeug 228
Auf Dateigröße optimieren (Befehl Optimieren-Palette) 394
Auf eine Ebene reduziert kopieren (Bearbeiten-Befehl)
    bei Effekt-Ebenen 676
    Einführung 676
Auf Hintergrundebene reduzieren (Ebene-Befehl) 706
Aufhellen (Füllmethode)
    bei Alphakanälen 597
    Erklärung 732
Aufhellwerkzeug (Abwedler) 529
Auflösung
    Abwägung 151
    ändern mit Pixelneuberechnung 156
    Anzeigen 154
    berechnen 150
    Drucker-Auflösung 148
    Halbton-Druckauflösung 149
    Qualitätsreserve 153
    Rasterton-Auflösung 149
    Scan-Auflösung 149
Aufnahmebereich verwenden (Werkzeugspitzen) 515
Ausbessern-Werkzeug 535
Ausblenden (Option Freistellen) 167
Auschecken (Datei-Befehl) 223
Ausführen-Optionen (Befehl Aktionenpalette) 122
Ausgabe-Einstellungen 360
Ausgabegröße (Ansicht-Befehl) 154
Ausgerichtet
    Option Kopierstempel, Reparatur-Pinsel 532
    Option Musterstempel 526
Ausrichtung Flattersatz (Text-Option) 806
Ausschluss (Füllmethode) 735
Ausschneiden (Bearbeiten-Befehl) 53
Außerhalb der Auswahl einfügen (Variante von In die Auswahl einsetzen, Bearbeiten-Befehl) 680
Aussparung (Option Dialogfeld Ebenenstil) 761
Auswahl aufheben (Auswahl-Befehl) 566
Auswahl erstellen (Pfade-Palette) 657
Auswahl laden (Auswahl-Befehl) 594
Auswahl speichern (Auswahl-Befehl) 593
Auswahl transformieren (Auswahl-Befehl) 573
Auswahl umkehren (Auswahl-Befehl) 567
Auswahl vergrößern (Auswahl-Befehl) 568
Auswahl-Befehl
    Abrunden 569
    Ähnliches auswählen 568
    Alle Slices (nur ImR bei akt. Slice-Wkz.) 350
    Alles auswählen 567
    Auswahl aufheben 566
    Auswahl laden 594
    Auswahl speichern 593
    Auswahl Transformieren 573
    Auswahl umkehren 567
    Auswahl vergrößern 568
    Ausweiten 571
    Einführung 564
    Erneut wählen 566
    Farbbereich auswählen 574
    Transformieren-Untermenü 571
    Umrandung 570
    Verkleinern 571
    Weiche Auswahlkante 547
Auswahlfunktionen
    Alles auswählen 567
    Außerhalb der Auswahl einfügen (Bearbeiten-Befehl) 680
    Auswahl aus Ebenen und Ebenenmasken ableiten 574
    Auswahl außerhalb des Bildes 544
    Auswahl in Pfad umwandeln 655
    Auswahl laden per Kanälepalette 596
    Auswahl speichern 593
    Auswahl umkehren 567
    Auswahlen aus Ebenenpalette laden 596
    Auswahlen erkennen 564
    Auswahlen vergrößern, verkleinern 542
    Auswahlmarkierung bewegen 543
    Auswahlmarkierung verbergen 566
    Auswahl-Werkzeuge 542
    Befehle im Überblick 585
    Einführung 541
    Freistellen-Befehl 177
    In die Auswahl einfügen (Bearbeiten-Befehl) 678
    Kontur füllen 498
    Korrektur per Pfad 656
    Maskierungsmodus 564
    Pfad in Auswahl umwandeln 657
    Transformieren 573
Auswahlkanten (Ansicht-Befehl) 566
Auswahlrechteck 549
    Optionen 550
    Verwendung 550
Auswahl-Werkzeuge
    Abgerundetes Auswahlrechteck (nur ImR) 549
    Auswahlrechteck, Auswahloval 549
    Einzelne Spalte 551
    Einzelne Zeile 551
    Glätten-Option 546
    Hintergrund-Radiergummi 561
    Kontext-Menü 542
    Lasso 552
    Magischer Radiergummi 559
    Polygon-Lasso 553
    Tastaturkombinationen 545
    Übersicht 542
    Weiche Kante 547
    Zauberstab 556
Ausweiten (Auswahl-Befehl) 571

Stichwortverzeichnis

Auto Rasterung (Option Drucken mit Vorschau) 139
Auto Regenerieren (Befehl Optimieren-Palette, nur ImR) 371
Auto-Auflösung (Bildgröße-Option) 163
Auto-Farbe (Bild-Befehl) 439
Auto-Kontrast (Bild-Befehl) 438
Autokorrektur-Optionen 443
Automatisch löschen (Buntstift-Option) 524
Auto-Schaltfläche bei Gradationskurven und Tonwertkorrektur 438
Auto-Tonwertkorrektur (Bild-Befehl) 438
AVI-Dateiformat 313

B

Basisebene (Ebenentechnik) 776
Basrelief (Filter-Befehl) 863
Bearbeiten-Befehl
  Auf eine Ebene reduziert kopieren 676
  Ausschneiden 53
  Eigene Form festlegen 644
  Farbeinstellungen 132
  Fläche füllen 498
  Frei transformieren 713
  Frei transformieren Pfad 636
  Frei Transformieren Punkte 636
  Füllen (Protokoll-Option) 105
  HTML-Code kopieren (Untermenü, nur ImR) 390
  In die Auswahl fügen 678
  Kontur füllen 498
  Kopieren 53, 675
  Löschen 567
  Muster festlegen/definieren 492
  Optimierung (nur ImR) 372
  Pfad transformieren 636
  Protokolle (Entleeren-Untermenü) 101
  Punkte transformieren 636
  Rechtschreibung prüfen 811
  Rückgängig 94
  Schritt vorwärts 94
  Schritt zurück 94
  Text suchen und ersetzen 811
  Verblassen 95
  Vorgabe-Manager 62
  Werkzeugspitze festlegen 509
  Wiederherstellen 94
Bedienung
  bei geöffnetem Dialogfeld 75
  Dialogfelder 76
  Paletten allgemein 58
  Tastaturkürzel allgemein 72
  typische Probleme 93
  Unterschiede Photoshop, ImR 79
  Wechsel zwischen den Programmen 78
  Win- vs. Mac-Version 80
Bedingte Modusänderung (Datei-Befehl) 119
Beleuchtungseffekte (Filter-Befehl) 853

Benannte Einstellung (Optimieren-Voreinstellungen, nur ImR) 373
Benutzer-Slice (siehe Slices) 349
Beschneiden (Auto-Kontrastkorrektur) 443
Beschneidung (bei Kontrastkorrektur) 434
Beschneidungspfad 652
  Kurvennäherung 653
  mit EPS-Dateiformat 256
  mit TIFF-Dateiformat 253
  Probleme 654
Beschnittgruppe
  Beschn. Ebenen als Gruppe füllen (Option) 777
  Einführung 775
  mit Einstellungsebene 783
  Tipps 778
Bewegungsunschärfe (Filter-Befehl) 844
Bibliotheken 62
Bikubisch (Interpolationsmethode) 157
Bild duplizieren (Bild-Befehl) 706
Bild einpassen (Datei-Befehl) 166
Bild einpassen anhand (Option Bildgröße-Befehl bei ImR) 164
Bild neuberechnen mit (Bildgröße-Option) 156
Bild skalieren (Hilfe-Befehl) 166
Bild-Befehl
  16 Bit pro Kanal 189
  8 Bit pro Kanal 189
  Arbeitsfläche 181
  Arbeitsfläche drehen (per Eingabe) 173
  Auto-Farbe 439
  Auto-Kontrast 438
  Auto-Tonwertkorrektur 438
  Bild duplizieren 217, 706
  Bildberechnungen 739
  Bildgröße 155
  Bildgröße (bei Ebeneneffekten) 751
  Dokumentvorschau anzeigen (nur ImR) 319
  Farbbalance 468
  Farbe ersetzen 578
  Farbton/Sättigung 457
  Freistellen 177
  Gamma (nur ImR) 368
  Gradationskurven 444
  Helligkeit-Kontrast 432
  Histogramm 428
  In Profil konvertieren 135
  Kanalberechnungen 202
  Kanalmixer 464
  Kanalmixer (Option Monochrom) 202
  Modus (Untermenü) 185
  Nichts maskiert 183
  Optimiert-Version duplizieren (nur ImR) 218
  Profil zuweisen 135
  Sättigung verringern 460
  Schwellenwert 475
  Selektive Farbkorrektur 469

Stichwortverzeichnis

Tontrennung 479
Tonwertangleichung 439
Tonwertkorrektur 432
Überfüllung 198
Umkehren 474
Variablen (Untermenü ImR) 268
Variationen 467
Verlaufsumsetzung 506
Zuschneiden 178
Bildberechnungen (Bild-Befehl) 739
Bildcache (Voreinstellungen) 52
Bildgröße (Bild-Befehl) 155
    Abwägung der Methoden 165
    ändern ohne Neuberechnung 160
    Auto Rasterung 163
    Besonderheiten bei ImageReady 164
    Bild einpassen anhand (Option bei ImR) 164
Bildgröße (Bild-Befehl, bei Ebeneneffekten) 751
Bildkatalog fürs Internet (siehe Web-Fotogalerie) 273
Bildpaket (Datei-Befehl) 144
Bildpyramide (Option TIFF-Dateiformat) 253
Bildschirm-Darstellung (Tabelle) 77
Bildübersichten speichern (Voreinstellungen) 229
Bildunterschrift (Drucken mit Vorschau) 141
Bitmap-Dateiformat 244
Bitmapmodus 206
Bleistiftwerkzeug (Gradationskurven) 451
Blendenflecke (Filter-Befehl)
    Beispiel 530
    Erklärung 877
Blocksatz (Text-Option) 807
BMP-Dateiformat 244
Browser-Dithering (Ansicht-Befehl) 369
Buntglas-Mosaik (Filter-Befehl) 865
Buntstift 524
Buntstiftschraffur (Filter-Befehl) 862

C

Cache (Dateibrowser) 69
Cache für Histogramme (Voreinstellungen) 426
Cascading Style Sheets bei Slices (Ausgabe-Einstellungen) 360
Chrom (Filter-Befehl) 863
Clientseitig (bei Imagemaps) 345
Clipping-Pfad (siehe Beschneidungspfad) 652
CMYK-Modus 192
    Einführung 192
    Farbseparation 194
    GCR 196
    Gesamtfarbauftrag 198
    Subtraktive Farbmischung 193
    UCR (Unterfarbenreduzierung) 195
    Überfüllen 198
    Verwendung 192
Conté-Stifte (Filter-Befehl) 863

Copyright-Informationen (Datei-Befehl Datei-Informationen) 224
CSS bei Slices (Ausgabe-Einstellungen) 360

D

Dahinter auftragen (Füllmethode) 737
Darstellungen erneuern (Befehl Optimieren-Palette, nur ImR) 371
Datei-Befehl
    Anmerkungen (importieren) 227
    Auschecken 223
    Bedingte Modusänderung 119
    Bild einpassen 166
    Bildpaket 144
    Datei-Informationen 223
    Drucken mit Vorschau 136
    Durchsuchen 66
    Einchecken 223
    Einmal drucken 135
    Für Web speichern (nur Photoshop) 373
    Hintergrund (nur ImR) 336
    HTML aktualisieren (nur ImR) 266, 390
    HTML-Hintergrund (nur ImR) 310
    Kontaktabzug II 141
    Kopie speichern unter (frühere Photoshop-Versionen) 233
    Letzte Dateien öffnen 219
    Mehrseitige PDF in PSD 249
    Neu 215
    Öffnen 218
    Öffnen als (nur Windows) 220
    Ordner als Frames (nur ImR) 297
    PDF-Bild 249
    Pfade -> Illustrator 247, 648
    Speichern (bei ImR) 233
    Speichern unter 231
    Speichern unter (bei ImR) 233
    Springen zu (Untermenü) 78
    Stapelverarbeitung 123
    Twain auswählen (nur ImR) 217
    Vorschau in 375
    Vorschau in (nur ImR) 320
    Web-Fotogalerie 273
    WIA-Unterstützung 217
    Workflow verwalten (Untermenü) 222
    ZoomView 391
    Zurück zur letzten Version 95
Dateibrowser (Fenster-Befehl)
    Erklärung 66
    Kritik 35
Dateien automatisch aktualisieren (Voreinstellungen) 78
Dateiformate 235
    AVI-Video 313
    BMP-, RLE- und DIB-Dateien 244
    DCS (EPS-Variante) 257
    Die wichtigsten 237

Stichwortverzeichnis

Einführung 235
EPS 254
Flashpix 244
Flic 313
Gif-Dateien 400
Illustrator 245
JPEG 258
Lura Wavelet 244
mit Photoshop verknüpfen (Windows) 48, 50
PCX-Dateien 244
PDF (Acrobat) 247
Photo CD 242
PhotoDeluxe (PDD) 240
Photoshop 240
Pict-Dateien 245
Pict-Ressource 245
Pixar 244
PNG-Dateien 403
Probleme beim Austausch 236
Quicktime 313
RAS 244
Raw 244
Scitex-CT 244
Tabelle Größenvergleich 238
Targa-Dateiformat 244
TIFF 250
WBMP-Dateien 404, 408
Dateigrößen (Systembeanspruchungsmenü) 107
Datei-Informationen (Datei-Befehl) 67, 223
Dateinamenerweiterung (Voreinstellungen) 230
Datensätze (Bild-Befehl, nur ImR) 271
Dazwischen einfügen (BefehlAnimation-Palette) 299
DCS-Dateiformat (EPS-Variante) 257
Deckkraft (Ebenentechnik)
    für Gesamtebene, allgemeine Füllmethode 726
    nur Ebenenfüllung, Erw. Füllmethode 727
Deckkraft (Werkzeugspitzen) 514
De-Interlace (Filter-Befehl) 879
Diagonal verwischen (Filter-Befehl) 862
Differenz (Füllmethode) 734
Differenz-Wolken (Filter-Befehl) 878
Diffusion Dithering (Bitmap-Modus) 208
Diffusion Dithering (Indizierte Farben) 412
Digimarc (Filter-Untermenü) 849
digitales Wasserzeichen 849
Direkt-Auswahl-Werkzeug (Pfade) 638
Distorsion (Filter-Befehl) 875
Dither (Option Verlauffunktion) 500
Dither-Box (Filter-Befehl) 413
Dithering
    bei Acht-Bit-Farbbildern 387, 411
    Muster (Option) 412
    Störungsfilter (Option) 413
Dokumentprofil (Systembeanspruchungsmenü) 106
Dokument-Vorschau (Datei-Befehl, nur ImR) 319

Drehen, Einzelebene per Transformieren 713
Drehen (allgemein)
    Arbeitsfläche per Dateibrowser 68
    Arbeitsfläche per Freistellwerkzeug 171
    per Arbeitsfläche drehen 173
Drehen (Bearbeiten-Befehl) 717
Droplet (ImR)
    Aktionen als Droplet 129
    anwenden 130
    auf unterschiedlichen Betriebssystemen anwenden 132
    Einführung 128
    in Photoshop anlegen 128
    in Photoshop erstellen 132
    neuer Ausgabeordner 131
    Optimieren-Einstellung als Droplet 128
    Stapelverarbeitungsoptionen 130
Droplet erstellen (Datei-Befehl, nur Photoshop) 132
Druckbildvorschau 136
Druckempfindlichkeit (Mal-Werkzeuge) 514
Drucken mit Vorschau (Datei-Befehl)
    Auto Rasterung 139
    Druckkennlinie 137
    Einführung 136
    Encoding 140
    Mit Vektordaten 139
    Raster 138
    Tonwertzuwachs 195
Druckfarben-Optionen (Option Eigenes CMYK) 194
Druckkennlinie (Option Drucken mit Vorschau) 137
Druckkennlinie mitspeichern (EPS-Option) 255
Duale Werkzeugspitze 519
Dunkle Bereiche vergrößern (Filter-Befehl) 571
Dunkle Malstriche (Filter-Befehl) 863
Duotone 209
Duplexmodus 209
Duplizieren (Bild-Befehl) 217
Duplizieren e. geöffn. Bildes 217
Durch verschobenen Teil ersetzen (Verzerrungsfilter-Option) 870
Durchmesser (Werkzeugspitzen) 515
Durchsuchen (Datei-Befehl) 66
Dynamische Datensätze (Variablen) 268

E

Ebene automatisch wählen (Option Verschieben-Werkzeug) 696
Ebene durch Ausschneiden (Ebene-Befehl) 704
Ebene durch Kopieren (Ebene-Befehl) 703
Ebene löschen (Ebene-Befehl) 706
Ebene-Befehl
    Alle Ebenen in Set fixieren 699
    Anpassen (nur ImR) 319
    Auf Hintergrundebene reduzieren 706
    Ebene durch Ausschneiden 704
    Ebene durch Kopieren 703

Stichwortverzeichnis

Ebenenposition festlegen (nur ImR) 691
Frei transformieren 688
Hintergrund aus Ebene 702
Hintergrund-Untermenü 680
Horizontale Mitte (Untermenü Verbundene verteilen) 694
Horizontale Mitte (Untermenü Verknüpfte ausrichten) 693
Mit darunterliegender auf eine Ebene reduzieren 706
Mit darunterliegender Ebene gruppieren 776
Neuer ebenenbasierter Imagemap-Bereich (nur ImR) 341
Rand entfernen 681
Rastern (Untermenü) 628
Schwarz entfernen 681
Sichtbare auf eine Ebene reduzieren 706
Verbundene auf eine Ebene reduzieren 706
Vertikale Mitte (Untermenü Verbundene verteilen) 694
Vertikale Mitte (Untermenü Verknüpfte ausrichten) 693
Weiß entfernen 681

Ebenen erstellen (Ebeneneffekte) 746
ebenenbasiertes Slice (Ebene-Befehl) 347
Ebenen-Beschneidungsmaske (jetzt Vektormaske) 773
Ebeneneffekte
Abgeflachte Kante und Relief 755
Arbeitsgeschwindigkeit 752
auf andere Ebenen übertragen 744
bei Größenveränderungen 751
Ebenen erstellen 746
Effekte einfügen 745
Effekte kopieren 745
Effekte skalieren 751
Farbüberlagerung 759
gemeinsame Optionen 751
Glanz 758
Globaler Lichteinfall 751
Kontur 757
Kontur-Option 749
löschen 744
Muster-Optionen 750
Musterüberlagerung 759
neu anlegen 743
Schatten nach innen 759
Schein nach außen 754
Schein nach innen 754
Schlagschatten 753
Störung (Option) 753
Überfüllen-Option 753
verbergen 743

Ebenenmaske
aktivieren 770
als Auswahl laden 772
anwenden 772
bei Animation 293
bei Einstellungsebenen 782
darstellen 770
duplizieren 771
Ebenenmaske blendet Effekte aus 769

Einführung 766
erstellen 767
löschen 772
verbinden mit Ebene 768

Ebenenmaske hinzufügen (Ebene-Befehl) 767
Ebenen-Optionen 759
Ebenenpalette 695
Ebenenposition festlegen (Ebene-Befehl, nur ImR) 691
Ebenensatz (jetzt Ebenenset) 698
Ebenenset 698
Ebenenstil 741
Ebenenstil (Dialogfeld)
anwenden 741
Aussparung (Option) 761
Deckkraft der Ebenen-Füllung 727
erweiterte Füllmethode 759
Helligkeitsbereiche ausblenden 762
Kanäle (Option) 760
speichern 742

Ebenentechnik
Aussparung (Option Erweiterte Füllmethode) 761
Auswahl als Ebene 703
Auswahlbereiche und Ebenen in ein anderes Bild einsetzen 675
Basisebene 776
Befehle im Überblick 707
Beschnittgruppe 775
Beschnittgruppe (mit Einstellungsebene) 783
Bewegen per Frei Transformieren (Bearbeiten-Befehl) 688
Bewegen per Verschieben-Werkzeug 683
Bewegen von Bildteilen 671
Bewegung mit (Pfeiltaste) 688
Bild mit Ebenen sichern 668
Deckkraft (allgemeine Füllmethode) 726
Deckkraft (nur Ebenenfüllung, Erw. Füllmethode) 727
Drehen 717
drucken 700
Ebene aktivieren 696
Ebene automatisch wählen (Option Verschieben-Werkzeug) 696
Ebene löschen 706
Ebenen anzeigen/ausblenden 700
Ebenen duplizieren 704
Ebenen verlagern 696
Ebenenbereiche außerhalb der Dokumentbegrenzung 678
Ebenen-Beschneidungsmaske (jetzt Vektormaske) 773
Ebenenmaske 766
Ebenenmaske anwenden 772
Ebenenmaske bei Animation 293
Ebenenmaske hinzufügen 767
Ebenenpalette 695
Ebenenretusche 711
Ebenenset 698
Einstellungsebene 778
Einstellungsebene dauerhaft anwenden 783
Einstellungsebene gruppieren 783

Stichwortverzeichnis

Einzelebene als neue Datei 705
erweiterte Füllmethode (Ebenenstil-Dialogfeld) 759
Fixieren allgemein 709
Füllebenen 784
Füllmethoden 728
Helligkeitsbereiche ausblenden 762
Hintergrundebene allgemein 701
Kanäle (Option Erweiterte Füllmethode) 760
Maske der Einstellungsebene bearbeiten 782
Miniaturen-Darstellung 695
Neigen 717
neue Ebene erstellen 703
Rand-Fehler korrigieren 680
Schwebende Auswahl 672
Skalieren 717
Transparente Pixel fixieren 710
Transparenz darstellen 701
Vektormaske 773
Verbinden 697
Verflüssigen (Filter-Befehl) 722
Verzerren 717
vorhandene Ebene als Hintergrundebene 702
Ebene-Untermenüs
    An Auswahl ausrichten 692
    Verbundene ausrichten 692
    Verbundene verteilen 694
Effekte (siehe Ebeneneffekte) 743
Effekte einfügen (Ebene-Befehl) 745
Effekte kopieren (Ebene-Befehl) 745
Effizienz (Statusleiste) 106
Eigene Farbtabelle (Option) 409
Eigene Form (Pfadfunktion) 644
Eigene Form festlegen (Bearbeiten-Befehl) 644
Eigenes CMYK 194
Einbetten 234
Einblenden (Ansicht-Untermenü) 57
Einchecken (Datei-Befehl) 223
Eingebettetes Farbprofil verwenden (Ansicht-Befehl) 367
Einmal drucken (Datei-Befehl) 135
Einstellungen (bei Mal- und Retuschewerkzeugen, siehe Werkzeugspitzenpalette) 512
Einstellungen speichern (Befehl Optimieren-Palette) 393
Einstellungen-Befehle, Vorschau-Option 425
Einstellungsebene
    E.-ebene dauerhaft anwenden 783
    Einführung 778
    einrichten 780
    Gruppieren 783
    Maske bearbeiten 782
Einzelne Spalte (Auswahl-Werkzeug) 551
Einzelne Zeile (Auswahl-Werkzeug) 551
Ellipse (Form-Werkzeug) 641
Encoding (Option Drucken mit Vorschau) 140
Entfärben (Bild-Befehl, alte Bezeichnung) 460
EPS-Dateiformat 254

Erneut (Bearbeiten-Befehl beim Transformieren) 718
Erneut wählen (Auswahl-Befehl) 566
Exakt (Option Indizierte Farben bei Photoshop) 407
Exakte Farben erhalten (Option Indizierte Farben) 410
Exif 225, 903
Extrahieren 579
Extrahieren (Bild-Befehl)
    Kantenverfeinerer 582
    Vordergrund erzwingen 582
Extrahieren (Filter-Befehl) 579
Extras (Ansicht-Befehl) 57
Extrudieren (Filter-Befehl) 861

F

Facetteneffekt (Filter-Befehl) 866
Färben (Option Farbton/Sättigung)
    Beispiel 522
    Erklärung 460
Falzmarken (Drucken mit Vorschau) 140
Farbaufnahme-Werkzeug 109
Farbauszüge in Farbe (Voreinstellungen) 599
Farbbalance (Bild-Befehl) 468
Farbbereich auswählen (Auswahl-Befehl) 574
Farbe (Füllmethode) 736
Farbe ersetzen (Bild-Befehl) 578
Farbe kennzeichnet (Kanaloption) 604
Farbeimer 496
Farbeinstellungen
    Geräteprofile hinzufügen 135
    In Profil konvertieren (Bild-Befehl) 135
    Profil zuweisen (Bild-Befehl) 135
Farbeinstellungen (Bearbeiten-Befehl) 132
Farbeinstellungen (Werkzeugspitzen-Palette) 519
Farbfelder-Palette 490
Farbig abwedeln (Füllmethode)
    Bei Effekt ‚Schein nach Innen' 755
    Erklärung 735
Farbig nachbelichten (Füllmethode)
    Beispiel 472
    Erklärung 735
Farbmanagement 132
Farbmodus 185
    bei ImageReady 187
    Bitmap 206
    CMYK 192
    Duplex 209
    Einführung 185
    Graustufen 200
    HSB 459
    Indizierte Farben 204
    Lab 199
    Mehrkanalmodus 211
    Modus-Wahl 185
    RGB 190
Farbpapier-Collage (Filter-Befehl) 862

Stichwortverzeichnis

Farb-Proof (Ansicht-Befehl) 88
Farbraster (Filter-Befehl) 866
Farbregler
   Farbumfang-Warnung 489
   Web-Warnung 489
Farbregler-Palette 489
Farbseparation 194
Farbtabelle
   Adaptiv 408
   Änderung widerrufen 417
   Ausgewählte Farben im Bild hervorheben 416
   Auto-Option 410
   Dithering 411
   Eigene 409
   Einzelfarben verändern (Übersicht) 415
   Exakt 407
   Farbtöne abwählen 416
   Farbtöne löschen 417
   Farbtöne neu aufnehmen 417
   Farbtöne web-kompatibel machen 417
   Farbtöne ändern 417
   Farbton fixieren 418
   Farbton lösen 418
   Farbzahl herabsetzen 410
   Gleichmäßig 409
   HTML-Farbwerte festlegen 419
   laden 419
   Perzeptiv 408
   Reihenfolge der Farben ändern 415
   Selektiv 408
   speichern 419
   Standardpalette anlegen 413
   Systempalette 407
   Übersicht 416
   Vorige 409
   WBMP 408
   Web 408
   Web-Ausrichtung (Option Opt.-Pal.) 418
Farbtiefe
   8 oder 16 Bit pro Kanal 189
   bei Bilddateien 188
   bei ImageReady 187
Farbton (Füllmethode)
   Beispiel 503
   Erklärung 736
Farbton/Sättigung (Bild-Befehl)
   Einführung 457
   Einzelne Farbbereiche auswählen 461
   Färben 460
   Farbbereich mit Pipetten verändern 464
   Farbbereich mit Schiebereglern verändern 462
   Farbtonregler 459
   Sättigungregler 459
Farbton-Jitter (Werkzeugspitzen-Palette) 519
Farbüberlagerung (Ebeneneffekt) 759

Farbumfang-Warnung (Ansicht-Befehl) 88
Farbwähler 486
   Anwendung 487
   Eigene 488
   Farbumfang-Warnung 489
   Sonderfarben 488
   Web-Warnung 489
Faux-Optionen bei Text-Funktion 802
Favoriten (beim Speichern und Öffnen) 221
Fenster-Befehl
   Arbeitsbereich speichern 60
   Nebeneinander 86f.
   Optionen ein-/ausblenden 66
   Paletten allgemein 58
   Palettenpositionen zurücksetzen 60
Fenstergröße anpassen (Lupen-Option) 84
Feuchtes Papier (Filter-Befehl) 863
Filter-Befehl
   3D-Transformieren 719
   Aquarell 862
   Basrelief 863
   Befehle im Überblick 835
   Beleuchtungseffekte 853
   Beurteilung des Effekts 831
   Bewegungsunschärfe 844
   Blendenflecke 877
   Buntglas-Mosaik 865
   Buntstiftschraffur 862
   Chrom 863
   Conté-Stifte 863
   De-Interlace 879
   Diagonal verwischen 862
   Differenz-Wolken 878
   Digimarc-Filter 849
   Distorsion 875
   Dither-Box 413
   Dunkle Bereiche vergrößern 571
   Dunkle Malstriche 863
   Einführung 825
   Extrahieren 579
   Extrudieren 861
   Facetteneffekt 866
   Farbpapier-Collage 862
   Farbraster 866
   Feuchtes Papier 863
   Filter-Effekte aufmalen 829
   Fotokopie 863
   Fresko 862
   Gaußscher Weichzeichner 843
   Gekreuzte Malstriche 863
   Gerissene Kanten 863
   Glas 874
   Grobe Malerei 862
   Grobes Pastell 862
   Grundlagen 825

Stichwortverzeichnis

Helle Bereiche vergrößern 571, 846
Helligkeit interpolieren 848
Hochpass 478, 842
Kacheleffekt 861
Kacheln 865
Kacheln erstellen (nur Image-Ready) 331
Kanten betonen 863
Körnung 865
Körnung & Aufhellung 862
Kohleumsetzung 863
Konturen finden 860
Konturen nachzeichnen 863
Konturen scharfzeichnen 842
Konturwerte finden 860
Korneffekt 861
Kräuseln 874
Kreide & Kohle 863
Kreuzschraffur 863
Kristallisieren 866
Kunstfilter (Untermenü) 862
Kunststoffverpackung 862
Leuchtende Konturen 861
Malfilter (Untermenü) 863
Malgrund 862
Malmesser 862
Mezzotint 866
Mit Struktur versehen 835
Mögliche Probleme 832
Mosaikeffekt 866
Mustergenerator (nur Photoshop) 328
Neonschein 862
NTSC-Farben 878
Ölfarbe getupft 862
Ozeanwellen 874
Patchwork 866
Plug-Ins 833
Polarkoordinaten 870
Prägepapier 863
Punktieren 866
Punktierstich 863
Radialer Weichzeichner (Beispiel) 825
Radialer Weichzeichner (Erklärung) 844
Relief 860
Rendering-Filter (Untermenü) 877
Risse 865
Rücknahme von Filtern 828
Scharfzeichnen 841
Scharfzeichnungsfilter (Untermenü) 839
Schnelle Tests 827
Schwamm 862
Schwingungen 873
Selektiver Weichzeichner 478, 844
Solarisation 861
Sonstige Filter (Untermenü) 877
Spritzer 863
Stark scharfzeichnen 841
Stark weichzeichnen 843
Staub und Kratzer entfernen 537
Stempel 863
Stilisierungsfilter (Untermenü) 859
Störungen entfernen 848
Störungen hinzufügen 847
Störungsfilter (Untermenü) 847
Strichumsetzung 863
Strudel 874
Struktur laden (Photoshop 6) 32
Strukturierungsfilter (Untermenü) 865
Struktur-Option 835
Stuck 863
Sumi-e 863
Tontrennung & Kantenbetonung 862
Unscharf maskieren 840
Verbiegen 876
Verflüssigen 722
Vergleichbare Befehle 826
Vergröberungsfilter (Untermenü) 866
Verschiebungseffekt 691
Verschiebungseffekt (für WWW-Hintergrundkachel mit ImR) 334
Versetzen 872
Verwackelte Striche 863
Verwackelungseffekt 866
Verzerrungsfilter (Untermenü) 868
Video-Filter (Untermenü) 878
Vorschau-Funktion 830
Weiches Licht 845
Weichzeichnen 843
Weichzeichnungsfilter 842
Wellen 874
Windeffekt 862
Wölben 876
Wolken 877
Zeichenfilter (Untermenü) 863
Zusatzmodule 833
Fixieren von Ebeneneigenschaften 709
Fläche füllen (Bearbeiten-Befehl)
   Allgemein 498
   mit Protokoll 105
Flash-Dateien (für Animation) 289
Flashpix-Dateiformat 244
Flic-Dateiformat 313
Fluss (Werkzeugspitzen) 522
Formebenen 627
Form-Funktionen
   Abgerundetes Rechteck 641
   Eigene Form 644
   Einführung 640
   Ellipse 641

Linienzeichner 643
Polygon-Werkzeug 641
Rechteck 641
Fortfahren zulassen (Aktionenpalette) 121
Fotokopie (Filter-Befehl) 863
Frames (Einzelbilder, siehe Animation) 289
Frames umkehren (Befehl Animation-Palette) 308
Frei transformieren (Bearbeiten-Befehl) 713
Frei transformieren Pfad (Bearbeiten-Befehl) 636
Frei transformieren Punkte (Bearbeiten-Befehl) 636
Freiform-Zeichenstift
    Einführung 632
    Kurvenanpassung (Option) 632
    Magnetisch (Option) 633
Freistellen (allgemein)
    Abwägung der Methoden 181
    mit Auswahl-Werkzeugen 177
    mit dem Freistell-Werkzeug 168
    Nichts maskiert (Bild-Befehl) 183
    Zuschneiden (Bild-Befehl) 178
Freistellen (Bild-Befehl) 177
Freistellpfad (siehe Beschneidungspfad) 652
Freistell-Werkzeug
    Befehle im Überblick 180
    Berechnungsmöglichkeiten 174
    Freistellrahmen drehen 171
    Freistellrahmen formen, verändern 169
    Freistellrahmen skalieren 170
    Freistellrahmen verschieben 170
    Löschen versus Ausblenden 167
    mit Aktionenpalette aufzeichnen 117
    Optionen 174
    Perspektive bearbeiten (Option) 172
    Tastenkombinationen 170
    und Ausrichten an 173
    und Lupe 173
    Vorderes Bild (Option) 176
Frequenz (Option Magnetisches Lasso) 556
Fresko (Filter-Befehl) 862
Füllebenen
    Einführung 784
    mit Struktureffekt 838
Füllmethode
    Abdunkeln 731
    Aufhellen 732
    Ausschluss 735
    Dahinter auftragen 737
    Detail-Erklärungen 730
    Differenz 734
    Farbe 736
    Farbig abwedeln 735
    Farbig nachbelichten (Beispiel) 472
    Farbig nachbelichten (Erklärung) 735
    Farbton 736
    Hartes Licht (Beispiel) 472

    Hartes Licht (Erklärung) 734
    Hindurchwirken (bei Ebenenset) 700
    Hinzufügen 740
    Ineinanderkopieren (Beispiel) 38
    Ineinanderkopieren (Erklärung) 733
    Lichtpunkte 734
    Linear Abwedeln 735
    Linear nachbelichten 735
    Lineares Licht 734
    Löschen 737
    Luminanz 737
    Multiplizieren 732
    Multiplizieren (Beispiel) 471
    Negativ multiplizieren 732
    Neutrale Farbe 738
    Normal 731
    Sättigung 736
    Sprenkeln 731
    Strahlendes Licht (Beispiel) 472
    Strahlendes Licht (Erklärung) 734
    Subtrahieren 740
    Überblick 728
    Verwendung beim Malen 524
    Weiches Licht 733
Füllwerkzeug 496
Für Web speichern (Datei-Befehl, nur Photoshop) 373

G

Gamma (Bild-Befehl, nur ImR) 368
Gammakorrektur 435
Gamut-Warnung 88
Ganzes Bild (Ansicht-Befehl, Lupe-Option) 83
Gaußscher Weichzeichner (Filter-Befehl) 843
GCR (Option Eigenes CMYK) 196f.
Gebrochene Breite (Text-Funktion) 805
Gekreuzte Malstriche (Filter-Befehl) 863
Geladene kopieren (Bearbeiten-Befehl, nur ImR) 390
Gerissene Kanten (Filter-Befehl) 863
Gesamtfarbauftrag (Option Eigenes CMYK) 198
Gewichtete Optimierung
    abschalten 400
    Auswahlen anwenden 399
    Einführung 398
    JPEG-Dateiformat 260
GIF / JPEG automatisch wählen (Optimieren-Voreinstellungen, nur ImR) 372
GIF-Dateiformat
    Animationen aus anderen Programmen in ImageReady 312
    Interlaced 395, 401
    Lossy (nur ImR) 402
    Speichern einer GIF-Animation 311
    Vergleich mit JPEG, PNG, WBMP 395
Glätten (Option Auswahl-Werkzeuge) 546
Glättung (Werkzeugspitzen-Palette), Option 516
Glättungsmethode bei Text 813

Stichwortverzeichnis

Glanz (Ebeneneffekt) 758
Glas (Filter-Befehl) 874
Gleichmäßig (Option Farbtabellenwahl) 409
Globaler Lichteinfall (Ebeneneffekte) 751
Gradationskurven (Bild-Befehl)
   3D-Effekt 453
   als Ersatz zum Schwellenwert-Befehl 478
   Anwendung 445
   Anzeige 445
   Auto-Schaltfläche 438
   Befehle im Überblick 456
   bei geöffn. Dialogfeld 447
   Bleistiftmodus 451
   CMYK-Bilder bearbeiten 448
   Einführung 444
   Einzelkanäle bearbeiten 448
   Handhabung 446
   Optionen 438
   Pipetten 440
   Speichern 445
   Spezialeffekte (Beispiel) 827
   Spezialeffekte (Erklärung) 452
   Zahleneingabe 447
Grafiktablett und Maleigenschaften 514
Graustufenmodus 200
   per Einzelkanal 201
   per Graustufen-Befehl 201
   per Kanalberechnungen (Bild-Befehl) 202
   per Kanalmixer (Bild-Befehl) 202
   Sättigung auf 0 setzen 200
   über zwei Kanäle 202
   Von Farbe zu Graustufen allgemein 200
Graustufentreppe 481
Grobe Malerei (Filter-Befehl) 862
Grobes Pastell (Filter-Befehl) 862
Grundlinie (Text-Option) 804
Gruppieren (siehe Beschnittgruppe) 775
Gummiband (Zeichenstift-Option) 631

H

Hängende Interpunktion Roman (Textfuntion) 810
Hand-Werkzeug 84
   bei 3D-Transformieren (Filter-Befehl) 722
Hardware 42
Hartes Licht (Füllmethode)
   Beispiel 472, 819
   Erklärung 734
Helle Bereiche vergrößern (Filter-Befehl) 571, 846
Helligkeit interpolieren (Filter-Befehl) 848
Helligkeit/Kontrast (Bild-Befehl) 432
   als Ersatz zum Schwellenwert-Befehl 477
Hilfe-Befehl
   Adobe Online 91
   Bild skalieren 166
   Transparentes Bild exportieren 653

Hilfe-Funktion 90
Hilfslinien
   Erklärung 683
   in Slices umsetzen 347
   mit Slices 353
   und Lineale 57
Hindurchwirken (Füllmethode bei Ebenenset) 700
Hintergrund (Datei-Befehl, nur ImR) 336
Hintergrund (Drucken mit Vorschau) 141
Hintergrund (Option Optimieren-Palette) 379
Hintergrundebene 701
Hintergrundfarbe (Retusche-Funktion) 484
Hintergrundflächen auflockern 495
Hintergrundkachel (für WWW-Seiten)
   Einführung 327
   Hintergrund (Datei-Befehl, nur ImR) 336
   Kacheln erstellen (Filter-Befehl) 331
   mit Hauptmotiv kombinieren 338
   mit Verschiebungseffekt (Filter-Befehl) 334
   Mustergenerator (Filter-Befehl) 328
   Vorschau im Web-Browser 337
Hintergrund-Klappmenü bei Optimieren-Palette 383
Hintergrund-Radiergummi 561
Hinzufügen (Füllmethode) 740
Histogramm (Bild-Befehl)
   Cache-Stufe 426
   Einführung 428
Hochgestellt (Text-Option) 805
Hochpaß (Filter-Befehl) 842
Hochpass (Filter-Befehl) 478
Horizontal skalieren (Text-Funktion) 800
Horizontale Mitte (Ebene-Befehl) 693f.
HSB-Farbmodell 459
HTML aktualisieren (Datei-Befehl, nur ImR) 390
HTML-Code kopieren (Untermenü, nur ImR) 390
HTML-Farbwerte 419
HTML-Hintergrund (Datei-Befehl in ImR) 310

I

Illustrator-Dateien
   erzeugen 247
   öffnen 245
Imagemaps
   bewegen 344
   Clientseitig vs. Serverseitig 345
   duplizieren 345
   Ebenenbasierten Imagemap-Bereich umwandeln (Paletten-Befehl) 343
   gleichmäßig anordnen 345
   Imagemap-Auswahlwerkzeug 344
   Imagemaps einblenden/ausblenden (ImR Werkzeugleiste) 343
   löschen 345
   mit Imagemap-Werkzeugen 341
   Neuer ebenenbasierter Imagemap-Bereich (Ebene-Befehl) 341
   überlappende aktive Zonen 345

Stichwortverzeichnis

umforman 344
  Vergleich mit Slices 340
  Voreinstellungen 343
  Vorgehen im Überblick 341
Imagemaps einblenden/ausblenden (ImR Werkzeugleiste) 343
In Benutzer-Slice umwandeln (Slice-Befehl, nur ImR) 350
In die Auswahl einfügen (Bearbeiten-Befehl)
  Außerhalb einsetzen (Variante) 680
  Einführung 678
In Profil konvertieren (Bild-Befehl) 135
Indizierte Farben
  Adaptiv 408
  Diffusion Dithering 412
  Eigene Palette 409
  Erzwungen (Option) 410
  Exakt 407
  Exakte Farben erhalten (Option Phtooshop) 410
  Farbtabelle bearbeiten 415
  Gleichmäßige Palette 409
  Muster-Dithering 412
  Perzeptiv 408
  Schwarzweiß 408
  Selektiv 408
  Standardpalette 413
  Systempalette 407
  Übersicht 204
  Vorige Palette 409
  Wahl der Farbpalette 407
  Web 408
Ineinanderkopieren (Füllmethode)
  Beispiel 38
  Erklärung 733
Info-Leiste (Statusleiste) 106
Info-Palette
  Einführung 108
  mit Farbaufnehmer-Werkzeug 110
Installation (Macintosh) 47
Installation (Windows) 46
  Dateiformate später verknüpfen 50
Interlaced (GIF-Option) 401
Internet-Design allgemein 265
Interpolation (Drucken mit Vorschau) 140
Interpolationsmethode 156

J

JPEG 2000 262
JPEG-Dateiformat
  bei 8-Bit-Grafiken 261
  Einführung 258
  Gewichtete Optimierung 260
  ICC-Profil 262
  in Photoshop 262
  JPEG 2000 262
  mehrere Durchgänge 395
  Mehrere Durchgänge (Option) 261

Progressive JPEG 261
Qualität 259
Vergleich mit GIF, PNG, WBMP 395
Weichzeichnen 262
Wiederholt speichern 261

K

Kacheleffekt (Filter-Befehl) 861
Kacheln (Filter-Befehl) 865
Kacheln erstellen (Filter-Befehl, nur Image-Ready) 331
Kalibrierung (Farbeinstellungen) 132
Kanäle teilen (Kanälepalette) 201
Kanäle zusammenfügen 602
Kanäle-Palette 598
Kanalberechnungen (Bild-Befehl) 202
Kanalmixer (Bild-Befehl)
  Einführung 464
  negative Werte 465
  Option Monochrom 202
Kanaloptionen 603
Kanten betonen (Filter-Befehl) 863
Kanten-Pixel wiederholen (Verzerrungsfilter-Option) 870
Kantenschärfe (Werkzeugspitzen) 516
Kein Umbruch (Befehl Zeichen-Palette) 809
Kerning (Text-Option) 803
Körnung & Aufhellung (Filter-Befehl) 862
Körnung (Filter-Befehl)
  Beispiel 522
  Erklärung 865
Kohleumsetzung (Filter-Befehl) 863
Kontaktabzug II (Datei-Befehl) 141
Kontextmenüs 54
Kontrastkorrekturen 423
  Auto-Korrekturen 438
  Befehle-Übersicht 423
  Beschneidung 443
  Einleitung 423
  Gradationskurven 444
  grobe Korrekturen 474
  Helligkeit-Kontrast (Bild-Befehl) 432
  Histogramm-Befehl 428
  mit Überblend-Techniken 471
  Möglichkeiten bei geöffnetem Dialogfeld 425
  Neutralpunkt setzen 441
  Schwarz- und Weißpunkt setzen 440
  Tonwertkorrektur (Bild-Befehl) 432
  Übersicht Arbeitsfolge 427
  Übersicht feine Änderungen 424
  Übersicht grobe Änderungen 425
  Zielfarben 442
Kontur (Ebeneneffekt) 757
Kontur füllen (Bearbeiten-Befehl) 498
  Alternative mit Pfadwerkzeug 758
Konturen finden (Filter-Befehl) 860
Konturen nachzeichnen (Filter-Befehl) 863

Stichwortverzeichnis

Konturen scharfzeichnen (Filter-Befehl) 842
Konturwerte finden (Filter-Befehl) 860
Kopie speichern unter (alte Versionen) 233
Kopieren (Bearbeiten-Befehl) 53
    bei Effekt-Ebenen 676
    bei Text-Ebenen 676
    Einführung 675
Kopierstempel 531
Korneffekt (Filter-Befehl) 861
Kräuseln (Filter-Befehl) 874
Kreide & Kohle (Filter-Befehl) 863
Kreisauswahl 549
Kreisförmige Imagemap (Werkzeug) 341
Kreuzschraffur (Filter-Befehl) 863
Kristallisieren (Filter-Befehl) 866
Kunstfilter (Untermenü) 862
Kunst-Protokollpinsel 105
Kunststoffverpackung (Filter-Befehl) 862
Kurvennäherung (EPS-Dateiformat) 653

L

Lab-Modus 199
Lasso 552
Laufweite (Text-Option) 803
Letzte Dateien öffnen (Datei-Befehl) 219
Leuchtende Konturen (Filter-Befehl) 861
Lichtpunkte (Füllmethode) 734
Ligaturen (Textfunktion) 805
Lineale 56
Linear Abwedeln (Füllmethode) 735
Linear nachbelichten (Füllmethode) 735
Lineares Licht (Füllmethode) 734
Linienzeichner (Form-Werkzeug) 643
Löschen (Bearbeiten-Befehl) 567
Löschen (Füllmethode) 737
Löschen (Option Freistellen) 167
Lossy (GIF-Option, nur ImR) 402
Luminanz (Füllmethode)
    Beispiel 524
    Erklärung 737
Lupe 82f.
Lura-Wavelet-Dateiformat 244

M

Macintosh
    Hardwarevoraussetzungen 42
    Photoshop im Apfel-Menü 50
    Photoshop installieren 47
    Photoshop-Symbol a.d. Desktop 49
    Vergleich Photoshop Mac/Win 80
    weitere Hardware 43
Macintosh-RGB (Ansicht-Befehl) 88
Magischer Radiergummi 559
Magnetischer Freiform-Zeichenstift (Pfad-Funktion) 633

Magnet-Lasso 553
Malabstand (Werkzeugspitzen) 517
Malfilter (Untermenü) 863
Malgrund (Filter-Befehl) 862
Malmesser (Filter-Befehl) 862
Mal-Werkzeuge 523
Mal-Werkzeuge allgemein
    allg. Tipps 520
    bei Ebenen 521
    Einstellungen 512
    Füllmethoden (Details) 730
    Füllmethoden im Überblick 728
    Optionen 520
    Tastenkürzel 520
    Werkzeugspitzenpalette verwenden 512
Maskierungsgruppe (siehe Beschnittgruppe) 775
Maskierungsmodus 564
Mediävalstil (Textfunktion) 805
Mehrere Durchgänge (JPEG-Option) 261
Mehrkanalmodus
    Einführung 211
    mit Duplex 211
Mehrseitige PDF in PSD (Datei-Befehl) 249
Meldung (Slices) 358
Menübefehl einfügen (Befehl Aktionenpalette) 120
Menüleiste 54
Messpunkte (Farbaufnehmer-Werkzeug) 110
Messwerkzeug 110
Mezzotint (Filter-Befehl) 866
Mit darunterliegender auf eine Ebene reduzieren (Ebene-Befehl) 706
Mit darunterliegender Ebene gruppieren (Ebene-Befehl) 776
Mit Struktur versehen (Filter-Befehl) 835
Mit Vektordaten (Option Drucken mit Vorschau) 139
Mittelton-Korrektur 435
Modus (Bild-Untermenü) 185
Modus (Farbauftrag, Ebenentechnik, siehe Füllmethode) 728
Monitor RGB (Ansicht-Befehl) 88
Mosaikeffekt (Filter-Befehl) 866
Multiplizieren (Füllmethode)
    Beispiele 193, 471
    Erklärung 732
Muster
    mit dem Musterstempel 525
    PostScript-Muster 492
Muster festlegen/definieren (Bearbeiten-Befehl) 492
Mustergenerator (Filter-Befehl, nur Photoshop) 328
Musterstempel 525

N

Nachbelichter (Abdunkler-Wkz.) 528
Navigator-Palette 85
Negativ multiplizieren (Füllmethode)
    Beispiel 191
    Erklärung 732

Stichwortverzeichnis

Neigen (Bearbeiten-Befehl) 717
Neonschein (Filter-Befehl) 862
Neu (Datei-Befehl) 215
Neu (Ebene-Untermenü) 703
Neue Hilfslinie (Ansicht-Befehl Photoshop) 684
Neuer ebenenbasierter Imagemap-Bereich (Ebene-Befehl, nur ImR) 341
Neues Dokument erstellen (Protokoll-Funktion) 100
Neues Fenster (Ansicht-Befehl) 86
Neutrale Farbe (Ebenentechnik) 738
Nicht kompensierte Farbe (Ansicht-Befehl) 367
Nicht-lineare Protokolle sind zulässig (Protokoll-Option) 102
Nichts maskiert (Bild-Befehl) 183
Normal (Füllmethode) 731
NTSC-Farben (Filter-Befehl) 878

O

Oberfläche 54
Object Linking and Embedding (OLE) 234
Öffnen
   Illustrator-Dateien 245
   per Explorer/Datei-Manager 219
   Vektorgrafik-Dateien 245
Öffnen (Datei-Befehl) 218
   Favoriten 221
Öffnen als (Datei-Befehl Windows) 220
Ölfarbe getupft (Filter-Befehl) 862
OLE 234
Optimieren-Palette (nur ImR)
   Auf Dateigröße optimieren (Menübefehl) 394
   Auto Regenerieren (Palettenbefehl) 371
   Auto-Option 410
   Darstellungen erneuern (Palettenbefehl) 371
   Droplets (Befehlsfolgen) anlegen 128
   Einstellungen speichern 393
   Hintergrund-Option 379, 383
   Regenerieren (Palettenbefehl) 371
   Wahl der Farbtabelle 407
   Web-Ausrichtung 418
Optimiert-Version duplizieren (Bild-Befehl, nur ImR) 218
Optimierung (Bearbeiten-Befehl, nur ImR) 372
Optimierungsinformationen ausblenden (Ansicht-Befehl, nur ImR) 370
Optionen ein-/ausblenden (Fenster-Befehl) 66
Ordner als Frames (Datei-Befehl, nur ImR) 297
Original einblenden (Ansicht-Befehl, nur ImR) 371
Original exportieren (Datei-Befehl bei ImR) 233
Ozeanwellen (Filter-Befehl) 874

P

Paletten (Ben.-oberfläche) allgemein 58
Palettenpositionen speichern (Voreinstellungen) 61
Palettenpositionen zurücksetzen (Fenster-Befehl) 60
Papierweiß simulieren (Ansicht-Befehl) 88

Passermarken (Drucken mit Vorschau) 140
Patchwork (Filter-Befehl) 866
PCX-Dateiformat 244
PDD-Dateiformat (PhotoDeluxe) 240
PDF-Bild (Datei-Befehl) 249
PDF-Dateiformat 247
   Anmerkungen in Photoshop-Bild importieren 227
Perspektive bearbeiten (Freistell-Werkzeug) 172
Perspektivisch verzerren (Bearbeiten-Befehl) 717
Perzeptiv (Option Farbtabellenwahl) 408
Pfad transformieren (Bearbeiten-Befehl) 636
Pfadauswahl-Werkzeug 639
Pfade
   als Illustrator-Dateien (AI) speichern 247
   Ankerpunkte löschen 631
   Ankerpunkt-einfügen-Werkzeug 634
   Ankerpunkt-löschen-Werkzeug 634
   Ankerpunkt-umwandeln-Werkzeug 635
   anzeigen 648
   Arbeitspfad versus Pfad 649
   ausschalten 648
   Auswahl erweitern 639
   Auswahlkorrektur per Pfad 656
   Automatisch hinzufügen/löschen (Option) 630
   beginnen 628
   Beschneidungspfad 652
   Darstellung der Ankerpunkte 639
   Direkt-Auswahl-Werkzeug 638
   Drehen (Bearbeiten-Befehl) 636
   Duplizieren 647
   Duplizieren von Pfadbereichen 639
   Eigene Form 644
   Einführung 623
   exportieren als AI-Datei 648
   Formebenen rastern 628
   Form-Funktionen 640
   Freiform-Zeichenstift (Einführung) 632
   Freiform-Zeichenstift, Magnetisch (Option) 633
   Gummibandmodus 631
   in Aktion einfügen 118
   in andere Dateien übertragen 648
   Kombinieren (Option) 639
   kopieren und einfügen 648
   Löschen 647
   Neigen (Bearbeiten-Befehl) 636
   Neuer Pfad 650f.
   Paletten-Optionen 646
   Pfad aus Auswahl erstellen 655
   Pfad in Auswahl umwandeln 657
   Pfadauswahl erweitern 638
   Pfadauswahl-Werkzeug 639
   Pfade oder Pfadbereiche auswählen 638
   Pfadepalette 646
   Pfadfläche füllen 664
   Pfadkomponenten verschmelzen 639

Stichwortverzeichnis

Pfadkontur füllen 662
Pfadsegmente 651
Skalieren (Bearbeiten-Befehl) 636
speichern 650
Transformieren (drehen, verzerren) 636
Umbenennen 647
Verzerren (Bearbeiten-Befehl) 636
Zeichenstift 631
Pfade -> Illustrator (Datei-Befehl) 247, 648
Pfadepalette 646
Pfadfläche füllen (Pfade-Befehl) 664
Pfadkontur füllen (Pfade-Befehl) 662
Pfadsegmente 651
Pfeilspitzen (mit Linienzeichner) 643
Pfeiltaste (bei Ebenentechnik) 688
Photo CD (Dateiformat) 242
PhotoDeluxe-Dateiformat (PDD) 240
Photoshop-Dateiformat 240, 389
Photoshop-Versionen
Änderungen 7.0 gegenüber 6.0 32
neu bei 7.0 29
Photoshop Elements 2.0 28
Photoshop LE 28
Rückblick bis 6.0 27
Win- vs. Mac-Version 80
Physikalischer Speicher (Voreinstellungen) 52
Pict-Dateiformat 245
Pict-Ressource 245
PictureMarc (Digimarc) 849
PIM (Print Image Matching) 912
Pinsel 523
bei Alphakanälen 610
Pipette (Werkzeugleiste) 420, 485
Pipetten
bei ImageReady 385
in Dialogfeld Farbbereich auswählen 576
in Dialogfeld Farbton/Sättigung 464
in Gradationskurve und Tonwertkorrektur 440
Pixar-Dateiformat 244
Pixelwiederholung (Interpolationsmethode) 157
Plug-Ins (Zusatzmodule) 833
PNG-Dateiformat 403
Alpha-Transparenz 386
Interlaced 395
Online-Adressen 404
Vergleich mit JPEG, GIF, WBMP 395
Polarkoordinaten (Filter-Befehl) 869f.
Polygonförmige Imagemap (Werkzeug) 341
Polygon-Lasso 553
Polygon-Werkzeug (Form-Werkzeug) 641
Posterisierung (Tontrennung-Befehl) 479
PostScript-Muster 492
Prägepapier (Filter-Befehl) 863
Probleme
bei Photoshop-Bedienung 93
System 45

Profil zuweisen (Bild-Befehl) 135
Profilfehler (Farbeinstellungen) 134
Programmfenster 54
Arbeitsfläche färben 56
Datei-Titelleisten 54
Paletten ausblenden 61
Statusleiste 106
Vollschirmmodus 55
Progressive JPEG 261
Proof einrichten (Ansicht-Untermenü) 88
Protokoll löschen (Befehl Protokollpalette) 101
Protokoll-Funktionen
Einführung 97
Einschränkungen 105
Einzelschritte 99
Einzelschritte verwerfen 100
Ersten Schnappschuß automatisch erstellen 100
Möglichkeiten 98
Neues Dokument erstellen 100
Nicht-lineare Protokolle sind zulässig (Option) 102
Protokoll löschen (Palettenbefehl) 101
Protokolle entleeren (Bearbeiten-Befehl) 101
Protokollpalette 97
Schnappschuss 99
Schnappschuß-Optionen 100
Vorgehen 99
Protokollpalette 97
Protokollpinsel 103
Punkte transformieren (Bearbeiten-Befehl) 636
Punktieren (Filter-Befehl) 866
Punktierstich (Filter-Befehl) 863
Punkttext 792

Q

Qualitätsreserve, (Druck-Auflösung) 153
Quicktime-Dateiformat 313

R

Radialer Weichzeichner (Filter-Befehl)
Beispiele 36, 61, 825
Erklärung 844
Radiergummi
bei Ebenen 713
für Farbauftrag 529
Hintergrund-R. 561
Magischer R. 559
Zurück zur letzten Version (Option) 529
Rand (Drucken mit Vorschau) 140
Rand entfernen (Ebene-Befehl) 681
Rang (Dateibrowser) 67
RAS-Dateiformat 244
Raster (Gitternetz) 686
Raster (Option Drucken mit Vorschau) 138
Rastereinstellung (Bitmapmodus) 208
Rastern (bei Text) 790

Rastern (Ebene-Untermenü) 628
Rasterton-Auflösung des Druckers 149
Rasterungseinstellungen mitspeichern (EPS-Option) 255
Raw-Dateiformat 244
Rechteck (Form-Werkzeug) 641
Rechteckige Imagemap (Werkzeug) 341
Rechtschreibung prüfen (Bearbeiten-Befehl) 811
Referenzpunkt (bei Frei Transformieren, Bearbeiten-
    Befehl) 689
Regenerieren (Befehl Optimieren-Palette, nur ImR) 371
Relief (Filter-Befehl) 860
Relief an allen Kanten (Option Abgeflachte Kante und
    Relief) 363, 756
Relief-Kanal (bei Beleuchtungseffekte-Filter) 857
Rendering-Filter (Filter-Untermenü) 877
Reparatur-Pinsel 531
Retusche-Werkzeuge
    Alle Ebenen einbeziehen (Option) 527
    bei Ebenen 521
    Füllmethoden (Details) 730
    Füllmethoden im Überblick 728
    Optionen 520
    Tastenkürzel 520
    Übersicht 527
    Werkzeugspitzenpalette verwenden 512
RGB-Modus 190
Risse (Filter-Befehl) 865
Rollover-Effekte
    Alternativ-Text 320
    aus Stile-Palette anwenden 327
    aut. entstehende Dateinamen ändern 325
    Einblend-Meldungen 320
    Einführung 314
    entstehende Dateien 325
    GoLive Code 325
    in mehreren Slices gleichzeitig 321
    in Stile-Palette speichern 326
    mit Animation und Slices 366
    mit Slices 361
    Möglichkeiten im Überblick 314
    Neue Ebenen sichtbar in jedem Status/Frame 318
    neuen Zustand anlegen 317
    neuer Zustand durch neue Ebene 318
    Praxisübung 316
    Produktion im Überblick 315
    Speichern für das Internet 325
    Speichern im Photoshop-Dateiformat 325
    Vereinheitlichte Farbtabelle verwenden (Option Optimieren-
        Palette) 325
    Vorschau im Internet-Browser 320
    Vorschau in ImageReady 319
    Zustände einfügen 319
    Zustände im Überblick 315
    Zustände kopieren 319
Roman hängende Interpunktion (alte Bezeichnung) 810
Rückgängig (Bearbeiten-Befehl) 94

S

Sättigung (Füllmethode) 736
Sättigung verringern (Bild-Befehl) 460
Sättigungswerkzeug (Schwamm) 529
Scan-Auflösung 149
Scannen 216
Scharfzeichnen (Filter-Befehl) 841
Scharfzeichner (Werkzeug) 528
Scharfzeichnungsfilter (Untermenü) 839
Schatten nach innen (Ebeneneffekt) 759
Schein nach außen (Ebeneneffekt) 754
Schein nach innen (Ebeneneffekt) 754
Schichtseite hinten (Drucken mit Vorschau) 140
Schlagschatten (Ebeneneffekt)
    Beispiele 748
    Einführung 753
Schmuckfarben 32, 601, 605
Schnappschuss (Protokoll-Funktion) 99
Schnappschuß-Optionen (Protokoll-Funktion) 100
Schnittmarken (Drucken mit Vorschau) 140
Schriftgrad (Textfunktion) 800
Schritt vorwärts (Bearbeiten-Befehl) 94
Schritt zurück (Bearbeiten-Befehl) 94
Schwamm (Filter-Befehl) 862
Schwamm (Werkzeug) 528
Schwarz entfernen (Ebene-Befehl) 681
Schwarz- und Weißpunkt definieren 440
Schwarzaufbau (Option Eigenes CMYK) 196
Schwarze Druckfarbe simulieren (Ansicht-Befehl) 88
Schwebende Auswahl 672
Schwellenwert (Bild-Befehl)
    Alternativen 477
    Anwendung 475
    Einführung 475
    Einsatzweck 475
    Kantenglättung 477
Schwingungen (Filter-Befehl) 873
Scitex-CT-Dateiformat 244
Seitenhintergrund für WWW-Seiten (siehe
    Hintergrundkachel) 327
Seitenquelltext (bei Internet-Browsern) 266
Selektiv (Option Farbtabellenwahl) 408
Selektive Farbkorrektur (Bild-Befehl) 469
Selektiver Weichzeichner (Filter-Befehl) 478, 844
Separationen-Optionen (Option Eigenes CMYK) 195
Seriennummer 90
Serverseitig (bei Imagemaps) 345
Sichtbare auf eine Ebene reduzieren (Ebene-Befehl) 706
Silbentrennung 808
Skalieren (Bearbeiten-Befehl) 717
Slice-Auswahl löschen (Slices-Befehl, nur ImR) 351
Slice-Auswahl speichern (Slices-Befehl, nur ImR) 351
Slices
    (Alt) (Option Slice-Palette) 358
    Abstandshalter-Zellen (Ausgabe-Einstellungen) 360

Stichwortverzeichnis

alle Slices auswählen 350
An Slices ausrichten (Menübefehl) 353
Anordnen (Untermenü, nur ImR) 353
Auf Dateigröße optimieren (Befehl Optimieren-Palette) 360
Ausblenden (Slice-Befehl, nur ImR) 351
Ausgewählte Slices (Speichern-Option) 360
Ausrichten (Untermenü, nur ImR) 353
Auswahl komplett aufheben 350
aut. Benennung per Ausgabe-Einstellungen 360
Auto Slice 349
Benennung individuell von Hand 361
Benutzer-Slice 349
Bild oder Kein Bild 355
Cascading Style Sheets (CSS) erzeugen (Ausgabe-Einstellungen) 360
Duplizieren 352
Ebenenbasierte Slices 347
Einführung 346
Hintergrund (Paletten-Option) 356
HTML-Ausgabe-Einstellungen 360
In Benutzer-Slice umwandeln (Menübefehl, nur ImR) 350
in HTML-Seiten mit Frames 357
Kopieren und einfügen 352
Leere Zellen (Ausgabe-Einstellungen) 360
löschen 352
Meldung (Option) 358
mit Animation 364
mit Animation und Rollover-Effekt 366
mit Diffusion Dithering 359
mit Rollover-Effekt 361
Neues ebenenbasiertes Slice 347
Optimierung für mehrere S. 359
Optimierungseinstellungen übertragen 359
Optionen der Slice-Palette 355
Slice aus Auswahl erstellen (Auswahl-Befehl, nur ImR) 348
Slice-Auswahl speichern, laden, löschen 351
Slice-Auswahlwerkzeug 350
Slices entlang der Hilfslinien erstellen (Slice-Befehl, nur ImR) 347
Slices fixieren (Ansicht-Befehl, nur Photoshop) 351
Slices löschen (Ansicht-Befehl, nur Photoshop) 352
Slice-Werkzeug 349
speichern 358
TD W&H (Ausgabe-Einstellungen) 360
Text-Slices 355
umformen 351
und Optimieren-Palette 359
Unter-Slice 350
Unterteilen (Slice-Befehl, nur ImR) 348
URL (Option Slice-Palette) 358
Verbinden (Menübefehl, nur ImR) 354
Verbindung aufheben 354
Vergleich mit Imagemaps 340
verschieben 353
Voreinstellungen (zur Darstellung der S.) 351
Ziel (Option Slice-Palette) 357
Zusammenfügen (Menübefehl, nur ImR) 352
Solarisation (Filter-Befehl) 861
Sonderfarben 605
Sonstige Filter (Filter-Untermenü) 877
Speichern unter (Datei-Befehl) 231
Als Kopie (Option) 233
Dateieigenschaften ausschließen 232
Einführung 231
Favoriten 221
Spotfarben 605
Sprenkeln (Füllmethode) 731
Springen zu (Datei-Untermenü) 78
Spritzer (Filter-Befehl) 863
Standardfarben 484
Standardpalette (für mehrere 8-Bit-Bilder) 413
Stapelverarbeitung (Datei-Befehl) 123
Stark scharfzeichnen (Filter-Befehl)l 841
Stark weichzeichnen (Filter-Befehl) 843
Start-Menü (Windows) 49
Start-Optionen (Windows) 49
Statusleiste 106
Staub und Kratzer entfernen (Filter-Befehl) 537
Stempel (Filter-Befehl) 863
Stempel (Werkzeug)
Kopierstempel 531
Musterstempel 525
Stile-Palette
neue Stile speichern 742
Rollover-Effekte speichern 326
Stile mit Rollover-Effekt anwenden 327
Stilisierungsfilter (Untermenü) 859
Störung (Option Verlauf-Funktion) 504
Störungen entfernen (Filter-Befehl) 848
Störungen hinzufügen (Filter-Befehl) 847
Störungsfilter (Dithering-Option) 413
Störungsfilter (Filter-Untermenü) 847
Strahlendes Licht (Füllmethode)
Beispiel 472
Erklärung 734
Streuung (Werkzeugspitzen) 517
Strichumsetzung (Filter-Befehl) 863
Strudel (Filter-Befehl) 874
Struktur (Werkzeugspitzen-Palette)
Option 518
St. in andere Werkzeuge kopieren 518
Struktur schützen 518
Struktur laden (Filter-Befehl Photoshop 6) 32
Struktur schützen (Option Werkzeugspitzen-Palette) 518
Struktur-Funktionen
Filter-Befehle mit Struktur-Option 835
mitgelieferte Struktur-Vorlagen 836
Struktur von Hand erzeugen 836
Strukturierungsfilter (Filter-Untermenü) 865
Stuck (Filter-Befehl) 863

Stichwortverzeichnis

Subtrahieren (Füllmethode) 740
Subtraktive Farbmischung 193
Sumi-e (Filter-Befehl) 863
System (Option Farbtabellenwahl) 407
Systembeanspruchungsmenü 106
Systemfarben (Windows) 45
Systemlayout (Textfunktion) 805
Systemvoraussetzungen
    Mac 42
    Windows 42

T

Tag (Farbeinstellungen) 132
Targa-Dateiformat 244
Tastaturkürzel (allgemein) 72
Tastatur-Zoom zur Änderung der Fenstergröße
    (Voreinstellungen) 84
Tatsächliche Pixel (Ansicht-Befehl) 82
Temporäres Verzeichnis (bei Vorschau im Browser) 377
Text suchen und ersetzen (Bearbeiten-Befehl) 811
Textfunktion
    Absatz zurücksetzen (Menübefehl Absatz-Palette) 810
    Absatz-Formatierung 806
    Absatz-Text (Kurz-Erklärung) 792
    Absatztext anlegen 793
    Abstand zwischen zwei Zeichen 803
    Adobe Ein-Zeilen-Setzer 807
    Anti-Aliasing 813
    Ausrichtung Blocksatz 807
    Ausrichtung Flattersatz 806
    Buchstaben-Größe festlegen 800
    Durchgestrichen 805
    Ebene rastern 790
    Einführung 787
    Faux-Optionen 802
    Fett und Kursiv 802
    Gebrochene Breite 805
    Geschütztes Leerzeichen 809
    Glätten 813
    Großbuchstaben 803
    Gründe für Text-Modus 791
    Gründe gegen Text-Modus 791
    Grundlinie 804
    Hängende Interpunktion 810
    harter Trennstrich 808
    Hochgestellt 805
    Horizontal skalieren 800
    Horizontal und vertikal 801
    Kapitälchen 803
    Kein Umbruch (Befehl Zeichen-Palette) 809
    Kerning 803
    Korrektur der Textumrisse 821
    Korrektur des Buchstabenabstands 821
    Laufweite 803
    Ligaturen 805
    links o. rechts ausrichten 805
    Maske oder Auswahl erstellen (Option) 794
    Maßeinheiten für Text 800
    Mediävalstil 805
    Möglichkeiten im Text-Modus 789
    nicht kompatible Farbmodi 799
    Nicht möglich im Text-Modus 789
    Optionen für asiatische Schriftzeichen 798
    Orientierung an Druckauflösung 800
    Pixel- vs. Vektortext 787
    Punkttext (Kurz-Erklärung) 792
    Punkttext anlegen 792
    Rechtschreibung prüfen (Bearbeiten-Befehl) 811
    Schriftart 802
    Schriftart nicht vorhanden 798
    Silbentrennung 808
    Suchen/Ersetzen 811
    Systemlayout 805
    Text anlegen 791
    Text markieren 798
    Text neu formatieren 799
    Textfarbe ändern 812
    Textmaskierungswerkzeug 794
    Tiefgestellt 805
    Trennung von Silben 808
    Unterstrichen 805
    Verkrümmen 815
    Vertikal skalieren 800
    Zeichen zurücksetzen (Menübefehl Zeichen-Palette) 805
    Zeilenabstand 804
    Zeileneinzug 809
    Zeilenumbruch verhindern 809
Textmaskierungswerkzeug
    Alternative 797
    Einführung 794
Tiefgestellt (Text-Option) 805
TIFF-Dateiformat 250
Timing (Statusleiste) 106
Titelleisten 54
Tokens (Web-Fotogalerie) 283
Toleranz, beim Zauberstab (Werkzeugoption) 556
Tontrennung & Kantenbetonung (Filter-Befehl) 862
Tontrennung (Bild-Befehl) 479
    Graustufentreppe erzeugen 481
    Variationen 480
Tonwertangleichung (Bild-Befehl) 439
Tonwertkorrektur
    Beschneidung 434
    Gammaregler 435
    Optionen 438
    Schwellenwert-Modus 434
    Tonwertspreizung 433
    Tonwertumfangregler 436
Tonwertkorrektur (Bild-Befehl)
    Auto-Schaltfläche 438

Stichwortverzeichnis

Befehle im Überblick 456
  bei Alphakanälen) 615
  Pipetten 440
Tonwertumfang (Tonwertkorrektur) 436
Tonwertzuwachs 195
Transformieren (Bearbeiten-Befehl)
  Bewegen 688
  Erneut 718
  mit Aktionenpalette aufzeichnen 117
Transparente Pixel fixieren (Ebenen-Option) 710
Transparentes Bild exportieren (Hilfe-Befehl) 653
Transparenz (bei WWW-Bildern) 377
  Einführung 377
  Hintergrund-Option der Optimieren-Palette 379
  mögl. Dateiformate 377
  weiche Kanten an HTML-Hgr.-farbe anpassen 382
  weicher Übergang 386
Transparenz (Option TIFF-Dateiformat) 253
Transparenz (Voreinstellungen) 701
Transparenz-Dither 387
Trennung von Silben bei Text 808
Troubleshooting
  Filter 832
  Photoshop-Bedienungsprobleme 93
  System 45
Twain auswählen (Datei-Befehl, nur ImR) 217
Twain-Schnittstelle 216

U

UCR (Option Eigenes CMYK) 195
Überblendmodus (siehe Füllmethode) 728
Überfüllen (Bild-Befehl) 198
Umkehren (Bild-Befehl) 474
Umrandung (Auswahl-Befehl) 570
Undefinierte Bereiche (Verzerrungsfilter-Option) 870
Unscharf maskieren (Filter-Befehl) 840
Unterbrechung einfügen (Aktionenpalette) 120
Unterfarbenzugabe (Option Eigenes CMYK) 197
Unterschiede in der Bedienung von Photoshop und ImageReady 79
Unter-Slice (siehe Slices) 350
URL (Option Slice-Palette, nur ImR) 358

V

Variablen (Untermenü ImR) 268
Variationen (Bild-Befehl) 467f.
Vektor- versus Pixelbilder 147
Vektorgrafik
  Dateien öffnen 245
  Dateien platzieren 246
  mit Photoshop als Illustrator-Datei speichern 247
  per Ziehen und Ablegen 246
  per Zwischenablage 246

Vektormaske 773
  Vektormaske verbirgt Effekte 769
  verbinden mit Ebene 768
Verbiegen (Filter-Befehl) 876
Verbinden von Ebenen 697
Verbinden von Slices 354
Verblassen (Bearbeiten-Befehl) 95
Verblassen (Option Werkzeugspitzen-Palette) 513
Verbundene auf eine Ebene reduzieren (Ebene-Befehl) 706
Verbundene ausrichten (Ebene-Untermenü) 692
Verbundene verteilen (Ebene-Untermenü) 694
Vereinheitlichte Farbtabelle verwenden (Option Optimieren-Palette für Rollover-Effekte) 325
Verflüssigen (Filter-Befehl) 722
Vergrößerungsfilter (Filter-Untermenü) 866
Verkleinern (Auswahl-Befehl) 571
Verknüpfen und Einbetten 234
Verknüpfen von Dateiformaten mit Photoshop 50
Verkrümmten Text erstellen 815
Verlauf-Funktionen
  Dither (Option) 500
  Farben festlegen 502
  Farben hinzufügen und entfernen 503
  Farbposition festlegen 503
  im Alphakanal 615
  Mittelpunkt festlegen 503
  Optionen 500
  Skalierung (Option Effekt Verlaufsüberlagerung) 501
  Störung 504
  Transparenz (Option) 501
  Transparenz bearbeiten 503
  Verläufe bearbeiten 502
  Verlaufsumsetzung (Bild-Befehl) 506
  Verlauf-Werkzeug 499
Verlaufmasken 615
Verlaufsüberlagerung (Effekt) 501
Verlaufsumsetzung (Bild-Befehl) 506
Verlaufwerkzeug
  Einführung 499
  mit Aktionenpalette aufzeichnen 117
Verschieben-Werkzeug 671
Verschiebungseffekt (Filter-Befehl) 691
  für WWW-Hintergrundkachel mit ImageReady 334
Versetzen (Filter-Befehl) 872
Vertikal skalieren (Text-Funktion) 800
Vertikale Mitte (Ebene-Befehl) 693f.
Verwackelte Striche (Filter-Befehl) 863
Verwackelungseffekt (Filter-Befehl) 866
Verzerren (Bearbeiten-Befehl) 717
Verzerrungsfilter (Filter-Untermenü) 868
Video-Filter (Filter-Untermenü) 878
Virtueller Speicher für Photoshop 51
Virtueller Speicher für Windows 44
Vollschirmmodus 55
Volltonfarben 32, 605

Stichwortverzeichnis

Vordergrund- und Hintergrundfarbe 484
Voreinstellungen
    Arbeitsgruppenfunktionalität 222
    Arbeitsvolumes 51
    Asiatische Textoptionen einblenden 798
    auf Standard-Vorgabe zurücksetzen 46
    Bildcache 52
    Bildübersichten speichern 229
    Cache für Histogramme 426
    Dateien automatisch aktualisieren 78
    Dateien speichern 229
    Dateinamenerweiterung 230
    Farbauszüge in Farbe 599
    Farbumfang-Warnung 88
    GIF / JPEG automatisch wählen (nur ImR) 397
    Hilfslinien & Raster 683, 687
    Imagemaps (nur ImR) 343
    Interpolationsmethode 156
    Maßeinheiten & Lineale 56
    Optimierung (nur ImR) 372
    Palettenpositionen speichern 61
    Photoshop-PSD-Dateien 241
    Physikalischer Speicher 52
    Slices (nur ImR) 350f.
    Speicherbenutzung 52
    Tastatur-Zoom zur Änderung der Fenstergröße 84
    TIFF-Dateien speichern 252
    Transparenz 701
    Umschalttaste für anderes Werkzeug 71
    Werkzeugspitzendarstellung 508
    Werkzeugtipps 91
    Werkzeugtipps anzeigen 70
    Wiederherstellen-Taste 95
    Wiederholen-Taste 94
    Zusatzmodule (Plug-Ins) 834
Vorgabe-Manager (Bearbeiten-Befehl) 62
Vorige (Option Farbtabellenwahl) 409
Vorschau in (Datei-Untermenü, nur ImR) 375
Vorschau-Option (Einstellungen-Befehle) 425

W

Wasserzeichen (Digimarc-Filter) 849
WBMP-Dateiformat
    Einführung 404
    Farbtabellenwahl 408
    Vergleich mit JPEG, GIF, PNG 395
Web (Option Farbtabellenwahl) 408
Web-Ausrichtung (Option Optimieren-Palette) 418
WebDAV (Arbeitsgruppen-Verwaltung) 222
Web-Fotogalerie (Datei-Befehl)
    Änderungsmöglichkeiten 285
    Banner (Option) 277
    Bildunterschrift 279
    eigene Stile definieren 282
    Einführung 273

Einzelbild-Dateigröße 281
Einzelbilder einrichten 279
Farben 276
Größe der Miniaturen 278
Große Bilder skalieren 279
Hintergrundmuster und Hintergrundfarbe 286
Miniaturen (Option) 278
neu entstehende Verzeichnisse 281
Quellverzeichnis 274
Randgröße 277
Schriftformatierung 276
Schutz 281
Spalten und Reihen 278
Stile (Layouts für Katalogseiten) 275
Tabelle formatieren 288
Tokens 283
Überschriften festlegen 277
UserSelections.txt 282
Wechsel zwischen Photoshop und ImageReady 78
Weiche Auswahlkante (Auswahl-Befehl) 547
Weiche Kante (Auswahl-Werkzeuge) 547
Weiches Licht (Filter-Befehl) 845
Weiches Licht (Füllmethode) 733
Weichzeichnen (Filter-Befehl) 843
Weichzeichner (Werkzeug) 528
Weichzeichnungsfilter (Filter-Untermenü) 842
Weiß entfernen (Ebene-Befehl) 681
Weißpunkt definieren 440
Wellen (Filter-Befehl) 874
Werkzeugpalette
    alle Werkzeug-Funktionen in der Übersicht 881
    Einführung 65
    mehrfach belegte Schalter 71
    Tastenkürzel alphabetisch sortiert 894
    Umschalten bei Mehrfachbelegung 71
    Unterschiede Photoshop, ImR 65
Werkzeugspitze festlegen (Bearbeiten-Befehl) 509
Werkzeugspitzen 507
    Aufnahmebereich verwenden 515
    Deckkraft 514
    Duale W. 519
    Durchmesser 515
    Eigene W. gestalten 509
    Einführung 507
    Farbeinstellungen 519
    Farbton-Jitter 519
    Fluss 522
    Glättung 516
    Kantenschärfe 516
    Malabstand 517
    Rundheit 516
    Steuerung per Tastatur 516
    Streuung 517
    Struktur 518
    Winkel 516

Stichwortverzeichnis

Werkzeugspitzenpalette 512
Werkzeugspitzen-Werkzeug (Pinsel) 523
WIA-Unterstützung (Datei-Befehl) 217
Widerrufen (rückgängig machen) 94
Wiederherstellen (Bearbeiten-Befehl) 94
Wiederholen-Taste (Option Voreinstellungen) 94
Windeffekt (Filter-Befehl) 862
Windows
    autom. mit Photoshop starten 50
    Dateiformate verknüpfen 50
    einrichten Einführung 43
    Hardwarevoraussetzungen 42
    Photoshop deinstallieren 49
    Photoshop im Start-Menü 49
    Photoshop installieren 46
    Photoshop starten 49
    Photoshop-Symbol a.d. Desktop 49
    System 45
    Systemfarben verändern 45
    Virtuellen Speicher einrichten 44
    weitere Hardware 43
Windows-RGB (Ansicht-Befehl) 88
Wischfinger 528
Wölben (Filter-Befehl) 876
Wolken (Filter-Befehl) 877
Workflow verwalten (jetzt Arbeitsgruppen-Befehl) 222

Z

Zauberstab (Werkzeug) 556
Zeichen zurücksetzen (Befehl Zeichen-Palette) 805
Zeichenfilter (Untermenü) 863
Zeichenstift (Pfade) 631
    Gummiband 631
Zeilenabstand (Text-Option) 804
Zeileneinzug (Text-Option) 809
Zeilenumbruch bei Absatz-Text verhindern 809
Zielfarben (Kontrastkorrektur) 442
ZoomView (Datei-Befehl) 391
Zoom-Werkzeug (Lupe) 83
Zurück zur letzten Version (Datei-Befehl) 95
Zusatzmodule (Plug-Ins) 833
Zuschneiden (Bild-Befehl)
    bei Animationen 304
    Einführung 178
Zwischenablage
    freihalten 53
    Pixel-Dateien übertragen 216
    Vektorgrafik 246

Einsteiger / Fortgeschrittene

PageMaker 7.0
ISBN 3-827**2-6266**-6, 368 Seiten, 1 CD
€ 44,95 [D] / € 46,30 [A]

Illustrator 10
ISBN 3-827**2-6345**-X, ca. 550 Seiten, 1 CD
€ 44,95 [D] / € 46,30 [A]

 Das offizielle Übungsbuch – entwickelt vom Adobe Creative Team!

InDesign 2.0
ISBN 3-827**2-6355**-7, ca. 550 Seiten, 1 CD
€ 44,95 [D] / € 46,30 [A]

Sie möchten sich mit Adobe-Software vertraut machen? Hier sind die offiziellen Trainingsbücher des Adobe Creative Teams.
Mit Original-Trainingsmaterial auf CD-ROM.

Unter **www.mut.de** finden Sie das Angebot von Markt+Technik.

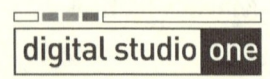

Hartmut Könitz
GoLive 6.0
ISBN 3-8272-**6354**-9, ca. 460 Seiten
€ 34,95 [D] / € 36,00 [A]

Isolde Kommer / Tilly Mersin
Photoshop 7.0
ISBN 3-8272-**6357**-3, ca. 416 Seiten
€ 29,95 [D] / € 30,80 [A]

Katherine Ulrich
Flash MX
ISBN 3-8272-**6364**-6, ca. 500 Seiten
€ 29,95 [D] / € 29,95 [A]

Sie sind Grafiker, WebWorker, Multimedia-Freak? In Ihrem Beruf kennen Sie sich bestens aus, aber noch nicht mit allen Programmen? Diese Reihe bietet die wichtigsten Infos in überschaubaren Lerneinheiten.
Unter **www.mut.de** finden Sie das Angebot von Markt+Technik.